太姥娘娘雕像（白荣敏 摄）

太姥娘娘画像石刻（郁风画，碑立太姥山一片瓦景区）

太姥祭祀（周兆祥 摄）

太姥圣境（苗玺 摄）

山海大观（李步登 摄）

湖光山色（施永平摄）

太姥夕照（施永平摄）

太姥云海（施永平摄）

白云寺（白荣敏 摄）

国兴寺遗址（施永平 摄）

楞伽石塔（李步登摄）

蓝色海岸（陈律鹏 摄）

沙埕良港（陈律鹏 摄）

嵛山天湖（施永平 摄）

台山岛礁（林昌峰摄）

停泊在沙埕港内的远洋捕捞渔船（白荣敏 摄）

沙埕集镇港域（白荣敏 摄）

龙安杨岐码头（林昌峰 摄）

渔港晨曲（施永平 摄）

海滨浴场（林昌峰 摄）

滩涂欢歌（施永平 摄）

耕海牧渔（林昌峰 摄）

建于五代十国的分水关防御墙（李步登 摄）

点头妈祖宫外景（冯文喜摄）

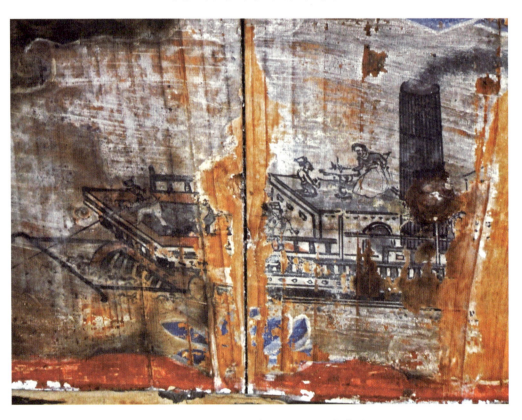

点头妈祖宫里的西洋彩绘（冯文喜摄）

翠郊古民居外景（林钢生 摄）

连山古民居外景（李步登 摄）

翠郊古民居内景（李步登 摄）

昭明古刹（施永平 摄）

石兰古堡（白荣敏 摄）

潋城古堡（林昌峰 摄）

西昆孔子家庙（林昌峰 摄）

管阳西阳老人桥（林昌峰 摄）

畲家茶香（林昌峰 摄）

茶青交易（吴维泉 摄）

太姥茶山（施永平 摄）

福鼎白茶日光萎凋（徐大国 摄）

沙埕元宵灯会（白荣敏 摄）

沙埕铁枝《太姥祈福》（周兆祥 摄）

前岐妈祖巡游（林昌峰 摄）

佳阳罗唇冥斋节（吴雪生 摄）

瑞云畲族"火头旺"（冯文喜 摄）

畲族织锦带（周兆祥 摄）

畲乡小歌手（陈昌平 摄）

畲族会亲节（陈昌平 摄）

桐山溪端午节龙舟竞渡（林昌峰 摄）

木偶戏表演（吴雪生 摄）

布袋戏表演（林昌峰 摄）

民间道教"翻九台"（白荣敏 摄）

福鼎饼花展示（林昌峰 摄）

太姥文化

文明进程与乡土记忆

上

张先清　叶梅生　主编

创于1897
The Commercial Press
商务印书馆

图书在版编目（CIP）数据

太姥文化：文明进程与乡土记忆／叶梅生，张先清主编.
—北京：商务印书馆，2016
ISBN 978-7-100-12137-8

Ⅰ.①太… Ⅱ.①叶… ②张… Ⅲ.①山—文化史—福鼎县
Ⅳ.①K928.3

中国版本图书馆 CIP 数据核字（2016）第 065559 号

太姥文化——文明进程与乡土记忆

叶梅生 张先清 主编

商 务 印 书 馆 出 版
（北京王府井大街 36 号 邮政编码 100710）
商 务 印 书 馆 发 行
山东鸿君杰文化发展有限公司印刷
ISBN 978-7-100-12137-8

2016 年 5 月第 1 版 开本 787×1092 1/16 印张 63½
2016 年 5 月第 1 次印刷 插页 24 字数 1165 千

定价：260.00 元

编纂委员会

主　任：叶梅生

副主任：丁一芸　张开潮

成　员：杨雪晶　白荣敏　夏　林

主　编：张先清

副主编：白荣敏

撰　稿（以姓氏笔画为序）：

马　越　王利兵　王宏涛　王　楠　白荣敏

冯　莎　宋　祺　张先清　张云鹤　邹筱云

罗震宇　段云兰　郑伟斌　涂　翔　夏　林

赵婧旸　郭仙芝　董思思　舒满君　戴五宏

目　录

导　论　探寻太姥文化的生成语境

　　"太姥遥临海国宽,梯航日出望中看。夜深击筑摩霄顶,万里风吹月影寒。"[1]明人沈傲炌(1554—1631年)的这首《登太姥山》诗,为我们展示了太姥名山的一幅壮美图景。太姥山屹立于东海之滨,从汉代起就与武夷并称"闽山双绝"。相传东方朔曾镌题"天下第一名山"[2],至今山中仍保留有"天下第一山"摩崖石刻。这座东南中国的母亲山,不仅幽秀奇峻,处处渗透出壮丽秀美的自然风光,而且更是一座具有深厚人文底蕴的文化圣山,自古以来就吸引了众多文人墨客登临吟咏,摛翰振藻,从而赋予了她浓郁的人文气息。千百年来,她以母亲般宽广温润的胸怀滋养了周边人民,也孕育了独具魅力的太姥文化。本书将从地域、社会和人类文明发展的人文视角,针对太姥文化这一地域文化共同体的形成与发展系统地展开研究,探讨太姥文化的丰富内涵与文化特质。在本篇导论中,我们将首先梳理太姥文化的概念发展历程,解读太姥文化的主体特色,并在此基础上,进一步阐述太姥文化的研究价值及现代意义。

一、太姥文化的概念解说

　　毫无疑问,中华文化是一个多元统一体,其中"多元"指的是文化的个性,而"统一"则指的是文化的共性。之所以存在多元性,一个根本原因即在于历史上我国文化生成地域空间的多样性。人类的生存与文化发展,都是在一定的时空范围内进行的。《礼记》云"广谷大川异制,民生其间异俗",可以说,不同的地域会孕育出多样的文化。著名历史学家谭其骧在探讨中国文化与地理的关系时,就指出"中国文化有地区

---

　　① 万历《福宁州志》卷十三,万历四十四年(1616年)刻本。
　　② 乾隆《福宁府志》卷三十六,清光绪重刊本。

性,不能不问地区笼统地谈中国文化"。① 在华夏文明演进历程中,中国各地区的人民,各自发展出了独特的文化,同时又彼此交流联系,逐步形成了多元一体的中华文化。就如艾伯华(Wolfram Eberhard)所指出的,正是地方文化在长期的历史互动过程中促成了中华文化的发展,②换言之,中华文化就是一种地域文化的合成过程。因此,研究地域文化的多元性,对于理解中华文化传统具有十分重要的意义。

一般而言,地域文化是指一定区域内人们在长期历史过程中发展出来的流传久远、独具特色、至今仍然发挥重要作用的一种文化传统。一种地域文化概念的形成,必须具备鲜明的地域性、文化内涵的特殊性、比较完整的体系以及具有相对稳定的文化特征等基本条件。从这个角度出发,太姥文化显然属于上述共创中华文化的一种地域文化概念。

首先,太姥文化具有鲜明的地域性。地域文化,顾名思义,这种文化生成是与一定地域有着密切联系的,也就是说,地域文化的形成必须要有一个支撑的区位空间。任何一种文化都是无法脱离所在的地域而单独存在。地域文化的发展,是一定地域人群与其所处的自然与生态环境长期互动的结果。太姥文化正是闽东地区人民在长期的历史过程中,围绕着太姥山及太姥人文遗产价值认同而逐步形成的具有鲜明地方特征的一种地域文化。

早在上古以迄秦汉时期,"太姥"这一名称就已经出现,其时主要指的是东南沿海地区一些由神灵衍化而成的山名。当时东南不少地区都存在以太姥(或称太武)为名的山名及神名,例如漳州漳浦、闽北武夷、浦城等地,甚至江浙太湖地区也有相应的太姥名称。何乔远《闽书》云:"闽越负海名山,多名太姥者。"③可以说,在中古以前,"太姥"这一称呼只是东南区域山神文化的一种集体符号。但到了唐宋以后,这种情况发生了变化,"太姥"作为一种独特的文化符号存在,已经逐渐特指今天所在的福鼎太姥山地域,而且这种指向在接下来的历史进程中不断被人们强化。唐以后有关太姥的诗文迭次纷出,蔚为大观,可说构成了东南文学史上一个值得人们重视的主题。而这些以"太姥"为名的诗文基本上都具有一个共同的特点,那就是绝大多数都是围绕着福鼎境内的太姥山区域而展开。从素有唐代开闽第一进士之称的薛令之所撰写的第一篇太姥山诗,以及同时期林嵩所撰的第一篇太姥山记开始,在接下来的

---

① 谭其骧:《中国文化的时代差异和地区差异》,《复旦学报》1986 年第 2 期,第 6 页。

② Wolfram Eberhard, *The Local Cultures of South and East China*, translated from the Germany by Alide Eberhard E. J. Brill, 1968.

③ 何乔远:《闽书》卷二十八,明崇祯刻本。

历代"太姥"诗文中,"太姥"这一文化符号都在在指向如今福鼎太姥山区域,甚至发展出"太姥洋"、"太姥津"、"太姥村"等与太姥文化有着直接关系的地名。由此可见,经过长时期的文化塑造过程,"太姥"已经是闽东地区一个带有鲜明地方特色的文化符号象征。相传宋代郑樵撰有《蓝溪》诗,为我们揭示出太姥地域文化符号塑造过程的一个侧面,其诗云:

> 溪流曲曲抱清沙,此地争传太姥家。
> 千载波纹青不改,种蓝人果未休耶?

这首诗不只是描摹了太姥山所在地区蓝溪的秀丽景致,更重要的是,"此地争传太姥家"这一关键诗句蕴含了一个以往被人忽视的文化信息,那就是,至迟在郑樵所生活的宋代时期,在今天的福鼎地区已经广泛流传着太姥故里的传说。而且值得注意的是,诗中透露出生活在这里的福鼎先民们很早就开始了太姥祖地文化的缔造,人们也已经形成了这里是太姥文化祖地的共识。也就是说,作为之前东南区域曾经流行的集体文化符号——太姥,此时期已经基本上被集中导向到福鼎境内的太姥山系地区,从而使得这里成为太姥文化的主体区域。在唐宋以后的历代诗词中,太姥甚至被视为是福鼎所在整个闽东地区的地域象征代表,明代福宁诗人崔世召在悼念南宋爱国诗人谢翱的一首诗文中这样写道:"平生一剑许难忘,恸哭高原梦未央。姓字短碑题百粤,悲歌长恨寄三湘。文拈太姥含光草,诗逼奚奴古锦囊。南国词人君独唱,少微千载拜寒芒。"[1]谢翱是宋代长溪人,而太姥山域在宋代也属于长溪县,由此可见,从唐宋以后,福鼎太姥山甚至已被当作是闽东地区的文化象征。由此也表明太姥文化已经发展成为一个有着广泛集体认同的地域文化体系了。

在考察太姥文化时,不能不谈到本书中所使用的另一个重要的概念——"太姥文化区"。在探讨人类文化发展的特点时,国际学术界也十分重视文化生成的地域性问题,并发展出了"文化区"(Culture Areas)这一概念。所谓文化区,是指一定时空范围内拥有共同文化特质的地区。文化区的概念,最早是在19世纪末20世纪初由欧美人类学者所提出。博厄斯(Franz Boas)等学者认为,透过考察文化特质在区域性空间的分布,可以将具有某些相同的文化特质归纳为一个典型的文化区。而一个文化区的文化,常常是通过彼此互动作用而发展,并且到了一定时空阶段时,会因为与其

---

① 谢翱:《晞发集》卷十,明万历刻本。

他地区的文化产生相互作用从而形成新的地域文化传统。这是人类地域文化发展的一般性规律。文化区概念提出后,对于人类地域文化研究起到重要的推动作用。人们普遍将具有共同文化传统的区域划分为某一文化区来加以研究。作为太姥文化的区域支撑,我们可以将太姥山系所在的具有相同文化特质的地区统称为太姥文化区。

从历史上看,太姥文化较早就已经形成了一个相对稳定的区域。我们注意到,清人傅维祖很早就提出了"太姥名区"①的称呼。所谓名区,有名地、名胜等意,也逐渐引申为一种具有地域文化色彩的指称,如五代杜光庭所说的"天府名区",宋代李光提到的"江左名区",元代丁复所谓"四明古名区,天台接旁郡",指的都是一种地域文化概念。很显然,此处傅维祖所谓"太姥名区"的称呼,既指太姥名胜之地,同时也包含有太姥文化区的意义。那么,如何界定太姥文化区的范围呢?我们认为,凡是在文化心理结构中认同太姥文化影响的地域,都可归入太姥文化区。从具体的地理空间来看,本书中所研究的太姥文化区,其核心区域主要指的是以今天福鼎市所辖1500多平方公里的陆岸地区,但外延也扩展到超过1万平方公里的海域地区以及周边如福建柘荣、霞浦,浙江苍南、泰顺等地的一些文化交叉区域。在本书中,有时我们也直接用太姥文化区来指代福鼎地区。

可以说,从唐宋时期的"太姥家"到明清时期的"太姥名区",这一系列文化概念的出现,不仅展示了太姥文化的塑造过程,同时也深刻表明了太姥文化在历史上就已形成了某种鲜明的地域性。

其次,太姥文化具有内涵的特殊性。一种地域文化,必须具有区别于其他地区文化的特殊文化内涵。一个地区的地理多样性,往往影响到文化特征的形塑。受其独特的山海相间地理环境要素影响,历史上太姥文化形成了自身的特殊文化内涵,这就是其显著的山海文化共同体特征。太姥文化首先是以太姥山为灵魂而形成的地域文化,从某种意义上说,它属于山岳文化的范畴;然而,太姥山"海上仙都"的特点,又使得其文化演进与海洋文明的发展同步相随,因此,它又具有浓郁的海洋文化特征,从而呈现出与一般山岳文化明显不同的另一面。这种山海文化共同体,正是太姥文化在外观与内涵上与其他地区文化存在着显著地域特殊性的关键所在。

我们知道,人与环境的互动是地域文化的主要生成机制。在太姥文化形成过程中,太姥山无疑具有举足轻重的作用,这座东南名山可说是蕴育太姥文化的灵魂,是太姥文化的图腾。太姥文化的生成与发展,正是早期先民与这座山系长期互动的

---

① 卓剑舟:《太姥山全志》卷十六"艺文"。

结果。

众所周知，人类历史上山岳与文明发展有着密切的关系。中国是个多山的国家，在中华文化发展历程中，山岳占有重要的位置，柳诒徵先生在谈到中国文明起源时曾经指出："世多谓文明起于河流，吾谓吾国文明，实先发生于山岳。"[①]早在上古时代，华夏先民就发展出了对山岳的崇拜文化，殷墟卜辞中就有关于二山、五山等称谓及祀山的记载。"通典曰黄帝祭于山川，典礼为多，则山川祀秩始自黄帝氏也。"[②]而山岳对于中国地域文化的发展联系尤为密切。实际上，中国许多地域文化，就是以山岳为核心符号而形成的，如泰山文化、黄山文化，都是这方面的典型例子。

太姥文化也是发源于对太姥山的原始崇拜理念。以山为图腾是中国政治制度体系文化的一个核心部分，如《礼记·祭法》所生动概括的那样："山林川谷丘陵，能出云，为风雨，见怪物，皆曰神。"历代统治者对于海内名山都十分重视，频加封号，并定出祭祀之礼。尤其是到了秦汉时期，随着神仙之说流行及道教的兴起，在塑造仙山文化方面产生了很大的推波助澜作用，方士、道士充分利用了人们对于山岳与仙道之间的联想，宣扬山岳的神性，当时仙山的数量大大增加，从而为太姥山的神圣化提供了有利条件。可以说，这一时期是太姥山跻身天下名山的一个关键阶段，不仅有关容成子、葛洪等仙道名人栖居此山炼丹修道的传说被塑造出来，与此同时，推动太姥山名山化的另一个关键传说即东方朔封太姥为天下第一名山的说法也应运而生。后世不少史书都记载了这段传说与名山建构历程，如淳熙《三山志》载："太姥山，旧名才山，《力牧录》云：容成子先生尝栖之，中峰下有石井、石鼎、石臼存。"顾祖禹《读史方舆纪要》也提到："太姥山，在福宁州东北百里，高十余里，周四十里，旧名才山。《力牧录》云：黄帝时，容成先生尝栖此。王烈《蟠桃记》：尧时有老母居此仙去，因名太母山。汉武帝命东方朔校天下名山，又改母为姥。唐开元中，特图其形，敕有司春秋致祭。"这些传说在历代民间广为流传，影响深远，如明代史起钦《太姥山》诗云："选胜咸推太姥名，登临不减访蓬瀛。"清康熙间出任福宁府知府的郭名远在《观〈太姥山志〉有感》诗中也提到："太姥由来古，才山浪得名。幻从尧代著，仙自汉时评。"清初左天塘《洪山赋》亦云："尧母孕灵兮山称太姥，地托秦人兮犹名秦屿。"[③]以上诗文内容都清楚地展示出太姥名山的这段神圣化历史。

---

① 柳诒徵：《中国文化史》，东方出版中心1988年版，第8页。
② 高承：《事物纪原》卷二，明弘治十八年（1505年）魏氏仁实堂重刻正统本。
③ 乾隆《福宁府志》卷四十二，清光绪重刊本。

尽管传说并非信史,但尧封太姥传说与东方朔题天下第一名山这两个与太姥圣山文化有着重要关联的传说的成功塑造,表明太姥山在汉以后为世人所知并在唐宋以前已经跻身天下名山行列,已经是不争的事实。对于东南地区民众而言,太姥山的地位甚至不逊于代表西方的昆仑山,太姥作为南方之母,在人们的形象中也已经是与西王母一样具有崇高地位的原初神祇。实际上,这种将山脉与原始自然崇拜及宗教崇拜紧密联系在一起的状况,深刻体现了中华文化中的一个主题,即天道与人道的关系。此后,太姥山被收录于各种名山志中,并成为世所公认的东南地区与武夷并列的两座名山之一,清代马世俊就谈到"闽山首推武夷太姥",①周之夔也认为"闽山尊武夷,厥配惟太姥"。② 在顾祖禹《读史方舆纪要》一书中,太姥也名列闽中与武夷并列的名山行列,他甚至认为"大约东北诸山,大姥为之冠矣"。同样的例子还有许多,如谢肇淛在所撰诗文中就指出"自太姥名播震旦,游客冠盖相望……",李拔也对"太姥名山"赞誉有加。透过这些历代留存下来的有关吟诵"太姥名山"的诗文,我们可以清楚地认识到太姥山在传统时代已经形成了一种文化符号,甚至可说是上升为一种山的文化图腾,成为凝聚太姥文化的灵魂。

然而,与其他山岳文明不同的是,太姥文化不仅仅独依山岳而生,而且也是与海洋文化紧密联系在一起的,具有典型的海洋性文化的特征。太姥山是一座海中圣山,历代关于太姥山的诗文,都强调了山在海中的特点,如明代林况《拟游太姥山》诗云:"每怀太姥古名山,谢屐房筇梦寐间。……烟霞缥缈连三岛,风露清泠别九寰。"屠隆也在诗中描写道:"闽南海气何盘回,结秀太姥高崔嵬。"陈仲溱所撰《游太姥山长律》云:"虹桥直上彩云边,海上岩开古洞天。"张大光也谈到:"太姥千峰障海边,鬼斧神工巧雕刻。"周之夔则直接点出太姥山与海相伴的特点:"海上神奇太姥山,仙掌突兀撑天关。卿云烂熳旦复旦,蛟龙鸾凤争跻攀。"太姥山穿行于东海之滨,绵延数百里,周围沙埕、秦屿、嵛山、台山等海港与岛屿等组成的滨海地带,自古以来都是临海而居的太姥先民们渔耕樵读的家园。可以说,海洋文化在塑造太姥文化内涵中占有特别重要的位置,甚至直接影响到其兼容并蓄文化内核的形成,从而使得太姥文化呈现出典型的山海文化共同体特征。

最后,太姥文化具有较为完整的文化体系与相对稳定的文化特征。我们知道,一个地域文化一般是由该地区的地理环境、历史演进、族群关系和方言状况等基本要素

---

① 《马太史匡庵集·前集》卷六,清康熙刻本。
② 刘中藻:《洞山九潭志》卷四,清抄本。

酝酿而成,这也就是人们通常所说的自然要素与人文要素条件。在与本区域的山海自然要素长期互动的历史演化过程中,福鼎地区的族群融合、宗族繁衍、儒学教育、文学艺术、风俗习惯、宗教信仰、空间景观等方面,都发展出了十分丰富的地方性内容。这些渗透到地方社会结构各个层面的"地方知识"(local knowledge),正是太姥文化的重要组成部分,它们在长期实践过程中相互关联,组成了一个地方文化系统,使得太姥文化呈现出一幅较为完整的文化体系面貌。

同样,在长期的发展过程中,太姥文化也积淀了相对稳定的文化特征。众所周知,文化会随着时代的前进而不断发展,但同时也会形成相对稳定性的一面,这就是文化的发展性与稳定性、传承性特点。从历史上看,太姥文化的发展,经历了几个关键时期。其一是从上古至汉唐之际,这个时期应该说是太姥文化的起源与初步发展时期。汉代以前,以闽越族为主体的太姥先民发展出了早期的农耕与海洋文明,创造了璀璨的闽越文化。汉以后,随着中原移民的入迁以及中央王朝统治地位的确立,带来了传统中原文化以及儒家礼仪制度,逐渐确立了以汉文化为主体,同时保留闽越文化一些基本特征的地域文化形态。其二是唐宋时期,这个时期是太姥文化的整合阶段。随着唐以后大量的中原移民陆续进入本地区,继续推进了中原汉文化与原有的闽越土著族群之间的文化交流,汉文化的主体地位得到进一步的巩固与强化。其三是明清时期,这一时期是太姥文化的稳定发展时期。在承继了唐宋时期的锤炼之后,以传统儒家文化为核心的礼制秩序意识日渐渗透到地方社会中,成为一种稳定的社会价值观,与此同时,随着畲族、回族等少数族群入迁,带来了多样化的族群文化,充实了地域文化内涵,使得太姥文化的文化结构进一步丰富。其四是近代至今阶段。这一时期是太姥文化的积淀与复兴时期。步入近代阶段后,太姥文化除了接续明清时期的积淀之外,也迎来了新的变革与发展时机,这就是随着太姥文化区所在的东南区域成为中西交往的前沿,与西方文化的接触也日渐增多,西学的输入为太姥文化注入了新鲜的血液。而到了 21 世纪,伴随着近期国家文化大发展、大繁荣政策的出台以及福建文化强省战略的提出,对太姥文化产生了巨大的影响,催动其以傲人的娇姿,走向崭新的时代。

在经历了上述不同发展阶段之后,太姥文化已逐渐形成了相对稳定的地域文化特征,其突出表现在如下几个方面:其一是崇德重礼的儒化内核。从本体论上讲,太姥文化是中华文化的组成部分,其思想基础是传统儒家文化。因此,儒家文化千百年来所倡导的重伦理、尚礼仪的精神深深沉淀在本地区社会生活的各个层面,成为指导民众生活的一个核心行为准则。其典型代表如西昆孔氏,其以儒学崇拜为依归的宗族文化,就生动地诠释了太姥文化中的这种儒化内核特征。其二是兼容并蓄的开放心态。从结构性上讲,太姥文化是一种融合性的文化,这与其所处的自然环境与历史因素息息相关。福鼎依山面海,容易孕育出一种善于吸收、消化不同文化的人文性格。与此同时,历史上身处华夏边缘地带的特点,也导致其在文化心态上与中原地区核心文化相比,更容易发展出兼容并蓄的机制。这也是其形成多样化文化形态的一个重要原因。其三是多元复合的文化形态。从生成机制角度考量,太姥文化的生成具有多源性的特点,历史上多族群汇聚此处,带来了不同的族群文化,从而使得太姥文化在形态上呈现出多元复合的特征。其四是对于"太姥"符号的强烈认同感。从象征意义出发,太姥文化具有鲜明的"太姥"符号表征,在岁月演进过程中,福鼎地区民众围绕着太姥山已经营造出一种深刻的集体记忆,正如清人邱椿所云,因为"生于太姥之下,养于太姥之下"①,对于像他这样的本地民众而言,"太姥"已经成为一种深植内心的身份认同符号,一种难以割舍的精神家园。由上可见,在漫长的历史长河中,这些文化特征已经凝练为支配福鼎地区民众生活的深层心理素质,不断渗透进当地人的价值观念、道德意识、思维方式和群体性格等方面,甚至演化成为一种地域文化意识。

二、太姥文化的主体特色

作为存在于特定地区的文化形态,地域文化突出的集体特征是其所具有的独特性与差异性。当一个地域空间经过本地区人群长时期的人文塑造之后,就已经成为一个具有相对独特性的文化系统,并凝聚出自身的特色。太姥文化作为一个十分丰富的地域文化系统,在经历了漫长的岁月洗礼之后,也形成了一些值得注意的主体特色,主要表现在以下几个方面:

第一是早发性。从考古发现、文献记载和口头传说资料可以看出,太姥文化具有一定的早发性特点。太姥这一名称有着悠久的历史,如果说"尧封太姥"这一传说只是隐约透露出了福鼎地区早期先民的一些人文信息,那么,在福鼎境内所发现的前岐棋盘山、秦屿后门山、店下马栏山、后保栏山、洋中洋边山等一系列新石器时代考古遗址,则清楚地证明早在5000多年前的史前时期,这里就已经有古人类在此繁衍生息,

① 邱椿:《太姥指掌·自序》,民国刻印本。

而且值得注意的是,这里还出现了东南区域较少发现的石器制造场,马栏山遗址作为当时一个重要的南方石器加工场,雄辩地告诉世人,早在新石器时代,生活在这里的太姥先民们已经发展出先进的石器文化,他们掌握了发达的石器制造技术,甚至对外输出石器,影响远至台湾及南太平洋地区。与此同时,从上述一系列遗址可以推断,太姥先民们不仅从事农耕生产,而且也经营海洋生计,从而发展出了较为发达的农耕与渔业文化。正是太姥先民所创造出的这些点点文化星火,点燃了东南区域的文明之光。

　　第二是多元性。太姥文化的形成与发展,与其所具有的地缘优势密不可分。福鼎背山面海,兼具山地与海洋两种文化特征;又因地处闽东北与浙西南交界地带,得以融合了闽文化与浙文化这两大区域文化的内容。更值得一提的是,因为福鼎所处的位置正处于历史上东南民族走廊的关键节点,使得这里成为多元族群汇聚之处,导致其文化呈现出一种丰富多元的样态。这种多元性深刻地体现在其构成主体中。综合而言,太姥文化的多元特色主要有下列几个部分组成:其一是儒家文化特色。福鼎历史上聚族而居的现象十分明显,由于农耕文化兴旺,导致本地区宗族组织十分发达,从而为儒家文化的发展创造了重要的社会基础,再加上宋代以降这里成为朱子过化之区,推动儒家礼制透过宗族组织渗透进社会肌理,甚至出现了西昆孔氏这样的典型儒化宗族。其二是海洋文化特色。福鼎海域总面积达到 14959.7 平方公里,海岸线总长超过 432.7 公里,境内分布着众多的海岛、港湾,历史上这里就是疍民、渔民聚居的地方,这些以海为田的海洋族群,发展出了灿烂的海洋文化。与此同时,这里也是最早参与到海上丝绸之路贸易活动的地区之一。其三是族群文化特色。福鼎处于东南民族走廊的中心地带,历史上经历了多次的族群融合事件。先秦时期,这里是南岛语族的发散地;秦汉到唐宋时期,南下的汉族与闽越族群在这里相遇融合。明清时期畲族、回族等少数族群又沿着东南民族走廊迁徙到这里繁衍定居,从而再一次推动了本地区的族群大接触。经过多次的族群融合后,福鼎地区除了汉族外,也分布着畲族、回族以及水上居民等多元族群,从而形成了多姿多彩的民族文化交融图景。其四是多样化的宗教文化特色。与族群融合几乎同步相随的还有宗教信仰的传播。这里是道教的早期传播地之一,东汉时期已经有道教的活动记载。汉代以后,佛教陆续传入,很快迎来兴盛阶段,梵宫林立,更有世所鲜有的昭明古寺,使得这里成为东南"佛国"。唐宋时期,摩尼教的传入,使得太姥山地区成为中古时代东南少有的摩尼教传播地。明清时期基督教也进入到这片土地。这些制度化的宗教相继在这里找到了合适的发展空间,它们和本地儒学崇拜和谐共处,发展出一种少有的五教共融多元宗教信仰世界。

第三是开放性。太姥文化既自成体系，又是一个动态的开放系统，这一特点的形成，无疑是与其所具有的海洋性特征与边界性文化特征分不开的。福鼎"界连浙省，外达海洋"①，可以说，海洋与边界在塑造太姥文化过程中扮演了相当重要的作用。在人类文明史上，内陆文化往往表现出保守封闭的一面，而海洋文化则更容易滋生出开拓进取、勇于创新的文化因子。由于海洋四通八达，无远弗届，体现出的是一种积极外向的联系。人类面向海洋的时代，意味着开放、包容、发展的时代，也更能适应现代文明发展的需要。从某种意义上说，太姥文化是一种海洋文化，是中国海洋文明的代表，它所体现的海洋特性，反映了中华文明"从陆到海"的开放性发展趋势。除了来自海洋性特征的影响之外，太姥文化的开放性也导源于其所兼具的边界性灵活特征。所谓边界，既是一个空间概念，也是一个文化概念。边界在空间上一般与中心相对，指的是与中心距离较远的地方。而在文化上，边界的意义则意味着灵活、开放的特点，边界文化往往不如中心文化那么保守强势，对其他文化的冲击产生强烈的抵御感，而与之相反，在面对其他文化时，边界文化会呈现出更灵活的弹性与接受度。我们知道，太姥文化具有闽浙边界文化属性，它同时处于闽浙这两大文化区的边界地带，既坚守闽文化的底蕴，同时又能主动吸纳浙文化的积极因素。这种海洋性与边界性兼具的特性，使得太姥文化与一般地域文化相比呈现出更加明显的开放性与兼容性特征。

第四是务实性。太姥文化也是一个务实型的文化系统。清代嘉庆年间时人曾这样概括福鼎的风土人情特点："按鼎俗，土重廉隅，农务稼穑，工无淫巧，市不饰价。无豪族大姓陵轹细民，以干政化。输税恐后，斗狠罕闻。男不为奴，女不为婢。好信尚义，人多率真。"②从这段话可见，历史以来福鼎民风中普遍存在着敦朴务实的个性。无独有偶，清代乾隆年间的福宁知府李拔也对福鼎地方这种好义务实的民风深有感触，作为一个任官各方、见多识广的官僚，他对于中国人"急于自谋而怠于共治"的劣根性深有感触，然而，当乾隆年间福鼎设县后，福鼎士民在参与兴修堤坝等公共事务中表现出了另一面，"急公好义，慷慨好施，凡邑中城池、学校、书院建设，以及道路、桥梁之类，靡不取资群力，有非他邑所能及者"③，从而给他留下了十分深刻的印象。这

---

① 嘉庆《福鼎县志》卷首"谭抡序"。
② 嘉庆《福鼎县志》卷二"风俗"。
③ 嘉庆《福鼎县志》卷八"艺文"。

种民风中普遍存在的质朴醇厚特点,也渲染了太姥文化的人文特征,呈现出专务实干、讲求实际、不慕虚浮的务实性特色。

三、太姥文化的时代价值

文化的发展,既有时代的变迁,又有地域的差异。而这种文化的地域性,必须置于国家与地方社会互动的历史轨迹中才能获得更好的理解。在东南地区历经数千年而形成的太姥文化,既是八闽文化的一个重要支脉,同时也是中华文化的重要组成部分,因此,只有把握好整体与局部、宏观与微观的辩证关系,才能更清晰地认识其文化脉络与学术价值。

从文化整体性角度来看,太姥文化是形成中华文化的"满天星斗"。正如黑格尔所指出的,要真正了解"部分",必须将其放在统一体的因素关联中考察。我们知道,地域文化是构成人类文化整体的一个部分,不能脱离整体而独立存在。因此,太姥文化独具魅力的丰富内涵,只有站在中华文化的整体性中才能彰显出来。

作为中华文化的一种地域形态,太姥文化既是中华文化的延伸,也是中华文化的补充和发展。历史上构成太姥文化区主体的居民是汉唐以后迁移定居的汉人,在移居过程中,他们将中原汉文化移植进来。此后,在长时期的族群融合过程中,又吸纳了原有的闽越文化与其他少数族群文化,从而创造出了新的地域文化内容,为中华文化增添了新的活力。可以说,如果没有包括太姥文化在内的无数优秀的地域文化,也就没有中华文化的存在。中华文化的基础就是来自这些多样性的地域文化。正是太姥文化这类地域文化为其提供了源源不断的新鲜血液,从而使得中华文化得以不断地增强自身活力,历千年而永光。

从文化关联角度来看,太姥文化是构建东南文化圈的重要枢纽。由于其所处的闽头浙尾、山海相连的关键区位,太姥文化区长期以来一直扮演着重要的文化枢纽角色。上古时期,这里是南方文化扩散的关键地点,太姥先民们吸收了闽文化与越文化的精华,又浮槎于海,从而卷入广袤的南岛语族文化圈中。同样,秦汉以后,这里又成为东南民族走廊的重要孔道。它迎来了南来北往的汉人移民,这些人或者在此短暂歇脚,或者选择定居生根。到明清时期,畲族、回族同胞也经由这条民族走廊进入这个山海之地,从而推动了新一波的族群融合。因此,正因为其所具有的这种地理位置的特殊性,太姥文化在文化关联层面上呈现出的并非是边缘的、非主流的样态,相反,它是串联起中国南方文明史的重要一环，是构建东南文化圈的关键文化节点。透过太姥文化，我们不仅可以更好地理解闽文化的发展，而且可以更深刻地认识整个东南文化发生、发展的历程。

从文化合成过程来看，太姥文化是理解中国文化多元性的一把钥匙。本质上，中华文化是一种合成文化，是由众多的地方文化汇聚而成，他们是中华文化的承载者。因此，要深入了解中华文化，就必须熟悉不同地域文化的形成过程。如前所述，太姥文化具有早发性，多元性等特点，其构成过程在地域文化中具有比较典型的代表性。透过研究太姥文化，既可以透彻了解一个地方社会文化的演变过程，厘清地域文化与社会结构组成之间的复杂关系，为地方社会经济发展提供重要的文化资源，同时能够借助剖析太姥文化这一多元中的一元，增进对于中华文化多元性特性的认识。

从文化自觉角度来看，太姥文化代表着新时期福建文化建设的新声，具有重要的现实意义。当前，福建省已经制定复兴广义闽学的文化战略，致力于重塑福建文化品牌。而要实现这个目标，一个关键所在是促进文化自觉。历史上太姥文化区人民培育了良好的文化自觉意识，他们对自身文化传统十分珍视，不断加以传承，并随着时代的变化而赋予其新的诠释，也正是因为有了这种文化自觉，才成就了太姥文化。因此，建立在文化自觉基础上的太姥文化建设，正是对当前福建复兴闽学文化战略的积极回应，它在为新时期福建文化建设积累宝贵经验的同时，其自身也可以转换为一种重要的文化资源，从而涵养现代太姥文化区人民的精神世界，为本区域社会经济发展提供充沛的精神动力与智力支持。

更重要的是，在一个全球化的时代里，当文化的同质化趋势日趋明显，如何继续维系一个多元文明共存的世界，已经成为国际社会日趋关注的一个话题。人们认识到地域性或者民族性的文化在塑造多元文明世界的重要作用。2001年，联合国教科文组织通过的《世界文化多样性宣言》，肯定了文化多样性对于当前及未来人类发展的意义。因此，作为一种地域文化，当全球化的浪潮势不可挡时，太姥文化一方面必须积极参与到这种全球化过程中，从而共享世界一体化所带来的种种益处，另一方面，也要注意在全球化进程中保持自身的文化特性，从而达到各美其美、美人之美、美美与共、天下大同的文化发展目标。正是在这样的时代背景下，挖掘与重塑太姥文化，无疑具有鲜明的时代意义。

第一编
山海交汇　太姥文化的生成空间

梁启超在《文明与地理之关系》一文中引述洛克的观点时提到："有适宜之地理,然后文明之历史出焉";"土地高低,亦与文明之发达有比例。"进而列举了高原、平原与海滨所诞生不同文明,颇有环境决定论的意味。

英国学者迈克·克朗试图打破这种单一决定论的说法,他认为文化在不同的地方,对不同的人而言,指涉了不同的事物。我们需要检视特定地点如何获得意义,以及文化如何利用地方和地点。无论何时,特定空间和地理形势都与文化的维持关系密切。这些文化还不只牵涉明显可见的象征,也涉及了人群生活的方式。那么,文化如何透过一连串镶嵌于空间中的形式和实践而复制,我们如何处理文化及这些空间,是个复杂的议题。① 迈克·克朗试图去勾勒一种文化与地理等元素的多元互动关系,但清晰明确地认识、梳理并论述出这些错综复杂的关系极具挑战。

抛开那些决定论和多元化的观念,简单地说,文化地理学一直在处理的问题即是人、地与文化这三个要素的相互关系,这三者在历史发展的进程里面是不断变化同时又相互影响的。当我们决定对一定区域的文化展开研究,讨论人群、地域与文化的关系之时,我们首先要做的理当是认识这一区域,了解其地理环境的变迁,进而才能考虑在这个空间上人的活动与文化的建构。本编将分三个章节分别讨论太姥文化区的地理环境与生态、社会及文化结构的关系。

---

① [英]迈克·克朗著,王志弘、余佳玲、方淑惠译:《文化地理学》,巨流图书有限公司2004年版。

第一章 太姥文化区的地理环境与生态结构

　　福鼎地区的地理环境与生态结构是太姥文化孕育与发展的自然基础。追寻福鼎地理环境形成的历史过程,是探索太姥文化内涵与特征的前提。对这一地区地理环境与生态结构的分析首先要了解区域内地形、地貌、气候、土壤等的历史变迁过程,本章将对本区这些地理环境的基本要素进行简要介绍。

第一节　地　质

　　地质学一般将地质时代分为太古代、元古代、古生代、中生代和新生代,其中元古代有震旦纪,古生代依时序有寒武纪、奥陶纪、志留纪、泥盆纪、石炭纪、二叠纪,中生代有三叠纪、侏罗纪、白垩纪,新生代则有古近纪、新近纪和第四纪,在纪下又有统的划分。这种划分一般是通过对地层记录、岩石性质、植物孢粉、生物化石的分析来判别。在这些地质时代里,地球曾发生过几次强烈的地质构造运动,如阜平运动、吕梁运动、晋宁运动、加里东运动、华力西运动、印支运动、燕山运动、喜马拉雅运动等。本节将分别从地层和岩石两方面,了解并分析地质构造运动对这一地区产生的影响。

一、地　层

　　从地壳呈层状展现的岩石序列可以窥探地球形成后的地质在本区作用的历史,含化石的地层则记载着生物不可逆演化的历史片段。福建位于中国东南部,濒临太平洋,属于华南褶皱系的一部分。福建境内的地壳经历20多亿年的地质演化,在吕梁、加里东及燕山运动的作用下形成褶皱基底。福鼎为闽东北沿海地区,地壳构造各阶段均有岩浆活动,引起了学术界的广泛关注,其中以燕山晚期运动最为活跃,对本区影响最为深远。

（一）关于南溪古生代地层的论争

1972 年,浙江区调查队在福鼎县南溪发现有古生代石炭系地层出露,该地层是研究东南沿海中生代火山岩基底的关键,同时也引发了地质学界此后对该地层性质的长期论争。南溪位于福鼎县城北约 10 公里,构造上为一断块盆地,盆地周围为大片的上侏罗统火山熔岩,石炭系出露于盆地内的东、西两侧。西侧曲坑一带以千枚状粉砂岩、板岩为主,夹有少量灰岩。东侧杉柴山一带为变质粉砂岩、细砂岩夹硅质岩、硅化灰岩,化石丰富。两者之间被一套中生代的复成分砾岩所分隔。

1979 年,福建地质四队林德威发表《福建福鼎南溪晚古生代地层沉积特征和岩相古地理的初步探讨》一文,依据所测剖面分析,认为该区地层为晚泥盆—石炭系,厚达 2092 米,为冒地槽沉积。20 世纪 80 年代开始,施央申等认为它是一套典型地槽复理石建造,并由此得出浙闽沿海中生代火山岩应是海西—印支地槽褶皱带的结论。[1]《中国古地理图集》根据福鼎、汕头一带槽型复理石相沉积的发现,认为当时可能有一狭窄的海槽存在,并将其暂称为"福汕海槽"。张之孟将南溪石炭系地层纳入华力西褶皱带,因为除了福鼎之外,浙江象山石浦一代也有地槽型的泥盆—石炭系,海南岛石碌有下古生界及泥盆—下石炭统中浅变质的复理石构造,并进而指出由越南长山山脉,经过海南岛中北部、闽浙粤沿海至日本稳岐—能登—佐渡一带为一早维宪左右结束的华力西褶皱带。这一观点遭到黄汲清、任纪舜等人的质疑,他们认为华南加里东地槽东南侧的闽浙粤沿海不存在华力西或华力西—印支褶皱系,而应当是加里东褶皱系的一部分。[2]

至 20 世纪 90 年代,福建省地矿局区调队的吴岐等人通过对该地区的岩石地层、生物地层以及岩相和沉积环境进行分析,从构造环境的角度提出这一地区并非海西地槽或华力西褶皱系,而是地层异地体的看法。[3] 1999 年,中国地质大学的岳来群与福建省地质四队的林德威等再次发文,通过对这一古生代地层的岩性、所含化石、稳定同位素、构造形迹等特征与其他基底进行对比分析,提出这一地层虽有复理石建造乃至地槽沉积的某些特征,但总体而言仍属于华夏古陆基础上发展起来的地台型盖层沉积,该古生代浅变质岩系可分为上古生界和下古生界,上古生界可沿福鼎—宁波

① 施央申、刘寿和:《福鼎南溪石炭系复理石建造的发现对认识浙闽沿海中生代火山岩基底大地构造性质的意义》,《南京大学学报》1980 年第 4 期,第 121—127 页。

② 任纪舜等:《华南大地构造的几个问题》,《科学通讯》1986 年第 1 期,第 49—51 页。

③ 吴岐、李希敏、吴小林、郑云钦:《福建福鼎石炭系及其构造环境》,《中国区域地质》1990 年第 4 期,第 327—333 页。

裂陷槽与浙江同时代的地层类比;下古生界具体为奥陶系—泥盆系,可以和广东、海南、浙江等地区的同时代地层类比。沉积物以正常碎屑为主,火山物质较少。其碎屑源于华夏古陆中相邻的微地块。加里东、印支等期,南溪为一在麻源群基底上(晋宁运动)形成发展起来的裂陷活动带,其沉积环境是华夏古陆裂解过程中产生的武夷陆块和东海陆地间的裂陷槽。[①]

(二)燕山运动

中生代后期东亚构造体制发生了重大转换,西伯利亚板块向南、太平洋板块向西、印度洋板块向北东同时向中朝板块汇聚,形成了以陆内俯冲和陆内多向造山为特征的"东亚汇聚"构造体系。在这一过程中,晚侏罗世大陆汇聚导致岩石圈急剧增厚,随之引发早白垩世岩石圈垮塌和大规模岩浆火山作用,中侏罗世燕辽生物群向早白垩世热河生物群发生更替,成为中国大陆和东亚重大构造变革事件,这是燕山运动的基本内涵。

显著的褶皱、强烈的断裂、广泛的岩浆侵入、活跃的火山喷发是燕山运动的主要表现。此时闽北有大量的火山喷发和花岗岩侵入,武夷山脉、鹫峰山脉几为花岗岩、火山岩所覆盖,产生了极其丰富的有色金属。

福鼎境内亦有古火山口,太姥山的各种火山岩、侵入岩便是在这一时期燕山运动的作用下形成的。燕山晚期有三次侵入,岩石分布在蒋阳、杜家、嵛山、东埕、跳尾屿、龙田、薛桥等地。同时大量金属矿区分布在福鼎西北部,叠石一带的银硐是本区主要金属矿藏产地,早在宋代此地就曾开采银矿。

二、岩　石

本区岩石主要有火山岩和侵入岩,接下来主要通过对岩石性质的分析来了解地质构造运动对本区地理环境形成的影响。火山岩是在火山喷发过程中由岩浆演变而成的。环沙埕湾为白垩系下白垩统石帽山群,为下白垩统火山岩,岩性为凝灰岩。沙埕湾往外周边山体主要有坂头组、南园组、长林组(侏罗系上侏罗统),岩性为流纹质凝灰岩。本区的火山岩与浙江火山岩相连,习称浙闽粤中生代(燕山期)火山岩带,是环太平洋火山岩带的一个组成部分。侵入岩可分为雪峰期、燕山早期、燕山晚期以及喜马拉雅期等共9次侵入活动产生,以燕山晚期岩浆活动最为强烈。侵入岩类型

---

①　岳来群、林德威、林子明、薛培安:《论福建福鼎南溪古生代地层地质特征及成生环境》,《福建地质》1999年第2期,第59—67页。

有(晶洞)钾长花岗岩、花岗斑岩、石英斑岩等,下文仅以山后尖玄武岩柱及太姥山花岗岩的形成为例作简要说明。

(一)山后尖玄武岩柱

福鼎山后尖玄武岩柱状节理发育形成雄伟壮观的石柱林、石林墙,为太姥山国家地质公园内主要地质景观之一。该玄武岩位于东南沿海中生代构造火山岩带中段,福鼎—福清北东向断裂带东段,福鼎早白垩世火山喷发盆地南部。该岩石呈岩筒状,产于太姥山岩体中部与北西部分枝的内湾处,沿山后尖主峰分布,超覆侵入石帽山群下组下段火山沉积岩之上或侵入其中。平面上呈椭圆状,长轴走向北西 307 度,长790 米,宽 420 米,剖面上呈倒锥状,内侵产出,倾角上缓下陡,南东陡、北西缓。

山后尖玄武岩筒属板内稳定的环境于喜马拉雅期形成的,起源于上地幔,与福鼎—福清北东向大断裂活动有关的中心式火山喷发产物,由玄武质火山角砾岩、碧玄岩、橄榄辉长玄武岩组合,经历火山爆发、喷溢、次火山侵入三个阶段而形成橄榄辉长—玄武岩具深源定位后在喷溢至地表的特殊双重的成岩过程。①

位于福鼎市白琳镇的玄武岩

---

① 戴清忠、陈荣魁:《福鼎山后尖玄武岩筒地质特征及其形成机制探讨》,《福建地质》2008 年第 4 期,第369—376 页。

（二）太姥山花岗岩

太姥山地区的花岗岩分布广泛,岩性以钾长花岗岩为主。岩石中发育典型的显微文象结构,缺少暗色矿物。岩石具高硅、富碱、贫钙镁和高分异指数等特点,是燕山晚期岩浆活动的产物。在早、晚白垩世之交,中国东南大陆边缘处于不断伸展之中,导致大量的构造岩浆活动,太姥山花岗岩正是在这样的背景下形成的。这些花岗岩岩浆起于古老基底地壳物质的熔融,但有不同程度的地幔物质的加入,强烈的软流圈地幔物质上涌和新生幔源岩浆的底侵作用为花岗岩源区提供了一定的物质来源和大量源区熔融所需要的热量,而导致这一深部地质过程的动力学机制与该地区晚中生代特殊的大地构造活动密切相关。①

太姥山的花岗岩非常直接地反映了地质构造运动对这一地区的影响。在中生代,随古太平洋板块向古欧亚大陆板块俯冲,发生陆内深俯冲带构造—岩浆活动,福建沿海形成大面积分布的中酸性火山岩和燕山期侵入岩,早白垩世晚期—晚白垩世早期形成太姥山晶洞碱长花岗岩。太姥山岩体形成后,晚白垩世晚期随地壳抬升及上覆中酸性火山岩被剥蚀殆尽而露出地表,岩体被切割成菱形的棋盘格状。在断裂

太姥山花岗岩地貌

---

① 李良林、周汉文、陈植华、王锦荣、肖依:《福建太姥山地区花岗岩岩石地球化学特征及其地质意义》,《岩石矿物学杂志》2011 年第 4 期,第 593—609 页。

构造控制下,形成以覆鼎峰为最高峰的太姥山脉地貌格局。喜马拉雅期造山运动中太姥山脉进一步抬升,花岗岩体被侵蚀下切并逐步分离,形成山峰、峰脊和沟谷。[①]

从地层和岩石性质来看,引起最广泛关注的南溪古生代地层应该是加里东和晋宁运动共同作用的结果。广布太姥山区的花岗岩主要是在燕山运动晚期形成的,燕山运动也是对本区影响最大的地质构造运动。喜马拉雅期形成的山后尖玄武岩柱证明喜马拉雅及其后的新构造运动对这一地区亦有影响。

第二节　地形与水系

一、地形地势

掌握地形地势是理解文化分区、人群流动以及生计模式的关键,本节将首先介绍福建的地貌情况,进而指出福鼎的地貌特征,最后以晴川湾为例,进行具体论证。

山体纵横、海岸线蜿蜒是福建省普遍的地形特色。山地、丘陵占福建全省总面积的95%,平原只占5%,即便是200米以下的低地也只占总面积的12.5%。福建自北部的沙埕湾起到南部的诏安湾止,直线全长535公里,曲线长度3324公里。[②]

福鼎市位于福建的东北角,处于太姥山脉中部东麓,三面环山,一面临海,是闽浙沿海的关键地带。本区山地丘陵直逼海岸,与深入陆地的港湾形成鲜明对比。太姥山脉斜贯西部边缘,西北和西南群山连绵,峰峦叠嶂,海拔在800米以上的山峰有76座。东北部属雁荡山余脉,多为丘陵地。整个地势由西北、西南向东南海面倾斜。境内丘陵起伏,河谷与盆地错综其间,东南部丘陵凸起,中部和东南部多为块状盆谷和冲积平原,构成以沙埕湾腹地为中心的中部凹陷,桐城、前岐、点头、白琳均处其中。全县陆地总面积达1462平方公里,其中山地面积527平方公里,占36.05%;丘陵面积达817平方公里,占55.88%;盆谷、平原118平方公里,占8.07%。[③]

晴川湾的地形以覆鼎峰为中心海拔依次降低并向外扩散。其中,中低山主要分布在覆鼎峰一带,相对高度大于500米,坡度在30度以上,尖峰陡崖,峭壁发育。低

①　梁诗经、文斐成:《福建太姥山晶洞碱长花岗岩地貌特征》,《福建地质》2010年第4期,第334—346页。

②　陈支平、詹石窗主编:《透视中国东南:文化经济的整合研究》,厦门大学出版社2003年版,第36、37页。

③　张瑞尧、卢增荣主编:《福建地区经济》,福建人民出版社1986年版,第410—411页。

山分布在中低山外围,相对高度 200 至 500 米,坡度一般在 30 度以上。高丘陵相对高度在 200 至 400 多米,分布广泛,坡度一般在 30 度以上,并直接濒海组成的岩岸,至今仍受海水作用,发育了海蚀岸。低丘陵分布于高丘陵外围,海拔十至数十米,个体矮小,红土残积层薄,有的地区基岩直接裸露于地表,形成岩质小平台。冲积谷地主要分布于河流溪沟两侧,面积狭小,组成一级阶地,冲积物由卵石、沙及黏土组成。海积平原主要分布于秦屿、硋门两个小海湾内,海拔在 5 米以下,由海积淤泥、淤泥质黏土及海相沙、贝壳等物质组成。同时,丘陵山地直插海域,形成陡峭曲折的岩石海岸,沿岸海蚀高度可达 15 至 80 余米。岛屿周围海蚀崖高度稍低,为 15 米左右,海湾内海蚀崖不发育。

在这样的山海形势下,岩滩主要发育在沿岸基石突出的岬角处,多为残留、崩塌落下的孤石。沙滩发育在两相邻岬角所夹的小海湾内,面积较小,外缘带为岩滩所围绕。泥潭分布面积较大,滩上潮沟发育,常出现泥沙混合滩,多已成为主要的海滨养殖场所。地貌类型通常由丘陵到红土台地再到沿海平原,花岗岩、流纹岩、玄武岩等火山岩遍布全区。这些平原规模不大,且为丘陵所分割,呈不连续状。

二、水　系

本区河流多为短小溪涧,河网密度大,多独流入海。流域面积在 30 平方公里以上的溪流共有 9 条,主要可分为沙埕湾与晴川湾两个水系。其中水北溪、赤溪、溪头溪、百步溪、照澜溪等 5 条溪流主河道总长 158.5 公里,流域面积达 978.3 平方公里。

(一)沙埕湾水系

桐山溪,又称水北溪,是境内最大的河流,发源于浙江泰顺雅阳镇后山尖北麓,流

桐山溪

经境内库口、何坑、透埕、高滩、桐山、流美等地,汇会甲溪、溪里溪、坡里溪、南溪、库口溪、透埕溪支流,最后注入沙埕湾。

百步溪发源于管阳的王府山南麓,流经翁溪、叶莒、车洋、白琳,汇入沙埕湾。

照澜溪,又称照兰溪,发源于浙江省苍南县的矾山镇,流经南宋、埔坪、枫树坪、照澜,汇入沙埕湾。流域面积101.2平方公里,主溪流长21.9公里,其中福鼎县境内流域14平方公里,溪流长7.5公里。

此外另有双岳、三门溪、王孙溪,流域面积较小,均注入沙埕湾。

(二)晴川湾水系

秦屿镇西侧是太姥山,自西向东有5条主要溪流在镇区汇成吉溪水和洋里溪,注入秦屿湖,其间点缀着数座小山峰,在河流与湖交汇处形成大面积的湿地,而秦屿湖以东即是东海。

(三)其他水系

除了注入沙埕湾和晴川湾的水系以外,福鼎境内另有赤溪和溪头溪,分别注入牙城湾和交溪。赤溪位于县境西南部的磻溪,主要河流有桑园溪、柴坪溪、又溪口等3条,发源于柘荣县片洋的第一尖,流经石山、桑园、赤溪,汇入霞浦境内的牙城湾入海。溪头溪位于境西北部的管阳境内,发源于柘荣县的乍洋,流经管阳、广化、乾头、褚楼,主要河流有溪头溪、西阳溪等2条,属交溪水系。

从地形及水系的整体来看,太姥山脉为境内主要山体,中高山散布在福鼎西北、西南部和太姥山一带。低山分布在叠石乡的仓边、楼下,桐城镇的孤岭,点头镇的大坪、后井,白琳镇的岭头坪,磻溪镇的湖林、油坑,赤溪的西侧和太姥山外缘的五蒲、才堡、方家山、孔坪、东稼及东北部贯岭镇的分水关、军营,前岐镇的南池尾山、林路寨山、乌石山和嵛山岛。丘陵在境内广泛分布,东北高丘分布在沙埕港至水北溪以北低山内缘,地势坡度大。西部高丘分布在桐城镇的岭头、浮柳,点头镇的上宅、柏柳,白琳镇的翠郊,磻溪镇的黄岗、金谷、赤溪一带,呈带状夹于低山和低丘之间。东南高丘分布在白琳镇的郭阳、外宅、旺兴头,店下镇的西澳、台峰、筼筜,硖门畲族乡的秦石、渔井、青屿头一带。该区山脊平缓,山坡较陡。

在水系的作用下,在沙埕湾附近形成了桐山、点头、白琳、前岐、店下等河流冲积小平原,晴川湾的秦屿亦如此。同时,在山体、河流以及海水的联合作用下,也形成了一些天然的滩涂与港口,如沙埕,尤其适合海产养殖和商品贸易。那么在这样地形复杂的区域会有哪些人群活动,地形地势又将对人群活动产生哪些影响呢?在深入分析地形地势对人的活动所产生的影响之前,必须先对本区的气候与土壤情况进行介绍,因为人的生产生活活动、地形地势,和土壤、气候是相互影响的。

第三节　气候与土壤

一、气　候

福鼎市属中亚热带海洋性季风气候。常年气候温和,日照充足,雨量充沛。年平均气温在 13.6—18.9 摄氏度之间,年日照约 1840 小时,年平均降雨量为 1300—3200 毫米,无霜期达 268 天。[①] 这样的数据相对于整个福建的情况来说,降雨偏多,气温偏低。这是由于其特殊的地理位置及地势造成的。嘉庆《福鼎县志》对此地的气候有这样一段记载:

> 鼎邑虽属闽地,而邻于浙,其气候实与福州暨郡城稍异。如春初间,常雨雪,较寒于冬。发雷常早,遂成阴霾。夏则多旱,洋田喜雨,山田喜晴,收获不齐,而丰歉因之。秋初飓风时发,暑雨淫霖,乍晴复雨,溪流泛涨。山岚海瘴,尤盛于夏秋之交。秋热更烈,雨复暴寒,湿热熏蒸,人多疟痢。霜降稍觉清凉。将届小阳,复成暄燠,花有非时而开者。小雪以后,霜华满地,辄作严寒。冬至既交,则雪常盈寸。此邑中一岁之气候也。[②]

这段话有非常丰富的内涵,提示了福鼎气候的特殊性以及气候与农业、自然灾害、疾病、物候等的关系。引文首先强调福鼎处于闽浙交界,气候与浙江相类而与福州不同。之后则讲到了气候与地方生产的关系,夏季雨量不足对洋田和山田产生的不同影响。此处的洋田是与山田相对应的概念,应当是指地势较低的冲积或者海积平原的水田。秋季台风来袭,带来暴雨。同时还特别提到了气候与地方疾病的关系,秋季"雨复暴寒,湿热熏蒸",为疟痢这种南方病的易发季节等情况。

---

① 张瑞尧、卢增荣主编:《福建地区经济》,第 411 页。

② 嘉庆《福鼎县志》卷一,周瑞光汇编:《福鼎旧志汇编》,厦门大学出版社 2012 年版,第 28 页。本编所引用嘉庆《福鼎县志》、民国《福鼎县志》及《福鼎乡土志》均为此版本,后文仅标注页码。

尤其值得注意的是气候与疫病的关系。明清福建的疫疠地域分布十分广阔,又以沿海各地最为严重。[①] 顺治五、六年,福建福州、霞浦、柘荣、邵武、长汀、清流、宁化均有瘟疫,[②]福鼎记载最早的瘟疫在宋代,其结果是桑园村翁氏 300 余人仅存 1 人。关于福鼎瘟疫的记载可参看表 1-1:

表 1-1　历史时期福鼎疫病信息统计表

年　代	地　点	伤亡情况	资料来源
宋景炎元年	桑元村	翁姓 300 余人(仅存 1 人)	2003 年版《福鼎县志》
明洪武二年	桐山	死者相枕藉	嘉庆《福鼎县志》
明成化二十二年	福鼎	不详	嘉庆《福鼎县志》
明嘉靖十七年	秦屿	是月贼掠秦屿并南乡各土堡,复大疫	嘉庆《福鼎县志》
清顺治十三年	桐山	不详	《桐山高氏族谱》
清咸丰四年	福鼎	十不救一,棺木售卖一空(地震、水灾之后,伤亡严重)	2003 版《福鼎县志》

疫病的发生,不仅与地理位置及气候有关,亦有诸如大规模战争、地震及水灾等自然灾害引起的大规模人口死亡导致,或由别处传播而来。

本地区自然条件比较稳定,只有水旱灾害较突出。初步统计明清时期水旱、台风、雹灾、地震等 26 次左右,尤以咸丰三年的地震、暴雨以及由此引发的山洪造成伤亡较惨重,史称"死者不计其数"。这次灾难完全与当地地质及植被破坏有关,桐山是桐山溪和龙山溪的冲积平原,处在两溪夹缝中,遇暴雨常有山洪爆发之隐忧,为此清代县令曾在桐山周围筑坝以防卫。乾隆以后,福鼎树木砍伐十分严重,山体失去遮蔽,石块裸露于地表,遇大暴雨水势凶猛,泥石流滚滚而下,堤坝亦难保卫。

表 1-2　明清时期福鼎自然灾害信息统计

年　代	灾害类型	伤亡情况	资料来源
明成化二十一年	水	不详	嘉庆《福鼎县志》
明天启四年	地震、雨、雹	屋瓦皆裂	嘉庆《福鼎县志》
明崇祯十三年	大风	拔木发屋	嘉庆《福鼎县志》
清顺治十四年	不详	不详	嘉庆《福鼎县志》
清康熙十四年	水	淹死男妇 500 余人	嘉庆《福鼎县志》

① 林汀水:《明清福建的疫疠》,《中国社会经济史研究》2005 年第 1 期,第 46—59 页。
② 罗汝泽等修,徐友梧纂:《霞浦县志》卷三"大事记",民国十八年(1929 年)版。

（续表）

年　代	灾害类型	伤亡情况	资料来源
清康熙十四年	水	八月廿二夜,洪水横流北门外,店舍漂没无余,男女溺死二三百人,余屋亦流塌	《桐山高氏族谱》
清康熙二十六年	水	漂没民舍	嘉庆《福鼎县志》
清康熙四十五年	旱	雨阳失序,田稻枯萎,收者仅一二分耳	《桐山高氏族谱》
清康熙五十一年	水	淹没田庐无算,死者相枕藉	嘉庆《福鼎县志》
清乾隆二年	山崩	压死 73 人	嘉庆《福鼎县志》
清乾隆二年	海潮	不详	嘉庆《福鼎县志》
清乾隆二十八年	大风、雨、雹	屋瓦皆飞,海水泛滥	嘉庆《福鼎县志》
清乾隆四十七年	大水	坝崩数十丈,东城不没者三版,漂溺田庐、人畜无算	嘉庆《福鼎县志》
清乾隆五十三年	地震、旱	不详	嘉庆《福鼎县志》
清乾隆五十九年	旱	不详	嘉庆《福鼎县志》
清嘉庆元年	大水、雨、雹	不详	嘉庆《福鼎县志》
清嘉庆八年	毛虫	大岳村有毛虫千万为群,大如拇指,遍食松楸至枯,赴涧饮水,人不敢迫视	嘉庆《福鼎县志》
清嘉庆十六年	地震	连日地震	2003 版《福鼎县志》
清嘉庆二十年	地震	地震三次	2003 版《福鼎县志》
清道光十五年	旱	民众采野菜、树皮充饥	2003 版《福鼎县志》
清道光二十四年	寒流	坚冰盈尺,竹木压折	2003 版《福鼎县志》
清咸丰三年	地震、雨、山洪	桐山死者不计其数	2003 版《福鼎县志》
清咸丰四年	旱	路有饿殍	2003 版《福鼎县志》
清同治十一年	旱	溪水尽涸	2003 版《福鼎县志》
清光绪十六年	飓风	海船回避不及,多被掀翻,死者达千人	2003 版《福鼎县志》
清光绪十八年	寒流	溪涧结冰尺许,沿海港汊冻凝,树木大多被压折	2003 版《福鼎县志》
清宣统元年	海潮	浪高丈许,毁提防,淹田园	2003 版《福鼎县志》

二、土　壤

在气候、地形、水文、植被、土地利用等多种因素的长期综合作用下形成的土壤,类型多样,其中以地带性红壤面积最大,分布最广,其他非地带性土壤有水稻土、滨海盐土、紫色土等。

红壤是因中亚热带气候下土壤的脱硅富铝化作用而形成的,丰富的热量和充沛的降雨使土壤中二氧化硅被淋溶,铝、铁离子富集,形成红壤。随着海拔高度升高到700—800米以上,红壤又向黄壤过渡。由于雨量增加,湿度大,在山地湿润的亚热带森林灌丛植被下土壤的富铝化作用较弱,游离的高氧化铁受到水化作用,因而土色发黄。

非地带性土壤以水稻土占比例较大,是在长期耕作以及培肥熟化作用下形成的,其肥力高低受耕作习惯、轮作制度和距离村庄远近影响。又由于地势不一,有丘陵坡地黄泥梯田,河流冲积沙质田、平原灰泥田等的差别。

另有由滨海盐土开垦洗盐种植水稻后发育形成的烟渍型水稻田,如盐斑田属的海涂田、咸田,埭田属的乌埭田、灰埭田、灰沙埭田等。沿海平地很少,红土台地成埋藏状态。海岸极为弯曲,沉降特点明显,且以基岩侵蚀海岸为主。海滩不甚发育,但各港湾内都分布有大面积淤泥滩,淤泥滩上可见成灌丛状的红树林。广阔的淤泥滩和内湾浅海是发展鱼虾贝藻养殖的良好场所。①

---

① 福建省福鼎县土壤普查办公室编:《福鼎土壤》,1983年,第22—98页。

第二章　太姥文化区的地理环境与社会结构

对区域文化的研究建立在充分了解区域的地理环境、社会机构及其历史变迁的基础之上。三者相互关联、相互影响,对这种联系和影响之分析及论述,法国年鉴学派的"长时段"理论受到学界的长期关注和广泛运用。布罗代尔认为,对人类社会发展起长期的决定性作用的是长时段历史,只有在长时段中才能把握和解释一切历史现象。这一从历史学本位出发的思维方式有其合理性并仍旧值得我们在研究中借鉴。本区的地理环境、社会结构、文化结构均需要放在长时段进行考量。本章主要解决的问题是本区地理环境与社会结构的关系。

地理环境会对区域的社会结构产生影响是毫无疑问的,关键是如何产生影响,产生怎样的影响,是积极地促进社会发展还是消极阻碍社会进步,这种影响始终如一还是不同时期各有差异。这都是十分复杂的问题,同时又与社会整体的发展步调相关,故而必须放在一个具体的空间进行长时段的讨论。

接下来,笔者将从本区的历史发展进程出发,以政区、移民、族群等为基本关注点,在社会变动的大背景下,着重分析宋元以来地理环境在不同时期与社会结构的相互影响,缕清本区社会结构的历史变迁。笔者认为,由此方能正确理解本区今日社会结构之形成,同时亦希望能够借此引起读者对本区今日及未来发展方向的思考。

第一节　从山到海:宋明时期巡检司的区位变动与早期开发

一、唐宋时期的移民与开发

言及东南地区的开发,总是要与"永嘉南渡"和"安史之乱"相联系,这是由于北方汉人的移民对本土的开发以及文化改造无可替代、不可磨灭的深远影响。福建历史上第一次大规模开发是在三国时期,在孙吴政权的经营下,福建成为一个水军基地和对外通商口岸。晋室南渡,北方移民大规模进入,耕地面积不断扩大,水利建设陆续开展,新县普遍建立,出现了经济开发的新局面。隋唐五代之时,福建开发速度加快,山海经济并进,以墟、场、镇、城组成贸易网络,扩大商品生产,经济文化开始走向繁荣。① 福建的开发秩序有自北向南,先山区后沿海的趋势。

福鼎汉建安初分属于侯官县,晋属温麻地,唐至宋设有长溪县。元至正年升长溪县为福宁州。洪武年间改福宁州为福宁县,成化九年又升福宁为州。清朝后升福宁州为福宁府,福鼎划归霞浦县管辖。建制的演变一方面反映了福宁在行政区位的上升,但从另一个方面来说,整个福宁建制的变迁对于福鼎乃至整个太姥山区而言,影响并不很大,因为在太姥山的阻隔下,福鼎无论是距府治、县治还是州治,均有相当的距离,在太姥山的环抱下,远离统治中心的福鼎似乎处在一个被隔离的空间。

自然的阻隔对于行政管理亦是不便的,同时也阻挡了移民的进入。福鼎早期的开发及人群活动主要在距离政治中心较近的太姥山麓,例如管阳、秦屿、潋城等地。五代之后,随着叠石、分水二关的修筑,开始往福鼎东北方向发展至贯岭一带,北方移民亦主要进入这些地方。唐宋以来的北方移民主要有桑园翁氏、磻溪林氏、桐山高氏、杜家杜氏、潋城杨氏等。翁氏初居唐光州(河南),因黄巢之乱迁居长溪(白琳翁潭),后迁至桑园村。磻溪林氏据说是宋太平兴国二年自浙江昆洋迁居磻溪,仙蒲林氏则南宋乾道八年迁入,桐山高氏是在宋乾德二年由西园迁入桐山,杜家杜氏宋元丰年间迁入。此构成了福鼎的早期移民群体,其中主要以林氏、杨氏、高氏影响最大。

唐乾符二年,霞浦赤岸的林嵩及李晦请改乡里名,福鼎境内被改名为"劝儒乡",辖擢秀、望海、遥香、育仁、廉江五里。宋代时,潋城杨氏有杨楫,追随大儒朱熹,也曾邀请朱熹至乡里讲学并建有石湖书院。县境有一览轩,称朱熹在此讲学之时,邑人杨通老(杨楫)与高国楹曾与之同游,②二人均为朱熹弟子,与朱熹亦互有书信往来。可见在宋代,杨氏和高氏已是此地的名门望族。

二、巡检司的区位变动与地方开发

唐宋之世,由于山地丘陵地势的限制,福鼎的人口尚少,发展不足。但因其地处

---

① 陈支平主编:《福建历史文化简明读本》,厦门大学出版社 2013 年版,第 7、8 页。
② 嘉庆《福鼎县志》,周瑞光汇编:《福鼎旧志汇编》,第 220 页。

闽浙交界要道,又距离县治较远,故设置巡检司对此地进行管理。巡检司始于五代,盛于两宋。早期的巡检司主要为州县所属捕盗官,是州县以下负责捕盗治安的,大多设在乡、镇、寨或市集,少数因高山峻岭所在冠名。①

福鼎的巡检司始设于宋代熙宁五年(1072 年),分别在桐山、蒋阳、照澜设巡检司,归长溪县节制。蒋阳为山间谷地,距霞浦较近,同时该区也开发较早,附近便是林氏宗族聚集之地。桐山是水北溪和龙山溪的冲积小平原,距离分水关较近,土壤肥沃,地势平坦,适宜农耕,但由于其处在两溪夹缝之中,逢大暴雨天气便有暴发山洪之隐患。照澜因水命名,在前岐照澜溪边。照澜溪发源浙江矾山,是闽浙交界之地,北边即为平阳界(今苍南)。

这三个巡检司中,桐山和蒋阳处在霞浦往浙江的闽浙古驿道上,照澜则是福建与浙江平阳交界之处。从区位选择来看,巡检司是选择人口流动频繁的关津要道进行设置的,以上三处均属人员流动频繁之区或人口密集之地。

进入明代,本区作为闽浙沿海交界地区的战略地位开始上升。同时,明代巡检司较之宋元已有变化。明代实行卫所制度,《太祖实录》载:"缘海卫所,戍兵以防倭寇……置巡检司……分隶诸卫,以为防御。"沿海巡检司与卫所一起,组成了明代沿海的海防体系,巡检司是作为防倭体系的一部分,军事上受卫所节制和调度。

洪武二十年,周德兴奉命经理福建,此后的近十年,福建沿海进行了大规模的海防建设。在谷应泰的《明史纪事本末》中有"(洪武)二十年四月,命江夏候周德兴往福建滨海四郡相视形势……乃筑城六,增巡检司四十五……",《明会要》中亦有"二十年四月,增置巡检司四十有五,分隶诸卫"的记载。

《福鼎县志》称洪武年间徙蒋阳巡检寨于大筼筜,为大筼筜巡检司,徙桐山巡检寨于水澳,为水澳巡检司,②应当就是在明初周德兴经理福建,大规模筹建海防备倭的背景下发生的。大筼筜为晴川湾港口,据《福建通志》的记载:"大筼筜城,在县东南五十里六都,原福宁州十一都,明江夏侯檄筑为巡检司城。"明确指出筼筜巡检司为奉周德兴所建。水澳在晴川湾边,此二巡检司在当时应是受福宁卫的节制。桐山巡检司迁移至近海的水澳,蒋阳巡检司迁移至大筼筜均反映了这种卫所与巡检司联合防海备倭的海防趋势。

据嘉庆《福鼎县志》载:

---

① 宋烜:《明代浙江海防研究》,社会科学文献出版社 2013 年版,第 73 页。
② 嘉庆《福鼎县志》,《福鼎旧志汇编》,第 173 页。

江夏侯入闽备倭,于要害处增设巡检司。平居则巡缉奸宄,会哨则督催官军,声势联络,互相应援。弓兵六十、七十、一百名不等,于附近海澳募充。①

其"平居则巡缉奸宄,会哨则督催官军,声势联络,互相应援"之语对这一时期巡检司的职能做了一个十分简要的概括。也就是说,巡检司的职能主要分为平时和战时两个部分,平时主要是负责地方治安,这个职能是沿袭宋代巡检司的职能而来。战时的职能是督催官军,传递消息,负责战时的消息联络和战事督催。上述材料更提示了巡检司弓兵来源为就近募充,实际上在嘉靖三十八年(1559年)倭寇入侵之时,便有"弓兵尽属市民,闻警多逃"的记载。也就是说此时巡检司的防御能力是不足的。

正德六年(1511年),筑芦门(今沈青)城(堡),以备抗倭,随后又水澳巡检司迁往芦门。嘉靖四十五年(1566年),又将芦门巡检司迁回桐山,复为桐山巡检司。大筼筜巡检司也迁移至秦屿,在清初再次迁移,移至霞浦杨家溪。

清代福鼎设县之后,巡检司的设置出现了新的变化:

设县后,(桐山)始改驻霞浦之柘洋。又有大筼筜巡司,洪武间由蒋洋徙置,旋移秦屿堡,国初改驻杨家溪。设县后,始改为潋城司。查二巡检均系此土专司,其公署遗址,尚斑斑可考。职无崇卑,均关司牧,流风未远,善政犹存。②

其中,由于桐山被选为县治所在地,桐山巡检司则迁移至霞浦的柘洋。而大筼筜巡检司在设县之后改设潋城。"职无崇卑,均关司牧,流风未远,善政犹存"一句,点明了巡检司管理一方的职能。

宋代以来本区巡检司的区位变动,大概体现了福鼎的地方开发从山上(管阳、桐山、照澜)到海上(大筼筜、水澳),再到山海并重(柘洋、杨家溪、潋城)的发展轨迹。清代福鼎设县之后,巡检司的迁移至柘洋及潋城,更体现了山海并重,共同发展的势头。

---

① 嘉庆《福鼎县志》,《福鼎旧志汇编》,第172页。
② 同上,第187页。

第二节 山摇海动:明末清初的倭乱、山寇与迁复

一、嘉靖以来的海氛山寇

明代自太祖起便已建立包括沿海卫所、巡检司及水寨在内的庞大的海防体系,除此以外严行海禁政策,禁止海上贸易,希望借此获得海上的安宁。但到嘉靖年代,仍然迎来了倭寇泛滥、寇乱不断的局面。

闽东地处闽浙交界,岛夷入寇,必先犯此。据《福鼎县志》的记载:

> 海之有防,始于有明,海防之严,始于明之嘉靖,嗣后沿海一带筹备益密。福鼎地处闽北,与浙洋交界,最要口岸有三,曰南镇,曰激城,曰秦屿,逼近外洋,其余各澳口及诸港汉,在在均可通海,前代屡遭倭警。①

可见,福鼎明代受倭寇影响最大的是晴川湾附近的南镇、激城和秦屿。这一时期,为了防范倭寇,沿海地区的居民建了相当多的土堡。嘉靖十七年(1538年),海贼肆虐各乡,秦屿土官陈登倡议修筑秦屿堡。嘉靖二十一年,桐山高氏亦开始修砌桐山堡。福鼎的土堡主要集中在沙埕湾至晴川湾一带,说明这一代是福鼎受倭寇扰累最重之区,其中尤以桐山、沙埕、秦屿深受其害。

据桐山高氏族谱的记载,嘉靖三十一年,倭寇劫掠桐山,杀伤守御,乡人团练御之。至嘉靖三十五年冬,倭寇万余人,攻秦屿,程伯简携众乡民抵御之。寇攻秦屿七昼夜,伯简死于城上。嘉靖三十七年,倭寇再次攻打秦屿堡,不克。上一节提到,福鼎巡检司的弓兵都是附近招募而来,嘉靖三十八年,弓兵闻警多逃,不堪御敌。参将黎鹏举在翁山击沉倭寇之船,追寇至三沙火焰山,大破倭寇。但这一年倭寇来势汹汹,据桐山高氏族谱的记载:"倭复陷州城,随道桐山肆虐焚毁,居民远窜,流离万状。"②此年,桐山堡尚未修竣。嘉靖四十一年,戚继光率兵取道温州、平阳来闽抗倭,于七月越分水关抵达福鼎境内。嘉靖四十二、四十三年,倭寇两次来犯。四十二年五月,倭

① 嘉庆《福鼎县志》,《福鼎旧志汇编》,第159页。
② 《桐山高氏族谱》。

攻流江、沙埕,烽火把总朱玑率州师破之。四十三年四月,参将李超破倭于水澳。

除了对地方的骚扰,明末的倭乱也带来了新的移民,山寇亦随之兴起,即所谓的"山海连动"。明代以来福鼎的移民大概有两种,一种是卫所移民,一种是战争移民。玉塘夏氏便是早期的卫所移民,其族谱载:"永乐二年甲申……上谕偃武各卫所屯田若官员军戎愿归农者,不限顷亩,令开垦自收,复其输将,官锡(赐)钤记印信。本职服制,公倦于戎马,欣然喜归田,遂挈家人入闽落建宁右卫,卜于十八都大障(桐山北)。"①而薛桥张氏,便是明中后期往返于闽浙之间的战争移民。张氏原来是居住在苍南,后因倭乱于万历三十八年(1610年)携家移居大坑内,不久听说浙南倭寇祸平,上有招垦之令,闽人多有归之,便携眷回迁苍南藻溪昌门,20年后再次迁徙至前岐彩澳。

在倭乱的同时,山寇亦随之兴起,这与其背山面海的地理环境有关。福鼎属闽浙交界,处于统治边缘,在太姥山的掩护下,国家力量有时难以完全控制。故有"古田、福宁本窥鱼盐之利,山谷邃深,逋寇每凭之而啸来,但不常出也"之说。《福鼎县志》载:"桐山故盗薮,出没不常,为商人患。"在桐山高氏的族谱中我们同样看到:"闽浙咽喉,利薮盗丛,志有明载,山海窃发,必先被害。"②可见,太姥山作为天然掩体,不仅给福鼎带来了绝美的山海风光,同时也给反抗者提供了掩蔽之地。

倭乱之后至明清易代之时,福鼎成为海盗、山寇觊觎之地,山海摇动。天启二年(1622年),海盗千余人进犯秦屿,里人张鸾三、陈氏姑娘率义军抵御,海盗遂由樟岐入袭,城破。其后又有刘中藻、陈文达以及王拉天等祸乱,《桐山高氏族谱》对此描写细致,我们可以大概窥知当时情形:

> 仲藻来桐山,扎营三官堂前旷地,自称为阁部,富者勒饷二三千金,稍殷者四五百金。又有山寇沈可耀、张养忠、林君仲等,亦以倡义来桐,不论贫富,勒其助饷。吾父将母移寓二十三都上井地方。仲藻兵有万人,自恃众多,日夜演剧为乐,清兵屯住桥墩门,侦报者皆不信。十月初一晨,浙兵卫营屠戮兵民千余人……吾父复移居九都桑园。仲藻带百余人逃入福安……后为陈部院剿灭……己丑年诸贼尽亡,五月回家。庚(寅)、辛(卯)、壬(辰)、癸(巳)、甲(午)、乙(未)、丙(申)数年稍静,余终岁在书馆。

---

① 《玉塘夏氏族谱》。
② 《桐山高氏族谱》。

上文的描述中,我们看到桐山像一个大舞台,此方唱罢彼登场。刘中藻进入带来山寇沈可耀、张养忠、林君仲等,清军与刘军厮杀,祸及平民,或死难,或逃遁。刘中藻之乱平复后,福鼎稍获安宁。至顺治十三年,以陈文达、王拉天等为首的新一轮的海寇与山贼来袭,这一次的动乱对福鼎造成了巨大的冲击和损失,史称"居民绝迹者三年"①:

> 丙申乃顺治之十三年也……八月十六夜,海寇陈文达船札八尺门外,循岸焚劫,玉塘男女遭辱,惨不胜言。是时州未设镇,桐未设营,只有把总一员,兵二十名,在城外住。时小岳后湾有泉州人,名马贵,鸠集亡命徒百余人,假以倡义,遂乱桐山。把总奔回州城。又有山寇王拉天、马兴、郑维德等四五百人,焚劫章峰、金沙溪等处。九月末旬,吾父揭(携——笔者注)眷入管洋,未几贼势愈炽,又移入柘洋下城。是冬,桐山稻在田而无人收,蔗在园而无人砍,兼以瘟疫流行,至十四年冬,人民死徙十不存一矣。吾族人并诸亲逃出外乡者幸无恙,或吾宗有默庇欤?②

在这场动乱中,福鼎玉塘地区受害最重,《玉塘夏氏族谱》亦有相似的记载:"清初顺治丙申……陈寇中夜沿海劫掠,满目焦土,骨肉飘零有二十五载。"这次山海动乱之所以能够造成如此巨大的影响主要在于福鼎守备力量的不足,史称"州未设镇,桐未设营,只有把总一员,兵二十名,在城外住",民国《福鼎县志》甚有"自数年来,桐山无官兵驻扎"③之语,而这一情形是由于福鼎山海之间的特殊地理位置,处在行政边缘区,使之成为闽浙沿海防守最薄弱之环节,山寇海患的重灾区。在此次动乱之后,发生了瘟疫,造成大量的居民死亡。

在上文的材料中,我们似乎看到了一个翩翩少年,在兵荒马乱的年代,辗转于山海之间,艰难地寻求一线生机。但这仅仅是个开始,一个强大的帝国正欲升起,他像一粒尘埃掉进了历史的洪流,只能被裹挟着滚滚向前。

二、清代的迁界与复界

明末清初,福鼎一度成为南明小朝廷与清军争夺之地,也是清廷的平台重地。顺

---

① 嘉庆《福鼎县志》,《福鼎旧志汇编》,第274页。
② 《桐山高氏宗谱》。
③ 民国《福鼎县志》,《福鼎旧志汇编》,第354页。

治六年,南明尚书李向中等守沙埕,以沙埕为抗清据点,传说鲁王也曾于同年至此地。此后的很多年,福鼎成为清朝与台湾郑氏争夺的战略重地,郑成功一度试图以沙埕、南镇为据点北上。顺治十五年五月,郑成功率部将进驻沙埕,沙埕成为郑军北上的重要补给地,这一地区也在郑氏的活动范围之内。而本地居民则开启了又一次的逃离和迁徙,桐山高敛卿再次详细地记录了这一时期的逃难经历:

> 十四年,漳州郑成功,隆武赐姓朱,遂称为国姓。父名芝龙,子名锦。三世航海,为寇闽广江浙沿海地方,受其荼毒甚惨。艨艟千余号,霸居海澄、厦门等处,朝廷差满汉官兵剿之,不克。上山至百里外,虽逃深林亦为所祸。四月初一日,吾父惧,其至柘洋移住,温州分水关一派大路皆贼,从泰顺而去,经二十四都西洋,住宿三弟岳丈吴家。不料初四日海寇竟至管洋,初五日至西洋,沿村大屋焚毁无遗,火照四十余里,夜不用灯。初四日即随众急奔走矣……初六日至泰顺章坑,遇贼眷属,幸早逃远,惟余负长男侪元在田饮水,为贼所擒……贼未之杀,午后至西洋,遍野尽是死尸,田水俱红……余父先一日携眷往小场地方,海贼下海去矣。初七日负元往见吾父,次日即移入泰顺张宅,住数日移入葛洋董家山,此五月半时也。七月初旬,次弟维暾病卒于此,十一月,王拉天等贼焚劫牙洋、泗溪、剪州、卢梨地方,离董家山仅七八里,又移入举江,雇船至平阳三都瑶山。……此处无薪,只烧草,草山有主,不许人取,每草百斤,银四分,其地难居。戊戌二月移去瑞安梅底地方,此处米不甚贵……至泰顺柘洋买茶,复由泰顺发至瑞安,不想茶无人兑,顿至主家。六月间,海贼攻瑞安,余回梅底,移眷逃亡灵洋地方,此处家家祀五通邪神……六月末旬……(贼)复回踞海澄矣。时贼去后,仍回梅底,七月初旬,梅底有下南人姓戴者,通王拉天至彭埠地方,梅底相隔二里,时避居梅底者,吾族十余家,男女计有六十余人,无奈往见拉天,诉以桐人数年遭乱苦楚,给照,令余等从高蒌、三溪至泰顺回桐……已亥,桐山未有官兵,仅有海贼拨一饷官,名柳会春者驻焉。……是年,州总兵吴大人到任,闻山寇作乱,差副将刘之瑛带兵征剿,饷官,山贼皆逃。未两月召回,山贼复来,十月移住王家屿……四日上午塘兵请余酒,兵去,下午海贼饷官请余酒,此时进退甚难……速命潜逃……闻大路有贼,由金乡小岳买船至蒲门,时十二月廿七日也。廿八日至流江,搭船至白琳油溪上岸,廿九日早至南门岭……沿山走十里余至磻溪地方始安。……与主家贷米五斗,以度残年。

在高氏族谱的记载中,由福鼎入浙有三条路,离桐山最近也最直接的是闽浙古驿道,走分水关直入浙江。但由于逃离之时这条路线被郑氏所占,高氏的逃难路线只能走山路由西洋至泰顺,再由泰顺沿飞云江而下,至平阳瑶山,后迁移至飞云江边的梅底。高氏此后多在飞云江北岸避居,在泰顺、平阳、瑞安一带活动。而后高氏自浙江回福鼎之时,由于陆路被山贼所据,只能走海上,搭船由金乡至蒲门,再坐船由沙埕湾至白琳。从高氏的描述中,我们可以知道,顺治年间王拉天等的活动范围也因海边郑氏的影响,由福建的太姥山麓北移至雁荡山区,此时的桐山则是被郑氏占据,设有饷官。

顺治十六年(1659 年),高敛卿刚回桐山不久,桐山一地便清军、郑军、山寇聚集。高氏本在浙江梅底之时便见过山寇王拉天,回桐山之后,清军及郑军均欲将其拉拢,收归麾下。究其原因则在于,高氏进入桐山较早,在当地属名门望族,颇有根基,而高敛卿能识文断句,对当地又极为熟悉,是故成为三方拉拢之对象。但在这一历史关键时刻,高敛卿选择了逃跑,再次离开桐山。

至顺治十七年,由于福鼎守备力量不足,本地曹角六、高素卿"赴督辕请兵御寇",是年十一月,福鼎遂复有巡检司、汛塘之设。高素卿应为高敛卿本家,因高敛卿有"本年七月间,素卿兄往省请兵,十月总督遣官率兵剿灭劫掠余贼,十一月桐山有巡司、汛官守焉"的记载可以相互印证。清军入驻以后,福鼎境内稍安,仅泰顺附近及太姥山区留有极小部分山寇和郑氏余党。

为了对郑成功的抗清据点实行经济封锁,切断郑氏集团与内地的联系,清初在江、浙、闽、粤沿海实行迁界。据嘉庆县志载,福鼎是顺治十八年开始,迁沿海居民于内地,而民国县志将迁界时间变更为康熙元年。出现这种差异的原因在于,清廷的迁界令是在顺治十八年颁布的,但从高氏族谱的记载来看,桐山的迁界当始于康熙元年,这与福建沿海整体的迁界步调是一致的:

> 康熙元年壬寅,海贼猖獗,奉旨迁界温、台、福、兴、漳、泉、福宁等处,凡海迁之民,尽移内地,以大路为界,沿途插木栏,不准内人踰越,违者斩。内地穷乏者,乘夜越界,拾稻作食,丧命无数。有满汉官三员驻州城,每月至桐一巡,夫马繁多,民不聊生。此时家有蚶蛤之谷,尽蹈于火。若为巡兵所获,即以越界通贼罪之。

福鼎经历了两次迁复,一次是康熙元年迁界,康熙七年闽浙总督赵廷臣下令展复三十里。至康熙十七年,海寇迭起,复移居民内地,疆画原界。康熙二十年,总督姚启圣疏请尽复原迁沿海居民。从高氏的记载来看,康熙元年的迁界范围是以大路为界,所谓大路应当是指"闽浙古驿道",即白琳—点头—桐山—贯岭—分水一线。据郑振满依据杜臻的《闽粤巡视纪略》所载整理得出,康熙元年福宁州的迁界边界线在杯溪村—福宁州—赤岸桥—杨家溪—店头—沙埕,其中沙埕迁界八十里,水澳七十里。[①]也就是说,桐山似乎不在界外,而在界内。福鼎迁界范围大概是在东部沿海地区。清廷平定台湾之后,沿海地区稍微平静。

对于迁界的方法及影响,高氏亦稍有涉及。从高氏的表述来看,迁界的方法是沿途插木栏,处罚亦相当严厉,违令者可直接处斩。迁界的影响对界内和界外的居民是不一样的,对由界外内迁的居民来说,无以为家,无米可食,生活难以维持。对界内的居民来说,官兵驻扎,杂役繁多,难以支持。从"有满汉官三员驻州城,每月至桐一巡"来看,这应该是福鼎置县之前所享有的"最高规格"的待遇。

迁界同时导致东南沿海大量的田地抛荒和人口损失。据范承谟康熙十二年(1673 年)所言:"闽人活计,非耕则渔。一自迁界以来,民田废弃两万余顷……而沿海之庐舍畎亩化为斥卤,老弱妇子辗转沟壑,颠沛流离,至此已极。"[②]这一情况在平定台湾后亟需整理,也开启了康熙中后期的土地开垦风潮。

第三节　人山人海:乾嘉时期的人口变动与族群分布

一、乾隆四年福鼎设县

(一)康乾时期的复垦、清丈与人口增加

康熙帝平定台湾后,就曾亲自问过杜臻福建复界开垦之事,并着杜臻赴闽粤督办勘界之事。史称:"勘明地界,给还原主,或有原主已亡、无从查觅者,听情愿垦荒之人量力耕种,总俟三年起科。"康、雍、乾三世是清王朝的鼎盛时期,政府以各种手段倡导、鼓励土地开垦。

康熙三十三年(1694 年),福建沿海恢复耕种后曾举行清丈,"以福建沿海界外田地,历来界址混淆,至是令将福州府之闽侯、长乐、连江、罗源,兴化府之莆田、仙游,泉

---

① 郑振满:《明清福建家族组织与社会变迁》,湖南教育出版社 1992 年版,第 177 页。

② 《皇朝经世文编》卷八十四"兵政",转引自彭雨新编:《清代土地开垦史资料汇编》,武汉大学出版社 1992 年版,第 151—152 页。

州府之晋江、南安、惠安、同安,漳州府之龙溪、海澄、诏安、福安、福德等县及福宁州沿海地,概行清丈"①。康熙四十六年(1707年)又下诏,令闽省一年垦完荒地:"以闽省荡平二十余年,民人俱已复业,其未垦抛荒田地二千六百余顷,至今尚未足额,今勒限一年,照数垦足征粮。如再迟延,该督抚将地方官一并题参。"②这其中将奖励耕垦的目的说得十分明了,就是"照数垦足征粮",总而言之,不过是为征收赋税。

雍正七年(1729年),曾有对限期垦完荒地的地方官按分数进行奖励的办法出台,乾隆九年停止。③ 乾隆登基之初,便令各府县开报开垦地亩④,乾隆五年(1740年)又规定各州县零星地土免于升科⑤,继而又规定福建所属,畸零田地不及一亩者免其升科。如虽及一亩,或地角山头不相毗连者亦免升科。其有经界联络一亩以上者,仍旧例分别水旱年限升科。⑥

福鼎在对台战争以及迁界过程中损失了部分人口,同时亦有大量的田地抛荒,在清廷连续不断的鼓励耕垦措施的刺激下,福鼎迎来了新一批的移民,呇口里张氏便是其中代表。据《永定县田地岭东张氏家谱》和《福鼎前岐呇口里张氏家谱》记载,因适逢康熙亲政后,大力奖励垦荒减免赋税,实行"更名田",至乾隆时,全国边疆、山区、海岛、荒地得到大规模开垦,张氏祖先在这样的背景下,依照政策一边继承祖业——打铁,一边垦荒。

除了移民的进入,康熙年间"盛世滋丁,永不加赋"及"摊丁入亩"的政策推行无疑也刺激了本地的人口繁衍。也就是说,在复界后的这一时期,福鼎无论是本地人口还是移民都大规模增长。移民的到来使得族群更加复杂,也更加难以管理,应该说福鼎设县的需求在此时已表现得相当明显,分县治理只待时日。

(二)福鼎设县

对福建省而言,在辖区管理上,本区无论是隶属福宁还是霞浦,太姥山实际上都是天然的阻隔,然而由于其介于闽浙之交的特殊区位,加之明代以来的海患,统治者已经开始意识到这一地区实为国家权力的真空。为了对这一地区加强管理,康熙九年设桐山营,总兵吴万福重修了高家土堡,设置了游击和守备。

但桐山营是军事设施,不涉及民事。福鼎的人口在迁复、鼓励垦荒等政策的刺激

---

① ② 《清朝文献统考》卷二"田赋二",转引自《清代土地开垦史资料汇编》,第155页。

③ 《户部抄档:地丁题本——山西(四)》,转引自《清代土地开垦史资料汇编》,第164—165页。

④ 光绪《大清会典事例》卷一六四"户部",转引自《清代土地开垦史资料汇编》,第164页。

⑤ 同上,第165页。

⑥ 同上,第166页。

下有相当的增加,在地方管理上大为不便,于是开始有在福鼎设县的提议。福鼎设县这一提议是时任闽浙总督的郝玉麟向乾隆皇帝提出来的,乾隆三年(1738年)郝玉麟上《提报霞浦县所辖之桐山地方改设县治事宜疏》:

> 伏查桐山一堡,扼控浙闽,山海交错,实为紧要之区,向隶福宁府霞浦县管辖,南至县治一百八十里,北至浙江温州府平阳县一百六十里,东(西)至福安县一百六十里,悉属丛山叠嶂,道路迂回,艰于行走。凡有命案赴县具报,往返必须五日,每至相验,尸身发变。……至盗贼一遇拿获,迅弁例无刑讯,势必解县审究,长途跋涉,不特耽延时日,而且盗伙闻风,早已匿赃远扬……且考试、输粮以及词讼等项,均属不便。臣再四思维,必须改设县治,庶足以便民生。①

郝玉麟的奏疏反映了福鼎长久以来在太姥山阻隔下的尴尬处境。桐山方圆一百六十里均无治所,这一方面表现了霞浦对这一地区的管理不便,另一方面也反映出这一地区犹如"化外"处境,盗匪出没,却缉拿不便。福鼎设县的过程是相当顺利的,得到了上下的一致赞同。经过福宁府知府赵琳、霞浦县知县陈策、布政使王士任、按察使觉罗伦达礼、陆路提督苏明良、福建巡抚卢焯的合并声明,设县终成定局。

郝玉麟这一奏请实际上是由于地方士人的推动。据县志记载:

> 游学海,字兼山,在坊人,拔贡。读书识大体。邑旧属霞浦,遇公事往还动经旬日,海倡议呈请制府提设县治,后人便之。②

这也反映出作为两省交界的边远山区,鞭长莫及的海防重地,福鼎设县实际上是顺应民意,众望所归。

福鼎设县之后,将县治选定在桐山。对于桐山这一地点的选择,可结合本章以及第一章的内容进行综合分析。应该说明的是,桐山这一地点在地形地质上来说不具备优势,虽然桐山是冲积小平原,但其地处龙山溪和桐山溪的夹缝中,常被水患,历史上曾多次暴发泥石流,将县治选在一个地质不稳定的地方显然有些冒险。

然而统观整个福鼎境内却找不到更加合适的地方了。当时秦屿的发展状况较

① 中研院史语所明清档案工作室之"史语所藏内阁大库档案",登录号051339-001。
② 嘉庆《福鼎县志》,《福鼎旧志汇编》,第222页。

好,但是地处海边,是海患来袭的首选目标,将县治放在海边显然不太可能。在明清以来海上战争的摧残下,较之被攻占、袭击,水患当然就显得微不足道了。除此以外,桐山地处闽浙官道边,距分水关较近,背靠大山,有镇守之需。又有桐山堡这一物质基础,同时此地又经过当地宗族的长期开发,经济基础较好。就福鼎的整个区位来看,桐山处在中心,海边山上皆便管控。

二、人口变动与族群分布

(一)乾嘉时期的人口变动

一般而言,州县新设也会带来一批移民,这种移民一般是两种机制带动的,其一是基础工程的兴建,其二是学额的增加。福鼎乾隆四年(1739年)设县,第一任县令傅维祖,有《作新楼记》称:"福鼎为新设之县……当是时,百政待举,朝廷特发帑银几二万,责令修城堡,建圣庙,立坛壝,造衙署,营仓廒,买积谷。"傅在位三年,仅将衙署修葺一新,其他营建工程主要是在乾隆十三年以后,陆续经高埼和萧克昌等县令之手完成的,尤其是萧克昌,与时任福宁知府的李拔交好,致力于地方工程的营建。

设县之后,本区人口经历了一个快速增长阶段,以嘉庆《福鼎县志》所载历年编审的人口情况进行统计,见表1-3:

表1-3 福鼎县乾嘉时期人口统计

年 份	民 户		屯 户		流 寓		总 计
	成 丁	幼 丁	成 丁	幼 丁	成 丁	幼 丁	
乾隆十一年	2625	1233	223	116	—	—	4197
乾隆十六年	4075	1333	223	166	—	—	5797
乾隆二十一年	6116	5884	860	620	—	—	13480
乾隆二十六年	8110	884	1160	820	—	—	19974
乾隆三十一年	30568	26865	1630	1143	9512	4513	74231
乾隆三十六年	60617	46890	2638	1158	16510	15511	144324
乾隆四十一年	60636	46895	2647	1165	17513	15516	144372
乾隆四十六年	60763	46987	2691	1215	17533	15529	144718
乾隆五十一年	60903	47172	2770	1215	17533	15529	145562
乾隆五十六年	60970	47298	2813	1337	17809	15757	145984
嘉庆元年	61129	47677	3125	1527	17965	15812	147235
嘉庆六年	61911	48362	3618	2275	18391	15862	150419
嘉庆十年	64601	49557	3936	2617	19219	16521	156451

从表1-3来看,这一时期的人口快速增长是从乾隆十六年(1751年)开始的,其中增幅最大的是乾隆三十一年和乾隆三十六年,增长速度着实惊人,此后均为平稳增长。

这一局面的出现可能有两方面原因,一方面是人口的持续增长,其中即有建县以后的吸引作用,还有持续不断的来自奖励垦荒政策的激励。另一方面可能是编审政策的变化,也就是说乾隆二十六年至三十六年之间,本区已经开始允许流民、棚民、客民、畲民、疍民等入籍,由此出现了较大幅度的数字增长。

据宁德地名办调查,建县以后吸引了大量下府移民,即后来福鼎的沙埕、前岐、佳阳、贯岭、叠石等乡镇中,都有闽南方言岛,人口13万,其中沙埕是在清乾嘉时期从永春等地迁入。

倭乱以来,这一地区有大批的流民、客民、棚民、畲民和疍民进入,但这些人群不缴赋税,不入户籍,故难以在官方的统计数字中体现。从表1-3来看,乾隆三十一年(1766年)开始有流寓一项,也就是说官府已经开始吸纳流民入籍,同时畲民亦在这一时期"一体落籍"。据《福鼎乡土志》的记载,"鼎之编户,皆汉族也。然亦间有他人种,曰畲与黎",也即是说,在民国年间畲族与疍民都已经是国家的编户齐民了。

(二)畲民、疍民概况

明谢肇淛游太姥山时便有"值畲人纵火焚山,西风甚急……回望十里为灰矣"之语,其《游太姥道中作》亦有"畲人烧草过春分"的表达,说明畲族此时已经进入太姥山区。福鼎的畲族主要有雷、蓝、钟、吴、李五姓,其中吴、李本为汉族,因入赘而转为畲族。福鼎的畲族迁入是一个长期的过程,主要来源是浙江和福建其他州县。福鼎的畲民应该是在乾隆年间开始"输粮纳税",入籍时间应该就发生在乾隆二十六年至三十六年之间。因嘉庆初年发生了著名的"钟良弼案",任福建布政使的李殿图在处理福鼎县有关畲民事务时,该县畲民已"输粮纳税"。

在福鼎磻溪,古有"畲客不下洋"之说,说明明清时期畲族主要在山上,同时是与汉人别居的。从福鼎畲族志来看,目前畲族已经分散于福鼎的各个地方,与诸姓杂处。其生产方式亦是以旱作或水田为业,传统的刀耕火种及采集狩猎的生产方式至民国已经被摒弃。

疍民又被称为水上人,或白水郎,是东南沿海地区在水上生活的人群的统称。福鼎亦有疍民的活动,主要居住在沙埕海岸,从乡土志的记载来看主要分布于一都东南一带,二都的彩澳,四都的白鹭、水澳,五都南镇、钓澳、澳腰、后港,六都的屯头,十都、十一都滨海地区。

除了畲族和疍民以外,福鼎还有棚民和客民的存在,具体人数不详。大抵客民主要分布在五都,有"踞全邑海港之外户"之说,而这些客民又"多由兴化侨居",亦以渔为业。由此或可以推测,其疍民亦有来自兴化的移民。棚民则主要分布在十八都,本都为福鼎的矿区,但棚民主要居住在登菇岭的山坳中,以制纸为生,据称"山坳中多结茅寮,为居民制纸处",来源不详,具体信息有待进一步考察。

第四节　挖山填海:晚清以来的农业发展与环境演变

综合上文的讨论,明清之际的动乱,清代以来鼓励开垦等政策,乾隆年间县治的设置,都不同程度地促进了本区的人口增长,族群亦更加多样。尤其是鼓励开垦的政策,促进了本区农业的迅速发展。农业大发展的表征是耕地面积和农业人口的增加,但同时带来的直接结果是林地、滩涂的减少,居民生计模式的转变,进而导致环境变化。

在介绍福鼎的地形地貌的时候,我们知道本区山体直逼海岸,仅有桐山、点头、前岐、白琳、秦屿等几处河流冲积小平原,适宜农耕。除了平原田地适宜耕种外,尚有洋田和山田,其中山田有山坞田和梯田,洋田即围海所造之田,古有"地之高者苦旱,卑者苦涝"之说。但本境山峦起伏,可耕之地少,产米无多,农家率种地瓜,以期果腹。早期畲族刀耕火种,疍民沿海捕鱼,开山与填海均十分有限。随着时间的推移,人口的增多,对粮食和农田的需求增加。开垦荒地、山地,围海造田越来越多。

人口的增加和粮食的供给不足的状况是持续的。1942年福建省农林处称福鼎山巅绵延,田地稀少,东南滨海,人民多捕鱼为生,西北负山,盛产茶烟之属,粮食原不敷自给,故恒赖杂粮(地瓜丝)以资维持。[1] 由是,挖山填海成为快速拥有耕地发展农业的必经之道。至1986年,福鼎全县有耕地面积30.44万亩,其中水田占68.2%。山地面积达到105.4万亩,占全县陆地面积48.27%,其中可开发利用的荒山荒地达29.04万亩。[2]

一、耕地面积的增加

民国以来,福鼎耕地面积增加是十分迅速的。1939年全县有水田10万亩,旱地

---

[1] 福建省农林处统计室编:《福建省各县区农业概况》,1942年,第74页。
[2] 张瑞尧、卢增荣主编:《福建地区经济》,第411页。

3 万亩,合计 13 万亩。其中个人田园 11.3 万亩,寺院田 7000 亩,官地 1800 亩,族地祠田 8200 亩。1945 年,田赋分科统计,全县有水田 28.73 万亩,农地 9.1 万亩。

1949 年,全县水田 218693 亩,农地 65324 亩,合计 284017 亩,人均 1.36 亩。1950—1995 年,一方面围海造田、垦复荒地和平整土地等增加了耕地;另一方面,因国家和民用基本建设用地及受灾抛荒等,使得耕地减少。两者相抵,全县耕地总面积基本保持 20 世纪 50 年代初期水平。1989 年底,全县共有农业耕地 30.89 万亩,占土地总面积的 14%,其中,水田 21.61 万亩,占 69.96%;农地 9.28 万亩,占 30.04%;人均耕地 0.65 亩,比 1949 年少 0.71 亩。1990—1995 年,全县耕地一直保持在 30 万亩(水田与农地比例为 2∶1)左右。由于人口增长,人均耕地面积则大幅度下降。1995 年,全县人均耕地只有 0.56 亩。①

二、围海造田

围海造田主要在沙埕港内,明清至民国就曾有大规模的填海。至中华人民共和国成立,国家政策的鼓励开启了更大规模的填海造田运动。

据 2003 版县志,宋代以前,福鼎县店下万亩洋田原是沙埕港湾的一个内海,海水涨时东至龙庵涵头,南至溪美岐头洋,西至岭栋下,北至西岐、屿前、箩口,方圆达数十里。店下小地名叫"店仔",有石碑镌刻"飞云渡"三字,字大方尺。自宋代开始,历经元、明、清至民国,围海造田形成万亩洋田。除店下外,屿前、东岐、溪美的李、赵、谢、喻、林、王等姓村民也早就进行围海造田,面积不下 1.5 万亩。

中华人民共和国成立后,政策鼓励农民开垦荒地、围海造田。1957 年,兴建董江大塘小型围垦工程,造田 450 亩。70 年代初至 1995 年,先后完成秦屿、硖门、涵头、文渡、前岐、白岩、小东门、双岳、沿州、点头、杨岐、铁将等大小围垦工程 18 处,共计围海造田面积达 5.02 万亩,其中用于种植农作物 3.46 万亩,水产养殖 7000 亩,作盐埕晒盐 3100 亩。②

三、林地的减与增

随着山地的开垦,梯田的建造,林地必然减少。林地的减少趋势大约是从人口十分密集的东南部和东部沿海地区开始,最后延伸至西北和西南。

———————————

①　林守无主编:《福鼎县志》,海风出版社 2003 年版,第 148 页。
②　同上,第 151—152 页。

店下万亩洋田一角

嘉庆《福鼎县志》有“万里林隘”的记载。至民国时期，福鼎县东北及东部沿海地区大部分林地已沦为童山秃岭。这一变化或与棚民、畲民对这一地区的开发有关，据傅维祖记载，“遣界之后，寺废僧逃……菁寮炭厂，贻笑山灵”，说明这一时期在寺庙管理脱节的情况下，大批棚民、畲民进入林区种菁，搭棚烧炭，这种经济行为对山林产生了一定的破坏性。西北、西南和中部半山区的森林尚较丰茂，树的种类也较丰富，以天然阔叶林为主。

本区曾经存在大规模原始丛林的另一反映是虎患，明谢肇淛游太姥之时便有当地人拒户防虎之记载。据嘉庆县志记载本区曾多次发生虎患，最具代表的是乾隆五十七年，老虎在白琳至霞浦道路为患，伤人畜甚众。1949—1950 年亦有一次大规模虎患，在管阳、乾头、沈青等村庄，及相邻的柘荣、泰顺，乃至浙江丽水、金华均有虎患。

表 1－4　明清福鼎虎患信息统计

年　代	地　点	伤亡情况	资料来源
明洪武二年	桐山	伤人畜甚众	嘉庆《福鼎县志》
清顺治十四年	福鼎	不详	嘉庆《福鼎县志》
清康熙三、四年	桐山	猛虎甚多……从上而入屋内食人	《桐山高氏族谱》
清乾隆五十七年	白琳至霞浦	伤人畜甚众	嘉庆《福鼎县志》

本区森林的大规模砍伐是在 1958—1976 年。由于 1958 年农村公社化、大炼钢铁，乱砍滥伐成风，以致森林资源遭到严重破坏，尤其是天然阔叶林几乎被砍伐殆尽。

20 世纪 80 年代后期，开始建设防护林，进行工程造林，营造出遍布全县各地的以马尾松为主的人工林，造林质量和效果大大提高，使林业生产进入新的发展时期。

据称"本县山势重叠,树林星布,但无大规模之林地……本县内山常植只有杉木、松树及麻竹等……近来提倡栽植油桐"①,由此可知,本区天然植被已经破坏殆尽,呈逆向演替,现有植被均为次生植被和人工植被。②

挖山填海、围海造田直接影响了本区居民的生计模式。因为原始山林逐渐消失,原本依山而生的畲民生计模式由游耕转为定居农耕。至于凭水而居的疍民,由于部分内海海岸的消失,使得他们不得不上岸定居,或者去距离更远的海岸谋生。而森林的砍伐和经济林的栽种,亦对本区生物的多样性造成一定的破坏,华南虎退出便是其中代表。

---

① 福建省农林处统计室编:《福建省各县区农业概况》,1942 年,第 73 页。

② 童万亨主编:《福建农业资源与区划》,福建科学技术出版社 1990 年版,第 358 页。

第三章　太姥文化区的地理环境与文化结构

　　梁启超在探讨文明与地理的关系之时,曾引述黑格尔的话语,认为水性使人通,山性使人塞,水势使人合,山势使人离。这是一句相当发人深省的话,简单明了地阐述了山海环境与文化结构的关系,那么,当我们运用这样的逻辑对我们的研究对象"太姥文化区"来进行考察的时候,需要考虑哪些问题呢?

　　通过上一章,我们已经知道福鼎地区的地理环境与社会结构变迁的关系,本区的开发大致经历了一个由山向海,至山海并重的过程。我们也可以知道整个福鼎地区的历史发展过程,至少在明清时期,与整个东南沿海地区是同步的,同样地经历倭寇和平台迁界,奖励开垦和摊丁入亩,这种动乱和山区开发的步调显得特别相似,惟有时间早晚不同而已。那么在这样一个被太姥山环抱,山海交汇的地区,它的文化脉络又是怎样的呢,是简单的通和塞、合和离的关系,还是有更加复杂的发展脉络?

　　斯图尔德提示我们,文化在人类与其生态环境之间起着举足轻重的作用,人类通过文化认识到能源或资源,同时又通过文化获取、利用能源或资源。因此他非常强调文化与环境之间的相互作用和相互关系,认为文化之间的差异是社会与环境相互影响的特殊适应过程引起的,并认为以生计为中心的文化的多样性,其实就是人类适应多样化的自然环境的结果。他提出在生态人类学研究中,生计方式乃是最基本的问题,指出文化与环境——包括技术、资源和劳动——之间存在一种动态的富有创造力的关系。[1] 斯图尔德的研究指引我们去关注在环境、技术、资源、劳动等互动下形成的生计模式及其对地域文化发展的影响。

　　从本区来看,有山,则蕴育山地文明;有海,则生成海洋文化。本章笔者亦主要从山地和海洋两方面出发,讨论在这一地理环境下形成的不同文化传统。随着时间的推移,这两种文化不断相互融合,进而促使本区最终形成农耕与海洋文明并重的文化特质。

---

　　① 　石群勇:《斯图尔德文化生态学理论述略》,《社科纵横》2008 年第 10 期,第 140—141 页。

第一节　山地崎岖与农耕文化

本区早期的地方开发主要在桐山、秦屿平原和磻溪之类的山间谷地,以农耕为主,有较悠久的农耕传统。本区山地多,明清以来,河流谷地及山地丘陵渐次得到开发,从粗放的畲种逐渐转向精耕细作。农作物种类多,从事耕种职业者更多,从而形成以农为主的聚落。官方的迎春、祭祀先农,祈雨等仪式,民间产生的有关祈雨的信仰,以及二十四节气为内容诗歌的流传,这些都是在农业耕作基础上形成的农耕文化。

一、平原、山地与农耕传统

鲁西奇曾总结南方山区开发的五个特点,认为山区开发在空间上不断向中高山区拓展,到清中后期,各省交边的中高山区均已得到不同程度的全面开发;山区开发的主力以自山外移入的诸种流移、移民为主力;山区的土地利用方式已逐步脱离刀耕火种式的撂荒游耕——休耕制,而普遍推行连作制,河谷平坝及部分低山丘陵地区已逐步实行一年两熟或两年三熟的轮作复种制,中高山地则普遍实行一年一熟制;南方山区均普遍引种、推广玉米、番薯、洋芋等高产旱作物;山林资源开发利用的不断扩展,利用方式越来越多样,特别是林副产品的加工与再生产所占的比重越来越高。①福鼎的山区开发基本与此相符合。

在第一章中已经提到,福鼎的河流冲积小平原主要分布在桐山、点头、前岐、秦屿、白琳等处,由于河流短促,实际上平原面积均比较小,是本区的水稻产地。《桐山竹枝词》里有这样描述:"衡州司户居沧浪,卧看耕牛归夕阳,有信风前春鸟语,无余堂外稻花香。"②完全反映了桐山明清以来的农耕传统。

嘉庆县志中提到,本区有旱田和洋田。然而从地貌上来看,除了沙埕湾水系和晴川湾水系冲积形成的小平原及后来填海所形成的洋田以外,绝大部分地区是山间谷地、丘陵地和山体,也就是说旱地较之洋田分布更为广泛。这些旱地主要为山间谷地和丘陵梯田。至清中后期,这些丘陵和山间谷地渐次得到开发,梯田、旱地在清代鼓

---

① 鲁西奇、董勤:《南方山区经济开发的历史进程与空间展布》,《中国历史地理论丛》2010年第4辑,第31—46页。

② 周瑞光:《太姥传音:闽浙边历史文化丛谈》,1998年,第326页。

励垦荒的背景下日渐增多。随着人口的增加,太姥山脉从一种自然上的阻隔转而变成了可以改造并利用的资源。烧畲的土地利用方式逐渐被抛弃,由于玉米、番薯等抗旱作物的引进,山区的定居农业发展日渐成熟。同时,经济作物诸如茶叶、竹木、蓝等亦开始种植,对山地的利用方式也更为丰富。

在明清时期山地开发的基础上,本区形成了非常多的定居小村落,嘉庆县志中的福鼎全图对这种聚落形态有所反映。在下图中,我们可以清晰地看到,在河流冲积的小平原之外,村落几乎布满了福鼎各地的山间谷地。

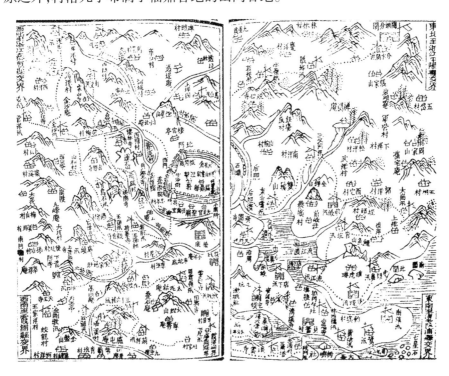

福鼎全图(嘉庆《福鼎县志》)

二、农作物与水利设施

农作物的种类和水利设施的建设反映的是本区农业发展和协作水平,同时也是农耕文化的一个组成部分。

(一)农作物

早在宋代,福建就有"高者种粟,低者种豆。有水者艺稻,无水源者播麦"①和"高

---

① 韩元吉:《南涧甲乙稿》卷十八《建宁府劝农文》,文渊阁四库全书本。

田种早,低田种晚,燥处宜麦,湿处宜禾,田硬宜豆,山畲宜粟,随地所宜,无不栽种,此便是因地之利"①的说法。这种因地制宜的精耕细作,一方面是人口增长满足日常生活所必需,另一方面也意味着生产技术精进和单位面积产量的提高。本区所产的主要粮食作物有稻、麦、粟、豆、芝麻、玉米、番薯等。

稻子的品种较多,有早稻、晚稻。早稻种于山上,不水而熟。形状有大、小、尖、圆之分,颜色有黄、白、黑、赤之别。麦子有大麦、小麦,麦子秋种夏收,子实供磨面食用,亦可用来制糖或酿酒。除了稻、麦这些传统的粮食作物以外,另有粟、豆、芝麻之类。

明清以来,番薯、玉米这类高产旱作物得到了迅速地引进和推广。据称番薯是明万历二十二年(1594年)由巡抚金学曾引进教民种之。玉米又称蕃豆,乾隆年间,李拔根据其在湖北一带推广玉米的经验,写了《请种苞谷议》,福宁地区在李拔的影响下广为种植。学界一般认为,在明中期之前,南方山区种植的旱地作物主要是黍、粟、豆、麻、荞等。玉米等作物在山区引种后,迅速推广开来,到清中期,已成为山区的主要种植作物。

除了粮食作物以外,本区尚有如蓝、茶、棉花、甘蔗之类的经济作物。种蓝主要是为染布,本区甚至有太姥种蓝的传说,说明种蓝在本区有悠久的历史。种甘蔗主要是为了制糖,据称嘉庆年间在本区种植甘蔗的情况十分普遍,有"今邑最多"之语。本区的棉花亦为李拔教民广种,至嘉庆年间渐渐增多。茶叶则是以太姥山的"绿雪芽茶"最为著名,清末民国时期,白琳是本区茶叶的交易市场。

(二)水利设施

粮食作物的生产,尤其水稻的种植与水利设施的完备息息相关。水利设施的建设主要是出于防洪抗旱、灌溉农田的考虑,一般需要协作完成。本区较早的水利设施建设主要为潋溪的西斗门和桐山的桐山陂。史称"(西斗门)载壅水灌田二百石,直至才潋","(桐山陂)宋庆历间,土民障江流,设水棹,灌溉民田,至今赖之",在桐山设木制水车提水灌田。

至明清,永乐二年(1404年)修筑店下海堤,清康熙三十八年(1699年)于桐山溪编竹垒石为坝(即今城关防洪堤),以防洪涝。迄20世纪40年代,数百年间,截流筑堰、沿山开渠渐次兴起,兴修了2500多处小引水工程,共灌田7.3万多亩;围筑小塘堤103处,堤长26.38公里,共造田1.46万多亩。不过,据称所建的水利设施大多是

---

① 真德秀:《西山文集》卷四十《再守泉州劝农文》,文渊阁四库全书本。

简易工程,抗御洪旱能力薄弱。①

三、劝耕重农:迎春礼仪与先农文化

中国自古以来就是一个农耕社会,以往对农耕文明的研究关注点大多放在生产方式、农作物等方面。而值得注意的是,国家的重农思想从农耕礼仪中亦能得到完全的体现。福鼎的农耕礼仪以迎春礼和祭祀神农为主。据嘉庆《福鼎县志》记载,福鼎的迎春礼是以土牛和芒神为中心,均在立春之前准备,制作颇为讲究。迎春礼是在立春前一日,鞭春则在立春日。"有司预期塑造春牛并芒神于东郊外春牛亭,立春前一日,县率属俱穿蟒袍补服至春牛亭。"县令等均盛装出席,仪式结束后将春牛和芒神自东门迎至县头门外。至立春日,备牲醴果品,由县令率属下着朝服,由通赞导至拜位叩拜、献爵,至土牛前击鼓,最后至芒神前作揖并结束。

立春是二十四节气之一。节气是历法的组成部分,在农耕社会有非常特殊的作用,因为节气是一年气候演变规律的概括,人们根据物候来开展农事活动。民国《福鼎县志》记载了通行国历之后,立法院张某改编的二十四节气歌,非常直接地表达了节气与农事安排的关系:

一月大寒随小寒,若种早稻需耕田。
立春雨水二月到,小麦地里草除完。
三月惊蛰又春分,稻田再耕八寸深。
清明谷雨四月过,油菜花黄麦穗青。
五月立夏望小满,割麦插秧莫要晚。
芒种夏至六月到,黄梅雨中难睁眼。
七月大暑接小暑,红日如火锄草苦。
立秋处暑八月过,快割青粱玉蜀黍。
九月白露又秋分,收稻再把麦田耕。
十月寒露霜降来,黄豆白薯都收清。
立冬小雪农家闲,拿去米麦换洋钱。
只等大雪冬至到,把酒围炉过新年。

---

① 林守无主编:《福鼎县志》,第152页。

清代以来,先农祭祀亦受到官方前所未有的重视,皇帝亲自祭祀的次数较明代要多。雍正皇帝甚至颁布了一系列政策推广先农祭祀和耕耤礼。[①] 作为国家祭典的一个部分,福鼎县同样有相关记载。在福鼎,祭祀先农和耕耤是分开的,祭祀先农在前,耕耤在后。福鼎的先农坛是第一任知县傅维祖在乾隆年间建的,祭祀之日在每岁仲春亥日即阴历二月。祭祀之日,县令率所属杂佐俱穿朝服到先农坛,由县令主祭。仪式经过迎神、初献、诣酒尊所、献帛、献爵、终献、送神等程序,每道程序由通赞引导县令及杂佐行跪叩礼。祭祀先农结束后,在午时行耕耤礼:

> 午时行耕耤礼,县并所属俱换蟒袍补服,知县秉耒,佐杂执青箱播种。行耕时,耆老一人牵牛,农夫二人扶犁,九推九返,农夫终亩。耕毕,各官率属暨老农夫望阙谢恩,行三跪九叩礼。

耕耤礼是在知县、杂佐、耆老及农夫等的共同参与下完成的。国家希望通过这种方式以达到教化百姓敦本务农的目的。先农祭祀和耕耤礼的推行是本区明清时期农耕为主之生产格局的文化体现。

四、马仙信仰与祈雨文化

学界一般认为马仙信仰发源于浙南,广泛盛行于浙南及八闽的广大地区。在传统的农耕社会,作为农业神,马仙既能驱瘟疫,又有祈雨司雨的职能,保佑农业丰收。其中关于马仙祈雨的传奇故事十分流行,最为当地传颂。

在《新刻出像增补搜神记大全》中,马仙被赋予了抗御水旱疾疫的功能,史称"凡祷多应,水旱疾疫如转环然"。此后马仙"祈雨救旱"的功能不断被强化。民国《霞浦县志》记载的关于马仙分别于北宋天禧二年,清嘉庆二十年、二十五年在太姥山区之柘荣显灵之说在当地广为流传,马仙作为闽东北山区的农业守护神的形象逐渐定型。

实际上福鼎亦有关于马仙显迹的记载。福鼎有马冠山,位于十四都,据称《闽书》中有"马仙炼丹于此仙去"之句。宋杨谆过此地之时曾赋诗一首:"陈家宅废桑畦暗,马道冠亡羽观空。惟有山南古程氏,雕檐一簇翠烟中。"马冠山在点头附近,

---

① 吴丽平:《国家祭典的历史变迁和当代复兴——以北京先农坛祭祀为例》,《民间文化论坛》2014 年第 3 期,第 85—92 页。

据说在福鼎点头等乡镇,还广泛信仰马仙娘娘,在七月初七,要摆"生礼",并供筵请神,头人按程序做好参与人数、祭礼要求和供品数目等的筹备,该仪式有严格的规定和要求。

另外,福鼎的罗唇、梅溪、倪家地、叠石龙潭均有马仙宫,各有传说。罗唇的马仙宫,建于清代康熙年间,清光绪年间重新扩张,建殿堂、戏台、天井、厢廊。每年正月十五至十八日,即开春前,宫口、柴兰里、马渡头、六斗坑的畲汉百姓进香朝拜马仙娘娘,祈求风调雨顺,形成闽东特有的"冥斋节"。福鼎倪家地海边,有棵千年古榕树,树下有座马仙宫。榕树旁遗存古道,是旧时永嘉通往福宁府的必经之道。福鼎叠石乡会甲溪源于浙江境内,顺着裂谷直流而下,流经龙潭有段激流险滩,群峰环抱,龙潭上有马仙宫,闽浙两省香客络绎不绝。

总体上来看,除了马冠山附近以外,后期马仙宫的修筑有向水边、海边扩散的趋势。这可能是由于马仙与妈祖、临水夫人这些女神信仰不断融合所造成的。除了马仙,据说在彩澳到前岐的路上尚有晏公宫,功能亦为祈雨。

以上所列举均为民间之信仰,是民间在遇到水旱灾害所进行的举措。除此以外,官方在遇到水旱灾害之时亦有祈祷仪式。因州县置有山川社稷等坛,城隍、龙神等庙,逢旱灾则往祈祷。遇到水灾,则各官吏"视水所涌最多之门祭之"。

本区与农耕垦殖相关的信仰尚有"种蓝采茶"的太姥娘娘,是本区最早的信仰。种蓝和茶是与农业相配合的传统产业,在福建历史上有重要地位,太姥山区种茶业历史悠久,据《福鼎乡土志》载:"福鼎出产,以茶为大宗。"种蓝业至民国初才因外货的输入逐渐衰微。

福鼎地区目前节庆、食俗、信仰等方面,都保留着浓郁的农耕色彩,比如"补冬",即立冬日进补这一习俗,其起初的目的就是为了增强体力迎接来年春耕。再比如罗唇畲村的"冥斋节",正月十八全村各家凑米,蒸熟舂制成三个一人高的大"冥斋"(一种圆锥形的年糕),祭祀马仙等等。总体上来说,不管是官方的仪式,还是民间的节俗及信仰的产生和举行,都根植于山地广布的自然环境,并与本区的农耕状况息息相关,反映出来的是崎岖山地所孕育出的农耕文明。

第二节　滨海而居与海洋文明

福鼎是连接福建与浙江滨海的重要地区,海岸带广阔,近海地区提供了另一种生存空间。滩涂以及海洋所孕育的资源养育了一批从事渔业的人,他们凭海而生,食渔盐之利,形成了走海行船、以海为田的海洋文明特征。这种海洋文明与农耕文明截然不同,形成了独特的渔业聚落,高超的舟楫技艺,及丰富的海神信仰文化,本节亦主要从这几个方面展开论述。

一、内海外洋

布罗代尔认为地中海的中心是海域和沿海地带,而这些海域需要用人类活动的尺度来衡量。他曾这样描述 16 世纪的地中海:"面对 16 世纪浩瀚无际的大海,人类只占领了边沿的一些点和线……辽阔的海域同撒哈拉沙漠一样空旷无人。大海只有在沿海一带才有生气。航行几乎总是紧贴海岸进行……小心翼翼地摸着海边过海,避免前往被勒芒的伯龙称为'汪洋大海'的外海。"从内海到外洋的航行是一个非常艰难的过程,16 世纪的地中海的船只始终只在沿海航行,远洋航行没能在地中海海域诞生,这其中既有地理环境的原因,亦有科技的作用。虽然地中海与我们所说的太姥山区在气候、环境等各方面均有很大差异,但是他的表述仍然能够带给我们一些关于早期人们如何利用海洋资源和空间的思考。

回到我们的研究对象福鼎地区,其中亦提供了广阔的海洋空间。这里有内海和外海之分,自沙埕港往流江以上为内海,沙埕港以外以及晴川湾以为外洋。福鼎地区海域总面积 14959.7 平方公里,是陆地面积的 10.24 倍,海岸线总长 432.7 公里,其中泥岸长 168 公里,沿岸多港湾,这一广阔的空间孕育了与陆地截然不同的海洋文明。

首先是海港,据嘉庆县志记载,有西剑港、怯港、硖门港、碑湾港、王渡港,在沙埕以内有大兰港、前岐港、山叉河港、店下港、八尺门港。在晴川湾有黄崎港、筑笃港、番岐头港、日澳港、屯头港、蒙湾港、打水澳港和秦屿港。此外,在内海及外洋均有一些独立的岛屿或半岛,诸如福瑶列岛、青屿等,在嘉庆《福鼎县志》中收有时人绘制的福鼎海图,十分形象地描绘了当时重要的港口、防汛设施及海岛分布。

这些海港和岛屿是在自然条件下形成的,亦如布罗代尔所说的海洋边沿的一些点。在下图中我们亦能看见船只,这提示我们将海港与岛屿这些散布在沿海或海上的点连接起来的正是海上飘着的船只、船队,即不断开发出一条条航线,内海和外洋也靠这些航线联系起来。

刺激并推动这些航线开发和沿岸人群流动的因素可能有三,首先,应该是海洋资源的开发和利用,早期可能主要是渔场和水产的开发和商品交易;其次是闽浙交界沿海海防和交通的需要;最关键的因素,使得前面两种情况成为可能并实现的条件应该是科技的进步,造船及航海技术的日渐成熟。海防的需要在前面的章节中已经提到,此不赘述。在接下来的篇幅中,笔者将主要介绍本区的海洋资源、人群、技术以及在此基础之上形成的海神信仰与海洋文化。

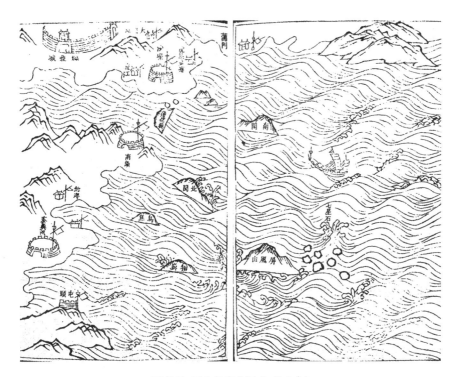

福鼎海图(嘉庆《福鼎县志》)

二、渔场、滩涂与海产

本区海产的来源主要有两类,一类为自然生长,即渔场猎捕所获;另一类则是人工养殖,主要是滩涂养殖。由此,渔场和滩涂作为海产的生存空间,对本区海产品生产至关重要。

从政区来看,本区海域管辖范围以沙埕港为中心,北距温州港81海里,南距三都澳71海里。东侧有浙江省的南关岛、北关岛,南侧有冬瓜屿,东南外侧有台山列岛,闽东渔场的中心捕捞场就在列岛周围。

从渔区来看,闽东渔场位于东海南部,北起沙埕,南至闽江口,渔场总面积5000多平方里。其中包括台山、东引、横山和官井等渔场。岛屿众多,有福瑶列岛、台山列岛、七星岛、草堆岛等大小100多个岛屿。有金沙溪、七都溪、赤岸溪、怀溪、白马河、鳌江、闽江等许多河流注入。① 也就是说,本区位于闽东渔场的北部,台山、福瑶海域附近是主要渔区。

滩涂是海产品的另一出产地。本区泥、沙岸总长 201.8 公里,其中大部为泥岸,形成浅海滩涂 10.44 万亩。滩涂以淤泥为主,少量为泥砂质,生物种类繁多。滩涂主要分布在前岐、店下、桐城、点头、白琳、沙埕、秦屿、硖门等乡镇。据称早在宋代,福鼎秦屿、沙埕一带渔民就在滩涂上"划块"进行贝类养殖,但方式落后、产量低。大量滩涂养殖始于 20 世纪 80 年代,不仅规模大、产量高、品种多,还引进不少先进技术,已成为福鼎渔业生产的主要方面。②

福鼎海产资源十分丰富,仅鱼类就有 500 多种。从生态类型看,以底层、近底层鱼居多,中上层鱼次之,可供海洋捕捞的经济鱼达 100 多种,主要品种有黄鱼、带鱼、鳗鱼、鲥鱼和鲳鱼等。70 年代前,大黄鱼为福鼎主要捕捞品种之一。带鱼是福鼎海上捕捞另一重要鱼类,迄今仍为福鼎沿海存量较丰富的鱼种之一。鳗鱼,又名海鳗,属暖水性,是对环境适应性较强的底层鱼类,在福鼎渔场分布较广。延绳钓、底拖和围罾均可捕获,但资源逐年衰退。台山岛海域是省内 6 个白鲦鱼产卵场之一,也是主要捕捞海区。此外,鲳鱼、鲨鱼、马鲛也有一定存量,近海的丁香鱼、梅童鱼、龙头鱼也是主要捕捞鱼种。③

前文已述本区四季有渔汛,其中春汛主要捕捞大黄鱼、带鱼、小黄鱼、鲥鱼、马鲛鱼、乌贼、银鲳、姥鲨、鳗鱼、鲍鱼、蛤鱼、蓝圆鲹、小公鱼、毛虾和梭子蟹。夏汛主要捕捞鳀鱼、鲥鱼、银鲳、青鳞鱼、小公鱼、对虾、海蜇。秋汛主要捕捞大黄鱼、鲍鱼、鲥鱼、海蜇、梭子蟹、对虾。冬汛则为带鱼、大黄鱼、乌贼、蓝圆鲹、蛤鱼、鲨鱼、毛虾、梭子蟹和舵鲣等。滩涂海产养殖主要以牡蛎、海蛏、泥蚶、海蛤,藻类主要有海带、紫菜、裙带菜等。另有虾蟹养殖,主要是对虾和青蟹。④

三、技术与人群

上文的空间和资源为人们提供了生存的空间,特别是沿海的居民,但这些海产品的获得需要一定的条件,其中最为重要的便是渔猎工具——船、网。

本区的造船业历来发达,据称早在唐宋时期,即有渔民出海捕鱼。宋代则有"海

---

① 福建水产学校主编:《渔业资源与渔场》,农业出版社 1981 年版,第 323—325 页。

② 林守无主编:《福鼎县志》,第 204—205 页。

③ 同上,第 205 页。

④ 福建水产学校主编:《渔业资源与渔场》,第 323—325 页。

舟以福建为上,广东西次之,温、明(宁波)又次之"之说。福建船型先进,巨大坚固,多层舱"上平如衡,下侧如刀"利于远洋航行。自北宋初年以来,福建每年承造漕运官船都达三千多艘。所获之鱼与所乘之船以及渔猎之人息息相关,史称:"渔人讨海之船,名目不一,曰竹编网船,曰旋编船,曰拖钓网船,曰手摇钓船,渔者各有其技,各承其船,各取其鱼,非一船能取诸鱼也。"①

渔民之聚居则需海港和船坞。明清以来,沙埕一带便是渔民的聚居地。因沙埕水道深广,可泊大轮数十号,两岸尚可择地开筑船坞。口门两山拱峙,关隘天然,当时"(沙埕)港内各澳岛大小船只约共多至千号"②。晴川湾沿岸也是当时渔业发展较好的地区,此地"自东南迄西南皆滨海,民多以海为田,潮涨则挂网而渔,潮退则拾取螺蛤",此时秦屿小渔船约100号。③

20世纪50年代以前,福鼎渔区的渔船都是传统的橹摇小木船或木帆船,船体小,载重量低,抗风能力差,船上除了桨、橹、帆外,别无其他设备。典型的渔船有网艚、钓艚、艚、大钓、小蚱罾、墨鱼船等。1958年,本区开始建造机动船,装备小马力船用柴油机,首批建造8艘,海上作业基本上由机帆船取代。1990年,本区第一对钢壳渔轮投入生产,这标志着福鼎渔业用船向大船体、大吨位、大马力发展。④

渔网是另一取鱼必备工具,取鱼之网需"因鱼而异",主要有刺网、张网、拖网、围网。刺网,又叫流刺网,这类网具主要用于定置、钓业等传统作业。刺网主要在沙埕、嵛山、硖门、秦屿、店下等5个乡镇的23个渔村使用,主要捕捞鲳鱼、鳓鱼、马鲛、梭子蟹、黄鱼等中上层鱼类。张网是福鼎近岸浅海主要渔具之一,按网具结构分为有翼张网和无翼张网。从作业性质来分,有桩张网、墙张网、锚张网、船张网4种。其中以桩张网最为普遍,主要用于捕捞海虾、日本鳀(俗名海河)、七星鱼、龙头鱼、小带鱼、小鳗鱼、叫姑鱼等。

拖网是一种主动性捕鱼网具,拖网的网具结构分有翼拖网和无翼拖网。典型的墨鱼拖网,就是县内渔民几百年前发明的一种专捕洄游至近海岩礁上产卵墨鱼的单船无翼拖网。拖网主要在沙埕、秦屿两镇使用,主捕近底层、底层鱼虾类。围网是一种捕捞集群鱼类的网具,主要在沙埕、秦屿、嵛山、硖门等地使用。围网又分大围罾、鳀鱼罾、带鱼罾、小围网、白巾罾及丁香网等,主要捕捞黄鱼、带鱼、鲐鲹鱼、鳀鱼、丁香

① 郭柏苍:《海错百一录》,光绪刻本。
②③ 朱正元:《福建沿海图说》,光绪年间刊本。
④ 林守无主编:《福鼎县志》,第210—211页。

鱼等集群性鱼类。①

除了渔网以外,最传统的取鱼方式便是鱼钓,使用及命名方式也是"因鱼而异"。其中以沙埕一带渔民使用的鳗鱼延绳钓最为突出,其他还有鲈鱼钓、墨鱼钓、鲟钓、鱿鱼钓、鳜鱼钓等。按其使用特点还可分为延绳钓、手钓及杆钓等。

其他的杂渔具则是针对不同类型的鱼量身定制,专门取用,其中用以猎取海兽和大型鱼类为多。本区典型的杂渔具有姥鲨钩、墨鱼笼、黄螺笼、蟳笼、贝类扒等。其中姥鲨钩最为典型,在全国沿海享有盛名。

港湾、海洋、渔具、渔船归根结底是为人类提供了另一种生存空间和生计模式,起关键作用并创造海洋文明最终需归结到人类,在海岸线附近和在海上生存的人才是海洋文明的缔造者,也就是所谓以"讨海"为生的人,其中包括在海岸线附近的居住的渔民以及在船上居住的疍民。

本区的渔户始于何时暂不可知,对疍民的记载有"虽日在波涛中,善相云物,每飓风将作,必先收帆内港以避之。海中礁线,尤所熟悉,故能履险如夷"的说法。关于渔民的由来,据称自古以来兴化湾(包括湄洲岛)渔人便有春夏季转场到霞浦三沙湾捕鱼的传统。沙埕港也有大量的来自海边的兴化移民,这些移民至现在有很多已经陆续从海上走向岸边定居,在以前,他们的生活方式和信仰与汉民有所不同,特别是疍民。

四、海神信仰——以妈祖为中心

王荣国将"海神"定义为人类在向海洋发展与开拓、利用过程中对异己力量的崇拜,也就是对超自然与超社会力量的崇拜。他认为应当将对于与海洋活动相关的神灵信仰现象与信仰活动作为海神信仰进行研究,正如将沿海作为独立的海洋区域进行学术审视一样。他将海神分为海洋水体本位神,航海保护神与渔商专业神,镇海神与引航神,②其中几乎涵盖了海上所有的有关于神、人、物的崇拜。

据称福鼎渔民多由闽南各地迁徙而来,膜拜的神灵菩萨各有所异,西台山渔民信奉"娘娘妈",东台山渔民崇拜"白马王",七星岛的莆田移民把"妈祖婆"奉为至尊。逢年过节,渔民都在船头烧香,顶礼膜拜;也有的渔民每逢渔汛来临,先带厚礼进庙拜

① 林守无主编:《福鼎县志》,第210—211页。
② 王荣国:《海洋神灵:中国海神信仰与社会经济》,江西高校出版社2003年版,第27—29页。

佛,预卜凶吉后出海①。以下仅以妈祖为例,分析本区海神信仰的文化特征。

　　妈祖信仰何时传入本区已不可考。本区在设县之前隶属福宁府,福宁府在雍正年间将妈祖放入祀典,乾隆三年开始春秋二祭。福鼎境内的妈祖庙首先见于演武厅东,又被称为天上圣母庙,始建于何时不得而知,在康熙年间由官民重建。设县之后,乾隆二十年,县令萧克昌重修。除了演武厅东的妈祖庙以外,在其他地方如赤屿、南镇上澳、中澳、沙埕、秦屿小东门、白鹭、流江、点头、水澳等处均有建庙。从庙的选址及坐落来看,主要是在海边港澳,可见乾嘉年间妈祖在本区主要是海上守护神,对沿海生活和在海上生活的人群至关重要。鉴于其官方地位,县志对其祭仪有明确规定:

　　　　祭期前一日,委官省牲,监视宰牲,委员着补服……福鼎某官某致祭于敕封护国庇民妙灵昭应行仁普济福祐群生天后尊神,曰:维神菩萨现身,至诚至圣,主宰四渎,统御百灵,海不扬波,浪静风平,舟航稳载,悉仗慈仁,奉旨崇祀,永享尝蒸,兹届仲春、秋敬荐豆馨,希神庇祐海晏河清,尚飨。

　　从"海不扬波,浪静风平,舟航稳载"来看,官方也是敕封以海上保护神的地位,而且主要是出于自然环境上的保护,希望妈祖能够保佑海晏河清。妈祖的祭祀不仅在官方,也在民间,不仅在庙宇,也在船上。大部分渔船设有神龛,在驾驶室或船舱之中,船上供奉的神明不一,妈祖是其中最重要奉祀对象。有些很小的船,即使不设神龛,也要将一条写着"天上圣母"的红布条贴在香炉存放处,日日有人烧香供奉。②

　　但本区妈祖的海上保护神性质在后期逐渐发生变化,内涵更加丰富,据民国县志的记载:

　　　　林孝女祠,旧称天后官、天妃庙,又呼妈祖庙。旧志作天上圣母庙,在城南外演武厅东。外乡若前岐、沙埕、秦屿等亦有此祠神,为宋都巡检福建莆田湄洲林愿女。旧祀典以神保护樯帆、救疫御贼,辄著灵显,膺封天上圣母。

　　也就是说,妈祖除了保卫海上之外,还有救疫御贼的功效。从此四字来看,妈祖的管控范围不仅在于自然,还包括人为的贼寇。另外,妈祖的可能控制范围也不再局

----

① 林守无主编:《福鼎县志》,第862页。
② 朱晓芳:《明清以来福建沿海渔民研究》,福建师范大学硕士学位论文,2007年。

限于海上,或许还包括陆地上的疫病和贼寇。妈祖性质的演变可能和马仙一样,是这些女神信仰相互融合所造成的。这些女神信仰的融合,也反映了农耕文化和海洋文明的相互交融。

第三节　山与海:双重的文化结构

综合上面的讨论,我们可以知道,本区在山与海的不同地理空间上,形成了风格迥异的农耕和海洋文化,这也意味着本区文化结构具有双重性。同时,必须指出的是,两种文化在各自的空间不断扩展、延伸,至清末民国以后,有相互交融的趋势。这一趋势在秦屿附近表现得十分明显。

在以水稻、小麦等粮食作物为主要食物来源的山区,随着生产力的提高、水利协作的发展以及农业生产经验的累积,形成了比较成熟的农耕文化。这种农耕文化注重节气、时节的更替,同时对水旱及蝗虫灾害等农业灾害十分敏感,受到国家的关注和重视,并在此基础上形成了独特的祭祀礼仪和信仰。

与此相对的,在以鱼类、水产为主要食物来源的沿海地区及海上人群,在造船技术及捕捞工具不断升级的条件下,在长期与海洋的互动中,学会了丰富的海洋生存技巧和渔猎技术,例如对风信的掌握、对鱼群洄游规律的了解等等,海洋文明由此诞生。但"讨海"是有巨大风险的,海上的风浪极不稳定,不受人类的控制,危险无时无处不在。在自身无法管控的情况下,海上人们便寻求各种神、人、物的保护,由此而形成了妈祖、龙王等海神信仰。

实际上,这两种文化在山海相接的地方极易出现融合。比如在秦屿、麟江(屯头)两地,从竹枝词来看,两种文化除了并存,还有互动和交融:

麟江竹枝词①

春月田歌相互答,寒霄文韵听回环。

……

潮声拍岸腥风起,处处贩鲜人到门。

……

① 周瑞光:《太姥传音:闽浙边历史文化丛谈》,1998年,第329—330页。

不了生涯是海边,居人多半此为田。

桃花水后收蜒种,喧绝滩头三月天。

……

男司耕读各勤功,妇亦深闺事女红。

纬络一声啼古木,缫车几处响西风。

泥鳅过后鳝鱼天,到处田中闹采鲜。

一夜霜风塍起畔,蟹楼远近火齐燃。

挂网船来是海山,风车乍上簇沙弯。

经商不入官仓港,停泊都嫌秦屿关。

舞衫歌扇往来繁,旧剧新腔不厌翻。

闻说各家供顿派,安排今夜看梨园。

栽培豆麦各忙然,麻苎成功岁序迁。

待到重阳收稻谷,大家酿酒候新年。

在这首竹枝词里面,我们既看到了以节令为主线的农耕的传统,也看到了以海为田的海洋生计模式,它们和谐的共存并互动着。这样的情境在秦屿亦然:

秦屿竹枝词①

南山青接北山黄,麦陇翠连菜圃香。

三十六峰塘外景,有谁能采入诗囊?

上市缣鱼海错鲜,清明好是扫坟天。

松枝压担归来晚,亲串合家散祭筵。

居人多是海为田,租尽缣船与钓船。

梅李熟时蚱又上,好看装载下闽川。

种麦子的、打鱼的、山上的、海上的,或许后期这两地的居民既可以上山,也可以下海,在同一地域兼习两种生计模式,渔民和山民密切互动往来在这里已经得到完全的体现。这一切的发生,在于地理环境上山体直逼海岸,两种生存空间的交叠以及社会历史发展过程中人口的增加。

---

① 周瑞光:《太姥传音:闽浙边历史文化丛谈》,1998 年,第 328—329 页。

　　在上一章,我们也能够明显地看到本区的开发从山到海,至山海并重的历程。在这一历史进程中,山与海的作用,最初是单纯的对人群的隔离,对生产的限制,后来逐渐由这种对人群沟通的障碍转化成为一种可以被人群利用的资源,互动的载体。在这一转化过程中,人群的互动愈加频繁,进而促进信仰的融合,本区妈祖、陈靖姑、马仙等女神信仰特征的不断同化,可能就是人群互动与文化融合的结果。人群的互动和交流使得文化的界限被打破,推动了农耕和海上这两种文化传统的相互融合。晚近以来,农业和渔业作为本区的传统产业,也是地方发展的支柱产业,山海并重是本区经济发展的基本策略,这也支持并促使本区山海并重的双重文化结构最终形成。

第二编

汉越融合　太姥文化的深层特质

对地方文化的挖掘，须追溯其历史的发展轨迹，即在史料和考古资料中探寻那些上古记录和物化在记忆中的人的行动。因此，在探究太姥文化的深层特质时，尤其不能忽视太姥先民在文化创造、传播、传承、革新中的重要作用。

从史籍和考古遗存中不难发现，太姥山地区从文明初曙就处于一个持续而深刻的族群融合格局之中。在这段交融史中先后出现过的族称包括：七闽、瓯深、闽越、东瓯、汉、山越等等，他们之间或是承继的关系，或是交融的结果。太姥先民作为一个符号，一方面是具体的，代表了开启太姥山地区文明的、历史上真实存在的族群；另一方面又具有动态性，不仅体现在族群之间的互动和融合带来身份认同上的变化，还在于原始生活方式的流动性使得不同群体在太姥山地区"你来我去，我来你去"，都为太姥文化史作出了贡献。持续了数千年民族融合的结果，是太姥山地区所呈现的多元一体格局。我们可以这样认为，太姥文化深层特质是在民族融合中形成的，太姥文化的发展史就是太姥山族群的交融史。

本编遵循了这样一个逻辑去探讨太姥文化的深层特质，即以族群交融为线索，依据其文化的根本脉络，进而探讨在汉越融合的时段当中，太姥文化的形成过程及结果。因此，首先在中华文明多元一体格局当中为太姥文化进行定位；其次对新石器时期和青铜时期，太姥文化的形貌及其文化发展史进行了勾勒；最后对秦汉开启的新格局之下，汉文化与闽越文化、瓯越文化之间的互动，以及由此形成的太姥文化特质进行了探讨。

为了更好地把握太姥文化特质，本编一方面采用古籍史料，作为文本进行解读，不仅了解其说了什么,还要分析为什么这样说,从中梳理华夏视野下汉越文明互动的过程。另一方面采用太姥山地区及其周边的考古成果,因为文化是不断传播的,太姥文化区的边界是动态的,这样不仅能以器物书写历史,而且也能够避免由于某段环节的缺失而陷入盲目的否定,从而力图构建在汉越交融的背景下太姥文化的发展史。

第一章　中华文明多元一体格局中的太姥文化区

太姥文化是中华文明多元一体格局下的一元,其内部也有次级的一体多元结构。本章从中华多元一体格局的视野为太姥文化的形成勾勒了一个大致的轨迹,并对文化的创造者和承载者——太姥山先民的身份问题从主客观角度进行了探讨。"太姥"一词不仅是太姥先民族群记忆的体现、解读其身份的线索,还是再现太姥文化传播和构建太姥文化圈的关键词。在探讨"太姥"命名的基础上,本章试图从文化区域理论的视角,建构太姥文化在上古时期的传播,并探讨了其与南岛语族文化圈关系问题。由此我们可以看到,太姥先民一方面与汉、瓯等民族进行着互动,最终融入中华文明多元一体格局;另一方面也在积极地向外传播着自身的文化,影响着东南民族交融的历史。

第一节　中华多元一体中的太姥文化

一、多元一体格局中太姥文化的形成

太姥山先民是文明的创造者,也是文化的承载者和传承者。文明发端、发展和传播的过程,事实上与人类的进步和族群的交融同步。太姥文化区绚丽多彩的文化与族群间的接触、混杂、联结和融合直接相关。换句话说,太姥文明一方面延续着中华文明的传统,另一方面也体现了中华文化多样性。

太姥文化是中华文明多元一体格局在中国东南的体现。费孝通先生曾对中华民族多元一体格局有过精辟的总结:"中华民族作为一个自觉的民族实体,是近百年来中国和西方列强对抗中出现的,但作为一个自在的民族实体则是几千年的历史过程所形成的……它的主流是由许许多多分散孤立存在的民族单位,经过接触、混杂、联结和融合,同时也有分裂和消亡,形成一个你来我去、我来你去、我中有你、你中有我,

而又各具个性的多元统一体。""中华民族这个多元一体格局的形成还有它的特色：在距今三千年前，在黄河中游出现了一个由若干民族集团汇集和逐步融合的核心，被称为华夏，像滚雪球一般地越滚越大，把周围的异族吸收进入了这个核心。它在拥有黄河和长江中下游的东亚平原之后，被其他民族称为汉族。汉族继续不断吸收其他民族的成分而日益壮大，而且渗入其他民族的聚居区，构成起着凝聚和联系作用的网络，奠定了以这个疆域内许多民族联合成的不可分割的统一体的基础，成为一个自在的民族实体，经过民族自觉而称为中华民族。"①

太姥山地区是多民族地区，包括汉、畲、回等民族，这些民族或是混居或是聚居在山海之间。这种格局是历经千年而形成的，汉族是凝聚多民族的核心。汉族的前身是新石器时期发展到青铜器时期，在黄河中游所形成的华夏族群，在夏商周三代不断地与周边的少数民族进行融合，吸收新的血液，经历了秦始皇统一中国和汉朝在此基础上不断地吸收周边民族而最终形成的。华夏文明很早就与太姥山地区直接或间接地发生过联系，在早期的华夏典籍当中都可以看到对闽人的记载。特别是从汉武帝平闽越国之后，采取了一系列的政策"虚其地，迁其民"，不仅将包括太姥山区在内的闽越故地的先民内迁到"江淮"之间，另一方面也强化汉人对闽越的统治。后来晋"八王之乱"时，汉民族大批迁入南方，"永嘉之乱，衣冠南渡时，如闽者八族"；唐初陈政父子入闽，带入了五十八姓；唐末王审知入闽，带入了一批中原官兵，增加了三十六姓，等等。汉人通过屯垦移民和通商，在中国东南形成一个点线结合的网络，将其与中华大地上的其他民族串联在一起，促进了民族的融合，使得汉文化在太姥山地区得到传播，将太姥山先民纳入中华民族自在的民族实体。在今天太姥山地区，汉文化仍然发挥着主导的作用，将不同民族的文化凝聚为一体，形成了多层次的中华民族文化认同。

除了汉文化的主导和凝聚作用，太姥山地区的多元文化也发挥着功能。太姥山地区有其独特的文化传统，这种本土特色文化传统的延续和发展经历过三个时期。

第一时期，距今约4000至3500年前。新石器时代太姥山地区就有人类居住，我们现在把太姥山先民和福建各地的原始人类统称为"七闽"。与古闽地一样，太姥先民在新石器时代使用的主要工具是有段石锛，这种石锛是东南片区新石器文化的特色，在菲律宾、环太平洋的岛屿都有所分布；其次，先民使用的几何印纹陶，也体现了强烈的东南土著的特征，太姥山区印纹陶以"黑衣陶"为多，又显示出与其北的另一

---

① 费孝通：《中华民族的多元一体格局》，《北京大学学报》1989第4期，第1—19页。

个古老民族——瓯,有着密切的联系。这说明太姥先民不仅创造了自己独特的文化,而且从很早就与周边族群进行着交流与互动。

第二时期,约由两周时期到秦朝。这一时期主要是东南越文化与闽文化的整合。越文化是两周时期南方最为先进的文化之一,在吸收中原青铜文明的基础上,结合河姆渡文化、良渚文明的要素,形成了独具特色民族文化类型。越、闽的交流事实上也非常早,越文化的前身——于越文化,在很早以前就以太姥山地区为走廊,对闽文化形成了影响。两周时期,于越人带着其先进的生产技术进入了闽地,成为闽地进入青铜时代的重要推力;越国灭国之后,大量的越族进入闽地,闽越交融达到高潮,"闽越"这个族称就是融合的象征。闽越族经过几百年而形成,其重要事件是闽越国的建立。闽越国经过几代而覆灭,但是其标志着具有本土特色的闽越文化高峰。

第三时期,从汉初开始。闽越国一直与中央王朝发生着联系,最终闽越被纳入中央王朝直接统治的版图当中。从那时开始,闽越与中原汉族就开始了近二千年的交融。与此同时,闽越先民也在开枝散叶,一批闽越先民从海路迁移,到达今天台湾、东南亚甚至太平洋诸岛,构成了一个"南海岛语族"文化圈;有的向浙江、两广、西南等地区迁移,与今天我国的部分少数民族都有着亲缘关系。

但值得注意的是,这种民族的融合是一个漫长而复杂的过程。这种融合不仅基于社会和经济的需要,也有政治的原因。在民族交融的过程中,有些族群是主动融入,有些族群则是被动的,不同力量之间的角逐非常微妙,因此历程极为坎坷。在融合过程当中,因为政治上的歧视、压迫反而会增强弱势族群的反抗心理和民族意识,拉开民族之间的距离,例如闽越对汉王朝的反抗,以及三国时期山越对汉人统治的反抗等。与此相对应,历来王朝和地方政权都采取一套应对民族关系的观念和政策。有的是积极的,有些却带有民族中心主义的色彩,例如汉武帝对闽越地方势力的瓦解以及"虚其地,迁其民"的主张,孙权制定了"分部诸将,镇抚山越,讨不从命"的纲领。

无论是主动的族群融合还是被动的族群异化,太姥文明的形成不仅是一个土生文明的演化,还是不同文化传播和相互影响的过程。人类学家格雷布内尔发展了"文化圈"的概念,即不仅可以考察各文化间相同元素的数量,以确定其是否来自同源,而且将文化圈内的每一种文化现象意义标示在地图上,可以发现有的"文化圈"彼此有部分重叠,而形成"文化层"。文化圈(文化丛)以完整的形态扩展和移动,有时会排斥既存的、他种文化丛或与之结合。彼此接触的时候,两者的边缘便会重叠起来,因而产生混合现象;或者仅是边缘相遇,因而产生接触现象。① 太姥山地区就是属于多文化圈的交叠地带,族群之间的关系也是如此。从文化上来说,所有族群都存在一个和"他者"接触与融合的过程。在太姥山族群的历史层次上来说,底层是七闽先民以及古老的"瓯"族群,中层是由华夏典籍中的"越人"与七闽土著融合而成的闽越,上层则是我们今天的汉民族和相关的东南少数民族。由于汉文化圈在几千年的不断扩大,它覆盖了中国范围以内的其他文化圈,因而在中国范围内,汉文化成为了族群文化上的主色调。

二、太姥先民的身份辨析

民族融合的标志是形成一个"新的民族",这种"新"不是指某个民族从生物学意义上的诞生,而是一个新身份的出现。太姥先民长久以来也经历着身份的变化,从七闽、闽越,到后来的山越、畲等。判断太姥先民的"身份"对探讨其文明极为重要,身份的变化其实就是文化的融合,可以展示出生活变迁和文化融合的轨迹。对太姥先民身份的判断,一般来说可以遵循这两个角度:客观论和主观论。

客观论的角度,即指从斯大林所总结的"共同语言、共同地域、共同经济生活、共同心理素质"这四个角度来判断某族群的身份问题。

第一,从对太姥山地区语言上的考察来说,今天太姥山居民所使用的语言属于汉藏语系闽语支,与闽地各处所使用的方言同属一支。但细分下来其语言属于闽东方言区中的闽东北次生方言区,包括周边的蕉城、福安、周宁、柘荣、寿宁、霞浦、福鼎。由于历史上多次的人口迁移和多族群的融合,其情况比较复杂。位于太姥山核心位置的福鼎市,其方言以福鼎城区桐山镇的桐山话为代表。除了桐山话外,闽南话主要通行于沙埕、前岐、佳阳、贯岭、嵛山、叠石等乡镇。由于闽南话传入福鼎约有三四百年历史,与厦门、泉州一带闽南话比较,已经产生明显的差异。福州话主要通行于秦屿镇,传入约有二三百年历史。此外,福鼎的畲族人内部通行畲话。从现今太姥山区居民所使用的方言来看,在其多元性当中仍然保持的一致性,桐山话、福州话、闽南话,其语言的底层仍然是一致的。语言的差异和变化特别体现了不同文化特质的"多线进化",也说明其族群在发展过程当中存在着次级结构上的分化。

第二,从地域上考察。太姥山地区由于其地理位置的特点,海侵海退在历史上非常频繁,这就使得人口的迁移成为一种常态。我们在讨论太姥山先民的时候,则要以一种运动的观点来看待其地域问题。从先秦史及考古发现上,我们可以推测太姥山先民的生活地域应该包括今天闽东、闽北、浙南的部分和一些沿海岛屿,属于福建境内武夷山脉以东的文化区,是古闽地所在。因此太姥山先民与古闽人有着密切关系,可能属于闽人的一支。

第三,从经济生活上考察。太姥先民的生计方式以渔猎为主,配合原始的农耕与采集。从贝丘遗址可以推断出,与福建许多沿海地方的土著居民一样,太姥先民以软体贝类动物为食;以有段石锛为工具造船,进行航海渔猎;以石锛和石斧作为简单的农作工具。

第四,从心理素质上考察,即表现在民族文化和民俗方面的共同爱好、历史传统、风俗习惯、民族尊严等。太姥山地区遗留下来的风俗习惯与福建大部和浙南局部都有着比较高的相似性。例如对蛇的崇拜,"好巫善鬼",妇女不缠足,婚前镶牙,居住以洞居和干栏建筑为主,洞葬和船棺等,都显示出其文化的一体性。

从客观论的角度对太姥山先民身份的认证,可以从一种静态的角度将其归为闽人或闽人的一支,但是缺点是显而易见的——难以再现其复杂的历史动态。但更重要的是,"这些对于民族的基本假设,都是似是而非的……譬如,以语言来说,世界上许多民族都不只说一种语言;相反的,说同样语言的,并不一定是同一民族……其次,每个人的父亲都有他的父亲;族群溯源显然是毫无止境的……只要有足够的资料,事实上这种建立在器物学上的族群溯源,可以远推至百万年之前。这样,对于了解一个族群究竟有何意义?""根据文献或文物来追溯一个民族的源头,我们经常会陷入古人的'谎言'之中。譬如,我们以春秋吴国王室的族源为例,如果一些东南'蛮夷之邦'的领导家族在华夏化的过程中希望被认为是华夏之裔,或是华夏认为这些不像蛮夷的人'应该'是华夏之裔,那么,他们可能共同在华夏的历史记忆中,假借或创造出吴国王室原为华夏的记忆。并且,在认为自己是华夏之裔时,吴国王室贵族可能在礼仪、器物上也模仿华夏风格。于是,我们便有了文献与考古器物'二重证据'来证明吴国王室原是华夏后裔。一群人对于自身起源的记忆,经常受到现实中的期望、忧惧影响而改变、扭曲,这是民族溯源研究经常遭遇的危险。"①因此我们还需要从历史记忆、族群认同这些相对主观的方面去探寻太姥先民的身份。

主观论者认为,文化特征并不是定义一个人群的客观条件,而是人群用来表现主观族群认同的工具。巴斯等人认为,族群是通过认同所形成的边界以维持。"造成族群边

---

① 王明珂:《华夏边缘:历史记忆与族群认同》,浙江人民出版社2013年版,第5页。

界的是一群人主观上对外的异己感(the sense of otherness),以及对内的基本情感联系(primordial attachment)","族群边缘环绕中的人群,以'共同的祖源记忆'来凝聚。"①因此,我们还可以从共同的记忆来入手,搜寻太姥先民的身份认同。福建和浙南的部分地区所存的版本不一的"太姥传说",也许就是确认其族群身份的一个重要指标。

太姥又称太母、天姥、太武、大武,在古代音义相通,因异地而别称。在福鼎、浦城、武夷山等地区称太姥,漳浦、金门等地称太武(大武),而浙江新昌等地则称天姥。大概可以推知太姥应是这些地区古代受崇拜的女神的共名。②明代黄仲昭《八闽通志》引汉末王烈《蟠桃记》、清嘉庆《福鼎县志·山川》、光绪《漳州府志》、清董天工《武夷山志》都有太姥传说,各版本也大致相同。有传"尧时有老母家路旁练蓝为业后,获九转丹砂法。乘九色龙而仙去,因呼为太母山……汉武帝命东方朔授天下名山文,乃改'母'为'姥'"。③"太武山,其上有太武夫人庙……前志谓,闽未有居人时,夫人拓土而居,因而为山名。"④《八闽通志》注云"太武,旧亦名大母也"。"皇太姥,秦时人,传为神星之精。母子二人,来居武夷,采黄精以饵。能呼风唤雨,乘云而行。秦人呼为圣母,众仙称为皇太姥。"⑤"太姥山,旧名才山,在县南八十里。容成先生尝栖之。尧时有老母,种蓝于此,后仙去,因名太母山。汉武帝命东方朔授天下名山文,改母为姥,封为西岳之神。"⑥因此,"太姥"就是维系族群认同和边界的共同记忆。

共同的族群记忆不仅可以形成共同的情感以维持族群的整合,而且也有其工具性的一面。简而言之,持有共同记忆的人会形成一个群体,在生存的竞争中通过排他以获得资源。而在漫长历史当中,民族融合也许就是记忆嵌入的过程,某个族群进入到另一个族群的时候,应该就包括接受对方的故事、传说和记忆,甚至包括改变对自己族源、祖先的最初记忆和历史的诠释。

因此,在确定太姥先民身份、重构其历史、再现其文化多元一体格局的时候,不仅要考虑客观文化特质上的相似部分,也要考察其主观认同的环节。从主、客观进行考察,可以发现太姥山先民的身份是比较清晰的。

作为一个地理位置,太姥山地区曾经生存过一些族群。迁移是早期人类共同的

① 王明珂:《华夏边缘:历史记忆与族群认同》,浙江人民出版社2013年版,第16—20页。
② 卢美松:《闽中稽古》,厦门大学出版社2002年版,第585—586页。
③ (明)黄仲昭修纂:《八闽通志》卷十二"地理",弘治刻本,福建人民出版社2006年版,第315—316页。
④ 康熙《漳浦县志》卷一"山",民国十七年(1928年)翻印本,成文出版社1968年版,第93页。
⑤ (清)董天工修撰:《武夷山志》卷首,乾隆十六年(1751年)印本,台北成文出版社1974年版,第102页。
⑥ 嘉庆《福鼎县志》卷二"山川",周瑞光编:《福鼎旧志汇编》,第41页。

特征,因此各个族群来来往往,使太姥山形成一条多族群的走廊,形成了太姥山地区多元的文化形态。这种多元文化格局主要体现在其次级结构当中。而更重要的是,他们都有一些相同的特征,这些特征在可考的历史中,在先后出现的七闽、沤深、闽越、东瓯和畲的文化当中均有体现。这些民族的活动范围大致在古闽地之中,那么向前推算,太姥山地区的先民与华夏文献中所记载的"七闽"有很大关联。所以可以这么说,太姥山先民最早就是"七闽"一系,或者其主要成分是"七闽",且与其北部的一些古老族群也保持着联系。

作为一个族群,如果将太姥先民定义成为最早在太姥山成群结居,并发展出一定形态文明的族群,那么太姥先民在之后的历史发展过程中必然也有其迁移的过程。这种族群的迁移可能只是局部性的。他们根据海线的变化,或是向内陆或是向海洋,或是向北或是向南,将自己独特文化融进更高的一层结构当中去,或者成为了其他族群的新成员,他们可能后来被称为闽越或是东瓯等。由此将太姥的传说传播开来,或是被修改了共同的记忆。总之,他们根据共同的太姥传说指山命名,作为其英雄祖先的象征,于是各处都有了"太姥"、"太武"为名的山峦。

这样,我们就可以从这两个角度去理解太姥先民的身份问题。在本编中,我们仍然将太姥先民作为"七闽"一系,将太姥先民作为中华民族多元中的一元,论说"七闽"先民在太姥山区的生存史。同时也兼顾今天太姥山区的"七闽"先民与周边族群的互动和交流,以及他们文化的传播和发展史。

第二节　太姥文化区中的一体多元

一、太姥文化区域的构建与一体多元

从深一层的视角,太姥山地区也具有自身的一体多元结构。太姥山可以被视为一个人类学意义上的"文化区"(Culture Areas)。"文化区"理论是由早期的德奥传播论人类学家提出,随后被美国人类学家博厄斯(Franz Boas)所推崇并进一步地发展。文化区域指"一个相关的文化丛,通常这些文化分布在一个地理区域当中"。①文化区域理论的实践者们,通过收集、比较和研究某个区域内部的文化特质,认为某

---

① ［英］阿兰·巴纳德著,王建民等译:《人类学历史与理论》,华夏出版社 2006 年版,第 50 页。

种文化特质的分布并不是任意的,而是在彼此关联中存在。根据文化特质的分布情况,或者分析文化特质的统计相关性,可以划分出若干文化区域或次级的文化区域。例如赫斯克茨(Herskovits)提出的"东非养牛复合体",就是以养牛、游牧、父系继嗣、牲畜与祖先的联系等相互联系的文化特质对东非地区进行的文化区划分;克拉克·威斯勒(Clark Wissler)把整个美洲划分为15个文化区域等。由此我们也以太姥山文化中的相关要素作为一个标准,寻找与之相关的文化范围,进而在该范围内进行区域性研究。太姥文化区的研究不仅可以分析太姥文化的传播和发展历程,而且可以进一步地为不同文化之间的接触、交流和重叠提供理想化的地域比较模型,并揭示区域文化的一体性以及次生结构下的多样性。

事实上,建构文化区域就是展现不同地理位置之间文化一体性的过程。换句话说,太姥文化区事实上体现了中华民族多元一体格局下,次级结构中的一体性。我们可以通过归纳太姥山文化的共同文化特质以寻找太姥文化区的地域轮廓。

从地域分布来说,有关太姥地名的记载,出现在福建许多地方志中。例如现存最早的地方志——南宋梁克家《三山志》卷三"地理类三"中就有太姥山的记载。明代王应山《闽大记》卷九"山川考"中记载"东北太姥在十都,旧名才山,容成栖之。尧时,老母种蓝仙化,因呼太姥。汉时改母为姥,有三十六峰",并记:"东南诸邑……曰大武并漳浦。"①陈敦贞《闽疆录》记载:"金门岛位于同安东南,原由同安县管辖……金门地势中部较高,有太武山,纵横自三公里至六公里。沿海一带是平原。"另外,"龙海市东南临海有太武山,又名太姥山,因其与隔海相望的金门岛北太武山遥遥相对,故又称南太武山"。② 在这么多地方以"太姥(太武、大武)"命名,应该不是巧合。但为什么用同一种名称来指代山岳?这背后反映了什么样的一种逻辑或历史过程?这些逻辑和历史中间应当包含着同一种文化要素。

从现存的太姥传说可以分析出这么几个重要的线索:一是太姥的身份,太姥指代的是某位女性,有传为尧时人,有传为秦时人。明《八闽通志》、清嘉庆《福鼎县志》认为其初为普通妇女,以种蓝为业,其后变为神仙;清雍正董天工《武夷山志》认为其本是神人;清光绪《漳州府志》认为太姥是该地拓土而居的始祖。二是"太姥"具有某种神圣的意义,乃至后来被设坛设庙祭拜,例如《漳州府志》提及的"太武夫人庙",福鼎太姥山的太

---

① (明)王应山纂修,陈叔侗、卢和校注:《闽大记》卷九"山川考",中国社会科学出版社2005年版,第179—186页。

② 陈敦贞、陈鼎言、林念纯:《闽疆录》,内部刊印,2011年,第38页。

姥墓等等。三是太姥山存在一个改名的事实,经过了一个册封的过程,即被主流文化力量认可或改造的过程。"太姥"由人成仙,嘉庆《福鼎县志》中所载的"容成先生",起到了关键性作用;"太姥"被封为"西岳之神",太母山改名为"太姥山",也和汉朝名臣"东方朔"有关。清嘉庆《福鼎县志》卷二载:"按《府志》,东方朔题此六大字,镌石于太姥摩霄绝顶。《三山志》《闽书》《名胜志》《太姥山志》《通志》皆云:武帝命东方朔授天下名山文。林祖恕、陈仲溱作记,亦未云及此。惟《州志》有'天下第一山'五字。《府志》相沿而误。"从最早的南宋《三山志》到明代编修的地方志都有记载,汉武帝命东方朔给包括福鼎太姥山在内的天下名山授名一事,而东方朔在福鼎太姥山题字一事,并未被明代《游太姥山记》的作者林祖恕、明代《太姥山记》作者陈仲溱提及,东方朔题刻一事存在疑问。这样看来,东方朔封山名一事有可能系后世的编撰。

　　首先,我们需确定"太姥"的身份问题。目前对"太姥"的身份一般有两种推论,第一种认为太姥是尧母,第二种认为太姥是土著的先祖。① 嘉庆《福鼎县志》卷七"方外篇"引王烈《蟠桃记》记载:"太姥,尧时人。种蓝为业,家于路旁。有道士求浆,母饮以醪,得九转丹砂法,服之,七月七日乘九色龙马仙去。"太姥事迹多半是后人编撰,但"太姥"其人并非是汉文化的产物。根据对太姥相关记录推断,其出现的时间应该在汉末之前相当长的一段时间,对太姥是"尧时人"或"秦时人"的记载,不能认为是标示了其具体的年代,但从侧面突出了其年代的久远。在六朝之前,闽越故地的文化仍是以闽文化为主体,再者太姥在东南地区分布地域较为广泛,所以"太姥"应该是闽越文化甚至是更早时期

太姥娘娘雕像

东南族群文化的产物。正如清光绪《漳州府志》所言"闽未有居人时,夫人拓土而居,因而为山名"。"太姥"应是东南族群早期女性崇拜的体现,"太姥"起初应为华夏视野下的"蛮夷"。

---

① 卢美松:《闽中稽古》,第177页。

其次,太姥传说出现的时机也是值得考虑的。根据太姥种蓝为业这一描述,且《八闽通志》卷十二记载"蓝溪在十都。源出大姥山西北,东南流。每岁八月中,溪水变蓝色,俗传大姥染衣。居民候其时取水,沤蓝染帛最佳"①。可知"蓝"应该为后世福建所盛行的蓝靛染料。最晚在宋代,蓝靛在福建已为重要产品,但福建种蓝最早始于何时,已无籍可考。但至少说明太姥传说在宋以前就可能存在。如果《八闽通志》所引王烈《蟠桃记》无误的话,至少在东汉末就有流传太姥传说。经过比较太姥传说的版本,不难发现除了将太姥记录为"拓土而居"的始祖以外,很多地方志的版本中"太姥"都存在着汉文化改造的过程。一次是经过"容成先生"或"道人"的点化得以成仙,另外是东方朔封山名,将"母"改为"姥",并将之封为"西岳之神"。七闽先民的"神"与汉文化中的"道"相遇,这已经存在编造的痕迹了,东方朔封山与立"西岳之神"一说,也有可能是参照汉文典籍中东方朔随汉武帝封泰山为东岳之神的记载而附会。这种传说的制造在东汉以前,恰好与汉以来对越文化的"改造"是同步的。因此可以作如下推测,七闽的"太姥"原来是以开基祖先的面貌出现,后来会经历一个神化的过程,其中一个体现就是以"太姥"命名山岳。而随着汉武帝开始加强对中国东南的控制,文化上也对其神祇进行汉化。也有可能是闽越先民在此过程中,通过改造其祖先崇拜,试图改变自己的蛮夷身份,以获得更好的生存机会。基于这个推测,"太武"、"大武"、"大母"这些山名,应属汉化之前的命名。

再次,对"太姥"的崇拜不仅具有祖先崇拜的特点,而且还与特定的地理位置相关。对女性祖先的崇拜,折射出太姥山先民可能存在过一个母系氏族社会,这也符合一般对于社会发展史的认识。在后来的社会发展过程中,先民用太姥传说以及以太姥命名的山峦,不仅具有原始崇拜的意义,也能强化族群和地方人群的共同记忆,有利于族群的整合。但从先民的主位角度,这种记忆对于他们来说意味着什么?换句话说,崇拜太姥对于他们而言有怎么样的作用?在对各地的"太姥"("大武"、"大母")的比较中发现,其分布的地理位置具有共同点。无论是从地方志当中绘制的位置还是实际的方位,以"太姥"命名的高山大多临海,或者按照当时的水文情况处于临海位置。正如光绪《漳州府志·古迹》引《漳州图经》中说,"闽越负海名山,多有名太姥者"。②"太姥山"一名似乎是东南海洋地带的产物。那么太姥崇拜可能就与海洋有关,其作用类似于宋代以后的妈祖崇拜对海洋社会的重要意义。

---

① (明)黄仲昭修纂:《八闽通志》卷十二"地理",第315—316页。
② (清)沈定均修:《漳州府志》卷四十"古迹",光绪三年(1877年)刊本。

最后，太姥山及太姥崇拜与一定的生态和生计方式相联系。生态人类学家斯图尔德强调文化区域的概念应在自然环境和技术的框架中进行讨论，生态决定了文化的发展外延，而生产技术能决定文化的形式。① 具体地说，生态环境会限制太姥崇拜扩展的范围，而某地是否存在太姥崇拜则与其生产技术有着密切的关系。从以"太姥"命名的山岳可以看到，山与海是密切联系的。只有处于海洋生态圈当中，才能看到太姥崇拜的各种形式。另外太姥崇拜与渔猎这一生产方式有着密切的联系，虽然传说当中"太姥"种蓝为业，但是可以推测，这可能只是入闽的汉人依据两汉时期太姥居民的生活样貌所重构的传说场景，并不能作为远古的太姥先民"种蓝"的有力证据。而在更早的华夏典籍中所描绘的"越人善舟"，以及东南考古中的贝冢，正是太姥先民渔猎生计方式的重要旁证。反过来说，渔猎文化、海洋文化当中才可能催生太姥崇拜和以太姥命名的山岳。

综上，我们可以看到"太姥"、"太姥山"、"太姥崇拜"背后其实包含了一整套动态文化系统。因此我们在以"太姥"作为核心文化要素勾勒和建构"太姥文化区"时，并不是单纯地以某一特质进行分类，其实已经包含许多相互关联的文化要素。这些要素包括：海洋生态、渔猎生计方式、女性祖先记忆、太姥传说或命名等等。最为理想的状态是，我们通过分析不同地域的特征，去鉴别在东南沿海哪些地域文化具备以上特征或其发展的形式，就可以将其纳入太姥文化区域，从而勾勒太姥文化区的轮廓。尽管这是一个非常艰难的工作，但是我们已经能够初步确定其大致的范围。这些地域在以上方面所显示出共同的特点，就是太姥文化的一体性的体现。这种太姥文化一体性已经显现在由浙南到闽南的沿海一带当中。

威斯勒的"年代—区域假说"认为，在任何文化区域，文化特质趋于从中心向四周扩散，那么伴随着文化进化，中心的文化特质比外围的会较新。根据这个理论，我们可以进一步在太姥文化区当中去寻找较新的文化要素以确定其区域的文化中心。如果说，我们把汉文化对太姥文化的改造作为一种历史不可逆的趋势的话，那么可以从受到汉文化影响最大的太姥文化中去确定太姥文化区的中心。太姥传说就可以作为一个重要的维度。对比各地见于史籍的太姥传说，我们可以发现，汉末王烈的《蟠桃记》中所记载的太姥传说显示出非常明显的"汉化"痕迹，因此位于闽东的太姥山区极有可能是上古太姥文化的中心区域。

尽管太姥文化在东南地区也展现出其一体的特征，但是经过几千年的历史进程，

---

① ［英］阿兰·巴纳德著，王建民等译：《人类学历史与理论》，第60页。

各地由太姥文化发端,必然也会走上不同的文化演化道路,这与地方的小传统、次级生态以及其他外来文化的影响程度密切相关,也会呈现出不同的文化发展形貌。太姥文化区作为中华文明中的一个次级结构,其内部多元的形态也将得到不同程度地体现,从而展现出太姥文化区中的一体多元结构。

二、太姥文化区域与"南岛语族"文化圈

太姥文化区域是一个新兴的概念建构,其与闽越文化和南岛语族的文化有着密切的联系。近年来,对南岛语族的研究已经非常深入,太姥文化区域与南岛语族的文化在时空上的联系,也是需要进一步探讨的问题。

"南岛语族"(Austronesian)是一个当代民族学概念,指现今居住于北起我国台湾、中经东南亚、南至西南太平洋三大群岛,东起复活节岛、西到马达加斯加等海岛上的,具有民族语言亲缘关系和文化内涵相似的土著民族文化体系。主要包括马来人(一般包括台湾高山族)、密克罗尼西亚人、美拉尼西亚人、波利尼西亚人等几大族群,总人口达 2 亿多,是一个十分庞杂的民族文化体系。"民族考古学的研究表明,史前、上古中国大陆东南土著与'南岛语族'组成了以环南中国海为中心的'亚洲地中海文化圈',在古代汉文化、阿拉伯文化、印度文化和近代欧洲海洋文化相继移植之前,构筑了一个巨大的土著文化共同体体系。"①

"百越",是周汉时期华夏话语下中国东南土著的代称。这么一个代称除了包含非我族类的意义,也透露出了在华夏视野下,东南土著在一定程度上的文化统一性。无论是江南的句吴、于越,还是浙闽地带的东瓯、闽越及岭南的南越、西瓯和骆越,他们之间的共性大于个性。例如喜食海洋与水生动物、种植水稻、善于用舟、脚楼巢居等物质文化,以及越语鸟书、俗鬼鸡占、蛇鸟图腾、断发文身、黑齿拔牙等精神文化领域,都比较类似。不仅如此,这些共同特征几乎全部都在台湾高山族文化的历史与现实中表现出来,因此南岛语族系统的台湾高山族先民——汉唐间的岛夷、番族,也同属百越一系。换句话说,中国东南大陆上的百越系统与台湾、东南亚和西南太平洋群岛地带的南岛语族之间也绝非两个系统的民族文化。② 凌纯声先生曾就此提出"亚洲地中海古文化圈"的理论体系。

那么既然"百越"与南岛语族有着重要的联系,而且同属一个系统,那就存在一

---

① 吴春明:《"南岛语族"起源研究述评》,《广西民族研究》2004 年第 2 期,第 82—90 页。
② 吴春明,陈文:《"南岛语族"起源研究中的"闽台说"商榷》,《民族研究》2003 年第 4 期,第 75—83 页。

个起源和传播的问题。我国学术界很早就提出了"由百越看南岛"的视角。有的研究者提出，"马来族的前身是大越族，浙江、江苏、福建乃是他们最初居住的地方"①。还有的研究者认为，早在新石器时代后期，百越民族的先民文化和东南亚各国的新石器文化就存在密切的关系，后来我国东南地区的越族，从大陆经台湾南迁进入菲律宾等地；在西南和南方的越人，也南迁进入印度支那等地。南迁的越族和当地土著一起，融合发展成为现在的东南亚民族。② 虽然这些东南大陆向海洋单线传播的论断可能陷入过于简单化的嫌疑，但也为百越的发展路径提出了一个重要的参考。

　　闽人作为百越系统中的重要一支，位于大陆的边缘地带，与南海语族有着更为直接的联系。最为重要的考古证据是"有段石锛"与"印纹陶"在环中国海沿海岛屿的分布，及其亲缘关系都十分明显。也曾有学者将富国墩和台湾大坌坑列为同一文化类型，进而提出南岛语族的起源地在闽台沿海。③ 这种南岛语族的闽台起源说虽然缺乏说服力，但至少也说明了台海两边文化的近似关系。

　　而当我们通过太姥传说与形形色色的太姥山命名去回望百越文化系统和南岛语族文化圈的时候，我们不难发现，以太姥传说及命名的文化特质，是分布在百越和南海语族文化体系之内的；以"太姥"特质的集合所形成的文化区，是覆盖在南海语族文化体系之下的，不仅处于"闽台起源说"当中的较核心的位置，也符合"由百越看南岛"所勾勒的文化传播的路径。

　　由此，我们不妨先作这么一番推测：太姥文化区实际上是百越文化体系和南岛语族文化圈的一个组成部分和次级结构。这个文化区其实连接了良渚文化、昙石山文化、大坌坑所处的区域，展现出南北沿海分布的这么一个态势。根据文化特质分布的密度，在这条太姥文化区当中，今天的福鼎一带应属于其核心地带。不仅因为该地区有壳丘头—昙石山文化作为基础，而且也是古代土著民族活动最为频繁的地区之一。因此，在探究太姥山史前文化的时候，应该更加注重太姥文化区各处之间的联系，以及其在南岛语族文化圈当中的定位。

　　① 　徐松石：《粤江流域人民史》，中华书局 1939 年版，第 15 页。

　　② 　陈国强等：《百越民族史》，中国社会科学出版社 1988 年版，第 346—355 页。

　　③ 　张光直：《中国东南海岸考古与南岛语族起源问题》，《南方民族考古》第一辑，四川大学出版社 1987 年版，第 1—13 页。

第二章　闽越先民与太姥文化区的文明初曙

新石器和青铜器的使用,标志着太姥文化区的文明初曙。在技术层面上,太姥先民与其他族群一起经历了由磨制石器到铜石并用的转变;在文化层面上,经历了单纯的原始渔猎文明到多文化形态交融;在族群层面上,经历了"七闽"到"闽越"合流。文化在多线进化的同时也在对外传播,传播的过程使得太姥文化必然与周边的文化形态有许多相似之处。这种相似性不仅透露了上古以来太姥山地区文明之间密集交流的状态,为今天追根溯源提供了一个重要的参考。本章从华夏典籍和考古遗存两个路径,对太姥史前文化进行定位,描述其与周边文化的交流,以将之还原到人的活动——太姥先民在该时期的生存形貌以及与周边族群的互动和融合。力图勾勒在中原汉文化大规模进入之前,太姥山地区族群关系和文明状态的图景。

第一节　石器时代的"七闽"先声

一、华夏视野下的"七闽"先民

在中华大地上我们业已发现了许多古代人类和史前文明的遗存,已发现的古人类最早可以追溯到旧石器时代的元谋人、蓝田人、北京人、马坝人、丁村人等等,他们都是中华民族的先祖。新石器时代,在黄河和长江流域也诞生和延续了许多的史前文明,最著名的有黄河流域的仰韶文化、大汶口文化、齐家文化、龙山文化,在长江流域有河姆渡文化、大溪文化、良渚文化等。这些分布于中华大地上的人类遗迹和史前文明改变了过去人们对于文明起源一元论的看法,各个文明在不同地域起源、延续和传播,催生出有各自地域特点的范式。

在我国的东南地区,目前最早能追溯的早期人群被称为"闽"或者"七闽"。位于今天闽浙交界的太姥山地区,也是早期闽族生产和生活的主要区域。在华夏早期文献中,对闽族的地理位置和社会状况多有记载。

　　成书于战国中期的《山海经》对闽族的地理位置有着详细的记录。《山海经·南经》明确记载:"海内东南陬以西者","闽在海中,其西北有山。一曰闽中山在海中"。这说明闽族的活动范围应在东南的海与西北的山之间,并可能包括当时周边的沿海岛屿与今天的台湾地区。除此以外,《山海经》也进一步明确了闽与浙、赣、皖之间的方位关系,如《海内南经》所载:"三天子鄣(都)山,在闽西(海)北。"《海内东经》载:"浙江出三天子都,在其(蛮)东;在闽西北。"按照今天的地理位置,浙江上游即新安江发源于黟山,古闽地的北部界限即在于今之浙、皖交界处。有论者根据旧志推断,古闽地北部边界至浙江台州(临海),处州(丽水),江西铅山(信江)、余干,西部则以武夷山脉为界,西南及于广东潮州、梅州地区。①

　　《周礼》是一部记录周代官制的著作,成书于战国时期。上面记录了闽族和闽方国的重要信息。在《周礼·秋官司寇》中记载:"象胥掌管、蛮、夷、闽、貉、戎、狄之国使掌传王之言,而谕说焉,以和亲之。"②简而言之,象胥是周代秋官司寇属下的负责接待少数民族使者的译员,同时代表中央王朝与闽人进行联络。《周礼·夏官司马》篇载:"职方氏掌天下之图,以掌天下之地,辨其邦国、都鄙、四夷、八蛮、七闽、九貉、五戎、六狄之人民,与其财用、九谷、六畜之数要,周知其利害。"③职方氏是周朝夏官司马的属下机构,其职责在于掌握周王朝及其属国地图,辨其邦国、都鄙及九州人民与其物产财用,知其利害得失,规定各邦国贡赋,而"七闽"作为方国,其地的情况均在周王朝的掌握之下。除此之外,"闽"对周王朝仍要承担一定的义务。《周礼·秋官司寇》还载:"闽隶百二十人","掌役掌畜养鸟,而阜畜教扰之。掌与鸟言,其守王宫者与其守厉禁者如蛮隶之事。"④这就表明包裹闽在内的诸国,要向周王朝服役,其一百二十名奴隶负有养鸟、训鸟及守卫王宫的任务,并受到司寇所属的司隶管制。

　　这些文献都充分说明,闽人在有文字的历史当中,留下了其重要的印记,展现出较高的文明状态。

　　首先,"闽"或"七闽"在历史上曾经作为一个地方民族集合体存在过,在西周时期就已经成为了中央王朝的方国,对周天子承担了包括进纳实物和劳役的一系列义务。在经济生产上应达到了一定的水平,使得中央王朝必须通过管理机构掌握其"财

---

① 卢美松:《论闽族和闽方国》,《南方文物》2001年第2期,第15—21页。
②④ 阮元校勘:《十三经注疏·周礼注疏》卷五"秋官司寇",清嘉庆刊本,中华书局2009年版。
③ 阮元校勘:《十三经注疏·周礼注疏》卷四"夏官司马",中华书局2009年版。

用、九谷、六畜"的信息。在与周王朝的关系上应该是既有臣服又具有一定的独立性,体现在虽然"闽"要向中央献贡,但是王朝对其的控制力只限于与其联络、掌控其地情况,对闽在内的方国难以直接控制。由此,最晚在西周,"闽"或"七闽"已经作为一个发展到较高文明程度的族群出现在中央的视野当中,那么其最早的文化应该不会晚于这个时期。

其次,包括太姥山地区在内的东南地区是闽人活动的重要区域。太姥被认为是七闽的始祖,在闽中及周边各地曾有太姥(太武)的传说,而且光绪《漳州府志》卷四十"古迹"引《漳州图经》皆载:"前志谓闽未有人居时,夫人扩土而居,因而山以太武为名。武,一作姥,闽越负海名山,多有名太姥者。"例如金门、福鼎、浦城诸县,以及邻省浙江的缙云、仙居、新昌三县皆有太姥山。① 这段话也印证了《山海经》和地方旧志所记录的情况,闽人的活动范围大致包括今天的福建全境、浙江南部(温州、台州地区)、广东东部部分地区。太姥山地区在距今4300年的夏商时代就已经是闽人活动的区域了,在太姥山地区的文化遗存就是一个最好的例证,是这个时期闽人生产生活的真实写照。并且由于长期以来"闽在海中",即长期以来由于海侵所造成了大陆东南沿海一带部分陆地被海水淹没,山地丘陵成为海岛或半岛,而后海水逐步褪去才导致的陆地露出。靠海而居的太姥山先民必然经过一个向其他陆地或海岛的迁徙和扩散的过程,再加上早期族群的生活并不像今天这样固定,人们总要伴随着自然环境和生产环境而进行迁移、谋生。由此我们也可以猜想,在此过程中,生活在太姥山地区的闽人,必然也会走出了太姥山地区,与东南各处的闽人和其他族群进行着持续的互动和文化的交流,在将自己文明传播出去的同时也学习着其他族群优秀的文化。

二、太姥文明的史前定位

华夏古籍中呈现了古人对当时闽人及其兄弟族群在政治、经济、社会状态的记录,而考古遗存是证明太姥山先民活动的重要证据。从石器时代开始,先民就在这一片土地上留下了生产生活的印记,成为我们今天重要的史前考古遗存。这些考古遗存将闽人的历史从有文字记载的时间上推了三千余年,也为太姥山闽人先民文明初曙的进行了时间定位。

(一)闽地史前文化序列

在今天的福建地区,我们已经发现了多处重要的史前文化遗址,并呈现出一条重

---

① (清)沈定均修:《漳州府志》卷四十"古迹",光绪三年(1877年)刊本。

要的文化类型序列:壳丘头文化—昙石山文化—黄瓜山文化—黄土仑文化和白主段文化—浮村下层类型文化。①

1. 壳丘头文化

壳丘头文化是目前闽江流域所发现的最古老的新石器时代文化,集中分布在闽江下游地区,即以平潭壳丘头下层的粗砂陶类为代表。根据福建金门富国墩遗址而推测壳丘头类型文化的年代,大致在距今 5500—6500 年以上,②这个年代相当于黄河流域仰韶文化中后期。

在壳丘头文化遗址所出土的生产工具有石、骨、贝、陶等类。石器以粗磨为主,石锛占全部石器三分之二以上,其中弧背石锛占绝大多数。伴随着石器出土的还有一定数量的骨凿、匕、链、锥和贝铲,反映了壳丘头文化的海洋特征。在陶器方面,以夹砂粗陶为特征,胎厚质粗,红、黄、灰、黑诸色相杂,除少量红衣外,主要饰以拍印麻点纹、绳纹、条纹,戳压贝齿纹、圆形和三角形纹,刻划成平行线纹、曲折线纹、交叉线纹,部分器物口沿作花瓣形或锯齿形。陶器代表性器形有宽斜沿、深直腹圆底釜或罐,圆筒、圆柱状喇叭形支座,以及斜腹、圆底钵,折腹、矮圈足壶,直腹、矮圈足镂孔盘,浅腹、喇叭圈足等。

2. 昙石山文化

昙石山文化以昙石山遗址的中文化层及中层墓葬为代表,包括庄边山下文化层的第二、三期,溪头下文化层的大部分内涵和下层的墓葬及灰坑等。昙石山文化类型距今约 4300 年左右。

在这些遗址所出土的石器以小型石锛为主,其中以横剖面略呈等腰三角形的最富特征。陶器以夹砂灰陶和泥质、磨光灰陶为特征,制作已较规范,火候较高,器形规整,夹砂陶饰交错条纹为主,泥质陶以素面磨光为特征,尚有少量卵点,条纹红彩。仅见圜底器,器形有釜、罐、豆。釜为宽斜沿折腹尖圆底、腹较深、饰交错条纹,豆为圈足较矮且小,罐为以直颈鼓腹矮圈足。除此以外,还有鼎、壶、杯、盘、碗等器型。

3. 黄瓜山文化

黄瓜山位于宁德市霞浦县,与太姥山同属一脉。此阶段的相对年代是介于昙石山中层文化与黄土仑遗存之间,推测其年代均距今 3500—4000 年左右。

黄瓜山文化中的生产工具仍以磨制的小型石器为主,有一定数量的骨、贝器,其

---

① 钟礼强:《昙石山文化研究》,岳麓书社 2005 年版,第 23—60 页;林公务:《福建境内史前文化的基本特点及区系类型》,福建省博物馆编:《福建历史文化与博物馆学研究》,福建教育出版社 1993 年版,第 69—78 页。

② 吴春明、林果:《闽越国都城考古研究》,厦门大学出版社 1998 年版,第 74 页。

中弓背锛较典型,有段石锛的数量增多,新出现了石矛、石戈、骨矛等。陶生活用器中,以施赭色衣和橙黄陶、深储色衣的灰硬陶及彩绘陶最富特征。陶器群的器物组合形式及其形态方面,炊器中新出现了甗形器,其他如广口尊、半球形罐、球形罐、折肩圆凹底罐、假圈足杯等。陶器表面装饰除拍印的斜线条纹,篮纹栅篱纹、方格纹以及少量的绳纹和不规则的焦叶纹(叶脉纹)外,还能施赭色或深赭色的陶衣。同时,彩绘陶器十分普遍,彩绘纹样有平行条纹、斜线三角纹、交叉网格纹、云雷纹等,多以点、线组合而成,有红储色和黑蒲色彩两种。①

4. 黄土仑文化和白主段文化

以黄土仑墓葬为代表,包含有昙石山上层、溪头上层和东张遗址上层部分文化遗存、闽侯古洋遗存等。初步推断其年代距 3000—3500 年(商代中晚期到周初)。主要器物有杯、豆、罐、壶、尊、簋、瓢、钵、盂、勺等。陶器火候高,质坚硬致密,以泥质掺细砂灰白胎硬陶为特征。以轮制为主,制作精巧,选型美观,器类富于变化。陶器装饰多以拍印纹为主,刻划纹次之,另有锥刺、镂孔、凸棱,附加堆纹、捏塑等手法,纹饰有变体雷纹和双线刻划回纹、方格纹等。②

白主段类型文化,与黄土仑墓葬出土物极其相近,因而它们大多年代应是相当的。陶器在陶制方面以泥质或夹细砂的灰硬陶为主,此外尚有少量红、灰软陶。在陶器制法上,一般手轮兼用,器形均较规整。主要器形有甗形器、长腹罐、单鋬或双鋬罐、豆、钵、广肩或折肩的尊、高领罐、盂等。装饰以拍印纹为主,主要有方格纹、曲折纹、蓝纹、席纹、S 纹及丁字形云雷纹等,纹饰有单一也有相互组合。

5. 浮村下城类型文化

浮村下层类型文化是以福州浮村遗址下层为代表,此阶段应约当西周至春秋时期,距今 2500—3000 年左右。

文化内涵虽仍以石器、骨器为主,但已经出土了少量青铜器,在生活用具方面,出现了釉陶和原始瓷器。在这类遗存的部分陶器上,常发现一些类似文字的刻划符号。印纹硬陶的纹饰明显增多,以工整、纤细为主要风格,其中方格纹、席纹最为普遍,同时出现了较多的复合纹饰。③

---

① 林公务:《福建霞浦黄瓜山遗址发掘报告》,《福建文博》1994 年第 1 期,第 2—18 页;福建省博物馆:《福建霞浦黄瓜山遗址第二次发掘》,《福建文博》2004 年第 3 期,第 1—12 页。

② 福建省博物馆:《福建闽侯黄土仑遗址发掘简报》,《文物》1984 年第 4 期,第 23—37 页。

③ 曾凡:《福州浮村遗址的发掘》,《考古学报》1958 年第 2 期,第 17—27 页。

（二）太姥遗存的时间定位

从太姥山地区已经发现了多处石器时代遗址，包括人类的住地、石器生产加工作坊和墓葬等类型，最主要的遗址有：

1. 前岐棋盘山遗址

棋盘山遗址位于前岐镇，遗址位于圆形独立小山包的山顶中部，山部平缓，山形如棋盘，相对高度 25 米，面积 500 平方米。采集有石片、陶片等食物，据相关研究者根据采集器物判断，该遗址距今约有 4500—5500 年。2013 年公布为福鼎市第四批文物保护单位。

前岐棋盘山遗址器物

2. 秦屿彭坑村后门山遗址

后门山遗址位于太姥山镇，遗址相对高度 5—20 米，面积 50000 平方米。山形似卧狮，东—西走向。采集有印纹硬陶、石器，并可观察到距地表 1.2—1.5 米有文化堆积层（厚 0.2—0.4 米），采集到大量石制品和彩陶器。陶器残片包括泥质陶、夹砂陶和硬陶，其中以橙黄陶占大多数。2009 年 11 月 16 日公布为福建省第七批文物保护单位。

秦屿彭坑后门山遗址

秦屿彭坑村后门山遗址采集器物(彩陶片)

秦屿彭坑村后门山遗址采集器物(石锛)

秦屿彭坑村后门山遗址采集器物(着衣陶)

3. 马栏山遗址

马栏山遗址位于店下镇,遗址相对高度 10—40 米,南北长 500 米,东西宽 250 米。面积 12.5 平方米。在山东坡坳处(相对高度 15 米处)发现早期文化层堆积两处,距地表约 1.6 米,文化堆积层厚达 0.7—1.2 米,发现整层的石器、石片、石锤、陶片,估计为一处石器制造场所。1991 年公布为福建省第三批文物保护单位。

弓背形锛

马栏山遗址器物(石器)

4. 后保栏山遗址

后保栏山遗址位于店下镇,遗址相对高度 30 米,面积 5000 平方米,该遗址是独立小山坡。石器、石片密布与山南坡,采集早期文化遗物较多,该遗址与马栏山遗址距离较近,从采集的石器观察,它与马栏山石器制造场石器基本类同,应同属马栏山石器制造场遗址群。2013 年公布为福鼎市第四批文物保护单位。

后保栏山遗址器物

5. 洋中洋边山遗址

洋中洋边山遗位于店下镇,遗址相对高度 20 米,面积 10 万平方米。文化堆积层达 0.3—0.5 米,最高处可达 1 米。发现并采集大量的石器、石片、陶片等实物。地面到处是半成品,根据采集器物判断很可能是石器加工场也是聚落遗址。东距马栏山遗址 1 公里,与马栏山遗址应同属同时代的石器制造场。2013 年公布为福鼎市第四批文物保护单位。

从以上的遗址情况进行分析,太姥山地区最具代表性的棋盘山、后门山和马栏山遗址与附近的黄瓜山遗址、庄边山上层、东张中层、昙石山第六次发掘的上层灰坑属于同一时期,其出土物和遗址特征与之相似,可以初步判断与黄瓜山文化类型相同。太姥山区先民生活的轨迹,换句话说太姥山地区的文明发端至少可追溯到距今 3500—4300 年,在年代上相当于夏或夏商之交。这也证明了,在这个时期太姥山区的住民就是我们今天所称的"闽人",他们已经达到了一定的文明程度,展现出较为

洋边山出土的新石器时代陶片

复杂的社会发展水平。

三、石与陶的上古言说

从史前文化序列所出土的遗存物来看,石器和陶器是两个最为重要的方面,也是判定其年代先后的一个重要线索。

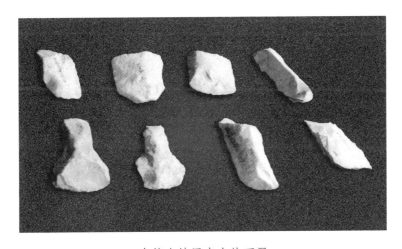

太姥山地区出土的石器

石器最突出的代表是有段石锛,这是我国南方史前民族最重要的文化要素。林惠祥先生认为,有段石锛在我国华北文化区极为少见,是中国东南区新石器文化的重要特征。这种石锛是一种形制奇特的石器,与其他普通的石锛相比其特殊性在于背面,"即刃口斜上所向的一面,不像正面的平,而是中部隆起,成为一条横脊将背面分

太姥山区出土的陶罐

成前后两个部分,前部较厚,后部较薄,看起来像二个阶段,因此称为有段石锛"。①
有段石锛可分隆脊式、弧背式、台阶形、凹槽形和有肩形,在福建地区及周边地区,平
面多为梯形或长方形的隆脊形石锛、剖面为梯形的台阶形石锛。② 最有趣的是,除了
我国东南方以外,包括太平洋上波利尼西亚诸岛、菲律宾、北婆罗门洲也有不同类型
的有段石锛,林惠祥推断有段石锛是中国大陆东南区一带地方发生,然后向北传于华
北东北,向东南传于中国台湾、菲律宾以及波利尼西亚诸岛。③

一般来说,任何文化和器物都沿袭着从低级到高级,从简单到复杂的这一路径。
目前已经出土的有段石锛在形式类别上、制作的精细程度上、装柄的便利和方式上也
有所不同,越早期的文化类型出现的石器,形状就越原始。大致上可以分为三个阶
段:一是初级型,较为原始的石器背面圆凸但没有明显的分段,比较后期中间已经有
了一个中脊,将背面分为两段且厚薄一样,手持不装手柄;二是成熟型,这种类型已经
有更加明显的分段,有的有沟,并且可以装上手柄;三是高级型,这种类型的石锛装柄
处被石锯锯成深凹,后段比前段较薄,更易于装柄,且棱角比较整齐,显得比较的
精致。④

---

① 林惠祥:《中国东南区新石器文化特征之一:有段石锛》,《考古学报》1985 年第 3 期,第 11 页。
② 傅宪国:《论有段石锛和有肩石器》,《考古学报》1988 年第 1 期,第 4 页。
③ 林惠祥:《中国东南区新石器文化特征之一:有段石锛》,《考古学报》1985 年第 3 期,第 13 页。
④ 同上,第 14—15 页。

也有论者将有段石锛的年代划分为:一、始发期,主要以隆脊型有段石锛和弧背型有段石锛为代表,其中隆脊形有段石锛早期平面呈梯形且横剖面半圆、器体厚重,较晚的石器平面呈长方形,背部纵剖面线呈屋脊形且出现了斜平面,这些石锛在长江中下游约属河姆渡文化和马家浜文化阶段。二是鼎盛期,这个时期有段石锛数量之多、质量之精、分布范围之广,均达到了前所未有的程度。主要代表是台阶形有段石锛,几乎遍及所有有段石锛的地点,相当于良渚文化或比良渚文化略晚的石器时代。除此之外还有凹槽型有段石锛(背部有一道或两道横向半圆形凹槽,平面为长方形或梯形)主要分布在良渚文化中,江西福建和台湾新石器晚期遗址中也有所发现。三是衰退期,时间上属商周至春秋时代,主要形式为平面呈长方形或梯形的隆脊型有段石锛以及台阶型、凹槽型有段石锛,但是数量上都有所减少。①

另一个重要的代表遗存是几何印纹陶。几何印纹陶是一种表面印有几何纹饰的陶器,这种陶器的特点是,它的图案基本是以线的排列和交织组成的,并按一定角度、距离和方向延展开,形成以四方连续纹样为主的规则几何图案。另外这种图案的形成既不是刻划也不是彩绘,而是采用拍印的方法。② 几何印纹陶主要分布在我国东南地区的福建、浙江、江苏、安徽、湖北、湖南、江西、广东、香港一带并向东传播至菲律宾、南洋群岛等地,福建是有记载的最早发现印纹陶的地区之一。几何印纹陶在华北等地分布较少,因此被认为是我国东南方固有的史前文化。③ 陶器是古人类最为重要的生活用具,渗透到日常生活的方方面面,因此在用途和形制上也是相当丰富的。在闽台一带,常见的印纹陶器有各式的罐、尊、盆、瓮、豆、壶、碗等。陶器的制作往往会反映当时社会生产以及工艺的水平,可以用来确定其所在文化序列中的地位。

陶器的材质不仅能说明当地的地质环境,也是体现其制作水平的标志之一。因此也曾经有印纹陶发展的三段说,即由砂陶发展到软陶,最后发展到硬陶。虽然这种三段说不甚精确,但是也说明了陶器的发展与炼选陶土、烧制工艺的发展有着密切的关系。

选土炼泥是制陶的第一步,从石器时代开始,先民就懂得就地取材以制作陶器。但是陶土与一般的土壤又有所不同,例如在仰韶和龙山文化当中出土的陶器就不是

---

① 傅宪国:《论有段石锛和有肩石器》,《考古学报》1988 年第 1 期,第 7—9 页。

② 彭适凡:《中国南方古代印纹陶》,文物出版社 1987 年版,第 1 页。

③ 林惠祥:《福建闽侯县甘蔗恒心联乡新石器时代遗址考察报号》,《厦门大学学报》1954 年第 5 期,第 187 页。

一般的黄土,而是有意精选的红土、黑土和其他黏土。① 通过相关研究对陶土化学物质的分析,尽管各地陶土种类不同以及所测标本的局限性,但大致上呈现出时代越靠后的陶器其所含的三氧化二铝的比例就越高。我国南方的情况也是如此。② 三氧化二铝的增多提高了陶土在烧制过程中的耐火性,保证陶器能承受较高的炉温,以获得较高的硬度。

而陶器的烧制则是最后也是最关键的一步。根据一些研究,在南方地区测试的陶器样本,从新石器时期到商周时期,烧成温度是逐渐提高的。③ 一般来说,夹砂红陶烧成温度不高于900摄氏度,印纹软陶烧成温度在1000摄氏度左右,而印纹硬陶的烧成温度多在1150至1250摄氏度。④ 陶器烧成温度的提高除了与其陶土和胎料有关以外,与窑和烧制技术的发展密切相关。从新石器时期到商周时期,主要是从传统的横穴式窑发展和改进的同穴式窑。与太姥山相邻的福建闽侯县石山,就发现了新石器时期的横穴式窑。其中有一窑保存较好,窑室呈圆形,窑的内壁因为烧火的缘故十分坚硬。它的窑炉为升焰式,火焰经过火道和窑室一走而过,不利于温度的提高,所以一般只能烧到1000摄氏度左右。⑤

因此,根据相关研究和资料,我们可以根据太姥山及周边地区已出土的印纹陶,从其材质的角度整理出印纹陶大致发展的脉络:夹砂粗陶—夹砂红陶和黄陶—夹砂或泥质灰陶—灰硬陶、橙黄陶、赭衣陶、黑衣陶—泥质或夹细砂灰(白)硬陶—釉陶—原始瓷器。这条顺序覆盖了福建境内从最早的壳丘山文化到浮村及杨山文化类型的所有出土陶器,也同时反映了在陶土改进和烧制工艺提升上由低到高的顺序。

另一方面,纹饰也是研究几何印纹陶的一个重要方面。目前已经发现的印纹陶纹饰形式多样,简单的有平行线纹、曲折线纹、交叉线纹,略复杂的有梯格纹、编织纹、圆点纹、叶脉纹,除此之外还有方格纹、曲折纹、蓝纹、席纹、S纹及丁字形云雷纹等,仅林惠祥先生在1937年田野试掘中就发现和识别出36种之多。⑥ 早期的纹饰主要

① 周仁等:《我国黄河流域新石器时代和殷周时代制陶工艺的科学总结》,《考古学报》1964年第1期,第6—7页。
② 彭适凡:《中国南方古代印纹陶》,第387页。
③ 同上,第403页。
④ 周仁等:《我国黄河流域新石器时代和殷周时代制陶工艺的科学总结》,《考古学报》1964年第1期,第11—14页。
⑤ 曾凡:《闽侯县石山遗址第六次发掘报告》,《考古学报》1976年第1期,第83—119页。
⑥ 林惠祥:《福建武平县新石器时代遗址》,《厦门大学学报》1955年第4期,第115—150页。

采用阳纹,比较的简单,种类也比较有限,一般显得粗浅不一,纹路比较松散和紊乱,有纹印的陶器中比例较低。而到后期,几何印陶纹在数量增多的同时,几何纹样也变得繁复和丰富,有三四十种之多;在同一陶器的不同部位上采取了多种纹饰,使之显得更加的绚丽,云雷纹、菱形纹、曲折纹等更加繁复的纹路大量出现,有的还受到了青铜器纹饰的影响。

之所以要在陶器上装饰纹路,有论者认为是来自于生产生活,南方盛产竹、苇、麻、藤一类的植物,最初是早期制作者在对陶坯进行拍打和挤压时,偶然将草与藤之类的植物拍印到了陶坯上,于是他们受到启发,通过在木拍之类的工具上缠上的草或者藤,或是在木拍和印模上刻上图案,从而使陶器表面产生了众多的几何纹样,满足了先民不断增长的审美需要。① 更有论者认为这与竹篾编制所产生的纹路有密切的关系,"是从竹器编织纹来的"。② 这都说明了纹路早期自然现象和社会生活的真实反映。

除此之外,还有一种观点认为几何印纹体现了先民的文化根源,是古代民族崇拜蛇的体现。对蛇的崇拜是闽、越等南方土著民族的文化特色。许慎《说文解字》中说:"闽,东南越,蛇种。""闽"中的"虫"这个部分,指的是"蛇"的意思,至今还有很多地方称呼蛇为"长虫"。东南土著文化中原生的"蛇"完全不同于"龙图腾",是其地理环境中客观存在的大量蛇类动物在土著文化上的反映,是华夏和汉文化南播以前华南土著文化特征。③ 几何印纹陶上的印纹可以说是对蛇的模仿,特别是曲折纹、菱形纹更是对蛇的形状及其表皮的生动模拟。由此推知,太姥先民同其周边的古老土著一样,对蛇有一种崇拜的感情,他们将对神秘力量的崇敬,刻划在其日常生产生活的器物当中,祈求这种附着在陶器上的图案能保佑其在险恶的环境当中获得平安,由此转变成一种共同的情感,不仅将部族凝聚在一起,而且将对蛇的形态幻化成一种审美,成为其文化的一种独特风貌。

另外,太姥山区所出土的黑衣陶与浙江出土的黑衣陶有着相近的形态和制作,黑衣陶被认为是良渚文明的特征,在太姥山地区黑衣陶的出现,应该是吸收了良渚文明黑衣陶的制作方式,标志着良渚文明余绪对太姥山文明的影响。④ 在浙江,黑衣陶的分布也是有所差别,这种文化面貌的遗存可分为两种地方相,即沿海类型和内陆类

---

① 彭适凡:《中国南方古代印纹陶》,第 24 页。
② 尹焕章:《关于东南地区几何印纹陶的初步探测》,《考古学报》1958 年第 1 期,第 78 页。
③ 吴春明:《从百越土著到南岛海洋文化》,文物出版社 2012 年版,第 375 页。
④ 钟礼强:《略论昙石山文化与良渚文化的关系》,《东南文化》2005 年第 6 期,第 32 页。

型。沿海类型的分布区从浙东南的瓯江流域到闽中的闽江下游地区。该地区彩绘陶器很少,主要是黑衣陶器为主。这说明太姥山区与浙南瓯江以南地区自石器时代开始,就具有深入的交流。太姥山文明除了受到昙石山文化的影响,也与良渚文明发生联系,是两个上古文明的重要交汇点。

第二节　青铜时代的闽越一体

一、闽越融合中的太姥先民

在我国的学术界,长期以来对"闽"、"越"、"闽越"的关系持有不同的看法,有的学者认为闽与闽越指同一民族,或者"闽"就是"越",是东南地区的土著,"闽越"是在东南土著的基础上向前发展而形成的"越"的一支。① 另一种看法称为"混合说",认为"闽"是商周及更早的时期,生活在今天福建及其周边地区的土著人群;而"闽越"是其与商周时生活在江浙地区而后,南迁入闽的"越人"融合的产物。②

有学者提出了两方面的证据支持了"混合说":一是在记录周朝前后史事的文献中,仅有"闽"或"七闽"而没有关于"闽越"的记载,"闽越"只是在后期秦汉时期的史事当中出现,因此"闽"在西周或更早时期业已形成,而"闽越"并没有与"闽"一起出现在周史当中,而是出现在《史记》所记载的汉代以后的历史当中。"这说明闽越是闽与越经过长年融合的结果,且在秦汉时期已经作为一支重要的民族力量出现在汉文史籍的视野中。"二是在先秦考古文化形态当中,从黄土仑、白主段文化等商代闽中考古学文化中,封闭的土著文化格局是基本维持的。而在福建两周时期的遗存中显示出一个共同特点,即黄土仑、白主段、蚁山文化中表现出来的封闭式的纯土著文化传统已经不复存在,吴越文化特质不同程度地传入并与土著文化相融合。例如铁山文化中的青铜器、浮槟类型中的青铜文化都体现出外来文化的传入和两种文化的交融。③

因此,在"闽"、"越"和"闽越"三者的关系上,也许正如有的学者所认为的那样,

① 辛土成:《台湾海峡两岸的古闽越族》,厦门大学出版社1988年版,第9—16页。
② 吴春明:《闽文化刍议》,《厦门大学学报》1990年第3期,第26—31页。
③ 吴春明:《从百越土著到南岛海洋文化》,第98—108页。

"七闽"中包括了后来闽越族的祖先,而闽越又是"百越"的一支。① 因此"闽越"的生成,指的不仅有"闽"对"越"文化的吸收,还包括"闽"与"沤深"、"十蛮"、"越沤"这些具有上古名称民族的交流。从结果上看,正是因为"七闽"先民与周边族群的联系极为密切,甚至会受到彼此文化上的影响,因此在文化特质上也会体现得比较类似;甚至族群之间也会通过这种文化特质上的相似性形成新的认同,从而实现族群的融合,以一个新的名称继续活跃在历史舞台上。

我们可以从商周时期到秦汉时期华夏史籍中有关少数民族称谓的变化一窥这种融合的过程。《逸周书·王会解》载"东越海蛤,欧人蝉蛇,蝉蛇顺食之美",并提到"正东,符娄、仇州、伊虑、沤深、十蛮、越沤,剪发文身,请令以鱼皮之鞞,乌鲗之酱,鲛鲺利剑为献。正南,瓯邓、桂国、损子、产里、百濮、九菌,请令以珠玑、玳瑁、象齿、文犀、翠羽、菌鹤、短狗为献"②。说明商周时蛮、越、瓯共存于东部;《周礼·职方氏》区别了"八蛮"和"七闽":"职方氏掌天下之图,以掌天下之地,辨其邦国、都鄙、四夷、八蛮、七闽、九貉、五戎、六狄之人民。"③而在汉代史家注家的文本中,"闽"与"越"已经俨然一体。例如汉代许慎《说文解字》载:"闽,东南越,蛇种。"《史记·吴太伯世家·索隐》释"荆蛮"曰:"蛮者,闽也,南蛮之名,亦称越。"这种转变本身就是民族融合在史书中的反映。而融合的时期向上始于周,向下不晚于汉初,这与闽地进入青铜时代的时间是大体一致的。

另外,值得注意的是,商周时期出现在华夏典籍中的吴、越、沤、瓯、闽等东南土著,在秦汉文献中的"消失",而取而代之以"百越"进行统称——例如《吕氏春秋》载"扬汉之南,百越之际",《史记·秦始皇本纪》曰"南取百越之地",并对东南土著谓以"于越"、"闽越"、"南越"、"骆越"、"干越"、"扬越"等进行划分。在这里至少包含了两层意蕴,一是反映了当时中原汉人对东南土著认识的改变。以"越"来统称东南少数民族,体现中原民族与他者的区别,实际上是在历史记载上赋予了瓯、闽等东南土著一个新的称谓。由此说来,闽越并不是一个新的"血缘的混合",实质上是一个文化符号。另一方面,这种认识和称谓的改变,恐怕也是基于一个事实,东南土著长期以来的文化接触、交流和融合所导致的文化表层上的相似性,这可能是这种"以一代多"做法的直接原因。

---

① 陈国强等:《百越民族史》,第18页。
② 孔晁注:《逸周书》卷七"王会解",商务印书馆1937年版,第245—246页。
③ 阮元校勘:《十三经注疏·周礼注疏》卷四"夏官司马",中华书局2009年版。

在这个民族融合、闽越形成的青铜时代,太姥先民们也在被裹挟在这个历史潮流之中。太姥山先民属于闽人一脉,其位置负山临海,处于今天的闽浙交界。太姥山地区早期是良渚文明余脉与昙石山文化往来交汇的节点,从商周到秦汉也是百越诸民族进出闽地主要通道。在这个时期,一方面由于太姥山的区位特征,作为东南土著民族的走廊,其他民族的迁入将自己文化带入了这个区域;另一方面太姥山先民作为渔猎民族,"逐渔而居"的生活方式,使得迁徙成为常态,他们又会将自己的文化带到其他地域,或是在其他区域进入到其他族群主动融入。太姥山地区周围曾有多个兄弟民族,其中包括东瓯先民("瓯深"和"越沤")和于越(后来在春秋时期建立了越国)。

二、闽与瓯、于越间的联系和交流

早在周代,东瓯人已活动在今浙江南部的瓯江流域。在历史文献《逸周书·王会解》提到"东越"、"瓯深"及"越沤",《山海经·海内南经》也载"瓯居海中",都是对东瓯先民的记载。郭璞《山海经》注曰:"今临海永宁县,即东瓯,在歧海中。"[1]更是明确了东瓯先民的活动中心及与七闽先民的邻居关系。从考古资料中说明,东瓯人早在战国以前就已经居住在瓯江流域。在浙南地区也普遍发现有印纹陶的遗址,瓯江水系的文化特征与福建的印纹陶文化有很多相似之处,这说明瓯与闽在历史上关系十分密切。"瓯江流域遗址分布在沿江大山前的小山顶上,以瑞安县飞云江和永亮县上圹溪两岸最为密集,常见一种拍印条纹的黄灰色薄胎硬内(有的两面涂成黑色)和印纹陶共存。石器较细小,石箭镞多宽扁而短小,一些有段石锛的断面略呈弧边三角形,似乎这里的文化面貌和本省(浙江)其他地区的不很一样,和福建省闽江下游的颇为接近。"[2]"浙江南部的乐清、永嘉、瑞安等地的遗址,与福建闽北诸遗址极为相似。"[3]甚至有的学者鉴于东瓯先民和七闽先民文化特征的相似性,认为他们本为一支。

但无论是否同为一支,至少足以说明太姥先民与东瓯先民长期以来的深度互动。由于双方相邻而居,甚至相混而居,双方环境的相似性都使得生产生活上都有了彼此借鉴的需要,因此随着文化的交流和传播,使得彼此文化趋于相似。但更重要的是东

---

① (晋)郭璞注,谭永耕校点:《山海经》,岳麓书社1992年版,第131—134页。

② 牟永抗:《浙江的印纹陶》,《文物集刊》第3辑,文物出版社1981年版,第261—269页。

③ 曾凡:《关于福建史前文化遗存的探讨》,《考古学报》1980年第3期,第278页。

瓯先民率先将青铜文化带入东南土著走廊,成为开启太姥山地区青铜文明的先锋。

对闽越融合起到重要作用的是于越。有关越的称谓最早见之于《竹书纪年》周成王二十四年(前1060年)的"于越来宾",《逸周书·王会解》载:周成王二十五年(前1039年),"大会诸侯于洛邑","于越"也参加朝贡。孔晁注:"于越,越也。"《春秋》说:"定公五年,于越入吴。"如果殷墟甲骨卜辞中的"伐戉"、"令戉来"的"戉"就是"越"字的前身的话,于越就已是一支活跃于商代政治舞台的民族。

于越南面与闽、瓯为邻,北面以钱塘江为界,在今太湖南岸与句吴错居。于越以会稽为中心,地望大体在今天的宁绍平原、杭嘉明平原和金衢丘陵等地。[①] 于越是南方拥有最为辉煌的历史文化的少数民族之一。它上承河姆渡文化、马家浜文化和良渚文化,发展成了具有特色于越文化,在延续自己文化特色的同时,较早地吸收了商周的华夏文化,加速了于越文化的发展速度,最早建立了民族政权——越国,并较早融入到华夏一体格局中。

早期于越经历着"随陵陆而耕种","逐禽鹿而给食"的生产方式。在河姆渡文化第四层时期,于越先民已经开始先是使用石锛、凿、磨石、骨耜、木铲等,后也采用青铜农具作为生产工具进行水稻的种植,开始了定居农业。《逸周书·王会解》中载扬州"其谷宜稻"就是商周时位于扬州中心的于越进行水稻种植的例证。定居农业为畜牧业提供了条件,自新石器时代以来,于越先民就饲养了鸡、狗、牛、羊等禽畜,春秋时也发展了经济作物的种植,例如种麻和葛。除了农业之外,到春秋时期青铜冶铸业、纺织业、陶瓷业、竹编业和造船业等手工业也得到了进一步的发展。于越的青铜剑是其手工业中的精华,在春秋时最为有名;于越葛布又名"白越",到东汉时仍作为贵族间的赏赐品;《淮南子·齐俗训》中提到了"越席",《荀子·礼论》中提到了"越席床笫";《吴越春秋·勾践阴谋外传》中提到于越的木工"巧工施效,制以归绳,雕治圆转,刻削磨砻,分以丹青,错画文章,嬰以白璧,镂以黄金,状类龙蛇,文采生光";《淮南子·齐俗训》说"越人善于舟"等等。这些都充分的说明在从原始社会到有文字记载的春秋战国时期,于越的文化经过了长期的发展,形成了具有地方特色的高度文明,并通过承袭了商周"普天之下莫非王土,率土之滨莫非王臣"的体制,实施封土建国,建立了越国,将于越文明推向了历史顶峰。

虽然文献中记录的只是一瞬,但可以料想从距今5000年河姆渡文明开始,到春秋于越建国,于越文明的发展实际上是两个进程,一是在吸收先进文明的基础上因

---

① 陈国强等:《百越民族史》,第133页。

地制宜地发展民族文明;二是在发展于越文明的同时对外进行着传播,直接或间接地影响了其他古老民族的文明进程。这两个进程实际上是同步的。而从地理位置上来看,太姥山的七闽先民也是最早与于越发生联系的族群之一,这也能解释双方的文化从石器时期开始就具有一定的相似性。太姥山文化受到良渚文化的影响也是由于越而来,但是对包括太姥山在内的闽地先民影响更为深远的,还是后来的于越入闽。

越国经过数代人发展,开始与句吴交兵,经过勾践"卧薪尝胆"的社会改革,终于在公元前473年灭掉吴国,树立霸主地位。前306年,楚国乘越国内乱的时候,联合齐国把越国灭亡了,设江东郡。而越国实则没有全部灭亡。有学者认为,越所失去国土是吴国故地和在浙江(钱塘江)北岸的越地。浙江以南,包括越故都会稽在内,还是越人的领土。然而越从此分裂,越王族散居江南海边,有的称王,有的称君,都向楚国朝贡。有一些越王族,大概就在这个时期航海入闽。《史记·越王勾践世家》中有记载:"楚威王兴兵而伐之,大败越,杀王无疆,尽取故吴地至浙江,北破齐于徐州。而越以此散,诸族子争立,或为王,或为君,滨于江南海上,朝服于楚。"[1]有学者指出:"道光《福鼎通志》卷五'山川志'云'长乐县东北有越迁山(《郡志》作越王山),周围三十里'。《读史方舆纪要》又云'善哉长乐县东北三十里';并引《闽中纪》云勾践七世孙无疆,与楚战不利,子孙徙居之(越迁山)。"史载越国无疆败走的"南山",其地望应在浙南和闽北一带。[2] 如是这样,也只能说明越灭国后,有一部分越国君长带领一部分族人南迁至瓯和越,并不能就此认为闽越或瓯越就是越国南迁的遗族。但越人的南迁无疑加快了闽地向吴越的文化习得。

三、太姥青铜时期文化物语

随着青铜文化的出现,土著文化封闭格局的打破,吴越与商周文明的传播,伴随着"七闽"向"闽越"文化的变迁,两周时期闽中地区的原始社会形态出现了一系列复杂社会因素。首先,吴越文化的传播带来的青铜斧、钺、刀等先进的农耕生产工具,长江中下游地区历史悠久的稻作文化与技术也随之传入。其次,吴越、商周社会的许多上层建筑的内容已经不同程度地为早期闽越人所接受。最后阶级分化、冲突也存在

---

[1] 司马迁:《史记·越王勾践世家》,上海古籍出版社2011年版,第1751页。
[2] 朱维干,陈元煦:《闽越族的建国与北迁》,《百越民族史论集》,第116—132页。

考古遗存中。[①]

（一）太姥山地区青铜时期遗存

今天的太姥山区已经发掘了多处遗存被确定为青铜时期遗址，这些遗址分布在太姥山区周边，主要包括：管阳镇鱼池后门山遗址、章边大街山遗址、碧峰石墩岗遗址、桥头山遗址、大洋陈前墩遗址，秦屿镇九帅爷宫山遗址、财堡长顶山遗址、彭坑山兜山遗址、潋城大段山遗址，前岐镇长谷山遗址、八斗大山下遗址、南岭脚后山遗址、炮台岗遗址、西宅大岗山遗址、宫后山遗址，点头镇点居早田洋遗址、马洋南坡遗址、马洋大山下遗址、江美岐头山遗址、马洋头山遗址、江美墓头里遗址、江美虎头山遗址、王孙洋头里遗址、马洋下尾山遗址，桐山街道大坪头遗址，白琳镇玉琳湖尾山遗址、翁江潭头下遗址、店基山遗址，佳阳乡单桥山遗址、水尾山遗址、炮台山遗址，店下镇溪美南阳岗遗址，桐城街道沙垅岐角遗址、岩前遗址，前岐镇寨子瓦窑尾遗址，贯岭镇祖宗坟山遗址，山前街道乌岐后山遗址。出土物均为铜石并用时期的石锛、石器以及陶片。

一般认为，包括福建在内的华南沿海，"约西周开始才进入青铜时代"[②]。青铜时期早期是以铜石并用为特征的，除了少量的青铜器，早期的生活生产用具还是沿用石器为主。经过福鼎博物馆对遗存物的发掘鉴定，大致上该石锛、石斧及出土陶片的时代已经是在闽地进入青铜时代之后，在太姥山周边地区同时期的遗址中也发现了不少的青铜器物。但目前太姥山地区青铜时代遗址中青铜器的缺失，大致出于这么几种可能：一是从地理范围来看，青铜器并不必然遍及同一时期的遗址当中，由于自然环境的缘故，个别地区因地理隔绝导致生计方式还相对古老，或该地并不具备制铜的条件；二是太姥山地区是海侵海退易发地区，并且以渔猎为主的生计方式，使得迁移成为太姥先民的常态，因此在该时期存在着人口向内陆或其他沿海地区移动的情况，在迁移过程当中异常珍贵的青铜器可能被带出该地区，三是根据"年代—区域"假说，即任何文化区域，文化特质都倾向于从中心向外扩展，那些在外围发现的文化特质较为古老，而在中心地区发现的那些文化特质则是较新的。因此太姥山可能就是福建铁山文化类型和瓯江以南文化区的交汇点。

所以，如果真正探讨青铜时代的太姥山文化，我们不仅仅要把目光放在本地的遗

---

① 吴春明：《从百越土著到南岛海洋文明》，第109—117页。

② 吴春明：《从考古看华南沿海先秦社会的发展》，《厦门大学学报》1997年1期，第98—104页。吕荣芳：《对福建南安大盈出土青铜器的几点看法》，《考古》1978年5期，第319—327页。

存上,还需要去追溯史上的东瓯和周边沿海地区的一些遗存特征。

(二)太姥山地区作为青铜文化传播的通道

太姥山地区是连接闽地和浙南地区的纽带,也是闽越形成时代青铜文明传播的通道。正如前所说,太姥山文化是一个以流动为特征的文化类型,在闽越交融的时期,一部分太姥山先民迁移到周边的沿海地区,成为闽地青铜时期文化类型组成部分,另一部分太姥先民向北,将闽地青铜文化和太姥文化传播到今天的浙南地区。

福建的青铜时代遗址,例如昙石山表层、福清东张上层、闽清后门寨、建阳后门山遗址等被冠以"铁山文化类型",作为考古学文化上的一个典型代表。青铜时代的太姥山文化也是铁山文化类型的一个组成部分。在该文化类型当中,已经发现的青铜器有30多件,可分兵器、乐器、生产工具三大类。兵器器形主要有戈、戚、矛、剑、短剑(匕首)、箭镞等。乐器有钟、铃、铎等。生产工具主要有斧、锛、凿、锯、刮刀等。[①]

铁山文化类型的遗存有两方面明显的特点,一方面铁山文化类型显示出一定的地域性,文化因素不属于吴越文化类型。例如,铁山类型青铜器在局部造型、纹饰上不同程度地显示出独特性,如浮江矛上的燕尾式链形纹,猫头山长胡戈的胡上无穿作风和近栏处"人"形堆纹,祖妈林所出近銎处带一圆形缺口的斧,均具有比较鲜明的地方特征,应是铁山类型表现出来的不完全相同于吴越文化的一个方面。[②] 另一方面铁山文化类型当中很多体现外来文化的影响,特别是吴越文化的占主导地位,突出的是从青铜器的组合到形态基本上是一套与吴越青铜文化相统一的内涵。例如,剑、矛是铁山类型最常见的青铜器类,而且剑、矛、戈的不同形态都可以在不同发展阶段的吴越文化中找到基本相同者。该类型中两面平直的长方形方要斧数量不少,也是在南方两周时期遗存中常见的。另外,在一些保存得比较完整的墓葬上中,还有土墩墓式的墓葬结构与两周时期流行于江浙地区的石室土墩的基本相同。

青铜器作为当时先进技术水平的代表,体现了吴越文化特征,而陶器、石器等工艺技术相对简单的器具则延续了新石器时代闽地文化的传统。由此,基本上可以确定这种先进文化的输入,曾发生在越文化与闽文化之间。从文化的角度所揭示出越文化在青铜时代传入闽地的这么一个事实,从族群融合的角度可以推测这与"闽""越"融合及闽越族的形成是同步进行的。那么太姥山的先民们在接受青铜工艺的同时,一方面开始对闽越形成一个新的认同,另一方面也可能自外输入了青铜技术,

---

① 陈存洗,杨琮:《福建青铜文化初探》,《考古学报》1990年4期,第391—407页。
② 吴春明:《福建先秦青铜器文化类型初步探讨》,《厦门大学学报》1994年第1期,第47—53页。

与此同时与其他族群进行着交融。

我们把目光转向与太姥山地区相邻的浙南地区。在两周时期,浙南地区的典型遗存以台州黄岩小人尖、温州永嘉、乐清百事杨柳滩、飞云江流域等地以及瑞安等地的石棚墓为代表。此时期的典型因素是独特的墓葬形态以及大量出现的印纹硬陶、原始瓷和青铜器。

从出土文物来看,浙南两周时期遗物的种类和数量都大大多于夏商时期。石器有斧、锛、凿、钺、镞等。陶器主要有夹砂和泥质陶两类,硬陶的陶质坚硬,火候高,胎壁较薄,器表里外都有一层黑色浆液涂层,有些器型在肩部装饰针刺点斜线纹和"S"形堆纹,典型器有鼓腹和直腹的三外撇圆锥形足鼎、直口圆折肩的矮圆足盂、大口浅盘折肩豆等;另外还出土了原始瓷,原始瓷工艺较为粗糙,一般施釉不均且不及底,上部瓷化程度较好,胎色近白,底部质地疏松、胎色黄褐,釉色有青、黑两种,器类有敞口斜直腹或敛口折腹的豆、直口折腹的盂、敛口折肩三外撇圆锥足鼎、直腹平底小罐等。青铜器主要有短剑、矛、镞、锸、铲、耨、削、凿等兵器和长方形方銎锛、方肩铲、凹字形锸箭镞形耨生产工具,及尊、鼎、盘等少量的青铜容器,主要出土于浙南各个河流域的下游和东部沿海岛屿上,如黄岩小人尖、永嘉、乐清白石、玉环三合潭等地点。①

从空间分布来看,瓯江以北出土遗存较多,且青铜器主要出土在该地,而在瓯江以南主要是飞云江流域的遂昌县牛头岗出土一件青铜器和大量的陶器、石器,狮子岗遗址出土了泥质陶、夹砂陶以及黑褐色的彩陶。虽然今天浙南地区出土的遗存有一定的共性,但以瓯江为界,其南部所出土的黑陶、黑彩陶等遗存与北部地区有所不同,有可能不属于同一个文化传统类型,②但与闽地有着很强的相似性。

例如在青铜器方面,浙江长兴上草楼出土及金华地区征集到的两件青铜铙,温州瓯海区西周土墩墓发现的一件青铜铙,就与福建建瓯阳泽黄科山出土的西周早期青铜铙相似,③同时接近于建瓯南雅梅村出土的青铜铙。④ 器皿方面,福建管九村土墩墓出土的青铜尊以及铜杯上的双耳装饰,都与小人尖土墩墓的同类器相类似。在兵器方面,黄岩小人尖西周土墩墓出土的双耳青铜短剑与闽北武夷山和浦城县管九村

---

① 曹峻,吴洁:《浙南早期古文化时空结构的初步分析》,林华东主编:《瓯文化论集》,浙江人民出版社 2009 年版,第 77 页。

② 梅华全:《论闽越与东瓯的关系》,林华东主编:《瓯文化论集》,第 253—269 页。

③ 曹锦炎:《浙江出土商周青铜器初论》,《东南文化》1989 年第 6 期,第 104—112 页。王振镛:《福建建瓯县出土西周铜钟》,《文物》1980 年第 11 期,第 95 页。

④ 张家:《福建建瓯县发件一件西周铜甬钟》,《文物》1996 年第 2 期,第 90 页。

土墩墓群出土的双耳青铜短剑接近一致。①

因此有学者认为,瓯江南北两边有着不同的文化传统。瓯江以北属于杭州湾—太湖地区的河姆渡文化谱系、良渚文化范围,南部则与闽西北、闽东、赣东地区共同构成一个独立的文化区。② 不难看出,在东瓯先民世居的浙南地区,浙南与福建的文化已进一步融合,文化面貌也渐趋一致,特别是瓯江以南,瓯闽文化的交融是十分明显的。

为什么在浙南出现了与闽地相似的文化特征? 有学者尝试揭示了答案:"由于地缘的关系,从新石器晚期开始,以昙石山文化为代表的福建原始文化开始沿海岸线向北传播到了浙南地区,尔后又沿着瓯江流域逆水而上,向浙西南迈进成为'好川文化'的一部分。"③这大致上勾勒出了一条文明传播的路线图。

因此,我们可以大致上勾画出一幅青铜时期的文明传播图。于越先民是河姆渡和良渚文明的继承者,在两周时期,深受中原和吴楚文化影响的于越民族开始走向鼎盛,吸收了青铜器的技术和文明并结合本土的特色,形成独具特色的越文化,并发展出一套完备的政治组织机制,建立了越王国。在于越先民吸收中原和吴楚文化的同时,也向周边辐射着越文化,其中包括其东南部的瓯和闽。瓯和闽在新石器时期都存在着文化上的交流,这种文化是以印纹陶和有段石锛为特征的,在受到越文化影响的同时,也传播着自己的文化。但是到了两周时期,越文化代表着更为先进的生产力进入瓯和闽的文化当中,使他们带上了强烈的越文化的印记。特别是随着越人进入闽地,闽和越逐渐融为一体,彼此不分,形成了共同的族群认同,"闽"与"越"皆我族类。于是,在中原华夏民族的认识当中,越与闽没有区别,"闽越"成为"七闽"先民新的代称。

从太姥山所在的位置的情况看,它是铁山闽越文化类型的外围部分,因此所发现的具有青铜时代特征的器物相对很少。但恰好又处于闽越文化圈与瓯越文化圈的重合之处,闽越青铜文明由太姥山地区向北传入浙南地区,成为闽越文化传播的重要通道。而浙南地区也受到其北文明传播的影响,由此在瓯江两岸形成不同形态的子文化类型,并向太姥山区反馈着岸北文化的影响。文化的传播与人口的移动是一致的,越文化进入闽文化伴随着越人的迁入,而无论闽越文化由南向北,还是瓯越文化由北

---

① 梅华全:《论闽越与东瓯的关系》,林华东主编:《瓯文化论集》,第253—269页。

② 王海明:《浙江南部先秦文化遗存浅析》,浙江省文物考古研究所编:《几年浙江省文物考古研究所建所二十周年论文集(1979—1999)》,西泠印社1999年版。林华东主编:《瓯文化论集》,第253—269页。

③ 梅华全:《论闽越与东瓯的关系》,林华东主编:《瓯文化论集》,第265页。

向南,都反映着人口的南北移动。太姥先民的迁移大致也沿袭着这两个方向进行。

第三节　文明初曙中先民的生存形貌

虽然对太姥先民的社会生活和历史形貌已经很难进行还原,但是我们从古代文献和历史遗存中仍然可以发现太姥先民生存图景的蛛丝马迹。通过对上古人类生活景象的勾勒,我们可以看到太姥山文明发端时的光辉。

在距今 3000 到 5000 年前,长江下游新石器文化类型的代表良渚文化已经度过了其鼎盛的时期,开始与其他文明融为一体;在黄河中下流域,这里曾经历过光辉的仰韶文化、大汶口文化、龙山文化、二里头文化,开始进入青铜时代,并在公元前 2070 年建立起历史上第一个王朝——夏。① 在帝国疆域之外的东南沿海一隅,那里仍然是山海变迁之地,生存着太姥先民,他们是所谓"闽人"的一支。壳丘头文化在此前 2000 年前(距今 5500—6500 年)就已经开始在这片土地上发育,周边先后出现过昙石山文化和黄瓜山文化。这些文明一方面在不断地发展,由简单到复杂、由原始到高级,另一方面向周边地区传播,与其他文明发生着传播、碰撞、融合、互动。在今天的太姥山区,昙石山文化系统与良渚文化余脉发生着碰撞。

文明不总是同步发生、同速发展,在中原已经进入青铜时代的时候,包括太姥山区在内的闽地仍处于新石器时代的晚期。太姥先民仍然使用着磨制石器,最常见的石器是有段石锛、石斧和有肩石器。有段石锛是最常见的工具,初期先民手持有段石锛进行操作,而后对有段石锛进行进一步的改造,使其后端能够装上木柄,极大地方便了使用。大型的石锛可以用于松土,具有锄头的功能。② 器型较小的石锛且刃部不是很薄,所以并不便于进行锄地,而是用于斫砍竹木和对木头进行刳掘。③ 例如刳掘出一些类似木桶、木箱之类木器或造独木小船。对木头用火烧焦之后,即可用石锛刳去焦炭部分,遂成木器或木船。而石斧和有肩石器则是主要的农业种植工具,在对土地上的树木和杂草进行砍伐和焚烧之后,草木灰可以作为肥料,石斧和有肩石器可以用作进行翻土、松土、挖穴等操作,以便撒种。

---

① 根据夏商周断代工程发布的《夏商周年表》。

② 钟礼强:《昙石山文化原始居民的经济生活》,《厦门大学学报》1986 年第 1 期,第 118—119 页。

③ 林惠祥:《中国东南区新石器文化特征之一:有段石锛》,《考古学报》1985 年第 3 期,第 14—15 页。

太姥先民一方面使用有肩石器和石斧从事农作物的种植和生产,另一方面使用石锛制造出木船在海上或海边进行捕捞,这是他们主要的生产方式。类似于生活在昙石山的近邻,他们的捕捞物主要是一些介壳类海生动物,主要包括蚬、蛤、牡蛎、小螺等。① 这些食物的壳,被集中地抛弃在他们生活地点附近,长年累月集中在一起,成为后来我们所称的"贝冢"。他们还会采用一些石、骨、陶等质料的箭头、矛、网坠的捕猎用具去猎取一些偶蹄类动物作为一种辅助性的食物来源。另外,狗、猪等在闽地多处得到饲养,太姥先民可能已具有饲养家畜的能力。但因为不时发生规模不一的海侵,太姥先民处于不定期的迁移当中,居住地难以长时间的固定,以定居为基本条件的农耕注定难以得到长足的发展,不具备精耕细作的可能。所以太姥先民仍以渔猎为主要的方式,农耕及与之相关的家畜养殖只能在一些地势较高的区域和海洋运动不频繁的时期,在夹缝中得到发展。

随着生产能力的提高,特别是对生产工具需求的扩大,太姥先民已经有了石器生产和加工的专门场所,在太姥山区马栏山遗址所发现的石器加工场就是其中之一。石器的原料主要为玄武岩,部分为细砂岩,少数为花岗岩。主要是从大石敲破的石料和溪流中的卵石中选取,其中卵石是制造有段石锛的最好原料。② 制作石器一般有这么几个步骤:一是用其他石头对石料进行打击以加工成粗坯,例如将鹅卵石敲裂,使其一边展露一个平面;二是用砺石对粗坯进行磨制,使之成型即基本完成;三是发展到了后期,为了在石锛上装柄的需要,再对石锛后段进行磨制,使其比前段更薄,或采用石锯将基本成型的石锛中脊锯出一道小沟,以防止绳子的脱落。石器生产技术的发展以及石器生产场地的产生标志着,渔猎和原始农业已经发展到了一定的水平,因此较大的工具需求量使得社会分工当中出现了专门的石器制作者以从事生产工具生产,在太姥山区就有多个这样的石器加工场地。场地当中也放满了加工好的成品与半成品。而由于石器器型较小,使得人们在迁徙之时能够随身携带,于是在一场不期而至的海侵当中,马栏山石器场先民带走了已经磨制好的石器成品,留下了一批刚刚打制的粗坯。

除了石器手工业外,陶器的制造在当时也已经非常普遍。陶器是当时非常重要的生活用具,与先民的饮食、储存物品密切相关。先民提取太姥山区的黏土制造着陶

---

① 华东文物工作组、福建文物管理会:《闽侯县昙石山新石器时代遗址探掘报告》,《考古学报》1955 年第 2 期,第 53—68 页。

② 林惠祥:《中国东南区新石器文化特征之一:有段石锛》,《考古学报》1985 年第 3 期,第 13 页。钟礼强:《昙石山文化原始居民的经济生活》,《厦门大学学报》1986 年第 1 期,第 119 页。

器。陶器的制作略为复杂,先要制作粗坯,通过拍打的方式使得陶坯更为紧实,然后再通过拍印的方式在陶器上印上几何纹,有条纹、雷纹、方格纹等等,他们认为这样不仅能使陶器美观,而且能将蛇神的"灵力"附着在陶器身上,能够保佑他们的生产生活。最后就要把陶坯进行烧制。烧制的水平直接决定了陶器的硬度,也决定了陶器的耐用程度。先民们先后烧制夹砂陶、泥质陶、橙黄陶、黑衣陶等等,到后期已经烧制出了硬陶。硬陶的烧制对炉窑和烧制技术要求较高,个人独立烧制硬陶的可能性不高,因此硬陶应该是在能获得较高炉温的炉窑中集中进行烧制。

无论是石器制作的分工还是硬陶的集中制作,这都反映出当时太姥山地区的一个社会事实——社会分工和组织化经济生产的存在。尽管人们口头相传的"太姥传说"似乎还能回忆起过去母系氏族的踪影,但先民们所在的社会已经进入了父系社会。在父系社会当中,男人已经成为社会生活的主角,他们不仅从事捕鱼打猎这种危险性较高的工作,有的男人还专门从事石器生产、造船这样繁重的工作;女性主要从事的近海小型贝类和野菜野果的采集、原始农业劳作以及一些家务劳动。由于男性的生产工作的重要性早已超过了女性采集和农业劳作——这与生产工具的进步息息相关,他们的工作不仅能够满足家庭成员的生存需要,而且也为家庭积累了不少的财富,用于交换所需的其他物品和财富的传递,他们在家庭甚至更大的社会生活中成为了主角。

男性在家庭中的优势还延伸到社会生活当中,一些渔猎的能手不仅给家庭带来财富,也在氏族和部落当中获得了威望。他们成为了人们的首领,负责处理一些与集体生活相关的事情和组织专门的劳作。这就为专门的石器制造场和陶器制造作坊的出现提供了组织保障。首领不仅能够组织大型的捕捞为集体获得丰盛的鱼类食物,也能够组织专门的人从事石器制作、陶器制作和船只的制造,通过交换的形式保证他们获得食物的收入。

这种交换不仅满足了集体生活的需要,而且还能够联系周边的氏族或部落。通过独木舟,太姥先民能够与周边岛屿或者沿海的居民进行石器、陶器和生活用品的交易,这种原始贸易形式还属于简单以物易物阶段,但是客观上却将不同氏族和部落联系在了一起。不同的地域互通有无,逐渐形成了一个较为松散的经济联合体,各个部族的首领代表各自的利益不断地接触和交流,变得越发的紧密。尽管在接触中有合作也有斗争,但生计上的客观要求使得他们不得不联合在一起,通过联姻、合并等形式,使得氏族群体之间不断地融合、群体界限不断消解,一些小群体逐步被吸纳到具有强大经济和文化实力群体中来,形成共同的祖先记忆和文化认同。

因此，太姥山区先民逐步获得了一个更大的视野，他们不再只知其亲，对更大范围内的群体也逐步形成了一个认同，认为他们是"一体的"。至少在表征上，他们采用共同的工具，使用同样的陶器，喜欢一样的食物，有着共同的祖先传说，崇拜同一种动物。太姥先民认为他和周边地方的古老人类一样，有着一个共同的称号："闽"。对于他们而言，"闽"代表了与其他动物相区别的一种与他们相似的物种，我与"它"的分界，彼此之间可相互理解、应怀有共同情感的集体。

后来，这个过程一再的发生，"闽"人也认识到在他们之外，也有其他和他们诸多相似的人，这些人被称为"越"。随着文明的传播和闽越的融合，闽越作为一个具有文化特色的民族开始登上历史的舞台，其标志就是闽越国在汉文典籍中的出现，证明了闽越族群和闽越认同的形成。太姥先民在历史的脉动当中迈着脚步，在沧海桑田中继续自己新的征途。

第三章　汉越交融与太姥文化特质的形成

　　汉文化进入以后,对太姥山文化形成深远的影响。在历史记载中,太姥山地区作为闽越国与东瓯国的交界,被卷入到纷繁复杂的中央与地方的关系当中,体现出中原王朝、闽越民族政权、东瓯民族政权相互之间角力。这种政治和军事斗争客观上促进了东南民族的融合,为后来东南民族格局的形成奠定了基础。在考古文化当中,太姥山地区可以被视为多个区域考古文化圈的交汇点,一方面沿袭了庄边山类型—富林岗类型—凤林山类型的发展脉络,另一方面受到浙南考古文化的影响。太姥山地区从秦汉到六朝时期中考古文化的"不见物",恰恰证明了其流动性、边缘性和交汇性,也是当时民族融合、人口迁移、生产制度的反映。在史实和考古文化的层面上都显示出太姥文化特质在形成过程中的重要特点,即由越入汉的时间线索和南北交汇的空间特征。这构成了太姥文化形成中的独特魅力。

第一节　太姥山地区汉越交融的历史轨迹

　　民族融合是太姥文化形成的一条主线。太姥山地区经历了多民族融合的复杂历史,其文化特质的形成不仅有关闽与汉的互动,还包括瓯与汉的交融;不仅延续了闽越族群融合的线索,以闽越族为主体对汉文化的吸收,还包含着瓯与闽越两个族群碰撞主题下的共同汉化;不仅是少数族群被卷入中原文化核心的展现,还包括汉人被越文化的影响。从秦汉以来,太姥山地区民族融合是多维度、多向度和多层次的。因此,太姥山汉越交融的历史当中,至少覆盖了这么几层主要关系:一是闽越与中原王朝和文化的关系;二是闽越形成以后,闽越与东瓯这一组兄弟族群之间的关系;三是在汉初民族融合加速之后,闽越、东瓯这两个族群与汉的关系。

一、汉与闽越的融合

闽越与东瓯的碰撞是在汉文化加快渗入东南的大背景下进行,除此之外,太姥山地区作为闽越故地,其中的闽越先民也通过几百年的时间,逐步融入中华"多元一体"的格局。

在两周闽越族形成之后,在中国东南一隅,闽越族建立起了一个跨越福建、浙南和粤东的民族地方政权。一般认为,闽越国的建立与越国后裔入闽息息相关。战国晚期,越王勾践的十三世孙、无疆七世孙无诸以其军事实力历经多年的兼吞,结束越王族内部"为王"、"为君"的割据局面,基本上统一原福建、浙南和粤东地区的闽越族人,建立自己的王国,并自封闽越王。

秦始皇统一中国后,开始对周边少数民族地区用兵。《汉书·严助传》记载:"秦之时尝使尉屠睢击越,又使监禄凿渠通道。越人逃入深山林丛,不可得攻。留军屯守空地,旷日持久,士卒劳倦,越(乃)出击之。秦兵大破,乃发适戍以备之。"①但是秦始皇对少数民族用兵仅仅限于岭南地区,其东南边兵力并未越过闽越地界。从当时情况分析,秦始皇有可能想先统一岭南,再解决东越。由于秦兵的压力实质上发挥了震慑作用,闽越即向秦王朝称臣纳贡,而后也就未再对东南用兵,只是在闽越国地域设立闽中郡,把闽越王无诸降为君长,但实质上"闽中郡"为虚设。② 这是有记载以来,闽越族群与中原汉民族在历史上进行的第一次交锋。

但随着秦王朝的暴政,引起陈胜、吴广的农民起义,诸侯乘机叛秦,"闽中郡"君长无诸借机反秦。无诸率领闽中士兵,随反秦主力军入武关,战蓝田,攻析、郦。《史记·东越列传》载:"无诸、摇率越归鄱阳吴苪,所谓都君者也,从诸侯灭秦。"后来项羽入关,杀子婴,自立为西楚霸王。项羽在分封诸王时,因"楚、越旧隙"且闽越强大对楚不利,而不封无诸为王。在楚汉之争爆发时,无诸遂率闽中之兵,助刘邦而击项羽,最终帮助刘邦建立了汉王朝,为中国统一做出了贡献。公元前202年,刘邦即皇帝位,对在楚汉之争中的有功之臣给予分封。无诸被复立为闽越王,"王闽中故地,都东冶"。③

在汉初期,闽越与汉廷保持着良好的关系。汉高祖在世之时,无诸曾进献了"石

---

① 班固:《汉书·严助传》,中华书局1962年版,第2775页。

② 陈国强等:《百越民族史》,第168页。

③ 司马迁:《史记·东越列传》,第2255页。

蜜五斛,蜜烛二百枚,白鹇黑鹇各一双。高帝大悦,厚报遣其使"①。吕后执政时,对岭南的南越实施铁器禁运,激起南越王赵佗的不满,赵佗发兵攻长沙边郡,以财物贿赂闽越相约发兵,闽越未从。

但汉廷却采取相互制衡的战略,在汉高祖十二年(前195年),闽越的国土被分割,粤东的疆土被分给南海王;汉惠帝三年(前192年)浙南的疆土被封给东海王繇。汉廷如此安排,显然有削弱和牵制闽越的意图。但是自无诸复立为闽越王后,闽越国未曾反抗过汉廷,而是积极吸收中原的先进文化和先进的生产技术,推广铁制工具,扩大水路交通,发展农业和纺织业,大大促进闽越地区的发展。

在无诸死后,继位者被其弟甲所杀,后甲又被他人所杀,郢被立为闽越王。他将闽越国从混乱的泥潭中带了出来,发展到拥有"甲卒不下数十万"的强盛王国。闽越王郢为了收复被割去的疆土和进一步的拓展疆域,先后对南、北进行两次大规模的战争。

第一次向北兴兵围东瓯。公元前154年,吴王刘濞反叛,"欲从闽越,闽越未肯行,独东瓯从吴"②。最后吴王被汉兵攻破,东瓯为戴罪立功而杀吴王丹徒,吴王之子子驹逃往闽越国。闽越国接纳了子驹,但子驹怨恨东瓯杀其父,不断劝闽越攻打东瓯。再者,东瓯国属地旧为闽越故土。因此公元前138年,闽越国发兵围攻东瓯。东瓯被困将败,于是遣使者告急求助于汉武帝。汉武帝派遣严助发会稽兵浮海救之,为了避免与汉兵发生正面冲突,或是基于实力考虑,未等到汉兵到东瓯,闽越就此退兵。但是因为东瓯惧怕闽越侵扰,在其长期威胁下,东瓯上表请求内迁往江淮之间,闽越遂如愿收复了旧地。

第二次向南出兵进攻南越。南越王后击败并吞并了南海国的土地,引起闽越国的不满。公元前138年,赵佗之孙赵胡为南越王。闽越王郢又兴兵攻击南越边邑,南越不敢抵抗。于是向汉武帝上书曰:"两越俱为藩臣,毋得擅兴兵相攻击。今闽越兴兵侵臣,臣不敢兴兵,唯天子诏之。"③汉武帝对闽越国的扩张十分不满,派出两路大军讨伐。一路是由大行王恢出豫章(今江西南昌),另一路由大司农韩安国出会稽合击闽越。"兵未防领,闽越王郢发兵距险。其弟余善与宗族谋曰:'王以擅发兵,不请,故天子兵来诛。汉兵众强,即幸胜之,后来益多,灭国乃止。今杀王以谢天子,天

① 葛洪辑、成林等译注:《西京杂记全译》,贵州人民出版社1993年版,第129页。
② 司马迁:《史记·东越列传》,第2256页。
③ 司马迁:《史记·南越尉佗列传》,第2258页。

子罢兵,固国完。不听,乃力战,不胜,即亡入海。'皆曰'善'。"①余善于是发动兵变,击杀其兄闽越王郢,并派人把郢的头献与王恢,并驰报天子。郢被击杀以后,汉武帝认为首恶已诛,遂罢兵,并令严助"告王越事",助曰:"今闽越王狼戾不仁,杀其骨肉,离其亲戚,所为甚多不义,又数举兵侵陵百越,并兼邻国,以为暴强,阴计奇策,入燔寻阳楼船,欲招会稽之地,以践勾践之迹。今者,边又言闽王率两国击南越……闽王以八月举兵于冶南,士卒罢倦,三王之众相与攻之,因其弱弟余善以成其谋。至今国空虚,遣使者上符节,请所立,不敢自立,以待天子之明诏。"②因考虑到无诸孙丑并未参与战乱,乃立丑为越繇王,奉闽越祭祀。余善杀闽越王郢后,实际上掌握了闽越国的大权,也自立为王,于是闽越国出现了"二王共存"的局面。汉武帝采取分而治之的策略,立余善为东越王。

在余善治理闽越二十年间,与汉廷相安无事。公元前112年,南越丞相吕嘉反叛,杀南越太后、南越王及汉使。汉武帝命楼船将军杨仆发兵十万讨伐南越。东越王余善上书,请求以八千兵从杨仆击吕嘉。兵至揭阳以海上有"风波"为借口,止军不行,并暗通南越,希望达成协议,以达到获取潮州、梅州地区的目的。及汉兵攻破南越都城番禺(今广州市),南越降,楼船将军杨仆上书,顺势引兵击闽越。武帝考虑士卒劳倦,遂罢兵,令诸校屯驻豫章、梅岭待命。

公元前111年秋,余善得知楼船将军杨仆上书之事,知反情败露,且汉兵已临境,于是先发制人公开反汉。发兵距汉道,封驺力等为"吞汉将军",攻白沙(今江南都阳县西)、武林(今江西余干县东北)、梅岭,杀汉三校尉。初战告捷后,刻"武帝"玉玺自立,"诈其民,为妄言"。汉武帝得知消息后,决心派四路大军平定闽越:东路由横海将军韩说出句章(今浙江余姚东南),经海路攻闽越国东部福州;西北路由楼船将军杨仆出武林,经崇安分水关入闽;西路由中尉王温出梅岭,攻闽越国西部;中路以越归义侯为戈船、下獭将军,出苦邪、白沙,直指浦城泉山及附近临浦、临江、汉阳三城池。

公元前110年冬,汉兵攻入闽越。余善率兵固守泉山,负隅顽抗。留居汉地的越衍侯吴阳前往归劝余善放弃抵抗,余善不听。等到横海将军韩说先攻入闽越地,越衍侯吴阳以其邑七百人反,攻越军于汉阳(今闽北浦城县北),使余善腹背受敌。余善

---

① 司马迁:《史记·东越列传》,第2257页。
② 班固《汉书·严助传》,第2776页。

在前线吃了败仗，"更徙处南行，去泉山五百里，居大泽中"①。其时"从建成侯敖，与其率，从繇王居股谋曰：'余善首恶，劫守吾属。今汉兵至，众强，计杀余善，自归诸将，傥幸得脱。'乃遂俱杀余善，以其众降横海将军。"②平定余善叛乱后，汉武帝乘机废除闽越国，曰"东越狭多阻，闽越悍，数反复，诏军吏皆将其民徙处江淮之间。东越地遂虚"③。历经112年以上的闽越国从此灭亡。

闽越国灭亡后，汉武帝将其民众迁徙到他乡，以虚其地。对平叛有功的闽越王族一是封官，二是调离故土。《史记·建元以来侯者年表》记载：元封元年（前110年），东越繇王居股"斩东越王余善"，封东成侯，万户，在九江；东越建成侯敖"与繇王共斩东越王余善功"，封开陵侯，在临淮；东越衍侯吴阳"佐繇王斩余善功"，封北石侯，在济南；东越将多军，"汉兵至，弃军降"，封无锡侯，在会稽。于是中国的东南部遂被纳入王朝的治理体系当中。

随着东南地方纳入王朝治理体系，闽越与中原的关系经历了一系列的变迁，而太姥山区先民也是闽越与汉廷关系变迁的见证者。在汉武帝时期，随着闽越与东瓯的矛盾，转变为与汉廷的矛盾，太姥山区也从战争的前方转为后方。于是汉武帝在平定闽越的四路大军中，从句章出发，经海路攻闽越的一路，从后方完成了对闽越前后夹击。根据汉初的航海水平来判断，经由海路的兵马不可能像今天这样完全依靠水道完成运送，而是采取"浮海"的方式，即通过近海航行以保证兵员的安全性和降低航行的不可预见性，同时也方便进行补给。而太姥山附近的海域，就是处于这么一条航道之上。在闽越国灭，东南被平定之后，太姥山地区又成为了先民迁移的重要走廊。一方面闽越腹地的先民经过这条大走廊，北上会稽，进入汉人居住的区域；另一方面闽越及东瓯先民可能将该地区作为重要的跳板向海外进行迁移。

现代的 DNA 技术也证实了这一点。根据分子人类学的研究，目前现居福建的闽语人群并不是秦汉时代的闽越人之后。换句话说，闽越族群从汉武帝时期强制移民开始，两千年来就已经迁出了原来的闽越故地。通过对福建闽语人群 Y 染色体数据的抽查，代表着闽越血缘的 O1 单倍群出现的频率格外低。特别是在南方群体当中，与浙江形成的鲜明对比，浙江 O1 的比率在全国居于最高，其次有广东和浙江周边省份（台湾资料缺乏）。而代表汉藏语系人群的高频单倍群 O3e 从全国分布的情况来看福建汉族和华北汉族的频率最高。因此，研究者认为，部分闽越族人被强制迁移到

①　班固：《汉书·朱买臣传》，第 2792 页。

②③　司马迁：《史记·东越列传》，第 2255 页。

了浙江一带,更增加了浙江的 O1 比率;其次,大多数闽越族人向相反的方向"逃跑",迁移到了广东和台湾。[①] 而福建则在两千年来陆续被南下的汉人所占据,因此当代福建人从血缘和语言上都与中原人有着密切的关系。

尽管族群不单单是血缘那么简单,最重要的还包括认同等一系列主观方面的问题。但是分子人类学所勾画的闽越族分布及迁徙的图景,给我们提供了重要的参考。其中值得一提的是,作为福建进出浙江的重要通道,太姥山区民族大走廊的作用得到进一步的发挥。如果没有太姥山区这条走廊,不仅上古开始的文明难以在两地得以传播,闽越的血脉也很难得以继续保存。

二、汉越交融中的闽越与东瓯

今天的太姥山区在秦汉时期是民族迁移和交流的大走廊,其北是东瓯地望,其南是东南边疆中最为强大的闽越少数民族政权。如果说在两周时期,闽瓯之间主要通过太姥走廊传播青铜文明,体现的是一种文化关系,那么在秦汉时期则是在这层关系上的进一步发展,展现的是两个民族之间的政治和军事关系。

闽越和东瓯之间在族群身份上就有着复杂的渊源。除了个别学者认为两者不同族之外,一般都认为闽越和东瓯同源同族。持这种观点的学者认为,东瓯只是地名,《山海经·海内南经》中载"瓯居海中",郭璞注:"今临海永宁县,即东瓯,在岐海中。"《史记·东越列传》说:"孝惠三年,举高帝时越功,曰闽君摇功多,其民便附,乃立为东海王,都东瓯,世俗号东瓯王。"而从东瓯和闽越的关系来看,两者十分接近,在华夏文献中均以"东越"进行称谓。《逸周书·王会解》中把"东越"和"瓯人"并提,汉代对东海国或称"东瓯"或称"东越",如《史记》中司马迁将两者合为"东越",班固在《汉书》中也沿袭了这一做法,因此有许多学者都认为东瓯和东越为同族。再者,从考古发现上来看,东瓯国与闽越国两地出土的遗存文化面貌相同。从秦汉以前,两地陶器均以彩陶、黑衣陶、红衣陶为特征,且器形大为相同。石器以有段石锛为主要遗存,种类和形制也相同。秦汉之后,浙南出土的陶器与闽越国陶器,以及两地的墓葬随葬品也相类同。秦汉时期设置的闽中郡,其地望包括了福建全境和浙南地区,这一观点大体上是公认的,因此从另一个层面也说明了闽越与东瓯同源的关系。

甚至有的学者从《史记》中追溯东瓯国和闽越国都是越国灭国后,由南逃的越国遗族所建立。《史记·越王勾践世家》载:越国为楚所败,王无疆被杀后,"而越以此

---

① 李辉:《分子人类学所见历史上闽越族群的消失》,《广西民族大学学报》2007 年第 2 期,第 43—47 页。

散,诸族子争立,或为王,或为君,滨于江南海上,服朝于楚。后七世,至闽君摇,佐诸侯平秦。汉高帝复以摇为王,以奉越后。东越、闽君,皆其后也"。[1] 但是闽越国和东瓯国系越人所建的这一观点却存在着重大的疑问,一是早在勾践以前在浙南一带就有东瓯人的祖先居住,二是司马迁的记载存在着矛盾之处,特别是在世系上记载有误,从而可以基本否定越国南迁遗族建立东瓯的结论。[2] 同样在闽地也能找到许多否定"闽越乃越国南迁遗族所建"的证据。所以说,东瓯国与闽越国是东南土著后代所建,且他们均系同源。

两族同源而不同国的复杂关系,使得闽越和东瓯之间的交界地带的地位就显得尤为重要。太姥山地区在这个时期就发挥着维系闽越族和东瓯族同源同根的纽带作用。从文化上来说,闽越和东瓯不仅借助"太姥"维系着共同的文化传统和祖先记忆,而且使太姥文化本身也成为标志同源的符号,因此我们才能在闽浙许多地区找到太姥传说及太姥命名的山岳。从族群上来看,秦汉时期闽越和东瓯先民,在主观概念上不大可能存在"闽越—东瓯"的二元之分,这种区分也许只是后人根据史事的一种概念建构。因此,闽越国与东瓯国的边界地带,人口的迁徙是不受到限制的,包括不受到政治方面的干涉和"非我族类"的自我约制。这样才可能通过太姥山走廊维系当时浙南和福建文明的相类、同步的状态。从政治上看,太姥山区是两国交流的要冲,两国关系的好坏和变化都会在太姥山地区得到集中的展现。

尽管闽越和东瓯被认为是同源同根,但是在中央王朝由羁縻政策向郡县治理转变的直接目的驱动下,中原文化加快对东南地区的渗入,汉越开始融合。在这种大背景下,闽越和东瓯的关系事实上却比较曲折。

东瓯立国一定程度上体现了汉王朝一面对百越实行安抚,一面分裂其疆土、削弱力量以相互牵制的策略。秦始皇统一中原以后,开始对东南百越发动战争,在福建地区设置了闽中郡。到秦末爆发农民起义,闽越的无诸、"闽君摇"率众追随鄱阳县令吴芮北上抗秦,并参与了刘邦的势力灭项羽。为了表彰百越诸族的贡献,汉王朝于高祖七年(前200年)封无诸为闽越王,十一年封赵佗为南越王,十二年封南武侯织为南海王。汉惠帝三年(前192年)封闽君摇为东海王,世称东瓯王。无诸封为闽越王时,拥有浙南、福建之地,而东瓯立国是夺其浙南之地,削弱了闽越的力量。其中体现出了汉王朝、闽越和东瓯三方的角力,也为两国的不和埋下了伏笔。随着东瓯国的建

---

① 司马迁:《史记·越王勾践世家》,第1751页。
② 陈国强等:《百越民族史》,第16页。

立,太姥山地区由过去闽越国的内陆变为了边疆地段,成为闽越和东瓯交锋的焦点地区。

而闽越与东瓯在秦汉时期的交锋主要有这么几则重要的事件记录在《史记》和《汉书》当中。

一是在汉景帝前元三年(前 154 年)七国之乱时,吴王刘濞遣使者请与其关系密切的东瓯、闽越出兵,"闽越未肯独行,独东瓯从吴"。后来七国之乱被平后,吴王刘濞退据丹徒,当时同吴王驻扎在丹徒的东瓯保留了"可余万人"的军事实力。但是"东瓯受汉购",为了保全自己,杀吴王于丹徒,遂获得汉廷的赦免。而吴王太子刘子驹逃亡闽越,被闽越王所收留。吴王太子刘子驹"怨东瓯杀其父,常劝闽越击东瓯"。①

由这段史事记录当中,可以反映出当时吴国、闽越和东瓯的相互牵制相互依存的三角关系。西汉初期除了采取郡县制以外,在汉廷的周边地区采取的郡国制,先封了"异姓七国",后改为"同姓九国"。因刘濞从军破英布有功,汉高祖又顾及吴郡接壤东越等国,不服他的皇权,故而封刘濞为吴王,"吴王濞封有四郡五十余城",其中豫章郡与会稽郡与闽越接壤。后来在闽越与东瓯的关系当中,吴国确实起到的是一个重要的作用,事实上成为闽越与后来的东瓯与汉廷发生联系的枢纽,甚至中原的器物、文化其实是从吴国传入闽越和东瓯的。

以兵器为例,根据对汉初与吴国相邻楚国楚王墓出土的兵器来看,墓葬中青铜兵器与铁兵器比例为1:1.8,可见当时铁兵器已经成为主流。② 而可以推测东瓯军队其武器同吴军类似,除了部分青铜器以外,也大量装备了铁兵器。这也从另外一个侧面证明当时铁器已经进入了浙南和福建地区。

但令人感到疑惑的是,为什么在相邀出兵之时,闽越不助吴王,而在吴王兵败之后,汉廷明显处于上风之时却冒着得罪汉廷的风险收留吴王太子呢? 而东瓯的抉择却与此相反。如果考虑到闽越和东瓯的关系,一个可能的因素是闽越恼于吴王刘濞在闽越和东瓯的对立中偏向东瓯,遂不同东瓯一起出兵助吴;而吴兵败之后,闽越为笼络吴国残余的势力,遂选择与吴王濞后人及其盟友保持良好的关系,闽越国与江都王国的良好关系便是例证:《汉书·景十三王传》记载,武帝时,刘建"遣人通越繇王闽侯,遗以锦帛奇珍,繇王闽侯亦遗建荃、葛、珠玑、犀甲、翠羽、蝯熊奇兽,数通使往

---

① 司马迁:《史记·东越列传》,第 2256 页。
② 赵赟:《徐州狮子山西汉楚王墓出土兵器》,《文物鉴定与鉴赏》2011 年第 4 期,第 76—85 页。

来,约有急相助"。①

但是随着吴王刘濞被东瓯谋杀,意味着这个稳定三角关系的破裂。东瓯倒向汉廷,闽越收留吴太子,必然会将汉朝与郡国之间的矛盾延续到两者之间,加上闽越的裂国之恨以及收复故土的决心使得双方的战事一触即发。由此,吴国、闽越国、东瓯国三角转变为汉廷、闽越国、东瓯国三者关系的微妙平衡。

第二个事件是在汉武帝建元三年(前138年)。当时汉武帝刚即位不久,"闽越发兵围东瓯。东瓯食尽,困,且降,乃使人告急天子"。② 朝中大臣对是否出兵救东瓯产生了不同意见,太尉田蚡反对汉廷出兵:"越人相攻击,固其常,又数反复,不足以烦中国往救也。"中大夫严助力主出兵,指出:"今小国以穷困来告急天子,天子弗振,彼当安所告想? 又何以子万国乎?"③汉武帝于是派严助发兵会稽,浮海救东瓯。闽越得知汉军来救,引兵撤回。汉朝廷虽为东瓯国解围,但东瓯王望考虑到终究会被闽越国吞并,因而"请举国徙中国,乃悉举众来,处江淮之间"。东瓯举国迁内地后,汉朝未在其地设郡县,于是闽越国进占其国。《汉书·严助传》中指闽越王"离其亲戚,并兼邻国"应是指此事件,或此事件也为其中之一。

从这段史事中我们大致可以推测,田蚡认为"越人相攻击,固其常,又数反复",说明尽管东瓯与闽越之间大规模的战事史籍记载不多,但必是多次反复发生,至少也是小规模的局部冲突,否则从景帝前元三年吴王太子逃亡闽越到武帝建元三年的16年间没有任何战事,这是难以让人信服的。

东瓯国地望在浙南,而太姥山区正是闽越征伐东瓯国的必经之地。按照汉廷浮海救东瓯的方式可以推知,从海路作战在东南沿海地区是与陆地作战同等重要的方式。而太姥山区负山面海,又是进出东瓯的要道,因此可以推测是当时福建向浙南作战的战略要地。在其后的公元909年,梁太祖朱温封王审知为闽王,王审知在太姥山区分水山修建了分水关隘,加强对闽地的护卫,也是其作为战略要地的又一佐证。而在汉初,战争是促进地方技术发展的一个重要动力,经由太姥山区进攻东瓯国的军事行动中,体现了闽越最高的军事实力和科技水平。一方面,铁制兵器开始成为主流,在闽越与东瓯的多次作战中发挥了重要的作用。再加上吴国残余势力进入闽越,必然会在铸铁等中原先进技术方面对闽越起到巨大的提升作用。另一方面,从太姥山以东的海路进攻东瓯的线路中,必然又考验了闽越国制船能力和航海水平,这无疑是

---

① 班固:《汉书·景十三王传》,第2441页。
②③ 司马迁:《史记·东越列传》,第2256页。

越人善于驾舟这一传统优势在军事上延续。所以,可以这么说,太姥山在闽越与东瓯的关系史上,特别是在战争史上是其最高的技术水平展示的空间。

三、"东越"之后的太姥山地区

《史记》《汉书》将闽越与东瓯置于一类,其实是具有其合理性的。不仅如前文所述,两者是同源同族,而且两者后来都具有类似的命运和族群的演变过程。其中,"山越"被认为是闽越与东瓯的移民之外,留居在东南部的百越遗民。

在汉武帝"迁其民,虚其地"之后,汉越的大融合达到了一个顶峰。在此之后,闽越与东瓯先民大概有这么几种走向:一是被迁入内地的江淮流域;二是留在原来东南部故地,与陆续迁入的汉人混居一处;三是遁入海中,分布在沿海及岛屿。进入江淮之间的东越族部分进入"山谷万重"之地生存,他们仍然保持了闽越的文化特征,如语言是"鸟语",即"语声似鸟也",风俗是"好武习战,高尚气力"等。这些人后来被史籍称为"山越"。

三国时期"山越"成为东吴集团征讨的重要对象。会稽南部都尉地是闽越故土,山越很多,最早反对孙氏,也就最先遭到攻击。《三国志·吴志·贺齐传》载,建安元年(196 年)"王朗奔东冶,侯官长商升为朗起兵。策遣永宁长韩晏领南部都尉,将兵讨升……晏为升所败"。[1] 孙策以贺齐代领都尉事。山越"贼帅张雅、詹强等不愿升降,反共杀升,雅称'无上将军',强称'会稽太守'"。张、詹二人均为山越大帅,后因张雅与何雄发生矛盾后发生内讧,贺齐利用其矛盾,乘机出兵,镇压了这次起义。建安元年,吴郡山越首领严白虎率领万余人,与丹杨、宣城、泾县、陵阳、始安、黟、歙诸县山越首领祖郎、焦已等,反抗孙策,严白虎后兵败投靠魏将许昭。建安五年,孙权继承孙策衣钵,将镇压和招安山越作为其重要的战略,制定了"分部驻将,镇抚山越,讨不从命"政策。建安八年,丹杨、豫章、庐陵山越趁孙权伐黄祖的时机起义。同年,建安、汉兴、南平山越起义。建安十三年,丹杨、黟、歙山越起义。另载有:建安十六年,吴郡余杭县山越首领郎稚起义;建安十八年,豫章东部山越彭材、李玉、王海起义;建安二十一年,鄱阳山越首领尤突起义;建安二十二年,丹阳山越首领费栈起义,鄱阳山越首领彭绮起义;黄武五年(226 年)丹阳、吴郡、会稽山越起义,钱塘山越首领彭式起义;嘉禾三年(234 年)秋丹阳山越反抗太守诸葛恪;嘉禾四年,庐陵山越首领李桓、路合起义;嘉禾六年鄱阳山越反抗吴郎中将周祗掠夺山越人们为兵;赤乌五年(242 年)建

---

① 陈寿:《三国志·吴书·贺齐传》,中华书局 1965 年版,1377 页。

安、鄱阳、新都山越起义;宝鼎元年(266年),永安山越首领施但发动数千人起义等等。

山越经过多次斗争最终被孙吴政权所镇压。统治者不断把山越居民从山区强迫迁往平原"强者为兵,羸者补户"。这样加速了越汉融合,也促进了闽越的汉化。首先,迁入平地的山越逐渐摆脱原来落后的生产方式而接受先进的封建生产方式,在生活习惯上也逐渐汉化。山越人从浙南、闽北、闽东逐渐散居到福建各地,加快了汉化进程。山越至唐以后才完全消失。

两晋时期,因"八王之乱"而使黄河流域人民惨遭浩劫,加剧了汉民族向南方的迁徙。"永嘉之乱,衣冠南渡时,如闽者八族。"[1]这些入闽的汉人数量虽少,但由于具有较高程度的文化知识和生产技术,对于改进闽越族的落后面貌发挥决定性作用。闽越、山越的后裔受汉化影响十分突出。这是闽越族汉化的又一个重要时期。

东晋政权在福州设立晋安郡,任命官吏,这些措施也有助于促进当地土著的汉化,唐初高宗总章二年(669年)朝廷命陈政、陈元光父子入闽,征剿泉州、漳州、潮州一带的土著畲族先民,进入福建的3000多名将士有58姓氏。[2]那些作为闽越族后裔的土著,也受到来自河南光州的士兵与民众所携带的汉族文化熏陶。唐末至五代,王潮、王审知等一批中原汉族官兵入闽,"随之者又有三十六姓"[3]其中单身男性留闽后娶闽越族后裔女子为妻。闽越族血缘上汉化的步伐当较以前为大。

至此,汉文典籍所记录的东越(闽越及东瓯)就此告一段落。但是汉越交融的进程还远远没有结束。从闽越亡国之后,太姥山依然见证着闽地族群融合、政权更迭、山海变迁的历史。

从秦开始,中央王朝就在闽越故地置郡进行管理,太姥山地区属于"闽中郡"辖内,但秦对闽越故地只是名义上的治理,这种"虚设"并没有改变闽越民族自治的局面,因此在汉初便依实际情况恢复了闽越国,后来也在太姥山以北设置了东瓯国。这不得不说是汉朝初定之时,奉行黄老之术的中央统治者实行的一种"无为而治"。及至汉武帝时,中央王朝扩大对疆域的控制,特别是加强对周边少数民族地区的控制,于是通过征伐取消了周边少数民族自治政权的实际治理,实现了"主权"和"治权"的统一。而太姥山地区命运也是和中央王朝与地方民族自治政权的角力息息相关的。

---

① (宋)梁克家纂:《三山志》卷十"版籍·户口",崇祯十一年(1638年)刻本,方志出版社2003年,第173页。

② 汤章平、林瑞峰:《论陈元光的历史地位和影响》,《福建论坛》1983年第4期,第73—76页。

③ 郑祖庚:《闽县乡土志》序二,光绪二十三年(1897年)铅印本。

自汉以后,汉越交融加剧,其中一个突出体现就是汉族地方政权加强对闽越故地的治理,对于太姥山地区也设置郡县使其处于管辖之下。汉末建安年间,闽越故地实际处于孙吴政权的控制之下。为进一步地开发和经营闽中地区,孙吴政权先后设置了侯官、建安、南平、汉兴(后改为吴兴)和建平(后改为建阳),太姥山区就处于侯官县辖内。三国东吴孙秀永安三年(260年),以会稽郡南都尉分设建安郡,实际上加强了包括太姥山地区的实际控制。晋太康三年(282年),晋从建安郡中分设出晋安郡,晋安郡辖8县,分别为:原丰(晋安郡治)、新罗、宛平、同安、侯官、罗江、晋安、温麻。太姥山地区属温麻县,据《福鼎县乡土志》:"考本境沿革,当以晋置温麻始,六朝因之。"①

温麻县的建制在太姥山贯穿了晋到六朝这个汉越融合的重要时期,汉文化逐渐取代越文化成为太姥山主体文化的阶段。所以后来的地方文献都将"温麻县"作为中央王朝太姥山区治理的起始。但温麻县的设立,或者说"温麻"二字的由来,又与更早的一段汉越融合史有着密切的渊源,这就是三国孙吴时期的温麻船屯。

温麻船屯不仅是汉人治理的标志,也是太姥山区汉越融合的又一体现。三国孙吴政权占据福建之后,沿续汉制设立了典船校尉。孙皓于天纪年间(277—280年)用类似屯田的方式,征集了当地的水上人家、工匠、劳力建造了三座造船基地,分别是横屿船屯、温麻船屯和番禺船屯。其中温麻船屯就在太姥山区境内。"《元和郡县图志》:'吴于此立曲郍都尉,主谪戍之人,作船于此'。'曲郍'可能是'典郍'之讹。郍是越人长船,常与另一种长船'舸',合称为'郍舸'……郍舸是越人的水战船。"②当时孙吴的造船已经达到了比较高的水平,例如《太平御览》卷七七○引《武昌记》:"孙权尝装一舡名'大舡',容敌士三千人。"《水经注·江水三》说"孙权装大船,名之曰'长安',亦曰'大舶',载坐直之士三千人"。③

孙吴大将贺齐,"所乘船雕刻丹镂,青盖绛襜,干橹戈矛,葩瓜文画,弓弩矢箭。咸取上材,蒙冲斗舰之属,望之若山"。④ 这些船大多为温麻船屯制造,正如西晋文学家左思《吴都赋》所写:"宏舸连舳,巨舰接舻……篙工楫师,选自闽禺。"温麻船屯的制造代表着孙吴制船的最高水平,有研究者认为,"温麻五会"即用五块巨大木板制造海船,就是其工艺水平的真实写照。

① 光绪《福鼎县乡土志》卷一"历史·沿革",周瑞光汇编:《福鼎旧志汇编》,第549页。
② 蒋炳钊:《蛋民的历史来源及其文化遗存》,《广西民族研究》1998年第4期,第78页。
③ 王子今:《秦汉时期的船舶制造业》,《上海社会科学院学术季刊》1993年第1期,第157—158页。
④ 陈寿:《三国志·吴书·贺齐传》,1380页。

据当地考证,温麻船屯具有较大的规模,其覆盖范围包括如今福鼎沙埕港、晴川湾、里山湾、霞浦福宁湾、东吾洋三沙湾、覆鼎洋、官井洋,罗源连江的鉴江湾、黄岐湾、定海湾等辽阔的海域以及长溪、霍童溪等44条水道、17个河口。如此大规模的船屯必然需要大量的人手,那么必然包括居于太姥山区尚未迁徙的闽越先民,还有从汉地迁移来的流放者。其中有部分是罪谪闽地的朝廷大臣,如《三国志·吴书》载,吴凤凰三年(274年),会稽太守郭诞"与人非论国政……送付建安作船"①。吴中书令张尚因罪下狱,亦曾"送建安作船"。建安郡也就是今天福建省的大部分地区,作船之处也就在郡内的温麻船屯。但是船屯参照屯田制建立起来,也就是通过强制性的调集民众或军队对荒地进行开发,那么其主体必然是周边的土著和部分迁移而来的其他居民。换句话说,东吴之所以设立温麻船屯,是基于这么几层考虑:一是加快少数民族周边地区的开发和治理,毕竟太姥山地区具有悠久的闽越风气,当时东南地区山越作乱也十分严重;二是可以加速汉越族群之间的融合,为汉人迁入闽地建造一些据点;三是利用闽越先民悠久和成熟的制船技艺,增强其军事实力和国力。因为从商周以来,越人善舟,太姥先民更是靠海为生,这样也反衬出闽越先民在航海和造船上具有巨大优势。史籍也曾载闽越王"入燔寻阳楼船",就是一例明证。由此,从孙吴时代开始太姥山就成为闽地最发达的造船业的代表,也体现了越人在汉人直接统治之后仍然是太姥山地区重要的建设力量。

第二节　考古文化中的汉越交融

在今天的福建境内已经发现闽越国遗存60余处,例如武夷山市兴田镇城村汉城遗址,浦城县仙阳镇管九村大王磅山汉阳城遗址,南浦镇仙楼山越王台遗址,政和县石屯乡长城村金鸡山遗址,福州北郊浮仓山遗址等。在浙江温岭塘岭、临海章安、丽水、温州,粤东五华汉城址,均发现闽越文化遗存。

汉越交融的过程在器物与典籍的反映并不是同步的。从器物上看,其所反映的时期要早于典籍,这与人类的认知规律也是相符的。其实闽越与汉的互动,很早就已经发生。随着汉族的主体和前身"华夏族"文化向外的辐射,许多土著或直接或间接地受到其影响。对闽越先民也是如此,可以说从七闽文化发展的早期到"闽"与"越"

① 陈寿:《三国志·吴书·三嗣主传》,1170页。

交融时期,华夏文化的影响都潜入其中。昙石山上层类型和黄土仑类型文化中陶器的梯格纹、云雷纹、回纹及广口折腹、圆凹底等风格,被认为是华夏青铜文化向周边地区辐射的结果。① 从福建闽侯黄土仑商周遗址中所发现的具有强烈中原特点的陶器,例如虎子形器、鬶形器就是中原常见的器形,尤其是在黄土仑遗址 M17 出土的陶制鼓形器,与湖北崇阳县出土的商代铜鼓造型极为相似。这种陶鼓就是对中原青铜鼓造型的模拟。这些零星的证据,说明了汉文化强有力的渗透力。从铁山文化类型所代表的青铜文明之后,中国东南还发现了一系列的考古遗址,特别是从战国至西汉前期的富林岗类型和庄边山类型为代表的早期铁器时代文化,到西汉后期至东汉时期的凤林山类型文化,形成了庄边山类型—富林岗类型—凤林山类型这么一条清晰的脉络,体现了汉与闽越互动和交融的过程。

一、汉越交融的考古文化脉络

在汉越交融的历史进程中,许多考古遗存为这段民族史梳理了一条清晰的脉络。这些遗存都分布在太姥山地区周边,从另一个视角反映了太姥文化与汉文化"遭遇"和"融合"的过程。这一序列包括了从庄边山墓葬群、富林岗文化、凤林山文化、六朝墓葬这一系具有代表性的考古文化,揭示了重要的汉越交融线索。

首先,楚汉文化的顶层传入,体现早期汉文化对闽越故地的影响。最具代表性的遗存是庄边山古墓群。

庄边山古墓群位于闽侯县闽江下游的南岸"卧牛山"中,东距离福州约 15 公里,在太姥山的西南方向约 150 公里。古墓群西部为新石器晚期的贝丘遗址。庄边山古墓群于 1960 年首次试掘,1982—1983 年第二次发掘面积达到 3000 平方米,两次发掘共发现墓穴 9 座。

这批墓葬采取了共同的葬制和葬俗,应该是属于同一家族集团的墓地。墓地排列呈现一定的规律,应该是遵循了同一礼制和采取了一定规划。从墓葬的规模和陪葬的器物显示,死者在当时具有较高的社会地位,应该属于贵族阶层。该墓葬分为两期,第一期的年代大约为战国末到秦,第二期年代为秦末到西汉早期,其下限不晚于汉武帝元鼎六年,经历了一百多年的时间。

在墓葬当中出土了许多文物,包括有陶器、铜器、玉器和石器。陶器主要器型有

---

① 吴春明:《闽江流域先秦两汉文化的初步研究》,《考古学报》1995 年第 2 期,第 147—172 页。

陶罐、陶壶、陶碗、陶杯,还有仿铜陶礼器鼎、豆或盒,①质地分为软陶和硬陶。陶器器身制作多采用轮制。从纹印上看,泥质软陶多素面无纹,或为较简单的二道刻划弦纹,个别的器物器表有彩绘痕迹,但硬陶中的纹饰主要采用刻划、戳刺及拍印三种手法。有多平行线细弦纹、水波纹、蓖点纹和网格纹等。铜器3件小环;玉、石器共4件,均为璧,有的颜色为灰白间青绿色,有的绿而间白,有的灰白有黑斑。纹饰上采用双面雕饰卷云纹和雕饰谷纹。② 因为"仿铜陶礼器的使用起于东周,西汉晚期以后出现仓、灶、井等明器随葬,礼制逐渐衰落。庄边山类型陶器多东周至汉初作风"③。

从庄边山古墓葬出土的器物来看,其具有闽越文化的特点。主要体现在:一是古墓葬群距离庄边山新石器时期遗址较近,已确认与昙石山文化出土存在密切联系,属于同一时期的堆积;④二是覆土中有大量的贝类壳,上层有蛤蜊类堆积层,属于典型的贝丘类型;三是一方面随葬物品取自福建本地器物,说明墓主长期生活在闽越地域,另一方面是墓葬的形制结构以及随葬器物的组合形式及其形态又体现了楚文化的特征。⑤

由此猜测,在战国中晚期,较早受到中原文化影响的楚国灭越国之后,楚人与闽越人开始有了直接的联系,特别是在秦灭掉楚国后,一家位居上层阶级的楚人举家迁往闽越居住。因为与闽越国主或上层阶级有着较为密切的联系,所以在闽越国也延续了上层阶级的生活。不仅如此,还有学者进一步认为庄边山类型的古墓"组合和器形同东周以来的山东、山西、河北、长沙等地的周、楚墓葬所见无异"。"因此,庄边山类型是受到闽越文化影响的楚汉文化遗存,推测是居住于闽越国的楚、汉族上层家族接受土著文化影响所形成的融合形态。"⑥

尽管庄边山文化类型的古墓葬群仍然属闽越文化,但是依稀已经可以看到楚汉文化对闽越的影响。因为楚国在春秋之时,事实上就已经开始完成对中原汉文化的吸纳,庄边山文化类型的古墓葬群显示着汉文化的渗入。

其次,富林岗文化展现了闽越文化主体中汉文化的影响,体现了闽地土著文化当中,汉文化影响的进一步深入。

富林岗类型在太姥山以西约220公里,以崇安城村富林岗一号墓为代表,包括富

---

① ③　吴春明:《福建秦汉墓葬文化类型及其民族史意义》,《东南文化》1988年第3—4期,第92—94页。

② ⑤　林公务:《福建闽侯庄边山的古墓葬群》,《东南文化》1991年第1期,第218—231页。

④　福建省文物管理委员会:《闽侯庄边山新石器时代遗址试掘简报》,《考古》1961年第1期,第44页。

⑥　吴春明:《从百越土著到南岛海洋文化》,第273—290页。

林岗墓地、渡头村墓地、浦城越王山汉墓、福州杜武古墓、闽侯荆溪庙后山四号土坑墓、庙后山（M4）、金鸡山（M22）都是此类遗存。主要分布在闽北和闽江下游地区，在闽南也有同类遗存发现。该文化类型是通过在1959年对福建省崇安县城村汉城遗址的首次发掘而揭示的。

该类遗存主要内涵有：一是以城村古城为代表的聚落遗存，多处大型建筑基址以"干栏式"大房和宫殿建筑形式为特点，且构成具有一定体系的都市格局。二是铜铁器在遗址当中的出现，铜器包括铜链、弩机、盖弓帽、铜镜、器足，铁器有铁犁、桦、锄、攫、雷、五齿耙、斧、锯、矛、剑、刀、刺兵、镰等。三是陶器制作已经达到相当高的水平，主要为硬陶和原始瓷，器形有广肩小底瓮、双耳罐、双耳瓶、敛口钵等，纹路主要是拍印和刻划的方格纹、水波纹、蓖点纹、瓦纹、绚纹、锯齿形纹等。①

该文化类型体现出汉文化和越文化的两种形态，②但是文化的底子上仍然是越文化。除了与南越和干越文化有联系之外，主要是继承青铜时代的铁山文化类型，有明确的闽越文化的痕迹。③瓮、罐、提桶、瓶、钵等都可以在铁山类型中找到非常相近的原型，箭镞纹瓦当、干栏式建筑、春秋末期吴越丧俗中铺设的河卵石床墓、闽越特点的几何印纹陶等也属于闽越文化特点，墓葬的组合形式也与周秦以来楚汉文化的丧俗不同。在福建境内，富林岗类型的分布范围已从闽江流域扩展到晋江、九龙江和汀江流域，基本上可以判断这类文化形态与汉文化的传播皆没有明显关系，是闽越土著文化的要素。

另一方面，富林岗类型有体现出汉文化传播的痕迹。一是铁器的出土。在汉城城内及北岗遗址等处，分别出土了数百件铁器。这些铁器的器形与中原地区的同类器物基本相同。二是出土的铜器能在中原的汉墓中找到相同的器形，在满城汉墓中均有出现。三是建筑的板瓦纯属中原风格，在各地司空见惯。四是建筑形式上是秦汉宫殿布局的风格；在城市的整体布局上，也体现了《周礼·考工记》在记述中原先秦时期都城规制。五是陶器戳印的文字与风格均属汉文化，在秦咸阳宫及临渔鱼池村秦代遗址出土的陶文印戳中可以找到类似的字样。④

因此，富林岗文化可被定义为"在闽文化和越文化交流过程中形成的闽越地方文

---

① 吴春明：《闽江流域先秦两汉文化的初步研究》，《考古学报》1995年第2期，第168页。

② 林蔚文：《崇安汉城的外来文化因素及其评估》，《考古》1993年第2期，第169—174页。杨琮：《从崇安汉城看西汉闽越文化》，《东南文化》1990年第3期，第108—116页。

③ 林蔚文：《崇安汉城的外来文化因素及其评估》，《考古》1993年第2期，第169—174页。

④ 同上，第170页。

化"，亦即"闽越国前后受到汉化的闽越族物质文化"①与庄边山古墓葬类型相比较，富林岗类型汉化程度更为深入，虽然其主体仍然是闽越文化，但是仍然可见闽越族人对汉文化的钦慕和学习。

再次，闽越国灭后，汉文化大量地迁入本土文化当中，这一时期的代表是凤林山文化。

凤林山类型是东汉前后的考古遗存，主要分布在光泽县止马乡凤林山、福州洪塘金鸡山（M19）和闽侯荆溪庙后山（M1），俱分布在太姥山西北和西南方向。凤林山类型是在富林岗文化类型的延续基础上进一步地发展，汉文化的痕迹更为明显，汉化程度有了明显提高。② 各处的随墓葬出土的文物都体现了这一点。

例如，在金鸡山墓葬（M19）出土的釉陶镂孔器、釉陶碗、灰陶耳杯、铁剑、铁匕首均属汉风，以及西汉货币"五铢"、王莽时期"货泉"都是汉代中原器物；③庙后山出土的随葬铁斧、陶仓、陶灶、双耳陶罐、双耳陶壶等模型明器与汉代中原和楚的丧俗无别。④ 陶仓的出现说明了当时的粮食已有剩余并且经过这种方式进行储存，耳杯一般为酒器也从另一个角度证明了这一点。而粮食的剩余和生产力的提高又和铁器的出现息息相关，当时铁制的工具已经开始在一定程度上用于农业生产，使得闽地在生产的方式上有所改进；铁器很大程度上就是通过与中原以战争或是贸易的形式传入的，而汉代货币"五铢"、"货泉"的出现，不仅说明当时社会财富有了很大的提高，而且贸易特别是与中原的贸易已经成为社会经济重要的组成部分。

另一方面，富林岗文化的延续仍然明显，所出土的宽沿束颈圆底釜、小底瓮、袍壶、罐、筒形罐、瓶、钵、大圈足豆等陶器都保留了闽越文化的特色。在材质上，出现较多的黄褐釉陶器就是在灰硬陶基础上延续和发展的；从纹饰上，方格纹和弦纹等简单纹样显得比较的原始朴素；在器形上，瓮的最宽部从肩部下移至腹部，釜由圆腹变成扁圆腹，鲍壶由小口斜颈变成大敞口束颈，罐和瓶由敛口发展成厚沿外折等。⑤

类似于这种类型的墓葬和遗存在我国东南各省也有发现，这些墓葬的共同特点

①　吴春明：《福建秦汉墓葬文化类型及其民族史意义》，《东南文化》1988 年第 3—4 期，第 92—95 页。吴春明：《从百越土著到南岛海洋文化》，第 273—290 页。

②　吴春明：《闽江流域先秦两汉文化的初步研究》，《考古学报》1995 年第 2 期，第 167 页；吴春明：《从百越土著到南岛海洋文化》，第 273—290 页。

③　曾凡：《福州洪塘金鸡山古墓葬》，《考古》1992 年第 10 期，第 900—907 页。

④　黄汉杰：《福建荆溪庙后山古墓清理》，《考古》1959 年第 6 期，第 282—284 页。

⑤　吴春明：《闽江流域先秦两汉文化的初步研究》，《考古学报》1995 年第 2 期，第 166 页。

都是均处于百越诸国的地界之上,而且时期都是位于两汉时期中央王朝征服百越之后。证明了这是在中央王朝在获得对该地区实际控制权之后,中原文化向原来百越地区的流入。凤林山类型也就是闽越国灭后,两汉在闽越故地统治的历史在考古上的写照。

最后,随着六朝时期中原汉人大量进入闽地,汉文化超越闽越文化成为主体,该时期的墓葬群就是这个转变的体现。

六朝时期中国南方经历了东吴、晋、南朝宋、南朝齐、南朝梁、南朝陈这六个朝代。在这个时期南方汉人人口得到增长,并加速了闽越文化向汉文化的转变,以及闽越民族向汉民族的融合。

目前发现的最早的六朝墓葬是在太姥山西南侧霞浦孙吴天纪元年墓,以及霞浦眉头山元康九年墓。① 这与当时在太姥山地区设立温麻船屯有一定关系。在这个时期考古遗存也存在着一个明显的转变,秦汉时期福建的墓葬并没有出现当时兴盛于中原地区的"砖室墓",仍然是传统的小型的"土坑竖穴墓",更无砖筑墓的实例。但在福建各地发现的六朝墓当中,墓葬结构一改"土坑竖穴墓"形式较多地出现了"砖室墓"的结构,并且在形制还在不断地改进。②

在形制方面主要有这么几种,并且呈现了一条发展的轨迹。A 型是长方形单室砖墓,在竖穴土坑底部用砖砌筑墓穴,一般都是小型的单室墓,显然是由竖穴土坑墓改进而来。这类墓根据砖铭,出现得最早的是南平西晋"建兴二年"(314 年)墓,最晚的为齐"永元元年"(499 年)墓。B 型是增加了甬道的长方形砖墓,在长方形的墓室前端建造了短甬道。这类墓的砖铭,出现最早的为浦城西晋"元康六年"(296 年)墓,最晚的为闽侯关口桥头山南齐"建武四年"(497 年)墓。C 型为多室砖墓,即除主室外,在其前端或中间两侧都设置耳室。这类多室墓的砖铭,最早在西晋元康六年,最晚为南朝梁代天监五年(506 年)。

这些砖室墓都是用花纹砖建筑的,晋墓多用火候较低而质地较松的红色;南朝墓多为质地坚硬的灰砖。晋墓较为简单,南朝墓较为复杂。砖纹装饰的流行,与南朝墓葬制度有关,南朝时王侯以下一律不得使用彩色壁画,说明了这些墓葬的主人为一般的中原人士,也体现了这种墓葬形式在南下汉人中的流行。

这种墓的特点与江西、湖南等地相同,大抵上是因为南北分裂时期,大量的汉人

---

① 福建省博物馆:《福建霞浦两晋南朝唐墓》,《福建文博》1995 年 1 期,第 60—73 页。

② 曾凡:《关于福建六朝墓的一些问题》,《考古》1995 年第 5 期,第 453—454 页。

南下进入福建,给南方带来了新的面貌,由此闽地与中原文化内涵逐渐趋于一致。"因此,六朝时期闽中民族文化已不是两汉时期土著闽越和汉化中的闽越文化为主的格局,汉文化已经成为闽越腹地民族文化的主体。"①从这个时期,闽越民族逐步卷入汉族这一核心,走上了全面、深刻汉化的道路,并最终成为以中原文化为核心的一体文化的组成部分。

二、太姥山区"流动"的汉越交融史

从庄边山的古墓葬群,到富林岗和凤林山文化中汉文化成分的增加,再到六朝时期墓葬中所显示的汉文化主体,从时间上显示出汉文化对闽越文化的接触、交流、融合和取代。在地理分布上,中国东南地区出土的秦汉时期以降的考古器物在分布密度上大致呈现出这么一种愈发明显的趋势,代表着新文化的器物主要分布在福州周边、闽西北的武夷山周边地区以及闽南的部分地区,而在包括太姥山在内的闽东地区出土的较为有限。这表明文化的传播在秦汉时期已有了明显的变化,即由闽越文化与其他周边文化的互动,转变为汉文明由西、北两个方向对东南闽越文化的"包围"和"挤压"。汉文化在福州周边和闽西北形成两个区域中心,对外形成文化的传播。从这个意义上来说,太姥山地区在石器时代是土著文明发源点之一,在青铜时代成为文明交流的走廊,那么在铁器时代可能是"汉化"的边缘地带。

在还原一地的历史时,通常习惯于以"物"来进行言说。"物"的缺乏就意味着该地区历史的空白或书写的暂时搁置。那么太姥山区在秦汉时期出土物的暂时缺省,是否意味着汉文化传播在此止步? 这种论断恐怕是难以让人信服的。

在历史史实上,这一地区汉文化的传播以及中原对该地的影响都有着明确的记载。一是在闽越国时期,闽东的太姥山区紧接东瓯国边界,应该是闽越军队进入东瓯的主要路径;二是孙吴时期温麻船屯的设立,采用军屯的方式,一方面利用太姥山人民先进的制船工艺增强其军事和航运力量,另一方面将人口迁徙到太姥山地区加速该地的开发;三是从晋开始在温麻船屯的基础上设置了温麻县,标志着对太姥山所属地方的治理,成为后来闽东地区政治格局的雏形。这些史事使人相信,从秦汉到六朝八百年的时间里,太姥山地区作为闽越先民和南下汉人的重要聚居地,以及汉越交融的重要历史见证,不可能不曾留下人们生产生活的重要遗存物。

从地理空间上来说,周边地区都在八百年的时间里产生了重要的文化事物,按照

---

① 吴春明:《从百越土著到南岛海洋文化》,第273—290页。

文化传播的规律,太姥山地区不可能不受到其影响。除了上述富林岗文化、凤林山文化及其余绪在闽地的传播以外,在与太姥山毗邻的浙南,在该时期其文化也对太姥山地区乃至福建进行着传播。

一是秦汉时期东瓯国的遗存很可能在空间上通过太姥山地区与位于福州的金鸡山墓葬文化发生某种联系。东瓯国城地就位于浙南温岭的大溪镇塘岭西南侧山脚。遗址下层堆积了大量的板瓦、筒瓦和瓦当,这些瓦片大多为拍印纹陶。堆积中还包含了拍印方格纹的印纹硬陶残片以及原始瓷碗。东瓯国墓葬中,塘山墓葬 M2 是一座无封土的小型土坑墓,出土随葬物品 12 件,种类包括罐、钵、碗、匏壶等,主要以硬陶为主,原始瓷和印纹印陶较少。从出土的原始瓷碗的质地和形制上看,两处是同一时期的遗址。但是更为重要的是,东瓯国时期遗址和金鸡山的西汉时期墓葬相比具有一定的相似性。随葬物品都是以硬陶为主,兼有少量的原始瓷。随葬器物以罐、钵为主,另有瓿、匏壶,各件在器形上也十分相似:罐均为敛口,鼓腹微垂,平底略向内凹,肩部多有对称的桥形耳,饰方格纹;钵为敛口侈沿,肩部圆折,斜腹,平底。在墓制当中一般都会包含有匏壶、瓿各一件,质地器形也大为相同。① 从宏观层面上来说,汉文化对闽越和东瓯文化的影响都在遗存中有所体现;但从微观上来说,这种器物上的相似性应该不是偶然,至少能推论这种考古文化应该在同时期的闽越、东瓯一带比较普遍,而位于两者之间的太姥山地区应该不会不受到影响。

二是太姥山地区从六朝时期开始可能就是浙南到闽东瓷路上的重要中枢。从两周时期开始浙南地区就已经出现了原始瓷;秦汉前期,原始瓷已经在该地区得以普遍存在。在温岭、黄岩等地都已经发现秦汉时期的印陶纹和原始瓷合烧窑址,原始瓷的胎坯、釉色和硬度都已经达到了瓷质的水平。到了东汉时期,原始瓷已经完成了向青瓷的蜕变,其标志是用瓷土做坯,外罩黑釉或青釉,经过高温焙烧制成。② 从该时期开始,在浙南瓯江、飞云江、鳌江地区就逐渐形成了一个规模很大的瓷窑体系,被称为瓯窑。东晋时期开始,包括瓯窑在内的浙南瓷窑进入了快速发展期,其瓷器大量被销往周边地区,主要进入当时的世家大族阶层。在福建的六朝墓当中,也发现了不少陪葬的青瓷。在最早的三国西晋时期的霞浦天纪元年墓、浦城吕处坞元康六年墓、霞浦眉头山元康九年墓、连江元康九年墓中就已经出土了黄绿、青绿等色的碗、钵、双系罐、唾壶、盘口壶、虎子、羊形或狮形烛台、盘托三足炉、堆塑罐等,胎骨呈灰白或浅灰

色,胎质致密,胎釉结合紧密。① 直至南朝墓葬所出土的青瓷陪葬品在器型上都与浙南青瓷非常相似。尽管已经在晋江、福州等地发现了南朝时期瓷窑,基本上可以认定南朝时期墓葬中的青瓷为本地制品,但在福建目前尚未发现两晋时期的窑址,两晋及以前的青瓷可能并不是在福建烧制。不少研究者都认为福建六朝时期的青瓷不少是从浙江输出的,②特别在早期应该几乎从浙江等省输入。那么位于闽浙交界的太姥山地区应该就是这条瓷路上的重要中枢。无论从史实还是从考古上,太姥山地区都具备这样的可能性:温麻船屯的建立客观上进一步开拓了太姥山地区的水道和海道运输,成为浙江出入福建的重要通道;太姥山周边地区孙吴时期墓葬的出土物,也从另外一个侧面证明,青瓷在孙吴时期的太姥山地区已经有一定程度的普及。

经过两千多年的时间,太姥山地区经历了自然和社会的变迁,许多物品至今还深埋地下或难寻其踪,但是并不妨碍用零散的证据去串联和推测当时的历史。太姥山的历史从现实意义上说是"不见物",但这种"不见物"恰能从另一层意义上去说明太姥山地区历史文化的特质,即一种"流动"的汉越交融史。这种"流动性"主要是由太姥山地区地理和历史所交织而成。

一方面,太姥山地区周边为河网交错的临海地区,仅在今天的福鼎境内大小溪流纵横密布,从北至南、由西到东构成纵横交错的水网。流域面积在 30 平方公里以上的溪流共有 9 条,也是获取淡水资源的主要河流。其中水北溪、赤溪、溪头溪、百步溪、照澜溪等 5 条溪流主河道总长 158.5 公里,流域面积达 978.3 平方公里。③ 再者,太姥山地区多为沿海的丘陵地形,历史上多次海侵海退,形成了不固定的水路交通网络。这样的地理生态必然是制约其文化发展的重要因素。水文条件的改变或海水对陆地的冲刷,使得许多物质文化要素难以长时段在地下得以保存,由此会造成在考古文化上的缺省,为还原历史带来不小的难度。

另一方面,太姥山区地理特征使得居民历来的生活都是以"迁移"为常态。从上古时代开始,太姥山先民就以渔猎作为主要的生产方式。渔猎生产方式极不稳定,经常会带来生活地点的变动,先民对于物品也大多是随身携带,由此形成的渔猎文化并不依附于土地,因此地下遗存不像其他生产文化那样丰富。另外,太姥山地区多变的

---

①　刘逸歆:《福建六朝墓葬出土青瓷研究》,《东南文化》2008 年第 3 期,第 77—78 页。

②　曾凡:《福建南朝窑址发现的意义》,《考古》1994 年第 4 期,第 363 页。

③　林守无主编:《福鼎县志》,第 56 页。

生存环境又使得地下埋藏并不具备恰当的条件。汉人对太姥山地区的开发,某种程度上也顺应和利用了这种条件。例如,温麻船屯就是利用了太姥山临海、多河网的地理优势,由此产生了一批汉越杂糅、傍水而居的先民,成为后来"温麻人"的主体。他们的生活也沿袭了过去"流动"的方式,正是因为这种流动性,使得太姥山先民成为沟通闽浙、贯穿南北的承担者。

由此可以认为,太姥山地区历史文化的特征就是在于这种"不见物"的考古文化和"流动"的历史特性。如果说,在汉越交融这个历史大格局中,在不同地区都有各自文化的中心及由此形成的文化圈层,那么太姥山地区的边缘地位恰恰使其成为不同文化圈的重叠地带,使之成为连接各个环节的重要节点。

第三节　太姥文化特质的形成与嬗变

太姥山地区由于其独特的时空特征使其文化的形貌及形成也别具特点。从时间的维度上说,太姥山地区从新石器时代就开始了它的历史,历经七闽初曙、闽越合流、汉越交融这一段纷繁复杂的民族发展史和融合史,可以说是中华民族多元一体格局的形成和变迁在东南地区的生动体现。从空间上来说,太姥山区负山面海,是大陆文明和海洋文明的交汇点,是闽文化和瓯文化的重合处,因此是多民族由南向北或由北向南、由海入山或自山出海的这么一条大走廊。这两个维度就如同一个十字,将太姥山文化定位在多重线索的中心。

由于这种时间和空间因素的多重交汇,太姥山文化也被赋予了这样的内涵。首先,从文化形成的动力上来说,它是中华民族形成的历史潮流所推动,与中华民族的建构过程相呼应;其次,从文化形貌上来说,太姥山文明并不是纯粹的海洋文明或山地文明,不是纯粹的汉文化或少数民族文化,不是纯粹的闽文化或瓯文化,而是多方的有机结合;再次,从文化形成的历程上看,包括了闽文化的本土化生成,之后经历了外来越文化对闽文化的吸入,经历了闽越与瓯文化的互动,以及汉文化对闽越文化的有机整合;最后,从文化的变迁机制来看,由于该地的生态特征和社会因素,太姥山文化因地制宜选择了一条适合自己的发展道路,体现了中华文明的多线进化。

由于某一种文化特质必定经历产生、发展、变化甚至消亡,有些文化特质在经历上千年之后,我们已经难以再重现其原始的面目,但是我们仍然可以从可考的文化特质以及今天的文化遗存去探究其原来的文化面貌及其嬗变的历程。

一、南北交汇:太姥文化特质形成的空间特征

从有记载的历史开始,闽与瓯文化都就有着非常紧密的联系。无论是在地理位置上"瓯居海中。闽在海中,其西北有山"(《山海经·海内南经》),还是在历史叙事上被归为"东越"一体(《史记·东越列传》),两者在历史认知当中始终处于一种"你中有我,我中有你"的状态。而在考古遗存当中,闽与浙两种土生土长的考古学文化却也有着一系列相似的器物和文化形态,使得其虽在陆路上受到武夷山、仙霞岭、洞宫山、雁荡山、括苍山等山脉连绵不断天然阻隔以及相对封闭的自然条件,却没有挡住它们之间的交流、传播和吸收。因此有论者认为海道是他们交往的重要通道。①

而目前研究者忽略的是,在闽浙或闽瓯文化之间,太姥山区其实是两种文化交流的连接地。太姥山地区地处沿海,历来经历多次海侵海退。在海侵之时一片汪洋,成为南北互通的海上通道;在海退之时,在多重山脉之间打开了一道缺口,太姥山周边的低洼地带和丘陵成为东南民族迁移和文化传播的大走廊。因此历经多年的南北交流,沉淀为南北交汇的太姥文化。

从目前的考古依据来考察,我们可以在闽越之间形成一条文化的交流线路,一端指向闽中的闽越文化遗存,另一头指向浙江良渚文化系统,特别是浙江南部的瓯文化。

从新石器时期开始,这条线路的两端就具有相似的文化特征。有段石锛是中国东南区文化的主要特征。② 在福建地区,有段石锛出土得非常多,从其类型上来考察有隆脊式、弧背式、台阶形、凹槽形和有肩形,其中最为常见的是平面多为梯形或长方形的隆脊形石锛、剖面为梯形的台阶形石锛。③ 有段石锛作为挖掘的器具与木船制作和简单农业有着密切的关系,体现了当时福建土著的生产方式。与此同时,在整个浙江乃至环太湖区域,即良渚文化的影响范畴内,有段石锛也发现很多,而且已经出现了较为高级的阶梯式有段石锛。阶梯式有段石锛在福建溪头遗址下层始见,④到青铜时期才遍布福建全境。因此有研究者认为,昙石山文化中的有段石锛应是受到良渚文化影响。⑤ 在太姥山地区的新石器时期遗存当中,也发掘出了一些石器,其中主要的部分也是有段石锛,这不仅将太姥山地区的历史向前推进到公元前 3500 年左

① 钟礼强:《略论昙石山文化与良渚文化的关系》,《东南文化》2005 年第 6 期,第 31 页。
② 林惠祥:《中国东南区新石器文化之一:有段石锛》,《考古学报》1958 年第 3 期,第 1 页。
③ 傅宪国:《论有段石锛和有肩石器》,《考古学报》1988 年第 1 期,第 4 页。
④ 林公务等:《闽侯溪头遗址的第二次发掘报告》,《考古学报》1984 年第 4 期,第 459—501 页。
⑤ 钟礼强:《略论昙石山文化与良渚文化的关系》,《东南文化》2005 年第 6 期,第 31—35 页。

右,而且也证明了太姥山在浙南和闽之间的中介关系。

黑衣陶也是体现太姥山文化特质的重要遗存,也体现了太姥山区沟通南北的重要作用。在太姥山新石器时期出土的几何印纹陶中,很大一部分是黑衣陶。而黑衣陶恰好是良渚文化、浙南文化中重要的代表物,特别在良渚文化晚期最为盛行。在浙江瓯江以南,陶器均是以黑衣陶为主,显示了与瓯江以北不同的文化面向,构成了跨越浙南、闽东的以黑衣陶为主要特质的文化区域。因为黑衣陶属于当时采用的新技术,胎质多较纯净细腻,其器壁薄而规整,显以快轮制作,器表披一层黑色陶衣。所以如果没有深度的文化交流,不可能产生先进技术在如此大范围内的传播。

从上古就开启的这条文化传播链条赋予了太姥山文化独特的地文特征,使太姥山地区成为良渚文化和昙石山文化,以及稍后的瓯文化与闽文化的碰撞点,使其兼具闽浙文化的特征。从今天的太姥山地区人民的文化形态来看,虽地属福建,但是与浙江南部有着明显的相似点。

例如,在今天民间信仰中,太姥山区有信仰陈靖姑的传统,而在温州则被称为陈十四娘娘,在福州就被称为临水夫人。在语言方面,浙南的泰顺、瑞安、平阳、苍南等县市近50万人所使用的浙南闽话,与太姥山地区许多方言区所使用的语言就有很大的相似性。

文化的传播与人口的迁移是同步的,人群是文化的载体,太姥山南北的土生文化之所以在该地区展现出一种混合的状态,与太姥山区作为文化的走廊有着极大的关系。在太姥山地区,族群之间曾经有过这么几次主要的南北交流。

首先,是在新石器时代,浙江南部良渚文化余绪影响下的瓯人逐步地向周边地区迁移,并与"七闽"先民在该地区发生持续的文化联系。在这个时期迁移是常态,从密集性农业的不发达以及持续的渔猎生计方式就能够得到充分的推断。因此,该时期太姥山考古文化所体现的石器分布比较分散且呈现出一定的专业化程度,专门的石器加工场在马栏山等地有所呈现。

其次在两周,以"越人"为代表族群开始向中国东南边缘地区扩散,由此带来的结果是"越人"与古"闽人"、"瓯人"及其他族群的融合。这时候在福建"闽越"族群开始出现。越人的进入所带来的是青铜文化的梯状传递,如果像水波纹一样,由某个中心向周边一层一层扩散。由此,在该太姥山地区有这么几条族群和文化扩散的方向:一是由北向南,越文化融合了瓯文化继续向南扩散。二是由西向东,越文化进入闽文化之后,对太姥山文明实施进一步的影响。因为太姥山在该时期处于文化圈的边缘地带,所以该时期考古文化仍保持了较为古朴的特点,主要发现的是磨制石器和陶器,青铜器少见。但是陶器与浙南出土的器物属于同一系列。

第三,在秦汉时期,特别是汉武帝复置闽中郡之后。这时期太姥山族群迁移有这么几个层次:一,在宏观层面汉文化进入闽地并以前一阶段"越文化"进入的方式发生影响,历史事件包括汉武帝征伐闽越国时,汉人经由太姥山附近沿海攻入闽地;在征服闽越之后,东方朔受王朝委派对太姥山的封名活动;在太姥山考古上发现了"汉半两"钱1枚,"五铢钱"4枚,新莽钱"货泉"1枚。二,闽越与瓯以太姥山地区为跳板进行了多次、长期的战争,太姥山南北之间交流较之前有了很大的深化,促使太姥山文化持续地、高密度的与北部瓯文化进行着碰撞,最终瓯人通过太姥山地区进行迁移,有可能部分瓯人从太姥山沿海出海,与之后的南岛语族有着密切关系。该时期太姥山地区作为福建东北门户的地位开始得到展现,对之后的六朝时期闽浙关系奠定了基础。三,在汉武复设闽中郡之后,开始了大规模的移民政策。闽越遗民通过太姥山走廊及其海域迁移到"江淮之间",事实上大部分进入到今天浙江地区,还有的向相反方向,向今天的广东地方迁移,另外有的选择向海外迁移。迁移的路线从今天分子人类学及民族学的研究当中,携带具有闽越特征的Y染色体分布以及现代少数民族族性的研究即可得到证明。

第四,从六朝时期开始,"中原衣冠"持续大规模进入太姥山地区。这时期汉文化开始成为主体,包括太姥山先民在内的闽越族群成为少数群体,甚至演变成为汉文典籍中的"山越"。这时期汉人统治者通过一系列的政策强化了对太姥山地区的治理,例如采用"屯田"的方式,在太姥山地区设立温麻船屯,与北部浙江的横屿船屯仅一山之隔。这样的措施加速"蛮人"的汉化,并使南下和西来的汉文明强势占领了太姥山地区。五代十国时期,太姥山地区成为闽国和吴越国的边界地区,今天福鼎市贯岭镇的分水关就是建于此时的由闽出浙的关口。

由此可以看出,在太姥山地区持续了几千年的南北交汇,造就了太姥山文化的形貌。也使太姥山文化成为理解闽越、汉越交流的重要地理文化。而隐藏在这种地理文化之下的,是一条"由蛮入汉"的时间线索,这条时间线索在太姥山文化特质的变迁中十分显著。

二、由越入汉:太姥文化特质变迁的时间线索

民间信仰不仅是民族文化构成的基本内容,也是其核心成分之一。信仰位于各种文化丛的内核,很大程度上决定了某种文化所展现出的形态。因此,我们可以从现存的民间信仰这一重要文化遗存,去探讨中古时期太姥山地区文化建构和变迁的过

程,最能说明太姥文化"由越入汉"的时间线索。

在今天的太姥山地区,最突出的是"九使宫"和"连公庙",在民间信仰当中占据了重要的地位。"九使宫"一般供奉着九使、十使和十一使三个蛇神,还有的地方也供奉着蛇神之母。这就是由闽越先民的蛇神崇拜演变而来的神灵信仰在太姥山汉民社会的广泛存在。

"南蛮蛇种"是两周两汉时代华夏认知中南方土著"非我族类"的一个文化特性,同时这种特征也来自于华南民族最重要的祖先图腾形态和身份的识别。从中原汉人的认知角度,许慎认为"闽,东南越,蛇种。从虫,门声","南蛮,蛇种"。《吴越春秋·阖闾内传》载"越在巳地,其位蛇也"。[①] 而从闽越先民的生活反映上看,他们"断发文身",在身体上纹饰类似蛇的图案,"以避蛟龙之害";或是在印纹陶上刻划蛇纹装饰,以表达对蛇的特殊情感。在包括太姥先民的百越系统民族当中,蛇祖、蛇神、蛇王最为常见,代表着最原始的信仰,而随着蛇信仰的转变、蛇形象的转变、蛇信仰的改造,体现了土著文化经由中原文明"改造"的过程,最能体现太姥山文化由越转汉的这么一种嬗变。这种转变与考古和典籍所体现的历史过程是同步的。

在秦汉之前,中原汉文化的势力对太姥山区的影响还非常微弱,因此在这个时期的物质遗存和非物质文化当中都可以看到包括太姥先民在内的东南土著对蛇的崇拜和喜爱。

在太姥山区所出土的印纹陶上,一般都装饰以夔纹、叶脉纹、回型纹等纹路。学者对这种现象一般存在两类解释:一是纹路与生活环境相关,大多采用周围环境中植物,并将其形状拍印在陶器上;[②]另一种解释是几何纹路其精神文化要素在日常器物中的体现,百越先民因为蛇图腾,所以将蛇形、蛇皮鳞纹印在几何印纹陶上作为重要的装饰要素。细细分析着两种解释,其实有可能是对不同阶段印纹的解释。因为早期的印纹陶纹饰相对简单,制作工艺也比较原始,但是从略晚的印纹陶纹路看,这就明显有特定的目的,否则不会采取如此繁复的装饰手段;再者,这种文化样貌只在中国东南地区才有发现,说明这是百越民族特有的文化现象,而不是简单为之。在新石器时代,除了太姥山地区,蛇形蛇纹在其他文化当中也有大量出现,常见于良渚文化系统和昙石山文化系统等。在这些遗址当中都发现了写实或近似写实的蛇纹陶器,例如扁腹盘形鼎、高足浅盘豆、圈足壶等都饰有螺旋状蛇纹,并且未见于其他文化。

---

① (汉)赵晔著,苗麓点校:《吴越春秋》卷四"阖闾内传",江苏古籍出版社 1986 年版,第 24—48 页。
② 彭适凡:《中国南方古代印纹陶》,第 4 页。

在青铜时代,华南东南越系青铜器上装饰大量的蟠螭纹、蛇纹、蛙纹、鸟纹,都有别于"商周文化"。①

除了考古遗存上的发现,民间遗留的一些传统也说明了闽越先民对蛇的情感。在福鼎市佳阳乡双华畲族村流传这么一个故事:相传古时一天,突然狂风暴雨,在他们祖先开凿的石洞中先后爬出两条赤黄、青蓝的大蛇盘在厝基上,人们两次将蛇放到水中,两条蛇反复返回到厝基上。第三次,祖头公亲自把蛇送到水口放生并点香祷祝,当天晚上,两蛇没再回来,但祖头公在夜里却梦见双蛇的化身为红面和青面两位将军向他致谢祖头公醒来后,就召集当地畲民,择二月初二日在水口盖起石板宫,塑红面和青面将军两尊蛇神像以奉祀,从此双华畲民人丁兴旺。② 因此,当地畲人每年的"二月二"回到双华村祭拜蛇神,并演变为"二月二"歌会,也称为"会亲日",成为当地畲民最大的节日。显而易见这个节日就与蛇的崇拜有着直接的联系。

除此之外,也有一些典籍也记录了闽越和瓯越后人崇蛇的传统。明顾炎武《天下郡国利病书》卷一〇四曰:"自古以南蛮为蛇种,观其蜑家神宫蛇象可见。"清陆次云《峒溪谷纤志》卷上曰:"其人皆蛇种,故祭祀皆祀蛇神。"《侯官乡土志》曰:"畲之种为蛇,盖即无诸国(闽越)之遗民也。"据清施鸿保《闽杂记》记载:福州郊区闽江沿岸农妇"多带银簪,长五寸许,作蛇昂首之状,插于髻中间,俗名蛇簪。或云许叔重《说文》云:'闽,大蛇也。'其人名蛇种,簪作蛇形,乃不忘其始之义耳"。③

无论从考古遗存还是从民间传说,都说明在汉文化进入太姥山地区之前,对蛇的情感是崇高的、积极的,蛇的形象也是正面的,这也是闽越文化的特点。但是随着汉文化的进入,蛇的形象发生了改变,蛇成为了被改造的生物,体现着闽越文化向汉文化的变迁。

在汉文化当中,蛇是以反面形象出现的,例如《山海经·大荒南经》中说"南海渚中有神,人面,珥两青蛇,践两赤蛇,曰不延胡余",《山海经·中山经》也载"多怪神,状如人而载蛇,左右手操蛇"等等。④ 蛇在华夏典籍当中,俨然一种怪异的形象。在深受汉文化影响的吴楚文化中,可以发现其随葬的青铜器中存在不少神人"戏蛇"、"擒蛇"、"斩蛇"、"践蛇"的形象。⑤ 这就暗合了华夏文化中的一种心理,对自身文化

---

① 吴春明:《从百越土著到南岛海洋文化》,第 379 页。

② 蒋炳钊:《畲族史稿》,厦门大学出版社 1988 年版,第 235—236 页。

③ 转引自吉成名:《越族崇蛇习俗研究》,《中央民族大学学报》1999 年第 6 期,第 75—80 页。

④ (晋)郭璞注,谭承耕校点:《山海经》,第 153—163 页,第 69—112 页。

⑤ 吴春明:《从百越土著到南岛海洋文化》,第 379 页。

的尊崇及对百越文化的贱视,与闽越"崇蛇"相比,代表了两种截然不同的文化立场。

在太姥山所在的福建及浙江地区,所信奉的临水夫人的传说,就说明了汉文化背景下对"蛇"的厌恶。临水陈太后名陈靖姑,传说是福州下渡人,出生于唐哀帝二年正月十五日。她的出生充满了传奇色彩:观音菩萨赴宴瑶池返回南海时,见南方黑气冲霄,捏指一算,知有白蛇成精,为害人间,便咬破中指,将指血往南一弹,血云直往福州下渡陈昌的家里投胎化生了陈靖姑。"蛇"在汉文化进入闽地之后就成为一个反面形象。这种反面形象的结果是导致汉文化对"蛇"的改造。

随着中原民族向东南周边的扩张,事实上也是对闽越文化的改造。蛇形象的变化与汉唐以来对东南地方的征伐和统治是同步的,这显示了汉越文化接触过程中冲突和融合。

在太姥山地区所流传的"九使蛇神"传说就体现了"蛇"形象的转变。相传唐僖宗时福清黄檗山大帽峰西北有一巨蟒作怪,将当地人刘孙礼的妹妹刘三娘拐入洞中,并逼迫与其先后生了十一个蛇仔。刘孙礼于是立志求道,外出学法,归来以后接连杀了巨蟒及八个蛇仔,当要杀到第九个蛇仔之时,刘三娘于心不忍,急忙求刘孙礼放了其他三个蛇仔。后来这三个幸存的蛇仔都被教化,然后皈依正道成为了蛇神。后来民间就拜其为"九使"、"十使"、"十一使",立庙奉祀。

对九使蛇神的信仰在包括太姥山在内的福建地区都有分布。"九使蛇神"传说包括了这么几个因素:一,蛇不再是一种神圣的崇拜,而变成邪恶的象征;二,蛇与乡人的关系已经变成一种敌对的立场,蛇害人成为其行为的写照;三,蛇的力量已经可以被人所压制,蛇的命运被掌握在人的手中,由此蛇已经不复是神秘力量的化身;四,蛇的邪恶力量终将会被改造,即被外来的正道所点化,并改邪归正成为符合文化价值和审美的同类。这种叙事生动地展现了邪恶的"蛇"被改造的过程,这种叙事与汉文化的进入是同期的,折射出越文化的"汉化"过程。

从民间信仰变化的时间来看,与华南地区考古发掘遗存序列中所展现蛇形象的变化是一致的。目前,福鼎地区现存的"九使宫"、"连公庙"等就是文化变迁的重要见证,也充分展现了太姥山文化以越文化为主体转变为以中原华夏为主体,并保留了特殊的越文化因素。一方面,两周以来,汉文化南下并在其主导之下完成了文化的整合,最终形成了以汉文化为主导的太姥文化体系;另一方面,客来的华夏、汉文化也不断地"居越而越",吸收了越文化的内核成分,是太姥文化成为中华文明多元一体格局的重要组成部分。

第三编

宗族繁衍 太姥文化的认同纽带

中国东南沿海地区中一项最为引人注目的社会结构特征即是,"宗族和村落明显地重叠在一起,以致许多村落只有单个宗族"①。福鼎地处福建省东北部,向来即属宗族传统厚重之地。依据考古出土的文物资料分析,一般认为早在四千多年前的新石器时代福鼎就有人类活动,但是福鼎真正意义上的开发,则是伴随着秦汉以来北方移民的陆续南迁而展开的。尤其是在唐宋以后,大规模的北方移民相继进入闽东地区,许多家族开始徙居福鼎港湾地带的冲积平原,辟地成居,繁衍生息,形成聚族而居的地域风貌。从某种意义上来说,福鼎民间宗族的迁移、繁衍与发展,既是折射其地方社会经济发展进程的一个侧影,又是构建太姥文化区认同的核心纽带。

本编重点考察福鼎地方宗族的发展历程,总共分为三章来进行叙述。第一章主要分期介绍秦汉以降包括汉、畲、回等不同族群的姓氏家族移居、开发福鼎的基本情况,并阐述福鼎地区的宗族起源。第二章首先介绍了血缘宗族、地缘宗族、少数民族宗族等几种不同的宗族组织类型,进而分别透过典型宗族个案,考察这些宗族组织在福鼎地方的形成与发展过程,以及它们又是如何建构与塑造其对太姥文化区的地域认同,以致形成一种独特的乡土认同观。第三章主要介绍改革开放以来历经极左思潮冲击的福鼎地方宗族,各自如何凭借其所拥有的文化象征资本来展开其重构进程,并重点阐述当代宗族复兴对于福鼎地区之传统再造的作用与影响。

---

① [英]莫里斯·弗里德曼著,刘晓春译:《中国东南的宗族组织》,上海人民出版社2000年版,第1页。

第一章　汉人移居与太姥文化区的宗族起源

依据福鼎地区的考古遗址发现,早在青铜时代这里就已出现历史上所说的"七闽"部落。秦汉以来,北方汉人陆续转迁入闽,带动福鼎地区的进一步开发。北方汉族所带来的中原文化,推动福建地区的宗族形成。本章依据数十种族谱资料,按各姓氏肇迁入福鼎的时间,分汉唐以前、宋元时期、明清时期三个阶段,依次阐述汉族及畲、回少数民族迁移的情况,从而呈现太姥文化区的宗族起源。

第一节　汉唐以前

福鼎的开发较早。据福建省、宁德地区和福鼎县文物管理部门于 1958 年、1983 年、1988 年三次联合组成的文物考古普查工作队的调查,从福鼎县的白琳湖尾山、桐城北山庵、店下马栏山等处发现新石器时代和青铜时代的多处聚落遗址。[①] 2008 年福鼎市进行第三次全国文物普查,田野普查队在前岐镇发现棋盘山遗址。经美国夏威夷大学的专业测定,该遗址应该为距今 4500—5500 年前古人类遗留下来的。此次发现将福鼎的已知历史往前推了 2000 多年,证实早在 4000 多年前的新石器时代,福鼎境内已有古人类活动。

青铜时代在考古学上以使用青铜器为标志,代表人类从石器时代步入一个新的时代。青铜铸造技术的发明,表明人类的生产水平已大幅度提高。这一时期,福鼎先民在长年的劳动生息中,逐步融入史籍上称作"七闽"的多部落群落。"此时人类活动范围扩大到全市各地,经三次普查统计,共发现 42 处遗址。人们主要聚居在河流两岸的小山包上,以农业为主要经济生活,以石戈、镞、锛等磨制石器为生产工具,用

---

① 林守无主编:《福鼎县志》,第 107 页。

陶罐、釜、豆、盆、盘等印纹硬陶作为生活用具,彼此间的文化互动与交流更加频繁。"①从生产工具可知,当时人们的生活水平低下,剩余产品较少,为了适应生态环境和经济活动的需要,须共同合作,聚族而居,从而形成众多我们今天所挖掘的聚落遗址。因而青铜时代人类所形成的这种族群组织更多是为了生产和维系生存。②

随着生产力的发展,剩余产品的出现,政权组织开始产生。秦始皇统一中国后,在福建地域设置闽中郡,此时福鼎归属闽中郡。《史记·东越列传》载:"闽越王无诸及越东海王摇者,其先皆越王勾践之后也……秦已并天下,皆废为君长,以其地为闽中郡。"③所谓"皆废为君长",即将无诸、摇的王号削去,降为君长,却仍旧留在闽中,秦并没有派守尉令长来,所以闽中郡只是一个名义上的行政设置,地方仍由闽越土著统治。至汉高祖五年(前202年),中央政府依然奉行以闽人治闽地的方针。之后,汉朝统治者为防止闽中土著形成一个与中央政权相对立的割据局面,陆续分封南海、东瓯二王,使原属秦闽中郡的闽越、南海、东瓯三国鼎足而立,分而治之,以削弱土著越人的力量。④再后,汉朝先后灭掉南海、东瓯和闽越,将闽中并入大汉版图。福鼎汉初属闽越国,国灭后属中央王朝在此设县,随后即有汉人入境。三国时,孙吴据有江南,在闽中建立建安郡,故此时福鼎属建安郡;西晋时,闽中分为建安和晋安二郡,建安辖闽北各地,晋安辖闽西和沿海一带,而福鼎则属晋安郡的温麻县;唐武德六年(623年)起,福鼎属新置之长溪县;元至元二十三年(1286年),长溪县升为福宁州,福鼎为福宁州地;乾隆四年(1739年),从霞浦县划出劝儒乡的望海、育仁、遥香、廉江四里置福鼎县,仍属福宁府。⑤

中央政权在福鼎行政机构的设置和不断扩大的过程,也是闽越土著文明逐渐衰亡、中原文明在闽中逐渐扩展的过程。在闽越土著被消灭、被迁徙与流窜山间的同时,从中原地区不断迁徙定居下来的汉人,逐渐成为福鼎各地的新主人。据《福鼎县志》载:"三国、晋以后,汉人入境更多,逐渐成为境内主要人口。此后,汉族人口迅速发展,一直占全县总人口的绝大多数。"⑥三国时,孙吴占据江东,为了扩展势力范围,向南发展,经营闽中,在福建增设的县就多达7县。葛剑雄先生指出,如果以县级行

---

① 郭芳娜主编:《福鼎文物》,福建省福鼎市博物馆,2013年,第10页。

② 吴春明:《中国东南土著民族历史与文化的考古学观察》,厦门大学出版社1999年版,第159—164页。

③ 司马迁:《史记·东越列传》。

④ 朱维干:《福建史稿》,福建教育出版社2008年版,第26—27页。

⑤ 林守无主编:《福鼎县志》,第53页。

⑥ 同上,第118页。

政区的设置作为一个地方的初期开发基本完成的标准,吴国的新开发区超过了整个东汉新增加的单位,是南方开发史上一个有突出进步的阶段,这主要得益于移民的迁入以及主要来自江淮一带的北方移民所传播的相对先进的生产技术和文化。① 这种县级行政区的广泛设置,推动福建各地的开发及文化、经济的发展,福鼎境内因此也有众多汉人迁入,当地经济亦得到发展。

西晋南北朝时期,中原士民陆续迁入福建,出现第一次北方汉人入闽高潮,其中有三次较大规模的迁移。第一次是西晋末永嘉年间,北方士民为躲避战乱大批入闽。《福州府志》载:"晋永嘉二年,中州板荡,衣冠始入闽者八族,林、陈、黄、陈、郑、詹、邱、何、胡是也。以中原多事,长难怀居,无复北向。"②福鼎玉湖陈氏族谱,也记载了他们先祖的这段历史。玉湖《陈氏家庙》云:"西晋太尉公润公(台公子)永嘉二年由河南光州固始县渡江入闽,居福州乌石山,为开闽始祖。咸和六年作闽中《草寓记》,仍中州振荡,衣冠同行林、黄、詹、邱、郑、何、胡八姓,携家眷南迁泉江,传至隋大业六年解公止,有 297 年十一世。"③第二次是东晋末年,卢循领导的农民起义攻入晋安,在福建活动达三年之久,败后其余部散居福建沿海地带。《福鼎县志》记载:"福鼎县地处闽浙边陲,海防前哨,陆路北达浙南,水路东通瀛海,历来为兵家必争之地。东晋孙恩、卢循为首的农民起义军由浙转战闽粤,流江、罗唇为其屯兵之所。"④这种由于军事而引起的强制性移民,使不少北方汉人定居福鼎,促进福鼎人口的发展。第三次则是南朝萧梁末年,侯景之乱迫使大量北方汉民为避乱而迁居福建。

福鼎乃至整个闽越地区在先秦历史的很长一段时期,农耕经济发展水平远不及黄河、长江流域。因而早期入闽的北方士民,视福鼎为蛮夷之地,自身无不带有一种先进文明的优越感。西晋末年南迁的移民多为宗室贵族、官僚地主、文人学者,其社会地位、经济实力、文化水平高于常人许多,虽他们及其后裔仅占南方总人口的六分之一以上,但在南方所起的作用远远大于他们所占的人口比例。⑤ "从西晋到隋朝,是中原士族崇尚门阀的时代,中原士民大量徙居闽中,一方面带来了中原先进的文化技术,有力地促进了闽中的开发,闽中土著的许多习俗如断发文身等,至南朝时已不

---

① 葛剑雄:《中国移民史》第二卷,福建人民出版社 1997 年版,第 283 页。

② 乾隆《福州府志》卷七十五"外纪"引路振《九国志》,乾隆十九年(1754 年)刊本。

③ 侨乡重建宗祠董事会整谱办编:《玉湖陈氏家庙族谱》,1992 年重修本。

④ 林守无主编:《福鼎县志》,第 613 页。

⑤ 葛剑雄:《中国移民史》第二卷,第 412—413 页。

复存在。而另一方面,中原士民往往以簪缨世胄自居,歧视和压迫当地土著,血缘家族的关系显得十分重要。士人与流民流入福建,竭力把他们心中的理想化为现实,家族制度就是其中的重要一项。那些在中原地区为别的大家族所欺压的小家族或散户在移入新居地后便有了大展宏图的机会,这是魏晋时期福建家族发展的原始动力,这种家族制度亦是士族观念的产物。"①北方汉人南下入闽是继生性的开发,他们所带来的物质文明和精神文明在与当地文化融合的过程中得到新的发展,促进闽中地区文明的发展。南下的汉人从闽中其他地方再转迁到福鼎,他们所带来的先进技术及家族观念,亦推动后期福鼎宗族制度的形成与发展。

唐代前期,福建省内出现第二次移民高潮。唐初,九龙江流域爆发所谓"蛮獠"的"啸乱"。总章二年(669年),朝廷派陈政、陈元光率府兵3600多名,从征将士自副将许天正以下123员入闽。平定叛乱后,在泉、潮之间置漳州,朝廷任陈元光为漳州刺史,将其所属军队分布于闽南各地。陈家将所到之处,且守且耕,招徕流亡,建立村落,众多将士携家眷留守当地。如果说第一次北方汉人入闽高潮主要因灾荒和战乱的话,那么第二次入闽高潮则是以军事性移民②为主。

唐末五代,中原战乱,军阀各据一方,民不聊生,北方士民为避乱而南迁,形成第三次入闽高潮。这一时期福建人口空前剧增,主要有两波人口大范围迁徙入闽:第一波为王仙芝、黄巢起义引起的人口迁徙,流民南下入闽是陆续进行的;第二波是光启元年(885年)由河南光州南下的武装移民,是福建历史上规模最大的移民潮。③ 王潮领导武装移民队伍攻克泉州,数年后占领福州,闽中各地纷纷降服,被唐昭宗任命为福建观察使。王潮死后,其弟王审知继任,后被后梁太祖朱晃封为闽王。王审知死后,其子延钧于933年称帝,改国号为闽,即五代史上的闽国,定都福州。贯岭王氏族谱将王审知封为闽王的这段辉煌历史载入宗谱,以歌颂祖宗功德。《闽王都督谱序》云:"……光州固始令总公下八世孙兄潮拜福建观察使,不待老而薨,孤天袭兄之爵。值黄巢作乱,以我独据福建,尽得南闽五岭之地,为威武将军节度使。荷蒙皇上勅孤闽王,岂不由祖宗积德深远而庇孤哉?"④

据福鼎民间族谱记载,唐、五代十国时期,始迁入福鼎的姓氏主要有王、杨、周等

---

① 陈支平、詹石窗主编:《透视中国东南:文化经济的整合研究》,第205页。
② 军事性移民指由于大规模的军事行动而产生的人口迁徙活动,主要有两种形式:一是通过战争掠夺人口;二是将士或家眷留驻当地。参见林士平、邱季端主编:《福建移民史》,方志出版社2005年版,第3页。
③ 郭志超、林瑶棋主编:《闽南宗族社会》,福建人民出版社2008年版,第34页。
④ 《太原郡王氏支宗谱·闽王都督谱序》,光绪庚辰年(1880年)增修。

姓。福鼎王姓,最早的一支是唐代广德年间由温麻(今霞浦)迁入桐山西园,后移居透埕,始祖王不奢,至今繁衍52代,人称"透埕王"。① 依据族谱记载,贯岭王氏即属于"透埕王"派衍的一支。贯岭王氏族谱《太原王氏源流序》云:"……元总公隋末为光州固始令,民爱其仁,留家焉。传两世至怀铎公,为唐温麻令(唐之长溪,明之福宁州,今之福宁郡也),子务琨公,袭父爵,家于福宁,遂迁福宁之三都赤岸,是为赤岸肇基祖也。后传数世而有处一、奉一、如一(为唐光禄大夫,加封玄公)。处一公派下迁居王家洋,奉一公派下迁居苍裏,后又支分温江平阳、金舟瑞安、东山滕斗、上下亭等处。如一公生三子,长不骄,次不奢,三不移。不移与不骄公居赤岸。不奢公迁赴桐山西园,是为桐山之始祖也。生四子,长承则,次承芳,三承华,四承嗣。……小二公仍居西门,其后派分前店、山前、城内、后宅、马尾、南坡、连山等处。……小回公迁贯岭,小荣公迁秀程(今名透埕),小真公迁佯头(今名水流美),小广公迁青田黄檀乡,小敬公迁浮柳洋。今浮柳洋未有王氏之族,因疑此迁彼徙,而以……叠石、大洋、佯头、山城、北沿、周仁、山塘鸟等处附其后,枝蕃叶茂,皆属西园一脉,桐之人莫不称王氏为巨族焉。"② 上述可知,王氏先祖怀铎公因为官而迁居温麻县,后裔孙如一公官居唐光禄大夫,其子不奢公则始迁福鼎桐山,支系繁多,派分前店、山前、后宅、马尾、南坡、连山等处;后子孙又迁居贯岭、透埕、水流美等福鼎其他地方,可谓枝繁叶茂,为福鼎之大姓。由此可见,王氏出自唐代士大夫世家,迁居别处仍仍保留实力发展成望族。

　　福鼎望族杨氏先祖由于唐武宗会昌年间遭外族骚扰,便从淮西光州固始之南阳举家迁至浦城,以躲避战乱。始祖杨司马在唐朝为官,于唐咸通年间迁居潋城,发展至今传有49代。③ 据族谱记载:"始祖司马三公于咸通间,由浦城徙居长溪之潋村。古之长溪县,今之福宁州也。潋溪之族实由司马三公始,其后又分为东、西、中三房之祖也。传至宋之元丰间,居官荣显者,有八十有三人,延祐间百十有余人。"④ 由此可见,潋城杨氏在宋代已十分昌盛,在朝为官者颇多,可谓世家大族。依据《福鼎县志》记载,杨氏于宋代中进士8人,其中太学博士1人,武学博士1人,而且进士杨楫(为朱熹高徒)与当时杨方、杨简并称三杨,名传于世。⑤ 此外,杨氏在宋代有7名族人因其子功劳显著,而享受国家的封荫,如杨绩以子兴宗赠朝散大夫,杨时忠以子楫赠通

① 林守无主编:《福鼎县志》,第120页。

② 《太原郡王氏支宗谱·太原王氏源流序》,光绪庚辰年(1880年)增修。

③⑤ 林守无主编:《福鼎县志》,第121页。

④ 《潋城杨氏族谱·重续族谱序》,成化二十三年(1487年)撰,1984年重修本。

叠石王氏宗祠

直郎等。①

　　五代动乱和王潮、王审知率兵据闽，引起不少中原士族为避乱南迁，落户福鼎境内，使人口急剧增加。中原士民将中原的门阀观念带到福鼎，即使与王氏兄弟毫无相干的姓氏，亦纷纷借托祖籍光州固始以夸耀门庭，提高自身地位。所以今人研究族谱，发现族谱的伪造现象较为普遍，附会名人、望族成为一种风气。上文中玉湖陈氏、冷城杨氏皆说自己的先祖从光州固始入闽，此外佳山周氏在族谱中亦说其祖先来自光州固始县。如佳山《周氏族谱》载：

　　　　我周发祥姬水，积累仁厚至于岐山为兴王之地，因以为国号，武王大封同姓。厥后，以国邑名字分姓者不可胜纪，则犹然共祖之也。平王东迁于洛，封次子烈于汝南。赧王亦分河南畿甸为东。西周王室已卑时，犹尊为周家。故自汝南出者，平王后也；自河南出者，赧王后也。……唐末，诸姓多从王潮入闽。故吾祖发自光州固始县。光州，古汝南地也。吾宗支派散处闽地……而秦川一派自入闽

---

　　①　嘉庆《福鼎县志》卷六"封荫"。

后,创久公析居福鼎佳山时,晋天福三年也。①

佳山周氏开基鼻祖创久公自后晋天福三年(938年)徙居佳山后,至明天启时,已繁衍五房,即底头房、楼下、新厝房、上厝仔房、九分裏房。始祖成美公为上厝仔房所出,生子四人,延绵瓜瓞,第四子讳圹者未娶而亡,其他三人分为孟、仲、季三房;至明代,三大房已分出几小房,如孟房叔侄分乾、坤两房,仲房兄弟分天、地、人三房,季房兄弟分元、亨、利、贞四房。② 可见,佳山周氏在明代就已子孙繁多,成为当地的大族。而且依据族谱记载,周氏在清朝人才辈出,代有名人:共出周国铿、周国镔等4名进士,贡生、太学生、庠生等达一定规模;有五品同知1名、六品儒林郎2名、安人4名得到乾隆皇帝勒封,可谓显赫一时。

在福建,直到隋唐,也未实行过均田制。因此,隋唐及以前入鼎的北方士民为了取得土地和山场的所有权,仅能凭借自身的实力和社会地位。如杨氏族谱记载,杨氏二世祖讳暄公于唐咸通戊子年捐田产兴建灵峰寺,后寺庙被火烧毁,杨氏子孙又捐资重建灵峰寺。③ 杨氏祖先迁居潋城不久,即有实力捐赠田亩创建公共设施,可见其经济实力雄厚。对于新迁的姓氏而言,捐款为地方兴建土木,有助于赢得当地人的认同与尊重,从而提高自身的社会地位。

虽然王氏、杨氏、周氏在唐代、五代十国时期迁入福鼎,逐渐发展成大族或望族,但他们开始建立宗祠的时间均为明代中叶以后,如王氏于明弘治十五年建宗祠,潋城杨氏于明成化年间建祠堂,佳山周氏于明万历年间建祠堂。明代中叶以后,福鼎较多大族开始普遍兴建祠堂,一方面是社会环境的需要,剧烈的社会变迁加深了福鼎民间加强宗族控制的紧迫感;另一方面是山海经济的发展,为宗族组织的建设提供了一定的经济基础。

综上所述,汉唐以前,从北方迁入福鼎的世家大族始建家园时,具有较强的政治色彩,目的在于追求社会地位和政治身份,因为其政治身份对他们的发展具有重要意义,因而整个社会形成世家大族把持政治的垄断局面。

---

① 《汝南郡周氏宗谱》卷一"序·佳山族谱序",(清)乾隆二十三年(1758年)撰,2000年重修本。
② 《汝南郡周氏宗谱》卷一"序·编辑谱牒序",(清)康熙甲子年(1684年)撰,2000年重修本。
③ 《潋城杨氏族谱·杂志并引》,1984年重修本。

第二节　宋元时期

宋代,随着士族在唐末五代社会动乱中灰飞烟灭,士族阶层的垄断地位不复存在。过去的"田制不立"和"不抑兼并"等政策,使一直无缘进入政治领域的庶族阶层有了进入政权的机会。随着商品经济发展所触发的社会阶层的流动,"礼不下庶人"的官、民界线开始松动,意味着士族阵营已向全社会开放。这一时期,处于士族阶层的人们希望继续稳定自己的地位,而未进入士族阶层的人们则希望通过自己的努力进入世族阶层。①

生产力的提高,商品经济的繁荣发展,土地买卖和转移日益频繁,进一步加重阶级矛盾。此时统治阶级不仅担忧封建国家的长治久安,亦担心个人家庭地位的不保。在这种社会状况下,统治阶级和知识分子越来越注意宣传孝悌、亲亲、敦宗睦族等传统观念来教化百姓,以达到有效控制。同时利用封建的"家法"来约束世人的行为,从而达到维护社会统治的目的。

宋代理学家张载主张"管摄天下人心,收宗族,厚风俗,使人不忘本,须是明谱系世族与立宗子法。宗法不立,则人不知统系来处,古人亦鲜有不知来处者。宗子法废,后世尚谱牒,犹有遗风。谱牒又废,人家不知来处,无百年之家,骨肉无统,虽至亲恩亦薄"②。后世编写族谱,将这一思想体现在谱序中,说明修谱的原因。如桐山施氏《戊寅纂修施氏宗谱序》云:"闻之乐,乐其所自生,礼不忘其本。故古人之祭川也,必先河而后海,或源也,或委也,此之谓务本。然久当支分派衍,往往欲追祖考所自生,竟茫然于考据之末,由是家谱之作于蕃衍之日者诚急,而作于远迁之后者尤不容缓也。"③理学家程颐也认为:"若立宗子法,则人知尊祖重本。人既重本,则朝廷之势自尊。"④在这些理学家的倡导下,宋代形成了敬宗收族的社会风尚,许多名门望族撰写谱牒,追溯源流。如桐山高氏于宋太祖乾德二年(964年)从长乐石岊率先迁居长溪桐山,经几代繁衍,发展成桐山望族。高氏七世祖容齐公于宋乾道壬辰年撰写一篇《源流序》曰:"故国有统史,家有谱书,人有文章,事有记颂是耳。且人生两间,孕天

---

① 陈支平、詹石窗主编:《透视中国东南:文化经济的整合研究》,第208页。

② (明)吕柟:《张子抄释》卷三,文渊阁四库全书本。

③ 《桐山施氏宗谱》卷首"谱序",乾隆二十三年(1758年)撰,民国丁丑年(1937年)重修本。

④ (宋)程颢:《二程遗书》卷十八,文渊阁四库全书本。

地之英灵,钟山川之秀气。上焉,而有祖宗父母;下焉,而有子孙会元。以继以承,曰昭曰穆。唐室文明具兴,诞勅史臣讲明宗法,类天下氏族则谱学之传,由来尚矣。我桐山高氏肇自齐之太公,姓兼姜。"①这种社会风尚的形成,从另一方面反映新的宗族组织开始构成,并且逐渐形成制度。

南宋大儒朱熹继承了二程的思想,并设计一套宗子祭祖的方案,要求每个宗族均须建立一个奉祭高、曾、祖、祢四世神主的祠堂四龛,而且初建祠堂时,计现田每龛取二十分之一为祭田。② 南宋庆元年间朱熹因"伪学"之事避难于福鼎,居住于潋村杨楫家。③ 于是,杨楫借朱熹停留之际,在石湖观开设书院,邀请朱熹讲学。后朱熹受桐山高国楹(亦为朱熹高徒)之邀,来高家做客,期间又于龟峰一览轩讲学。朱熹在福鼎停留的这段时间,其理学思想在福鼎得到推广,对后世产生了巨大的影响。从此,祠堂、祭田等在福鼎大量涌现,有的宗族甚至在宋代即有实力建祠堂,如桐山高氏、仙蒲林氏(见表3-1)。而且朱熹的到来也推动了福鼎人文教育的发展。除上述所说的潋城杨氏外,高氏子孙也在宋朝进士辈出,共出10位进士,为历史最高。

首建于宋代的仙蒲林氏宗祠

① 《桐山高氏宗谱·旧序》,道光庚寅年(1830年)重修本。
② (明)邱濬:《朱子学的》卷下,明正德刻本。
③ 嘉庆《福鼎县志》卷六"流寓"。

表 3-1 宋元时期福鼎主要姓氏入迁情况表①

姓 氏	入迁时间	始 祖	迁出地	入迁地	始建祠时间
张	北宋 南宋淳熙元年(1174年) 南宋德祐二年(1276年) 南宋德祐二年(1276年)	张碧峰 张仁测 张礼和 张礼晋	温州 柘荣 柘荣 柘荣	管阳 管阳 磻溪后坪 管阳碧峰	明洪武年间 明洪武二十年(1387年)
朱	南宋末年	朱梦环	浙江三桥	金钗溪	明洪武十二年(1379年)
高	北宋乾德二年(964年)	高 郯	长乐	桐山	宋代
林	北宋太平兴国三年(978年) 南宋孝宗年间	林京一	浙江昆阳 长溪赤岸	磻溪 仙蒲	南宋嘉泰元年(1201年)
陈	南宋	陈傅金		溪头	
董	元大德三年(1299年)		浙江泰顺	缙阳	
周	宋末		浙江处州	仙蒲	
杜	北宋元丰年间			北洋 (今杜家九鲤)	

宋代,中国的经济重心继续南移,北方汉人大量向南方迁徙是当时人口发展的一种趋势。② 福建此时经济文化比较发达,且离南宋首都临安不太远,被视为南宋可靠的后方。宋代北方汉民经常性入闽的数量不少,但南、北宋之交及宋元之交的战乱,促使更多北方汉民纷纷入闽。朱熹在《跋吕仁甫诸公帖》中云:"靖康之乱,中原涂炭,衣冠人物,萃于东南。"③据数十种民间族谱记载,宋代入福鼎的姓氏除上述所说的桐山高氏外,还有磻溪林氏、仙蒲林氏、玉湖陈氏等(详见表3-1)。而且宋元时期南下入闽的姓氏多因避乱,几经辗转,选择隐居福鼎境内。例如,磻溪林氏始祖遇公于北宋太平兴国三年(978年),从浙江昆阳(今平阳县城关)隐居福鼎磻溪,迄今千余年,娶陈、郑、苏三氏,生八子,即达、盛、德、赠、宠、勇、透公。至五世盛公之曾孙桂公迁居紫岭,为紫岭林氏始祖。桂公后裔人丁兴旺,派分天、地、人房。 1999年,磻溪、紫岭林氏族孙合建宗祠,供奉两地各房祖先。④ 由此可见,磻溪林氏枝繁叶茂,

---

① 此表主要依据族谱,《福鼎县志》《福鼎县乡土志》《八闽祠堂大全》而整理,因收集的族谱数量有限,故部分姓氏入迁信息不全。参见林守无主编:《福鼎县志》,第120—121页;光绪《福鼎县乡土志·大姓表》,周瑞光汇编:《福鼎旧志汇编》,第607—609页;福建省文化厅:《八闽祠堂大全》,海潮摄影艺术出版社2002年版,第232—251页。

② 林国平、邱季端主编:《福建移民史》,第6页。

③ (明)程敏政:《新安文献志》卷二十二"题跋",文渊阁四库全书本。

④ 《济南郡磻溪林氏宗谱·磻溪始祖遇公派下统谱记》,2003年重修本。

至今传有34代,发展人数约有2400人①,为福鼎之大姓。玉湖陈氏始祖则在南宋末年因避乱迁入福鼎一带,玉湖《陈氏家庙》云:"南宋殿中侍郎银青大夫节公(原宦名陈谊忠,宋垮后为钦犯,故化名节,以庶民隐居民间),南宋末祥兴戊寅年(1278年)辅幼主宗垮帝崩后,卜居惠安北海澳浦东,张为玉湖《陈氏家庙》始祖。传至今(1992年)有714年二十八世。"②陈、林两姓不仅是福鼎的大姓,也是整个福建的大姓,在福建民间有"陈、林半天下"的说法,可见其族众之多。

管阳金钗溪朱氏宗祠

元朝时期,东南沿海一带商品经济十分活跃。因为元朝政府在经济、宗教等方面采取"放牧"式管理,使最需要宽松政策的对外贸易及其所带动的工商业繁荣兴旺,尤其是泉州因其地理条件优越,海港经济臻至鼎盛,吸引世界各民族人士前来经商。③秦屿丁氏为阿拉伯人后裔,其祖先便是在这一时期来到泉州。丁氏祖先善于经商,经数代辛勤经营,丁氏成为泉州富甲一方的望族。元末,江南大乱,泉州色目人遭驱逐,丁氏祖先被迫匿居僻处,取其始祖的名字"赛典赤瞻思丁"的末字为姓,从而改为汉族的姓氏"丁",以隐瞒回民的身份。明初,政府一改前朝兼容并蓄的对外政策,排外风潮鹊起。《丁氏回族源流》云:

---

① 林守无主编:《福鼎县志》,第120页。
② 侨乡重建宗祠董事会整谱办编:《玉湖陈氏家庙族谱》,1992年重修本。
③ 郭志超、林瑶棋主编:《闽南宗族社会》,第35页。

　　四世祖丁善在其妻的劝导下,携带年迈的父母,选择了泉州湾东南畔的滨海乡村陈埭,将大部分的商业资本转为农业资本,既实现了汉文化以农为本的经济转型,又避免了家族财产受排外风潮的袭击。为在恶劣环境中生存,丁善率众与当地人整修水利,开垦荒滩,改荒僻的土地为可爱的家园,最终以其坚忍不拔的群体精神获得周边汉人的认同和尊重。

　　……

　　丁氏祖先入泉州居陈埭,与汉人通婚,转商为农,在形式上、思想上、象征仪式上接纳了汉文化。而与此同时,丁氏祖先又将回民族的隐喻留在陈埭丁氏祠堂的建筑中、泉州灵山的墓群中和人们的传说中。在与汉人的接触、互动和交融,丁氏家族不断充实和壮大,从而形成一个汉文化和伊斯兰文化的交织发展的独特群体——丁氏回族。子孙繁衍,逐渐成巨族。①

　　因此,元末明初时期,少数民族在社会动荡的情况下,为了维持自身的生存,不得不迁居其他地方,并隐瞒少数民族的身份。为了提高自身的社会地位,赢得周边汉族的接纳与尊重,他们接受并学习汉族文化,鼓励子孙科举,参与地方建设,凭借自己的实力在迁居地占有一席之地,而逐渐成为当地的移民。

第三节　明清时期

　　明初,朱元璋曾力图通过里甲、老人等制度实现对社会基层至纤至细的管理,以求达到敦本尚朴、各安其居的和谐状态,但随着社会经济的恢复和发展,起初的这种追求则变得不合时宜。至正统年间,社会风气日趋奢靡,社会的两极分化渐趋严重,官僚地主凭借身份地位和政治特权剥削小民,小民被迫承担起越来越重的赋役负担,②地主阶级与农民阶级之间的矛盾开始变得尖锐,农民起义不断。如正统十三年,邓茂七在福建领导农民起义,震动东南一带;正统十四年,福建延平府已经是"千里一空,良民逃避,田地抛弃,租税无征"③。这些说明朱元璋起初的政治图景已不复

---

① 福鼎秦川丁姓回族理事会编辑:《回族丁氏宗谱》,2006 年重修本。
② 陈支平、詹石窗主编:《透视中国东南:文化经济的整合研究》,第 209 页。
③ 《明英宗实录》卷一七五。

存在,人们为了谋生,四出流审,大量的流民成为明代中叶一个严重的社会问题。前岐夏氏祖先即在邓茂七作乱时期,从浙江泰顺迁至福鼎桐山。前岐《夏氏宗谱》载:"状元荣祖公,传下四子,曰泳,曰沐,曰湛,曰沾。而沾公传下解元希亮公,自处州(今浙江丽水)入迁泰邑,莒冈之开基祖也,乃立荣祖公为始祖。春秋祀之礼也,亦尊祖也,历八世文礼公缘邓茂七作乱,遂沿莒冈上村徙居桐山,数传名一理号廷荣公,徙居前岐。"①

明清时期,随着北方汉人不断入闽和人口的繁衍,福建人稠地狭的矛盾越来越突出,出现"闽中有可耕之人,无可耕之地"②的情况。因此,这一时期的福建移民出现两大新的特点:一是结束了一千多年以输入人口为主的移民史,开始以输出人口为主的移民史,往外迁移的主要地区有周边省份、台湾、海外等。二是本省内的再次移民活动异常活跃,即北方汉人最先到达生活条件较为恶劣的闽北,尔后从闽北地区向闽江下游及沿海平原等生活条件较为优越的区域转徙,为再次移民。而随着这些区域的开发和社会经济的发展,人口的数量急剧增长,人口和土地之间的紧张关系促使平原和沿海先开发区的居民逐渐向省内那些自然条件较为恶劣的未开发区迁移,出现二次、三次甚至多次的移民活动。③依据福鼎民间族谱记载,明清时期主要入鼎的汉人有孔、夏、施、连等姓氏,具体情况详见表3-2。

表3-2　明清时期福鼎主要汉族姓氏入迁情况表④

姓　氏	入迁时间	始　祖	迁出地	入迁地	始建祠时间
孔	明永乐二年(1404年)	孔闻毅	江苏镇江	先柘荣,后定居西昆。	清顺治十年(1653年)
夏	明永乐二年	夏章保	江苏定远	叠石、库口、南溪等地,后定居桐山玉塘村。	清顺治元年(1644年)
吴	明永乐二年	吴旺三	江苏丹徒	西洋	明天顺五年(1461年)
施	明嘉靖年间	施应显	泉州晋江	桐山施厝巷	清道光五年(1825年)
林	明崇祯年间	林维福	福清玉融坑	桐山流美	
连	清道光年间	连肇治	福州连江	沙埕	
郑	清康熙三十二年(1693年)	郑灵九	福鼎管阳	长昌孙店尖脚	清同治九年(1870年)

---

①　福鼎前岐《夏氏宗谱·族谱旧序》,1922年重修本。
②　谢杰:《虔台倭纂》下卷。
③　林国平、邱季端主编:《福建移民史》,第7页。
④　依据资料同表3-1。

（续表）

姓 氏	入迁时间	始 祖	迁出地	入迁地	始建祠时间
汪	明代	汪茫氏	三明建宁	茶阳	
陈	明洪武二年（1369年）清雍正年间 清乾隆五十九年（1794年）	陈武顺 陈珧珇	长乐玉溪 泉州安溪 玉溪	东湾孙店乡 秦屿 先崐山，后移居桐山 阮洋亭。	
王	明初 清初		霞浦赤岸 福清	台家洋（今台峰） 秦屿堡	
萧	清康熙年间	萧汉华	汀州上坑	翁潭、点头	
裘	明永乐二年（1404年）		浙江绍兴	王家屿	
蔡	清康熙二年（1663年）		福安	瓜园	
江	明永乐二年（1404年）		湖广	王渡（今文渡）	
刘	清乾隆丙辰年（1736年）	刘光发	泉州永春	沙埕	清乾隆丙戌年（1766年）
张	明洪武二年（1369年）	张景良	柘荣	桐城丹岐	清嘉庆丁丑年（1817年）
费	明嘉靖年间	费天树	兴化涵头	先秦屿蕃岐头，后转迁店下海田。	清康熙己酉年间（1669年）
金	明洪武年间	金宽一	龙岩处洲	南溪	清道光二十年（1840年）
何	清康熙五十一年（1712年）	何瑞香	寿宁	先福鼎流美、奥前等，后定居巽城海美。	1925年
耿	明代	耿德一	建阳	磻溪金谷	明代
周	明洪武十九年（1386年）	周瑶	宁德西乡	磻溪黄冈	
赵	明隆庆六年（1572年）	赵惟增		点头王孙	

　　由表3-2可知，明清时期主要有两类汉族人口迁入福鼎。一类是从外省而来的移民，如孔氏、夏氏、吴氏、裘氏、江氏等。据《明史》记载，明洪武二十年（1387年），江夏侯周德兴奉命驻守福建沿海一带，于要害处如泉州永宁和崇武、漳州镇海、莆田莆禧、长乐梅花等地设立卫所城堡，调拨军队戍守。① "根据明代兵制，卫所兵士入军

---

① （清）张廷玉：《明史》卷九十一，清乾隆武英殿刻本；（清）万斯同：《明史稿》卷一一四，清钞本。

籍,不得随意脱籍或迁流"①,因此那些外省兵士驻扎于沿海各卫所之后,便逐渐成为当地的移民,这是明清时期移民入闽的一个重要组成部分。所以,明清时期,从江苏、浙江等地转迁入福鼎的移民主要为军事移民。依据族谱记载,孔氏和夏氏的先祖均是戍边的将士。例如,孔氏先祖孔克伴原本为江苏镇江丹徒人,十六岁参军,官升右卫总旗;明洪武元年(1368年)奉命前往福建,不幸战死,其侄孔希顺世袭右卫总旗;洪武二十一年(1388年)十月诏勅屯田,永乐二年(1404年)改屯长溪柘洋里(今柘荣县),并治水患,而家于东峰(俗名东山头);延至清康熙年间,孔子第六十四世孙尚荣、尚志兄弟从柘洋迁居福鼎县十七都西坑村(今西昆村),从此其子孙定居西昆。②由此观之,西昆孔氏祖先因驻守福建卫所城堡,难以返还故乡,故在驻守地屯田,从事农耕,而逐渐成为当地人。据西昆孔氏后裔说,孔氏祖先因母猪丢失,四处寻找,抵达西昆时,见其他地方都有积雪,唯见西昆无积雪,而且母猪跑到此处竟产下一窝猪仔,于是便认定西昆是风水宝地,故举族从柘荣定居西昆。从地理环境来讲,西昆具备传统农业社会中最佳的人居环境:村东有三座山冈形象似狮,周边群山连绵起伏,村前又溪水环绕,正好形成山环水抱、负阴抱阳的风水格局。军事移民有一个共同的特点:他们均是被强制而移居他乡,但后来由于迁入地的拉力③起了作用,有的由被迫而变成自愿,最后成为真正的移民。从上文可知,孔氏祖先因西昆的拉力而定居下来,繁衍几世,逐渐成为当地的大族,并建立家庙,形成规范化的宗族组织。夏氏祖先亦因军事行动的缘故,最后定居桐山玉塘村。如《玉塘新序》云:"始祖万真公永乐二年(1404年)入闽,落屯建宁右卫,复率转就桐北大嶂。是时福鼎未设县,属长溪管辖。三世祖荣公三卜于天顺元年(1457年)肇基玉塘。"④

另一类是省内的再次移民,如施氏、连氏、林氏、郑氏等。福建海岸线较长,本身具有发展商品经济的良好条件,宋元时期在宽松的对外政策下,港口贸易发展迅速。"但是,明王朝执行的是一套消极的防御政策,禁海是这一王朝大部分时间海洋政策的主调。凡要谋求海上和海外贸易之利的人们单凭个人的力量往往无法达到目的,结为家族,依靠团体力量与政府对抗成为一种客观要求。明王朝的诸多莅闽官员已经多次向政府呈明福建沿海巨姓大族肆行海上,政府力量不足以驾驭的事实。对于

---

① 郭志超、林瑶棋主编:《闽南宗族社会》,第41页。

② 《福鼎文史资料》第6辑,1987年,第106页。

③ 迁入地的拉入,指迁入地吸引移民迁入及导致移民最终定居的因素。参见葛剑雄:《中国移民史》第一卷,第31页。

④ 《玉塘夏氏族谱》,《玉塘新序》(2001年撰),2008年重修本。

巨姓大族而言,禁海事实上并没有阻断他们的贸易之路,反而因为政府禁绝了中小商人的贸易而获得了更多的利益。"①因此,禁海对巨姓的冲击不是很大,主要威胁靠出海生存的小姓。再因明嘉靖年间,倭寇肆意扰民,东南沿海小姓被迫迁居他处,开发新的家园,而福建未开发的山区成为他们经济开发的重要选择。

福鼎位于福建东北,素为闽、浙交往的门户,境内山峦叠嶂,风景秀丽,是明清流民的理想家园。据族谱记载,明清时期从福建沿海地带迁入福鼎的姓氏有桐山施氏、秦屿陈氏、沙埕连氏等。如《桐山施氏小史》云:"吾桐山施姓源出温陵支分浔海,明嘉靖间由泉州府晋江县衙口乡十四世祖应显公,字贤咸,十三世祖有典公次子也,外出迁居福宁府宁德县二都施家山,公为宁阳始祖,生太夫子三人。万历年间,因倭寇骚扰,吾国沿海宁德二都施家山受其涉及,吾施氏卢舍被毁一空。次子翘馨公,号德明,携眷陆太孺人转迁罗源县即浔海十五世祖,亦即迁桐之第一世祖也。生子三人,次子肇遒公,字孔禄,号荣所,于天启间由罗源县转迁福鼎前岐。生子二,次子永佑公,讳盛,号正庵,崇祯间转迁浙江泰顺县。永庄复由泰顺迁回福鼎桐山南门外桑园境,构屋而居,遂聚族于斯。"②由此可知,桐山施氏祖先因倭寇扰境,房屋被毁,故从泉州晋江县转迁至桐山施厝巷。从古老施厝巷的房屋布局可以看出,施氏子孙中有不少为大地主,他们慷慨解囊,使施氏族产丰厚。故明清及民国年间,施氏祖先有足够的资金参与地方寺庙、书院、桥梁、道路等公共设施的兴建。虽然施氏比高氏晚几百年迁居桐山,但后来经过施氏族孙的共同努力,与西园高氏齐名,皆为桐山之望族。

此外,秦屿陈氏、回族丁氏的祖先皆因秦屿的拉力,而逐渐定居于此。他们见秦屿山川秀丽,海滩面积又较广,是安家生存的好地方,于是举族从泉州而来。如《陈氏宗谱》载:"陈氏之星罗其播于吾鼎之各乡镇者,大都多外县之侨民或从避乱而来,或因经商而至,其始非不世次昭然也。……吾鼎太邱陈氏世居鼎之七都秦屿水笕头,其远祖文瑞公先世籍隶闽省泉州安溪石磐头。……次武顺,原其肇迁系于逊清雍正年间,偕其堂兄弟文科、文理来寓鼎之秦屿。秦为滨海,地频虞,海寇为患,乃于秦寒碧山北去右之三十六湾,约三里许有邨曰水笕头,其山川明秀,眼界宽宏,尤堪为聚族之所,遂卜宅于此而发祥焉。"③

据丁氏族人说,丁氏先祖居住泉州陈埭的年代,经常往返于闽浙之间贩卖蛏干。

---

① 陈支平、詹石窗主编:《透视中国东南:文化经济的整合研究》,第210页。
② 《福鼎桐山施氏宗谱》卷首"源流·桐山施氏小史",2011年重修本。
③ 《太邱郡陈氏宗谱·重修太邱陈氏宗谱序》,1980年重修本。

因遭遇台风,丁氏祖先避风于晴川湾的打水澳,见秦屿海湾滩涂面积大,风浪小(当时秦屿海滩伸延至樟岐、瓜园、虎头岗岭下),依照祖籍地陈埭海涂养殖、围海造田营生之道,他们认定美丽富饶的晴川湾即是围海塘、种早稻、养蛏苗、讨小海之良地。于是,顺治年间十世祖象江公带领家眷首迁秦屿打水呑。此后,丁氏其他世祖陆续从陈埭迁往秦屿(见表3-3),而后迁的世祖多聚居于街尾三角埕,形成今日俗称的"街尾丁"。

表3-3　回族丁氏入迁秦屿情况表

入迁世祖	入迁时间	入迁地点
十世祖象江公	顺治年间	打水澳
十世祖(世发公之曾祖)	顺治年间	后岐
十三世祖莲英公	康熙年间	打水澳
十四世祖克正、克生、克旺公三兄弟	康熙年间	后澳
十四世祖颖哲公、颖翁公	乾隆年间	打水澳
十六世祖君默公、光来公	乾隆年间	街尾
十七世祖愧亭公、士卿公	乾隆年间	街尾
十八世祖进安公	嘉庆年间	街尾
十九世祖士庆公	嘉庆年间	街尾
十七世祖得兴公	道光年间	街尾
十八世祖协雄公六兄弟、寿昌公、寿桃公、太极公	道光年间	街尾
十九世祖亮吓公、仕玉公等	道光年间	街尾
二十世祖光章公	道光年间	三角埕
十八世祖光雄公、成九公	道光年间	店下三门台村、秦屿巨口村
二十世祖光声公	咸丰年间	街尾

由表3-3可见,同宗、同乡在迁入地定居后,随着生活条件的改善和社会地位的提高,会对保留在原居住地的本族、本乡人口形成一股强大的拉力,吸引着他们继续往迁入地移居。所以,秦屿成为福鼎最大的丁姓回族聚居点。此外,福鼎城关丁氏回族先祖来自泉州陈埭,而白琳车洋、牛栏仔,沙埕大白鹭等处的丁姓回民先祖皆来自苍南桥墩、后隆。至1995年统计,福鼎丁姓回族人口达4952人。①

此外,由于明末清初,福鼎常遭受海寇的骚扰,开始迁居福鼎沿海一带的姓氏,后转迁福鼎其他地方。例如,巽城何氏先从寿宁移居福鼎流美、奥前等地,经数迁,终择巽城海美;海田费氏从兴化涵头始迁福鼎秦屿蕃岐头,经受贼寇摧残,数番迁徙后择

①　林守无主编:《福鼎县志》,第119页。

海田开基立业;阮洋亭陈氏从玉溪移居崙山,后又转迁桐山阮洋亭,发展成大姓,有"阮洋陈"之称。

福鼎另外一个少数民族——畲族,从明代开始,陆续分批至福鼎定居,是福鼎市各少数民族中入迁最早、发展人数最多、居住分布最广泛的一个民族。目前福鼎境内畲族共"雷、蓝、钟、吴、李"五姓,每姓当中又分数支派。"至1995年,雷氏8派共有2118户8659多人;蓝氏9派共有2203户8975人;钟氏4派共有1749户6995人;吴、李二氏各系共有1108户4684人。"[1]畲族大多数是因为明末倭患的原因,而转迁至福鼎。如《蓝氏起基谱序》云:"崇祯年间被海寇追赶,其地荒芜,再迁平邑蓝下暂居。未久,山乡作乱,人民未平,又转移浦门小华洋住居,其蓝下基址坟茔至今亦无考证,后人各自立谱。"[2]福鼎畲族各姓氏入迁情况,详见表3-4。

表3-4 福鼎市畲族入迁情况表[3]

姓 氏	入迁年间	来 源	入居地点
雷氏	明洪武二十八年(1395年)	罗源北源	白琳大旗坑牛埕下
	明嘉靖三十八年(1559年)	福安牛头畔	牛埕下
	明隆庆元年(1567年)	浙江庆元花宫	前岐佳阳
	明崇祯二年(1629年)	福安	前岐桥亭
	明崇祯十年(1637年)	福安	前岐双华
	清顺治元年(1644年)	浙江平阳二十一都昌禅澳	小华洋
	清康熙五十九年(1720年)	北山	前岐山兜
	清雍正四年(1726年)	平阳西山	桐城浮柳
蓝氏	清清顺治六年(1649年)	福宁牛岭	翠郊
	清顺治八年(1651年)	平蒲	华洋桥仔头(称"朝聘派")
	清顺治十七年(1660年)	浙江泰顺鳌岭	法洋蒋家岭(称"一增派")
	清康熙二十九年(1690年)	浙江泰顺董庄山头团	天竺得坑村(称"陈派")
	清康熙五十八年(1719年)	浙江瑞安三甲民坑	桥亭蔡洋(称"意清派")
	清雍正二年(1724年)	上杭芦丰田官	前岐梅溪(称"茂上派")
	清雍正四年(1726年)	后章	围墙内(称"百六派")
	清乾隆十四年(1749年)	浙江风池	前岐水岐头(称"万三、万五派")
	清乾隆三十一年(1766年)	浙江平阳阘村四十七都漈头	桐山麻坑(称"初公派")
	清乾隆三十二年(1767年)	浙江泰顺上洋源底	岩坎(称"昆冈派")

---

① 林守无主编:《福鼎县志》,第118页。

② 《汝南郡蓝氏宗谱·蓝氏起基谱序》,宣统年己酉年(1909年)重修本。

③ 林守无主编:《福鼎县志》,第119页。

（续表）

姓　氏	入迁年间	来　源	入居地点
钟氏	明永乐二年(1404 年) 明嘉靖九年(1530 年)	霞浦 罗源	店下屯 后溪(称"处州钟氏")
	其后尚有"丹桥钟氏"、"大林钟氏"等四派系入迁		
吴氏	清顺治三年(1646 年)	原为入赘畲家受畲业,转为畲族,姓吴氏。其后裔元道及三、四、五、六、八层后裔,相继迁入。	点头温家岩、麻坑底、松木溪、刘庄、上埕山外等地
李氏	明正德八年(1513 年)	延玉六世孙万十三郎由霞浦落雁洋迁入。	白琳沿州白岩村

第二章　宗族建构与太姥文化区的乡土认同

　　朱熹死后,"伪学"案得以昭雪,其理学主张与举措,与明王朝治理民间基层组织的理念相符合,在明初即成为国家意识形态的主导,一直延续至清代。嘉靖十五年(1536年)因礼部尚书夏言上疏建议皇帝允许臣民祭始祖,礼仪制度开始变革,民间揭起祭祀始祖的风气,促使原本只祭四代的家族性家庙向宗族祠堂转变。因此,明后期建宗祠、置族产、修族谱在民间开始普及,标志新宗族的出现。但我们在考察福建宗族制度建设时,看到因为明代中叶的社会经济变迁及其在福建地区所形成的特殊社会环境对福建宗族制度建设有着巨大影响,①直接导致明清福建宗族制度建设的繁荣发展,也决定这一时期福建宗族制度的诸多特点。

　　郑振满在《明清福建家族组织与社会变迁》一书将宗族组织分为三种基本类型:"一是以血缘关系为基础的继承式宗族;二是以地缘关系为基础的依附式宗族;三是以利益关系为基础的合同式宗族。"②血缘、地缘、利益等纽带,反映福建地区的宗族存在多缘联结的现象,需分类加以考察。福鼎地区的宗族主要以血缘、地缘为纽带,将族人凝聚在一起,共同为宗族的发展贡献一份力量。在福鼎宗族的发展过程中,少数民族畲族、回族的宗族建设也是重要的一个环节。因此本章将福鼎宗族分为血缘宗族、地缘宗族、少数民族的宗族三种宗族组织类型加以考察,分别讨论它们的建构与特点以及所折射的乡土认同。

第一节　血缘宗族

　　血缘宗族以血缘为最基本的纽带,是中国农村最常见的聚落形态。这类宗族在族

---

① 　陈支平:《近五百年来福建的家族社会与文化》,中国人民大学出版社2010年版,第13页。
② 　郑振满:《明清福建家族组织与社会变迁》,中国人民大学出版社2009年版,第47页。

谱中特别强调血缘的纯洁性。佳阳乡周山村(又名周佳山)是周姓聚族而居的血缘村落,开村先祖创久公于五代后晋天福三年(938年)从河南迁徙而来,迄今已逾千年。该族通过几代的繁衍发展,迅速成为当地的望族。佳山周氏族谱中的《谱例》规定:

一、异姓不得乱宗,或抱养异姓及抚养随娘之子者例概不书。

一、嗣续重大事也。当尽同父周亲之义,或择贤择爱,须素无嫌隙,昭穆相当于所生名下。书曰:出承某公嗣于所继名下;书曰:某公嗣男;如无人可继,或例不应继者,直书曰:不传。

一、嫡子未娶及年未上殇,父在而死者,或传,或不传,或兄弟之子谁人为嗣,或附祀何人,惟其父之命是从。登载于谱,不得借以大宗互生争端,致伤和气。

一、妇有青年守节抚孤成立者,书以红字示奖劝也。夫死改适者,削其所娶之乡止,书娶某氏以示贬也。①

周山村

---

① 《汝南郡周氏宗谱》卷一"谱例",2000年重修本。

在血缘宗族中,人和人的权利和义务是依据亲属关系来决定的。亲属是由生育和婚姻所构成的关系,而血缘,严格来说,仅指由生育所发生的亲子关系。在单系的家族组织中较注重由生育而产生的亲属,因此血缘宗族特别注重继嗣关系。一般来说,血缘宗族的社会是稳定的,他们即是用人丁的繁衍、血缘的继承,来维持社会结构的稳定。因而这类宗族经常通过"报丁"、"清系"确认族人的继嗣关系及继承权,养子、随娘之子等非本宗血缘之人严格排除在外,禁止因"非种承祧"而导致"乱宗"。如周氏族谱中的《条训规则》云:"子息一端至不齐也。无嗣者须以亲房及疏房侄辈继之,若亲疏房无可继之侄权,用孙辈承祀志有不胜继者,业归亲房。身在则就养余年,身亡则殡葬。岁时祭祀暨付亲房承值,断不容抱养异姓,擅抚随娘之子以乱宗支。吾族从古迄今,未尝有也。倘有不遵祖训者,合族出而警之。"①由此可见,严格意义的血缘宗族只能存在于血统纯正而又同源共祖的族人之中,换而言之,族人之间的血缘关系是血缘宗族存在的基础和必要条件。

血缘宗族形成后,随着时间的推移、人丁的发展,世系必然发展壮大,每一代又需重新分配权利和义务。这种经由权利和义务细分而得到持续发展的血缘宗族,一般表现为逐级"分枝"的状态,如同一棵大树的主干又分出众多的小枝。另外,血缘宗族的每一个成员都有可能成为后人的继承对象,从而在原来的血缘宗族中又形成新的血缘宗族。因此,血缘宗族在发展过程中必然呈现不断"分枝"且层层累积的状态,进而形成多支系和多层次的阶梯式结构。宗族的"分枝",必然导致分家及祖屋的划分或扩建。试看佳山周氏《佳山屋宇志》的记载:

> 大明本宅屋宇各房各造,有上厝仔房在后座,有底头房在后座左边,有楼下房在中座右边,又有鼍尾一族在前左边一半彼屋零起二小座。惟吾九分裹房居中并前半直出门前,台后两座交井明楼。每房各建门台,分路出入。明季戊辰古屋回禄厥后,只竖一公厅两房,概未兴土木,遂值迁移至……大清康熙二十年展界族人复回故土,无力兴建,所以蔽风雨者惟茅屋数椽耳。至康熙五十五年合族俱有缔造之志,制孙慨然领袖共议基址,卖鼍尾族前面两透之基,以成方正后座明楼十一间,中厅回椽,前座暗楼九间,中扛梁公厅交井横楼各一间,总竖三间门台出入,共路兴工于五十六年春,以五十七年戊戌正月二十四日子时建造。②

---

① 《汝南郡周氏宗谱》卷一"条训规则",2000 年重修本。
② 《汝南郡周氏宗谱》卷一"佳山屋宇志",2000 年重修本。

上述中周氏在明代即分有上厝仔房、底头房、楼下房、鲎尾一族、九分裏房,各房各自建造自己的房屋,虽然彼此相挨,但仍设独立的门台,说明已分家,从同一个祖宗派生出五房。中国历史上的遗产继承通常以分割继承为特征,但在实际上,民间为了缓和分家析产对于传统家庭的冲击,往往采取分家不分祭、分家不分户或分家不析产的方式,对宗祧、户籍及某些财产实行共同继承,使分家后的族人仍可继续保持协作关系,从而促进从家庭向宗族组织的演变。如上文所述,明末周氏古屋被火灾烧毁后,被迫迁移他乡,康熙二十年返回故土,却无力兴建祖屋。至康熙五十五年合族共同兴建房宇,并卖鲎尾族前面两透之地基来填充建房所需的资金。这说明分家后的周氏族人仍然保持相当密切的协作关系,合力出资,共渡难关,从而也就导致血统宗族的形成。

辨明血统之后,历代族产的管理及其权益分配一般都依"按房轮值"的方式管理。西昆是一个由22个姓氏组成的村落,其中孔姓约占40%,是孔子后裔在江南的主要聚居地。相传最早定居西昆的是姚、李、汤三姓,而如今村里已找不到这三姓人,或许他们迁往别处,或许因人丁衰微而致绝。孔姓于清康熙年间定居西昆,迁来时只有尚荣、尚志兄弟两家,繁衍至乾隆年间出现财丁两旺的局面,之后孔氏的经济、文化一直在西昆占据优势地位。张、陶两姓比孔姓较早迁居西昆,但其人口远不及孔姓,而孔姓凭借自身所带的儒学文化,在当地取得社会地位,并赢得周边姓氏的认同,逐渐发展成名门望族,可谓后来者居上。从现存文物和古建筑规模可以看出,孔姓在清代中叶经济发展达到鼎盛时期,如"孔氏家庙"巍然屹立于西昆中心地带,庙前广场上保留宣统己酉科拔贡孔昭淦和光绪癸巳岁贡孔广敷的旗杆石夹(见下页图)。再如清代由叔房子孙所建的旗杆里,共有四座古民居,规模庞大,在当时远近闻名。据传,旗杆里因建得过于繁华,引起某些人的妒忌,被人以"私建皇城"之由告到知府。旗杆里的人得知后急中生智,在村门口立一个"建平村"(因为建平村是孔子的出生地,历代文人所敬重的地方)的石碑,试图借孔子的威望躲过此劫。果然,知县前来视察,不仅未怪罪旗杆里的人们,反而恭敬地面见旗杆里的主人。旗杆里因此事出名,后又名建平村,从那以后便有个不成文的规定:"抓壮丁不进建平村。"

从上述可知,昔时孔姓拥有一定的经济力量,有钱财置办许多族田。而族田又分"书灯田"和"油灯田",其中"书灯田"专供族人子女夜读点灯之用,"油灯田"专供家族祭祀之用。家族具备丰厚的经济基础,也为培养子孙提供了有利条件。依据史料统计,自乾隆以迄宣统己酉科,取得功名的共达38人,其中庠生15人、国学生7人、太学生1人、廪生4人、贡生5人(岁贡3人,拔贡、恩贡各1人)。因此孔子后裔在西昆继续发扬儒学的优良传统,注重教育,为后世培养不少人才。族田一般按房轮值、

孔氏家庙前旗杆石夹

管理,若轮到哪房当值,今年宗族所有公共的开销则由这房出资。在族产轮值中,轮值者承担相应的权利和义务,且责权结合,相对均等,若无履行其责,会遭到宗族的惩罚。如周氏族谱在《条训规则》提到:

　　一、值祭者,祭品须诚敬,办理务当丰洁,又必请有绅衿及识字者,登坟赞唱读祝。如敢潦草以贻神羞,加倍治罪。
　　一、轮值祭祖,现(光照)等于道光十一年三月廿三期呈谕阻背课在案。凡值祭者,再敢未祭,光课以致临祭,无资必鸣官究治。[1]

　　在"按房轮值"的情况下,族人之间的权利和义务是比较明确的。如果每个族人都能自觉按章办事,那这种协作方式也是较为公平合理的。一般来说,只有在公平协作的基础上,血缘宗族才有可能获得长期发展。但实际上,有的轮值者往往并不履行有关义务,从而违背了公平协作的原则,因此为了维护血缘宗族的稳定发展,就须借助于外在的规范力量。如周氏族谱所载,情节较轻者,由族长及各房房长商议处罚;情节严重者,可以鸣官追究,借助官府的力量来解决。族谱中所列的条训规则,其实反映了血缘宗族的规范化趋势。

---

① 《汝南郡周氏宗谱》卷一"条训规则",2000年重修本。

但时过境迁,建国以后,宗族的族田被收为国有。现在重修宗祠、修纂族谱、合祭祖先等所有宗族事务的开销,按家户人数平摊。后世子孙有些经济较宽裕者,会捐赠部分资金支持宗族的运作。此时轮值者不复存在,宗族一般组建宗亲理事会,设会计专门管理宗族的公共经费。

昔日在商品经济发展的影响下,有的宗族为了防止子孙败坏公产,在宗谱中对族产的管理做出一些规定。如佳山周氏规定:

一、坟林丘木无故不斩,如不顾坟荫,任意砍伐及拚卖者,无论公私之山,皆可惩罚。吾家公堂坟山,许各择穴安葬祖父,断不容卖他氏及与女子随嫁……

一、……祖遗公产内中,除各房祖上有阄分者,应为己业,或已下有契,私相授受者不得借为己业,一切俱属公产。

一、凡公山,准各房栽植杉松,留篆竹木及开垦山园,物准归己,山仍属公,不得藉物占山,亦不得借物出售,同异姓及私自批拨收租等情,违者鸠族重惩之,将山内所有物产尽充为公业,庶不致有强私弱公之弊。①

从上文可知,若有子孙不顾祖宗规定,私自违背族产管理条例,整个宗族会合力而出,向违背者兴师问罪。

血缘宗族以血缘纽带为核心,其凝聚力在宗族类型当中最具有坚韧性,往往不以共同居住某一区域为条件,即使移居他乡,或长期与原宗族失掉联系的族人,依然可以寻根谒祖,修谱联宗。据西昆老者回忆,约40多年前浙江瑞安有一戏班至西昆唱大戏,其成员多为孔姓,见西昆有孔氏家庙,便寻根谒祖,唱戏期间择日在家庙与西昆孔氏一起祭拜祖先。近来西昆孔氏与祖籍地镇江孔氏合修宗谱,追溯源流,续世系。周氏《祠堂志》亦云:"吾家远近族人齐集拜奠斯举也,赖叔伯祖倡之。"②佳山周氏原定于正月十五祭祖,现为方便在外工作的族人能参加祭祖,将日期改为正月初五。祭祖当日,即使从佳山移居他地的支系,也会派族人代表到周氏祠堂参加祭祖,这是周氏祠堂一直以来的传统。

血缘性宗族最注重对族长的选择、对宗祠的建设及对族谱的编修。如桐山望族高家于宋代建祠堂于营中,至明代时被倭寇烧毁;明正德六年(1511年)创祠一所,后

---

① 《汝南郡周氏宗谱》卷一"条训规则",2000年重修本。
② 《汝南郡周氏宗谱》卷一"祠堂志",2000年重修本。

又扩建之,费金千余两;明嘉靖己丑年(1529年),桐山经常遭倭寇、海贼骚扰,祠堂被官兵占用为营房,丁酉年(1537年)祠堂和关庙皆被倭寇烧毁;明正德庚辰年(1520年),高氏祖先捐资重修圆觉寺,嘉靖年间高家向州府购得圆觉寺寺产,并再次加以扩建,后又将神主移于圆觉寺后进,建为宗祠,一直沿用近二百年;雍正己酉年(1729年)因人丁兴旺,且多聚居于西园,亨禄房旸公倡议在西园建新祠,以供祭祀之需,经三载始竣工,费银四千余两。自此祭祖在西园祠堂举行,而兰盆在圆觉寺办。由此可见,高氏宗族经济十分殷实,在祠堂空间不足或被毁的情况下,能够组织族人一次又一次扩建或重新修建祠堂。这在福鼎地区是比较少见的,大多数宗族没有经济实力在短时间内修复或扩建祠堂,更别说另觅他处再建新祠。

西昆孔氏家庙正厅

郭志超先生指出祠堂是宗族组织的本质表征,是宗族的观念、组织、制度的空间形态表现。因为"一个姓氏血缘群体成为自觉性的宗族的关键,在于形成共祖的认同,祠堂的始祖之祭就是将共祖这一隐性事实转化为显性的客观实在,从而在宗族成员的观念和情感上确立这种认同,并通过不断的祭祀仪式加以维系。正是宗族祠堂的设置使自在性的宗族开始转变为自为性的宗族。一个自为性宗族就会建立相应的组织、制度来进行宗族社会的运作。"①祠堂原是为祭祀祖先、感恩报本而设,但随着

① 郭志超、林瑶棋主编:《闽南宗族社会》,第59页。

时间的推移,宗祠的功能不再是仅限于宗教方面,与此同时,增添了许多其他功能。如孔氏家庙始建于1653年,至2006年有过几次重修。2006年重修竣工后,当年9月28日(全球祭孔日)在家庙首次举办盛大的祭孔仪式,邀请众多外来嘉宾,至今影响深远。而昔日西昆孔氏每年农历的三月三、七月十五和除夕举行谒祖仪式,各房到家庙祭祀各自的祖先,而现在于祭孔日共同祭祖。家庙正厅共两层,一楼供奉神主牌位,其中始祖闻毅公的神龛(形如一间小木屋,内放祖先牌位)位于正中央,右侧为松、竹、梅、柳、和五房祖先的神龛,左侧则为平、伯、仲、叔、季五房祖先的神龛。昔时一楼正厅前方架有一座戏台,春节期间便在家庙唱戏,族人及西昆其他族姓皆可在一、二楼的两侧看戏。因此家庙除供奉祖先外,还为族人提供休闲交际的场所。此外,宗族的重大事情,如家庙的重修、家谱的重修、家规的确立等,都由族长召集族人在祠堂商议。于是,宗庙成为家族中宗教的、政治的、经济的和社会的中心。

西昆孔氏家庙里的祭孔大典

　　解放初,大多宗祠被政府借用办公,或被借用兴办中小学,宗祠作为祭祖的功能开始退化。"文革"期间,众多宗祠遭到破坏,祠内许多神主牌位及匾额被毁,今日宗祠所见的牌位与匾额基本上是在改革开放后依据家谱记载重建。孔氏家庙康熙年间所赐的匾额"万世师表"被烧毁,令族人庆幸的是,乾隆年间的"至圣裔"匾额被保留下来,现作为文物被珍藏。近些年宗族文化开始复兴,宗祠的祭祀功能恢复,但政治功能弱化。现在村民之间发生矛盾,往往找村委协调,较少有人请族长出面处理。

昔时族长及各房房长是家族中较有威望者,兄弟分家因财产不均等僵持不下,有的会请族长协调。若族与族之间因占地之事争斗,族长代表宗族的形象会与对方周旋。总的来说,族长一般负责处理宗族日常事务,宗族祭祀、修谱、对不肖子孙的惩罚等需族长召集各房管事者共同商议。如周氏族谱载:

> 一、族中或有忤逆犯上、以少凌长、以强欺弱不法等事,及恃强横占偷窃诸恶,各房长到祠内,严议责罚,倘敢恃顽,合呈鸣官,决不徇情。
>
> 一、赌博乃盗贼之薮,故例禁严之,况宗祠为先灵所栖,尤宜肃静。凡诸子孙,如敢在祠,引棍聚赌,私开烟馆,着族长鸣官惩治,不得护隐。
>
> 以上条训规则,系族长暨各房长,循例合议,条例指示,恺切恳挚,严于令甲,上以保宗祠血食,下以正子孙浇薄,各宜凛遵恪守,如敢蹈犯辱及尔身,殊无足惜,诚恐祖宗不容,默匕之中,断不轻贷尔,即今日自衿自耀,欲望后嗣之昌,不可得矣,勉之勉之![1]

血缘式宗族原本最强调血缘的纯洁性,从族谱凡例可知,为了保证血缘的纯正,宗族常常禁止招赘、抱养等现象的出现。然宗族建设的目的又往往是为了壮大宗族,于是出现宗族血缘的附会和攀附现象,首先便是远祖的附会。依据民间族谱记载,福鼎各宗族十分重视入鼎始祖的记述,但追溯的结果是大部分姓氏的始迁祖都是官宦世家,且许多宗族的先祖枝繁叶茂,堪称名门世家。

福鼎夏氏自称黄帝的后裔,夏姓出自禹继承王位后的国号"夏"。《夏氏源流序》云:"……惟夏氏之华裔出自黄帝,有熊氏生下次子,名曰昌意。……位让禹,禹即位,国号夏。因以姓夏名禹……登基寿百岁而崩。葬于会稽山,其穴名为阳名洞天。而禹生下四子,长名启,次名康,三名宰,四名罕。而启、康承本姓以王天下。而宰封为顾成侯,后子孙姓顾是也。而罕封为余庆王,后子孙姓余氏是也。而夏氏

---

① 《汝南郡周氏宗谱》卷一"条训规则",2000年重修本。

之子孙继世四百余年,则苍生万物无不咸被其泽。"①因此,夏氏以禹所葬之地——会稽为郡望、堂号。明永乐二年甲申(1404年),夏氏后裔武德将军章保公始迁福建,故为夏氏的入闽始祖。而福鼎夏氏则立唐状元官荣祖公为开基始祖。从第一章的叙述可知,前岐夏氏之所以也立荣祖公为始祖,是因为他们的一世祖廷荣公从浙江莒冈迁来。

桐山施氏源自温陵支分浔海,称为周鲁惠公之后。据族谱载:

> 施姓出周姬姓。公元前一一二一年,距今三千一百年,周武王姬发灭纣,建立周朝,封第。周公姬且于鲁,但周公系辅国重臣,必须留在京都,辅佑天子,所以实际上是其长子伯禽往山东治理鲁国。伯禽及其子孙治理鲁国,计八百七十三年,直到公元前二四九年周被秦灭。不久,鲁被楚灭。伯禽的第八世孙鲁惠公公元前七六八年在世,生三子,长隐,次威,三桓。桓贤德而有才华,在鲁国任门丁,公府椽流声地方,四国归仁,因此食采于鲍,被封为施国,号曰施父,见《左传》。这便是施氏得姓之始祖。公元前七三七年在世,其于顺伯生谦,谦生笋,笋生孝叔,叔生恺,恺生直与端,与女耀英(即孔子之母)。直与端才貌如一人时难辨,故曰长施与少施。孔子《论语》中的"吾食于少施氏而饱,少施食我于礼"……端生之常,是孔子七十二贤徒之一。之常才德过众,被封为临濮侯,临濮是地名,即黄河改道后的支流。这临濮侯之封是施氏之大事,芳名流于天下,施氏后人以其为堂号、灯号与总代号。之常生佑,佑生策,皆鲁大夫。策生梁,梁生绎。绎生让,有文才,又生识,有武功,时称施门强者。识生无忌,忌生冷,冷生告侯,侯生臣伯,皆周大夫。伯生戬,戬生仲,仲生术,术生固镇,镇乃秦国大儒。始皇坑儒,镇避隐陇西(甘肃省),改姓严。秦灭,其子复本姓。长子真为齐大夫,次子诉归楚,即后沛县勒县。施诉生运,运生睿,睿生赫,赫生韬,韬生锵,锵生蔚,蔚生盖,盖生佳谁,汉宣帝时为大博士。佳谁生穗,又生稀,稀生克,克生回,回生伯豫,豫生延,汉顺帝时为太尉。延生三子,长崇,次咸,三宪,时董卓乱,长与三渡江,初居淮南后,迁丹阳郡都安乡安施里,至三国吴孙永安三年(公元二百五十四年)置故彰县,施诸裔隶于故彰县(今浙江吴兴县),故施氏子孙相承为吴兴旺族,郡号吴兴。再叙延公之二子咸也,为汉大尉,生涣,涣生矗,矗生兴,兴生开,开生表,表生永,永为晋大将军,随晋元帝渡江,而后寻其宗亲也,编户吴兴。

---

① 《前岐夏氏宗谱·夏氏源流序》,2009年重修本。

所以中国姓氏郡各表中言施出吴兴,其实非也。上述可见,早吴兴施千多年就有施姓,南方施皆秦大儒固镇次子诉之后裔。固镇于陇西子孙复本姓,后裔留此衍南,使施族遍于全国。①

上述中施氏子孙可谓支系繁多,施姓来源于鲁惠公之三子桓公,从周朝至晋朝,施氏子孙人才辈出,先后有之常被封临濮侯、固镇为秦国大儒、佳谁为汉宣帝时的大博士、延为汉顺帝时的太尉、子咸为汉太尉、永为晋大将军等,可谓人才辈出。

桐山高氏称为姜太公的后裔。后姜氏齐国的政权被夺,齐之贵族外逃,姜氏派生出渔阳郡(今北京密云西南)、辽东郡(治所襄平,即今辽宁辽阳市)、河南郡(治所雒阳,即今洛阳市东北)。三国时,瑞公仕吴为丹阳太守,举家迁居广陵(今扬州),为广陵郡肇郡始祖。据族谱记载,桐山高氏属广陵郡支派。桐山高氏到福鼎已有1000多年的历史,目前已繁衍33世,其子孙遍布于水北村、镇边、后岐、梅溪、薛家山、点头、白琳等福鼎各乡镇,及柘荣、霞浦等外县,有的甚至移居海外。

以上大族,族众甚多,他们对先祖的追寻,都附会到官宦世家,自然十分堂皇。即使是福鼎的一般姓氏,也会在族谱中将他们的先祖述说成官宦出身。陈支平先生在《福建族谱》一书中指出:福建许多宗族的族谱都有虚拟先辈及先辈职位和附会名流的现象,典型的事例如闽粤的刘氏族谱将刘邦附会为自己的先祖,并说其祖父曾入迁闽赣,后来才转迁沛县;因为沐浴过闽粤山水的灵气,才孕育了刘邦汉代数百年江山。②又譬如福建的王氏宗族普遍会将王审知的事迹载入族谱中,试着寻找祖先与王审知的关联。因此,我们在阅读福建各宗族家谱时,看到的似乎是同姓宗谱,世系清晰,但其血缘性其实也蕴含着文化建构的成分,有人称这种现象为拟血缘现象和泛血缘现象。③这种拟血缘现象其实包含了人们为了现实的需要,可以冲破血缘的束缚,壮大宗族实力,促使血缘宗族向地缘性宗族转变。

---

① 《福鼎桐山施氏宗谱》卷首"源流·施氏源流",2011年重修本。

② 陈支平:《福建族谱》,福建人民出版社2009年版,第93—125页。

③ 陈支平、詹石窗主编:《透视中国东南:文化经济的整合研究》,第219页。

第二节　地缘宗族

地缘宗族以地缘关系为基础,是血缘宗族的扩充形式,也是血缘宗族的自然延伸,又名依附式宗族,其基本特征是族人的权利及义务取决于相互支配或依附关系。① 地缘宗族存在三种合流的现象:一种是籍贯的合流,如福建许多宗族称自己的祖籍来自光州固始;一种是先祖的合流,这种现象比较常见,通过追认共同的祖先而联宗,如福建的黄、林等大姓;一种是异姓宗族的联宗与合谱,具体表现为由异姓联姻而谱、因避讳而改姓、因躲避政治迫害而改姓、为规避赋役而改姓、为增强实力而异姓联宗等。②

在福鼎宗族中,先祖合流的现象比较普遍。如前文举例的夏氏,皆称自己是黄帝的后代,玉塘与前岐的夏氏皆称荣祖公为始祖。夏氏族谱亦说明:“首表宗系以溯原正本为先。今世远代阔,难以历著,第起于分徙某祖,以迄于肇基之德祖为纲,而以仁行支祖为目,其下世次迟及,则子姓繁衍,各从本支序而下,之所以明支分派,列之一本,知为同源。”③从上文可知,由于时代久远,世系繁多,难以一一追寻,便从肇基祖开始续世系,所以夏氏通过追溯共同的肇基祖而联宗,于是形成一个超越纯粹血缘纽带的宗族。

地缘宗族形成后,族人随之分化为两个不同的利益集团,即支配者集团和依附者集团,二者的权利和义务是不均等的。血缘宗族的支配者集团,主要由族房长、士绅及总管、董事之类的专职管理人员组成。此外还包括其他享有某些特权的族人。试看桐山施氏族谱中《祠规》的有关规定:

一、祖宗坟荫当期茂盛护卫风水,族人不得私行砍伐。违者计株论罚,如有应行出判之处,总管会各房长公同观看,立约出判方可,柴价统归祠内,不准分用。

一、总管责任綦重,必择公正殷实与年力精壮之人任之。凡例年祭祀,朔望

① 郑振满:《明清福建家族组织与社会变迁》,第61页;陈支平、詹石窗主编:《透视中国东南:文化经济的整合研究》,第220页。
② 参见陈支平、詹石窗主编:《透视中国东南:文化经济的整合研究》,第220—224页。
③ 《玉塘夏氏宗谱·谱法凡例》,2008年重修本。

香灯完粮及钱谷出入大小费用,凭其掌理,族人不得掣肘。每逢上元十六夜,邀集房长清算数目,需用若干,留存若干,实在无错,房长各押簿末,必须年清年款年给薪水壹拾千文以作劳资。为总管者,先以己田壹箩载明田段租额簿内为质,倘有浮冒侵蚀及空存钱谷弊窦,将所质之田计欠抵消以重公项,仍勒退管,不得徇情。其总管例以忠房子孙任之,听三房择取,至看祠之人听总管去取,必须立有投靠字方可。倘有勾引外人及奉公懒惰者,定行摈去,其本族人概不许寄寓看守。

一、房长必择正直知事者,不必定于行辈年齿,今于文行忠信四房中共选四人。凡族中遇有公事,总管会同房长集祠公议,妥当而行,勿徇情面,勿避嫌怨。①

施氏宗族中总管、各房长、看祠之人等分别享有不同的等级特权,从而共同构成宗族内部的支配者集团。在地缘宗族的实际运作过程中,这些特权阶层的权力和职能仍是有区别的。如总管承担最重责任,掌握宗族的经济大权,但其职责受各房长的监督,其选拔也由各房长择取,一般在子孙中选公正、殷实、年轻精壮之人任之;族房长是宗族内部的"尊者",其特权主要表现为对宗族事务的议决权和对族人的教化权及惩戒权。总管为宗族付出,会给少量薪水作劳资,但宗族为了防止总管滥用职权、谋取私利,须先以部分田产作为质田。而族房长往往只享有权利而不承担任何义务,故其特权地位是特别稳定的。如上文所说,施氏宗族中若有族人私自砍伐祖宗坟荫的树木,各房长和总管一起做出判决,对违规者采取惩罚。同样,如果总管在管理财粮方面徇私舞弊,族房长有权撤消他的职责,并将任职时所抵押的质田填补财务的空缺。郑振满先生指出,在依附式宗族中族房长一般必须由辈分及年龄较高的族人担任。② 但在施氏宗族中,无论总管,还是各房房长皆选正直者担任,并不看重辈分与年龄,而是较看重担任者的人品与能力。

如果说血缘宗族的最高权威是宗族中最高辈分的长者,那么地缘宗族的权威则取决于社会地位、功名或经济地位。在许多地缘宗族中,士绅是"贵者",一般包括科举功名及文武官衔的族人,他们具有对宗族事务的参议权,对"书灯田"等族产的独占权及死后的"入祀"权。一般宗族的重大事务,须请本族士绅参与决策,尤其是涉

---

① 《桐山施氏宗谱》卷首"祠规",民国丁丑年(1937年)重修本。
② 郑振满:《明清福建家族组织与社会变迁》,第65页。

及公庭或族际关系的事务,通常只能由士绅出面周旋。而且宗族内部的各种"成文法"无疑都是士绅阶层制定的,在很大程度上反映了士绅阶层的价值观念和特殊利益。因此可以说,士绅是地缘宗族的主要立法者和决策者,或者说是地缘宗族的实际领袖。由于士是宗族的希望,各族都有培养科举人才的专项费用,即使有些宗族未设"书灯田",也会将此费用列入族产的支出预算中。如施氏族谱载:"子孙有能奋发上进者,入泮给彩红钱壹千陆百文,发科甲者给彩红钱肆千文,中式文武举人及考选拔贡生每次进京给盘钱肆拾千文。"①现在有些宗族仍然发扬祖宗规定的传统,如施氏、夏氏,每年会给考取大学的子孙一个红包,以示奖励。此外,地缘宗族中的"贵者",照例可以入祠受祭,甚至荣及父祖。潋城杨氏的《重建石湖东观志》有云:

> 吾祖杨氏卜居焉,至宋嘉定十二世祖右侍郎杨楫公者,少登科第,居朝不阿,言行政绩,烂著辉煌,尝从朱文公游,称为高弟。……成化庚子岁,二十二世孙任暨诸子侄辈,不忍宗祖创立基业见其毁坏,乃与合族捐资鸠工,重建祠宇。前后两重,内重立紫阳朱夫子神位,以十二世祖配之,外重乃杨氏宗祠也,遂将昔肇建灵峰招提,西庑杨氏世代神主胥请入祠。②

潋村杨氏宗祠

---

① 《桐山施氏宗谱》卷首"祠规",民国丁丑年(1937年)重修本。
② 《潋城杨氏族谱·重建石湖东观志》,1984年重修本。

杨氏宗族将十二世祖杨楫的牌位与朱熹的神位一同放入石湖东观内重供奉,由全体族人共同奉祀,此乃地缘宗族中至高无上的礼遇和特权,充分体现了宗族中"贵者"的特殊荣耀。

促成宗族发展的因素较多,如战争,它并不只是削弱宗族力量,有时反而促成宗族的凝聚。依据夏氏族谱《玉塘堡记》载,明嘉靖年间,倭寇自浙东而入,骚扰福鼎,夏氏安山、维山二公聚众族而商议在家园周围筑城墙,防倭寇进攻。在他们的倡议下,诸族僚各愿馨私囊,计金近千,于是建立今日所见的玉塘城堡。在正常情况下,地缘式宗族总是要求族人克己奉公,和睦乡邻,而在遇外敌的情况下,则要求族人齐心协力,一致对外。夏氏宗族并没有因倭患而造成宗族分裂,反而因此增强了宗族内的凝聚力。

地缘式宗族的主要功能在于维护传统的社会秩序,对基层社会实行有效的控制。在聚族而居的社会环境中,控制族人是控制基层社会的必要条件,因此各族都有名目繁多的"谱例"、"宗规"、"族箴"、"圣谕"、"祖训"等之类的"宗族法",对宗族成员设定形形色色的行为规范。这些宗族法的具体内容涉及族人的婚姻、继承、丧葬及家族伦理、祭祀方式、友邻关系、奉公守法等方面,其中绝大多数是强制执行的。如见桐山玉塘夏氏的《祖训》:

一、谱牒当重。谱牒所载,皆宗族祖父名讳,孝子顺孙目可得睹,口不可得言,收藏贵密保,守贵久。每岁清明祭祖,宜各带所编发字号原本到宗祠会看一篇。祭毕,仍各带回收藏,如有鼠侵油污磨坏字迹者,族长同族众即在祖宗前量加惩戒,另择贤能子孙收管……

一、祠墓当展。祠乃祖宗神灵所依,坟乃祖宗体魄所藏。子孙思祖宗不可见,见所依所藏之处,即如见祖宗,时而祠祭,时而墓祭,必加敬谨。凡栋宇有坏,则葺之;罅漏,则补之垣砌;碑石有损,则重整之;蓬棘,则剪之;树木什器,则爱惜之,或被人侵害盗卖盗葬,则同心合力复之……

一、族类当办。……有非族认为族者,或同姓而杂居一里,或自外邑移居本村,或继同姓子为嗣,其类匪一然。姓虽同而祠不同,入坟不同祭。是非难淆,疑似当办,倘称谓亦从叔姪兄弟,后将若之何? 故谱内必严为之防,盖神不歆,非类处己处人之道,当如是也。

一、名分当正。同族兄弟叔姪,名分从此称呼,自有定序。近世风俗浇漓,或狎于亵昵,或狃于阿承,皆非礼也。拜揖必恭,言语必逊,坐次必依先后,不论近族远族俱照……

　　一、宗族当睦。书曰以亲九族,睦族圣王且尔况……

　　一、乡约当遵。孝顺父母,尊敬长上,和睦乡里,教训子孙,各安生理,毋作非为。这六句包尽做人的道理。……①

　　玉塘夏氏的上述祖训,基本上是强制执行的。除宗族法对族人的行为加以约束、教化外,地缘宗族中的支配者集团,还可通过经济资助及道德教育等方式,强化族人的认同心理及内聚力,从而对族人实行有效的社会控制。地缘宗族形成之初,普通族人尚可在祭祀当日参加"颁胙"、"饮福"之类的权益分配,但随着宗族成员的不断增多,普通族人的此类权利也往往逐渐被剥夺。如果只是从经济利益方面考虑,地缘宗族给予普通族人的最大实惠,可能莫过于救贫扶困,这也正是前人称赞宗族组织的主要原因之一。但实际上,地缘宗族对族人的救济作用微乎其微,不宜过度夸大。例如,施氏宗族规定:"族内有青年孀守、家贫子幼,查其实,无产业及不赀外议者,本孀妇立终身守节字样,房长在见方可给租谷三百斤,俟其子年居十六即行停止。倘所守不终,中道出嫁者,仍追例年所得租谷归还祠内。如无子孀妇实在家贫,每年给租谷三百斤以养终年。至醮妇幼子,概不准给租。"②像这种每年给寡妇三百斤的租谷,只能是象征性的,并不能真正起到扶贫的作用。通常来说,地缘宗族的族产收益主要不是用以救济贫穷族人,而是用于祭祀活动、培养科举人才及其他公共事务。

　　地缘宗族的领导集团,总是积极参与各种地方事务,试图建立对地方社会的控制权。因此,在地缘式宗族的族产中,有不少是投资于地方公共事业的不动产。如夏氏族人花大批资金建设东峰塔、西溪大坝,参与捐建的这些公共设施,实际上都是一种变相的族产,因而定会在不同程度上受到宗族组织的支配。"明清福建的各种地方公共事业,大多是由若干宗族组织联合举办的,或者是受到少数强宗大族的支配和垄断。正是在这一基础上,逐步形成了依附式宗族对于地方社会的控制权。"③

　　由于地缘宗族的主要组织目标是对地方基层社会实行有效控制,因而地缘关系是族人之间必不可少的联结纽带,而血缘关系通常只具有象征性意义。那些被血缘

---

① 《玉塘夏氏宗谱·祖训》,2008 年重修本。

② 《桐山施氏宗谱》卷首"祠规",民国丁丑年(1937 年)重修本。

③ 郑振满:《明清福建家族组织与社会变迁》,第 74 页。

宗族所排弃的养子及其后裔,一般可以为地缘宗族所吸收。而血缘式宗族是不允许抱养异姓,更别说可以载入族谱中。

由上可知,地缘式宗族的形成与发展,反映了宗族组织的地域化和政治化趋势。明清时期,由于社会矛盾的发展和国家政权的削弱,促使人们为了自保而聚族,从而加强了族人之间的支配和依附关系,促使地缘式宗族的诞生。但是地缘式宗族通常建立在阶级对立与阶级压迫之上,所以其内部总包含不可调和的矛盾,需要借助于族内权贵集团的大力支持才能得以存在和发展。在福鼎各地聚族而居的现象比较普遍,但真正形成强有力的地缘式宗族并不多,其原因可能即在于此。

第三节　少数民族的宗族

1953 年第一次人口普查中,福鼎少数民族主要有畲、回两族,共 16031 人,占总人口 6.8%。1990 年第四次人口普查时,汉族占总人口 93.15%,少数民族占总人口 6.85%,其中畲族 28205 人,遍布全县;回族 4952 人。1995 年末,畲族 29313 人,占少数民族人口的 79.3%;回族 7547 人,占少数民族人口的 20.42%;此外,黎族 6 人,壮族 38 人,侗族 6 人,瑶族 6 人,满族 4 人,土族 33 人,仫佬族 3 人,彝族 3 人。[1] 随着畲族、回族人口的壮大,他们对宗族制度的建设在福鼎宗族发展过程中是一个不可忽视的环节。

福鼎畲族共有蓝、雷、钟、李、吴五姓,其中在蓝、雷、钟三姓的族谱中都记载着一个共同的传说,将自己的祖先说成是中国神话皇帝高辛氏所喂养的龙麒盘瓠,后盘瓠因除燕寇立大功,封为驸马,与高辛帝的三公主成婚,生下三男一女,分别成为盘、蓝、雷、钟各姓的始祖。如蓝氏族谱的《广东盘瓠氏铭志》载:

> 帝喾高辛皇帝刘皇后许夜在龙楼凤阁中饮宴,移席望月对饭,忽觉瑶光贯亢,其宿光芒灿身,耳感疾痛。宣医,挑取物,大如茧,以瓠盛之,以盘覆之,须臾,象如龙身,长一丈二尺,一百二十四点花文,牙齿似剑,龙鳞火珠,因盘贮覆,遂名曰盘瓠。刘皇后以为不祥,抛弃于外,适殿内保驾将军王守道觉见之,考其原因,乃刘后感受,入朝一一面奏。

---

[1]　林守无主编:《福鼎县志》,第 118 页。

帝闻奏,惊日感瑶亢星辰投降,或祸或福,上帝陟降置之。惟恐致殃,无贰尔心,勿违天命,收留宫中抚养。越七日,化一男子,容貌俊伟,声音响亮。未几,戎狄燕寇作乱,结集勇猛流党。吴将军说奏,中国高辛为帝国,国富兵强,吾主心腹之患。燕王闻,说起兵侵界。文武群臣忙奏,燕寇侵国,人民遭害。帝览奏,大惊,勒榜张挂,访募天下英雄烈士,有人能收伏燕寇者,不惜封爵招为驸马。盘瓠闻知,直出午门,揭榜随守军进殿,启奏:"臣能收除燕寇。"……独身往敌,时遂封龙麟大将军,有功回朝,重封爵职,赐三公主为婚。

……护国将军薛余庆奏道,广东潮州府土地美广,驸马有大功勋,望乞封赐。帝准奏,差点军马三千,并差文武官员邓从成等解运国家钱粮,往广东潮州督造王府,经邓从成回朝复命。

……至潮州一十八载,生三男一女,容貌端庄,未锡姓氏。……皇旨赐姓锡名,帝皇命赐忠勇护王。长子姓盘名自能,封南阳郡武骑侯,配吏部尚书张敬春之女为婚,为一品夫人;次子姓蓝,名光辉,封汝南郡护国侯,配户部尚书廖尚惠之女为婚,封一品夫人;三子姓雷,名巨祐,封雷州冯翊郡立国侯,配刑部左侍郎葛尚辉之女为婚,封一品夫人;一女赐名淑玉,赘姓钟名志深为婿,封颍川郡敌国勇侯,官赐三品。①

在上述传说中,盘瓠与三公主结婚后前往广东潮州为官,其子女后又分别受封于南阳、汝南、雷州、颍川。在一些畲族族谱中,我们能看到他们一方面在广东省潮州凤凰山的盘瓠身上探求自己的民族起源,说自己的先祖肇启广东凤凰山,而另一方面他们在祖先的移居路线上又传播着与汉族相似的移民传说。如钟氏族谱谱序云:"粤稽钟氏出自高辛之朝,盘瓠王宫女招志深为驸马,封敌国勇侯。肇启广东凤凰山,建立都府,在朝袭职。嗣是子孙蕃衍,历至明初千百余年。始祖良贤公迁徙浙江平邑三十五都状元内金嚣村,生子五人,连枝结实,百子千孙,分居四处,天各一方。"②但钟氏在源流序中,又强调自己的先祖来自河南颍川,且历朝基本上皆有祖先为官,这与汉族远祖附会的内容极为相似。《颍川郡钟氏源流序》云:

当考商殷微子启之后封宋,及宋桓公御说之曾孙伯宗仕晋,生黎匕,仕楚食

---

① 《汝南郡蓝氏宗谱·广东盘瓠氏铭志》,宣统己酉年(1909年)重修本。
② 《颍川郡钟氏宗谱·纂修宗谱序》,1993年重修本。

采钟离,因氏焉。其后子孙,居于颍川。……避居嵩山发彰,生期。期生仰贞,仰贞生守恭,守恭生启宗,启宗生望禧,望禧生勉昌,勉昌生思先,思先生广,广生大积,大积生盈慎……光生季明,公讳皓少,以笃行称,避隐密山,与陈实、荀淑、韩韶为颍川四长。东汉桓帝朝为林虑长,诸儒颂曰:"林虑懿德,非礼不处,悦此诗书,弹琴乐古。"……彦胄公讳雅,晋朝为侍中……元常生会与毓。会公亦善书,魏末为镇西将军,死于兵。吾祖毓……官刺史,历都督徐州、荆州。……孺文公讳琼,勤俭朴,富冠一乡,置义田百亩,以恤族人。……仪正公讳端积……宋高宗封为迪功郎。……金舍公大元天历元年举进士,及第累官至承义郎。①

钟氏试图通过盘瓠神话中始祖志深受封颍川郡敌国勇侯之事,对祖先又从河南等地进一步迁居福建等处的经过作巧妙的说明,这其实与从凤凰山开始移居的传说是相互矛盾的。可见,他们对与祖先有关的这两种传说之间的关系,并不能做出整合性的说明。濑川昌久先生认为:畲族这种互相冲突的非整合现象,或许应该看作是在畲族独立的民族起源神话盘瓠传说中,接受和补充了表现汉族起源的祖先移居传说的结果;或许可以看作是在叙述关于本族出身传说的层次上表现出汉化的一个阶段,即他们不是以本族祖先为皇帝所豢之犬盘瓠为中介来连接中华文明,而是通过其原住地就是古代中国的中心区域这一事实,更直接地主张自己就是中华世界的一个成员。②

李、吴两姓是蓝氏的女婿,其后裔通过不断与畲族蓝、雷、钟三姓通婚,学习畲俗,讲畲语,而最终演变成畲族。据李氏族谱③记载,李恒升之子李廷玉于公元1353年前后,因倭寇侵犯,从福建安溪湖头逃至福州汤岭,被畲族蓝色艳招为女婿。于元至正二十三年(1363年),由福州汤岭迁霞浦四都雁落洋。其后裔与畲族雷、蓝、钟三姓结为姻亲关系,从畲俗,操畲语,成为畲族。传至万十三郎,于正德八年(1513年),由霞浦雁落洋徙福鼎白琳白岩村。吴姓演化成畲族的过程与李姓同出一辙,同样是畲族蓝氏的女婿,其后裔不断与畲族形成姻亲,而慢慢转化成畲族。因此,吴、李两姓并不是土生土长的畲族,而是他们融合畲族其他姓氏的血液后,而派生的畲族姓氏,于是形成今日福鼎畲族蓝、雷、钟、李、吴五姓的格局。

---

① 《钟氏宗谱·颍川郡钟氏源流序》,2005年重修本。

② [日]濑川昌久著,钱杭译:《族谱:华南汉族的宗族、风水、移居》,上海书店出版社1999年版,第224—225页。

③ 《陇西郡李氏宗谱·第九次增修宗谱序》,2006年重修本。

在汉族众多姓氏攀附远祖的风气下，畲族李姓亦将远祖追溯至三皇五帝时期，说自己是黄帝孙颛顼帝高阳氏之裔，血缘始祖为皋陶，曾任大理官主管司法长官，以官职为姓，即为理姓。后子孙利贞为逃避商纣王的追捕，而改姓李。《李姓源流》云："李姓来源自出于三皇五帝时期黄帝孙颛顼帝高阳氏之裔。其血缘始祖皋陶（咎繇）为东夷部首领在尧、舜帝时担任大理官主管司法长官，皋陶以官职为姓。……传至商朝末年理征任商纣王的理官，纣王昏庸无道，沉湎于女色，理征屡屡进谏，执法不阿，为昏淫的纣王所不容，终遭亡身之祸。理征的妻子契和氏带着幼子利贞逃出来，奔于伊侯之墟（今河南境内），饥饿不堪，见路旁边有棵李子树结满了果实，便采来吃，母子得以活命。其后利贞畏于纣王的追捕而不敢姓理，于是以'木子'救命之恩改称于李氏。"①

当北方汉人移居福鼎后，少数民族出于对汉文化的仰慕，学习汉族的习俗，效仿他们建设宗族文化，况且宗族组织在现实社会生活中确实可以发挥多方面的作用。因此，少数民族接受汉族的祖先移居传说，而且接受自己是汉族子孙的这一说法，或许并不一定是强制或强迫的结果。濑川昌久先生指出：少数民族对汉族祖先移居传说的接受，也许可以解释为是这些被置于中国社会边缘位置的人们，通过在中华世界的时间轴和空间轴中重新确立自己祖先的踪迹来试图主张自己具有某种正统性，这并不仅仅是在强大而急迫的汉族压力下不得不拥有的一种伪装，而应该看作是位于中国社会边缘部分的人们表达自我意识的一种形式。② 少数民族建立宗族实际上正是这种追求平等的自我意识的反映，是明清以来他们适应社会环境的产物。秦屿回族丁氏先祖在元末明初动乱的社会环境下，改汉姓曰"丁"，以隐瞒回族身份。他们之所以改汉姓，一方面是为了求生存，因形势所逼而为之；另一方面，是他们追求与汉族同等待遇的自我意识的结果，意图在恶劣的政治环境下，争取社会地位。

少数民族归化汉族也进一步促进了福鼎宗族的发展。畲、回二族在文化历史传统上与汉族存在较大的差异，而如今与汉人基本无异。据说畲人对祖先"岁时祝祭"，"不巾不履，自相匹配"。而丁、郭等穆斯林的后裔，起初是信仰伊斯兰教的，他们对于祖先的崇拜比较淡薄，但随着福鼎地区汉族姓氏修谱风气的盛行和宗族组织的日趋完善，现实社会的宗族地位和个人地位与对各自祖先出身的标榜有着重大的关联。于是在如此形势下，少数民族为了在社会中争取地位，也纷纷效仿汉人的做

---

① 《陇西郡李氏宗谱·李姓源流》，2006 年重修本。
② ［日］濑川昌久著，钱杭译：《族谱：华南汉族的宗族、风水、移居》，第 226 页。

法,开始建祠堂、修家谱,以凝聚宗族成员。

秦屿回族丁氏在20世纪80年代前,并不知道自己是阿拉伯人的后裔,长期以来他们将自己为归为汉族,依汉族的习俗祭祀先祖。厦门大学历史系庄景辉教授带领考察小组到秦屿考查丁氏回族的家谱、祠堂、坟墓及其居住地,确认他们为阿拉伯人赛典赤赡思丁之后裔后,他们才意识到原来祖先是从晋江陈埭迁来的回族。《丁氏闽泉旧序》显示了陈埭丁氏于明代正统年间发展壮大的过程,曰"陈江之有丁氏,自讳谨府君始,丁氏之有谱则始于毅齐府之孙文范也。文范讳仪举,孝宗乙丑进士,旨道雄才,历试郡邑,敦本好古,有天下之志。此谱之作,殆其一也,谱成而徵序于深匕"①。秦屿丁氏始祖象江公(为丁氏十世祖)于顺治年间移居秦屿后,一直未统一修过家谱,世系十分紊乱。1984年首次与苍南、后隆族亲联合修谱,但不够完善。2005年秦屿丁氏在新一届常务理事的带领下,收集各房珍藏的有关历史资料,进行分析、确认,又三赴泉州再行考证、核实,重新编修族谱。此次修谱增加"源流"、"谱序"、"凡例"、"族规训言"、"行第小引"和"族贤录"等六项新内容,内容充实、完善许多。

在宗族建设时,士绅阶层往往起了推动作用。民国初年,秦屿丁氏秀才如焕公倡议建立丁姓祠堂,获得广大族人支持,但"斗志未酬身先死,长使族人望落空"。此次祠堂虽未建成,然丁氏族人受其精神感染,自发在街尾设置一处"公妈厅",以供春秋二祀之场所。自从陈埭追根溯源后,秦屿丁氏一直与祖籍地保持来往,每年正月十五、四月二十五日及冬至分别三次派员前往陈埭祖籍地扫墓、祭祖。1997年陈埭宗亲慷慨解囊,资助8万元予秦屿丁姓建造祠堂,但因资金不足及一些人为的障碍,祠堂仍未建成。今日所见之丁氏宗祠,是族人共同出资、模仿陈埭丁氏回族宗祠建筑格式于2008年建成的。祠堂中堂供奉丁氏一世祖节斋公及列祖列宗的神主牌,两侧陈列秦屿、沙埕、白琳、牙城等地二十七房祖宗的神主牌位(见下页图)。因此,每逢清明、"七月半"两节祭祀,福鼎丁氏回族聚集于秦屿丁氏祠堂祭拜祖先,共饮福酒。

昔时丁氏祖先设有祭祀田,约一百六十余亩。初定居福鼎时,清军南下与南明政权及郑成功等抗清力量连年鏖兵海上,海氛山寇交集,侵掠边地,擒获富民,以助粮饷。那时丁氏回族当中声名稍著者,无一幸免,于是各家之产业变易殆尽。至康熙年间,情势变好,返回故里时,原来祖宗所留之祭田仅剩一十七亩五分。至于祭田的管

① 《济阳丁氏宗谱·丁氏闽泉旧序》,1984年修。

秦屿丁氏宗祠中堂

理,按房数轮流,采用抓阄的方法排定次序,以显公平、公正。而历年祭祀所需的开销,则从祭田的收入中出,不像今日按人丁平摊。如丁氏族谱《祀田记》载:"但经离乱之后,族人初归复此,产业须费钱文,房分不均,难以照派。爰议聘定八房捐用,历年祭祀亦依房数轮流。业既告祖,拈阄排定次序,参酌公平配搭亲疏长幼,各随造化。值祭毋许觊觎纷更,其有远出未归者,他日归来果系同祖。燕飨间只许共饮福酒,不得争轮祀田致乱旧规。"①

福鼎畲族各姓氏约于道光年间开始纂修族谱,是在儒学塾师的参与下完成的。如钟氏在谱序中曰:"乃邀政三远书二位夫子素谱事,专宗欧苏之体,藉以纂辑成编。"②蓝氏邀请本族进士撰写谱序,并将理学大师有关修谱的言论载入族谱中。如蓝氏族谱中的《诸儒谱论》曰:

　　程子曰:管摄人心,收宗族,厚风俗,使人不忘本,须是明谱系,立宗子法。又曰:宗法乱,则人不知来处,以至流转四方,往往服未尽而不相识。立宗法则人知

---

① 《济阳丁氏宗谱·祀田记》,1984 年修。

② 《颍川郡钟氏宗谱·序》,1993 年重修本。

尊祖敬宗,而朝廷之势自尊。又曰:宗子法废后,世谱牒尚有遗风。谱牒再废,则人忘其本源,百世后骨肉无统,虽至亲亦薄。欧阳子曰:谱图明则子孙修饬善自树立,惟恐坠其家声。范子曰:三世不修谱,则流而入于小人,且沦于不孝。唐相崔林曰:谱者,姓氏之经纬,家代之纲纪也。道一家之源,说九族之派,人伦根蒂,君子贵之。韩魏公曰:谨家谱而不忘其先,孝之大者也。萧阳朱氏曰:受姓之初一人而已,则凡姓是姓者均族也,不异而有所异,因其蔓延他适异地,岁久而声迹不通,于是各异其族,而不知其初之同出一人,此谱之所由作也。①

因此,畲族引用理学思想立族规家训,管教子孙,以维持宗族的内社会秩序。族规基本上围绕孝悌、睦族等宗旨而展开,充分展现儒学的伦理观。蓝氏的族规共有六则,如下:

一曰孝父母。人生天地,父母至亲,三年怀抱,十月艰辛,鞠育恩重,怙恃情真,愿吾后裔孝道是遵。

二曰和兄弟。孔怀兄弟,同气连枝,谊关手足,奏叶埙篪,张家宜效,田氏当师,愿吾一体角弓戒之。

三曰别夫妇。居室夫妇,同穴同衾,鹿车同挽,鸿案相钦,共结丝罗,永谐瑟琴,宜其家室,二南当吟。

四曰序长幼。乡党长幼,大义须明,父事兄事,随行徐行,谦恭退让,温厚和平,亲疏同爱,勿忤勿争。

五曰睦宗族。一本宗族,睦恤是敦,少须敬老,卑莫犯尊,六世共爨,九代共门,凡我同姓,古道勿谖。

六曰训子孙。本支孙子,习业宜专,为忠为孝,希圣希贤,农工安分,商贾耕田,各修其职,见异勿迁。②

李氏家训与蓝氏族规内容基本一样,只是增加了"严内外"、"勤职业"、"明义利得"、"慎官守"四则,教育子孙如何做人。

蓝姓在谱例中较强调血缘的纯洁性,抱养异姓之子,或抚养随娘之子,皆不准载

---

① 《汝南郡蓝氏宗谱·诸儒谱论》,宣统己酉年(1909年)重修本。
② 《汝南郡蓝氏宗谱·族规六则》,宣统己酉年(1909年)重修本。

入族谱中,更不能承祧,参与继嗣。如蓝氏族谱载:

> 一、异姓不得乱宗。或抱养异姓,或抚养随娘之子者,例概不书。今姑从俗,并列于后,定以青支,谓其不得紊亲支血脉也。
>
> 一、子息一端至不齐也,无嗣者须当以亲房侄辈继之。如亲房无可继,权用孙辈暂承。主祀以待后日有亲侄以继之。若于二者俱难,斯于别房择绍,不可任偏爱以疏间亲也,甚至有不胜继者业归亲房。身在则就养余年,亡则岁时祭祀。断不容抱养异姓之子为后,盖例言异姓之子不许承祧主祀也。①

然李氏对待抱养异姓者方面较宽容,允许他们载入族谱中。如族谱《凡例》曰:"或无后,用本宗子侄承继者,则书嗣子。或抱养异姓者,书养子。"②

畲族钟、李等姓建宗祠的时间,远晚于修族谱的时间,毕竟修建祠堂所需费用较大。20世纪初,随着经济的发展、政策的宽容,畲族各姓氏纷纷筹资新建祠堂。如李氏于1992年在其子孙学金的倡议下筹备理事会,商议建祠之事,次年便首次举行晋祖仪式。《华阳李氏新建祠堂记》载:

> 壬申履端翌日,吾氏裔孙学金从福鼎市府莅临本宗祠堂,举头察望,叹矣!上栋腐朽,下宇漏滴,苔痕阶绿,若非重整,顷有坍塌之虞,递推祖庙建有二百余载,徙迁三次:首建龙井垵,次迁面前田岗下,终徙(民国庚辰)东山下。虽经移动,只能依然如故。设思兴修。第恐弹丸之地庙宇矮缩,万物溃烂,加之前后左右住房高耸,古坟受遮,竹茂纵横,水路被塞,稽建岁月房昔堂。今让舍难得尽善,倘不营新,实为令人难堪就此。是夜,召集邻舍裔孙商议,众诚学金崇论宏议,容纳群策群力,组成建祠筹备理事会,总理事圣珠,副理事先鉴、圣祝,委员学金、绍发、先旦、先旅、先起、先纯、先秋、先笔、先炒、圣镇、圣强、圣坦、圣林、圣标、圣荫、志引、志振、施略。部署预算,每丁壹拾伍圆,并提倡况有思念祖德慷慨解囊百圆以上者,树碑流传。是岁麦秋生魄之日,召开二省六县裔孙代表研讨,事后闪现闻风而起,随聘明师先旅择地鹅峰垂龙吉穴,坐辰向戌,兼乙辛祠地,通过先起、先主、圣荫、圣契、志引、志新、志岁等协商,采纳现金补偿,随证收讫,一概

---

① 《汝南郡蓝氏宗谱·谱例》,宣统己酉年(1909年)重修本。
② 《陇西郡李氏宗谱·凡例》,2006年重修本。

清楚递交圣祝入账为凭。……同时组织人员越山涉岭,奔浙赴闽,舍己为祖,不计报酬,不辞劳瘁……是年十月廿八日卯时,祖庙落成,万象更新。翌年元月十六,隆重举行首次进祖仪式,参加一千五百余人。……事终成矣。①

根据《建祠谱记》载,双华雷氏宗祠是在族亲利义、利吉、利璋、志强、志满、志晓、志斯等人的组织领导,与仲房大裕公裔孙应花公派下金、昌、玉、丰、登五房赠送建祠吉地的情况下,于1994年建成。②

① 《陇西郡李氏宗谱·华阳李氏新建祠堂记》(1992年撰),1996年重修本。
② 《冯翊郡雷氏宗谱·建祠谱记》,2006年重修本。

第三章　宗族复兴与太姥文化区的传统再造

　　1949 年新中国建立以后,由于极左路线的影响,作为传统中国社会中最基本结构单元的宗族,被视为阻碍社会变革的落后势力。国家通过高度集中的行政管理体制对基层社会实行直接控制,逐渐消除了宗族组织的权威体系;在全国范围内开展的土地改革和合作化运动消解了宗族组织赖以存续的族田、宗祠等物质基础;破旧立新的文化运动则使宗族组织的族谱、祭祖仪式等象征符号活动被销毁舍弃,由此导致宗族组织在集体化时代陷于沉寂。①　然而,这些并未从根本上摧毁宗族存在的土壤,改革开放后当国家权力对基层社会的控制变得松弛时,历尽沧桑的宗族得以重新回归社会舞台。②

　　地处中国东南沿海的太姥文化区③,向来属于宗族传统厚重之地。改革开放以来,闽东福鼎地方陆续兴起以修建祠堂、续修谱牒和恢复祭祖仪式等为主要内容的宗族复兴热潮。这股热潮不仅带动了当地宗族组织的复兴,而且推动其民间文化传统的重构。换言之,太姥文化区的重构端赖域内各个具体而微的村落、社区文化传统之再造。本章将以闽东福鼎地方几个典型的宗族为例,探讨当代宗族复兴与传统再造之间的关联性问题,以及这些宗族各自是如何凭借其所拥有的文化象征资本来展开其历史重构进程的。

---

　　①　Yang,C. K. *The Chinese Family in the Communist Revolution*, in *Chinese Communist Society*: *the Family and Village*, Massachusetts: the Massachusetts Institute of Technology Press, 1959.

　　②　有关该领域的研究状况,可参见王沪宁:《当代中国村落家族文化》,上海人民出版社 1991 年版;钱杭、谢维扬:《传统与转型:江西泰和农村宗族形态》,上海社会科学出版社 1995 年版;唐军:《当代中国农村家族复兴的背景》,《社会学研究》1996 年第 2 期;肖唐镖:《农村宗族重建的普遍性分析》,《中国农村观察》1997 年第 5 期;麻国庆:《宗族的复兴与人群结合》,《社会学研究》2000 年第 6 期;王朔柏、陈意新:《从血缘群到公民化:共和国时代安徽农村宗族变迁研究》,《中国社会科学》2004 年第 1 期。

　　③　文化具有历史传统(时间现象)和地区分异(空间表征)的两重性,但二者并非是截然分立的。文化区的概念虽然是从地区(空间维度)的文化差异而来,同一文化区总有在文化上均一的共性,具有相似的文化特质和文化复合体,但时间延续上的断裂同样也会带来地方文化的变异。

第一节　族群认同与宗族建构:秦屿丁氏

　　人类学视域中的"世系群"(lineage)与宗族之意最为接近,学术界常径直将其移译为"宗族",但实际上二者的概念内涵并不完全重合,而是具有显著区别的。[①] "世系群"是人类学者以非洲为对象进行各种研究所形成的分析概念,其意指"以一定的祖先为顶点,由之而繁衍的以父系(母系)的血缘联结的成员构成的范畴"。[②] 显然,尽管世系群与宗族都属于所谓单系继嗣群,但世系群既可以是父系的,又可以是母系的,而汉人宗族的世系归属只能是父系而不可能是母系的。也正因为此,宗族常被视为汉民族的特色,以至于宗族的民族性特征长期遭到学术界的忽视。[③] 近年来,随着学术界宗族研究的深入推进,不少学者发现诸如畲族、土家族、壮族、彝族等散杂居少数民族,因长期深受汉文化浸染而均有宗族组织的存在。[④] 然而,这些研究大都仅论述少数民族宗族组织的特性,而较少触及其与族群认同之间的关联性,因此本节拟透过秦屿丁氏回族宗族建构的案例对此一议题展开深入分析。

　　秦屿镇位于福鼎市东南部晴川湾入口处,面临东海,背靠国家重点风景名胜区太姥山。自古以来,秦屿就是闽东地方重要的集镇中心之一,清乾隆年间朝廷曾在此设立巡检司。秦屿丁氏回民先祖原籍泉州晋江陈埭[⑤],经常来往于闽浙沿海从事商业贸易,后因见秦屿海湾适宜围海造田等营生,遂移居至此。据族谱记载,最早迁至秦

---

　　① 钱杭:《论汉人宗族的内源性依据》,《史林》1995 年第 3 期,第 1 页。

　　② [日]中根千枝著,聂长林译:《亚洲诸社会的人类学比较研究》,黑龙江教育出版社 1989 年版,第 37 页。

　　③ 参见朱炳祥:《宗族的民族性特征及其在村民自治中的表达》,《民族研究》2005 年第 6 期。

　　④ 参见温春香:《明清以来闽粤赣交界区畲民的族谱书写与族群意识》,《贵州民族研究》2015 年第 1 期;雷伟红:《浙江畲族宗法制度初探》,《浙江工商大学学报》2010 年第 1 期;孙秋云:《南方民族地区山村的村民自治与宗族意识》,《贵州民族研究》2001 年第 4 期;钟年、孙秋云等:《宗族文化与社区历史》,《湖北大学学报》2000 年第 1 期;孙秋云、钟年等:《长阳土家族的宗族组织及其变迁》,《民族研究》1998 年第 5 期;蒋俊:《明清时期桂西壮族土司的宗族制度》,《史学月刊》2011 年第 8 期;伊利贵、刘东旭:《乡村社会变迁中的宗族、文化与国家权力——基于云南省一个彝族村落的研究》,《民族论坛》2012 年第 6 期。

　　⑤ 有关陈埭丁氏的研究成果主要有:《陈埭回族史研究》、美国学者杜磊的著作《中国的民族认同》、冯卫民的硕士论文《国家政策和历史进程中的民族文化:晋江陈埭镇回族社区调研》、范可的博士论文 Identity politics in south Fujian Hui communities (China)、陈碧的硕士论文《民族、宗教与身份认同——福建陈埭丁氏回族的个案研究》等。尤以厦门大学历史系的庄景辉教授在此方面的著述最为宏富,他从多个角度对陈埭丁氏回族进行考察,内容涉及宗族建构、社会习俗、婚姻形态、迁居移民等方面,先后出版了《陈埭丁氏回族宗谱》《陈埭丁氏宗祠》等著作。

屿的始祖是清顺治年间陈埭第十世祖丁象江。此后,自十一世至二十世相继有不少陈埭丁姓族人迁居秦屿及其周边地区,尤以道光年间第十七世、十八世、二十世迁秦人数最多(详见表3-3)。秦屿丁氏共有十七个房份,其中三个房份在大水岙,一个房份在巨口村,十三个房份分布在秦屿街(除一房居住在本街后岙外,其余十二房皆聚居秦屿街尾)。迁居秦屿的丁姓各房祖先历尽沧桑,艰苦磨练,以不畏艰难险阻的坚韧性格,施展其善于经营的生存能力,在这块富饶肥沃的土地上勤劳致富。所谓"长辫子头顶盘,闽南话嘴边挂,赤双脚结裆穿,夜当日拼命干",秦屿丁氏先民克勤克俭,经过数代人的不懈努力,用养殖种稻的积累做起小本生意,发展至20个世纪二三十年代达到鼎盛时期。当时,丁氏在秦屿街拥有丁信美、丁乐记等声誉卓著的商号十余家,为当地经济发展做出贡献。因此,解放前秦屿镇有"街尾丁"富裕鼎盛之誉,与当年的"城里王"、"半街王"齐名。民国初年,秀才丁如焕倡议建立丁姓祠堂,得到广大族裔的支持,但终因主持其事者不幸病逝而未能成功,仅由族众在秦屿街尾设置一处"公妈厅"供族人春秋祭祀。1934 年,一场无情的战火,将丁氏祖先几代人苦心营造的"街尾丁"家园毁于一旦,丁姓经济遭受致命的打击,族人无所归宿,惟以茅屋栖身。1949 年建国以后,历次政治运动尤其是"文化大革命"之冲击,导致各房份家谱、祖先灵牌俱被焚毁,原先用以春秋二祭之"公妈厅"亦因"破四旧"而被迫废止。

　　改革开放之前,尽管秦屿丁氏各房均曾修纂家谱,但却从未统一编修宗谱,形成一个组织化和制度化的宗族团体。据族谱记载,1963 年族人丁建海在泉州一带经商,"为遵祖母嘱训,觅离家几十年在泉漂泊的伯父锦兑迹,及磁灶李永金君,同邀陈埭,方知祖地也。追述,乃花听口中齐公派下顾问,亲堂云集,随开祠献谒,鸣炮献花,夜宴数席,牛肉海错,丰盛至极,间互询两南乡土人情,人口繁衍等匕,并同贺回籍谒祖,始第一人也"①。由此可见,秦屿丁氏长期与陈埭祖籍地缺乏联络,因而当时也并未意识到自身的回族身份认同。

　　1979 年 1 月 19 日,晋江陈埭丁姓重申恢复回族身份。② 此后,由陈埭迁居沿海

---

　　①　丁建海:《拜祖说》,《丁氏宗谱》,1984 年重修本。

　　②　关于泉州陈埭丁氏、白崎郭氏的民族身份界定一直含糊不清,存在相当程度的分歧,20 世纪 50 年代民族识别时,白崎郭姓被认定为回族,而与白崎隔海相望并与其经历类似的陈埭丁姓却被划定为汉族,此一问题长期困扰当地政府有关部门。20 世纪 80 年代前后,学术界重新对陈埭丁氏、白崎郭氏两个群体展开调查研究,依据族谱、金石资料及其民间历史记忆等得出结论,认为丁、郭两姓是宋元时期经商到泉州的阿拉伯人后裔。最终,经各方努力于 1979 年 1 月 19 日确认陈埭丁姓为回族。

浙江温州瑞安、平阳和福建福清、福安等地的丁氏均相继得以认定回族身份。在此背景下,秦屿丁氏族人不断透过各种渠道向有关部门进行反映,提出认定其为回族身份的诉求。经丁世昌等族人多方争取,最终于1982年确认其回族身份。鉴于丁姓回民迁秦三百余年,之前从未统一编修族谱,世系紊乱,因此1984年福鼎丁姓回民与浙江苍南后隆族亲联合编修族谱。由于"文革"冲击导致各房份家谱文献散佚,考证无据,遂发动族裔寻觅祖茔,搜罗只字片纸,进行拼凑整合。与此同时,秦屿丁氏购置地基一处,创办丁氏宗亲联谊总会,遴选丁振兴等七人为常务理事,负责主持变易地基修建宗祠及回族史馆等事宜,并规定每年正月十五、四月廿五及冬至日分别派族裔代表赴晋江陈埭祖籍地扫墓、祭祖。1997年秦屿丁氏择回民豆制品厂为地基,破土动工建造祠堂,晋江陈埭丁氏宗族慷慨解囊筹资8万元捐助,翌年完成建筑主体一层,但限于资金不足及人为因素等方面障碍而暂停。

2006年秦屿丁氏鉴于前次修谱时间仓促,草率成稿,导致遗漏人丁甚多,且事隔二十余年,新世代早已长成,遂发起各房族裔重修族谱。经修谱理事会调查考证,此次修谱从原来的廿七房合并为廿一房,各房份以迁秦屿始祖之大名为房号,并且详细地考订了秦屿丁氏渊源,充实了族谱的源流谱序、族规行第等各个方面的内容。[①] 同年立夏,秦屿丁氏宗祠重新破土动工,2008年落成晋祖。丁氏宗祠及福鼎丁氏回族史馆坐落于秦屿丁家山回龙岗,东迎大海,西偎太姥仙峰,占地面积近十亩,建筑面积达三千平方米,整体布局仿照全国重点文物保护单位——晋江陈埭丁氏宗祠,三进两廊环抱"回"字形结构,以阿拉伯文字及图案进行装饰,充分地展示出伊斯兰文化特色,体现了中阿、回汉民族文化的融合。宗祠自东向西有门埕、前厅、前庭院、中堂(主殿)、后庭院、后殿。中堂供奉丁氏一世祖丁节斋及历代列祖列宗的神主牌,两侧陈列从明末以来迁至秦屿、沙埕、白琳、牙城等地二十七房祖先的神主牌位;后殿安放一世祖节斋公塑像;门楣上用阿拉伯文字及吉祥鸟组成图案木雕,表示"祈求真主赐予吉祥与安宁"之意。整座宗祠的门埕、前厅、中堂、后殿分三阶层次增高,蕴涵着宗族"蒸蒸日上,步步高升"之寓意。宗祠北侧为人工挖掘的椭圆形泮池,源于风水术追求的环境理想模式,即所谓"凡宅左有流水谓之青龙,右有长道谓之白虎,后有丘陵谓之玄武"。清真寺建在宗祠左后侧,上层为望月台,中层是礼拜堂,下层还有办公休息等场所。秦屿丁氏宗祠被福建省文化厅编入《八闽祠堂大全》,2013年入选福建省新

---

① 福鼎秦川丁姓回族理事会编辑:《回族丁氏宗谱》,2006年重修本。

农村文化促进会第一届"文明宗祠"。① 2009 年,福建福鼎、浙江温州两市丁氏回族联谊总会成立。

从以上叙述可知,数百年来秦屿丁氏一直都以汉人自居,且在宗教信仰、饮食、风俗等事象上均与周边汉族无异,明显缺乏回族身份认同意识,同时也未曾形成统一的制度化宗族组织。然而,正是经由改革开放后的宗族建构,通过加强与所谓祖籍地晋江陈埭的联络,逐渐意识到"我的祖先是阿拉伯人",将其先祖追溯为元代著名政治家,曾任陕西、四川平章政事的赛典赤赡思丁,显然"由于族谱资料体现了慎终追远的祖先崇拜观念,加之宗族组织在中国传统社会结构运作上所发挥的作用,致使许多家谱追溯族源时比附名贵,荒诞不经,互相因袭之处比比皆是"②,其族源追溯更多地应被视作是文化认同而非历史真实。通过修谱、建祠等宗族建构实践,从而强化了秦屿丁姓彼此间那种同宗共祖的血缘关系,由此将同姓族裔紧密地团聚在一起,增强了宗族的凝聚力。与此同时,在宗族建构过程中从形式上开始努力构建地方回族文化,如在祭祖仪式时戴白帽,以显示其回族身份,而随着当地清真寺的建立,许多原先以佛教、道教、基督教以及其他民间宗教信仰为主的丁氏族人开始转信伊斯兰教。

显然,随着族源记忆的塑造以及文化象征的建构,秦屿丁氏逐渐凝聚出宗族意识和"我是回族"的民族身份认同意识。一方面,通过修谱建祠祀祖等宗族建构活动来表达和强化其宗族认同,由此推动丁姓族裔回族身份认同意识的增强;另一方面,回族民族身份的确立反过来也推动着其宗族组织的建构。从表面上看,祭祖习俗似与回族民族身份存在一定程度的冲突与矛盾,但实际上它们之间却蕴含着共生的逻辑,③宗族建构非但没有泯灭和抹杀其民族身份意识,反倒是促成其民族身份意识强化的关键所在。毋庸置疑,秦屿丁氏的宗族建构与其民族身份认同塑造是紧密地交织在一起的,二者互为补充,互相促进。

综上所述,秦屿丁氏透过"灵活地运用了少数民族身份这一'象征资本',来致力

---

① 本段材料主要是由秦屿丁氏后裔丁锡洲先生所整理,谨致谢忱。

② 范可:《关于陈埭回民的若干历史问题》,陈国强主编:《陈埭回族史研究》,中国社会科学出版社 1991 年版,第 55 页。

③ 美国学者杜磊对回族文化从西部到东部地区所表现出的差异性进行比较研究,认为"这一序列的一端是高度聚居的回族社区,尤其是在中国西北地区,这些地区回族认同的最重要方面是宗教认同,在这些地区,是回族就是穆斯林。'清'就是个人道德和宗教的诚信。序列的另一端是让人感到几乎与伊斯兰教完全不相干的东南回族家族,回族认同完全基于族谱的阿拉伯祖先的记载。他们在日常生活中完全无视猪肉禁忌,并实践作为中国传统民间宗教的祖先崇拜"。参见杜磊著、马海运等译:《中国的回族认同——一个穆斯林少数民族的制造》,中央民族大学出版社 1999 年版。

于宗族的事务,这不能不说是宗族实践的一种策略。是以少数民族身份这一象征资本作为生存和发展的策略"①。丁氏族人通过建立"福鼎市丁氏回族历史展览馆"及清真寺,展示回族风俗民情的历史资料及其实物,展现外来移民与本土文化的融会贯通,借此挖掘、保护、提高回族文化品位和历史价值,增强民族自信心、凝聚力。正是凭借着民族文化的再造与生产,一方面秦屿丁氏得以将不同时期迁至本地的同姓族裔整合起来;另一方面则突显出其回族民族身份认同,实现了福鼎回族独具闽东特色的民族文化边界的打造和民族文化资本的利用。显然,秦屿丁氏宗族建构的案例不仅加深了我们对于宗族复兴议题的认识,而且更为重要的是,它提示我们在民族认同议题上应注意从"地方性知识"入手去深入发掘其内生逻辑。

第二节　儒学复兴与宗族重构:西昆孔氏

孔子是儒家学派的创始人,是我国古代伟大的思想家、教育家和政治家,他在古代被尊奉为"天纵之圣",被后世统治者尊为孔圣人、至圣先师,因此全国各地孔氏均宣称自己是孔子的后裔。这一现象早已引起学术界的重视,并涌现出不少值得注意的研究成果。② 然而,这些研究大都是从历史性维度展开的分析,而较少触及改革开放以来尤其是当前"国学热"勃兴背景下孔氏宗族重构之进程。因此,本节拟考察中

---

① 丁毓玲:《泉州穆斯林后裔的历史记忆和理性选择》,李冀平主编:《泉州文化与海上丝绸之路》,社科文献出版社 2007 年版,第 327—328 页。

② 这方面的研究成果十分丰硕,如人类学家景军透过对一个以孔氏为主姓的村落——甘肃大川村重建孔庙之历程的考察,并借用社会记忆理论深入进行分析,为我们展现了一个人们如何利用记忆重构社会关系的经典案例。参见景军:《神堂记忆:一个中国乡村的历史、权力与道德》,福建教育出版社 2013 年版。同样,杨德亮通过对甘肃永靖这一西北最大的孔氏聚居地的研究指出,孔氏穆斯林是孔氏家族的特殊现象,也是回族社会的特殊现象。在五百多年的历史中,孔氏穆斯林鲜有文献记载,作为历史行动者,他们不但经历着历史,也用记忆诠释和建构着自我历史与认同。儒回现象深刻地昭示着孔氏穆斯林对于维系民族宗教团结的重要意义。参见杨德亮:《儒回现象:大河家的孔氏穆斯林》,《西北民族研究》2012 年第 4 期;《孔氏穆斯林:记忆与历史》,《回族研究》2015 年第 1 期。武沐、马妍对生活在甘肃永靖县的汉、回、土等民族的孔氏子孙进行考察后指出,新寺乡回族孔氏无论是在家族血缘记忆、家族文化传承方面,抑或是家族内部的互动交流方面,都呈现出儒家文化和伊斯兰文化的完美结合。显然,在孔子家族后裔中,家族血缘记忆往往是可以超越民族和宗教而存在的。武沐、马妍:《永靖孔氏家族的历史与现状》,《齐鲁学刊》2014 年第 5 期。吴锡标、刘小成考察了孔氏南宗的宗族形态,指出其既继承了曲阜的传统宗族形态,又因时、因地制宜地有所创新,并通过各种途径加强与北宗以及南宗各支派的交往,充分发挥其在敬宗收族方面的积极作用。参见吴锡标、刘小成:《论孔氏南宗的传统宗族形态》,《探索与争鸣》2010 年第 6 期;《孔氏南宗江西诸支派交游考略》,《探索与争鸣》2014 年第 12 期。

国东南一个以孔氏为主姓的村落——西昆村孔氏是如何巧妙地利用儒家传统文化来展开其宗族复兴实践的。

西昆村属福鼎市管阳镇管辖,位于福鼎、柘荣两县市交界处,地形呈"盆"状,平均海拔 580 米,与本镇广化、元谭、章边三个村及柘荣县乍洋乡毗邻,距集镇 8.3 公里,辖 14 个自然村,聚居有汉、回、畲三个民族,人口 2167 人,其中孔姓有 860 多人,共有耕地面积 1385 亩,山林面积 1 万多亩。村民以种植茶叶、竹林、水果、太子参、马铃薯、槟榔等经济作物为主要收入来源,目前有槟榔省绿标基地、福鼎大白茶基地、西昆红米基地、金牡丹茶叶基地等高品质绿色有机食品种植基地。西昆村拥有丰富的观光旅游资源,包括南坑、长坑、火山口、茶叶基地等可供探险猎奇、游览观光的自然景观,以及建于隋末唐初的兴福寺、清初顺治年间的孔子庙、古民居和古墓群等历史人文景观。2007 年 12 月 29 日,福建省人民政府授予西昆为第三批省级历史文化名村。

20 世纪 90 年代以来,"国学"在中华大地勃兴,并出现前后相承的两个阶段:前期以 20 世纪国学大师们的"复活"及史学规范等命题的讨论为中心;后期则转向"学术下移",开始走向通俗化和大众化的道路。[①] 尽管学术界对何谓"国学"仍存在诸多争论,但自西汉武帝时期董仲舒提出"罢黜百家,独尊儒术"后,儒学是中国传统文化主流的观点殆无疑义,因而"国学热"实际在相当程度上表现为儒学复兴。由此,风生水起的国学热存在着一种特殊的倾向,即非常重视儒家学说的意识形态功能,着眼于将其作为整饬人心、拯救社会的良方。因此弘扬国学的实际举动,往往就表现为"说经、读经、学艺、习礼"等方面的内容。显然,在这股空前热闹的国学热潮席卷之下,如西昆孔氏这样声称是孔子后裔的民间宗族自然也就不可能置身事外。

改革开放以来,随着闽东福鼎地方社会经济的快速发展,西昆孔氏开始着力修缮家庙、重修谱牒以及推动儒学文化实践等宗族复兴活动。孔氏家庙是西昆孔姓祖祠,系由孔子六十四代裔孙孔尚策倡建于清顺治十年(1653 年),主体坐西北向东南,祠前方两座大山,左像母狮,右像公狮,中间一座小山似小狮,人称"三狮朝一祠",峰峦拱翠,占地面积 877 平方米,建筑面积 706 平方米。家庙为砖木结构,穿斗式硬山顶,造型精致典雅,雕刻工艺精湛,花鸟虫鱼,形象逼真。布局上、下两厅,两庑走廊,四周围墙皆为砖砌而成。围墙正门额上刻"孔氏家庙";二门楼上方悬挂乾隆皇帝御赐"至圣裔"金字匾额,门额背后原附有一道御赐的圣旨牌,但"文革"时被付之一炬。

---

① 范国强、刘春花:《当代国学热的"勃兴"及其相关问题研究》,《理论月刊》2012 年第 8 期。

中轴建筑由门楼、雨坪、门厅、天井、大厅构成,进深四间,每进拾阶而上,寓意步步高升。家庙大厅恢弘宽敞,中设供桌祀奉孔子塑像。家庙作为宗族组织的核心表征,无疑最先受到孔氏族人的重视。因此,"文革"甫一结束孔氏即对家庙展开清理修缮,并于 1983 年 3 月被评为福建省十大名祠之一,之后在 1989 年被列入福鼎市第一批重点文物保护单位。

孔子后裔是西昆孔氏引以为傲的社会象征资本,因此他们在进行宗族文化重构与再生产时,极力将儒学复兴与宗族传统建构紧密地结合在一起。孔子创立仁学,"孝"是"仁"的重要内容之一。"孝"是儒家伦理思想的核心,是中国传统社会维系统治的最根本的礼教准则。"孝"的基础性含义是指敬、养父母,即不仅从物质上赡养父母,而且包括精神上尊敬父母。孝是实行仁的根本,由"孝亲"推而广之则是"泛爱众"的仁德。孔子的学生有若说:"孝悌也者,其为仁之本与!"在儒家看来,孝顺父母,敬爱兄长,是实行仁德的根本。"君子务本,本立而道生"(《论语·理读》)。君子抓住这个根本,实行"仁"的基础也就建立起来了,人与人之间伦理道德就会产生出来。孔子的社会政治理想,是想建立一个"老者安之,朋友信之,少者怀之"(《论语·公冶长》),使百姓安居乐业的社会。而要实现这一理想,则须从"孝悌"开始,通过从爱自己的亲人开始,上对君王尽忠,下在朋友之间建立信任关系,从而扩大到去"爱人爱众",使社会达致和谐。正是基于对儒家思想的认识与理解,以及作为孔子后裔的神圣使命感,西昆孔氏主要从儒家文化传承与孝道实践两个方面入手,依靠宗族力量透过"德成书院"与"孝行之家"的建设,来推动当代儒学在地方社会的复兴。

西昆孔氏后裔孔旭章曾是福鼎六中的音乐老师,他长期关注全球各地在孔子诞辰日举行的祭孔大典,十分热衷宗族事务,时常抽空回去参加各种宗族活动,希望在家乡西昆举办祭孔仪式,以使族人增进自身孔子后裔的身份认同感,珍视西昆历史文化传统,传承与发扬儒士的责任感和担当意识。在孔旭章及其夫人的感染下,当时尚在从事花卉贸易并担任福鼎市农民专业联合会会长的孔庆平特地奔赴山东曲阜学习祭孔仪式,学成归来后指导族人举办祭孔仪式。

2005 年西昆孔氏重修家庙,次年告竣,随即于 9 月 28 日(全球祭孔日)举办祭孔仪式。族长担任主祭官主持祭仪,司仪、献官、乐师辅祭,仪式分为祭天、请圣(即请孔子牌位)、祭祖等三个部分。此次祭孔大典盛况空前,规模宏大,市委、市政协领导及镇领导均莅临参加,市委书记甚至还特地到场发言,周边各村派代表共襄盛举。由于孔庆平等宗族精英的大力推动,2008 年独具地方特色的"管阳西昆祭孔仪式"被列为福鼎市第一批非物质文化遗产保护项目。

作为孔子后裔自然必须担负起弘扬与复兴儒学的使命,孔庆平便在家庙旁的老宅里组建国学班,组织村民利用农闲时间学习,甚至专门派族人前往安徽庐江汤池小镇的传统文化中心学习。为了更好地使家族子弟自幼接受国学熏陶及形成尊师重教的优良传统,孔庆平联合族中热心公益者在孔氏家庙创办"德成书院"(又称德成传统文化学校),以此推动儒学等传统文化的传承与复兴。"德成书院"作为一家非盈利性的"家庭亲子教育"学习实践基地,实行全日制的寄宿教育,教师由来自全国各地爱好传统文化的义工担任。学校开设有大、中、小三个班,小班的孩子主要先接受"静心"等行为规范教育,中班孩子开始识字,大班孩子开始学习诵读三字经、千家诗等蒙学读物。除教授国学启蒙读本外,学校还特别注重孩子动手能力的锻炼以及勤俭节约、待人以礼等日常品德的培养。学校不仅接收本族本村的孩子,也接受来自外地的孩子。"德成书院"以弘扬中华传统美德,构建和谐社会为宗旨,力求成为一个传统文化学习和分享的交流平台,一个充满仁爱、充满温暖的亲情家园。而这正是告慰那位彪炳千秋的圣人先祖最好的方式。

如果说西昆孔氏"德成书院"的建设旨在传承儒家传统文化,那么"孝行之家"则意在推动儒学实践。"孝行之家"提倡百善孝为先,孝为德之本,敬老爱老是美德。为了更好地弘扬中华孝道文化,构建和谐新农村,在由孔庆平等主导的孔子文化研究会的倡导下,西昆村于2012年6月正式成立了旨在关爱老人的孝行志愿者之家,简称"孝行之家",其性质为公益性慈善团体,宗旨为"关爱老人、力行孝道",具体实施四个方面的内容:树孝风——营造村庄孝文化氛围,建立孝道宣传栏、孝行广播喇叭、孝行标语上墙等;开孝堂——在西昆旗杆里设立百姓孝堂,定期邀请知名学者、退休老干部、村中孝子贤达讲解孝文化常识和孝道故事等;选孝子——在西昆定期举办评选孝子、好媳妇、好婆婆活动等;做孝事——透过行为示范带动孝亲敬老的氛围,孝行之家志愿者每周一、三、五下午会入村照顾孤寡老人,同老人聊天,为老人理发、剪指甲、打扫卫生,给老人送所需物品等。此外,孝行之家与德成书院和西昆小学联合起来,定期引导学生及家长进村为老人服务,让他们在身体力行中体会孝道文化。总之,孝行之家从"传孝、讲孝、评孝、行孝"四方面入手,在西昆大力倡导敬老美德和感人孝行。

西昆孔氏不仅透过"德成书院"和"孝行之家"推动地方儒学复兴与实践,而且着力加强村落环境整治与文化保护。2009年刚上任时,孔庆平就发动村委陆续争取到"万亩造林、农田综合开发、自来水扩容、河道改造、垃圾治理"等项目,使村落的环境得以改善,村民的环保意识逐渐提高。作为江南孔裔第一村,西昆有着悠久的历史文化底蕴,现存明清古建筑民居达 30 余栋。这些建筑布局主要有合院楼阁式与单体楼阁式,还有部分是商铺的形式。其中,较具代表性的是旗杆里大厝——占地面积 4480 平方米,大、中厅堂 8 间,小厅堂 16 间,天井 16 间,仓库 2 所,大厨房 6 间,正座(主屋)房 32 间,横座(偏屋)房 64 间,是西昆村最大的古厝。由此,西昆启动了古村落保护规划,延聘厦门大学闽台建筑文化研究所人员实地踏勘、测绘西昆古村范围内各类历史文化古迹及古街巷,在详细调查古村的历史变迁、综合分析古村的历史特色、深入挖掘古村的文化内涵与自然景观的基础上编制规划。该规划力求保护西昆古村的历史文化遗产,规划保护的框架,划定保护的范围,制定相应的保护与更新的规范和措施,控制建筑高度、环境风貌与旅游景观灯,使西昆古村保护工作有计划、有依据地逐步实施。坚持"抢救第一,重点保护"的原则,保护优秀的历史文化遗产,保护独具魅力的反映西昆古村的历史人文及自然景观,充分挖掘历史文化内涵,使之成为集居住、度假、旅游为一体,带有浓郁孔子文化风情的历史文化名村。2014 年,孔庆平联合村委推行"一元钱理念",即承租人只需每年付一元钱就可租到一座老宅,租期为 30 年。但承租人须自己对老宅进行修缮,并做到修旧如旧。这种形式得到广大村民的认同,使老宅既可以继续发挥价值,又能得到更好的保护。如今已有 3 座老宅成功出租,另有 3 栋仍在洽谈中。西昆孔氏透过对村落环境的整治、居住条件的改善以及古村风貌的保护,充分协调环境整治、文化保护与旅游发展的关系,从而在西昆打造出具有儒家特质的古村落文化景观,进而吸引旅游者前来观光游览,带动乡村社会经济的发展。

简言之,西昆孔氏充分利用自身作为孔子后裔的象征资本,大力弘扬与复兴儒家传统文化,积极推动乡村社会建设,使其宗族组织获得新的发展空间与合法性。尤为值得一提的是,原本对参加宗族活动心怀顾虑的地方政府领导,因西昆孔氏打着弘扬与复兴儒家传统文化的旗号而免去顾虑,正式出席了祭孔大典并发表讲话。尽管"西昆祭孔仪式"是新近才从山东曲阜引进的"发明",而非是古已有之的"传统",但仍很快就入选为市级非物质文化遗产保护名录。毋庸讳言,西昆孔氏凭借孔子后裔的身份认同与象征资本,以儒学复兴作为感召,的确展现出非同凡响的凝聚力与资源动员能力,从而加速了其宗族重构的进程。但与此同时,这种以经济发展、旅游开发为导向的思路也使得宗族成为一种被消费的象征符号、文化产品。因此从某种意义上说,西昆孔氏宗族的重构实际上是一种传统的发明与创造。

第三节　红色记忆与宗族复兴:佳山周氏

清末以降,宗族长期遭到"污名化",而这被认为是与进步史观,尤其是红色政权的建立以及由其所倡导的意识形态紧密相关。如被胡适誉为"中国思想界清道夫"的吴虞直陈:"儒家以孝弟二字为两千年来专制政治、家族制度联结之根干,贯彻始终而不可动摇。使宗法社会牵制军国社会,不克完全发达,其流毒诚不减于洪水猛兽矣。"因而他力主摧毁传统宗族,认为"家族之专制既解,君主之压力亦散,如造穹窿然,去其主石,则主体堕地"。① 毛泽东在其早期著作《湖南农民运动考察报告》中曾指出,近代中国"由宗祠、支祠以至家长的家族系统"构成的族权是"束缚中国人民特别是农民的四条极大的绳索"之一。② 因而长期以来,红色似乎始终与宗族扞格不入。然而,透过实地调查,笔者发现在民间社会中恰有不少宗族凭借红色文化来推动其宗族的生存与发展。本节拟以闽东福鼎佳山周氏宗族为例,探讨其如何利用红色遗址、红色记忆等红色文化要素来推动其宗族复兴进程。

佳山,全称周佳山,因周姓聚族而又名周山,此处采用《佳山周氏宗谱》的称法,仍称佳山。③ 佳山位于福鼎东北部,坐落于闽浙交界的天湖山下,距城关 28 公里。西北与"世界矾都"浙江苍南县矾山镇接壤,东北与苍南马站镇相邻。清乾隆四十五年(1780 年),多次造访佳山的翰林院编修孙希旦赞曰:"周佳山在福鼎之东偏,环山临海,深邃窈窕,山川灵秀之气磅礴郁积,周氏聚族居之,为县中巨姓。"④佳山自古地灵人杰,文风鼎盛。周氏族人"以读为进,学以教化,优则为仕",诸多先贤光耀宗族史册。据族谱记载,清代先后出现周国镗、周国镔等进士 4 名,贡生、太学生、庠生等更是难以计数;仕宦有五品同知 1 名、六品儒林郎 2 名、安人 4 名,可谓人才辈出,显赫一时。因而时任福宁府儒学教授周青云对周佳山如此赞叹道:"人文鹊起,为鼎邑冠族也。"⑤

佳山村山环水绕,翠峰簇拥,整体形似开放的莲花,其村落布局依据"阴阳五行"学说营造。佳山现存明清时期古建筑多处,粉墙黛瓦,飞檐翘角,它们不仅承载着村落的古朴与宁静,同时也镌刻着宗族的典雅与风华。"追远报本,莫重于祠",最具气

① 吴虞:《家族制度为专制制度之根据论》,载 1917 年 2 月 1 日《新青年》2 卷 6 号。
② 毛泽东:《毛泽东选集》第 1 卷,人民出版社 1991 年第 2 版,第 31 页。
③ 本书中周山、佳山时有通用,不再另注。
④⑤ 《佳山周氏宗谱》,民国三十一年(1942 年)重修本。

派的古建筑当属周氏宗祠。祠堂始建于明万历癸酉年(1573年),属中轴线对称分布的五进府宅结构,面阔七间,五级递进,层层深入,总进深近70米,由120支木柱和精雕的大梁组成,气势恢弘。宗祠建筑构件精巧,雕刻技艺纯熟,砖雕见于宗祠门额,石雕多见于柱础,木雕则多见于梁枋、雀替、窗棂,表现手法因建筑部位不同而各异。祠内悬挂着刑部尚书孙希旦、文华殿大学士蔡新、福宁府知府李拔等仕宦名臣所题赠的匾额。由乾隆皇帝御赐进士出身的宗族先贤周国镆的"圣旨"匾,高悬于周氏宗祠正堂,是为周氏宗祠的镇祠之宝。随同圣旨一道送达的还有御赐牡丹,至今仍春花烂漫,香飘南国。在周氏宗祠右侧墙外,保存有结构完好的明清古民居七开间,一字排开。民宅庭院建有门楼,上配有寄托族人志存高远的门楣题词,居屋装有格子门窗,四季花卉或吉祥鸟兽雕刻其间。屋内存放有明清以降直至改革开放前使用过的生产生活用具。旧时佳山设有私塾,至今仍有"内书堂"、"外书堂"等地号,其中"内书堂"四进式祖宅历史最为久远,建筑格局遗址尚存,宅前象征先人功名的旗杆石犹在。

周氏宗祠内景

1935年6月闽东特委在佳山成立中共鼎平县委(辖今福鼎、平阳、苍南一带),同年上东区苏维埃政府也在佳山成立,并以周氏宗祠为大小会址进行革命活动,粟裕、刘英、叶飞、龙跃等革命先辈都曾在此留下光辉的足迹。如今,佳山仍保留有许多革命遗存,包括红军井、红军洞、红军岭、红军练兵场旧址、上东区苏维埃政府旧址以及族人周建生烈士故居等,村民口中流传着革命先辈浴血战斗的英雄故事与珍贵记忆,它们共同见证了周族"红旗不倒"的荣光。佳山作为中共鼎平县委诞生地、鼎平革命发祥地、闽东和浙南重要革命根据地、闽浙边红土地,是人们缅怀先辈丰功伟绩的重要纪念场所和记忆空间。

1937 年卢沟桥事变后,抗战军兴,周氏"族丁被征集为现役兵者,达四十余人……壮者去而服役,广田鞠为茂草"①,以致庐舍空荡,田园荒芜。此后战乱频仍,佳山周氏发展受挫。1961 年飓风来袭,导致宗祠墙瓦坍塌,幸有裔孙周召水等人主持修葺。次年,佳山周氏组织族人续修谱牒,但因当时物力维艰,"为响应增产节约起见,爰邀各房首事公议"②,对一至十二世仍沿用旧本,不再翻印,仅对之后的世份进行重辑。

"文革"时期,风云突变,周族之激进分子"假破旧立新之名,恣肆破坏,凡属古雕刻几无幸免",幸赖族中周昭馨等有识之士"目触时艰,心怀祖宗创业不易,身临事变,志切子孙,守成当先,乃苦心钻研马列著作,深得古为今用,引今证古,为毛泽东思想与实践相结合之根本原理"③,以周祠为革命活动会址,具有重要的历史纪念意义,方才突破重重阻力,最终使得周氏宗祠及其许多陈设得以保全,至今仍巍然屹立。由此可见,在当时极左思潮狂飙之下,周氏族人正是凭借其宗祠在中共闽浙边区革命中所占的特殊地位,才使得宗祠这一宗族核心表征得以幸存下来。"文革"结束不久,1979 年佳山周氏随即展开谱牒重修工作。

1994 年,佳山周氏集资修葺宗祠,先后大修正殿、中殿、围墙等,重建香案亭、首殿、大门阁、两庑,并肇建思源亭,购地筑造风文台至堂前柏油公路、混凝土停车大埕、庖厨、花坛等,前后持续六载,于 2000 年秋告竣,共耗资人民币 46 万余元。④ 嗣后,鉴于"房支复杂久未修家乘,恐年代久远稽考难,族中诸贤集资重修宗祠之余,倡议再辑周氏谱牒"⑤。周氏宗祠也被列为福鼎市重点文物保护单位。

佳山周氏不仅积极推动修祠、续谱等一般性宗族建构活动,而且充分利用红色革命老区的优势展开红色文化建设。1995 年为纪念"中共鼎平县委"在周山成立 60 周年,浙江苍南、福建福鼎两县市人民政府共同出资建成中共鼎平县委旧址纪念亭,这

---

① 《佳山周氏宗谱·重修宗谱序》,民国庚辰年(1940 年)重修本。
② 《周氏宗谱·续修家乘辑》,1979 年重修本。
③ 《周氏宗谱·第九次修谱序言》,1979 年重修本。
④ 《汝南郡周氏宗谱》卷一"重修宗祠志",2000 年重修本。
⑤ 《汝南郡周氏宗谱》卷一"第十一次修谱序言",2000 年重修本。

佳山大宫里的牌匾

佳山大宫戏台木雕

对闽浙边界老区人民具有特殊的意义。纪念亭中间是"中共鼎平县委"纪念碑,碑题"中共鼎平县委员会旧址",由叶飞同志亲笔题写。2005年周山革命陈列馆正式建成,是周山革命老区的标志性建筑,面阔三间,高三层,建筑面积达400多平方米。馆内有丰富的图片、文字以及实物等资料。这些珍贵的资料是佳山周氏跑遍4个省20多个市县,通过走访很多老红军、老干部以及党史专家学者搜集、整理而成。陈列馆作为重要的爱国主义教育基地,吸引了来自全国各地的党员干部、教师学生以及游客前来缅怀追思、瞻仰观光。

佳山属福鼎市环太姥山旅游带的重要节点,是闽浙边界乡村游的优先开发项目区。在周氏宗祠太子亭两侧的花坛内,种植着乾隆皇帝御赐的牡丹,至今已逾二百年,花为粉红色,重瓣楼子型,花型硕大,直径可达22厘米,高贵典雅,美丽绝伦。该株牡丹虽历经民国战火、"文革"等多次磨难,但至今仍生生不息,被后人赋予许多趣闻轶事,徒增几分神秘色彩。近年来,为开发佳山牡丹的文化价值和观赏价值,周氏后裔从河南洛阳、山东菏泽等地引进3000余株、70多样品种花色的上等牡丹,在宗祠前建起占地约两亩的牡丹园。每逢三、四月花季,芳姿艳质,超逸万卉。目前佳山已形成一年一度的牡丹文化节,前来游览的观光客络绎不绝。佳山历史文化底蕴深厚,旅游资源丰富,集宗族文化、红色文化、古民居文化、牡丹文化、民俗文化、汉畲文化等多元文化于一体,人文风情与自然景致交相辉映,"红、绿、古"搭配协调,特色突出。2008年4月,周佳山被列为"宁德市第一批历史文化名村"。

综上所述,佳山周氏凭借红色革命纪念地的声名,不仅使其宗祠在"文革"时期获得"护身符"从而得以很好地保存下来,而且成为其在改革开放新时期开发红色旅游的优势资源,从而获得新的生存策略与发展空间。一方面周氏通过宗祠修缮、重修族谱等推动宗族组织实体的重构与复兴,另一方面则通过塑造纪念碑、陈列馆等方式凝聚本地的红色记忆,以此强化佳山的红色文化形象,大力打造红色旅游品牌,推动地方社会经济发展。由此,以周氏宗祠为代表的宗族建筑实体,不仅是与家族、血缘、地缘等相关联的个人纪念空间,表征着家族先辈开创功业的艰辛历程,而且是唤起红色记忆的公共纪念空间,叙述着革命先烈的悲壮情怀,成为全民共享、保存及展示记忆的装置,为民族和国家提供认同的资源。

第四节 遗产生成与宗族复振:桐山施氏

近年来,伴随着旅游业的迅速发展,金钱的诱惑、政绩的驱使、民众的疯狂,"遗产热"开始在地方政府、新闻媒体和文化商人的共谋下席卷神州大地。在时兴的"遗产"政治叙事下,传统在某种程度上发生权力反转,重新成为国家和社会所珍视的价值所在。众所周知,许多民间文化遗产承载的主体正是宗族、村落、社区等基层组织,由此使得不少民间团体亦得以借此东风而呈蓬勃发展之势。本节将以闽东福鼎桐山施氏为例,讨论一个地方宗族如何借助遗产叙事来展开其宗族复振运作,而这又将对文化遗产的保护与传承产生何种影响。

明嘉靖年间,施氏先祖由福建泉州府晋江县衙口乡辗转迁至福鼎桐山城南桑园境(即今施厝巷)定居,繁衍生息。迨至清道光五年(1825 年)肇建宗祠,道光九年(1829 年)正式落成,立堂号"时思堂"。该堂前后左右衡宇相望,均为施氏族人,故得名施厝巷。闽东地方有谚:"福安好穆阳,福鼎好校场。"施厝巷恰位于校场旁,在整个闽东地区都甚为闻名,是福鼎城区中一条颇具特色的老巷。昔时福鼎城办台阁比赛,人云"北门钱头,南门行头",即指北门有许多经商者,南门行头服饰最为考究,而施厝巷正处在福鼎城南端即南门。据说福鼎许多知名小吃以及打拾锦等地方文化曲艺都与桐山施氏有密切关系,由此可见其在桐城占据着十分重要的地位。特别值得注意的是,与前述乡村宗族不同,桐山施氏属于典型的城中族。①

1949 年建国以后,施氏宗祠曾被政府单位征用,先后作为毛尖茶收购站、"文革"支左站、县人武部宿舍、县医院洗衣房等。"文革"冲击更是使得宗祠原有匾额、灵牌、祭器等尽遭毁弃,桐山施氏一切族务活动全部停顿。自 1937 年第五次修谱后,施氏几达半个世纪未曾续修谱牒,直到改革开放后的 1982 年,鉴于当时"未修逾过大修之期久矣,若不及时抢修,长此以往,将来欲修亦无从修"②,于是族人公议修辑,并推举十一世裔孙施得宣为总纂,但因其当时年近八旬,不久即因病辞世,遂告中止。迨至 1988 年 7 月间,十二世裔孙施从伟重新召集施品岳、施得传等族裔共同商议,考虑到"家乘若不亟修,则长此以往,年复一年,势必无从修辑。而行第辈级,无所称呼;亲疏相遇,视为途人。甚至先祖父母之生卒及坟墓葬处,亦无所稽考"③,决定组成桐山施氏重修宗谱理事会,并预先印制采访表挨家挨户分发,限期填写并送交修谱理事会。然而,因当时大多数族人生活仍艰难困顿,理事会担心经费难以筹措,于是向族中生活稍宽裕者募捐应付,并联名致函旅居台湾宗亲请求资助,很快就得到回信允诺相帮。由此,理事会推举十二世裔孙施从伟为总修,历时五个月始纂成谱稿,之后礼聘浙江苍南县南港萃英斋李先交先生校对无讹,再历时半载而谱帙告成,总共印制十

---

① 戴五宏:《韩城宗族:一个城中族的文化实践》,厦门大学博士学位论文,2014 年。
② 《福鼎桐山施氏宗谱》卷首"谱序·重修谱序遗稿",2011 年重修本。
③ 《福鼎桐山施氏宗谱》卷首"谱序·戊辰纂修施氏族谱序",2011 年重修本。

桐山施氏宗祠

七部,分赠各房重视谱牒者妥为保存。

自 20 世纪 90 年代开始,桐山施氏宗族逐渐由封闭转向开放,同世界临濮施氏宗亲总会等海内外团体沟通联系日益频繁紧密。2008 年 5 月 23 日,在历经"得、从、均、继"等数代族人长达半个多世纪的不懈努力,以及海内外宗亲族裔的奔走呼吁下,施氏宗祠终于得以金瓯完璧。宗祠回归以后,施氏族人多方筹资,以修旧如旧的原则,对祠宇进行整修,使其恢复昔日英姿。2009 年 3 月、8 月,桐山施氏两次举行大型晋祖活动,施氏历代先祖亡灵得以回归祖祠,安享祭祀。

为加强对宗祠的全面管理及促进福鼎施氏与海内外施氏的联系,桐山施氏每年均派遣宗长、族亲参加"世界施"的各项族务活动。2009 年 6 月 8 日、9 日,世界临濮施氏宗亲总会第十二届理事长施享利(菲律宾籍)率海内外宗亲 600 余人云集福鼎,莅临宗祠隆重召开了恳亲大会暨祭祖大典。祭典由祭天(玉皇大帝)、祭地(福德正神)、祭祖等三个程序组成,分别由世界临濮施氏宗亲总会创会会长施性答(菲律宾籍)、桐山施氏理事会第二届理事长施从淳、世界临濮施氏宗亲总会第十三届理事长施南溪担任主祭,祭文由读祝生宣读,祭仪隆重典雅,盛况空前。2009 年 10 月,桐山施氏组织成立新一届宗祠理事会,设定章程,并推举第十二世裔孙施从淳为理事长。此外,施氏承袭祖例,每年元宵①、中秋谨备牲醴、香茗、金箔等祭品,隆重举行春秋祭

---

① 由于现今有许多族人在外学习、工作,经理事会商议决定将春祭时间提前至正月初五,以方便族人参加春祭大典。

祖大典。

2011 年 4 月,桐山施氏第七次重修谱牒,以房系为单位组织编写,群策群力,改木刻线装本为电脑扫描精装本。此次重纂宗谱的特点是按名有行以联宗族、别尊卑的要求融入浔海,把桐山施氏原有名行与浔海康熙御赐百字联行,统为一体。原桐山世系九世至十八世是"宗绍得从均继传光庆志"套入百字联行,合二十三至三十二世是"性能纯养正心得自由恬"。桐山世系原先排行与字行不变,唯因百字联行第廿九世"得"字套入桐山十五世"传"字,变成与桐山世系十一世"得"字辈相同,因而为避免出现与原有行第矛盾,对个别字采取保留办法,即与百字联行后桐山世系十五世保留"传"字而成"正心传自由"。然而,由于不少族人在成稿后对套入百字联行出现异议,导致改行不成,遂仍按照桐山施氏原有名行完稿。此外,为慎重起见,此届修谱理事会认真审查"民国丁丑续修宗谱序",对凡涉议时局、政治语言均予删除,即原序第十一行"近数年来"起至十八行"默佑之力也"[1]止全部删去,以保持宗谱昭穆文化之纯净。[2] 2011 年 12 月,福建省宁德市祠堂联谊会由福鼎夏氏、施氏联合承办,来自全市数十个姓氏宗祠的代表齐聚施祠,共襄盛举。此外,由于清初以降不断有族人移居台湾发展,施氏积极加强与台湾地区的宗族文化交流,多次派人赴台北、高雄、鹿港等地参加联谊活动,并获中国国民党荣誉主席吴伯雄先生、台湾知名人士施茂林分别题赠"世泽长流"、"源远流长",现均已制成金字匾额高悬于宗祠大殿之上。

当今时代被认为是一个文化自觉地被传承、被发现、被打造时代,"无意识的传承"传统常常为来自国家和民间的力量进行着"有意识的打造"。[3] 从某种意义上来说,当前方兴未艾的各种形态的文化遗产保护运动,正是此种特殊社会情境下的产物。桐山施氏作为典型的城中族,无论是其宗族成员的文化素质,还是对国家和官方所传递信息的敏感度,均较一般乡村宗族具有优势,因而传统上就对地方文化的传承与发展产生重要的影响。

桐山打拾锦是福鼎城南施氏家传古曲艺,因其演奏曲目与昆曲有着很深的历史

---

① 其文曰:"近数年来,闽变祸延,山海愚氓,莫不揭竿而起,一呼百应。全邑之内,屋宇被焚以千计,人民遭杀以万计。地方文献之摧残,故家流传之散佚,言之尤可痛心。今年匪患甫平,二倭寇大作,空战火攻之剧烈,为数千年历史所未闻。各省要塞名区,多被占据。福鼎沙江为吾国拟开军港之地,安保敌人之不觊觎。近海居民迁徙恐后,吾族人之尚得安然无恙者,祖宗默佑之力也。"《桐山施氏宗谱》卷一"民国辛丑续修福鼎施氏宗谱序",民国丁丑年(1937 年)重修本。

② 《福鼎桐山施氏宗谱》卷首"谱序",2011 年重修本。

③ 王平:《文化遗产:泉州回族历史与文化特性的记忆与表达》,《回族研究》2013 年第 1 期,第 107 页。

渊源,故又被称为"施厝昆腔"。清代康乾时期,天下安定,百姓安居乐业,社会经济繁荣发展,京剧、昆曲、越剧、提线木偶、布袋戏等曲艺演出在福鼎城乡得到蓬勃发展。桐山施氏作为福鼎地方望族,财力雄厚,文化渊深,岁时节令常邀请江浙一带的梨园戏班演出,并蓄养家班,延师教习,以示风雅。在这样浓厚的艺术氛围下孕育出一位杰出的民间音乐家,他就是桐山打拾锦的创始人六世祖施大惠。施大惠,字乃吉,号迪峰,自幼聪颖博学,淹贯史籍,尤喜音律弹奏,一生不慕功名,潜心古乐,族谱称其"善作器具,屋中笛箫无数,皆公手制。每风清月明,酒阑烛炽时,吹奏娓娓动听"①。由于从小耳濡目染,施大惠对优雅婉转的昆曲情有独钟,常以曲会友,与众多擅音律、会乐器的文人雅士切磋交流。施大惠在众多曲友的帮助下,借鉴、吸收了当时流行的各种戏曲音乐以及江南民歌小调的特点,对昆曲曲目中的伴奏音乐进行了深入研究、整理加工。他将鼓、笛、管、箫、笙、锣、弦子等击打器乐和丝竹器乐有机结合,以集锦的方式将多种戏曲音乐有选择地吸收融合起来,不断地丰富、发展、完善而逐步形成具有一定意韵的曲式和旋律轮番进行演奏,并取其名曰"拾锦"。这种古老的音乐有着儒家雅集型细乐的气韵特色,音韵古雅,节奏明晰,松弛有致,曲调悦耳,且至今仍保留着罕见的工尺谱。据称当年所创曲目有十首,由于年代久远,有的已经随着岁月的流逝而湮灭,至今仍可找到的工尺谱仅有四首,分别是昆曲中的《想当初》《五阵东向》(又称《赶渡》)、《莫不畏》《思凡》。

　　清道光年间施氏宗祠建成后,拾锦开始作为祭祀大乐,施氏族人仿古人制乐,用它与各方神灵沟通,与逝去的祖先进行灵魂对话,为子孙后代祈求福佑。自此,拾锦便在宗祠正厅经常演奏,之后普及至本姓子孙,成为福鼎民间一绝。民国时期,拾锦开始卸下昔日礼仪大乐的光环,作为台阁、高跷踩街的前导乐队,作为一种庄重、高雅的民间曲艺,深受福鼎地方民众的喜爱。1960年代,桐山拾锦乐队曾多次参加省、市群众文艺汇演。"文革"期间,拾锦一度陷于沉寂。直至1990年代,在桐山施氏一批志同道合的拾锦爱好者共同努力下,重新组建乐队,搜罗整理古曲谱,坚持排练,终于在施氏宗祠内又悠然奏响乐章。此后拾锦乐队不仅频频亮相各种文艺舞台,而且走出福鼎到各地进行交流演出。2008年,桐山打拾锦被列入福鼎市非物质文化遗产名录。2010年3月11日,被列入宁德市第三批市级非物质文化遗产名录,公布的保护单位即为"福鼎市桐山施氏理事会"。

　　近年来,节奏明快、旋律激昂的新乐器层出不穷,它们很快就被喜欢接受新事

---

　　① 《桐山施氏宗谱》卷四"行述",民国丁丑年(1937年)重修本。

物、新挑战的年轻人所追捧,而许多传统乐器因其外形不够"俊俏"、"轻盈",且较难掌握而渐渐被"束之高阁",从而导致不少民间曲艺面临着"后继乏人"、"人亡艺绝"的尴尬局面。非物质文化遗产区别于物质文化遗产的一个基本特性,即在于它依附于个体的人或群体在特定区域或空间存在,表现为一种"活态"文化。换言之,非遗植根于特定的地方社会与生活世界,并通过个体或群体的世代传承而延续。任何形态的文化遗产惟有置于社区生活的脉络中,才能够真正彰显其文化价值。假如将其从社区生活中抽离出来,也就势必会导致其文化内涵的丧失。因此,虽然非遗传承人是非物质文化遗产的重要承载者和传递者,但传承人的认定是以个体作为文化遗产的传承主体,而附着于施氏宗族之上的桐南拾锦非遗保护,则使民俗技艺、宗族群体及地方社区等构造起完整的文化空间,显然这相较于"专属化排斥参与性"、"个体化切割组织性"①的传承人制度,更有助于拾锦这一非物质文化遗产的保护与传承。

简言之,桐山打拾锦由施氏家传曲艺演变为官方认定的非物质文化遗产,此一过程与施氏宗族重构之进程紧密关联。换言之,遗产生成与宗族复振是交织在一起的。桐山施氏将原先"无意识传承"的家族传统技艺转化为由国家"有意识打造"的非物质文化遗产,这种打造的过程既是一种"文化的再生产"过程,是一种"地方或民族文化的张扬"过程,也成为桐山施氏凝聚与表达宗族认同的象征符号,成为他们争取国家和政府认可的文化资本。正是透过对这一国家权力话语表述体系的操持,使其宗族复振之正当性与合法性得以突显,凭借着文化遗产的打造与再生产,桐山施氏得以向外界展现出自身的光辉与荣耀,进而促进了族裔对宗族身份认同的巩固与强化。诚如有学者所指出的,在明清以后的中国东南社会,"通过在乡村中确立宗族的礼仪,以王朝祀典接受的神明来改造乡村信仰与祭祀仪式,在乡村社会中形成了以'皇帝的权力'与'祖先的权力'结合的国家秩序"②。如果说乡村中的祠堂庙宇建筑,展现的是传统时期乡村社会整合的文化机制创造的历史,那么如今由民族国家所倡导的文化遗产保护,同样是一种现代新时期民间基层社会整合确立的新文化机制之历史延伸。

本章从族群认同、儒学复兴、红色记忆与遗产生成等几个方面,叙述了闽东福鼎

---

① 陈靖:《非遗"传承人"制度在民族文艺保护中的悖论》,《贵州民族研究》2014 年第 1 期,第 39—43 页。
② 刘志伟:《"遗产"的现代性》,《开放时代》2013 年第 5 期,第 215 页。

地方宗族自改革开放以来在新社会情境下所展开的宗族复兴与地方文化重构之进程。在宗族重建过程中,各宗族的精英分子极力透过祖先溯源、族谱编撰等来主导其集体记忆的重塑,一方面强化符合自身需求与目的之记忆,如秦屿丁氏将其祖先溯源为元代著名政治家赛典赤赡思丁,以此来塑造"我的祖先是阿拉伯人"的回族身份认同;另一方面则对部分难以自圆其说的记忆予以过滤和矫正,如桐山施氏自我审查将民国时期所撰谱序当中一些"不合时宜"的表述和内容加以删除。由此观之,族谱等文本编撰之重点并不在于重构宗族的历史事实,宗祠、祭仪的恢复也并不仅限于再造宗族的祭祀空间与仪礼规制,其根本目的在于形成历史感,并以此来凝聚与强化其宗族成员的身份认同。要而言之,以宗祠、族谱、祭祖仪式等为主要表征之"宗族文化"是层累地形成的[1],是被重新创造与发明的"传统"[2]。因此,从某种意义上来说,正是经由这一个个宗族群体富有活力的文化生产与文化创造实践,方才建构出福鼎地区的地方性"文化传统"。

尤为值得一提的是,新中国成立初期,因种种历史原因,宗族、民间信仰等地方文化传统遭到一定摧残,基层社会固有的结构肌理受到破坏。与此相对应,改革开放以来的宗族复兴,则既重构了宗族组织及其文化象征本身,又在某种程度上重整了民间社会的结构与秩序。尤其是在民间社会与政府关系呈现出失衡状态的当下,村庄单位功能遭到弱化和消解,但却没有相应的社会自组织发展,使得个体民众失去组织的凭借和支撑。并且当前中国基层社会普遍缺乏现代社会的公共事务协商机制,而宗族作为传统民间组织,其所具有的"共同体自治"基因或可成为当今社会重建的宝贵资源。若能善加引导这些地方宗族健康发展成为符合现代社会需要的组织,将能够落实政府和社会领域的改革,推动社会共治良治局面的产生。[3]

---

[1]　1920 年代,受胡适在新文化运动中倡导"整理国故"思想的影响,以顾颉刚为首的史学家主张用历史演进的观念和大胆疑古的精神,吸收西方近代社会学、考古学等方法,研究中国古代的历史和典籍,提出了著名的"层累地造成的中国古史"的观点。如中山大学历史人类学研究中心刘志伟教授撰文指出,明清族谱中远代世系的溯源,修撰越晚近,溯代就越久远,记事就越完备,族谱也就越具规模。参见刘志伟:《明清族谱中的远代世系》,《学术研究》2012 年第 1 期,第 90—97 页。

[2]　诚如埃里克·霍布斯鲍姆所指出,"被发明的传统"意味着一整套通常已被公开或私下接受的规则所控制的实践活动,具有一种仪式或象征特性,试图通过重复来灌输一定的价值和行为规范,而且必然暗含过去的连续性。参见[英]E. 霍布斯鲍姆,T. 兰格著、顾林等译:《传统的发明》,译林出版社 2004 年版,第 2 页。

[3]　秦晖:《从传统民间公益组织到现代"第三部门"》,《传统十论》,复旦大学出版社 2004 年版,第 128—165 页。

第四编

族群互动　太姥文化的多元整合

太姥文化区多元整合的族群文化来源于多元的族群互动与交融。由古至今"你群"和"我群"都在互为参照的认知过程中,区分了包含在各自族群本质(ethnicity)中的族群边界(ethnic boundaries)。在滨海负山、地接闽浙的福鼎地区,各个家庭、家族、村落乃至整个地域社会都在具体的历史场景与生态资源分享和竞争背景下进行着认同(identity)与区分(distinction)的过程。因此,历史与族群问题以及"隐身"于族群认同和区分背后的历史脉络与社会权力关系,才是发生于山海交汇的太姥山文化空间内的族群互动与文化展演(performance)的内在逻辑,同时这也是本编关注的主要内容和遵循的线索所在。

人群流动与文化整合对于区域多元文化特质的形成具有举足轻重的影响。作为中华民族多元一体格局的有机组成部分,兼连山海、承接东西的东南民族走廊不仅具有地理链接作用,更兼负文化与历史的意义。从地理意义而言,福鼎地区恰处于历次人群流动与族群迁徙路线的中端(halfway),连接了人群流动的路径和网络。从文化层面来说,东南民族走廊之所以意义深远,除了在于它打开了内陆中国的海洋视域外,还在于在这片独特的地理范围内所发生的族群互动与交融,并由此形成了太姥文化区的多元族群源流,以及具有显著地域特征的多元族群文化。可以说,太姥文化的发展本身也体现着移民史的进程。从对文献、文本的整理以及对田野调查数据的分析中不难看出,在唐末五代、宋元时期和明末清初几个关键历史节点下,在中央政权与地方豪酋的拉锯中发生了大规模的族群迁徙与人口流动。地方社会在面临亟待重新整合的压力下,包含福鼎地区在内的整个东南地域都被卷入投射着华/夷对立观念,中心/边缘结构,化内/化外话语的政治、文化一体化过程。如此,借由异化"你群"的历史记忆书写,正统与异类的隐喻被建立起来。东南地区常见的"八姓入闽"以及"衣冠南渡"的历史叙事(narrative)其实就是这般历史心性的表达。当然,福鼎地域内的汉对畲、疍、回三个主要非汉族群的"异质化"刻画,不仅是个人和群体通过运用身份制造(making identity)的策略来作为资源竞争中的手段,而且也是为了凝聚汉族认同本身而进行的历史建构。

最终,在东南地域社会围绕着海/陆地理观念与正统/异类对立话语,所展开的以社会矛盾和族群冲突为显性表征的社会整合与文化创造过程中,福鼎地区形成了山地文化与海洋文化两者兼有的族群文化特质。以畲族为代表的山地文化和以疍民为典型的海洋文化,加以海上扶舟而至的东南回族,三者共同构成了太姥文化区立体多元的族群文化。

第一章　东南民族走廊与太姥文化区的族群接触

从作为"海国异邦"的闽越到"无诸国灭",再到永嘉年间中州板荡后的"八姓入闽"以及明清时期东南地域社会的重组,在东南中国地域空间里不停转换的历史书写与叙事之下,不变的是以汉越族群互动、人口迁移①、帝国王朝与地方势力拉锯为脚本的历史进程。当然,随跌宕起伏的政治一体化过程而来的是以"华夏化天下"的文化一体化进程。最终,远离教化中心、背山面海、本为"化外蕃服"的东南中国被纳入王朝体系与帝国认同之中。

其实,以"中心"象征及"边缘"叙事为脉络进行历史轨迹的梳理与延展得到的逻辑结果,正是中华民族"多元一体"的宏观整体格局。然而,恰是因为走廊与板块等独特的地理单元所发挥的链接作用,使之成为将若干"多元"整合为"一体"的关节。

作为组成中华民族整体历史—民族格局的有机部分,兼连山海的东南民族走廊不仅具有地理链接作用,更是兼具文化与历史的意义。临海负山、地接闽浙的福鼎地区恰是东南中国历次人群流动路线的中端(halfway),也即东南民族走廊的要道,亲证了各族群之间的来往和互动,并由此形成了福鼎地区具有显著地域特征的多元族群文化。

第一节　东南民族走廊:一个独特的历史—民族区域

东南民族走廊的重要性不仅因为在此发生了从南岛语族诸族到环太平洋地区的人群联系及不同族群之间的文化交融,而且在于它为安土重迁的陆地农耕文明与流动不定的海洋文明之间的沟通提供了渠道。东南民族走廊破除了山地与海洋之间的

---

① 从先秦至宋福建人口的急速增加,与北方汉人多次入闽关系极大。自是之后,福建又因地窄人稠,而开始向外移民。参见林汀水:《也谈福建人口变迁的问题》,《中国社会经济史研究》1993 年第 2 期,第 29—35 页。

壁垒,打开了内陆中原的海洋视域,创造了一条由海入山及自山出海的民族大通道。以海洋为出口的东南民族走廊甚至为中原山地文明的向政治边界模糊的海洋进发提供了一个起点,海洋中国的理想由此变得可及。

一、东南民族走廊:独特的地理区位与范围

总体上,中国地势呈西高东低,故而境内河川多现自东向西走向。从广东、广西,到江西、湖南再到福建、浙江的广大中国南方山区,恰为地理意义上第二级阶梯和第三级阶梯交接的边界地带,这片广阔的"南岭山区生态系统"被几乎平行的横断山脉南端、雪峰山、武夷山脉所横贯,其中分布有众多水系与山地丘陵。山水相间的自然生态环境造就了一个联通南北,以海洋为出口、以山岭为底幕的走廊式地理链接单元。

费孝通先生在其以民族国家(nation-state)为立场的中国民族形成设想中第一次提出了影响深远的中华民族多元一体格局概念,其突破性意义在于放弃了过去以孤立静态的眼光和态度去书写一个民族的过去和现在之方式,而是改为从一个整体的中华民族视角来拆分各个民族形成、合并、分化的动态过程。[1] 于是,按照历史形成的民族地区来进行民族研究遂成为使这种整体性研究构想得以实现的第一步,换言之,历史—民族区域是分解中华民族整合过程与一体多元结构的基本单位。

在多元一体的中华民族分布"棋盘"中,六大板块与三大走廊组合而成了"历史形成的民族地区"的总体架构。其中六大板块指的是北部草原区、东北高山森林区、青藏高原区、云贵高原区、沿海区、中原区,三大走廊为西北民族走廊(即河西走廊)、藏彝走廊、南岭走廊。[2] 由此,费孝通先生的中华民族形成模型不仅强调了生态环境、地理条件对于中华民族形成的意义和影响,也区隔出组成中华民族的各个族群所分布的地理空间,当然也说明了"走廊"对于中华民族形成过程中所具有的地域纽带意义。[3]

其实,对于费先生所称的"南岭地区"在学术界有广义与狭义两种解读。狭义的南岭被定义为大庾岭、萌渚岭、越城岭、都庞岭、骑田岭所涉及的五岭地区,在其间形

---

[1] 费孝通:《谈深入开展民族调查问题》,《中南民族学院学报》1982 年第 3 期,第 2—6 页。

[2] 费孝通:《民族社会学调查的尝试》,《费孝通文集》第 8 卷,群言出版社 1999 年版,第 319—322 页。

[3] 石硕:《藏彝走廊:文明起源与民族源流》,四川人民出版社 2009 年版,第 8—13 页。

成了从东南沿海向中原内地过渡的天然纽带;①而被赋予地质学意义与"人文断层"寓意的广义上的南岭,则为北从云贵高原东南到雪峰山南段、罗霄山脉南段,南到卫左江—郁江一线,西止于滇、黔、桂相交的南、北盘江上游地区,东达南岭东端,北纬25度左右东西横贯长达1000余公里的广阔区域。②

作为地理分界标志的秦岭—淮河区隔着南北两种生态体系,秦淮一线以南,降水量增多,有发育良好的水文系统,流水侵蚀切割作用使得地表破碎起伏,同时流水的冲击作用又使得平原被泥沙不断加高。在自然地理划分的南岭亚区具有热带与亚热带之间过渡的自然景观和农业生产特征,属于亚热带常绿阔叶林,降水丰富,水稻种植历史悠久。③ 在这一区域内,武夷山脉和南岭两侧皆为丘陵、盆地交错的地形,河流深入山地内部,形成了许多河间谷地。

然而,从地理学角度而言,费孝通先生所勾画的"南岭走廊"是更接近东西走向的地理空间,很可能是沟通西部藏缅语族人群与东南部南岛语系人群的地理"桥梁",也是沟通珠江流域与长江流域以及连接南方的交通要道。作为南岭走廊在地理意义上的承接与延展,东北—西南走向的东南民族走廊不仅是以汉—客家、汉—瑶为中心的族群互动舞台,④而且是联通东西以及接洽南北的地理空间以及多元族群互动的发生地,更是以大陆为腹地、以海洋为出口的海陆交融之地,以及陆地文明与海洋文明碰撞的前沿。

从三国时期淮南江表诸郡到南岭道,从会稽到建安之间,已经开始有密切的往来与人群流动。魏晋后"中原"与"边缘"的往来增加,"衣冠南渡"成为常见的历史表达。尤其是隋唐时期中原王朝开始加大对南方地区的开发力度或者说是加强以经济开发为名的政治管控后,"八姓入闽"之类的汉人进入与"峒蛮"等土著人群在区域内的流动都明显更为频繁。而且,唐宋以来,以"畲"为代表的人群流动和族群迁徙轨迹实际上是自南向北,在南岭山脉—雪峰山—罗霄山—武夷山脉之间的山间、谷地以迂回的方式前行。

---

① 实际上,费孝通先生并未点明南岭走廊的所指的具体区域,而在自然地理的研究领域中,对于何谓南岭以及南岭所包含的地理范围还尚未达成一致。参见中国科学院自然资源综合考察委员会、国家计划委员会自然资源综合考察委员会、南岭山区科学考察组编:《南岭山区自然资源开发利用》,科学出版社1992年版,第25—115页。

② 王元林:《费孝通与南岭民族走廊研究》,《广西民族研究》2006年第4期,第109—116页。

③ 任美锷:《中国自然地理纲要》,商务印书馆2009年版,第15—16页,第247—256页。

④ 麻国庆:《南岭民族走廊的人类学定位及意义》,《广西民族大学学报》2013年第3期,第84—85页。

我国地形、山脉分布的整体样貌和东南民族走廊的区域地理环境能让我们想象和还原当时人们的迁徙情景,并意识到民族走廊的意义所在。连接闽浙两地的福鼎地区实际位于这段东南民族走廊的中端,成为南北往来的要道以及"外来"人群在漫长迁徙过程中的重要地标。而东南民族走廊同连接东西的南岭走廊以及沟通藏缅语族先民的藏彝走廊一样①,对于今天中华民族多元一体格局的最终形成起到了举足轻重的作用。

以今天的福建地区为例,这片号称"东南山国"的多山之地,以山地、丘陵为主要地貌类型,山地甚至占到土地总面积的 82.39% ,平原和水面仅仅占 17.61% ,②因而"八山一水一分田"的说法确为福建地理名实相符的概括。不过,东南山地的排布很有规律,福建地区境内分布有两列东北西南走向的山脉,一是由武夷山脉组成的闽西大山带,成为闽、赣的地理分界;二是由鹫峰山、戴云山脉和博平岭组成的闽中大山带,横卧闽中。闽西大山带斜贯于闽赣边界,平均海拔在 1000 米以上,最高峰为海拔 2158 米的黄岗山。闽中大山带斜贯于福建中部,平均海拔也在 1000米以上。两大山带均西坡陡东坡缓,呈阶梯状地貌。此外,河流切割较深,都发育着大小不一、形状各异的山间盆谷。在两大山带的外缘是大面积的丘陵地区,东部沿海地区由于长期受海洋和河流等外营力的侵蚀、剥蚀和堆积作用,形成了大片丘陵和小规模的平原。③

倘若将福建的地形从西向东虚拟出一个地形横剖面图,即刻便能发现其马鞍状的地貌,并向西延伸到江西,向东延展到台湾海峡。在整个东南地区除了以广袤的山地为地理侧写(profile)外,在山地间还夹杂有大量小型山间盆地,主要分布在闽西、闽中两大山带之间的长廊地带。这样的地理形态在九龙江、汀江、晋江、交溪等水域的中上游也有广泛分布,甚至也是赣、皖、粤、湘地形的粗略摹写。恰恰是这样的"山带夹盆地"所形成的低平交通隘道,决定了唐宋以来人群在东南中国的流动路径,当然也决定了东南民族走廊的形成。

二、作为历史—民族区域的东南民族走廊

强调东南民族走廊(The Corridor of Southeast China)的意涵在于,一方面通过形象描绘其天然通道的地理形态来揭示其地理链接的功用;另一方面旨在说明其作为

---

① 李星星:《藏彝走廊的历史文化特征》,《中华文化论坛》2003 年第 1 期,第 46—50 页。
②③ 福建省地方志编纂委员会编:《福建省志·地理志》,方志出版社 2001 年版,第 47—51 页。

历史上东南地区众多族群往来、互动的"场域"(field)以及其对于地域文化所产生的历史文化影响。在如今南方诸族的"南来记忆"中,从"历史的北方"南下,在山川河谷中跋山涉水是常见的移民叙事表达,在流乱中辗转迁徙直至觅得群山环抱中一方宝地居留繁衍也是谱牒中惯常出现的迁居情节。闽北福鼎、福安至浙南的平阳、泰顺一带的畲民至今仍在继续言说诸如此类的迁居传说。

不仅如此,民族走廊的意义还在于它回应了关于现今居住于东南中国区域的居民是否为三千年前甚至四千年前的人类先民的后裔,即给出了有关中国南方人群起源问题和中华民族形成过程的线索。而且,它还显现了民族志意义上的"我群"特征的是沿着何种路径扩张的,换言之,即历史上的"我群"与"你群"是如何通过一个既定的地理空间连结、交融并最终整合于一个政治、文化框架下的历史过程,都能在民族走廊中找到痕迹。①

与藏彝走廊作为藏缅语民族的主要活动舞台和历史区域一样②,东南民族走廊无疑为南方诸族群发展、分化、融合以致形成今天的族群分布格局的"见证者"。在南方山地的广阔区域中,以众多水系以及天然河谷通道连通从武夷山区南端到赣南山区、粤北山区、湘南山区、桂东北、黔南山区、滇东高原山区等众多百越故地,东南民族走廊打通了横断山脉、藏彝走廊到东南出海口的屏障,起到了衔接陆海的作用。不过,相较藏彝走廊连接横断山脉南北而言,东南民族走廊联系了山、海这两个本隔绝的空间,将中原与东南中国乃至整个南中国海都关联到一起。由此,东南民族走廊对于中原王朝以及华夏教化的意义可见一斑。

然而,必须意识到的是:东南民族走廊不单纯是一个自然地理空间,更是一片历史、族群、文化、政治、经济纷繁交互的"象限"。不同族群在这个空间下共生共存,共同成为了中华民族多元一体格局不可或缺的部件③,因此东南民族走廊不简单为一处特殊的地理单元,作为汉越交互、融合的边界,更是兼具历史意义的文化沉积带。如果说南岭走廊中重要的特色是水文化④,藏彝走廊的文化特征是高山峡谷⑤,那么东南民族走廊的文化特征无疑就应该是附着于山海之间的。

显而易见,这里是中国南方较晚纳入华夏体系的地域,从罗霄山到武夷山脉的山

---

① 李济:《中国民族的形成》,江苏教育出版社 2005 年版,第 7—11 页。

② 石硕:《藏彝走廊:文明起源与族群源流》,第 22—23 页。

③ 福鼎地域内族群互动多以汉、畲、疍、回为主体。

④ 麻国庆:《文化、族群与社会:环南中国海区域研究发凡》,《民族研究》2013 年第 2 期,第 34—43 页。

⑤ 石硕:《藏彝走廊:文明起源与族群源流》,第 28 页。

地地貌为此地迥异于汉地"正统"的区域文化形成提供了前提条件。从先秦到两汉三国再到隋唐宋元及明清,这片南方山地区域并非简单上演了一出出以不同族名更迭为表象的民族实体的继替,而是展演着以汉与非汉、华夷二元对立为线索的人群大规模流动和多元族群互动的"剧目"。不过,尽管中心/边缘是东南民族走廊历史脉络的主线,但是不同的族群对于"天下"的界限以及中心/边缘的划分持有不同的观念。①

总而言之,仍然可以粗略地说,汉与非汉、王朝与地方、化内与化外、版籍之民与流民寇匪的角力是东南区域历史展演的梗概,而在线性时间脉络里出现的百越、峒蛮、山都木客、畲、客家等族群无一不是人群流动与族际政治话语角力的结果。

第二节　东南民族走廊的民族源流与太姥文化区的族群接触

东南民族走廊是构成中华民族多元一体格局中众走廊和板块中唯一兼连山海的"桥梁",它将广阔的中南地区、东南沿海与整个南中国海——环太平洋区域联系起来,并且承接了从西南到东南的横向人群流动路径。东南民族走廊在山海之间构筑了以畲、汉、疍、回为主体的人群流动网络以及复杂族群互动关系,使得中原文明向海洋推进成为可能。在内陆文明与海洋文明交融互动的历史过程中,从帝国教化中心到东南沿海乃至环太平洋地区都发生了深刻的社会文化关联,并最终形成了超越简单地理区隔与政治疆界的文化区域以及丰富多样的地方性知识传统。

一、交融与互动:东南民族走廊的族群源流

随着有段石锛以及印纹陶器的在东南地区的大量出土,意味着一个隐藏的事实——包括浙、闽、粤、桂在内的东南沿海地区显然并未与华北地区分享同一套石器工艺传统和以彩陶、黑陶为代表的陶器加工技艺。② 这表示生活于东南中国的人类先民从新石器时期开始就为不同于华夏族的人群。③ 最近在湖南道县发现的人类牙

---

① 黄向春、魏爱棠:《从秦汉以后百越民族发展史看国家政权在汉越互动中的作用——兼论传统中国族群关系中的华夷观念和中心/边缘结构》,蒋炳钊、石奕龙、黄向春主编:《龙虎山崖葬与百越民族文化》,吉林人民出版社 2001 年版,第 197—202 页。

② 林惠祥:《东南区新石器文化特征之一:有段石锛》,《考古学报》1958 年第 3 期,第 1—23 页。

③ 林惠祥:《福建民族之由来》,《福建生活》1947 年第 1 期。

齿遗骸被证明属于现代智人,很可能挑战人类起源的时间序列和人类"走出非洲"(out of African)的一元起源假说。①

自春秋"灭于楚,而从此越散"后,越人流散至闽瓯,并与当地土著结合起,东南中国复杂的族群互动和人口迁徙便已然开启。② 秦汉至唐宋时期南方族群之间交互激烈,在以华/夷、中原/四方为脚本,以中心/边缘对立观念为逻辑的历史进程,及曲折漫长的汉越融合过程中,终以百越的式微与汉文化的渐盛为结局,并由此形成了基本的族群分布格局,奠定了"多元"背景下的"一体"框架。

先秦时期,这片东南中国的广阔地域皆属于"方外"蛮种之地,分布在浙江、福建、广东、广西乃至越南的闽越、瓯越、骆越都属于不受管束的非汉族群。然而,自"秦并天下,废闽越王无诸为君长,以其地置设闽中郡"以来,标志着秦王朝已经将国家政治势力伸入百越蛮夷地界。在实行中央集权制的王朝眼中,以政治力量和手段(包括强硬的"虚其地"以及所谓"以夷治夷"的羁縻政策)将百越纳入汉文化体系中是朝着政治一统目标迈进的必要"步骤"。而自此后,"越"已不再见于史书典籍的记述中,实际上这恰好暗示了东南地区汉越民族交融激烈的景象。③

不论是魏晋以来"南下避祸"而至的"中州汉人",还是被迫隐匿山林的百越遗民,在东南民族走廊这个共同空间里文化涵化与民族融合长期都是族群间互动的基本概貌。在汉文化向南推进过程中所发生的越的汉化以及汉的土著化使得迥异于北方汉文化体系的南方汉人传统得以形成。毫无疑问,对于处于东南民族走廊中端的福鼎地区而言,"不见物"的汉越交融传统形成了区域内的族群渊源,造就了福鼎地区独具一格的地域性格。④

在东南地区非汉族群以"齐民化"为核心的文化一体化进程背后,是国家政治权力结构在原本边缘地带的延伸和扩张,以及周代礼制秩序观念在蛮地的推行与复制。文化正统象征的塑造以及类似三国时期孙吴政权将山越群体用屯田或屯兵制度加以"捆绑"的政治手段,都是国家意志实现纳入非汉族群的两张王牌。而教化的齐民,巩固的疆域,稳定的政治秩序实则国家政治中心期待的结果。因此,郡县制下附着于

---

① Wu Liu & Maria Martinon—Torres(etc.), *The earliest unequivocally modern humans in southern China*, *Nature* (2015), doi:10.1038/nature15696, Received 09 May 2015 Accepted 09 September 2015 Published online 14 October 2015.

② 林汀水:《也谈福建人口的迁徙》,《中国社会经济史研究》1993 年第 2 期,第 29—35 页。

③ 陈国强:《福建的古民族——"木客"试探》,《厦门大学学报》1963 年第 2 期,第 1—12 页。

④ 参见本书第二编《汉越交融:太姥文化的深层特质》。

土地并且为华夏礼仪教化的非汉族群成为"渐染华风"的编户齐民,他们被视作与汉人等同。到隋唐时期,历经数百年"滚雪球"般的过程,"不与我同"的"南蛮杂类"都被纳入南方汉人的系统,成为汉人来源的一部分。[1]

20世纪上半叶,在建立现代民族国家的思想浪潮下,梁启超等先贤以国族建构为出发点,兴起了以构筑现代国家体系为目标的运动。在汉、满、蒙、回、藏"五族共和"的政治倡导下,树立国民认同与祖源意识成为当时研究的热点。林惠祥先生认为现代汉人是历史发展过程的结果,而形成汉人认同与民族实体的关键时期包括汉至南北朝、隋至元末以及明至民国。在他对民族源流的梳理以及对民族分类框架下,现代中国的民族系统,包括汉、满、回、蒙、藏、苗瑶、罗缅、僰掸八族,无一不是诸如华夏、东夷、荆吴、百越、匈奴、突厥、蒙古、氐羌、罗缅、苗瑶、僰掸等历史上的民族相互融合而形成的"产物"。现代汉族的祖源构成复杂多元,几乎均涉及上述诸历史民族的交融。[2] 林先生对于中国民族形成的分析无疑说明了现代民族形成的复杂性,尤其是指出汉族的多元祖源,说明了民族融合的纷繁,当然同时也揭示出非汉民族祖源的复合性。

现今东南地区的非汉人群主要指的是畲、疍、回、满,而畲族是东南地区"非汉"族群的主体。[3] 今日东南地区畲族的迁徙历史几乎都涉及唐末五代时期以广东潮州为起点到闽中再到闽西至浙南赣南的移居路线,恰是围绕着东南民族走廊低平谷地的地貌轮廓来进行。尽管从宋元一直到明清,何为畲人一直颇有争议,这群来源于"山居峒蛮"之人也常常被"有国者"作为划分齐民与逃离国家者的人群界限,同时也因为"畲"所具有的化外隐喻而被当作对陈吊眼这类寇匪进行人群身份标签化的政治手段。可以说,汉与非汉、畲与非畲的划分更多在于对王朝政权的政治态度,而不在于族群间的客观差距。[4]

二、东南民族走廊的族群接触与历史文化特征

东南民族走廊具有显著的双向族群互动特征,且兼具山地文明以及海洋性人文

① 黄向春、魏爱棠:《从秦汉以后百越民族发展史看国家政权在汉越互动中的作用——兼论传统中国族群关系中的华夷观念和中心/边缘结构》,蒋炳钊、石奕龙、黄向春主编:《龙虎山崖葬与百越民族文化》,第197—202页。

② 林惠祥:《中国民族史》,商务印书馆1993年版,第1—10页。

③ 陈国强:《福建的古民族——"木客"试探》,《厦门大学学报》1963年第2期,第1—12页。

④ 刘婷玉:《谁人为畲?——家族文书与"畲"的族群变迁》,厦门大学博士学位论文,2013年,第1—3页。

的特征。从历史学与民族史的角度而言,编户齐民与汉人的大量人口迁徙改变了东南区域原有的族群格局、关系甚至是区域内居民的族群成分。元初对宋朝遗民的杀戮政策,除了使得宋朝遗民向着更深远的山区迁徙,也使得畲、客之间的接触越来越密切。①

自罗香林主张客家人是中原汉人纯正血统的后裔以来,学界很长时期都将客家人视作被作为富有忠义思想的汉人民系以及中原正统。② 但根据语言学的研究成果,客家既非本地土著也非纯正的"南下汉人",而是南北族群在东南区域长期互动的结果,其中既包括汉的土著化也包含土著的汉化。③

这至少说明,东南民族走廊内发生的族群互动无疑是双向的,而非单向涵化,而族群互动的主体为汉与畲两大族群。此外,根据词源的语言学分析以及分子人类学提出的新证据都为我们还原东南民族走廊族群互动的样貌提供了线索。

分子人类学研究者在采集闽语支人群的 Y 染色体并对数据加以比对分析后,提出就遗传结构而言"闽越"已经在福建消失的大胆观点。④ 在以同样的研究方法测试如今苗瑶人群的遗传轨迹后,研究者认为苗瑶人群内部与畲的关系更接近,而语言学家相信客家话中既有苗瑶语同源基本词,也有壮侗语同源基本词。⑤ 尽管上述两种研究的路径大不相同,但其研究暗示历史上苗瑶、畲以及处于汉畲之间的客家有着深刻的族群接触。

从分子人类学到历史人类学,两者站在不同的角度和立场,但均旨在揭示东南人群的过去以及现状如何得以形成。分子人类学以推定的始祖来确认人群的演化而大大忽略了人们在宣称我们为谁的过程中的主观动机。但是,分子人类学通过人群的遗传学特征进行的分析仍然能够说明在不变的地域空间里面人群变动的趋势。

此外,至今对其族群归属与源流尚无定论的东南区域内古民族——木客,是东南民族走廊区域内复杂族群互动的证据。根据史料记载来分析,唐时山都、木客皆为分布于闽西汀州密林中的"异族"。唐代刘禹锡在《莫摇歌》中写道:"莫摇自生长,名字无符籍。市易杂蛟人,婚姻通木客。"因"莫摇"常被视为瑶族的古代先民,故而刘诗

---

① 郑振满、张侃:《乡土中国:培田》,生活·读书·新知三联书店 2005 年版,第 15—31 页。

② 罗香林:《客家研究导论》,兴宁希山书藏 1933 年版,第 37—40 页。

③ 邓晓华:《论客家话的来源——兼论客畲关系》,《云南民族大学学报》2006 年第 4 期,第 143—146 页。

④ 李辉:《分子人类学所见历史上闽越人群的消失》,《广西民族大学学报》2007 年第 2 期,第 42—47 页。

⑤ 邓晓华、王士元:《中国的语言及方言的分类》,中华书局 2009 年版,第 44—45 页。

被作为唐代木客曾与瑶族通婚的证据。①《太平寰宇记》引《异物志》称："大山穷谷之间有山都人,不知其源绪所出。发长五寸而不能结,裸身,见人便走避之。"②苏轼也有明确提及木客的诗句:"谁向空山弄明月,山中木客解吟诗。"这些表述莫不在说明山都、木客与山林相关的居处形式以及远未开化的状态。

《舆地志》中载"上洛山多木客,乃鬼类也,形似人,语亦如人"③,字里行间中仍然在暗指木客似鬼也似人的模棱两可。自宋至明清,山都、木客不仅被视为深居山中的异族,甚至还被描摹为形似鬼魅的山魈,并在历史书写中被强调其"异于人"(inhuman)的特征。从洪迈在《夷坚志》中称"二浙、江东曰五通,江西、闽中曰木下三郎,又曰木客,一足者曰独脚五通,名虽不同,其实则一"④,到清代《闽都别记》中有关木客的神怪情节,以及杨澜对"汀洲木客乃独脚鬼"⑤的属性判断,都将其归类于非人的妖或精怪。

有推论认为山都、木客或为古越族深居山林的后人,也可能为畲族先民,这些推测都尚待证据进一步证明。不过,鉴于将木客异化为非人的时间点与唐宋时东南山区的开发以及朝廷加强对东南地区政治管控的社会文化背景相吻合,更符合逻辑的解释是,不论山都或木客乃是汉人对非我族类的异化书写,是通过对他群"妖魔化"的形象塑造,造就我族对外的异己感(the sense of otherness),最终助力于我群认同的确立并由此建立起其我族内部的情感联系。

此外,另有观点根据典籍与诗文中对木客矮小形象的刻画,认为木客在体质上与小黑人有相似之处,主张木客是东南先民小黑人的后裔。⑥更新近的研究比较了山都与越人所共同具有的类似断发、丧葬、巢居等文化特质,因而判断山都为越族后代并最终被融入汉或畲的体系。⑦ 然而,不管是何种说法最接近历史真相,笔者认为这都证明了东南民族走廊所具有的海洋人文与山地人文叠加的历史文化特征。

---

① ⑥　陈国强:《福建的古民族——"木客"试探》,《厦门大学学报》1963 年第 2 期,第 1—12 页。

②　乐史撰:《太平寰宇记》卷一百九,文渊阁四库全书本。

③　顾野王:《舆地志》,王谟辑《汉唐地理书钞》,中华书局 1961 年版,第 191 页。

④　洪迈撰,何卓点校:《夷坚志》,中华书局 1981 年版。

⑤　杨澜撰:《临汀汇考》,光绪四年(1878 年)刻本。

⑦　郭志超:《闽台民族史辨》,黄山出版社 2006 年版,第 118—122 页。

第二章　族群迁徙与太姥文化区的分布格局

东南中国族群分布格局的最终形成,其实是一部嵌入了复杂汉越族群互动的移民史。但东南中国族群分布现状与格局的形成并非由一次移民过程所促成,而是历经从秦汉、唐、五代、宋以及明清各个时代,伴随中央王朝与地域社会彼此消长的社会文化发展历程下的数次移民迁入潮。地处东南、远离中原的闽越故地从"蛮夷要服"蜕变为礼仪传家的教化之邦,在转变背后隐匿的是一部附着在王朝更迭宏大叙事下,包含复杂族群互动的社会文化进程。① 地接闽浙、位于太姥文化区核心的福鼎,其辖内的族群关系以及族群格局的形成更是这样一部移民史的典型映射。

第一节　"八姓入闽"与明末清初的东南乱局

"中原衣冠南渡"是福建地区普遍的移民叙事模式,这种中原南来的叙事框架不在于其是否为历史真实,而是它对于新移民而言或是对希望改变自身身份的群体来说,他们能够在"中州南来"的言说中获得身份合法性的证据和支撑。对于东南中国而言,隋唐五代是福建历史发展转折的开始。② 这种转变与唐、五代时期中央政权开始加强对东南地区的控制与开发不无关联,陈元光平闽的传说就是一例。

在开发东南的过程中,涉及帝国王朝与地方势力的利益角力以及汉与非汉族群互动中产生的复杂博弈,因此,汉—畲以及汉—疍族群格局的形成也是帝国中心与地方豪酋拉锯的结果。在族群互动的过程中,集体记忆的制造除了口传与书写的历史

---

① 张先清、杜树海:《移民、传说与族群记忆——民族史视野中的南方族群叙事》,《厦门大学学报》2012年第4期,第30—39页。

② 徐晓望:《论隋唐五代福建的开发及其文化特征的形成》,《东南学术》2003年第5期,第133—141页。

外,习俗、仪式与科仪以地方性知识的形式进入族群记忆的脉络中。这些地方性族群记忆往往是宏大历史叙事架构下特殊群体的地方历史传统,是以局内人(insider)的眼光书写的地方历史。

一、"八姓入闽"、闽王审知与汉—蛮獠、汉—畲族群格局的初步形成

(一)"八姓入闽":移民叙事中的历史心性

作为移民叙事的惯用范式(paradigm)——"八姓入闽"传说常见于福建地区民间文献中有关祖源追溯的表述。显然,这种对超出五代以外所谓"始祖"的追踪,来自于宋代以后以欧阳修、苏洵为代表的士大夫推动了谱牒庶民化运动的兴起。随着唐末五代时期门阀世家制度的崩溃,以及两税法确立后土地流转加速,社会的流动性与不稳定性都随之加剧,对于国家精英而言,整合社会秩序便成为国家稳定之要旨。尤其是在明清之际,新的宗法制度与家族组织的建设在宋元之后得到进一步推进,谱牒编修得到进一步的推广。乡族社会采用建祠堂、修族谱、置祖产等一系列的手段来达到收族敬宗、规范乡党以及维持社会秩序的目的,从而最终完成宗法伦理庶民化,基层社会自治化和财产关系共有化。① 而族谱书写的作用正是在于考源流、明系属、叙支派、别亲疏,终极目标则在于和睦族党、尊祖敬宗,当然其中不乏树立本族身份,宣称族界与祖产的用意。

明清以后,民间族谱的世系已经追溯至五代以上,在族谱书写的实践中打破了官方对于"庙堂"的区分与限制。为了荣荫家族,福建地区民间各姓家族在族谱编修的过程中都非常重视"入闽"记忆的描述。按照陈支平先生的归纳,这些记述几乎依循如下思路进行:其一大部分姓氏的入闽始祖乃贵胄官宦或是随陈元光平闽的英雄或辅佐三王闽治闽的幕僚;其二,其先祖都子孙满堂且迁居四方。② 故而,大多溯其祖源至河南光州固始的"八姓入闽"传说乃是福建地区民间文献的常用叙事方式。

目前,对于"八姓入闽"的叙事方式存在的历史真实问题主要来自于:第一是汉人入闽并非始于晋永嘉年,而是发生在永嘉以前;第二是与正史所载不符,依据正史,从永嘉元年到刘宋泰始二年间,北方流民南下最远迄于江浙一带,并没有避乱入闽的记载;第三,即使八姓入闽确有其事,这时期入闽的中原汉人也并非叙事中所说的都

---

① 郑振满:《明清福建家族组织与社会变迁》,第172—207页。
② 陈支平:《福建族谱》,福建人民出版社1996年版,第93—112页。

是簪缨世家,由此可见存在着虚构祖先显贵的一面。①

朱维干认为"八姓入闽"更接近于被福建地方诸族乐于谈论且喜于言说的传说,和移民史上的一个难以考证的传奇故事,但实际上这段传说在王朝正史中却没有留下更多明确的记载。"八姓入闽"主要说明中原汉人进入东南地区的历史,但是就其情节设置和故事梗概而言,"八姓入闽"的叙事常常引来在移民史研究范畴内有关历史真实性的质疑。其实,"八姓入闽"更多的应该被视作谱牒书写者的历史心性,单纯考证其历史真实则不足以说明这种叙事对当时的人们所产生的意义。

该叙事常见表述多与地方谋反与国家平反有关,唐代士人林蕴为《林氏族谱》所作序言称:

> 汉武帝以闽数反,命迁其民于江淮,久空其地。今诸姓入闽,自永嘉始也。②

《闽书》云:

> 晋永嘉二年,中州板荡,衣冠始入闽者八族,所谓林、黄、陈、郑、詹、丘、何、胡是也。③

明弘治版《八闽通志·序》云:

> 自汉武徙其民于江淮间,永嘉板荡,乃有衣冠而南……自八姓入闽之后,而人才渐有,然犹不乐内仕。④

乾隆版《福州府志》卷七十五"外纪"中引路振《九国志》曰:

> 永嘉二年,中州板荡,衣冠始入闽者八族,林、黄、陈、郑、詹、丘、何、胡是也。以中原事多,畏难怀居,无复北向,故六朝间仕官名迹,鲜有闻者。⑤

---

① 朱维干:《福建史稿》,福建教育出版社1984年版,第60—71页。
② 佚名:《福建林氏两湘支谱》卷一"闽序"。
③ 何乔远:《闽书》卷一百五十二,明崇祯刻本。
④ (明)黄仲昭修纂:《八闽通志》序。
⑤ 徐景熹修,鲁曾煜等纂:《福州府志》卷七十五"外纪",乾隆十九年(1754年)刊本。

（二）唐末五代乱局与开闽王氏

隋唐五代时期对于福建地域社会的意义如同公元 1000 年以及公元 1500 年对于世界的意义一样①,这段福建地区历史上关键的时间节点勾画了整个地域社会格局的雏形和框架。从唐以"安抚"和开发的政策代替隋代的严吏苛政,诸如闽地一类过去远离帝国中心的区域得到了空前开发的机会,同时也是由未化到开化的开始。直到安史之乱,这种轻徭薄赋的局面都一直延续着。安史之乱打破了福建地区的社会稳定与有序,而"黄巢过闽"正是由于那时的权力真空所造成,最终建州陈岩在闽地割据一方。唐僖宗光启元年(885 年),寿州人王绪、王潮、王审知发动"南安兵变",之后相继攻下泉州、福州,成为掌控闽地的新政权。② 尽管王氏从建立闽国到被南唐所灭,再到吴越钱氏与南唐拉锯,最终吴越钱氏向宋朝称臣的时间不过几十年,但是这期间,以大规模自北向南的人口流动为载体的文化、宗教、工艺、技术的流动,在闽越蛇种之地奠定了向海滨邹鲁转变的可能。

不仅如此,六朝以来,朝廷与贼子的拉锯频频在泉州、温州等地上演。隋的建立将闽中与中央地区以及闽中民众与中原民众的命运联系起来。唐以宽松政策代替了隋时的苛政,闽中地区建立了更多的州县,人口呈现增长的趋势。但是,靠山而居的蛮獠与帝国中心并未保持长期的和平关系,在唐加大对闽地山区的开发大背景下,族群之间的紧张爆发。定居农耕文化与山地游耕文化之间的冲突体现在"汉"与蛮獠的冲撞中,陈元光平闽就是这种不同文明之间相互撞击的表现。

其实,历史演进中的脉络与线索隐现于福鼎地区历史沿革的更张与变化中。清嘉庆年间修纂的《福鼎县志》在《沿革》一节中就展现了这种历史交替前进的逻辑。然而,在此背后,仍然潜藏着汉—越互动的模式,而这正是先秦、魏晋时期中心/边缘结构和族群格局的延续。

> 福鼎介居闽浙,分星属牛女之次,即云物之升沉,考验休咎,以备旱潦。帝王以疆理天下,或因其旧以承袭,或除其弊而更张……福鼎古属扬州,旋为越地,秦汉而下隶郡隶县隶州,变革不一。我朝乾隆四年,复分霞浦地建县,濒海负山,亦为闽北一岩邑也。
>
> 唐虞夏商属扬州之地,周为七闽地,春秋为越国,秦为闽中郡,汉为无诸国。

---

① Valerie Hansen, *The silk road: A new history,* New York: Oxford university press, 2012, pp. 85−173.

② 徐晓望编:《福建通史》第三卷,福建人民出版社 2006 年版,第 19—95 页。

汉建元、元鼎间,闽越乱,国灭。三国时,地入东吴,晋太康年晋灭吴,立晋安郡,置温麻县,属扬州。

乾符五年,黄巢入闽。梁开平三年,王审知封为闽王。

开运三年,闽灭,地入南唐。汉乾祐元年,闽东都留守李仁达举国归吴越。

宋,钱氏纳土。①

总的而言,统一与纷乱、剿乱与归顺的交替成为唐末五代的时代母题,然而在此时间段落中以陈政、陈元光父子平闽以及三王入闽,王审知建闽国且治理闽地之类的中央与地方角力构成的宏观历史脉络,对于地域社会仍然影响深远。下文就是以地方视角对历史大事件进行表述的例子:

唐高宗总章二年,泉、潮间蛮獠啸乱,"归德将军"陈政,河南光州固始人,奉旨统领岭南行军总管事,出镇绥安,进屯闽境。高宗仪凤二年,陈政卒。子元光以"鹰扬将军"代领夫职,讨平广寇陈谦等。

永隆二年,盗起南海边郡,朝敕陈元光提兵入潮、岭表平。元光疏请增建一州于泉、潮间,以控岭表。诏从之,遂析福州西南境置漳州,既以元光为漳州刺史。

其后以"开漳圣王"称之。景龙二年,剿巨寇为贼将蓝奉高所害。开元四年,进封昭烈颍川侯。②

不过,地域社会可能对这些历史事件做出的回应无法与王朝正史相对应,但是地域社会仍旧通过族谱、契约、歌谣、仪式和科仪、民俗之类的形式展示他们对大历史的感知和理解。

与"陈元光开漳"一样,"王审知治闽"同为在割据与统一、治世与乱世中的消长与交替中进行的历史轨迹中的节点。《旧五代史·王潮别传》述及"黄巢犯阙,江、淮间群盗蜂起,有贼帅王绪者自称将军",王绪、王潮"悉举光、寿兵五千人"入闽,随之而来的是向东南沿海的大规模人口迁移,有人习惯把这些移民以姓氏相区分,概括为"十八姓入闽"或"十八姓随王"。这些"南来"的移民便是后来建立闽国的主体,毫

①　嘉庆《福鼎县志》,周瑞光汇编:《福鼎旧志汇编》,第16—277页。
②　陈敦贞、陈鼎言、林念纯:《闽疆录》,内部刊印未出版,2001年,第70—75页。

无疑问他们从语言、宗教、习俗、生计方式等都对闽国产生了深远的影响。①

闽中居民在诸如谱牒一类的民间文献中不仅以"八姓入闽"来表述其始祖来源，在祖源的追寻中福建乃至台湾之各姓乡族几乎咸以河南光州固始作为其祖源之地。"籍贯河南光州固始人"的表达不单单是宣称"正统身份"的需要，也与唐末、五代时期政局动荡，在此乱局中往日的社会秩序不复，地方与中央的关系历经起伏有关。

作为福鼎的大族之一，福鼎桐山王氏在光绪庚辰版族谱谱序中依然强调其固始出身②，称：

> 王氏得姓出自周灵王太子晋，发祥河东繁衍江左，蔓延光州固始，而吾宗之嫡孤即于固始县令元聪公，传数代而至务琨公……迁之祖同出五代之际，历宋元明而至国朝千有余载。其间沧桑几变，兵燹几经，而谱牒之残亡或因乎流离……

甚至连畲民在书写本族历史与各姓开基故事时仍多强调其先祖与王审知入闽的关系：

> 唐景福元年，盘、蓝、雷、钟四姓三百六十余口，担任王审知向导，随其自海路来闽，在连江马鼻登岸，后徙居罗源大灞头等处，再由罗源迁居至宁德、福安、霞浦、福鼎等地。③

当然，王朝历史与民间历史叙事对同一段历史进行的不同表述反映了其不同的立场。但是，这些来自过去的印记和集体记忆都渗透入地域文化中，形成了以"兼容并包"为特征的闽中移民文化，福鼎显然也在此文化圈里面。

（三）汉—蛮獠/汉—畲族群格局的初步形成

在汉王朝以虚地徙民手段在东南中国搭建的政治统一体下，土著与外来移民的融合便以文化休克（cultural shock）的方式进行着。然而，"陈元光入闽平峒蛮"，与"王审知治闽"和"八姓衣冠入闽"一样奠定了此后近千年内东南地域社会中族群关系与族群格局的框架。"文化中国"的进程也沿着正统/异化的脉络、中心/边缘的架

---

① 王大良：《唐末江淮流域的人口迁徙及其历史意义——以王绪、王潮"悉举光、寿兵五千"入闽为例》，《扬州大学学报》2014 年第 2 期，第 99—103 页。

② 《桐山王氏族谱》，昆阳墨香斋藏，光绪庚辰（1880 年）增修版。

③ 《闽东畲族志》编纂委员会：《闽东畲族志》，民族出版社 2000 年版，第 7—13 页。

构发展下去。

唐宋以后,在汉与非汉的象征体系下汉—蛮獠以及汉—疍族群格局初步成型。不论是第一章所提及的对山都木客的妖魔化形象塑造,还是对"居峒砦"者以及"居浮筏"者树立的族界区隔,这些难以寻觅到族群实体的人群更像是为了维护汉的族群边界而打造的"异化"存在。或者说,这是为了巩固汉人认同而创造的异己素材,而打造"异己"无疑可以得到强化我群的逻辑结果。

正是这些深居山林形似"鬼怪",依洞穴而居的蛮獠以及临水而生的疍家,最终都"贡献"于东南地域社会资源分享体系的成形和运作。因为获得生态资源准入资格的标准正是族群身份而非土著与移民的划分,这也是之所以生计方式在那时成为人群划分界限的原因。①

二、明末清初的东南乱局:海寇倭乱迭起与沿海居民内迁

从明末一直到清初期,东南沿海持续受到倭、匪的侵扰,如果说彼时东南沿海历史几乎由海盗进犯与抗击海贼以及倭寇侵袭与抗击倭寇的情节写成也毫不夸张。梳理清初编修的《福鼎县志》和《福鼎乡土志》里《海防》《忠烈》等章节就足以厘清就该时期福鼎地区所经历的历史梗概:

> 福鼎地处闽北,与浙洋交界,最要口岸有三,南镇、潋城、秦屿。康熙四十六年,复准。闽省渔船,准与商船一体往来。欲出洋者,将十船编为一甲,取具连环保结,一船有犯,余船尽坐。桅之双单,并从其便,嗣后造船,责成船主取澳甲、户、族、里长,邻右保结,倘有奸事发,船户同罪。
>
> 明洪武二年,温州叛贼叶丁香由桐山寇州,屠戮甚惨。
>
> 明末,海贼郑芝龙入寇,所在蹂躏。一日,忽率众攻秦屿,鸾三率众悍拒之。
>
> 嘉靖三十五年,倭万余攻秦屿堡,里人程伯简率众御之,
>
> 顺治五年,福安刘中藻等作乱,攻福宁州,屯桐山。十三年海寇陈文达焚劫塘底。汀州人王拉天,寿宁人马兴等剽掠桐山,居民绝迹者三年。
>
> 嘉靖十八年十一月,迁沿海居民于内地。
>
> 十八年,海寇迭起,复移居民内地,疆画原界(平原)。

① 黄向春:《"闽越"概念与福建地域文化研究》,福建省文化厅、福建省炎黄文化研究会编:《闽越文化研究》,海峡文艺出版社2002年版,第249—259页。

二十年,总督姚公启奏请尽复原迁沿海居民。

乾隆五十二年,台匪林爽文作乱,檄召浙江兵赴剿。①

然而,尽管海贼与倭寇以及剿匪和抗倭是构成那时东南沿海地区历史的主线,但是隐匿于这条历史主线下的是从户籍里甲制度到宗族社会建构等一系列地方社会"配套"式的发展。明代户籍制度细分了军户、民户、弓兵户等类型而不再延续宋时只分主/客、元时只分南/北的做法,这样"改革"性的措施实际上是对当时社会历史现状的适应性表现(cultural adaption)。根据《宁德县志》卷四《赋役志》记载:

宋时,户分主客。景祐四年,户一千四百六十,口无考。绍兴二十四年,户一万九千二百四十九,口三万九千一百七十九。元时,户分南北,至正十七年,户一万五千五百六十六,口三万二千三百四十,南口三万二千二百四十六,北口九十四。明时,户分民、军、匠、弓兵、铺兵等目。洪武二十四年,户一万五千五百七十。嘉靖十一年,户五千八百二十,民户五千一百六十七,军户五百八十。万历十年,户五千六百九十二,民户五千四十六,军户五百八十一。辛酉倭寇蹂践之后,继以瘟疫,故户口凋耗。②

明代凭借户籍制度以及与之配套的里社、宗法、宗族、宗教制度不仅仅旨在单纯地进行"正统"身份的识别或进行标签式的身份区分。在地域社会备受寇乱、瘟疫等袭扰的历史大背景下,这一整套以户籍为中心的制度确立的是一种维持地域社会稳定的秩序。显然,在寇乱与流离的历史大前提下,地方社会必然历经劫数,不少地方大族在匪乱和倭寇入侵中被拆散、被解体。当然,迁界、复界给予了人们"重组"家族的机会,同时也给予了所有人重新获得地方生态资源和权力分配的机会。因此,在明末清初时才有不少家族上演中兴或消陨的桥段。

在资源面临重新配置的历史机遇下,身份制造(making identity)成为使所获取资源变得合法化的有效手段。换言之,宣称身份的合法性就等同于宣称有获得生态资源和进入地方权力体系的资格。于是,人们最有可能采用编写族谱的方式来记忆与书写各自家族的历史,这也是之所以明清时期伴随地方乡族组织兴盛的是人们书写

---

① 嘉庆《福鼎县志》,周瑞光汇编:《福鼎旧志汇编》,第16—277页。

② 卢建其修,张君宾纂:《宁德县志》,厦门大学出版社2012年版,第334—335页。

自己历史的传统。

三、复迁居民与重划原界:东南地域社会的重建

闽东地域社会的发展史与其说是王朝政治体系的一部分,不如说是充斥着各个族群乃至各大家族的族群史与家族史。东南沿海区域在唐宋以前一直以方外蛮种之地的边缘形象出现在国家历史叙事中,而中也暗示了东南区域在国家政治格局中的地位。而东南区域历史的发展在唐宋时期迎来了首个转折。在宋代以整治国家格局与肃清地方秩序为终极目标的理学教化运动下,东南地区收族敬宗之风大兴。由此,东南一地开始逐渐靠近王朝中心的政治话语,也渐渐摆脱过去化外蛮夷的形象,进而转身成为朱子讲学故地的海滨邹鲁。中原正统也至此延展到东南沿海的闽、瓯故地,并在礼仪教化和科举考试制度的推行下得到进一步强化。

东南区域历史在明末清初时"遭遇"了第二个重大历史转折点。包括太姥文化区中心福鼎在内的东南沿海各地,皆目睹了诸如"金钱作乱"、海盗肆虐、倭寇作乱等社会混乱与地方社会秩序的崩溃。明代的海防以及一系列诸如卫所屯兵的配套制度,影响了当时的沿海地区的地域格局与人群关系。这涉及浙、闽、粤等广大区域和数量庞大的人群,如此影响也一直延续到清代迁界、复界政策的实行。[①]

被冠以"为祸良多"之名的迁界、展界政策持续数年,不仅使得人群分布格局被打乱,更重要的是破坏了从唐宋以来形成的地方权力结构的内稳态(hemostasis)。直白地说,这带给东南地域社会重新"洗牌"的机会,重启了地方社会一场新的"权力的游戏"。

这场游戏的竞赛者凭借各自不同的"历史背景"与手段,实现了自身的复兴。太姥文化区中福鼎的几个大族的历史实际上反映了他们参与这场"游戏"的过程以及所采用的竞赛手腕。例如,桐城施家以《打拾锦》之类的正统礼仪核心价值作为复兴宗族的办法;西昆孔家与曲阜孔氏连谱并重设祭孔仪式,以儒学作为光大宗族的措施。此外,还包括以白茶旺族的白琳吴家,清代由陈埭迁至秦屿的丁氏,终于在 20 世纪末获得了国家认可少数民族身份。然而,贯穿于各种不同振兴本族方式的是重新进入地方权力话语中心的动因,以及为本族谋求更多资源与权益的经济人理性。

---

① 陈春声:《明代前期潮州海防以及其影响(上)》,《中山大学学报》2007 年第 2 期,第 24—32 页。

第二节　从种蓝为业到山居闽东：闽东畲民的族群迁徙

　　山居东南地区的"非汉"族群历来被冠以诸多污名,从峒溪、蛮獠到山魈、畲贼及以畲刀燔林为族名的畲客,无一不在强调其"非我族类"的异化特征。然而,现下山居闽东的畲民与过去汉文典籍与地方志书中的"蛮獠"尽管被视为同一人群在族称上的继替,但其实很难证明二者为同一民族实体的接续。① 从蛮獠到畲客,被延续的更多是以中原立场出发的"华/夷"人群分类意识以及中原/边缘对立格局,而非在不同族名下繁衍的同一族群实体。但是,这种华/夷、中心/边缘观念之所以得以延续,其背后隐含的逻辑是畲客在生产方式、居处方式、风俗等方面对"蛮獠"、"峒寇"的沿袭。也就是说,这些外在的特征被汉人作为划分族群界限的标准,故而,二者不过是生活在不同时空背景下的同一人群。

　　因此,汉人划分族群的标准被固化并予以表述,同样畲客也通过语言、仪式等标尺来区分人与我,最终形成了界限明晰的族群边界以及划区域而居的族群格局。然而,畲客文化变迁发生的大背景是汉越族群交融,其中既有"蛮獠"的汉化也有汉人的"土著化"。可以说,在畲汉互动的背后投射的是华夷对立的逻辑以及中心/边缘的族群分布格局观念和人群关系假设。② 但是,不能忽视的是国家政权力量在文化变迁中发挥的作用,以及帝国话语对于形塑地域社会所产生的影响。对于东南区域社会而言,伴随国家借助政治力量建构的正统南下,是纳入"百越"土著的文化涵化,即以政治体制架设下的文化扩张。正是国家政权力量推动的政治一体化才促成了汉越融合的文化一体化。③

　　影响闽东区域历史发展的时间节点有二,一是唐末、两宋时期,二是明末清初之际。在这两次社会动荡与乱局中,伴随着大规模的人口迁移以及地方社会的重组。闽东负山临海的地理位置使得在唐末五代时期免受纷乱之困,畲民沿海路从闽西南

---

　　① 曹大明:《重塑"畲人":赣南畲族的历史记忆与族群认同》,厦门大学博士学位论文,2010 年,第48—54 页。

　　② 魏爱棠:《畲族文化变迁过程中两种不同力量的作用》,《中央民族大学学报》2000 年第 5 期,第10—14 页。

　　③ 黄向春、魏爱棠:《从秦汉以后百越民族发展史看国家政权在汉越互动中的作用——兼论传统中国族群中的华夷观念和中心/边缘结构》,《龙虎山崖葬与百越民族文化》,第196—197 页。

辗转泉州、莆田、闽侯、连江、罗源等地最后到达闽东,部分再继续往北到达浙南,散居丽水、温州等地。也有部分折回福鼎、福安、霞浦、宁德。唐末至宋元时期,畲民迁徙的动因是来自于避免战祸,以战争移民的身份来到闽东定居。

隋唐至南宋,畲民仍居山区,少见外迁者。至宋元之际,畲民不再局限于依山而居,其迁移的半径逐步扩大,相当一部分向闽中、闽北一带迁徙。明清时期,大量移居闽东、浙南一带的沿海山区。而明清之际畲民的大规模迁徙则是在劳动需求拉动下的人口流动。清初,东南沿海频繁遭受倭祸乱海,中央政府海禁政策的实施以及地方迁界与复界赋予了闽东人群流动的契机,借此展开了闽东地域社会的重组,成为地域社会和人群格局形成的历史原因。①

明清时,畲民自述其迁移路线有二,一自福安进入福宁州(府)西部、西南部;二为由水路自罗源、连江、宁德进入福宁州(府)西部、西南部。入境后或就近落脚,或沿闽浙官道栖身,再进入福鼎,最远进入浙江南部,也有自浙南折回至闽东者。畲民的大规模移居直到清末民国初才宣告结束,形成如今的分布格局。② 明清时期大量落籍闽东的畲民大多依山而居,垦田为生,以大分散,小聚居的形式形成畲、汉共处的格局。闽东地区畲民主姓有蓝、雷、钟、吴、李,分布于宁德、福安、福鼎、霞浦、周宁、柘荣、古田、屏南等地。③ 最终,形成了"滨海畲族"的族群分布格局以及兼容儒、道的族群文化特质。④

一、"种树还山,种菁为活":畲民的生计方式与族群迁徙

人类迁移的历史与人类本身的历史一样长,区域范围内的迁移以及大规模持续跨区域迁移是人类迁徙的两种主要类型。畲族的迁居历史即有区域内的也包括跨区域的。畲民的迁居可以分为三个阶段,其一是隋唐五代时期随着陈氏进入漳、潮地区进行初期开发,在帝国中心"平蛮獠"的叙事中,畲民开始在区域内迁移;其二是宋元时期,跟随"起事为乱"进行的区域内频繁迁移;其三是明清时期,大规模的由闽粤赣界地向汉地"散射"式的跨区域迁移。⑤ 由此,闽东、赣南、浙南、成为畲民集中居住的

① 《闽东畲族志》编纂委员会:《闽东畲族志》,第30—44页。

② 霞浦县民族事务委员会编:《霞浦畲族志》,福建人民出版社1993年版,第46—59页。

③ 《闽东畲族志》编纂委员会:《闽东畲族志》,第30—44页。

④ 林校生:《"滨海畲族":中国东南族群分布格局的一大变动》,《福州大学学报》2010年第5期,第5—12页。

⑤ 蒋炳钊:《东南民族研究》,厦门大学出版社2002年版,第85页。

地区也是由历次迁居形成的。江西铅山畲民在唐末时期由潮州迁出,去往宁化后迁入赣东,在明末清初时最终在江西铅山狐狸岩定居。贵溪县畲族也沿袭了几乎同样的迁居逻辑和路径,经由广东至福建最终落户贵溪。

畲族的各种民间资料不断描述其潮州凤凰山的祖先源流,那么凤凰山到底是地理意义上的真实存在? 还是具有"耶路撒冷"式象征意义的精神堡垒? 在畲民的歌谣、祖图、族谱中都将广东潮州凤凰山定位为整个族群历史的起点,福鼎双华蓝姓族谱谱序中不乏下列表述:"三姓搬出凤凰山","兹广东潮州府重建盘瓠氏……"以及"祖若宗之起家广东分居浙闽等地……"①

有关"凤凰山"的记载见于唐代李吉甫所著《元和郡县图志》,其中记述凤凰山为潮州县所辖海阳县,流经福建的汀江正发源于此。从考古资料来看,"凤凰山"可能不只是祖源的象征与想象,而极有可能存在着一个早期人类活动中心。测定为新石器时代中期的潮安陈桥贝丘遗址,位于粤东闽南交界的东南沿海平原,从第一期和第二期已经发现的陶器可以看出当时该地区的几何印纹陶已趋成熟。而 1974 年发现的大量商代墓葬,都在说明所谓"凤凰山"可能不完全只是畲民传世神话里面的想象。② 从唐宋到明清的历次迁徙中,"凤凰山"无疑成为畲民族群认同的象征,在最终形成的大分散、小聚居的族群格局中以族群历史记忆的形式起到凝结认同,聚族收宗的作用。

(一)"以刀耕火种为名者也":游耕生计与"弃瘠就腴"的迁徙

畲族历史上的数次规模不等的迁徙不外乎肇因于政治和经济因素。当然,必须指出的是,畲民游耕狩猎的生计方式以及畲民在市场中的边缘地位与其迁徙不无联系。游耕狩猎的生计方式,既有对自然资源极大依赖和无法与封建生产方式相抗衡等经济因素,也有"遁入山谷,不供徭役"的政治考虑。在元末明初的大规模迁徙中,既有军事对抗失败后,政治压力下的集中迁徙,也有为避祸或无法与汉人共享经济资源的辗转流徙。从明末清初一直到民国时期的迁徙则一部分是为避祸而选择的逃离,另一部分是接受安抚而选择在汉人聚居区"安插"式的移民。更多的是在当时中国大范围的人口增长所带来的资源、人口、环境的压力,以及在封建垦荒政策鼓励下,为寻求生存空间而长途跋涉。因此,闽东浙南地区大力开发山区所带来的劳动力空

---

① 《汝南郡蓝氏宗谱》,宣统己酉年(1909 年)铅印本。
② 彭适凡:《中国南方古代印纹陶》,第 231 页。

缺就成为拉动畲民迁移的主要动因。①

畲民山居鲜于外界往来,多族内通婚,少与汉人往来,闽粤畲民"依山而居,采猎而食,不冠不履,三姓自为婚姻"。迁居浙南的畲民,转而采用锄耕细作,成为汉人佃户,"吾乡佃作黎,强半属畲客"便是清末汉畲关系的写照。②

畲族的游耕生计方式与其以追逐新的可耕地为动力的"弃瘠就腴"式迁移为因果关系。望青山而去的游耕不需要固守一方田地,而是需要不断且持续的转移,因此,与游耕狩猎生计相伴的必然是不断迁徙的生活形态。游耕是迁徙之因,迁徙为游耕提供空间。畲民在隋唐以前就已经繁衍生息于闽、粤、赣交界处的广袤山区。直到明末清初,畲民才结束大规模移居,在东南山区与汉人形成大分散小聚居、插花式的分布格局。其实,畲民的迁徙史是生产方式从转山游耕到定居精耕的转变过程,尽管这个转变持续了几百年。

畲民不习精耕。明谢肇淛在《长溪琐语》中载有"过胡坪,值畲人纵火焚山,西风急甚,竹木迸爆如霹雳,舆者犯烈焰而驰,下山回望,十里为灰矣"③的字句。成书于清初的《广东新语》描述广东澄海地区畲民不采用农具不施肥的耕作方式,文曰:

> 其人耕无犁锄,种五谷,曰刀耕;燔林木,使灰入土,土暖而蛇虫死以为肥,曰火耨。

闽西畲民的生产方式在汉人精英的眼里则稍为精进,士大夫们称畲民"斫畲刀耕举,烧畲火种蹾"。④ 然而,游耕较之汉人的定居精细耕作方式显然粗放很多,畲民耕作"田遂肥饶,播种布谷,不耕籽而获"。⑤ 不过,燔林以灰为肥的耕作方式不足以长久地维系土地的肥力,因此当土地使用两三年后地力不足时,必须重新开始火耨刀耕的循环。

卞宝第在其所修《闽峤辅轩录》中述及:

---

① 王道:《走向市场:一个畲族村落的农作物种植与经济变迁》,厦门大学博士学位论文,2007年,第22页。
② 江应梁主编:《中国民族史》(下),民族出版社1990年版,第380—382页。
③ 谢肇淛:《长溪琐语》第五十则《游太姥山记》,明万历刻版。
④ 《处州府志》卷三十,光绪版。
⑤ 《长汀县志》卷三十三,光绪版。

畲民,崖处巢居,耕山而食,去瘠就腴,率数岁一徙……尝有功,许其自食,无徭役……物产茶,田土贫瘠,稻谷不敷民食。①

《临汀汇考》卷四《物产考》中详细记载了畲民的耕作方式与饮食习惯,其中详述了畲民喜好稻米的饮食习惯以及粗放的烧山耕作方式:

汀人最重大禾米,春秋祭祀,必为粿以奉其先,此外又有稜米,又名畲米,畲客开山种树,掘烧乱草,乘土暖种之,分粘与不粘二种,四月种,九月收。②

《古田县志》载《礼俗志·畲民附》曰:

畲民相传为盘瓠之后,深居幽谷,其素艺则开垦荒山,自耕自食,并有栽靛者,其田弃瘠就腴,每耕三年后,则又徙而之他处耕种,又三年亦如之。邑畲民有雷、蓝二姓。

男女赴山耕作,每腰系鱼篓,捕鱼螺以为馔羹,执柴刀采薪以供炊爨。多于深山编茅为居。其服饰,男戴竹笠,女跣足,围裤,头戴冠子,以巾覆之,或以白石、蓝石串络缚冠上,或夹垂两鬈,与居民较异。近则附近民居各村与民往来交易,亦有承耕民田,能自变易其俗。惟疏远者则相沿旧习如故。③

《广东通志》卷三三〇描述了畲民的服饰特征以及其射猎的"特长",同时也以汉人的立场记述了畲民借用其无版籍之民的身份逃离税赋的工具理性做法。其文中写道:

畲户居山中,男女椎髻跣足而行,其族畏疾病,易迁徙,常挟弩矢以射猎为生。

畲,岭海随在皆有之,以刀耕火种为名者也。衣服言语渐同齐民,然性甚狡黠,每田熟报税,与里胥为奸,里胥亦凭依之,近海则通番,入峒则通瑶,凡田矿场

---

① 卞宝第:《闽峤𬩽轩录》卷一"霞浦县"。

② 杨澜编纂:《临汀汇考》卷四"物产考",光绪四年(1878年)刻本。

③ 《古田县志》卷二十一"礼俗志·畲民附",1940年铅印本。

有利者,皆纠合为愿,以欺官府,今亦不敢逞奸矣。①

位于浙南地区的景宁也在其志书中说明畲民的生计模式,闽、粤、浙三地志书所描述的不外是畲民不若汉人一般的居处与耕作方式,《景宁县志》载《风土·附畲民》曰:

> 畲民瑶僮别种,盘瓠之后也……习狩猎,少生产。佃耕以活,邑之陇亩,其所治者半阙。②

"随山播种,去瘠就腴",四处游走八方迁徙是因游耕而衍生的生活方式,也是畲民生活的常态。但是,这些不断移动的人群,在安土重迁的汉人眼里,自然成为危险的"非我族类"。故而,在族群互动中,生产方式与生计模式也成为给人群冠以身份标签的标尺。

这段"随山播种,去瘠就腴"的迁移集中发生在唐宋时期,假设"五溪蛮说"成立,那么从汉晋到南北朝之间的几百年里,从湘西走出的五溪蛮已经集聚潮州,并形成以潮州为中心的盘瓠蛮"据点"。至唐中期时,盘瓠蛮已经遍布赣南以及横贯赣中。但是,在比较民间文献资料后与史书记载内容后发现,尽管福鼎双华蓝氏族谱仍称其祖为唐时王审知向导,但是,此时畲民的迁徙多为区域内的移动,唐宋时畲民恐仍未至闽东。③

前文述及,"潮州凤凰山"作为畲族祖源象征与文化地理象征,是畲族由闽粤赣交界向北迁徙的起点。④ 畲族漫长的游耕迁徙,结束于以畜锄并用、精耕细作、安土重迁为概貌的定居精耕生计代替以刀耕火种、采集狩猎、去瘠就腴为特点的游耕生计方式。在此期间,以追寻新的可耕地为动力的游耕迁徙主要发生在唐宋时期,随着畲民生产水平以及生产力的提高,在明末清初人口大爆炸的宏观社会背景下,畲民的迁徙出现了不一样的样貌。

(二)明清时期的闽东山区开发与劳动力需求拉动的人口迁移

闽粤赣畲族大规模迁往闽东、浙南主要发生在明清时期。明清时期,随着封建

---

① 阮元等修,陈昌齐等纂:《广东通志》,道光二年(1822 年)刻本。
② 周杰编修:《景宁县志》卷十二,同治十一年(1872 年)刊本。
③ 郭志超:《畲族文化述评》,黄山书社 2009 年版,第 103—105 页。
④ 曹大明:《畲族盘瓠传说与其生计模式关系的研究》,《宗教学研究》2010 年第 1 期,第 193—196 页。

统治在闽粤赣边区的加强,畲民为逃避封建剥削压迫寻求生存,大规模从潮州迁往闽东、浙南以寻求平稳安定生活。明末,浙南、闽东北一带苎麻和靛青种植业发达,需要大批劳动力,由此形成了畲民迁徙闽东的第一次高潮。

清初,帝国中央实行封锁海禁的政策,大量沿海居民内迁,造成沿海耕地荒芜。海境平复与收复台湾,东南沿海地方政府重新实行复界(或称展界)政策,在地方社会重建的浪潮下,引来了畲民迁入闽东浙南地区的第二次高潮。①

尽管有关畲民的祖源说法不一,到底历史真实接近于武陵蛮说还是土著说尚未有定论,但是可以确定的是,分布在闽东地区的畲民,乃明清以来陆续由外地迁来。②20世纪80年代在福鼎进行的畲族社会调查认为"本县畲族并非土著,而是外省迁来,最早居于广东潮州凤凰山,散居雷州后由海路进入福建。在漫长的流徙过程中,畲民每经过一个地方并未悉数迁走,迁走一部分后,其余仍在原处安居,故迁徙沿线都有畲民居住"③。

明清时期,畲族的分布地域有了较大的改变且形成了延续至今的分布格局。闽东、浙南等地山区开始有大量畲民迁入的纪录。今属浙江的兰溪、桐庐、淳安等地的畲民则从另外线路迁入安徽境内。畲民大多依山而居,在山地间"皆治为陇亩",开垦荒山以种茶、粮。江西、福建、广东、浙江等地的山区在明清之际的大规模开山倚赖畲民颇多。

当然,明清时期畲民大规模迁徙的实际情况可能更复杂,他们迁徙的路径也更多样化。但是,畲民的迁徙多以家庭或房支为单位进行,入境后或就近落脚,或在官道沿线栖身,或稍事停留后再继续往东北迁徙,最终进入闽东和浙江南部。不过,也有部分从闽东浙南地区折回。根据赣南地区客家和畲民的谱牒文献,明末清初赣南地区的客家和畲族多从闽西、粤东倒迁回来。④

蓝⑤,作为拉动明清时期东南山区开发,以及沟通区域各地的货物,是串联闽东浙南区域史的关键。最迟在周代时,采蓝染青在中国北方地区已为常见,但是在福建

---

① 曹大明:《重塑"畲人":赣南畲族的历史记忆与族群认同》,厦门大学博士学位论文,2010 年,第48—54 页。

② 霞浦县民族事务委员会编:《霞浦畲族志》,第41—42 页。

③ 《中国少数闽浙社会历史调查资料丛刊》,福建省编辑组编:《畲族社会历史调查》,福建人民出版社 1984 年版,第158 页。

④ 黄向春:《赣南畲族研究》,厦门大学硕士学位论文,1996 年,第12—30 页。

⑤ 直立灌木或亚灌木,高 0.8—1.5 米;少分枝。茎灰绿色,有棱,被平贴丁字毛。羽状复叶长 5—10 厘米;叶柄长约 1.5 厘米,小叶 5—7 (—9) 对,对生,花期 3—5 月,果期 6—10 月。

地区开始大量种植靛蓝的时间却大大晚于北方。修于宋宝祐二年的福建《仙溪志·物产》"货殖"条,载有关于"青靛"的记载,并且注曰"今大叶冬蓝为靛者是也"①。宋开庆元年的福建《临汀志·地产》篇"货之属"条,也有关于"靛"的记载。② 蔡襄在《江南月录》中提及:"采以器,盛水浸,除滓梗,搅之以灰,即成。诸县皆有,闽、侯官、长乐尤多。一种叶如蓼而圆者曰蓼蓝,一种小叶者曰槐蓝。"③明弘治版《兴化府志·货殖志》载有"自宋以来,莆人擅蓝靛之利"的文字。④ 因此得以推想,最晚至宋时,蓝靛已是福建各地的重要经济作物与商品。

《八闽通志》在《食货物产》一节中已经将蓝靛列入福宁州货属一目,与银、铁、桐油、茶油、盐、糖、红花、苎麻并举。种菁,即染料靛蓝的原料,有对劳动量的大量需求,包括畲民在内的菁民以劳动移民的形式离开原住地前往种菁地。⑤ 也有说法认为,畲民一直是熟练的蓝靛种植者与加工者,并相信自唐代开始,福建汀州畲民即擅长种植一种优质的土布染料——蓝靛,以后这一古老的技艺又随着畲民的迁徙而传播到闽东、浙南等地的畲区,成为明清时期该地的传统种植业之一。畲民亦擅长种植苎麻,畲寮又有苎寮之称。畲族有"家家种苎,户户织布"的习惯。闽东、浙南至今尚流传有《种苎歌》,以歌谣的形式传承着种苎的生产流程。⑥

从明代开始,畲民自闽西前往闽东、浙南地区种菁已有记载,明末文人熊人霖谈及丽水地区菁民时描述其:"汀之菁民,刀耕火种,艺蓝为生,编至各邑结寮而居。"⑦莆田菁民多来自汀州、漳州一带,永泰种菁劳工也多来自闽南一带。可以说,刀耕火种的畲民构成了闽东浙南种菁劳工的大多数。有部分菁民春来冬去,也有留过冬为长雇者。因此,这些留住者,成为今日闽东畲民的先辈。⑧

根据施联朱的总结,自唐末开始,尽管出于不同的迁徙原因,畲民迁入闽东主要依循的路线有两条,其一为潮州—云霄—南靖—漳州—同安—安溪—莆田—闽侯—连江—罗源—宁德—福安—霞浦—福鼎;其二为潮州—云霄—南靖—漳州—同安—

① 黄岩孙撰,黄真仲重订:《仙溪志》,宝祐五年(1256年)刻本。
② 胡太初修,赵与沐纂:《临汀志》,《永乐大典》版。
③ 蔡襄:《江南月录》,转引自(明)黄仲昭修纂:《八闽通志》卷二十五。
④ 康太和修:《兴化府志·货殖志》,万历版刻本。
⑤ 郭志超:《畲族文化评述》,黄山书社2009年版,第103—105页。
⑥ 王道:《畲族传统文化禀赋述论——兼论畲族经济转型》,《百越研究》第一辑,广西科学技术出版社2007年版,第392—401页。
⑦ 熊人霖:《南荣集》卷十二"防鲁议上"。
⑧ 施联朱:《关于畲族来源与迁徙》,《中央民族学院学报》1983年第2期,第34—42页。

安溪—莆田—闽侯—古田—屏南—宁德—福安—霞浦—福鼎。①

总的来说,明清时期政府对东南山区的大力开发,给予了畲民一个向社会上层流动以及向化中原的机会。源出蛮獠的畲民,在隐含汉人农耕文明的立场以及礼仪教化中心隐喻的人群划分标准下,以非汉的身份显然无法进入资源分享的体系。"家浮筏"者与"居洞砦者"一样被视为社会末端的贱民。② 因此,大规模的人口流动对于社会下层的各个人群而言不啻为一个改变身份际遇乃至族群地位的机会。

二、畲汉关系与闽东畲民分布格局

畲族除主要分布于福建外,还散居于广东、江西、浙江、安徽等省交界山区。记述祖源来由的《高皇歌》讲明盘瓠征战有功,配高辛帝三女为妻,赐其凤凰山封地免除徭役赋税,赐其三男盘、蓝、雷三姓,赐其女嫁于钟氏。但是,盘姓少见于各地,根据福鼎《蓝氏族谱》记载:

> 唐光启二年,盘、蓝、雷、钟有三百六十余丁从闽王审知向导,由内海来闽,至连江马鼻道登岸时徙罗源大坝头居焉,盘王碧一船被风漂流不知去向,故盘姓至今无传。③

傅衣凌在研究福建地区畲族姓氏后认为,畲姓其实远不止四姓,在福建地区还有17姓畲民,其中包括陈、黄、李、吴、谢、刘、邱、罗、晏、许、张、余、袁、聂、辜、章、何。闽东福鼎地区的畲族大姓主要为雷、蓝、钟、李、吴五姓。比较不同时期与地区的资料,畲族姓氏在数量上存在着先期不断增加、后期有所减少的态势,这种表现在畲姓数量上的变化与畲族发展历程以及畲汉关系有着非常密切的联系。④

(一)在同化与变迁之间:明清以来的畲汉关系

畲姓数量的陡增源于南宋,皆因畲民为避免受到歧视而冒汉姓,以自托中原衣冠士族之后来改变自身身份。之后在畲汉通婚过程中,汉人改畲姓、畲人改汉姓之事多

---

① 施联朱:《关于畲族来源与迁徙》,《中央民族学院学报》1983年第2期,第34—42页。

② 詹坚固:《论雍正帝开豁广东疍户贱籍》,《学术研究》2009年第11期,第117—122页。

③ 《中国少数民族社会历史调查资料丛刊》,《畲族社会历史调查》,1984年,第158页。

④ 郭志超:《畲姓变化考析》,《民族研究》1998年第2期,第104—105页。

福鼎佳阳钟氏族谱中的祖先像

有发生,福鼎双华李姓畲民就是自汉人赘入畲家后,改畲姓,从畲俗。汉人改畲姓,多为逃离国家赋税劳役,假畲民之名变身为编户以外的无版籍之人。入清以后,闽东浙南地区的畲姓仍在增加,但是四姓仍为畲民最具标签性的姓氏。保持游耕生计的畲民多保留传统的四姓,其他宣称为畲民的姓氏其实是在不同时空和历史情景下与客家、潮汕人群互动的结果。①

　　许多畲民在族属问题上的集体"失忆"并没有使得畲/汉之间的族群界限消失,特别是在明末清初因山地开发,各种经济作物的种植,在劳动力需求拉动下由闽西、闽南进入闽东、浙南地区的畲民,因其不同于在地"土人"的身份,而被冠以"畲客"之名,来强调其异族的特征。② 甚至,在福鼎桐山老城至今仍流传讲述清末民初在邑人群七月半祭祖的逸事,歌曰:"闽南人做十三,本地人做十四,畲客做十五,乞丐儿做十六。"寥寥几句歌词不外乎聚焦福鼎不同人群对于祭祖不同的时间安排,从中显而易见能够描画出当时福鼎市井生活中的人群构成,以及各自所的处阶序分明的社会层级。

　　① 郭志超:《畲姓变化考析》,《民族研究》1998 年第 2 期,第 109—110 页。
　　② 黄向春:《畲汉边界的流动与历史记忆的重构——以东南地方文献中的"蛮獠—畲"叙事为例》,《学术月刊》2009 年 6 月号,第 138—143 页。

　　畲民顶着客工乃至蛮贼贱户的身份标签在明末清初之时进入闽东社会,必然遭遇巨大的文化休克。闽南人、畲客、疍户、丐户以及本地土著在福鼎社会享有与身份标签对应的资源分享权利。较早进入的人群获得分享生态、社会资源的优先权。身份所属决定了这些移居闽东的人群所可能获得的资源与进入地方社会上层的机会。因此,区分化内/化外之别具有现实意义,可想而知,"土、客"之间关系的紧张。

　　于是,族群之间客观表征的殊异被特地强调以作为族属之区别。从服装、发饰到婚配方式畲民不与华同的异俗都被作为非我族类的理由,既然畲民不入版籍也不为同族,因此没有理由与其分享地方社会的资源与权益。

　　民国版《龙游县志·地理卷》"风俗"条目中载畲客迥异于汉人的葬俗,称"人死,刳木纳尸其中,少长群相击节。主丧者盘旋四舞,乃焚木,拾骨置诸罐,浮葬林麓间,将徙则取以去"。此外,畲民不立坟的习惯在汉人精英眼中,不仅为蛮夷之举,更恐狡诈畲人借此讹诈。① 《贵溪县志》记载畲民举丧一事:

　　　　畲民遭丧,舁棺至山麓火化之,拾其骨,请于主人求隙地葬,不起坟。主人恐其久而诈,平地以为坟也,督之令高,今已隆然起三四尺矣。②

　　作为获得社会上层流动的重要途径,考科举——"读书通文义"乃至"登科第隶仕籍"是汉人文人改变个人命运以及光耀门楣的要义。族群归属和身份标签成为获得科举考试的准入资格。《建阳县志》记载:

　　　　嘉禾一带畲民,半染华风,亦读书识字,习举子业。嘉庆间有出应童子试者,畏蒽特甚,惧为汉人所攻,遂冒何姓。③

　　《重纂福建通志》记载了当时颇具社会影响力的一个案件,案由主要聚焦于畲族童生是否具有参与科举考试的资格,"嘉庆七年福鼎童生钟良弼呈控,县书串通生监诬指畲民不准与试"④。上述事例都说明科举考试对于地方社会的重要性,也说明族群身份在土、客始有竞争的时候,能够成为操控科举的规则。

_____

① 周典恩:《清代畲汉文化冲突述议》,《贵州民族研究》2006 年第 1 期,第 73—78 页。
② 杨长杰等修,黄聊玉等纂:《贵溪县志》,同治十年(1871 年)刊本。
③ 江远清、江远涵修纂:《建阳县志》,道光十二年(1832 年)刊本。
④ 孙尔准等修:《重纂福建通志》,同治七年(1868 年)刊本。

入清以来,在畲汉互动中,除了有畲民自发进行的向化之举,也有政府主导的向化行为。地方政府允许山民就读义学,也允许其参考科举考试,这是清中后期出现不少畲族文人的前提条件。此外,政府开始对过去不入版籍的畲民编图隶籍并编甲完粮,故而才有"畲民之风渐与齐同"的描述。同治版《景宁县志》有文曰:

> 今法十甲为一保,立一保正。十家为一牌,立一甲长,其畲民则编为寮长。每家给一门牌登记户口,申明条约,悬诸门首,倘有迁移事故通知甲长。①

可见,国家力量在促进畲族文化变迁过程中起了重要作用。成为编户齐民的畲客获得了进入国家体系的资格,同时也成为缴纳赋税的化内之民。然而,畲民的向化之举不单来自外部的国家干预,在畲汉互动中畲民也表现出由内而外的向化之心。

闽东畲民大修族谱就是强化自身身份合法性与向化之心的证明。闽东畲民仿照汉人做法修纂族谱,多请浙江平阳、瑞安一带的修谱专家为其修谱。其中,多直接引述欧阳修、苏洵语句。在修谱凡例中也详尽引入汉人族谱的家规祖训,无不是对汉人传统家族文化的因袭。②

(二)畲、半畲、汉:从闽东民间文本再议畲汉边界的流动与历史表述

民族史研究的核心问题之一在于从时间的维度着眼去回答这些问题:我是谁,为什么要宣称我是谁,如何宣称我是谁即用何种方式或手段去实现身份的标签化以及在何时何地宣称我是谁。诚如王明珂所言,作为全世界人口最多的族群,中国人自身却为究竟什么是中国人的疑惑所困扰。③

当然,"人以群分,物以类聚"的人类社会结群现象似乎已然成为普同的问题。作为历史的表述,浩繁的史料已经书写了在不同时空和社会历史背景下人们关于群己、人我关系的表达。但是,历史表述往往集中于对人类社会分群的结果或形貌加以呈现,结群的原则和逻辑却难以在史料中黑白分明地自动浮现出来。因此,从一个区域社会历史的宏观脉络下去梳理一个具体时空下人类社会的分群现象可能是民族史研究更青睐的取径。作为刘志伟所说的区域与更大社会传统之间的最大公约数④,讲述家族自己故事的,表达宗族历史记忆,作为地方文本的族谱就成为完成这一人群

---

① 周杰修,严用光、叶笃贞纂:《景宁县志》,同治十一年版(1872年)刊本。
② 陈支平:《福建族谱》,福建人民出版社1996年版,第283—291页。
③ 王明珂:《华夏边缘:历史记忆与族群认同》序言,社会科学文献出版社2006版,第1—8页。
④ 刘志伟:《族谱与历史记忆讲座纪要》,未刊讲稿,2015年。

格局拼图的重要线索。

主观论集大成者巴斯反对客观论倡导的族群区分的量化公式:种族 = 文化 = 语言 = 社会 = 相互排斥和歧视的团体。他提出的族群边界理论,主张族群本质、文化差异不来自于社会、地理的封闭和隔绝。族群差异并不是因为缺少流动、联系和信息,而是包括排斥和接纳的社会过程。[1] 巴斯认为,"族群"是由它本身组成分子认定的范畴,造成族群最主要的是它的"边界",而非包括语言、文化、血统等的"内涵"。管理学背景出身的笔者在五年前的民族史课程作业中曾经"天真"地想象过一种人类社会分群的模型——人们在既定生态资源竞争中,通过强调特定的文化特征,以此来限定我群的"边界"及排除他人。换言之,作为奉行"效用最大化的'理性人'",人们在争取生态资源的竞争中通过文化的途径来完成对人我的排他化区分,即对各自的身份进行标签化的过程。这个假设可能是最接近历史真实的人类分群行为模式吗?

尽管上文提及的"模型"过于臆断和偏颇,但是提出该假设的意义在于提醒我们在寻求结群现象和人群关系的逻辑以及解读民间文献的时候,不仅需要回溯到宏观的社会历史场景中去进行"解码",也有必要首先确认进行结群行为的人和书写区域历史,书写家族记忆的人是什么样子的。

如此一来,民族史研究不仅考虑了族群现象的历史、社会、文化背景,还把生态、环境、资源以及人的主体性放入了研究视线范围之内。[2] 当然,理性人只是对此问题的一个简单假定。笔者对于畲汉边界的流动与历史表述的讨论以及对于李、吴两姓族谱的解读也将在此假设下进行。

1. 半畲为谁?

闽东福鼎市,旧属福宁府辖区,现有 2 个畲族乡,26 个畲族行政村。1990 年福鼎县进行人口普查时,畲族人口为 12419 人,境内共有雷、兰、钟、李、吴五姓畲民。[3] 福鼎市人口以汉为主,零星在沿海的秦屿和沙埕分布着从陈埭迁来的丁姓回族和欧连

---

[1] Fredrik Barth ed., *Ethnic Groups and Boundaries: The Social Organization of Culture Difference*, London: George Allen & Unwin, 1969, pp. 198 – 217.

[2] 我们清楚,人的生存与发展很难全然不计环境、资源的先天因素,在资源这一利益面前,人们往往难以固守情感上的归属,而不得不以理性人的逻辑谋划如何实现利益最大化,产生最大效益的问题。因而,《华夏边缘》的研究对象,就是定义为"经济人",并兼有情感取向的"人"。所以,对族群现象的讨论不能脱离先于人存在的生态环境和资源。

[3] 《福鼎县畲族志》编纂委员会:《福鼎畲族志》,内部发行,2000 年。

江三姓疍民,两个畲族乡(佳阳和硖门)则依山面海而建。

福鼎市辖区内的畲族零散分布于 10 个乡(镇、街道)1 区(开发区)的范围内,几乎在各个镇村都有或多或少的畲民散居。多元族群格局是福鼎市族群的基本概貌。

然而在汉、畲、回、疍的互动中,有一支被称为半畲的人群成为其中的一个例外。所谓半畲是福鼎当地对李、吴两姓氏畲民的俗称,指其作为汉人赘入畲家为婿,继而从畲俗、改畲姓的"历史"身份。福鼎双华李氏先祖便是所谓的半畲,在陇西郡李氏族谱中记载有其祖先在乱世流离中投靠蓝姓畲家为婿继而在闽东开基繁衍的故事。谱序源流一节中称:

> 我李氏之先出于轩辕公,诞生吾族继陶任尧帝理官,以官职为姓。利贞公改理为李,伯阳公道德经传经渊公,开唐帝业建都长安。伯纪公在宋为相,火德公入闽始祖。开基稔田丰朗千百年……
>
> 唐高祖李渊第二十七代裔孙火德公入闽之始祖,继传十五世,君达公迁徙安溪,卜居湖头,繁衍拓基业住地。李家庙五进一座,现属国家文物保护单位。再十五世恒昇公之子李廷玉时因寇乱逃至福州汤岭,羁于蓝色艳家中,观其品行端,方招为女婿。生三子,其长子大一郎迁居霞邑四都雁落洋,传至万十三郎迁居鼎邑白琳白岩而居,配雷氏,生六男,分礼、乐、射、御、书、数六房。之后裔孙兴旺,因受地理狭窄被迫分散……洞察闽浙实同于一家,无相径庭之别……①

2. 从"寇乱逃民"到"畲家赘婿"的文化适应(cultural adaption)

半畲李氏的身份"制造"跟明末清初闽东的社会大变动密切相关,当然明末东南沿海的大乱,闽东地区的占地"斗争"也与嘉靖时期的"大礼议"不无关系。

李氏族谱中描述的"寇乱逃民"有无可能就是当时社会大变革中,各个族群在占地斗争和生态资源竞争中的结果。而成为半畲有无可能正是李氏作为"理性人"面对竞争和生存颓势而做出的适应性策略和文化调试?身份的改变与历史制造一样,对于具体时空与社会历史背景的人群而言不啻为一种获得生存机会和资源配置的文化适应策略。

---

① 福鼎双华陇西郡《李氏宗谱》,民国版。

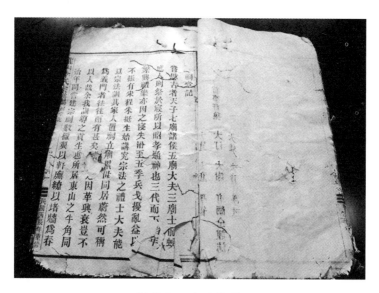

福鼎佳阳李氏族谱

第三节　水上人与海路而至的东南回族

一、游艇子与南岛语族

（一）遗民与水上人：书写的异化

有关水上人的来源，众说纷纭难有共识。众所周知的"卢循遗党"说在各地县志中最为流行，白水郎、科蹄、峒蜑等皆为出现在历代汉人典籍中的族群指称。民国时期在公民意识以及现代国家话语下的研究框架中，对水上人祖源的考证颇多，其中出现有各种不同的说法，诸如蒙古族说、汉族说、客家说、乌蛮说、瑶族说、独立民族说等多达几十种说法。[1]　在福建地区，更常见的是将水上人与古早的无诸国联系起来，认为水上人是无诸国遗民，也有称其为南宋遗民的说法。[2]

水上人来源问题实际有三点可以得到共识：第一，南岛语族是蛋民的直接来源。唐宋时期，当整个东南地区"土著"与遭遇重大的文化变迁时，他们的部分遗裔为了

---

[1]　陈序经：《蛋民的研究》，商务印书馆1946年版，第1—44页。

[2]　蒋炳钊：《蛋民的历史来源及其文化遗存》，《广西民族研究》1998年第4期，第77—84页。

逃离羁绊,生活于海上,最终成为并形成了以在海上采珠为职业的所谓夷户①,这些夷户长期游离陆上汉地文化与国家管控之间。第二,在华夏文化扩张,以及宋以后国家对士大夫文化自上而下的推广过程中,"夷户"、"遗民"等原本作为人群指称,开始被逐渐扩大与泛化,而且随着"贡珠"及"珠户"等户籍制度的废除与革新,采珠人的职业色彩不再体现在户籍上。但是,这些珠户不同于陆上的生活习惯、居处方式,又为陆上汉人社会的精英们提供了塑造异化"他者"的材料。第三,疍民最终形成于明清,可谓是整个东南社会汉越交融以及巨大的社会、文化变迁的结果。伴随着闽越文化以及南岛语族文化内化为东南地域文化的要素,历史上凡事不被主流接纳的,凡是与不安全不稳定有关的匪、盗等人群都被归之于"疍"。换言之,水上人只是东南地区被陆上社会书写的"异族"。②

然而,随着宋元时期,海洋作为连接世界各地的分量加重,海上贸易成为福建这个"王朝边陲"蓬勃发展的契机。毫无疑问,善于扶舟的水上人在此时得到了更多的重视,同时也开始进入陆上社会的视野。可以说,正是海上贸易和海上丝绸之路的兴起铸就了东南中国山海兼之的图景。

尽管东南中国在宋元之后已经联通了广大的内陆腹地,又开启了走向无限海洋的路径。但是,水上人作为非汉的人群实际与蛮獠、峒民等化外之民一样,成为汉人异族想象的来源。当然,对于维护华夏正统以及坚固汉人认同的族界而言,最有效果的方式就是塑造一个正统/非正统、域外/域内的边界。掌握书写话语的汉人精英把非汉的想象与带有危险的隐喻建立在水上人与陆地社会截然不同的客观标准上。

虽然这些人群关系的结构与汉人对族际关系的假设十分一致,甚至非常契合汉人的宇宙观与天下观,但是不能不说这些观念后是以汉人和汉文化为中心的。明清时期,汉—蛮獠以及汉—疍格局得到了进一步的加深,于是,异化非汉人群以及异化夷户贱民的书写方式仍在继续。

(二)南岛人与水上人

尽管目前学界对于水上人到底源于谁和源于何时难以定论,但是能够达成一致的是,山居和水居的两种方式区隔了源出溪峒的两类人群。"居洞砦"者与"居浮筏"者分别为畲、疍的先民。另外,作为闽越底色的深入和延续,南岛语族人群仍然与东南中国具有密切的联系。"疍"——就是连接南岛语系人群与内陆中国的关节所在。

---

① 有关疍户采珠的描述始见于宋代范成大的《桂海虞衡志》。
② 黄向春:《游艇子与南岛人》,《百越研究》第三辑,暨南大学出版社 2012 年版,第 251—253 页。

　　不管是基于中国民族史框架下的南岛语族起源问题研究还是基于西方"殖民"话语的南岛语族问题探索,都曾不同程度地联系到中国东南大陆的上古百越文化。19世纪后期进行的民族史(ethno-history)以及对太平洋地区的民族史学研究主要着眼于语言学范畴内的人类学研究。

　　人类学界就"南岛语族"的文化起源提出了几种不同的认识和观点,诸如"太平洋群岛说"、"东南亚群岛说"、"中南半岛说"、"华南闽台说"等是流行的观点。然而,不管历史真实最接近哪个假说,民族考古学的研究表明,集合了上古中国大陆东南土著与南岛语族先民的广大人群中,形成了环南中国海的"亚洲—地中海文化圈",将东南土著、南岛语族先民并置于一个巨大的文化体系之中。①

　　考古发现为环"亚洲地中海"区域华南土著—南岛语族文化共同体的假设提供了证据。根据从东南大陆到东南亚之间的更新世古人类化石和旧石器文化的考古证据,比照在中国东南地区发现的十多处人类化石,都展现出不同于同时期华北古人类的体质特征与地理分域特征。而且,这些在东南中国发现的古人类特征与东南亚、大洋洲发现的人类化石表现出一致的特征。在整个东亚地区旧石器文化的体系中,中国东南的砾石石器工业与华北石片工业传统截然不同。然而,东南中国砾石石器工业与中南半岛到东南亚群岛间旧石器文化的代表性特征却具有一致性。② 这足以说明中国东南与太平洋地区人类的关联。而且,铁器与青铜时代的考古发现也说明华南中国与南岛土著文化共同体之间的延续性。③

　　然而,这个华南—南岛的文化共同体如何得以连接? 林惠祥先生将此看成华南中国土著文化从海上"漂去"的结果。根据众多考古学和语言学证据,在距离今天5000年至1000年之间,有若干批次的中国东南土著穿过海洋进入今天的环太平洋地区,成为南岛语族先民。这也是之所以在东南中国与太平洋诸岛发现的古人类化石会有如此多一致性的原因。

　　但是,如此远距离地跨越海洋沟通东南中国与东南亚和太平洋地区,只有是闽越先民利用熟悉的舟楫类交通工具,才有可能完成古人类的几次重大文化传播浪潮。由此,分布广泛的海洋人群已经初具雏形。④

---

　　① 吴春明:《南岛语族起源研究评述》,《广西民族研究》2004年第2期,第82—90页。
　　② 吴新智:《中国的早期人类》;董兴仁:《中国的直立人》,载吴汝康、吴新智、张森水主编《中国远古人类》,科技出版社1989年版。
　　③ 张光直:《中国东南海岸考古与南岛语族的起源》,《南方民族考古》第一辑,第1—14页。
　　④ 吴春明:《中国东南考古与太平洋的史前工具》,《南方文物》2008年第2期,第93页。

二、海路而至的东南回族：再地方化中的华夏象征

宋代经海上来到泉州的番商,在元代受到中央王朝对诸如色目人等异族压缩政策和歧视性待遇的打击,泉州地区伊斯兰教的复兴与永乐十五年郑和到泉州灵山圣墓行香的举动,以及此举昭示的朱明王朝对回教以及异族包容的态度有关。[①]

晋江陈埭丁氏族人,是泉州回族的重要支派之一,也是闽东地区回民的先祖。明清时代,陈埭丁氏人文兴盛,形成了丁氏回民宗族组织,并影响了东南区域回民分布格局,也为穆斯林文化的本地化施加了影响。[②]

在明代的二百多年间,陈埭丁氏已经发展为一个颇具规模的聚居宗族。从元初丁氏一世祖节斋公从苏州去往泉州经商,并定居于泉州南门文山里,到三世、四世祖在元末置业于陈埭,再到明末时陈埭丁氏的《世系表》已经罗列至十世,其人丁繁衍兴旺,单第十世就有240丁。

从唐宋到明清,东南回族经历了在番坊中以番治番的特殊自治化时期到明清时期融入地方社会的"再地方化"过程。在这段过程中,东南回族开始像汉、畲民族一样,重视书写传统,开始重建宗族体系,并辅以修建具有伊斯兰建筑特点的祠堂,操弄

秦屿丁氏宗祠

---

① 郭志超:《郑和圣墓行香与泉州伊斯兰教的复兴》,《南方文物》2005年第3期,第35—40页。
② 郑振满:《明代陈江丁氏回族的宗族组织与汉化过程》,《厦门大学学报》1990年第4期,第75—79页。

秦屿丁氏族谱

跟汉人一样的身份标识构建工程。

与陈埭丁氏回族一样，自清代迁入福鼎秦屿的丁氏回民"援丁度而祖之"，以"济阳"为郡望，以"聚书"为堂号。① 在为了体现民族特色而专门修建的祠堂里，秦屿丁氏族人通过这种民族特色宗教与对异族祖先的追溯都在表达一种象征资本，而这种象征资本能够帮助他们进入地域社会的网络，完成再地方化的过程。

从陈埭丁氏到闽东地区的各姓畲民，当年他们都以外来者（outsider）的身份移居东南地区并期望在此开始新的生活。但是，可想而知，其"客"的身份对于他们适应新的社会文化环境以及面对本地居民时势必会带来或多或少的不适与被动。因此，当社会乱局出现改变身份，甚至向上流动的历史契机时，他们都在使用类似的材料或者说遵循类似的逻辑来制造自己的合法身份。不论是来自异域的阿拉伯后裔还是秉承盘瓠信仰的畲民，其文化调试的策略大致相同，只不过采用的具体素材不同而已，这或许就是所谓人类普同的心性（human nature）。

---

① 庄景辉：《陈埭丁氏回族扳丁度为祖的由来》，《厦门大学学报》1994 年第 2 期，第 103—108 页。

第三章　族群文化与太姥文化区的地域表征

　　滨海负山、山多田少的地理自然环境造就了福鼎地区民众"习于用舟,喜食水产"的生活传统。作为最晚进入汉文化系统的诸越地区,海洋性成为闽越以后沿袭下来的地域人文传统。海洋对于本地区而言不仅具有文化意义,同时也开辟出另一个不同于陆上的生活空间,为生息于此的民众提供了更多的生存方式,甚至是提供逃避暴政、逃脱管制的途径。然而,对于闽越故地来说,海洋因其不同于陆上文明的非正统性常常带着"海国异邦"和蛮夷盗寇的非法性隐喻。中原与作为"方外"的闽越故地一直延续着海—陆、华—夷二元对立的逻辑发展。海洋以及其不言自明的危险性、流动性与不稳定性,使福鼎地区成为中原王朝意欲平之并施以教化的忧患。

　　于是,围绕海—陆地理观念边缘,在水行深处,山海交汇的闽越故地展开了以社会矛盾和族群冲突为显性表征的长期社会整合和文化创造过程。① 实际上,福鼎地区的族群文化与地域传统是以南岛语族的闽越土著文化为底色,在土著与中原汉文化的互动中叠加了中原的礼仪教化。换言之,在福鼎地区以政治一体化为依托实现的文化一体化的背后莫不隐匿着纷繁复杂的社会文化发展和整合过程。

　　在中华民族多元一体的格局中,中心—边缘、华—夷的对立使得四方岛夷始终为陆上农耕文化为主体的中原历代王朝所排斥,在王朝话语下的诸藩蛰居边缘的海洋文化尽管长期处于劣势,甚至常常被忽略,但是以东南沿海为中心的海洋族群是中华民族多层次、多元一体文化格局中的重要部分,海洋人文体系也是文化中国的一部分。②

---

① 黄向春:《"闽越"概念与福建地域文化研究》,《闽越文化研究》,第249—259页。
② 吴春明:《多元一体与海洋中华》,《南方文物》2015年第2期,第83—86页。

第一节　太姥文化区:闽越西瓯底色的海洋人文

一、"岛夷卉服"的海洋人文

(一)印纹陶文化圈、石锛文化圈以及南岛语族文化圈的集合

自《山海经》中明言"闽在海中,瓯在海中"开始,居处山海之间,地接东南百越之地的蛇种越人,就身具不同于内陆农耕文明的海洋性和非汉属性。新石器晚期该地已经有大量古人类居住,这群断发文身、居处海滨水际、操舟弄水之人显为迥异于华夏的"异族",大量使用印纹陶和有肩石锛以及口操南岛语族"鸟语"已然成为其异族身份标签的力证。

中国东南地区的史前人类活动痕迹丰富,早在旧石器时代已经有人类居处于此。在平潭岛壳丘头遗址和南厝场遗址的考古中,硬质陶器、石器以及贝类制品大量出现。闽江下游的昙石山新石器时期文化遗址、庄边山遗址在考古发掘中都出土了大量的陶器、石器、骨器和贝壳制品(包括蚌刀)。[①]

在华南大陆进行考古发现,已经据此建立起各个文化之间的联系和谱系,从壳丘头文化—昙石山文化(中层)—昙石山文化(上层)—黄土仑文化—铁山文化—富林岗文化,这闽江下游一个一脉相承的文化支系,在闽江上游以及粤东和闽西南也同样发现了与此基本同步的土著支系文化。[②]

其中,壳丘头遗址和时间稍晚的昙石山遗址出土的石器和硬质陶器在形制上具有一脉相承的特点。几何形印制纹饰是众多新石器时期遗址出土石器的共同特点,在数个遗址中发现的灰坑很可能就是烧造这些硬质陶器的地方。拍印、戳印方格纹以及重圈纹、复线方格纹、篮纹、方格填方格纹、刻划弦纹、平行斜线三角纹、堆贴云雷纹等花纹主体都是东南沿海史前陶器的代表性纹饰。从早期的昙石山下层类型到晚期的吴城文化,戳印重圈纹都是具有典型意义的纹饰,而方格纹则一直到汉代的印纹陶仍在使用。然而,需要指出的是,这些陶器与中原华夏系统的陶制品在形制上就表现出明显区别。中原华夏系统的陶器以三足、袋类的器具为稳定组合的素面、泥灰

---

①② 郭志超、吴春明:《台湾原住民"南来论"辨析——兼论南岛语族的起源》,《厦门大学学报》2002年第2期,第54—62页。

陶系统为特征,而以昙石山文化为代表的陶器则是以一套圜底、圈足的器具为稳定组合的印纹陶系统。①

台湾原住民诸族的陶器制作继承了东南地区的印纹陶文化传统,两者之间具有基本共性,实则为东南沿海印纹陶的延续,而其中关联当然不言自喻。② 遗址中出土的蚌刀以及遗址四周的贝冢说明早期先民的生计方式和食物结构。考古发现也印证了"东越海蛤,瓯人蝉蛇"的话语,从台湾大岔坑文化遗址和昙石山文化遗址都能显而易见地看出东南沿海"方外"之地的人文海洋特性。除了贝冢的高频出现以外,以牡蛎、蚌、蟻等介壳属海产为主形成的介壳堆积,以及大量伴随古人类遗骸出现的海龟遗骨和鱼骨都宣告着这里的区域文化与海洋之间的密切关系。③ 假设以"中原"的眼光和角度复原当时人们的生活场景,也许正如《太平御览》中所言"夷人饮食皆踞相对,凿木作器如猪槽状,以鱼腥肉臊安中,十十五五共食之"。

闽越西瓯先民的居住地大多是背山面水的河间高地或是山丘上,在全新世的气候转寒期到来之前,湿热的生态环境为动物植物的多样性提供了前提条件,既方便渔猎也利于采集林中果实,但是陶质网坠在遗址中的频繁出现说明先民们已经具备了相当成熟的捕鱼技巧,而对于身居水边海滨的先民而言,渔猎是他们的主要生存技能和手段。从遗址的规模和墓地的数量来判断,闽江流域的先民当时已经开始定居生活,并形成了一定规模的人群组织。④ 从遗址中发掘的陶器石器和贝冢形态的遗址概貌等特征可以看出,早期先民在此以渔猎采集,大量食用水生贝类,用灰坑烧造印纹陶器的生活形态。

作为东南地区新石器时期的典型器物和重要特征,有段石锛和有肩石锛同属中国东南石斧的特殊形制,因为鲜见于华北诸新石器时期遗址,但是在东南地区的新石器时期遗址中却是常见。⑤ 根据对出土石器的统计,有段石锛在福建、广东、江西为多,浙江、江苏次之,而华北和华西地区以及长江流域都极为少见,因此林惠祥先生主张有段石锛确实是带有地域性特征的石器,是东南区域性特征的重要组成部分。⑥

---

① 郭志超、吴春明:《台湾原住民"南来论"辨析——兼论南岛语族的起源》,《厦门大学学报》2002 年第 2 期,第 54—62 页。

② 吴春明:《从原始制陶探讨高山族文化的史前基础》,《考古》1994 年第 11 期,第 1022—1027 页。

③ 兰达居:《闽越海洋人文初论》,《闽越文化研究》,第 212—222 页。

④ 杨琮:《闽越国文化》,福建人民出版社 1998 年版,第 30—40 页。

⑤ 有段石锛在良渚遗址,香港、台湾圆山、闽西武平、福州以及广东海丰等地均有发现。

⑥ 林惠祥:《中国东南区新石器文化特征之一:有段石锛》,《考古学报》1958 年第 3 期,第 1—23 页。

随着有段石锛在东南亚和太平洋各岛的发现,散布于中国东南沿海、马来半岛以及波利尼西亚诸岛的有段石锛之间的深层联系得以揭示。

新石器时期的有段石锛

有段石锛包括有段石锛和有段石斧两种类型,皆属于有段石器,是在常形石锛基础上进一步改进而成的多功能石器。根据有段石锛器形的发展演变过程,沿用考古学家 Beyer 的分类方法,可以分为初级、成熟和高级三个阶段。和有段石锛一样,双肩石斧也是东南地区用作生产工具的重要石器,具有明显的地域性特点。然而,不论有段石锛在东南亚地区和太平洋诸岛的传播究竟生活延循着何种路线,其与中国东南地区以及越人的密切关系都是无可否认的。①

关于越究竟来源何处,曾经生活在哪些地区,最终流向何地,学界曾经有不少争论。其中的一种观点即"越为苗裔"说因为在新发现考古证据面前难以成立,因而最终学界仍然倾向于肯定越是与华夏、三苗、东夷同时存在不同地域的古老族群。但是,作为在时间上同时存在的几个族群,华夏、越、东夷、三苗在体质与语言上并不相同。在现代中国的地理范围内,人们使用的语言超过 70 种,然而在分属汉藏语系、阿尔泰语系、南岛语系和印欧语系的体系中,汉藏语系的使用人口最多,而且分布的地理范围也最广阔。② 中国东南沿海以及"百越"与南岛语族一直被认为是源与流的关系,因此南岛语族的起源问题,以及其传播与演变的过程与路径一直成为人类学、考古学、语言学等学科需要探索与解决的问题。

南岛语族主要包括马来人、密克罗尼西亚人、美拉尼西亚人、波利尼西亚人等几大族群,是一个十分复杂而且包含庞大人口的民族文化体系。"南岛语族"的起源问

① 彭适凡:《试述先越民族的两种生产工具》,《江西历史文物》1985 年第 1 期,第 58—63 页。

② 叶文宪:《论古越族》,《民族研究》1990 年第 4 期,第 77—83 页。

题在国内外学界都是一直寻求探索的课题。① 张光直先生根据考古证据判定,南岛语族起源于热带海滨地带,人群分布从中国东南海岸起,包括东到复活节岛,西到马达加斯加的广大区域。② 南岛语族是目前世界上唯一主要分布在岛屿的语系。

　　总的来说,20世纪主流的研究方向,集中于在中国民族史的大框架内探讨"南岛语族"的文化来源,并分析与东南中国的百越文化有千丝万缕的联系。这与在太平洋地区,即今日南岛语族族群的范围内进行语言学视野下的跨学科民族史学研究,以及美国民族学为无历史者书写历史的研究路数显然不同。

　　然而,不论学界自张光直开始的讨论,即关于南岛语族的起源以及传播路径的争议到底朝着何种趋势发展,中国东南沿海与南岛语族关系密切是毫无争议的。在史称瓯越和闽越的中国东南区域被认为最有可能为南岛语族的起源地。而且从考古学提出的新证据来看,包括台湾在内的环太平洋诸岛很可能是瓯越和闽越的支流。③ 当然,根据语言学家的论证,台湾原住民的语言是原南岛语族的第一层次分支,古南岛语最早分裂为泰雅群、邹语群、排湾群和马来亚—波利尼西亚群。据此研究,台湾要么同属南岛语系发源地,要么至少是发源地的部分。

　　民族考古学的研究表明,"上古"中国大陆东南土著与"南岛语族"组成了以环南中国海为中心的"亚洲地中海文化圈"。这个文化圈在古代汉文化、阿拉伯文化、印度文化和近代欧洲海洋文化等进入之前,在如此广大的地域范围内形成了一个巨大的土著文化体系。④考古学发现也为"华南土著—南岛语族"共同体的假设框架提供了实证证据,其中包括东南中国发现的古人类化石与在东南亚地区和大洋洲发现的同时期古人类化石具有一致性特征,而且,他们都明显地表现出与中国华北地区古人类化石迥异的地域特征。⑤

　　虽然必须承认东南中国土著与"南岛语族"形成了文化统一体,但是文化的传播与交流难以是简单的单向线性关系可以涵盖的。在这个地域广阔的文化圈内的传播与沟通必然是以双向互动为主要方式,并最终完成整合。

(二)"以船为车,以楫为马"的环中国海海洋文化圈

　　人类起源于非洲并由此迁移扩散到欧洲和亚洲,同时走出非洲的古人类将起源于非洲的石器加工技术带至亚欧大陆,这几乎已经成为人所共知的常识。最近一项

---

①④⑤　吴春明:《南岛语族的起源评述》,《广西民族研究》2004年第2期,第82—90页。

②　张光直:《中国东南海岸考古与南岛语族起源问题》,《南方民族考古》第一辑,第1—14页。

③　焦天龙:《东南沿海的史前文化与南岛语族的扩散》,《中原文物》2002年第2期,第16页。

研究对于人类的迁徙之路给出了新的观点。在肯尼亚西部 Turkana 的考古发掘地点 Kokiselei 挖掘出了迄今为止最古老的阿舍利工业石制品（同时发现了具有奥杜威工业特点和具有阿舍利工业特点的石器），比之前的发现早 35 万年，从而将阿舍利工业的出现推至 176 万年前。① 由于在欧亚发现的约 170 万年前的古人类遗址中只有奥杜韦石器，而没有阿舍利石器，在肯尼亚的新发现暗示我们，奥杜威工业和阿舍利工业可能不是文化演进线上前后相继的组成部分，阿舍利工业要么引进于另一个未知地点，要么就是起源于奥杜威。但是，不管是哪种情况都能说明当时人类离开非洲的时候并没有带走阿舍利工业。

这引起了有关古人类迁徙定论的讨论，一般认为人类起源于非洲并迁徙到欧洲和亚洲，但古人类为什么没有把当时的先进工具带出非洲就成了一个问题。最合理的解释是因为当时非洲存在多个技术水平不同的古人类群体，它们分别独立地向外迁徙。至此，有关人类祖先走出非洲的故事可能隐藏着另一个我们不曾熟悉的复杂脚本。同时，人类文明的传播路径则可能变得不再显而易见。尽管阿舍利工业更早起源的最新发现可能让我们需要重新推测人类走出非洲的路线图，也许人类分有先后次序，分批次地离开非洲。但是我们能够确定的是：古人类在大约 170 万年前走出非洲，首先进入欧洲大陆，然后在经由西亚，在距今 20 万年前左右到达亚洲东部，而进入美洲和大洋洲的时间最晚。

倘如沿着凌纯声先生关于三个地中海的假设出发，以北极海为中心的世界地图上则形成三个沟通大陆的"地中海"。除了连接欧非两块大陆的地中海以及连接南北美洲的加勒比海作为第二个"地中海"以外，闽越瓯越故地的南中国海很可能成为沟通太平洋各地区尤其是亚洲大陆和大洋洲之间的重要连接点。② 然而，人类先民是如何跨越千山万水而来，进入亚洲大陆并继而演化为另一个文明的起点？远洋航行成为人类先民跨越大洲大洋走出非洲的主要方式。

中国东南沿海这群被称为百越的方外之民在新石器时期的航海活动就非常活跃，航行历史悠久。史前文化的传播与土著人群移动，最终形成了"南岛语族"这一世界上分布范围最广的海洋族群。台湾圆山遗址发现的有段石锛和印纹陶与中国东南沿海昙石山等遗址出土的有肩石器和印纹陶具有高度的一致性，因而成为闽台两

---

① Christopher J. Lepre, Hélène Roche, Dennis V. Kent, Sonia Harmand, Rhonda L. Quinn, Jean-Philippe Brugal, Pierre-Jean Texier, Arnaud Lenoble & Craig S. Feibel, "An earlier origin for the Acheulian", *Nature*, 2011, vol. 477(7362).

② 凌纯声：《中国边疆民族与环太平洋文化》，联经出版事业公司 1979 年版，第 335—336 页。

地文化源流的研究中的重要证据,林惠祥先生据此认为东南沿海文化作为源头,漂过台湾海峡塑造了与之一脉相承的台湾土著文化。[1]

越人善用舟楫之说早在西周时期的汉文典籍中已有记载,"胡人便于马,越人便于舟,异形殊类,易事而悖"之说在《淮南子·齐俗训》之后成为北驾南航的总体印象。北方以燕、齐为中心的渤海湾一带以及南方吴、越在东南沿海各自发展海上交通。[2] 政治一体化基础上的文化整合在秦汉大一统之后高速发展,开辟了更多的海路以促进海上交通的发展。到汉末时,除了百越之地互有海路连通外,南至交趾的海路也已经打通。至此,华南中国沿海已经由海上交通连接,甚至实现了与东南亚的道路。作为华南海路的中心,闽江江口的东冶便成为了南北海路的中心,浙南到交趾皆从东冶转运,并且形成了沟通从浙闽粤到中南半岛的海上交通网络。"阻于山而就于海"遂成为此地先民适应环境的地域文化特征,同时也是闽越社会海洋文化的表现。

唐宋后以闽粤为中心的中国海外交通的发展与兴盛,也与百越先民"善于用舟"的海洋传统密切相关,可以说正是因为百越先民海洋传统的积淀,才有唐宋元明时中国通过海洋参与世界发展的可能;也正是因为继承了百越先民的海洋人文传统,才实现了中原衣冠南来东南沿海并成为区域文化传统的一部分。[3]在伴随中原王朝的政治一体化过程而开展的文化一体化进程中,海洋文化在汉越交互的过程中也被继承下来,成为区域的传统文化。

远洋木帆船发明之前的时代,土著先民是否就是驾乘着今天仍然能够在太平洋诸岛上看到的独木舟进行远洋航行,还有待更多的考古发现来支撑。但是,毫无争议的是,对于穿行于广阔的太平洋并最终形成从马达加斯加东到波利尼西亚这一分布广阔的"南岛语族"海洋族群而言,建造能够乘风破浪的舟船都是至关重要的。

闽越人"处溪谷之间,习于水斗,便于造船",闽越人以造船术闻名,"闽越人欲多变,必先田余干界中,积食粮,万人伐木治船"便是《汉书》中对闽越人善造舟楫的总体性印象描写。在闽北城村遗址中出土的大量铁质工具被认为是当时的人们用来造船的交管局。方舟、舲、独木舟等是当时闽越人所造的主要为交通所用,楼船、戈船以及小而长的舠等都是古代文献中闽越人的武装舰船。[4] 根据现在仍然保留的百越旧

① 林惠祥:《台湾石器时代遗物的研究》,《厦门大学学报》1955 年第 4 期,第 135—155 页。
② 李文睿:《海洋对闽越的影响》,《闽越文化研究》,第 223—229 页。
③ 吴春明:《南岛语族的起源评述》,《广西民族研究》2004 年第 2 期,第 82—90 页。
④ 李玉昆:《闽越人的造船业和水上交通》,《闽越文化研究》,第 230—237 页。

地的舟船形态,贵州台江地区的子母船可能最接近东南中国番人渡水所用的蟒甲。①

以舟楫开创的海洋文化甚至进入到越人的丧俗中成为历史记忆的一部分。在广州南越王墓出土的铜器上发现的羽人划船图,说明舟船在越人祭祀和信仰中的位置。② 在闽北地区多见的船棺葬也是临水而居的族群的丧葬习俗。武夷山地区的船棺葬按照逝者生前所用的舟船仿制,为逝者在另一个空间生活再造一个拟态。而且对于他们而言,船棺不仅是葬具而已,更是沟通阴阳两界的桥梁,具有召唤逝者亡灵的灵力。③

二、族群互动:中原教化与土著文化的叠加

地接闽浙,位居山海之间的中国东南沿海地区因其负山面海的特殊地理环境处于我国自然地理体系中相对独立的分域。按照斯图尔特的理论,自然环境对于特殊地域的人文风貌具有强大的形塑作用。东南沿海的人文不仅仅表现出显而易见的海洋性质,其受阻于山海之间的自然环境也决定了其发生文化变迁的速度相较于其他地区慢,换言之,更有可能保存其文化特质。当然,可想而知,在文化接触和传播时,这里所发生的文化休克和文化碰撞定然激烈。

自史前至历史时期的民族文化就相对独立于中原华夏的民族文化。从先秦汉文史籍中表述的"三苗"、"八蛮"再到两汉时期的"百越"以及汉末六朝"遁逃山谷"的"山越"、"溪峒",无不说明一直以来东南地区的土著民族文化都处于地理与社会的相对隔绝状态,也就是说保持着完整的"非汉"状态。然而,关键的时间节点停顿在汉武帝平定闽越上,对于这片"蛮荒"的未开化之地而言,这是历史的转折点。在闽越被纳入汉的政治体系以来,随着汉民族的南迁而来的是汉文化一体化过程。汉文化的南传使得东南民族历史逐渐被纳入以汉民族为中心的中华民族统一体中。④

然而,即便是在纳入汉文化体系中后,这片闽越故地的地域性特征也表现得尤其显著。滨海背山的地理条件造成的山多田少的生态环境使得此地族群产生出"习于用舟,喜食水产"的生活传统。而且,面临的广阔海洋所开辟的不受王朝政权管束的生活空间往往被贴上非正统性以及危险性的标签。因此,对于历代王朝统治者来说,文化整合便成为使得闽越人纳土的上佳选择。但是因为这里强烈的地域文化使得这

① 吴春明:《史前航海舟船的民族考古学探索》,《海交史研究》2009年第2期,第59—67页。
② 何英德:《濮越人的舟楫文化堆我国海洋文化的贡献》,《南方文物》2000年第2期,第35—36页。
③ 李玉昆:《闽越人的造船业和水上交通》,《闽越文化研究》,第230—237页。
④ 彭维斌:《中国东南民间信仰的土著性》,厦门大学博士学位论文,2009年,第9—10页。

个文化整合的过程充满了社会矛盾和族群冲突。

显然,东南地区各个族群发生的历史变迁并非如汉文史籍所记载的由大量汉人南迁取代土著文化的简单替换过程。虽然族群之间有人群流动和往来,但族群之间的界限仍然存在。各种各样的族群差异的存在注定了在族群间的接触中既包括了排斥也同时包括了接纳的社会过程。

东南地区的土著文化是建立在东南自然生态地理环境基础上的,换言之,东南沿海的生态环境形塑了东南土著文化的独特海洋性特征。同时,也使得东南地区土著文化得以在一个相对封闭的系统中保存完整,也即意味着外来的任何文化倘若要进入东南地区不得不遭遇强烈的文化休克。实际上,在长期汉越互动的历史过程中,汉、越文化始终有着一个在相互排斥中相互接纳的发展过程,这个过程中的互动通过涵化最终实现了文化变迁。因此,在汉越交互中的过程中,这种相互联系和相互依赖的存在,使得汉越文化相互叠加,最终形成了以土著文化为底层,以汉文化为上层覆盖的区域文化。作为东南区域文化的重要内涵,民间信仰就是具有典型分层特点的文化表征,其中同时包括了汉、越民间信仰两层文化,二者共同构建了东南区域社会民间信仰的整体。[①]

民间信仰文化分层的观点,实际上就是透过民间信仰,能够所投射出区域民族接触和发展的社会文化过程。从族群文化变迁角度观察丰富多彩的民间信仰文化现象,不仅能看到东南地区民间信仰的文化分层,也能最终发现东南民间信仰中汉越文化的叠加。这在客家文化中也很常见,主流的观点认为客家文化是南迁至闽粤赣边的汉人文化与当地的土著民族文化融合的产物,同时客家宗教信仰的诸多特殊内涵都是在广泛的闽越族信仰基础和闽越巫文化背景下形成的。类似的社会文化发展逻辑也在东南沿海的太姥山地区继续演绎着。

总的来说,东南地区的传统文化中其实是史前百越先民奠定的深厚土著文化传统的延续和积淀,这点从现代东南地区民间信仰内涵迥异于内陆北方汉人民间信仰的诸多成分中可以得出。[②] 东南地区的文化不是汉唐以来入迁东南的汉人所带来的民间信仰文化的简单移植或进行嫁接的结果,而是与东南地区的经济、物质文化、语言以及其他民俗文化的"非汉"因素一样,来自百越先民的深厚积淀与土著宗教文化的延续,并在此基础上与汉文化兼容发展的结果。

---

① 彭维斌:《中国东南民间信仰的土著性》,厦门大学博士学位论文,2009 年,第10—12 页。
② 吴春明:《东南汉民人文的百越文化基础》,《百越研究》第一辑,第34—45 页。

第二节 山居为畲:"畲客"与太姥文化区的山地文化

福鼎辖内设有硖门和佳阳两个畲族乡以及 28 个民族村,其中包括畲族村 26 个、回族村 2 个,但是实际上,硖门、佳阳为畲族的主要聚居区,秦屿为回族的主要聚居区外,少数民族人口大多散布于福鼎全境内。居于太姥文化区中心的福鼎市辖内共计有 31 个少数民族人口分布,少数民族总人口占全市总人口的 7.4%。在 42000 少数民族人口中畲族人口近 32000 人,占少数民族人口的 76%,构成了福鼎少数民族的主体。①

作为福鼎市的主体少数民族,畲民迁来此地的历史最早可以追溯到明洪武二十八年(1395 年),畲人雷肇松从罗源北岭迁到福鼎大旗坑,在白琳镇牛埕下村定居并生息繁衍,他也被福鼎的雷姓畲民奉为开基始祖。但是,畲民进入闽东地区的路线并不只是雷肇松从罗源西来的一条路径,福鼎辖区内雷、蓝、钟、李、吴五大畲姓以及其不同支系并非来自同一开基祖,而是从不同的路径迁徙而来的不同人群。② 雷姓和钟姓从广东进入福建再分别从南北两线最终进入闽东地区,蓝姓分为从江苏和浙南两条线路进入闽东。③

在漫长的迁居过程中,畲民并非悉数迁走,而是一部分继续迁徙一部分留在此地安居下来,并在该地区生息繁衍,因此在从广东出发的南线以及从江苏、浙江、江西等地出发的北线,在东南民族走廊的沿线都有畲民住居。④

一、明末清初"迁界复界"与畲民的迁入

嘉庆年间谭抡编纂的《福鼎县志》勾画了福鼎这一东南一隅的宏观时间线索⑤,明末清初时期的社会历史和文化进程造就了福鼎甚至是整个中国东南沿海现今的人群分布格局。福鼎乃至整个中国东南沿海在明末清初经历了一段在海盗、倭寇作乱与平乱之间交替的跌宕起伏的历史。这段不平静的历史乱局对于东南地方社会而言

---

① 《福鼎县畲族志》编纂委员会编:《福鼎畲族志》,第 65—81 页。

② 有关畲族的迁徙路线和东南民族走廊的内容详见本编第一章和第二章。

③ 《福鼎县畲族志》编纂委员会编:《福鼎畲族志》,第 45—55 页。

④ 《中国少数民族社会历史调查资料丛刊》,《畲族社会历史调查》,第 158—159 页。

⑤ 嘉庆《福鼎县志》,周瑞光汇编:《福鼎旧志汇编》,第 27—115 页。

无疑带来了严重的毁坏,不论是桐山城被焚还是各个港口海境未绥,大范围的东南区域社会都在寇乱中被"覆灭"。地方精英与普通百姓在这场持续的乱局中经历迁界与复界的变数,而地方社会在此过程中必定亟待重组。嘉庆时修纂的《福鼎县志》对这场持续的地方混乱加以了描述:

> 明洪武二年,温州叛贼叶丁香由桐山寇州,屠戮甚惨。嘉靖三十五年十月,倭万余攻秦屿堡,里人程伯简率众御之。顺治五年,福安刘中藻等作乱,攻福宁州,屯桐山。十三年,海寇陈文达焚劫塘底,汀洲人王拉天,寿宁人马兴等剽掠桐山,居民绝迹者三年。嘉靖十八年十一月,迁沿海居民于内地。十八年,海寇迭起,复移居民内地,疆画原界。①

当然,目前对于畲民是否即为汉文典籍中的蛮獠后裔还有争议,更合乎逻辑的推测是畲民是来自湘赣交界罗霄山脉的移民,而推动畲民迁徙的动力则是明清时期山区开发对于劳动力的大量需求。明清时期,畲民离开长期生活的地域,大规模向东迁移,最终形成了闽东、浙南交界区域畲族的主要生活区域。从此畲族告别了原始游耕时代,开始了定居农业的历史转变。

清顺治十八年,清政府为了封锁占领台湾的郑成功,实行海禁,强迫沿海居民内迁三十里,造成闽、浙沿海地区大面积的耕地抛荒。直到康熙二十二年平定台湾后才停止迁界令。复界之初,清政府鼓励开垦田土,免三年租税优惠的政策和大片的荒地吸引了一部分先期居住闽东、浙南近海山区的畲民,使他们也加入到复界垦荒的行列。

二、"长刀短笠去烧畲":游耕生计方式与山地文化

根据清嘉庆《福鼎县志》统计,福鼎地区的人口主要由汉、畲、疍户构成,其中,散居于福鼎桐城才堡、华洋等地的畲民约一万两千余户,近四万九千人。② 此外,畲族迁入闽赣交界地不是一次性完成的,而是长时期、接续性的、多波次迁入。明清时期,畲族迁移活动频繁,而且迁移路线复杂,迁移范围广泛,几乎遍及闽、浙各地山区和赣、皖部分山区。畲族迁入浙江,以雷姓最早,始于唐永泰二年(766 年)。畲族由闽

---

① 嘉庆《福鼎县志》,周瑞光汇编:《福鼎旧志汇编》,第 27—115 页。
② 福鼎市地方志编纂委员会编:《福鼎旧志集》,福建人民出版社 2013 年版,第 262 页。

东迁入浙南始于北宋时期,但是大量畲族人口的迁入绝大多数发生于明清,其中又以明晚期为最高峰期。浙江畲族一般由福安进入浙南边缘的泰顺一带,而后迁入浙南。

正如许倬云所言,中国地区北方与西方不同的地形地势及其生态条件,决定了两种迥然不同的游牧经济以及由此衍生的社会形态,由此差异,两种牧业各有其发展的历史过程。①

乾隆初年,闽东各县地方官府对畲民先后实行编甲,畲民被编图册、隶户籍,编户纳粮,标志着他们正式告别了原始游耕时代,开始了定居农业。光绪十年编修的《福安县志》记载"各都畲民村居"共有 209 个。浙江地方政府也出告示招募蓝、雷、钟等姓畲民入境,在清代,浙江全省有 18 个县或多或少有畲民在那里开山垦荒。定居在闽东、浙南地区的畲民垦荒种山,种植 禾稻、蓝靛、苎麻、甘薯、茶叶等农作物。

畲民在自然条件艰苦的高寒山区开山辟田,种植适合在山上旱地生长的旱作禾稻,此稻因多为畲民所种,所以又被称作"畲稻"。② 明万历二十一年(1593 年),福建长乐华侨陈振龙父子从菲律宾引进番薯苗,畲民利用"火田"或"火地"种植薯、杂粮。畲村最普遍的手工业是生产加工靛菁、苎麻和茶叶。明代时期东南沿海纺织业发展,对靛青的需求激增。闽东不少畲民开垦山地种菁,至清乾嘉年间,闽东畲区靛菁生产加工进入最为繁盛的时期。

三、多元民间信仰与山地文明特质

从一定程度上说,畲民在信仰体系与仪式生活中所表现出来的族性(ethnicity)特征,既能找到其与本地土著文化接触后所发生文化涵化的影像,又能反映出其作为"居洞砦"者的山地文明特征。

畲民的民间信仰包括图腾崇拜、自然崇拜以及祖先崇拜和鬼神崇拜,所崇拜的神明涉及道教、佛教、地方俗神以及本族群特有的神明,畲民的民间信仰揉入其经济生活、节庆活动和人生礼仪社区环境以及诸多民俗活动。③

尽管畲民的民间信仰与汉人社会的大众宗教也存在某种关联,但是同时我们必须承认其复杂程度并不亚于汉人社会。人们很容易对畲民信仰体系得出"多元融合"的整体印象,因为诸如闾山教、佛教、道教科仪等特征几乎都能轻易在其信仰仪式

① 许倬云:《游牧者的抉择:面对汉帝国的北亚游牧部族》序,广西师范大学出版社 2008 年版,第1—5 页。
② 麻健敏:《试论畲族人口发展的三个重要历史时期》,《福州大学学报》2013 年第 2 期,第15—20 页。
③ 郭志超:《畲族文化述论》,中国社会科学出版社 2009 年版,第422—423 页。

上观察到。凌纯声在多年前的著述中就主张畲民的宗教是图腾与宗教的结合,他认为"畲民现在的宗教从表面上看,是从汉人处学去的巫教,但与其固有的图腾崇拜混在一起,不过因为图腾是有宗教性的,所以能与外来的宗教混合起来。如我们把畲民的图腾与宗教加以分析,二者仍能分开"。[①] 这至少能够说明畲人的宗教和信仰远非我们想象得那么简单。显然,畲民的信仰体系是多元角色互动的结果,更有可能也是一个社区甚至是地方社会与中原王朝的政治体系发生互动的话语写照。[②]

(一)盘瓠:祖源传说与英雄祖先记忆

盘瓠——以御敌英雄形象出现在畲民讲述有关自己过去记忆的祖源传说中,并且成为畲民重要的历史叙事蓝本。然而,不论盘瓠这个由龙麒化身为战斗英雄以及帝王驸马的情节到底是否为历史事实,盘瓠作为畲民的历史心性对于其产生的意义才更为重要。[③] 按照族群理论工具论者的立场,在人类结群这一普同性现象中,族群作为划分人群的工具更显而易见的作用在于对既有的生态资源发挥进行资源配置标准的作用。

有关盘瓠的传说在东汉《风俗通义》一书已有描述,其中写到"高辛之犬盘瓠,讨灭犬戎,高辛以少女妻之, 封盘瓠氏"。在其后成书的《搜神记》及《后汉书·南蛮传》中也有提及,尽管其中的细节略有不同,但是不外乎都是围绕龙麒平乱有关,继而成为帝婿的基本情节而展开。[④]

福鼎佳阳畲族乡双华村蓝氏一族从同治庚午年开始编修族谱,至今共修纂有1879 年、1909 年、1953 年、1979 年以及 1993 年五个版本的族谱。在各个版本的族谱中均有细致的祖源叙事以及几乎一致的盘瓠形象,在蓝姓畲民的谱序中是这样对其祖源进行说明的:

> 凤凰山原有祠址与南京一脉相连,因世远年湮,祠宇倾塌,祖灵未妥,今族众捐资将凤凰山旧址重建祖祠,其祠坐丑山未向,计直二十四丈,横一十八丈,前至

---

① 凌纯声:《畲民图腾文化的研究》,国立中央研究院历史语言研究所《历史语言集刊》第十六本抽印本,1947 年,第 167 页。

② 赵婧旸:《一个闽东畲村的民间信仰体系》,张先清主编:《人类学学刊》第一辑,商务印书馆 2015 年版,第 157—212 页。

③ 王明珂:《华夏边缘:历史记忆与族群认同》,浙江人民出版社 2013 年版,第 13 页。

④ 万建中:《传说记忆与族群认同——以盘瓠传说为考察对象》,《广西民族学院学报》2004 年第 1 期,第 139—143 页。

雷家坊,后至观星顶,左至会稷山,右至七贤洞,四至开具明白,以为盘、蓝、雷、钟四族,永远同据。

从来有非常之生者,乃有非常之遇;有非常之遇者,乃有非常之功。吾于蓝氏先世见之矣。蓝氏先世即高辛氏在位七十所封之盘瓠王,则大乎本天亢星辰精以降世,非常之生也;得帝女以为婿,非常之遇也;因灭燕寇以策动,非常之大功也。盘瓠王当其时之命居会稽山七贤洞,生三男一女。高辛氏亲旨敕赐长姓盘名自能,二赐姓蓝名光辉,三赐姓雷名巨祐,女赘姓钟名志深敕封骑国侯。次名光辉即氏开基之鼻祖。蓝自得姓以来迄今五千余载,之生久矣。祖若宗之起家广东,分居浙闽等处者必有谱牒,以记祖大功,以传久宗,俾世椒衍瓜绵,不失一本九族之谊。

独平邑昌禅粤口一派由来何自,转移何方,尚未编修家乘,其间里居不传,行第莫考,迟之又久,势必各祖其祖各宗其宗,或不幸而经兵燹盆覆,荡折离居,迁者远,亲者疏,此苏明允所以维被途人其初一深之叹也。

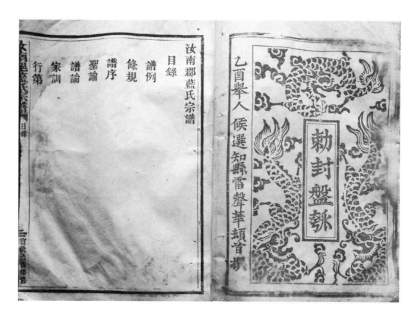

福鼎市佳阳乡双华村畲族蓝氏族谱(宣统版)中的盘瓠形象

在比照两个编修时间跨度近百年的族谱后,发现盘瓠皆以龙的形象出现,显然,这对于作为盘瓠"后裔"的畲民而言,无异于以此言说其身份的正统性。因此,龙形盘瓠和"敕封"字样都在暗指中原王朝与之的直接关系,两者无不成为畲民或者说盘瓠后裔身份合法性的符号,这样的逻辑也成为盘瓠后人身份合法性的来源。

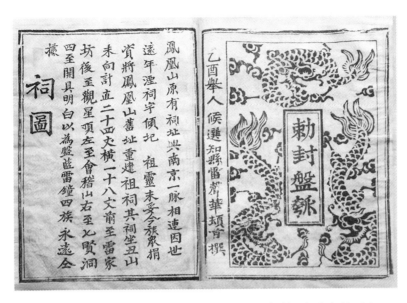

福鼎市佳阳乡双华村畲族蓝氏族谱（1993 年版）中的盘瓠形象

　　人们已经意识到,在人类历史发展过程中,生态环境一直起到重要作用,甚至塑造了人类文化的形貌。如此,在以华夏为中心的人类生态圈形成后,帝国中心以及处于帝国政治"光芒"边缘的人群,必然对应着不同的资源分享资格和资源分配标准。如此一来,诸如盘瓠一类的祖源传说遂成为这些不在华夏中心的人群进入生态资源分享体系的合法性来源,换言之,盘瓠传说对于畲民这些身在帝国边陲的人群而言,是调整身份和适应生态的有效标签。①

　　盘瓠传说不仅作为一种合法身份的隐喻,对于作为流寓进入闽东地区的"畲客"而言,创世的盘瓠传说还起到收宗聚族的作用。"盘瓠"是具有神圣的民族起源的信仰,是畲族的图腾崇拜,有共同的"氏族标记"。更有可能的是,山居的畲民能够借用盘瓠来免除国家赋税和劳役,以此成为斯科特口中所称的"逃离国家的人",盘瓠除了是他们的祖源记忆以外,还是其免受国家羁绊的凭证。

　　共享盘瓠传说成为证明畲、苗、瑶三者之间渊源的重要支撑,这批在春秋战国时代的东夷因为后来向着不同方向迁移,分别成为苗、瑶、畲的先民。② 也许与畲同源于一个体系的苗人一样,盘瓠很可能也是畲民建立其自己山居一方却又是无国家的

　　①　王明珂:《华夏边缘:历史记忆与族群认同》序论二,浙江人民出版社 2013 年版,第 1—24 页。
　　②　费孝通:《民族社会学调查的尝试》,《中央民族学院学报》1982 年第 2 期,第 6 页。

自治体系——"Zomia"的标识。①

小说歌以及岁时节庆的仪式反复地演练着这样的逻辑,不仅强化着对内的认同,也消解着对外族群接触中的矛盾与紧张。记载盘瓠传说情节的《高皇歌》成为畲民口传历史的重要方式,除此之外,以盘瓠为中心的仪式活动更是成为畲民历史记忆与文化展演(performance)的舞台。

畲民祭祀盘瓠有特定的仪轨和仪式,在《晋纪》中载有"每当为揉鱼肉而归,以祭盘瓠"的扼要记述。福建漳平地区,畲民猎得山羊必先祭盘瓠,生祭后煮熟羊头与五脏再祭一次。不论是以家户为单位的祭祖仪式还是以宗族为单位的集体祭祖仪式都尊崇盘瓠以及其龙麒化身。祭祖时,由法师设坛,置办三牲、果盒、茶酒、银纸、香烛的供桌,悬绘制的盘瓠祖图,开启族谱。合族敬祭竖立于祠堂中堂有盘瓠标志的龙头族杖。然后由族中耆老唱《祖源歌》,跳祭祀舞蹈,迎祖游山,以示村境平安之意。② 敬祖祭盘瓠的仪式通过展演的方式不断地重复畲民有关祖源的记忆,以仪式的形式强化了族群认同。

此外,凤凰与盘瓠崇拜共存也是畲民崇拜行为的特点之一,二者都能够追溯至古东夷人的鸟崇拜。③ 凤凰作为中华民族精神的符号,乃涅槃重生、祥和瑞安的象征。如《山海经·南山经》所言:"首文曰德,翼文曰义,背文曰礼,膺文曰仁,腹文曰信,是鸟也,饮食自然,自歌自舞,见则天下安宁。"畲民的盘瓠信仰在传承过程中主要以一套完整的仪式体系来展演,例如作醮与祭祖等。而祖图、祖杖等则被赋予了更多的象征意义。但是,不同于盘瓠崇拜,畲民对于"凤凰"的尊崇更多体现在其服装、纹饰等抽象图案中。"椎髻卉服"不单纯是作为分别畲/汉的客观标志,畲民的服饰,尤其是"凤冠"等女性头饰便是畲民对"高辛帝三公主与盘瓠帝婿"传说的物的再现。

畲民妇女的服饰,已婚与未婚均有不同,福建地区大致可分为七种形式,其中包括罗源式、福安式、霞浦式、顺昌式、光泽式、漳平式,皆以地区名来命名某种典型的畲族服饰。不过,福鼎地区的畲民服饰与浙南的样式更接近,妇女衣尚靛青、幽兰二色,梳发髻,戴银冠。结婚时,女子戴银质凤冠,冠上铸有各色花纹,正面为变形龙头纹。冠身复有一红色苎布罩饰。尾部饰有链、簪等,现今不复每日佩戴,只在婚礼与入殓

---

① James. C. Scott , *The art of not being governed: An Anarchist History of Upland Southeast Asia*, New Haven & London: Yale University Press, 2009, pp. 1 - 39.

② 蒋炳钊:《畲族史稿》,第 273—293 页。

③ 黄向春:《畲族的凤凰崇拜及其渊源》,《广西民族研究》1996 年第 4 期,第 96—101 页。

时佩戴以示崇敬、庄重之意。①

（二）临水夫人、林公大王、马仙诸神与巫、道传统

闽东畲民的信仰体系是民间俗神、巫术传统、道教闾山科仪并且兼纳儒、佛体系的多元复合系统。道教与民间宗教既对立又有相互吸收融合的局面从晚唐时已经开始，这不足以言说。闽东畲民的信仰体系之异在于在土著巫术传统的基础上与道教闾山派的神明体系与科仪相融合，从而最终形成了具有畲族民族色彩的神明体系和仪式传统。简言之，巫、道构成了畲民信仰的根基。闽东畲民的神明体系十分庞杂，神灵众多以至于难以历历计算。

不过，可以粗略地认为闽东地区畲民尊崇与信仰的神明体系是包含于临水夫人陈靖姑信仰这一大集合中的若干个子集的叠加。这些子集包括林公大王、马仙、齐天大圣、平水公王诸神，以及被奉为神明的畲族历史人物、战争英雄还有因法力高强晋升为神的历代法师。实际上，陈靖姑信仰、林公大王信仰、马仙信仰便是明清时期畲民在当地巫术文化的蓝本上与道教体系相互吸纳的结果。② 换言之，畲民信仰体系呈现出如此多元复合的断面本身也是畲汉互动的结果。

如果诚如畲民自述临水夫人陈靖姑信仰是山地游耕文化孕育的产物③，那么其他被包含于陈靖姑信仰大集合中的信仰必定也具有山地游耕文明的特征。在明清大规模的造神运动中，身处闽东旱涝并发之地的畲民，将除去瘟疫、疾病保存稻谷收成的希望寄托于临水夫人身上。当然，来自畲村的法师起到了重要的推动作用。陈靖姑信仰也成为汉畲民众共享的神明，汉人和畲客彼此也互相分享有关的仪式活动。例如，不论汉人女子还是畲女都竭力避免在十八岁或二十四岁时举行婚礼，这种习俗就与陈靖姑与白蛇精和长坑鬼斗法的故事有关，民间叫作"十八难"或"二十四坐化"。④

在闽东陈靖姑信仰的大集合之下，多元信仰系统还包括若干拥有大量信仰的子信仰集合。林公大王信仰就是其中对畲民具有特殊意义的神明。根据对报道人的访谈和志书记载，林公大王生于南宋庆元年间，是闽东家喻户晓的打虎英雄。乾隆版张君宾主纂的《宁德县志》中描述其为："相传神为宋时邑杉洋人，善搏虎。没后能御虎

---

① 蒋炳钊：《畲族史稿》，第 325—337 页。

②③ 蓝焰：《畲族巫术文化中的陈靖姑信仰——以福州、宁德畲族乡村为例》，《世界宗教研究》2007 年第 4 期，第 86—95 页。

④ 石弈龙：《临水夫人信仰及其对民俗活动的影响与解释》，《民俗研究》1996 年第 3 期，第 63—65 页。

灾,故祀之。"①周宁杉洋地区更是有情节丰满的林公传说以口传、叙事小说的形式流在当地流传。但是,故事的核心还是围绕其除恶虎平村患、治愈瘟疫为中心。在闽东境内,一共有林公大王宫庙21座,尤以周宁、古田、福安、屏南等地信众居多。② 周宁地区的林公大王宫庙常常将林公与陈靖姑并立,陈靖姑居主位,村人以"大娘"称之。由此,林公信仰与临水夫人陈靖姑信仰的关系也愈见明晰。③此外,正月"请林公"更是闽东信众极为重视的仪式,仪式多由法师主持,全村男女皆参与其中,以祈村境平安。

在畲人看来,林公还与其采集狩猎的生计方式密切相关。作为打虎英雄的林公还是畲人企盼狩猎成功的神明,与雷万春、田公元帅等畲人信奉的狩猎保护神类似。在大量的畲族小说歌里都有细致的狩猎场景描写,同时也多有打虎除害的情节出现。畲人通过小说歌塑造了众多英雄形象,并将这些制服猛兽的英雄尊为神明。有种推论认为,狩猎神之所以在畲村广为流行与其居于山区的生态环境以及生计方式不无关系。因此对林公大王的尊崇也是福鼎地区山地文明的表征之一。

在畲民多元信仰体系中,多有民间人物羽化成神的例子,陈靖姑就是其中一例。据《闽都别记》记载,陈靖姑乃唐代福州下渡人,后嫁到古田山区成为刘杞的妻子。陈靖姑年少时曾到闾山学习道教法术,相传能降妖伏魔,扶危济难。她24岁那年福建遭遇大旱,民不聊生,为拯救百姓,不顾已经怀胎三月的身体情况,毅然脱胎祈雨。正当陈靖姑祈雨时,当地邪恶的白蛇精和长坑鬼前往陈府盗胎并将胎儿吃掉。陈靖姑回陈府发现后愤怒追杀白蛇与长坑鬼,长坑鬼趁机逃走,白蛇精被追进古田临水洞,陈靖姑拼尽最后的气力腰斩蛇精。白蛇被斩后,终于降下甘霖,而这时的陈靖姑却终因劳瘁饥渴而死。④

从以上叙事文本来看,陈靖姑生前的三大功绩都与克服山地社会风险有关。福建多山,山地生活尤恐干旱、毒蛇猛兽以及瘴气。脱胎祈雨旨在解决农业生产的缺水问题。因为蛇是山地最危险的动物,由于伤人于无形,山民视毒蛇比老虎还危险,因此斩白蛇意在帮助山民清除危害山民人身安全的敌人。根据《闽都别记》载,长坑鬼是因秽物堆积而气化生成的小鬼,但凡其吐气就能致人生病,故而所谓斩"长坑鬼",实际是帮助山民克服瘴气。

---

① 卢建其修,张君宾纂:《宁德县志》,乾隆四十六年(1781 年)刊本。

②③ 钟雷兴编,缪品枚纂:《闽东畲族文化全书——民间信仰卷》,民族出版社 2009 年版,第29—31 页。

④ 里人何求纂:《闽都别记》(上),福建人民出版社 1987 年版,第133—137 页。

从这些表述来看,长坑鬼与古时南方经常致人生病的瘴气有关,而临水夫人旨在帮助山地先民战胜山地生活风险的。另外,临水夫人曾降服虎妖、猴怪、蛇怪、蜃怪、蜘蛛精等,这些精怪都曾在山林中危害百姓。作为山地文化女神,其职能就是清除山林的妖魔鬼怪以及伤人的猛兽毒虫。[1]

四、畲语与南岛语族的系属问题

上古土著文化对南方地区人文的影响还在语言上有显著的体现,现今南方汉语方言中就有许多南岛语族和古越语的因素。在对闽方言和客家方言的词汇构成语台湾原住民诸族语言以及印尼语、壮侗语族诸语系进行比较后,发现闽方言的基本核心词与古南岛语族的成分高度一致,并形成语言学上所谓的借代关系。[2] 不论是汉语方言还是畲话都受到古越语的影响,这至少说明不论是当时东南大陆上已经汉化的闽越人、吴越人,还是尚未汉化但是受到中原教化的壮侗、苗瑶语诸族,百越先民的影子都是显而易见的。[3]

第三节　水生人家与海上移民:太姥文化区的海洋文化

从闽江流域溯江而上的疍民和经由海上丝绸之路而来的阿拉伯后裔即陈埭回民是组成福鼎地区海洋文化的重要部分。作为滨海而居、临水而生的人群,其异于内陆文明的海洋性族群文化丰富了福鼎地区的族群文化,充实了区域内的族群文化多样性,也使得该地区兼具山地与海洋的两种文化属性。处于太姥文化区核心的福鼎市,疍、回两个族群的分布都相对集中,福鼎辖内的疍民主要集中于沙埕镇水生村,而秦屿则为丁氏回民的主要聚居区,二者海岸线皆曲折多港湾,这样的生态环境与地理条件是塑造海洋性文化的前提。

作为历史上广泛分布于我国东南沿海地区的水居族群,疍民的源流及其与陆居族群的关系是解析东南沿海社会文化发展历程的重要切入点。疍民是以舟居水处及捕鱼生计为主要特征的族群,其分布的地区涉及从浙江到广西甚至包括越南、海南的

---

① 叶明生:《闽浙马仙信仰与地方仪俗之探讨——柘荣马仙信仰文化调查》,《温州大学学报》2010 年第 4 期,第 26—33 页。

② 陈支平、詹石窗编:《透视中国东南:文化经济的整合研究》,第 197 页。

③ 邓晓华:《南方汉语中的古南岛语族成分》,《民族语文》1994 年第 3 期,第 36—40 页。

广大沿海区域,其中又以福建、广东、广西三省沿海及沿江、沿河分布最为集中。疍民在长期的社会分工、生活劳作及地域传统的变迁过程中,形成了一些有别于陆上族群的习俗,因此被视为"异类",受到排斥并被架空于地方社会的诸多运作体系。在20世纪50年代的民族识别中,尽管不少疍民自述为自成一家的"疍族",但最终被划分为汉族,成为构成东南汉人的一部分。①

然而,对中国东南地区族群分布格局现状进行的分析与解释,其实无法与大的历史时空背景剥离。从唐宋开始,汉与非汉的族群互动随着畲、疍在地方志书里面出现已经开始显露;从元代开始,中国东南在统一与纷乱的交替中继续着以"华夏"和中原王朝为中心的政治一体化和文化一体化进程,从"游艇子"到渔户再到"曲蹄"、"疍族"的逻辑展演实际也是华/夷,帝国中心/帝国边陲,化内/化外等中国社会发展框架的延续。同时非汉族群作为汉的对立面也是成为维持汉人族群界限和巩固汉人族群认同的基线(base line)。从明代开始,家族组织以及附带的文字与仪式传统成为中国东南地方社会中文化实践的主题,身份与资源开发以及利益分配密切关联,以书写代替口传来制造历史记忆成为打造使身份标签合法化的重要手段;入清以后,此中逻辑的延伸也使得岸上/水生族群格局的定格最终形成。当然,福鼎辖内的疍民与明清以来闽江下游生态、社会、经济的变迁有关。但是,总而言之,中国东南的族群关系与族群格局是长时间维度下中国民族史的写照。

一、水陆相间:疍民的海洋性文化

明清以来东南中国沿海地区的族群关系,是唐宋以后在生态变迁、政治变迁以及制度与文化变迁中写照,汉人认同与非汉界限的形成也是在如此时空脉络下发生的认同建构过程中树立起来的。疍民即所谓的"水上人家"或沙埕当地所谓的"水生人",正是这一社会文化发展过程中历史记忆制造与文化表述和展演的集体体现。"疍民是东南中国地域社会变迁的亲历者,从汉疍关系中透析出来的水/陆身份对立、族群分类以及有关历史记忆与文化表述的族群认同,成为闽东地域社会发展过程中贯穿始终的关键线索。"②

① 黄向春:《从疍民研究看中国民族史与族群研究的百年探索》,《广西民族研究》2008年第4期,第55—66页。

② 黄向春:《历史记忆与文化表述——明清以来闽江下游地区的族群关系与仪式传统》,厦门大学博士学位论文,2005年,第1—67页。

（一）疍民为谁？

1. 从游艇子、白水郎到夷户—疍户

有关福建汉与非汉族群共居一方的印象可能来源于唐代。刘禹锡对于闽地诸族的印象是："闽有负海之饶，其民悍而俗鬼，居洞砦、家桴筏者，与华言不通。"[①]唐人李延寿在《北史·杨素传》中用"游艇子"来指称东南沿海地区的水上居民[②]，《北史》中"游艇子"也与"卢亭子"通用，至唐时福建岭南地区的水上人群，遂统以卢亭泛称。而《北史》中"南海先有五六百家，居水亡命，号曰游艇子"的文字也暗示了当时这些水上人群并未纳入国家体系的控制之内。[③]

其后，北宋时成书的《太平寰宇记》详细记载了泉州附近"白水郎"的生活方式和习俗，并以"白水郎"称之。[④] 其中，明确说明白水郎为泉州夷户亦唤作游艇子，乃晋末作乱之卢循余党，叛乱失败后散居海上，以船为家。也有观点认为福建区域内的水上人家与魏晋时期屯田军户：温麻船屯以及其长形舟船——舠有关。[⑤] 由此推论唐时的游艇子之称多指这种小船上生活的人。

从唐宋典籍中的记述可以推想，当时判断汉与非汉的标准集中于语言、居处方式这两个客观特征。自宋代刘克庄开始，进一步将蛮獠各支以居处方式对人群进行标签化式的划分："凡溪峒种类不一，曰蛮、曰猺、曰黎、曰疍，在漳者曰畲。"[⑥]山居为畲，水居为疍，皆出于蛮獠，以居处方式来作为人群身份标签的方法自此已现，这也是今天人们仍将将"居洞砦"者与畲族（或其祖先）相关联，而"家桴筏"者与疍民相关联的原因。

从唐宋至民国的时间序列中，身在水陆之间的"疍民"所历经的历史过程是：元代以前，分布在福建的水上居民"白水郎"与被归为"夷户"以采珠为职业的特殊人群渊源密切。明代时水上居民与其他渔民一道，饱受渔课管制，因此广阔的水道与海洋以及作为夷户的特殊身份为他们提供了一个逃离国家的可能性。

至清末时，"闽越遗裔"与"中原衣冠"，汉与非汉、化内与化外之间的族群界线在

① 刘禹锡：《唐故福建等处州都团练观察处置使福州刺史兼史中丞赠左散骑常侍薛公神道碑》；《刘宾客文集》卷三。

② 李延寿：《杨素传》，《北史》卷四十一，中华书局 1974 年版，第 1512 页。

③ 鲁西奇：《中古时代滨海地域的水上人群》，《历史研究》2015 年第 3 期，第 65—66 页。

④ 乐史：《江南东道十四》，《太平寰宇记》卷一〇二。

⑤ 蒋炳钊：《疍民的历史来源及其文化遗存》，《广西民族研究》1998 年第 4 期，第 77—83 页。

⑥ 刘克庄：《漳州谕畲》，《后村先生大全集》卷九十三，文渊阁四库全书本。

福建各地的志书中进行了表达,"疍族"被明确说明与全闽"中州南来"的衣冠族姓风马牛不相涉。[①] 至此,疍民在汉族精英眼中已经产生出的刻板印象是:这群名曰"白水郎"或"游艇子"的水居人群乃习性迥异于汉的夷户;源自前朝逆臣贼子,为异于陆居"汉人"且不纳税免徭役的"夷户"。

然而,与光州固始南下的中原衣冠通过家族组织以文字和仪式传统进行"身份制造"一样,水上人不再以船为家,上岸定居也是进行自我身份重新定义的方式。东南地域社会历史的前进饱含着岸上人/水上人,中原/闽越,汉/非汉的族群标签在历史具体情景的不断改变,不断重新定义的过程。当然,在人群划分与身份定义的过程中隐含的是帝国话语中有关海/陆对立的逻辑以及人群获得地方生态资源与相关利益的附带因素。

2. 明代的"渔户"与清代的"渔(船)户—曲蹄(白水)—疍族"

随着明代在结束前朝乱局与动荡后进行的政治秩序重建,以及实施一系列的社会控制政策,招募东南沿海一带善扶舟而且散居海上的水上居民进入国家体系中,成为帝制王朝加强水上军事力量就势加强社会控制的重要一环。

随着习水性、善舟楫的疍民被入籍军户后,散居海上的疍民自此开始与国家建立起更密切的联系。同时,不管对国家层面还是地域社会,入籍军户后的疍民其自带的关于"海寇"、"海盗"的隐喻都得到一定程度的消解。明初设立了河泊司,将采集渔猎的人群隶入渔户,不再免除赋税。[②] 因此,社会控制在军籍与编户制度结合后得到加强。继而,不管是入籍军户,还是成为国家体系下缴纳渔课的渔户,这些白水郎后裔、"卢循遗民"都进入到国家控制中。[③] 至此,以海洋江湖作为广阔逃离空间的水上居民已然不再无羁,而是进入到王朝政治的制度束缚中。不过,入籍后水上人与岸上人的族际关系并未随之融合,水/陆之间的族群界限也并未随之消散。

军户和渔户对于帝制国家而言都是特殊的群体,是另立编户的人群,融入东南沿海正在以"文字传家"兴起的地方大族主导的地域社会想必不易。广东地区的强宗大族在开发沙田的过程中实现了聚族旺宗,而被标注为"疍"的人群则被排斥在经济资料竞争和政治权利争夺之外。而这些水上人"疍"则通过建立自己的市场和仪式

① 吕渭英修,郑祖庚纂:《侯官县乡土志》卷五,光绪二十九年(1903年)刊本。

② 尹玲玲:《明代的渔政制度及其变迁——以机构设置沿革为例》,《上海师范大学学报》2003年第1期,第96—103页。

③ 萧凤霞、刘志伟:《宗族、市场、盗寇与疍民——明以后珠江三角洲的族群与社会》,《中国社会经济史研究》2004年第3期,第1—13页。

场所并在当地社区生活中扮演一定的角色,以此来获得依附在旺族下的经济、政治利益。[①]

然而,随着明末清初户籍制度、赋税系统的失效以及当时生态环境的改变,明初设立的河泊司及其所隶渔户都受到影响。在明清时期凭借经济的发展和自然环境的优越而兴盛的地方大族,在东南形成了地方豪门。除了在族姓之间建立依附关系外,这些地方豪门将脱籍的渔户作为私役囊入本族势力范围。清末到民国时期,生活困苦的渔户为了摆脱课税的负累,依附地方大族也成为其无奈的生存策略。沙埕疍户在民间歌谣中多有水生苦,交付渔税后还得被岸上海霸抽取渔获的叙事。甚至有当地民谚称"曲蹄爬上岸,无灾也有三年难"。这就是在里甲户籍失效后,依附地方大族的疍民生活写真。[②]

(二) 水上人的海神信仰与仪式活动

所谓"海者,闽人之田也",已可见海洋对于东南沿海地域社会的意义,也突显了闽越先民的海洋性文化。海神信仰对于东南地域社会的各个族群而言都是至关重要。据考证,福建的海神信仰一直就是多元的,沿海各族群寄托庇护航行、绥靖海疆的希望于以妈祖为首的诸神,临水夫人、龙神、拿公、陈文龙、苏臣、九使公等都包括在内。但是,在多元的海神信仰中,对不同神明的信奉其实映照着不同族群文化与人神缔结的各自不同的社会关系。明清以来,福建沿海居民祭祀海神的活动主要有以下内容:准备谕祭祈报海神文、拜祭所经之地的天妃寺庙、造舟登舟启航的迎神送神仪式、航海途中向海神祈祷、许愿与还愿、海事完毕后为海神奏请封号、题写庙记、庙额、撰写海神"灵应记"、捐资修建庙宇等。[③]

就神明传说中为神明赋予的功能而言,东南中国海上的水神可分为两类。一类为旨在保护海上航程的海神,如通远王、五显帝、玄天大帝、"天妃"妈祖、临水夫人等,以及另一类为内河航运保驾护航的水神,诸如晏公等。但是,在东南中国沿海地区的水神谱系里,奉妈祖为至尊,其他水神则居于妈祖的从祀。[④] 疍民的水神信仰同样遵循以妈祖为尊,同祀其他神明的习惯,但是信奉九使则为疍民迥异于汉人的水神信仰,而一系列以九使为中心的仪式活动更是起到凝聚疍民认同的作用。

---

① 萧凤霞、刘志伟:《宗族、市场、盗寇与疍民——明以后珠江三角洲的族群与社会》,《中国社会经济史研究》2004 年第 3 期,第 1—13 页。

② 陈昭希:《沙埕水生"连家船"的变迁》,《福鼎文史资料》第 14 辑,1996 年,第 159—161 页。

③ 谢必震:《福建古代沿海居民的海神信仰》,《福建师范大学学报》1998 年第 2 期,第 95—98 页。

④ 汪毅夫:《流动的庙宇与闽台海上的水神信仰》,《世界宗教研究》2005 年第 2 期,第 136—138 页。

1．"蜓之种为蛇"：水上居民与九使信仰

崇蛇习俗是东南地区诸族群的共同崇拜，九使蛇神的崇拜在东南沿海的疍民人群中尤其普遍。蛇神崇拜是闽越重要的文化特质，蛇为闽越图腾，视为其祖，"被发纹身，以象鳞虫"即描摹闽越人事蛇图腾的情形。《山海经》中多有描写南方域外人面蛇身、人面鸟身的神怪形象，多为口中衔蛇或双手操蛇且双足踏蛇的姿态。①

《中山经》：神于儿居之，其状，人身而身操两蛇。

《海外东经》：雨师妾在其北，其为人黑，两手各操一蛇。

《大荒西经》：西海渚中有神，人面鸟神，珥两青蛇，践两赤蛇，名曰弇兹。

《海内西经》：开明西有凤皇、鸾皆戴蛇、践蛇，膺有赤蛇。

《大荒西经》：有鱼偏枯，名曰鱼妇。颛顼死即复苏。风道北来，天及大水泉，蛇乃化为鱼，是为鱼妇。颛顼死即复苏。②

在先秦典籍中出现临水而居的鸟身人面、蛇身人面者的神怪形象显然为水神。也有观点认为从考古发掘的器物来看，先秦时期的"蛇"作为一种被克制的对象，处于附属地位。③

不管蛇在先秦时期到底作为图腾还是作为神明，实际上都与"是烛九阴"的烛龙有关，《大荒北经》中言其"西北海之外，赤水之北，有章尾山。有神，人面蛇身而赤，直目正乘，其瞑乃晦，其视乃明，不食不寝不息，风雨是谒。是烛九阴，是烛龙"。由此看出烛龙以及鸟身人面或蛇身人面的神明志怪无不与"水"相涉。

尽管汉晋以来南方各族的崇蛇习俗，已经出现了将蛇神降格或从善神变为恶神等现象。即使在传统的水神崇拜中体系也发生了一些新的变化。④ 蛇既被尊奉为神，也有关于斩除蛇妖的斗法类故事。《搜神记》中载有东越闽中庸岭大蛇啖童女，有女李寄用米糍诱而杀之的故事，此时蟒已以恶灵巨妖的形象出现。⑤ 宋人洪迈所

---

① 根据考古学研究，此处所谓"域外"更有可能是楚文化辐射的区域。

② 郝懿行笺疏：《山海经笺疏》卷五，光绪十二年（1886 年）刻本。

③ 吴荣曾：《战国汉代的操蛇神怪及有关神话迷信的变异》，《文物》1989 年，第 45—52 页。

④ 林蔚文：《中国南方部分民族崇蛇意念的差异与嬗变》，《中南民族学院学报》1992 年第 1 期，第 43—49 页。

⑤ 干宝撰，汪绍楹校注：《搜神记》卷十九，中华书局 1979 年版。

纂《夷坚志》中"采生以祭鬼"的描述也表明至宋时蛇已经蕴含着被视为妖孽的隐喻。①

　　受闽越崇蛇习俗的影响，唐宋以来直至明清和近代，建蛇王庙，塑蛇神像，以香火祀之仍然在闽东地区盛行。清直到民国时期，福州地区民妇多佩戴蛇状装饰以表敬蛇神之意。清人施鸿保在《闽杂记》里描述在福州的所见："妇女多戴银簪，长五寸许，作蛇昂首之状。插于髻中间，俗称蛇簪。"彭光斗在《闽琐记》也有类似记载："髻号盘蛇者，昔人咏以为美意，亦如时下吴妆耳。及见闽妇女，绾发左右，盘绕宛然。首戴青蛇，鳞甲飞动，令人惊怖，洵怪状也。"②

　　崇蛇之俗在闽江流域盛行良久，明人谢肇淛所著《长溪琐语》描述福州地区的赛蛇情景称："福州水口以上有地名朱船板（即樟湖），有蛇数百，夏秋之间赛蛇神一次，蛇之大者缠人腰或缠人头，出赛。"③赛蛇之后举行围绕蛇王庙为中心的游蛇仪式，游毕后将蛇以花轿置之，放生于闽江。诚然，闽江流域的生态环境与生计方式与水上居民渊源甚笃，根据口传、仪式以及上世纪新修的谱牒都能明显看出福鼎地区疍民与闽江流域的关联。其实，崇蛇族群的范围并不局限于闽江流域，几乎南岛语族皆有尊蛇为神的记载。《隋书·东夷传》的记载曰"流球国居海岛之中……妇女以墨鲸手，以虫蛇之文"。林惠祥先生根据20世纪初在台湾地区进行的田野调查研究，也认为南岛语族的崇蛇习俗与其以人魂为神的祖灵观念有关。人的灵魂转而为动物，由此则产生了动物崇拜。林惠祥认为："番族有以为祖先死后灵魂转入动物者，又有谓其族之起源系诞自动物者，由此而发生动物崇拜，派宛族本族和其支族尊'龟壳花'为神，虔敬崇拜不敢加害，番族神话记述'昔有二灵蛇，所产之卵中生出人类，是我族祖先'，故对此种蛇不敢杀害。"④

　　福建沿海地区疍民信奉"九使"蛇神甚笃，敬福清界内黄蘗山"九使岭"为九使公居处。清代戴成芬编辑《榕城岁时记》"九使生日"条引《南浦秋波录》曰"九月九日诸娘家祭神曰九使"，并附批注称："重九日舸黎婆为九使生日，羊酒花烛欢宴异常。"⑤可见"诸娘"、"舸黎婆"所指的"游艇子"后裔庆祝其"族群"保护神九使诞辰时的盛大景象。疍民较常见的崇蛇活动，莫过于崇祀"九使"蛇神。

　　福建疍民崇蛇习俗渊源已久，至今已然流行，其中以闽江下游地区为最。蛇被疍

①　洪迈撰，何卓点校：《夷坚志》，中华书局1981年版。
②　彭光斗：《闽琐记》，乾隆五十三年（1788年）抄本。
③　谢肇淛：《长溪琐语》，文渊阁四库全书本。
④　林惠祥：《台湾番族之原始文化》，上海文艺出版社1991年版，第25—26页。
⑤　戴成芬辑，黄燱、肖严参订：《榕城岁时记》，咸丰至同治年间抄本。

民视为平定海域、护船航行的海神。清人郁永河在《海上纪略》述及蛇神保护航程的文字曰:"凡海船中,必有一蛇,名曰木龙。舟船成日即有之,平时曾不可见,亦不知所处。若见木龙去,则舟必败。"①

疍民临水而居,以船为家,事水神以佑平安自然与其生计方式有关,但是蛇缘何成为神,在明代徐𤊹编录《榕荫新检》引《晋安逸志》的文字中有所体现:

> 唐僖宗时,福清黄蘖山有巨蟒为祟,邑人刘孙礼妹三娘,姿色妖艳,蟒入摄洞中为妻。孙礼不胜愤恚,必死之。遂弃家远游,得遇异人,授以驱雷秘法,归与蟒斗。是时,其妹已生十一子,孙礼杀其八,妹奔出再拜,为蟒请命,孙礼乃止。其后三子为神,曰九使、十使、十一使,闽中往往立庙祀之。②

福建地区民间传说九使、十使、十一使三个蛇仔成神后,常巡游民间,若见各路精怪骚扰乡人,便为之驱斗,逐渐成为民间保护神。《榕荫新检》引录一段新妇祈于九使庙,继而九使蛇神遂就变为金甲神以逐恶蟒的故事:

> 然他蟒为祟者,每托三子之名淫人妇女。所与淫者,得见其形,俨然美好少年。其家人及邻里,但闻虚空言语欢笑,酬饮一如生人。淫者之家随意所欲,无不立致。少忤之,则罄其所有,或遇劫,或火其居,或击其人。国朝侯官高盖山亦有一蟒,山下有齐姓百余口,世受毒。允娶妇者,合卺之夕,婿必他宿以让之。次夕乃敢成婚。嘉靖初,有一妇先知此事,乃令人祷于九使庙,密怀利刃以往。比至其家,果见白衣少年入室,随着金甲人追逐。妇遂遮刺之,少年失声而走。明日,有蟒死于山中,其怪遂绝。③

2. 沙埕九使宫的仪式活动

福鼎市辖内共有九使宫三座,分别位于秦屿镇、沙埕和南镇,三座宫庙皆背山临海,当地民众以渔业捕捞为主要生计方式。秦屿、沙埕同时也是福鼎地区疍民分布集中的地区,"连家船"直到20世纪50年代民族识别和疍民上岸政策实施前仍有保留。相较南镇、秦屿而言,疍民大姓"欧、连、江"在沙埕地区都有分布,在20世纪50年代

---

① 郁永河:《海上纪略》,道光二十三年(1843年)抄本。
②③ 徐𤊹:《榕荫新检》,《徐氏红楼书目》,上海古籍出版社2005年版。

沙埕九使宫

沙埕九使宫宫内全景

九使公供桌上镌刻的敬献者名单

"上岸"政策实施以后,三姓先后修复了族谱并与浙江同姓连谱,欧氏还新建了祠堂并成立理事会以回复宗族活动。九使宫的主要信众仍是"欧连江"三姓疍户,但是也拥有非疍家的信众。为九使侯王敬献供桌上以及锦旗的落款可以发现,除了以疍户为主的水生大队外,其余大队的船员、渔民也同敬祀九使侯王以期航行平安。

九使宫的仪式活动以及宫内事务由庙头管理,宫内仪式活动以每月初一、十五"点香"以及九月九庆祝九使公生辰为主。不过,宫内也为试图与逝去亲人联系或是遭遇危险与未知风险的信众举行扶乩。庙头曾述及惠安地区以乩童降乩时遇沙埕境内供奉的九使爷上身,因使当地信众得偿所愿故而特从惠安特制礼物以表还愿之意。此事在沙埕境内盛传,成为九使公神力尽现的证据。

二、扶舟而至的海上移民:海上丝绸之路与阿拉伯后裔

东南中国的地域传统建构叠加于"南岛语族"文化圈和"闽越"土著的"底层"之上,然而,如何从"直至五代犹未甚详"的"蛮夷之地"变身为礼仪传家的"海滨邹鲁",其背后的社会文化历程是理解地域文化传统形成过程以及拆解地域传统中"底色"与表层叠加过程的重要切入点。

自唐末五代时王审知入闽,代表"中原汉人"正统地位和文化身份进入东南中国后,由蛮荒之地向文教之邦的蜕变便已然开始。宋儒理学与科举功名在闽越旧地的兴起就是汉人教化以及文化一体化开始进行的标志。这个转变通常被认为是因中州汉人南下所引起的汉人正统取代闽越蛮夷的向化过程,但是这类看法更多代表的是教化中心的立场以及王朝国家的话语。尽管自唐宋以后东南地区普遍建立起了汉人认同,但在汉人精英和士大夫眼中,闽地仍未能脱去"蛮夷"之气。所谓残余的蛮夷之气实际上来自于此地复杂的族群关系和格局,除了汉—畲、汉—疍的族群格局外,从海路扶舟而至的阿拉伯后裔也是闽地的重要族群,并形成了自成体系的文化系统。至此,必须强调的是,"闽越—汉人"的继替和断裂并非是东南地域社会文化史的全部,而是包含了多元的族群构成的多元文化。①

(一)海上贸易与阿拉伯后裔

帝国王朝一直严格掌控着贸易体系,尤其海路与海上贸易。唐代始开放海外互市,泉州港设立了"参军事"用以专事海外贸易事务,北宋时期泉州专设市舶司,"掌

① 黄向春:《"诸娘"与"唐部":闽江下游民俗生活中的族群关系与历史记忆》,《民俗研究》2006年第3期,第43—55页。

蕃贺、海舶、征榷、贸易之事,以来远人通远物",成为重要的对外港口。泉州至此成为与广州并重的港口,也是国家海上贸易的重要关节。

南宋时,往返泉州经商的商贾中以阿拉伯人为多,"从八世纪初至十五世纪末,欧洲人来东洋之前,凡八百年间,执世界通商的牛耳者,厥为阿拉伯人"。南宋朝廷尤其注意对阿拉伯商客的管理,其中放宽对大食蕃船、蕃客的限制并减少抽税,礼遇蕃商,对其安全多予保护,鼓励蕃货来华,并为商船举行祭海仪式都为南宋时海路贸易的兴盛创造了条件。①

南宋时,随着泉州海外交通的发达,居住在泉州的阿拉伯商人数以万计。这些商人大多为穆斯林,南宋朝廷对"住唐"留在泉州的穆斯林商人拨划专门地区供其居住,建立由蕃长可管理的蕃坊,并挑选德高望重者担任蕃长。同时,朝廷也允许其在蕃坊辖内建立清真寺。随着这些经海路而来的阿拉伯商人在泉州的长期居留,以及"民夷杂处"的居处方式,在与当地族群互动过程中发生的阿拉伯文化本地化在潜移默化中进行。

其中,与当地人通婚就是本地化的手段之一,"土生蕃客"便是南宋时期对大食人与本地女人所生子女的称谓。福建诸姓中的金、丁、夏、马、郭、葛、蒲、卜、哈、铁等姓便被认为是阿拉伯后裔。② 而这些阿拉伯后裔在长期的本地化过程中,也形成了具有特点的族群文化,并最终融合在闽地文化的大脉络中,成为构成多元文化的重要部分。

(二)海上移民的向化举措与向心意识

宋明以来东南地区大兴修谱之风,宗族发展勃兴,而此趋势也延伸到作为土著蛮獠后裔的畲民和作为色目人后代的回民。尤其是丁、郭姓等阿拉伯回族的后裔,原先是信奉伊斯兰教的民众,对于祖先的崇拜比较淡薄。但是,随着东南地区各姓汉人修谱风气的盛行以及汉人家族组织的日趋完善,以"蕃客"身份居于福建沿海各地的阿拉伯后裔也意识到建立强宗旺族是进入地方资源、利益分配体系的重要手段。以此,这些少数民族姓氏为了在强弱相凌的社会中取得一席之地并有所发展,也纷纷效法汉人修谱的做法。③

明代初期乃福建各姓大修族谱之际,因宋元时期阿拉伯商人已经随海路进入泉

---

① 麻建敏:《略述南宋对泉州蕃客的政策——兼论阿拉伯商人对繁荣泉州所起的历史作用》,《中央民族学院学报》1990 年第 6 期,第 32—36 页。

② 郑振满:《明代陈江丁氏回族的宗族组织与汉化过程》,《厦门大学学报》1990 年第 4 期,第 75—79 页。

③ 陈支平:《福建族谱》,福建人民出版社 1996 年版,第 283—285 页。

州且在朝廷圈划的蕃坊中以"高度自治"的形式世居,故而这些阿拉伯后裔在宋元时期已经参与到泉州的地方事务中并与汉人、汉文化来往密切。然而,在元末明初,国家鼎革之后,这些定居泉州的阿拉伯后裔的社会地位不再如前,因此对于他们而言,恢复昔日身份和相应权益的方法莫过于像汉人一样通过文字传家的方式修谱聚族。

实际上,大凡畬、回之族谱不但在体例上模仿汉人,甚至多聘请平阳、瑞安等地修谱先生或举人、进士为其代笔,因此汉与非汉族群的族谱几乎同出一源,但是仍然能在其字里行间中觅得些许线索。例如明正德年间编修的晋江陈埭《丁氏族谱》曰:

> 此陈江丁氏谱也。陈江之有丁氏,自讳谨府君(生于宋淳祐辛亥年八月十五日辰时,卒于元大德戊戌年七月廿五日戌时)始。丁氏之有谱,则始于毅斋府君(明初永乐年间人,丁氏六世祖),继之以养静先生(明正统年间人,丁氏七世祖),而大备于文范倬松之日也。文范名仪,举孝宗乙丑进士,直道雄才,历试郡邑,敦本好古,有天下之志。此谱之作,殆其一也。①

除了修建祠堂、编修族谱以起到聚族凝宗的作用外,鼓励族人积极参与科举考试也是宗族掌握地方话语的有效办法。一旦族中有人科举考试成功,便能为本族和本人获得更强大的政治空间,使得本族全员能够获得更多的资源。

福鼎市秦屿丁氏一族自述由陈埭丁氏分支而来,秦屿丁氏与陈埭丁氏共享堂号,在祠堂里也强调与陈埭丁氏的源流关系。从光绪开始,秦屿丁氏有各版族谱,根据1984年修《丁氏闽泉旧序》记述:

> 陈江之有丁氏,自讳谨府君丁氏之有谱,则始于毅斋府君之孙文范也。文范讳仪,举孝宗乙丑进士,旨道雄才,历郡邑,敦本好古,有天下之志,此谱作殆其一也。谱成而征,序于深匕。闻昔者先王世禄,故士大夫氏族掌在国史井田,故民庶具于版图,虽历世可按也。自封建废而士大夫失其世,世失而谱与谱者可补也。所以,补王政之不及也。
>
> 汉以后,中原多故,士民迁徙,不常厥居,号称文献之族者鲜有保谱牒于不坠。魏晋及唐,以门第用人,至有冒昧神明之胄,以为禄仕之媒者,而俗曰衰矣。今文范之为此谱也,近仿欧阳之意,以成一家之书。其立法严,其处意厚。法严,

---

① 泉州历史研究会等编:《泉州回族族谱资料选编·陈埭丁氏回族部分》,内部印发,1979年。

故阙其所不可知而百世之传□,意厚,故笃于当行而亲疏之制明。

丁氏之人展阅,某也,祖某也,弥某也,兄弟某也,子若孙木本水源绵匕续匕,绳武肯堂之思,□鸽棠棣之念,有不油然而兴者乎? 昔人由一人之身以至于途人不独一家然也。虽天下之大,其始何尝不本于一人其末也。为九州万里之远推此意也,亲匕仁民之政,厚本定分之业,先王之政不以后而难者,此文范之志也。①

从族谱表达的绵延族裔的思想以及对先祖的崇敬之意,已经能够看出,本为蕃客后裔的丁氏树立了明确的聚族凝宗的思想。而且,族谱由赐进士出身者所撰写,这本身就足以说明其向化之心,更毋需提及在编修体例上对汉姓族谱的模仿了。

---

① 福鼎秦屿《丁氏族谱》,丁氏宗祠理事会藏,1984 年版。

第五编

海洋网络 太姥文化的开放体系

福鼎地区地处闽东,位于山海之间,素称"闽头浙尾"。历史上,背山面海的太姥文化区不仅是闽文化的重要源头,同时也是中国东南地区对外联通的重要区域。从历史发展来看,临海的地理位置和自然环境对太姥文化区社会与文化产生过重要影响,归纳起来主要有三个方面:一是作为海防前线的太姥文化区在中国近代史上曾发挥过重要作用。明清时期,倭寇借助福鼎境内的渔港频繁登陆上岸,滋扰生事,与此同时,占据台湾岛屿的郑成功集团也不断借助福鼎境内的沙埕、秦屿二港为其提供军事补给和走私货物,二者一直是困扰中央王朝的隐患。为此,朝廷将包括福鼎在内的东南沿海视为抵抗倭寇袭击与打击郑氏家族的重要海防阵地,甚至不惜一切发布严苛的迁界令,从而对太姥文化区的社会文化发展产生重要影响。二是海洋贸易和运输的发展。康熙二十二年(1683 年),清朝收复台湾并于翌年开放海禁,太姥文化区的经济贸易和人民生活遂逐渐重回正轨,沿海地区也重新发挥海路交通和贸易的枢纽作用。与此同时,作为北茶南运、南货北运的重要中转地之沙埕、秦屿二港再次畅通,其中沙埕港甚至一度成为"海上茶叶之路"的重要起点。进入民国以后,随着海上交通工具的改进以及海运业的进一步发展,作为传统海外贸易通道和窗口的福鼎地区再度成为沟通中国南北贸易与国内外运输的重要中转基地,太姥文化区的海洋贸易和运输事业以及人民的生活水平因此得以不断发展。三是海洋渔业生产的发展。背山面海的自然环境在很大程度上决定了太姥人向海而生的生计方式,在陆地耕地面积有限而海洋资源丰富的背景下,太姥人以海为田、耕海牧渔,发明和创造了丰富多样的海洋渔业生产技艺,如摸鱼、放钓、定置网作业、敲罟捕捞、灯光作业等等。这些方式各异的生产作业方式不仅弥补了太姥文化区农业生产的不足,保障了太姥人的生产生活,同时也是太姥人向海而生的勇敢精神和生存智慧的最佳体现。甚至可以说,正是广博无垠的海洋形塑了太姥人的性格以及太姥文化中对外开放和海纳百川的特点。从上述归纳不难看出,作为"海上茶叶之路"重要起点之一的福鼎地区,在历史上"海上丝绸之路"中扮演过贸易通道、文化交流、对外交往的重要平台作用,为历史上"海上丝绸之路"的建设以及闽东区域社会的发展贡献过重要力量。进入21世纪,在中国建设"21世纪海上丝绸之路"以及福建"打造21世纪海上丝绸之路核心区"的战略背景下,拥有较好地理区位优势的福鼎地区应在深入挖掘海洋历史文化传统的基础上,继续大力发展海洋事业,进而重塑太姥文化区的海洋文明。

第一章　海上交通与太姥文化区的对外关系

　　福鼎地区依山傍海，独特的地理环境孕育着其独特的海洋文化。清乾隆版《福宁府志》中记载："福宁界闽浙之交，大海环其南，群山拱其北，东西横亘，藩维千里。""福宁负山环海，浙尾闽头。"明代王应山所撰《闽都记》也曾提到："秦屿，在州东十都，并海有重镇，廛居繁盛，其人朴茂。"临海的区位优势塑造了福鼎地区优美的自然风光、丰厚的渔产、便利的海上交通以及频繁的海上贸易，同时海上贸易的繁荣又进一步促进了福鼎地区海洋文化的延伸。由于便捷的海陆交通，宋元时期福鼎地区曾掀起过一股对外贸易的高潮，此后福鼎地区同国内外市场的联系日益密切，大量货物纷纷聚集于沙埕、秦屿等港口再远销海外，在此基础上，福鼎地区与中国台湾、日本、南洋等地区也形成了共同的商业网络。在开展对外贸易的同时，辗转于沿海各地之间的海商成为了太姥文化特别是太姥海洋文化的首批传播者，他们不仅将国内外的物产、资金、技术以及文化带回福鼎地区，使其交叉影响，而且也延伸和加强了太姥文化的区域影响性，促进了当地海洋文化的发展和社会的变迁，进而丰富了太姥文化的海洋性内涵，同时也促进了整个福建地区海洋文化的发展。

　　临海的区位优势促进了福鼎地区对外经济发展的同时，难免也会给当地带来一些负面影响，例如倭寇与战乱。翻阅福鼎史志可以发现，从明朝到清初郑成功时期，海患问题一直是困扰福鼎地区以及太姥人民的主要问题之一。从历史发展来看，明初福鼎地区海防较为牢固，但是随着明正统以后的政治日趋腐败，海防逐渐开始废弛，时间发展到嘉靖中期，福鼎地区的海防已经完全废弛。在这样一种情况下，不堪忍受侵扰的太姥沿海人民在沿海地区筑起一座座"滨海长城"，抵御外辱。本章选取了福鼎地区较为重要的两个港口——沙埕港和秦屿港，作为田野调查的对象，通过查阅史料和口头访谈，分别从对外经济贸易联系和港口海防建设两个层面，阐述太姥文化区的对外关系。

第一节　沙埕港与太姥文化区的海上交通发展

沙埕港位于闽浙两省交界处，是福鼎地区对外联系的重要海港之一，早年孙中山先生在《实业计划》中，曾把它列为三大渔港之一，也是福建省最为重要的渔港。

沙埕港距县城45公里，北距离温州89海里，南距福州107海里，东离基隆142海里，临近公海，总面积为39平方公里，海域面积为陆地面积的10倍。省道沙（埕）吕（峡）线直达市区与104国道福鼎段衔接，万吨巨轮进出不受潮汐限制。港区水域范围为福建头与虎头鼻两点连接以内范围并至金屿，面积23.45平方公里。以南镇半岛为天然屏障，两岸高山环绕，口小腹宽容量大，避风性能好。台风季节，港内外风力相差4级，可避12级以上台风，是渔船、客货轮船的天然避风良港。水深20米以上，最深处达50米，经久不淤，可同时停泊万吨级轮船10艘左右，中小型船舶70余艘。港口年吞吐量7.89万吨，年客运量300万人次，历代都是福鼎县海口物资重要集散地。①

沙埕镇地处港湾中心，经贸活动繁荣，是福鼎最大渔区集镇、渔业主产区，外海台山渔场资源丰富，是闽东主要渔场之一，盛产黄鱼、带鱼、鳗鱼、墨鱼、虾、梭子蟹等。1992年至1995年，沙埕镇先后被批准为对台贸易点、对台劳务输出点和台轮停泊点，沙埕镇因此成为闽东沿海地区对台进出贸易活动和近洋劳务输出的重要港口。

一、沙埕港的对外贸易

沙埕港地势险要，地理位置优越，物阜货丰，历来都是我国东南沿海一带海上贸易的集中地。清光绪年间，温州府候选同知朱正元在《浙江沿海图说》一书中叙述道："镇下关介闽浙之间，负山面海，形势雄盛，西面沙埕港水道深广，可泊大轮船数十号，两岸尚可择地开筑船坞，叩门两岸拱峙，关隘天然，若再守以坚台利炮，可为海军屯聚之所。"②《福鼎县乡土志》一书中也做过详细描述："福鼎滨海之地，堤岸湾环屈

① 周瑞光：《摩霄浪语》，海潮摄影艺术出版社1999年版，第60页。
② 朱正元：《浙江沿海图说》，《中国方志丛书》影印清光绪二十五年刊本，成文出版社1974年版，第82页。

沙埕港

曲,兼多港叉。沙埕为县沿海道之咽喉,三面距海,商贾辐辏";"背浙面海,鱼盐杂集,甲于一方……迩者轮船开通,浙北闽南百货毕集,本海道要冲为交通商界,则贸易之隆、泉源之阜可跂足俟也。"①由此可以看出当时沙埕港海上贸易的繁荣景象。

（一）明清时期沙埕港的对外贸易

沙埕港水上运输历史悠久,在公路交通开通之前的生产生活和人员往来难离舟楫。"自郑氏据东南沿海诸岛以后,为解决士卒繁多、地方狭窄、器械未备、粮饷不足等诸多困难,遂积极推行海内外贸易。首先同日本通好,后下贩于吕宋(菲律宾)、暹罗(泰国)、交趾(越南)等国家。于是到了郑芝龙的儿子郑成功时期,成功以海外弹丸之地,养兵十余万,甲胄戈矢,罔不坚持,战舰以数千记,又交通内地,遍买人心,而财用不匮者,以有通洋之利也。"②由于郑成功推行积极的贸易政策,使得福建沿海一带海上经济进入了发展高峰期,反之也因雄厚的经济支撑而进一步巩固着郑氏政权的生存和延续。史料中也有记载:"近闻海逆郑成功部下洪姓贼徒,身附逆贼,于福建沙埕等处滨海地方立有贸易生理,内地商民作奸射利,与为互市。凡杉桅、桐油、铁器、硝黄、湖丝、绸缎、粮米一切应用之物,俱恣行贩卖,供送海逆。海逆郑成功贼党于滨海各地方私通商船,如此类者,实繁有徒。"③由此可以看出,当时的沙埕港已经是

---

①　光绪《福鼎县乡土志》,"地理"。
②　周瑞光:《摩霄浪语》,第53页。
③　同上,第54页。

我国东南沿海的重要经济贸易口岸,同时也为郑成功"反清复明"运动提供了大量的军事、经济方面的补给。

为了阻断经济、军事等方面的供给,抑制郑氏政权的发展,清顺治十八年(1661年)颁布《严禁通海敕谕》,内容略云:"郑成功盘踞海隅多年,以波涛为巢穴,无田土物力可以资生。一切需用粮米铁木物料,皆系陆地所产,若无奸民交通商贩潜为资助,则逆贼坐困可待。而因滨海各奸民商贩暗与交通,互相贸易,将内地各项物料供送逆贼,故严立通海之禁,久经遍行晓谕。"①然而,《严禁通海敕谕》的实行并没有阻断沿海一带的对外贸易,反而促进了走私贸易的盛行。"据原任桐山把总升任福宁镇游击、驻防参将马土秀所捕获的走私呈报:奸商林昌平、谢德全等与贩纱绸、缎丝与药材、磁、油货为数不少,以江浙一带合伙起脚,路由温州府转运福宁州潜谋下海。船户有王伯亮,严一等。歇家则有朱茂霞,苏钦官等。"②由此可以看出当时福宁一带存在着普遍的走私现象。不仅规模庞大、人数众多,还形成了资本雄厚、纵横海内外的海盗、海商集团。周瑞光先生在《摩霄浪语》一书中提及沙埕、秦屿、三沙、牙城、下白石等地方都是著名的走私港口。除此之外,当时的沙埕港也是国内各省的众商(或称散商、舱商)与日本岛国走私贸易的集散地,日本的棉布、海带和杂货都是通过沙埕港从台湾运来。

17世纪中叶之后为了打击郑氏集团通过海上贸易与内地人民、不法商贩、海盗等利益集团相互勾结而开展"反清复明"运动,清政府在沿海一带如山东、浙江、福建、广东等地区设界防守,要求居民在15日之内迁离海边至少30里,"片板不许下水,粒货不许越江",界外的房屋村舍全部拆毁。清政府先后在南镇、秦屿等港口建立海防哨所,严格监视来往船只。禁海令和迁界令给世代讨海而生的沙埕人民带来了深重的灾难,许多已经开发的岛屿被迫放弃,严重阻碍了当地生产力的发展,很多渔民因此食不果腹,颠沛流离。康熙十九年(1680年),福建总督姚启圣上奏:"照得边海地方播迁,百姓抛产弃业,流离失所者二十年矣,朝廷正供以徙界缺额者四百余万两。"③早期的禁海令的确在巩固海防,抵御海寇等方面取得了成效,但后来愈演愈烈,成为阻碍当地经济发展的严重障碍,也影响到了清政府的财政收入,造成日后严重的财政危机。

清康熙二十二年(1683年)收复台湾岛,郑氏政权结束,次年开放海禁,沿海人

---

①② 周瑞光:《摩霄浪语》,第54页。

③ 《清世祖实录》卷一四〇。

民纷纷出海谋生。1685年清政府分别在澳门、漳州、宁波和云台山等口岸设立粤海关、闽海关、浙海关、江海关,这是我国政府管理对外贸易和征税的专门机构以'海关'命名之始。至于沙埕港,明清之际设立钞关,征收厘金、牙税以充地方财政。税金来源主要依靠土特产、烟、明矾、纸、桐油之类的转运。福鼎土特产由个体商贩在内地采购雇工肩挑经三十六湾过霞浦、连江至省城福州销售,小部分货物由沙埕港配送民船下水经连江绾头至福州投托茶行、烟行收售或转运至汕头、香港等地。"清同治四年,闽省税厘局成立,下设分局一十四,分卡二十一,共三十五处。其三都、沙埕两处则自轮船通行后所添设,原北路茶均由此两路出口。"①据《福鼎县志》《福鼎县交通志》记载:清光绪十六年(1890年),日本通过台湾,利用在台湾口岸与沙埕、三沙以及其他沿海城镇之间来往运输的民船,向福建输入洋货。根据常关记录,1901年间约有十万加仑的煤油由台北和台南输入沙埕。② 可以看出随着清政府政权危机的解除,面对福建沿海一带经济的萧条,统治者不得不对海禁政策进行反省,对开海的重要性有了新的认识。在开海政策的影响之下,沙埕港的海上经济又重新恢复生机。

清光绪三十二年(1906年)沙埕港正式开埠后,轮船贸易蓬勃发展,来往商船,络绎不绝。"有英国义和商行以载重150吨轮船运输货物并搭客,来往于沙埕、福州。接踵而至的有福州乾太轮船公司以海邹轮(90吨)、玉江轮(120吨)来沙埕设站经营运输。还有福州的同和轮(180吨)、公益轮(150吨)、川平轮、鳌江轮(180吨)等由浙平载运牛、猪、羊、杂货经沙埕添装茶、烟、明矾、糖之类后直驶福州。之后又有闽江轮船公司派金沙江、鸭绿江等船,每艘载重量250吨左右来沙埕开航。"③此外当时沙埕港还是明矾的输出大港,据《三都澳海关十年报》记载,由沙埕港转运的明矾数量超过三十万担,贸易额达到闽浙沿海地区的一半以上。矾山出产的明矾每天通过挑矾工肩挑至前岐,由小木船运送至沙埕港后装载至大型运输货轮上,再送往温州、上海、广州等地。

明清时期,矾山明矾的运输路线有两条,其中一条的前岐线便是由挑运工运至十五里外的前岐矾栈包装后,转运至沙埕港装船,再运往上海、香港、台湾等地。光绪年间,矾山日产矾约50吨,大部分经前岐转沙埕港运销国内外。1928年,前岐商人李

---

① 周瑞光:《摩霄浪语》,第57页。
② 《福鼎文史》第22辑,第9页。
③ 周瑞光:《摩霄浪语》,第58页。

怀珍租用"新瑞平"350吨货轮,在前岐镇西南方的姚家峪等地装载转运明矾,航行于上海、温州、香港之间。1930年春,沙埕商人李锡庚、林肇晖、陈公辅等人,联合沪兴公司在沙埕合资开设"谦益南北货栈",经营航运业务,拥有"新瑞平"和"老瑞平"各为350吨和300吨的两艘轮船,运载茶叶、明矾到上海,带回面粉、大豆等,每月往返三趟。①

可以看出,到民国初年已经有了由沙埕港至上海的航运专线,使得沙埕和上海、浙江之间互通有无,贸易联系更加便捷。由于沙埕港明矾运输业的繁荣,致使挑矾工、搬运工等行业也随之兴起。此外,沙埕也是北岭茶最方便的起运点,1906年一年就有15000担北岭茶和25000担飞鸾茶叶从沙埕运往福州,后再出口国外。直至1920年左右,茶叶的最大买主——俄国发生混战,不利的汇率以及英国政府给予印度茶叶的优待等,导致出口量剧降。1925年沙埕港与日本、新加坡、台湾、香港、澳门等相继通航通商。"1931年为了对付台湾的走私船只特将瓯海关辖属的沙埕、三沙两支关划归闽海关(沙埕海关在民国时期一度属温州管辖,称为'瓯海关沙埕分关',抗战前期因无业务而裁撤),由闽海关附属的福海分卡(三都澳)直接控制。但沙埕支关是距福海关50里以外的常关机构,故又称沙埕常关税关,下属分关分卡四五里,每年税收三五千元。"②

(二)抗战时期沙埕港的对外贸易

1937年抗日战争爆发后,日本军舰肆意骚扰我国东南沿海一带,并出动飞机轰炸各港口,迫使国家招商局无法通航,对外贸易受到严重阻隔,沙埕港经济也随之一度跌至谷底。一些不法的民族资本家如李坤记、王广源等乘机牟利,借外籍商船庇护,先后向英国德意利士轮船公司专雇海坛、海阳、新海门等轮船,每艘载重量400吨左右,从沙埕港内抢运工夫红茶、白毫银针、莲心茶、烟果土特产以及明矾,直驶香港、上海等埠,促使经济短暂畸形发展。据史料记载,当时福鼎的茶叶商号就有99个之多,空前繁荣。随着经济的发展,沙埕港的客运业务也随着兴起。据记载1940年秋有新安拉号外轮从马来西亚、印度尼西亚等南洋群岛搭运华侨900人于沙埕登陆,转至福州。1941年春,有一艘外轮从上海装运邮件包裹计数百件在沙埕港停泊起卸,由沙埕代办所负责接收转交福鼎县邮局专程押往福州。③ 在

---

① 《福鼎文史·前岐专辑》,2013年,第47页。
② 周瑞光:《摩霄浪语》,第70页。
③ 周瑞光:《摩霄浪语》,第59页。

1941 年的珍珠港事件后,由于沙埕港的商船借挂中立国的旗号,依然可以大行海外贸易。《福鼎史话》一书中总结道,沙埕港自前清光绪三十二年(1906 年)开埠以来直至抗战前期(1940 年)进入了全盛时期,举凡福鼎乃至邻县霞浦、福安、柘荣以及浙江的泰顺、苍南等地的土特产多由沙埕出口。同时京、沪、温、榕、厦、台等省市的棉布、百货、糖、煤油等日用品以及沿浦、兴化产的食盐亦源源不绝地运来,而后分散各区乡。① 可见在沙埕港开埠短短 34 年中,港口的进出口贸易额虽然因清廷政权动荡,国内外茶叶、明矾等需求量的变动,新增港口等因素的共同影响下而产生过短暂波动,但总体来讲仍处于不断攀升状态。从 1940 年抗战初期一直到抗战结束,沙埕港受到经济、军事因素的影响被封锁,对外贸易中断,经济又陷入困境之中。民国时期的档案对这一时期的情况都有所记载,此处不再赘述。直至抗战胜利后沙埕与"榕、沪、甬、台诸通都大邑,时有'神佑号'、'神福号'、'神光号'、'南美号'、'禄克号'等外轮往来行驶"② 。除了轮船贸易外,还有数百条民船来往于沙埕口岸,沙埕港经济重新恢复生机。

民国时期的沙埕

(三) 解放后沙埕港的对外贸易

据《福鼎县交通志》记载,1956 年,三都港务处调来"闽东一号"客轮,开辟沙埕至城关的客轮航线。年客运量初为 4.67 万人次,至 1962 年增加到 22.69 万次。1977 年"闽东一号"因营业亏损而停航,此后由六艘运输船代替。1988 年"嵛山号"钢制客轮开航,担任嵛—沙埕—城关客运,年客运量 350 万人次。随着客运量的增加,建于 20 世纪 60 年代的沙埕港码头年久失修,已经无法满足运输发展的需求。因此 1964

---

① 白荣敏:《福鼎史话》,第 166 页。
② 周瑞光:《沙埕港小史》,《摩霄浪语》,第 74 页。

年由沙埕公社及集镇各大队对旧码头进行了整改,挖深海底基座,对码头进行拓宽和加长,并且修建了一座长150米、宽10米的渔业交通两用码头。1979年再次对码头进行改造,并建成重力式突堤码头,长114米,宽12米,可同时停泊50吨船数十艘,小船停泊的锚地十余处。1979年经福建省政府批准为二类口岸,由此成为福建省北部沿海地区重要二类口岸以及对台、港澳往来的重要港口。根据交通资料显示,1986年10月由广州轮船公司"益都号"万吨远洋轮从朝鲜专运水泥六千吨抵达沙埕港,此为解放以来首次来沙埕的国际航线轮。同年沙埕港、秦屿港、嵛山港、桐山港和姚家屿港等五个港口被列为全国港口。1987年3月有人民解放军东海舰队"KF102号"两万吨级轮船从上海运麦来沙埕港,此为有史以来在港内停泊的最高吨位的货轮。自1980至1986年,沙埕港历年的港口吞吐量由7.96万吨递增至9.33万吨。[①]1992至1995年,沙埕港区先后被省政府批准为对台贸易点、对台劳务输出点和台轮停泊点。

二、沙埕港的海防历史

沙埕港因地势险要,早在三国时期就是我国的军事重港。三国时期吴国占据福建后,大力发展造船业。据有关考证,温麻船屯与横屿船屯(在今浙江)、岭南番禺船屯(在今广州),为三国时期东吴江南三大造船基地。而沙埕港是温麻船屯的重要据地之一。[②]之后沙埕港也是历朝历代的练兵屯兵之所。明清时期,随着福宁沿海一带对外贸易的迅猛发展,倭寇和海寇肆意横行。胡宗宪曾做过如下描述:"福宁州之尤险者,盖大地情势自西北而东南,至于福建尽之矣,而福宁尤在福建之东南,突出海中,如人吐舌然,其左为瓯括,海居东面,其右为福兴,海居南面,福宁独当东、南、北三面之海,倭舶入寇必先犯此。"[③]可见,就整个福建而言,位于闽浙之交的福宁一带在海上战略位置是相当重要的,而沙埕港作为福宁沿海一带的前沿,以其特殊的地理位置和优越的港址条件成为福建省重要海防要口,一直以来也是明、清军事争夺的焦点。据郑成功部将杨英所著的《从征实录》记载,郑成功曾亲自督师,于1658年"六月初四从前岐港登岸进取,由分水关达平阳县交界,由大溪达金乡卫大海,流水湍急,先令小船渡载过江。七月间,驾抵舟山,于羊山遇风浪折回,十二月十五日,赐姓驾至

---

① 周瑞光:《摩霄浪语》,第66页。

② 白荣敏:《福鼎史话》,第166页。

③ 胡宗宪:《海防图论·福宁州论》,咸丰长恩书室丛书本。

沙关"。又"己亥,顺治十六年(1659年)正月,赐姓驻沙关(沙关即为沙埕)"。可以看出在郑成功北征途中,曾几度驻兵沙埕,沙埕港也因此成为重要的补给处所和抗清据点。清初时常靠港的主要有三类对象:西方殖民主义者、海盗倭寇以及郑氏集团。当时的西方舰队到沙埕港主要是从事经济贸易的往来,尚不构成军事安全方面的主要威胁。而海盗由于本身训练有素,海战经验丰富,部分海盗还与郑氏集团相互勾结,因此成为了当时清政府主要的打击对象。

为了加强福建、浙江沿海的防务,当时的福建巡抚满保制定了一份完整的防御方案:"福建海洋当浙粤之交,自北至南有极冲地方,逼临大海港口,为郡县之门户者;有次冲地方,为船只登泊之要津者,如福宁州之沙埕所等处,皆扼水陆之冲。前建立炮台城寨,日久塌坏,应加修葺。而紧要处所增设炮台、添拨弁兵、修造营房,更不可缓。"①可以看出沙埕港因地处闽浙之界,水陆之交,被当时清廷界定为海防重镇,在海防建设上尤为受到重视。清廷采取各种措施,大力打击倭寇和海盗。曾在福宁沿海一带推行保甲制度,"十户联保,着族长家长查察外,又严饬管理沿海船只之鳌甲,所有小船、渔船编明程序,出入从严;并宣喻凡匿盗贼,加罪惩处,倘能首告献贼,予以重赏。"②在清廷政策的严厉打压下,包括沙埕、秦屿、三沙在内的福宁沿海州县的海寇肆虐情形得到了有效缓解。除了政策打压外,为了抵御频繁的海寇进犯,清政府在南镇设防抗击海寇,今有当时营房、校场、烟墩以及两座城墙的遗址留存,简称为"一地筑两城",在御盗防寇中曾经发挥过重要作用。

综上,沙埕港在明清时期频频受到倭寇、海盗的侵扰,为抗击倭寇、海盗的侵略,明、清政府纷纷重视和加强海防建设,为沿海一带的海上经济贸易发展提供了保障。尽管当时的海防建设只是为了应付一时的海寇侵袭而并未形成体系,但对后代海陆联防思想的形成和发展产生了极为深远的影响。

第二节　秦屿港与太姥文化区的海洋通道

秦屿地处福鼎市东南部,濒临东海,海岸绵长,岛屿密布,交通便利,背靠太姥山,面对七星、嵛山列岛,海岸线长30公里,港区水域面积600多万平方米,建有一座150

---

① 《清圣祖实录》卷二七七,中华书局1985年影印本。
② 中国第一历史档案馆译编:《康熙朝满文朱批奏折全译》,中国社会科学出版社1996年版,第822页。

米长的驳岸码头。秦屿是太姥山地区最为重要的对外港口之一,秦屿镇素有"水陆码头"之称,秦屿港与东海相通,是秦屿镇主要水运航线。

一、秦屿港的对外贸易

秦屿因地理位置得天独厚,对外联系密切,往来商贩络绎不绝,这在各时期的地方史料中都有所记载。如据明嘉靖《福宁州志》载:"秦屿市,舟车辏集。"清光绪《福鼎县乡土志·七都分编》也曾提到:"西出涌金门入市,人烟鳞比,阛阓云连,约数百间,盐仓、牙馆皆于是属焉。"清乾隆《福宁府志》和嘉庆《福鼎县志》都有"秦屿市"的记载。与"秦屿"同时存在的还有"潋城",这两个市集都是在古道上有铺舍的乡村,而在古道上没有铺舍的乡村也有"圩日"集市,如孔坪集、佳阳集、吉坑集等。当年人潮熙攘、商品琳琅的繁荣景象也可见于清代的《秦屿竹枝词》:"居人多是海为田,租尽缰船与钓船。梅李熟时蚱又上,好看装载下闽川。"①

秦屿土壤肥沃,溪流纵横,种植业发达,可供出口的物产丰富。秦屿是"绿雪芽"的主要产地,茶叶历史悠久,因太姥山鸿雪洞口的千年茶树而闻名于世。抗日前期秦屿的"绿雪芽"出口量曾达到数万担,但因茶叶的需求量受到市场和政治的影响起落无常,解放前后出口量跌至不到一万担。新中国建立后由于经济发展势头转好,"绿雪芽"又得以迅速发展。现今,以绿雪芽有机茶生产为主的秦屿茶叶生产和出口是秦屿对外贸易收入的主要来源。秦屿民间素有"岭后桃子后澳柰"的说法,清代屯头的《麟江竹枝词》云:"福桔温柑物产呈,四时佳果赴纵横。最怜五月南风发,礼澳杨梅红满城。"这些都反映了秦屿昔时果蔬丰收的景象。此外秦屿盛产稻米,据《福鼎县志》记载:"福鼎僻处海滨,地偏土瘠,虽无珍奇足耀,然其间山村溪港以及田土之所产,足备采取而资民用者,正复不少。"清光绪《福鼎县乡土志·七都分编》载:"秦屿……左右两山并峙,中一海门,巨舰悉从门外行。若截以为塘,垦成阡陌,可数千亩,岁得谷不止巨万。惟离岸差远,波涛冲击,工程浩大,非运以机器不为功,有力者不惜重赀,出为擘画,则茫茫沧海安在不化为桑田耶?"②可见,早在清朝秦屿人已经萌生围海造田的想法,并逐步将之化为现实。秦屿滩涂广阔,海产资源也十分丰富,畅销南洋和全国各地。古有民谚"三月土蛭(泥螺)四月埃(招潮蟹)"和"日头出出

---

① 《福鼎文史·秦屿专辑》,2008年,第4页。
② 《福鼎县乡土志》,"七都分编"。

雨沥沥,和尚背仔拾土蛏"。① 秦屿盛产蛏、泥蚶、海蛎、泥螺、招潮蟹、青蟹、麦螺、海蜈蚣和跳鱼,鱼、虾、蟹、贝种类齐全。晴川湾盛产水鳝鱼、黄带鱼、凤尾鱼、小黄鱼、石斑鱼、梭子蟹、剑虾等,肉鲜而味美。由于特殊的地理环境,秦屿百姓"靠海吃海",大力发展海洋渔业生产。

秦屿渔港附近的晴川湾海域

自古以来秦屿对外贸易的主要途径是水路海运,远涉重洋,与台湾、福州、浙江、天津、南洋以及以英国为主的欧洲国家保持着以茶叶、白糖、土特产为主要出口商品的频繁贸易联系。但随着鸦片战争的爆发,西方列强对东南亚和中国东南沿海的渗透与殖民扩张,加之东南亚、南亚等殖民地地区茶叶、蔗糖、烟草生产的迅速发展,福鼎沿海一带的出口贸易受到严重冲击。在西方资本主义和海商的操控下,秦屿港传统的民间海洋贸易规模和地位不断下降。民国以后,福鼎沿海一带的海外贸易虽然仍处于外国势力的控制之下,但由于西方列强忙于战事,放松了对福鼎各港口航运发展的限制,因此获得了短暂的发展时机,国内和海外航线逐渐恢复活跃。《近代福州及闽东地区经济社会概况》一书中记载了民国时期福宁沿海一带与各省市之间的贸易情况:

---

① 《福鼎文史·秦屿专辑》,第5页。

与天津、山东之间往来的民船叫"北驳",它们运来水果、大豆、豆饼、虾油、瓜子、红枣、黑枣、粉丝、毛皮和毡等,运走原木、厚木板、纸张、笋、茶叶和神香等。与兴化之间来往的民船叫"海盐船",它们从这里运走柴火、纸张、笋、木桶、木盆和茶叶等,从兴化运来食盐,每艘民船载运的货物价值从五千到一万元不等。开往台湾的船叫"台湾船",它们运进食糖、樟木、牛皮、煤、鹿皮和西药,运走原木、厚木板、纸张、笋和柴火,每艘载货物价值约两万元。与温州、宁波来往民船叫"乌艄",它们运进咸鱼、运走原木、柴火、纸张等,货物价值从五千到一万元不等。另一种船叫"锚舰",因船的底部为白色,又称"白底船"。船长 12—18 米,舱深 2.5 米,可载重 15—150 吨。通常来往于福州、宁波、温州之间,运进食盐、鲸鱼油、运走厚木板、纸张和柴火。①

秦屿从事海外贸易运输最为鼎盛的时期是 1945—1947 年,期间共有九艘"锚舰"。当时著名商号有"同丰泰"、"三益泰"、"亨丰"商行和"裕昌"布行②,他们都为秦屿商业的繁荣发展做出了巨大贡献。之后为了解除贸易桎梏,政府通令一律裁撤所有厘金税卡五外常关,沿海各处藩篱尽撤,使得来往外洋民船无法得到妥善管理,又因海关关税税率提高,使得走私风气日益盛行。政府为保护税收,则命海关于沿海各处设立民船分卡,以规范海上运输秩序,遏制走私偷渡现象。秦屿于 1931 年元旦设立分卡,以管理民船贸易。秦屿因地处偏远,陆上运输发展较慢,主要依靠"担担"的挑夫或"担贩"的商贩肩挑货担,通过支路衔接古驿道"福宁府岭"和县道"昭苍岭"同外界进行贸易交流。③据清光绪《福鼎县乡土志》记载:"秦屿支路:自倪家地经翁潭至昭苍岭脚,逾岭至郭阳,过流坑,下钓藤岭,过才堡桥,抵秦屿城,由秦屿逾渠口岭,下锁桥,过北洋,经硖门,至棋盘岭,交霞浦界。"这是古时秦屿对外联系的主要陆上通道。

二、秦屿港的海防历史

秦屿港作为海上交通要道,对外贸易频繁,倭寇猖獗,这使得秦屿历来成为我国沿海军事防御要冲,被称为"闽越屏藩"。嘉靖年间,东南沿海一带商品经济进一步发展,对外贸易十分活跃。为牟取暴利,许多商贾不顾朝廷的禁海令,私下与"番船夷

---

① 福州海关编:《近代福州及闽东地区经济社会概况》,华艺出版社 1992 年版,第 199 页。
②③ 《福鼎文史·秦屿专辑》,第 4 页。

商"相互贩卖货物,使得这一时期走私贸易猖獗。他们与倭寇相互勾结,经常在沿海一带劫掠。政府的昏庸无能以及利益集团的相互勾结,使得倭患愈演愈烈,给当地百姓生活造成很大影响。秦屿人民自发奋起反抗,修建城堡抵御外辱,因此也就形成了特有的堡寨文化。

古时的福宁府为偏远之地,人烟稀少,交通不便,与外界联系不易,因此在古时福鼎及其周边少有城堡和关隘。根据史料所述,直到唐末宋初,闽国为了抵御吴国的入侵而下旨在长溪县修筑了分水关和叠石关,这便是福鼎境内最早的一批关隘。到了明洪武年间,为抵御盗寇的骚扰而在沿海一带新建了一批城堡,如南镇、黄岐、水澳等地。第三批城堡的修建是在嘉靖年间,当时倭寇四窜,烧杀抢掠,所到之处民不聊生,百姓纷纷建立城堡自卫御倭。我们所熟知的秦屿、沙埕、屯头等地的古堡都是在这一时期兴建的。最后一次筑堡高潮发生在清康熙至乾隆年间,旨在方便管理往来船只,维护海上贸易秩序,镇守海疆。

在当时的福宁地区大大小小的城堡共达数十座,仅《福宁府志》中记载有 58 座之多,清嘉庆版《福鼎县志·城池》收录福鼎境内城堡达 31 个之多。按照堡寨的规模大小一般分为政府修筑和当地百姓自发修建。《闽书·文莅志·钟一元传》记载,嘉靖三十三年(1554 年),钟一元为福宁知州,拓建西城,工程才告竣而倭来。《福宁府志·柴应宾传》也曾记载:"三十七年,柴应宾为知州,重建雉堞,修完而倭大至。"[①]可见对于较大的城郭,民众的自发力量不足,往往需要政府官员牵头建筑。堡寨通常采用预防式的修筑模式,延缓敌军进军时间,达到调兵遣将从容应敌的目的,以此保证港口海上贸易和往来民船的安全。玉塘夏氏宗谱的《建城记》中也曾对建堡的目的做过叙述,大意是:"凡是建有城堡之村,倭寇就不能随意蹂躏,没有城堡的村庄,倭寇任意进出行凶抢劫,村民遭殃。"[②]明嘉靖四十二年戚继光在宁德横屿彻底平息倭寇战乱,福鼎各郡县修建堡寨的历史也随之告一段落。民国初年,政府曾经重新修葺了少数重要城堡,其余多数城堡大多已废圮,化为历史的遗迹。

目前福鼎较为完整的海防堡寨是太姥山东侧秦屿镇的潋城古堡。据《福鼎县志》记载:"福鼎地处闽北,与浙洋交界,最要口岸有三:曰南镇,曰潋城,曰秦屿,逼近外洋……前代屡遭倭警","潋城,嘉靖间,叶、杨、王、刘等姓分段兴筑,旧为乡

---

①　朱珪修,李拔纂:《福宁府志》,乾隆二十七年(1762 年)版。

②　《福鼎文史资料》第 23 辑,2004 年,第 72 页。

堡。"《福鼎县乡土志》记载:"明嘉靖间,叶、杨、王、刘四姓筑。周三百三十八丈,高一丈七尺,厚一丈四尺。门三,曰东门、南门、西门。旧有巡司驻此,今废。"可以看出修筑这座古堡的时间为明嘉靖年间,堡中族人为了抵御倭寇的荼毒而兴筑。从古堡的规模也可以反映当时秦屿在我国沿海一带军事战略地位的重要性。据村里老人介绍,"潋城"城墙是用一块块坚硬的卵石叠砌而成,现在依然挺立。城内小巷甬道纵横错杂,易守难攻,城堡格局的设计使得昔时从海面而来的倭寇会率先出现在城东的平坦地带,而此处恰好处于炮火打击范围的前沿。

潋城古堡西门

秦屿城是福鼎境内规模最大的堡寨。据清嘉庆《福鼎县志》载:"秦屿城,嘉靖戊戌年,土官陈登倡建。万历戊戌年,巡检张绘重修。门七:东曰岐口,小东曰望海,东南曰怀远,小南曰崇礼,南曰敦化,北曰永清,西曰涌金。周七百六十丈,高两丈五尺,厚一丈二尺。敌楼炮台各四,垛口三百零五,高六尺。国朝康熙五十六年总督觉罗满保、巡抚陈瑸,布政使石沙木哈捐修。乾隆三十一年,徙灌口巡检驻此,嘉庆十年,守备苏明登率里人重葺。"①明嘉靖三十五年,数万名倭寇进犯秦屿,秦屿人民在程伯简的领导下,依靠城堡庇护奋起抵抗,击退敌军。现今虽然部分城墙已改建为其他用

---

① (嘉庆)《福鼎县志》卷一。

途,但城垣依然完好。秦屿曾出土过大量火炮弹药,据史学家推测这里可能是烽火营兵火库旧址,这也在史料中得到了证实。清乾隆《福宁府志》载:"烽火门水寨驻扎秦屿,与烽火山对峙。两山耸立如门,在福鼎东南九十里。外临屏风、筼筜、大嵛、小嵛、七星、四礵等山;内有白鹭、南镇、黄岐等汛。与沙埕、三沙相为犄角,甚为冲要。"烽火门水寨与兴化南日、泉州浯屿、福州小埕、漳州铜水等水寨合称为"闽南五寨",在巩固东南海防中发挥了重要作用,战略地位不可轻视。李拔曾题"闽海波澄"。烽火营于1911年被裁撤。

以上笔者概述了秦屿港和沙埕港为代表的太姥文化区对外贸易联系和海防建设的情况。凭借着独特优越的地理条件,丰富的物产,便捷的交通,使得沙埕港和秦屿港在海上丝绸之路上占有重要一席,与海内外各地保持着密切的贸易往来,促进了经济繁盛发展。从上文可以看出,福鼎地区海外贸易的发展主要有以下三个特点:首先是贸易形式的多样。在实施严禁海外贸易政策之前,多数为合法的中央和地方之间的贸易,禁海政策实施之后更多地为权贵官僚的走私贸易以及一些民族企业家为促进本地经济发展而开展的民间贸易。其次是贸易地区十分广泛。从东南沿海一带到北方各省再到日本、东南亚地区甚至欧洲等地都与太姥区各港口建立了密切的贸易联系。最后是贸易商品种类繁多。从农副食品、到日常生活用品、药材、纺织品、工业制品一应俱全。

海外贸易与海防建设息息相关,倭寇、海盗等海防问题是伴随着福鼎地区经济贸易的发展而滋生的,也反作用于当地对外经济的发展。海外贸易的发展需要安定的社会环境,需要强大的海防作为支撑。海防强大,沿海安定,海外贸易就繁荣。反之,则衰落。[1] 纵观在福鼎地区历代朝廷所采取的贸易政策和海防政策我们可以看出,在一定时期内经济与军事利益两者是不可兼顾的,所采用的政策往往会随着社会环境的变化而变化,例如在清朝建立早期,为巩固政权的稳定,统治者往往会出于对政权的考虑而牺牲经济利益;又例如禁海政策和迁界政策的实行虽然打击了郑氏集团的势力,但也严重禁锢了当地海外贸易的发展,给以海为生的太姥人民生活带来极大的痛苦。后期随着郑氏集团的不复存在,清廷政策重心转变为逐步开放对外贸易,从而达到稳固政权的目的,福鼎地区的经济也随着恢复。

如今虽然战争的硝烟已逝,昔时的军事重港也回归为清闲安逸的海岛渔村,然而

---

① 卢建一:《论清前期闽台海防对海外贸易的影响》,《海交史研究》2001年第1期,第113页。

修筑城堡,保家卫国的精神和智慧,数百年之后依然让我们油然而生崇敬之情,而勤劳勇敢的太姥人民不畏强敌,用自己的智慧修建的一座座坚不可摧的"海上长城"也将作为太姥文化的重要组成部分而永远为世人所铭记。

第二章　以海为田与太姥文化区的海洋性格

　　福鼎地区坐山面海,山海相依的自然环境孕育了其特有的地方文化。相对于陆上人更为熟悉的山地环境,海洋则稍显陌生,浩瀚神秘的海上空间既令人向往,也令人恐惧,以海洋人类学(Maritime Anthropology)的视角来看:生长于海洋社会的人群,其物质生活和精神生活始终都渗透着海洋的因子和色彩。① 无论海洋社区如何变迁,海洋文化族群与海洋环境两者间的互动都不曾停止,太姥文化区的居民千百年来与海共生的历程中,文化与环境的适应关系也在人与海的互动中得以体现。

　　认识海洋文化与人类文化之间的关系,是人类学作为海洋生态保护和渔业资源管理等具体实践应用的前提,也是理解海洋社会的重要途径,在这个过程中,人类学更多地关注与海洋环境相关的人群及其社会文化,例如沿海渔民、渔业捕捞技艺、水产养殖技术等等,而在海洋人类学发展的早期,学者们观察人与海的互动关系,主要研究人与海的"适应"过程,并基于"适应"这个重要概念提出:海洋生态系统是产生特殊的海洋社会文化的原因,换而言之,环境的限制和不确定性会导致人们对于生活特定的应对方式和适应策略。这种观点与斯图尔德的文化生态论十分契合,从文化生态学的视角来看,海洋环境与渔民是一个两相适应的过程,即海洋所提供的特殊生存环境导致了渔民生活特定的应对方式和适应策略。然而,在关注海洋社会文化时,若以功能主义和生态的解释一概而论,通常容易忽略各地特有的海洋文化性格。② 不同人群的社会文化无疑有着差异,哪怕都是以海为田的渔民,也有各地区的文化特色,表面所见大同小异的渔业技术、信仰风俗、社会组织方式背后都有着各自特有的环境背景,所以针对特定地区的海洋社会文化研究就显得尤为重要,以文化生态学的范式为指导,我们应该对特定文化区的文化主题展开更细致的田野考察,以期从更多

---

　　① 张先清、王利兵:《海洋人类学:概念、范畴与意义》,《厦门大学学报》2014 年第 1 期,第 28 页。
　　② 王利兵:《海洋人类学的文化生态视角》,《中国海洋大学学报》2014 年第 3 期,第 26—28 页。

的角度发现不同海洋文化区特有的海洋性格。

以福鼎地区为例,多变的海洋环境以其强大的驱动力,使得太姥山下福鼎渔民自有一套"以海为田"的生活技艺,这种生活技艺并非稳定的、持久的,我们也许在福鼎的山区还能看到几百年前的制茶手艺,但我们已很难在福鼎的渔区看到几十年前的捕捞技术。可以说,不稳定的海洋环境为渔业社区注入了极强的技术革新动力,强有力地塑造了福鼎地区的文化多样性。本章旨在以福鼎地区的渔业技术发展为线索,通过不同时期的渔业生产方式,体现渔业社区在与海洋环境互动影响下独有的文化变迁活力,以及与之相应所产生太姥文化区特有的海洋文化性格。

第一节　走洋如适市——太姥文化区的渔港、渔场和渔民

太姥文化区为濒临东海的福鼎市及其所辐射的海区,海域面积 14959.7 平方公里,是陆地面积的十倍之广,浅海滩涂面积 10.44 万亩。辽阔的海区决定了依山傍海的福鼎与海洋相依相生。81 个大小岛屿、长达 432.7 公里的海岸线,为福鼎提供了丰富的天然海产资源,明何乔远《闽书》有曰:"福宁州,西北依山,东南际海,鱼盐螺蛤之属,不贾而足,虽荒岁不饥。"《福鼎县乡土志·十都分编》记载:"近海土产,种蛤极多,他如螺、蛤、鳗、蚶及泥猴、泥肠诸品,潮落时就土上取之,味极清淡。"[1]可见福鼎自古就有着得天独厚的海洋环境。由于陆地资源有限,勤劳勇敢的福鼎渔民自百余年前就以海为田,捕鱼为生,据旧志记载,早在唐宋时期,福鼎就有渔民出海捕鱼,延至明清,已开发形成了渔场和渔港,乾隆《福宁府志》有云:"三都有官井洋,每年立夏节,石首鱼成群应候而来,宁德、福安、霞浦三县往来如织。远近鱼商云集,连宵达旦,灯火辉煌。"[2]生动地描绘了旧时闽东渔港的盛况。

福鼎地区海域面积辽阔,海港资源丰富,境内有七个港口、一个海湾:沙埕港、姚家屿港、秦屿港、硖门港、杨岐港、八尺门内港、桐山港和晴川湾。[3]其中闻名遐迩于省内及闽浙两地的渔港为沙埕港、秦屿港。

---

① 光绪《福鼎县乡土志》,"十都分编"。

② 朱珪修,李拔纂:《福宁府志》,乾隆二十七年(1762 年)版。

③ 卢宜忠主编:《福鼎县志》,中国统计出版社 1995 年版,第 68 页。

　　沙埕港位于福建省东北部,港址在沙埕镇,系闽浙海岸的交界地,东、东北与浙江苍南县云亭乡及镇下关毗连,南临东海,西北与县内前岐区接壤,西与店下毗邻。①渔业资源丰富,盛产鲨鱼、黄瓜鱼、鳗鱼、鲥鱼、鲂鱼、带鱼、墨鱼、海蜇、虾等水产。沙埕以前是个小集镇,有大面积的海区、滩涂地,现在已被围垦。旧时沙埕由几个澳湾组成,分别为外澳、内澳、澳腰。外澳为现今沙埕镇政府和平村所在,接邻大海,过去沙埕镇四处都是沙地,沙地在海洋环境作用下分化为"一块块"的形状,埕即为"块状"之意,"沙埕"的地名因此而来。沙地之上还处处分布着大块礁石。特殊的"海域、沙地、近海礁石"三层地理环境错落,形成了沙埕港独有的壮美景观。渔民回忆,旧时的沙埕,孩子们可以踩着沙滩玩泥巴、捉跳跳鱼、沿着沙滩走出去,在大石块间捉迷藏、石缝中捉螃蟹、八爪鱼、章鱼,浪头来了,近海处可直接跳入海中游泳。俨然一副沙埕居民独有的与海洋同乐、自给自足的生活图景。

　　沙埕的港湾头小中大,呈葫芦形,为深水避风良港,水深平均25米以上,最深的地方达到五六十米,故万吨轮可进港而不受潮汐影响。沙埕港渔业资源丰富,水陆交通方便,而且避风条件良好,20世纪50年代沙埕的水力、风力资料有载,沙埕港内风力比港外小4级,当港外刮12级台风时,港内只有8级。故沙埕港既是天然的避风良港,又是繁荣的通商渔港。

　　明末清初,沙埕港因其地势险要,加之为通商关隘,郑成功曾在沙埕镇屯兵,后有军人长期据守此处,沙埕港人口随之增多,居民多为闽南地区移民,以泉州、厦门等地为甚。最早的姓氏为庄氏,后刘氏人口居多,沙埕港也慢慢由小渔村发展为福鼎渔业生产的重要港口。

　　另一个重要的海港是秦屿港。秦屿港地处福鼎市东南部,濒临东海,西北依太姥山与磻溪镇相连,西南界霞浦县,南接硖门畲族乡,北临白琳镇,东北衔店下镇,陆地面积117.73平方公里,海域面积43平方公里。境内土地丰沃、溪流纵横、海岸绵长、岛屿星布,史称"万古雄镇"。②"秦屿"其名,有民间传说为曾有一艘遭遇台风的渔船,漂流至此,生还的渔民见此地漫山遍野的"秆萋草",故为此岛屿命名"萋屿",并定居此,成为秦屿岛的先民,方言中"萋"与"秦"相近,故演化为"秦屿"。"萋屿"一名在《八闽通志》《福建通志》等旧志中都有记载。

　　秦屿镇自然条件优越,土地肥沃,海区和滩涂广阔,既有丰富的农业资源,又有多

---

　　① 周瑞光:《摩霄浪语》,第50页。

　　② 《福鼎文史·秦屿专辑》,第1页。

样的渔业资源,盛产水鳝鱼、黄带鱼、凤尾鱼、小黄鱼、石斑鱼、丁香鱼、梭子蟹、剑虾等水产,海涂区域更有蛏、泥蚶、海蛎、泥螺、青蟹、麦螺、海蜈蚣、跳鱼等丰饶物产。秦屿沿海渔民过着牧海耕渔的生活,秦屿有民谣唱道:"上鼻触下鼻,生银两万四,谁人会得到,兰花作为记。"其中上、下鼻指的就是渔民出海归航的港湾后澳鼻。① 秦屿海洋资源丰富,渔民出海渔捕声势昂扬、朝气蓬勃。早在明嘉靖以前,秦屿已是贸易繁华之地,素有"水陆码头"之称,其水陆海运交通便利,同台湾基隆、福州等地都建立了贸易关系,还可取道泉州,远涉南洋。清光绪《福鼎县乡土志·道里》载:"秦屿支路:自倪家地经翁潭至昭苍岭脚,逾岭至郭阳,过流坑,下钓藤岭,过才堡桥,抵秦屿城,由秦屿逾渠口岭下锁桥,过北洋,经硖艋,至棋盘岭,交霞浦界。"②其中所言各岭皆为古驿道,与外界连通甚密。1945 年至 1947 年,秦屿商贾云集,著名商号难以计数,有 9 艘从事外海贸易的运输船,称"白底船",船长 12—18 米,舱深 2.5 米,可载重 15—150 吨。现在,秦屿港与东海相通,为主要水运航线,而沈海高速公路、福温铁路、省道沙吕线也经过秦屿,可谓铁路、公路、水陆皆通,已然是福鼎渔业生产及通商的重要渔港。

自然条件优越秦屿镇

① 《福鼎文史·秦屿专辑》,第 5 页。
② 光绪《福鼎县乡土志》,"道里"。

渔场是重要的捕鱼地,对于海洋人群来说至关重要。福鼎海域的渔场面积广阔,以台山列岛周围的台山渔场为中心,辐射至闽东和浙南渔场。[①] 台山列岛距沙埕港17海里,距大陆最近点14海里有余,由西台、东台、香炉屿、笔笼屿、南船屿、南屿、圆屿、星仔屿、尾礁、牛屎礁、白礁、乌礁、笠斗礁、雨伞礁、半爿山礁等15个岛屿和22个礁组成,总面积3.57平方公里。主岛西台平广如台,故名"台山岛"。东台山海拔160米,为最高点。东西台两岛并列,中间相距约千米,称为台门。台门海面各处均有渔民定扦网桁,台门南下叫下桁,台门北上叫顶桁,总称为"台门桁"。西台停船澳在岛东南,面向台门。东台停船澳有两处,一在岛西,面向台门,一在岛东,面向台湾海峡。[②] 大小渔船可由下桁进港,亦可由顶桁进港,不必通过台门也可驶进船澳。雨伞礁实际和西台相连,涨潮时分立海面,落潮时可步行往来。星仔屿在台上东偏北海上,南屿在台山南海面上,距主岛均较远,有渔民扦网捕捞,但常住人口极少。其余各礁无人居住。如遇狂风巨浪,各礁时没时现,且由沙埕至台山中间海面,有暗礁南北分列,为南半洋礁和北半洋礁,每月大潮退尽才能显现,平时没于水中,如果渔民不谙熟航道,行船有极大的触礁危险。

台山列岛渔场种类繁多,盛产黄瓜鱼、白鲦鱼、鳗鱼、鲳鱼、鲨鱼、墨鱼、泥鳅鱼、比目鱼、梭子蟹、带鱼、大虾、黄虾、虾蚨、河海鱼、贻贝、紫菜、海芥菜等,且产量高,福鼎渔民多愿至此捕鱼,逢春夏时节,是渔汛旺发期,台山列岛周围往往汇聚万余渔民,各处渔船结队而来,从事捕捞、加工、买卖等渔业生产,场面极为热闹;秋冬季节,为黄鱼、带鱼渔汛,闽浙两省的渔船皆行至此处,千船作业的景象,可谓壮观。此外,近至福鼎的七星岛、南镇岛、嵛山岛等岛屿,远至舟山沈家门、台湾海峡、日本海峡等海域也都是福鼎渔民进行渔业生产的渔场。

福鼎海岸线蜿蜒绵长,沿海各处的近岸浅海,盛产黄鱼、带鱼、鲳鱼、马鲛、鳗鱼、墨鱼、鲵鳀以及虾蟹类等诸多水产品,有定置网、流缭、小钓等渔业作业。沿海居民以渔为生自古有之,《福鼎县乡土志》记载:"今民咸舍末耜以从网罟……以捕鱼为生活计";"南镇而上,为钓澳、澳腰、后港三村,皆沿海岸,居民颇多……率系业渔";"每冬末,渔船沿岸泊以百计,旬日间卖鱼者多集于此,俨一市镇。"[③]现今福鼎沿海居民依托于山海,居山区者耕作采茶,近海区者捕鱼养殖,生计方式多样,而沿海渔民之收

①　罗汝泽等修,徐友梧纂:《霞浦县志》,民国十八年(1929年)版。

②　李海:《海上明珠——台山列岛概况》,《福鼎文史资料》第1辑,1982年,第100页。

③　光绪《福鼎县乡土志》,"六都分编"。

益,往往得人歆羡。

福鼎渔民的历史,还要追溯到明末清初,当时福鼎地区的许多海岛还是无人烟的荒岛,外省外地一些流离失所的饥民逐渐发现并利用了这些岛屿,定居海岛,以渔为生,形成了最初的福鼎海岛渔民,各海岛的先民多来自于长乐、惠安、平阳等地。明清时期,在荒岛从事渔业生产的流民经常被海盗骚扰,无法安居,解放后才得以大力发展渔农,岛民生活逐渐富庶,陆续有外地人搬迁定居。①

福鼎海洋资源丰富,给渔民无尽之馈赠,以海为田的生活也十分辛劳,有言渔民的生活为"一叶扁舟海上漂,舢板为家任煎熬",再形象不过。舢板古名"三板",即为三块木板造成的小船,是旧时渔民的主要渔船,行船时需手工摇橹。20世纪50年代以前,福鼎渔区的渔船都是橹摇小木船和木帆船,"船上除了船桨、橹、帆外,别无其他设备,而且船体小,载重量低,抗风能力也很差"②,渔民出海捕捞时以舢板为家,搏击风浪,求食于海,也被迫求生于海。

解放前,由于福鼎特殊的海区位置,有的海岛如嵛山岛、台山岛等地常有土匪、海盗出没,摇橹出海的渔民为避免被袭击,甚至不敢在白天出海,只能在夜里偷偷出海打鱼。摇橹之辛苦,不仅在于对渔民的体力和耐力有着极大的考验,更在于必须配合潮水规律的难度。渔民长期居住海边,虽能掌握海洋潮汐规律,但每日四次潮水,顺应天时,不论当天的潮水是何时到来,渔民必须在涨潮前出海,退潮前收网,遇到三更半夜的潮水,"再困也要起床讨生活"。出海的时候,渔民只能穿着短袖、短裤,因为长袖衣物被海浪沾湿后不利于海上作业,海风大、海浪冷,尤其夜里寒气刺骨,若逢冬天更甚,不能穿着御寒衣物劳动的渔民只好饮酒取暖。许多渔民在船上备一壶烧酒,需要拉网作业时,一口酒下肚,靠着酒劲,身体才热乎一点,拉网、收网。运气好的时候可以满载而归,运气不好,还要等下一个潮水。海上的生活方式,使许多渔民都有了嗜酒的习惯,加之"靠天吃饭"、"不惧风浪"、"不患得失"的捕鱼作业,也使渔民养成了质朴、豪爽的个性。

福鼎渔民行船出海以体力劳动为主,渔业生产强度高、风险大,对劳动力有极高的需求。十几岁的孩子,往往已经开始跟随家人或船队跑船,学习行船、捕鱼,在海上的各种作业中帮忙;小一点的,也会帮助鱼货加工、编制渔网。有的地域如南镇半岛,习俗规定女性不可以随船出海,故女性大多从事编网、加工等工作,7岁大的小女孩,

---

① 卢宜忠主编:《福鼎县志》,第428页。
② 林守无主编:《福鼎县志》,第210页。

已跟随母亲学习织网方法,几十米长的大网,皆由手工编制而成;而有的地域无此禁忌,女性会随船出海,随船者通常为成年女性,除了辅助男性船员担任后厨炊事、加工等工作,甚至还会帮助拉网、摇橹。

第二节　讨海的技术——海洋族群的捕捞渔法

自小以海为生,福鼎渔民以其对海洋的特有理解,因地制宜,也形成了福鼎特色的海洋文化,本章节主要以渔民讨海的技术为视角考察太姥文化区的海洋地方性知识。人类学家莫斯曾强调,由于人类技艺明显包含着共同的实践和集体表象,那些在技术活动中采用和获得的知识和意识显得尤为重要。"编织一件制品、操纵一叶轻舟、制造一柄长矛,或设立一个陷阱——所有这些行为都符合并同时生产出知识,这些知识在其本质上是实践的而不是自由散漫的,这种实践同样是社会的。技术的实践者创造并在同时创造了他自身;他创造出谋生的手段,这些东西都是纯粹人类的,而人类的思维也嵌入到这些东西中。"①正如福鼎地区渔民在生产生活的实践中衍生出代表着渔民智慧的各种渔业作业方式,是渔民在海洋环境中特有的思维创造,塑造了福鼎渔民独特的形象,也同时塑造了福鼎地区的海洋文化特色。福鼎讨海作业中以丰富的捕捞作业最为突出,顺应自然,灵活多变。我们将当地纷繁多样的捕捞渔法,分为传统捕捞法与现代渔法作简要介绍。

一、传统捕捞法

古时福鼎海产丰富,老祖宗留下了许多古老的传统捕捞方法,至 20 世纪三四十年代,依然在被渔民广泛使用,其中以墨鱼捕捞、放钓法、放缗网、定置网最具代表性。

（一）墨鱼捕捞

墨鱼,福鼎本地又名乌贼、乌鱼。墨鱼为软体动物,其骨骼为墨鱼骨,即可用作中药的海螵蛸,清明前后在福鼎最多,捕捞方法多样,主要有"摸鱼法"、"墨鱼笼"、"墨鱼拖网"等。

"摸鱼法"是一种最古老的捕鱼方法,"捕鱼者先驱鱼入石罅,然后用手摸捉,这

---

① ［法］马塞尔·莫斯著,蒙养山人译:《论技术、技艺与文明》,世界图书出版公司 2010 年版,第 21 页。

种捕鱼方法在山区小溪还沿用至今"①。摸鱼法看似简单,实则很多讲究,捕鱼者需要了解不同鱼类的生活习性及水域特点,必要时还需采用特制的渔具,摸鱼法可捕多种鱼类,在此以摸墨鱼为例。福鼎渔民过去流传一个故事:"墨鱼是一种偷东西的鱼,打雷的时候雷公会惩罚它们,所以打雷后会有许多墨鱼死在海边。"其实这是由于墨鱼特殊的生理结构,其属于神经系统的一对平衡囊位于头软骨海螵蛸内,囊内有一耳石,皆有感觉作用,渔民称"脑袋上有石头的墨鱼会被击中头部","石头"指的就是墨鱼的耳石。打雷过后,因雷声震荡,墨鱼耳石受到刺激,失去平衡功能,晕死而漂浮于海面,并顺海水飘到海滩处,故雷雨过后,渔民顺着海滩往往能捡到不少墨鱼。福鼎渔民观察到这一规律,每逢雷雨天,都会去近海的水域摸墨鱼。

除了直接"摸墨鱼"外,渔民还会利用一种捕捉墨鱼的网具,称为"墨鱼笼",为杂渔具的一种。民国《霞浦县志》记载:

> 乌贼之捕也以簇笼,其为候也以清明后。笼圆形,径约三尺余,深尺六寸,圆周皆六角,孔寸大,上下各放一口,周围倒簇篾之软而尖利者绕而倒拥之,口大如其笼,末散而整,软而能入不能出。捕乌贼时,笼之横面缚以索,置石子其中,放海岸之底。凡乌贼牝者每春于岸边孳卵,遇有中空,一见而入之,为簇所制不得出,作声谷谷,其牡者闻声连类而入,多至满笼而止。于是取其笼,或多或少而揭之。亦有放乌贼于中为媒介,置海岸,有时成群结队泳入于笼中,候潮退取而捕之。②

其中"乌贼"即为"墨鱼",所说渔具即是"墨鱼笼",可见墨鱼笼自古有之。"簇笼"是竹篾制成的竹篓,渔民用小竹子做成竹篓,在竹篓上下各开一口,开口部分的竹条编成叉错的形状,由于竹子细软,墨鱼以为这是洞口,往笼里钻,钻进去后由于竹条交叉呈刺状的网口,便无法再出来。清明时节,墨鱼洄游至近海区域产卵,母墨鱼见"墨鱼笼"两边是空的就会钻进去,无法挣脱发出的声音,又会吸引大量墨鱼前来,陆续钻进笼中,故渔民用绳子系住墨鱼笼,放置于墨鱼喜好繁殖的水草、礁石处的海底,并用石头在笼中将其固定,一两天后,往往能收获五六只墨鱼。

为了增加渔获量,福鼎渔民古时就发明了捕捉各类鱼的网具,其中,"墨鱼拖网"

---

① 林守无主编:《福鼎县志》,第213页。

② 罗汝泽等修,徐友梧纂:《霞浦县志》。

最有特色。"墨鱼拖网"是福鼎渔民几百年前发明的专捕洄游在近海岩礁上产卵墨鱼的单船无翼拖网。[①]　福鼎有一句俗语:"清明谷雨,鱼虾作母。"意思是清明为鱼虾繁育后代的时节,淡咸水交汇处的很多鱼种,都会洄游至近海的礁石上产卵,也指此时为捕捞的好时机。据沙埕港的渔民讲述,旧时每逢清明,沙埕港近海的礁石上密密麻麻都是墨鱼卵,墨鱼为了繁殖可谓不惜生命代价,渔民便使用"墨鱼拖网"去捕捉墨鱼。"墨鱼拖网"又称"乌贼拖",3—4米长,一头为"钢"制,弯形,所谓"钢"制,其实是长串用绳子串起的铜钱。过去渔民以乾隆通宝等各种古钱币作为重物,串于网绳上,由于铜钱的重量,网头可沉入海中,又可弯曲成一定弧度,加之铜钱构成如铲子般的"锋刃",可作为"刮乌贼"的部位;网的另一头绑上一根竹竿,靠近渔船,整片网张开呈口袋状。

捕捞时,渔民摇橹至近海礁石处,将这种网具绑在船上,通过拉竹竿的方式使劲儿沿着礁石用网的"铜钱头"一刮,墨鱼就都入网内。使用这种"墨鱼拖网",渔民往往能捕获大量墨鱼卵,可是由于礁石海域的特殊性,不仅需要费大力气,还需格外小心,有时网具碰到礁石有棱角的地方,稍一用力绳子就断掉了,大串的铜钱散落海中,网也没法再用,故渔民往往会带上备用铜钱以防万一。可见使用"墨鱼拖网",不仅仅是力气活儿,同时也是精细活儿。说起这种"墨鱼拖网",也有渔民感叹过去不了解铜钱的价值,平白损失大量的古钱币,而到了70年代,逐渐有铅、钢、铁制的环被生产出来,替代铜钱串于网上,渔民就不再使用铜钱这种"奢侈品"。此种传统渔具在如今的福鼎还偶尔可见。

福鼎墨鱼资源丰富,渔民也爱吃,有渔民回忆,过去福鼎山区盛产小竹笋,每当打雷后就会同家人去海边摸墨鱼,又或者清明时节捕捞墨鱼,满载而归后,将墨鱼和小竹笋、梅干菜一起烹饪,白色的墨鱼丝,配上黄色的小竹笋、黑色的梅干菜,色彩对比鲜明,菜色漂亮,味道鲜美,是渔民独享的海味佳肴。

(二)放钓法

"放钓"是另一种传统捕捞方法,通常分为杆钓和绳钓两种。杆钓是将钓杆与钓绳相连,钓绳上系一个钓钩,垂于海上,以鱼饵钓鱼,主要钓鱼、虾;绳钓则使用钩钓绳,钩钓绳为一根长麻绳,绳上挂有许多钓钩和浮标,渔民将钩钓绳一头抛入海中,另一头绑在船上,一定时间后将绳子收回,能钩上来不少鱼,主要钓甲鱼、鳗鱼、小鲨鱼。

放钓这种作业历史悠久,唐诗云"千尺丝纶直下垂,一波才动万波随。夜静水寒

---

① 林守无主编:《福鼎县志》,第211页。

鱼不食,满船空载月明归",明诗云"数尺丝纶垂水中,银钩一甩荡无踪",所述皆为渔民放钓之情景。诗中皆为"杆钓",可作业于河溪、浅海以及近海等,比较常见。而放钓作业在福鼎之兴盛,并发展得多样化,还得益于"连家船"的渔民。解放前,许多以船为生的渔民被福鼎周边的渔业资源吸引,行船至此地放钓,这些渔民大多姓"连",故福鼎的居民都称呼他们为"连家船"。连家船上的渔民长期在船上生活,脚型弯曲,脚跟难以抬高,由于长期作业,鞋后跟常常踩于脚下,被岸上的居民称为"曲蹄"。他们"上无寸地、下无片瓦",常年生活于海上,也唤做"疍民",后由于国家政策,连家船的渔民纷纷被引导上岸,在岸上买土地和住所,而连家船渔民的放钓技术,也被越来越多的渔民所学习。

放钓作业通常分为两季捕讨,二月至五月止叫做"春海",八月至第二年正月止叫做"冬海"。[1] 放钓作业时,渔民需要根据天气寒暖和海水深浅,来决定下钓的高低,钓钩位置同当下时节鱼群的位置吻合尤为关键。不同鱼类也有其渔汛的特殊性,所以掌握渔汛规律也需要技巧。以大黄鱼为例,过去许多福鼎渔民用钓船钓黄鱼,据说沙埕岛附近原有一棵树,有一位女村民摇橹经过,见其树叶变黄,那日捕到了大量的黄鱼,得知树叶变黄的时候便是黄鱼洄游至那片海区的季节。口口相传,渔民都通过观察这棵树来作为判断黄鱼的标识,虽然后来这棵树被砍掉,渔民以各种自然现象判断鱼群规律的经验却被保留下来,如带鱼在冬至前后最盛,白鳓鱼常在6、7月,夏秋可取鲳鱼。

放钓作业有两个关要,一在钓饵,二在钓钩。钓饵的选择需随季节和鱼类而变化,春海的饵料用墨鱼切片穿在钓钩之上,冬海则以泥鳅及鲨鱼、带鱼切片为饵,根据不同的鱼类,渔民还会再做些调整。而钓钩更有讲究,虽形状大同小异,制法简单却需要技巧,钓钩通常为铁制,连家船上和岸上都有专业制作钓钩的师傅,钓钩师傅先将铁线一头打成尖锐状,其尖锐程度决定了钓钩的可用性。再将整条铁线放入火里灼烧,待其烧得通红,迅速弯成钩状,其弯曲弧度尤为关键,浇淋冷水,已成型的钓钩遇冷后变得硬且锋利。据说有的钓钩师傅还会在浸钓钩的水里先加入某些草药熬煮,用此法浇淋而成的钓钩会更加锋利耐用,可惜具体秘方已难以考证。

普通的小钓钓钩通常有5厘米长,1—2厘米宽,这些小钓钩一般被用作杆钓的钓钩,捕小鱼小虾。钩钓绳的钓钩有相同大小的,也有稍大的,用来捕鳗鱼、带鱼等;还有一种钓钩,一钩长度就有1米,通常用来钓小僧鲨、白鲨等鲨鱼。在春季多雾时

---

[1] 罗汝泽等修,徐友梧纂:《霞浦县志》卷十八。

节,鲨鱼有浮到海面上呼吸的习性,此时正是放钓的好时节。渔民两人结伴乘船出海,在大船上放一艘小船,称为"母子船"或"父子船",渔民用粗绳系住钩钓绳绑于大船上,发现鲨鱼后,一位渔民留在大船上,另一位渔民乘坐小船去追捕鲨鱼,手持大钓钩用力钩住鲨鱼的脊柱,被钩住的鲨鱼身躯颤动,就会随钓钩的重量一起沉入海底,驶小船的渔民趁机迅速摇橹离开,受伤的鲨鱼由于连着钩钓绳,拖着大船在海上一同移动,不消一会儿,鲨鱼就会疲劳甚至死亡,大船上的渔民再将钩钓绳拉上来,此法就捕钓到了鲨鱼。

旧时常见的白鲨鱼,传说会食人,福鼎渔民以两船相配合的钩钓法捕之,其智慧和魄力,都令人叹服。过去台山列岛鲨鱼产量很高,且鱼身甚大,沙埕港的渔民经常捕获 100 余担的大鲨鱼,由渔场拉回到码头上当场切售。切大鲨鱼的刀甚大,渔民称"比电影中耍大刀的刀还要大",可见福鼎渔民之果敢、豪爽。近年来福鼎海域已比较少见到鲨鱼,资源减少,偶有见得虎头鲨,已经少有渔民捕捞,时而碰到不咬人的鲨鱼受伤或搁浅,渔民还会帮助它们重回海洋。

(三) 缦鱼

缦鱼用刺网作为工具,它由真丝编成高 1 米左右,长数米至百米不等,上下装有浮子和沉子,通常 1 人划小船,1 人撒网作业。[1] 由于其像蜘蛛网一样的形状,以及其使用特性,鱼一遇上便被"粘住",俗称"粘网"、"丝连"等。《霞浦县志》有载:"流缦之船,春、冬取乌贼,夏、秋之间取鲳、鳝。其船约载数百斤,缦长二丈余,深丈余,下以石子或铅为坠,随流拖而得之。其于马鲛也,亦以缦上以竹或木为编,下以石为坠,亦随流所往,马鲛一触而着之。"[2]

缦网通常用丝线或白色的玻璃绳制成,圆形状,无开口,无网肚,置于海中就像一面墙,垂直于海底,随波漂荡,使用时不需要打桩。缦网的下部分为石头、铁、水泥等制成的饼状重物,最早为瓷烧制而成,渔民将其挂在缦网下部,使网沉于海底,名为"沉子";缦网的上部分系有浮标,使网浮在海面上,名为"浮子",浮标大多为竹竿,现在通常使用塑料泡沫,最早的浮标使用较粗的竹筒,渔民将大茅竹砍掉,削皮,切割为竹筒作为浮标。削皮的目的一为使得竹筒重量减轻,更易漂浮,二为茅竹去皮后不容易裂开,可增加其耐用性。

为了识别缦网的位置,渔民会在浮子上绑标识物。现在多为彩旗,旧时渔民在

---

① 林守无主编:《福鼎县志》,第 214 页。
② 罗汝泽等修,徐友梧纂:《霞浦县志》卷十八。

沉子

　　"浮子"的尾巴上面绑几个棕片,即为标识,而后将缠网投入水中,通过识别棕片的位置来判断粘网的位置。由于标记物在海中如同花儿在山间,渔民称棕片其为"花",意思是记号,当互相打听对方的缠网在何处时,渔民亲切地说,"你的花在哪里?"这或许是茫茫无际的海上生活中属于他们独有的情调。

　　放缠网的渔民相较于其他作业者,看起来相对闲适,他们将缠网放入海里有鱼群的地方后,就可以在自己的小船上休息,有的人喝酒,有的人睡觉,等到涨潮过后,一位渔民收"浮子"那头的网,一位收"沉子"那头的网。随着缠网作业的发展,渔网若是较大,达到 3 米长,就需要第三位渔民在中间作业,称为"拉丝"。"拉丝"的渔民负责迅速拾捡粘在网上的鱼蟹,必须手脚麻利灵巧、脑筋反应迅速,一边抓鱼一边收网,才可使得网呈张开的状态。缠网有"三指粘"和"五指粘","三指"即三个手指可以伸过去,五指同理。放缠这种作业容易操作,但十分考验船老大的出海经验,若船老大能看懂风向、水流,才可以准确判断哪片海域有鱼、缠网在何处下网能捕获鱼,收网的位置,也需要结合潮水流向以及鱼的习性。缠网作业现在大多用于捉鲳鱼和螃蟹。

　　放缠作业相对于其他传统捕捞法,效率更高,也适合个人及小集体生产,是 1949年以前的主要生产作业。当时福鼎的渔民中百分之八十以上为个体贫苦渔民,百分之八为占有"渔用地"的渔霸和资本家,贫苦渔民需要租用渔业资本家的"用地",并缴纳"白水费",即租金,还需租用渔船和渔具才能从事个体生产,其鱼货往往用于抵偿租金或者由渔业资本金收购。1946 年,富余船出租给渔民使用,6 张缲等于 1 个人工日,缲租就占渔民生产收入的七成,俗称"倒三七";而自己有缲具的渔民,也需要按抽签先后次序接连放缲。① 可见放缲作业,也并非易事,没有一定资本的渔民,放缲作业所得多要交给资本家。

（四）定置网

上文提到与自由度相对较高的放缲作业相对应的另一种传统生产作业为定置网。此种生产作业适用于内湾及外海。内湾作业,每艘船只需使用一张网,故普通渔民都可以使用定置网生产作业;外海作业,每艘船通常使用三到四张网具,定置网成本较高,外海作业需要渔业资本家才可以经营。

所谓"定"是固定的意思,需要"打根",即打桩。渔民到达渔场后,放网时需先把木桩打到海底,木桩一头削尖,一直打进海底的淤泥深处。木桩通常为松木,其他杂木也可。打桩的工具称为"斗",用其对"桩"施力使得"桩"尽可能深入海底并固定。早期的斗为绑有大石块的长木棍,称作"楸斗",现在通常使用铁制的"铁斗"。"打根"之后,渔民将木桩上绑着的麻绳从海底拉起,将茅竹系于绳子上,茅竹浮在海面上,作为"浮子"。待网口张开,潮水进来,鱼就会随潮水冲进网内,待潮水变小,渔民拉绳起网,等待另一个潮水。

作为定置网作业最重要的是网具,称为"大缒",缒是一种大网,旧志记载:"大者高二丈许广百余丈,下缒之法,延衺竖竹杠,视缒悬摇,则水满而鱼入矣,以艚打锣,鱼闻锣声匿缒中,收缒而鱼得矣。"②20 世纪 30 年代的一份福鼎渔业调查报告详细记载过沙埕的这种网具及编法,现摘录如下:

> 本渔具概系方锥形,无袖网,编法简便,系手编。每网所要之资,只需七十元。若连编网工资,染料等,共须九十元,使用法甚简单。全网长二十四寸,共分为七段,各处分编,连结而成。第一段谓之网口,第二段曰网头,由第三段至第六段,谓之网身,第七段即最后之一段,谓之网尾,亦称捕鱼部。网尾系开口者,捕鱼时,以网缚于网尾之最后部。由网取出渔获物时,只须将缚网尾之网解开,鱼

---

① 林守无主编:《福鼎县志》,第 207 页。
② 郭柏苍辑:《海错百一录》卷一"记渔",光绪丙戌（1886 年）本。

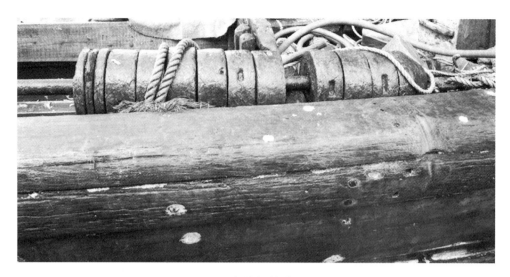

现代铁制楸斗

则可由网尾倒出,无须将全网引出水面而处理也。网的第一段网口之编法,网口之底部,九十二目,目大二尺半,以网粗三又四分之一寸结缩之,成为十二寸之间。网口之上部为一百三十二目,以同大小之网二条结网结缩之。各网紧张,成一四方形。第二段五寸目,周围共七百目,长五寸半,接于第一段。第三段一又四分一寸目,周围共一千四百四十目,长丈三,接于第二段。第四段一寸目,周围一千二百目,长六尺,接于第三段。第五段四分之三寸目,周围一千二百目,长丈四,至尾部结节为五百目,此段接于第四段。第六段五分之三寸目,周围共五百四十目,长一丈五。第七段半寸目,周围四百目,长丈五,接于第六段。此网所用之材料,概用苎线。结节系皆活结。苎线之出产所,为温州每斤之价,为四角。①

此段记载的定置网的编制手法,福鼎渔村中只有七十多岁老人知晓。一张网的制作时间只算手工部分,也需两个月。

本网具所用染料,概用薯莨。其与水之混合,为每百斤之薯莨,配水三担。第一次用过之后第二次尚可复用。每网所需染料费,日五六元。染网之时,先以淡水冲洗网具,去掉尘垢,俟其干后,置于染料桶内染之。染网后挂晒于竹竿上。

---

① 林九昌:《福鼎渔业调查报告:沙埕的网艚网渔》,《集美周刊》第 16 卷第 1 期,1934 年,第 61 页。

干后,又取染之,大约每染需三次。①

这是早期的染网制绳法,过去海岛资源有限,渔民多以植物为原料,利用其特性做作渔网、帆布。薯莨为一种外紫内红的块茎植物,用其染制的渔网会变得利水耐用,制染方法天然,现在已被工厂生产的新型材料替代。

定置网作业由于网具大,且起网难,生产较为辛苦,但使用方法并不困难:

> 未使用网具之前,先以船两只内载两枝木档及棕网前往。既至渔场,即将木档插于海底,木档之上端,以棕绳缚之,网之一端,缚于浮竹。完后,即归港。使用渔具时,以船一艘,船身长六寸,阔六尺,深两尺半,载重六十担,船中分为若干横隔,为装渔获物之用。船形头部稍尖而微仰,后部为阔形。船之新造物,每只值一百二十元,内乘渔夫二三人,一人为柁夫,载网具前往。已至木档系浮标之处,即行解去棕绳而接于网口底部之引网,网口上部之网,则缚于浮竹。此时船一方行驶至别一木档缚于浮竹之处,一方将网徐徐放下。又如前法,把网底之网,引接于棕绳,网上部之引网缚于浮竹,另以一引网,系于网头,此网一直缚于船上。再以一引网,一端用以缚网尾,使渔获物不得溜出。一端接在缚于船上之网之较上部。如斯各工作一完,则将网全部放入水中。唯须横断潮流而放。网既在水中,可有十寻子之深处,网口即行张开而成为四方形。当收取渔获物时,将缚于船上之网引之,至结节处时,即引此结节之网,盖此网缚于网尾也。如斯将网尾引至船上,解去其缚,到出渔获物,又将网缚网尾,复行放下。每日每一流水起网一次,当欲收网上陆时,将引网收入,先引起网尾至船上,后引缚于网口边缘之网,如斯则全张网在船上矣。其浮竹又缚于木档之棕绳。②

上述为20世纪30年代的定置网作业法。在水产资源丰富的时候,定置网一年四季都有生产作业,可以捕捞各种鱼、虾、蟹。

定置网捕捞法中,以捕捞海蜇皮最为特别。海蜇皮是福鼎过去很常见的渔产品,以春季为盛。海蜇皮的定置网作业过程中,不仅需要定置网,还需要配合特制的渔具以及加工方法。进行海蜇皮捕捞作业的通常是小船,除了使用定置网,渔民也还需使

---

① 林九昌:《福鼎渔业调查报告:沙埕的网艚网渔》,《集美周刊》第16卷第1期,1934年,第61页。
② 同上,第62页

用专门捉海蜇的渔具。

捉海蜇的渔具为竹竿制成,竹竿很长,一头削尖,形同标枪,竹竿尾部挂个旗子做标记,过去由于没有塑料球作为浮标,就在竹竿上挂上小旗,用旗子做标识,渔民看到海蜇,如掷标枪一般用"海蜇叉"瞄准海蜇的脑袋叉去,海蜇脑袋上的神经系统受损后,会浮上海面,同时渔民还要观察潮水,海蜇会随着潮水漂浮,渔民通常等叉到多一些海蜇再收网。

收网的时候,渔民摇橹到海蜇附近将其捞起,捕捞海蜇的作业收网过程十分困难,需要力气很大的渔民才能胜任。海蜇含水量高,通常一只就有一两百斤,50厘米左右大,还有20厘米左右的厚度,加之海蜇表面光滑,无着力点,往往起网时一次只能拉起一只海蜇,一个鱼筐只能装下两三只海蜇。

海蜇的重量大,受流水冲击又很容易移动,海水的冲击加上海蜇本身的重量,需要特别牢固的渔网。这种渔网不能使用塑料绳,因为海蜇身体太软,较细的塑料绳一遇上大的潮水,就会把海蜇皮割破。故渔民用棕榈树编制成棕绳,放在水里面,棕绳遇水变软,不会伤到海蜇,几股编成的绳又十分牢固,适合捕捞海蜇的定置网作业,也是上文报告中提到的"棕绳"。然而后期的定置网被新型材料取代,却不如棕绳编制的渔网适合进行海蜇皮捕捞生产。

渔民口述,海蜇的头部是红色的,其实就是现在非常贵重的"海蜇血"。而在过去,这红色的部分被视为无用,所以在加工海蜇的时候要把红色部分去掉,海蜇的血其实是海蜇身上的一层皮,里面还有海蜇的肠肚,渔民把红色部分处理掉,剩下海蜇白色的那部分。对海蜇皮进行深浅加工时,渔民用脚踢的方式,将海蜇身上的水和血全部踢掉。而海蜇皮的加工不同于其他鱼类,除了必须使用盐巴外,还必须使用明矾。明矾的作用是控水,因为海蜇含水量高,以及其特殊的生物性,如果没有加工好,即使捕捉回来放在海滩上,它们也会自己化掉,形为一滩水,如同海水。故每捕捉到大海蜇,加工的工人都会小心加工,以免白费渔民之辛苦。

由于定置网作业十分辛苦,所以定置网作业的渔民往往很羡慕"放缯网"的渔民,其实放缯也有放缯的苦衷。过去有个规定,渔民在船上进行定置网生产,捕捞上来的鱼可以随意吃,有时渔民捞上鱼,直接开水煮一煮,不需要加任何佐料,就在船上食用。但是一般打到"好鱼",如马鲛鱼,渔民都不会自己食用,通常会带回去,给东家卖个好价格。

（五）敲罟捕捞法

1958年后,福鼎渔区实现人民公社化,传统捕捞作业多为个人或者小集体生产,为提高捕获量,增强渔业发展,渔民的捕捞作业由近海逐渐转为深海,发展新的捕捞作业法。当时极大促进福鼎渔业发展的是半机械化渔船的使用,往日的手摇船逐渐被机帆船替代,渔民开始结为船队进行集体合作生产作业。

开始集体作业后,传统捕捞法由小规模生产转型为大规模生产作业。60年代盛行一种令人叹为观止的捕捞作业,即"敲𦈺捕捞法",专用于捕获大黄鱼。这种独特的"敲𦈺"作业在沙埕港、秦屿岛等地皆有生产,各大队每出海都满载而归,1963年,福鼎渔区一季度的产量就可达到2.71万吨,占全年捕捞总产量的九成,场面蔚为壮观,沙埕公社水生大队曾创一网捕获大黄鱼665吨的超高产纪录,轰动一时。

大黄鱼,福鼎地区方言有称之为"黄瓜鱼"或"黄花鱼",其生活习性特殊,鱼肉鲜美,营养价值高。淳熙《三山志》称大黄鱼为"石首鱼",因为其"头中有石如碁子"。《遁斋闲览》说:"南海有石首,盖鱼之极美者。头上有石如棋子,取其石,治以为器,载饮食,如遇蛊毒,器必爆裂。土人以制作尤精,明莹如琥珀。人但爱玩其色,鲜能识其用。"①福鼎渔场盛产黄瓜鱼,据《吴地记》记载,阖闾十年(前505年),中国东海已有捕捞大黄鱼活动。福鼎渔民曾用钩钓、大围罾、流刺网等多种方法捕捞过大黄鱼,但鱼获有限。60年代引入的"敲𦈺"作业,渔获量空前。与之相关的还有这样一个传说:

20世纪六七十年代沙埕渔民捕捞黄瓜鱼

---

① 乾隆《福鼎府志》卷二十六,乾隆十九年(1755年)刊本。

福鼎有某岛屿,渔民都靠摆渡捕捞为生,生活习俗顺应潮起潮落,岛上女儿家出嫁时,必须在涨潮时送嫁。一日,岛上地主家的女儿出嫁,渔船张灯结彩,送亲队伍敲锣打鼓,在涨潮时将小姐送出娘家,待到一会儿潮水回平,海面上突然飘来许多大黄鱼,大黄鱼颜色金亮,如同黄金一般飘在海面,顺潮水涌向渔船,渔民看到这好似象征"财源滚滚"的景象,都纷纷感叹,这地主家的女儿真是富贵吉祥。此后,有渔民发现,用锣鼓声可以使得大量大黄鱼浮出水面并捕获之,便发明了一种"敲罟"作业方法,专门用来捕捞大黄鱼。

其实"敲罟"之奥秘便是前文所提及的大黄鱼之"石首"。大黄鱼头颅内有两块矢耳石,即为"石首",大黄鱼的鱼鳔本身能发出强烈的间歇性声响,在生殖季节以发声集合鱼群,同时对声音也很敏感,通过石首以及鱼鳔,大黄鱼可自我调节水压和平衡,故既可潜入深水,也可浮到水面,而遇到剧烈声响,大黄鱼失去自我调节平衡的能力,眩晕而浮于水面。

渔民因了解大黄鱼这种习性,以几十条船结为船队布阵"敲罟",通常一队"敲罟"作业的船队为三十六条船,其中有两条船为大的机帆船,称为"指挥船",船上装备有网具。其他为小舢板,船队航行至深海渔场,小舢板放下来,4人一船,1人摇橹,3人敲罟,"敲罟"为渔民在小舢板上拿着木棍拼命敲击舢板,还有人拿着竹筒敲,声音越响越好,其目的皆为发出共鸣声响,使得敲击声在海水中传播,由于海水密度大,声音传播快,很快,大黄鱼头上的石首受到剧烈声响刺激失去平衡功能,鱼群晕眩而浮出水面,两条大船便使用网具捕捞之。一晚上100担的渔获量在当时都不足为奇,据说那时候由于大黄鱼容易捕捉,价格已降至5分钱一斤。

敲罟作业易操作,了解大黄鱼的渔汛则为关键,每年二、三月的时候,都会有大批大黄鱼从太平洋至福鼎渔场处产卵,除此之外,福鼎渔民会将渔场延伸至其他海区。渔民发现,在东瀛岛,即靠近日本岛的台湾海峡区域,有时会形成一股特殊的环流,水流既有逆时针漩涡,又有顺时针漩涡,鱼群经过那片海域非常容易停驻下来,而每年十一月份左右,都会有一大批洄游的大黄鱼停驻于那片海域。当时的台湾海峡十分危险,既临近国民党的海区,又临近日本人的海区,渔民在那片海区打鱼,有时候会遭到炮击,还有渔民被炮击身亡,可是为了生存,福鼎渔民还是会前往那片海域捕捞。沙埕港水生大队的刘主任回忆,其实当时渔民的内心也是极度害怕的,只是船上纪律严明,船长一声令下,船员都得顶着压力行船作业,也有船员激昂陈词道"船长不怕死,我就不怕死!"海上生活如同部队生活,虽然没有明文规定,但船长的权威是至高无上的。

　　"敲罟"这种船队集体作业也使得福鼎渔民由松散的个体作业和以家庭为单位的生产作业,逐渐向集体化的船队发展,集体化后的海上作业,渔民以船队为单位,有组织有纪律,逐渐有了一套海上的"跑船文化"。船的持有者称为"头家",头家提供船、渔具、网具等,捕获所得也归头家所有。行船的船队实则给头家做工,由头家分发工资。行船过程中,大的船队间也有清楚的阶级之分:最高阶级为船长,又被唤作技术员,往往在船后作业,判断航向、鱼群等技术作业;第二阶级为船老大,负责整船的生产指挥,也在后方;第三阶级为"中肚",中肚为前线作业的一把手,往往负责小钓作业的第一网拉网,兼具技术、体力、灵活性等,十分厉害,与船员共同劳动;之后依次称为"二手"、"三手"、"边手"、"水手",分别负责不同的职务。此外船上还有轮机长和轮机手,以及后勤。而船长的权威,则来自于船长的专业水平,船长经验丰富,带领船队的渔获量大,就会受到尊敬。渔民说:"我们船队之间也有竞争,竞争会带来进步,而且我们的竞争水平一目了然,谁捕的鱼多,谁就更厉害。"

　　由于"敲罟"作业为对海洋资源的掠夺性捕捞,1964 年被国家禁止,但福鼎海区的大黄鱼资源已经很难回到从前的盛况。不少渔民感叹这种捕捞作业太残酷,"当时刚度过三年自然灾害,大家饿得慌,一发现这种捕捞方法,便没有了节制。"60 年代初期,因自然灾害粮食匮乏,人们食草皮、无粮无米,在这种恶劣的自然环境下,渔民取食于海洋已不仅仅是往年"看天吃饭",而是更多地运用经验智慧,团结协作,利用大黄鱼的习性组织"敲罟"捕捞法。这种掠夺性的捕捞方法,在危难时期使福鼎渔民度过了缺粮的难关,可谓是渔民智慧的成果,然而也可见得,任何捕捞方法都需要科学引导,大自然在人类受难时期赐予人类食物,人类也当饮水思源、取之有度。现在福鼎海域的大黄鱼资源已严重匮乏,渔民不再进行这种"敲罟"捕捞生产。

(六)大围罾捕捞法

　　"敲罟"捕捞法被禁止后,福鼎渔民开始发展其他集体捕捞作业,以"大围罾"生产作业最具代表性。1965 年开始,福鼎的渔业生产日趋现代化,机围技术逐渐被掌握,同时达到渔船机帆化、渔网塑料化、捕鱼操作机械化、渔情联络电讯化"四个现代化",机围船上有收音机、鱼探仪、对讲机,有的还有定位仪。在没有定位仪的时候,除了传统的罗盘、星象方法外,行船只能通过电波来定位,当船开到外海,会接收到日本、美国、中国三个国家的电波,渔民通过接受电波,当看到三个电波台重合起来的时候,才能判断是东经多少度、北纬多少度。

　　渔船载重量和马力由原来的25—30 吨位、60—80 马力,增加到60—80 吨位、

120—50 马力。生产渔场由浅海 30 多米深推向 60—70 米深海作业。70 年代,又扩展到北至山东、辽宁的黄海、渤海渔场,南到闽南渔场,捕捞鱼类品种也有增加。①

在这期间,各渔业生产大队都纷纷发展先进的捕鱼方法,其中以沙埕港的水生大队、南镇大队,以及秦屿的建国大队最为有名,这些渔业强队连续多年年产量超万担,称为各渔区渔业生产的红旗标杆,在闽浙两省都声名远播。70 年代可谓是福鼎渔业的黄金时期,其中最为先进的作业为"机围网"作业,也称为"大围罾"。

"大围罾"作业使用的是围网,围网是一种捕捞集群鱼类的网具,主要在沙埕、秦屿、嵛山、硖门 4 个乡镇使用。围网又分大围罾、鳀鱼罾、带鱼罾、小围网、白巾罾及丁香网等。主要捕捞黄鱼、带鱼、鲐鲹鱼、鳀鱼、丁香鱼等集群性鱼类。②

围网的成本很高,特点是网口大,两翼网为身囊网的 3 倍之长,网口在水中垂直张开面也很大。网的构造,一边是浮子,最早由杉木或竹筒制成,后也使用泡沫,另一边是"沉子",又名"坠子",用石头或铅制成,能快速沉入海底,放在海里面呈"顶天立地"之形,即一头在海面上,一头在海底,网口完全垂直于海底张开。围网由于两片网组成,中间形成一个网口,下部为一个网袋,围网上部的网眼非常大,往下部分慢慢缩小,越到下部网眼越小,进入围网的鱼很难挣脱出去。

小围网

① 卢宜忠主编:《福鼎县志》,第 412 页。
② 林守无主编:《福鼎县志》,第 211 页。

大围罾作业需要两条渔船,称"子母船",为一大船和一小船,大船为指挥船,也叫做"母船"。渔民集结为船队出海,船队人数为50人左右,母船上有40多人,子船上有7—8人。由于渔获量较大,内海作业时出去几天就可以收获满满地回来。

进入渔场作业时,两艘船在海上并行,相距约100米,母船的任务为探测鱼群并发出信号,子船收到放网信号后接过母船抛来的围网一端,迅速系在船身,并跟随母船指挥行驶在其附近,缓缓聚拢。此过程中两船随鱼群行驶使网具将鱼群围住后,子船将网绳抛回母船,再由母船上的船员用前后各一的起网机将网拉起。当时已有渔船采用对讲机设备,没有对讲机作业的时候,渔民采用旗语进行子母船的交流,如两旗相合为"聚拢"之意,旗向下垂直移动一下为"加1档"、两下为"加2档",每个船队都有各自的旗语。

大围罾作业适用范围广,不仅可以捕捞底层鱼和中层鱼,也可以捕捞水面鱼,故一年四季都可以生产。对不同位置鱼群的作业,依靠控制围网的"浮子"与"沉子",比如进行水面鱼的作业时,渔民在围网上部多系几个浮子,下部的沉子拿掉几个,就可以进行灵活控制网的位置。作业时的具体操作,需要更有针对性的经验与技巧。

大围罾作业难度很高,首先,母船需要准确地判断鱼群位置。70年代后期渔民才开始使用探测器,探测器给了渔民渔业生产的"眼睛",大大提高了捕捞作业的效率,但只依赖探测器远远不够,渔民还需凭经验、看水流,判断何处有鱼群。渔民从小在海上生活,通过看潮水的漩涡,当海面上出现多处漩涡,如向北漩、向南漩、向东漩,则说明此处海底不平,渔民再用探测器探测,就可以确定是否有鱼群,通过水面的颜色,又判断是何种鱼群,例如水面的颜色比较灰,即稍微浑浊,就是有带鱼鱼群;水面的颜色比较绿,即清水时,就是有黄鱼、鳗鱼鱼群。当然,渔民也可通过鱼群的汛期来判断,长期海上生活的经验都能告诉渔民鱼群的位置。有经验的船长带领船队出海时,在一片渔区作业完后,还可推算出下一个潮水剩下的鱼群会游去何处。判断何处有鱼群还不足够,渔民还需了解不同鱼群的生活习性,使得围网时更加有针对性如冬汛带鱼具有自北向南洄游的特点,渔民放网时就应该围北拦鱼头,而黄鱼具有逆流向前的习性,围罾作业时就要使用快速、顺流、大拖力、放重网等操作技术。[1] 不同鱼群所造成的水流映像特征需要渔民长期的生产中认真积累经验。起网时,子母船讲究

---

① 郑昌新、陈忠信:《福建大围罾捕捞技术经验初步总结与分析》,《水产科技》1982年第1期,第13页。

密切配合,若配合得不好,也许会出现漏鱼、跳鱼等现象。故在起网过程中,一是要利用潮流保持网型,二是母船上船员拉网时要整齐、协调、张弛有度,上层鱼起网时不可速度太快,会惊吓鱼群,使鱼群逃窜,捕下层鱼时不可速度太慢,因鱼群已都困于网中。

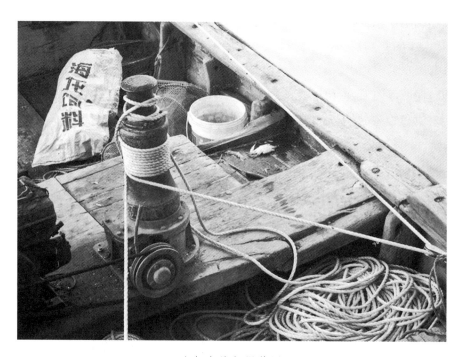

渔船上的起绳装置

大围罾作业的时候,渔民穿的衣服很特别,纽扣的位置不是如中国传统男人服装一般缝在衣襟正中,而是像女人的服装一样,纽扣系在侧旁。这是由于大围罾的作业拉网所需劳动量非常大,而且大围罾的网大、重,拉网的渔民很容易挂掉衣襟正中的纽扣,渔民为了避免这种麻烦,请裁缝将衣服做成在侧面系扣的款式。

大围罾作业因技术难度高、针对性强、捕捞效率高等特点,使得各渔业生产队之间拉开了差距。福鼎渔区的渔民也以此作业方式去到浙江、广东、大连等地进行长期作业,有时候仅驶往渔区的航行时间就有五天五夜,渔民出海的时间大大拉长,一两个月的出海时间时有之,物资不够时需要在外地补给。大围罾的渔获大多交由国家收购,也有在沈家门捕捞的渔民直接在浙江省销售,福鼎渔民旧时还同台湾老板进行交易,虽然于台湾老板交易时利润会稍高,但由于对方基本使用美金,渔民不擅长辨别美金真假,为避免受骗,许多渔民在与台湾老板交易时会犹豫。80年代之后,福鼎渔业资源因过度捕捞大幅度减少,渔民没有再使用这种围网。

（七）拖网捕捞法

与大围罾捕捞同期，福鼎还盛行有一种"拖网"捕捞，适用范围广，小船用"小拖网"，大船用"大拖网"，也分为"单拖"、"双拖"，拖网可用于小木船、也可用于大铁船，此种作业方式是将渔网固定在船后，在潮水来的时候放入海中，渔船在有鱼群的区域行驶，鱼群顺着潮水钻入网中，通常1—2个小时就能起网。

二、现代渔法

20世纪80年代以后，福鼎的渔业捕捞发生了较大变化，一者由于大量的捕捞造成了渔业资源减少，大黄鱼、带鱼等资源衰退，围网作业时间缩短；二者鱼群及环境的改变，使得有的生产作业难度增加，渔民需要发展新的渔业技术相适应。渔民开始进行多样化的生产作业，往年在某个时期以"敲罟作业"、"定置网作业"、"大围罾作业"的单一化生产方式不再适用，在继续发展"机网生产"的同时，渔民也尝试恢复传统的"流粘网"、"钩钓"作业，并积极引进新的渔业技术，学习利用现代设备进行先进的技术生产。现在的福鼎渔业，传统作业和现代作业并存，各相结合，现代作业中，以"灯光围网"作业、"蛇网"作业、"韩国网"作业为主。

渔民修补拖网

（一）灯光网捕捞法

灯光围网作业是现在福鼎渔业的主要生产作业之一。1982年，福鼎水产技术推广站就在台山岛、嵛山岛、南镇半岛等地进行过"灯光围网"技术的试验，现在，福鼎的灯光网作业已作为重要现代捕捞技术，成为其特色渔业生产作业，其中以沙埕港南镇半岛为代表，仅南镇一地，就有34艘灯光捕捞船。

灯光围网捕捞作业，沿用传统的围网作业，配合灯光船，主要在东海海域内捕捞鱿鱼，作业地点通常在较远的渔场，一般出海需要20天左右。南镇的灯光船为2005年从台湾及日本引进，据说是有渔民当时在台湾做工，学到了这种新型渔业技术，就将其带回福鼎。南镇的灯光船最开始只有两艘,至2006年发展为41艘,之后因受到"桑美"台风重创,只剩下13艘。天灾过后,渔民自己对船只进行修复,逐渐又发展为现在的34艘。南镇的灯光船大多由本地船舶修造厂改造而成,由于当时本地船多为运输船、放粘作业船,加之传统捕捞作业因海洋资源减少而受限,为了发展灯光围网作业,南镇渔民对其他作业的渔船进行改造,在行船上添置灯光围网所需的"船灯"等设备。灯光网一张大概30—40米长,由不同颜色相间的网绳编成,一头系有浮标,另一头挂有铅球等累重物。

灯光船的上部桅杆处、船身两旁、吃水线部位都有白灯,共100多个,渔民将灯具用约十米长的绳子串起,挂在船上,故作业时可见渔船"从头到尾、两旁"都是灯光,故称"灯光船"。灯光网作业主要利用鱿鱼的趋光性,当灯光船行至渔区,开灯将海底区域照亮,鱿鱼就会向光源区域聚集而来,当大量鱼群汇聚于渔船周围后,渔民逐渐熄灭船身的灯光,只留下船尾网具所在区域的几盏灯,汇集的鱿鱼鱼群继续向光源移动,就钻进了网里,网具依然采用围网,不过"浮子"已经改为浮球,"沉子"都为铅球。

灯光船

灯光围网的时间为每年7—10月,秋冬不进行捕捞作业。10月后,鱿鱼渔汛结束,渔民将灯光船上的灯具收起,去浙江沈家门、福建湄洲岛等渔区捕捞虾蛄和虾米。

(二)地龙网捕捞法

渔业资源减少后,大围晋和定置网等作业因成本高逐渐被一种低成本的"地龙网"作业取代。"地龙网"是现在福鼎各渔村使用最为广泛的一种网具,各地名称不同,又名"蛇网"、"蜈蚣网"、"火车网"等等。2005年前后,各地纷纷从浙江引进"地

灯光船所用渔网

龙网",网具为长条形,形似火车,横切面方方正正,为约 50 厘米的正方形,每隔 1—2 米由一正方形铁框支撑渔网形状,全网长约 10 米,中空,穿有一条麻绳,每节两头处各留一洞孔,鱼可入不可出,可捕捉各类小鱼、虾、蟹。

　　地龙网作业对渔船要求不高,舢板、小船皆可作业。渔民单艘船出海,小木船带

地龙网

上 30 张、大铁船带上 100 甚至 200 张地龙网,行至渔区,在网内放入鱼饵,用麻绳吊上铁锚穿过地龙网使其一头打入海底,并以特殊的结绳方式将每张地龙网依次连结,绳结牢固,不会被海水冲开,通常每十张网用一个锚或重物固定,并绑上浮标,浮标为带有彩旗的竹竿,渔民将地龙网用锚固定于海底后,由于其形状方正,可在海底"站立",来往鱼群,钻进网中的都会被捕获,待潮水过后,起网收鱼。

地龙网因为成本低,对捕捞的种类没有特殊要求,渔获量较为理想,渔民每天都可使用,休渔期或用得多了,就对渔网进行修补、晒网。地龙网这种网具,让许多渔民的捕捞作业更加自由,可依据自身所有渔船和经济实力,进行个体捕捞作业或者家庭小集体捕捞作业,在沿海渔村中几乎随处可见。在渔区,一张网的售价为 200 元左右。

(三)韩国网捕捞法

"韩国网"据说是韩国人发明的一种网具,约于 2005 年前后由福鼎渔民从浙江引进,一张网约 50 米长、20 米宽,成本较高,需要 7000—8000 元,产量也很高,可捕捞黄鱼、鲨鱼等,一年可以收益几十万。

韩国网作业通常在没有大风的时候,涨潮时出发,涨潮时进港,一艘船带十几张韩国网出海,每张网需要配合 2 个锚,两个锚用麻绳相连,左右各一,一个锚打入海

韩国网

里,一头挂在山上或岸边,船再将网拖出去,在行船范围内一定要有鱼群。

现在渔民的生活不若过去那般艰苦,不再做长期的跑船作业,通常一天出海作业一次,一次大约6小时,而渔业生产也逐渐以学习新技术、合作作业为主。

三、以捕捞技术推动地方发展:建国渔业社

大围罾时期,"沙埕有水生,秦屿有建国",建国渔业社的渔业生产技术远近闻名,近乎传奇。建国渔业社早期为建国渔业互助组,之后发展为建国渔业社,称建国渔业大队,体制改革时期改名为建国村,成为一个以渔业为主的行政村。建国渔业社的发展变迁是福鼎渔业的一个缩影,以上各传统捕捞法皆有之,集体化后,被称为渔业生产的一面"红旗",由建国渔业社对秦屿岛所带来的影响为例,我们可以看到渔业捕捞技术发展不仅仅是技术的发展,还从各方面推动了当地整个经济、社会发展。

20世纪50年代,建国渔业社同福鼎大多数渔业社一般,主要进行内海作业,以放粘网为主,到了1955年,开始逐渐有一些定置网生产作业。早期这些渔业生产作业,都是手摇船、小舢板,1957年,建国渔业大队建立了福鼎市第一队机帆船队,由2条机帆船组成,这2条机帆船在当时十分珍贵,是建国大队乃至福鼎市拥有领先渔业生产设备的象征。建国渔业社充分利用这两条机帆船发展生产,至1959年,其大围罾作业技术已成为各渔业生产队大围罾作业的标杆之一。建国渔业社的机帆船也逐渐由1队发展为12队,共有24条机帆船,这24条机帆船中,就有8台的轮机是建国渔业社的渔民自己用部队回购的旧零件组装的,大围罾作业中尤为重要的"起网机"等设备,也是渔民自己采购安装。

六七十年代,建国渔业社不仅在渔业生产上积极生产、钻研技术、敢为人先,在渔获量上屡创佳绩,所获荣誉无数,更以渔业生产所得为基础,积极发展所在地的现代化生产,为秦屿的发展做出了杰出贡献。秦屿的工厂由手工作业转化为半机械化,皆由建国渔业社的技术员、渔民推进,当时担任轮机长的老渔民郭玉龙回忆说:"建国社的成员无论多么艰苦,都是自力更生,不雇用外人,我们自己想办法买零件,自己学习装机帆船,学修船,这些事情,只要是有志气,都能做到。"

作为秦屿经济实力最为雄厚的单位,建国渔业社开始在秦屿开展公益事业。70年代大围罾作业的收益颇丰,建国渔业社将许多钱投入于秦屿发展农田建设,除了国家投入的一亩20元的补助外,秦屿皆是自己运石填海,建设农田,建国渔业社出钱出力,围海造地所需的石头,都是由建国渔业社的渔船去临近的晴川湾运来,现在秦屿后岐至东头的大围塘,就是当时的成果。

　　为了灌溉农田，并兼顾发电和蓄水之用，人民公社时期，秦屿发展蓄水量百万方的长江积水库工程。除了提供大量劳动力外，从水库工程水电部门的设计到施工，包括拆爆、绘图、送审、技术指导等各个环节中，都有建国渔业社的技术员和渔民参与。施工期间，条件艰苦，技术落后，4 米多长的石头，需要村民手动打夯。建国渔业社的技术员郭玉龙引入当时较为先进的"蛙式打夯机"进行夯实工作，一台打夯机可等同100 人以上的劳力，且当时的夯实效果已经达到并超过国家对设计的标准，大大提高了水库工程的进度和质量。

　　再到 70 年代后期，秦屿建设洋里水电站，由于福鼎市技术人员相对紧缺，各乡村都需大量依靠自己的力量完成发电站工程。所需沙子、水泥、石头等全靠工人一担一担地挑去工地，而工程进度稍有滞后，就会导致停工。建国渔业社利用其影响力，以身作则，主动投入人力物力，并号召群众参与工程，秦屿人团结一心，小儿妇孺皆出力相助，同心协作完成了发电站工程。由于人民积极参与，当时宁德市计算各单位"每一度电"的投资经费，其他地区每一度电 100 元左右，而秦屿的发电站每一度电只需70 元，可见当时建国渔业社与秦屿人民自己承担了大量工程建设，在关键时刻为国家节省了工程成本，体现了群众的力量。

建国渔业社开办的织网厂

水库工程和发电站工程完成后,秦屿逐渐进入了快速发展,开始有了自己的工业,创办了机械设备厂、机帆厂、渔网厂、鱼露厂、农场等等,已经不再是当年靠渔业支撑的小渔村。建国渔业社在渔业鼎盛时期于海上谋生产,在国家基础建设时期,作为各项工程的牵头人,大量投入人力、物力、财力,成为秦屿发展的奠基者,被秦屿人铭记。

第三节 新技术的渗入——近海养殖渔业的兴起

凭借优渥的渔业资源,福鼎的渔民长期"靠海吃海"、"取食于自然",渔业生产以捕捞为主,养殖业为辅。鱼类养殖始于唐宋,渔民会在寺庙凿池放养鱼鳖之类,农家亦有利用房前屋后水塘放养草鱼以供食用。清光绪年间,瑞云寺中一口约 1 亩大的水池内,放养鲤鱼数百尾供人观赏。前岐吴厝里的一口大池塘内,放养有鲻鱼、梭鲻和鲈鱼,产量可观。贝类养殖始于宋代,据说福鼎渔民宋代已开始在秦屿、沙埕一带滩涂养殖贝类,方法不详。① 明成化期间有"沿海插竹养蛎",明郑鸿途《蛎蒲考》载有用此法养蛎:"福宁沿海之氓,田少海多,往往籍海为活……独竹屿孤岛,无田可耕,无山可垦。宣顺前,渔箔为生,成弘后,箔废而蛎业兴……竺竹生蛎,仅余百年。"民国《霞浦县志》也有载:"蛎为南区特产,涵江、沙江、竹屿、武岐居民,以蛎为业,始于明成化间。"清代在沙埕港内八尺门以及硖门湾一带开始养殖缢蛏,《福鼎县乡土志·十都分编》载:"近岸土产,种蛏极多。"② 历史上还有桐城百胜村年产蛏苗千担的记录。早期渔民依托捕捞渔业,相对被动,渔民观察到福鼎滩涂广阔,积极发展养殖业,到了近代,多种现代海洋技术被引入福鼎的近海养殖渔业,渔民通过办淡水养殖场,人工繁育水产育苗,使得养殖产量大大提升。

20 世纪 50 年代,福鼎已有一些小规模的现代养殖鱼塘,但产量较低。1958 年,福鼎全县只有 4 亩鱼塘,年产量仅 1 吨,当时福鼎渔民主要以捕捞渔业为生计,且正值各项捕捞渔业兴盛期,渔民"出海就有鱼,不需要养鱼"。大量滩涂养殖始于 80 年代,由于海洋渔业资源的大量减少,70 年代大围罾的"黄金时期"过后,高成本的集体围网作业和其他传统捕捞作业的渔获量都不能令人满意,渔民开始转向其他渔业生产,养殖业为主要转型方向,许多渔民积极主动地学习养殖技术,发展养殖生产。

---

① 林守无主编:《福鼎县志》,第 216 页。

② 光绪《福鼎县乡土志》,"十都分编"。

　　最早的淡水养殖场成立于1979年,在前岐开挖鱼塘235亩,主要生产水花鱼苗,年产量可达到5000万尾,可提供福鼎县内大多数渔民养殖的需求。两年后,该场又引进了新的鱼种进行人工繁殖,主要为草鱼、鲢鱼、鳙鱼。当时"培育水花鱼苗135.6万尾,其中草鱼苗43万尾、鲢鱼苗32.6万尾、鳙鱼苗60万尾"。养殖技术的提高,使得福鼎渔民不再需要从外地引进淡水鱼苗,可以依靠自己的技术在全县范围内供更多渔民发展养殖业,有育苗技术做基础。短短两年间,县内池塘养鱼面积发展为3959亩,产量65吨。

　　与此同时,各地的养殖场渔场纷纷成立,福鼎的养殖渔业进入了快速发展阶段。1981年,白琳成立了淡水养鳗场,首次试养1100尾鳗鱼苗,收获成鳗180多公斤;1984年,秦屿建国村建成淡水养鱼场,38亩鱼塘亩产鱼290公斤,而且第二年鱼池面积就扩大至180亩,亩产鱼增至400公斤。1988年之后,前岐和建国的两个淡水养殖场作为高产鱼塘,连续几年亩产量在500公斤以上,养殖场的技术员尝试培育罗非鱼越冬育苗并获成功。1991年,全县鱼塘面积3688亩,产量147吨。1993年,鱼塘面积减至3580亩,但产量却提高到281吨。1995年,鱼塘面积4088亩,产量497吨,创

浅海鱼排养殖

历史最高水平。从以上这组数据①,我们不难看出,在后捕捞渔业时期,福鼎养殖渔业的发展速度是惊人的,渔民可谓真正的"以海为田"。

时至今日,福鼎渔业生产开始逐渐由捕捞业向养殖业转型,浅海鱼排养殖各种鱼类,有大黄鱼、石斑鱼、鲈鱼、金鲷、白鲩等各种珍稀名贵鱼类,同时还有紫菜、海带等经济浮游植物。紫菜养殖期间,整片海区皆为紫菜苗的浮标,往年放粘网时期满眼"渔花"的景象又重现于海上。滩涂养殖青蟹、贻贝、对虾、跳跳鱼等,由于跳鱼生存环境改变,资源减少,渔民围起专门的滩涂地饲养跳鱼,产量可观。

紫菜养殖

纵观整个福鼎地区的渔业技术发展,不论是捕捞渔业、养殖渔业,还是福鼎渔区和渔港的海洋环境都一直在变化,这种变迁的活力是令人印象深刻的,而"变"中所孕育出的各种生产技术,其地方特色、多样化,以及当中蕴含的渔民智慧都令人感叹。老渔民回忆往昔在海上捕捞的生活,其徒手摇橹、船队作业的景象仿佛年代久远,其实仅仅过去30年光景,现在福鼎养殖业、工业、旅游业等现代产业发达,城市化进展迅速,渔业捕捞也引入大量现代科技。渔民以海为田,其与自然环境之间的互动,也使得福鼎地区呈现出活力多变的海洋文化性格,相较于其他渔业社区,福鼎地区的海岛、海港、渔区,其风貌、渔业资源、生活图景日新月异,人群与海洋的性格都在人与海

---

① 林守无主编:《福鼎县志》,第216—218页。

的互动中相互促进,变化中又蕴含了规律:渔民和海洋相互影响、两相适应。

技术的意义,正如斯宾格勒在《好人的产生和技术的消亡》(*Der Mensch und die Technik*,1931)中提出的那样,如果它们是谋生策略,那么作为谋生策略,它们是共同的思维和行动;它们首先是社会生活生产和再生产的手段与媒介。[①] 渔民的生产生活实则造就了福鼎地区独有的海洋文化,每个时代,每一种集结了渔民智慧的渔业技术,它虽已不被使用,甚至不被传承,但其存在的意义在每个时期都对当地人在其独特的自然环境中生存有着重要意义,也使得福鼎地区渔民勇敢朴实、积极创新,他们不仅以最原生态的生活方式,适应自然环境,也作为主动学习接受新兴技术的群体,适应现代社会发展。福鼎地区的海洋环境在和渔民的互动中,几度清冷,几度繁华,而海洋流动长久不息,以多变展现其活力,以广博展现其包容。现在的福鼎地区,其渔业发展已同现代科技和城市化发展相结合,我们可以期待他有更多令人惊喜的变化,也相信福鼎地区的海洋文化会更丰富多样、更有活力。

---

① [法]马塞尔·莫斯著,蒙养山人译:《论技术、技艺与文明》,第21页。

第三章 海上丝路与太姥文化区的海洋文明重塑

21世纪被誉为海洋的世纪,海洋发展成为一个世界各国关注和重视的具有重大战略意义的理论和现实问题。2013年10月,习近平在出访东盟国家时倡议建设"21世纪海上丝绸之路",并将其上升为国家战略,这意味着海洋在未来将成为中国发展的重要对象。2015年3月,中国政府制定并发布《推动共建丝绸之路经济带和21世纪海上丝绸之路的愿景与行动》文件,其中福建被定位为"21世纪海上丝绸之路核心区"。众所周知,福建是古代海上丝绸之路的重要发源地,"海上丝绸之路"、"海上陶瓷之路"、"海上茶叶之路"等无不是肇起于福建沿海地区,因此,在参与"21世纪海上丝绸之路"建设过程中,福建沿海地区无疑拥有巨大优势。具体到闽东地区,宁德、福鼎等沿海地区在历史上曾长期是中国"海上茶叶之路"的起点和重要组成部分,在"海上丝绸之路"中扮演着贸易通道、文化交流、对外交往的重要平台作用,为历史上"海上丝绸之路"的建设贡献过重要力量。当前,在中国建设"21世纪海上丝绸之路"以及福建"打造21世纪海上丝绸之路核心区"的背景下,地处闽东的福鼎地区要想充分融入海上丝绸之路的发展战略中,就必须深入挖掘太姥文化区的海洋历史和文化的内涵和根基,从海洋文化视角出发,重塑闽东及太姥文化区的海洋文明,进而推进区域海洋文化产业的健康发展,有效提升福鼎地区海洋文化的经济效益和社会效益。

第一节 太姥文化区的海洋历史文化传统

太姥山地处闽东宁德福鼎市境内,以太姥山为中心所形成的太姥文化区是诸多闽文化诞生和形成的重要源头之一。太姥文化区的东端是浩瀚无际的东海,传说中太姥娘娘就是由东海上泛舟而来,即尧帝奉母泛舟海上,突遇风雾,迷失方向,待日出雾散之时,忽见东海之滨出现一座仙山,遂移舟靠岸,帝母留恋仙山风景,乐不思归,

321

从此便栖居半云洞中,闭关修持。这则传说虽不一定可信,但它从侧面却反映了太姥山及太姥人自古就与海洋有着深厚的渊源。从地图上来看,位于太姥山东边的海面上,星罗棋布着众多大小各异的岛屿,这些岛屿由北向南散落在海中,犹如散落星空中的星星一般,正所谓"潮萦岛屿"。以福鼎全境为例,全县海域面积近 15 万平方公里,是陆地面积的十多倍。其中海域范围主要是以沙埕港为中心,北距温州港 81 海里,南距三都澳 71 海里。此外,在福鼎市东边还有浙江省的南关岛、北关岛,南边有冬瓜屿,东南边有闽东第一大岛嵛山岛,还有台山列岛。一直以来,东海之滨的这些岛礁是很多太姥人赖以为生的基地和家园,生活在此的人们上山可种地,下海可捕鱼。不仅如此,历史上这一带还形成了很多优良海港,比如沙埕港、秦屿港等。借由这些港口,太姥人与外界发生各种贸易联系,人们将太姥境内生产的各种物产通过海道向外运送,比如茶叶、纸张、桐油、陶瓷等,其中相当一部分向南运抵福州、泉州、厦门等地,然后再经由这些地方的海港运销海外。不仅如此,很多来自浙江、闽北、闽南、广东等地的物产也经由太姥境内的临海港口中转至南北各地。也正是因为这样,作为重要货物输出地和中转站的福鼎沿海地区历史上曾长期是中国东部沿海海路运输及海上丝绸之路的一个重要组成部分。以下主要以沙埕港为例进行介绍和说明,并在此基础上分析和讨论太姥文化区融入"21 世纪海上丝绸之路"建设的区位优势以及太姥文化区重塑海洋文明的路径选择。

沙埕,历史上又称为沙关,地处闽浙海岸的交界地。沙埕港以虎头鼻和南镇鼻之间的水域为入海口,其港外有南关和北关两座岛屿作为天然屏障,港中有莲花屿,孤浮海面如莲花出水。由于沙埕港港阔水深且有群山庇护,船舶停泊其中安若堂奥,加之两关夹如门,极易操控,所以沙埕港一直以来都是闽东一带海船停泊避风的天然良港。正如光绪版《福鼎县乡土志》记载,沙埕港为"县沿海水道之咽喉,三面距海,商贾辐辏"①。此外,沙埕港得天独厚的地理位置和险峻地势,也使其成为历史上福建沿海地区一处重要的海防要口,尤其是在明朝,沙埕港作为东南重要的抗倭根据地一直为世人所称道。比如,嘉靖四十一年(1562 年)五月,倭寇侵犯沙埕流江一带,烽火营把总朱玑率师大破之。翌年春天,倭寇又一次侵犯台山岛,戚继光所部陈聪等出海迎击,歼敌百余人。除此之外,有清一朝,沙埕港也一直是朝廷的一处重要海防基地,尤其是在郑成功家族割据台湾岛期间,沙埕港一直是两军争夺的重要据点之一。

---

① 《福鼎县乡土志》,周瑞光汇编:《福鼎旧志汇编》,第 603 页。

　　沙埕港港身悠长,延伸内陆地区达36公里之长,一直至福鼎市区桐山一带。在蜿蜒曲长的沙埕港两岸,遍布着众多村镇。自东向西,北岸有沙埕、佳阳、前岐、山前、桐城等乡镇(街道),南岸有龙安、店下、白琳、点头等乡镇(街道)。从福鼎地区的版图上来看,分布于沙埕港两岸的乡镇村庄几乎占据福鼎市的大半。散落于沙埕港两岸的这些村镇很多都属物产富饶之处,且历史文化积淀较深。正是这些在中国政区版图中不太显眼的乡镇村落在历史上为闽东地区经济发展提供了后援和支撑,并为太姥文化区的形成和变迁贡献力量。虽说闽东地区物产丰富,但是由于这一地区地理环境以山地为主,粮食产量并不高,所以当地人要想依靠种田养家糊口基本上很困难,与此同时,陆路交通的不便也制约了太姥人借由陆路交通参与国内市场和贸易的机会和发展,因而这样一种地理环境和生存境况就决定了太姥人只能向外发展,即大力参与和发展渔业生产和海洋贸易。回溯历史,以沙埕港为中心的太姥山地区曾长期盛产茶叶、桐油、陶瓷、木材等产品,这些物产既是当地人生活生产的必需品,同时也闽东地区出口他地或海外的特色产品。这些在内陆地区生产的物品经由陆路和水路运送至沙埕港,再由集结于此的商船集中运送至南北各地供人消费。从历史发展来看,可以说对外贸易几乎是太姥人生存和地区经济发展的生命线,所以即使是在明清两朝大力禁海的情况下,太姥山地区民间海洋贸易也从未中断。

　　自明朝末年开始,郑氏家族曾长期把控南中国海,其中对东南福建沿海地区的监控尤为严密。自占据东南沿海诸岛以后,为解决"士卒繁多,地方窄狭,器械未备,粮饷不足"等诸多困难,郑氏曾大力推行海内外贸易,比如,同日本通好,与菲律宾(吕宋)、泰国(暹罗)、越南(交趾)等东南亚国家和地区开展贸易往来等,以至于进入郑成功时期之后,郑氏家族的势力大增,养兵十余万,拥有战舰千余搜,而这一切无疑都是源于通过开展海洋贸易所得巨额财富。[①] 总体来说,在郑成功时代,福建海商进入了一个大发展的时期,其中作为闽头浙尾的太姥山地区的海洋贸易自然也是得到了快速发展。从当时的福宁州来看,沙埕、秦屿、三沙、牙城、下白石等地曾长期是闽东一带著名的走私港口,而此一时期的沙埕港更成为我国东南沿海的重要经济贸易港口,并为郑成功、张煌言、刘中藻等集团的"反清复明"运动提供了大量军事、经济方面的补给,进而发挥了巨大作用。其中值得一提的是,早在17世纪中叶,即郑成功集团为了摆脱清朝的海禁而致力于发展对外贸易之时,

---

　　① 江日升:《台湾外纪》卷六,台湾文献丛刊第60种第1册,第237页。

沙埕港便是各地散商与日本岛国走私贸易的集散地。据周瑞光先生考证,郑成功曾编有仁、义、礼、智、信为海上五行商,每行备船 12 只,同时设有金、木、水、火、土陆上五商,以杭州为中心,由户部管辖,时沙埕为山海五行商主要贸易站之一,命洪旭主管。① 清顺治年间,为了防范沿海人民和商人与郑氏家族勾结以及开展贸易活动,请政府颁布了严苛的迁界令,下令自广东至山东沿海地区所有居民分别内迁30—50 里,并规定商船民船一律不准入海。迁界四省中尤以福建省最严,沿海一带所有船只和界外房屋全部烧毁,城堡悉数拆除,越界者不论远近立斩不赦。具体到闽东地区,朝廷曾先后于南镇、巽城、秦屿等口岸添防设哨,往来巡捕,统由烽火营水师管辖。由于清朝政府的严苛防备和禁令,此一时期沙埕港一带的经济贸易和商旅交通渐趋式微,农业、渔业以及海上贸易皆受到极大影响,一些地区人民生计断绝,流离失所,为此一些地区还曾发生激烈的反迁海斗争。直到康熙二十二年(1683 年)清朝收复台湾岛,并于翌年朝廷开放海禁之后,沙埕一带的经济贸易和人民生活才有所好转。

有清一朝,福建一直是我国的重要产茶区,宁德"其地山陂,洎附近民居,旷地遍植茶树……计茶所收,有春夏二季,年获息不让桑麻"。② 咸(丰)同(治)年间,福建茶叶贸易进入黄金时代,每年茶叶输出量位居全国首位,其中福鼎、霞浦、寿宁、福安一带的"北路茶"扮演了极为重要的角色。康熙二十四年(1685 年),清政府分别在澳门、漳州、宁波和云台山等口岸设立粤海关、闽海关、浙海关、江海关,这是清朝政府管理对外贸易和征税的专门机构。具体到沙埕港,地方政府则专门设立钞关,征收厘金、牙税以充地方财政。税金来源主要依靠诸如茶、烟、明矾、纸、桐油等闽东土特产品的转运。同年,闽省税厘成立,下设分局 14 个,分卡 21 个共 35 处,其中三都和沙埕两处直到轮船通行后才添设,至此原北路之茶叶均由此两路出口。"北路包括旧福宁府属之福鼎、霞浦、寿宁、福安、宁德等县区……此路各县……虽穷乡僻壤无不有茶树之种植,产量之多,几占全省总产量十分之七,其繁盛盖始于海禁通后。"③在"北路茶"中,尤以福鼎"白毫银针"、"白琳工夫"、"太姥绿雪芽"以及福安的"坦洋工夫"等名茶为主,其中福鼎白茶(尤其是陈年白茶)因具有清热解毒、治疗小儿麻疹以及预防水土不服等功效,在历史上常被华侨带到东南亚一带作为居家必备用品。以太姥

---

① 周瑞光:《摩霄浪语》,第 50 页。

② 乾隆《宁德县志》卷一"舆地志·物产",乾隆四十六年(1781 年)刊本。

③ 唐永基、魏德端:《福建之茶》,福建省政府统计处,民国三十一年(1942 年)版,第 13 页。

山一带所产绿茶为例,据统计,抗战前产量已高达 32000 担(1936 年),占闽东茶叶总产量的 20.74% ,为福建的 13.06% ;1949 年虽降至仅 8896 担,但仍占闽东地区茶叶总产量的 17.28% ,为全省的 11.58% 。[①] 太姥山地区因为临近沙埕、三都澳等沿海港口,所以产量巨大的茶叶多数都是通过这些便利的海上通道销往全国及世界各地,[②] 尤其是沙埕港与白茶产区白琳以及秦屿等地通过海道相连,白琳出产的茶叶在白琳的后岐码头通过沙埕港转运到海外,也因此,沙埕曾一度成为闽浙地区最为重要的茶市中心,[③]其地位与被誉为"海上茶叶之路"起点之三都澳不相上下。[④] 不仅如此,当时福建境内颇为大型的茶叶制造厂不少也都设于沙埕境内,"至于欲求茶叶之精良,尤当加意于制造,各省非设大制茶厂不可。……福建则设于三都澳之沙埕"[⑤]。由此足见沙埕在闽茶生产、加工和运输中之重要地位。

光绪二十五年(1899 年),三都澳正式开放为对外贸易港口,同年五月建立福海关,成为福建境内继闽海关(福州)、厦海关(厦门)之后的第三个海关。光绪三十二

---

① 20 世纪上半叶,包括太姥山在内的整个闽东地区的茶叶销量的不断下降与华茶贸易的整体衰退直接相关。在 19 世纪末的时候,中国的出口茶叶约占中国茶叶总产量的一半,然而进入 20 世纪初以后,印度和锡兰茶叶夺去了中国茶叶的英国市场,日本绿茶夺去了中国的北美市场,而印度、锡兰、日本和爪哇茶则夺去了俄国市场,诸如此的国际竞争使中国茶叶逐渐失去了海外市场,据统计,1918 至 1927 年间,中国茶叶出口量平均只占国内总产量的 16%(参见黄宗智:《华北的小农经济与社会变迁》,中华书局 2000 年版,第 125 页)。在这样一个大的国际市场背景下,闽东地区的茶叶贸易量下降自然也不可避免。但是,这也正好从另一个侧面说明,闽东地区已然融入到了世界商品市场之中,因此才会有国际市场波动对闽东茶市产生影响。

② 研究茶叶的生产、流通和销售过程,即地方茶叶贸易如何一步一步嵌入到世界贸易之中,可以为我们认识地方社会和经济卷入世界市场提供很大帮助,对此,学者蓝图的分析值得参考。在蓝图关于坦洋工夫等闽东茶叶贸易的分析中,他指出,茶叶从茶农手中最终抵达国内外消费者手中通常需要经过从初级市场到中级市场继而再到中心市场这样一个三级过程。"对于坦洋工夫来说,这个中级市场就是三都澳。"(参见蓝图:《近代闽东茶叶贸易与早期资本主义全球化——以福建坦洋茶叶贸易研究为中心》,《历史地理》2010 年第 24 辑,第 206—230 页。)"三都澳位于三都岛之南岸,距宁德约海路三十里,距福安约一百八十五里,距福州约海路七十里,于 1899 年开为商埠,正式设关综理输出之税务。以商务言,则远不及福州与厦门两地;惟本省北路茶叶,多以此为输出中心,输出之量仅次于福州,远过于厦门,实际上可以称为中心市场。"(参见唐永基、魏德端:《福建之茶》,第 241 页。)然而,对于整个闽东而言,作为"中级市场"的其实并非三都澳一处而已,位于福鼎境内的沙埕港同样是一个十分重要的茶市中心。

③ "闽茶从前极盛,当甲午前输出海外有三十万担而台湾茶尚在其外,大半皆系精茶,有工夫小种乌龙白毫等名目,而花香珠尤为西人宝贵,今则不满二十万担,向由厦门输出,今则三都澳开埠可以直达外洋,其附近之沙埕实为茶市之中心……"参见《呈度支部农工商部整顿出洋华茶条议》,《申报》1910 年 11 月 1 日。

④ 周玉璠:《三都澳——中国东南"海上茶叶之路"》,《福建茶叶》1993 年第 2 期,第 35—38 页。

⑤ 《呈度支部农工商部整顿出洋华茶条议》,《申报》1910 年 11 月 1 日。

年(1906年),沙埕港正式开埠①,开埠后的沙埕港首先迎来的便是来自英国的怡和商行轮船,该船载重150吨,主要以运输货物为主,同时辅以搭客,该船常年往来于沙埕与福州之间。此后又有福州乾太轮船公司以海邹轮、玉江轮在沙埕设站经营运输。除此之外,还有福州同和轮、公益轮、鳌江轮船等由鳌头载运猪、羊、杂货经沙埕添装茶、烟、明矾等类商品后直驶福州。除此之外,还有闽江轮船公司派往金沙江、鸭绿江等载重在250吨左右之商船来沙埕开航。与此同时,日本商人也通过往来于台湾口岸与沙埕、兴化等沿海城镇的民船进行大量贸易活动,其中由日本输入闽东地区的洋货有煤油、日用品、棉布、杂货。据《三都澳海关十年报》披露,仅1901年,自台北、台南输入沙埕港的煤油达十万加仑,另外,日本棉布、海带、杂货亦通过台湾运来。与之相比,输出的商品则是以茶叶、明矾等大宗为主。比如,在1889—1901年间,由沙埕港转运出海的浙江矾山出产的明矾数量每年就三十万担左右。沙埕港自1906年开埠以来,直至抗战前期进入全盛时期,举凡福鼎乃至邻县霞浦、福安、柘荣以及浙江的泰顺、平阳、苍南等地的土特产多数都会经由沙埕港出口,以至于上海等地的一些轮船公司要视沙埕港客货供应情况选择停开与否,"沪兴轮船公司瑞平轮,行驶上海楚门、瑞安、平阳、沙埕等处,自奉交部停航令后,驶至平阳为止,新声社记者昨据该公司人称,瑞平轮此后视沙埕客货如何而定……"②。与此同时,京、沪、温、榕、厦、台等省市的棉布、百货、糖、煤油等日用品以及沿浦、兴化产的食盐亦源源不绝地运来沙埕港,而后分散至各区乡销售。除上述轮船贸易外,清末民初期间的沙埕港还有数百条民船往返于三都澳以北的闽东海口,这些民船主要是装载来自闽东及闽北地区的茶叶,其贸易额占却闽东地区一半左右。1940年,三都澳港遭到日本军机轰炸,遂成为死港,然而此时的沙埕港却依然频繁有茶叶出口,其原因就是与当地的海外贸易传统有关。民国期间,沙埕港曾一直是英国和葡萄牙等国轮船公司转运货物的重要基地,即使是在日本侵犯福建沿海地区以后,驻扎在沙埕港一带的商人依然可以通过租用英国德意利士轮船公司、怡和公司以及葡萄牙飞康轮船公司的轮船,挂着英葡等国的旗帜,继续开展贸易。③

---

① 《闽督驳覆沙乍行输开埠福州》,《申报》1906年3月27日。"英商怡和洋行邀求在福建福宁府之沙埕及浙江之乍浦行驶轮船,由英使照会外部咨行闽督查核,闻闽督以沙乍二处非通商口岸照约驳覆所有沙埕开埠之议亦从缓商。"从英商要求轮船通行沙埕港以及将沙埕港开埠中,不难看出当时沙埕港在东南沿海海路贸易运输中的重要地位。

② 《华轮今日复航福州交部通令恢复航路三北两轮客货拥挤》,《申报》1934年1月16日。

③ 杨应杰:《福鼎白茶的海外贸易》,《中华合作时报》2013年2月26日。

从文献资料来看,历史上除沙埕港作为太姥人对外沟通和贸易的重要窗口之外,位于沙埕港西南边的秦屿港亦是太姥人商贸运输的重要港口。秦屿,又称"莲花屿",地处福鼎市东南部,濒临东海,西北依太姥与磻溪镇相连,是太姥山对外联络的主要通道。在历史上,秦屿曾长期是商贾云集之地,对此地方志多有记载,如明嘉靖《福宁州志》载:"秦屿市,舟车辏集。"又清光绪《福鼎乡土志》载:"秦屿……西出涌金门入市,人烟鳞比,阛阓云连,约数百间,盐仓、牙馆皆于是属焉。"由此,我们不难想象明清时期秦屿市集贸易和商品流通的繁荣景象。自古以来,秦屿贸易途径主要都是借由海运,依靠"锚舟览",远涉重洋,同台湾基隆、福州等地建立贸易关系,有时还会取道泉州等海港,与南洋各国互动往来。据记载,秦屿从事海上贸易最为鼎盛时期是 1945 年至 1947 年,期间共有九艘"锚舟览"固定往来各地运输货物,其中运载最多的货物就是太姥绿雪芽。① 总而言之,背山面海的地理位置一方面束缚了太姥人活动和发展的步伐,但与此同时,它也为太姥人提供了内陆人群所不具有的向海而生的勇气和机遇。

在上述文字中,我们不难发现隶属于福鼎地区的沙埕港及秦屿港不仅是太姥人对外沟通和联络的重要通道,同时在历史上还是福建对外贸易的重要港口,是闽东"海上茶叶之路"的重要组成部分。正如一些学者在研究近代闽东茶叶贸易时强调,临海的区位优势是历史上闽东茶叶贸易兴盛和参与资本主义全球化的关键因素,②甚至可以说,闽东区域社会的兴衰一直以来都是与其向海而生的海洋经济休戚相关。时至今日,临海的区位条件依然是福鼎地区经济和社会发展的一大优势和关键因素,与此同时,太姥人于历史上形成和积累的海洋历史文化传统,也为今日太姥文化区的发展尤其是太姥文化区融入"21 世纪海上丝绸之路"的发展战略提供了巨大优势和便利。

第二节　构建 21 世纪海上丝绸之路与太姥文化区的区位优势

构建 21 世纪海上丝绸之路,是 2013 年 10 月习近平主席在出访东盟时提出的战略构想。"21 世纪海上丝绸之路"是中国在世界格局发生复杂变化以及国内社会经

---

① 《福鼎文史·秦屿专辑》,第 4—5 页。
② 蓝图:《近代闽东茶叶贸易与早期资本主义全球化——以福建坦洋茶叶贸易研究为中心》,《历史地理》2010 年第 24 辑,第 206—230 页。

济发展进入重要转型期的当前,主动创造合作、和平、和谐的对外合作环境的有力手段,为中国全面深化改革创造良好的机遇和外部环境。作为历史上海上丝绸之路重要组成部分的福鼎,在国家提出构建"21世纪海上丝绸之路"的战略背景下,理应抓住机遇,进一步深化与海丝沿线地区和国家的合作,争取在国家海上丝绸之路建设中凸显福鼎的地位和作用。

福鼎地处福建省东北部,东南濒东海,东北西北临浙江省,境内陆地面积1461.7平方公里,海域面积14959.7平方公里,海域面积是陆地面积的十余倍,此外,福鼎市还有长达432.7公里的海岸线,海域内岛屿近百个。独特的地理位置和自然环境使得福鼎地区不仅在历史上成为中国及福建对外交往和贸易的重要区域,而且在当下积极融入21世纪海上丝绸之路以及海上丝绸之路核心区的建设中依然具有不可比拟的优势。自改革开放以来,拥有广阔海域面积的福鼎在海洋渔业及相关产业发展方面一直势头强劲。以福鼎市海洋渔业重镇沙埕镇为例,为响应福建省建设海洋经济强省以及福鼎市建设"海上福鼎"的号召,近些年来,沙埕镇充分发挥海洋资源优势,加大投入力度,大力招商引资和发展海洋经济。截至2014年,沙埕镇已拥有和开发4万多亩的浅海和滩涂,充分实现适应沙埕地方海洋环境的多品种、多模式、立体化养殖开发模式,其中各类养殖网箱3万多口,海带、紫菜等水产养殖面积1万多亩,养殖产量超过3万吨。此外,沙埕镇还借助临海优势大力发展海洋捕捞业,全镇现共有各类船只近2000艘,其中远洋捕捞船只和运输船近百艘。据统计,2014年,沙埕镇实现海洋渔业总产值超过10亿元,占沙埕镇经济总产值的90%左右。由此可以看出,海洋经济已然成为沙埕镇社会经济发展以及沙埕人民增收致富的主要途径,而这一切无疑都是建立在沙埕临海的区位优势基础上,相信这一区位优势在未来沙埕发展海洋经济以及参与新海上丝绸之路建设中势必发挥更大作用和效益。

在2015年国家发改委发布的《推动共建丝绸之路经济带和21世纪海上丝绸之路的愿景与行动》中,福建被定为"21世纪海上丝绸之路核心区",这也是"新海丝"建设中唯一一个核心区。福建之所以被定位为新丝路建设中的核心区,很大程度上与福建深厚的海洋历史文化传统以及独特的区位优势有关。从历史发展来看,福建的区域发展历史无疑就是中原文化与海洋文明不断融合发展的历史,自汉代以来,伴随着中原人口的不断南迁入闽,福建沿海逐步得以开发,与海外地区和国家之间的贸易往来也日益频繁,其中包括厦门、泉州、福州、福鼎等沿海地区逐渐成为中国对外交通的重要港口。伴随着经济的对外发展,大批福建人迁居海外,由此形成大量的福建籍海外侨胞。据不完全统计,现旅居世界各地的福建籍华侨超过1200万,其中80%

停泊在沙埕港内的远洋捕捞渔船

集中在东南亚地区。这样一种人文历史传统也是改革开放以来福建与海丝沿线国家积极开展经贸合作的基础和优势,东南亚地区和国家成为福建省对外经济发展的最佳伙伴之一。2012 年,福建与东盟国家之间双边贸易额突破 215.4 亿美元;2013 年,福建与东盟国家之间的双边贸易额继续攀升至 242.9 亿美元,东盟超过美国成为福建第二大贸易伙伴。具体到闽东福鼎地区,历史悠久的海洋文化传统以及临海的区位优势同样为其对外经济发展提供了巨大便利。近些年来,作为福建省海洋渔业发展和船舶制造业代表的福鼎与东盟国家之间积极合作,双方在远洋渔业、水产品贸易、水产养殖、海洋科技、海洋文化等领域合作密切。据相关资料显示,2014 年福鼎地区出口东南亚的水产品产值高达 5.56 亿美元,此外,在船舶制造业方面,福鼎与东盟国家之间的合作金额也在近 10 亿美元左右。总体来看,作为 21 世纪海上丝绸之路核心区的重要组成部分,福鼎与东盟之间的海洋经济合作一直都是走在福建乃至全国的前列,如此良好的贸易基础和区位优势对于福鼎更好融入 21 世纪新海上丝绸之路的建设势必将发挥重要作用,尤其是在推动福鼎与沿线国家和地区之间的交流合作以及福鼎自身社会经济的转型升级将具有重大意义。

　　基于历史文化传统及区位优势的考虑,未来福鼎在参与和融入"21 世纪海上丝绸之路建设"以及福建省"21 世纪海上丝绸之路核心区建设"中,尤其应该突出三大重点,即基础设施的互联互通、经贸领域的深度合作以及人文领域的深层交流。基础设施的互联互通是福鼎地区融于新海丝建设的基础和保障,一方面基础设施的互联互通将有效促进福鼎与海丝沿线区域信息的互联互通以及货物通关和人员往来的便利化,另一方面基础设施的互联互通可以将位居闽头浙尾的福鼎纳入一个更大的区域互动网络,从而实现信息资源的公开共享以及经济的合作共荣。一直以来,渔业捕捞以及水产养殖都是福鼎海洋经济发展的特色和优势,因此在融入新丝路建设的当下,福鼎尤应突出重点和特色,继续拓展与东盟国家之间在水产养殖等方面的经贸合作,并积极开拓更多的海外市场,进而力争将福鼎的海洋经济发展在国家新海丝战略下提升一个新台阶。除上述两个方面之外,深厚的人文历史传统无疑也将成为新时期福鼎海洋经济发展和融入新丝路建设的一大优势,至于如何借助历史文化传统发展海洋经济和融入新丝路建设大潮中,后文将有更多论述。虽说在积极融入"21世纪海上丝绸之路"建设中,地处太姥文化区的福鼎地区有着得天独厚的区位优势以及深厚的历史文化传统,但是也不乏一些问题和挑战的存在,比如基础设施建设的不完善、海洋产业结构的不合理、近海海洋生态环境的破坏与保护、海洋文化传统的重新发掘等。如何有效应对这些问题和挑战,不仅关系到福鼎融入新丝路建设的成败,而且也将影响福鼎暨太姥文化区的海洋文明重塑。

第三节 太姥文化区的海洋文明重塑

继承和弘扬中华海洋文明传统,建设"21世纪海上丝绸之路",是推进中国文明的现代化转型以及建设海洋强国的内在诉求。然而,没有历史上中国在海洋生产和贸易上的兴衰沉浮,也就谈不上今日中国海洋文明的重塑和复兴,而这也正是习近平提出在古代海上丝绸之路基础上建设"21世纪海上丝绸之路"的意义。也就是说,"21世纪海上丝绸之路"的建设首先需要的就是立足历史,即重新挖掘和思考中国的海洋文明史,继而才能以史为鉴,面向未来,发展21世纪的海洋中国。正所谓,前事不忘,后事之师。那么,将这一宏大战略具体落实到太姥山地区,又该如何操作和实践,即如何重塑太姥文化区的海洋文明? 对此,笔者以为可以从以下两个方面展开思考:

一、重新深入挖掘太姥文化区的海洋历史文化传统

太姥文化区位于海峡西岸、东海之滨和闽浙交界的福鼎地区,南北向纵裂太姥山脉,东临东海,港湾众多,许多港湾河流直接深入内陆腹地,这样一种山海相连的地理环境实属特别。人类生态学的研究认为,人类与环境之间是一种相互适应的过程,一方面环境会在诸多方面对人类的行为实践形成限制和影响,另一方面人类也会积极适应和主动利用甚至改造其赖以生存的自然环境,进而产生一种与环境相适应的文化类型。[①]

---

① 周鸿编著:《人类生态学》,高等教育出版社2001年版,第3—5页。

比如,人类学家马林诺夫斯基所研究的"库拉圈"就是位于西太平洋上的岛民在其赖以生活的特定海洋环境下形成的一种关系互动网络,这是前工业化社会中形成的一种海洋文明。① 又比如,历史上我国海南渔民利用其介于中国大陆与东南亚之间的特殊位置,并借助季风洋流的自然规律和自身丰富的航海经验,形成一种与东南亚国家和地区之间频繁互动和往来的历史传统,时至今日,这种海洋历史传统在海南渔民的海洋生产和贸易中依然可见。② 具体到太姥山地区,其山海相连的特殊地理环境和地处闽头浙尾的位置对其历史上海洋文化的形成和发展同样产生了重大影响,甚至可以说太姥人向海而生的传统是客观环境使然的结果。首先,太姥山地区险峻陡峭多山的地理环境在很大程度上限制了太姥山的行动和发展,陆路交通的不发达自然会导致太姥人与外界之间沟通交流的减少,尤其是在交通工具尚不发达的前工业化时代。在太姥山一带,人们常用"逼仄"一词来形容当地的地形地势,即拥挤狭窄的地方。比如在沙埕镇,海水所及之处皆是礁石山坡,这种地理环境显然不适合农业生产和陆路贸易,但是这种地势却是船舶停泊避风的好地方,所以沙埕港成为福建沿海海洋贸易的重要基地之一自然在情理之中。其次,可耕地面积较少的客观现实决定了太姥人无法依靠农业生产来自给自足,因此太姥人只得依靠发展副业来保障生活,如种植茶叶、贩运木材、制造陶瓷等,尤其是种植茶叶在历史上曾是太姥人保障生活的一个重要收入来源。与此同时,正因为大量种植和销售茶叶,遂使太姥人较早地实现了农业的商品化,即资本主义的萌芽,这一点从历史上闽东作为"海上茶叶之路"的起点中可见一斑。此外,农业生产的不发达也进一步激发了临海的太姥人向海讨生活的决心和勇气。太姥境内多逼仄之地,无法养活众多人口,但是其面前广阔深邃的大海却蕴藏了丰富的海产资源。以沙埕为例,沙埕境内的台山渔场是闽东地区主要渔场之一,历来盛产黄鱼、带鱼、鳗鱼、墨鱼、虾、梭子蟹等,这样一种得天独厚的海洋环境为沙埕及太姥海洋渔业发展提供了巨大优势,同时也在一定程度上弥补了太姥人农业生产的不足,保障了太姥人的生活。最后,地处闽头浙尾的区位优势也在很大程度上塑造了太姥人向海发展的历史。同样还是以沙埕为例,前文中关于沙埕港历史的介绍清楚地说明了历史上太姥人曾是福建沿海贸易和海上丝路的一个重要人群和组成部分,尤其是在地处闽头浙尾这一位置上,更是发挥了巨大作用。比如,

---

① [英]布罗尼斯拉夫·马林诺夫斯基著,张云江译:《西太平洋上的航海者》,中国社会科学出版社2009年版。

② 王利兵:《流动、网络与边界:潭门渔民的海洋适应研究》,厦门大学博士学位论文,2015年。

历史上浙江所产明矾多数都是借由福鼎境内的沙埕港转运至南方各地的。如，在1899—1901年间，由沙埕港转运出海的浙江矾山出产的明矾数量每年就三十万担左右，其中光绪二十七年(1901年)，沙埕港输出浙江明矾5000吨。而《福鼎县乡土志》也记载："沙埕为商贾辐辏地，背浙面海，鱼盐杂物甲一方，屹然与五都南镇对峙，上接关山，下联烽火，诚鼎海咽喉也，故论海防者，咸以此为要害。每潮长，鱼船、商艘参差环泊，动以百计。民居缘山坡而上，栋宇云连，高下相错。其中士者若而人，商者若而人，渔者又若而人。"①此外，沙埕港还是中国大陆对台贸易的重要基地和中转站，比如，光绪二十七年(1901年)，日商通过台湾口岸与沙埕等沿海各地进行交易，其中由台北、台南输入沙埕煤油十万加仑，另外，日本棉布、海带、杂货亦通过台湾岛转运至沙埕，然后再运销各地。这些无疑都说明了沙埕及太姥文化区海洋文明传统之深厚。

建设"21世纪海上丝绸之路"的战略构想，是建立在"中国既是一个陆地国家，又是一个海洋国家"的历史土壤上，统筹陆海大格局、全方位对外开放的大手笔，它秉承和平合作、开放包容、互学互鉴、互利共赢的精神，通过"政策沟通"、"道路联通"、"货币流通"、"民心相通"的一系列规划项目和实践，促进沿线国家和地区深化合作，建设成一个政治互信、经济融合、文化包容的利益共同体、命运共同体和责任共同体。②从内容及意义来看，这一构想本身就是对传统中华文明的传承和弘扬，尤其是对中国传统海洋文明的重塑。太姥人拥有源远流长、辉煌灿烂的海洋文化和勇于探索、崇尚和谐的海洋精神，这种文化传统和精神内涵既是今日太姥文化区海洋文明重塑的重要内容，同时也与建设"21世纪海上丝绸之路"的构想不谋而合。"21世纪海上丝绸之路"的建设不是一个简单的经济过程，也不是一个简单的技术过程，而是一个复杂的文明进步过程。因此，重塑太姥文化的海洋文明和建设"海上福鼎"仅仅依靠资金的投入和技术的推广是绝对不够的，它还需要正确的理论指导和历史经验教训的借鉴。③换句话说，也就是需要重新挖掘太姥文化区的海洋文明史资源，深化太姥文化

---

① 《福鼎乡土志》，周瑞光汇编：《福鼎旧志汇编》，第553页。

② 中国国家发展改革委员会、外交部和商务部发布：《推动共建丝绸之路经济带和21世纪海上丝绸之路的愿景与行动》，《人民网》，2015年3月28日。

③ 正如著名海洋史专家杨国桢教授所说："'海上丝绸之路'和海洋文化研究的核心价值，是论证、阐释、弘扬东方的海洋文明、海洋文化，改变东方有航海活动没有海洋文明、海洋文化的旧思想观念。建设'21世纪海上丝绸之路'，需要'海上丝绸之路'历史的借鉴和海洋文化的理论支撑。……认识中国的海上特性和海洋社会，改变海洋发展陆地化模式，培育海洋意识，改变以往的思维定势，逐步消除制度歧视和文化排斥。在心的海洋时代，实现思维观念、生产方式的改变，赋予海上丝绸之路以新内涵，东方和中国讲海洋故事的能力就能进入新境界，做出新贡献。"参见杨国桢：《海洋丝绸之路与海洋文化研究》，《学术研究》2015年第2期，第92—95页。

区及闽东地区的海洋文明史研究,推动历史研究和当代研究的互通互补。

二、选择和确立与地方社会文化相适应的当代海洋文明发展模式。

无论是党的十八大报告,抑或是习近平关于建设"21 世纪海上丝绸之路"的倡议和目标,均强调 21 世纪的中国要朝着建设"海洋强国"的目标迈进,为此中央政府先后出台了多项旨在推动海洋强国建设的战略规划,与此同时,各沿海省份也分别提出和制定了"海洋强省"的口号和目标。对于如何建设"海洋强国",每个国家有着不同的理念选择。具体到中国,习近平在关于海洋强国的相关重要讲话中曾强调,海洋强国的建设必须具备一定的"硬实力"要素,同时也不能忽视"软实力"的建设和发展。其实,"硬实力"和"软实力"是一对相互统一和互相匹配的概念,"硬实力"是实现海洋强国建设的目的以及体现海洋强国建设的方向和性质的手段和方法,而"软实力"则是决定海洋强国建设的目的、方向和性质。因此,21 世纪海洋强国的"硬实力"建设并不是单向度发展起来的,而是与海洋强国的发展理念、意志、模式、目标、路径选择等"软实力"相统一、相匹配的。[①] 也就是说,无论是国家层面的"海洋强国"建设战略,抑或是地方层面的"海洋强省"发展规划,归根到底都要选择和确立一种"软""硬"兼备,并且与地方社会文化相适应的海洋文明发展模式。

太姥文化区的海洋发展历史悠久,海洋文化灿烂丰富,这样一种海洋传统无疑是今日太姥人重塑海洋文明的基础,也是太姥人海洋发展的文化软实力。具体来说,太姥文化区的海洋文化软实力大致包括物质、观念和制度三个层面,[②]其中物质层面的海洋软实力是一种可以直观感知的能力,比如太姥人在长久的人海互动过程中所创造出来的各种海洋技能、海洋器具和相关涉海活动等;观念层面的海洋软实力是一种关于海洋意识和认识的较深层次的文化软实力,比如太姥人的各类涉海信仰和传说等,如太姥娘娘传说、妈祖信仰等,这些观念层面的内容会通过人们的精神生活和意识活动进而对其各种海洋实践活动产生影响;制度层面的海洋文化软实力是一种介于观念与物质之间的中层次的海洋文化软实力,它是在开发、保护海洋的实践活动历程中形成的用以协调人海关系的各种制度,比如沿海渔民于历史上所形成的一些关于海洋作业区域划分、海洋资源保护等约定俗成的制度规定,这些集体层面的制度规

---

① 曲金良:《环中国海文化共同体重建大战略——"21 世纪海上丝绸之路"的文化精义》,《人民论坛·学术前沿》2014 年第 24 期,第 54—65 页;曲金良:《海洋文明强国:理念、内涵与路径》,《中国社会科学报》2013 年 8 月 30 日。

② 姜春洁,宋宁而:《海洋文化软实力:社会学的视角》,《中国海洋大学学报》2012 年第 2 期,第 14—19 页。

定会对渔民的海洋实践活动产生约束和影响,是一种地方性智慧和知识,对当下海洋资源的开发和保护具有很高的借鉴价值。从总体上来看,海洋文化软实力是一种无形的精神力量,它虽然不能像海洋经济等海洋硬实力要素一般可以计算测量,但是作为一种无形的文化精神力量,却可以对沿海人群的思想和行为产生一种潜移默化的深远影响。比如,太姥人素来信仰和崇拜海神妈祖,这是太姥海洋文化传统最为重要的一个方面,它体现了靠海为生的太姥人对海洋的一种敬畏之心,同时它在一定程度上也是古代中国人天人合一思想的体现。也就是说,诸如妈祖信仰等海洋文化要素体现了太姥人于历史上形成的可持续发展的和谐海洋观,而这种和谐海洋观对于当下合理开发利用海洋资源以及保护海洋资源,实现人海和谐相处无疑具有非常重要的意义,是传统海洋文化的最佳体现。

与海洋软实力不同,海洋硬实力更多地体现在海洋经济实力以及海洋科技实力等方面。对于太姥人而言,虽然其在历史上曾经有过一段辉煌的海洋贸易时期,但是自进入近代以来,闽东海洋经济和贸易的发展逐渐衰落下来,海洋硬实力也大大消减。解放后,包括福鼎地区在内的整个闽东地区都处在一种"老、少、边、岛、贫"的"弱鸟"境地,①但也正是这样一种处境激发了闽东人不断思考发展的出路。对于闽东地区究竟如何发展,走什么样的发展路子,习近平曾经明确指出:"靠海吃海念海经。"也就是说闽东地区的经济发展必须要利用其临海的区位优势,大力发展海洋经济。具体到福鼎地区,习近平认为"除继续抓海洋捕捞外,滩涂养殖也要挖潜力,提高单产;而发展滩涂养殖的关键环节是饲料工业如何与之相适应。"②总而言之,福鼎等闽东地区的海洋经济发展必须要因地制宜。在谈到闽东海洋经济发展的硬实力与软实力问题上,习近平指出,"虽然当前'硬'的我们缺少些条件,可以多讲'软'的。软环境建设方面,我们就很有一篇好文章可作。……从基本上投入、产出和成本核算来看,我们闽东的条件不如别的地方,越是这样,我们越是要讲软功夫。软功夫是贫困地区这只'弱鸟'借以飞洋过海的高超艺术。"③在这里,习近平所讲的软功夫正是指闽东地区在海洋方面的优势。

总体上来看,今日福鼎地区的海洋经济发展以及参与"21世纪海上丝绸之路"的建设主要具有三个方面的优势,即地缘、人缘和商缘。关于福鼎地区海洋经济发展和

---

① 习近平:《弱鸟如何先飞——闽东九县调查随感》,习近平:《摆脱贫困》,福建人民出版社1992年版,第1页。

② 同上,第5页。

③ 习近平:《弱鸟如何先飞——闽东九县调查随感》,习近平:《摆脱贫困》,第4页。

海洋文明重塑的地缘优势,在前文中已经有过较为详细的介绍和分析,这里不再赘述,以下主要陈述福鼎地区海洋经济发展以及海洋文明重塑在人缘和商缘方面的优势。首先,从人缘上来看,福鼎地区所属的闽东地区是福建省的重点侨乡之一,总数超过40万的宁德籍海外华人华侨,几乎遍布"海上丝绸之路"沿线的每一个国家和地区,这些海外华侨一直以来都与家乡保持着密切的商贸往来和文化交流,对家乡的社会经济发展发挥着重要作用。正如习近平在指导和制定闽东沿海经济发展战略时指出,"闽东要借助对台及华侨多的优势,外引内联拓展新领域,大力发展'三资企业',促进沿海工业的提升。"①其次,在商缘方面,闽东地区自身在海洋经济发展方面的表现一直都很不错,比如,闽东船舶制造业的发展,2013年宁德市船舶制造业完成产值89.27亿元,其中对"21世纪海上丝绸之路"重点合作对象的东盟地区的进出口总额高达5.1亿美元。船舶制造业属于资金和技术密集型行业,宁德在造船技术和造船人才方面拥有独特优势,而东盟地区则拥有港口及劳动力优势,因此宁德与东盟各国的合作可以形成明显的优势互补。此外,闽东地区与东盟在远洋渔业生产方面也具有良好的合作。得益于"海上丝绸之路"的历史传统和"21世纪海上丝绸之路"的建设,拥有丰富山海资源的闽东地区2014年出口东南亚水产品总额高达5.56亿美元,出口东南亚茶叶金额1910.15万美元。

如果说海洋软实力是一种精神力量,那么海洋硬实力则是物质基础,后者往往被看做是基础性的实力,它为海洋软实力的发展创造了重要的物质条件,但与此同时,海洋软实力的增强也会为海洋硬实力的发展提供精神动力和支撑。② 总而言之,海洋硬实力是海洋软实力的有形载体,而海洋软实力则是海洋硬实力的无形延伸。福鼎地区要想充分融入到建设"21世纪海上丝绸之路"和福建"海上丝绸之路核心区"的发展战略和大潮之中,必须要将海洋软实力和海洋硬实力两者有效的结合在一起,这样才能最大限度地发挥福鼎地区的海洋优势,进而有效提升太姥文化区海洋文化的经济效益和社会效益,实现太姥人重塑昔日海洋文明的夙愿。

---

① 《习大大要求打造闽东"半壁江山"》,中国文明网,2015—07—10,网址:http://www.wenming.cn/specials/zxdj/xjp/xxdj/201507/t20150713_2725900.shtml,下载日期2015年7月10日。

② 骆郁廷:《综合国力竞争中的软实力建设》,《武汉大学学报》2010年第6期,第805—811页。

第六编

儒学教育　太姥文化的精神积淀

福鼎教育历史悠久,境内唐代林嵩的草堂书院,标志着儒学教育开始在福鼎萌芽。本地土著文化开始融入中原主流文化,并在长期的民族融合中逐渐被同化。唐乾宁二年(895年),白琳人黄讷考中进士,成为福鼎历史上第一位科举进士。唐代以后,中原文化开始在本地文化中占主导地位,私学教育也逐渐在本地的大家族中开展。宋代庆元年间,大理学家朱熹在潋村石湖书院设帐讲学授徒,培养了一批理学人才,其高足杨楫"登绍熙庚戌进士",为南宋著名的"三杨"之一。福鼎也因此被称为"朱子教化之地"。朱熹过化之后,福鼎的科举文化出现兴盛的景象,在杨楫之后福鼎百年间出了29个进士。各地名门望族办学的积极性进一步高涨,家族私学遍及城乡,一批饱学之士或致仕的官员回乡担任书院的山长或教师,悉心教导培养族内子弟,造就了桐山西园高家和点头王孙赵家等家族科举人才辈出的繁荣局面。

明清时代,福鼎的文化在继承宋元的基础上有进一步的发展。它的特点表现在理学的持续影响,教育与科举仍然活跃,出现了"阮洋陈十八坦"、"四代登科的王家"和林滋秀、王遐春父子等一批杰出的行政官员、教育家、文学家、出版家。在文学出版等领域,林滋秀、王遐春等人在当地的文学界和出版界都颇有建树和影响力,在福建的文学史和出版史上都占有一席之地。

鸦片战争以后,西方列强用坚船利炮打开中国的门户,并和清政府签订一系列不平等的条约,中国逐步沦为半殖民地半封建社会,中华民族陷入了深重的灾难。西方的大机器生产进入中国,与之相关联的科技、文化、教育及生产方式也开始输入中国。传统的教育模式被打破,科举制度也走到历史的尽头,多种办学形式并存的格局出现,各种教育思潮竞相传播。地处东南沿海的福鼎便较早受到西方文明的影响,在教育方面又表现得更为明显而突出。清末民初周梦虞等一批有识之士积极探索新学教育,将西方近代社会科学和自然科学知识引入教学内容,使学校成为传播近代科学的基地,为福鼎教育在新中国成立后向现代教育的转变奠定了良好的基础。

第一章　儒学源流及其在太姥文化区的早期活动

　　福建开发较晚,唐代前期福建仍被视为边陲地区,在中原士大夫的眼里,闽人"机巧剽轻""怙强喜乱""信巫好鬼"①,文化层次较低。唐代科举制度大行,然而迨至唐中叶,才有开闽第一进士薛令之(福安人)考中进士,开始逐渐改变福建科举落后的局面。随着儒学传入南方,福建文化崛起,至五代末年,福建已被视为"文儒之乡",儒学、文学都有很大的发展。在这样的背景下,地处福建偏远的太姥山麓的福鼎,长溪县赤岸人林嵩来到太姥山西脉的灵山结庐,刻苦自学,后中进士,是继开闽第一进士薛令之之后闽东最负盛名的及第者,是史载的在福鼎境内开展文化活动的最早文人。林嵩晚年退隐仍回到草堂之中修身养性、著书立说,为福鼎儒学教育和文化发展留下自己光辉的一页。林嵩之后,福鼎出了境内的第一位进士黄诜,填补了唐代福鼎科举文化的空白,读书科举在大家族中形成一种风气,儒学教育得到相应的发展,为宋代理学的发展奠定了基础。到了宋代朱熹避难福鼎,在石湖书院设帐讲学,前来求学者众多。杨楫、高松、孙调等理学名士传承理学,福鼎掀起了一股崇文重儒的文化浪潮。

第一节　鼎邑儒学教育源流

一、儒学教育的组织形式:书院、县学、社学和私塾

　　隋、唐封建王朝统一中国后,兴办学校,推行科举制度,以儒家思想统治全国。书院、县学、社学、私塾,是古代福鼎儒学教育的主要设置和形式。②

---

① 徐晓望:《福建通史》第二卷,第241页。
② 福鼎市教委:《福鼎教育志》,1999年,第38页。

（一）书　院

中国书院的历史，起源于唐代，兴盛于宋代。唐代书院是供个人读书治学的地方；从宋朝开始，书院作为一种教育制度才正式形成。福鼎书院始于唐而盛于宋，原为私人设帐讲学授徒、培育人才之所，清雍正以后逐渐为官府所控制，由官府提供经费或拨给学田，任命山长（院长），成为官办学校。其招生对象有生员、监生、童生等。各级书院虽吸收生徒的对象不同，但都以学习儒家经典和练习"八股文"为主课。后来书院讲学课士停止，每月举行两次课考，一次由地方官员命题、监考、阅卷，称官课；另一次是由山长命题、监考、阅卷，称师课。课考入选者，可取得一份膏火银（伙食费），优等者还能得一份奖赏银。

1. 草堂书院。该书院是福鼎最早的书院，地址在秦屿屯头里澳北山，原名灵山，后改名草堂山。唐朝咸通年间，长溪赤岸（今霞浦县赤岸村）人林嵩曾在此读书，并自题楹联："士君子不食唾余，时把海涛清肺腑；大丈夫岂寄篱下，还将台阁占山巅。"该书院遗址现存地基一块，水井一口。

2. 石湖书院。建于宋代庆元年间（1195—1200年），地址在潋村（今太姥山镇潋城村），是宋代有名的书院。福鼎潋村杨楫（字通老，宋淳熙五年进士），于绍熙五年（1194年），曾在福建建阳考亭书院听朱熹讲学。庆元三年（1197年）左右，朱熹因避朝廷禁"伪学"，由古田来到长溪，在今霞浦赤岸住留。杨楫到赤岸迎其到潋村家中，同时在石湖观设书院供朱讲学。桐山西园村高松（字国楹，宋绍熙元年进士）曾前往听其讲学。当时朱熹为书院撰写对联："溪流石作柱，湖影月为潭。"镌于石，至今还有拓本流传民间。后朱熹访游温州永嘉，取道桐山，由高松接待，在西园住了数天，与杨楫等同邀游览双髻山（在城区东北角），并在该山之龟峰一览轩讲学。

3. 双魁书院。建于南宋宝庆元年（1225年），原名大洞庵，址在磻溪溪口。南宋嘉定四年（1211年），磻溪林汝浃（号则庵）中右榜武状元，其少年时曾受读于此。后当其告老还乡时，宋理宗为褒其功绩，赐白银万两，派遣长溪知府杨士谿在其家乡建盖状元坊和状元府。林汝浃意在培育后秀，仅在林氏宗祠大路边立旗杆夹，将剩余9000多两白银用于扩建大洞庵。正门树"双魁书院"碑石一块，外辟月池（名凤鸾池），林汝浃亲任书院山长。该书院历元、明、清三代，林家乡哲先祖桂发、王芝、健翁、咏奇、家凤及秦屿硕儒王迟云等均列教席。因年代久远，现只存碑碣。

4. 仙蒲书院。在磻溪仙蒲村，建于元至治三年（1322年），原为仙蒲林家义学。

5. 龙门书院。在秦屿龙门峡，草创于乾隆辛酉年（1741年）。书院内祀朱紫阳、郑夹漈、杨通老，又祀寓官有功州治者许光大、周德兴、舒春芳等。

6. 桐山书院。该书院是福鼎第一所官办书院。清乾隆十六年(1751年),为知县高琦创建,地址在城东莲池社(今实验小学校址)。原得土地二亩许,又得举人张为霖献地,绅耆倡捐乐助,益地建楼。郡守秦仁题额曰"乐育群英",上祀朱子文昌帝君;东西两厢翼以两庑,前为讲堂十楹。高琦题"岳峰萃秀";再前为照墙,上镌"宫墙翼辅";西出为仪门,折而南为头门,巡抚潘思榘题匾曰"桐山书院"。

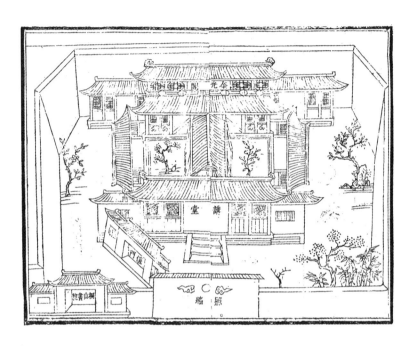

桐山书院图

桐山书院办学150多年,至光绪三十一年(1905年)改为高等小学堂。按清制,桐山书院的山长由县令聘请,多为品学兼优的饱学名儒,籍贯不受限制。桐山书院历任山长(院长)都是声望卓著的各地名流,如首任山长是侯官进士何西泰,曾授编修;第二任山长四川进士黄瑞鹤,曾任长乐县令;以及福鼎举人林滋秀、霞浦举人王宗槐、福鼎桐山举人高龙光、福鼎秦屿拔贡王守锐、王守愿、福鼎桐山举人施浩然、福鼎文渡贡生江本侃、福鼎秦屿副贡周梦虞等一批各地名儒。

(二) 县　学

县学即儒学。儒学校舍又称学宫。清乾隆六年(1741年),福鼎知县傅维祖始建学宫,址在城南(今市医院)。学宫先建文庙(孔庙),然后建儒学,庙学合一。文庙包括大成殿、两庑廊、戟门、名宦祠、乡贤祠、崇圣祠、奎光阁、省牲所(朱文公祠)。

大成殿建于文庙中部,悬挂清代帝王御书匾额,有康熙皇帝御书"万世师表"、乾

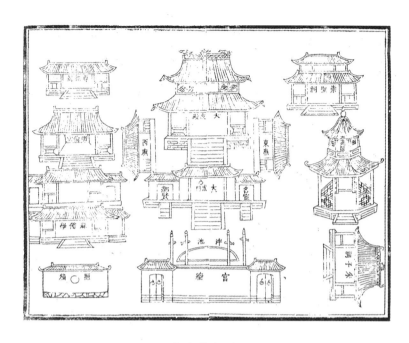

文庙学宫图

隆皇帝"与天地参"等。殿正位祀"至圣先师"孔子。殿东西为庑廊。东庑祀先贤 39 位,先儒 23 位;西庑祀先贤 38 位,先儒 23 位。

殿之南为戟门(大成门),戟门左为名宦祠,祀唐、宋、元、明、清各代知名宦士 59 位。戟门右边为乡贤祠,祀宋、清代乡贤 4 位。戟门南为棂星门,门之外为泮池,前缭以宫墙。大成殿左为崇圣殿,正祀先贤 5 位。崇圣殿前为奎光阁,再往前为省牲所,乾隆五十三年监生施斌魁修,将省牲所改为朱子祠。

儒学的建造为:在文庙西,中为明伦堂,堂左右为斋。北为训导署,南为仪门,又往南为头门,再往南为照墙。

乾隆十九年,知县何翰南修文庙,增设两旁石砌左右坊表,立下马碑。乾隆二十二年,知县萧克昌增设卧碑于明伦堂,上书《卧碑文》,详列教条,以约束在学生员的日常行为。清朝训导、邵武人童珩作《修建县学卧碑记》。福宁知府李拔作《修福鼎县学记》。

县学生员:经县、府、院三级考试(统称童试)合格者称生员(别称附生、庠生,俗称秀才、秀士、博士弟子员),取得免费入县学或府学学习和参加乡试的资格。生员入学经岁科考试成绩优等者为廪生、增生(官府供给膳费)。乾隆年间,福鼎在学生员 34 人,其中廪膳生员和增广生员各限 10 名,附学生员不限额。岁科两试,每次取入 7

名,武生岁试取入 7 名。道光以后,在学人数有所增加。

入县学生员每月听一次训导讲学,即所谓月课。课前必先拜孔子和背诵《圣谕广训》,并接受教官管教,检查遵守卧碑文的情况,参与朝拜孔子或其他礼节性的祭祀活动。至清末县学都不讲学,也不课士,岁科考试也已停止,专事祭祀礼孔等。

（三）社　学

社学之设始于元朝,是由地方筹款兴办的一种学校,和私塾同是城乡儿童接受启蒙教育的地方。元代每 50 家(户)为一社,每社设学校一所,称为社学。明、清沿用。但由于经费有限,实际创办很少。它的学习内容主要是先读《孝经》《三字经》等,后学《大学》《论语》《孟子》等,兼学《御制大诰》、本朝律令,及冠、婚、祭等礼节。社师择当地"文义通晓、行谊谨厚者"充任。

福鼎自清乾隆二十一年(1756 年),知县萧克昌始建社学。至光绪年间,共有社学 10 所。

萧克昌建社学 3 所:在坊社学,在城内;秦屿社学,在秦屿街;点头社学,在点头街。

光绪初年(1875 年),知县邓嘉绳立社学 6 所:南门社学,在城南门外(今桐南街);北门社学,在城北门外(今桐北街);前岐社学,在前岐街;白琳社学,在白琳街;玉塘社学,在玉塘村;沙埕社学,在沙埕街。

光绪年间,县令丁芳建社学一所,即县署社学,址在县署(今市政府)。社学于清末科举废除后停办。

（四）私　塾

私塾亦称蒙馆。福鼎私塾始于何时,历代办了多少私塾,无法查考。清末民初,城乡兴办私塾已相当普遍,几乎村村皆设之。

福鼎设塾有如下几种类型:

1. 家塾:俗称"聘馆"。系殷实人家为了培养子弟读书仕进,延聘较有名望的塾师来家坐塾,专门教授儿孙子侄。明代桐山西园高家,在城西福全山下圆觉寺(今福鼎一中)开办家塾。明湖广布政司右参政游朴年少时曾在此读书。清乾隆年间,秦屿城外王孙恭(其子王锡龄曾祀乡贤)家举办的"见山楼"书馆,曾聘游光绎(霞浦人)任塾师,培养了一批士人;时人称之"城外王家四代三举人一拔贡"(王孙恭、子王锡龄、曾孙王祖望皆举人,孙王守锐为拔贡)。后游光绎到福州鳌峰书院任教授,是林则徐的老师。

此外,硖门郑家"观海楼"书堂,亦属家塾。

2. 族塾:清光绪年间(1890 年),管阳金溪朱姓家族以宗祠公租为经费,设立族塾,延聘管阳西昆岁贡生孔广敷(孔子第74代孙)为塾师,教授朱姓子弟,专攻《四书》《五经》及诗词歌赋,习作"八股文"。还以朱熹家训和朱柏庐治家格言作为朱姓家族子弟的言行准则。当时就塾子弟有朱腾芬、朱少徐、朱承斐、朱泽敷等10人。其中先后有7人考中秀才。朱腾芬20岁时府试中案元(头名秀才),后参加同盟会,致力辛亥革命,曾担任过国民政府国会众议院议员、政务院参议、总统府顾问等要职。朱姓家族为勉励子弟求学,设立奖学金制度:考中秀才奖给大洋30元;拔贡或举人,奖给大洋100元。科举废后,凡小学毕业奖给大洋10元;初中毕业奖给大洋20元;高中毕业奖给大洋30元;大学毕业奖给大洋100元。解放后,奖学制度乃废。

此外,还有秦屿文渡江姓家族的"绿榕谷"私塾,秦屿街王姓的"扫叶山房"私塾等,均属族塾。

3. 村塾:在乡村由几个头人自筹经费,延聘塾师,招收学童就塾,称为村塾。

4. 学塾:由塾师设馆,招收本村和邻村学童入馆施教,或塾师迫于生计,外出招收生徒设塾授课。

以上后两类私塾,俗称蛤蟆馆,在城乡很普遍。民国时期,仅城关和附近乡村就有10多所。

表6-1　清末至民国时期(1909—1949年)城关及附近私塾情况表

设塾时间	塾　地	学生数(人)	塾　师
1909—1916年	桐北丁厝	30余	丁友竹
1917—1932年	城中马厝	40余	马步清
1924—1931年	资国寺	30余	庄子重
1925—1945年	城关小西关(今桐北小学)		马玉樵(女)
1925—1935年	桐南临水宫"二谷堂"厅	20余	蔡阿茂
1926—1935年	桐北乌堵口谢厝	30余	谢履园
1928—1940年	桐南关帝庙	100余	谢瑞碧
1934—1936年	三门里李氏宗祠	30余	翁学胜
1935—1938年	城关十字街王厝及民豫义仓	40余	周梦庄
1936—1950年	溪西街地主宫	70	卓笙甫
1937—1942年	透坦庵	30余	王辅臣
1937—1939年	三门里李氏宗祠	30余	蓝青野

充任塾师的有举人、贡生、秀才或贫寒的读书人。私塾所读的书:刚入学的蒙童一般学习《三字经》《百家姓》《千字文》及《五言杂字》等;进一步学习《幼学琼林》《声律启蒙》《四书》《五经》《古文观止》《唐诗三百首》等。

私塾入学仪式和教学方式:塾处正中设"大成至圣先师孔子"牌位,前置香炉。入学儿童要拜孔子,焚香行跪叩礼,后再拜老师,也行跪叩礼。塾师根据学童的不同程度,授予课业。对初学的学生,老师逐个教学,不作讲解,教完令其回座位诵读。学生还习字,先学描红,后临摹字帖,老师予以评阅。

塾师在学生学到《论语·学而》篇时,才开始讲解,并对字义进行辨析,按多音字在文中的声调位置用红笔勾一个半圈(也称"圈破")。然后,开始教学生练习对"对子"、析枝吟(俗称"打唱")、作文、作诗等,逐步加深。

塾师书案上常有一长方形木块(戒方),以拍桌而镇学生。对愚顽学生有站、跪、用尺子打掌心等体罚方式。并发给学生长短签,长者"出恭"(大便),短者"小解"(小便)。

私塾开馆时间,城镇一般于农历正月十五(元宵节),农村一般于农历二月初二。闭馆一律在本年冬至前,有"圣人公不吃冬至丸"之说。私塾没有星期天和暑假,只在"端午节""中秋节""重阳节"各放一次假,农村在端午和中秋期间各放农忙假7—10天,城镇只放1—2天。

私塾学生每年于开馆时和端午节分别给老师送礼仪,老师给学生分别送笔、扇子还礼。乡村有些塾师伙食由学生轮流供给,或由塾师自备。1931年,省教育厅发布《福建省教育厅改良私塾规程》。城关卓笙甫于1936年创办"镛斋改良私塾",地址在桐山溪西地主宫。招收生童近70人,分甲乙两组,每组30多人。甲组年龄较大,乙组年龄较小,为刚入学之幼童。这所私塾革除学生拜孔子、老师和教师送笔、送扇,学生送礼等陋俗,采取集体授课。订有课程表,授课科目有时文、算术、幼学、尺牍、升学指导、时事、弟子规、六字真言等,还设有写字、自习、活动、音乐、图画等课。塾师常利用星期天带领学生进行大扫除或郊游活动。

卓笙甫毕业于福建省立第三中学,教学认真负责,有民族自尊心。1938年台儿庄抗日获胜,城关群众扮演"戚继光平倭"的高脚祝捷,卓笙甫撰写牌灯联一对:"光饼留香功不殁,台庄克敌气初平。"

"镛斋改良私塾"一直办至中华人民共和国成立初期(1950年),校址更换多处:地主宫、城关圆觉寺、观音亭、仓楼、南峰山等。学生数以百计,一部分在社会就业,一部分上中学继续深造。

1936 年,全县未改良私塾 52 所,学童 925 人,其中女生 33 人;改良私塾 3 所,学童 120 人。

1948 年,全县计有私塾 37 所,塾师 37 人,学童 566 人,其中女生 61 人。

中华人民共和国成立初期(1950 年),全县有私塾 72 馆,塾师 73 人,生 1204 人,全年塾师束修计谷 104525 斤。

县人民政府对私塾采取加强管理和逐步改造的方针,主要措施:1. 由区负责对全县私塾进行登记;2. 对塾师进行一次会考;3. 各地私塾由附近学校指导;4. 采用新课本,禁用封建课本,禁止打骂学生;5. 引导塾师参加当地社会活动,帮助塾师政治业务学习。直至 1964 年,福鼎尚有私塾 2 馆,学生 30 人,塾师 2 人。1965 年乃止。

表 6-2　1948 年福鼎私塾一览表

塾师姓名	私塾地址	塾师文化程度	学生数	教学科目	学费标准
张焕霄	后 阳	初 中	16(女 2 人)	四书、三字经、千字文	全年每人干谷 100 斤
谢履园	城 郊	78 岁老塾师	24(女 6 人)	语文	每人每月白米 5 升
陈俊三	点头城郊	初 中	24(女 7 人)	语文、图画	全年每人干谷 100 斤
罗庆彬	点头城郊	小 学	17(女 5 人)	国文	全年每人干米 50 斤
吴寿亭	点头城郊	小 学	21(女 5 人)	国文、医药常识	全年每人干谷 100 斤
郑文澜	点头城郊	小 学	20(女 6 人)	国文、珠算	全年每人干谷 100 斤
喻洁生	玉 溪	初 中	10	四书	全年每人干谷 100 斤
陈明善	玉 溪	初 中	12	四书	同上
陈宗英		小 学	10	四书	学生乐助
李驾仪		初 中	15	四书	学生乐助
卓笙甫	城关桐北	中 学	12	语文、常识、升学指导	每人每月数千至 2 万法币、金元券不等
魏步达	点头江坪	小 学	18	四书	全年干谷 8 担,由学生均分负担
朱济舟	巽 城	小 学	19(女 2 人)	尺牍、四书、幼学琼林	每生年收实物 50—100 斤
施札夫	巽 城	小 学	19(女 3 人)	尺牍、四书、幼学琼林	每生年收实物 50—100 斤
许少岩	巽 城	小 学	11	尺牍、四书、幼学琼林	同上
施从渠	金 溪	初 中	16(女 5 人)	国文、算术、常识	每月干谷 100 斤,由学生摊
林 哉	龟 岭	小 学	9	三字经、四书	全年补贴薯米 12 担,由学生分摊
林书愈	照 澜	初 中	14	三字经、四书、幼学琼林、诗经	全年补贴干谷 11 担,由学生分摊

（续表）

塾师姓名	私塾地址	塾师文化程度	学生数	教学科目	学费标准
王景童	秦　屿	儒　生	20	五言杂字、三字经、幼学琼林	全年补贴秋谷10担,由学生分摊
王景登	秦　屿	贡　生	25（女2人）	五言杂字、三字经、幼学琼林	同上
王希吕	秦　屿	儒　生	23（女2人）	幼学、左传	同上
曾品种	秦　屿	小　学	17（女2人）	幼学、左传	同上
温简亮	贯　岭	简　师	29	五言杂字、三字经、幼学琼林	同上
朱学渔	玉　塘	小　学	18	四书	每生年收干谷100斤
林孝荣	彩　澳	小　学	20	四书、三字经、诗经	每生每月收费5000元
曾梅文	翁　江	小　学	11（女3人）	三字经、千字文	每月干谷100斤由学生分摊
吴观中	莲　洲	中　学	10（女3人）	四书、三字经	同上
王秉中	西　宅	小　学	6	四书、三字经	全年补贴薯米7担,由学生分摊
周勋琛	桥　亭	小　学	10	四书、三字经、五言杂字	每人每年干谷或地瓜米50—100斤
廖天闪	桥　亭	小　学	8	同上	同上
吕秀玉	桥　亭	小　学	10	同上	同上
梅　炀	桥　亭	小　学	8	同上	同上
黄时甫	桥　亭	70岁秀才	8	同上	同上
陈吉尹	松　阳	小　学	6	同上	同上
卓培嘉	南　阳	小　学	7	同上	同上
张庭春	磻　溪	初　中	16（女4人）	四书、三字经、千字文	每月每生米一斗
雷秋鸣	沙　埕	小　学	20（女1人）	五言杂字、论语、三字经	每生年收干谷100斤

表6-3　1950年福鼎私塾分布一览表

乡镇名称	私塾数（馆）	塾师数（人）	学童数（人）	塾师束修计谷（斤）
桐　山	8	8	156	13550
前　岐	8	9	229	16550
点　头	6	6	88	4665
秦　屿	11	11	145	18800
库　口	8	8	146	6000
白　琳	11	11	133	18260
管　阳	5	5	74	5400
店　下	15	15	233	21300

二、儒学教育制度沿革

（一）科举考试

封建科举制度是历代用分科考试的办法选拔官吏的一种制度。它初创于隋朝，确立和完备于唐朝，宋、元时代有所发展。明、清沿袭唐、宋旧制。至清末光绪三十一年(1905年)废止。

明、清朝代的科举考试程序分为童生试、乡试、会试、殿试四级。

第一级为童生试。凡未取得功名的读书人，不论年龄多大，皆称童生或童儒。童生应试经县、府、院三关，分别由知县、知府、省提督、学政到县主持。三试都中试者称生员，取得免费入县学(下庠)或府学(上庠)学习资格。生员俗称秀才，为初级功名。生员入学后经岁、科考试(岁试每年一次，科试两年一次)，岁试优劣决定生员附生、增生、廪生之升黜；科试优劣决定生员参加乡试的资格。乾隆五年(1740年)，限定福鼎县学廪膳生员、增广生员各10员。附学生员不限额。岁试取文武童各7名，科试取文童7名。乾隆三十五年仲春，知县王应鲸主持县试，参试文童360多人。道光二十年(1840年)，始建立试院，俗称考棚(在今市委大院内)。道光后，廪膳生员、增广生员名额有所增加。①

第二级为乡试。每三年举行一次，一般在八月，称"秋闱"。考试地点在省会贡院，由钦命考官(一般为侍郎)主持。中试者称举人，为中级功名，取得参加会试的资格。乡试第一名称"解元"，第二名称"亚元"，其余亦称"文魁"。境内自唐以来，历代考中举人共22人，其中元朝1人，明朝3人，清朝18人；武举人共13人，其中南宋1人，清朝12人。明、清两代还有选拔形式：乡试不第生中有列入副榜(备取生)者称为副贡；当了十年以上的廪生挨排升贡者称为岁贡；每七年(乾隆后改为十二年，逢酉年)由省学台从生员中考选，择优录取者为拔贡；每三年由省学台对生员考选名列前茅者为优贡；逢皇帝登位或国家庆典颁布"恩诏"之年，除岁贡之外，从廪生中加选一次，中式者为恩贡。另外由于生员照例捐纳银钱不经过考试而取得贡生头衔的称为例贡或纳贡。县境明、清共有贡生155人，其中明朝10人，清朝145人。

第三级为会试。每三年举行一次，一般在二月，称"春闱"，在京都礼部举行，又称"礼闱"。只有举人才有资格参加会试，由钦命考官(一般为大学士)主持。中式者称"进士"，第一名称"会元"。

---

① 福鼎市教委：《福鼎教育志》，1999年，第39页。

第四级称殿试或廷试：为皇帝对会试中式者的复试，在金銮殿举行。殿试一般没有黜落，只有试后排定名次。前三名称状元、榜眼、探花，其余称进士，为高级功名。据嘉庆《福鼎县志》，福鼎历代有进士44人，其中唐代1人，宋代41人，元代1人，清代1人。

唐、宋、元朝科举考试，科目颇多，有进士、俊士、明经、秀才、明法、明算、一史、三史、开元礼、道举、童子等科名，统称诸科，其中以明经、进士两科最为重视。唐代以来，县境诸科中式者计28人，其中唐代1人，宋代19人，元代8人。明、清不设诸科。

封建时代各级功名只限男子参加，女子不能参与。科举考试的内容，集中于《四书》《五经》等儒家经典。考试方法大致有五种：口试、帖经、墨义、策问、诗赋等。明、清两代又增加"八股文"。

科举制度是古代读书人"学而优则仕"之途，一旦获得功名，即可免除徭役和享有不受一般法律管辖的特权。从生员开始，由各级学官掌教，如犯刑律，应先革去功名，然后才能交付司法机关审理。从贡生、举人开始，通过各种特定的途径即可得到做官的机会，其官职的大小，视功名等级的高低。

民国时期，福鼎中学没有设高中，初中毕业生大多停学就业，部分学生往外县、外省升学。中华人民共和国成立初期，初中毕业生大都报考中专学校，少数学生到外地中学升学。1956年，福鼎一中始增设高中部，从当年初中毕业生中招收新生52人。

（二）科举时代的师生管理

据嘉庆《福鼎县志》记载：

> 宋时学隶长溪，置主学、直学、学长、学谕、学宾、斋谕。元置学正，生徒来学，不限多寡。明制置教谕一员，训导二员，生徒始有定额。国朝乾隆五年，分霞浦地为县，新设训导一员，分廪膳生员一十名，增广生员一十名，附学生员不限额。岁取进文、武童各七名，科取进文童七名。

封建科举时代的教师，县学设教谕，大多由朝廷任命，一般须具备举人或贡生资格才能充任。书院的山长或掌教，历来多聘请对儒经有研究，学问、品行好的人出任。也有由进士或地方名士自任山长，自创讲学。社学、义学和私塾的教师每所大抵为1人，一般多聘用老成有品、有学问者为师，其中以秀才居多，也有贡生和辞官归里的进士，或自设书馆、书斋，招生教读。清末开办的学堂，教师大多由私塾转来。

（三）学田和膏火制度

在封建科举时代，学田制度是儒学教育的主要经费保障渠道。

福鼎设县之前,境内没有官办教育。教育都是由家族和私人举办的族塾和私塾,为了保障族塾和私塾教学能够正常进行,各个家族都有学田(又称义田、书灯田)和学租。例如,西昆书灯田是孔子后裔们为了鼓励家族成员发愤读书,特意在族田中置办一块田产,其田地收入,专门用于后辈们晚上读书所点油灯的费用;在这项措施的鼓励下,西昆村读书重教风气浓厚,学风严谨,人才辈出。学租就是奖学金,由宗祠执事公议,用途是家塾经费包括塾师束修及部分贫困学生的津贴。

福鼎设县之后,出现官办教育。乾隆五年(1740年),诸生王凤翔捐田11亩,监生庄逢景捐屯田43亩,邑人何君隆捐田1.1亩,朱元弼捐田1.1亩。乾隆八年,出府学田(在潋村)17亩归学宫;又拨府学田(在潋村)17亩供宾兴;另拨府学田(在潋村)34亩资贫士膏火。

乾隆十六年,县令高琦建桐山书院,拨石湖观、荷峰庵、江井庵并士民捐田共158亩有余,每年收入供修脯。二十年,县令萧克昌捐银一千两付盐馆,按月收息十五两,分给生童膏火。

(四)儒学教学书籍

据嘉庆《福鼎县志》记载,福鼎儒学教学书籍如下:《御纂易经》4本,《诗经》8本,《春秋》8本,诗集、文集66本,"十七史"1部,《御纂讲章》1部,《十三经注疏》1部,《钦定学政全书》24本,《乐谱》10本,《御纂佩文韵府》1部,《省志》112本,《钦定三礼义疏》181本,《钦定四书文》1部,《祀典册》1本,《圣谕广训》1本,《小学实义》2本,《钦定礼部杂例》60本,《节韵幼仪》1本。

第二节　太姥文化区早期的文人和儒学文化的发端

一、林嵩和草堂书院

追溯太姥文化区的早期文人和儒学文化的源头,在历史典籍、地方志书和谱牒等民间文献中都会不约而同地提到一个人和他亲手构筑的书院——林嵩和草堂书院。

明代黄仲昭所著的《八闽通志·人物》有这样一段记载:

> 林嵩,字降神。长溪人。登乾符二年进士。明年归省,极为观察使李晦所重。寻召除秘书省正字。值黄巢之乱,遂东归,观察使辟为团练巡检官,转度支

使。秉公赞理,举贤良,裨政化,虽在军旅,不忘俎豆之事。后除《毛诗》博士,官至金州刺史。嵩长于词赋。(按:《唐书·艺文志》有赋一卷。)

这么简单的记述,我们还无法了解他的一生。我们还可以从福鼎的地方志书和谱牒等民间文献的补充叙述中对林嵩的一生理出一个更清晰的头绪。

林嵩(848?—944年),字降神,又作绛神,福建长溪赤岸(今霞浦赤岸村)人。自幼天资聪颖,好学有大志。唐咸通年间(860—873年),在太姥山西脉的灵山结庐,刻苦自学。唐乾符二年(875年),赴长安应进士科试,以《王者之道如龙首赋》,一举"显登上第",誉满京师,是当时闽东最享盛名的"掇巍科"者。从唐神龙至后唐天成223年间,今福州、宁德两地仅中36名进士,林嵩是继"开闽进士第一人"薛令之(福安人)之后闽东最负盛名的及第者。

翌年,林嵩回家省亲,福建观察使李晦极为推重,称赞林嵩"气擅琳琅,学勤经纬,禀山川之秀气,占闽省之全材",特上表,奏请更改乡里旧名。乾符五年(878年),唐僖宗诏准,改"赤岸"乡名为"劝儒",里名为"擢秀",并在东、南两门树立华表,建造"桂枝亭",亭内立碑,李晦亲作碑记,以昭光宠。林嵩省亲假满回朝,授职秘书省正字。

广明元年(880年),黄巢起义军攻入长安,林嵩束装归里,栖居灵山谷中,过起"柴门半掩寂无人,惟有白云相伴宿"的退隐生活。常与后岐道士陈蓬诗文往返,并纵情山水,游览太姥,作有《太姥山记》,还在太姥山麓蓝溪上修建蓝溪桥。中和四年(884年),陈岩任福建观察使,延聘林嵩为团练巡检官。林嵩"秉公赞理,举贤翊化",兢兢业业,恪尽职守。不久,转为度支使,仍尽心竭力,理财节用。黄巢起义军撤离长安,唐朝廷返都,林嵩被召回,任《毛诗》博士,后出任金州(今陕西安康)刺史。

林嵩晚年无意仕途,辞官回家,隐居于梨溪畔(今霞浦龙亭风景区),在"梨花草堂"内吟诗作赋,"苍烟岩外云初起,新月潭心钓未收",生活清闲。林嵩于五代后晋开运元年(944年)逝世,享年96岁。

林嵩学识广博通达,工诗善赋,才誉与当时名进士公乘亿相埒。其诗赋如《华清宫》《蓬莱山》《九成宫避暑》等意境幽远,恬淡自然。著作有诗集一卷、赋集一卷,均已散失。现存者只有《赠天台王处士》诗一首收入《全唐诗》,存《周朴诗集》序一篇收入《全唐文》。另有诗三首收入《林氏家谱》。

林嵩的一生及其在福鼎的活动和草堂书院对福鼎文化的发展具有开创性的影

响。他亲手构筑的草堂书院是《福鼎县志》记载的第一座书院，它的存在说明，福鼎书院教育的历史并不滞后于全国的脚步，注定要成为福鼎后世学子心中的一座丰碑，激励着更多的读书人发奋求学，传承灵山学风。

也许受林嵩的影响，据清嘉庆六年重修的《林氏宗谱·旧谱序》记载，林嵩后人京一于南宋孝宗乾道八年（1172年）从霞浦赤岸迁居福鼎磻溪仙蒲村，成为仙蒲林氏的肇基先祖。[①] 仙蒲林氏族人秉持林嵩优良家风，在儒学教育方面人才辈出，这在后文还会介绍。

二、第一进士黄讹的"官宦世家"

唐代前期，福建仍被视为边陲地区，在中原士大夫的眼里，闽人文化层次较低。然而，随着儒学传入南方，福建的儒学、文学都有很大发展。[②] 一些文人来到太姥山麓传播儒学文化，这种局面逐渐得以改变。林嵩在太姥山麓灵山筑草堂书院读书的35年后，福鼎出了境内的第一位进士，他的名字叫黄讹。

在中国古代，一个人考中进士意味着改变人生的命运，同时一个地方进士的数量也反映一个地方的经济、教育、文化的发展水平。

秦朝以前，采用"世卿世禄"制度，后来逐步引入军功爵制。西周时，天子分封天下。管理天下由天子、诸侯、卿、士，依照血缘世袭。到了东周，有"客卿""食客"等。汉朝提拔民间人才，采用的是察举制与征辟制，由各级地方官员推荐德才兼备的人才；由州推举的称为秀才，由郡推举的称为孝廉。魏文帝时，创立九品中正，由特定官员，按出身、品德等考核民间人才，分为九品录用。晋、六朝时沿用此制。九品中正是对察举的改良，主要区别是将察举，由地方官改由特定任命的官员负责。但是，魏晋时代，世族势力强大，常影响中正官考核人才，后来甚至所凭准则仅限于门第出身，于是造成"上品无寒门，下品无士族"的现象。不但堵塞了从民间取材，还让世族得以把持朝廷取材。[③] 这些制度使那些底层的优秀人才没有机会进入上层社会，参与国家管理，也对社会进步不利。为了改变这种状况，有人提出采用开科取士的方式来选拔人才，拓宽用人渠道，这就是科举制。科举制是中国古代通过考试选拔官吏的制度；由于采用分科取士的办法，所以叫做科举。科举制从隋朝开始实行，直至清光绪

---

① 磻溪《林氏宗谱·旧谱序》，清嘉庆六年（1801年）重修。
② 徐晓望：《福建通史》第二卷，第240页。
③ 《辞海》1999年版缩印本，上海辞书出版社2002年版，第917页。

卅一年(1905年)举行最后一科进士考试为止,前后经历1300余年,成为世界延续时间最长的选拔人才的办法。科举制极大程度改善之前的用人制度,彻底打破血缘世袭关系和世族的垄断;"朝为田舍郎,暮登天子堂",部分社会中下层有能力的读书人进入社会上层,获得施展才智的机会。

唐乾宁二年(895年)黄讹中进士,成为福鼎境内第一位进士,是福鼎文化教育史上一件里程碑式的事件,是福鼎科举考试零的突破,不仅是黄氏家族的荣耀,而且对当时地处偏僻、交通不便的福鼎读书人的激励作用是不言而喻的。

关于黄讹,《三山志》这样记载:

> 黄讹,字仁泽,登拔萃科。璞(唐大顺二年登进士第,笔者注)之子。终左宣义郎、节度巡察判官。始迁长溪白林。有二子:长慕华,自白林迁翁潭,官至水部员外郎;次慕风,自白林迁侯官,官至给事中。(《卷第二十六·人物类一》)

黄讹原为莆田人,所以《三山志》说他"始迁长溪白林",白林就是现在的白琳。白琳为福鼎重镇,是文明开化较早的地区之一,1958年福鼎市第一次文物普查在白琳寨、狐尾山挖出新石器时代的石镞、石锛、陶片。西汉元封元年(前110年)汉朝廷为了征服东越王余善,分兵四路南下,其中一路由浙江乐清经福鼎至福州,古代大官道在那时就开始修建,那时就有大量的人力集聚白琳。唐贞观初年,白琳人就在后溪建起潘山庵。所以到了黄讹的时代,白琳已经有了较多人口的集聚。据《黄氏宗谱》,黄讹为福鼎市白琳镇翁江小溪自然村黄姓先祖。黄讹为其父亲黄璞第五子,所以白琳翁江小溪龙田宫还供奉"黄五公"塑像。龙田宫旁立有一石碑,据碑文所记,小溪龙田宫系翁江境内村民集资,于清朝道光二十四年(1844年)重建;但始建时间无从查考,估计不迟于元代。碑文还记载这样一个故事:相传翁江村民要在境内建宫供奉华光大帝,选中小溪黄氏族地。小溪黄氏族人无偿提供土地以供建宫之用。当地百姓亦感念小溪黄氏先祖黄五公之为人及恩德,建宫时在神殿右侧特意立了一尊黄五公塑像,以供后人瞻仰及纪念。

根据《三山志》的记载,黄讹次子慕风从白林迁侯官,搬离了福鼎;而长子慕华却留了下来,只是从白琳搬到了翁潭。翁潭就是翁江,距白琳集镇一步之遥。此地山明水秀,了无俗氛,别饶佳趣,天地清淑之气,凝而为山水,毓而为人杰。据史料记载,黄讹后代有九世孙黄楫,为宋乾道五年(1169年)进士,官至严州教授;黄楫之子黄沐之为宋庆元二年(1196年)进士,他们都是慕华的后代。看来,唐宋时期的翁江黄家,堪称福鼎最早的"书香门第"。

对黄沐之,万历版《福宁州志·名臣》有这样一段记载:

> 黄沐之,楫仲子,翁潭人。读书耻为章句。弱冠登庆元丙戌进士,调义乌尉。土豪寇窃,见尉少年,易之,沐之与属约曰:"必剿是,吾始贯汝。"贼有铁弹子者,负险格敌,沐之躬拔其穴,缚以归。民苦重赋,议减,州守檄核视,沐之曰:"吾敢忤太守耶,然不忤守则忤民矣。"争之,卒减赋十六七。每巡行,辄却里正供馈。太守以闻增俸。迁上杭县,去之日不持一钱。知丽水县,有上户欲移下户者,戒之曰:"下户实不堪命。"方将总派赋源立程式以惠来者,然竟日据案无暇,年四十以劳卒于官。

黄沐之20岁时参加科举考试即中进士,随后到浙江省义乌任县尉,负责一方的治安工作,可谓少年得志。当地贼寇见他年少,颇为轻视,没有把他放在眼里。黄沐之智勇双全,设计擒获贼寇。对当地税赋太重,敢于和上司据理力争,终于减去十分之六七。真是一位好官!少年才俊,敢于担当,真正做到为官一任造福一方!可惜天不假年,让这样的好人好官英年早逝。

黄氏在翁江传至元末黄宽,以"儒林"录入乾隆《福宁府志》,光绪《福鼎县乡土志》亦以"名儒"收录,其传记如下:

> 黄宽,字洵尧。力学工文,耿介自重,能怡其亲。世乱避兵归,家益贫,持诵不辍,著有《四书附纂》《时事直纪》。卒后,宣城贡师泰铭其墓。

黄宽是一位有气节的文人,可惜生逢乱世,满腹经纶却无力养家,穷到连父母兄嫂的丧事都无法办理,自己最后也是郁郁而死,死后亦未能下葬。后来还是他早年的学生袁天禄(柘荣人,因率闽东地方武装归顺朱元璋而被封为开国功臣)听说后安葬了他及他的亲人。黄氏家族历代屡出官宦,而且居官清正,为民做主,敢于担当,应该说,这与黄诜传承下去的优良家风不无关系。

第三节　朱熹和太姥文化区的历史渊源

一、福鼎——"朱子过化之地"

朱熹在福鼎,不论是在官方正史记载,还是民间的口述历史,都是一个对福鼎地方文化影响深远的人物。清代,为了纪念和缅怀朱子的教化之功,在首任知县傅维祖倡建的福鼎文庙大成殿里,就供奉着朱熹。乾隆五十三年(1788 年)又在大成殿东南专门建了一座朱文公祠。

(一)朱子文化对福鼎的影响

嘉庆版《福鼎县志》卷三"学校"用这样一句话来概括朱熹对福鼎的影响——"朱子过化之地"。卷六"理学"作了进一步补充说明:"宁郡夙号海滨邹鲁,鼎为属邑,自高、杨诸君子游紫阳之门,深得其邃,大阐宗风,名儒辈出,后先辉映。"卷二"风俗"开头语中说:"况福鼎自朱子流寓讲学,代有名儒,表率乡里,父兄之教,子弟之率,敦朴愿,尚廉耻,宜其风之淳也。"

朱子文化对福鼎的科举、教育、文化、宗教、风俗、建筑、饮食文化都产生深远的影响。

一如科举。清版《福鼎县志》载福鼎进士有 44 名,其中唐、元、清代各只有 1 名,而宋代有 41 名之多。而这其中,北宋 3 名,南宋则有 38 名。在南宋的 38 名进士中,杨楫为朱熹高足,在杨楫中进士之后的一百年间就出了 29 名进士,我们不能不承认这与"朱子教化"有很紧密的关系。

二如宗教。周瑞光所著的《摩霄浪语》记载这样一件事:"绍熙中晦翁由闽转浙路经瑞云寺。爱其山水秀丽,岗峦雄伟,乃题一联于寺山门。其联曰:

　　地辟九重天碧水丹山青世界;
　　门当三益友苍松翠竹白梅花。①

联极雅致工整,后来寺僧作为剃度僧人的法号字辈,一直流传至今。"

---

① 周瑞光:《摩霄浪语》,375 页。

三如美食。在福鼎当地的口述历史中,福鼎宴席的老菜——桐山"八盘五"有一道菜叫"澎海"来历,就和朱熹有关。说的是庆元五年(1199年),理学家朱熹为避禁"伪学",南下途经福鼎。春夏之交,他和学生从太姥山来到黄崎村。经过一天的奔波,已是筋疲力尽,门生高松向主人建议,煮一碗鱼汤给先生充饥。由于临时家中没有活鲜,仅有一小块黄鱼肉,于是,主人急中生智,就将这一小块黄鱼肉切成丁,加上鸡蛋清煮了一碗汤。主人煮的这碗羹汤味道十分鲜美,饥肠辘辘的朱熹大快朵颐。吃完这碗热气腾腾的羹汤之后,朱熹非常高兴,心潮澎湃,当即把汤羹命名为"澎海"。

四如建筑。当你走进福鼎一些乡村古建筑时,发现这些古建筑从选址、布局到建筑格局、装饰都受朱熹理学思想的影响。

另外,福鼎民间还口口相传许多关于朱熹在福鼎的传说故事,说明时至今日,朱子文化还在福鼎民间产生深远影响。

为什么朱熹会对福鼎产生如此巨大的影响呢?这还要从朱熹在中国历史中的地位以及朱熹和福鼎的历史渊源讲起。

(二)朱熹与福鼎的历史渊源

朱熹(1130—1200年),字元晦,又字仲晦,晚年自称晦庵、晦翁、遁翁,别称考亭、紫阳,南宋理学家、理学的集大成者,是我国古代继孔子之后影响最大的杰出思想家、哲学家和教育家。朱熹祖籍徽州婺源(宋属安徽,今属江西),由于徽州辖境在晋隋年间和唐天宝时为新安郡,故他常自称"新安朱熹"。朱熹的父亲朱松,在北宋宣和五年(1123年)到建州府任政和县尉,后为南剑州尤溪县尉。朱熹就出生在尤溪县。朱熹8岁时随家迁居建瓯,14岁时父亲去世,遵父嘱依刘子羽寓居崇安,18岁举建州乡贡,19岁登进士第。朱熹先后任泉州同安主簿、知江西南康军、任提举两浙东路常平茶盐公事、提点江南西路刑狱公事、知福建漳州、知湖南潭州,还召为焕章阁待制兼侍讲、直宝文阁待制兼秘阁修撰等职,历仕高宗、孝宗、光宗、宁宗四朝,晚年寓居建阳考亭。他一生除在江西、浙江、安徽、湖南逗留3年多外,有60余年生活在福建。由于朱熹一生绝大部分学术活动都在福建进行,朱子学形成并成熟于福建,因此他所建立的理学体系被称为"闽学"(当时叫"道学"),福建也被誉为"海滨邹鲁""理学名邦"。他承北宋周敦颐与程颢、程颐学说,创立宋代研究哲理的学风,曾在武夷山修建"武夷精舍",广召门徒,传播理学。为了帮助人们学习儒家经典,他又于儒家经典中精心节选出"四书"(《大学》《中庸》《论语》《孟子》),并刻印发行。这是教育史上的一件大事,"四书"影响深远,后来成为封建教育的教科书,使理学成为从南宋晚期到清末止的700年时间全面统治中国封建社会的思想,在元明清还被提到儒学正宗的地位。元朝皇庆二年(1313 年)恢复科举,诏定以朱熹《四书集注》为标准取士,朱子学定为科场程式。明洪武二年(1369 年)下诏科举以朱熹等"传注为宗"。明朝通称先儒朱子,崇祯十五年(1642 年)因诏位居孔子门人 72 子之下,汉唐诸儒之前,特称大贤朱子,清康熙五十一年(1712 年)诏升大成殿配享,位列十哲之次。朱熹还是诗人,存世的诗歌达 1200 多首,绝大部分收录在《朱文公文集》。

然而,死后享尽哀荣的朱熹,生前却屡陷困境,尤其是他的晚年,不幸生逢南宋乱世,抑抑不得伸其报国之志。他登第前 7 年,岳飞被害死,一直到他去世时,南宋小朝廷始终在金兵的致命威胁下苦苦挣扎。在那样的世道,理学又有多大的生存空间呢? 宋庆元二年(1196 年),朱熹被削官,理学也被朝廷斥为"伪学",并禁用"伪学"之党。庆元三年,籍"伪学"党人赵汝愚、朱熹等 59 人,朱熹顿时面临灭顶之灾。

福鼎民间珍藏的朱熹画像

这一场飞来的横祸却成就了一段朱熹与福鼎的因缘,为了躲避政治迫害,朱熹在学生的帮助下来到福鼎。

《福鼎县志·流寓》记载:"朱熹,字元晦,绍兴十八年进士。庆元间,以禁伪学避地长溪,主杨楫家,讲学石湖观,从游者甚众。"

庆元三年(1197 年)朱熹的学生杨楫专程到赤岸(今霞浦)迎接老师到了潋村自己的家中,并和邑人高松一起在石湖观设书院请朱熹讲学,不少学生追随。

据《福鼎县志·学校》记载:"石湖书院,朱子讲学处,今为杨楫祠。(杨塽记:公尝从朱文公游。文公寄迹长溪,公履赤岸迎至家,乃度其居之东,立书院。)"

由此可知,石湖书院是杨楫为了方便朱熹讲学而专门建立的,就在杨楫家的东边。《福鼎县志·名胜》:"石湖书院诗刻,朱子题'溪流石作柱,湖影月为潭'十字,镌于石。"

当时,在福鼎的众多追随者中,除了杨楫,高松也不顾个人安危挺身而出。高松还盛情邀请朱熹到桐山一游,朱熹和高、杨二人一起登上了桐城东北龟峰顶上的一览轩。《福鼎县志·名胜》:"一览轩,在县治北五里,宋朱文公讲学处。邑人杨通老、高国楹从之游。"清代福鼎著名画家陈九苞还特地以此事为题画了一幅《龟峰讲学图》,流传至今。

清代画家陈九苞绘制的《龟峰讲学图》

朱熹对高松也是关怀备至,《福鼎县志·艺文》里收入他《答高国楹》的书信,在信中朱熹慨然直抒自己平生读书做人的心得:

　　所喻不能处事,乃学者之通病。然欲别求方法,力与之竞,转成纷扰,而卒无可胜之理;不若虚心读书观理,收拾念虑,使之专一长,久则自然精明,而此病可除矣。但读书亦有次第,且取其切于身者读之。若经理世务,商略古今,窃恐今日力量未易遽及,且少缓之,亦未为失也。

谆谆教诲,跃然纸上,虽然时过境迁今天读起来依然让人感动。

朱熹《中庸》序言还是在福鼎完成的。据《福鼎县志·山川》转自《闽书》记载:

> 黄崎山,穷海也,有屏风山为障,又有文星明山。朱子避伪学禁到此,止焉。作《中庸序》于民家,乡僻无纸,写序于屏后,舁入州库。

这段文字说的是朱熹游览黄崎山时,住在一农户家里,夜里还在构思《中庸序》,忽然来了灵感,乡下无纸,一时情急,就写在了隔板后,后来这块隔板还被收入州库珍藏起来。过了一些时候,朱熹便取道浙江回到武夷山,庆元六年(1200年)就病逝了。

朱熹在福鼎时间不是太长,但他的理学思想却对当时和后世有很大的影响。正如《福鼎县志·理学》所说的那样:"自高、杨诸君子游紫阳之门,深得其邃,大阐宗风,名儒辈出,后先辉映。"

因为有杨楫、高松等人不顾安危挺身而去,才得以使朱熹安全地避在杨家和高家,聚徒讲学;福鼎才有成为"朱子教化之地"历史机缘,以福鼎为中心的太姥文化区后来才有辉煌的文化成就。

二、传承理学的福鼎名士

朱子"过化"之后,理学在福鼎生根发芽,学人辈出,影响后世的有三位,他们就是杨楫、高松和孙调。三人在福鼎的读书人中享有很高的声誉,据《福鼎县志·祀典》记载,福鼎旧时有个乡贤祠,就建在大成殿西侧,里头供祀的就是他们三位。

(一)潋村杨楫

先说朱熹在福鼎的第一位高足杨楫。《八闽通志·人物》记载:

> 杨楫,字通老,长溪人。与杨方、杨简俱师事先文公为高弟,时号"三杨"。楫累官司农寺簿,奏札论:"进君子,退小人,勿徇左右之请,以重中书之权,饬执政之臣可否相济,以任忧责;奖廉静之操,绝奔兢之风。"除国子博士。台臣或干

以私,答曰:"台有纪纲,学有规矩,当各守其职。"寻出知安庆,移湖南提刑,江西运判,卒祀于学。所著有《奏议》《悦堂文集》。

杨楫是长溪县瀲村(今福鼎瀲城)人,字通老,号悦堂,生卒年不祥,南宋淳熙五年(1178年)中进士,与杨方、杨简同为朱熹高足,时号"三杨"。"三杨"都是南宋颇有成就的理学家,其中杨简发展了陆九渊的"心学",创立了慈湖学派,在中国儒学发展史上占有显著位置,《宋史》有传。杨楫跟随朱熹的时间较长,在理学方面造诣颇高。

杨楫早年入朱熹之门,朱子见其专心致志,为学不倦,遂倾力传授。绍熙五年(1194年),朱子因受权臣韩侂胄迫害,归隐建阳考亭讲学。杨楫诣门求教,朱熹遂将自撰部分文稿交给他,嘱其迅即整理付梓刊行。杨楫受托,便日夜劳作不息;还为朱熹的力作《楚辞集注》题跋。《福鼎县志》卷八"艺文"记载杨楫所作《朱晦翁〈楚辞集注〉跋》一文:

> 时朝廷治党人方急,丞相赵公谪死于永,公忧时之意,屡形于色,因注《楚辞》以见志。庆元乙卯,楫侍先生于考亭精舍。忽一日,出示学者以所释《楚辞》一篇。楫退而思之,先生平居教学者,首以《大学》《论语》《孟子》《中庸》四书,次以六经,又次而史传。至于秦汉后词章,特余论及之耳。乃独为《楚辞》解释,其义何也? 然先生终不言,某辈亦不敢有请焉。

此跋阐述朱熹注《楚辞》之缘,表达对其横遭迫害之同情。

庆元二年(1196年),朱熹被诬推行"伪学","庆元党禁"因此而起。杨楫请朱熹至其邑避难讲学。翌年,杨楫将朱熹迎至瀲村(今瀲城)家中,不久,朱熹赴浙江雁荡、天台,取道桐山,师徒同登双髻山一览轩,朱熹在一览轩作闽东之行最后一次讲学。

朱熹抵浙,时值庆元五年(1199年)秋冬之交。杨楫闻之,旋即赴浙探望,与朱熹对榻研讨理学,逗留月余。不久,朱熹在给林湜的信中说,与杨楫"相聚甚乐,比旧顿进,知有切磋之益"。朱熹病逝后,杨楫悲恸不已,遂在石湖观供朱熹像每逢朱熹忌日便往奉祀。

史载杨楫为官刚直不阿,始终坚持清廉坦荡的操守。任莆田县尉时,闽帅程叔达"移县括逃田",杨楫屡次上疏指责其过失,叔达表面信服而心不悦,俟杨楫秩满至其府告辞时,叔达怒曰:"尉格帅命乎?"杨楫徐徐陈对,无所屈。于是被罢官而归。漕使林祈深感杨楫节直可钦,遂上书朝廷荐举他。此后,杨楫官至司农寺簿。任职期间,他上札朝廷,力倡"进君子,退小人,勿徇左右之请,以重中书之权","奖廉静之操,禁奔竞之风"。其言深得朝中直臣赞许,遂"除国子博士,转少卿"。其时,台臣中有人以私事相扰,杨楫严拒之,曰:"台有纪纲,学有规矩,当各守其职。"后来,杨楫还任过国子博士、安庆知府、湖南提刑、江西运判,所到之处政声颇著。杨楫在朝散郎任上去世,灵柩运归家乡后,葬于秦屿草堂山下里澳。邑人将他祀于石湖观。杨楫传记被明《八闽通志·人物》收入《儒林》卷,分别被万历《福宁州志》和嘉庆《福鼎县志》收入《理学》卷,他的文章学问受到古人的肯定。著有《奏议》《悦堂集》,均散失。

(二) 桐山高松

朱熹在福鼎的第二位高足是前文提到的桐山人高松。

高松,字国楹,号静谷,福鼎桐山人,是桐山西园高氏九世祖。高松之父高融是宋乾道五年(1169 年)进士,历任余杭尉、衡州司户参军。高松娶妻何氏,生三男一女。

高融对高松的教育非常重视,为其寻访延聘名师。据万历《福宁府志》记载:"少游陈止斋先生之门,后又从朱文公。"[1]高松的两位老师都是著名理学家,陈止斋就是陈傅良,字君举,号止斋,浙江瑞安人;朱文公就是大理学家朱熹。

高松少年时跟随陈傅良读书,勤奋好学,聪颖过人,加上名师指点,文章立意新颖,为当时鼎邑文人所赞赏。据桐城西园《高氏宗谱》载高龙光撰写之《宋九世祖国楹公传》:

> 少游陈止斋门,笃志励行,颖悟过人,为文有奇气,先生甚器伟之,如咏梅花诗句"红紫芳中不见阴,状元枝上露香心",为士林称羡。

陈傅良青年时曾以教书为业,宋乾道八年(1172 年)考中进士,历任太学录、福州通判、湖南桂阳军知军、中书舍人兼侍讲、宝谟阁待制等职,罢官后回老家创办书院,授徒讲学,成为南宋著名的理学家、永嘉学派重要代表人物。

为了进一步钻研理学精髓,高松后来师从朱熹学习理学。高松穷理达要的精神,陈傅良十分赞赏,还专门写诗加以鼓励,《福鼎县志·艺文》收录了陈傅良一首诗《送高国楹从朱子》:

---

① 《福鼎文史资料》第 12 辑,1994 年,第 128 页。

洛学今无恙,东南属此翁。

从游虽已晚,趋向竟谁同。

一第收良易,遗经语未终。

归期定何日? 我欲叩新功。

高松于宋绍熙元年(1190 年)进士及第,历任临海主簿、青田尉、台州教授,嘉定四年十二月六日卒,终年 58 岁,安葬于福鼎十九都山门,宋兵部侍郎叶适为之作墓铭,崇祀乡贤祠,以褒其对传播理学所作的贡献。清道光九年(1829 年),又配享鼎邑朱文公祠。

宋庆元年间,韩侂胄为相(陷害理学之魁赵汝愚之后窃踞相位),实行文化专制,排斥理学,把理学贬为"伪学",出于政治需要,大肆迫害以朱熹为首的理学学者,把他们定为逆党,实行清党。朱子被贬官流放,更严重的迫害随时都可能降临,但朱子仍坚持求实的学术精神,避祸至武夷山讲学,随后到闽南闽东等地讲学,传播理学思想。朱子曾到福鼎潋村杨楫家,高松得悉,即毅然负笈从之学。

朱子北上游永嘉途经桐山之际,他挽留朱子在桐山逗留数日,与杨楫共邀朱子登双髻山龟峰一览轩讲学。高松从小受理学思想熏陶,且养成良好的读书习惯,终身孜孜不倦地读书钻研,"每黎明读书丙夜止,书益多,见闻益高远,华枝蔓叶自然消落,以是不骤合于俗"(摘自《台州教授高君墓志铭》)。所以他能掌握理学的精髓,在以后的教学实践,能发挥理学思想的威力,教书育人,为理学发扬光大作出不可磨灭的贡献。

高松执教于台州,锐意改革传统的教学方法。"故例,博士撰解训一二通,据案抗声读,诸生俯首听,谓之'讲书',君曰:'是何所明耶?'令更进迭问,疑难交发,满意而退。"(同上)也就是说,高松反对陈旧的老师读,学生听的教学方法,认为这样教不能让学生明理。他让学生轮流上前,向老师提疑难问题,老师也可向学生提问,互相讨论,达到真正理解才退下。他所以能让师生互相质疑,说明他本身理学造诣深,同时也说明他反对死读书,主张读书为了探讨真理,学以致用。

由于高松教学方法得当,循循善诱,台州士林学子很喜欢来听他讲学,门生也越来越多,成为享誉当地的理学名士。高松一生为浙江台州培养了许多理学学者,为理学的发扬光大作出了贡献。

(三)点头孙调

在南宋的理学家中,还有一个人也颇知名,他就是孙调。《福鼎县志·理学》

记载：

> 孙调，字和卿。其学得朱子之传，以排摈佛老，推明圣经为本。著《易经书解》《中庸发题》共五十卷，《浩斋稿》三卷，《策府》五十卷。学者称龙坡先生。祀乡贤。①

孙调，福鼎点头孙店人，一生著述颇丰，当时的读书人都尊称他为龙坡先生。据孙店《孙氏家乘》记载，孙调是大理学家朱熹的私淑弟子，是朱子学的传播者和继承者。② 在点头孙店村家居之时，曾在村中大墓下简陋的禅宇中（即今白墓下甘泉禅寺前身）附设村塾讲学，闽浙各地学者皆不远千里前来求教，恒集千上人众，县令每下车亦必登门请益。时人称之"孙氏学堂"，以后移设孙氏老屋。孙氏学堂遗址现仍残留有宋代建筑物，成为一处文化古迹。

孙调才名远播，闽东及浙南学子负笈拜其门下从学者甚众。学堂讲学十年间，培养人才几百人。譬如点头著名贡生孙士民，即出其门下。每有乡试发榜时，常有及第发迹者专程到点头孙店拜谢师恩。点头当时地处闽浙交通要道上，文人过此慕名造访者，络绎不绝。文风之盛，传为一代佳话。孙调才华出众，一生著述颇多，曾著有《易经书解》《中庸发题》《策府》《浩斋稿》《左氏春秋类注》共一百多卷，可惜均散失无存。孙调去世后村塾亦废。

综上所述，福鼎的书院最早始于唐代，是林嵩创办的草堂书院。林嵩在太姥山西脉的灵山结庐刻苦自学读书13年，两年后赴长安应试中进士。在林嵩中进士之后20年，福鼎白琳人黄诜也中了进士，成为福鼎境内第一个进士，书写了福鼎儒学教育历史的开篇。可以说，草堂书院作为福鼎早期的书院，是福鼎书院文化的源头，为福鼎后来文化、教育、学术的发展起到了奠基之功。唐代以后，南宋朱熹在太姥山下潋村石湖书院讲学，追随者众，杨楫、高松和孙调传播理学，福鼎的书院伴随着理学的传播而逐渐兴盛。此后，福鼎各地的书院功能也开始丰富起来，开展以儒学经典为文本的人文教育，同时成为发展学术思想、开展学术交流、进行学术创造的重要阵地，而且还是维系社会舆论的重要场所。朱熹过化之后，福鼎书院文化发展进入一个新阶段，逐

---

① 另一说法，据嘉靖和万历两本《福宁州志》记载，孙调为霞浦西街人。
② 周瑞光：《摩霄浪语》，第167页。

渐形成了以理学思想文化为内涵的地方文化,并在福鼎的科举、教育、文学、艺术、建筑、民俗、饮食文化、民间信仰等各方面对当时和后世都产生深远的影响,发展成为太姥文化的重要组成部分。

第二章　科举文化与太姥文化区的兴学盛况

古代中国,儒学教育有两个主要功能,其一是为政府培养行政管理人才,其二是培养儒家学者。隋唐开科取士,一个地区进士数量,代表当地文化和教育发展水平。朱熹流寓福鼎时间并不是太长,但他的理学思想却对当时和后世的福鼎有很大的影响,特别是在文化和教育的影响,有宋一代福鼎出现了科举文化兴盛的情况。文学家郁达夫先生曾撰文肯定了朱子教化对福建文化兴盛的巨大推动作用。他说,由于朱子在福建的讲学,"因而理学中的闽派,历元明清三代而不衰。前清一代,闽中科甲之盛,敌得过江苏,远超出浙江"。

同时,宋元时期福鼎和福建的其他地方一样进入经济较为发达地区行列,为文化教育的发展提供了物质基础。由于科举文化兴盛,宋代以后,福鼎各地名门望族兴起了家族办学的热潮,各大家族书院私塾延聘名师教化族中子弟,文化教育也逐渐进入鼎盛时期,书院私塾获得空前的发展,家族通过族田等制度来保障办学所需的经费,私学教育表现出强大的生命力。这一时期,福鼎出现了许多高洁的文人,他们才华出众,为官清正廉洁,正气充盈,成为一代楷模,引领地方文化发展。

第一节　科举兴盛的有宋一代

一、"一门十进士"的西园高氏

在有宋一代,福鼎有几大家族人才辈出,其具体表现在科举考试中同一个家族中式者人数众多,桐山西园高氏和点头王孙赵氏就是其中的代表。一个家族在某个时期出一两个人才或许是偶然的,但是如果代代出人才决非"偶然"二字可以解释,是值得研究的一种社会、历史和文化现象。因为它需要几个内外条件:对家族内部而言,一是家族有较为优越的经济基础,二是舍得花钱为子弟延聘名师,三是家族有优良的传统和家风,子弟一心向学。当然,光有这些还不够,还需要外部条件:国家处于太平盛世,政府重视人才的拔擢,使底层阶级可以读书改变命运,并且逐渐变成一种广受民众崇尚的社会风气。这些也是一个地方广出人才的社会基础。

唐代安史之乱后,中原民众大举南迁入闽,使福建人口大幅度增长,汉民族与土著民族实现了文化与血缘上的彻底交融,从而形成了新福建人。① 唐代安史之乱后的藩镇,迨至五代十国时期已经演化成天下分崩离析之势,当时在中国南北,有十个以上的割据政权,福建的武威军政权即为其中之一,其统治者王潮、王审知兄弟以保境安民为主,在统治福建33年中,福建境外烽火连天,民不聊生;而福建境内"时和年丰,家给人足",经济文化得到很大发展,逐步赶上中原发达区域的水平,使福建在动乱的时代以安定的绿洲闻名于世,发展速度大大加快。② 在此情况下,为宋代初期的教育和文化的发展积累了经济社会条件。我们知道,教育的发展及人才的培养与社会经济发展不会同步产生,有个时间差。因此,五代时期闽王王审知兄弟统治福建大力发展经济、兴办教育的成果,在教育成果的取得和人才培养造就上的成就在宋朝初年才逐步显现出来。

王审知死后,他的继任者闽王王延翰、王延钧、王继鹏治国无术,内乱不断,并发生宫廷政变。闽国晚期,福州连续发生多次兵变。③ 从这一时期开始,一直到北宋初年,福州周边地区居民为了避祸,不断外迁以求保护家人和财产。福鼎在宋代是长溪县的一个乡,远离闽国都城福州,加上由于太姥山的阻隔,按当时的交通条件离县治很遥远,往返一趟县城办事需要十来天,属于偏僻之地。因此,闽国发生的内乱和宫廷政变对这里影响不大,是一个相对安宁的地方。所以,一些家族从福建南面迁居福鼎,选择在此定居。桐山西园高氏原来居住在福州长乐,为了躲避战乱,经长途跋涉辗转多地最后在福鼎西园定居下来。

桐山西园高氏是最早迁居桐山的姓氏之一。据桐山高氏宗祠内的碑记和刻板资料记载:桐山西园高氏迁鼎一世始祖高郯于北宋乾德二年(964年),携家从长乐石甶迁入桐山水北自然村,后来高氏家族又迁到桐山西园居住,以耕读传家,逐渐发展为桐山一大望族,迄今1050多年。高氏迁入桐山水北时,这里还是一片荒滩,渺无人烟,水北,在桐山当地居民中习惯称为"高滩",即源于高家是这里的最早居民。高氏

---

① 徐晓望:《福建通史》第一卷,第4页。

② 同上,第73页。

③ 同上,第65—119页。

迁居桐山以来非常重视教育,族内设有奖学办法,鼓励子孙勤奋读书。北宋年间有高崇和高景德父子先后考中进士。在高家出了第一个进士之后的宋代不到一个半世纪时间里,总共出过 10 个进士,据史料记载的"十进士"名单如下:

高　崇:元丰八年(1085 年)乙丑焦蹈榜,字俊卿,有传。

高景德:重和元年(1118 年)戊戌王昂榜,字新民,崇子。授高安县慰,升武昌令。

高　昙:绍兴三十年(1160 年)庚辰梁克家榜,字子云,有传。

高　融:乾道五年(1169 年)乙丑郑侨榜,字光中,昙从侄。终衡州司户参军。有传。

高　龄:淳熙十四年(1187 年)丁未王容榜,字德一。有传。

高　松:绍熙元年(1190 年)庚戌余复榜,字国楹。《三山志》:"本州解元。"有传。

高　迁:嘉定十六年(1223 年)癸未蒋重珍榜,字景善,龄侄。有传。

高　哲:宝庆二年(1226 年)丙戌王会龙榜。

高　筬:绍定二年(1229 年)乙丑黄朴榜,字居仁,松孙。国子监丞,授淮安漕运判官,升两浙盐运司签同。①

据高氏族人介绍,高家迁居福鼎后以耕地和经营茶叶等为营生,在福鼎桐山广置田产,按族人的说法"当时桐山海水能流到的地方都有高家的田地",从桐北高滩到桐南玉塘均有高家田产。生活宽裕的高家族人继续秉持良好的家风,注重子弟教育,在迁居福鼎 121 年之后高家就出了第一个进士高崇。从上面的史料记载中我们还可以看出,高家子弟不仅人才辈出,而且因为他们品格高洁和道德文章,可以说不论在朝还是在野,都是士林的表率和楷模,在地方志书中留有传记传世,成为一代又一代后人学习的榜样。除了在前文提到的在浙江传播理学的福鼎理学名士高松之外,这里再简要介绍高家的两位先贤。

第一位叫高昙。高昙是高景德的长子,其父高景德、祖父高崇都是进士。高景德还担任过江西高安县尉、湖北武昌知县。高昙从小生长在这样的家庭,祖父、父亲的言传身教对他以后人情练达自然不无裨益。高昙在高氏家族的族谱中是一位着墨甚

① 周瑞光:《福鼎旧志汇编》,第 204—207 页。

多、引以为荣的人物,他的传记也被明嘉靖《福宁州志》收入《名臣》卷:

> 高昙,字子云,号容斋。十七都桐山人。举进士,孝宗朝太学博士,奏疏言"训练兵士,充任帅守"。上曰:"卿老成历练,无高论以相诡谲,其言皆可用。"翌日语宰执亦然。迁秘书省著作郎,兼皇孙平阳府教授。再对使殿,悉当上意。御批其答,送中书。既退趋出,上目送之,及门乃起。光宗在储宫,以官僚入宴,恩意款洽,亲书"容斋"二字以赐。尝修《乾道会要》,转朝散郎,有《易说》及诗文二十卷。

据《福宁州志》记载,高昙考中进士后在朝中任京官,为皇帝近臣,历高宗、孝宗、光宗三朝,深受皇帝的喜爱和赞赏,晚年退居老家,在桐山之北的御屏山麓,以光宗皇帝所赐书之"容斋"里著书立说,过着恬静的退休生活。封建社会伴君如伴虎,一个皇帝近臣,历练成为三朝元老,受圣恩眷顾,在他即将致仕之际皇帝还御笔亲书"容斋"给予嘉许,说明他为人为官时宽广的襟怀和容人的雅量,给人留下深刻印象。这个"容"字是皇帝对他一生为人为官的一个字概括性评价,殊为难得。

南宋乾道五年(1169年),高家的另一位子弟高融也考中进士。高融为高昙从侄。和高融相比,高融的官运不佳,没有遇到赏识他的伯乐。《福宁府志》记载他"调余杭尉,执法锄焰,为势要所忌,罢之"。后来又起用为衡州司户参军。高融为人正派清廉,不屑与官场那些蝇营狗苟之辈沆瀣一气、同流合污,干脆不干了,"辞官与野僧游"。晚年回到桐山过起隐居生活。达则兼济天下,穷则独善其身;高融用自己的行动诠释了这句哲言。因此,在历史上桐北就有了一个"无余堂"地方。

关于无余堂的来历,高融的儿子高松有《记》云:

> 父晚岁作堂不名,傍山曲幽密,隘甚,山林水泉之趣,泛滥充廓。堂隘,不隘于心。所过从无迂腐辈,嗜读心性书,不为物夺。小子学之未能,时至堂问视,不语小子时事,且不语小子以何学,但曰:"吾无余,无语,无以语小子。"颔之,久而名此堂曰:"无余。"即父之志也。松记。①

今天高家先贤已经成为历史人物了,但是他们高洁品格和道德文章却留在地方

---

① 民国《福鼎县志》卷七"名胜志"。

历史记述之中,同时也为福鼎这方山水留下了几处人文景观,其中两处还是昔时著名的"桐城八景"。御屏山就是其中的一处。嘉庆《福鼎县志》曰:御屏山,在治北五里。横展如屏。旁有岩如伏虎,曰白虎岩。前为紫荆山。《名胜志》:"宋秘书郎高昙容斋在此山麓。"《福鼎县志》在《古迹》部分记载:"容斋,在县治北五里。"《名胜志》:"宋著作郎高昙居此,光宗御书'容斋'二字赐之。""无余堂,在县治北五里。宋衡州司户高融弃官卜隐处。"这些古迹现已无存,但是却留在人们的乡土记忆当中。桐山周边至今还有一些名胜古迹和高家有关,由于高家厚重的人文积淀,原来荒无人烟的高滩等地现在也成为桐山一处人文胜迹。

这些无疑都成为地方弥足珍贵的文化遗产。

二、"父子兄弟齐登科"的点头王孙赵氏

北宋靖康年间(1126 年),金兵大举进犯,一路烧杀抢掠,北方居民纷纷南下逃难。赵氏王室的一支也携家带口南下避难从浙江经分水关入闽来到福鼎点头,见此处背山靠海,环境优美,就在点头定居下来。因为他们身上有赵宋宗室的血统,故当地人称他们为"王孙赵氏"。王孙赵氏出生贵族,到福鼎后又受当地崇儒重教科举文化的影响,许多王孙赵氏子弟也一心向学,热衷功名,积极参加科举考试,出了许多读书人。据嘉庆《福鼎县志》卷六《选举》之《进士》一文记载,点头王孙赵氏出了 17 个进士,名单如下:

赵汝似:庆元五年(1199 年)己未曾从龙榜,以宗子中。《福州志》载:宗子正奏名附于进士题名,始于绍熙元年。

赵师峨:嘉定元年(1208 年)戊辰郑自诚榜,字圣可,改名崎,以宗子中。

赵与迈:嘉定四年辛未赵建大榜,字德骏,以宗子中。判肇庆军。

赵时镛:嘉定十年丁丑吴潜榜,字君韶,以宗子中。

赵宗坛:嘉定十三年庚辰刘渭榜,字居正,汝似子,以宗子中。

赵希绶:嘉定十六年癸未蒋重珍榜,字节夫,以宗子中。

赵时铣:绍定五年(1232 年)壬辰徐元杰榜,字君泽。

赵时镙:绍定五年壬辰徐元杰榜,字君宝,时铣弟。

赵崇铦:绍定五年壬辰徐元杰榜,崇镛弟。三人以宗子中。

赵时急:端平二年(1235 年)乙未吴叔吉榜,字惠士,以宗子中。

赵希儳:嘉熙二年(1238 年)戊戌周坦榜,字俊夫,以宗子中。

赵时逯：淳祐元年(1241 年)辛丑徐俨夫榜，字君复，以宗子中。

赵时锑：淳祐四年甲辰留梦炎榜，字君谅，时铣弟，以宗子中。

赵时鑅：淳祐七年丁未张渊微榜，字君寓，时铣弟。

赵与谦：淳祐七年丁未张渊微榜，字贯通。二人以宗子中。

赵若瑾：宝祐四年(1256 年)丙辰文天祥榜，字似道，时铣子。朝奉郎。

赵若琪：宝祐四年丙辰文天祥榜，字卫道，若瑾弟。二人以宗子中。①

　　从《福鼎县志》卷六《进士》一文中可以看出两个有意思的情况：一是，庆元五年(1199 年)到宝祐四年(1256 年)的半个多世纪时间里，福鼎点头王孙赵氏一族就出了 17 位进士，其中赵时铣与赵时镙、赵时锑、赵时鑅等 4 人是兄弟关系，赵时铣与赵若瑾、赵若镙等 3 人是父子关系，点头王孙赵氏在福鼎科举文化的历史上留下了一段辉煌的一页，成为人们津津乐道的话题。二是，在庆元五年到宝祐四年的这半个世纪时间里，几乎是每一次科举考试都有福鼎人中进士。比如：嘉定十六年癸未蒋重珍榜，赵希绶中进士，另外西园高家的高迁与赵希绶同榜中进士；绍定五年壬辰徐元杰榜，赵时铣、赵时镙、赵崇铦以及杨淳(曾任建宁府崇安知县)等 4 人中进士；淳祐四年甲辰留梦炎榜，与赵时锑同时中进士还有杨家的杨肃(曾任浙西安抚签厅)；淳祐七年丁未张渊微榜，与赵时鑅同榜中进士的还有林桂发、林应发两人；宝祐四年丙辰文天祥榜，赵时铣的儿子赵若瑾、赵若琪兄弟双双与著名的爱国诗人文天祥同榜高中进士，一家双喜临门，留下一段"父子兄弟齐登科"的科场佳话。

　　一个地方在几十年间，在三年一次的国家最高级别的选拔淘汰考试中，几乎次次有人中进士，甚至多次出现多人同时中进士现象，这是值得研究的一个文化现象。对古代进士考试有所了解的人都知道，考中进士决非易事，多少才华横溢的文人追求毕生都没能考中进士。在宋代，光福鼎西园高家和点头王孙赵氏就出了 20 多个进士，说明了宋代福鼎的科举文化十分繁荣，是一个教育和文化的高地。

---

①　周瑞光汇编：《福鼎旧志汇编》，第 204—208 页。

第二节 正气充盈的宋元时期

一、一代贤臣礼部侍郎——陈桷

陈桷生于北宋元祐五年（1090 年），原名纬，字季壬，号存隆，生于浙江平阳蒲门厦材村（今苍南县马站镇蒲城），中年和晚年为父亲丁忧守孝，以及罢职期间为避秦桧迫害，迁居福建长溪县二十四都（今福鼎市管阳镇），死后葬于二十四都广化寺后的半山腰处。现在福鼎市管阳镇溪头、元潭、乾头等雁溪流域一带依然生活着陈桷后裔。[①]

陈桷在父亲陈懿（以通直郎致仕）的教导下努力读书，北宋政和二年（1112 年），22 岁的陈桷参加殿试，中了进士，而且是廷对第三名（民间俗称"探花"），授文林郎。后历任冀州兵曹参军、太学正博士、秘书省校书郎、尚书虞部员外郎。宋宣和二年（1120 年），陈桷的父亲陈懿病故，次年葬于长溪县二十四都广化寺后山（今福鼎市管阳镇广化村马鞍山）。陈桷"丁懿忧解职"，在广化结庐守墓服丧。[②] 宣和七年，任礼部侍郎。宋徽宗命他伴送金使者，行至边界，陈桷见金兵列阵虎视中原。返回途中，遂向燕帅蔡靖陈述所见，希望其加强防备。蔡靖却怒道："怎么有这种事。将传话的人抓来斩首！"陈桷愤而回朝。为避灾祸，他请求外放，遂被调任福建提刑。靖康元年（1126 年），福州驻军发生兵变。陈桷进入乱兵之中，晓以祸福，力挫其焰，并追杀肇事首领 20 余人，终平息此乱。绍兴四年（1134 年），陈桷调任起居舍人。上奏："今当专讲治道之本，修政事以攘敌国，不当以细故勤圣虑如平时也""刺史、县令满天下，不能皆得人，乞选监司，重其权，久其任。"并陈攻守二策，强调欲收复失地，"在于得人心，修军政"。

绍兴五年至九年，他先后外放浙江和福建两省做地方官，到职后便立即检查利弊，提出大胆的改革意见，倡导革除时弊，"乞置乡县三老，以厚风俗"，"重侈靡之禁"。绍兴十年（1140 年）他再次内调为太常少卿，次年升礼部侍郎。当时宰相秦桧深得高宗皇帝赵构信任，两据相位十九年，飞扬跋扈，不可一世，挟金人以自重，力主

---

① 福鼎市陈桷文化研究会：《浙闽（苍南）纪念陈桷逝世 860 周年学术研讨会资料汇编》，第 23 页。

② 同上，第 21 页。

位于福鼎市管阳镇广化村的陈桷墓

和议,结党营私,一时忠臣良将诛锄略尽。绍兴十二年,陈桷奉诏与太常寺讨论典制,与秦桧意见不合。陈桷视富贵如敝屣,连这样权势煊赫的宰相也不阿附,敢与对抗,被罢官放逐。罢职期间,为了避秦桧的政治迫害,从平阳迁居福建长溪县二十四都雁溪(今福鼎市溪头村),并将颓圮的广化寺加以修葺扩建,作为休憩之所。邻近府县文武官员常来寺谒见,过从不疏。寺内设有饲马石槽,为防患未然,复于寺前修辟弯曲地窟,备为附近百姓必要时避难之所(遗迹至今尚存)。①

　　绍兴十五年,在赵鼎等贤臣的一再推荐下,高宗皇帝认为陈桷乃立朝之忠荩旧臣,起用陈桷复任襄阳知府、京西南路安抚使。当时襄、汉两地遭"兵燹",苛捐杂税繁重,民不聊生。他据实陈奏,百姓负担得以减轻。不久,汉江泛滥,他"亲自率领兵民筑堤岸,平水患"。由于长期奔波,积劳成疾,陈桷遂请求改任秘阁修撰。绍兴二十四年(1154年),奉调广州,充广南东路经略安抚使,于赴任途中病逝,终年64岁。时值金人南征,兵荒马乱,未即移柩归葬。后来,宋皇室轸念其一生勤劳国事,特御笔刮仰各州衙衔哀迎送,起倩舆夫,运送灵柩,沿途州接县迎至福建长溪县二十四都广化乡安葬(坟墓在今福鼎市管阳镇广化村)。1989年,陈桷墓、广化寺遗址被列为福鼎县首批文物保护单位。

① 林守无主编:《福鼎县志》,第920页。

陈桷赋性旷达，乐山水，淡名利，自号"无相居士"，常赋诗作文以自娱，著有文集十六卷，因战乱所作多散失，生前著有《无相居士文集》。陈桷的生平事迹《宋史》有传，并对他的人品评价极高：

> 桷宽宏蕴藉，以诚接物，而恬于荣利。当秦桧用事，以永嘉为寓里（注：秦桧一度充任温州知府），士子夤缘攀附者无不躐等显要。桷以立螭之旧，为人主所知，出入顿挫，晚由奉常少卿，擢权少宗伯，复以议礼不阿忤意遽罢，其气节有足称。

陈桷是福鼎乡邦人物中唯一在国史中有传的官员。

二、南宋武状元——林汝浃

林汝浃，字伯深，号则庵，生于南宋淳熙五年（1178年）长溪县劝儒乡望海里九都（今福鼎市磻溪镇）林氏家族。林汝浃自幼天资聪慧，勤奋好学，早年跟随父亲林樗习武强身健体。后来，他在林氏私塾大洞庵跟随秀才出身的老和尚读书，几年时间学业大进，四书五经、诸子百家的著作过目成诵。南宋嘉泰二年（1202年），25岁的林汝浃进入泮宫（古代的学校）就读，潜心研习兵法，饱览兵家成败得失，刻苦磨练弓马骑射之术，练就一身好武艺。他还钻研医术，善于治疗骨伤。[①]

南宋百姓饱经战乱之苦，残酷的现实让林汝浃明白只有报国才能保家。当时，国家最需要是带兵打仗的将帅之才。国家兴亡，匹夫有责。文武全才、精通医术的林汝浃一直在等待报效国家的机会。南宋嘉定四年（1211年），机会终于来了，这一年朝廷开科举士。34岁的林汝浃赴京赶考。通过层层选拔，他力挫群雄，脱颖而出高中辛未右榜武状元。他不但弓马娴熟、晓畅兵法，而且擅长诗赋、出口成章，堪称文武双全的奇才，皇帝也高兴地称赞他是勇猛的大丈夫。据明代编纂《八闽通志》记载："武举，林汝浃第一人。"当年中秋，宋宁宗赵扩在百花楼设宴，令群臣咏新月诗助兴。林汝浃才思敏捷当即赋诗一首：

> 高压群星出海涯，清光不许乱云遮。
> 上悬碧落三千界，下烛红尘百万家。
> 陶径柳疏金影现，谢庭帘卷玉钩斜。

---

① 《福鼎文史·磻溪专辑》，2012年，第127页。

　　嫦娥特地通消息,报道君家有桂花。①

　　宋宁宗听后龙颜大悦,赏赐他黄绢5匹、白绸10丈。林汝浃衣锦还乡,家声丕振,他的父亲和儿子也得到皇帝的封赏。

　　由于宋代朝廷奉行"重文抑武"的国策和实行"将从中御"的统兵体制,林汝浃虽授武将官阶,但却长期担任文官。林汝浃初授秉义郎、修武郎、阁门舍人。南宋以武举高第者充任阁门舍人,平时伴随皇帝出入,侍从圣驾,并按时论对,任满两年后授边境刺史。此后,他又先后担任英德、柳州、郴州知府、琼州安抚使、辰州明道,武功大夫等职,为官八任,清廉自守,政绩卓著。林汝浃目睹国家兵员空缺、将领冒领军费、通货膨胀等积弊,上疏"兵役"和"货币"奏议,谏言皇帝充实兵役,壮大武备,加强国防,同时严格货币管理,使之正常流通。南宋朝廷也采取措施进行整顿,但收效甚微。南宋朝廷偏安一隅,妥协求全。报国无门的林汝浃百般无奈只好向皇帝告老还乡。宋理宗赵昀念及这位武状元勤政清廉、忠君爱民,下旨褒奖,赏赐白银一万两,并令长溪县知县杨士豁在林汝浃故里修建状元坊和状元府。林汝浃再三恳求予以免除,县令只好营造从简仅在其旧居对面建造状元坊花费银子500两,余下9000多两银子用于修建大洞庵(后更名为双魁书院)和开辟九曲石板通道,连接九个村落,方便村民出入。林汝浃还乡后进一步修缮双魁书院,亲任书院首任山长,延聘名师广收学子,培养教育子孙后代,还筹集香灯田三百担以供膏火束修(办学费用和教师工资)之用。双魁书院经历元、明、清不断发展,培养众多进士、秀才,形成潘溪人才荟萃、文风鼎盛的传统。

　　面对内忧外患,林汝浃空有一身武艺和军事才华却无处施展,抵御外敌的抱负和满腔为国捐躯的热情只能深藏心底,最终老死于户牖之下,死后葬于磻溪茶阳凤台,后人称其墓为"武状元墓"。林汝浃是科举时代福鼎籍仕外的6个五品官之一。

三、江浙省试第一人——林仲节

　　据清嘉庆《福鼎县志》记载,林仲节,字景和,即都(福鼎十三都)之仙蒲人也。少聪慧,一览成诵。元至治四年癸亥科举人,江浙行省第一人,元泰定元年甲午张益榜进士(中浙省解元,举泰定进士),授州判,以酒后恃才,降句容司税,升华亭尹,迁知吴江。林仲节生长在福鼎磻溪镇仙蒲村,其一生的活动经历都在元代中晚期。在疆

---

①　林守无主编:《福鼎县志》,第920页。

域横跨亚洲的元朝,科举不可能照搬两宋以州为单位的乡试模式,而只能以行省大区划为单位进行。福建在元朝为江浙行省一部分,故福建士子参加江浙行省乡试。林仲节是当时华东片区的科举选试之魁,成就了江南科举的一段佳话。后人称唐伯虎是"江南第一解元",但那已是明弘治十一年(1498)以后的事了。林仲节的一生是"杭州中魁,北京登第,上海主政,苏州致仕"。①

"进士墓"构件

林仲节的先祖是唐进士"闽中之全才"林嵩。元朝廷对学校教育十分重视,大兴书院;书院发达,自然就会士人辈出。建于元代的仙蒲书院,培养出了林仲节这样杰出的儒生。林仲节科考登第高中江南解元,出类拔萃。元一代福建乡试合格者仅70人,至今可知姓名的进士不足40人。福建士子大多落榜,因此,学台批语:"福建若无林某某,满船空载月明归",说的就是林仲节为福建士子争了光。《四灵赋》是林仲节江浙乡试时的中举之作,堪称考赋典范。他在赋中称颂圣君,宣扬理学观念,配合了元廷尊孔崇儒的文化政策,发挥"赋以明道""赋亦载道"的社会功用,归结出"麟兮仁兮,凤兮文兮,龟龙神兮,今世之珍兮,礼乐斯兴,道厥淳兮,

于赫盛德,维皇元兮"的结语,明确地肯定四灵之符瑞意义与圣德之感天应地。全篇文词古雅,气韵苍古,甚邀时誉。泰定元年(1324年)元大都进士放榜后,林仲节被授予州判,正七品。官场一任多年,林仲节酒后恃才,"以才见忌",降句容县尹(句容县令),承事郎,正七品。至正三年(1343年)癸未,林仲节赋闲回福鼎老家省亲,闻林仲节的文才盛名,永福县(今永泰县)"儒学教谕刘懋生子勉使来福宁,求文以记",林仲节受邀为该县重建的永济桥写下碑记,并在碑中赞扬永福县令刘泰亨的治县善政。回乡不久,林仲节从句容县尹任上调松江府华亭尹(华亭县令),从六品。华亭为上县,从中县调任上县是升迁,后又再迁知吴江州,正五品。从秦汉到元代,上海这块土

---

① 《福鼎文史·磻溪专辑》,第131页。

地一直名为"华亭",治所在今松江区,松江被称为"上海之根"。上海近代开埠之前,松江一直是上海地区的政治经济文化中心,江南著名的鱼米之乡,而吴江州就在今日的苏州。林仲节死后葬在福鼎磻溪仙蒲村旗头岗,其墓冢当地人称之为"进士墓"。

第三节　宋元以降家族宗祠办学的兴起

从唐代林嵩设立福鼎第一个书院——草堂书院开始,福鼎陆续出现一些私人举办的书院,到了宋代,特别是自南宋时期朱熹避难福鼎,在石湖书院设帐授徒过化福鼎之后,理学思想深入人心,读书求取功名成为许多人的追求,从福鼎地方志书和各姓氏宗谱等地方文献资料记载中可以看出,福鼎各大姓氏家族在宋元时期兴起了一股家族办学热潮,历明清而不衰。下面择要介绍福鼎部分望族家族宗祠办学情况。

一、潋村杨家族塾

潋村杨家是福鼎一大望族。据《福鼎县乡土志》记载,唐代宗大历年间(766—779年间),就有杨姓先祖由浦城迁居潋村开枝散叶。宋代以后,先后又有多姓迁居此地,形成叶、杨、王、刘四大宗族。潋村杨家是书香门第,有耕读传家的传统,世代人才辈出,早在北宋徽宗朝崇宁五年(1106年),潋村杨家的杨惇礼就高中进士。杨家所在的潋村在宋代是福鼎文化教育的一个高地,这当然和杨氏家族重视教育分不开,但也有其特殊的历史机缘,中国历史上两位著名的大学者先后来过潋村,和杨家结下不解之缘。第一位就是史学家郑樵,他曾经在潋村杨家当过一段教书先生;第二位就是朱熹,在潋村创办石湖书院讲学。我们了解一下郑樵结缘潋村杨家的经过。

郑樵,字渔仲,世称夹漈先生,福建莆田人,生于北宋崇宁三年(1104年)三月三十日,卒于南宋绍兴三十二年(1162年)三月七日,南宋史学家、目录学家。毕生从事学术研究,在经学、礼乐之学、语言学、自然科学、文献学、史学等方面都取得了成就,流传有《夹漈遗稿》《尔雅注》《诗辨妄》《六经奥论》和《通志》200卷等,其中的《昆虫草木略》是中国古代一部重要的专门论述植物和动物的文献,为中国的文化事业作出了巨大的贡献。

16 岁时,郑樵的父亲去世,他放弃科举,专心读书。郑樵是如何来到太姥山下偏僻的潋村(今太姥山镇潋城村)授徒,晏滔在《郑樵寻书览史留蒙井》一文中这样解释:

> 这一年,他来到潋城,访到杨惇礼老先生。杨惇礼是宋著名的博学士(者),家中藏书千卷,因致仕归乡里。为了读尽杨家藏书,贫寒的郑樵答应杨惇礼,以为其孙杨兴宗授学为条件,寄居杨家。①

郑樵能够安心待在潋村杨氏族塾(后为石湖书院)教书,是因为潋村杨家藏书丰富。宋人陈鉴之《东斋小集》②中有一首《寄题长溪杨耻斋梅楼》,开头两句就是:"乃翁爱书书满楼,万轴插架堪汗牛。"说的就是杨家藏书之富。

郑樵一边读书,一边悉心教育杨家子弟。在名师的教导下,杨家子弟学业精进,科名通达。

郑樵教授杨家子弟成才的事迹在地方志书中多有记述。卓剑舟编纂的《太姥山全志》记载:"夹漈先生尝授学潋村,提举杨兴宗从之游。"③明代两部《福宁州志》,以及清乾隆《福宁州志》均记载:"(郑樵)授学长溪,提举杨兴宗从之游。"

宋绍兴三十年(1160 年),杨兴宗考中进士。杨兴宗没有辜负郑樵的教诲。杨兴宗步入仕途后,先是担任迪功郎、铅山簿这样的小官。当时,南宋王朝只有半壁江山,杨兴宗直言敢谏,上书朝廷"任人太骤,弃亦骤;图事太速,变亦速"。他敢于和投降作斗争,反对和议,"孝宗嘉其志"。④ 此后,杨兴宗不断升迁,任校书郎,行校文省殿。在京城为官期间,杨兴宗作为主战派,与坚持议和的宰相汤思退针锋相对。有一回,汤思退托人转告他:"若在皇帝召见时,不要提主战派的观点,当以肥缺相授。"杨兴宗断然拒绝。万历《福宁州志》对杨楫的评价是"刚介有守,不苟合"。后政见不合,遭到当权派打压,被外放浙江处州、温州、严州等多地任地方官,最后在湖广提举任上去世。史书评价杨兴宗"甚有政声",明黄仲昭编的《八闽通志·名臣》《福宁州志》和《福宁府志》都有杨兴宗传记。

郑樵的另一位得意门生杨武也颇有作为,《福鼎县志》记载:

---

① 晏滔:《太姥山文化遗珠》,中国言实出版社 2012 年版,134 页。
② 此文集收入(清)曹庭栋:《宋百家诗钞》。
③ 卓剑舟:《太姥山全志》卷一"名胜"。
④ 万历《福宁州志》。

杨武,淳熙八年辛丑(1181年)黄由榜,字令文,潭州善化令。

……

《拙斋文集》,宋杨武撰。武字有文,潋水人,淳熙年进士,授善化邑令。尝游郑夹漈门,与其兄杨楫皆以儒学著名。①

杨楫的弟弟杨武,这位进士出生的名儒曾经当过湖南善化(古县名,在今长沙境内,1912年废)县令。

关于朱熹在石湖书院讲学授徒我们在前面已经叙述过,这里不再赘述。

杨家能够一辈又一辈出现杨兴宗、杨楫、杨武这样杰出的人物留名青史,和杨家历来重视教导子弟,想方设法延聘到郑樵、朱熹等这样的大学者到家学中授徒是分不开的。由于郑樵、朱熹等大儒的讲学授徒,潋村讲学之风盛行,潋村一村出了众多进士、举人等科举人才,在他们的影响下,潋村经济文化教育都得到很好的发展。

二、西园高氏圆觉寺

我们前文提到宋代"一门十进士"的高氏就是居住在桐山西园的高氏家族。高家世代出人才绝非偶然,当然要归功于高氏家族对教育的极端重视,与高家致力兴办家学密不可分。所以,高家不仅在宋代一门出过"十进士",宋代以后依然人才辈出,特别是明清两代,高家出过许多文人、官员,计有八品以上官职57人,举人、庠生、廪生等100多人。② 高氏在福鼎繁衍生息至今传38世,现高氏后裔有20000多人,分布本邑城区水北、镇边、西园、牌坊、百胜、兰田、后岐,前岐镇彩澳、薛家山、流水坑,以及点头镇、白琳镇、磻溪镇,部分外迁柘荣、霞浦、寿宁等县,是福鼎的一大望族。

考究高家办学情况,有其独到之处。高家从宋代开始兴办家塾,到了明代高家家塾设在圆觉寺中,从此以后高家办学形成了集"寺、祠、学"三位于一体的办学模式,能够最大限度避免政治风云变幻和社会变迁对办学的影响。

要深入了解高家的办学特点还得走进圆觉寺家塾。圆觉寺是高家的祠堂,却拥有一个寺庙的名称,实际上它又是一所书院,这让许多人费解。要解开这个疑问先得从圆觉寺说起。圆觉寺是高家位于桐山街道福全社区(今福鼎一中校园内)的一座宗祠,始建于明永乐三年(1405年),明嘉靖年间毁于倭患,道光二十年(1840年)重

---

① 民国《福鼎县志》卷二十一"艺文志"。
② 桐山西园《高氏族谱》,道光版。

修。坐东向西,二进合院式砖木结构。通面阔 24.5 米,通进深 35.6 米,面积 872.2 平方米。中轴建筑由太子亭、门厅、天井、一进厅、二进天井和正厅组成。太子亭面阔三间,进深三柱。正厅面阔五间,进深三间,穿斗式歇山顶。圆觉寺是西园高氏族长高伯泰倡建,原名罗汉寺,1989 年公布为福鼎县第一批文物保护单位。圆觉寺的后进就是高氏宗祠,两厢是家学书院。据厦大人类学专家介绍,这种寺、祠、学三合一的建筑格局在福建其他地方并未发现,广东偶有所见,全国亦是罕见,应该是当时某个特殊的历史形势下的产物,具有学术研究价值。我们回过头去审视一下修建圆觉寺的时代背景,或许就会了然当初建造者的良苦用心和生存智慧。嘉靖年间倭寇猖獗,屡屡袭扰我海疆,所到之处烧杀抢掠、无恶不作,沿海军民愤起而剿之。故倭寇亦常有性命之虞,所以笃信神明,对寺庙宫观不敢亵渎,以乞求神明保佑他们能够化险为夷。因此,高氏族人就在祠堂外面建造一座圆觉寺,敬奉佛像,供信众参拜,作为祠堂之掩护。果然,圆觉寺建好之后,在此之后倭寇多次侵袭桐山,圆觉寺却得以完好保存,没有毁于兵燹之灾。

正在维修中的圆觉寺

高家办学另一个特点是具有开放性,不但收本族子弟,也收外姓亲戚子弟。明嘉靖十九年(1540 年)前后,少年游朴经舅妈介绍(游朴的舅妈是高家人)慕名到圆觉寺求学。游朴文采过人,深受州同知翁灿赏识,于嘉靖二十五年翁灿向高家保媒娶高一川次女高玉润为妻。① 游朴,字太初,号少涧,福宁州柘洋(今柘荣县)人,明嘉靖五年

___
① (明)《游朴诗文集》,福建人民出版社 2015 年版,第 657—658 页。

(1526 年)九月初一日生于柘洋上里柏峰(今柘荣县黄柏乡上黄柏村)。游朴天资聪颖,自幼刻苦向学,4 岁识字能辨平仄,9 岁能写文章作诗赋,14 岁考取州庠生,旋补廪生,被乡人称为"神童"。隆庆元年(1567 年)中举人,万历二年(1574 年)中进士,进入仕途。游朴为官爱民廉洁,办理冤狱不滞成案。首任成都府推官,有口皆碑;继任大理寺评事、右寺副、左寺正等职期间,对各地上报的大小狱词,细心研审,多所平反;任刑部山西司郎中时,奉敕恤刑浙江,认真清理积案。时人观其谳牍,莫不认为是中兴奏疏第一,一时在法界争相奉为楷模。相国王荆石赞道:"此人有学,宜任学宪。"游朴为官刚直不阿、不畏权势,任广东按察司副使时,察知当地总兵李栋勾结城社势力,鱼肉人民,官吏士民敢怒不敢言。他不顾自己安危,挺身而出,呈文举报,挫其气焰。任湖广布政使司右参知,分守荆西道,驻扎承天府带领德安府期间,荆门州世豪李天荣拥有党羽千数,遍布郡邑,把持官府,擅自增加州赋,士民受害,怨声载道。游朴将李天荣及其主要爪牙逮捕下狱,宣布李天荣罪状,判他死刑,百姓称快,奔走相告。李天荣党羽勾结贪官污吏、太监奸臣到处煽惑造谣,进行报复,致使游朴被迫辞职。当地士民挽留不得,追送数百里泣别。① 荆门乡宦余贤等人为立《游公大政记》颂其德,礼部李维桢为其立"去思碑"。游朴辞官归里后,绝意仕途,穷研经史,课读子侄,恬淡自适。万历二十七年(1599 年)五月二十一日,74 岁的游朴在家中去世,葬于柘荣城关西郊曲瑶下(今柘荣一中大门右侧)。崇祯九年(1636 年),入祀福宁州乡贤祠。著有《藏山集》《岭南稿》《山社草》《石仓诗选》《武经七书解》《浙江恤刑谳书》《游太初乐府》等。

游朴是明代闽东一位著名的清官、政治家,《福建通志》赞他:"三主法司,无一冤狱"。至今圆觉寺中还保留着关于游朴读书的楹联、题刻等,福鼎地方文献中记载有游朴歌颂福鼎当地名胜古迹的诗词作品,福鼎地方口述历史中还流传着游朴当年读书的各种趣闻轶事。圆觉寺家塾的这段学习经历正是游朴人生中最重要的成长时期之一,是其人生观、价值观逐步形成的阶段。圆觉寺家塾教育不仅使他学业精进,同时高氏家族世代传承的优良家风也影响了他,使他养成刚正不阿、不畏权贵、勇于任事的品格。这也是他后来走向人生辉煌的一个重要节点。对此,游朴还专门写了一首饱含感情的五言律诗《圆觉寺》来回忆纪念这段令他难以忘怀的学习生涯:

---

① (明)《游朴诗文集》,第 1—5 页。

圆官性所爱,临眺不妨迟。

流水无春夏,岩泉自岁时。

山人谈梦幻,渔夫识推移。

预定他年约,归来共钓丝。①

三、磻溪林氏大洞庵

据《林氏宗谱·甲申重修序》记载,磻溪林氏一世祖林遇于宋太平兴国三年(978年)由昆阳(今浙江平阳)徙居闽之磻溪拓基立业。至二世祖林透,因功勋显卓,敕封为山东上将英烈侯王。七世祖林光祖问榜进士,任尤溪县令,后升桂阳签判。八世祖林桂发进士及第②,任平江府昆山县知县转平海军签判兼南安主簿。南宋嘉定四年(1211年),34岁的八世祖林汝浃(号则庵)中右榜武状元,官至琼州、郴州安抚史。林氏子弟出了大官,回到祖地,创办学院,课读子孙,反哺家乡,可谓人才代出,光耀门庭,所以不能不提双魁书院首创者林氏八世祖林汝浃。

磻溪林氏家庙

① (明)《游朴诗文集》,第583页。
② 周瑞光汇编:《福鼎旧志汇编》,第207页。

林汝淶在幼年课读于林氏家塾大洞庵。宋嘉定四年(1211 年)中辛未科右榜状元。两仕阁门舍人,迁殿前正将。历仕武翼、武经、武功、武德大夫,主管辰州明道。宋宝庆元年(1225 年),林汝淶告老回乡,宋理宗褒奖其功绩,赐白银万两,派遣长溪知府杨士豁,在其家乡建盖状元坊和状元府。但林汝淶不愿排场,府第营建一律从简,只树石坊,并在九曲里建木构简朴状元府,另外再扩一建筑,起名"双魁书院"。林汝淶意在培育后秀,仅在林氏宗祠大路边立旗杆夹,将剩余 9000 多两白银,扩建大洞庵,正门树"双魁书院"碑石一块,外辟月池(名凤鸾池),林汝淶亲任书院山长。林家先祖桂发、王芝、健翁、咏奇、家凤及秦屿硕儒王迟云等均列教席。该书院历元、明、清三代。时光荏苒,年代久远,书院建筑今已不存,现只存碑碣。相传当年旧址两侧有月池称为凤鸾池,一为消防用,一为风水,美不胜收,今已无存。有乡耆林怀席先生有诗咏其古迹,如《池署凤鸾》:"双魁院对凤鸾池,培育人才费设施。胜迹依然留此日,鸣声哆哆动遐思。"又如《九曲寻春》:"一双履齿印泥香,镇日寻幽不觉忙。穿遍园林经九曲,梅花数点泄春光。"

现仍然保留的旧地名九曲里,与双魁书院建成时铺设四米宽的九弯石道有关。顺着九曲石道,便是高高的风火墙,大门砌三个石阶,两旁各置大石狮。今天人们进入到九曲里,还可以见到一大石狮蹲踞于石道旁一块方形的石板上,风格古朴,雕刻传神。高约一米,前腿双立,胸部佩一圆状如铃铛饰物,颈上卷毛如云纹,前额突出,张大嘴巴,睁开双目,好像在叫唤什么。据村民介绍,另一与之相向的石狮不知所终,原九曲石道面貌多处改变,只存前厅三级石阶,连接外面甬道,余者或已拆除,或没入尘泥之中。现风火墙为清代建筑。依曲道而筑,墙基以上一米处青砖叠加砌外加石泥灰,再往上近一米青砖叠砌加墙头瓦,墙头饰以石泥灰图案。在原状元府和书院旧址上的民居基本保持清式建筑风格,墙体由石子和青砖相叠而建,民居木构件仍有保持雕刻吉祥图案,整个院落开一天井,两层构造。保持一座较完整的悬山式石砖泥门楼,内坊题匾额:"仁义为庐",外坊题匾额:"树德务滋",泥板联:"群英显耀庭门增百福,双桂芳菲甲弟集千祥",人们从中仍可品出林氏家族崇尚读书科举。厅堂保存清代牌匾"德足型方",题款:"特授福建省福宁府福鼎县儒学正堂加三级纪录三次严际藻为冠带耆宾林雄立,嘉庆九年九月甲子仲吕月毂旦"。父子拔贡指的是林于九和他的儿子林兰仙。磻溪林氏传至二十七世有林希皋者(1831—1893 年),字位衡,号于九,乳名鹤承,为同治癸酉科拔贡。其儿子林咏荃(1854—1914 年),字乡昭,号兰仙,清光绪乙酉科拔贡,他们均出于双魁之门。

与父子拔贡齐名的是北洋里先后出"十八秀才"。相传北洋里出了个女才子林秋馨,工于女红,又擅长诗作,人们平日称为女秀才。既长出嫁,因她名声在外,有秀才故意为难,非新娘吟诗一首,方能退出闹房。新娘遂口占:"洞房花烛语嘻嘻,漏尽更残竟不知。百岁夫妻偕此夜,诸君何必误佳期。"众人闻之皆惭愧而散。后人因此女子才学堪比秀才,与原十七个秀才合称为"十八秀才"。

北洋里在溪之西,与九曲里一水之间,清时有木拱廊桥卧于水上,宛若楼阁,甚是壮观。北洋里原建筑规模庞大,坐北向南,前后两进院落,花圃池塘、书房、客厅一应俱有。窗楣书如"可楼""适轩""寄闲斋""留耕处",题联如:"九曲育才扶国运,三山拱秀启后人","斗室读书,多闻为贵;名山食望,不爵而荣"。现该宅仍保持清代始建时规模,由大门、台阶、天井、正厅组成。大门楼正额题坊"北斗凝辉",内题写"南山拱翠"。大门前有九级台阶,大门至天井有十一级台阶,正厅进深达十多米多。整座宅第,无不弥漫着书香浓郁气息,后人称之为"北洋书香"。

四、金钗溪朱氏圣贤堂

管阳金钗溪村是发祥于宋咸淳年间(1265—1274 年)的历史文化古村,四面环山,茂林修竹,是一方清幽境地。金钗溪朱氏自古是福鼎一大望族,其肇基始祖朱梦环,字符庆,号士川,原籍平阳,宋咸淳十年(1274 年)进士。朱梦环父亲朱高嵘,开禧元年(1205 年)进士,为廉州府知府。当时宋室踩踏于金人的铁蹄之下,朱梦环随同陆秀夫护驾南下。由于世道衰微,兵荒马乱,朱梦环无意于功名,随身携带一本家谱与家眷,由迳口寓居浙江三桥。当时时局恶化,升平无望,朱梦环只好一路南迁,见金钗溪此地有崇山峻岭、茂林修竹之胜,于是便隐居下来,择地基建祠,并设"七弯六十三级石阶",过石城墙"南天门",以图神秀。于是,朱姓后裔在此繁衍迄今 700 多年。

朱氏历来重视人文教化,其后裔秉承家训,治学严谨。到了清光绪年间,族人更加重视教育,设立族塾,以课其子孙。据《朱氏族谱》记载,光绪十六年(1890 年),朱氏宗祠开设族塾,延请名师教学,设立奖学金以激励学子,出贡入庠者大有其人。最早族塾设在大厅,俗称"众厅",分为戏台、天井和正厅三部分,左右依墙设通廊。建筑始建于明代,因历时久远,栋折榱崩。到了清道光癸未年(1823 年)八月,族人首事朱奇诗,襄事朱士森、朱奇桐等人出来牵头,集全族人在祠堂中商议重新修建。至十月,工程告竣,共费金千两。己丑年(1829 年)初夏,陈奇元在《金钗溪大厅记》中说:"一时建楼阁,新屋宇,缭垣墙,施丹蒧,涂垩茨,美轮美奂,允壮厥观。"这是一座标准的南方山区宗祠式建筑,至今仍然保存完好。

大厅依山而建,单层硬山顶式,按四合院构造,正门面四柱三间,砖瓦结构。门廊

金钗溪大厅前门

设木栅栏,青石阶五级,因年代久远,门前石子道长满青苔,古香古色。通廊台以青砖叠砌,左右双面围墙底部近一米砌糙石,上再砌马头墙,总进深20余米,各开一拱状小门,方便平日进出。正门梁顶左右泥塑"金鸡""金龙"以及传统古典人物,是属地和建筑象征,同时也寄托着族人望子成龙的期待。正门梁枋云纹、花卉、瑞兽等雕刻精细,斗拱、雀替等部件均上彩绘。门前上悬一匾额"圣贤堂",当是在历年重修时所更置。原门现仍立一对旗杆石,石上凿框阴刻"贡生朱功□立清同治辛未科"。大厅内置一天井,采光通透,设戏台于前进,每逢春秋祭祀圣人先祖时,都在此演戏三天。传说当年在建造戏台时,戏台下正中突然出现一个塌陷的大坑。族人立即用块石填塞,但过了不久,原地还是下陷。几经填石仍不见效,只好作罢。族人惊讶,以为灵异之地。后进为正厅,进深13米,就是当年开办族塾的地方。正厅也是四柱三间,为二层结构,楼上开窗轩,作为先生备课与休憩之处。间外以砖为两墙,以门板为壁,上悬有各地学子赠送的牌匾和旗帜。正厅用料讲究,柱子粗大,石础凿面光滑。梁柱上雀替、斗拱等构件做工精致,雕刻形象。中间后堂供奉孔子、孟子和朱子像,号称"三圣",悬匾"翰墨万年"。在当时筹建大厅是一项浩大的工程,能在几个月内落成,凝结着族人同心协力、不惮艰辛的凝聚力。大厅的功用原来是为了在族中宣读先圣的训谕,父老乡亲商议族事,目的"以行豆觞之燕,敦礼让之风"。所以,与朱氏有裙带关系的柘荣人陈奇元到金钗溪大厅时,为大厅题额"崇本堂"。

金钗溪有志于科名的学子代有其人,且少年力学,世代相习,长者垂范,后者继承。朱玉笏，名联魁，孔广敷在《行实》中说他"应童子试不雇后，以督理家政，辟堂构，营寿域，置养贤田，以勉子孙奋志科名者"。族中就以田租、树林作为学租之用，设立奖学金，用于族塾聘请塾师经费及学生的部分津贴。

光绪十六年，福鼎西昆贡生孔广敷先生受聘任教于圣贤堂，教学有方，培养一大批人才。他在《朱吕溪公传》中提到："始少徐、馨梓、声达、泽敷、碧山诸君，皆余门下士。"在郑宗霖撰《朱节母郑安人传赞》中记载："于时孔敬五（广敷）设帐金溪，秉辉（安人嗣侄）学日进有名，秉辉之族弟如馨梓、少苏，与其侄泽夫、碧山暨张君星午辈，时过其家，论文讲艺，往往自宵达旦。"后来家塾学生中朱腾芬（字馨梓）、朱少徐、朱承裴、朱泽敷、朱岳灵、朱醒民、朱光熙等多人先后考中秀才。孔广敷执教严谨，堪称楷模。"荫我嘉师"则是金钗溪学生叩谢塾师而制的一方匾额，四字行楷朱红，边款小字阳文"光绪二十年梅月吉日，本社弟子朱可支、泉、剑敬酬"。

金钗溪朱氏宗祠大厅内"荫我嘉师"匾额

据《凌云公传》记载，凌云讳可剑，字以气。并详说他少年读书的经历"八岁始入村塾，就傅，颖悟冠童侪。暇时兼牲畜，事无荒嬉，每放牛十数于山坡，已则携一卷坐地口诵，心维有挂角读书风……"孔广敷给大厅赠送了一方牌匾"威显兴师"，以示其为人师表的正气。匾额附有双边款阴刻"光绪丙申岁菊月穀旦，岁贡孔广敷领门人庠生张焕赐、方炳霄、张焕南全叩酬"。两方匾额，几页人物传记，见证了师友之间亲密无间的浓浓情意，以及敬师重教的耕读学风。

五、周山周氏内外书堂

福鼎佳阳乡天湖山，海拔781米，山上风光无限，山麓树密林幽处怀藏着一个古老的村落周山。周山,全称周佳山或周家山,因周姓族人聚居于此而得名,系闽浙边界千年历史文化名村,有"进士村""秀才村""南国牡丹之乡""中共鼎平县委"诞生地、闽东和浙南重要革命根据地、边界"红色堡垒"等称号。这里历史文化底蕴深厚,集建筑文化、红色文化、牡丹文化、宗族文化、民俗文化、汉畲文化等多元文化于一处,所以,周山也被外界称为"闽浙边界文化第一村"。周山村于 2008 年列入宁德市历史文化名村。周山村面积 556 公顷,总人口 1800 多人,其中少数民族 37 户 270 多人。周山处于山中腹地,环境优美,自然资源丰富。古树名木成林,有千年古樟树冠大如盖,树姿雄伟,被村人尊为"神树"和"革命之树"。西坑古树群和后门山枫树林,蔚为壮观。周山同时具有多元的民俗文化内涵。"唯有牡丹真国色,花开时节动京城。"乾隆皇帝御赐的"牡丹"是周山族人的一大骄傲,这里已形成一年一度的"牡丹文化节"。

周山周氏开基鼻祖周创久于五代后晋天福三年(938 年)从河南固始县迁徙而来,择居于天湖山下,至今已逾千年。据史载,清乾隆四十五年(1780 年),多次造访过周山的"一甲探花、刑部尚书、翰林院编修"孙希旦曰:"周佳山在福鼎之东偏,环山临海,深邃窈窕,山川灵秀之气磅礴郁积,周氏聚族居之,为县中巨姓。"可见,周山历史昌达,声名远播。周山景致优美,开村先祖便"以其山之佳故名为佳山"(据乾隆版《周佳山族谱序》),又因这里是周姓聚居之所,后来就有周佳山或周家山之称,现在习惯叫"周山"。①

周山是个地灵人杰之所,文风鼎盛。周姓族人向来崇尚读书,"以读为进,学以教化,优则为仕",诸多的先贤光耀周族史册。族谱记载,清代出周国镗、周青云等 4 名进士,贡生、太学生、庠生等达一定规模,人才辈出。得到乾隆皇帝敕封的,有五品同知 1 名、从六品儒林郎 2 名、安人 4 名等,可谓显赫一时。旧时的周山设有私塾,至今还有"内书堂""外书堂"的地号。周山先人向来"重诗书,勤课诵",为后人留下了许多诗词遗作,家谱上记载的主要有:《佳山吟》《十景诗抄》《武夷山歌》《赴北"秋闱"道经分水关五言古律》《名公诗赞》《游风文树下诗》《登龙凤山律》《游林泉艺苑律》《庐山吟》、《读佳山吟有感》《赵公赠言》《历代集传》等。周绍灵,生于明万历己酉年(1609 年),"好诗书",作绝句数十余首,如《迁界》《过界》《移居北港》《过吴家溪祖业有感》《佳山》《春日》《偶咏》《游石岩》等,其中《佳山》诗曰:"祖筑佳山数百年,浮名不事乐天然。耕云亦有登云路,一派书香历世传。"另外,出现了一位女诗人周秀眉,有名作《香闺集》传世。上述诗作,是后人了解族史和先祖精神的重要资料,是珍

---

① 宁德市政协文史委:《闽东文史资料》第八辑,149 页。

贵的宗族文化遗产。

周山原有较多的明清民宅,其中周氏宗祠左向600米外为内书堂,其四进式祖宅,规模最为宏大,现四进式建筑格局遗址尚存。保存较好的明清民宅是周氏宗祠围墙右边外的民宅院落,民宅有10多间,一字摆开,占地1000多平方米。民宅庭院建有门楼,上配有寄托着族人人文气息的门楣题词,院内有花有草,居屋一般装有格子门窗,四季花卉、图案或吉祥鸟兽雕刻其间。户接户,屋连屋,保存有明、清、民国至改革开放前使用过的生活和生产用具。众多的文物古迹见证着周氏的荣光和生生不息的文脉,也体现了周山千年的文化积淀。

周山周氏宗祠是福鼎市文物保护单位,于2002年7月入编福建省文化厅编撰的《八闽祠堂大全》,吸引不少古建专家和历史学家来此参观考证。周氏宗祠始建于明万历癸酉年(1573年),迄今430多年。清乾隆年间扩建,民国时期进行部分整修,属中轴线对称分布的三进府宅结构,面阔7间,五级递进,级级深入,总进深近70米,占地面积3300多平方米,由120支木柱和精雕的大梁组成,规模宏大,华丽气派,文物荟萃,堪称周山"古建文物博物馆"。周山祠堂里陈列着许多文武官员乃至乾隆皇帝御笔题写的匾额,可见当年周家人文显赫。

周氏宗祠

1. 乾隆皇帝御赐"圣旨"匾。进士出身的周山先贤周国镇,曾为洛阳候选州同,"从政清廉,遵例急公,家教有方"。乾隆五十一年(1786年),"朝廷旷典","封赠名公钜卿"。当年十二月初十日,乾隆皇帝颁发圣旨敕封:封赠周国镔祖父周佳谟、父亲周增为"儒林郎";封增周国镔祖母王氏、母亲苏氏、继母高氏及生母廖氏为"安人"。御赐圣旨匾至今仍存挂于周氏宗祠第三进正堂上,圣旨匾上"奉天承运,皇帝制曰……"等所有文字清晰可辨,有着非常重要的研究价值和观赏价值。

周氏宗祠大厅内的圣旨匾

2. 乾隆五十年(1785 年),大学士蔡新题匾"绳泽式茂"。周邦熏(植),秉性好学,在福宁府科考中名列前甲,于乾隆壬寅年(1782 年),进入国子监,成为"贡生",并有幸成为了大学士蔡新(1707—1799 年)的得意门生。因其敦厚勤学、聪颖广博,甚得蔡新喜欢。乾隆五十年,蔡新特为周邦熏家乡的周氏宗祠授"绳泽式茂"匾额。此匾存挂于周氏宗祠"太子亭"内,匾额上落款为"太子太师、文华殿大学士蔡新拜赠"等字样。蔡新为福建漳浦人,《四库全书》馆正总裁之一,担任过刑部、工部、兵部、礼部、吏部五部尚书,曾是嘉庆皇帝的老师。

3. 刑部尚书孙希旦题赠"瓜瓞绵绵"。孙希旦(1736—1784 年),浙江瑞安人,是清代温州籍人中最早获得功名且地位最高者,中过一甲探花,授翰林院编修。曾多次造访过周山,乾隆四十五年(1780 年),45 岁的孙希旦第三次来到周山,恰逢周氏修家谱,受托写了《福鼎周佳山族谱序》。三年后为周山题赠"瓜瓞绵绵"匾额,祝愿周山周氏子孙昌盛。匾额"瓜瓞绵绵"四字浑朴大气、隽永义长,落款为"刑部尚书孙希旦赠",此匾存挂于周氏宗祠太子亭内,是重要文物。

4.《四库全书》编撰者陈科捷题赠"世德堂"。陈科捷,福建安溪人,于乾隆十三年(1748年)中进士,任《四库全书》编撰。为表彰周山纯朴乡风、文明礼教,根据乾隆皇帝的口谕,陈科捷特为周氏宗祠题赠"世德堂"匾,匾额上的时间是"清乾隆丙戌年",落款为"陈科捷拜题"。此匾存挂于周氏宗祠太子亭内。"世德堂"乃祠堂的堂号。堂号是一个宗族的标志,可以区别姓氏,区分宗派,教育族人。"世德堂"是以道德伦理作堂号,可以劝善惩恶,激励后人。其实,周氏宗祠的原有堂号是"爱莲堂"(是周姓特有的堂号,源于北宋周敦颐)。

5. 翰林院侍读学士阿肃题赠"文元"。阿肃,满洲镶白旗人,字敬之,乾隆甲戌进士,任詹事府(培养教育太子的机构)詹事,兼翰林院侍读学士。乾隆三十三年(1768年),任提督福建学政,为周山先贤周谨题赠"文元"匾。族谱载,周谨,即周应汉的学名,乾隆十七年入太学,后为贡生。此匾现挂于周氏宗祠第二进大堂上,题匾上主要有"钦命詹事府詹事兼翰林院侍读学士、提督福建学政加二级阿肃为贡生周谨立"等字样。

6. 清乾隆四十九年(1784年),大理寺卿蓝应元题"楷模多士"。蓝应元,福建漳浦人,清乾隆二十五年(1760年)进士,任过《四库全书》纂修兼分校官,后任礼部侍郎。作为文化名村,周山自古人才辈出。清乾隆四十九年,被"赐进士第",时任大理寺卿的蓝应元特为周山题"楷模多士"匾。由于年岁久远,相对于其他几个匾额,"楷模多士"四字稍显模糊。

7. 温州知府张慎和赠匾"贤助芳声"。张慎和,福建晋江人,清乾隆四十年(1775年)进士,官至吏部主事,乾隆五十一年外放温州知府,数年后任道台。著有《暇日诗草》等。乾隆五十七年周锡朋(国学生)之母王氏大寿之年,时供职于温州的张慎和为周山周氏题赠"贤助芳声"匾。

8. 福宁府知府李拔题匾"淳朴可风"。李拔,四川犍为人,乾隆十六年(1751年)进士,二十四年春起任福宁府(治所在今霞浦)知府。在任期间,大胆革新,政绩显著。周山先贤周佳隆生三男,家教有长子太学生,次子庠生,三子官至"卫守府"(武官)。周佳隆急公好义,办事廉洁公正,多行善事,名声在外。族谱有载:"福宁府主嘉其优行,旌奖额曰:淳朴可风"。"淳朴可风"四字是对周山民风民情的高度评价。

六、佳湾陈氏以昌堂

秦屿佳湾陈氏先祖出身书香门第,世代官宦,崇文重教,形成家风。陈氏宗族对教育事业极舍得投入,倡建"以昌堂"书院,聘请知名文人儒士来家坐馆授课,教化子侄修身明理,标志着家族崇儒教化的起始。

佳湾陈氏以昌堂书院始建于明隆庆年间,主要以培养本族子弟进学,以应举业为目的的族塾。关于以昌堂的建造缘由,旧谱载"天将福其后裔,故特'钟公以昌'大其宗枋乎!"佳湾陈氏源出柘水(今柘荣县城关溪坪街)。佳湾陈氏不忘本源,誓不另立支祠,只建一座以昌堂大厅供奉先人香火。"以昌"源自西汉司马迁的《史记·商君列传》:"千人之诺诺,不如一士之谔谔。武王谔谔以昌,殷纣墨墨以亡。""以昌"原指当朝百官敢于直言争辩,国家就会兴盛。这里为"家业蒸蒸日上,家族得以繁昌"之意,是佳湾陈氏先祖对子孙后世繁荣昌盛寄予的期望。至明万历间,陈氏始富足,正印证了那句古语:"创业有成之日,便是崇儒兴教之时。"①

陈氏崇儒兴教,但因族微力弱,无力独立鼎建学堂,以昌堂遂暂作为学塾之用。始创之初主要由本族读书人充任塾师,以启蒙族内子弟为主。有明确记载第一位在以昌堂设帐授徒的是佳湾陈氏五世祖陈尔。陈尔天资明敏,博览群书,尤长于诗,设帐授徒,远近族人无不佩服他的为人,并以他为学习的榜样。之后,有陈良正,字德端,号文廷,志气高远,品谊醇谨,史传诸书无不博览,教授孙侄有"敷教在宽"之意。陈应凤年十六即设帐以昌堂教徒。族侄陈淑孔幼年曾于以昌堂蒙馆受陈文廷、陈义廷等人启蒙,受益匪浅。清代名儒陈丰陛、简而文、金向水、林鹤舞等人皆入塾掌教,成绩斐然,在福鼎地方私塾中享有一定声誉。

陈丰陛,字元苍,晋江人。明崇祯三年(1630)庚午科解元张能恭榜举人,官至商州府推官,有宦绩。康熙丙午年(1666年),陈淑孔赴省城参加乡试,蒙陈丰陛极力推荐,福建学政陆求可批语"公足不履公庭,沉潜独存古道。且因迁徙愈贫,而节操愈坚。笃志好学,可称有守狷夫,足为士林矜式。"陈丰陛与陈淑孔年纪相仿,亦师亦友,大约于康熙间多次讲学于以昌堂学塾。

简而文,字含章,松江府莆阳人(今江苏昆山),画苑名家。与佳湾陈氏族长陈大煌、陈大煜兄弟友善,过从甚密。雍正七年(1729年),应陈氏盛情之邀,与陈大煜共同持笔为佳湾陈氏重修族谱并作序。大约于康、雍之际,时常往返于以昌堂书院。

金向水,字慕园,秦屿人,清地方名儒。康熙三十一年(1692年)福宁府学岁贡生,家贫嗜学。金向水的姑姑嫁佳湾陈悌,与陈淑孔是姑表兄弟。金向水家贫,幼年曾寄学于以昌堂,为文多奇气。嘉庆间纂县志,福鼎县令谭抡称"向水为文,斐然成章"。金向水年少于陈淑孔,曾先后于佳湾以昌堂、磻溪林家等地执教,善接引后进,

① 陈启西:《故旧是佳湾》,中国文联出版社2014年版,第8页。

成就颇丰,一时知名士咸出门下,学者称慕园先生,名列"秦屿八先生"之首。

林鹤舞,州庠生,六都斗南(今斗门村)人,佳湾陈大煌之婿。少颖异,敏而好学,有文采,善接引后学。

雍正七年(1729年),佳湾陈氏后起之秀陈大煌举介宾,为约正乡里,让更多的人受教化,以昌堂书院遂始接收外族寒门子弟入学。当时部分地方氏族也尽遣族内子弟到以昌堂就学,曾"下佳湾"的以昌堂书院内墨香弥漫,书声琅琅,长衫往来如织,至今佳湾村旁还留有"书堂湾"之名。

为敦促族内子弟积极向学,科举仕进,光宗耀祖,佳湾陈氏还投专款开办本族的学塾,这就是宗族私塾的学田。过去宗族私塾学田又称油田、资读田、书灯田、厅头田,经常由祖先拨留或各房共同抽一部分田地出来,作为以昌堂书院聘请塾师及大厅学生夜读的灯油钱,俗称"厅头灯"。佳湾陈氏主要通过宗族仁、智、信、刚、直、勇六房轮耕,"厅头田"轮到哪房耕作,除去正常缴纳国课外,当年族学塾师聘金及学子夜里读书点灯的油钱就由谁出。明清以来,以昌堂书院成绩斐然,代有文人、显达涌现,涌现科举人才近20人,职官2名,并源源不断地向外输送人才,弟子学成被外族延聘为塾师或出仕。明清以来,先后有陈恩、陈淑孔、陈球、陈芝庭等人,远涉他乡设帐授徒。陈芝庭(1728—1767年),父州庠生陈云龙(1703—1768年),谱名至铎,博通经史,为文多奇气,少与堂兄陈球受知于以昌堂,学成先后被朱坑里朱氏、甘家岐王氏、弹江李氏等家族延聘为塾师,曾讲学于朱坑里朱氏家塾"秉彝堂"。以昌堂书院等私塾延绵三四百年不衰,成为家族培养人才的摇篮。

综上所述,宋代福建人口众多,农业发达,手工业、商业等都达到了空前的规模,经济开发波及八闽大地。福建在全国各路中的地位迅速提升,尤其是随着南宋政治中心的南移,福建成为南宋朝廷的大后方,更加受到统治者的重视,将之视为重要的财政支柱。依托经济上的发展和政治上的重视,福建的文化和教育也进一步发展繁荣起来,被称为"东南洙泗""海滨邹鲁"。① 在此大背景下,福鼎地处闽之头,毗邻浙江,靠近南宋首都杭州,往往得风气之先,和浙江的文化教育交流颇为便利,福鼎各地的书院也空前活跃起来。恰好历史机缘巧合,庆元年间,大理学家朱熹为了躲避"庆元党禁",来到福鼎在潋村石湖书院设帐讲学授徒,培养了一批理学人才,其高足杨楫、高松都成为理学名士。福鼎的科举文化出现兴盛的景象,在杨楫之后福鼎在百年

---

① 卢美松:《八闽文化综览》,福建人民出版社2013年版,第93页。

间出了 29 个进士。各地名门望族办学的积极性进一步高涨,家族私学盛行,遍及城乡。这些书院多为民办,非职业性质,以教书育人、传播学术思想为目的。其办学经费由创办人自行筹措或家族通过族田族产制度加以保障落实。书院为传道授业、研究和著述的场所,书院山长亦多聘请理学家担任,书院学风深受理学影响。宋元时期,福鼎的书院都制订了学规或称学约、学则、揭示、教条等,主要阐明办学宗旨、学习目的与方法,内容以说理诱导为主,禁例为辅,用以指导规范学生的言行。一批饱学之士或致仕的官员也回乡担任书院的山长,悉心教导培养族内子弟,造就了福鼎科举人才辈出的繁荣局面。

第三章　儒学价值观与太姥文化区的文化规范

　　承宋元之后,明代和清初,福鼎的私学教育仍然兴旺不衰。这一时期,私学是教育的基础,其呈现的特点是家族私塾的普遍化,城乡皆有私塾,是培养人才、发展文化和传播学术思想的重要场所。到了清乾隆年间福鼎设县之后,开始设立县学。官办教育出现后,福鼎各地的私学相继成为科举的附庸,为科举考试服务,同时办学形式灵活多样。这既有利于基础教育的发展,也有助于人才的成长和发现。随着官私学的发展,科举的推进,官学教育管理体制和系统的进一步完善,在官学教师选任与教学管理方面更加趋于规范化。与此同时,在官办教育的引导示范下,私学教育更加繁荣兴旺,在普及程度、办学规模、教学规范等都超越了宋元时期,儒学在福鼎渐次发达,促进了福鼎文化教育水平的提升。通过教化作用,在本地建立起以崇德重礼等儒家文化为内核的价值观,并成为日常生活中约束民间社会的行为规范。

第一节　明清时期文化的成就和精神积淀

一、耕读传家的乡土社会

　　清代的私塾、蒙馆较普遍,尤以桐山、秦屿为多,这两个地方在清代也是福鼎出人才最多的地方,如名噪一时的阮洋陈"十八坦"和秦屿王家四代登科。他们的出现与当时社会"耕读传家"的传统以及书院、私学、私塾、家学、家塾的教育是密切相关的。

(一)桐山:名噪一时的阮洋陈"十八坦"

　　阮洋陈氏是福鼎望族,其先祖原居福州长乐,后迁嵛山岛,宋祥兴元年(1278 年)从嵛山迁入店下阮洋村关盘,后又迁阮洋村。清乾隆三十八年(1773 年)又从阮洋迁入县城南门石壁洋崇儒里(俗称"阮洋陈",即今茶厂小区前)。阮洋陈氏历来家族重视子弟教育,在乾隆间先后入了县学,阮洋陈家 18 位堂兄弟先后中举,如陈珧坦、陈珙坦、陈璲坦、陈瑀坦等,就是清代名噪一时的阮洋陈"十八坦"。"十八坦"的老家是店下阮洋村关盘自然村,这个地处店下沿海的小村落从元朝起就出过杭州府教授陈复翁、国子监博士陈盘翁、散大夫知军州事陈和卿,到了明、清两代是个文风鼎盛之地,据《福鼎文史·店下专辑》《店下诸姓(部分)科举文人集萃》一文中列举,关盘陈姓一族有名有姓的文人明朝有 39 人,其中 7 个知县,1 个知府,广东、四川按察使各 1人;清朝出过 52 个文人,最为著名的当属陈珙坦一家出了"十八坦"。

"十八坦"中最有名望的代表人物是乾隆乙酉(1765 年)举人、曾任陕西保安知县的陈珙坦,被称为"边陲干吏"。陈珙坦,是当时福鼎士林名士陈时煜的长子。陈时煜,据民国《太姥山全志》卷十"艺文·题咏一"记载:"陈时煜,字敏斋,号雪堂,桐山人,乾隆间岁贡生。陈时煜秉性严毅,任有才智,有胆力,尤好义。其老师郑兆源,是晋安名儒,殁于塾。陈时煜礼俱尽,扶榇回里,赙以厚资,率同学白衣送数十里。教授子侄皆成名,当时士林称之为'十八坦'"。

陈时煜长子陈珙坦,字碧川,中举后朝廷委派他到陕西保安任县令。保安地处西部边陲,是个汉族和少数民族杂居地,民风强悍,地方治安问题突出,狱讼不断,是个令人头痛的地方。陈珙坦到任后从抓道德和风俗礼仪入手,施以教化,地方风气逐渐改变。《福鼎文史·店下专辑》还记载一件趣事:当时有人报告说延河有双螯大爬虫上山咬禾,以致连年闹饥荒。陈珙坦实地勘察,知是延河石蟳为害,便集众晓谕:"此种爬虫乃是延河的名贵水产,实为美味佳肴,欲除田禾之害,只需大捕捉石蟳烹煮。"邑人遵命,此患遂息。任上,他善于排难解纷,境内士民和睦相处,打官司的也逐渐减少。边地医疗条件差,陈珙坦在公事之余,还学习医书钻研医术,对上门求医的来者不拒,救活了许多人。在保安任县令 6 年,因政绩突出,上级还指令他代管邻县宜川县事务,终于积劳成疾,在任上于县衙官署中去世。身为县令,公余行医的陈珙坦死后竟然身无分文,灵柩运回福鼎后,在乡绅集资帮助下才办理了后事。在出殡时穿白衣服前来送葬的绵延数百里,哭声震动整条街巷,真是一位一心为民、两袖清风的好官。他的著作有《树德堂小草》《春秋辑要》。陈珙坦的这一段经历在民国《太姥山全志》卷之十"艺文·题咏一"有记载:

> 陈珙坦,字碧川,时煜子。乾隆乙酉举人,授陕西保安(今志丹县)知县。保安地界西陲,汉回杂处,民顽俗悍,向称难治。珙坦道以德礼,百姓蒸蒸向化,风俗一变,久之,狱讼渐稀。公余,辄手披医书,有人署求诊者,悉为施治,全活甚众。在任六载,并理宜川县事,卒于官。扶柩回籍,囊无一钱,绅耆集赀助之。祖

奠日,哭声震巷,有白衣冠送至数百里者。著有《树德堂小草》《春秋辑要》藏于家。

除陈珫坦外,"十八坦"中还有两位杰出人物。一位是陈琪坦,字双溪,乾隆壬子优贡,少聪颖,师所授书,过目不忘。陈琪坦才华文章出众,书法尤工,得之者尤珍若拱璧,被称为"文坛翥凤"。① 另一位叫陈九苞,字奕全,号筠崖,清乾隆四十七年(1782年)生于福鼎桐山。陈九苞自幼天性聪颖,少时在陈氏家塾受业于陈珫坦(陈九苞长兄)等人,嘉庆己巳年(1809年)考取福鼎府学第十五名,以二等第二名补增生。陈珫坦受任陕西保安知县之时,陈九苞随从,担任县衙文书,并为其兄出谋划策,得到锻炼,学识日增。清道光十八年(1838年),陈九苞赏戴五品蓝翎充宣诏官,奉旨随殿撰侯官人、恩科状元、云南巡抚林鸿年一同出使琉球国,出色完成使命,传为佳话。②

(二) 秦屿:"四代登科"的王家

秦屿王氏于明末清初始迁秦屿街道,是秦屿望族,历代儿孙谨遵诗书,孝悌传家。对于王氏家族迁居秦屿的历史,王家第五世孙王子仁在《题兰亭书舍》中说:"余祖分自太原,递传而盛于闽东,越明季播迁,余太公遂营于长溪邑下。"王子仁之孙王锡龄在其撰写的《锦城王氏族谱序》中说:"始祖陇前公,业贩盐,由福清沿海迁福宁州水澳,再迁今福鼎县秦屿。"

王氏"四代登科"与王家的三个人物有关,他们是王子仁、王孙恭、王锡龄,这三人是王氏家族科名兴旺的承前启后人物。

王子仁,字安卿,号敦斋,乾隆八年(1743年)考取福宁郡庠十二名,补郡增贡生,后任福州府教授。王子仁科场中式开启了王家科名兴旺的榜样。

王孙恭,字恪亭,由邑廪生中乾隆二十五年庚辰科第二十七名举人。选政和县训导,修葺星溪、云根书院;倡捐赀,以资乡会试。③ 移任漳州府诏安县教谕,后迁福州府教授,主讲鳌峰书院,兼鳌峰监理,培养了许多优秀人才,被福建省学政誉为"海邦师范"。王孙恭在政和县任训导期间,倡议捐资助学,置办祭田,资助士子会试。在福州期间,知府委派他修学宫及鳌峰和文笔两个书院,造砌城垣,疏通河道,他不辞辛

---

① 民国《福鼎县志》卷二十八"文苑传"。
② 林守无主编:《福鼎县志》,第923页。
③ 周瑞光:《福鼎旧志汇编》,第569页。

苦,尽心尽力。秦屿城年久失修,他上书地方官员,倡议修筑。王孙恭著作有《太姥山续志》《寄草庐集》《无聊集》《熊山学吼》《星溪集》《丹诏集》《榕荫书屋集》等。乾隆十六年六月间与陈球、余耀等上太姥山,著有《游太姥山记》,是重要的乡土文献。

王锡龄,字乔松,号虚谷,又别号空同,由邑廪生中式,乾隆五十一年丙午举人。父福州府学教授孙恭,积书累万卷,锡龄丹黄殆遍。[①] 王锡龄一生以授徒讲学为生,由于知识渊博,被聘为乾隆太子教师。为人清廉,教育有成,被授予"钦赐乡贤"称号。据《王氏族谱》记载,王锡龄为人仗义,敢于担当,"海氛不靖,练乡团、完城垣以待,寇不敢至其乡。"王锡龄好文采,嘉庆己巳年(1809年)六月,作《秉彝堂记》:"林尽野旷,遥一屋翼然,跨中亭而立,即先生所居也。乃行不数武,折而西,越田畴数亩,则溪涨盈盈,砌石欹侧,扶而过,从西径前,新秧苍翠,一望如银。路旁有小井,清可鉴人。沿坡下,则群山环绕,左右回望,积谷山又排闼送青而来。"文中所描绘的景色,是曾与见山楼齐名的族塾秉彝堂。

为了培养家族子弟,王孙恭、王锡龄于乾隆五十一年(1786年)倡建书院,历近两年始成规模。书院坐落在今太姥山镇寒碧街街尾丘厝巷,占地720多平方米,坐北朝南,围墙正门楣上镶有"见山楼"石刻和"书楼家声远、莲川世泽长"的楹联。见山楼前面是一片开阔地,上楼打开窗门,前面的远山近水一览无余,尽收眼底,可谓是开门见山,并隐含有"悠然见南山"之意,故名"见山楼"。院内中央建有一幢七溜面高7米、深10米的双层木质结构主楼,主楼中间是书院大厅,也叫学堂,是学子上课场所。大厅两侧底层是仓谷,存放王氏宗祠的公粮。楼上左侧是先生休息处,中间大堂是文人墨客登高望远,饮酒作诗休闲处,当年秦屿"八君子"曾在此开赛诗会。楼上大堂右侧是藏书楼,收藏着各种书籍供王氏子弟借阅。楼后面是后花园,园中四面建有一座三溜单层砖木结构朱子祠,内供有朱熹神像。朱子祠建筑风格精致,青砖灰瓦,两旁勾檐翘角。祠前左右有两颗榕树,右旁还有一口鱼池,左旁假山种有奇花异草。整个书院布局古朴典雅,是个习文修身养性的好地方。

"见山楼"藏书之丰可以看出王家对教育的重视。藏书楼主要收集经史子集以及当地名儒及家族名人的著作,其中著名的有王孙恭所著的《太姥山续志》《寄草庐集》《无聊集》《榕阴书屋集》《熊山学吼》《星溪集》,王锡龄所著的《春秋三家经文同异考》《周易十家集解》《水源木本录》《虚谷诗文集》,王绍言所著的《先儒言行录》,王守锐所著的《迟云诗抄》等。

---

① 光绪《福鼎县乡土志·名儒》。

书院建成后，先后聘请八闽名师来教授，有名儒游光绎、郑兼才、陈寿祺、谢金銮等。以致文风盛行，人才辈出。从乾隆二十五年（1760 年）至光绪年间，王氏族人考中举人贡生 21 人，国学生、秀才 88 人，曾一度出现"父子公孙六举人，叔侄兄弟五拔贡"的传奇佳话。他们是王子仁（乾隆八年增贡生）、王孙恭（乾隆二十五年举人）、王家宾（乾隆四十二年举人）、王锡龄（乾隆五十一年举人）、王绍言（乾隆五十四年举人）、王圣保（道光十七年拔贡）、王祖望（道光十七年举人）、王守锐（道光二十九年拔贡）、王守愿（道光二十九年拔贡）、王起钧（同治元年举人）。

见山楼中"贡元""举人""钦赐乡贤"等楹联、牌匾、名人字画题词，大多在"文革"时期破"四旧"中烧毁，余下一部分被王家后人珍藏。由于岁月更替，见山楼日渐残破不堪，最后残存的三间木屋，大量珍贵书籍、文物损毁。现为国都元帅庙。

"一代儒风扬海宇，千秋文运见山楼"，见山楼见证了王氏家族一段辉煌的历史。

二、享誉闽浙边界的教育家林滋秀

林滋秀，字纫秋，号兰友，室号迟园，清乾隆四十三年（1778 年）三月三十日，出生于福鼎桐山流美村。林滋秀自幼颖慧，生八月而能言。5 岁，父教之读，目可兼下数行。9 岁，夏日曛晚，雨过天晴，万荷擎伞，银珠摇风，舅试指湖岸竹林，以甥名出上联："雨打竹林林滋秀"。林滋秀笑望水中芙蓉，以明朝宰相"叶向高"尊号巧对"风吹荷叶叶向高"。舅嘉其志，人皆以其为神童。乾隆五十二年岁考，林滋秀 10 岁，父携秀应试，至贡院，门禁叱父曰："应试胡携童子来？"秀昂首答："童子试，童子那可不来！"门禁咋舌，肃然引秀入号房。进卷，邑宰李其沛，疑其文假手于人，令其背诵，从头至末不遗一字，奇之。乾隆癸丑（1793 年），年 16 岁，府试以《兰花赋》冠军，拔置案元，季冬院试，以第二名入庠。乾隆乙卯（1795 年），年 18 岁中举人，彼时中举者中林滋秀年最少。不意命运弄人，从此后他科场失意，嘉庆元年（1796 年）、嘉庆四年、嘉庆七年三次参加在京举行的会试，都没有考中。①

仕途无望的林滋秀，在赴京科考游历北方的过程中却是眼界大开，文思精进。"见宫室城池府库，而后知天下大观；看经史子集文章，而后知才人聚薮。燕齐吴越，饱穷两戒山河；草木风烟，想到六朝人物。此际诗肠激荡，酒垒淋漓。"（林滋秀《三十自序》）林滋秀遍交天下鸿儒硕士，结识了文坛泰斗法式善、剧作家洪升、书法家伊秉绶，与大学者王芑孙相过从，和家乡来京文士魏敬中、李枝青等诗酒唱和……

---

① 周瑞光：《迟园挹翠·跋》，周瑞光整理，林滋秀著：《迟园挹翠》，海峡文艺出版社 2011 年版，第 363 页。

嘉庆八年(1803年),林滋秀被河北正定相国梁蕉林府中聘为教师。相府有藏书楼,珍藏有御赐全套图书及相国所蓄经、史、子、集上万卷。上馆日,书楼执事引林滋秀参观,甫下楼,相国至,迎面问:"先生饱学,我家藏书谅必尽读?"林滋秀答:"相国藏书实在丰富,学生读过甚少。"随即背诵适才所见楼上主要书目几百部,又抽段解说其中文章几十篇,相国十分惊喜。

林滋秀执教相府,坐馆6年之久,造就门徒食饩者3人皆入泮。嘉庆十年(1805年),父亲驰家书催归,已经27岁的林滋秀决定放弃求取功名,回乡与家人团聚。从此,林滋秀只当教书先生,先在前岐贡生李鸣三家教私塾,后又设馆平阳,不久返家。嘉庆十八年应福鼎县令谭抡之聘,主讲桐山书院,凡五载。嘉庆二十四年主讲泰顺罗阳书院。嘉庆二十五年起仍主讲福鼎桐山书院十二载。

林滋秀一生没有当官。道光十二年(1832年)春,林滋秀奉命赴京待命,承工部尚书潘世恩举荐,签分湖北荆门州知州。作为"候补"了将近40年的"老举人",终于有了当官的机会,怎奈造化弄人,因水土不服,中秋之后即患臌胀之疾,同年十月初二病逝于京都,终年55岁。林滋秀故居"双桂堂",在流美公路旁,以门前双桂得名。林滋秀辗转河北、浙江、福建,在40多年的教书生涯中,安贫乐道,诲人不倦,培养造就了许多茂才硕士,对教育产生了深远的影响。

第二节　立县以降的官办教育及民国新学的兴起

一、立县以降的官办教育

科举时代,除朝廷设国学外,府、州、县都有办学。

福鼎于清乾隆四年(1739年)建县,乾隆五年开始办学。办学的主要标志是建学宫(清孔庙)及一些配套的祠堂殿宇。乾隆六年,建学宫大殿(址在今市医院),大殿南面有庑戟门、棂星门,门外有泮池,池前有宫墙,墙上书写"宫墙万仞"四字。在学宫大殿前面及左右建有名宦祠、乡贤祠、崇圣祠、奎光阁(八角楼)、朱子祠、明伦堂和老学宅等。为了办县学,乾隆五年,县令傅维祖号召百姓捐献田亩作学田,诸生庄逢景、王凤翔等响应号召,捐田58亩。乾隆八年,福宁府又拨府学学田47.5亩归福鼎县。学田的用途,主要用于训导薪水、宾兴(招待应举之士的费用)和贫士膏火(即学习期间学生津贴费)。所谓入县学,就是在县学中注册一个资格,并没有整天在学读书,其含义与今天的全日制教育截然不同。入县学主要权利和活动是每月听一次训导讲学,即所谓月课;给予乡试的权利;接受教官管教;参与朝拜孔子或其他礼节性的祭祀活动。入县学的条件,要经过县试、府试和院试合格,才可入学。入县学者称生员,俗称秀才。福鼎在明代属福宁州(后改称福宁府),入州(府)学的人数,只有5—7人。建县后,福宁府限额福鼎县入学人数为30人,实际在学的廪膳生员10人,增广生员10人,附学生员7人,武生(武秀才)7人,共计34人。到了道光以后,在学人员有所增加。乾隆二十一年县令萧克昌分别在桐山、秦屿、点头建立三所社学。社学的主要任务是:教育15岁以下的儿童,学习御制大诰、律令及冠、婚、丧、祭等礼节。社师择当地"文义通晓、行谊该厚"者充任。县学和社学是地方文教机构,入县、社学的人可免差役。真正的读书场所,不是县学、府学和社学,也不是国子监,而是书院、私塾、义学和蒙馆,其教材由塾师根据学生不同程度各个注入。初学者主要是识字、写字,学习《蒙求》《千字文》《百家姓》《三字经》等,而后逐步由浅至深,学习《孝经》《小学》《大学》《中庸》《论语》《孟子》和"八股文"、律赋。清乾隆十五年知县高琦创办的桐山书院(址在今市实验小学),因创办时无膏火津贴,在学的人很少。乾隆十六年解决了膏火问题,给每个在学生员6钱银津贴,童生津贴4钱,在学30人。后来在学人数逐年增多。桐山书院山长,都是选择优秀的资深人士担任,如四川举人黄瑞鹤、侯官进士何西泰、桐山举人林滋秀等,所以书院声望很高。书院至光绪三十一年(1905年)停办,历时156年。

在福鼎立县之后的早期官办教育中,必须特别提到一个人,此人为福鼎教育做出了卓越的贡献,他就是福鼎立县之后的第七任县令高琦。

《福鼎县乡土志·政绩》记曰:

> 高琦,字魏堂,江苏武进举人。乾隆十三年宰鼎邑,扩充义学之制,鼎建桐山书院,规模宏敞。讲堂、学舍、廊庑、膳厨咸备。复遍查充公田产,详拨入院。于是师生束修、膏火得所资,而教养尽善。邑人勒石以颂,至今尸祝弗谖。①

高琦深知"为政之道在教化,而教化之行端自学校始"②的道理,所以他在到任后的第三年(乾隆十五年)着手创办桐山书院。桐山书院是官方第一个实施类似今天全日制教育的学校,意义非同寻常。

---

① 周瑞光:《福鼎旧志汇编》,第550页。
② 高琦:《桐山书院记》,载嘉庆《福鼎县志》卷八"艺文"。

高琦在《桐山书院记》一文中还谈到办学经过,开始遇到了经费等诸多困难,但是所有的这些难题都无法阻止他兴学的决心。他反问自己"余令斯邑,振兴之责复何辞?"为此,他"集绅士于堂,语以兴建之极",得到了地方绅士的大力拥护。最后选址于城东南原属桐山营的两亩多的一块地,用其他地进行置换,中途又得到举人张为霖捐献了一块地,面积扩大了许多。同时获得了社会各界的捐献"千余金",并逐级上报经福建巡抚潘思榘、监察陶方伯和福宁府知府秦仁批准后动工兴建。第二年冬落成,福建巡抚潘思榘亲笔题写匾额"桐山书院",高挂于书院门楼,秦仁亲笔题写"乐育群英"。高琦在《桐山书院记》这样描述新落成桐山书院:

> 中为讲堂,左右面南为两厅,东西向为两庑,为书室,为寮房、膳厨,井如也。外有小溪,架桥而进,若泮池然。中峙高阁,供梓潼像,为诸生佑。文阁极轩爽,入窗洞启,四面苍玉如拱,高瞻远眺,俾襟怀旷达,未必非进修一助。①

书院幽静秀丽的环境,是莘莘学子读书求学的理想之所。百年书院人才辈出,其历史也一直延续到光绪三十一年(1905年)科举制度结束。但此地至今依然书声琅琅,现在它成为福鼎市实验小学校址。高琦创办的桐山书院,真正起到了"佑启后人,接武前哲"的作用。于是,福鼎人民记住了高琦,这位任上创办了福鼎历史上第一座官办全日制学校的地方官。

二、清末儒学教育的式微

光绪二十一年(1895年),清政府在甲午战争失败后,民族危机空前严重,教育改革的呼声此起彼伏。代表资产阶级和开明士绅政治要求的康有为等人,在北京发动各省应试举人1300多人,上书光绪帝,反对签订《马关条约》,组织强学会,提倡西方传入的资产阶级新文化,设立学堂和报馆。光绪帝接受变法主张,首先在天津成立中国第一所工科大学——天津中西学堂。光绪二十四年,光绪帝接连发出数十道改革诏书,其除旧部分是:"废八股,改试策论;各省书院、祠庙改设学堂……"继而在北京建立京师大学堂。福鼎受其影响,正在着手改革之际,慈禧发动了宫廷政变,软禁了光绪帝,镇压了维新派人物,福鼎办学堂之举也因而告吹。光诸三十一年,革命风云席卷全国,慈禧慑于当时形势,作了某些妥协,一面派五大臣出国考察宪政,一面在国

---

① 嘉庆《福鼎县志》卷八"艺文"。

内废科举,设朝廷最高教育机关——学部,开办学堂。福鼎行动很快,于光绪三十一年四月把书院改为官立高等小学堂(址在今实验小学),并创办初等小学堂两所,一所在秦屿,一所在桐山;公立(民间捐资)小学12所,其中桐山3所,白琳、点头、前岐、金钗溪、西阳、翁潭、磻溪、沙埕、店下等9个地方各1所,福鼎书院改为学堂后,由于旧派仍在掌权,阻力很大,教科书跟不上,学习内容还是老一套,许多地方把《福鼎县乡土志》作为教科书,所以它的性质仍同旧的书院。

三、民国新学的兴起

封建科举制度逐渐式微,终于光绪三十一年(1905年)被完全废弃,新学开始在福鼎萌芽兴起。

光绪三十二年,福鼎县成立专门的教育机构——劝学所,设视学一人,后扩大为3人,岁贡江本侃担任第一任视学。宣统二年(1910年),县成立教育会,廪生周梦庄担任第一任会长。

1913年,国民政府推行"壬子癸丑学制",就是规定6岁入学,初等小学四年为义务教育,毕业后入高等小学修业三年。1915年,全县初等小学堂改为国民学校,"授以国民道德之基础及国民生活所必需之普通知识技能为本旨"。1916年,官立高等小学改为完小,定名为福鼎县第一小学,桐山的官立小学改称模范小学(地址在今市政府大院)。1920年,在周忠魁的倡议下,创办了福鼎第一所女子学校,地址在文昌阁(今邮电局东后侧),名称为"福鼎县莲池初等女子小学"。1922年,国民政府推行"壬戌学制",6岁入学不变,小学修业改为六年,即高等二年,初等四年,同时国民学校改称初等小学校。1923年,福鼎县劝学所改为教育局,第一任局长为李锡庚(字怀珍,前岐人)。1928年,第一小学改名桐山小学,模范小学改称育仁小学,其他小学也相应改名。1938年秋,育仁小学合并桐山小学,并以其空余的校舍成立"私立北岭初级中学",这是福鼎中等学校办学的开始。1940年,北岭中学改为公立,易名"福鼎县立初级中学"。同年,国民政府对小学实行所谓"管、教、养、卫一体",又恢复国民学校制。并在桐山、玉塘、前岐、桥亭、佳阳、沙埕、贯岭、库口、南溪、秦屿、岚亭、巽城、店下、溪美、跃虎、硖门、蒋吴、琳江、磻溪、翠郊、果阳、管阳、安仁、点头等24个乡镇设中心国民学校,由乡(镇)长兼任壮丁队长和校长。在全县310个保中,办了200多个国民学校,由保长兼任保壮丁队长和校长,以强化对学生的教育和统治。1941年,为解决师资问题,采取应急措施,招收初中毕业生,办了一期一年制的简易师范学校。1942年,简易师范改为招收高小毕业生入学,学制四年,校址在明伦堂(借用桐南小学校舍,后迁孔子庙),这是解放前福鼎第二所中等学校。①

四、民国教育的代表人物

(一)桐山书院山长——周梦虞

福鼎民国新学教育的推动者是一批晚清文人和教育家,周梦虞就是其中杰出的一位。

周梦虞,字桐崖,晚年号遁庵,别号遁庐老人,福鼎秦屿人。清同治四年(1865年)生于福鼎秦屿。光绪十年(1884年)参加府试中秀才,第二年应省试中副贡。周梦虞学问渊博,国文造诣很深,被福鼎文学界推为泰斗。他于光绪十四年出任福鼎桐山书院山长。科举制度被废后办学堂,他改任桐山小学校长(即今福鼎市实验小学,系实小第一任和第五任校长)。教育制度处于变革时代,新学的兴起和发展需要开拓者。这个历史责任落到了周梦虞等人的肩上。

1914年,县长赵士鹏挪用原桐山书院的学租。身为桐山小学校长的周梦虞据理力争,被诬解省入狱。后来,国会议员朱腾芬为其昭雪冤情,方获出狱。

周梦虞出狱不久,受聘为福宁中学学监。1917年,福宁中学改为省立第三中学,他被福建省教育厅委任为校长。任上整顿校风,并延请名师执教,校誉蒸蒸日上,闽东北学子纷纷负笈来读,盛极一时。后来,由于教育系统内新旧派纠纷,他辞职回福鼎,先后担任劝学所学务总董、教育会长、教育课长。②

当时福鼎县没有中学,学生小学毕业后升入中学,要远赴外地求学,颇费周折。于是,周梦虞提出创办中学。1925年和1927年,福鼎各界热心教育事业的人士,先后两次成立"初中筹备处",周梦虞分别担任委员和主任,多次向国民党县、省政府陈述举办福鼎初级中学的必要性和紧迫性,终因经费问题得不到解决而未实现。

1938年,以林锡龄为首的24位乡绅,联名给县长陈廷桢呈文,要求创办福鼎初中。批文未下,他们决定成立"学校董事会",创办私立北岭初级中学,推周梦虞为名誉董事长,创办了私立北岭初级中学(即福鼎一中的前身)。

周梦虞晚年加入广东"壶社"和江苏"虞社",所交名士遍于海内外,诗文往来,唱和无间。1932—1936年主修《福鼎县志》,并续编《北岭文献搜遗》十卷,作为县志补遗。生平还著有《绿满窗诗草》《遁庵诗文集》《古雪斋集》《遁园笔记》等。

---

① 《福鼎文史资料》第6辑,第1—14页。
② 福鼎市教委:《福鼎教育志》,第271页。

周梦虞于 1940 年逝世,享年 75 岁。他在弥留之际,立下遗嘱:"头可斩,身可死,汉奸断不可为。抗日必胜,建国必成,但恨余未能及见,昔陆放翁有诗云'王师北定中原日,家祭毋忘告乃翁',汝等可依照办理,为要。"其爱国之心至死不渝。死后葬于秦屿渠口刘家山。[①]

(二)从晚清塾师到民国教育局长——梁镜寰[②]

梁镜寰,号鉴洲,福鼎桐山人,生于清光绪十二年(1886 年)。梁镜寰的父亲梁子年,晚清拔贡,一生授馆营生,清贫自持,笃实为怀,不慕虚名,做事一丝不苟,对梁镜寰一生的品德学识影响很大。

梁镜寰幼年时,在严父的管教下,兢兢业业,矢志求学,每尝夜半,犹自寒灯苦读,不敢懈怠。11 岁时,在叶广铨(晚清秀才)、孔昭淦(晚清贡生)私塾中就读。数年后,梁镜寰的父亲英年病逝,弟妹年幼,一家生活难以为继,17 岁的梁镜寰只好承续父业,当塾师以养家糊口。梁镜寰授业时,因其讲授精当,赢得学生家长刮目相看。有一年,张姓家长求梁镜寰陪伴其子赴福宁府(今霞浦县)中学报考,揭榜时,他名列榜首,张姓之子亦被录取。但梁镜寰家贫无法求学,学校几位教师闻悉慷慨解囊资助他在学期间全部学费和生活费用。梁镜寰在校学业成绩,每学期均列第一,深得任课教师的器重。[③]

福宁中学堂毕业以后,1913 年 8 月,梁镜寰任霞浦县初级小学校长。1915 年 2 月,任福鼎县立第一小学教员。1918 年赴省城福州道立乌石山师范读书。1920 年 2 月,任福鼎岐阳高级小学(今前岐中心小学)校长,其间,学校各学科课程开设齐全,以身作则,知人善任,教师教学认真,教学质量不断提高,岐阳小学成为本县当时颇有名气的学校。

1924 年至 1928 年,梁镜寰任福鼎县立桐山小学教员。在任教期间,教学能力全面,文、数、体、图、音等课程皆能胜任。梁镜寰品学兼优,教学勤奋,成绩卓著,深受校长信任以及多数教师和学生钦敬。梁镜寰为人正直,不屑于阿谀奉承之举,受到某些依仗权势教师的排挤,无奈之下离开福鼎到福州。

梁镜寰到福州后,经人介绍,在当时的福鼎会馆任馆长。后来,遇到省教育行政人员训练班招考,梁镜寰报名应试,以全省第 13 名的成绩被录取。训练结业后,受省教育厅厅长程时奎委派,出任福鼎县教育局长,时 1930 年。

---

① 林守无主编:《福鼎县志》,第 925 页。

② 梁人骏先生对此文亦有贡献。

③ 《福鼎文史资料》第 11 辑,1993 年,第 161 页。

民国福鼎县教育局经费困难,靠借贷维持运转,梁镜寰上任后聘周梦虞先生担任教育课课长,锐意革新教育教学,在教育指导思想上主张先器识而后文,在教学上首先要求各小学用普通话进行课堂教学,还经常举办普通话演讲比赛,其次,创立高等小学毕业班由县统一考试制度,以鼓励各校之间开展竞赛,促使学生更加好学上进。再次,开展全县学生体育运动会,树立全社会重视体育运动的风气。还规定学校定期举办学生作文、书法、图画、竹雕、泥塑等展览,培养学生在德智体各方面全面发展。

正当梁镜寰为家乡文化教育事业竭忠尽智,奋力开拓之际,地方上某些守旧派对他的新学教育如芒在背,抓住梁镜寰在用人上的一些失误,罗织罪名先后向省教育厅呈递了二十几次状纸,省厅最后不得不下达"免去局长职务,调省另行任用"的批文。

梁镜寰是一介贫儒,因家庭生活所迫,早年担任塾师,后在政界供职数年,一生清白廉洁,对地方文化教育等公益事业贡献很大。1925 年,地方人士组织筹办福鼎初中,梁镜寰为委员之一。1938 年,由于福鼎学子,到省城或邻县求学,跋山涉水,既费川资,又很不便,林锡龄、梁镜寰、卓剑舟、陈维新等 24 人联名呈文县长陈廷桢要求设立福鼎县立初级中学。未获批准,1938 年秋,他们决定创办福鼎私立北岭初级中学(今福鼎一中前身),梁镜寰亲自到校任课,并向学校赠送图书。抗战初期,为唤起民众的觉醒,福鼎知识界组织抗日后援宣传队,宣传抗日形势,号召"有钱出钱,有力出力,万众一心,共赴国难",梁镜寰积极参与,不顾年迈,亲自下乡宣传演讲。1943 年,福鼎简师师资缺乏,梁镜寰踊跃应聘,担任义务语文教员。1947 年梁镜寰病逝。

(三)鼎邑首位中学校长——陈维新

陈维新(1903—1958 年),字子怀,又名贤宁。清光绪二十九年(1903 年)生于福鼎县沙埕澳腰村。维新好读书,负笈师从周梦虞。嗣考上霞浦中学,后就读于北平中国大学哲学教育系。毕业后先后受聘于北平嵩云初级中学、山东济南师范教席。一年后,复南下福州任教于尚干简师。抗日战争爆发后,携眷归里。时值福鼎创办第一所中学——北岭初级中学(今福鼎一中),共推维新出任首届校长。他乐为桑梓教育效劳,备历艰辛,幸得多方资助,克臻于成。[①]

陈维新一生深明大义。1938 年,中共鼎平县委统战部长陈百弓曾来校与其会晤,商谈抗日救国事宜。他深受鼓舞,即带领学生下乡宣传抗日,募集寒衣,唤起民众

---

① 福鼎市教委:《福鼎教育志》,1999 年,275 页。

投入救亡运动。时敌机频临福鼎空袭,为确保师生安全,不辞劳苦带领学生白天到离城2.5公里的栖林寺上课,夜晚仍返宿校园。时敌舰常来沙埕海面游弋,维新鉴于局势严峻,遂于翌年秋,迁校翁江萧氏仓楼上课。其爱国热情和致力于教育的精神,激励了师生教学与抗敌热情。

陈维新治学严谨,知识渊博,尤精史数,深明哲理,讲课深入浅出,引人入胜,由是学生知识益进,成绩斐然。他一生好学,孜孜不倦,清正廉洁,治家俭朴,深得师生爱戴。

(四) 推广普通话的启蒙者——周忠魁、周应杰父子

20世纪初叶,只有官场中人会讲普通话,直到30年代,福鼎讲普通话的才逐渐增多。追本溯源,功在辛亥革命老人周忠魁先生与其子女们的积极倡导和传授。周忠魁儿子周应杰是我省推广普通话的启蒙者。

周应杰(1898—1964年),字子俊,福鼎硖门东稼人。幼时,其父即用普通话与他谈话并教他识字。所以,周应杰在3周岁就知晓600多个汉字的读音与字义。童年就读于福鼎秦屿小学,后入省立福建第三中学读书。其父任三中体育教员,时常与外地友人会晤,用各自的方言交谈,以手比划如演哑剧。因此,强烈促进他向父亲学习"官话"(即普通话)的兴趣。全国"五四"新文化运动,他更是极力宣传白话文,努力推广普通话。

周应杰从省立三中毕业后受聘于霞浦私立汉英学校。当时全校教员中用普通话授课者仅周应杰师一人。周应杰教授国文课,口齿清楚,发音正确。在他的教授下,学生的普通话大有长进。后来,他回福鼎为其父创办的莲池女校上高小课。此后他以莲池女校为基地,大力向社会推广普通话与白话文。

推广白话文和普通话,是当时教育界的新课题。周应杰回鼎后就成为福鼎教授普通话的启蒙教师。他为教好课,将国语注音符号的36个字母,分声母、韵母、拼音、声调绘成图表,在课堂示范发音,使学生们产生兴趣,从而掌握讲好普通话的窍门。

周应杰师在福鼎任教两年,教授国语成绩斐然,为上级所赏识,就被选调往南京,参加彭灵先导师所领导的"全国国语促进会",并任该会组织的南京国语传习会的导师,常与陆定一(解放后曾任国务院副总理、文化部部长、全国政协副主席等职)先生等研讨国语统一的方案,协同编辑以北京语音为标准的字典,努力促进全国国语的普及。

20世纪30年代起,全国普及国语掀起热潮,福建广播电台也应时开辟国语节目讲座。周应杰回到福建,担任福建省广播电台首任讲师,向全省大众播音教学普通

话。不久,省教育厅开办全省小学教员轮训班,周应杰受聘兼任主讲注音符号的导师,是福建省教授普通话的先师。日寇侵华福州沦陷,省广播电台内迁永安,未能续办国语讲座,周应杰乃辞职返回福鼎,就任故乡福鼎硖门小学校长,仍热衷于国语速成的推广和研究。

第三节 儒学文化对乡土社会的影响

一、乡土社会的主流价值观

在清中期和清末,福鼎科场发生了两起轰动城乡社会的案件,折射当时乡土社会的主流价值观。第一起案件就是发生在嘉庆年间的畲族童生钟良弼告王万年阻考案。

(一)佳阳:钟良弼告王万年阻考

钟良弼,又名鸣云,生于清乾隆四十七年(1782年),福鼎县前岐佳阳单桥村(今属佳阳畲族乡)人。幼怀壮志,好学博闻,著有《凌云斋稿》,为人刚直,深得民众爱戴。嘉庆七年(1802年),钟良弼到福宁府应考,被当时县书王万年串通生监,诬指"五姓(蓝、雷、钟、吴、李)禽养",把他赶出考场,不准与考。钟良弼不服,回家同姐姐遍告村族,激起畲民公愤,姐弟变卖家产,村族竞相赠银,资助良弼上告。良弼打赢官司,复考得中秀才。诉状历经县、府、省署,几度辗转波折,得到福建按察使李殿图明察,饬令府县查复纠正,告示士林,并责打王万年30大板,赶出衙门。①

据清道光版《钟氏族谱》记载:

> 嘉庆七年良弼、良材训闻诗书,矢志上进,廪生陈希尧保结在岳邑尊(查《福鼎县志》即岳廷元,山西徐沟人,进士出身,嘉庆五年至八年任福鼎知县)与考,八年科试,蒙恩师取进良弼府学生员第二十名。

钟良弼终于打赢了官司。第二年福鼎县知县岳廷元主持科考,钟良弼复考,取府

---

① 《福鼎文史·前岐专辑》,第99页。

学生员第二十名。① 他成为福鼎畲族的第一个秀才,佳讯传遍畲村,畲民奔走相告,引为幸闻。

钟良弼最终能够获得考试的资格,并取得功名,主要是得到了乡亲们的经济资助和舆论支持,更幸运的是有福建按察使李殿图站出来为其主持公道。钟良弼维护畲民参加科考的事件在当时是体现那个年代价值观的标志性事件,颇受朝野人士的关注。因此李殿图为钟良弼主持公道这件事,在《福建通志》卷二十五"名宦传"还有详细的记载:

李殿图,字石渠,直隶高阳人,乾隆丙戌进士,六十年由甘肃巩秦阶道,擢福建按察使,嘉庆三年升福建布政使,六年迁皖抚,七年调抚闽。殿图嫉恶维严,治尚操切……福鼎童生钟良弼呈控县书串通生监,诬指畲民不准与试,殿图饬司道严讯详复,张示士林,其略曰:"读书可以明理,而必明理,然后可以读书。以女妻犬,理所必无,事或有之,谁则实见其事?且审其姓氏于洪荒之世,而为之记载乎?……至以蓬首赤足指为异类,山居野处不相往来,更为不通之论。上古之世,穴居野处,饮血茹毛,所谓衣冠文物,原经数千百年以渐而开,非邃古以来,即黄帝之冠裳,周公之礼乐也!……方今我国家,天山南北扩地二万余里,其南路为回疆,北路为准噶尔地,即与畲民无异。今北路之巴里坤改为镇西府,乌鲁木齐为迪化州,业经兴学设教,诞敷文德,是未及版图者,无不收入版图,尔等将版图之内,曾经输粮纳税,并有入学年分确据者,以为不入版图,阻其向往之路,则又不知是何肺腑也!娼优隶卒,三世不习旧业,例尚准其应试,何独于畲民有意排击之?……本部历为世道人心风俗起见,不惮与尔等腾缕言之。"

畲族童生钟良弼告王万年阻考胜诉,畲族人民欢天喜地。应该说,钟良弼的胜诉不仅仅是他个人官司的胜利,更是这场官司背后所承载的一种价值观的胜利,这种价值观是社会普遍认同的。

为了教育后代,畲族歌手把钟良弼抗阻争考斗争过程,编成畲族小说歌五十多首,传唱至今。这些小说歌,以叙为主,夹叙夹议,生动再现了当年钟良弼为维护畲族同胞读书和参加科考权利的抗争过程以及人们对这件事的看法和他们的思想观念,至今读起来仍然令人感慨不已。

① 林守无主编:《福鼎县志》,第923页。

畲族小说歌《钟良弼》①

笔头落纸字来真	文章字字写得精
写出福鼎一段情	可恨柘洋一个人
清朝管下第五帝	他是柘洋王府内
嘉庆皇帝坐龙庭	名字就是王万年
写出歌言句句真	万年阻考闹场房
就讲单桥钟家情	不容良弼进考房
单桥出个钟良弼	蓝雷钟李无准考
寒窗苦读聪明人	五姓童生赶出门
歌言凭实编出来	良弼心头气冲冲
良弼进府考秀才	回到福鼎单桥村
良弼这科进场考	五姓难忍心头气
福宁府内场房开	就请教习一大群
五县童生到福宁	就请教习一大群
学院出来点贤人	良弼带去打考房
五县童生都报本	考房打了去报卷
良弼文章做得精	卷已报了仔细忖
卷已报了毛尔艾	想来良弼真灵通
五姓童生来会齐	告状使用很多银
告你万年一帮贼	告状无讲银钱使
写呈告状上院台	要复功名留子孙
良弼企笔气冲天	良弼担银起身行
一夜就写两封呈	直直就去福州城
县里一封递去了	良弼上省去告状

---

① 《福鼎文史·前岐专辑》，第100页。

府里也送一封呈　省主衙门去递呈

府里也递一封呈　良弼呈文一纸书
告状要钱走头前　告到抚院衙里去
告状无论银钱使　好得来省李抚院
总求这状告得赢　看了呈词发怒气

写呈告状为功名　看了呈文气台台
五姓童生真齐心　就骂万年狗奴才
个个都来签名字　科举莫容五姓考
签名一个百六银　我这抚院哪里来

个个签名又签姓　良弼万年审一堂
一心要告王万年　万年答话实是强
也告文飞和连玉　不容五姓人讲话
姓王一谢阻功名　骂我五姓禽兽养

骂我五姓禽兽养　好得姓李抚院官
全身都是毛生长　良弼告赢有威风
天下考场不准考　二十四拜谢抚院
不准五姓考文章　退行三步出衙门

抚院见讲笑嘟嘟　贡院文榜发出来
良弼万年台上堂　良弼这科中秀才
两人脱衫验身体　嘉庆癸亥年间事
两人身体一样相　造出歌言人伴嘴

万年阻考欺侮人　写出歌言字清清
未受法来未受刑　良弼告状复功名
从宽免罪回家转　从此五姓准考举
良弼复考有功名　良弼算个本事人

(二)磻溪:革职秀才林大可告倒县太爷①

这第二起案件发生在磻溪,是一位革职秀才告倒县太爷案。革职秀才林永奇,字清昭,号大可,是磻溪北洋里林氏二十八世孙。清光绪甲申秀才补禀,1912年法科毕业。林大可资质聪明,才思敏捷,足智多谋。

光绪三十四年秋(1908年11月14至15日),慈禧太后和光绪皇帝相继驾崩,清廷要求举国哀悼,全体官员都要披麻戴孝。福鼎县属下衙役不但不带孝,还身穿红领褂,腰佩短刀,威风凛凛,下乡收取赋税,对无钱交纳赋税的人非打即骂,乡人无不义愤填膺,但又怒不敢言。磻溪北洋里秀才林大可时值年盛,血气方刚,因为看不惯衙役的无理行径,在磻溪碇埠头借故将衙役红领褂撕下扔到溪里。衙役大怒,但因其是秀才,功名在身,不敢贸然拘捕,只能立即回县禀报。县令听后非常生气,认为撕下衙役的红领褂,那是对他的藐视。于是,立即革去林大可秀才功名,并以妨碍公务罪抓捕治罪。

众衙役得令非常高兴,迅速动身前往磻溪,可当他们来到磻溪北洋里时,发现林大可家大堂上搭有光绪皇帝和慈禧太后的孝堂,还有武举人吴锦成在守孝,于是便不敢贸然冲进去抓人。吴锦成武功了得,衙役自然不是其对手,不但抓不到林大可,还有冲撞光绪皇帝、慈禧太后孝堂的罪名。于是想着等吴锦成走后再对林大可实行抓捕,可吴锦成在林大可家为光绪和慈禧太后守孝一守就是三天。

原来衙役走后,林大可自省撕褂之举虽然痛快,但未免过于冲动。衙役回城后,定会向县令禀报,县令也一定会马上来抓人,无辜被罪不说,就连功名也可能不保。不过错已铸成,悔也无益,他又想此任县令本来为非作歹,干脆一不做二不休,想办法把县令告倒。他低头苦思冥想,终于想出了一个计策。

他先是在大厅上搭起光绪皇帝和慈禧太后的孝堂,然后差人往黄冈蛤蟆座请来武举人吴锦成在孝堂守孝,自己则动身赶往福宁府状告福鼎县令及衙役在光绪皇帝和慈禧太后驾崩期间不披麻戴孝,反而身穿红领褂,下乡四处扰民的大不敬之罪。福宁知府李树敏和福鼎县令胡成鼎相交甚厚,本有心袒护,但大不敬之罪,罪莫大焉,实是爱莫能助。可怜胡成鼎逞威不得,反被革职处理。

乡民们对此任县令作威作福早已深恶痛绝,闻其革职,无不拍手称快。林大可告倒县令深得民心,这个故事也在民间广为流传。

关于林大可生平,福建师范大学副校长黄寿祺教授曾撰有《林大可先生传略》,全文如下:

---

① 林孟基先生对此文亦有贡献。

先生姓林,名永奇,字清昭,号大可,福鼎县磻溪人。少聪颖,嗜学,过目成诵,其父以千里驹目之。年十三应县府试,名列前茅。及院试,主考冯光通见其年甚稚,心异之,默立其傍观其属文,先生挥翰如流,千言立就。遂亲受其卷,问其姓名,大加赞许,并云:"福鼎山川灵淑,必产奇才,此生前途未可限量也。"拔入郡庠。

越数载即食廪饩,任福清教谕,存记县知事,先生益发愤读书,淹贯经史,傍通百家,尤精岐黄之术。科举既废,先生遂入法政专科学校,毕业得法学士衔。学成归里,创乡校、建宗祠,不遗余力,为乡党及宗族所崇敬。

先生性孝友。事母先意承志得其欢心,与弟挺英自幼友爱。老而弥笃,治家有法,崇节俭,戒奢侈。居乡里既以医活人,又善为人息争讼排难解纷。恶声色货利之徒,羞为伍,独爱佳山,得一佳客,则与盘桓竟日不倦也。先生有子三人,曰寅曰宸曰振,教之甚严,毕业中学或大学,俱服务教育界,著声名。先生卒于庚辰之岁,年七十有一。

寿祺少与先生侄婿萧潜同学友善,尝同游太姥山,获一见先生于磻溪。今忽已六十年,幸复获见先生次子宸于寿宁,宸奉状乞为传记入族谱,爰撷其要于篇。

二、江南孔裔第一村——西昆

西昆村位于太姥山西麓的福鼎市管阳镇,距福鼎市区30公里,目前全村468户2163人,孔姓860多人,是孔子后裔在江南的最大聚居地,有"江南孔裔第一村"之称,先后获得"福建省历史文化名村""省生态村""中国传统村落"等称号。据《西昆孔氏宗谱》记载:孔子第55代孙克伴公,为镇江丹徒人,明洪武元年(1368年),以右卫总旗官职跟随大军征战福建,阵亡,按军功世袭,其侄儿孔希顺袭补福建建宁右卫总旗,不久屯兵长溪柘洋里(今柘荣县),之后又从柘洋里转迁福鼎沙埕流江村,凡三迁始奠基于西昆。西昆村有着悠久的历史文化底蕴,现存30多处老宅,大部分是明清时期的建筑。

(一) 承载孔子思想的古村建筑

在孔氏家族中,祠堂被称为家庙。"孔氏家庙"巍然屹立于西昆里,坐西朝东,三峰迎面,峰峦拱翠。西昆的家庙始建于清顺治十年(1653年),面对着三座狮子形的山峰,素有"三狮朝一祠"的说法。庙前广场上留有宣统己酉科拔贡孔昭淦和光绪癸巳岁贡孔广敷的旗杆石夹。跨进大门,昂首可见清乾隆皇帝所赐的"至圣裔"金字牌匾。家庙内正厅面阔五间,进深四间,是族内举行重大活动的地方。正堂神龛供有历代先主木主牌,左右两侧则摆列家族 10 个房头的木牌位,梁间悬挂有多块匾额,但族人视之为宝轻易不肯示人的乃一幅《孔子圣像图》,画像下方有一段抄录《礼记》的文字,落款"孙文",并盖有四方篆刻印鉴。家庙按例一年开三次,分别是三月初三、七月十五和除夕。除此,凡孔氏家人有红白喜事,都可在家庙里举行,含有向老祖宗报告家族大小事务的意味。西昆家庙被列为"福建省十大名祠"之一,也是 1989 年福鼎市首批文物保护单位。

同样,西昆的几座百年大厝,于今虽然与芳草为伴,但仍折射出孔子文化遗产的缕缕光辉。规模最大的是建平村,占地 10 余亩,像一座小城堡,围墙内有大片田地,为族塾和"书灯田",内墙旁有旗杆石夹,故"建平村"又名"旗杆里"。据说,封建朝廷出于对孔圣人的尊重,有"抓丁不进建平村"的不成文的规矩,于是后来就有不少外姓人进住,以避抓壮丁,形成了如今孔姓为主,其他姓氏共居的结构。大厝还有上新厝、下新厝等等,多是四合院式结构。这些明清建筑虽大都年久失修,不少残垣断壁,但破败中仍透着当年的气派,尤其是那些雕镂在门楼上,悬挂在匾额中的文句,更能令你触摸到孔夫子的思想。如"走必循墙",从字面上解释,即自己走路时循着墙走,把大路留给别人走,考据其大义,乃是处世恭顺谨慎及仁爱心理,是孔子的人生哲学。又如"世笃二南",源自《论语·阳货》篇:"子谓伯鱼曰:'人而不为《周南》《召南》,其犹正墙面而立也与!'"原来"二南"是《诗经》的重要篇章,孔子教导儿子伯鱼,一个人不学习"二南",就像对着墙壁站立,一事无成。朱熹认为"二南"所言皆修身齐家之事,不认真学习,就不知道民间百姓的生活状况、思想感情,因而不可能全面透彻地了解周王朝德治、礼治的精髓。从这些语句中,我们不难体味西昆孔子后裔对孔子思想的深彻领悟并努力恪守。①

(二)流传至今的孔氏民俗礼仪

在西昆村至今还流传着孔氏家族特有的一些民俗礼仪。

1. **祭孔大典**。每年 9 月 28 日,是孔子的诞辰日,这一天,全国乃至世界,有不少地方举行"祭孔"活动,最隆重的莫过于山东曲阜的祭孔大典了,而地处闽东一个相对僻静的村落西昆村每年照例也要举行这样的祭孔活动。

祭孔,是华夏民族独特的一个隆重祀典,它可追溯到公元前 478 年,孔子卒后的第二年,2000 多年来从未间断。全球的祭孔仪式大致相同,据西昆祭孔主祭人说,西昆的祭孔仪式和曲阜完全一致。值得一提的是,2006 年是西昆祭孔典礼的一次重要

---

① 唐颐:《二十八个人的闽东》,海峡文艺出版社 2011 年版。

改变,在此之前西昆祭孔是一种家祭,参加祭奠都是西昆孔氏族人,从 2006 年西昆祭孔开始改为公祭,参加祭孔典礼除了西昆孔氏族人之外,还有专家学者、地方党政领导、国学爱好者。世界孔裔联谊会会长孔德墉派代表参加了 2006 年的这次盛会,并在致辞中说:"西昆村是至圣后裔文化遗产地,西昆的《孔氏家谱》已汇入世界《孔子世家谱》中。"每逢祭孔典礼,也是各地孔裔宗亲代表、文人雅士聚会西昆交流学习弘扬国学心得的绝好的机会。每年的祭孔典礼都在孔氏家庙举行。主祭人的一声"启户",众多西昆孔氏子孙按老幼尊卑次序,每 9 人一排共 9 排组成"孔子巡游"方阵,在大殿孔子汉白玉雕像前排列整齐;主祭人再一声"正冠肃立",庄严肃穆的祭礼典礼开始了。

雕像前设香案和供桌,主祭人和司仪站在供桌的右侧,一番鞠躬作揖后,进行三献礼:初献帛爵,帛为黄色丝绸,爵为仿古酒杯,由正献官将帛爵奉到香案,主祭人供奉祭文,而后全体参祭人员对孔子像五鞠躬;亚献和终献乃献香献酒,分别由亚献官和终献官将香和酒供奉到香案。接后对孔子行"五拜礼":一拜自强不息,二拜厚德载物,三拜精忠报国,四拜孝亲尊师,五拜共促大同。期间,主祭人诵读《孔子赞》,头人诵读祭文。

"大学之道,在明明德,在亲民,在止于至善……"从 2006 年开始,西昆祭孔仪式最后一个环节都要安排德成书院的小学童们在戏台上朗诵《大学》和《弟子规》,那整齐而稚嫩的声音在孔氏家庙的上空久久回荡,让听者的心灵仿佛接通了那延续了千百年的文脉。

2011 年,西昆祭孔大典被列为宁德市非物质文化遗产。

2. **接北斗**。每年农历八月初四夜里,当北斗星在夜空出现之际,都要举行"接北斗、祭魁星"仪式,简称"接北斗"。① "接北斗"就是祭祀天上的北斗星。该仪式始于宋代衍圣公。仪式开始,排好供品,献上五果、敬酒、上茶、点灯、进香,族人跪拜行礼之后,主祭恭恭敬敬地将所带五彩丝线,按照黄、绿、红、黑、白的顺序,依次接好,悬挂在圣像之前,整个仪式,既严肃,又神秘。"接北斗"的时候,供品的放置,明灯的悬挂,都有一定规矩。如明灯必摆成北斗形,供品必备五碗等。整个仪式中,随从族人毕恭毕敬地跪拜,等待顺利接上北斗。据说,接上北斗,祭拜了魁星爷,就可以确保孔府"与国咸休,安富尊荣公府第;同天并老,文章道德圣人家"——这是孔府大门上的一副楹联,其中的"富"字,缺少上边一点,以示孔府富贵无穷无尽,没有头;而"章"

---

① 《福鼎文史·管阳专辑》,2008 年,第 164 页。

字,底部的十字通过"日"部中间,直顶立部,这意味着,孔府的文章通天,水平最高。为何接了北斗,祭了魁星,就能保证孔府富贵无头、文章通天呢?原来,北斗七星中的第一颗星,是二十八宿中的魁星;而另一个魁星钟馗,他变成神仙之后,住的地方,就是北斗七星。所以,自古以来,魁星被当成了天宫"文官之首"。宋代人认为,魁星"屈曲相钩,似文章之画"。历代帝王都认为,孔子是天上魁星下凡。所以,就以"接北斗"仪式纪念这位天宫魁星化身的孔圣人。

3. "**圣人殡**"**葬礼**。在西昆,孔氏举办丧事,还保留其家族古老的"圣人殡"葬礼。仪式具有文明、朴素和节俭的特点,散发浓厚的孔子文化气息。仪式如下:

死者殡殓之日,请来本族有名望的人担任"主殡官",另聘礼生二人协助。殡台搭在院落里或屋外空旷地,台上摆八仙桌一张,桌上供奉"至圣孔夫子先师"圣贤牌,两旁分别写上"四配""十哲"字样,前置香炉一只,并设茶酒五果等供品,以示奉敬圣贤。

行殡前,由礼生主持,指挥行礼如仪,孝男孝女向灵前上香、祭酒,悲哭跪叩志哀。参与吊唁的亲友,按长幼辈序施礼,与死者遗体告别。仪毕,主殡官一声"止哀",霎时间全体肃立,鸦雀无声。这时,主殡官率二礼生登台就席讫,礼生道:"请主官诵读圣经。"主殡官朗诵《大学》第一章全文,反复三遍,二礼生各接读三遍,最后仍由主殡官朗诵《中庸》第三十一章其中的一段。诵毕,主殡官宣告:"时辰已到,请鲁班师傅盖棺!"殡礼完毕,随即发葬。[①]

整个"圣人殡"仪式既隆重又节俭,据说是孔子制定的丧礼模式,充分体现了"礼"与"俭"的思想。

三、复兴儒学的新尝试

国学,在很多人的印象里,似乎是一个距离遥远但又似乎无处不在的词汇。国学作为中华传统文化的精华,其绵延不绝的文化张力直到21世纪的今天依旧滋润着我们的心灵。然而一个时期以来,国学经典备受冷落的现实让人痛心。如今,有一群关注福鼎教育的有识之士,率先敏锐地自发地将国学经典《弟子规》《三字经》《千字文》《笠翁对韵》引入校园,力图弥补现行学校人文教育的不足,让孩子从小埋下中华文化的根。

---

① 《福鼎文史·管阳专辑》,2008年,第164页。

（一）德成书院的文化守望

在西昆，治文重教是传统。古代，村里置办一块"书灯田"，田地收入专供老师和学生读书点灯的费用。读书重教风气浓厚，人才辈出。自清乾隆到宣统年间，有贡生 4 名、廪生 4 名、太学生 1 名、国学生 7 名、庠生 21 名。即使到了现在，村里最重视的还是教育，村里每年都有好几个学生考上大学；前些年，村里还创办了德成书院，与西昆小学形成互动，孩子们上小学前在书院接受启蒙教育，学习《弟子规》《三字经》等。

"人之初、性本善，性相近，习相远……""弟子规，圣人训。首孝悌，次谨信。泛爱众，而亲仁……"走进西昆村像这样诵读国学经典朗朗读书声常常会飘在你的耳畔。2006 年村中孔氏家庙复办国学私塾并起名德成传统文化学校（现更名"德成书院"），2009 年德成书院在西昆小学旁正式落成。村支书孔庆平说，西昆小学学生入学之前，要先到德成书院接受启蒙教育。德成书院现在主要接收还没到义务教育阶段的孩子，除了本村孩子外，学生来自国内多个地方，如周边的蕉城区、柘荣县和浙江苍南，"我们要求外地学生的父母要跟来陪读，他们也要学《弟子规》等蒙学经典"。人们在这所学院看到，幼儿小班的孩子在接受"静心"等行为规范教育，中班孩子开始识字，大班孩子已能流利诵读繁体版的《易经》。进餐时，这些孩子安静有序，把碗里的饭吃得干干净净，日常琐事也做得那么持重。

西昆德成书院的师生

近几年来每年暑假,西昆都要举办了一场以"孝亲尊师"为主题的公益夏令营,吸引100多名来自省内外的孩子与家长亲近国学,与村里的老人一起接受孔子文化的熏陶。半个月时间里,参与夏令营的人们耳濡目染、身体力行,体会"礼、孝"的内涵。据孔庆平介绍,这个"孔子村"里的"孔子学院"如今已有10多位来自各地的义工,当中有企业高管、海外留学归来的学子,他们在这里义务教学,分文不取。"治学重教"是孔子后裔历代家训。西昆至今还有一条村规,家中小孩都得学习儒学,"不学礼,无以立"。

除了教授国学启蒙读本,学院还教书法、剪纸、太极,让孩子自己动手叠被子、洗衣服、洗碗,周末到村里的"孝行之家",为孤寡老人打扫房间、表演节目……

为把"有教无类"的教育思想落到实处,德成书院也接收一些被认为是"问题学生"的初高中学生,教他们学习礼节规范,收心养性。创办9年来,德成书院已成为闽东特色教育的典范。德成传统文化学校的办学也收到良好的社会效益,村里这几年治安案件发案率为零。

(二)重振国学的"星星之火"

为了推广"国学经典教育进课堂"活动,从2010年起,福鼎市传统文化促进会筹备组每年自筹资金近30万元用于试点学校免费的国学经典教材发放、教师参观培训等。从活动推广最初只有两所学校响应,并且只限于课前诵读,到如今9所小学参与,涉及15个年级段,80个班级,4183名学生,每班每周一节课的课时安排,形成了学生参与、教师参与、家长参与、社会参与的国学教育良好氛围。

福鼎市中小学开展国学经典诵读活动

两年来,为了让国学经典迅速走进校园,博得孩子们的喜爱,很多国学经典进课堂试点学校在环境布置、课程设置上都下了一番工夫。桐北中心小学的楼道内、围墙上,布置着《弟子规》《三字经》、"孝道故事"、"诚信故事"、"礼仪故事"、"感恩故事"等等主题内容……校园内处处弥漫着一股儒雅的书卷气;实验小学则把"国学经典教育"作为学生爱国主义教育、道德教育、素质教育的重要内容,以"国学经典"与书法、古诗诵读等等相结合的方式,探索和实践出一条传统文化和现行知识相融合的特色教育道路;硖门乡柏洋小学则试图把国学经典和孝道教育相结合,走一条乡村特色道德教育新路。

在国学经典进课堂活动刚开始时,有不少学生家长还心存疑问:"学这些老古董有什么用?"而如今,家长们的态度却发生了明显变化。很多家长反映,慢慢发现孩子们变了,懂得为下班的父母端上一杯茶;吃完饭主动收拾碗筷、扫地;对长辈的礼貌也多了……家长们说,国学经典教育让传统文化走进了孩子的日常生活,走进他们的家庭,规范着他们日常行为,成为孩子们成长路上的"指南针"。

学校的老师们说,由于大多数学生都是独生子女,自私、任性、不懂礼貌等现象在学生中比较普遍,自从孩子们接受国学教育之后,变得更加谦让、团结同学、尊重师长了。同时,通过经典诵读,学生们了解到优秀的中华文化和民族精神,对学生的日常行为规范起着积极作用,从而提高了学生的人格素养,培养了学生的审美情趣。在这种处处弥漫着传统文化的氛围里,孩子们的心灵得到了净化,过去那种粗鲁的行为不见了,文明礼仪在校园内随处可见。

"文以载道,继往开来"。学校把国学经典引入课堂,通过传统国学教育,让传承千年的仁义、诚信等传统美德和礼仪在孩子幼小的心灵扎根,必将使孩子们成为建设社会主义和谐社会进程中身体力行的一代!虽然今天,"国学经典教育"还未被列入学校教育体系范畴,但是通过民间力量自发的种种努力尝试,对探索出一条更科学、合理,更符合现代化的国学教育之路具有重要的参考意义!

综上所述,传统乡村,在当代人的眼里,或许是与贫穷、落后联系在一起,然而无论是在古代文人的笔下,还是在乡村耆旧的心中,乡村更多的是充满温情、诗意、祥和的梦里故乡。如果从读书人的数量来说,当代中国农村比古代农村多得多,然而为什么却没有从前的典雅?主要原因在于乡绅的消失。所谓"乡绅",就是乡间的绅士,即士大夫居乡者。这主要由两部分人组成,一部分是有官职而退居在乡者,此即所谓的"绅"或"大夫";一部分是未曾出仕的读书人,此即所谓的"士"。由乡间士大夫组成的"乡绅"群体,他们有高于普通民众的文化知识和精神素养,有着为官的阅历和广阔的视野,在官场有一定的人脉,对下层民众生活有深刻的了解。他们既可以将下情上达于官府甚至朝廷,也可以将官方的意旨贯彻于民间。因而"身为一乡之望,而为百姓所宜矜式,所赖保护者"(《绅衿论》)。"乡绅"的核心是"绅",他们在这个群体中起着主导作用。乡绅群体形成的基础是"农业文明"。自周代始,即反映了"恃田而食,恃土而居"的农业型经济生活特征。从事农业的人群,不像游牧民族或商业人群那样四处行走,而是世世代代守护在土地上,他们像庄稼一样,把根深扎在了乡土里,对乡土充满了感情。虽说"大丈夫志在四方",不免要宦游他乡,但"叶落归根"则成了农业文明滋养的人群颠扑不破的信念。这种传统在周代就已出现。他们在乡间承担着传承文化、教化民众的责任,同时参与地方教育和地方管理,引领着一方社会的发展。他们可以说是乡村的灵魂,代表着一方的风气和文化。故张集馨《道咸宦海见闻录》说:"绅士居乡者,必当维持风化,其耆老望重者,亦当感劝闾阎,果能家喻户晓,礼让风行,自然百事吉祥,年丰人寿矣。"[1]这些乡绅,他们怀着四方之志,在青壮时期通过科举、铨选,离开家乡,为国效力。晚年归乡,则带着一身的荣耀相见于乡亲父老。他们的学问知识为一乡学子所钦慕,他们作为成功的榜样,激励着后辈学子奋发向上。这样,一批又一批的官员回归故里,换来的是一批又一批的才俊走出乡土。如此而形成了一个生生不息的人才大循环,使中国乡土变成了人才生长的沃壤。

回望明清以降的福鼎乡土社会,以"耕读传家"为核心的儒学价值观始终是主流价值观,左右着人们的思想和行动。时至今日,从福鼎古村落幸存的老宅走过,看看那残留的"耕读传家""地接芳邻""稼穑为宝""居易俟命""君子攸宁"之类的门楣和厅堂上的匾额,品读这些连今天的大学生都不能完全理解的古典语汇时,我们仍然能够感受到福鼎传统古村落中曾经飘荡着诗雅风韵和那背后深藏的意蕴。这些语汇不是豪言壮语,而充溢着的是内在的道德修束。"耕读传家"是当时福鼎小康农家努力追求的一种理想生活图景,在老百姓中可谓流传深广,也是旧中国传统农业社会中深入民心的一种理念和追求。耕田可以事稼穑,丰五谷,养家糊口,以立性命。读书可以知诗书,达礼义,修身养性,以立高德。所以,"耕读传家"既学做人,又学谋生。这里所谓的"读",当然是读圣贤书,为的不一定是做官,更重要的是学点"礼义廉耻"和做人道理。从清初陈珧坦、陈九苞到清中期钟良弼乃至清末及民国时期的周梦虞、林大可等人的血液中都流淌着这种价值观和生活理念。特别是钟良弼、林大可告状这

---

① 张集馨:《道咸宦海见闻录》,中华书局 1981 年版,第 27 页。

两件轰动一时的案件更是折射出当时社会普遍认同的一种价值观念。或许在古人看来，做人第一，道德至上。钟良弼维护的是少数民族学子耕读传家的权利，他的抗争，是一场与世俗偏见、民族歧视做挑战的无畏而正义的斗争；林大可维护的是读书人的尊严，运用大家都认同的儒学价值观对衙役横行乡里巧妙抗争；钟良弼和林大可两人诉争的缘由不同，他们所维护的根本价值观是一致的，结果也是一致的，他们最终都打赢了各自的官司。这说明他们的诉求和价值观得到大众和社会的普遍的认同和支持。代代相传的"耕读传家"思想对乡土社会的价值观影响巨大，乡土社会中人们尊崇读书人的地位，对知识敬重，凝聚成太姥文化区的一种文化规范。即使今天在福鼎乡村，人们对读书人仍然尊称为"先生"，在乡村还能看到"焚字炉"，对写有文字的纸张不能随地丢弃，要在"焚字炉"焚烧，以表示对知识的敬畏。在耕作之余，或念几句《四书》，或读几句《三字经》《百家姓》《千字文》之类，或听老人讲讲历史演义，人们就在这样平平常常的生活中，潜移默化的接受着礼教的熏陶和圣哲先贤的教化。"耕读传家"成为古代中国维系乡村社会秩序的一种重要的理念和信仰，包含"耕读传家"思想在内的儒学价值观乃至儒学文化至今在福鼎的城乡还有较为广泛的影响力，近年来在一些乡村和城乡学校有逐渐悄然复兴的势头，这可以看作是人们对传统价值观的怀旧和重温，也可以理解成人们希望通过借助它来调和改革新时期、新常态下各种错综复杂的社会人际关系的一种现实需要。

第七编

文学艺术　太姥文化的价值理念

由于地理和历史的原因,太姥山地区长期与中原阻隔,所以,福鼎文字记载最早的文学创作活动要晚至唐代。神龙二年(706年)考中进士的长溪西乡石矶津(今福安市溪潭镇廉村)人薛令之,归隐家乡时创作的五言律诗《太姥山》,和晚于薛令之165年的长溪赤岸(今霞浦县松港街道赤岸村)人林嵩的《太姥山记》,均是迄今为止发现最早的关于太姥山的文学作品,开创了太姥山地区文学创作的先河。到了宋代,太姥山地区的文学艺术渐趋发展,先后有许多作品荟萃成书,如杨兴宗《自观文集》,杨简《寓庵文集》,高崇《容斋文集》,孙调《浩斋集》《龙坡文集》,杨楫《悦堂集》《得庵集》,高龄《云门诗集》等,不下20余种,但大多数散佚无存。而流传下来的名人名家关于太姥山地区相关人与物的作品已是不少,如陈与义、郑樵、朱熹、王十朋、陈傅良、刘克庄等人的零金碎玉。主要原因是当时太姥山地区社会相对稳定,生产力有所提高,与外界的来往加强,加上宋室迁都临安后,受都城文化的近距离辐射影响。元代虽然只有短暂的几十年时间,但磻溪人林仲节文名籍甚。到了元明清,文学创作活动已经相当普及,虽然受地域和交通条件的限制,和外界的交流不是太多,但就如民国《福鼎县志》所言,鼎邑虽僻处闽东,然文人学士不择地而生,还是产生不少文采风流,其中尤以清前期的桐山人林滋秀成就最高、文名最盛,其余如王家宾、蔡文蛟、王守锐等,在文学创作上均取得很高的成就。大致说来,太姥山地区文学的兴起在中晚唐,发展在两宋,繁盛在明清,新变在清代。

福鼎的艺术亦是在唐代始方有可考的历史,代表作品就是现存于灵峰寺的石刻,其造型质朴浑厚,气魄宏大,中外观者,无不为其艺术魅力所倾倒。鼎邑佛教文化发达,与佛教相关的艺术,如建筑、雕刻、绘画、音乐等,均取得较高的成就。福鼎为畲族的聚居地,在长期的劳动生产和社会生活中,创造和保留了大量的工艺品、音乐、舞蹈、歌谣等,是太姥山地区文学艺术宝库的重要组成部分。福鼎地处闽浙交界,与浙江温州毗邻,鼎温两地在政治、经济、文化以及历史、宗教、民俗风情等众多方面都有着密切的联系,特别在民间的文学、曲艺、戏曲、美术、音乐、舞蹈等方面互相交融发展,形成了富有福鼎地方特色的文学艺术。另外,福鼎地处山海之间,面向大海的地域特征也影响了其文学艺术发展的兼容特色。

太姥山地区的历代文学艺术创作,代表了各自时代文化发展的水平,也体现了各个时代的文化价值理念,必将对现代文明产生深远的影响。

第一章　诗翰传统与太姥文化区的文采风流

　　由于地域的影响,率先揭开太姥山地区文学史篇章的是一批隐逸或宦游此处的作家,由此带动了本土作家的崛起。本章不从时间顺序考察太姥山地区的文学发展脉络,也不限制于专门介绍本土作家和作品,而是从发生于太姥山地区的文学创作的历史和现实的背景以及相关作家的人生境遇出发,来审视这块土地上的诗翰传统与文采风流。概而言之,以名山太姥为中心的区域文学发展,可以从隐逸、迁谪、怀古、纪游、旅次、从军、流寓等几个品类加以梳理。

第一节　隐逸:为问容成子,刀圭乞驻颜

一、薛令之与《太姥山》

　　太姥山地区虽地处祖国东南海陬,但山明水秀,风景清幽,太姥山殊绝人境,天造地设,其灵淑之气,幽邃之境,历为文人雅士所喜爱。古之隐士,以简单朴素及内心平和为追求目标,以不寻求认同为"隐",自得其乐为"逸",于是遁迹山林,再有感而发为诗文。第一首描写太姥山的诗歌即是这种情况下而产生的作品:

太姥山
扬舲穷海岛,选胜访神山。
鬼斧巧开凿,仙踪常往还。
东瓯溟漠外,南越渺茫间。
为问容成子,刀圭乞驻颜。

　　作者薛令之(683—756 年),字君珍,号明月先生。长溪西乡石矶津(今福安市溪

潭镇廉村)人。神龙二年(706 年)进士,为福建省有史以来的第一位进士。开元中,官左补阙。左补阙为谏官,负责规谏皇帝,纠正朝政,另有弹劾百官之权。薛令之以其忠诚正直的品质和积极昂扬的风貌,深得唐玄宗的欣赏。而到了开元后期,李林甫掌权,着手削弱、取消谏官议政制度,薛令之被剥夺谏官发言权,任职东宫太子侍讲,卷入一个被李林甫冷眼虐待、倾轧排挤的政治漩涡之中,最终因为《自悼》①一诗得罪逐渐奢靡昏聩的唐玄宗,被下了"逐客令",毅然选择辞别长安,回归老家福安过上了隐居的生活。这首《太姥山》诗,显然是他辞官回乡,晚年归隐山林时期所作。他登临老家边上的太姥神山,进入了人间的仙境,这里没有官场的勾心斗角,也没有世俗社会的浑浊不堪,但他心绪苍茫,于天风海涛之中,对着仙人容成子发问:有什么好的医术,能够使人留住时光,留住不变的容颜?

孔子曾说:"天下有道则见,无道则隐。""见"就是出仕参政的意思。可见从春秋战国开始,中国的知识分子就已经纠结在仕与隐之间。他老人家坚决不做隐士,东奔西走,周游列国,以实践其思想,实现其抱负,但过程和结果都不容乐观,"累累如丧家之犬",故他对仕与隐的纠结有切肤之感。陶渊明"采菊东篱下,悠然见南山",但出世的同时也一直未能放下入世的牵挂,无法忘记读书人的作为:"脂我名车,策我名骥。千里虽遥,孰敢不至!"不停地在矛盾的状态中纠缠。有学者认为,仕与隐的问题成了中国文化天生的东西,仿佛身上的胎记,终身不可磨灭:仕时不忘归隐,隐亦得伺机而为仕,如此方为大丈夫。② 仕是为了实现自己的理想抱负,但一旦"天下无道",事与愿违,他们就选择了归隐。但归隐乃是迫不得已,薛令之的《太姥山》,透露的正是几分归隐后的轻松和愉悦,更有几分离开后的无奈和不甘,还有几分希望真正解脱的向往和期盼。

二、林嵩与《太姥山记》

林嵩也是几番辗转于"仕"与"隐"之间的一个人。

他于唐僖宗乾符二年(875 年)赴考长安,以所作《王者之道如龙首赋》一举考中进士科,成为自唐神龙至后唐天成 223 年间,今福州、宁德两市仅中的 36 名进士之一,也是继"开闽进士第一人"薛令之之后闽东最负盛名的及第者。

---

① 《自悼》:朝日上团团,照见先生盘。盘中何所有,苜蓿长阑干。饭涩匙难绾,羹稀箸易宽。只可谋朝夕,何由度岁寒。

② 张爱华:《唐诗二十讲》,新世界出版社 2004 年版,第 225 页。

他在考中进士之前，就在太姥山西脉的灵山之上筑草堂刻苦自学。① 灵山山势延缓，站在山上眺望太姥山岳景区，巍峨挺拔，气势雄伟，蔚为壮观。在茅草屋里日夜苦读之余，林嵩定是被这奇美的山水激发了心智，拓展了胸怀，培育了才情。于是，千古一名联就在这时得以问世——

> 士君子不食唾余，时把海涛清肺腑；
> 大丈夫岂寄篱下，还将台阁占山巅。

此联气魄雄伟，襟怀宏阔，格调高雅，志向不俗，表现了一个青年知识分子积极进取的心态。

但林嵩仅在数年之后，便从长安弃官回乡，重新回到灵山，过上了或吟诗作赋，或垂钓蓝溪，或游览太姥的日子。查史得知，那是黄巢的农民起义军攻入长安的时日。"一任旁人谈好恶，此心愿不愧苍生"，马蹄喧嚣的长安城使林嵩陷入深深失望之中，他只能静静地伫立太姥山巅看日落，即便这一片金轮时时提醒着他：一个曾经光芒四射的王朝正在不可阻挡地走向没落。

他一门心思研究起身旁的这座神山，为我们留下了珍贵的《太姥山记》：

> 山旧无寺。乾符间，僧师待始筑居于此，乃图其秀拔二十二峰。……游大姥者，东南入自金峰庵；东入自石龙庵，即叠石庵；又山外小径，自北折而东，亦入自石龙庵；西入自国兴寺，寺西有塔；北入自玉湖庵，庵之东为圆潭庵。国兴寺东有岩洞，奇石万状，曰玉笋牙签，曰九鲤朝天，曰石楼。楼下有隐泉，曰观音洞，曰仙童玉女，曰半云洞，曰一线天，石壁夹一小径如委巷，石罅中天光漏而入，仅容一人行，长可半里。蹑登而上，路中曰牛背石，石下曰万丈崖，崖上为望仙桥。桥西曰白龙潭，有龙伏焉。雷轰电掣之时，洞中辚辚如鼓声，天旱祷雨辄应。潭之西曰曝龙石。峰上曰白云庵，又上曰摩尼宫。室后有顶天石，石有巨人迹二，长可二尺。此摩霄顶，大姥山巅也。山高风寒，夏月犹挟纩。山木无过四尺者，石皆皲瘃。秋霁望远，可尽四五百里，虽浙水，亦在目中。（下缺）乾符六年记。

---

① 灵山今属福鼎市太姥山镇屯头村里澳自然村，因林嵩在灵山筑草堂读书，所以灵山又多了一个名字——草堂山，后世又把林嵩读书的草堂称为草堂书院。

其实山水寄意只是寻求内心平衡的一种方式。三年过后,僖宗中和四年(884年),曾任黄连镇(今属建宁县)镇将的陈岩,升任福建道观察使。为稳定社会秩序,张榜广募人才。林嵩改文就武,被聘为团练巡检官。兢兢业业,履行职责。不久被转为度支使,掌管军队财权。黄巢起义军撤离长安,局势稳定后,林嵩又被僖宗李儇召为《毛诗》博士,后官至金州刺史。在职期间,勤于吏治,忠于职守,政声感人。但当时已进入唐代晚期,国力衰退,宦官专权,军阀割据,内外交困,民不聊生。一向廉洁奉公、正直为民的林嵩,虽掌一州军政大权,终无法挽回社会腐败如江河日下的政治局面,只好急流勇退,借故奏请提前退休回乡过隐居生活。

晚年的林嵩,先在离家不远的岱村,以整理旧籍为主。后迁梨溪畔,种梨树、筑草堂,取名"梨花草堂"。梨溪在今霞浦县杨家溪风景区范围内,至民国时,梨树虽已稀少,但民国《霞浦县志·名胜》仍称其"上有飞瀑,下有梨溪,风景甚佳"。他就在这样的自然环境中过着与世无争的隐居生活。

林嵩学识渊博,工诗善赋,身后留有诗集、赋集各一卷,但大部分散佚。现仅可从《全唐诗》中看到《赠天台王处士》诗一首;从清以后编的《全唐文》中,看到所撰《周朴诗集序》一文,以及前面的《太姥山记》一文;另有诗三首被收入民国溪西《林氏宗谱》。

三、陈桷与《广化寺》

《广化寺》一诗为陈桷(1091—1154年)归隐福鼎管阳时所作。

山高不受暑,秋到十分凉。
望外去程远,闲中度日长。
寺林投宿鸟,山路自归羊。
物物各有适,羁愁逐异乡。

《宋史》载:"陈桷,字季壬,温州平阳人。"旧时平阳与福鼎交界,后又分出苍南一县,陈桷老家即是紧邻福鼎的苍南县蒲城乡,但陈桷晚年曾隐居福鼎管阳一带,[①]而且墓葬在管阳广化村,也算是福鼎的一位先贤。

----

① 民国《福鼎县志》:"宋侍郎陈桷宅,在西阳,侍郎由平阳迁此。宅旁有花园六亩许,旧址犹存。今呼为侍郎园。"现管阳镇溪头、元潭、乾头等地都有陈桷的后裔,溪头村《陈氏宗谱·雁溪鼻祖护国礼部侍郎陈桷公志略》载广化寺为陈桷"晚年将魏化田产基地舍建"。

陈桷于政和二年(1112 年)得中进士第三人(即探花),从此走上了仕途,历任冀州兵曹参军、太学博士、秘书省校书郎、著作佐郎、礼部郎中……到绍兴十一年(1141 年)他已是"赐三品服"的礼部侍郎。绍兴十三年又开始起起落落,二十四年(1154 年)改知广州,充广南东路安抚使,未到任而卒,终年 64 岁。

绍兴是南宋第一个皇帝高宗赵构的年号,那是一个中原板荡、内忧外患频仍的动乱年代,赵构面对北方金人的侵略,奉行苟且偷安、忍辱求和的政策,作为主战派一分子的陈桷自然也就时遭贬谪。绍兴十二年(1142 年)因与

陈桷画像

秦桧等议事不合,被罢官放逐。他回到浙江老家,复隐居福建长溪二十都(今福鼎管阳广化村)。《广化寺》便写于此期间。

"山高不受暑,秋到十分凉。"在高山地带、古木苍苍的管阳(时为鹳洋),宁静僻远的广化寺,这里秋高气爽,暑天不热,可谓隐居的好环境、好气候。"望外去程远,闲中度日长。"退隐此间的陈桷闲中无事,身在寺中眼望远处,那山路去去千里,一直接到京都临安;人在寺中而心飞远处,身在寺中,想到国事、朝廷、同僚,为此心事重重,所以这种闲暇无聊的日子对他来说仿佛度日如年。"寺林投宿鸟,山路自归羊。"似乎已坐了大半晌的诗人,在无限心事中又打发了一日时光,眼前已入傍晚,宿鸟陆续投林栖息,羊也断续归圈安歇,自己也该准备歇晚了吧。"物物皆有适,羁愁逐异乡。"这僻远的山村,幽静的寺林,无尘外的嚣扰,也无政治的险恶,万物生存有适,一片和平宁静,本是多么适合人们颐养天年的去处!然而恰是这一片静谧闲适的情景搅动了诗人心灵深处一片难以宁静的痛处:被当局放逐在外,无奈隐居此处,社稷颠覆、民族危亡、百姓涂炭等事时时炙烤着诗人的心,更残酷的政治迫害也随时可能加身的处境,逐客羁存异乡的孤独、寂寞、激愤、悲怆让诗人难有心情欣赏眼前动静有度的美景、享受宁静无扰的隐居生活,诗人身在深山古寺,心却早已飞到战火纷飞的抗金前线。一"逐"一"羁",道尽了诗人的百般交织的复杂心绪。①

---

① 张振弼:《静谧中蕴不平静之心境》,福鼎市诗词学会、福鼎市太姥诗社编:《太姥诗词》,2012 年总第 6 期,第119 页。

我们注意到,本诗约写于 1142 年后一点时间,而抗金英雄岳飞就死于绍兴十一年十二月二十九日,即 1142 年 1 月 27 日,罪名"莫须有"。这是宋高宗暨权臣奸臣秦桧共谋的一个惨案。波及惨案而死的还有岳飞养子岳云、部将张宪,此外还牵连了许多主战派官员。同为主战派官员的陈桷,与同时并罢的吏部尚书吴表臣、礼部尚书苏符,郎官方云翼、丁仲宁,太常属王普、苏籍,罪名因议普安郡王出阁事,"诏以不详具典故,专任己意,怀奸附丽"①云云而罢宵放逐,时间亦同为 1142 年初。谁能确认这与主战派获罪朝廷无关!

的确,隐逸生活可以把人的精神带向一种纯粹解脱的境界,但绝非所有人都能过上这样的生活,也不是所有的人都愿意选择这样的生活。隐逸生活的背后,更多的是无奈、愤懑、辛酸乃至血泪。

"红衣脱尽芳心苦。"这种"身隐"而"心未隐"的情况,绝非陈桷一人。

第二节　迁谪:肉芝如可采,鸿羽愿高骞

迁谪是我国古代一种较为常见的官场现象。封建社会,仕途险恶,文人士大夫于宦海中沉浮,动辄得咎,迁谪就成为他们极易遭逢的一种人生经历,施予他们身上极为常见的一种惩罚。唐代孔颖达认为,受迁谪的人所犯之罪一般在既不能赦免也不便致刑之间,于是"完全其体,宥之远方,应刑不刑,是之也"。②迁谪虽是较轻的一种惩罚,但对于希望自己仕途顺遂,能实现"修身齐家治国平天下"的文人士大夫来说,毕竟也是一种不小的打击。他们仕途受阻,甚至倒退,精神压力可想而知,而且大多被遣逐到蛮荒之地,身体也要经受考验。所以,迁谪对他们来说是一种灾难和不幸。但文人的不幸却成为了山川的幸运,"文章憎命达",到了一个地方,其胸中的忧郁、愤懑、感伤,便常常以山川为吟咏的对象,发而为诗文,造就了文学史上的名篇。比如柳宗元的《小石潭记》,范仲淹的《岳阳楼记》,欧阳修的《醉翁亭记》,乃至王阳明的《瘗旅文》,莫不是他们迁谪期间的力作,其相关地点也因此而扬名,成为人文景点,接受四方来客的凭吊和瞻仰。闽地的福宁州(唐时为长溪县)因地处东南海陬、蛮荒之地,历代以来也常成为迁谪之地,于是福宁州境内的太姥山,便成为迁谪之人流连

---

① 《宋史·列传·第一百三十六》。
② (唐)孔颖达等撰:《尚书正义》卷三。

吟咏以排解愁绪慰藉心灵的理想之所。

明万历年间,熊明遇(1580—1650 年)受魏忠贤一党迫害,被外放福宁州任军事长官,与知州方孔炤成为莫逆之交,由此也和太姥山成了知音。"太姥山边看落霞,秦川千里傍天涯。我谓逐臣来岭表,人言仙使泛星槎。"(熊明遇《逍遥阁福宁道署》)这位热爱山水的性情中人,以太姥美景化解心中的郁结,抚慰心灵的创伤,为我们留下了"鸿雪洞""云标"两方摩崖石刻和《登太姥山记》等多篇诗文。

熊明遇,字良孺,号坛石,豫章(今江西进贤)人。明万历二十九年(1601 年)进士。翌年秋,授浙江长兴知县,与东林人士顾宪成、高攀龙、丁元荐来往。四十三年(1615 年)底,补兵科给事中,时值浙党、楚党与齐党和东林党争。四十四年,礼科给事中齐党亓诗教等以他与东林党通,上书弹劾他,迁福建兵备金事,治兵福宁道。于是才得以与太姥山结缘。

据徐光台教授的考证,熊明遇于万历四十八年三月初登太姥山。[1] 当时,太姥山的新建馆落成不久,熊明遇起名"鸿雪馆",以汉代出使匈奴的苏武,却被放逐到北海冰天雪地牧羊,盼望飞鸿传递讯息,早日回朝廷,或是宋代苏轼之诗句"飞鸿踏雪泥",来表明他被外放偏远之地,期盼早日归朝的心情。他在此时所写的《鸿雪馆——太姥山新建之馆》一诗中透露了这种心情——

> 欲种玄都树,希求煮石丹。
>
> 树开红雪落,丹熟白云寒。
>
> 列笋关银牒,攒矛护玉坛。
>
> 肉芝如可采,鸿羽愿高骞。

他这一次在太姥山上留下了"鸿雪洞"摩崖石刻。他来到"尧封太姥之墓",见"墓侧一洞可见五丈旗,灵泉漱之,俗呼为龙井",[2]得知岩洞没有名称,可能当时他才命名"鸿雪馆"不久,对"鸿雪"这个名称印象深刻,于是题书"鸿雪洞"三个大字,并直书"福宁治兵使者熊明遇书"十个小字,镌刻于大岩壁正中。

熊明遇初上太姥山,内心震撼不小,完全为太姥山的瑰丽奇谲所折服,当月十五

---

[1]　徐光台:《文献分析与田野研究的结合:太姥山发现熊明遇题书"鸿雪洞"与"云标"摩崖石刻》,载《福鼎周刊》2012 年 5 月 16 日。

[2]　熊明遇:《登太姥山记》,载《文直行书诗文集》卷十六。

日,他即完成《登太姥山记》一文,收入当年刊行的《绿雪楼集》,该文洋洋洒洒2200多字,以"余为之低徊不能去"来表达对太姥山的喜爱。他说:

> 云夫山之以洞石为奇固也,然枒入者不必具峰峦,具峰峦不必千仞上干,千仞上干不必执曲攒属,执曲攒属不必天海洪洞,此山兼之。余之意申矣!

他把太姥山比喻为闺阁名姝:"靓妆刻饬,尝隔帘幕而闻环佩。"所以,他在文章末尾赞叹:"余可谓天游矣!"可见对太姥风光的评价之高。

如此喜爱,于是,他在五月又上了一趟太姥山,这一次他又为太姥山留下了"云标"摩崖石刻。徐光台教授在文章中说:"相对于他在武夷山留下一千八百字左右的摩崖石刻,太姥山有幸留存两块简明清晰的石刻。上述发现为福鼎的文史古迹与方志增添新资料。"①

除了上述的《鸿雪馆》一诗和《登太姥山记》一文,其《文直行书诗文集》中收入吟咏太姥风光之诗作还有五首,《太姥歌》古风见于《诗卷五·七言古》:

> 君不见,东瓯之西西瓯东,高山大壑锁烟虹。我尝振衣千仞上,灏气出入摇鸿蒙。浙江潮起赤城曙,岱岳岚飞沧海空。河庭紫贝鲛绡窟,瑶台金阙蕊珠宫。龙精喷雨松崖黑,飓母腾光石岛红。春湖十里青菱角,秋塘万片锦芙蓉。花落绿潭蹊窈窕,鸟啼红树径蒙茸。从新石罅开天敞,自古云标巨地雄。晃烺平吞杓斗下,辚闭幽玄尺蠖通。一线光明溜乳窦,三垣气象卓螺峰。结构拟绝神明巧,汉殿秦房总未工。我爱此山难屡至,犹如雪上印飞鸿。且为署题鸿雪馆,武陵春水学仙踪。呜呼,闽海无鸿亦少雪,太姥万古高巉嵼,精气凝成无毁灭。与君分疏如何说,但将空色无分别。须弥打碎作丘垤,翻干海水捞明月。

见于《诗卷十·七言律》的《登泰(太)姥》共有四首。

宿玉湖庵

为访桃花到碧山,洞门流水浪潺潺。

阇黎寂寞昏钟冷,佛殿荒凉古殿闲。

---

① 徐光台:《文献分析与田野研究的结合:太姥山发现熊明遇题书"鸿雪洞"与"云标"摩崖石刻》,载《福鼎周刊》2012年5月16日。

颇有细罗留夜色,宁无大药驻春颜。

今宵稳作游仙咏,太姥明登尺五间。

上摩霄峰

几作名山汗漫游,灵仙偏秘此边州。

炎方瘴净摩天近,涨海波澄浸地幽。

红日照来秦观旭,白云飞去楚峰秋。

蓟门直北狼烟起,回首兵戈不尽愁。

谒太姥墓

仙人委蜕石萝寒,倩得红云伴瓦棺。

落日荒岑孤鹤唳,回风曲洞老龙蟠。

名山不道无常主,瘴海偏能有大观。

请向中原悲往事,五陵松柏几堪看。

入岩洞庵

万丈丹梯独往回,杜鹃啼雨雨花催。

峰尖隐隐鸿蒙划,洞古阴阴混沌开。

潦倒年华勤拜石,纵横意气谩衔杯。

分明鸡犬云中现,我自秋槎泛月来。

当然,熊明遇为我们留下的不止这些。万历四十七年(1619年)六月,福宁遭遇台风,福宁城楼被破坏,有人怪罪于福宁地脉不好。相信地形风水的熊明遇决心改变风水,他相中崳屿,并模仿西学书中见过的西方塔,兴建龙光宝塔。官绅捐助经费,驻军出力施工。泰昌元年(1620年)中秋完工时,熊明遇撰写碑文:

> 乃今按察闽中,而治于福宁州者,东西瓯之间也。入其境,崇山蔽天,……中一山名崳屿者,首锐而圆下,如鼎足句之,屹然潮汐池中,凡抵其□,占秀而当要害,熊子曰:"是宜塔也。"……取于西方之教俗而塔之……泰昌庚申八月之望。①

---

① 熊明遇:《福宁州新建龙光宝塔碑》,载《文直行书诗文集》。

熊明遇还写了一首《嵛屿建塔》诗,赋予建塔一事以美好的愿景:

> 片碣停云压碧涛,春花拍浪泛仙桃。
>
> 基凭匠石兼山重,筐戴文昌逼斗高。
>
> 不为珠林藏宝雁,还从笔海钓金鳌。
>
> 悬知元气腾腾合,象纬精灵射彩毫。

龙光宝塔,民国《霞浦县志》记曰:"在县治东,塔下村山顶。海门飘渺,一望无际,塔耸其间,形胜于东南一壮。"据霞浦县的相关史料记载,龙光宝塔坐南向北,共七层,总高 15 米,是一座中国楼阁式的六角形砖砌实心塔。"文革"期间,龙光宝塔被当成"四旧"建筑物而炸毁。如今只遗塔址,一块花岗岩门楣保存在塔下村阜俗明王宫,中间阴书"龙光宝塔"四字,两旁有小字漶漫不清。

第三节 怀古:吾闻尧时种蓝妪,世代更移那可数

怀古诗是我国古代诗歌中重要的一类,这类诗都是怀古惜今,有感而发,往往是诗人处于某种背景之下,前往瞻仰或凭吊古迹,回顾古人的业绩或遭遇,自己内心产生共鸣,不禁发出对古人业绩的慨叹或抒发对物换星移、物是人非的悲哀之情,所以怀古诗是内容与思想都比较沉重的一类作品。太姥山因有深厚的人文底蕴,成为文人墨客瞻仰和凭吊的对象,史上也出现了不少的怀古诗。尤其是对太姥娘娘及其传说中的遗迹,给后人留下了无限想象和发挥的空间,留下了不少诗歌。

太姥山一片瓦前有一座古人"托伪"的太姥墓(尧封太姥舍利宝塔),成为历代诗人凭吊太姥娘娘的地方。关于太姥墓的怀古诗,数陈嘉言的最为脍炙人口。

陈嘉言,福建怀安(今属福州

太姥墓

市)人。南宋咸淳七年(1271 年),蒙古忽必烈发布《建国号诏》,将国号"大蒙古国"改为"大元",正式建立元朝,定都大都,大军南征,直逼南宋政权。陈嘉言因向朝廷上疏乞援襄阳以解东南之危,得到赏识而被南宋朝廷授官建州司户。景炎丙子(1273 年),元兵攻陷建州,因为嘉言上疏之事,元军特下通缉令,必欲得嘉言而甘心。陈嘉言于是由间道遁入太姥山隐居,并于山中聚徒讲学。暇日,漫游半云洞(即一片瓦),凭吊太姥墓,怀着满腔悲愤的激情,直撼在异族统治下的破碎山河,遍野哀鸿的忧国忧民之心声:

太姥墓

吾闻尧时种蓝姬,世代更移那可数。

帝尧骨朽无微尘,此间犹有尧时墓。

墓中老姬知不知,五帝三皇奚以为。

狼贪鼠窃攫尺土,欂栌未枯已易主。

君不见,仙人掌,分明指取青天上。

骑龙谒帝大罗天,不逐华虫挂尘网。

又不见,石棋盘,人去盘空局已残。

当时胜负此何有,争先夺劫摧心肝。

请君绝顶试飞舄,左望东瓯右东冶。

山川不见无诸摇,但见烽烟遍郊野。

野老吞声掩泪哀,茫茫沧海生蓬莱。

对陈嘉言来说,在太姥山的日子,与其说是隐居,不如说是避难。这种国破家亡、流离失所的悲惨境遇和内心郁结,化而为诗歌,读来令人血脉偾张,扼腕长叹。陈嘉言还写有《蒋洋道中望太姥山》五言律诗四首,如其一:

问俗驱王事,斋宫耐可期。

寒花明绛节,孤月映摩尼。

缥渺浮虚廓,苍茫弄晚曦。

三山如可接,莫遣汉臣疑。

为皇帝行祭天祀地典礼前的斋戒之所就是"斋宫"。作者偏逢末世,随着宋元政权的更替,披发入山,隐居授徒,际遇窘迫,前途渺茫。"斋宫耐可期",诗歌表达的还是作者满腔的国破之恨、满腹的故园之思。亡国之痛、黍离之悲,是异族入侵或改朝换代境况下,大多数"遗臣"经常抒发的一种情感。

除了陈嘉言,还有明代福宁州守史起钦的《太姥墓》:

> 天琢元崖古,崔嵬不可攀。
> 英灵飞白日,幻壳瘗青山。
> 鹤唳松风惨,苔封碣石斑。
> 我来参谒处,一片彩云还。

一片瓦外、太姥墓旁的一块直立的峭壁上有一个"玄琢奇崖"摩崖石刻,为明代高僧碧山上人的手笔,作者来到了这里,他看到了崔嵬的岩壁上,传说中的太姥娘娘在此白日飞升,他认为太姥娘娘是英灵升天,而躯壳就埋葬在了这青山之中的太姥墓里。墓前鹤唳松风,墓旁苔封碣石,太姥墓只静静地伫立在时光之中,接受一个我和一片彩云的凭吊。与史起钦的《太姥墓》有异曲同工之妙的是钱行道的《谒太姥墓》:

> 太姥藏真处,丹霄第几重。
> 今名因汉改,古迹自尧封。
> 树黑啼山鬼,潭腥卧钵龙。
> 钟离为近侍,已化白云峰。

诗人选取遗迹旁的景或物,将穿越时空依然存在的景或物和诗人当世已然不存或残存的遗迹进行对比,从而形成一种比较关照,抒发出时空更替的兴亡之感。我们再看谢肇淛的《太姥墓》:

> 一片玄宫削不成,苔封丹井黛为屏。
> 彩云长护仙人掌,断碣犹传太姥名。
> 隔水芙蓉鸾珮影,中宵华表鹤归声。
> 如今沧海扬尘久,惟有蓝溪不世情。

诗歌的终极目的都是抒发情感,怀古诗在抒发情感的趋向性上也表现了相对的统一,一般可分为三类,一是借古讽今,忧国伤时,如陈嘉言的《太姥墓》。二是感慨人世无常,物是人非,如上文谢肇淛的《太姥墓》,又如清代福安人李馨的《太姥山怀古》:

> 太姥多灵景,岩峣峙海边。
>
> 一溪蓝染月,群岫碧摩天。
>
> 不见霓旌影,空寒丹灶烟。
>
> 山中无甲子,何处记尧年。

三是寄托个人境遇,熊明遇的《谒太姥墓》[①]触景生情,表达的就是自己被贬东南、心怀朝中的心情。

除了太姥墓,太姥山还有多处古迹成为诗人们凭吊怀古的对象,如梦台、望仙桥、丹井、蓝溪以及众多的寺庙庵堂等。值得一提的是,传说朱熹因"伪学党禁"而避难福鼎期间,曾在太姥山上的璇玑洞里著书立说并授徒讲学,因此,民国时期的卓剑舟先生写有一首《璇玑洞同李华卿敬吊晦翁遗迹》一诗:

> 仰止子朱子,敬吊璇玑迹。
>
> 山僧导我游,数里入榛棘。
>
> 氤氲隐佳气,中有蛟龙穴。
>
> 羊肠度轻筇,鸟道绝行履。
>
> 行行深复深,疑非人间域。
>
> 地幽神更怡,趣得心自适。
>
> 紫阳千载人,瓣香情何极。
>
> 遗迹亘古存,长啸洞天碧。

南宋庆元三年(1197年),一代理学大师由于朝廷的迫害流落到了太姥山间,他的学生杨楫在太姥山下的老家澉村,以极虔敬而庄重的态度接纳了他,并请他在族里的石湖观开课讲学,这个石湖观后来以"石湖书院"的名号被载入中国书院史。庆元二年的"党禁",朱熹以"伪学魁首"落职罢祠,甚至有人提出"斩朱熹以绝伪学",朱子

---

① 诗见本章第二节。

太姥山璇玑洞

门人流放的流放,坐牢的坐牢。此时的朱熹,大难随时可能降临,但他依然一腔旷达,以其深邃的思想和高尚的人格,为太姥山区的文脉传承树起了一面高扬的旗帜。而此间的杨楫,亦表现出了与老师风雨同舟、患难与共的可贵精神。他履理学之大义,秉师生之真情,给危难中的晚年朱熹以莫大的支持与安慰。我们应当记住800多年前发生在太姥山下的这段师生佳话,因为有了这段佳话,才得以使福鼎有幸成为"朱子教化之地",才得以使太姥山下的这块土地有浓浓的书香缭绕并久久地弥漫开来!太姥山安顿过朱熹晚年一段困厄的时光,这是太姥山的骄傲!

第四节　纪游:春风不到层冰洞,山半梅花二月开

　　太姥山林壑幽深,峰峦挺秀,如天施地设,奇变万状,洵海内之名山,闽中之胜景。自唐、宋、元、明、清、民国以来,慕名来朝者络绎不绝,并留下不少名人题咏,含珠蕴玉,至今还闪烁着艺术的光芒。纵观古代太姥山的纪游诗文,是以太姥山的游记为代表,而这其中又以谢肇淛的《游太姥山记》为代表。

一、谢肇淛与《游太姥山记》等诗文

谢肇淛(1567—1624 年),字在杭,号武林,晚号山水劳人。明末著名学者和诗人。福州府长乐县人。出生时父亲谢汝韶恰在浙江钱塘县学教谕任上,故名与字皆志所出。明万历二十年(1592 年)进士,历任湖州、东昌推官,南京刑部、兵部主事,工部郎中,云南参政,广西按察使等职,卒于广西左布政使任上。一生为官,黾勉政事,治绩颇显;而俗务之暇,好游山水,又勤于著述。其诗清朗圆润,深于性情,韵律极细,为当时闽派诗人代表。除《小草斋诗文集》数十卷外,尚有《滇略》《北河纪》《五杂俎》《文海披沙》《尘余》《鼓山志》等博物学、水利学、方志著作等近 20 种。《太姥山志》就是其中之一。

谢肇淛一生热衷于游历四方名山,足迹遍及大江南北无数名山胜水,所到之处均留有登临怀古、状景抒情的文字,同时,还锐意搜罗与之相关的文献资料。也许正因为谢公有如此雅好和用心,所以任职于太姥山下的福宁知州胡尔慥,因"一再登是山……归而读是山旧志①,寥落不称,为之慨叹",于是心中谋划,欲邀约"才高八斗,癖嗜五岳"的"余师谢司马"能够"辱而临之"。他设想:

> 今太姥既擅神皋,而复得司马为之阐绎,是当不朽矣。②

在胡尔慥的再三邀约之下,明万历己酉(1609 年)正月的最后一天,谢肇淛抵达长溪(福宁州古称)。但苦于淫雨连旬,一直到二月十五日,稍霁,出福宁州城(今霞浦县城)欲游太姥,可又雨作,踉跄而归。十九日终于转晴,他带着好友宁德崔世召和莆田周乔卿,过台州岭、湖坪,当晚宿杨家溪;翌日度钱王岭,到三佛塔,郡幕张宪周追至,四人结伴而行,上头陀岭,到了玉湖庵,下午游了国兴寺遗址后,折回到玉湖庵过夜;二十一日,他们先后游览了一片瓦、观音洞、坠星洞、小岩洞、石天门、滴水洞、一线天、龙井、摩霄庵、摩尼宫、石船,夜宿梦堂;上山第三天,他们过望仙桥,访天源庵、圆

---

①　太姥山第一本志书应为明代史起钦《太姥志》。《四库全书总目提要》:"《太姥志》一卷,浙江巡抚采进本,明史起钦撰。起钦,字敬所,鄞县人,万历己丑进士,官福宁州知州。太姥山在福宁州境。传尧时有老母业采蓝,后得仙去,故以为名。中有钟离岩、一线天诸胜迹。起钦因创为此书。成于万历乙未,前列图,次列记、序及题咏之作。然山以岩壑、寺宇为主,法当分门编载。起钦但为总绘一图,悉不加分别诠次,非体例也。"民国卓剑舟《太姥山全志》卷三"志目":"史起钦《太姥志》一卷,未见。"

②　(明)胡尔慥:《〈太姥山志〉序》,谢肇淛《太姥山志》,清嘉庆庚申年(1800 年)刊本。

潭庵,达白箬庵,到罗汉洞,至金峰庵、叠石庵,傍晚取道蒋洋回霞浦。

考谢肇淛等人游山路径及时间,三天两夜,在山僧如庆的陪同指引下,几乎游遍太姥的重要景点,可谓一次深入而细致的考察,真正意义上的"用心"之旅。叹今人之游太姥,一二个小时走马观花,如何细细领略太姥"苞奇孕怪"之精妙!

游览之中,谢公不禁被太姥"岩壑之胜甲天下"①所叹服,高度评价太姥山的奇美风光:

> 吾闻山川之奇,指不胜偻。武夷、九鲤以孔道著;越王、九仙、石鼓以会城著;独太姥苞奇孕怪,冠于数者。②

没有辜负胡知州的期盼,谢公果然在感叹太姥胜景"所闻之非夸"的同时,为其"鹤岭碍云,鸢渡稽天,即有胜情,徒付梦想"而惋惜,针对太姥山"考之古今记载,何寥寥也"的状况,"乃为掇拾传秉,而益以所睹记,裒为志略",编撰了三卷《太姥山志》,交由胡尔慥镌刻出版。

《太姥山志》上卷为景点、名胜的介绍;中卷为有关太姥山的记游文章和序、启、碑文等;下卷为诗。太姥山志的编修,始于万历乙未州守史起钦编成的《太姥志》一卷,由于该书缺略不称,因此,谢肇淛的《太姥山志》三卷,便成为较早的对太姥胜景进行全面阐绎的志书。诚如他的好友崔世召在《太姥山志·跋》中赞叹的那样:

> 先生摇笔亦太横矣!……兹志传千载而下,风华映人,当与太姥争奇矣!

令人惊叹和佩服的是,谢肇淛流连太姥山三天两夜里,熟记太姥景点及其主要特征,除给我们奉献了一部沉甸甸的《太姥山志》外,还为我们留下了一篇游记、一篇碑记和 21 首诗,这些作品集中而全面地表现了谢肇淛游太姥山的经历和感受。

关于《游太姥山记》所记载的游山时间和路径,上文已经述及,除此之外,文中对太姥风光的描写不乏精彩之笔,而笔者认为尤其值得称道的是,谢肇淛在游山的过程中所表达的观点。如太姥山的岩石肖人肖物,历来为游人津津乐道,但谢公不以为然,他说:"石门、石象、九鲤、锯板诸形象一览而尽,然大率就其形似强名之耳。山之奇胜固不在此,是未易为俗人言也。"400 年前谢肇淛就在教我们怎样当导游,肤浅者

---

①② (明)谢肇淛:《修〈太姥山志〉引》,谢肇淛《太姥山志》,清嘉庆庚申年(1800 年)刊本。

多热衷于介绍岩石的象形,高明者则多向游客传播更深层次的文化。而对于传说故事,他也以为无可无不可。他们到了太姥墓,他说:"僧流以为肉身坐化,乃卒不知太姥何人? 墓何代? 尧耶汉耶? 未可知也。"太姥本来为传说中人,而居然有墓,所以他对僧流们的"认真"表示出他的可不必拘泥的客观态度。到了太姥摩霄峰,凭高四望,山僧指示说,这是浙之温台,这是广之惠潮,这是闽安五虎;而谢肇淛却认为这是"以地度之,想当然"。很明确,谢是不相信的。他再举例以证其妄:"吾闽谓鼓山可望琉球,蜀人谓峨眉可见匡庐,论者哓哓不已。要以达人之观,须弥、芥子皆在目中,是耶非耶? 何足深辩!"意思是说,在达人看来,须弥那样的大山,芥子那样的细物,皆在眼中,是灵活变通的,不必纠结于到底是还是不是。此观点体现出谢肇淛的辩证思维。而当"夜宿梦堂"时,友人"各默有所祷。余笑谓:'尘梦到此,当应尽醒,奈何复求梦?'"更体现出一种睿智、强健的个性精神和自信、洒脱的人生态度。

也许正是此次与山僧如庆的共同游历而结下了友谊,应如庆之请,不久之后,谢公又撰写了《岩洞庵置香灯田碑记》,记述了因岩洞庵"栖泊之艰",向知州胡尔惚请求"派田若干亩存庵饭僧,以供游客"一事。碑文说,"吾闽之有寺,鲜无田能悠久",太姥山肇基最古,但离城镇较远,无田可以饭僧,僧日贫,而游人也日少,因而极力建议为岩洞庵派田。胡尔惚划拨田亩,"已给券付僧掌管"。于是,谢公为岩洞庵撰此碑文,寄以岩洞庵乃至太姥山"福田播种,处处萌芽,金粟生香,在在敷实"的殷切期盼和良好祝愿。

二、太姥山与纪游诗文

此外,谢肇淛的二十多首太姥山诗均被收入《太姥山志》,或描摹太姥胜景,或寄寓山水情怀,或表现僧禅意趣,或流露苍凉古意,风格上呈现出自然随意、不落痕迹、清雅脱俗的特色,读来清新怡目,情韵悠然。如《山中杂诗·其二》:

老树盘根湿绿苔,泉声白日沸风雷。
春风不到层冰洞,山半梅花二月开。

此诗先写在山中所见之老树、绿苔,表现太姥山自然之美,再写所听之泉声,即便在白天听起来也好像风雷交加的样子,用联想和夸张的手法,表现太姥山的幽静。后一联则写太姥山的高,终年结冰的山洞,春风是吹不到的,所以太姥山半山腰的梅花在早春二月开放。此诗读来感觉与白居易的《大林寺桃花》有异曲同工之妙。

谢肇淛这次游太姥山,同行的有崔世召、周千秋等人。周千秋,字乔卿,号一邱,兴化(今莆田市)人。万历诸生。文雅能诗,与谢肇淛友善。晚岁目瞽,入武夷筑室于山北之碌金岩,静摄数载复明。七十余披阅不倦,灯下犹能小楷。后其子迎归养,逾数年无疾而化。万历三十七年(1609年)二月与谢肇淛的太姥山之游,他也为我们留下了《游太姥道中作》《大龙井》《玉湖庵》《大竹园》《白箬庵》等诗作,其中《玉湖庵》最为人们所喜爱:

> 百叠青峰过雨痕,蒙茸草树出云根。
> 山前不见湖光绕,唯有溪流咽寺门。

崔世召,字征仲,号霍霞,别号西叟,宁德一都东井(今蕉城城区)人。万历三十七年(1609年)举人,曾任江西崇仁县令、湖广桂东县令、浙江盐运副使。工诗善书,著有《西叟全集》《秋谷集》《湖隐吟》等。他也写有《一线天》《大岩洞》《小岩洞》《国兴寺》《玉湖庵》《午所庵》《龙井》《由坠星洞入竹园》等诗作。除此之外,同一时代的徐㷌、林祖恕、陈仲溱、陈五昌、张叔弢等人也写下了大量的太姥山纪游诗文。

当然,就如本节开头所言,太姥山纪游诗文历朝历代均有作品传世,尤以明清两代为多。这些诗文,所写对象为太姥山和太姥山中的草木风物,所感为作者心中的人情世事,然则,以诗之内容而言,则无所不包,征行羁旅,登山览胜,出仕游宦,隐遁求仙,吊古伤时,均可囊括其中。而从表现手法及其特点论,可从三个层面分析。

一是写景状物,栩栩如生。这一部分诗文的数量最多。秀丽的景象加上文人卓越的才华,成就了大量美丽篇章。就举描写在太姥山上观日出为例,同样的日出景象,在不同的作者笔下呈现出千变万化的美妙瞬间,我们先看明代陈仲溱《游太姥山记》中所写:

> 见东方波浪红黄裹一片黑云如山,金色一弯捧之而上,垂半更始知出海,恨不露全影。熟视惊怪,胡曙色之未启耶?又片晌,见海中五色绚耀,蓬蓬如鼓,红光浓艳如血荡盆。始知前所见者,月也。然余尝看日于泰山日观、天台华顶,所见各异,而遥天旷海此为第一,惜兹晨天色未甚晴朗耳。

再看清代王孙恭《游太姥山记》的描写:

　　始见五色云灿烂,弥满洪涛,俄而尽变为红云。晶光射目,潮落微露一弯,波间皆金蛇滉漾,潮涌浸没。如是者数,乃睹晨曦大如车轮,红如琥珀,渐升旸谷,离瀛海而四顾崔嵬,唯东向绝巘微映红光。回望前山,尚黑如晦。以语曾游泰山日观者,所见不逮此。然设遇晨雾迷濛,则亦未能登览尽致,故陈仲溱盛称之,而谢在杭先生亦恨未之睹。

福鼎首任知县傅维祖《游太姥山记》中的太姥看日出,则是另外一番景象:

　　坐危石,晨风袭袂,身在空中,海气溟蒙,曙光未发。稍久,朱轮始见,似沈似浮,光芒尚敛。未几,离海峤,出云衢,木杪生光,峰岭增耀矣。

以上描写均寥寥数笔,便勾勒了一幅奇幻壮美的太姥看日出图,这样的文字,使我们感受到文字背后的美好,使我们如身临其境一般,站在千米之高的太姥山巅,遥看东方万顷海波,等待一轮红日的升起,乃至随着这一轮红日的升起,海面上和太姥山景致所发生的美妙变幻过程。我们可以再读两首描写日出的诗歌。
清代浙南诗人缪文澜《摩霄顶观日出》:

　　绝顶凭临望大荒,紫云开处是扶桑。
　　一丸半出辉金弹,顷刻全升荡卵黄。
　　腾上三竿明似镜,浴来层浪沸疑汤。
　　遥知泰华夸观日,无此奇光现渺茫。

清代诗人周名彪《望日台》:

　　鸡鸣登日观,东望扶桑红。
　　天海发五彩,启明吹晓风。
　　半吐磨金镜,祥云绕一弓。
　　倏忽全轮现,人间大发蒙。
　　阳光无损益,万古此曈曈。

二是融情于景,动人心弦。古人云:"一切景语皆情语。"优秀的文学作品,都是字字扣着情来写的。写景是山水诗文的载体,抒情才是灵魂。在写景中借景抒情才能体现作者的写作主旨。如宋嘉祐二年(1057年)进士、福建邵武人黄通的《太姥石船》一诗:

> 舟泊山头久不移,满天风浪任相吹。
> 世人自爱沉渊客,停棹千年欲渡谁?

太姥山摩霄庵右侧、梦堂附近有一块石头很像一艘船,名曰"石船"。黄通见石船千百年来停在山头,任凭风吹雨打,触景生情,提出了"停棹千年欲渡谁"的疑问。而前一句"世人自爱沉渊客",自然使人想到自沉汨罗江的屈原,于是石船的意象寄托马上升华,读者的情感马上得到激发,处于深深的感动之中。

三是托物言志,含蓄隽永。中国文人写景,不像外国文人习惯于到自然中寻找自我,相反而是喜欢将景物的特点投射到自身,因而崇拜山的沉稳,水的轻灵,大地的浑厚,天空的辽远。因此有相当数量的诗章,在描写美丽景色的同时,蕴涵着深刻的人生哲学。这样的诗文也是举不胜举,我们读清代福鼎诗人高南英的《过梦堂》:

> 尘寰扰扰谁非梦,何事山间辟梦堂。
> 我问梦中人入梦,梦乡何处是仙乡。

作者游玩到了山顶上的梦堂一景,见这偏僻的山间辟有让游客们"托梦"的梦堂,于是托物言志,表达了虽然人们对美好生活向往,但美好的生活恰恰就在现实的尘世之中这样的观点,诗歌读来含蓄隽永,韵味悠然。

总的来说,太姥山苍奇孕怪的美丽风景,为写作者提供了源源不断的诗文素材,他们登高览胜,流连光景,得山川之助,赞美山水而寄情于山水,凭吊名胜而托意于名胜,为我们留下了大量的纪游诗文。读这些纪游诗文,有助于我们神游于太姥山区,领略太姥山水之美,产生热爱家山风物的情感,从而陶冶一种情操;也有助于我们寻思古迹来历,激发探寻地方历史文化的兴趣,从而增添一种知识;也有助于我们了解太姥山区的古人生活和心迹,促使我们对山川与人文的关系有更深入的体悟。

第五节　旅次:从今渐入平安境,旧路艰辛未敢忘

　　福鼎虽然开发较迟,但介居闽浙,地处福建北上中原的要道。早在西汉元封四年(前110年),汉廷为了征服东越王余善,分兵四路南下,其中一路就是由浙江乐清县经福鼎至福州。但总的来说,闽浙一带"限以高山,人迹所绝,车道不通"①,交通很不方便。魏晋南朝时期,由于北方汉人不断入闽,福建加强了与外界的交往,水陆交通有了一定的发展。但留给给外地人的印象,还是一幅"乱山沧海曲"的情景。

一、太姥山区古官道与羁旅文学

　　先看唐代末年陈陶的《旅次铜山途中先寄温州韩使君》诗:

> 乱山沧海曲,中有横阳道。
> 束马过铜梁,苔华坐堪老。
> 鸠鸣高崖裂,熊斗深树倒。
> 绝壑无坤维,重林失苍昊。
> 跻攀寡俦侣,扶接念舆皂。
> 俯仰栗嵌空,无因掇灵草。
> 梯穷闻戍鼓,魂续赖丘祷。
> 敞豁天地归,萦纡村落好。
> 悠悠思蒋径,扰扰愧商皓。
> 驰想永嘉侯,应伤此怀抱。

　　于陈陶看来,在铜山(即福鼎桐山)地界一路走来,"鸠鸣高崖裂,熊斗深树倒",斑鸠高鸣,野熊出没,一片原始、自然的蛮荒状态,而且峰石嵌空,山高水险。当然也有村落,这时候,就深深体会到了"山重水复疑无路,柳暗花明又一村"的欣喜。

　　陈陶(约812—约885年),字嵩伯,号三教布衣。剑浦(今福建南平)人,早年游学长安,善天文历象,尤工诗。举进士不第,遂恣游名山。唐宣宗大中(847—860年)

---

　　①　班固:《汉书·严助传》。

时,隐居洪州西山(在今江西新建县西),后不知所终。有诗十卷,已散佚,后人辑有《陈嵩伯诗集》一卷。其《陇西行》四首之二:"誓扫匈奴不顾身,五千貂锦丧胡尘。可怜无定河边骨,犹是春闺梦里人。"把残酷现实与少妇美梦交替在一起,造成强烈的艺术效果,至今仍脍炙人口。鲜为人知的是,他漫游浙江、福建、广东时,曾路过今闽东地区,并留下了《旅次铜山途中先寄温州韩使君》等诗。

到了宋代,福建的交通状况有了明显的改善。这种改善主要体现在道路日趋便捷,桥梁渡口日益增多,而且普遍设有驿馆,以传递公文政令和接待来往官吏停宿。南宋乾道五年(1169 年)冬天,一位年届花甲的老者的身影从长溪古官道上逶迤而来。他就是南宋著名政治家、爱国诗人王十朋。这一年,他从泉州知府任上退休回老家浙江乐清。这一路,在长溪县境内,他留下了 4 首诗,其中有 3 首都是在如今的福鼎境内。第一首是《自泉返至王头陀岭》:

> 凌晨饱饭渡秦溪,要上青山九级梯。
>
> 不使瓯闽隔人世,头陀力与五丁齐。

王十朋这样的人不可能错过太姥山,所以从霞浦过来之后,他先借宿山下秦屿的某个地方,第二天凌晨就吃饱了早饭,开始爬"青山九级梯"——太姥山王头陀岭。王头陀岭,嘉庆版《福鼎县志》作"陀九岭",并说:"宋王头陀造,绝顶望秦屿,一枝垂水面如芙蓉。走阪而下,是为太姥洋。"王头陀肯定是一位僧人,但我们不知道他是太姥山上或山下哪个寺院的,住持,还是监院? 他有实力造这么长的山岭,并且此山岭就以他的名字命名,可见其不一般;同时也相当有力地证明,宋时的太姥山,佛教还处于鼎盛发展的时期。

第二首为《天王寺》:

> 千里归途险更长,眼中深喜见天王。
>
> 从今渐入平安境,旧路艰辛未敢忘。

天王寺在白琳集镇后街,据万历《福宁府志》载,建于后周显德二年(955 年)。宋太祖开宝年间扩建,历代为游客上、下太姥山之落脚点。王十朋游完了太姥山,沿着古驿道而走,自然就到了天王寺。

离开了天王寺,王十朋继续向着故乡乐清的方向行走,就又到了栖林寺,他的第三首诗《栖林寺》这样写：

> 我如倦鸟欲栖林，喜见禅僧栖处深。
>
> 家住梅花小溪上，一枝聊慰北归心。

栖林寺位于福鼎市郊桐山鳌峰山麓，《三山志》作栖林院，始建于五代后晋天福二年（943年）。那一天晚上，王十朋借宿栖林寺。

栖林寺

宋梁克家《三山志》说："（福）州，南出莆田，北抵永嘉，西达延平。车旌之所宿会，文檄之所往来，求其安便迅驶，而无阻绝沉滞之忧。故更易废置，迄今始定。"[1]此中所谓"北抵永嘉"一路，从闽县至连江的温泉铺、陀岭驿，罗源的四明驿，宁德的飞泉驿，霞浦的盐田驿，温麻驿，再经倒流溪驿，到福鼎的白林驿、桐山驿，最后过分水关到温州平阳北上，赫然一闽浙通衢。福鼎就是这条古官道接近浙江的最后一段，而且境内有两个重要驿铺白林驿和桐山驿。《三山志》曰："白林驿，县（指长溪县）东北百里，去桐山五十里，今废。只憩天王院。""桐山驿，去泗洲驿二十五里，今废。只憩栖林院。……过分水岭。"

---

①　（宋）梁克家纂：《三山志》卷五"地理类五·驿铺"。

　　宋代的福建,邮驿有驿、馆、铺、亭、站之分,驿之下设若干铺,非通途大道则设馆、亭、站。《福建通志》说:"宋承唐制,三十里有驿,非通途大道则曰馆。"据陈寿祺《重纂福建通志》所记,福建宋代的邮驿制度,"凡铺有马递、有步递、有急递、有供申、有节级、有铺兵等若干人。又若设曹司、添厢军,随时随地增减不一也";而对路远驿站少的要道,则采取随铺立庵,置田养僧,以僧众寺庵协助官驿的办法。所以上文所引《三山志》记载之"白林驿"和"桐山驿"均是这种情况。地处闽东北与浙江交界的福鼎地域,对福建的政治、经济、文化中心福州来说,属于地远人烟少的偏远地段,所以设了驿馆后又撤废之,白林一驿的职能就由位于白林的天王院承担,而桐山一驿的职能则由位于桐山的栖林院承担。由此我们知道,当年王十朋走的就是这条古官道,而路过天王院、栖林院,才为我们留下了《天王寺》《栖林寺》等珍贵的诗作。

　　北宋哲宗朝进士刘安上从温州老家来福建,也曾借宿栖林寺,留下《宿栖林三首》诗,其一为:

　　　　回首江乡路渺瀰,雨天形色倍迟迟。
　　　　最怜山寺留连日,恰是清明禁火时。

　　明代驿道、铺馆更加完善,加密了沿线驿铺建设。明代何乔远《闽书》卷三十七《建置志》所记福鼎境内驿铺有龙亭铺、杜家铺、官洋铺、五蒲铺、白琳铺、顾家洋铺、王孙铺、岩前铺、水北铺、半岭铺、分水铺。明黄仲昭《八闽通志》卷四十三《公署》所记与《闽书》大致相同。

　　这条古官道南北纵贯福鼎全境,形成了一条南接长溪县治(今霞浦)直达省会福州、北联温州平阳再通向北方的大道;而在福鼎境内,今虽大部分废弃于野草荒山,但遗迹尚存,绵延可辨,其明确走向记载于《福鼎县乡土志·道里》,北路为:

　　　　自治北承恩门至水北溪,上万古亭,过时泰亭,十里。越贯岭,十里,经战坪洋,十里,抵分水关,十里。……与浙江平阳官路接。

　　其南路为:

　　　　自治南迎薰门出石湖桥至岩前,十里。……过岩前桥逾岭为王孙,十里。上半岭亭,下官洋亭,抵店头,十里。过倪家地,十里。……越百步溪,逾岭至白琳,十里。……上金刚墩,十里。越五蒲岭,十里。过三十六湾,十里。入蒋洋,十里。下溪心,过杜家,十里。抵龙亭界,十里。与霞浦官路接。

宋代著名诗人陈与义当年从南向北,走的就是这条古官道,路过王孙,写下《王孙岭》一诗:

> 已过长溪岭更危,伏龙莽莽向川垂。
> 斜阳照见林中石,记得南山隐去时。

陈与义(1090—1138年),字去非,号简斋,洛阳(今河南洛阳)人,官至参知政事。北宋末、南宋初年的杰出诗人。同时也工于填词,别具风格,尤近于苏东坡,语意超绝,笔力横空,疏朗明快,自然浑成。著有《简斋集》。

二、闽浙分水关与"边界诗"

福鼎地处闽头浙尾,自古以来就是闽越和瓯越的交界地。五代时期,闽王王审知为了防御相对强大的吴越国的入侵,让闽中百姓更好地休养生息,在分水岭上建造关隘和防御墙,关以地名,称"分水关"。分水关地势险要,为兵家必争之地,但是由于各种原因,此地除了清代咸丰年间发生金钱会造反军与清兵的一次战役外,未见更多关于惨烈战事的记载,倒是从北宋统一全国以来,分水关真正是南北交通的重要驿道。因此,这条古驿道承载了数不清的来来往往,中原文化通过这个孔道进入闽地,使太姥山区成为福建最早接受中原文化影响的地区之一,与之相伴而生的还有余韵绵绵的诗歌,我们暂且把这些古人吟咏分水关的诗歌称为"边界诗"。

分水关防御墙

从福鼎桐山沿古官道迤逦而北上,就是长约十五公里的分水岭,身旁青山奔跃,松涛汹涌,待登上高踞岭之顶端的关隘,脚下峡谷险峻,崇山峻岭的尽头,就是北望无际的平原。如此壮丽风景,成为文人墨客喜爱题咏的对象。明嘉靖进士马森《分水关》诗写道:

> 山关闽土尽,征路楚山迎。
> 晓雾连空暗,炎天过雨晴。
> 人来千树杪,鸟杂百泉声。
> 每憾篆舆阔,唯从石鳞行。

清乾隆进士、嘉庆温处兵备道李銮宣《分水关》诗中也写道:

> 天堑何岩岩,岩岩分水岭。
> 宿雾暗林樾,森弥一万顷。
> 须臾朝暾出,雾散见诸景。
> 松山插青田,眉黛晓妆靓。
> 平水东西流,清欲鉴人影。
> 石滑不受苔,树老半垂瘿。
> 茶花白于雪,枫叶赤如酲。
> 狭路如蛇盘,升者但延颈。
> 俯视千丈崖,足缩不敢逞。
> ……

这是一首古风,状写"岩岩分水关"及其宿雾、青田、流水,以及石滑,树老,路狭,崖高的情状,诗句娓娓道来,道出了分水关的险峻幽深。在清代御史吴文焕的眼里,分水关也是这样山高水险的样子:

> 涧声挟雨怒岩降,野碓乘之互击撞。
> 身在浓阴烟雾里,便同击楫济长江。

既然是一条交通要道,那么凡南下福建、北入浙江的行人过客,若不走横阳古道,就必须横穿分水关防御墙下这个弯弯的关门,而横穿这个关门,就意味着由一个地界进入另一个地界,这就容易让人产生遐思。假如他还有兴致,登上高踞岭上的分水关和防御墙,远眺远山近水,触景生情,自然就会想起渐行渐远的故土,或是已久别多时的家园,旅愁、乡思、亲情便都会涌上心头。

清代乐清诗人赵贻琯的《过分水关》,写出了过分水关后离乡的惆怅:

> 连山行到顶,便作异乡人。
> 流水分南北,征途判浙闽。
> 殊音难共语,僮仆自相亲。
> 长日崎岖路,翻怜老迈身。

而宋代诗人葛绍体《分水山》诗所表达的情感,则又浓烈黯然许多:

> 歧路东西分,闽浙自兹异。
> 平波翼丛筱,荒丘带深隧。
> 渐闻新蛮音,不见旧朋类。
> 凄然独含情,谁与话幽意。
> 满空霜气横,鸿影过一二。
> 回首良不堪,归期数长至。
> 茫茫宇宙大,人生本如寄。

他马上要离开自己熟悉的浙江,要到所谓"蛮荒"地界的福建去,在经过分水关的那一刻,心中不免凄然,更兼自己在福建语言不通,也没有朋友,而且前路茫茫,归期遥遥,禁不住发出"人生本如寄"的感叹。

明代一位自称为"避世之人"的诗人盘江逋客,见到分水关松柏叠翠,茂林深处不时传来鹧鸪"行不得也哥哥"的叫唤声,勾起了他心底缕缕乡愁和前路崎岖茫茫,归宿何方的惆怅情绪,禁不住写下了《分水关》诗:

> 一道泉分两道泉,层层松栝翠参天。
> 鹧鸪声里山无数,合向谁家草阁眠?

但不同的人有不同的心境,有的人经过分水关,表达的却是随遇而安的乐观旷达情怀。请读江西诗派"三宗"之一的宋代著名诗人陈与义的《分水山》诗:

> 曾鼓蓝田棹,钱仓不足言。
> 尽行江左路,初过浙东村。
> 春在花无迹,潮归岸有痕。
> 百年都几日,聊复信乾坤。

用清新淡雅的语言,叙事绘景,借景抒情,表现出一种开朗的心胸和舒畅的心情。

北宋元祐进士、南宋尚书右丞、浙江瑞安人许景衡当年自福建回浙江,福建多山,道路崎岖,一路走得很辛苦,好不容易翻越长长的分水岭,来到了分水关上,抬眼北眺,一马平川的浙江地界撞进眼帘,那郁郁苍苍的松山也是故乡的山,分别多时的家乡瑞安已在眼前,于是旅途辛苦一扫而尽,愉悦之情油然而生:

分水山
> 再岁闽中多险阻,却寻归路思悠哉。
> 三江九岭都行尽,平水松山入望来。

与许诗有异曲同工之妙的是清代著名学者俞樾的写分水关诗句:

壬申春日自杭州至福宁杂诗
> 岭上岩岩分水关,令人回首故乡山。
> 归途傥践山灵约,雁荡天台咫尺间。

俞樾浙江德清人,那一年他取道杭州赴闽探望任福宁州知州的兄长俞林与寓居霞浦的老母亲,途经山岭险峻的分水关,前眺怪石嶙峋的分水岭,回首顾盼浙江的山与水,将去途的艰辛化作对归途的期盼。

我们再看南宋绍兴状元、莆田人黄公度《分水岭》诗:

> 呜咽泉流万仞峰,断肠从此各西东。
> 谁知不作多时别,依旧相逢沧海中。

此诗写得很有情致,又富于理趣。以拟人的手法写分水岭岭头泉水的分流:西流者向闽,东流者向浙,如情人分袂,但并非永诀,不久即可入海重聚,始知前此的"呜咽""断肠"之不必要,情调也由悲抑转为欢畅。诗作生动传神地道出了分水岭上水流的特点,赋予山泉以生命和感情,把它们客观上的分流写成朋友或亲人之间无奈的离别,并预言殊途同归,后会有期。其时,黄公度泉南签幕任满,"诏赴行在",而与他颇有交情的左相赵鼎则谪居潮阳。后来有人向朝廷进谗,谓此诗同情赵鼎,发泄不满。秦桧大怒,黄公度因此数度被贬,为此付出了沉重的代价。这是题外话了。

分水关是一个关卡,也是一个著名的古迹,到这儿的人,除了抒发怀乡和羁旅的感慨,也有生发思古之幽情的。清代平阳诗人张綦毋《船屯渔唱》中的第十一唱诗,就是借分水关以古喻今的一首佳作:

> 界破瓯闽万叠烟,分流一派到关前。
> 莫忘东晋关山险,曾记兵过至德年。

诗人别出心裁,先说分水关地理的险要,但第二联笔锋一转,说地理的险要并不足凭,言外之意,最为关键的还是民心,民心若失,江山不固,带有浓郁的怀古和警示之意。

此外,清嘉庆进士、泰顺诗人董正扬的《分水关》"瓯闽开国日,畛域此山垠。水划重关险,天低牛斗分。危松生古塔,夜烧爇寒云。弃襦人不识,无事效终军",与清咸丰进士、会稽人赵之谦的《过分水关》"自画瓯闽界,因成分水关。地形宜可守,天险尚留山。此日空颓废,闲云任往返。出门看落势,举足我忧患",也用不同的观察视角和着笔点,或以亲历的感受,有声有色,指点江山,书生论政,生动形象地抒发了各自的观感。①

第六节 从军:十年三度到闽关,风急星回客未还

太姥山区地处祖国东南边陲,北与古越国交界,东向是汪洋无际的东海,明代始设立海防,古烽火营在崳山海域,驻军未曾间断。域内的沙埕港,因其特殊的地理位置和形状,历来为兵家必争之地。唐代李益在《从军诗序》中说:"吾自兵间,故为文多军旅之思。"在福鼎地界的驻军,亦产生堪值一提的军旅文学。最有代表性的是南

---

① 杨思好:《诗韵悠悠分水关》,《温州日报》2014 年 1 月 16 日。

明抗清名将张煌言驻军沙关(今沙埕)时所作的诗歌。

张煌言(1620—1664年),字玄著,号苍水,鄞县(今浙江省宁波市鄞州区)人,崇祯举人,官至南明兵部尚书,是一位文武兼备的抗清名将。南京失守后,与钱肃乐等起兵抗清。后奉鲁王朱以海,联络13家农民军,并与郑成功配合,亲率部队连下安徽20余城,坚持抗清斗争近20年。在这近20年当中,他曾经"三度闽关,四入长江"。所谓"三度闽关",就是指他曾三次到过沙埕,在此设过战时统帅部。

清顺治十三年(1656年)秋,因为舟山失守,郑成功所派的守将战败投水而死,张煌言不得不撤离临门防线。为了保存有生力量,以便等待机会打击敌人,张煌言带领军队移到福建东北沿海的沙关、晴川(今秦屿)暂驻。

十年三度到闽关,风急星回客未还。

腊腊总来殊越俗,屠苏哪得破愁颜。

春符竞贴黄龙榜,新历虚衔丹凤班。

怅望故山风物改,归心不断岁时间。

张煌言于清康熙元年(1662年)又一次率兵进驻沙埕,并在此屯兵固守达三个月之久。过年了,当地居民按照风俗,祭祀、喝酒、贴春联……勾起了一代名将张煌言的浓浓思乡之情,他出生入死,转战沙场,抗击清兵已有17个年头,再加上其时郑成功收复台湾后,建立了郑氏政权,与他所忠贞不二的鲁王关系变得微妙,抗清形势越发严峻,抗清义军处境艰难。那一个除夕,张煌言一定站在沙埕的高处,望着滔滔不绝的沙埕港水和浩瀚无边的东海,再向着故乡的方向,想着抗清大志何时才能实现,心潮澎湃,写下了以上这一首《辛丑除夕行营沙关》。张煌言还写过一首《三过沙关》:

五载真如梦,秦川恨旧游。

地分山闽越,天阔水沉浮。

鸿鹄难羁绁,蛟龙空负舟。

包胥洵国士,复郢更辞侯。

张煌言在沙埕还写有另一首诗《辛丑秋虏迁闽浙沿海居民,壬寅春余舣棹海滨,春燕来巢于舟,有感而作》:

去年新燕至,新巢在大厦。

今年旧燕来,旧垒多败瓦。

燕语问主人,呢喃泪盈把。

画梁不可望,画舫聊相傍。

肃羽恨依栖,衔泥叹飘荡。

自言昨辞秋社归,北来春社添恶况。

一片藜芜兵燹红,朱门那得还无恙!

最怜寻常百姓家,荒烟总似乌衣巷。

君不见,晋室中叶乱五胡,烟火萧条千里孤。

春燕巢林木,空山啼鹧鸪。

只今胡马复南牧,江村古木窜鼪鼯。

万户千门徒四壁,燕来亦随檐上乌。

海翁顾燕且太息,风帘雨幕胡为乎!

悲壮苍凉,荡气回肠,表达了对战事不断民不聊生的痛恨和无奈,其忧国忧民之心跃然纸上。但英雄无回天之力,历史按照它必然的轨道运行,就如这沙埕港的水流,无人所能阻挡。

一年多后的康熙三年九月初七日(1664 年 10 月 25 日),张煌言被清军杀害于杭州弼教坊,年仅 45 岁。行刑前他索纸笔赋绝命辞三首,立而受刃,死而不倒。明末清初大学者黄宗羲在张煌言的《墓志铭》中写道:"慷慨赴死易,从容就义难。"作为一个将士,冲锋陷阵,战死于沙场,或国破君亡,自杀以殉国,都是慷慨赴死,对于满怀忠诚的人来说这并不难,难的是像张煌言这样从容就义。

沙埕作为海上关卡,历来为兵家必争之地,故为了增强海防力量,明代开始,就设有重兵把守。潮州饶平(今属广东)人、明万历二十六年(1598 年)进士黄琼在福建任职期间,曾巡海历抵沙埕,写有《沙埕海上阅操》一诗:

北风散雾入礌台,楼橹连云次第开。

鹅鹳翩飞群蔽日,龙蛇竞戏殷成雷。

习流勇士随波出,下濑将军破浪回。

看罢五花旌旆静,渔歌凯奏杂尊罍。

第七节　流寓：当年太姥轻挥手,让尔流离蚕入林

清嘉庆版《福鼎县志》卷六"流寓"曰:"志乘之载寓贤,所以重前哲之踪迹,亦犹仪封人以君子至斯为幸也。鼎邑乔寓诸贤,首推朱子……他若梅溪诸君子,虽偶然戾止,亦皆足为斯地光耳。"此中所提朱子即朱熹,梅溪即王十朋。除此二人,"流寓"一节记载还有宋之郑樵、陈嘉言,以及明代之谢肇淛和陈仲溱。关于朱熹、王十朋、陈嘉言以及谢肇淛等人流寓福鼎及其文学创作情况,我们在上文中已经提及,本节想专门说说郑樵以及明清两代交叠之际方以智和陈名夏在太姥山相遇的情况。

一、郑樵和《蒙井》《蓝溪》

郑樵(1104—1162 年),字渔仲,号夹漈,自称溪西逸民,学者们称之为夹漈先生。福建莆田人,宋代著名学者、历史学家、藏书家。出身书香世家,天资聪颖,长大后更勤奋好学,博闻强记。16 岁时,其父死于苏州,他便不应科举,认为昏暗不明的仕途不如读书的志向来得明晰。先与胞弟及堂兄结庐越王峰下的南丰草堂埋头读书,不久弟死,又与堂兄结伴前往城北的夹漈山上读书。筑屋三间,名曰"夹漈草堂"。在"草堂"里,他们"寒月一窗,残灯一席",置身于苦读、著述和聚书的生涯。郑樵一生著述宏富,共 84 种,千余卷之巨,给后人留下一份精辟独到的精神财富,在我国文化史上竖起了一座不朽的丰碑。可惜大都散佚,现在流传于世的只有《通志》《六经奥论》《尔雅注》《夹漈遗稿》《诗辨妄》等数种。

据明代谢肇淛《太姥山志》、清嘉庆版《福鼎县志·艺文》和民国卓剑舟《太姥山全志》等志书的记载,郑樵与太姥山下潋村有关的诗作有两首,一首是五言绝句《蒙井》,另一首是七言绝句《蓝溪》。

《蒙井》诗为:

> 静涵寒碧色,泻自翠微巅。
> 品题当第一,不让惠山泉。

关于蒙井,谢肇淛《太姥山志》记曰:"在蓝溪寺前,泉极甘冽。"卓剑舟《太姥山全志》载:"在蓝溪前三桥下,石壁坚融,中有一穴,形如斧凿,泉极甘冽。"现蒙井井口石

构建存于灵峰寺内的石刻博物馆内,风化较为严重。诗中,郑樵正面描述了蒙井水的清冽,表达了对来自翠微之巅的井水的喜爱。除此,我们还能在清冽的井水中看出作者的影子,郑樵以井水自比,自觉其困顿环境中的学问追求和人格修养均可无愧,而且自当精进不止,虽无意功名,但真要比试,自信"不让"那些临安城里的学子们,只是他志不在此,在于更宽阔辽远的所在。

顺便提及,此诗在《艺海珠尘》刊本之《夹漈遗稿》中题作《福宁州蓝溪寺前问井》,因唐宋长溪地,元代始立为福宁州,郑氏宋人,故其诗无题作"福宁州"之理,应为编者所加;"问井"为"蒙井"音近而误。而"蓝溪寺前"倒是确认了此井的位置。有人认为郑樵此诗所写之"蒙井"在福安,谬矣!关于蒙井以上相关问题,当代史学家、诗人郑丽生先生于 20 世纪 80 年代初曾有过现场的考察,并作有《蒙井》一诗,节录如下①:

> 长溪有蒙井,郑氏为之铭。
> 品评泉第一,不让惠山清。
> 井在灵峰寺,其地傍漈城。
> 我来寻古迹,未见已心倾。
> ……
> 昔读《夹漈稿》,诗题标"福宁"。
> 又题曰"问井",一物而异称。
> 福宁无设治,宋代无其名。
> 山下出泉"蒙",易象兆咸亨。
> "问井"殆无义,别字口谐声。

以上已多次提及蓝溪,蓝溪源出太姥山顶,到达山脚的漈村,被唤作漈水,漈水穿村而过。谢肇淛《太姥山志》记曰:"蓝溪,在太姥山下,源出山顶,每岁八月中,水变蓝色。相传太姥染衣,居民候其时取水,沤蓝染帛最佳。"郑樵流连溪畔,为我们留下了《蓝溪》一诗:

> 溪流曲曲抱清沙,此地争传太姥家。
> 千载波纹青不改,种蓝人果未休耶?

---

① 全诗见周瑞光编:《太姥诗文集》,海峡文艺出版社 1990 年版,第 121—122 页。

综上所述,基本能够确认,郑樵与太姥山的关联主要是山脚下的潋村。潋村,位于太姥山东麓纱帽峰下,三面环山,面向东海。这个古老的村子后来因为明代抗倭古堡而受人关注,但它文化发展的顶峰当上推至宋代。早在北宋徽宗朝崇宁五年(1106年),潋村杨家的杨惇礼就高中进士。修于清光绪年间的《福鼎县乡土志》说:"若王孙赵(宋宗室)、潋城杨(宋科名极盛)为世代望族。"整整北宋一朝,福鼎进士只有三位,杨惇礼为其中之一①。万历《福宁州志》还记载他"与兄定国俱中三舍"。宋代元丰之后,太学分上舍、内舍、外舍,故曰"三舍",而太学乃宋代的最高学府,可见此时杨家的读书人非只杨惇礼一人。

杨惇礼喜欢读书,却不爱当官,在连任陕、彭、泉、宿四州教授之后,到朝中转任太学博士,时以贪渎闻名的权相蔡京结党专权,他便申请退休,以后多次谢绝朝廷的重用,还没到六十岁就安居老家,所以当时的官场称杨惇礼有三奇:"有田不买,有官不做,有子不荫。"杨惇礼认为,不一定要当官,不需要很多田,却必须要有很多书。

就是因为有了很多书,使杨家能与郑樵结缘!

由于北方金兵在攻破北宋京都时抢走了朝廷的三馆四库图书,所以郑樵决定以布衣学者的身份,在夹漈山为南宋朝廷著一部集天下书为一书的大《通志》。为了得到著《通志》所需的学问,郑樵再一次背起包袱,独自一人前往东南各地求借书读。于是,这位而立之年的青年学者,来到了长溪,并滞留于潋村授学。

明代嘉靖、万历两部《福宁州志》,以及清乾隆《福宁府志》均记载:"(郑樵)授学长溪,提举杨兴宗从之游。"但具体在长溪的哪个地方授学,没有明确。晏滔先生在《郑樵寻书览史留蒙井》②一文中捋了一下这之间的关系。晏文说:"这一年,他来到潋城,访到杨惇礼老先生。杨惇礼是宋著名的博学士(者),家中藏书千卷,因致仕归乡里。为了读尽杨家藏书,贫寒的郑樵答应杨惇礼,以为其孙杨兴宗授学为条件,寄居杨家。"晏文没有注出此段文字的史料来源,卓剑舟先生编于民国期间的《太姥山全志·名胜》却说得明确:

夹漈先生尝授学潋村,提举杨兴宗从之游。

民国《福鼎县志》卷七《名胜志》亦载:

---

① 还有两位就是桐山高家的高崇和高景德父子。
② 载晏滔:《太姥山文化遗珠》。

> 灵峰寺,在潋村……宋编修莆田郑樵曾授徒于此。

而关于杨家藏书之富,清曹庭栋《宋百家诗钞》录有宋人陈鉴之《东斋小集》,其中有一首《寄题长溪杨耻斋梅楼》,开头两句就是:"乃翁爱书书满楼,万轴插架堪汗牛。"此楼就是杨家先世藏书和读书之所。所以晏文所述还是可信的。

与其祖父杨惇礼相比之下,杨兴宗在官场要活跃一些,不仅被载入明黄仲昭的《八闽通志·名臣》,《福宁州志》和《府志》亦有其传记,传记均有"少师事郑夹漈"的记载,所以杨兴宗是郑樵的学生这一点也是确信无疑。关于这点,还见之于多种史料,《郑樵文集》①附《郑樵年谱稿》,有"郑樵弟子杨兴宗登进士"的记载,并引明朱衡《道南源委》卷二:

> 杨公兴宗……少师郑夹漈……登绍兴三十年进士。

而郑樵故乡所修之《兴化县志》则有更详尽的记载:

> 先生尝教授福温之间,从游者号之夹漈弟子,而吏部杨兴宗为高第。至今后学思而仰之。

《郑樵年谱稿》以为,郑樵流寓长溪时间,是绍兴十九年(1149年)。11年后,青年才俊杨兴宗成为杨家的第二位进士,从此进入仕途,初任迪功郎,再调铅山簿。这位有为青年敢于议论朝政,孝宗刚刚登极,他就对朝廷提出"任人太骤,弃亦骤;图事太速,变亦速"的批评。时南宋只余半壁江山,且北边金兵气焰正炽,他向朝廷提"以守为攻之策",当时宰相汤思退主张与北边议和,托御史尹穑传话,如果见皇帝时不另提主张,"当处以美职",杨兴宗"谢却之"。他反对和议,惹得汤思退大怒,而"孝宗嘉其志",所以得以一路升迁,任校书郎,与当年的另一位老师林光朝同行校文省殿,提拔了郑侨(郑樵从子)、蔡幼学、陈傅良等人,这些人后来都成为朝廷栋梁,所以"时称得人"。因为政见不合,杨兴宗最后得罪当权派,被外放地方官,先后任职于处州、温州、严州,卒于湖广提举,甚有政声。

郑樵授学潋村,聪明的杨淳礼老先生绝不会错过这么好的机会,他肯定让尽可能

---

① 吴怀祺校补,书目文献出版社1992年版。

多的杨家子弟都去听夹漈先生的课,所以,从学者绝非只有杨兴宗一人。民国《福鼎县志》卷二十一《艺文志》记载有名有姓的还有一人:

> 《拙斋文集》,宋杨武撰。武字有文,潋水人,淳熙年进士,授善化邑令。尝游郑夹漈门,与其兄杨楫皆以儒学著名。

潋水就是潋村,即今之福鼎市太姥山镇潋城村。

二、方以智、陈名夏与太姥山①

方以智(1611—1671年),字密之,号曼公,又号鹿起、龙眠愚者等,安徽桐城人,明代著名哲学家、科学家。崇祯十三年(1640年)进士,曾官检讨。弘光时为马士英、阮大铖中伤,逃往广东以卖药自给。永历时任左中允,遭诬劾。清兵入粤后,在梧州出家,法名弘智,在发愤著述的同时,秘密组织反清复明活动.清康熙十年(1671年)三月,因"粤难"被捕。十月,于押解途中自沉于江西万安惶恐滩头殉国。学术上主张中西合璧,儒、释、道三教归一。一生著述400余万言,多有散佚,存世作品数十种,内容广博,文、史、哲、地、医药、物理,无所不包。

方以智有家学渊源,父亲方孔炤(1590—1655年),万历四十四年(1616年)进士,易学家,官至右佥都御使,巡抚湖广。万历四十七年(1619年)底,由四川嘉定知州转调福建福宁知州。② 当时熊明遇遭弹劾外调,于该年夏天刚刚到任福宁兵备佥事,负责福宁卫。由是两人分任福宁州军政首长,并建立了深厚的友谊。

方孔炤履任福宁知州期间,带着他的幼年孩子方以智。根据有关史料,这个聪明的孩子跟随父亲在福宁生活的那段时间,经常得以聆听父亲与熊明遇探讨一些学术问题,还能直接请益一些西学问题,获得了科学知识的启蒙,为以后成长为一位中国古代出色的科学家奠定良好的基础。

徐光台教授对此做过专门研究,其学术论文《熊明遇与幼年方以智——从〈则草〉相关文献谈起》刊发于《汉学研究》28卷第3期(2010年8月),该文在《前言》中说:"在中国思想史与科学史上,明清之际的方以智有其特殊地位。时值耶稣会士来

---

① 陈仕玲先生对本文有贡献。
② 清乾隆《福宁府志》卷十七"秩官志·循吏"载:"方孔炤,号仁植。桐城人,进士,万历四十八年知州事。始至,建学宫,开玉带池,竖中天坊、敬一亭,复龙光塔。甫二年,以员外郎迁去。士民建祠,立石曰'思乐亭'。"

华传教,在西方自然知识的冲击下,熊明遇《格致草》和方以智《物理小识》为两本引人注意的物理作品。过去注意方以智《物理小识》多所引用《格致草》,与他九岁在福宁向熊明遇请教西学,显示熊明遇与幼年方以智曾有段教导西学的经历,值得探究。"

《物理小识》刊刻于康熙三年(1664年),是方以智所著的一部百科全书式的学术著作。所谓"物理",概指世界上一切事物之理,与我们今天所说物理学之"物理"涵义不同,这是一部全面记述万事万物道理的著作。此书有两段关于方氏父子与熊明遇在长溪接触的记载。一段是方以智在长溪持续地向熊明遇学习一些他日后承认喜欢熊明遇"精论"的说明:

> 万历己未,余在长溪,亲炙坛石先生①,喜其精论。

第二段是关于太姥山花岗岩峰林洞群的空谷回音。福宁州治在今霞浦县城关,地处太姥山脚下,方氏父子与熊明遇不止一次游览太姥山,某次同游,又到了一处传声谷,"僧隔岭呼佛号,而应之声自仙岩中出,反洪于呼之声"②。方孔炤不解为何如此,且一呼会引起七声回应,向熊明遇请教。方以智《物理小识》卷一《声异》记曰:

> 太姥有空谷传声处,每呼一名,凡七声和之,老父以问坛石熊公。公曰:"峡石七曲也。人在雪洞,其声即有余响。若作夹墙,连开小牖,则一声亦有数声之应。层楼槛内门窗纸上,大小破隙,则风来做丝竹之音。若高山日暮,闻城市之喧声,以日气敛,而人静听也。"

此记载堪为太姥山文化和科学史料中的"空谷足音",不可多得,为后人考察太姥山的地质和地形留下宝贵的文字资料,20世纪末中央电视台还曾据此记载欲来太姥山拍摄关于声音传播的科教片。

因为明朝的灭亡并被涉"从逆案",方以智中年以后过着流离失所的"遗臣"生活,有一段时间,太姥山接纳了这位故人。因为是逃难,所以三缄其口,方以智山中生活的具体情况我们不得而知,但他的好友、后来降清做了"贰臣"的陈名夏却有诗歌

---

① 熊明遇号坛石。
② 熊明遇:《登太姥山记》,载《文直行书诗文集·文卷十六》。

述说他们在太姥山下相遇的情景。

陈名夏,字百史,江南溧阳人。明崇祯十六年(1643年)探花,授翰林修撰,兼户兵二科都给事中。据陈名夏所著《石云居士文集》以及北京师范大学张升《论陈名夏与方以智的交往》一文记载,明朝倾覆后,陈名夏投降李自成,随后不久秘密潜回家乡。清世祖顺治元年(1644年)五月,福王朱由崧被拥立于南京,建立弘光政权。七月,南明朝廷下令缉捕投降李自成的官员,陈名夏被迫逃往安徽,几经辗转,于深秋进入福建境内,在太姥山遇见明末四公子之一的方以智。方以智与陈名夏既是挚友,又属姻亲,且同为复社成员,当即赠以盘川,帮助他从水路逃到江西,经湖北、河南,从睢州渡过黄河,在河北大名拜见同年成克巩。经成克巩推荐,陈名夏投降清廷,从此平步青云,扶摇直上,被授予吏部尚书、弘文院大学士,进少保兼太子太保。陈名夏于顺治十一年(1654)以"南党案"被清廷处以绞刑。

陈名夏流落太姥期间,蒙方以智赠金馈食,感慨万千,留有多首诗作述说此次情况。计有《太姥山下遇方密之,怆然别去》《太姥山下风沙篇,别方密之北行》《遇方密之于太姥山下,赠予金》三首。另有《太姥山送雅如》五律,与《风沙篇》一首皆存于明末遗民朱隗《明诗平论》一书中。《太姥山下风沙篇,别方密之北行》为七言古风,见于《二集》卷六:

> 海上悲风沙作堆,荒荒遇子颜为开。
> 畏人不及言儿女,亡命何繇居草莱。
> 发犹上指须半白,但愿求方煮白石。
> 煮石不得成金难,相顾执手当岁夕。

《太姥山送雅如》则见于《二集》卷十一:

> 荒涂寒更苦,主我是通家。
> 数世凭风雅,残冬对雪花。
> 何人端下石,有鬼善含沙。
> 曾史名犹毁,呼天更自嗟。

雅如不是方以智字号,所指何人,已难查考。陈名夏流落福宁州期间,尚有一首《福宁州城外即事慰袁生》古风,为民国徐世昌《晚晴簃诗汇》所收录。

据记载,陈名夏在太姥山与方以智分别之后,二人南北分隔,各事其主,从此再也没能见面。"太姥之会"成为陈名夏人生的一大转折点,他对方氏念念不忘,而对自己失节也感到后悔。他寄给方以智的诗中就充满着这种复杂纠结的心情:

> 天末传书雨雪深,泪痕重下短衣襟。
>
> 首山仍是箕山节,东海终怜北海心。
>
> 稚子远行探虎穴,孤僧不死有人琴。
>
> 当年太姥轻挥手,让尔流离蚤入林。

陈名夏气节人品虽在当时颇有争议,而煊赫才名却为海内人士所共同推许。方以智为其诗集作序,称之:"百史为人魁岸杰出,多知至将,古所称倜傥英俊之士,方之蔑如。"顺治皇帝赞之:"陈名夏多读书,问古今事了了。即所未见书能举其名。"陈名夏是太姥山历代诗作者中官职最高的一位,所留下的诗作,也为研究明清时期这一区域人文历史提供了宝贵资料。

以上我们从隐逸、迁谪、怀古、纪游、旅次、从军、流寓等七个品类梳理了太姥山区的文学发展大致情况,是挂一漏万的努力,今日之呈现,只是太姥山区文学成就之冰山一角。清嘉庆版《福鼎县志》曰:"福鼎人文荟萃,历代儒先及各家著述,几于汗牛充栋。"民国卓剑舟《太姥山全志》亦曰:"兹山虽处穷僻,夙称胜地。历代文人高士记载歌咏篇章滋多。"由于年代久远,乡邦文献多缺略不存,文人高士们的记载歌咏之篇章遗留下来的不多,本章只从一个角度出发,从现存文献中梳理和审视太姥文化区的文学发展之大略,更加丰富的宝藏,有待于有心者进一步的挖掘和整理。

第二章　雅俗会通与太姥文化区的传统艺术

福鼎建县距今尚不及三百年,当时原由霞浦县东北部析出劝儒乡的廉江、望海、育仁、遥香四里划归建制,原人口不满三千人,地僻户少,人文不振。但是历史告诉我们:任何的社会文明,都是由人类通过劳动,创造出来的结果。又说:"十室之邑,必有忠信;百步之野,必有芳草。"故福鼎虽小邑,在近三百年间,由于人们天赋的智慧,通过劳动创造,在文学艺术上,也获得了相当的成就,特别是一些独具一格的艺术形态堪为地方生色。本章重点介绍福鼎地区有代表性的传统民间艺术成就。

第一节　灵峰石刻:唐宋石雕艺术的代表①

福鼎书画艺术现存历史最早者,当推唐宋石雕。唐时太姥山即有寺庙 36 处,宋元明清,代有重修续建。寺内须弥座,刻有人物、神兽、花卉等,造型古朴,栩栩如生。其中尤以太姥山东麓秦屿潋城之灵峰寺唐宋石刻最为称绝。灵峰石刻是集人物、瑞兽、花卉于一廊的古代经典之作。据有关资料记载,为唐宋雕刻,迄今已有一千多年的历史,是福鼎重要文物。现保存于灵峰寺大雄宝殿廊沿下面,与现代寺院建筑媲美,构成一组雕刻艺术画廊。游人香客入寺,驻足观赏,赞不绝口。

灵峰寺是太姥山唐代寺院之一,杨楫《重建灵峰宝殿之记》载:"由潋溪之西,盘折纡回,别为一窟穴,有招提焉,是为灵峰寺。寺之建不知何所始,考杨氏族谱,盖唐代宗大历间,杨氏之祖始卜居潋溪,其寺记则咸通元年,杨氏舍田以为子孙植福之地也。"历经几多风霜雨露,灵峰古刹兴废更替,整个石刻长廊(佛殿须弥座)因为裸露在外面,受到外物的撞击和敲打,甚至历经大火的焚烧,有的破损、断裂,有的风化、侵

---

① 本文参考:马树霞《唐风宋韵——太姥山灵峰石刻》,载《福建艺术》1997 年第一期;冯文喜《千年经典灵峰石刻》,载《闽东日报·闽浙边界》2008 年 11 月 27 日。

蚀,但石雕造像基本保存完整,并显得沧桑厚重。

石刻用料以青石为主,条石长1.5米,宽0.3米左右,每块石料在上面可以雕刻两三方图像。石刻以人物造型、佛教神兽为主,还有花草。这些石雕造型生动、风格古朴,它反映着古代劳动人民的聪明才智和艺术工匠纯熟的技巧、高度的概括力以及丰富的想象力。

人物造型主要是力士,力士属于护法神,人称护法神金刚为力士。灵峰石刻力士个体矮小朴拙,壮实敦厚,富有个性,栩栩如生。个个面相圆凸,眼似铜铃,鼻塌唇扁,两腮极其丰腴,脸部神情庄重,有抿唇、有铆唇、有努唇。头与胸部直接连在一块,胸部大而沉,腹部隆而突。双腿呈蹲势,有屈尊之意。他们或蹲,或立,或顶,或坐,姿态在统一中又略有变化。双臂和腿部异常发达,肌肉突出,腹部隆起,有的双手放在大腿上,有的向上托起,有的单手握拳叉腰,有的双手交差于胸前,显示力大无比。双臂尽量向上托起,有"泰山压顶不弯腰"的英雄气概。其中有一具力士头部倾斜角度快近于水平线,嘴唇紧铆,一幅侧耳倾听佛法的状态。力士以赤膊为主,下身有服饰,宽大轻松,有的披上衣,在胸前打个结带,线条简单,体现简练的意味。有一个用左手放在嘴唇吹口哨的力士石刻显得与众不同,其下身服饰也相对高档,深沟线条条清楚,双腿开弓,作马步状。他的神情告诉人们像要施展什么法力。

佛教神兽以狮子为主。狮子,古代被视为"瑞兽",佛教中又往往以佛说法比附于狮子。唐代狮刻造型以质朴浑厚、气魄宏大见长,而后来则重玲珑喜庆,更重于装饰性。灵峰寺的这组石雕正是唐宋时期的产物,四脚肌肉结实,身躯矫健,造型动态流畅,跨度大而有力,给人以充沛蓬勃的生命力之感。"双狮合抱"最能体现灵峰石刻的艺术价值。两只神兽互相缠抱、绻缩,中间腾出一个小空间,肢体尽力向外拓展,整个造型如同一个正在滚动的太极,具有儒道文化结合的意象。这在石刻艺术中鲜有,足见当时雕刻艺术者的匠心独运。左上的神兽与右下的神兽脸部处在一条线上,成两相对望之势,并且它们都用嘴唇轻咬对方的尾部,前两脚都抱紧对方的后左脚。在合抱、轻咬、推顶等姿态中,构成嬉戏打闹的场景,营造融洽和谐气氛。其安娴、恬静、舒适的情趣,向人们叙说一个平和的境界。

花卉只有两方,在狮子与力士之间,造型优美,线条流畅,富于装饰性。

灵峰石刻以其生动优美的造型,独具特色的雕刻工艺,体现了雕刻艺术的奇伟壮观,呈现出令人炫目的艺术光彩,无论佛教寺院建筑审美,还是纯粹雕刻工艺,它都具有重要的艺术参考价值。

另外,随着近年的考古发掘,太姥山上国兴寺亦发现多方佛殿须弥座力士、神兽、花卉石刻,国兴寺旁之楞伽宝塔基座亦有多方,风格与灵峰寺石刻相近,只是风化都较为严重。

第二节　福鼎饼花:别具一格的年画妙品

福鼎饼花是福鼎一种富有地方特色的年画品种,是专用于中秋月饼的外包装装饰画,当地群众在月饼吃完后,会把一幅幅漂亮的饼花贴在墙上以供观赏。福鼎饼花始创于清代,盛于清至民国期间,在闽东的霞浦、柘荣及浙江的苍南、平阳一带广为流行。

福鼎饼花的历史演变,大体可分为"剪纸饼花""手绘饼花""木刻饼花"三个阶段。

福鼎饼花·奶娘传

福鼎饼花·三仙醉酒

福鼎饼花·卧牛山

最早出现的是剪纸饼花,其中以用各类色纸剪贴而成,人物以儿童为主的"百子花"为典型代表。因其画面较小,也叫"拳头花"。"百子花"出现在清乾隆时期。

手绘饼花出现于清末民国初年。先出现"团花",后又进一步发展出"泥金饼花"。"团花"是艺人画在纸上的圆形饼花,大小有直径四寸、六寸两种,直径四寸的画一至二个人物,直径六寸的画二至三个人物,内容以戏曲为主。"泥金饼花"是一种非常精细的手绘饼花,以泥金入画,可看作当时福鼎工笔重彩画的一个分支。泥金饼花色彩鲜艳,富丽堂皇,但产量较少,造价往往比月饼本身还高出好几倍。

清末民初时期,福鼎艺人林通琳开始
尝试制作"木刻饼花",他把饼花图案先刻
在木板上,用墨来印,在墨线基础上填色
彩。这种木板饼花,人物脸部不印五官,
是在印完之后,再用粉料开脸,画出五官。
民间艺人称这种饼花为"洗脸饼花"。之
后随着技术不断改进,逐渐发展出木版套
色饼花。木版印刷使饼花的生产效率大
大提高,福鼎饼花也由此进入了发展高峰
期。在这一时期,福鼎饼花的画店众多,
高手云集,花样繁多,版式丰富,善于表现
时事和现实生活。

福鼎饼花·捉放曹

直到20世纪40年代,上海机器印刷的戏文图传入福鼎,因其色彩鲜艳,价格便
宜,就逐渐取代了福鼎传统木刻饼花的地位,福鼎木刻饼花从此逐渐衰落。

民间艺人画饼花,大多以戏文内容作体裁。福鼎市区桐山溪彩虹桥西桥头处旧
时有一个"神台",经常演社戏,有时一演一个月。饼花艺人很注意体验生活,他们经
常带学生一起看戏,观察表演神态,选取戏曲场面,看完戏回家后"画戏"。为了抓住
第一印象,往往看戏回来后漏夜起稿。画师叶小舫有次看戏回来,马上起稿,但画来
画去,总感到武生动作不够准确生动,就把已经睡下的学生叫起床,脱掉衣服,表演武
生动作给他看。画师们画在饼花上的戏,都是当地甚至当天群众看过的好戏,群众熟
悉,所以备受欢迎。画师也画现实生活,有一次演"溪岗戏"时,戏台边临时盖的一栋
楼失火,火蔓神台,戏台也烧起来。当时在台上演戏的武丑马上跳梁勇敢救火,画师
深受感动,回来后,漏夜创作一幅《神台救火图》饼花。画面表现有武丑跳梁救火,台
下观众紧张,小孩啼哭等景象,十分生动。第二天,这张饼花贴在饼店铺面,轰动全
城,观者如堵,竞相争购。

1958年"文艺大跃进",福鼎文成堂还画了一批反映"送公粮"、"养猪"等内容的
饼花。他们也画当地风俗,如《中秋佳节图》描绘当时当地人们过中秋节情景,如相
互送礼,儿童排饼赏月等场景。

据介绍,在旧时桐山,有很多饼店,饼店包销饼花画师的饼花。所以各个艺人创
作的饼花,都有固定的饼店承包,饼店要早付定金给艺人,饼花艺人有义务在每年中
秋,送给承包饼店一张"招牌花"。每年八月初一开始,各个饼店就将招牌花张挂店

前,好像是饼花大展。

饼花艺人多数是当时社会上的能工巧匠,他们善书、善画、善各种纸扎,也通诗文,其作品境界高,现实感强。

福建省戏剧研究所专家认为,福鼎饼花不但可资民俗研究,也是进行古代戏曲研究的好资料。中国民间美术协会副会长、中国民间年画大师王树村 1988 年出版的《中国民间年画百图》收录了《八锤大闹朱仙镇》《济公传》和《小上坟》3 幅福鼎饼花。对《八锤大闹朱仙

福鼎饼花刻板

镇》他这样评介:"全图外缘,画一簪花美人斜倚于一琴几之上,后有盆景,碧草茂生,这种画美人与武打戏出于一纸,是福建福鼎年画中别具一格的形式,为其他各地年画所罕见。"①对《小上坟》,他的评介是:"图中刘禄敬戴团纱,穿官衣,肖素贞穿大襟清装,头扎素巾,手举香烛祭盘,后有二衙役,绘刻精美,是年画中孤本妙品。"②

第三节　福鼎剪纸:千锤百炼的实用美术③

在福鼎沿海山区乡村,至今仍保留着结婚时在洞房的玻璃门窗贴"囍"、"双鸳鸯"、"荷莲"等文字或图案窗花的习俗。窗花剪纸大都出自邻里手巧的妇女,红窗花、红灯笼、红祝联,寓意着新郎新娘永结连理、比翼双飞。逢年过节也有贴花的习俗,老婆婆、小媳妇儿拿起剪刀,剪出各种各样的窗花,将它们贴到门楣上、房间里,把整个节日烘托得喜气洋洋。

剪纸是一种民间艺术形式广泛存在而流传至今,福鼎民间剪纸是在大众传承基础上不断积淀沿袭发展。据福鼎画家马树霞先生介绍,过去妇女穿的鞋、肚兜,小孩的凉帽、虎头帽、彭祖鞋、虎头鞋、枕头等都要绣花,绣花就要纹样,很多家庭妇女会绣花,但不一定会画花、剪纸。这样就必须由一些能绣能剪的家庭妇女来剪纹样。社会

①② 王树村编著:《中国民间年画百图》,人民美术出版社 1988 年版,第 61、62 页。

③ 本文参考:马树霞《福鼎剪纸和刺绣:母亲的艺术》,《福鼎周刊》2012 年 3 月 21 日;冯文喜《桐山民间剪纸:镂空成图,剪出祝福》,《福鼎周刊》2014 年 11 月 26 日。

上就产生了一些以剪纸、刺绣为生的职业妇女。福鼎过去将这种职业的妇女称为"剪花婆"，他们的职业就称"剪鞋花"。又有一些提鞋花卖的妇女和货郎担，他们走家串户卖鞋花。如桐山西园的李孙妹就是"剪花婆"，或代人刺绣、做帽、绣花。由于她绣花精巧，绣品流行很广，传到浙江平阳、温州一带。这些艺人除了剪鞋花，刺绣之外，也剪窗花、礼花并制作香袋、荷包、扇袋等。

福鼎剪纸风格完全不同于闽东其他各县，显得清秀飘逸，高雅大气，具有"书卷气"，深受浙南温州"瓯绣"、"瓯塑"、苏杭刺绣、东阳木雕和上海工艺美术的影响。清末民初，福鼎商人往来温州、东阳、上海、宁波、苏州、杭州等地，经营白琳工夫茶、福鼎白茶以及水产品、其他土特产品等，商业频繁，从而促进了民间文化艺术的相互交流和影响。福鼎这些有代表性的剪纸艺人，多出于商人与书香门第家庭，学习交流更有基础，因此，福鼎剪纸是闽浙边界民间文化互相学习、交流、扬弃、升华的典型产物。

福鼎剪纸·肚兜花

福鼎民间剪纸题材广泛，包罗万象，可分为人物类、动物类、植物类和符号类等几大类题材，内容可涉及大自然的山水花草，生活中的房屋器具，风俗中的婚嫁吉庆，及神话传说、历史故事，反映人们对现代生活的热爱，也看出人们对生命精神的追求。福鼎艺人还创造了多种式样剪纸艺术，有张贴用剪纸，即直接张贴于门窗、墙壁、灯彩上作为装饰，如窗花、灯笼花；有摆衬用的剪纸，多用于嫁妆、礼品等，如喜花、礼花等；有做刺绣底样剪纸，一般用于服饰等生活用品上的刺绣纹样，如枕头花、鞋花、背带花等。所使用工具有剪刀、刻刀、蜡盘、订书机、铅笔、毛笔，材料使用以各种纸张、红色宣纸为主，竹壳、树叶、麦秆亦可。染料用中国画颜料、墨水、透明水彩。

剪纸是一门艺术，掌握方法和步骤十分重要。一般来说，第一步得构思起稿，也就是"画样"，即画出剪纸所用的底样。在头脑中确定要表现的内容后，进行构图布局，对画面进行具体的描绘，画出黑白效果。第二步是进行剪制，也可是刻制，主要有折、扎、旋等方法。刻制主要使用刻刀,得注意走刀顺序,从小处到大处,从局部到整体。要学会掌握剪纸的锯齿纹、月牙纹、朵花纹、水云纹等基本纹样。第三步是进行揭离和粘贴,要做到熟能生巧,保持作品的完整效果。

福鼎剪纸·梁祝(帽花)

福鼎近百年剪纸代表人物有潘细珠、沈阿招。

潘细珠,1908 年生于桐山,自小聪明,心灵手巧,一生致力于剪纸刺绣创作,不论技巧和声誉,堪为福鼎剪纸刺绣的领袖人物而无愧。桐山白扇诗"细珠针织为第一"。她的作品传神,重视民间审美与文人审美相结合,自成一格,一剪一刀都是她智慧和技巧的组合。她常与姐妹们磋商技艺,表达自己的观点与特色。她剪纸作品"七仙女"人物高不过 4 厘米。从人物的外轮廓可看出动态各异,舞姿优美,形神兼备,无不精巧。

沈阿招,1903 年生于福鼎桐山,自小酷爱剪纸,刺绣、绘画,并能布纸扎,善画墨梅、墨兰,或繁或简,笔笔有情,笔笔入谱。由于梅兰作品直接画于土产纸糊的扇和椰蒲扇上[①],至今没有留下实物,实为遗憾。部分剪纸和刺绣作品为宁德市博物馆收存。沈阿招作品多为刺绣纹样剪纸,如鞋花、帽花、枕头花、肚兜花,也有礼仪花、窗花之类。

福鼎剪纸·五子夺魁

内容有人物故事、花卉鱼虫、飞禽走兽、八宝图案等。剪法多为"白手剪",不起稿,一叠白纸寥寥数剪,或人或花,形神俱在。她常说:"剪鞋花,朵头(花朵)枝叶要朗朗,不再重叠,这样才清秀。"她剪纸绘画都是以这个为原则,故自成风格。

细看沈阿招《吹箫引凤》,如读一首抒情诗,听一曲轻音乐。作品全长 9 厘米,宽3.7 厘米,人物高不过 4 厘米,只用十多剪,就剪出生动的吹箫牧童,头梳两髻,身着

---

① 先用墨画,后用煤油烟火烘,再用水洗墨色,留出空白。

长袖，双手握一长萧，头略倾斜，手舞足蹈，边吹边舞，栩栩如生。飞凤动态简练，运动线十分明确，在牧童萧声的引动下，做转身回首状，两翼向上，身尾微曲，特别是凤尾两条飘曲的长线与牧童手握一条长萧，三线二曲一直在画面上形成突出的对比美。人在舞，凤在舞，具有音乐节奏，构图饱满，线条流畅，动态优美，不可不说是幅不可多得的传神妙品。她的《煮茗图》、《鹿草图》、《二十四孝》，能在微小的人物中看出传神的动态。《蜘蛛图》一只肥胖的蜘蛛在蛛网中心，一片小叶落在蛛网上面，打动了蜘蛛，画面突出线与面的结合。构成一幅生动有趣的画面。作品反映作者观察生活的入微。同时反映作者对生活的热爱。

福鼎剪纸引起专家重视与高度评价。1964 年建国 15 周年，福建省美协与省二轻部门联合举办福建省民间剪纸展，当时二轻部门

福鼎剪纸·枕头花

还派人来福鼎收集了解福鼎剪纸与剪纸艺人情况，事后马树霞也做了调查与收集。最后福鼎选送 20 多幅剪纸作品参展。多为鞋花、帽花、枕头花、肚兜花纹样。作者有李孙妹、潘细珠、沈阿招等 5 人。内容有李孙妹的《西厢记》、《义和团打洋鬼子》；潘细珠

福鼎剪纸·吹箫引凤（肚兜花）

的《七仙女》、《南京婆车缸》；沈阿招的《吹箫引凤》、《献寿图》，还有花卉、走兽、鱼虫和吉祥图案等。在展出期间，省美协主席李硕卿和专家对福鼎剪纸评价很高。李硕卿说："福鼎剪纸很生动，如《献寿图》，三个小孩扛一个大寿桃，一看就能看出从天而降，太生动了。人物不到 4 厘米，精巧、细致，主要是动态生动，飘飘然。"

福鼎剪纸多为实用美术，一幅幅都是通过民间艺人千锤百炼、自如剪成。不同于其他大幅的装饰剪纸和报头宣传剪纸，实是难得。《义和团打洋鬼子》，洋鬼子高鼻

梁和瘦细的身躯,一看便知。这幅剪纸不但有艺术价值,同时也有文物价值。《南京婆车缸》,一个缠脚的北方妇女,用小小的脚尖顶着一个大缸,缸上还站着一个小孩,十分生动,它记录了当年艺人卖艺的实况,犹如一幅风俗画。花卉、飞禽走兽、鱼虫,构图精炼,还有寓意,如"梅鹊"代表喜上眉梢、"鹤桃"代表双寿。1986年福建省民间美术展和福建民间美术晋京展,福鼎潘细珠、沈阿招二人共10幅剪纸作品全部入选并代表福建剪纸晋京展出。

民间剪纸项目代表性传承人上官秀明出生于桐城,他从小受外婆刺绣、剪纸的艺术熏陶和影响,由爱好到执着追求,不断创新,从一种浸水显露图案和色彩的奇石中得悟,创造"隐意"剪纸,作品构思巧妙,内涵丰富,寓意深远,让人叫绝,形成了独特的福鼎剪纸艺术,近年越来越受到人们的认同和收藏。在保护和继承的基础上,他培养新人,开始大量创作以"太姥山""福鼎白茶""福、禄、寿、喜"及和谐文化等为主题的系列剪纸作品。福鼎剪纸经过上官秀明的努力开发,目前规格有微型、细纹、隐意等,有染色、套色、单色等色彩鲜艳夺目的众多品种。

第四节　提线木偶:活跃山乡的民间社戏①

福鼎提线木偶

提线木偶艺术,古称"悬丝傀儡",俗称傀儡戏、戏仔,因一般有七条提线,故又称"七条线"。福鼎提线木偶戏是用木偶来表演历史故事和传统演义的戏剧,是闽浙地区传统戏的一种。福鼎提线木偶剧团,每团一般由10至15人组成,其中提线5至7人,乐队7至8人,家庭木偶剧团一般由10人组成,其中提线4人、乐队6人。木偶身段高70—90厘米,提线长160—300厘米,艺人站在幕后提线演出。木偶头戴金冠、身着五色龙、

① 本文参考:林启雄《福鼎的提线木偶艺术》,载《林启雄论文集》,福建省群众文化学会编,1999年10月;冯文喜、曾云端《福鼎提线木偶的昨日辉煌》,《福鼎周刊》2014年7月16日。

福鼎提线木偶戏艺人正在表演

凤袍,脚穿各种布鞋,还有大小道具100多件,根据不同剧本扮演生、旦、净、末、丑,演绎历代帝王将相及才子佳人和平民的故事。艺人通过木偶身上的提线,可让木偶表演各种细腻的动作,提线一般有7条提线,甚至可达30多条,木偶手指能活动自如,还能转动眼珠和开合嘴巴、表演特技,如变脸、地面拾银、抽烟、翻跟斗、泡茶等,众人武打场面剧组一人可同时一只手(右)提线操纵一个木偶,另一只手(左)可提线操纵4个木偶,其中提线操纵一个木偶可做翻跟斗表演等。

福鼎提线木偶剧的唱腔原来受浙江温州南戏的影响,主要是"乱弹腔"和"江湖调"。清光绪和民国以后,福鼎京剧盛行,提线木偶剧一般改为以皮簧为主要唱腔的京调。其特点是生、旦、净、末的角色,唱腔和道白均用京剧腔调,而丑角道白则用本地方言,使观众易懂。

福鼎提线木偶的剧目非常丰富,有传统剧、新编历史剧和现代剧。过去一般是演单本戏,后来基本上采用历史小说改为连台戏,主要内容都是乐善好施,怜贫助困,行侠仗义,除暴安良。新中国成立后还编演许多现代木偶剧。据木偶剧老艺人介绍,共有各种剧目二三百个。保留的传统剧目有:《粉妆楼》《绿牡丹》《再生缘》《失街亭》《空城计》《斩马谡》《瓦岗寨》《薛仁贵征东》《薛丁山征西》《薛刚反唐》《玉持刀》《小五义》《续小五义》《霸王庄》《花田错》《乔太守乱点鸳鸯谱》《洛阳桥》《王绍岚判三丁》《林则徐禁烟》和神话剧《水漫金山》《火焰山》《奶娘传》《龟蛇会》《南游》《北游》等。改编演出的现代木偶剧有《南海长城》《红嫂》《智取威虎山》《东海前哨》《红色卫星》《三世仇》《太姥抓狼》《深山擒特》等。儿童剧有《张高谦》《钢铁小英雄》《半夜鸡叫》《小白兔》《黄鼠狼偷鸡》《姐弟俩》《懒猫的教训》《东郭先生》等剧目。

福鼎提线木偶艺人最著名的是姚仁贵和黄泰生二人。

姚仁贵,1930 年生,福鼎白琳镇翁江村人。十五岁跟随木偶艺人潘国新学习提线木偶,出师后,自办木偶剧团。新中国成立后,他把剧团取名为"新新木偶剧团",经常率团深入福鼎农村、闽东各县及浙江平阳、泰顺等地巡回演出。随后新新木偶剧团转为县专业木偶剧团,更名为"福鼎木偶剧团"。"文革"开始,剧团被解散,姚仁贵被批斗。粉碎"四人帮"后,姚仁贵建立家庭木偶剧团。姚仁贵的长

福鼎提线木偶表演

处是能编写剧本,根据木偶剧的特点和本团的特点编写历史剧和现代剧,还能配合党的中心任务编写方言快板、相声、小演唱,语言生动活泼,剧情跌宕起伏,很吸引观众。同时姚仁贵有精湛的表演艺术,如他一人双手能同时抽 8 个木偶翻筋斗,角色能脱衣服,取、接首级,能点香、点蜡烛、放火炮、耍棍,嘴能抽烟、吹烟等,深受观众赞赏。

黄泰生,1930 生,福鼎管阳镇沈青村人,出身于木偶世家,后随浙江泰顺木偶艺人林守乾学习提线木偶,并随林守乾前往浙江宁波、杭州等地演出。他在杭州向著名京剧艺人张三朋学演猴戏,艺术日臻完善,在浙江颇有名气,曾任杭州木偶剧团业务团长。1960 年回乡加盟福鼎县木偶剧团。1995 年黄泰生被天津艺校聘请担任木偶教师,并带领天津木偶剧团赴日本演出,进行对外文化交流。黄泰生的特点是表演水平高超,有一手绝招,特别是擅长演猴戏,如表演孙悟空抓耳挠腮等各种动作,传神逼真,并能从木偶手中突然变出一根金箍棒等,令观众叹绝。

木偶戏的生存和发展与民间的宗教信仰有着紧密的联系,而木偶戏的演出也往往与庙会、庆典"除邪保平安"有关。福鼎除了传统节俗外,还拥有丰富的民间信仰。民间往往在本土境内供奉神明,逢上节日祭祀,全村全境都要做"福",并请木偶戏班来做戏,俗称"社戏",以敬请神明观赏。由于民间的社戏习俗,为传统的木偶戏提供了重要的生存和发展空间。

过去生活普遍贫瘠,消遣娱乐项目不多,而木偶戏道具轻便简单,少的四五名艺

福鼎山村提线木偶戏

人也可组成一个戏班子,便于流动演出。特别在旧社会农村,人们生活贫困,大戏班不会到来,而提线木偶戏班仅需几人,挑一副担子,就能翻山越岭到来,且演出内容及语言通俗易懂,因此深得群众喜爱。

另外,木偶戏能根植于福鼎民间,成为群众喜闻乐见的剧种,还与启用"麻古长"分析剧情,运用融合了本地乡民熟悉的谚语、俚语的土语①道白有关。所谓"麻古长",传说是田都元帅部将,即郑二将军,是保护戏班的。"麻古长"的木偶身要放在戏笼的最上层,而且要放得平直,不能皱折。传说如把它放在戏笼的底层,它会爬上顶层来。在演出时,"麻古长"作为一个丑角,经常在幕间出场插科打诨,用幽默诙谐的方言介绍剧情,评述剧情,衔接剧情,动作滑稽可笑,引起观众的极大兴趣。"麻古长"在戏里总是站在忠良善的一边,"麻古长"不会死,它站在那边,那边总能赢。这也是福鼎提线木偶的另一特点。

据介绍,木偶剧从浙江传入福鼎已有 600 年的历史。福鼎地处于闽浙边界,与浙江温州地区的泰顺、平阳、苍南等县相毗邻。温州是南戏的发源地之一。闽浙边界自古以来就是一条戏剧文化走廊,流行于温州地区的南戏、乱弹、京剧、昆剧、越剧和木偶剧等,也逐渐流传到福鼎和闽东各地。清代以来,福鼎与浙南文化交流频繁,木偶

---

①　多为福鼎话和闽南话。

福鼎布袋戏表演

戏艺人林守铃带领木偶戏班在管阳一带演出,当地天竹村徐氏一家从其艺。发端之后,徐氏为于生计,来到白琳、店下等乡镇发展木偶戏。当代有影响的木偶戏表演艺人黄泰生、姚仁贵等人师承林、徐一派,发展了提线木偶的表演特技,以富有地方特色的语言说唱剧情,在闽浙边界一带乃至国内外受享较高的声誉。有文字记载,与浙江泰顺毗邻的福鼎西洋天竺村,受泰顺木偶剧的影响,曾于1910年成立一个名曰"金山戏笼"的木偶剧团,至今保存有20多古老木偶头。1945年前后还成立秦屿潋城潘国新木偶剧团、点头巴斗吴阿龙木偶剧团等。解放后成立了新新木偶剧团①、新华木偶剧团②和新民木偶剧团等。"文革"十年浩劫,这些木偶剧团和其他文艺团体一样,被强迫解散,艺人被批斗,木偶服装、布景、道具等设备均被焚毁。

随着时代发展,木偶戏团表演空间萎缩后,戏班人员有的解散,有的重新组合,传承出现纷杂。现在福鼎木偶戏传承谱系较为清晰的是林(徐)氏、李氏、王氏三姓形成的家庭传承。现在,每逢春节或重要节日也会请木偶戏演出,但台下的观众多是一些老年人。从业者认为,提线木偶戏的辉煌时代已经远逝。

附带介绍福鼎布袋戏。福鼎布袋线也称"拇指戏",演出的场地和设备都十分简单,在一个四方桌上搭一个小戏台,四周用帷幕围住,艺人坐在后面,周围挂满演出需

---

① 后改为福鼎县木偶剧团,和福鼎县越剧团、京剧团同为县级专业剧团。

② 系福鼎叠石乡库口村孙守颜和浙江平阳黄文豹合班。

要的道具,有各种布袋木偶人物,如小生、花旦、武生、小丑、老生、丫环等。乐器有鼓、小钹、盖板等。演出时用一只脚敲锣,两只手伸到戏台上用拇指操纵木偶进行表演,口中念着对白,唱着曲调,有时抽出一只手来敲打乐器。整台演出就靠一个艺人在操纵木偶表演,手、脚、口配合并用,赋予木偶艺术形象。布袋戏唱曲念白大都用闽南话,木偶一般高约30厘米,演出的所有行当可装在两只大木箱内,一只扁担挑,走村串巷,适合当地农村自然条件和老百姓的欣赏习惯,成为农村主要的文化娱乐生活项目。福鼎布袋戏最兴盛时有100多班,即便在电影、电视如此普及的今天,仍有不少布袋戏艺人活跃在广大农村地区。

第五节　民间歌谣:吟唱生活的传统音符

"正月采花采山茶,洋中百草正开芽。释迦云头放茶籽,杯杯泡出牡丹花。"新世纪伊始,物质生活得到巨大改善的福鼎市民,很自然地追求丰富多彩的精神文化生活,有一部分民间歌谣的爱好者从传统文艺的百花园里踏寻"花枝"并精心培育,常在桐山溪畔,社区广场,采用对唱、独唱、群唱等方式,对起了山歌。

福鼎民间山歌是作为一种群众性的文娱竞赛活动形式出现在广大群众面前,山歌内容来自生产生活、个人情感和社会见闻等,有很强的生活气息。福鼎民间山歌主要有:《太姥山景地歌》《送郎诗》《手巾配答古诗》《花会诗》《八仙歌》《十里亭》《山没骨》《凤娇弹琴》《七星纸记》《唐伯虎》《再生缘》《十五镇二十四山》《酒诗》《老十字诗》《十二月采花诗》《刘奎碧招供》《溜仔诗》《蛇豹诗》《桐城十九村泡茶诗》《送郎诗》等。近几年来,由山歌手收集整理传统篇目有五六十首。

其中代表性歌曲《太姥山景地歌》:

要唱仙都太姥山,三百六景出南关。
太姥三百六十景,三百六景真出名。
要唱仙都太姥山,山中景致有人贪。
山溪十岩二四洞,五十四峰唱人听。
太姥山头好唱诗,海上仙都真稀奇。
汉武时就封第一,旨封名山天下知。
金龟爬壁想登天,仙人锯板几千年。

七星洞内关奇石,九鲤摇摇想上天。

太姥山头第一尖,山中景致一排连。

蛤蟆去咬金钱树,千古万年在井边。

　　用明白晓畅、通俗易懂的语言演绎太姥山上的景色景点,具有地方特色,既体现了传统内涵,又具有歌手的创造性。

　　福鼎民间山歌形式上多七绝、五绝,或者长篇七言,以七言为主,得益于古代旧体诗,是旧体诗在民间的发展。山歌可唱可诵,现有歌手会唱诵几首、几十首。山歌格式没有什么限制,自由活泼,有较强的知识性、趣味性,你先唱诵一首,我回唱一首,然后双方轮流一首紧接一首地唱诵下去,到最后一方没有歌可唱了就结束,输赢分明。民间歌手见景出诗,能够临场发挥,现编现唱。山歌以体现语言俚俗、分节带韵、无定式无定字的特点。山歌的人文性体现在民间山歌对生产生活的提炼,给人以娱乐。

福鼎畲族群众在对山歌

　　福鼎地处闽浙交界,靠山面海,气候温和,土地丰饶,适宜居住。从社会历史发展角度来说,福鼎人文始于汉唐,并与境内各氏族的播迁紧密相连,有史书、宗谱等文献表明,福鼎氏族在唐宋间有过大迁移,明清之际,外来人口大量迁入境内,促进了包括民间山歌在内的民间文化的活跃。福鼎民间山歌主要使用福鼎方言及闽南方言,也使用福州话(秦屿话)以及畲族语言。有自己的独特鲜明个性,同时具有强大的包容性。福鼎的民间山歌出现最早可追溯到唐宋时期,并在明清时期不断发展,在民间流传下来。它的出现应当是和民间的生产生活紧密联系在一起的,并通过世代口头相传,不断获得了发展。

通过传承发展,福鼎出现了不少民间山歌手,在春节、三月三、七月七和假节日中自发形成歌会,久而久之,形成对山歌的节俗,成为福鼎民俗活动重要部分。福鼎民间山歌具有文学价值、人文价值和民俗价值,是民间音乐与文学宝库中的一块瑰宝,其思想内容反映了广大群众的生产生活和情感愿望。如这首《防火谣》:

> 正月兰花开满庭,春风吹来暖人身。
>
> 元宵佳节热闹夜,柴仓灶厨火留心。
>
> ……
>
> 八月桂花香又清,北风吹来火小心。
>
> 香烟蒂头莫乱丢,风炉熄火要留心。
>
> ……
>
> 十一月水仙朵朵开,火字添宝就是灾。
>
> 万一出事失了火,明年生活从何来?
>
> ……

这首流传于建国初期的民间防火歌,虽然由于社会发展过程中诸多因素的制约,今天看来难免存在明显的历史局限性,但其采用一年 12 个月里的各种花名,结合不同季节的具体气候、风向、乡风民俗贯串全篇,简明通俗、朗朗上口、好记易背,所以流行极广,表达了人民群众祈望生活中少灾多安的美好心愿,同时起到了很好的宣传效果。

福鼎地处闽浙交界,与浙江的苍南、泰顺接壤,两地人民在政治、经济、生活中的关系千丝万缕,水乳交融。早在第二次国内革命战争时期,这里就是革命老区;20 世纪三四十年代,根据斗争形势的需要,先后成立了"中共鼎(福鼎)平(平阳)泰(泰顺)县委"和"中共鼎平县委"等党的组织,老一辈无产阶级革命家刘英、粟裕、叶飞等同志领导这一区域内的革命运动,曾经一度轰轰烈烈。这一时期产生了大量的时政歌,在闽浙边区广为流传,如《打铁哥》:

> 打铁哥,打铁哥,慢打锄头先打刀。
>
> 锄头打来无地掘,大刀打来打土豪。

跟着红军打老财,斧头镰刀举起来。

刘英粟裕来领导,为了建立苏维埃。

……

    福鼎民间山歌还有一个独特的品类——畲族山歌。畲族是个一直在歌唱的民族,盘唱民歌是畲族民间最普遍流行的文娱活动。盘歌以男女对唱为主,还有独唱、齐唱和二重唱等多种形式。他们所唱的歌谣,使用畲族人民自己的畲族语言和畲族歌调演唱。畲族没有本民族的文字,所以畲族歌谣都是借用汉字记载。在悠久的历史长河中,畲族歌谣不仅活跃了畲族人民娱乐生活,而且渗透于社会生产生活各个领域中,担负着文化积累与传播,其功能超越了单纯的民间文学的意义。

    畲族人民唱歌是徒歌,即几乎不用乐器伴奏。一开口,歌词和歌调一起出口,是没法截然分开的整体。而且一听就知道是什么地方流行的歌调,确认这位歌手来自哪个畲乡。他们盘歌也不分地点,真正"上得了厅堂,下得了厨房",在富丽的舞台上可以唱,在简陋的草寮中可以唱,在田间地头更可以唱。"二月二"或者"三月三",四面八方的歌手赶来,参加完正式的舞台演出,他们往往意犹未尽,三五成群,或一男一女,在房前屋后,立马就可以开唱。热闹的畲乡节会,往往就体现在这漫山遍野的歌声之中。

    "莫嫌山歌音轻轻,轻轻山歌悠悠情。听歌要听歌中意,听锣要听锣里音。"福鼎畲歌内容丰富,形式多样,大体上可以分为:劳动歌、时政歌、仪式歌、情歌、生活歌、历史传说歌、儿歌、丧葬歌、杂歌等。畲歌集中而生动地反映了畲族的历史、政治、经济、文化,以及畲族人民生产劳动、生活交际、宗教仪式、人生礼俗、喜庆婚恋等各个层面的情况,成为中华民族珍贵的文化遗产。

    福鼎依山傍海,民间歌谣除了山歌还有渔歌。福鼎沿海渔民,在生产劳动和生活习俗中创造了许多优美的渔歌,反映了渔民的喜愁爱憎。主要品种是唱诗调、疍歌和畲族渔歌等。包括有拉俚诗、拿饵诗、盘诗调、拔船调、摇橹调、拉网调和莲花落等。它题材多样,反映的生活面很广,如《海上船歌》《敲罟歌》《朵朵白帆映霞光》《好姑娘》《崙山诗》《鱼名歌》《鱼名盘歌》《敲网诗》《摇船歌》等。沙埕水生一带是渔民聚居地,渔歌有《拔帆起锭》《脚踏船上怕人笑》《行船郎君真艰苦》《渔民自叹》等。在旧社会疍民被称为"曲蹄",俗语说"曲蹄上了岸,打死不见官",反映了疍民在旧社会备受歧视凌辱,他们用渔歌来抒发内心的痛苦和希望,以及表达男女间的爱情。

    十分难得的是,福鼎还发现了畲族渔歌,纠正了过去认为畲族只住山上,不住海边的片面看法。佳阳的罗唇、前岐柯湾、梅树湾等海边村庄是畲族人口聚居地或畲、汉族人口杂居地,畲、汉群众一起下海捕鱼,畲族渔民用渔歌来反映他们的生产、生活、节俗情况和思想感情,如《渔工苦》《挑鱼货》等。《渔工苦》为沙埕镇金竹湾畲族渔歌手李先燕演唱,全篇如下:

> 钓船①打掉工辞退,转来寮②里苦哀哀。
>
> 无奈滩头捡螺子,站在坑头等水退。
>
> 要去打蛎蛎又无,要去打蚫③蚫又瘦。
>
> 走去滩头抓老蟹,老蟹夹去痛唠唠。
>
> 掘点跳鱼汗水流,酉时当暗转到寮。
>
> 拿去喂猫猫不叫,拿给布娘④娘不笑。
>
> 转来大小哭嗷嗷,无柴无米难当家。
>
> 走去东家借无米,烧的清水白白熬。

《渔工苦》是畲歌里的精品,歌里有浓厚的生活气息,强烈的民族性格和细腻的心理刻画,表现旧社会畲族渔民的困苦生活形象生动,入木三分。

第六节　打拾锦:独具魅力的民间音乐

乐声奏响,先是笛声微颤,把人带入冰雪覆地、寒梅傲雪的意境之中,紧随着月琴、二胡、大胡幽幽响起,一幅梅临寒冬的画卷中多了一份深沉和忧伤……正当在场众人沉醉于坚韧、空灵、深远的意境之中时,骤然间,音律急速转换,一段节奏明快、曲调上扬、奔放激昂的乐声响彻周遭。随后,鼓声、锣声夹杂其间,铿锵有力,流畅明快。随着韵律加快,笛、钹、木鱼、夹板、二胡、月琴等乐器齐奏,巨龙狂舞、雀跃欢腾。最后,音乐骤止,空气冻结……

这是福鼎桐城施家族里的乐手在演奏"拾锦"经典曲目《梅花三弄》。

"拾锦"是福鼎特有的一种民间民族器乐合奏乐,也叫"打八音"。所谓"八音",

---

① 钓船:专门在小海中从事网钓渔业生产的小船。

② 寮:简陋的房屋,畲语即家。

③ 蚫:寄生在海边礁岩上的一种贝类。

④ 布娘:畲语,妻子。

按《尚书·尧典》的说法,是中国古代对乐器的统称,指金、石、土、革、丝、木、匏、竹这八类乐器。如钟、铃等属金类;磬等属石类;埙、缶等属土类;鼓等属革类;瑟、琴等属丝类;柷、敔、梆子、木鱼等属木类;笙、竽等属匏类;管、箫等属竹类。但"拾锦"合奏的乐器,实际上是以曲笛、竹节胡、中胡、大胡、二胡、三弦、月琴加锣、鼓、土长号等合奏,由曲笛、竹节胡作为主奏。

"拾锦"源自昆腔。昆腔,又称昆曲、昆剧、昆山腔,是中国现存最古老的剧种之一,也是中国传统文化艺术中的珍品。昆腔发源于 14 世纪江苏昆山,后经魏良辅等人的改良而走向全国,自明代中叶起独领中国剧坛近三百年。而昆腔在福鼎的流行则缘于"溪岗戏"。旧时桐山两溪夹流,东溪高于街道,溪坝常遭洪水冲决,频年灾患,民不安生,历任县官都以保修溪岗坝,为治县的首要大事,同时支持群众于每年台风期的七、八月,聘请浙江温州的昆剧团或京剧团,在溪岗的神台前面,搭台连演一个月,祈神保安,这种戏桐山百姓把它叫做"溪岗戏"。当时请的昆剧团,多为"同福"、"品玉"两班,因为这两班剧团,不但戏演得好,而且剧目多,能在一个月内,每天出新戏,不炒冷饭。"溪岗戏"在桐山延续二百余年,成为福鼎有名的社戏。因此,昆、京两剧种先后进入福鼎,深受群众欢迎。由于长期的影响,许多桐山群众都会哼一两句昆腔,有的还颇有研究,个别人还能上台客串。

清代,南门施家是福鼎城关望族,施家子弟酷爱昆曲,每年都聘请来福鼎演"溪岗戏"的昆剧团艺人或乐师,到施家教唱昆腔,并成立家族专门乐队,杂取昆腔中的优美曲牌,加上锣鼓,组成一套独特的民间民族器乐合奏曲,因此取名"什锦"。一说是选取昆曲中的十种优美曲牌组成,叫"十锦",又写作"拾锦"。长年练习演奏,作为施家本族子弟自我娱乐的文艺活动形式。

在施家,"拾锦"的渊源有一个更具体的版本:清代某年,一外地戏班应邀来福鼎施厝巷演出,后台一位演职人员一时疏忽,敲错了锣,被一位经常看戏的施姓族人听了出来。按不成文的规矩,打错锣鼓要罚戏三天,施姓族人考虑到戏班在外谋生不容易,当即表示免于惩罚。班主感激之余,遂与施姓族人成了莫逆之交,并帮助他们成立器乐组合演奏班,以便暇时自娱。戏班还送了三个曲子《赶渡》《佛前灯》《莫不畏》给施姓族人作纪念,后来,施姓族人又收集了民间流传的一些散曲,总共十首左右。由于这些曲子大部分都是"捡拾"而来,便取名为"拾锦",演奏的班底就叫做拾锦班。[1]

---

[1]　参见林典铇:《福鼎"打拾锦"》,载《福鼎报》2002 年 11 月 20 日。

"拾锦"产生并发展于施家并非偶然,作为桐山望族,钟鼎之家,施家美食闻名遐迩,而施家音乐照样有其兴盛的土壤。我们可在《施氏宗谱》中的《雨槎公传》找到答案:

> 公于时文之外尤精音律,时福鼎学官江蕙生重修文庙告竣,见礼乐器多简陋,知公博雅,请以制造事属公。乃亲往会城召匠范铜,悉遵礼器图式为模型,复选聪秀子弟,教之以修舞。嗣后,海滨小邑岁届二仲释莱之期,金声玉振……

道光年间,"施氏宗祠"建成后,"拾锦"便作为祭祖之乐,仿古人制乐,奏八音而御八风,为子孙后代祝福平安。自此,"拾锦"便在宗祠正厅经常演奏,之后便普及至本姓子孙,每遇喜庆活动或地方迎神赛会,"拾锦"乐队就架起流动的"八音棚"(遮阳避雨的布棚)上街演奏,有时也作为台阁、高跷踩街的前导乐队。

拾锦就这样在福鼎生根发芽,成为福鼎独特的民间民族器乐合奏形式,深受广大群众的赞赏,成为当地民间一绝,被誉为"施厝昆腔"。

"拾锦"这个民间民族器乐合奏曲,就是这样在福鼎城关南门施家子弟世代传承演奏中不断丰富提高。到1925—1930年间,施家有个爱好民间音乐的子弟——施矩卿,时在福鼎桐山第一高级小学任教时,又把"拾锦"整套曲牌,精心作了修订,并加上开首的"七声号"和结尾的"十声锣",成为后来流传的"拾锦"。

据说"拾锦"原来共有10首曲子,由于年代久远,现余4首曲调,分别为昆曲中的《想当初》《莫不畏》《思凡》《五阵东向》。

《五阵东向》福鼎普遍称《赶渡》,演奏者利用手中简单乐器再现当时西楚霸王项羽在乌江被刘邦围攻,四面楚歌,赶渡却又矛盾的内心纠缠。"力拔山兮气盖世,时不利兮骓不逝。骓不逝兮可奈何,虞兮虞兮奈若何!"霸王感慨,自己可以战死,但乌骓马和虞姬该如何是好? 善解人意的虞姬听完后便自刎,项羽率兵与汉军对抗。这段英雄故事,经过板鼓、锣、钹、二胡等的完美合奏,充满惆怅、无奈与悲壮的气氛。

除以上4曲外,王老虎游春调《游春拍打》也被收入,现共有五调流传下来。后来,又加上江南小调《梅花三弄》及聂耳编写的《金蛇狂舞》。

经过岁月的加载,这种乐曲的内容和形式在不断改进创新,曲调也愈来愈娴熟完美,结合福鼎本地曲艺特色后亦是独具一格。解放后,福鼎县文化馆于1956—1957年间,接到福安专署关于及时抢救、挖掘、整理民间音乐的通知,由当时县文化馆文艺组的王鸿意,把他岳父施矩卿先生示唱的"拾锦"工尺谱,翻译成简谱,并走访和组织了城关的演奏"拾锦"老前辈和业余音乐爱好者,以及当时福鼎越剧团老艺人等,经过反复研究后,把手抄本的板眼音符与硬介(即打击乐)协奏,作了小部分的删改和加工,取得施矩卿先生同意后,参加县代表队赴省地会演,被评为优秀节目演出奖。此后,又经福鼎县文化馆文艺组整理,于1964年组织乐队参加福建省第二届《武夷之春》演出,又获得演出奖。2008年,福鼎拾锦被列入福鼎市第一批非物质文化遗产。

而今,随着世人对传统文化的追溯,拾锦也渐渐被人所知,尤其是一些念旧的老人。福鼎桐南社区在前几年成立了一支老人乐队专门演奏这种古乐,演奏者是10多位老人,平均年龄在五六十岁,他们热衷于古乐,各自擅长至少一样传统乐器。老旧的乐器并未随着岁月的更迭显得锈迹斑斑,相反的,在老人们手上变成了一段充满生命力的乐章。每次练习时,美妙弦乐都会吸引许多路人驻足,每次对外演出都获得如雷掌声。

第七节　嘭嘭鼓:广为流传的说唱艺术

嘭嘭鼓是渔鼓的一种,广泛流行于闽浙边界讲闽南语地区,距今已有近百年的历史。据查,清末年间,一种叫"莲花落"的民间曲艺形式,流行于福建的福鼎、霞浦、寿宁和浙江的平阳(含今浙江苍南县)、泰顺等地。这一曲种逐渐与福鼎、平阳的闽南语民间音乐、歌谣相结合,形成现今用闽南语演唱的嘭嘭鼓。

先说"莲花落"。乐器为鼓和拍,鼓又叫长筒,拍为竹片。"莲花落"一般有两个人,一个打长筒,一个拍竹片,一唱一随,也有一个人自拍自唱的。语言用闽南话演唱,内容都是小段故事和民间传说,也有演唱时事新闻的。过去大都在人家门口演唱,讨一些零钱和饭食,现已罕见。福鼎已搜集到的民间歌谣如《十字调》《老人叹》和革命歌谣等多首,都是莲花落调,编入《中国歌谣集成·福鼎分卷》。

嘭嘭鼓历来为一人演唱,乐器简单,只有一鼓一拍。鼓为一截长80厘米、直径为10厘米的毛竹筒,一端蒙上猪皮薄膜;拍为一对长10厘米的竹片拍子。演唱时将竹筒斜放在膝盖上用左肘护住,右手拍着蒙皮,发出"嘭、嘭"之声,故称为"嘭嘭鼓"。左手握着竹片子打节拍,以加强节奏感与增强气氛。唱、白纯用闽南话,以唱为主,道白不多。唱词基本是七言诗体但不严格押韵。演唱方式有两种:一为"门头词",白天到各家演唱一折,获取报酬;一为"传书"和民间故事,主要是叙事,大都夜间在街头或庭院里演唱。有钱人把嘭嘭鼓艺人请到家里唱，一家人和被邀请的朋友们一起，一边听唱，一边喝茶。嘭嘭鼓常唱的传统节目有《说唐》《薛仁贵征东》《薛丁山征西》《万花楼》《龙凤再生缘》《七侠五义》《五虎平南》《杨家将》《韭菜记》《岳飞传》《林钟英告状》等。有些传书可以连续唱十天半月。演唱"传书"时，先起"词头"或一首诗，或一笑话，或一谜语，略同于宋元话本的"头话"。

福鼎民间艺人表演嘭嘭鼓

嘭嘭鼓是江南的一种说唱曲艺形式，它的音乐基础源于江南民间小调，尽管经过近百年的民间口头流传及说唱者的改革发展，但其主旋律仍有明显的民间小调痕迹。如果拿浙江温州、瑞安一带的鼓词音乐来相对，不难看出两者之间的许多相似之处。它节奏平稳，旋律委婉流畅。随着内容的变化而变化，悲愤时唱腔激昂高亢，苦难处则如诉如泣，伴之以鼓、板之声的烘托，效果独特，颇能引起听众共鸣。旧社会嘭嘭鼓老艺人生活艰苦，其中不少还是盲艺人，以演唱所得的低廉报酬勉强度日。嘭嘭鼓老艺人张孙双，贯岭镇西山村人，20岁开始向前岐镇武洋村王烈怡学艺，他能演唱嘭嘭鼓新旧节目几十个，同时会演布袋戏。由于嘭嘭鼓为一人演唱，行动方便，且唱词通俗易懂，为群众喜闻乐见，至今仍在闽浙边界沿海讲闽南话地区流行。1999年福鼎市音乐、舞蹈工作者根据嘭嘭鼓改编的《闽东渔汉》，在庆祝建国50周年福建省文化艺术节和福建（闽东）生态环境旅游开幕式上表演，赢得广大观众和来宾的赞赏。

第八节　六结花:源于祈福的畲族舞蹈

　　"一盘啊,好花正当啊开啊,当初啊,本事是姓啊雷。雷公调上黄帝啊,府哎,黄帝啊,御医头一哟个……"用的是畲语腔调在唱,三五人跳起舞步,鼓、锣伴奏:"咚咚匡,咚咚匡,咚匡,咚匡,咚咚匡……"这是畲族祈福舞蹈"六结花"的场景。福鼎畲族历史最早可追溯到明洪武年间,六百多年以来,畲族民众一直沿袭本民族独具特色的民间文化,舞蹈"六结花"就是其中之一。

　　生活是民间舞蹈的主要土壤。畲族民间舞蹈以生活场景为原型,以人体动作为主要表现手段,经过提炼、组织和艺术加工,形成舞蹈形态,表达思想感情,反映社会生活。据说,早期畲族同胞主要在山地聚居、耕牧为生,他们改变艰苦环境的迫切感,对自然的敬畏感,及对生活的憧憬与祝愿,形之于一定的程式和场景,就产生伴有早期畲族人的歌唱、舞蹈、祈愿等民俗活动。

　　畲族祈福舞蹈六结花,是福鼎畲族民间传统舞蹈,具有浓郁的民族特色。该舞曾广泛流传于闽、浙两省畲族乡村巫师队伍之中,世代传承。现福鼎传习"六结花"所在地主要集中在桐城浮柳村及周边乡村。桐城浮柳村畲族人口1700多人,有蓝、钟、雷等姓氏。据《福鼎畲族志》载,嘉靖二十九年(1550年),钟百户由罗源迁居桐城浮柳下半山。雍正四年(1726年),雷应贤一家由浙江平阳西山下迁福鼎桐城浮柳,畲族"六结花"发祥于此。作为含有祈福意义的民族习俗,畲族舞蹈"六结花"又带有一定程度歌颂、祭祀的功能,一直是畲族民众保留的"舞目"。能够表演这项舞蹈的畲族子弟,目前在福鼎并不是很多。其基本内容多为赞颂祖先或是先人的德行和功劳,祈求降福于子孙,保佑后裔平安、健康、顺利。

　　畲族祈福仪式现存最为完整场面的是运用于畲族道场,每个环节都有舞蹈。"六结花"是畲族祈福仪式的重要组成部分,舞蹈得以传承的是保留于畲族民间法师身上。其祈福舞蹈仪式共有九个环节,分别是发奏、迎圣、请神、进表、栽竹、分钱、焚符、移星转斗、设供和谢神等。每个环节都有舞蹈,其中迎神、栽竹和设供要跳最为繁复的"六结花"。"六结花"也叫穿心结,一般要5至6人来跳,有进有退,边进边退,用挪步走,形成一个"结",手法则用"香花手",用花样来表示迎神或敬神。手势和脚步在"结"中穿梭,不断变幻,伴随不同节奏,表达不同内容,但用意都在于敬神。浮柳畲族村的蓝俊德老师一直在研究福鼎畲族民间文化,他介绍,"六结花"基本舞步是八字步,共"穿梭"六次,按顺序是开步、踏步、穿梭、双辗步。舞蹈角色男扮女装,六至十二人,以开步、扭腰、踏步、双辗步、跃步、八字步、扬手、绕手、合掌手、摆手等为主,手脚配合,身法变化起伏,动作刚健有力,伴以音乐和唱词及锣、鼓节奏,形成动作柔美、舞姿具有一定观赏性的民间舞蹈艺术。

据现有的民间舞蹈传承人介绍,该舞实源于三清山道教巫舞,明朝中后期传入闽东、浙南一带畲乡,成为由畲族巫师表演祈福的祭祀舞蹈。

"六结花"畲族祈福舞中的第三段主要舞步,由畲族法师传承,其方式由三人或五人组成,在畲族法师的带动下,围绕四方桌案,随着有节奏的锣、鼓、钹、铃等乐器的声音,按照每个方位,做前后左右交替穿梭,不断变化其队形。所有舞者表现流动的姿态美和动感的曲线美,形成"三道弯",众舞者跑圆场数圈而结束。法师在每一小节中,都要口唱祷词,唱的是"十盘",如本节开头唱的是"一盘",还有如"二盘""三盘":"二盘好花正当年,当初本事是姓盘,盘姓弟子福运好,夏朝盘庚坐皇城。三盘好花生婷当,当初本事是姓蓝,又封蓝田做令尹,蓝田功劳怪久长。"

畲族"六结花"具有较鲜明的畲族特色,传授方式主要靠先生带徒弟在道场言传身教。其文化内涵的特殊性与民间舞蹈的艺术性,在闽、浙两省畲族乡村也具有深远的影响。近年来,福鼎市文化工作者对畲族民间舞蹈"六结花"加以改编,经过艺术加工,搬上舞台。

总而言之,福鼎传统民间艺术历史悠久,种类繁多,斑斓多姿,除了以上介绍的以外,太姥山区尚存在着如马灯、鱼灯、刺绣、宗教连环画、藤牌舞等,这些传统民间音乐、歌谣、舞蹈、绘画、雕刻、剪纸等独特艺术品种,许多都是太姥山区独有的,是包括福鼎人民在内的闽浙边界和闽东各县市人民群众智慧的结晶,其形态的多元性、艺术的独特性和文化的地域性尤为明显,是太姥山区珍贵的文化资源和精神财富。

第三章　异调新声与太姥文化区的文学艺术之交融

前面两章我们介绍了福鼎地区的文学发展和传统艺术成就,可是一个地方多数时候文学和艺术呈交融发展状态。从专业定义上讲,所谓文学,就是以语言为手段塑造形象来反映社会生活、表达作者思想感情的一种艺术;而所谓艺术,则是用形象来反映现实但比现实更有典型性的社会意识形态,它包括文学、绘画、雕塑、建筑、音乐、舞蹈、戏剧、电影、曲艺、工艺等。话虽如此,但我们知道,许多艺术形式中必须有文学作为底本,如戏剧、电影、曲艺等。而不管文学还是艺术,背后都站着人,文学艺术是人类对于世界的认知,对于美的事物,美的精神,美的情感的认知,是人的内在提升和精神诉求的产物。因此本章就从福鼎文学艺术有代表性的人物及其成就为着眼点,大略展示太姥文化区的文学艺术之交融。

第一节　清代以来福鼎文学界代表人物

就如本篇的开篇所言,鼎邑虽僻处闽东,然文人学士不择地而生,还是产生不少文采风流。明清以还,文学创作活动已经相当普及,其中尤以清前期的桐山人林滋秀成就最高文名最盛,其余如王家宾、蔡文蛟、王守锐等,在文学创作上均取得很高的成就。

一、林滋秀:享誉文坛的"兰社"领军人物

林滋秀,字纫秋,号兰友,室号迟园。他以卓越的才情和诗文,确立了在闽浙边界文学史上的地位。

清乾隆四十三年(1778 年)四月二十六日,林滋秀生于福鼎桐山水头美。生八月而能言,性温乖,质颖悟。五岁时父亲教之读,目可兼下数行,里人咸以神童许之。有副趣联"雨打竹林林滋秀,风吹荷叶叶向高",即是先生童稚时巧对,流传至今,家喻户晓。乾

隆五十八年(1793年),年方16,应福宁府试,以《兰花赋》一文拔置案元。是年冬复试,以第一名入庠。乾隆六十年,18岁的林滋秀赴省城福州参加乡试,考中举人,座师孙定斋和陈榕圃对林滋秀之才学十分器重,时赴鹿鸣之宴者,林之年龄最小。

林滋秀像(徐启雄画 胡中原题)

但从此科场失意,嘉庆元年(1796年)赴京会试,未中。且喜眼界由此大开,益助文思。"见宫室城池府库,而后知天下大观;看经史子集文章,而后知本人聚敂。燕齐吴越,饱穷两戒山河;草木风烟,想到六朝人物。此际诗肠激荡,酒垒淋漓。"①第一次会试期间,与名流盘桓,会徐廉峰、黄树斋二太史及闽东文士魏敬中(周宁人)、李枝青(福安人)等,并拜识了文坛泰斗、国子监祭酒法式善,深得法氏青睐,亲为其序《快轩试帖》文集。还与大学者王芑孙(惕甫)等相过从,诗酒唱和,学问益进。嘉庆四年公车北上,又不第,乃随福州陈孝廉铨选保定之时,得于正定梁蕉林相国家中坐馆。相国家藏御赐图书,所蓄经史子集各部甚丰,林滋秀如饥似渴昼夜攻读。嘉庆十年,父驰书催归,始作回南之计。途中得见时任扬州知府的大书法家、宁化伊秉绶,两位文化人,两位福建同乡,惺惺惜惺惺,晤谈甚洽。在知府衙门盘桓月余,伊氏还赠予银两及其父伊朝栋之诗集。从此,林滋秀不复北游。

林滋秀之身世颇似《聊斋》作者蒲松龄,时运不济,一生只当教书先生。先在前岐贡生李鸣三家教私塾,后又设馆平阳,未几返家。嘉庆十一年应福鼎县令谭抡之聘,主讲桐山书院,凡五载。中间曾同王锡龄等参与编修县志。嘉庆二十四年主讲浙江泰顺罗阳书院。时与县令林蓼怀樽酒论文,达旦靡倦。同时与名士董促常、潘鼎等结为文学密友。及门弟子有谢淞、周京等,皆为卓荦不群之士。

嘉庆二十五年之后林滋秀有十二载仍留福鼎,主讲桐山书院,蛰居石湖书屋。执教之余,好吟咏,工四六。其一生著述宏富,诗、文、尺牍,俱称上乘。自嘉庆二十四年

---

① 林滋秀:《双桂堂文集》卷二《三十自序》,载周瑞光整理,林滋秀著:《迟园挹翠》,第215页。

至道光七年,七八年间共刊行了《双桂堂文集》《双桂堂经义》《快轩诗存》《快轩试帖》《腐子脍传奇》《竹林合咏》《砚凹余渖》《兰社诗略》及《集古》《集姓》二千字文,合称"迟园十种"。时人评其作品"沉博绝丽,从经营惨淡中得之"(溧阳狄梦松语),"滋秀著作林,流丽运排偶,独辟一门径,允足传之久"(长州王芑孙赞),"骈体数篇,惊才绝艳,实又清艳",其"《快轩诗集》中,无体不备,无美不兼,取裁唐宋,自成一家"(浙江华文漪评),"读《快轩诗集》,如聆松风雪竹,如抱仙露明珠,如入武夷九曲,为击节叫快不置! 今观先生集中,怀人写志、登高吊古诸作,慷慨淋漓,勃勃有生气。其用笔锐入横出,如太阿之锋,无坚不破,何豪快乃尔!"(浙江鲍台语)

林滋秀的诗文并非单纯嘲风月、弄花草的消遣尘虑、无病呻吟之作。有的歌颂祖国秀丽山河;有的追慕历史上的爱国志士、民族英雄;有的关心民瘼,反映封建制度压迫下的穷人疾苦,例如《穷民词·保定道中作》:

年大饥,穷民塞野皆疮痍,呼爷乞钱爷心悲。爷心悲,难博施,空囊于汝将何为?

晓霜严切风刮耳,月冷长楸烟树里。跪爷乞钱跪不起,呼父乞钱乞不止;三日水浆无沾齿,得一钱生否则死! 爷乎爷乎忍坐视?

前有叟,扶杖走;后有孩,提瓢来。绕辕乞命啼声哀。东家娘,步踉跄;西家妪,衣褴褛。垢面相迎泪如雨。

穷民穷民听爷言,爷今触目真怜汝! 愿减盘餐相给与,每人一文汝可去。客中伙助不能多,此是年岁荒褪怨则那?

再如《谢文节公号钟琴歌》:

君弦一断臣弦绝,文山忠烈叠山节。
各留一砚还一琴,五百年后在闽浙。

这首七言古诗热情地讴歌了宋末抗元英烈文天祥和谢枋得两人的高风亮节,希望后代能数典不忘,发扬爱国传统。

林滋秀的诗词风传闽浙各省,激发正气、鼓舞人心。民国时期,福鼎乡贤周梦虞先生在《桐山怀古》中赞曰:

北岭诗家海内推,天生绝艳与奇才。

快轩遗稿愁来读,击碎唾壶亦快哉!

林滋秀一生治家严谨,笔耕不辍,对自己的心血结晶十分珍视,且又自视甚高,其骈体文章之代表作《双桂堂文集》可谓字字珠玑,掷地作金石声,诚如上述名家所评述,不仅艺术价值甚高,而且尚有历史价值,足资后人考鉴。例如,《怡亭赋》,为晋安陈海萍别业而作,文中夹注云:

陈氏始祖高,元至正甲午薛继晤榜进士,任庆元路录事。元末弃官图强,复流寓福州。明求之不得,戍其二子于侯官,第四子遂家焉,尝著《不系舟渔集》共十六卷,入《四库全书》。

这一段注文为了解元代平阳籍爱国文学家陈高生平提供补充,且于闽浙边界姓氏源流也足资考证。赋中怡亭之描述,可供今人研究清代园林艺术之参考。又如,《为太姥山僧募修摩霄庵及梦堂疏》《莲花屿赋》《为僧正羲募修昭明禅主浮图疏》《石湖桥玩月记》《论马道潭周公庙刻石》《绿天居记》及《太姥山纪游》等篇,对了解福鼎旧貌和沙埕、太姥山诸处人文景观,为今日旅游业之发展及返归大自然、加强环保等项工作,均具参考价值。又如,《桐山黄氏族谱序》《续修西园高氏族谱序》《孟福林江氏族谱序》《劝建鼎邑忠教节义祠序》《劝建鼎邑龙神庙序》等篇,阐述了古代福鼎移民状况及民情风俗。又如,《遥哭大参戎施叙斋文》,系为镇海参将施如宪逝世之悼文。施为复台功臣施琅后裔,行伍出身,善画能文。《清高宗实录》卷一二六〇乾隆五十一年八月档案中有敕命诏安游击施如宪协拿逃犯叶邦卿一事。桐南官厅即为施参将故居。该悼文为编纂福鼎人物志之宝贵文化资料。其他如描写清泰顺潘氏别墅的《招同游石林启》,及记述福鼎大峨民女史建远嫁平阳北港登仕郎朱济川为室的生平事迹的《勒表节教朱母史太孺人墓志铭》,皆有助于了解浙闽边界的人物和文化活动情况。

综上所述,林滋秀著作等身,对促进闽浙边界的文化发展贡献多多。奈命途多舛,道光十年(1830 年),公大挑①,因恃父疾不赴。迨道光十二年春,父故,母又多病,福鼎县令奉部文催其赴京待命,屡辞不获准,遂于是年三月北上,承潘芝轩尚书举

① 清制:六年一选三科未中士者出仕。

荐,签掣湖北荆门知事。赴任之前乃滞留北京,讵意水土不服,中秋之后即患臌胀之疾,同年十月初二病逝,终年五十六。

据查阅,《福建省志》《全闽诗综》《两浙辑轩录》及民国《平阳县志》皆刊载其诗文。原平阳中山图书馆、瑞安玉海楼、温州永嘉、丽水图书馆、浙江省图书馆、北京图书馆皆曾收藏其专著,缘因年长月久,漫漶不全。至于福鼎,百多年来,也因屡经兵燹,日寇过境,再加上"文革"十年劫难,有关林滋秀的著作连同其家藏木刻书稿,皆毁灭殆尽!可堪告慰的是,对于这位闽东大才子,鼎邑周瑞光先生倾注平生精力,深入研究,掌握了大量尘封已久的历史资料,使之生平事迹、著述情况逐渐为世人所知。并于2011年10月,缀集林滋秀《快轩诗存》《兰社诗略》《快轩诗则》《双桂堂文集》四种著作,并整理部分诗友来往诗文信札,交由海峡文艺出版社出版《迟园挹翠》一书,使今人得以一睹这位翩翩名士之风采。

林滋秀不但是教育家、诗人、文学家、剧作家,而且还是乾嘉时期继江左三家(袁枚、赵翼、蒋心余)之后,异军崛起的闽浙边界文学团体——"兰社"的创始人,是边界文化的有力传播者。在他的周围,集结了许多朝野文士,其中有福州黄卓人,罗源黄铨,福安李枝青,周宁魏敬中,宁德关德圃,霞浦吴国翰,苍南华文漪、华松生,平阳叶员林(理园)、谢小眉、鲍台,瑞安谢逊谷,永嘉项维仁,临海李午泉,玉环林芷生,闽县谢杏根、林蓼环、蒋容,山东高密单柳桥,江西南康卢蔗香,湖南衡山毛南垣,江苏长州王芑孙,广东合浦李载园,绍兴何小山,云南昆明文望卢,福鼎蔡云海、王面城、施如宪、陈碧川、黄竹岗、周希渊、刘双照、施浩然等,诗文往来,唱和不断,提倡性灵,不泥于古,写实求真,形成了乾嘉时期阵容壮观、实力雄厚的民间文学社团。

早在嘉庆二十四年(1819年)秋间,林滋秀、黄汉章、鲍台、黄铨、华文漪、谢淞等闽浙诗坛六君子合刻了《兰社诗略》一书。在以德行道艺与诸弟子相磨砺之同时,为使及门诸子专攻诗学有则可循,林滋秀乃于道光七年(1827年)仲秋,于桐山书院辑梓《快轩诗则》单行本,内收法时帆、王悖庵及东南各省特别是闽浙边地区诸名家代表作,并对他们的生平事迹、师承关系、文学主张等逐一加以介绍,有如袁牧《随园诗话》体例。林滋秀不遗余力地"希古振今,衔华佩实"的实践,赢得了莘莘学子的普遍尊敬和热烈响应,也促进了闽浙边界文化的交流,赓续了宋元以降的闽学和永嘉学的遗绪。

早在嘉庆十四年,值仁宗皇帝万寿,命天下各省贡书以祝。林滋秀乃于课余聚书千百,选丽字佳句撰《集古》《集姓》两千字文,广征博引,无一字无来历,递交福建巡抚张师诚呈奉京都。帝览毕,赞叹曰:"不意闽海之滨,竟有此博学之佳士!"由是名播海内。浙江省玉环进士林芷生于杭州武林书肆中购得林千字文,乃叹曰:"此奇才也,非访之不可!"于是特从杭城肩舆到福鼎,两人一见如故,遂订莫逆之交,在桐山书院促膝谈诗,流连七八日方作别。时与林滋秀齐名的诗友蔡文蛟赞云:"兰友、芷生,天生一对。"林滋秀先生特作《送家芷生进士归玉环序》,记述了此段因缘:"神交弗隔,朋到斯乎。欣一面之始谋,信两心之久惬","名同香草,久必相思;地隔玉环,连而不绝。"

林滋秀尚友敦谊,古道热肠,广为闽浙士子所推崇。有苍南县蒲门拔贡华文漪,性耿介,文脱俗。林因妹夫周筦卿之介绍得与华结为文友,但二人终未晤面。华文漪英年早逝,临终时将其一生心血结晶《逢原斋诗文集》手稿嘱家人务必专程送至福鼎林滋秀手里,请他帮助整理付梓。"闻易箦之辰,谆谆遗稿;拟迎舟之举,绻绻鄙人。"林滋秀果不负殷望,惊闻噩耗之际,作《哭华文漪文》,声泪俱下,如失手足:"二十年兰社,第有神交;一百里蒲门,从无面晤。""呜呼,往来简牍,各藏数百余笺;规劝箴言,讵等寻常泛札?"哀痛之余,遂变卖部分家产,帮助印行华氏遗著,并亲作序、跋,极力推崇华氏"才学识"三长,"今幸其集告成,付播四方,先生虽未及亲睹,而生前所欲为之止于此而就,即余少效微劳,亦得故人于地下也"。《逢原斋诗文集》印行于清道光六年(1826年)即华文漪辞世之翌年,时过近两个世纪的今天,该书还在浙南流传。

晚清学者福州人林昌彝所著《射鹰楼诗话》是清代一部很有影响力的文学批评论著,同时代的名士温训评论此作"所见极博,所解极精,淹洽同于竹垞(朱彝尊),而特识高于四农(潘德舆),故可贵也"。林昌彝为林则徐族兄,出于硕儒陈寿祺、何绍基门下,经学根柢深厚,诗歌有金石之气,在海内文坛颇有影响。难能可贵的是,《射鹰楼诗话》全书二十四卷中有两处提到了林滋秀。卷十一:"闽中近代诗家足以雄视海内者,闽县则龚海峰(景瀚)、萨檀河(玉衡)、谢甸男(震)、陈寿祺(恭甫)也;侯官则许铁堂(友)、林畅园(茂春)、李兰屏(彦彬)也。建宁则张亨甫(际亮),光泽则何金门(长诏)也。福鼎则林纫秋也。(皆从已殁者而言)"卷十二:"福鼎家林滋秀孝廉滋秀著有《快轩诗集》。孝廉幼颖敏,记诵谐博,诗多雅健,七言古、七言律,尤气势雄阔。"下段收录林氏代表诗作《题赵松雪泥金小楷手卷》《晚泊京口》《登广惠寺塔》《赵陵》《颜常山示衣坂》《渡扬子江二首》《秋夜》《题秋林茅舍图》等九首,并称之"皆雅健可读"。

在以上记述中,林昌彝以诗人之敏锐眼光纵论近代(指清代中期)诗坛,认定已故闽籍诗人中,能在全国占有一席之地者仅有寥寥十人而已。虽然出自一家之见,但能享此荣誉殊非易事,必然要有高深独到之诗词造诣,以及士林之首肯者方可胜任,如陈寿祺、张际亮、萨玉衡等均是蜚声文坛之一代名家,林滋秀能够跻身其间,也可看出他在省内外的影响力之高。周瑞光先生在《迟园挹翠》跋言中评价:"在闽省文学史上能占一席之位,且有专著遗留于世者,唯林公林滋秀一人耳。"这是十分恰当与公允的。

与林昌彝同时代的另一位福州籍著名学者谢章铤在《赌棋山庄词话·赌棋山庄词话续编二》也提到了林滋秀事迹及其著作:

> 纫秋氏《砚凹余沈》四卷。按:纫秋,福鼎林滋秀也。与福州黄卓人(汉章)、罗源黄南村(铨)、平阳鲍石芝(台)、华菉园(文漪),以诗呈长洲吴枚庵(翊凤)选定,刻《兰社诗略》,此其杂记之作也。中记假馆正定时,三月八日与沈定夫学博、甄毅庵孝廉,置酒城之西北桃林别业中,极一时觞咏之乐。毅庵赋《沁园春》云:"约就东风,隐隐飞桥,幂幂轻烟。趁林花浓淡,春行梅坞,溪声远近,路入仙源。共访天台,相随刘阮,不饭胡麻也有缘。长林畔,看赤城霞起,那是人间。霏微细雨无端。空搔首踟蹰欲问天。便流膏然杏,鸠呼布谷,游丝罥柳,马系连钱。玉洞将寻,兰亭莫续,也得浮生半日闲。休孤负、待湿云吹散,月上阑干。"毅庵未详其名,亦未知何籍。

《赌棋山庄词话》为旧时词话要籍之一,被今人誉为"清人第一部以严格求实精神撰成的大型词话"[1],享有盛名。文中所涉及内容取自林滋秀《砚凹余沆》,此时正值作者"嘉庆四年(1799 年)公车北上……得于正定梁蕉林(清标)相国家中坐馆"[2]之际。这部著作被列为"迟园十种"之一,至今在国内也没被发现。

在林昌彝盛誉的十位诗人中,最有成就的当属张际亮。张际亮,字亨甫,自号松寥山人,建宁人。道光十六年(1836 年)举人。据上海古籍出版社出版《思伯子堂诗文集》前言介绍,他在清代嘉庆、道光年间"负海内重名将三十年",闽中故交、后学更推之为"七闽风雅盟主",时与魏源、龚自珍、汤鹏并称为"道光四子"。在张际亮《思伯子堂诗文集》中也保存有一首赠送林滋秀的五言古风《福鼎林滋秀先生乾隆乙卯举人,今来谒选以册索诗书以为赠》:

---

① 刘荣平:《〈赌棋山庄词话〉的价值与失误》,《厦门大学学报》2011 年第 6 期,第 49 页。
② 周瑞光:《迟园挹翠·跋》,周瑞光整理,林滋秀著:《迟园挹翠》,第 364 页。

我之始生年,翁登贤书久。安知卅载后,谈笑对白首。相寻涉南北(原注:先生去年访余于福州,见雨农,始知余在京师),虚声愧众口。养疴常闭关,迹疏情则厚。昔翁交游辈,尽为泉下叟(原注:先生及见法时帆、王铁夫、张船山诸前辈)。当时各意气,盛名孰不朽。翁今幸健在,行乐宜诗酒。眼中豪贵儿,焉用问谁某。吾闻太姥山,秀出映南斗。苍茫天地初,白云幻众有。幽阴大海通,神异百灵守。攀援足不到,万石自老寿。兹如文章奇,不争世妍丑。山中长生人,树兰应百亩。风猿叫秋月,搴芳露盈手。嗟余傥相从,待翁返林薮。

经查阅《思伯子堂诗文集·附录四·张际亮年谱简编》可知,道光十二年(1832 年)壬辰二月二十九日,34 岁的张际亮在京郊翠微山苦读五月有余,遂移居城内烂面胡同莲花寺,准备再次(第八次)参加今秋恩科会试。这时期的张际亮诗名满天下,"京贵人及名士言诗者,无不知亨甫也"。这一年林滋秀五十五岁,三月间,在吏部尚书潘世恩的举荐下赴京谒选,"客寓闽省同乡龚西(屏)主事家"①。大约六七月间,林滋秀到莲花寺拜访张际亮,二人交谈甚洽。林滋秀虽年长于张际亮,却性情温厚,爱才如渴,并不倚老卖老。从诗中小注来看,此前一年林滋秀曾专程赴福州访张,当举人高澍然(字雨农)告知张氏北上京师的消息以后,怅然而归,而今未逾一载,二人竟有幸会于京师,心中更觉欣慰。二人见面之后,林滋秀取出一本册页,请张际亮题诗留念。张际亮翻阅册页,触目皆为海内名公巨卿、鸿学硕儒题赠,甚至还有自己平生仰慕之法式善、王芑孙、张船山等已故诗人墨迹,不由对眼前这位长者肃然起敬,于是怀着仰慕之心,留下了这首流畅婉转、情真意挚的五言古风。诗中作者认为名山之下必产名士,所以大量笔墨,描述太姥山秀耸云霄、瑰丽奇绝的自然风光,更衬托出林滋秀落拓不羁、超脱尘世的诗人风度。②

二、其他代表性人物

上文我们专门介绍了林滋秀。林公"健笔写真情,硬笔造险语",他那些"沉博绝丽"的诗文,赓续了宋元以来的闽学和永嘉学派源流遗绪,保存了大量闽浙边区特别是福鼎古代人文信息,不管是艺术成就还是历史价值,都证明林滋秀时代的福鼎文学和以文学为代表的文化精神达到了一个相当的高度。但文学领域取得相当成就者不

---

① 周瑞光:《迟园挹翠·跋》,周瑞光整理,林滋秀著:《迟园挹翠》,第 370 页。
② 陈仕玲:《名山之下产名士——林滋秀研究资料补略》,《福鼎周刊》2014 年 8 月 29 日。

止林滋秀一人,正如民国《福鼎县志》所言:"面城、纫秋、云海、迟云诸先生文采风流,均足增辉志乘。"①兹介绍清代以来福鼎有影响的文学界代表人物如下。②

陈淑孔

陈淑孔(1618—1690年),字孟希,号廓岩,秦屿佳湾人。康熙戊午岁贡。少聪慧,博通经史,日成七艺,历试冠军。设教间塾,多所成就。陆学使称其"古道犹成,方正有守"。有著作,已散佚,现仅存三篇《谱序》及《迁创诗》传世。嘉庆十年(1805年),福鼎县令谭抡在《纂福鼎县志示》中称"文苑则禹锡见重于当途,而淑孔、向水亦斐然成章"。

赵 沅

赵沅,号语水。福鼎桐山人,寄籍浙江平阳。生卒年月均失考。清雍正戊申科拔贡,试国子监,辄冠其曹,以直隶分州用,未上任卒。尝评点杜少陵诗,皆能得其精要。著有《卖饼集》行世,现温州市图书馆、瑞安玉海楼均尚存其本。

周敬修

周敬修,字菊人,秦屿人。少即奇杰。纪文达学宪试福宁,语诸生曰:"福宁士子少读书,今予首选一卷,是极有读书,文字可为诸生式者。"均莫测为何许人也。及揭晓,乃敬修也,一州皆惊。与余耀友善,推其衣食与共,日以斯文相砥砺。子名驹,字叔昂;名彪,字叔炳,又字希渊。孙鸿逵,字仪羽,又字守默。皆诸生,工吟咏。名彪著有《味道轩诗稿》,鸿逵著有《守默诗稿》。

邱 椿

邱椿,字古园,秦屿人。嗜读书,工吟咏。与侯官谢金銮、同里王孙恭友善,时偕二子登太姥山,穷搜岩壑峰峦之胜,辄纪以诗。著有《太姥指掌》及《芳千诗文稿》。

王世昌

王世昌,字文祉,号面城,秦屿人,庠生。天姿英特,博及群书。沉酣酝酿,靡不得其要领。发为诗歌,醇深古茂,百炼千烹,一字未工,不肯出以示人。时复纵情游艺,善作擘窠大书、荆关小画,意有所适则为之,否则不轻下笔。当酒酣耳热时,任情挥洒,尤有天然飞动之势,得者如获异宝。所著有《章江草》八卷、《蚓窍葩言》二卷。子梦松,字章南,号楚材,廪生,所为诗具厚力,肖其父,著有《拥万斋遣愁集》。

---

① 民国《福鼎县志》卷二十八"文苑传"。面城为王孙恭,纫秋为林滋秀,云海为蔡文蛟,迟云为王守锐。

② 主要参考民国《福鼎县志·文苑传》及谢兴国先生《福鼎近三百年间文学艺术上有成就的人物》一文(载《福鼎文史资料》第4辑)并加以补充。

陈珙坦

陈珙坦,字双溪,宛阳人,乾隆壬子优贡。少聪颖,师所授书,过目不忘。弱冠游庠食饩,肄业鳌峰书院。山长孟瓶庵超然奇其文,试辄冠军。邹念乔学宪称为"文坛翥凤"。贡成均后,肆力为文。陈为鼎邑望族,同堂兄弟皆以文艺名,当时士林中有"十八坦"之称,而珙为尤著。奈乡闱屡踏,六荐不售。嘉庆纪元,诏举孝廉方正。所著有《制艺草存诗赋》《和声双溪韵语》《古文杂著》诸集。其书法之工,得之者尤珍若拱璧。

徐学讱

徐学讱,字兼山,秦屿人。多读书,工吟咏,然淡于功名。囊笔游台澎诸远地,作入幕宾。平日与王世昌、周名虑诸人友善唱和,佳章盈箱累箧。因后嗣不获守,先砚遗稿多散佚。其游太姥山诗云:"猿鹤前身认我山,穿云匝岁五回还。振衣千仞峰头上,六六芙蓉带笑看。"逸情豪兴,可见一斑矣。

蔡文蛟

蔡文蛟,字云海,岁贡生。先富后贫,恬然不事家人生产,日惟以诗书为事。居乡讲学,多所成就。好山水,游所至,辄吟咏。每一篇成,士林争传诵。同时林孝廉滋秀文名极噪,文蛟实与颉颃,其天资殆又过之。著有《水木山庄诗集》。性直率,里有不平事,必面斥责。而事其兄文焕极祗恭,焕亦敦行力学士也。

江贡珍

江贡珍,字璞岩,二十都孟福林人,岁贡生。经明行修。咸丰时,其次子某为浙江金钱会匪所诱,误入其党。珍知,追至蒲门,杀之。人比之石碏云。所著有《诗经括读》《左传揭要》《文选串珠二十一种摘粹》及《地理真诠》《迁园阔谈前后集》。

王锡龄

王锡龄,原名锡聆,字乔松,一字虚谷,号空同。福鼎秦屿人,生卒年月失考。清乾隆乙亥科举人。不乐仕进,终老家居,以著书自娱。生平著有:《春秋三家经文同异考》《周易十家集解》《蚕闲斋日录》《水源木本录》《先夏录》《虚谷诗文集》共四十卷,均刊刻行世,惜在"文革"中散佚殆尽。

王守虔

王守虔,字晋圭,号虎文,秦屿人,郡庠生。弱冠文名籍甚,伯父锡聆器之,谓其文与章云李、李石台相伯仲。然素慕伯高之为人,笃修内行,不屑以文见也。父绍勤,慷慨喜施予。守虔克承其志,尝持券征负度不能偿者,取所质券焚之。所著有《蛾术斋》五卷、《仓颉篇》一卷,藏于家。子彦纶,字云章,号绶田。幼失怙,能读等身书,所为文尤多奇气。道光丁酉,吴伯新副宪督闽学,阅其文,叹为绩学士,由增生选拔贡成均。以母年高侍养无人,不愿赴朝考。授徒讲学,多所成就。终其身无意仕进。生平不苟交游,暇则游心翰墨,旁及篆籀。得者咸宝藏之。尝语人曰:"凡人身世之间,只要自尽其是,一有计较,非为己之学也。"其敦行又如是。

施廷简

施廷简,字史南,桐山人。幼聪颖,嗜学常达旦不寐。十岁即能文,十三通五经,工诗赋。弱冠游庠,旋登嘉庆癸酉拔萃科。丙子乡试,房考官钟师庚,名进士也,奇其文力,荐为多士冠。主司欲以魁易之,钟固争不得,作而曰:"即不得元,宜留待来科,毋使其落人后。"遂置不售。钟特刊其文以传,读者莫不惋惜。自是遂无意功名矣。平日好读唐宋八大家文,评骘殆遍。其讲解经义,多发前人所未发。

陈式铭

陈式铭,字秋塍,秦屿人。聪颖绝伦,读书目数行下。道光乙未举于乡,文名噪都下。三上公车不售,遂授徒里塾。所居屋后有寒碧山斋,与周鸿逵、林鸿苞诸名宿结诗社其间,一时称风雅提倡。书工行草,持缣素求者踵相接,有日不暇给之势。每夜间必披书到漏阑,铅丹殆遍,至老不倦。著有《寒碧山斋诗草》若干卷。

施浩然

施浩然,字雨槎,桐山人。少有神童之目,年十五游庠,旋食饩。邃于经史,有叩之者,传注数十家,上下数千年,如数家珍。工诗赋,对客挥毫,咳唾珠玉。岁试时,主司读其试帖,击节称赏,宣人慰勉至再。卒困于乡荐,士林咸为不平。尤精音律。邑重修文庙,学官以礼乐器多简陋,聘为督制,悉依礼器为复选子弟俊秀者,教之以佾舞。晚年主讲桐山书院,学者尊如山斗。七十五岁,重游泮水,有诗遍征纪事,和者百数十家。年逾八十,而康健如平时。光绪纪元恩科,例得赐举人,亲友劝其应试,辞曰:"吾不获以其才入彀,而顾以例举,能无愧乎?"卒以明经终。著有《古今体诗》《续东莱博议》等集。

王则模

王则模,字维范,一字画山,秦屿人,岁贡生。父绍言,兄祖望,俱邑名孝廉。则模弱岁名噪郡庠,顾一踏乡闱,即绝意仕进。所为文得明启、祯及清初诸名家风味。授徒里塾,善于启发,尤精天文算法。鼎地僻在海隅,清咸同间,未闻有地球之说,模谓其徒曰:"以天文学测之地下,当有人世。"时闻者亦置之,及今始共服其淹博。年七十一殁。所著有《天文管窥》《画山文集》诸书藏于家。

杨秀彬

杨秀彬,字梦梅,白琳人。岁贡生。博览群书,嗜吟咏,尤工骈体文。院试经古,卷中多引用僻典,学使者疑为杜撰。召问之,彬胪举以对,获优褒焉。所著有《一笑楼诗稿》。

萧功超

萧功超,字卓甫,点头人。廪贡生。历任龙岩州学及闽清、漳平、永定、顺昌等县教谕。生平喜为白话诗,信口而出,摇笔即来,几于嬉笑怒骂皆成文章。所作如《塾师》《衣匠》以及《柘底寺怀古》等篇,迄今尚脍炙人口。

智　水

智水和尚(1876—1937年),字楞根,又自号了幻头陀,是佛教禅宗南宗曹洞一支在福建怡山长庆寺第五十八代传人,法号心源法师。原为福鼎西洋马阳村张姓之子,生二年,被管阳象山寺天成和尚收养,七岁延师受业,十五岁往浙瓯锦屏山常宁寺依晓柔法师剃度受足三坛大戒。十八岁任凤山瑞云寺住持,二十岁游参诸方,得法于怡山长庆寺妙湛法老。清光绪三十年主怡山法席,旋归瑞云。民国肇建,八指头陀创中华佛教总会,他亦与会,著《佛陀救世精义》一书行世。1913年晋京迎请频伽藏经回怡山,重主长庆寺,并任福建佛教会会长。生平持戒甚严,尤精于梵典,兼擅长诗词、书法,平日喜作蝇头小楷,神韵圆润,酷肖卫夫人。著有《华藏楼诗集》,写景抒情极具宋人风格,间亦作禅语。如七言诗《鼓山凡圣庵闻蛙》云:"最深幽处无凡响,偏有蛙声绕草庵。便与名山添古篆,几筐蝌蚪布清潭。"其所著《凤山十六景诗并序》,最为脍炙人口,传诵不绝。

周梦虞

周梦虞,字桐崖,晚号遯庵,别署遯庐老人。福鼎秦屿人。清光绪副贡。性怡静,寡言笑,终日手不释卷,为文宏深沉练,卓然成家。与弟梦庄齐名。曾任福鼎桐山书院山长。辛亥鼎革后,历任福建省立第三中学校长,福鼎县立第一小学校长等职,毕生为教育事业尽瘁,诲人不倦,桃李成蹊。晚年主修《福鼎县志》,著有《绿满窗诗草》《遯庵诗文集》《北岭文献搜遗》等,均在"文革"中散佚。

周梦庄

周梦庄,字肇诚,号敬生,福鼎秦屿人。生于清同治己巳年(1869年)。邑禀生,性颖悟,为诗文辄多警语。省城屡荐不受。入民国后曾任秦屿及桐山小学教席十余年,其余均在儒林里设帐授徒,名其居蛰斋,四方学子负笈从游者三四十人,皆多所成就。《福鼎县志》创辑于清嘉庆间,入民国后始开局续修,各门类稿多半出其手,尝删订《女子三字经》节本,欲梓行未果。晚年蛰居桐山,杜门课徒,以束修自奉怡然也。著有《容庐诗文集》若干卷。

王翼谋

王翼谋(1850—1911 年),号于燕,福鼎桐山人。课徒奉母,不乐仕进,以名书生终老于乡。生平工书法,师绍二王,能得其神髓。治史谨严,旁征博引,不落前人窠臼。著有《史记菁华录集释》,为世所称。自科举废后,历主县立第三小学文史讲席,并尝协修《福鼎县志》。晚岁耽于佛学,筑青莲阁于溪南寺之侧,莳花种竹,焚香习静以终其余年。所遗著作计有《澹庐文钞》《辞通》《红梅斋诗文稿》多种,均未付梓。惜十年动乱后,并书法悉付荡然。

杜 琨

杜琨,字悦鸣,自号九鲤散人。福鼎乌杯九鲤人。中国大学国学系毕业。尝从河北国学大师尚秉和先生游,被目为奇才。历充中国大学国学系讲师、福建师范专科学校副教授。生平雅爱游历,足迹几遍黄河长江流域,尝在张家口主讲席多年。著有《北游吟草》《张氏词选校注》《作诗法讲义》《闽东诗钞》等,均有刊本行世。他如《词录》《三余山馆诗话》除部分已附在《北游吟草》或《闽东诗钞》内刊行外,若《文字音韵学》《文录》等惜皆散佚。

卓剑舟

卓剑舟,原名朝楍,剑舟其字也。后别署天南遯客,福鼎桐山人。曾毕业于上海国语专科学校。早岁与黎锦熙合编《国语》杂志。后远渡南洋群岛各地讲学任教,曾著有《南洋见闻纪略》。1935 年回国,任荷属西婆罗洲华侨驻京代表,抗日战争初期,返福鼎在县立中学执教,解放后,被选为第一届人代会副主席,1953 年病逝,弥留时,尤殷殷收复台湾为念。生平著有《注音字母讲义》《摩兜坚馆诗草》《太姥山全志》等,均有印本流传。《福鼎县志稿》钞本现存县文化馆。另有《说剑斋诗文集》《福鼎诗存》等原稿,都在"文革"中散佚。

第二节　清代以来福鼎书画艺术界代表人物

福鼎建县虽迟(清乾隆四年,即 1739 年),但在南宋时,王十朋、郑樵、朱熹皆游历于此。尤其是朱熹曾两次到福鼎讲学,影响甚剧。自唐以来,福鼎境内有历代进士 40 多人,文武举人与各例贡生则百多人以上,其中工书善画者不乏其人,由于年代久远,兵火相承及"文革"浩劫,其作品所存者寥若晨星。现有文字书画可考者数清代的陈九苞。

一、陈九苞:出使琉球的福鼎画家

陈九苞,字奕全,号筠崖。清乾隆四十七年(1782年)生于福鼎桐山。其先祖本居福州长乐,后徙嵛山岛,宋祥兴元年(1278年)从嵛山迁入店下关盘,后又迁阮洋村。清乾隆三十八年(1773年)又从阮洋迁入县城南门石壁洋崇儒里①。

陈九苞出身书香门第,自幼天性聪颖,与年长四岁之表外甥水头美村林滋秀皆于城南陈氏家塾同受业于陈珖坦②、陈希尧,嘉庆己巳年(1809年)考取福鼎府学第十五名,以二等第二名补增生。陈珖坦受任陕西保安知县之时,九苞随从,担任县衙文书,并为其兄出谋划策,在实践中得到锻炼,学识与日俱增。

清道光十八年(1838年)五月,陈九苞作为林鸿年的副使,奉旨一同出使琉球国。中国代表团一行百余人,从闽江口起碇扬帆出海远航,经那霸港后安抵琉球群岛。时琉球国老国王尚灏新丧不久,林鸿年即代表清廷为之致祭,然后举行隆重的册封世子尚育袭位大典,由五品宣诏官陈九苞宣读道光皇帝诏书,正式确认新国王为合法接班人。并赐御书"弼服海隅"金匾一块,悬之国门,垂之永久,琉球举国上下欢庆山呼之声不绝。

中国代表团在琉球共逗留160天,纪律严明,廉洁自守,一概谢绝岛国人士馈赠。值得一提的是,当陈九苞访知该国人民生活十分困苦,便发扬乃兄陈碧川当年在陕西保安县关心民瘼的作风,向林鸿年倡议将朝廷补贴的出使经费余额240万贯,悉数交给琉球国王,作为该国民众的抚恤金。此举赢得了琉球举国上下的感戴,增进了两国之友谊。更值得称道的是,兼有画家身份的陈九苞除了协助林鸿年处理外交事务外,还充分发挥自己艺术特长,在琉球勤奋作画相送琉球各阶层人士,把中华文化传播给琉球,产生深远之影响。还绘有《球阳八景》画幅带回,"见者如亲历其境"。

林、陈二人在琉球配合十分投契,为此,林氏于道光十九年(1839年)春返国后,还念念不忘其战友——画家陈九苞,特作《陈君筠崖先生行述》纪念此段殊胜因缘。文中写道:

---

① 俗称阮洋陈,今茶厂小区前。

② 陈珖坦,九苞长兄。《福鼎县乡土志·循吏》:"陈珖坦,字碧川,在坊人,乾隆己酉举人,授陕西保安知县。……著有《述德堂诗钞》,并杂作数种。"

其《球阳八景》诗与点窜洋人之呈诗者均风华锦丽,间作一画,精致曲折,辄出人意表。知渊源宏富中具有丘壑,庸手弗能及也!余同役友钱塘高螺舟御史雅爱重之。凡有唱和或摹范山水花卉必及筠崖,亦相与友善。以故洋人紫金大夫及法司耳目等官多执贽门下求画者,以弗获为不快,转免余为关说焉。余在东洋起居食息与筠崖俱。盘桓六阅月,恨得之晚而实知之深,省垣人以善画目之浅矣!

这是对有清一代杰出的艺术家和外交家陈九苞先生的真实写照和公允之评价。而陈九苞本人亦以能得林状元之奖拔,有机会出使琉球引为终生之荣幸。自此以后,九苞作画凡得意之作,均钤署一白文朱印——"曾经沧海",以纪念琉球之行,所以后世的鉴赏家多据此以鉴定其作品的真伪。

陈九苞返国后,婉拒林鸿年等人的荐举,辞官不做,依然以作画、授徒为生。长期流寓于广州、福州等地,在广东省城,与"二苏"——顺德人苏六朋、苏仁山,和"二居"——番禺人居巢、居廉等画家结为艺友。其中居廉乃岭南画派之开创者高剑父、陈树人等启蒙老师,其画开岭南之先声,画风与陈九苞十分接近,二人皆工花卉、人物、山水,具有清新活泼,用笔简洁,形神兼备,文秀抒情之意趣。

咸丰九年(1859年),九苞病卒,年77。一百多年来,在陈九苞的故乡福鼎,还流传着"林滋秀进京,陈九苞过琉球"的佳话。陈九苞事迹在20世纪50年代末被陈子奋采入《福建画人传》。人们将其遗墨珍若拱璧,视同神品,常被作为士绅祝寿及婚礼喜庆之展品。其代表作《春夏秋冬》山水四屏珍藏于福鼎市博物馆。

二、其他代表性人物

以上我们介绍了出使琉球的福鼎画家陈九苞,他在琉球六个月,绘有《球阳八景》,为世所珍,乃清代闽东文人画之佼佼者。这期间的书法作者,有王守锐、王翼谋、江本侃等,书法作品功力甚深,为世所重,对福鼎的后世书法产生重要影响。福鼎古代文人画虽所存无几,然而植根于民间的绘画艺术,却久盛不衰。清末民初,以陈瓒、叶汝舟等为代表的民间艺人,从青年起即以卖画为生,终身成为民间职业画家。这些艺人画茶箱花、画饼花、画床花、画伞花、画宫观寺庙神佛故事,逢年过节,还会扎纸马、办铁枝。清时,福鼎盛产茶叶、烟叶,远销苏州、杭州、温州,由于福鼎与江浙沪交通相对便利,经济往来日益密切,带动了文化交流。因此,这一时期的艺人深受以任伯年为首的海派画风影响,加之他们又善于学习福鼎民间艺术风格,融进自己的作品

陈九苞作品《四条屏》

之中,故其画作兼有文人画风与民间艺术之长,达到了新的艺术高度。辛亥革命以后,福鼎一批有志青年出外求学,探求文明,学成回乡报效桑梓,其中施海卿、梁镜寰、卓剑舟、谢兴国、王廷声、谢征鸿、马俊秋等人书画艺术皆颇有建树,在福鼎书画界起了承前启后的重要作用。本节兹介绍清代以来至民国间福鼎书画有影响之人物。

施如宪

施如宪(1737—1807年),号叙斋,福鼎南门桑园里人。虽少习儒业,但精于翰墨。性好骑射,蒿目时艰,遂奋志于《六韬》《三略》诸书。三十岁举武孝廉,掣发督标水师效用,后以军功,累迁至浙江镇海营参将,并即题补瑞安协镇。乾隆五十六年以细故被株连,奉准解职回籍。筑居易轩,广植花木以自娱。生平雅好字画,挥毫泼墨,求者户为之穿。尤擅画淡墨葡萄,零笺片缣,为世所珍。

王守锐

王守锐(1810—1865年),原名守钝,字维鲁,一字迟云,秦屿乡贤锡龄子也,弱冠饩于庠。道光己酉,长洲彭文敬相国督闽学,奇其文,命易今名。旋以选拔贡成均。自负取青紫如拾芥。既而文战失败,知功名有命,决意不踏乡闱,遂日以诗酒自娱。掌福鼎桐山书院山长,例授徵士郎。所著有《礼记摘解》《聪听录》等卷。生平擅丹青,尤工画兰,书法功力甚深,平日学习秦汉魏晋碑文,着实下过一番苦功。晚年所作隶书,气势磅礴,腕力遒劲,为世所称,所藏字画作品,因年代久远,兵火相乘,几将绝迹,惟太姥山国兴寺尚保存有其行书楹联石刻一处。

陈瓒

陈瓒,号少倪,晚年自署寿石轩主。生于清光绪七年(1881年),先世系闽之长乐(古称吴航)人,后迁居福鼎桐山。家贫,十三岁即卖画以奉母。勤研苦练,画艺大进。山水独宗倪云林(元代四大画家之一),且羡其为人,乃以"少倪"为号以自况。擅用"折带皴"法作山水画,潇洒出尘,为世所重。人物画学任伯年(清代画家),所作人物、花鸟,形象生动活泼,往往以钩勒、点簇、泼墨诸法,交相为用,别具一格。晚年,所作神佛画,采传记式,用多幅画面,连续描绘一个故事的发展过程,多至数十幅者,绘影绘色,惟妙惟肖,实开近代连环画之先河。与叶汝舟齐名。叶字少舫,亦系福鼎城关人。

赖则才

赖则才(1886—?年),号会如,福鼎桐山人。家贫失学,自幼随福鼎民间艺人学习金银首饰工艺,是纯粹的民间艺人。由于资质颖慧,能触类旁通,所制各种金银饰物,均较他匠精致出色。平日欢喜浏览《芥子园画册》,极力揣摩各种人物、花鸟神态,作为饰物蓝图,力求形神毕肖。中年以后,独具匠心,另辟蹊径,开始用纯银锻制各种立体型人物像,如关羽夜读《春秋》、达摩一苇渡江及东方朔、李铁拐、弥勒佛等镂空银像,皆高达尺余,不但服饰衣着,镂丝结缕,巧夺天工,即人物神态,须眉毕现,栩栩如生,观者叹为绝艺,作品远销京、沪、日本,曾参加在日本举办的万国博览会展出,荣获奖状,他如多次参加台湾、南京、厦门等处的工艺美术展览均获有奖赏。现存作品甚少见,只福鼎博物馆尚保存有银质李铁拐像一尊。

王骏甫

王骏甫(1901—1974 年),号廷声,亦号阿声,福鼎市前岐镇人。毕业于上海新华美术专科学校,擅长油画,更长于国画山水、人物、花鸟。历任福建乡村师范学校、厦门十三中、福鼎师范、福鼎一中等校美术教师。上海新华美术专科学校提倡中西合一的教学方式,重写生,王骏甫在这种教育环境下,他的国画不仅有传统的笔墨风韵,同时有写生的造型能力。如《鹅鸭图》为大写意之佳作,中锋用笔,形态生动,笔简而精确。《秋深图》写意山水,笔墨不多,峰峦层叠,渔舟与村落恰到好处,充满诗意。他的弥勒画作为"海派"之作,十分大气,是幅大写意的人物画。

王得租

王得租(1915—1983 年),福鼎磻溪赤溪村人。幼时接受私塾教育,稍长到霞浦牙城的商铺里当小伙计,接触了人生百态与世态炎凉。同时师从柘荣一位老先生,开始了五年之久的游历说书的严格训练。学成出师,单独游走于霞、鼎、柘的村村寨寨、集市街巷,利用农闲的余暇时光,在祠堂、农家大院或县城的农贸市场给群众说书。王得租说书"声情并茂"。他身材高大壮硕,中气十足、中音浑厚,说话铿锵有力、掷地有声,有极强的感染力,瞬间即能成为听众的中心,此"声"之谓也。"情"则在于他对这些英雄人物的刚健勇武、保家卫国的精神以及大气厚德的人性光辉充满真诚的热爱,说人物时总能倾注满腔热忱。所以不论是人物的出场,还是故事的演进,抑或是打斗场景的描述,都能被他表现的活灵活现。晚年曾在福鼎城关北市场搭台说书,下午一场,晚上一场,台下叫好之声不绝。

张维岳

张维岳,笔名张嵩,福鼎市前岐镇岐阳街渔池头人氏,1918 年出生于一个矾业职工家庭。自幼喜音乐、乐丝竹、爱琴弦,可因家境贫穷,买不起乐器而无法实现自己的梦想,就自造"京胡",勤学苦练。后师从温州一京剧团琴师,弦技飞跃进步。为了使自己的琴技有更大的提高,他经常带着琴到高山野外去,听鸟鸣之声,收虫唱之声,学溪流之声,取风动树摇之声,仿泉水滴响之声,使自己的操琴技术上有原野自然的动态与发音之趣。闽浙边区一带,凡是有外出剧团到福鼎或是前岐来演出,总得先呈上"红帖"专请张先生去当"司琴"。1950 年春,由四大名旦之一的程砚秋先生带领的中央老区慰问团"上海天蟾剧团"来前岐演出,闻说张先生的名气,特聘请他当《穆桂英挂帅》的司琴,张维岳从容应聘,演出中专心致志操琴,台下发出一片热烈喝彩声。张维岳敦厚诚实,礼仪待人,德艺双馨,声名远播。

林逢迁

林逢迁(1925—1992 年),磻溪紫岭人。幼年受到良好的教育,熟读《三字经》《千字文》《弟子规》等,为他以后从事书法竹雕艺术奠定了良好的基础。34 岁那年身患肺穿孔,吐血不止,几乎丧命。康复后转而改学竹雕手艺,师从霞浦后山竹雕师永久。他天资聪颖,加之起早贪黑,勤学苦练,善于求教,因此不到三年时间,就学而有成。在研究竹雕艺术的同时,他还刻苦钻研王羲之的正草隶篆四体千字文,把书圣的书法融入到竹雕的技艺之中。以刀为笔,以竹为纸,用刀流畅,行云流水,字字龙飞凤舞,笔笔铁画银钩。林逢迁大部分的竹雕作品都是在椅背上。有古诗词摘录,亦在椅背上雕刻花鸟图案。图中所刻之鸟作势欲飞,栩栩如生,惟妙惟肖;所雕刻之字,字字珠玉,笔走龙蛇。除此,他还加工竹椅、竹床、小孩坐轿、两头插竹床等。他所设计加工的竹椅、竹床、小孩坐轿、两头插竹床,美观、大方、实用、价廉,深受消费者喜爱。

第三节　王氏父子"刻书祝寿"始末及其贡献

清代乾嘉盛世,经济繁荣,文风鼎盛。素有福鼎文化发源地之称的太姥山下的秦屿,在福建名儒游光绎、谢金銮等的倡导教化下,涌现出陶自超、余耀、王虚谷等一批饱学之士。值得关注的还有出版家、训诂学家、版本校勘学家王遐春、王学贞父子"刻书祝寿"之事,其移风易俗的创举在当时成为美谈,对福鼎市的文化教育产生深远的影响,对地方人文素养的提高做出了独特的贡献。

一、王遐春王学贞父子及其"刻书祝寿"始末

王遐春(1760—1829 年),字文周,号东岚,福鼎秦屿人。王遐春祖父王仕俊,选充福鼎乡饮耆宾。父名雄,善骑射,补县廪生。遐春为长子,广颡而丰颐,躯干魁伟,声若洪钟,精文章,通医学,事二亲至孝,兄友弟于甚笃,热心公益,淡泊名利,家产殷

实但乐善好施,哀寡恤孤,里闾咸钦。嘉庆壬申年(1812 年)福鼎闹饥荒,王遐春带头发动秦屿富户,自捐巨款向台商采购大米十余船,平价卖给秦屿、店下、硖门等乡镇群众,得以度过灾年。福鼎县令特赐署"任恤可风"四字大匾给以表彰。与此同时,邻县霞浦七都田园皆为王氏别业。民亦绝食,泣求于王遐春,王遐春即令人稽核七都全村人丁,按人头给以救济,凡老幼男女,每口日供一升,七都群众许多人得以存活。嘉庆、道光年间,福鼎沿海霍乱瘟疫流行,王遐春与其子王学贞按古名验方变通制成药丸,赠送秦屿等处病户,救活千百家。其他还有如太姥山下才堡村之太平桥、秋溪挈壶桥(八都桥)、虎岗岭路圣寿亭,都是王遐春单独出资修建。此外,王遐春还和同宗孝廉王虚谷倡修文昌阁,并移建莲峰书院改名为龙门书院,广招生徒,延聘良师来书院教学,使秦屿成为清代闽东地区人文之薮,王遐春功不可没。

而最为人们津津乐道、追慕至今的善举是:王遐春不以家乡财帛遗子孙。值嘉庆皇帝五十寿辰(1809 年)旨准天下各省督抚勿献珍奇古玩,惟许进书以贡。王遐春恰与仁宗同龄。其子学贞时任宁洋县(今宁化)训导,被福建巡抚张师诚选调省城参与编校贡书。趁此机会,王学贞恭请巡抚大人撰文制锦为其父祝寿。王遐春闻讯后,即修书一封派人送往福州告诉学贞:"称觞制锦,一事之荣耳。夫名之不存,人将焉寿?吾儿盍取古名人著作将灭仅存者,采梨伐枣先为古人寿,然后厕名校梓,得附古人之寿而为寿,此儿辈寿吾而吾恍然有以自得也。"王学贞于是敬承父命,在学友梁芷邻、赵谷士、吴清夫、李秋潭、赵文叔等人的帮助下,收集唐先贤遗书五种:《欧阳詹集》《黄滔集》《王棨集》《徐寅集》《韩偓集》。其师陈寿祺又增补了《林蕴集》,另有元代韩信同《三礼图说》和明初《十子集》中的《林鸿集》《周元集》《王偁集》。王学贞对以上诸书均加以一一校刊,次第告竣。巡抚张师诚听说,对此事给予褒奖,特地为之作序。而后陈文叔、陈恭甫各序《三礼图说》和林欧黄王四集。当时的学者名儒们对此事交口称誉,说:"君游文好古,表彰先哲,非其名而俱不配其名。诚古所云:狂夫之乐,智者哀焉。愚者所笑,贤者察焉。"[1]

王遐春先生长子王学贞,名吉泉,聪颖异质,志学之年即以默写《十三经》受知于陈春淑学使之门。嗜群书,长于甲赋唐风,工楷书,嘉庆己未(1799 年)年 19 岁,与二弟嵩魁同赴福州鳌峰书院求学,深得前后任山长郑光策、陈寿祺和教师游光绎青睐,认为此子前程未可限量。然王学贞无意经济仕途,嘉庆癸酉年(1813 年)初赴秋闱,得了个贡生资格后,从此不再高攀,甘心到偏远的闽西山坳,担任宁洋(宁化)训导之

---

[1]　刑部尚书陈若霖撰,江苏学政、礼部侍郎廖鸿荃书篆:《皇清贡生王君东岚墓志铭并序》。

职,为该地的文化教育多有贡献。晚年回福鼎秦屿,复又克承父志,潜心经学,编写家塾教材,纂辑有《尔雅补注》《尔雅合璧》《家教编》《训导编》。此外,还多方奔走,上书福鼎县令倡修忠烈祠、石湖观、灵峰寺、太姥墓事宜和建议保障崘山,严固海疆,戒烟毒,反暴利,禁用鹅眼小钱等公益措施。道光庚子七月之秋,英军攻陷定海,东南沿海形势吃紧,王学贞率秦屿民众于后岐港建筑海椿以防敌舰来犯;保家卫国之善举,传诵古今。现今太姥山下岩角亭定海总兵张朝发将军墓表上,尚留有王学贞撰写的挽联:"已归大海心何负,未斩长鲸死不休。"——浩然正气,鼓舞千秋万代!

王遐春、王学贞父子刻书祝寿、移风易俗之事,一时传为美谈。时过近 200 年的今天,人们还缅怀王氏父子为弘扬民族文化、抢救和保存八闽乡邦文献、启迪后昆"毁家兴文"无私奉献精神,在当前大力提倡精神文明,建设和谐社会的时期,这种难能可贵的精神更值得我们后辈学习!

二、王氏丛书的主要特点和贡献

目前所知道的王氏汇刻丛书有:

一、《王氏汇刻唐人集》7 种计 36 卷,包括《唐欧阳四门集》(南安欧阳詹著)8 卷、《黄御史集》(莆田黄滔著)8 卷、《徐正字集》(莆田徐寅著)4 卷、《麟角集》(福清王棨著)1 卷、《翰林集》(南安韩偓著)4 卷、《香奁集》(南安韩偓著)3 卷、《唐林邵州集》(莆田林蕴著)1 卷。以上诸书各有《附录》1 卷。

二、单刻本:《三礼图说》(元宁德韩信同撰)2 卷;《鸣盛集》(福清林鸿撰)4 卷。

以上文献之卷端都有"福鼎王遐春刊"或"大清贡生王遐春刊"。卷末附有王学贞"书后"。书口下题"麟后山房"四字系王氏室名。

王氏丛书的特点主要有以下几个方面:

一、所刻之书,把原序、旧序、重刊序等一一搜罗在册,为研究版本源流提供了第一手资料。例如《黄御史集》一书就收有宋淳熙三年杨万里《旧序》,淳熙四年谢谔《旧序》,庆元二年洪迈《旧序》和曹学佺《重刻序》。

二、在原序、旧序的基础上延聘名儒硕士陈恭甫、赵文叔等撰写新序,序中对某一种书的不同版刻、版本优劣做了权威性鉴定。此外还介绍了其生平事略、师承关系,以利"辨章""考据"之学术研究。

三、在附录里,把散见于正史、野史、笔记等书中与作者有关的各种记载加以采编,例如《翰林集》的"附录"采用之书 15 种,《香奁集》的"附录"采用之书 20 多种;《林邵州集》的"附录"采用陈寿祺录史籍 24 种,大大便利了人们阅读时的参考、研究。

四、在《补遗》中,把前人刻本遗漏的诗文搜集汇刊,使新刻本之内容较前充实。

五、每书之末,均附王学贞《书后》一篇,说明新刻本所作之校正、补充,所谓"详训诂,明句读",使读者有翔实可靠之感,为通读和深入研究提供了线索。例如《欧阳四门集书后》曰:"嘉庆戊辰仲秋,福鼎王学贞敬承严谕:校刻南越诸辈先贤遗籍,明林膳部《鸣盛集》……雅意搜罗勤思勘……所据本为明徐兴公得自金陵者,属最旧本。今谨据《文苑英华》中所云集本及《全蜀艺文志》《唐文粹》等书互相参定。",可证治学十分严谨,其苦心孤诣,令人赞叹。

六、填补了福建出版史的空白。诚如福建巡抚、归安张兰渚《序言》所说:"闽中风气晚开。唐以诗取士。士生其时,比于汉人,无不能文者。闽则自明月先生、欧阳四门外,鲜所表见。宋元而后,秀士杰人乃称盛焉。顾今学者不善为名,于表彰先哲尤不力。福鼎王生刊行佚简,校证详核,良足尚已。"正由于王氏丛书的问世,使湮没已久的唐以来八闽乡邦文献重放异彩,让人们晓得,在朱子理学传播以前,唐末自王审知入闽主政后,由于采取"保境安民"、"开四门之学"的措施,福建文化出现了繁荣局面,欧阳詹、韩偓、黄滔、徐寅等人著作乃是开朱子"闽学"之先。诸先贤遗编之重刊,可谓功德无量矣!

近二百年来,王氏《麟后山房丛书》已先后流传海内外,已知福建省图书馆、福建师大图书馆、厦门大学图书馆、厦门市图书馆、浙江省图书馆、温州市图书馆、宁波天一阁、上海图书馆、北京图书馆、湖南省图书馆以及港、台地区、日本、美国、英国、德国等大学和国会图书馆中皆有收藏。

王氏父子热心倡导文化,阐微显幽,继往开来,可谓不遗余力。时人有诗题虎头岗王氏倡建之圣寿亭曰:

> 盘旋千仞避蚕丛,浙水闽山远近通。
> 客到亭前闲驻马,吟鞭一路诵高风。

王氏父子的高风亮节以及明代抗倭英烈程伯简、林卿、张鸾山,明末抗清志士黄大焞,清代道光年间抗英阵亡的定海总兵张朝发,光绪年间马江战斗中抗法牺牲的卢城,他们是秦屿人民的骄傲,也是全福鼎人民的骄傲!这正是目前大力弘扬敢于拼搏争先,勇于开拓进取的"福鼎精神"的源头活水。

第四节　陈鹏翕和他的文成堂书坊

一、文成堂的创立和发展

"文成堂"创立于清光绪四年(1878年),位于福鼎县城关北门外,创业者陈鹏翕(1855—1925年),字信昌,号素行。早年家贫,因成家较早,子女较多,生计艰难,小摊生意难以养家糊口,故决定创一番事业。福鼎建县较晚,且由于交通闭塞,山峦阻塞,地僻户少,举凡城乡书塾启蒙必读之书籍,无论经传或浅如《三字经》《千字文》《百家姓》《五言杂字》等,本地均无刊行,都要贩自福州、金华、杭州等地。福鼎原本就是一个崇尚文化之地,为朱熹过化之地,置县后建文庙,文庙中有朱子祠和三贤祠,潋城有杨楫祠,桐山有高松祠,并立乡贤碑。这些儒者的学风一直影响着福鼎人。陈鹏翕想创办书坊不仅可以满足一家生计的需求,又可以造福地方,成就一番事业。

起初决意从福州进书,但家贫,亲朋好友鲜有富贵,资金难筹,何况又要跋山涉水,数百里之遥,货源难辟。经细致权衡利弊,决定土法上马,自制木板印刷。首先独自上省城福州学习,凭一腔热忱,赢得印社的同情,学习印刷程序、工具及材料,并购回样本;继而向本邑集古斋精心学习刻字技能,掌握基本技法,又组织家中子女学习印刷技术,创办"聚星堂",后改堂号"文成堂"。陈家书坊"文成堂"是典型的家庭手工作坊、前店后厂,陈家子媳女婿十余口人,分工合作,男人负责刻板,女子印刷装订。随着经营的欣欣向荣,陈鹏翕高瞻远瞩,延师授业,让子女学文化,边工边读。文成堂开始只刻蒙塾必读诸书,继而经史子集等亦广搜善本,不论寒暑,四十余年间刊书数十种,凡经史子集百数十种,刻板高盈数屋。文成堂所印之书,在福鼎目前尚可见者大致有《三字经》《孝经》《大学》《中庸》《论语》《孟子》《诗经》《易经》《书经》《弟子规》《六字直言》《描红》《五言什字》《千家诗》《昔时贤文》《劝世文》《声律启蒙》《算盘歌》《目连经》《女儿经》《创世歌》等。

二、文成堂刻书的特点以及刻工

文成堂刻书的母本来源复杂,有监本,最多是来源于苏浙皖闽刻印中心的刻本。以这些书籍为摹本,陈家子弟亲自雕板,板材多为梨木、枣木、柚木,木质坚硬,浸泡不易膨胀。由于是新建的手工作坊，字体虽然工整，但也经常肥瘦不均，此外由于边学边干，用墨较为粗糙，有些书文字脱落，后由刻工用毛笔一一补上。"文成堂"所印之书，开始阶段做工粗糙，随着规模的扩大，陈氏后裔学识水平不断提高，在印制过程，他们边工边读，也请了一些老先生及技艺精良的手工艺人。现陈氏后人手中存有一本《千家诗真本》，图文并茂，字体丰润，每页插图线条流畅，粗细有致，深浅达意，人物、花草、飞禽走兽栩栩如生，是文成堂难得的精品。他们在雕板方面，字形工整流利，字体大小均匀，笔画棱角分明，用力均衡。陈氏后裔中也涌现出许多能书、能刻、能画的高手，陈厚绥、林

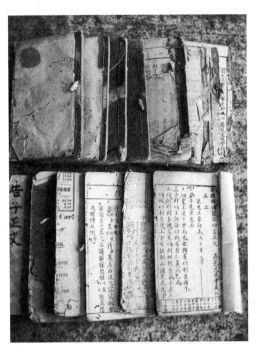

文成堂刻印的书籍

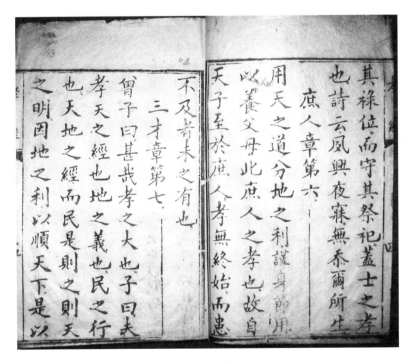

文成堂刻印的书籍

文成堂刻板

匡翰就是其中的典型。

文成堂刻书的程序为：刻板、印刷、装订（分、拣、叠、整，订、糊封面、捆扎、压平、裁边）。印刷用墨为乌烟掺醋细研而成。用纸包括泰顺一都纸、毛边纸、洋联纸等。

刻版传承：

第一代：核版手民（旧时福鼎人称刻版者为手民）：创业主人陈鹏翛；雇用工：林可爱、林习蕴、施宜衡、施宜慎。

第二代：陈厚荫、陈厚攒、陈厚载、陈厚膺、陈厚绥。

第三代：陈世琚、陈世珽、陈世星、林匡翰（女婿）。

装订印刷：陈厚荫、陈世琛、陈爱梅、陈秀兰、陈秀清等。

当时闽东各县均无刻坊，文成堂所印书籍实行批零兼营，经营范围遍及福鼎、霞浦、福安、寿宁、周宁、泰顺、平阳等闽浙两省七县。五四运动兴起后，文成堂积极投身于新文化运动，自省沪大量购进学校教科书、新旧小说、各类进步书刊，开辟新门市部，四壁置书橱，陈列《饮冰室全集》《中山全集》《独秀文集》《三民主义》《原富》《黑奴吁天录》等各种新书以及《红楼梦》《水浒传》等古典小说，刊物不下百千册，供学生及社会人士公余课暇浏览阅读，门庭若市，座无虚席。先贤梁寿仁撰联称颂："生来大雅堪名世，座拥群书作主人。"文成堂看到贫困子弟无钱买书，常常将厚本书籍亏本销售，阅报发现济人良方则刊印赠送，地方有修路桥亭之举，无不极力赞襄。"文成堂"之名，当时传播遐迩，乡先贤廪生周梦庄老先生题《信昌先生华堂行乐图》云："积善人家百事宜，太和元气萃门楣。齐眉荆布欣偕老，绕膝凤麟俱异资。环悦承欢知妇孝，分甘垂爱望孙慈。披图遥羡先生福，悦见当年郭子仪。"

1945 年日寇过境，文成堂书坊毁于兵火，抗战胜利后方重整家业。现存一幅陈鹏翛手撰门联，以"文成"冠首："文艺萃六经，梨枣摹传遵阁本；成章综百代，简编搜检集桐冈。"

　　总之,太姥文化区的文学艺术成就,是勤劳智慧的各族人民在漫长的繁衍生息过程中创造出来的巨大财富。由于福鼎地处东海之滨、闽浙交界,开放而又兼容的地域品格,培育出极为丰富的文学艺术蕴存,各种艺术形态无不色彩斑斓,极具浓郁的地方特色。而它们尽管烙印着地域文化的个性,但毕竟还是整个华夏文学艺术的一条涓涓细流,涓滴始成河,万川乃归海,只有像太姥文化区这样的文学艺术的涓涓细流,才能汇聚而成华夏文明的汪洋大海,太姥山区文学艺术是中华文学艺术大海里一朵美丽的浪花。时至今日,我们应该珍视这一朵美丽的浪花,因为今天的文明大厦是建立在昨天传统文明的基石之上的,因此吸纳、继承前人创造的优秀成果,在借鉴历史成就的基础上,创造出今天与地方经济相适应的地域文化和文学艺术成果,是我们每一个人的神圣使命。

太姥文化

文明进程与乡土记忆

下

张先清 叶梅生 主编

创于1897

商务印书馆

The Commercial Press

第八编

民风习俗　太姥文化的特色传承

民俗是历代相沿积久而形成的风尚、习俗,是一个民族或一个社会群体在长期的共同生产实践和社会生活中逐渐形成并世代相传的一种较为稳定的文化事象。每种民俗事象都有其形成、发展、演化和传播的过程,在这个漫长的过程中,民俗又与其所在的自然环境及社会历史条件息息相关,并受到后者的直接影响。因此,民俗具有区域性、传承性、变异性等特点。① 本编所要讨论的是福鼎地区的民风习俗衍化过程及其区域特色,并在此基础上,分析其所蕴含的礼俗兼具的文化形态及其对区域文化发展的影响。

　　当代福鼎地区所展示出的丰富多彩的民风习俗面貌,无疑是对历史上该地区民俗事象的继承与发展。福鼎地处东南,属中亚热带季风气候区,区域内以丘陵地带为主,山峦起伏,兼又濒临东海,海洋性气候特征显著。秦汉以前本区域是古越人活动的地方,这些福鼎地区的原住族群依山傍水而居,饭稻羹鱼,在长期与自然界的互动过程中形成了与中原迥然相异的土著民俗。秦汉以降,随着汉文化由中原向周边扩展的步伐加速,福鼎也开始逐步被纳入汉文化圈。尤其是中古时期,随着历代封建王朝对东南区域的开发日渐深入,在北方移民入迁与族群大融合的历史背景下,福鼎的民俗结构发生了重大的变化,原有的土著习俗日渐被同化到华夏文化大洪流中。在经历了漫长的历史衍化和多方整合的过程后,福鼎地区民俗逐渐完成了具有独特内涵的文化积淀,最终形成了以汉文化为主体,又保留若干越文化特征的"礼俗兼行"多维民俗文化特征。

---

　　① 乌丙安:《中国民俗学》,辽宁大学出版社1985年版,第33页。

第一章　族群融合与太姥文化区的习俗变迁

　　一定区域的民风习俗的形成,与该区域政治制度及社会经济文化的发展有着密切的关系。福鼎"古属扬州,旋为越地。秦汉而下,隶郡、隶县、隶州,变革不一"①,直至清乾隆四年,才正式建县。而其民俗文化的变迁,也与不同时期福鼎的历史变革息息相关。秦汉以前,与广大东南地区一样,福鼎是百越族群居住的地方,长期流行的是"饭稻羹鱼"的越地土著习俗。秦汉以后,该区域逐步被纳入中原王朝统辖之下。此后,随着北方移民不断入迁,这些中原移民带来了传统汉族民俗,并在日常生产生活过程中不断地与本地土著习俗发生融合。与此同时,历朝统治阶层也在本地区积极推行儒家礼仪文化,以期达到"化民成俗"的教化目的。在此背景下,到了唐宋时期,福鼎地区可说是基本完成了民俗的整合历程,外来的汉文化体系民俗逐渐取代了原来越族土著民俗的主体位置,并在其后的岁月里稳步发展,最终确立了具有鲜明地域特色的福鼎地区习俗。

第一节　从"越风"到"汉俗"

　　福鼎在"唐虞夏商属扬州之地,周为七闽地,春秋为越国"②,与其所处的广大东南地区一样,都是我国古代南方土著民族百越及其先民栖息的地方。现有的考古资料表明,至迟在新石器时代晚期,当地就已有闽越人生活的足迹了。凭借考古发现的众多远古遗址中蕴含的珍贵古越文化信息,可以帮助我们认识福鼎地区的一些早期土著习俗状况。

　　首先,福鼎地区先民很早就发展出了适应山海相间自然环境的"饭稻羹鱼"生产生活习俗。我国是世界上最早发展稻作文化的地区之一,考古工作者在距今 7000 年

---

　　①②　嘉庆《福鼎县志》卷一"沿革"。

左右的浙江余姚河姆渡遗址、福清东张新石器时代遗址等地都发现了早期稻谷遗存。地处闽头浙尾的福鼎地区,恰好位于沟通这条东南稻作文明走廊的关键节点上,这里气候温暖湿润,雨量充沛,十分适合稻类作物的生长,因此太姥先民应该很早就在这里种植水稻,并创造出了与稻作文化相关的各种习俗。马栏山等地新石器时代的遗址中出土的石锛等生产工具,就是当地稻作习俗文化的重要见证。

除了稻类外,福鼎地区先民也发展出了好食水产的饮食习俗。福鼎所在的东南区域,很早就是海洋族群生活的地方,这些水行舟处的早期先民,喜食海错,如《逸周书·王会解》云:"东越海蛤,瓯人蝉蛇。"《博物志》亦云:"东南之人食水产……食水产者,龟、蚌、螺、蛤,以为珍味,不觉其腥也。"在当地考古发现的前岐棋盘山、秦屿后门山、店下马栏山等多处遗址中,不少都是属于"贝丘"类型,从中也可看出福鼎地区早期先民保留着好食鱼蛤等与中原内陆截然不同的食俗。

其次,为了适应东南地区高温潮湿、闷热多瘴的气候以及防避蛇虫的侵扰,与同时代其他百越族群一样,福鼎地区的早期先民在居住习俗上也采用的是干栏居与洞居两种居住方式,尤其是干栏居,在相当长时期内,应当是居住于河流两岸平地及较低山谷的太姥先民普遍采用的一种住屋形态。所谓干栏居是指以竹木茅草等材料将房屋搭成两层,使房屋底面离开地面,"人并楼居,登楼而上,号为干栏"。① 目前福鼎地区的一些山地住屋中仍然可以看到这种早期建筑形式的某些遗存。

在长期与自然界互动过程中,福鼎地区先民还形成了丰富的原始宗教信仰文化。我们知道,百越族群很早就产生了万物有灵的信仰,他们崇拜动植物,如树、蛇、龟、蛙、鸡等,其中蛇、鸟还曾作为部族图腾受到格外的礼敬。《说文解字》在解释"闽"字时说"闽,东南越,蛇种",即指闽人以蛇为其祖先,因此,在闽越人及其后裔中,长时期以来存在着蛇崇拜现象。例如分布于东南江河湖海的疍民,皆祭蛇神,据明代邝露《赤雅》载:"蛋人神宫,画蛇以祭,自云龙种。"而目前广泛流行于闽东海洋族群中的"九使"信仰,就与早期闽越人的这种蛇崇拜文化有着密切的联系,由此可见,福鼎地区早期先民发展出了与中原文化相异的土著信仰习俗。

同样,这种原始土著信仰习俗也深刻地体现在福鼎地区先民关于祖灵崇拜的文化中,其中最为突出的就是太姥娘娘信仰的发展。作为当前福鼎地区影响最为深远的一种信仰文化,太姥娘娘崇拜有着悠久的历史与传统,其起源即可追溯到秦汉以前太姥先民的原始信仰体系。很显然,太姥信仰原先是东南越地先民普遍存在的一种

---

① 陈伟明:《古代华南少数民族的居住民俗文化》,《中南民族学院学报》1999 年第 1 期,第 51 页。

始祖崇拜现象,从上古时期开始,福鼎先民逐渐将太姥视为东南滨海地区一位救护生民的女性神祇加以礼敬崇拜,最后发展成为具有广泛社会影响的一种民间信仰文化。

　　毫无疑问,上述各种土著习俗,都是福鼎地区重要的早期民俗文化内容,它们带有深刻的闽越文化特点,是丰富多彩的南方百越习俗的一个重要组成部分,也是孕育太姥文化的重要原生内核之一。这些土著习俗文化的出现,表明在相当长时期内,福鼎地区的先民曾经积极地参与到缔造南方文明史的过程中,也是太姥先民的早期文明见证。此后,随着历史的发展,福鼎地区的上述土著民俗文化迎来了重构的崭新时代,它很快就融入了秦汉以后中原汉文化南下的洪流中。

　　早在商周时期,与福鼎毗邻的江浙一带就建立起了相当成熟的吴、越政权组织。到了春秋时期,吴、越进一步跻身于大国争霸的历史舞台,这无疑推动了东南土著文化与中原文明的接触与对话。很显然,地处闽头浙尾的福鼎,因其重要的地理位置而较早地接受了中原文化的某些直接或间接影响。秦汉时期是中国历史上的重大变革时代,是"两千年的中华一统实体的开端"。随着中央王朝统一步伐的渐次南下,福鼎地区的土著民俗迎来了中原华夏民俗的强大冲击,并在接下来的族群融合大潮流中不断衍化。始皇二十五年(前222年),秦军南下,"王翦遂定荆江南地,降越君,置会稽郡"。闽中也归入秦政权版图。汉武帝元鼎六年秋(前112年),汉武帝以四路兵向闽越紧逼,杀余善。汉兵于元封元年(前110年),"咸入东越",闽越国除,汉政权最终奠定了其在东南地区的统治,福鼎地区也迎来了族群融合的曙光。

　　中原汉政权统治在东南地区的逐步确立,为中原华夏民俗在福鼎地区的传播奠定了制度基础。我们知道,大规模的移民入迁,是民俗融合的一个重要前提条件。秦汉以后,尤其是魏晋以降,北方长期陷于战乱,东南地区则相对安定,由此出现了历史上多次声势浩大的中原移民南下潮流。大量的汉人移居到了太姥山脉所在的河谷滨海地带,从而真正揭开了福鼎地区土著民俗变革的大序幕。随着汉人大规模进入当地定居、开发,原来土著文化与汉文化之间的距离被大大缩短了。到了唐五代时期,福鼎地区人口结构发生了重要的变化,汉族逐渐成为本地区的居民主体,随之而来的是本地区的主体文化也渐次汉化。在汉人移民如潮涌般的冲击下,福鼎地区的土著民俗再也难以保持住最后的阵脚,而最终融入到华夏文化的大家庭中去了。

第二节　汉民俗主体地位的确立与多元整合

　　大量的北方移民入迁，推动了民俗融合的步伐。与此同时，历代统治者积极推行儒家文化的策略，也对福鼎地区的民俗汉化历程起到了重要的作用。汉唐以后，出任福鼎所在地区的各级地方官吏多是儒士出身，这些深受传统儒家文化影响的士大夫们，常常以儒家的道德标准来衡量当地民风习俗。为了达到"道一风同"的政治教化与社会治理目的，他们在当地采取了各种移风易俗的措施，力图以儒家礼制来规范本地民风习俗。这些由地方官吏推行的整齐民风习俗的措施深刻地影响了当地民俗的变化，加速了民俗融合与土著民俗的移易变革。例如，唐大历七年（772年），李琦都督福建泉汀漳五州军事，领观察处置使，在闽"考礼正刑，颁赋定役，削去烦苛之政，作新庙学，每岁二丁，亲帅诸生歌诗习礼……第其艺之上下，教之、导之，岁终敛其才者进其等，贡之京师，礼仪乡饮酒之礼，由是海滨荣之，以不学为耻"。①　在这些儒士阶层官僚的努力下，福鼎地区的儒学逐渐兴盛，到了宋代，时人谈到福鼎所在的闽东地区，就认为其"习尚可视齐鲁"②，甚至有"规模唐故郡，弦诵鲁诸生"的美誉。③　也就是说，传统儒家文化的影响已经很深。而在长时期推行儒学教化后，福鼎地区的文化积淀也日渐深厚，其民风在当时统治者看来，已经与中原地区并无差别了："州自圣朝风化之厚，人知敦尚本业，上下相守，气习朴钝，盖浑然易治也。"④

　　可以说，唐宋时期，随着大量汉人迁移而来，在先进生产技术、儒家礼乐教育制度的影响下，本地土著民俗日渐受到汉文化的洗礼。在这种汉民俗对当地土著民俗的渗透冲击中，原有的土著民俗逐渐被吸收、同化。在此背景下，福鼎地区的民俗也不可逆转地朝着汉化的大趋势发展，到唐宋时期，福鼎地区与东南其他地区一样，基本上完成了民俗的主次易位，汉民俗逐渐覆盖了原来的土著民俗，确立了主体地位。

　　此后，随着宋代以后东南地区经济开发的进一步加深，文化进一步兴盛，福鼎地区的民俗又有了新的发展。首先，传统汉民俗元素在本地更加普及。南宋以来，由于南迁移民的大规模涌入，本区域的开发程度日渐拓宽，由此使得土著习俗与传统汉俗

---

① 道光《重纂福建通志》卷一二一"宦绩"。

② （宋）梁克家纂，陈叔侗校注：《三山志》，方志出版社2003年版，第771页。

③ 万历《福宁州志》卷二"风俗"。

④ （宋）梁克家纂，陈叔侗校注：《三山志》，第773页。

之间的融合更加紧密。而儒家文化教育的推广,也使得深受儒家思想浸染的传统汉习俗进一步渗透到本地区各个角落,由此延展了传统汉习俗在本区域的分布空间。其次,福鼎传统习俗的基本结构也在这个时期逐渐确立。众所周知,民俗的传播离不开人这个重要载体,宋代以后本地区迎来了几次移民高潮,进入本区域的民人背景不一,既包括中原一带多数州县移民,也包括江浙部分地区的移民。由于来源各异,导致其随带而入的习俗文化也有一定区别。这些多元化的习俗形式经过长时期的糅合之后,构成了福鼎地区传统习俗的基本组成部分,并在宋元时期奠定了其基本结构。例如,此时期代表农耕文明典型特征的华夏岁时习俗已经成为本地区人民的重要节庆活动内容,一年四季,人们基本都已按照这种节庆周期来安排日常民俗活动,其节庆体系也很完备。例如,宋代福建人梁克家编撰《三山志》一书,以反映宋代福州府及其所辖县份的社会经济文化状况,其中,福鼎地区属于长溪县,也在福州府辖境之内,而透过《三山志》关于民俗的记载,我们可以窥知宋代流行于福鼎地区的一些珍贵习俗文化,尤其是岁时习俗部分。从该志书的记载可知,此时期,包括福鼎在内的闽东地区,其岁时习俗已经包含了从"元日"到"岁除"一年中的主要内容,与后世相差无几,呈现出很明显的汉民俗特征,如表8-1所示:

表8-1 宋代闽东地区的岁时习俗文化①

节　庆	民俗活动
元　日	1. 祈年　2. 饮屠酥　3. 序拜　4. 却荤食　5. 上冢　6. 入学
立　春	1. 土牛　2. 蔬饼
上　元	1. 灯球　2. 彩山　3. 观灯
寒　食	1. 开花园　2. 秋千　3. 游山　4. 墓祭
上　巳	1. 禊饮　2. 竞渡　3. 青饭
三月廿八	东岳焚香
四月八	庆佛生日
端　午	1. 插艾　2. 系五色丝线　3. 簪榴花　4. 饮菖蒲酒　5. 角黍　6. 竞渡　7. 采药
七　夕	乞巧
重　阳	登高
冬　至	序拜
岁　除	1. 驱傩　2. 馈岁、别岁、守岁　3. 火爆　4. 宿岁　5. 桃符、钟馗

----

① (宋)梁克家纂,陈叔侗校注:《三山志》,第773—774页。

从表8-1内容可知,此时期闽东地区的上述节庆民俗活动已与后世十分相近了,而且内容也很丰富。例如,岁时民俗活动中如"元日(元旦)"就含有"祈年""饮屠酥""序年"等民俗活动。立春、元宵节也成为百姓的一个主要节日,鞭春牛、吃春饼、张灯观灯等,都是不可缺少的民俗内容。此前南方地区原本不流行的寒食节,也开始出现。上巳、端午、七夕、重阳、冬至、除夕等,也成为民众的重要节庆时间。其他如冠婚丧祭等人生礼仪也基本定型。这也说明,此时期福鼎地区的主体民俗结构已经基本完备。

与此同时,后世福鼎地区民俗活动中体现的较为浓厚的宗教性特征也已显现。宋元以降,随着佛、道、摩尼等多种宗教在本地区进一步流传,这些宗教的传播与原来就已十分兴盛的民间信仰结合在一起,使得宋元时期福鼎地区的民风习俗也同样染上了宗教色彩。如婚姻的缔结多要求神问卜,婚礼过程中禁忌成分增多;丧葬更是如此,常常要请僧道诵经礼忏,设坛作斋,乃至不惜花费重金举行大规模的水陆法会等。此外,一些宗教节日逐渐演变为民间节日,如农历三月廿八日泰山大帝诞辰、四月初八日浴佛节等,都在当地流行开来,并与其所包含的行斋会、放河灯、演戏娱神等宗教活动一起构成了本地传统民间习俗的组成部分。

明清时期,历经多元整合,福鼎地区的传统民俗体系已经十分稳定,成为传统时代百姓日常生活的一个重要组成部分。明代万历年间所编纂的《福宁州志》,描述了明代闽东地区的风俗状况,其中关于岁时习俗部分的记载较为详细,十分有助于我们了解明代中期福鼎地区的习俗文化,兹将其内容整理如表8-2所示:

表8-2　明代闽东地区的岁时习俗文化

节　庆	民俗活动
元　旦	夙兴放炮迎年。陈设香烛、果品以祀其先。拜天地、祠堂毕,合家尊长卑幼以次拜庆。出拜宗族亲邻,谓之贺岁。凡贺本年之登寿者,皆五日内行礼。有新丧之家,五更设奠举哀。族里亲知前此已行吊者,今复拜新灵,近在闭门不纳。
上　元	张灯自十三日起至十八日止。各境醵银设醮,曰上元祈福,聚会欢饮,颇有乡社古风。
清　明	家家插柳于门履,先茔扫松楸,具牲醴羹饭祭墓,会族享馂余。有新入葬者,则曰祭新墓,祭礼倍厚,大会亲族于茔次。
端　午	各取蒲艾悬门,裹角黍祀先,遗所亲,用五色线系小儿臂以续寿命,近海则为龙舟竞渡。
七　夕	家市淘井,以桃仁合炒豆啜茶,夜则儿女罗瓜果于庭以祀织女星,穿针乞巧。
中　元	设酒肴羹饭祀先,或有醵设斋供于空门以度亡者。
中　秋	燕饮赏月,逐队出游,鬻尝月饼。

（续表）

节　庆	民俗活动
重　阳	登高采菊,饮茱萸酒。
冬　至	粉谷米为丸,为馄饨,熟而荐之祖先,互相馈遗。
腊　月	望后各以品物相馈,曰送年,贺寿者、婿初行者皆有盘礼送。新丧家者有纸烛礼。
腊月廿五日	各家扫除室宇,谓之扫尘。是夜祀灶。
除　夜	祀先。沿街各烧柴竹之属,名曰烧角富,放爆作乐,家家聚饮欢笑达旦,谓之守岁。换桃符春联。

由表 8-2 可见,明代福鼎所在的福宁州地区岁时体系和此前的宋代基本一致,但也出现了一些新变化,例如,宋代流行的寒食节、上巳节,已经不再作为单独的节日,而是被融入了清明节中,后者成为以祭祖为主题的一个重要节日。同样,另一个与祭祀祖先及亡灵有着密切关系的中元节也成为本地区的重要节日,其宗教色彩也日渐浓厚。

入清以后,福鼎地方习俗再次经历了文化整合。乾隆四年,福鼎单独立县,从此作为一个独立的行政区域而存在,其民风习俗也随之呈现出更加明显的地域性特点。其突出表现是民物有“熙恬之象”,间阎有“醇厚之风”,①换言之,此时期民风日渐敦朴,社会井然有序。很显然,来自清代嘉庆年间福建督粮分巡道赵三元的这种评价,其蕴含的一个意义是指福鼎地区民风习俗已经更加符合儒家礼制的规范要求了。因此,到了清代中期,该地区在统治者看来是已经是“名儒辈出,民愿俗淳”的“海滨邹鲁”②易治之地。这也反映出历代知识阶层不懈地推行儒家礼制文化的影响,尤其是宋以后大儒朱熹在当地讲学,推行《家礼》,教化乡民,从而推动了当地的习俗变革与发展演进:“福鼎自朱子流寓讲学,代有名儒,表率乡里,父兄之教,子弟之率,敦朴愿,尚廉耻,宜其风之淳也。”③清代福鼎地区习俗这种稳定中的发展特性,在嘉庆年间时人关于福鼎地区的风俗总结中可以反映出来:

按鼎俗,士重廉隅,农务稼穑,工无淫巧,市不饰价。无豪族大姓陵轹细民,以干政化,输税恐后,斗狠罕闻,男不为奴,女不为婢,好信尚义,人多率真。④

当然,上述福鼎风俗的总体特点描述,只是反映了知识阶层的一种普遍性概括,而

---

①②③④　嘉庆《福鼎县志》卷二“风俗”。

此时期民众日常生活中的习俗文化显然要更为活泼多样。关于这一点,清代中期所编纂的《福鼎县志》中关于福鼎地方岁时习俗活动的相关记载可以清晰地反映出来:

表8-3 清代福鼎地区的岁时习俗文化

节 庆	民俗活动
元 旦	凤兴,放爆迎年,陈设果品,拜天地祖先毕,合家尊长卑幼,以次拜庆。出拜宗族亲邻,谓之贺岁。禁扫除。汲水入家。率食素。五日内为节假,市不贸易。初四日,具牲馔祀神,曰接神。数日内,各设酒肴,亲友递相邀饮,曰春酒。新丧之家,五更设奠举哀,质明,族里亲知行礼,谓之贺新灵。
立 春	前一日,迎土牛,邑人聚观,以颜色占岁事。
上 元	张灯,庙宇尤盛。街衢杂百戏,放花炮,装鱼龙各灯,沿门庆贺。箫鼓之声,喧阗达旦,自十二日起至十七日止。各社酿金设醮,谓之祈福,聚会欢饮,有乡社风。
清明日	家家插柳于门,祭扫先茔,至立夏止。祭用青饭。
端午节	门悬蒲艾,裹角黍,祀先,遗所亲。饮菖蒲雄黄酒,并洒房室。小儿佩雄黄,以末涂耳鼻,云辟百毒。用五色线系臂,为续命缕,至七夕始解弃之。旁午,采蓄药物为午时草。数日内,尤尚龙舟竞渡。
七 夕	以桃仁和炒豆啜茶。剪端午所系线掷屋上,谓雀含此布桥,以度牛女。
中 元	严洁厅宇,排设祖考斋筵,逐位荐献,具楮帛金钱焚之。
中 秋	会饮赏月,尚粿饼,互相遗馈。
重 阳	登高,饮茱萸酒。
冬 至	舂米粉为丸,以荐祖考。
腊 月	二十四日扫室宇,谓之除旧。以果品祀灶,牲馔祀各神,曰送神。亲属以品物相遗,曰送年。
除 夕	鸣金伐鼓放纸爆,曰辞年。备肴馔,炊米半熟,为节假食,曰来年饭。遍室张灯,曰照年。达旦不寐,曰守岁。

从表8-3内容可知,清代中期福鼎地区的岁时习俗活动不仅丰富多彩,而且更重要的是,这种与民众生活最为密切的节日民俗活动的主体结构已经十分稳定了。福鼎地区具有鲜明地域性特点的一些民俗文化如张灯、彩戏、竞渡、饼花等也已经呈现凸显出来。这也表明了明清时期是福鼎地区民俗文化发展的一个关键时期,它奠定了现代福鼎地区的民俗文化体系。当然,明清时期也是福鼎民俗文化的一个传统变革时代,作为传统礼仪文化的象征——冠、婚、丧、祭"四礼",此时期也有新的变化。例如,作为传统的成年礼——冠礼,因为不能适应时代发展的需要而逐渐从民众生活中消失。而婚礼、丧葬礼与祭祀礼仪则延续了宋代的传统,其所受到的宗教影响更为明显。此外,随着此时期畲族、回族等少数民族的入迁,福鼎地区的民俗文化中也注入了上述民族文化的新元素。

由上可见,从上古时期迄于明清时期,福鼎地区的民风习俗走过了一段变迁历程,而这种民俗的变革,是与本地区的族群融合历程紧密相关的。从百越之地的"越风",历经多次的移民入迁与文化融合之后,福鼎地区的民俗逐渐确立了以汉文化为主体特征的"汉俗",同时又保留了其他少数族群如畲族、回族的文化,呈现出多元统一的特点。与此同时,在这种民俗的演变与多元整合过程中,福鼎地区人民也在不断地塑造自身的地域性民俗特征。

第二章　习染成俗与太姥文化区的地域观照

　　民俗作为一种文化形态,其形成发展是与其所依附地区的地理环境、人文背景等因素息息相关的。所谓"十里不同风,百里不同俗",即指民俗具有地域性,或地方性特征。福鼎地区在具体的民俗事象方面与东南其他地区相比,可以说既有共性,又各有鲜明的地域性特色,本章将从岁时习俗、人生礼俗和生产生活习俗等三个方面来考察福鼎地区的地域性民俗文化。

第一节　岁时习俗

　　所谓岁时习俗,通常是指民间围绕着一年四季特定的某些日子展开活动而形成的各种各样的风俗习惯。这些岁时活动与古代民间社会生活息息相关,是人们认识自然、改造自然过程的产物,也是中国人重要的节庆文化。传统中国的岁时节庆习俗有着悠久的历史,到两汉时期,元旦、人日、元宵、上巳、寒食、端午、七夕、重阳、除夕等主要节日的习俗内容已经基本定型。随着中原移民入迁福鼎地区,这些节俗也传入福鼎,并与当地原有习俗融合,共同构成了福鼎地区岁时民俗的主体部分。

一、春　节

　　春节,古称"元旦""元日""年节"等,是一年中最重要的节日。福鼎地区有关春节的习俗与福建其他地区总体相同,但也存在一些地域性特色。例如福鼎民间俗语云:"娘爸送年,仔送节。"即已出嫁的女儿要给父母送新年礼物,父母要给已出嫁的女儿送节日礼物。特别是女儿出嫁后的第一个新年,女儿送给父母亲的过年礼物会格外丰盛。

　　根据福鼎地区的文化传统,广义的春节涵盖时间较长,通常是从正月初一到十五,尤以正月前几日的礼仪最多。正月初一这天,福鼎人大多早起,穿上新衣,陈设斋果、茶酒等物品,祭神祈年。早餐十分简单,多为素食,一般是煮线面加一对荷包蛋,寓意平安,或是水煮年粿,寓意"年年高升"。初一的禁忌颇多,旨在为新的一年讨个好彩头,如不可使用刀具,不出远门,不讲不吉利的话,不扫地,不洗衣。这天也不再做饭,只吃除夕夜剩余的菜肴,寓意"年年有余"。家中晚辈会依次向长辈拜年,长辈发给孩童红包,称为"压岁钱"。外出时遇见亲戚朋友要互道祝福,谓之"贺岁"。初二,福鼎人开始到亲戚家相互走访,互贺新年。按照传统习惯,这一天要"请新女婿",即有女儿出嫁的人家在第一年女儿女婿回娘家时,娘家的重要亲戚轮流宴请新女婿。初四,各家要在家中准备好祭品"接神",意为将去年恭送天上过节的神仙请回家中。如若家中有新丧,还要在五更设奠举哀,通知亲戚好友前来祭奠,称为"拜新灵"。做生意的人家在初五之后才开业,"五日内为节假,市不贸易"。新年的头几天,福鼎人还会设宴款待亲友,拿出去年年末酿制的新酒款待宾客,称为饮"春酒"。

福鼎境内的畲族同胞也将春节视为重要的传统节日。按照畲族传统,在正月初一这天要举行"讲酒"活动,以前岐镇双华畲族村为例,是日,全村老幼齐聚在祠堂内,在祖先牌位之前摆酒三杯后,由德高望重的族长或耆老主持活动。所谓"讲酒",就是主持者依次举起三杯酒,以歌唱或演讲的方式带领众人追忆祖先的事迹,以此表达后代对先贤的感恩之心与民族荣誉感。第一杯酒念唱畲族史诗《高皇歌》,这首长篇叙事诗歌以神话的形式讲述了畲族始祖盘瓠王立下奇功、繁衍子孙的故事。第二杯酒讲述畲族的民族历史,第三杯酒讲述本宗族发展繁衍史和村史。"讲酒"之后,村长再与众人商议村族大事,共同展望新年的美好气象。[1]

二、立　春

立春,是二十四节气中的第一个节气,正值气候转暖、大地回春之际,是一年农事活动开始的标志。唐宋以来,闽中就有迎立春的礼仪活动,民间各地多有"接春"的习俗。旧时福鼎官府要在衙署内举行春宴,民间则在家中吃春饼、春蔬,饮春酒,以示迎春接福。据地方志记载,旧时福鼎在立春这一天还要举行迎春礼,由官府组织实行"鞭春仪",以鞭打土牛的方式表示劝勉农耕、祈求丰年的愿望。

前岐镇一带的畲族居民有着"蹚春"的习俗,各家在立春之前都会上山砍些樟树枝,待到立春之日,将庭院打扫干净后,将其在庭前焚烧。届时孩童们会围在火堆旁

---

①　蓝振河:《福鼎畲族习俗》,《福鼎文史资料》第23辑,第185页。

又跳又喊,同时向火中投入树枝。根据传统,"立春"日烧旺火,是年春季会诸事顺达。①

三、元宵节

元宵节又称"上元节""元夕节""灯节",时在农历正月十五日。元宵的传统活动主要有吃元宵、游灯、放"花树",城乡百姓皆出外观赏,热闹非凡。福鼎地区有着丰富的游灯传统,"上元张灯,庙宇尤盛,街衢杂百戏、放花炮,装鱼龙各灯,沿门庆贺,箫鼓之声,喧阗达旦"。② 境内各地流行着龙灯、狮灯、鱼灯、马灯等各种类型的游灯活动,游灯队伍通常都要走村串乡,所到之处民众无不踊跃捧场,尤其以元宵节前后最为热闹。除此之外,民间还有为儿童准备花灯玩耍的传统。每到元宵节前,十岁左右的孩童都会吵着要父母准备鲤鱼灯、蝴蝶灯、蛤蟆灯等各式花灯,以便他们在元宵夜点上红烛,提着游街。届时许多商店也会制作各种花灯悬挂在店门口营造节日氛围,与顾客一同欢度元宵。

福鼎地区境内的各乡镇在元宵节当日都有着丰富的民俗活动展现。传统元宵节俗在沙埕镇已经延续了几百年,走马灯、舞龙、舞狮、连灯、车鼓亭等纷纷登场,居民万人空巷踩街观灯,而搬铁枝更是灯会中的重头戏。点头镇每年都会在横街里大帝宫前扎花树放"花"(即焰火),吸引着周边的民众前来观赏,十分热闹。对于秦屿镇新婚的人家而言,元宵节还有另一层节日内涵。秦屿镇俗称"小福州",文化传统带有浓郁的闽中特色,其中送花添丁闹元宵的乡俗据传源自明永乐年间,至今已有六百余年的历史。这天傍晚,新婚夫妻的亲友便会带着花束前来庆祝,一同聚集在新人的洞房内进行二闹洞房的活动,在这一过程中还要用秦屿方言齐声合唱《添丁歌》,祝愿新人早得贵子。③

四、冥斋节

正月十八是前岐镇罗唇村庆祝当地十分重要的一个节日——"冥斋节"的日子,这是当地民众祈求国泰民安的传统祭祀节日,距今已有四百多年的历史。冥斋节的起因,相传是为了纪念历史上为抗击倭寇和海盗而献身的马氏三姐妹和一位马姓元

---

① 蓝振河:《福鼎畲族习俗》,《福鼎文史资料》第 23 辑,第 185 页。
② 嘉庆《福鼎县志》卷二"风俗"。
③ 黄德信:《送花添丁闹元宵》,《福鼎文史·秦屿专辑》,第 124 页。

佳阳乡罗唇冥斋节

帅。明朝嘉靖年间倭患不止,民不聊生。有马氏三姐妹组织民众奋起抗争,在沿海一带平定倭寇时不幸阵亡。为彰扬她们的英勇精神,畲族同胞立马氏真仙宫,为三姐妹塑金身,奉其为神明,并于每年农历正月十八做三个大冥斋来纪念"马氏真仙娘娘",由全村民众进行公开祭祀,从而形成罗唇村这个特有的习俗。另有说法是在明嘉靖年间,有一位姓马的武官奉命率军到沙埕港一带抗御倭寇,奈何粮草短缺,最后和士兵一道战亡。后人不忘他的功劳,特为他塑造神像,也尊奉在马氏真仙宫中,与马氏真仙一起得到奉祀。

罗唇村是个畲汉杂居的自然村,冥斋节也是畲汉共同的节日。每年正月十八前夕,罗唇村的畲汉群众各举荐2至3人作为本年活动的头人,负责牵头打理各项事务,称作"仙首",当地人将当月祭祀活动称为"迎仙社月"。实际上仙首们在元宵日就开始张罗,境内外的善男信女将马氏真仙神像恭迎出宫郊游,称作"巡境"。神像所经之处,民众都会设香案供祭,锣鼓喧天,观者如潮。所谓"冥斋",是指一种民间常见的圆锥形的年糕,通常每个由一斤左右的粳米制作而成。每年临近正月十八,罗唇村各家各户都会凑上一份粳米用于制作过节的冥斋,总共需要制作三个高达1.5米的冥斋,每个都要使用重达两百斤左右的粳米。同时还要在每个冥斋上分别张贴写有"五谷丰登""风调雨顺"及"国泰民安"大字的红纸。为了烘托气氛,仙首们还会在马仙宫的正殿挂一盏宫灯式的八角形太平灯,正殿两旁挂四方形的子孙灯。畲民挂灯寓意祈求一年平安康乐,吉祥如意,也寄托多子多福的美好愿望。灯下方桌上摆着各种祭品,其中最为显眼的就是神像前摆放的那三个大冥斋,大冥斋下同时摆五个小冥斋和十个用白粿制成的寿桃。待祭祀完毕,大冥斋将会分给每家每户食用,保佑全村幸福平安,并祈求来年风调雨顺、五谷丰登。

冥斋节在举行祭祀活动的同时,还伴随着其他丰富的娱乐活动,如"对山歌""回娘家""比手艺"等,此外,通常要演戏酬神。受邀的戏班会在马仙宫戏台上演三天三夜的大戏,为节日增添热闹气氛。这些节日活动包含了畲、汉不同的民族元素,充分反映了当地畲汉民族的文化融合。①

五、二月二会亲节

畲族人民喜唱山歌、擅唱山歌,因而各个聚居地都有自己的歌节和歌墟。双华村是福鼎佳阳乡最大的畲村,该村农历二月二的歌墟活动,是福鼎地区最大的畲族歌墟。据传早年间双华嫁出去的女儿每年农历二月初二这天都回娘家探亲。于是从二月初一开始,通往双华的山路上四面八方来的人越来越多,就有畲胞在村口路头、田边路旁一盘一问地进行着对歌。

佳阳乡双华畲村每年过"二月二",都要不分昼夜地盘歌三天,从二月初一持续

佳阳乡双华"二月二"歌会

① 马树霞:《福鼎罗唇正月十八"冥斋节"》,《福鼎文史资料》第 16 辑,1998 年,第 104—105 页。

到初三,活动内容主要有三项:一是请戏迎神,二是提灯游村,三是盘歌。其间常有闽东、浙南各县汇集而来的同族亲友歌手参加对歌活动。1983年,当时的福鼎县人民政府将"二月二"定为福鼎畲族会亲对歌节,还邀请中央、省级及各地文艺团体的领导、专家到双华村参加这一盛大的畲族节日活动。

二月初二这天在前岐镇、佳阳乡还有着另外的习俗,由于农历二月是农村芥菜收成的季节,前岐、佳阳的民众在农历二月二这天有着吃芥菜饭的传统。据医书记载,芥菜具有良好的食疗作用,解毒消肿,明目利气,清热利尿,平肝凉血,还有治疗便秘等作用。农村有俗语"二月二吃芥菜饭,一年不长疥疮",前岐、佳阳民众在这天吃上一碗芥菜饭,借此祈祷全家一年中都健康平安。①

六、乌饭节

三月初三原本是畲族的祭祖节,由于当日人人都要吃乌饭,因而又被称为乌饭节。这一天,畲族男女成群结队出门踏青,采集乌稔叶子,捣碎后用布包包好放入锅内,加水煮成黑色汤汁,取出布包,放入糯米,蒸成色泽乌黑的米饭。乌稔有防腐作用,放在苎麻袋里,挂在阴凉处,数日不馊。食用时,用猪油炒热,香软可口。

畲族乌米饭

乌饭节至今仍在福鼎盛行,每年三月初三,太姥山畲村方家山都会举办乌饭节,用香喷喷的乌饭招待前来参加会歌的客人。福鼎桐城街道的浮柳畲族村还会在此日举行传统的祭祖活动。

七、四月初八牛歇节、歌王节、火头旺

农历四月初八是畲族传统的"牛歇节",即爱牛节,俗语有云"人歇五月节,牛歇四月八",在这个日子中,耕牛会得到主人家特别的优待。"牛歇节"反映了畲族人民对耕牛的格外重视,以及农耕文化在山地居民日常生产生活中的重要位置。畲族同胞在春耕开始之前会给牛喂泥鳅和菜油,以壮其体;每年冬至时,一些人家还会酿造"牛酒"供牛饮用,以保越冬。牛歇节当天,主人家大清早就会把牛赶到山上吃草,然

---

① 黄建军:《漫话前岐民间习俗》,《福鼎文史·前岐专辑》,第314页。

后为自家的耕牛梳洗牛身、清洁牛栏,此外还要在牛角上佩挂红布,以显喜庆。这天禁止鞭打耕牛,主人会用最好的饲料喂它,甚至还会拿出酿制好的牛酒以犒劳它一年以来的辛劳。耕牛在喝酒时,牧童在旁边一遍遍地大声唱当地的"牛歌":"牛角生来扁扁势,身上负者千斤犁;水牛做饭给人食,四月初八歇一歇。"

四月初八对畲族而言,还有另一层意义。根据民间的传说,春秋时期畲家出了两位歌王——钟子期、钟仪,为了纪念他们,每年的四月初八都要举行歌会,这一天也就成为了畲族的"歌王节"。

此外,瑞云畲乡的畲族同胞还将四月初八定为会亲、对歌的节日,在当日夜晚举行盛大的"火头旺"狂欢活动。畲族同胞对火充满着敬畏和崇拜,他们认为烤火可以驱恶辟邪,带来吉祥。瑞云畲乡的"火头旺"原来是祈祷平安、祝愿年年兴旺的祭祀活动,现已逐渐加入了篝火狂欢晚会的成分。每年此日,畲家男女都会在夜色中烧起篝火,围绕着熊熊燃烧的火焰,尽情地欢唱歌舞。[①]

八、清明节

明清以来,东南地区民间多将清明和寒食合为同一节日,清明时各地有扫墓、祭祖、踏青等民俗活动。由于宗族观念十分浓厚,因此旧时各地还往往以清明前后作为宗族合祭的日子,举行大规模的祠祭活动。福鼎地区普遍流行在清明日"插柳于门,祭扫先茔,至立夏止,祭用青饭"[②]。如今福鼎人过清明节,通常与家族成员一起前往祖先墓地进行祭扫,此前会由家中长辈或族中头人事先置办祭品、蜡烛、墓饼等物品。到达墓地后,集体清理杂草,打扫墓埕,烧纸钱,燃放鞭炮,并向周边及前来围观之人分发墓饼。有的家族还会办"墓酒",将家族人员聚集一堂,借此机会缅怀祖先、教育下辈。

此外,福鼎各地还流行在清明节前后吃春菊粿(又称鼠菊粿)的传统习俗。届时,村民们会上山采摘嫩绿的野春菊,与粳米一道加工,制成富有地方特色的粿团,十分美味。"郑氏祖先爱吃草,害了子孙满山跑"是硖门人对福长村郑姓的一句调侃,据说郑氏祭祖时最不可缺少的祭品就是春菊粿。清明祭祀之后,福长村民们还会发动自家的孩童,走村串户将春菊粿送给亲戚朋友,尤其是困难的家庭常常在此时得到大家的关爱。[③]

---

① 马树霞:《瑞云四月八"火头旺"》,《福鼎文史资料》第16辑,第102—103页。冯文喜:《瑞云四月八畲族歌会》,《福鼎文史·硖门专辑》,2011年,第66—68页。

② 嘉庆《福鼎县志》卷二"风俗"。

③ 郑斯汉、朱如培:《福长春菊粿》,《福鼎文史·硖门专辑》,第286—287页。

福鼎清明祭祖供品

清明时分，秦屿一带还有其特殊的扫墓风俗。扫墓的时间一定选在上午，过了午时便不可进行。旧时扫墓要准备"墓担"，即装两篮祭品，一篮装有祭祀土地公的祭品，包括鸡、猪肝、蚕豆、笋、豆干等五碟小菜、酒、金元宝及香烛鞭炮，另一篮则装着银仔、纸钱、锣鼓、墓饼。墓担在去程时不能停，可由两人轮挑，先祭土地公，再拜祖先，最后放炮、分发墓饼。此外，墓担在回程时一定要摘松枝压担，回家后将松枝插在家门口。①

九、端午节

农历五月初五为端午节，又称端阳节、重五节、天中节、五月节，是我国一个重要的传统岁时节日。福鼎地区在每年的端午节都会举行一系列民俗活动，地方志记载了清朝嘉庆时期本地的端午节习俗："门悬蒲艾，裹角黍，祀先，遗所亲。饮菖蒲雄黄酒，并洒房室。小儿佩雄黄囊，以末涂耳鼻，云辟百毒；用五色线系臂为续命缕，至七夕始弃之。傍午，采蓄药物为午时草。数日内，尤尚龙舟竞渡。"②这些传统习俗直到现在仍在福鼎地区的民间流传。

由于民间以五月为恶月，各种疾病、虫害相对集中，因此端午节习俗常常围绕着驱邪辟毒的目的展开。各家在门前挂上艾叶、菖蒲，家中成员每人都喝一口雄黄酒，再将其抹在身上，尤其要涂于耳鼻处，最后将雄黄酒洒在房屋周围，以期保佑家宅平安。按照秦屿人的传统，各家还要用菖蒲和艾叶熬成"菖蒲汤"，同时放入鸭蛋，煮好后称为"菖蒲蛋"。待到午时时分，用菖蒲汤给孩童沐浴，并让其食用菖蒲蛋，据传可

---

① 马树霞：《秦屿民俗三种》，《福鼎文史·秦屿专辑》，第127页。

② 嘉庆《福鼎县志》卷二"风俗"。

以免生"痱、疮、疥、疹"等病患。此外,福鼎地区民众还要在手臂上系五色线,直到七夕之夜才能取下,以求添福增寿。

古人认为五月初五午时是五毒出动的时刻,为了平安度过这个时刻,人们要在身上佩挂驱邪的器物,称为"躲午"。在福鼎,这一习俗在孩童身上的表现尤为明显,旧时有句俗语"端午、端午,外婆送肚",每年的这天,外婆都要送给外孙肚兜和香袋,直至外孙十二岁左右。肚兜常以"吉庆有余""连年有余"等吉祥字样为题材,做工精细。福鼎香袋的品种很多,且富有地区特色,如沙埕、秦屿多以鱼虾为题材,城关多以吉祥物、人物故事为题材,袋中装有药材和香料粉末。此外,民间还会在此日给妈祖、无常等神明挂上香袋。

粽子古称"角黍",是端午节必备的特色食物,一般在端午节前几天开始制作,裹好后,互相馈赠。福鼎的粽子造型颇多,这在"头年粽"的传统中得到充分体现。福鼎民间俗语"娘爸送年仔送节",第一年娘家送给出嫁女儿的端午节粽子称为"头年粽"。"头年粽"十分讲究,因为关系到娘家的体面,故旧时都很重视,特别是大户人家,还用精美的礼担和礼篮挑送,每件礼品贴上剪纸礼花,如鸳鸯双喜花、寿桃长寿花、年年有鱼等图案。"头年粽"的品种包括媳妇粽、孝顺粽、外甥粽、笼粽、牛角粽、虎符粽,每种粽子都有其特殊含义。媳妇粽通常一小串五个,寓五子登科,以二小串为一组分给亲戚,称十全十美;孝顺粽则是指女方要送一篮粽给男方父母吃,称孝顺粽;外甥粽指的是婚后外甥出生时,舅家要包一篮粽给外甥吃,称外甥粽;笼粽是指将粽子包成一对立体正方形,这种粽最难包,先要用六张同样大的粽叶折成正方形,包时要二人一起协作,将粽米装入正方体内,外扎红线。现在已鲜有人能有这样的技艺。笼粽又称双喜粽,粽下端要挂个香袋,香袋就是给外甥端午节这一天挂的;牛角粽原为畲家的粽样,粽形尖似牛角,故称牛角粽,汉人俗称脚乳粽,似旧时缠脚妇女的"三寸金莲";虎符粽也是畲家粽,形状为一对长方体,似旧时调兵的虎符。相传畲族祖宗盘瓠勇敢善战,高辛皇封盘瓠为忠勇王,赐他一对虎符,任他调兵,畲族人民为纪念忠勇王,就将粽子包成一对虎符样子,代代相传。汉人也包虎符粽,俗称枕头粽。福鼎由于畲汉同居,畲家粽也成为汉人喜爱制作的粽子。送头年除了粽子之外,还需八件礼物,即白力鱼 2 尾(寓意:年年有余、有头有尾)、酒 2 瓶、醋 2 瓶(寓意:好孙)、酱酒 2 瓶、线面 2 包(寓意:长寿)、红糖 2 包(寓意:甜)、扇 2 把(送公婆用)、花采 2 个(今称红包)。如果孩子出世,外婆还要送两个小肚兜,小肚兜上还绣有八卦、五毒(寓意:以毒攻毒,辟邪)。[①]

---

① 马树霞:《秦屿民俗三种》,《福鼎文史·秦屿专辑》,第 127—128 页。

畲族牛角粽

　　龙舟竞渡是福建地区端午节最重要的民俗活动,在端午前后,八闽各地,海滨湖汉,大江小河,几乎都能看到锣鼓喧天、龙舟竞渡的热闹场面。闻一多先生在《端午考》等文章中对端午节的起源进行了详细的考证,得出结论说端午节本来是祭水神即蛟龙的节日。在百姓的观念中,龙是主宰江河湖海的水神,它在赐给人们吉祥和福祉的同时,也常常给人们带来侵袭灾害,如掀起惊涛骇浪吞没生灵等。根据"同类不相残"的朴素观念,古人认为在舟上扮成龙子的样子可以避免龙的伤害,于是出现了赛龙舟的活动,作为祭神娱神祈求保佑的一种形式。人们用龙舟竞渡的方式,模拟龙的形象,显现龙的神威,其用意是为了激发龙的神性,保佑一方风雨遂人,稻作物丰收。在福鼎地区,前岐、秦屿、沙埕等地的民众吃完午饭后,便会携亲带友前往活动地点观看龙舟比赛。其中又以秦屿的龙舟竞渡活动最具特色、规模最为宏大。秦屿村民分住在五个澳头上,比赛前由各澳分别自制一艘龙船,五艘龙船的规格保持一致,分别对应着东南西北中五方,船身颜色则对应着红赤黄白黑五色。五月初五中午,五澳将这五艘色彩各异的龙舟集中到东澳赛场的水面上,进行为期三天(初五到初七)的竞渡活动。参赛的各澳龙船龙首站立两勇士,一擎三角大旗,一擎大牙旗,旗上书写各自的旗号,一般后岐澳书"见龙",小东门澳书"飞龙",马房澳书"金龙",岭后澳书"魁龙",后澳澳书"康龙"。龙尾插彩旗十面,后立掌艄长一名,中央帅旗下有锣鼓手两名,鞭炮手一名。各船上统一配齐四十名勇夫,并按左右手习惯分列于龙身两边,他们身穿与本澳龙色相同的裖褚与短裤,裖褚的后背统一写上一个大大的"勇"字,头戴竹制铁甲笠,手握绘有龙鳞的划桨。秦屿人称划桨为"扒节",故首位的划桨勇夫又叫"拿头节",通常是整个队伍中体魄最为强健、最具有号召力的一员。在"咚开、咚开"的锣鼓声专用信号的指挥下,奋力划桨。一路下来,鞭炮手一边放鞭炮助威,一边和旗手担负起拉拉队的角色。掌艄长是富有比赛经验的"老大",起初他既要以艄为舵,确保船体直航,又要以艄为桨,推波助澜,帮助划船,最后临近冲刺时,他则要掌握有利时机,及时将艄压起,在保持直航的前提下,尽量使船体减少阻力,完成冲刺。以谁先夺得沙滩上所插红旗为优胜者。夺魁后,龙船的旗手会立即拔起代表本澳旗号的大牙旗飞舞,以示胜利。① 然而在旧时因为没有先进的测时仪器,也没有裁判做评判,所以极具荣誉感的秦屿澳头群众每年都会因为争魁首及各自澳头的荣

福鼎龙舟竞渡

誉而发生争斗。然而,尽管几乎年年有争斗,但却从未出现过伤亡事故。竞渡之后,参赛者和群众还要一起进行热闹的对龙船诗活动。龙船诗多为即兴创作,格律不拘,既有诗歌的韵律,又有渔歌的腔板,其风格诙谐风趣,内容多以山川名胜、特产风俗、社会百业等极具生活气息的元素为主,词中包含大量的口语、俚语和秦屿乡音,吟唱起来具有浓厚的乡土风味。据说龙船诗的吟诵唱腔原是模仿秦屿旧时私塾诵诗的腔调,唱时有锣鼓伴奏的打击乐,十分喜庆欢快。②

十、六月六尝新

福鼎地区农村流行在六月初六以吃新米的方式来庆祝丰收,以前岐一带农耕地区为代表。六月初六正值第一季水稻收割完成之时,村民们此时便用新收成的稻谷加工成新米,然后做成米饭。米饭要先摆上供桌,祭拜天地神明和祖先,以此祈求来

---

① 林启雄:《端午节习俗》,《福鼎文史资料》第 21 辑,2002 年,第 81 页。
② 江山红:《秦屿端午节与龙舟竞渡》,《福鼎文史·秦屿专辑》,第 117 页。

年丰收。随后全家一起吃新米饭,享受劳动的成果。此外还要将新米饭分送左邻右舍一起来尝新,共同分享丰收的喜悦。

十一、七夕节

农历七月初七是七夕节,又称"乞巧节"、"女儿节"等,与东南多数地区一样,福鼎地区民间有关七夕的风俗主要是围绕着牛郎织女的传说进行。在这天,人们要将端午时系于手臂的五彩线取下,并将其掷于屋顶,"谓鹊含此布桥,以度牛女"[①],也就是说希望喜鹊能够顺利架好鹊桥,以便牛男织女相会。依据福鼎民间传统,娘家人要向外甥赠送香甜可口的七夕饼(因其状如手指,俗称"手指头饼"),以此表达对外甥的美好祝福。旧时闽中七夕流行分豆习俗,妇女、儿童多以蚕豆互赠,以示结缘。福鼎地区也有如此传统,"以桃仁和炒豆啜茶"[②],七夕分食炒麦豆,还要将七夕饼和豆子撒到屋顶的瓦片上喂喜鹊,让喜鹊吃饱后飞去架鹊桥,成就牛郎织女早些相会。

十二、中元节

农历七月十五为中元节,是一个佛、道合流的节日。道教视此日为中元地官的生日,系地官"赦罪之辰",俗称"中元节"。佛教则传说七月十五日是目连做盂兰盆祭母的日子,称"盂兰盆会"。福建地区中元节民间主要活动有祭祀祖先、超度亡魂,所以又俗称"鬼节"。据地方志记载,福鼎地区在中元节各家都要"严洁厅宇,排设祖考斋筵,逐位荐献,具楮帛金钱焚之"[③]。谢肇淛在《五杂俎》中也描绘了福建民间在中元节忙于祭祀先祖的场面:"闽人最重中元节,家家设楮陌、冥衣,具列先人号位,祭而燎之。"除了祭祀先祖,儿女也会在此日为父母准备礼物:"女家择具父母衣冠、袍笏之类,笼之以纱,谓之'沙箱',送父母家……"此外,在中元节的夜晚,各家还要"具斋果、馄饨、楮钱,延巫于市上,祝而散之,家以施无祀鬼神,谓之'施食'"[④],以布施孤魂野鬼的行为祈求得到福报。

福鼎有俗语云:"年没看,节没看,全看清明七月半。"这句话中揭示了福鼎地区中元节和清明节一样,都是福鼎人格外重视的祭祖节日,这也是旧时就流传下来的"惟清明墓祭、中元烧纸为重"的传统。关于中元节,前岐镇还流行一句相关的俗语:"下南三,本地四,畲客五,乞丐六。"即讲闽南话的群体在农历十三过中元节,讲桐山

---

① ② ③ 嘉庆《福鼎县志》卷二"风俗"。

④ 谢肇淛:《五杂俎》卷二"天部二"。

话的群体在十四过节,当地的畲族同胞过十五,乞丐则过十六。① 不同身份的群体在不同的日期分别过节,表明了福鼎地区内不同的方言区相对独立的中元习俗特点。

十三、中秋节

农历八月十五中秋节,是福建地区普遍流行的一个传统节日,这天各家各户都要"会饮赏月,尚粿饼互相遗馈"②。月饼象征团圆,物甜意美,故千百年来历久不衰。福鼎地区月饼主要有三种:麻姑饼、五仁饼和麻晶饼。麻姑饼少油,上贴饼花,主要给孩童吃。五仁饼和麻晶饼制作更为讲究,馅料有精肉、冰糖、花生仁、冬瓜糖等,味道清甜,主要是孝敬老人。此外,花花绿绿的月饼包装物——"饼花",更是惹人喜爱。饼花是福鼎地区一种富有地方特色的年画品种,是专用于中秋月饼的外包装装饰画,内容多为戏曲故事。福鼎人习惯在吃完月饼后,将饼花贴在屋内以作装饰观赏之用。

根据福鼎地区的民间习俗,中秋节时,舅家要给外甥送中秋月饼,有几个外甥就要送几份,一直送到外甥十六岁。中秋当夜,孩子们便会围坐在一起,将月饼摆在小桌上互相比较,一同欣赏饼花上的图画,以收到的月饼最多、饼花最好为荣。福鼎民间的一首童谣形象地表达了这种习俗在孩子们眼中的意义:"外舅有财气,送饼送十二;外舅不简单,送饼送十三;外舅没志气,送饼送十四;外舅太糊涂,送饼送十五。"因此外舅们都会尽量赶在中秋节之前送饼。③ 此外,孩子们还会将柚子和月饼一起放在果盘中,然后点香插在月饼和柚子之上,拜月许愿,吟唱儿歌。

除了赏月和吃月饼,旧时在中秋夜,福鼎地区每间饼店还必有灯谜活动,奖品就是月饼。当时城关的饼店有十多间,每家饼店都张灯结彩,展饼花、猜灯谜,十分热闹。这些灯谜主要来自民间,由群众和灯谜爱好者创作。其中用土话设计的灯谜很多,至今还流传着其中一条:"蒲团难守坐"打一桐山俗语——"不受苦"。这个灯谜奖品很丰厚,有十个大麻晶饼。相传当猜中者向店家领奖时,店主却不兑现,因为桐山俗语"不受苦"就是讲话不算数之意,猜中者听后便一笑了之了。从这个小故事中可以看出,中秋猜谜语的活动是为了活跃节日气氛,商家和顾客都从这种传统文字游戏中得到乐趣。④

在福鼎传统中,父母要给已出嫁的女儿"送节",即在端午节、中秋节这类重大的

① 黄建军:《漫话前岐民间习俗》,《福鼎文史·前岐专辑》,第314页。
② 嘉庆《福鼎县志》卷二"风俗"。
③ 李留梅:《中秋记趣》,《福鼎文史资料》第24辑,2005年,第158—159页。
④ 马树霞:《福鼎中秋节俗知多少》,《福鼎周刊》2014年8月29日。

节日为女儿送上祝福,尤以第一年的送节为重,称为"送头节"。中秋节的送节礼品以月饼、中秋粿(品种包括糖粿、肉粿、芋蛋粿、九重粿)为主,再加上酒、鸡、鸭等。女儿仅收下中秋粿和月饼,其他礼品依礼退还给父母,还要再添上几种礼品为压礼。女儿收到的中秋粿要分切成块,分与邻居与亲戚朋友,共享吉祥,称为"分头年粿"。

年粿制作

福鼎地区位于山海交接之地,中秋时的民俗活动在不同地区之间也呈现出一定的差异。在店下一带的沿海地区,还流行着一项传统体育活动——"曳石",即将石块系上绳索,沿街拖拉。相传曳石是明代戚继光为了威慑倭寇、提高己方军势而创制,借助于曳石产生的如雷声响迷惑倭军,成功地破坏了倭寇在中秋之夜乘虚攻城的计划。此后,原本用于抗倭的曳石活动,逐渐在闽东沿海一带的民间发展成为了中秋竞技娱乐活动。旧时店下镇的街道由鹅卵石或碎石铺设,路面凹凸不平,曳石所用的石磨拖行在路面上,自然发出轰轰巨响。据店下人回忆,旧时每年上、下街,西、南门都会各自组织一队参加竞赛,届时四队曳石同时奔跑,声震云霄。街道两旁也都站满了观众,喝彩声和曳石声混成一片,热闹非常。① 除此之外,福鼎的沿海地区还存有"三人骑大马""拔竹竿""点火把""车缸"等与抗倭历史息息相关的民间游戏项目,这些游艺习俗十分热闹,都带有浓厚的军事色彩。将过节与战备结合在一起无疑也起到了加强地方历史记忆、增强族群凝聚力的作用,同时这些参与性极强的体育活动

---

① 李留梅:《中秋记趣》,《福鼎文史资料》第 24 辑,第 160—161 页。

福鼎粿印

也有益于当地群众的身心健康。

十四、重阳节

农历九月初九是中国传统的重阳节,又称"重九"。福鼎地区的重阳节习俗主要有登高、放风筝、食糕等,早在明清时期,福鼎地区就有"重阳登高,饮茱萸酒"①的传统习俗。在传统观念中,"双九"还是生命长久、健康长寿的意思,我国于1989年正式将每年的农历九月九日定为老人节,重阳节也成为了尊老、敬老、爱老、助老的节日,不少家庭都会在这天陪伴家中年老的长辈外出游玩或为老人准备丰盛可口的饮食。

与民间普遍将重阳节视为敬老节不同的是,沙埕镇历来流传着重阳节赶集的习俗,此日集市中人群攒动、贸易频繁。而店下镇的海田村则在重阳节还有着"吃请迎客"的独特传统,各家都会备上好菜招待十里八乡前来的客人。

十五、立冬

立冬代表着冬季的开始,天气转寒,万物开始进入蛰伏期。福鼎地区对于立冬进补看得很重,尤其是农村地区,旨在以饮食保健的方式来抵御冬季严寒的侵袭。届时各个药店都会购进大批进补药材,节日前夕,前来购买进补药材的顾客络绎不绝。鸡鸭肉、山羊肉、猪脚肉等都是本地区流行的食材,加入当归、山药等中药材炖煮一大

---

① 嘉庆《福鼎县志》卷二"风俗"。

锅,肉香混着药香,香飘四溢,随后全家人一同享用,既是进补也是一道美食。旧时经济困难的家庭常常用自家种的黑豆在锅中炒熟,加米酒、姜丝、白糖一起煮,也是一道很好的进补药膳。

十六、冬至

冬至节被称为"亚岁""长至"等,是福鼎地区民间重要的传统节日,主要习俗包括搓圆团聚和祭祀祖先。正如唐代杜甫《小至》一诗所云:"天时人事日相催,冬至阳生春又来。"民间相信这天是阴阳转化的关键节气,因此冬至常被认为与岁首并重。在民间观念里,冬至过后,人的年龄就要添上一岁。旧时长工或帮工也在冬至前一天领取工钱回家过年;私塾也在冬至前一天放假,学生和先生都要回家过节,故有"先生不吃冬至丸"之俗语。

从传统时代开始,到了冬至这天,福鼎民间普遍要"舂米粉为丸,以荐祖考"①,做成的汤圆在祭拜祖先之后,全家一起享用。福鼎人食用汤圆时,常会加上芝麻、花生碎、糖,和汤圆一起煮成甜食丸仔汤。一年头尾有两个节日须食汤圆,元宵吃汤圆称"头圆",冬至吃汤圆称"尾圆",两者合起来"头尾皆圆",寓意全家在一年之内一切圆满。除了汤圆,地方志还记载着本地区冬至做糍粑和馄饨的传统:"闽中皆作糍及饨以祀祖先,告冬之义也。"如今在硖门地区,冬至这天还流行制作糍粑,既有团圆、庆丰之意,也有盼来春、寓希望之托。

十七、除夕

除夕是农历十二月的最后一夜,旧的一年至此而除,次日即为新岁,故称"除夕",又称"除夜""大年夜"。福鼎地区对这个一年中最后一个传统节日十分重视,人们争相以各种方式来表达辞旧迎新的美好愿望,由此形成许多富有地方特色的民俗。

从春节之前的一个月开始,人们就陆续开始为迎接春节而进行一系列的准备工作,如清洁房屋、置备年货等。在前岐镇,人们还会提前一个月酿制米酒,在春节期间与亲朋好友一起饮用,作为对辛苦劳作一年的犒劳。

腊月二十三日或二十四日晚上要祭灶神,俗语有"官三民四"之谓,福鼎民间一般以此之后视为进入年关。据地方志记载,这天各家都要"扫室宇,谓之除旧;以果品

---

① 嘉庆《福鼎县志》卷二"风俗"。

祀灶,牲馔祀各神,曰'送神'……"①年前进行的大扫除也叫扫堂,通常要在腊月二十四日之前完成。各家各户不仅要清洗房子,还要把家中物件搬出清洗,洗完在太阳底下晒干,表示一扫旧年的晦气,干干净净迎新年。农村的人家还要选一根细长竹子,对自家的烟囱内部进行打扫,清理后的烟囱要贴上黄纸。祭灶之时,福鼎人通常先把旧的灶神像揭下和稻草一起烧掉,然后贴上新的灶神画像,点香祭拜,并在灶台上方粘几粒汤圆,粘住灶王的嘴,让他在玉帝面前只说好话,而后亲邻间开始轮流请吃祭灶糖。

腊月二十五、二十六日各家通常要春米制作年粿。蒸好的年粿要用柚木模具印上各种吉祥图案,年粿的形状也各有不同:圆锥形的年粿被称为"小冥斋",用于祭祀祖先和神灵;长方形的可作为礼物送给亲戚;制成圆形铜钱状的被称为"粿钱",常被用于在春节期间施舍给乞丐。②

从传统时代开始,福鼎地区民众除夕之日,各家各户都要"鸣金伐鼓、放纸爆,曰辞年"③,以热闹非凡的方式来辞别旧日、迎接新年。是夜,全家团聚吃年夜饭,餐桌上彼此祝福,忌讳讲不吉利的话,用餐完毕,碗里要留些剩饭,取"食足有余"之意。福鼎地区民间至今流传着大量关于除夕夜的习俗,例如夜间要在家中贴上新年画、春联,将房屋布置一新,取"辞旧迎新"之意;所有居室均要通宵达旦地点灯,俗称"照年",借此希望来年光明顺遂;灶上要焚香燃烛,摆放糖、桔子等供品,取"糖甜桔圆"之意,希望来年日子甜蜜、合家团圆;灶膛里要埋放火种,取"烟火不绝"之意;往墙壁上钉钉子,希望来年家中"添丁"、人丁兴旺;在器皿上张贴剪成"喜"字、"寿"字的红纸,以示美好期盼。此外,除夕夜间儿孙要等到子夜之后方可入睡,称为"守岁",以此行动来祝愿家中长辈健康长寿。

畲族同胞在除夕夜,各家都挑选一根碗口粗的楮柴头,放入灶膛烧后焐起炭火,留作正月初一的火种,畲语称之为"焐年猪"。待到年夜饭后,各家还要在村头路口插一支蜡烛,点上三支香,烧一些银箔、纸钱,用以济施无主孤魂和残废鬼灵,称为"烧路头纸"。④

①③　嘉庆《福鼎县志》卷二"风俗"。
②　黄建军:《漫话前岐民间习俗》,《福鼎文史·前岐专辑》,第312页。
④　蓝振河:《福鼎畲族习俗》,《福鼎文史资料》第23辑,第185页。

第二节 人生礼俗

人生礼俗是指个体生命衍化过程中,其家族与社会对其所经过的各个重要阶段赋予一定仪式的民俗活动,这一礼俗具有很典型的社会功能,正是通过人生中的各种礼仪,个人与社会之间产生了密切的联系。传统中国社会中,最受重视的是诞生、成年、结婚、死亡这四个人生的主要阶段,而围绕着这四个相应的阶段也就逐渐形成了四个影响最大的人生礼俗,即诞生礼俗、成年礼俗、婚姻礼俗、丧葬礼俗。在这四个重要的人生礼俗中,传统时代十分重要的"冠礼"即成年礼,很早就从民间消失,福鼎地区亦是"冠礼久废不行"①,因此本节着重介绍福鼎地区的诞生、婚姻与丧葬礼俗文化。

一、诞生和生日礼俗

在中国人的传统观念里,生育子嗣与香火延续是人生的头等大事,乃至视之为衡量封建人伦的一个重要尺度:"不孝有三,无后为大。"因此形成了一系列与孕育子嗣相关的生育礼俗文化。福鼎地区祈子最普遍的方式是到各类神庙求神拜佛。除了送子观音之外,本地区民间信仰世界中的三大女神——太姥娘娘、妈祖、临水夫人都是当地民间祈子活动的主要对象。除此之外,各地元宵节的舞灯、赏灯活动也是民间表达对"添丁"及多子多福的美好祝愿。

传统时代妇女怀孕在民间被称为"有喜""有身子了",为了使胎儿能够健康平安地出生,福鼎民间围绕着孕妇的日常生活形成了一系列习俗和禁忌。例如,妇女在怀孕期间,家中要酿一缸红米酒,称为"月子酒",以便在月子期为产妇补身。民间还流行礼拜各种生育保护神以求平安生产的信仰习俗,孕妇的家人多往拜太姥娘娘、送子观音、临水夫人等护生神灵,以祈求保佑和赐福。民间认为孕妇的一举一动都要小心翼翼,否则会触犯各种禁忌。孕妇在怀孕期间尽量不做针线活,即便要做也须将衣服的线头拆开;将近临盆时,家人会点香请菩萨庇佑顺产;分娩时切忌声响;如果碰到难产,家人会将家中所有的箱门、柜门打开,取"畅通"之意。在饮食方面,孕妇通常禁止吃兔肉和螃蟹,以免孩子是兔唇或是横胎难产。由于过去的医疗水

---

① 嘉庆《福鼎县志》卷二"风俗"。

平有限,多有产妇难产致死的悲剧发生,因而孕妇又被认为是"半脚踏入鬼门关"的人,要处处设禁回避,以免犯冲,例如孕妇忌观看祭祀活动,忌参加红白喜事,以免两下相克。

在婴儿出生当日,家中要煮"落地面"分送近邻,分享喜悦。福鼎人对生育第一胎极为重视,管阳地区在头胎产下之后,男方家要准备两壶酒向女方娘家报喜,生男孩就在酒壶嘴插整株青葱,生女孩则插韭菜。婴儿生后三日,用蒲草药熬汤为之沐浴,俗称"洗三旦"。这一天家中要备"三旦酒"(通常包括面、蛋、酒)到外婆家及亲戚家报喜,娘家回送一套婴儿衣服供其"洗三旦"时穿用,俗称"送三旦"。亲朋好友在月内要来"送甘",即送营养品给产妇,祝贺孩子出生,届时主人要煮荷包蛋加红米酒以招待客人。在婴儿出生第二十一日,要向至亲"送酒",至亲则回以小石卵、万年青、鸡蛋等,以寓意吉祥。满月那天须给婴儿剃"满月头",将剃下来的胎发悬放门户高处,以此希望孩子将来胆大气壮。富家的男婴满月要摆"满月酒",一般人家则在满月那天,将婴儿打扮一番,抱出内室与亲友见面,同时煮蛋面款待来宾,并向亲邻分送糕饼和煮熟的红蛋,俗称送"剃头蛋"。满月日还要用糯米、红糖、甘薯等加上染料制成"红龟",用以分送亲友作为回礼,生女孩则准备糖包。当初接受"送酒"的至亲,还要在孩子四个月与满周岁时回赠衣物。外婆要多次买礼品送给刚出生的外孙,除"三旦"送衣服外,孩子满月时要送鸡、鸭、虾等营养品,孩子四个月送银手镯及银锁,周岁时送银脚镯。20世纪80年代后,还增加钢丝床、手推椅等婴孩用具,衣物也增至10套以上,有的富家还送金项链。[①]

红龟

传统中国社会对人的诞生之日非常重视,常常在其人生的不同年龄时段,举行各种各样的庆贺仪式,由此形成了形形色色的生日礼俗。福鼎民间一般不论男女,普遍要记录诞生日期,通常取农历日期,此后每年在这天多要举行庆祝,即"做生日"。民间一般生日这天只由家人煮线面一碗,加蛋两个。线面细长寓意"长命",蛋雅称"太平",取"长命平安"之意。普通生日少有送

① 黄建军:《漫话前岐民间习俗》,《福鼎文史·前岐专辑》,第316页。

礼和摆酒庆祝的,有关生日的礼俗多集中在做周岁和五十岁及以后的每个十周年递增纪念日上。

　　传统时代,人们对于孩童的成长寄予很大的期望,在孩童成长的一些重要时期,都要举行各种仪式,以表示郑重。其中,过周岁又称为"做周",因为是人生的首个生日,由此备受重视。做周礼仪中最普遍的习俗当属"抓周",即在新生儿满周岁之时,家人将各种小物品摆放于新生儿面前,任其抓取,借此来预卜其今后的前途走向。抓周在中国流传已久,在魏晋时代便已存在:"江南风俗,儿生一期为制新衣,盥浴装饰,男则用弓矢纸笔,女则用刀尺针缕,并加饮食之物及珍宝服玩,置之儿前,观其发意所取,以验贪廉智愚,名之为试儿。"①福鼎的做周习俗除了抓周仪式之外,还有周岁送鞋之俗。当孩童满周岁时,外婆家除了送新制衣裤外,还要送一双"彭祖鞋"。彭祖鞋黑底绣花,鞋头正中绣有"寿"字,两旁绣桃,鞋口沿边贴金,用红线锁绣称"马牙锁",两条鞋带有扣,造型优美大方。传说中彭祖有八百之寿,送彭祖鞋,正是为了祝愿外孙健康长寿。秦屿一带的周岁送鞋习俗还要区分男女,送男孩彭祖鞋,送女孩猫咪鞋。猫咪鞋用粉红布或花布制作,鞋头绣猫头,十分生动可爱。传说猫有九条命,送猫咪鞋是祝愿外孙女平安成长。②

　　与重视孩童的成长一样,对于成年人的一些人生特殊阶段,也要专门举行仪式来度。一般民间把这种为成年人祝贺生辰的礼仪称为做寿,也叫做"十",福鼎当地习俗是老人五十岁以后才开始做寿,逢十年做一次。为老人做寿表明了家中后辈对老人寿数的祝福与期望,因而也是隆重倍常,亲戚好友都要前来祝寿。庆寿不取生日,均在春节举行,时间一般安排在正月初二到十五。庆寿时正堂张灯结彩,富裕的家庭设寿堂,点红烛、挂书画对联、摆寿桃、办寿宴、请乐队吹奏。至亲好友要送寿幛、寿烛、寿面、寿联,女儿、侄女要送布料等寿礼。女婿须送成套衣物等丰厚寿礼往贺,还须备办精美酒席一桌往贺,俗称"暖寿"。晚辈要按辈分跪拜祝寿,寿星要向晚辈分发"红包"。寿宴选料精细,花样繁多,用餐时间长,故福鼎当地人常用"吃寿"来形容吃饭吃得很慢。宴后,讲究排场的人家还要燃放烟花助兴。20世纪七八十年代农村比较贫困时期,村中老人做寿大多不摆寿宴,但全村每户人家都会煮一碗长寿面送给寿星,祝福寿星长命百岁,主人要回赠一对长寿糕,称"压碗",不让对方空碗而归。近

---

① 颜之推:《颜氏家训·风操》。四部丛刊景明本。

② 马树霞:《秦屿民俗三种》,《福鼎文史·秦屿专辑》,第129页。

年来随着城乡普遍富裕,办寿宴的人家渐多,排场也越来越大。①

二、婚姻礼俗

婚姻在传统中国社会被视为终身大事,担负着组成家庭传宗接代、传承香火的重任,因而备受重视。早在先秦时期,关于婚姻已经产生了一套严格的程序规定,并逐渐形成了传统中国婚姻的礼仪习俗。《仪礼·士昏礼》详细记载了古代婚嫁所遵循的"六礼"程序,即纳采、问名、纳吉、纳征、请期、亲迎。到南宋时期,为了适应社会发展的需要,朱熹等士大夫针对传统"六礼"进行了改革,将之简化为"三礼",即纳采、纳币、亲迎,由此成为东南地区长期以来普遍遵循的一种婚姻礼仪形制。福鼎地区的汉族婚姻礼俗大抵也是从上述传统"六礼"衍化而来,在长期的发展过程中又逐渐吸收了本地区的民俗内涵。

传统时代,嫁娶皆由双方家长主持,并且要由媒人说媒议婚,这也就是通常所说的"父母之命,媒妁之言"。男女到了结婚年龄,经过家长物色,由男方家长委托媒人或是亲邻前往中意的女方家中传达结亲的意愿,俗称"提亲"。女家若许之,便会把女方的生辰八字送给男方,请算命先生根据双方的年庚看是否会犯冲,俗称"合婚"。民间常在"合婚"期间将男女双方的八字写在红帖之上,放于家中供奉的神明之前,由神明判定吉凶,例如管阳一带流行将对方的"定时纸"(即生辰八字)放在米缸内,如若三天内无不吉利之事发生才可议婚。"合婚"后认为男妇生庚无"冲"、无"克"后,再将男方生辰送到女家,称为"回庚"。此时男女双方家长就聘金、聘礼妆奁、婚期等进行协商,取得一致意见后由男家择吉日以少量聘礼到女家,婚事就算定下来,俗称"小定"。"小定"后男家再次选择吉日,隆重地抬送"杠槛"至女家,"杠槛"内盛猪脚、线面、布料、合扇、手帕等八大聘礼和礼金。女家再回送糕果和新郎的布料,此为大聘,俗称"大定"。送过聘礼后,男家将选定的结婚日期写在红纸上通知女家,俗称"送日子"。此后男方要向所有亲友送"定婚包"和喜帖。

婚礼前,双方家长要从平辈中物色两名父母双全的已婚青年,将其聘为"堂接"(礼生),负责掌理婚礼的全部过程。再物色一名长辈女性和一名少女,充当"老接"和"接姑"的角色,专管洞房琐事和迎亲途中陪伴新娘。另选一对童男童女作为挑灯送子入房的灯童。根据前岐镇的传统,结婚前一日,男方家要将猪脚肉、已杀的公鸡、万年青、一壶酒、线面、红蛋等送到女方家,女方家要把猪脚肉分成小块,分发给亲友,

---

① 黄建军:《漫话前岐民间习俗》,《福鼎文史·前岐专辑》,第316页。

称"吃猪脚肉";当晚还要举办"起媒酒",宴请重要亲戚和媒人,也称"谢媒酒",酒菜比较简单,媒人要坐在主要位置。

迎娶之日的清晨,新郎在鞭炮声中理发、沐浴,还要面朝香案坐定,双脚踩在一个筛子的沿边,筛内装有红蛋、大桔子、柚子、喜糖等物,寓意大吉大利、生育好儿孙。传统时代起,福鼎地区在迎亲习俗上流行"婿不亲迎,择宾三四人赴女家"[1],也就是说新郎不亲自前往迎亲,而是派出迎亲队扛着花轿和彩礼,一路吹吹打打到女家迎接新娘。新娘凤冠霞帔,盛装而待,上轿前必须伤心哭嫁,以避凶煞。临行前新娘拜别父母双亲,由娘舅抱上轿,一名"送孙嫂"陪伴同行。管阳镇一带民间习俗为了防止财气外流,上轿前娘家须关上大门,同时也暗含"不归"之意;新娘须捧白米一盆,抓一把撒内,又一把外抛,余下兄弟各留一把在家中,以示不带走娘家的风水。

迎亲队伍大约中午时间回到男方家,新娘到达家门口时新郎和父母都要回避,以免在以后的日子中犯冲。"送孙嫂"手提装有红蛋、糖果、花生的红袋,先行到达厅堂,表示给夫家送"孙"来。新郎母亲接过红袋,象征着接到了宝贝孙子。接着由"老接"和"接姑"扶着新娘下轿,脚踏事先准备好的红布袋进入厅堂,这里既有驱邪意味,也象征着"传宗接代"的寓意。新娘到厅堂后,面向内立,接着由两个"堂接"用一对大烛引出新郎至厅堂与新娘同拜天地。随后"堂接"再用烛光恭请双亲端坐在厅堂中央的文椅上,接受儿、媳的三跪九叩大礼。继而进行夫妻交拜。礼毕,新郎新娘共牵着系有大红花的彩绸,由"堂接"引路,踏着红布袋缓步进房。新郎新娘在床沿坐下,由"老接"端上汤圆,夫妻互喂一口,表示互敬互爱、甜甜蜜蜜。

结婚当日的午宴,娘舅要坐在厅堂中间的正位,娘舅没到,酒席不能开菜。也有地方将厅堂左数第一桌的正中左位视为"大位",尊请媒人坐此位,以表谢意。旧时宴席实行男女分坐,将女座设在内厅。另外还要在洞房中用簸箕当圆桌设席,由"老接"和"接姑"陪同新娘用餐,称为"簸箕宴",寓意团圆美好。下午由童男童女捧上斗灯(内置大米、红蛋、镜子、剪刀、尺子、筷子、戥秤、点燃灼油灯并围上红纸的红漆圆形木斗)和香盘,送新郎新娘到宫庙神像前焚香膜拜,祈求神明赐予双生子,随后要交换神炉与斗灯的香火,表示与神明相互沟通。最后将斗灯放置在洞房之中,让其彻夜通明,以寓意香火不断。

当天的晚宴称为联桌晚宴,是婚礼中最隆重的宴席,桌上放一对由娘舅送的大红烛,称为"联烛",其间由大姐夫起头划拳喝酒,猜拳声此起彼伏,更添喜庆气氛。新

---

① 嘉庆《福鼎县志》卷二"风俗"。

郎新娘由大红烛引导,向男方长辈行跪拜礼,长辈要向新郎新娘送红包。晚宴一直持续到散筵鞭炮响起,接着进行闹洞房的环节。婚礼进行到闹洞房时分外热闹,常常闹至凌晨方休。其间更会有亲朋要求新郎新娘表演各种滑稽游戏,观者起哄捧场,笑语满堂。如果新郎新娘有诗才,还会被要求吟诗作对。旧时磻溪才女林秋馨嫁至吴门,深夜闹房不退,遂口占一绝:"洞房花烛语嘻嘻,漏尽更残竟不知。百岁夫妻偕此夜,诸君何必误佳期。"迄今传为佳话。① 在前岐,闹洞房时必不可少的压轴环节是当地盛产的四季柚"踀铺"。前岐人对四季柚有着深厚的感情,因之与"四季有"谐音,与"四季佑"同音,当地人视之为吉祥物。前岐姑娘出嫁时,先把嫁衣叠好装进箱里,再把一个个贴有红喜的金黄色的四季柚压在衣衫上,以作压箱之宝。闹洞房时,傧相要拿出两只柚在床上滚动,从床头滚到床尾,又从床尾滚到床头;从床上滚到床下,再从床下滚到床上;边滚边唱:"踀铺,踀铺,踀到眠床头,生子有出头;踀铺,踀铺,柚子滚床面,生儿有人面;踀铺,踀铺,踀到眠床框,生子会做官;踀铺,踀铺,踀到眠床下,生子有卵脬(男孩)。"②

结婚翌日,新娘要亲自下厨煮南瓜,分发给宾客作为早餐的第一道菜,以此向宾客表达谢意。旧时讲究伦理纲常,新娘在第二天的清晨要逐次拜见夫家亲属,称为"序伦";还要"以女红献尊长,姻娅有差,曰'上贺'"③。当天新郎家还要宴请新娘的兄弟,称"请阿舅"。婚后第三日,女方家要前来用餐,称为"馈女"。再过两日后,新娘带着女婿回家省亲,称为"回门"。近代以来的习俗有所变化,多数地方在婚后的第三天新娘"回门",届时女家要摆"女婿酒"宴请新女婿,新人通常要在当日就返回男家,至此整个婚姻礼仪才算结束。④

福鼎地区内的畲族村落在合婚、订婚、迎娶等习俗方面与汉族相同,但也有一些独特的婚姻礼俗。畲族婚礼过程中也是由女方家中置办嫁妆,除了嫁衣为畲族传统服饰以外,另有三样颇具民族情调的嫁妆:一为农具,有犁、耙、田刀、竹笠、棕衣等,以祝愿女儿、女婿辛勤劳动,兴家立业;二为"吉祥羊",即两只或一只怀孕的母羊,富者还加上一头牛,此为吉祥的象征,并作为出嫁后女儿的私蓄;三为"孝顺桶",即有提手和桶盖的红漆描金小木桶。孝顺桶与畲族的"送饭"习俗相关,即在女儿出嫁后,

① 朱乃巽:《福鼎民间汉族传统习俗》,《福鼎文史资料》第 21 辑,第 85—88 页。
② 夏林:《前岐"碾铺"婚俗》,《福鼎文史·前岐专辑》,第 317 页。
③ 嘉庆《福鼎县志》卷二"风俗"。
④ 陈维新:《管阳传统婚嫁习俗》,《福鼎文史·管阳专辑》,第 155—157 页。朱乃巽:《福鼎民间汉族传统习俗》,《福鼎文史资料》第 21 辑,第 85—88 页。

离娘家近的要在每月初一、十五用此桶装上饭菜送给娘家父母,离娘家远的便在逢年过节时送上心意。新娘在出嫁之前,要到亲属家作客辞行,称为"做表姐",并与该村的青年对歌。出嫁前两三天便要开始哭嫁,以母女对哭尤甚,把心里想说的话都用歌词边哭边唱出来。结婚前一日男方组织迎亲,旧时迎亲队伍十分热闹,一路抬轿吹吹打打到女家。当晚女家举办出嫁酒宴,媒人为贵宾,坐在首席。上菜之时,媒人须赏红包给捧菜人,赏过两三个后,如不再赏了,捧菜人就点上照明用的苎麻秆往媒人脚下烧,逼媒人再赏红包,这个小闹剧畲族叫"烧蛙脚",又称作"求蛙"。畲族人认为蛙能产大量卵并能消灭大量害虫,是多子多福的象征,所以有了"求蛙"的习俗,谐音也是"求娃"。出嫁之日,新娘头戴"凤冠",身穿畲族绣花衣裤。离娘家时要给兄弟"留饭",即新娘站在地上的米筛里,将饭含口中吐入每个兄弟衣兜里,每吐一口唱一首祝粮食丰收的歌,兄弟将此饭粒放在仓角或米缸边。新娘边哭边唱跪别父母,由母舅抱上轿。进轿后,新娘应把轿内预先放好的新郎衣服披在膝盖上,表示与新郎亲亲热热一起到家。起轿时,女方兄弟还须拉住轿杠三进、三退,称"留轿",也叫"留风水"。红轿将至,公婆、新郎等男家亲人都要躲藏起来,司仪(一般由新郎的姐夫担任)放鞭炮接红轿并高喊:"人种来啦! 人种到啦!"早就在等候的"老接"(全福婆婆)接口应道:"接人种来啦! 接人种来啦!"带着两个"接姑"(也一定要全福姑娘担任)接新娘下轿,踏着反复传递的红布袋走到厅堂,意为"传代"。而后新郎与新娘同拜天地、祖宗,再拜公婆。新郎、新娘交拜时,男拜女不拜,因为相传畲族的女祖是三公主。畲族人民喜好对歌,婚礼自始至终都穿插着对歌形式进行,如猜拳的"十杯酒",吃菜的"开菜令"、"封菜诗",闹洞房的"八仙闹房歌"和"翻床歌",都具有浓郁的民族色彩,而且妙趣横生。①

作为福鼎地区内另一支古老的族群——疍民的传统婚俗,也与其海洋生活方式密不可分,从而带有浓郁的水上风貌。整个婚礼过程从迎亲到婚宴都在水中的船只上举行,成婚当日,新郎要驱驶喜船前往女方船阵之中迎接新娘,女方亲友会用竹篙进行阻拦,新郎使出浑身解数方能抱走新娘。当新郎接到新娘之时,双双都会被亲友推搡入水,称为"如鱼得水"。随即双方亲友也将一同下水嬉闹,争抢由新人双亲投下的"龙珠"(即染红的熟鸡蛋,也叫"凤凰蛋"),称为"群龙抢珠"。伴随着激溅的水

---

① 蓝振河:《福鼎畲族习俗》,《福鼎文史资料》第 23 辑,第 173—182 页。兰天:《畲族婚俗与婚礼歌》,《福鼎文史资料》第 4 辑,1985 年,第 186—194 页。

畲家婚礼

花和鼎沸的呼声,整个婚礼充满着热闹、喜庆的气氛。①

三、丧葬礼俗

传统中国社会在丧葬方面的一个重要原则是"事死如事生",人们超常重视丧葬仪式,由此使得传统葬制、葬仪变得十分繁杂。从治丧到下葬、服丧,往往包含着复杂的民间礼仪,福鼎地区也不例外。在秦汉以前,本地区流行的是土著越族的丧葬习俗。主要有土葬、崖葬等形式。汉唐以后,汉族的传统葬俗也随之传入,并逐渐成为本地区主要的丧葬习俗。到了宋元之后,佛教、道教、民间信仰等宗教对本地区丧葬习俗的内在观念与外在仪式都产生了深刻的影响,从而使得福鼎地区的葬俗日益浸染上了浓厚的宗教色彩。

丧葬仪式过程在垂危之人弥留之际就开始了,其时亲属须立即赶到现场,子孙后代须日夜守护,听取嘱咐,送别死者,俗称"送终"。当人断气后,即放三声爆竹,并为死者念经或祈祷以"送魂上天"。此时,亲属不得放声恸哭,认为哭声会阻碍灵魂上天。人死之后,家属要派人报丧,讣告亲友。报丧后,亲友前来吊唁,传统习俗要求"赙以酒米"②。后来亲友前来吊唁时仅需携带草纸和白烛,到20个世纪50年代以后,死者及亲属所在的单位要送来花圈表示慰问,亲友送被面、毛毯、挽幛等物品。

---

① 李健民:《闽东畲民的习俗与文化》,《宁德师专学报》2009 年第 4 期。
② 嘉庆《福鼎县志》卷二"风俗"。

死者过世后,亲属须到水井或溪河,以点香焚纸的方式进行"买水",取来的水用于为死者做象征性的擦身洗浴。随后为死者换上预制的殓衣,殓衣上不能有字迹,要有5至7层布。待到为死者穿好鞋袜、整理遗容完毕后,将尸体移放厅堂。灵堂准备妥当后,"五服之人各服其服就位,哭,男、妇以次拜,族戚皆吊"①,死者亲属身着素服拜谢亲友,此时灵堂中的气氛悲伤感人。死者入殓要选时辰,棺内放"七星板",铺放灯芯草、木炭、草席。死者入棺后,子女按长幼次序跪于棺旁,依次以手沾茶酒,点在死者的唇上,称为"拜茶拜酒"。盖棺时,子女匍匐灵前,不得抬头,以免"煞气"冲身。死者过世当夜,亲属须守灵,并在灵前不断焚烧银箔纸钱,并为死者设道场"开火光"。

出殡一般都要请阴阳先生择定时日。旧时出殡以隆重、排场为风尚,棺木一般由四人抬,富家或逝者高寿的则请八人扛棺,称"八车",棺披红毯,上立白纸鹤。出殡时,子孙身着麻布孝衣行于棺前,长孙捧遗像,长子扛招魂幡,女儿和儿媳身着麻衣裙,头戴"孝斗"随棺后,女婿腰缠白布、手扶棺木跟随左右,其余送葬者发给白布缠左臂以示哀悼。一路鞭炮鼓乐齐鸣,家属哭声不断,直到下葬仪式完成之后才停止哭声。安置死者之后要封墓门,此时当家之人须拿大块熟猪肉或冰糖塞入封墓师傅的口中,免其受冲,墓内还须留有一盏火烛。葬毕,队伍返回称为"回龙",送葬队伍不可走原路返回,亲属须身披红布或胸佩红花,手提灯笼,沿途敲锣鸣炮,以求吉利。一般死者家属都要在下葬当日设宴回谢前来吊唁送礼的亲友。

自死者过世之日起,家属"每日晨起供羹饭、茶酒于灵座,夕奠亦如之"②,早晚在灵位之前祭拜。下葬后的三日或六日时,亲属要上山扫墓,称为"看三天"或"看六天"。每逢七天家中要集中祭奠一次,俗称"做七","七日为首七,具羹馔,比常为盛。自是每七日一举,四十九日为末七,俱如首七仪"③。做七的祭品较每日进行的祭祀更为丰盛。满百日之时,主人家要穿麻戴孝前往亲戚家拜谢,称为"谢孝"。"二十四月,撒几筵,谓之除灵"④,至此家中对死者的祭奠才算完成。20世纪70年代前,服丧期通常要满一年,期间子女臂挂麻布圈、穿素服,女、媳还要头戴夹红线麻花、脚穿包麻白鞋。70年代后,服丧期大多为七七四十九天,有的只服满一个"七"。

福鼎地区传统的葬制多为土葬,旧时"贫者多火化"⑤,以此来节省丧葬费用。富贵人家则有诸多讲究,如造墓须择风水地,葬墓须择吉日,封圹应于涨潮之时,因而常有停枢不葬的情况。民间还流行着让死者先入土,三年后拾其骨骸装入"金瓮",随

---

① ② ③ ④ ⑤ 嘉庆《福鼎县志》卷二"风俗"。

之再葬回墓中的二次葬习俗,俗称"葬金"。二次葬即拾骨葬,这是一种在东南地区流传已久的葬俗,最早的记载见于《墨子·节葬》:"楚之南有啖人国者,其亲戚死,朽其肉而弃之,然后埋其骨。"为了推行殡葬改革,政府于 1978 年在县里兴建火葬场,1985 年国家干部逝者带头实行"火化",废除丧葬旧俗,仅在殡仪馆内举行向遗体告别仪式。此后,新风尚逐渐树立,群众也渐渐开始自觉实行火葬。

与其他地区不同,管阳镇西昆村的孔氏族人有着别具一格的治丧习俗。村中举办丧事时,皆会依照其家族古老的传统进行,称为"圣人殡"。族中只要不是夭折,不论何人去世,都要举行圣人殡,仪式过程具有文明、朴素、迷信色彩较少和节约的特点。在死者的殡殓之日,家中会请来本族较有名望的一人担任"主殡官",另聘礼生二人,协助主殡官治理丧礼事宜。主殡礼台搭在院落里或屋外广场均可,台上摆八仙桌一张,桌上供奉圣贤牌一面,牌中央直书"至圣孔夫子先师",两旁分别写上"四配""十哲"字样;前置香炉一只,并设茶酒五果等供品,以示奉敬圣贤。行殡前,由礼生主持,指挥行礼如仪,孝男孝女向灵前上香、祭酒,悲哭跪叩志哀。参与吊唁的亲友,按长幼辈序施礼,与死者遗体告别。既毕,主殡官一声"止哀",霎时间全体肃立,鸦雀无声。这时主殡官率二礼生登台就席讫,礼生道"请主官诵读圣经"。主殡官朗诵《中庸》第一章全文,反复三遍,而礼生各接读三遍,最后仍由主殡官诵读《大学》第三十章其中一段。诵毕,主殡官宣告:"时辰已到,请鲁班师傅盖棺!"至此殡礼完毕,随即发丧。① 西昆孔氏族人的这种"圣人殡"葬俗,很显然带有浓厚的儒家色彩。宋代以降,朱熹等大儒鉴于当时民间葬礼日益宗教化现象,由此出现许多与"儒礼"相悖之处,因此大力倡导遵守儒家对于丧葬礼制的规范,而西昆孔氏的"圣人殡"葬俗,从某种意义上说,体现了该家族对于"儒礼"的回归。

同样,福鼎地区的畲族丧葬礼俗也与汉族略有不同。畲族殡殓之时,要在死者的左手旁放一串竹叶包灶灰的"粽子"和一支桃枝,让死者拿着在阴间的路上驱赶野狗。女性死者在入殓时要穿戴出嫁之时所穿的"凤凰装",因此畲族女子对自己的"凤凰装"十分珍惜,一直珍藏至去世作为寿衣入土。畲族丧俗最大的一个特点是以歌代哭,歌词饱含怀念之情,音调悲切。尤其是夫死妻哭或妻死夫哭的哀歌尤为凄切,尽叙生前夫妻同患难共欢乐的恩爱之情,哭诉丧偶后家境将会遇到的困难,一字一泪,听者无不动情。其他亲友和前来送终的女客也都要哭唱以缅怀死者为内容的歌,以表达哀思。②

---

① 陶开惠:《西昆风俗》,《福鼎文史·管阳专辑》,第 164—165 页。
② 蓝振河:《福鼎畲族习俗》,《福鼎文史资料》第 23 辑,第 182—183 页。

第三节　生产生活习俗

民俗作为一种经久传承的民间文化,是历史上该地域自然环境、社会文化诸多因素共同作用的结果。福鼎地区地处闽浙交界,背山面海,民众的生产生活方式与这种山海相间的生态环境息息相关,除了岁时礼俗与人生礼俗之外,境内各个区域又普遍留存着不少带有地区特色的生产生活习俗。本节将针对福鼎地区一些具有地方特色的生产生活民俗进行考察,以展示本地区丰富多彩的民俗文化传统。

传统生产方面讲究的是"靠山吃山,靠海吃海",这体现出自然环境因素对广大民众生产活动的影响,由此使得民众在从事生计活动之时,往往会形成一些固定的仪式习俗,以祈求生产活动能够平安、顺利进行。对于渔民而言更是如此,由于海洋环境充满着更多的不确定性,祈求航海平安便成为了福鼎沿海一带普遍流行的民俗活动,其中,沙埕"神船下海"习俗就是一个典型的代表。"神船下海"是沙埕渔区的传统民俗活动,所谓"神船",指的是一条彩绘小木船,长约一米五至两米,仿造真船的结构制作,船上塑有水手、舵公和手持刀枪的将士等形象,还备有火炮模型等装备。当地渔民在鱼汛到来之前,要举行神船下海的仪式,届时渔人敲锣打鼓将神船运到海边下水,待小木船象征性地下水一会儿就回收上岸。当地渔民们相信,神船的顺利下海,会昭示着海上作业的平安。1985 年曾从沙埕海面漂来一艘台湾的"神船",其样式竟和沙埕的"神船"一模一样,后经由沙埕渔民们重新油漆后再放入海中。这个小轶闻也从一方面印证了两岸海洋民俗文化的紧密联系。①

水是农业生计的命脉,对于中国古代农耕社会而言,风调雨顺是作物丰收的基本保障。因此每遇旱情严重之时,祈神求雨就成为了当地官府和民众的首要大事,进而发展出许多祈雨仪式。早在殷商之际,祈雨活动就已风行。殷商卜辞中有"今日雨,其自西来雨! 其自东来雨! 其自东南来雨! 其自北来雨! 其自南来雨"的记录,这可视为是最早的祈雨咒文。即使到了近代,在以农业为主要生计的地区,这种祈雨仪式仍然存在。祈雨活动大致可分为两类,一类是祭祀,即通过献祭的方式获得神明的首肯,达到降雨的目的;另一类是巫术,即通过模拟祈求对象的形象或行为而进行的仪式,旧时民间的祈雨活动常常兼而有之。而福鼎地区的店下和秦屿都曾经流传着一

---

① 林启雄:《端午节习俗》,《福鼎文史资料》第 21 辑,第 82 页。

祭海仪式

神船

套独特的祈雨方式。尤其是旧时秦屿的祈雨活动,结合了多种民间信仰,将本地奉祀的太姥娘娘、临水夫人等神明都纳入了求雨仪式体系,值得深入研究。

店下镇是福鼎的农业大镇,素有"福鼎粮仓"之称的美誉。旧时店下镇只有一条河港灌溉,大部分是"靠天田"。河床淤浅,蓄水不多,常闹旱涝,尤其在夏秋之际,常常久旱不雨。每遇旱情,村民就会选出头人出面活动,到大帝宫向大帝爷祈雨。在此期间大帝宫热闹非常,各种香烛用品供不应求,不仅头人轮流敬奉、日夜点烛焚香,街上几乎家家户户也会烧香吃斋。除外,还要举行设坛祈雨的传统仪式。旧时福鼎农村地区流行的设坛祈雨仪式被称作"翻九台",即用九张桌子叠桌搭台设坛,由主坛师公翻跃至台上做法事。店下所用的求雨台用 7 张或 9 张甚至有时是 11 张方桌,一张一张层叠在一起,搭成塔状,桌塔的最高层桌面称为"台",最高达 10 多米。法师头裹红绸头巾、腰围麻布制的"师裙",在一系列的科仪之后,随后进行提台表演,即将塔台一侧提起,两只桌脚离地近 10 厘米,整座台身侧斜,提台后,翻九台的表演正式开始,法师手提牛角号,在锣鼓声、鞭炮声中从地面逐层翻身登上高台,过程中脚趾沿桌边慢移,同时吹响牛角号施法念咒,有时还要跳跃"禹步",到法事结束后,道士再从最顶上一台台翻将下来,安然无恙,整个仪式过程颇为惊险。而今搭台祈雨的习俗已近乎消逝,即便在乡村中也很少再能看到"翻九台"这种独特的民俗表演形式了。[①]

秦屿镇也是福鼎主粮区之一,主产稻谷、甘薯,素有"鱼米之乡"的美称,祈雨习俗在本地农业生计中扮演了重要角色。据民间传说,秦屿的祈雨始于清朝初年,盛于民国末期,相传数百年,至解放后才消停。祈雨的过程中充满了神秘色彩,并由此衍生出了秦屿独特的祈雨文化。秦屿沿袭下来的祈雨仪式自元末明初临水宫建成后方始定型,临水宫内祀奉道教净明派祖师陈靖姑(又称奶娘、临水陈夫人等)。活动的筹办一般由秦屿境内公信度极高的三五位贤者主持,称作"头人",负责召集地主、渔行、商户等地方商贾富庶之士,商讨拟定祈雨活动事宜的规划与实施,如择选吉日、筹资派工、编排日程、规范仪式等。祈雨需按照一定的仪式进行,先恭请临水夫人出宫,神像一身素装,手执号角,移驾于宫前坪地上,掀华盖,曝赤日,直待雨至方起驾回宫。此间,全境食素三日,渔船休渔泊港,民众禁止杀生。传说陈靖姑曾学法于闾山,故祈雨就得请净明派道士前来施法。施法台为五张八仙桌叠搭而成,法师攀缘至顶层,一边高吹号角,一边诵经念咒。其号声悲烈,演技惊险,观者无不为之牵心。搭台施法数日后,按照原择吉日,护送临水夫人上太姥山,随从人员一律白衣素褂。护驾队伍行至太姥洋,临水夫人神像暂停西山站,由另一尊小型的临水夫人神像代替,继续前往太姥山龙洞口,迎接神鱼下山。秦屿的祈雨文化凸显了太姥山龙洞鱼儿的"神灵"。祈雨者一行入洞诚心求鱼,"鱼儿现"则雨将至,故人们将龙洞之鱼视为播洒甘

---

① 李留梅:《店下求雨习俗》,《福鼎文史·店下专辑》,第 208 页。

霖救众生的行雨使者,有太姥山古诗为证:"飞鳞怒吼出深洞,雨师风伯纷纷追。"龙洞即太姥山大龙井,据《名胜志》载:"大龙井,又名白龙潭,俗叫龙洞,在摩霄峰下三里许。洞深,危石棋累,下临百仞。入者,缒藤而下;洞暗,燃矩方可行之,曲折数十武。"下龙洞求鱼,乃祈雨活动中最为慎重与惊险的核心环节。二十多位精选出来的青壮年下洞人员在前日傍晚就上山,在法师和下洞老者的带领下,每人带上一支火把和干粮,一前一后沿布绳探向洞底,沿途撒石灰作为路标。入洞后首要的是尽快找到立有木牌的水潭,木牌上书写着"某年某月祈雨至此"等字样,未见木牌则须再寻他处。找到合适的水潭后,法师当即率众朝潭跪拜,并燃烛焚香,诵念祭文后焚文求鱼。此后水中便会神奇地出现几条俗称"三尾鳍"的小鱼,鱼身短瘦,色青,尾三鳍。祈雨人员小心翼翼地捞起三条小鱼装入竹筒,同时用新木牌换下旧木牌。据说民国年间的一次祈雨,在水潭边换回的旧牌竟是清代嘉庆年间插上的。求到鱼儿后的队伍沿原路返回,出洞通常已是翌日午后。出洞后立即将鱼儿换养在白玉净瓶内,与临水夫人神像一起护送回西山。在西山,法师再搭台施法,一谢太姥娘娘赐鱼,二请神鱼下山求雨。迎候在太姥山下的接驾队伍麻衣素装,膝头包上棉垫,在高擎四面大旗的四个彪汉引领下,一路跪拜并悲吼:"祈求甘雨,救济万民,五湖四海,行雨龙王。"队伍行至牌坊,四位大汉便开始三步一跪直至临水宫,跪程足有三里。所有亲眼目睹这一情状的人无不被擎旗四汉的悲吼之声所震撼。待返至临水宫,法师再度登台施法。有时在回程中就有雨点淅沥,有时过数日才下起雨来。当雨后再去看玉瓶中的鱼儿,便会发现神奇地不见了,民间称之为"脱青",意为遁水返龙洞去了。① 龙神是古人想象中能够飞天入地的神物,并一直被当作掌管雨水的水神进行崇拜和祭祀。早在3000多年前,关于祀龙祈雨的情况就有明确记载。春秋时,人们已经普遍把龙当作司雨之神进行崇拜,并定期举行祀龙祈雨的仪式。而鱼是水中最为常见的水生动物,也是先民最早和最为普遍的崇拜对象之一,古代存在向鱼神求雨的习俗。而鱼和龙之间也有一定的联系,古籍中认为龙鳞似鱼鳞:"龙……鳞似鱼。"(《尔雅翼·释龙》)另外,关于鱼登龙门而化龙的神话传说,也透露出鱼神与龙神之间的演变关系。太姥山地区的求雨仪式中"入龙洞""求鱼""呼喊龙王"等仪式带有明显的原始崇拜元素。

在日常生活中,健康长寿是民众祈福的首要愿望。福鼎民间流行着一套保健祛秽的做法,例如二月二芥菜丰收之时食用芥菜饭,以驱除体内毒气、避免长疥疮;端午之时饮雄黄酒、手系彩线、为孩童佩戴香袋等做法,以表达驱邪护生之意。福鼎民间

---

① 黄德信:《秦屿祈雨》,《福鼎文史·秦屿专辑》,第154页。

拜神祝祷之风盛行,尤其当家人身体状况不佳时,民众在寻医问药之余,往往也会求诸神佛庇佑,以期多一份治愈的希望。除了家中及周围庙宇供奉的神明,民间认为世上有专司某种疾病的神明,在流行病爆发的时候,民众就要开展一系列仪式以求该神明怜悯保佑,如店下镇送瘟神的仪式,就是一个典型的代表。

店下镇沿海一带自古就是海鲜集散地,集市热闹异常,可在夏季时有疾病爆发,其间人心惶惶,谣言四起,认为是瘟神作祟。中国古代有关瘟神的信仰由来已久,"瘟"是急性传染病之总称,包括鼠疫、霍乱、疟疾等病症。由于古时的医疗水平有限,瘟疫的爆发常常伴随着大规模人口的折损,因此古人认为瘟疫流行是瘟神、疫鬼作祟的结果。至迟在西周时期,百姓便会经常举行"大傩"仪式来驱逐疫鬼。古代福建地区瘟疫经常流行,《汉书》就指出,"闽越夏月暑时,呕泄霍乱之病,相随属也"。为了驱除瘟神,本地民众多选择求助神明,从而形成了一系列送瘟神的仪式活动。福鼎店下地区也不例外,在举行正式送瘟神仪式的前两三天,店下民众便会在头人的带领下焚香吃斋,将大帝爷神像从大帝宫内请出巡街。巡街期间乩童要乘坐刀轿,中途不断用刺球击打背部,甚至还会用宝剑割取舌尖血,以血画符,赐给求平安的信众。乩童的这些危险行为常常使得在场观众心惊胆战,同时也强化了民众对神明的敬畏

坐刀轿

之感。大帝爷出巡之后,头人们便抬出事先制作好的一条五彩斑斓的纸船,纸船被精心绘制,船上还安放着几对纸制的童男童女,代表着对瘟神的献祭。头人们负责将纸船运至斗门港,点燃后放入海中随水而去。在此过程中,民众在一旁敲锣打鼓、鸣炮烧香,目送纸船在大火之中漂走,希望瘟神成功接受了众人的心意,并保佑疫病散去、全境平安。①

送瘟神活动是向超地域的神明祈求护佑,而福鼎地区另有一些由凡人所化的本地神明,他们相对而言在民间颇具影响力,因此也因其具有祛病辟邪的功能而受到民众的膜拜,管阳镇的"乞丐愿"民俗便是这一类代表。

"乞丐愿"是旧时流行于福鼎民间的习俗活动,以驱邪治病为目的,尤其盛行于管阳镇。关于"乞丐愿"的由来,管阳镇民间流传有这样的传说:从前一对乞丐夫妇跌遭厄运,身患顽疾,受尽了世间的冷遇,所幸后来经一位老神仙医治痊愈,重获新生。夫妇俩念及天下的患病苍生,诚心拜这位老神仙学习灵方妙术,从此四处行医,广受爱戴。在他们过世之后,当地城隍感念其生前功劳,遂上报玉帝让夫妇俩在三岔口为神,继续为民众驱除病痛。因此民间形成了以"讨圣米"。"许乞丐愿"的做法来为自己或家中的患者祈福。自立冬前后开始,冬至前几天为高峰期。"讨圣米"又称"讨乞食米",大多数由妇女进行,手拎一只红漆木制的专用桶,桶的一侧下端系一支大红棉纱带,插着点燃的神香,桶里放一只小酒杯和少许大米。人们一看如此装备就明白其目的,也不用许愿者刻意解释。"许乞丐愿"时要点一炷香,两只蜡烛,有的还增添两碗蛋酒,择初二、十六夜深人静时,在三岔口许愿,并请一位巫师,口中念念有词:"张公公、李婆婆,病家弟子某某,因患某疾病,求医无效,服药不灵,请您二位神明,给施仙法妙术,病愈虔备供品、冥衣、冥钱……答谢神明宏恩。"在冬至之后还要进行还愿,过去的仪式较为简单,通常是准备一两篮米粿、一小块猪肉、一碟豆腐干、一盘米粉、两碗廉价鱼类和两碗酒,并用糙钱印上墨汁画成的冥衣、冥钱、棕衣、斗笠、草鞋等,在三岔路口焚化给乞丐神和乞丐孤魂。待还愿完毕,东家把敬神供品加些配料烹调,让还愿巫师、帮忙人等饱餐一顿就算完事了。而今人讲究排场,还乞丐愿的供品多至十几种,乃至几十种,改用洁白油光纸印上雨衣、风雪衣、长筒雨鞋等,焚化市面上售卖的专用冥币。还愿毕,东家还要大设宴席,除了请还愿巫师和帮忙的人之外,还要宴请亲戚和乡邻,连游走的乞丐也受到其热情款待。②

---

① 李留梅:《店下"送瘟神"陋习》,《福鼎文史·店下专辑》,第 209 页。
② 陶开惠:《"乞丐愿"陋俗在管阳民间》,《福鼎文史·管阳专辑》,第 160 页。

住屋文化也是典型的生活习俗之一。传统时代民间建宅讲究风水,福鼎地区民众在日常生活中也形成了一套"镇宅"的法则,如门前摆放石狮、门上贴门神、悬镜挂符等。此外,由于救援设施简陋,旧时火灾的危害极大,往往出现一户起火、全街遭殃的情况,因而防火也成为祷告家户平安的一个重要习俗,店下镇每年一度的"防火节"便是家户平安习俗的生动体现。

店下镇每年二月二进行的防火仪式距今有百余年历史。相传在清朝某年二月初二的晚上,一场大火将整个店下街烧成了一片灰烬。火灾过后,村民们纷纷跑到大帝宫求助于神灵,五显大帝显灵要求村民们开挖水池蓄水,并在水池上方设置"水德神公"神龛,初一、十五供奉香火,此后店下果真再也没有发生过特大火灾。人们为了时刻牢记火灾之患及纪念五显大帝和"水德神公"的恩德,便在每年的二月初二举行纪念仪式,齐聚大帝宫祭祀神灵,"作福"聚餐。参加者一定要自带酒水,并于聚餐时喝完,再用空酒瓶从水池中装满一瓶清水,供在家中干净处,以镇火星。二月二活动俨然是店下人的民间防火节,强化了民众防火的意识。[1]

俗语有云,"一方水土养一方人",不同的族群在自然环境、历史因素的作用下,往往在文化习俗上有着或大或小的区别。共同的历史记忆和际遇是族群认同的基础要素,也是造成不同族群形成不同文化特征的基本条件。管阳镇西昆村孔氏是孔子的后代,这里是孔子后裔在江南地区的最大聚居地,被称为"江南孔裔第一村"。孔氏族人以先祖为傲,因而保留着许多与儒家文化相关的习俗活动,八月初四"接北斗"仪式便是其中代表。每到农历八月初四夜晚,村中都要举行"接北斗"的仪式,以此来祭拜魁星。据传该仪式始于宋代衍圣公[2],在西昆流行不辍。仪式开始时,族人准备好供品,依次进行献五果、敬酒、上茶、点灯、进香的仪式步骤。待族人跪拜行礼之后,主祭再恭敬地将所带五彩丝线,按照黄、绿、红、黑、白的顺序,依次接好,悬挂于圣像之前。进行"接北斗"仪式时,供品的放置、明灯的悬挂,都有一定的规矩,如明灯必须摆成北斗形,供品必备五碗等。整个仪式过程中,随从的族人皆须毕恭毕敬地跪拜,等待主祭顺利地接上北斗。自古以来,魁星被当成天宫的文官之首,是掌管科举与仕途的神明,历代读书人都将其视作继孔子之后的主要崇敬对象。西昆孔氏以这种独特的"接北斗"仪式来表示对儒家文化的尊崇,同时也是抒发对祖先孔圣人的

---

[1] 李立华:《"二月二"防火节》,《福鼎文史·店下专辑》,第196页。

[2] 衍圣公,为孔子嫡长子孙的世袭封号,始于宋至和二年(1055年),历经宋、金、元、明、清、民国,直至1935年国民政府改封衍圣公孔德成为大成至圣先师奉祀官为止。

纪念。①

　　店下镇海田村费氏相传为东汉费长房之后,在其先祖的影响下,费氏族人在重阳节流传着"吃请迎客"的习俗。海田村为店下镇费氏族群的聚居地,历代以从事农耕为主。费氏族人奉费长房为先祖,每年的重阳节村中都会举行"吃请迎客"的聚会。是日,海田村处处张灯结彩,费氏后代都会尽量赶回家中团聚,各家各户都会准备少则两三桌、多则十几桌的好菜招待十里八乡前来的客人。来者无论踏入谁家门,任由吃喝,村民绝不会因为来者的身份或出处将其拒之门外。据吴均《续齐谐记》记载,后世流行的重阳节登高、饮酒、插茱萸的习俗便是源自费长房。海田费氏在这天举族欢庆既是纪念祖先,同时也起到加强族中凝聚力的作用。另一方面,重阳节正值秋收之后农事相对空闲的时期,因而村民们此举也带有庆祝丰收的用意。②

　　店下镇溪美村人历代多为手工业者和商人,共同的谋生手段使之拥有共同的集体诉求,由此形成了每年的"六月六"的祈福会习俗。溪美村位于店下与沙埕的交界处,早在明清两代,大多数溪美人便从事编制草鞋的手工行业,商贸和转运业都很发达。溪美村内原河滩"河流湍急,一雨成灾",后来在元代建起林西桥,并于清代重建。溪美的"六月六"就是为了避灾和纪念修桥而设立的民间祈福会,其用意在于禳灾祈福、繁荣兴旺。祈福会期间,家家户户打扫卫生,杀猪宰羊,招待亲朋邻里,还要进行祭拜神明的活动,并请戏曲班子前来演出。同时,周边各地的商贩也纷至沓来,集市上热闹非凡,村人也以携友赶集为乐。一年一度的"六月六"对溪美人来说意义非凡,这一天非但是各家团聚祈福的日子,也是举办集市活动的契机,因而沿袭百年而不衰。③

　　人是社会性的动物。自人类出现之日起,个人活动便与群体密不可分,从最初的采集狩猎到后来的农耕时代,人类基于这种群体生产生活方式而产生了集体娱乐习俗。这些集体娱乐的性质主要是围绕着祈祷和庆祝丰收、战事胜利等目的而进行,其用意是以集体狂欢的方式舒缓生产生活过程中的压力,同时也强化集体凝聚力和内部成员的归属感。福鼎地区内的集体娱乐习俗也十分丰富,不仅在岁时节庆时多有进行,如端午赛龙舟、中秋曳石等,而且在生产生活过程中也不时开展。如管阳镇沈青村的斗牛活动便是其中的代表。斗牛是管阳镇沈青村的传统活动,据传已有百余

---

①　陶开惠:《西昆习俗》,《福鼎文史·管阳专辑》,第164页。

②　朱如培:《海田"九月九"》,《福鼎文史·店下专辑》,第202页。

③　朱如培:《林西桥与"六月六"》,《福鼎文史·店下专辑》,第198页。

年历史,与之毗邻的浙江泰顺柳峰乡也有此俗,因而两地民众常常一同举办。长期以来,山区的耕作离不开耕牛的帮助,因而民众与耕牛结下了深厚的感情。本地的村民们利用公牛天性好斗的特点,在农闲之时以斗牛竞技的方式举办集体娱乐活动,也以此表达重视耕牛、敬护耕牛的情感。斗牛没有固定时间,传统上多选在金秋丰收之后,每逢农历日期的三、六、九日举办,平时的农闲或喜庆之日也都可以举办,每年比赛的次数常在 9 至 20 次之间。参加比赛的公牛年龄一般在十岁以上,体重在 700 至 800 公斤。获得冠军的公牛将在牛角挂上红花示众,得到泥鳅、酒、鸡、菜油等美味的奖励,牛的主人也会得到一定数额的奖金。为了更好地发展当地的斗牛文化,2009年沈青村村民们还建造了一个占地五千平方米的斗牛场。沈青村的斗牛活动不仅是福鼎地区的一项集体娱乐,而且已经发展成为连接闽浙两地边界民众情感的一种独特习俗文化。①

---

① 陈维新:《沈青斗牛节》,《福鼎文史·管阳专辑》,第 168 页。

第三章　礼俗兼行与太姥文化区的多维民俗形态

　　罗伯特·芮德菲尔德（Robert Redfield）认为，"在某一种文明里面，总会存在着两个传统，其一是一个由为数很少的一些善于思考的人们创造出的一种大传统，其二是一个由为数很大的、但基本上是不会思考的人们创造出的一种小传统。大传统是在学堂或庙堂之内培育出来的，而小传统则是自发地萌发出来的，然后它就在它诞生的那些乡村社区的无知的群众的生活里摸爬滚打挣扎着持续下去"①。芮德菲尔德所提出的这种文化大、小传统论，在研究一定地域习俗文化的发展方面颇具指导意义。显而易见，福鼎地区也存在着这两种传统，分别对应着由官方推行的礼制与扎根于民间的乡俗，这种"礼""俗"的长期互动，对本区域风俗文化的形成产生了重要的作用。本章主要针对福鼎地区礼俗兼行的状况进行论述分析，并重视从礼制与乡俗结合的角度，来探讨福鼎地区乡土习俗结构的多维形态。

第一节　儒家礼制的推行与乡俗规范的塑造

　　传统中国对风俗与政治的密切关联很早就有明确的认识。从上古社会开始，礼作为俗的高级层次，早已被视为与政治教化不可分的国家机器组成部分。先秦典籍中有关礼制与国家治乱关系的论述屡见不鲜，如《礼记·礼运》："礼者，君之大柄也。"《左传·隐公十一年》："礼，经国家，定社稷，序民人，利后嗣者也。"《周礼》也明确指出礼俗是治理"都鄙"的"八则"之一："六曰礼俗以驭其民。"《礼记·王制》记载了先秦时期施行于民间社会的六种礼节："……六礼，冠、昏、丧、祭、乡、相见。"这里的六礼，就是统治阶级制定并推行于民间的行为准则，它的推行体现了官方政治思想对民间社会风俗生活的直接干预，其目的即在于"节民性"。在先秦思想家、政治家

---

① ［美］罗伯特·芮德菲尔德著，王莹译：《农民社会与文化》，中国社会科学出版社2013年版，第95页。

的眼里，"民俗教化"是治国大策之一。孔子就十分强调"移风易俗"，荀子也指出风俗是治国要务："入境，观其风俗。"秦汉以后，通过"辨风正俗"，以维持社会秩序、巩固统治已经成为历代统治者的行王道的重要手段。如《汉书·地理志》云："凡民函五常之性，而其刚柔缓急，音声不同，系水土之风气，故谓之风；好恶取舍，动静亡常，随君上之情欲，故谓之俗。孔子曰'移风易俗，莫善于乐'，言圣王在上，统理人伦，必移其本，而易其末，此混同天下一之乎中和，然后王教成也。"应劭《风俗通义》更是直接指出："为政之要，辨风俗最其上也。"

基于这样的指导思想，秦汉以来，伴随着汉政权统治的逐步确立，官府针对福鼎地区民风习俗不断进行调适，其突出表现就是以"礼"来易"俗"，试图将本地区的习俗风尚纳入到儒家礼制范畴内，以同化、移易土著习俗，进而有效地维持统治。其典型方式是各级地方官员频频在本区域兴建具有典型传统礼制象征的各种文化空间，定期举行公共仪式展演活动以及大力向民间社会推行儒学教化等，从而不断地向本地区植入儒家礼制文化内容，以达到"美教化，移风俗"[1]的最终目的。

首先，重视建置作为儒家礼制代表的各种文化空间，以强化其象征意义。在传统社会里，日月星辰、风雨山川、社稷城隍都被赋予了各种灵性，也是宣示儒家价值观的重要对象，定期对其祭祀，代表了一种天命所在，象征着文化的正统性。随着封建王朝的统治在福鼎地区确立之后，这一系列带有浓厚传统礼制观念色彩的坛庙祭祀系统也被移植而入，作为该区域纳入正统化轨道的一种标志而存在。而历代地方官员们也十分重视兴建、重修这些文化空间，将其作为宣扬传统礼制的手段。如乾隆四年福鼎设县后，官府就在县城北设置了社稷坛，奉祀社神和稷神，每年与山川之神、风云雷雨之神和城隍之神一同接受福鼎地方官府举行的春秋两次祭祀。[2] 此外，乾隆六年，知县傅维祖主持修建了文庙，此后，官府每年定期举行春秋祭典以祭祀孔子，典礼庄严肃穆，称为"祀先师礼"，同时奉祀的还有孔子之后的历代大儒。很显然，官府力图通过这种定期祭祀儒家先贤的方式以展示对儒家礼制文化的推崇与宣扬。

其次，历代官府也积极地通过定期举行公共仪式展演活动，从而达到宣导儒家价值观以整饬风俗的效用。嘉庆年间所编《福鼎县志》在谈到"典礼"的意义时指出："我国朝治定制礼，损益百王，超越千古，典文该洽，万世可遵。所有议定通行，载入省郡志各条，为县邑所当引据者，敬谨纂辑，用昭法守而示率循也。"[3]换言之，遵循、宣

---

[1]　管仲:《管子》卷九"霸言第二十三"，四部丛刊。
[2][3]　嘉庆《福鼎县志》卷四"典礼"。

导传统礼制规范是各级官府的一项不可或缺的政务,在此背景下,各地官府一般都要定期举行各种公共仪式活动,以期通过仪式展示而教化民人。立春时期的迎春礼就清楚地揭示出这一点。

作为传统时期一种带有深刻宣教意义的重要公共仪式活动,迎春礼是地方社会极其重要的典礼之一,从典礼中所用的土牛制作规格到仪式过程,都有着严格的规范,例如,关于土牛的制作:

> 土牛胎骨用桑柘木,身高四尺(按四时),长三尺六寸(按三百六十日),头至尾长八尺(按八节),尾长一尺二寸(按十二月),鞭子用柳枝,长二尺四寸(按二十四气)。牛色以本年为法,头、角、耳用年天干,身用年地支,蹄尾肚用纳音。笼头、构、索以立春日日干为笼头色。构用桑柘木。索,孟日用麻(谓寅申乙亥日),仲日用苎(谓子午卯酉日),季日用丝(谓辰戌丑未日)。造牛以冬至节后辰日,于岁德方取水土。

其迎春与鞭春仪式过程通常如下所述:

> 有司预期塑造春牛并芒神于东郊外春牛亭。立春前一日,县率属俱穿蟒袍补服至春牛亭,通赞导至拜位,唱:"就位(各官俱至拜位)。"上香鞠躬,拜,兴,拜、兴。初献爵,再献爵,三献爵,读祝文。读毕,通赞又赞:"两拜。"礼毕簪花(各官俱簪花)。上席,酒三巡,属官先行,长官次之,春牛随后,迎至县头门外,土牛南向,芒神西向。
> ……
> 立春日清晨,备牲醴果品,县率属俱朝服,通赞导至拜位唱:"就位。"鞠躬,拜、兴,拜、兴。初献爵,再献爵,三献爵,读祝文,读毕,通赞又赞:"两拜,兴。"导至土牛前,各官俱执彩杖,排立两旁。通赞(赞):"长官击鼓"(几三击),遂擂鼓(鼓手自擂)。赞:"鞭春。"各官击牛者三,揖,平身。通赞导至芒神前,揖,平身,礼毕。①

由于传统社会以儒立国,而儒家历来是以农为本,十分重视农耕。因此,立春时

---

① 嘉庆《福鼎县志》卷四"典礼"。

期的迎春礼就成为了一种特殊的展示儒家重农文化的公共仪式活动。

第三，大力推行儒学教育以劝化乡俗。传统中国对于兴学与风俗之间的关系早有认识，如《礼记·学记》就指出："化民成俗，其比由学。"隋炀帝也曾谈到："君民建国，教学为先，移风易俗，必自兹始。"因此，福鼎地方历代官府也十分重视通过发展教育以推广传统儒家文化，培植醇厚风俗。如谭抢，"己丑授鼎令，卓著循声，以移风易俗为己任，重修桐山书院"①。官方还常常通过定时演行乡饮酒礼等儒家礼仪来培养当地礼敬师长的风习。通常是在每年的正月十五日、十月初一日于福鼎儒学堂举行，主礼者是地方最高长官，而参与者都是本地德高望重的士人或耆老。官府举行乡饮酒礼这样带有鲜明儒家文化色彩的传统礼仪，显然是希望能够借助士子与耆老的社会影响力来达到化民成俗的目的。在传统时代，士子与耆老作为社会精英阶层，也要担负起教化民众的责任，如清代"林东震，字起垣，在坊人，贡生，性谦谨，接人无少长必以礼。居乡讲学多有成就……"②又如"林元燮，字时和。秦屿人，邑诸生……设绛四十余年，尽心讲解，尤以礼义廉耻为训"③。

在推行儒学教化以改易乡俗方面，首推宋代大儒朱熹的影响最大。福鼎号称"朱子过化之区"，朱熹曾经流寓本地讲学，杨楫、高松、孙调等人都是杰出的弟子。朱熹十分重视整顿地方风俗，其改易风俗的讲学活动影响深广，以至于自宋代以来，在相当长时期内，《文公家礼》都是衡量社会习俗是否规范的范本。而随着朱子理学在福鼎地区的推广，福鼎地区的乡俗的发展也深受影响，如清代邑人王锡龄热心宗族事务，"建四亲祠，依《朱子家礼》为条约"④。而桐山施氏宗族在制定本族祭祖仪式时，很显然也受到了朱子理学的影响，其族中父老甚至将祭祖要遵行《家礼》规范这一要求严格载入《祠规》中：

祭祖仪注，前此虽行，尚不全备，今依照《家礼》酌定梓入，不繁不简，俾后世子孙有所遵循。⑤

①　光绪《福鼎县乡土志》之"政绩"。
②　嘉庆《福鼎县志》卷六"孝友"。
③　民国《福鼎县志》卷二十二"儒林人名"。
④　光绪《福鼎县乡土志》之"名儒"。
⑤　《桐山施氏宗谱》卷首"祠规"，民国丁丑年（1937年）重修本。

第二节　小传统与地域习俗的乡土积淀

经历了长时期的教化活动之后,福鼎地区最终确立了以儒家礼制为指导原则的核心价值观。然而,小传统文化无疑具有十分顽强的生命力,对于民间社会来说,往往一些与代表上层社会的"礼"相对的乡俗文化也很容易在此找到生存空间。因此,尽管礼制规范被塑造为福鼎地区习俗的核心文化,但与此同时,一些原有的地方性习俗也被巧妙地以各种方式传承下来,融入普通民众的日常活动中,从而形成了福鼎地区丰富多彩的传统习俗形态。

秦汉以前,福鼎地区是百越族群的聚居地,这一南方族群所具有的一个重要文化特征是"信鬼神,好淫祀"①。很显然,这种"好巫尚鬼"的传统为其后福鼎地区丰富的民间信仰文化发展提供了肥沃的滋生土壤。在本地区民间信仰世界中,女性神祇占有突出的位置,而这与上古时期以来流行的"尚巫"传统密切相关,如妈祖、马夫人、临水夫人传说都是女巫出身,她们生前流传着许多救死扶伤、消灾解厄的事迹,深受民众信任和爱戴,死后被奉为神明。此外,还有不少本地神明的人物原型也是由巫觋转变而来,带有强烈的巫术烙印,如管阳镇一带流行的"乞丐愿"信俗中所奉的乞丐夫妻,相传便是善用秘术治疗疑难杂症从而死后受封为神。同样,百越族群原有的万物有灵信仰也对福鼎地区民间信仰世界产生了重要的影响,例如,普通民众出于祈福禳灾的功利目的,认为多一个神灵就多一重保护,不但传说中的神仙、历史人物可以被奉为神明,甚至连岩石、老树、禽兽等自然物也能成为崇拜对象,人为地被赋予各种功能特征,如祈雨驱疫、保佑平安、御寇弥盗、求财求子等,以满足当地民众不同的需求。在这种"信鬼神"民俗心理机制影响下,本地区民众十分热衷于民间信仰活动,每逢神佛生辰忌日,各地多要举行大规模的迎神赛会活动。这些频繁不断的民间祀神活动也成为了福鼎地区传统民俗的组成部分,与官方正祀并行不悖,经久不衰。

越人"好巫尚鬼"和原始自然崇拜观念亦对其后福鼎地区民俗宗教化特征的形成产生了重要的影响。汉唐以来,伴随着佛、道等宗教在本地区扩散传播,很快就与当地原始信仰文化融合,并日渐渗透进当地岁时节庆、婚嫁丧葬等民风习俗体系中。尽管历代官府力图对此加以规范,但却难以抗拒民间习俗中的这种浓厚宗教色彩。

① 《汉书》卷二八"地理志"。

以旧时岁时习俗为例,宗教元素随处可见,元旦迎年要遵循一套符合宗教文化的禁忌,如初一要全家食素、忌杀生等。再如元宵节,当地民众也要进行祭神祀祖等活动。其他如端午、七夕、中秋等岁时节日无一不蕴含着自然崇拜与宗教色彩,而中元节的流行,更是典型的代表。自佛教传入之后,以佛教目连救母为核心的盂兰盆会便与原本是道教追荐祖先的中元节结合起来,演化为一个糅合佛道的宗教民俗节日。可以说,民俗中的宗教活动一直贯穿于本地区一年四季的节日活动中。以至于被官府视为是反礼法的行为:"元正十日有舞鬼之戏,土神诞辰有乐神之筵,或奉神像出游,前导俳优,列锦罗珍,醵金宴会,穷日连旬。"①这也表明民间在接受并遵循官方礼仪指导的同时,也不断地以自身小传统的文化丰富着节日内涵。

与岁时习俗一样,福鼎地区婚嫁丧葬习俗所受宗教影响也十分明显,例如旧时男女谈论婚嫁之初,流行着将写有男女双方生辰八字的红帖供于家中祖先或神明前,以求神占卜判定吉凶的习俗,这种仪式显然并非来自儒家传统婚礼,体现了宗教崇拜对民间婚姻生活的渗透。此外,各地在具体的婚姻礼俗中还流行着一些制煞驱邪的仪式,如新郎不可亲自前往迎亲,以免犯冲;新娘在上轿前洒白米并分于兄弟,以示不带走娘家风水;新娘在下轿时须踏着红布袋进入男方家中,以避凶煞,这些仪式都带有较为明显的宗教禁忌意义。丧葬习俗方面的宗教性更为突出,从始丧到葬后的祭奠,无时无刻都离不开僧道、巫师组织的诵经礼忏等宗教活动。与此同时,风水观念对福鼎地区丧葬习俗的影响也非常突出,尤其是宋以后,本地区堪舆之术盛行,民间为了卜得吉地,托庇先人,常常出现不择手段谋求一块所谓的"福地",以及停柩不葬或屡次迁葬的情况。

第三节　礼俗相交与习俗结构的多维形态

毫无疑问,社会习俗历经大传统文化的改造之后,其最终还是要回到小传统的俗民社会中去,成为一种新的民俗,只不过其中已渗透了上层统治者的意志在内,这也就是通常所说的"俗而礼,礼而俗"的过程。福鼎地区民俗发展历程也遵循着这种文化演进规律。一方面,儒家礼制作为民众生活的核心价值观,在指导本地区的民众习俗活动方面扮演了重要作用;另一方面,原有的地方性习俗文化元素也得以融合进

---

① 嘉庆《福鼎县志》卷四"坛庙"。

来,共同构成了福鼎地区礼俗相交的特点。

福鼎地区民俗所受到传统儒家礼制文化的影响是显而易见的。无论是一年四季中的岁时节庆活动,还是日常生活中的衣食住行行为,都无一不渗透着传统礼制文化的影响。从元旦的祀先、亲友互贺到除夕的合家团聚夜宴,在这些具体的年节仪式中,都包含着传统儒家文化讲究孝道、亲族和睦以及尊老爱幼伦理精神在内。此外,本地区的衣食住行习俗也蕴含着儒家礼制文化的意义,民众多讲究宗族聚居,居则必建有祠堂,作为奉行传统儒家礼制宣扬的尊祖敬宗的场所,而定期举行的家族祭祀活动,则充当起对所有家族成员进行一次传统礼制教化的作用。至于福鼎地区内流行的婚姻丧葬、生育寿诞等各种人生礼仪习俗,更是直接源于传统儒家礼制的基本精神。各地的婚礼仪式都包含了祭祀祖先、依次礼拜尊长等内容,这既是对新人成为家族成员的某种通过仪式,又是家族等级礼制观念的反映,其目的在于维系长幼有序的家族秩序,以使新旧成员都能遵行礼仪规范。同样,寿诞仪式中所包含的礼敬尊长的寓意也十分明显。家中子孙与亲族晚辈要按辈分大小依次对寿星行叩拜礼,此即是传统社会所要求的孝悌和睦观念的直接体现。福鼎地区的丧葬风俗都包含有一系列繁杂的仪式程序,从亲死治丧的哀戚恸哭,到披麻戴孝、安葬守灵,乃至代代相传的墓祭祠祭,其中折射的不外是孔孟儒家思想中的重礼仪、亲孝悌的传统伦理。可以说,正是传统儒家文化的渗透,促进了本地区民俗中崇德尚礼儒化内核的形成。

而另一方面,在民间小传统文化对传统风俗持续而深刻的影响下,福鼎地区的习俗结构中也体现出底层社会性的另一面。以宗教文化为例,既有列入官方祀典的"正祀"崇拜,也有一套民间神鬼体系。而且这种民间神祇因为与民众生活紧密相关,往往备受民众重视,从而在民众生活中产生很大的影响力。尽管历代官方将这些民间神祇视为"淫祀",并持续予以批判和打击,但是有时也不得不对于其中一些影响力较大的神明做出一些适当的妥协,采取默许甚至支持的态度。

福鼎地区这种习俗多维文化形态在一些与生产生活相关的习俗中也有着明显的体现,官方和民间的做法往往并行不悖。福鼎沿海一带广受太平洋季风的影响,旱涝灾害较为频繁,因而对本地的农业生产有着巨大影响,祈求风调雨顺就被正式纳入官府的职责范围内,相应的仪式也有着具体的规范要求。福鼎本地的龙王受到朝廷敕封,称为"福鼎济应龙王",县内还建有龙神庙,"凡祈晴雨皆致祭焉"。① 从仪式上来看,官方组织的祈雨仪式较为庄重简朴,通常都是由地方官吏带头进行,先要提前一

---

① 嘉庆《福鼎县志》卷四"坛庙"。

日斋戒,在仪式当日官员须穿着朝服,按照典礼仪式的规范逐步完成祭祀。而与官方这一套庄严肃穆的祭祀礼仪相比,当地民间采取的祈雨方式则呈现出复杂的另一面,按照地域的不同,出现了设台求雨、晒菩萨祈雨、龙潭祈雨等多种形式,而仪式过程也十分繁琐,并带有明显的宗教影响与原始巫术的痕迹。这些都是大、小传统文化并存的深刻体现。

萨姆纳(W. G. Sumner,1840—1910)曾指出:"民俗是一个具有各种不同程度的重要性的习惯组成的巨大集合,覆盖了所有的生活利益,构成了对年青后生的一整套教育材料,体现着一套生活策略,塑造着人的性格,包含着一种还很含蓄、还未被系统整理的世界观,并受到鬼灵崇拜的强化,以至不可改变。"①诚然,社会民俗事象是千差万别的社会生活文化的集合反应,具有复杂多样的特点。然而在这种复杂化的民俗现象之后,又贯穿着一些较为稳定、带有普遍意义的精神观念,不论是源于庙堂、由历代哲学家和统治者推崇的礼制文化,还是扎根于市井乡村、由普通民众在生活中持续践行的民间风习,都在一定程度上影响着福鼎地区社会民俗文化的发展,使之呈现出礼俗兼行的多维文化形态。

---

① 转引自高丙中:《民俗文化与民俗生活》,中国社会科学出版社1994年版,第198页。

第九编

宗教信仰　太姥文化的神圣内涵

宗教文化展演着民间社会生活的本质,是了解一个区域社会文化的重要窗口。位于闽浙之间的福鼎,山海交融,得天独厚的自然地理环境和人文氛围蕴育了多元灿烂的宗教文化。

太姥信仰是太姥文化的灵魂。太姥信仰应是由始祖母信仰演化而来,由于道教元素的渗入而逐渐普化的民间女神信仰。源自上古时代的太姥传说,以不同角度的民间叙事再现了太姥娘娘的多重形象,折射出闽中远古先人的拓荒史和族群迁徙的历史记忆。

福鼎地区汇聚了儒、释、道、基督、摩尼五大制度性宗教,形成了本土宗教与外来宗教交融共生的格局,建构了一个区域性的多元神灵体系,留下了宝贵丰厚的宗教文化遗产。有"江南孔裔第一村"之称的西昆孔子后裔至今仍在传承着千年儒教的文化精神;渊远流长,一本同源的佛道文化,一千多年来度化了福鼎万万千千的芸芸众生;基督教带来了西方社会的现代文明,为福鼎社会的移风易俗、社会进步做出了历史性贡献;源自西亚的摩尼教入华后经历了曲折的本土化过程,最终在不断的变异中走向式微,在福鼎留下了宝贵的宗教遗迹和难解的文化谜团,值得今天的人们继续去探寻。

宗教是社会活动的产物,宗教文化以其独特的影响力参与建构了地方感和地域文化认同。多元宗教在福鼎的传播与发展过程,融合了福鼎本土社会文化的元素,营造了福鼎地区多彩的宗教文化景观,诠释了太姥文化的神圣内涵。本土宗教和外来宗教以各自独特的宗教理念和宗教实践,创造着滋养区域民众精神生活的食粮。在"仁爱救赎"价值观的引领下,各教以慈善公益活动服务地方社会,在行仁普济的道路上殊途同归,为造福福鼎的百姓,维护社会安定,净化社会风气,推动社会进步,繁荣地方文化作出了重要的历史贡献。

在新的时代背景下,宗教文化在服务社会发展方面的价值与意义愈发突显。当地政府及民间应妥善保护和传承地方丰厚的宗教文化遗产,深入发掘遗产的文化内涵和社会功能,通过科学合理地开发利用,增加遗产的经济社会效益,将福鼎地区塑造成中国东南宗教文化旅游胜地,以弘扬悠久的宗教历史文化,造福更多的社会人群。

第一章　太姥传奇与太姥文化区的上古宗教

古老浪漫的太姥传奇诉说着民间对太姥娘娘这位女神的多重记忆。将不同版本的太姥娘娘传说并置于区域发展史的脉络下,我们得以透过假想和推论还原这位闽越之地最早女神的原初身份,在历史时空中追溯太姥信仰的形成、传播及其与上古宗教的关联。

第一节　太姥传奇与太姥娘娘的多重身份

以"太姥"为名的太姥山,自古以来就流传着许多有关太姥的传奇故事。透过民间的口头传统和历代文人的书写,这些动人的传说与故事一代代传承下来,留下了太姥文化区珍贵的文化记忆。然而,太姥山究竟因何得名? 太姥娘娘的来历和真实身份又是什么? 这些问题长期以来一直困扰着研究太姥文化的学者。综观不同版本的民间传说对太姥身份的解读,大致可将其归纳为尧母说、畲女说、女性隐者说以及古闽越族群始祖母说等几种。

太姥山原名才山,以尧帝母亲为原型的民间传说认为,太姥乃尧帝之母,太姥山是因尧帝的母亲而得名。传说上古尧帝的时候,一天夜里,尧帝的母亲梦见东南方向的海边有一座仙山,山上石峰高耸,雄奇秀丽,就像仙境一样。第二天醒来,尧母就要去东南方寻找这座仙山。尧帝劝阻不住,只好陪着母亲一起去寻找。他们乘船在海上航行了好几个月,还是没有找到那座仙山。一天,船正行驶着,海上突然起了大雾,难以辨别方向。船上的人都惊慌起来,跪着祈祷。不久,海上刮起了一阵大风,待云雾慢慢散开后,只见一座高山耸立在眼前。尧母见这山险峻奇伟,与梦中所见完全相同,非常高兴。尧帝命人将舟靠岸,与母亲一道登上山。后来,尧母因留恋这山,便在一个山洞里住了下来。一天,她去山上采蓝草,在一块岩石边看到一株很特别的小树,树叶晶莹剔透,惹人喜爱。她随手摘下几片嫩叶放到嘴里咀嚼,觉得十分清香爽口。于是,她就把小树的嫩叶采下来制成茶,取名为"绿雪芽"。每有山里的土著乡民造访她所住的山洞,她就以"绿雪芽"茶招待他们。据说尧母还用"绿雪芽"茶治愈了许多患麻疹的土著病孩。尧母死后,当地土著因感念其恩德,建造了一座石墓埋葬其舍利,并塑造了遗像,尊奉她为"太姥娘娘",同时改称这座山为"太姥山"。①

今天,在太姥山的一片瓦景区,我们仍然能够看到保存完好的太姥娘舍利塔,据说太姥娘娘的舍利子便存放于其中。舍利塔安放于一座约3—4平方米的石室内,石室门口的牌匾显示其修建于民国甲申年,为太姥山上一位名为进杭的寺庙主持所立。然而,尧母是否的确来过太姥山,并真的在此居住过? 太姥山又是否真是因尧母的到访而得名? 这些问题或许只能永远留存为历史迷思了。诚然,按现代人的理解,尧母曾居于太姥山的传说可信度显然不高,但从另一个角度看,它却也从侧面说明了太姥山的独特性——天下名山何其多,能得到尧帝母亲垂爱驻留并因之得名的却仅此一座,可见太姥山确实有其独特的魅力。

另一流传甚广的传说认为,太姥娘娘系太姥山下才堡村的一名畲族农家女子。传说尧时,才山(太姥山原名)脚下的才堡村有一畲女因避战乱栖居于山中,以种蓝为业。其人乐善好施,人称蓝姑。有一年,太姥山周围的村落流行麻疹,病魔夺去了许多年幼孩童的生命,这深深刺痛了蓝姑善良的心。一天夜里,受南极仙翁指点,蓝姑攀上鸿雪洞顶,在榛莽之中找到一株与众不同的小茶树。她遵照仙翁的吩咐,将茶树上的芽叶采摘下来制成茶叶,并送到每个村庄,告诉村民们煮茶汤给患病的孩童服用。茶到病除,麻疹病魔终于消失无踪,蓝姑因而受到当地民众的崇敬。

这则传说并未提到蓝姑如何转变为太姥娘娘,其重点落在了鸿雪洞旁那株名为"绿雪芽"的茶树以及蓝姑利用茶叶煎汤治病救人的事迹。不难发现,此传说中蕴含着一段有关福鼎白茶起源的重要历史记忆。白茶性寒凉,具有生津解渴、祛火败毒、清脾提神、养精健体之功效,其药用功能堪比犀牛角。民国卓剑舟的《太姥山全志·方物》对此有详细介绍:"绿雪芽,今呼为白毫,香色俱绝,而尤以鸿雪洞产者为最。性寒凉,功同犀角,为麻疹圣药。"或许早在蓝姑生活的时代,人们就已发现了野生白茶的这一特殊药用功能。由于防治小儿麻疹的机缘巧合,蓝姑采山茶煎汤治疗病孩的方法得以在民间传播。此后,人们为了保存此治病秘方,尝试将野茶树的嫩叶采摘晒干以方便保存,从而发明了最早的天然晒茶法。而白茶也由此慢慢从药用过渡到日常饮用,并获得大量栽培,最终造就了今日福鼎白茶产业的繁荣。

---

① 梁奕章:《闽东风物志》,福建人民出版社1992年版,第105—106页。

鸿雪洞旁的那株绿雪芽茶树因受到神仙点化，又传说是经太姥娘娘亲手培植，因而被称为千年仙茶、茶中极品，被视为福鼎大白茶的始祖。清代周亮工的《闽小记》、郭柏苍的《闽产录异》、吴振臣的《闽游偶记》等古籍中均有提及鸿雪洞旁所产之绿雪芽茶。据说，绿雪芽茶经海路贸易出口海外，为"英伦女皇所独好，海外商贾所偏求"。在深受中国文化影响的日本，人们发现在古茶书中也有对这株古茶树的记载。1990年，日本人为纪念中国茶文化传入日本800周年，还曾组团专程来到太姥山探寻这株古茶树，足见这株古茶树在茶界地位之重，名气之大。① 所以，传说中的太姥娘娘也极有可能是第一个发现白茶的药用保健功效，并不遗余力培育和推广白茶的"白茶之母"，由于深受当地人爱戴，死后被奉为女神。据说，现今在太姥山附近的村落，每年清明时节，还会有信众把新采的绿雪芽茶用红漆供盘盛着，供奉在太姥娘娘像前。②

在各种版本的传说中出现的太姥娘娘的另一重身份则是女性修行隐者。淳熙《三山志》引用了王烈的《蟠桃记》载："（太姥山）旧名才山。尧时有老母，以蓝练为业，家于路旁，往来者不吝给之。有道士尝就求浆，母饮以醪。道士奇之，乃授以九转丹砂之法。服之，七月七日乘九色龙而仙，因相传呼为大母。汉武帝命东方朔授天下名山文，乃改母为姥。"从此，大母山便改称太姥山。在这一传说中，种蓝老母因学会道士传授的"九转丹砂之法"，炼制服用仙丹后成仙。我们据此可以推测，传说中的种蓝老母也有可能是一位隐居于太姥山中的女性修道者。

通过隐居山中修行，寻求得道成仙之路是道教的重要观念。道教认为，凡人经过长期修炼后能够达到长生不老，只要得"道"，就可以白日飞升，羽化成仙。太姥山景色奇丽，阴雨天时云雾缭绕，很符合道家对于"仙境"的想象，因而自古以来就吸引了许多方士前来隐居修道。最早的修持者甚至可以追溯至太古时代，如曾任老子之师和黄帝之师的容成便是其一。《福宁府志·地理志》载，"相传尧时太姥业蓝处，又云殷力牧、容成子栖此炼丹"；明屠隆诗云："兹山合是神灵都，力牧容成此炼药。"

传说总是有一定的事实依据的，不可能凭空捏造。太姥娘娘作为一位长期隐居于太姥山的女性修道者的可能性是存在的，当然也不排除这种传说是人们在目睹太姥山各种奇峰秀景后发挥想象牵强附会的结果。太姥山上的"通天洞""太姥升天

① 周亮工：《闽小记》，乾隆刊龙咸秘书本；郭柏苍：《闽产录异》，光绪十一年（1885年）版；白荣敏：《福鼎史话》，第25—28页。
② 梁奕章：《闽东风物志》，第106页。

石""金龟爬壁"等自然景观与太姥羽化登仙的传说配合得天衣无缝,仿佛是一种真实的"历史遗迹"在证实曾经发生过的奇异画面,令心存疑虑的人更愿意选择相信而非辩驳。

有关太姥娘娘的身份认定,迄今最富有历史价值和学术意义的讨论,当属将其视为闽越人始祖母的假设与论证。透过对留存于口头传统、文献、族群记忆以及民俗实践中的文化元素进行分析而得出的有关太姥娘娘与畲族等族群关系的推论,仿佛拨开了一团历史迷雾,令太姥娘娘的历史形象变得愈加清晰。

在民间流行的太姥娘娘传说故事中,围绕太姥山这一地点、以种蓝为业的女性形象多次重复出现,说明种蓝应该是太姥娘娘的原型人物具有的核心特征。换言之,种蓝应是太姥娘娘当时从事的最主要的生计活动之一。蓝,又称蓼蓝,是一种蓼科植物的简称,其叶可加工成青蓝色的染料,称为靛蓝或靛青。乾隆《宁德县志·物产》载:"大菁,制为靛,可以染。"清嘉庆《福鼎县志·物产》载:"靛,俗呼青靛,种青草,绞其汁,以灰扰之而成。"蓝草的种植与利用在我国有着悠久的历史。据史料记载,我国古代发明、制作并使用蓝靛的时间甚早。古人早期的纺织品多以麻、苎为原料,而常用的染料即为蓝靛。

据学者卢美松的考证,属于南方的福建,至迟在宋代,蓝靛的种植已相当普及,是一类有重要经济价值的农产品。若追溯更久远的种蓝历史,则可上溯至上古时代。综合流传于民间口头传说以及官方志书中记载的信息,太姥娘娘系一位生活在上古尧时代的女性的身份应该是可以明确的。清嘉庆《福鼎县志·山川》载:"太姥山,旧名才山,在县南八十里。容成先生尝栖之。尧时,有老母,种蓝于此,后仙去,因名太母山。汉武帝命东方朔授天下名山文,改母为姥,封为西岳之神。"又载:"蓝溪,州志:源出太姥山,每岁八月,水变蓝色。相传太姥染衣处。居民候其时,取水沤蓝,染帛最佳。"据此传说,早在距今4000多年以前的新石器时代晚期,太姥就已在福鼎太姥山区种植蓼蓝了。①

近年来,随着太姥文化研究的深入,有学者发现太姥娘娘的传说并不只流传于福鼎太姥山区域,同处东南沿海的闽、浙、赣其他地方也有太姥的传说。同时,在福建的崇安、浦城、金门,浙江的缙云、新昌、仙居、嵊县等地有山取名为太母山。在闽南漳州的龙海市和台湾金门县分别有南、北太武山,而闽北武夷山区则流传着皇太姥传说。基于这些新的资料,一些学者提出"太姥系古闽越母系氏族社会土著族群对其女性领

---

① 卢美松:《闽中稽古》,第177页。

导者(始祖母)的通称"的观点(以下简称始祖母说)。由于综合了文献考据、口头传统和史迹所提供的信息,此种观点的说服力和可信度都比较高。

作出上述论断的学者们找到了一些重要的文献证据作为佐证,如载于清康熙《漳浦县志》上的一段话:"太武山,其上有太武夫人坛。人坛前记谓闽中未有生人时,夫人拓土而居,因以名山。武一作姥,其说荒远,但《列仙传》称皇太姥闽人婺女之精,而闽越负海名山多名太姥者。"①这段文字提供了三个方面的重要信息:其一,太武夫人坛写着,当闽中地区还是荒无人烟时,太武夫人就已在那里拓荒而居,说明太武夫人是最早开拓闽中大地的一位始祖母级别的人物,故此大山因她而命名;其二,"武"通"姥",所以"太武山"也称"太姥山","太武夫人"也就是"太姥夫人";其三,闽越有很多临海的大山都取名为太姥山,说明这些山的命名具有一定的规律性和文化上的相互关联。除此之外,晋江人蔡永兼于清嘉庆时所写的《西山杂志》对福建漳州华安县仙字谭摩崖石刻的描述也透露了十分重要的信息:"摩崖石刻乃商周之时畲人留伯所镌……经畲吴昱战太君越。庆功时,太母夫人称贺。太母者,太姥也。摩崖石刻古文如舞女,即蓝太武族翩翩起舞也。"根据以上两则资料,联系福鼎县志所载的"太姥种蓝"传说,基本上可以判定,在距今四五千年前的我国东南沿海和山区各地,曾经存在过以太姥娘娘为始祖母的"蓝太武"族群。所谓的太姥夫人(或太武夫人)的身份,应该是福建历史上曾经存在过的以种蓝为业的母系氏族群体的始祖母。以太姥夫人为始祖母的闽族土著先民,繁衍散布于闽越沿海及山区各地。而闽越多地的山之所以取名为太姥山(或太武山、大母山),乃是为纪念其始祖母或者说是始祖母崇拜的一种体现。②

经过深入梳理史籍资料和民间传说,学者们还发现,"蓝太武"这一母系氏族群体可能与畲族乃至古闽越的其他土著族群存在密切的渊源关系。有一种颇具想象力的假设是把太姥传说和畲族的盘瓠传说联系起来,认为太姥乃是跟随盘瓠来到古闽越的尧帝放勋之母,而尧母与盘瓠之间是岳母与女婿的关系,而有关畲族族源史的民间史诗、传说则是印证这一特殊关系的"证据"。这种假设乍听起来似乎有点令人难以理解,然而经过仔细查考史料,结合民间流传的畲族族源史诗及相关传说加以分析,推导得出的结论在逻辑上却有令人感觉不可思议的合理性,颇有柳暗花明、令人豁然开朗的感觉。

---

① 康熙《漳浦县志》卷十九,民国十七年(1928 年)翻印本。
② 卢美松:《闽中稽古》,第132—135 页。

　　盘瓠的故事在畲族的族源史诗《高皇歌》以及东汉、南朝的学者所著述的《风俗通义》《后汉书·南蛮传》等史籍中都详细的叙述。《风俗通义》载："昔高辛氏犬戎之寇,帝患其侵暴,而征伐不克。乃访募天下,有能得犬戎将吴将军头者,赐黄金千镒、邑万家,又妻以少女。……下令之后,盘瓠遂衔人头造阙下。群臣怪而诊之,乃吴将军首也。帝大喜,而计盘瓠不可妻之以女,又无封爵之道,议欲有报而未知所宜。女闻之,以为皇帝下令,不可违信,因请行。帝不得已,乃以女配盘瓠。盘瓠得女,负而走入南山,止时室中,所处险绝,人迹不至……经三年,生子一十二人,六男六女。盘瓠死后,因自相夫妻。织绩木皮,染以草实。好五色衣服,制裁皆有尾形。……衣衫斑斓,语言侏离。好入山壑,不乐平旷……以先父有功,母帝之女,田做贾贩,无关梁符传、租税之赋。有邑君长,皆赐印授。"

　　从已知史籍的记载来看,盘瓠的故事相当久远,《山海经》和《搜神记》里面都有提及。根据畲民口传史诗以及文献资料的记述,盘瓠领诏前往敌国杀掉犬戎首领后,高辛皇帝兑现了承诺,将三公主配给盘瓠为妻,招其为驸马。然而盘瓠并不贪恋宫廷的荣华富贵,携妻迁往古闽越的大山中居住,之后生儿育女,繁衍子嗣,建立了一个属于自己的王国。根据古代文献记载所描述的情形,盘瓠是带着高辛皇帝的女儿,来到距中原二万一千里的闽浙之地,"得海中土",并在这里生存繁衍的。

　　三公主下嫁盘瓠后,跟随盘瓠去到闽越之地,居于深山石洞,身为父亲的高辛皇帝担忧和思念女儿,自然十分悲伤,多次派人前往寻觅探视均无果。《搜神记》中载:"盘瓠将女上南山,草木茂盛,无人行迹。于是女解去衣裳,为仆竖之结,着独立之衣,随盘瓠升山入谷,止于石室之中。王悲思之,遣往视觅,天辄风雨,岭震云晦,往者莫至。盖经三年,产六男六女。盘瓠死后,自相配偶,因为夫妇。织绩木皮,染以草实,好五色衣服,裁制皆有尾形。"传说虽然有夸大和虚构的成分,然而往往也是历史真实的折射和投影。设想一下,金枝玉叶的女儿随盘瓠将军远嫁东南蛮荒之地,除了作为父亲的高辛皇帝担心之外,恐怕还有一个人也是很难放心得下,这个人便是公主和尧帝放勋的母亲。或许,我们可以据此做出一段合乎情理的推想:三公主随盘瓠离开后,尧母思女心切,茶饭不思。一天夜里,她梦见盘瓠和公主所居住的那座位于东南沿海的大山,于是,第二天清早起来她就急匆匆地收拾行囊,要去东南寻找女儿。尧帝劝阻不过,只能陪同母亲一起前往。他们乘船在海上航行了好几个月都没有找到尧母梦中见到的那座山。最后,在经历了一场大雾和大风之后,天遂人愿,他们的船正巧漂到了福鼎境内的才山——这正是尧母在梦中见到的那座山。他们登上山后,找到了盘瓠、三公主以及他们的孩子……尧母看到这山挺拔险峻,景色秀美,女儿女婿在此安居乐业,子孙满堂,乐不思蜀,于是决定留下来与他们一起生活。他们在这里植蓝种茶,发展起原始的农业和染织业。尧母死后,被封为"太姥娘娘",才山也改名为"太姥山"。盘瓠的子孙后代,由于其先祖对朝廷有功,先祖母又是皇帝女儿,于是朝廷给予特殊待遇:从事田作农耕或小商小贩,无需出入关隘的帛制证件,无需交纳租税……写到这里,我们惊奇地发现,我们如此的推想与前文中第一个传说中描述尧帝陪同尧母海中寻找仙山的内容是何等地相似! 历史是否真的是在这样的巧合中上演的,我们不得而知。然而,有一点可以确定的是,太姥娘娘与畲族之间密切的渊源关系一定是存在的,只是还需要有更详实的史料来加以证实而已。

通过对太姥娘娘的各种传说和文字记载进行了一番梳理,我们所看到的太姥娘娘是一位拥有多重形象、堪称伟大的始祖母级的女神。无论是尊贵的尧帝之母、善良的蓝姑,还是作为白茶之祖的女性修行者,抑或是作为始祖母的氏族领袖,今天的我们很难通过这些亦真亦幻的传说故事精确还原出太姥的真实身份。然而,这些从上古时代流传而来的传说故事,从不同的角度再现了太姥娘娘的多重形象,折射出闽中远古先人的拓荒史和族群迁徙的历史记忆。它们千百年来一遍遍叙说着太姥的传奇,传扬着太姥良善慈爱的精神,滋养着生活在闽东这一方水土的人民。

第二节　太姥信仰的形成与流播

版本不一、内容各异的太姥娘娘传说与太姥山的奇峰秀景交相呼应,为"海上仙都"增添了一抹古老浪漫的奇幻色彩,同时也在漫长的历史时空中孕育出了太姥信仰。太姥信仰是太姥山的灵魂。

将自己的祖先或一些有特殊贡献的杰出人物尊奉为神明是中国民间惯用的"造神"逻辑。在造神的过程中,传说和神话常常会被作为重要的"美化"手段附会到这些人身上,以增加其"神性"。从文献记载来看,太姥信仰形成的时间甚早,这可能与太姥是始祖母的身份有关,而众多的神化传说则强化了这种发源于祖先崇拜的信仰的神圣性。《历世真仙体道通鉴》里写道:"混沌初开,有神曰圣姥,母子二人居此,秦时人号为圣姥,众仙立为太姥圣母。"清代董天工编写的《武夷山志》载:"皇太姥,秦时人,传为神星之精。母子二人,来居武夷,采黄精以饵。能呼风唤雨,乘云而行。秦人呼为圣母,众仙称为皇太姥。"宋祝穆《武夷山记》:"古记云:秦始皇二年八月十五日,武夷君与皇太姥、魏王子骞辈,置酒会乡人于峰顶。"汉朝王烈的《蟠桃记》:"尧时有老母,以练蓝为业,家于路旁,往来者不吝给之。有道士尝就求浆,母饮以醪。道士奇之,乃授以九转丹砂之法。服之,七月七日乘九色龙而仙,因相传呼为太母……"明弘治《八闽通志》载:"在县东北二十三都,高数十仞,周边一百八十里,东临大海,图经云山有大武夫人坛,记云:大武夫人者,闽中未有生人时,其神始拓土以居,民旧亦名大母山。"[1]这些古文献透露出来的信息,表明太姥娘娘的传说和崇拜早在上古时代就已经存在,太姥娘娘是闽越之地最早的一位女神。

根据前文我们对太姥原初身份的认定,她当是远古时代母系氏族公社时期闽越土著族群的始祖母。一个极有可能存在的历史事实是,新石器时代的母系氏族公社时期,华夏文明的一支曾以某种方式向南迁徙至古闽越地区,在这里生存繁衍并创立了最初的文明,而太姥山及其周边的区域,正是这一文明的中心。考古资料显示,早在5000多年前,太姥山周边就有人类生存活动的踪迹。远古先民们留下了棋盘山、后门山、马栏山等多处新石器时代的聚落遗址。尤其马栏山遗址以及周边的洋边山、后保栏山连片挖掘出的新石器遗址群,除了出土石锛、石斧、有肩石器以及大量半成品的石器外,还发现了与河南仰韶文化相似的彩陶器物,说明太姥文化区的文明与中原文明同出一脉;太姥山地区世代相传的古白茶制作工艺,承袭的是源自中原地区的华夏祖先最初的制茶技艺,被称作"茶叶活化石";福鼎地区畲族蓝姓的族谱记载着其先祖迁自河南,河南古属魏地,因此,道教经典多称太姥为"魏夫人""魏真人"……这些看似相互独立的文化线索,一旦把它们联系到一起,都是闽越文化与古华夏文明一脉相承的佐证。作为闽越之地最初的拓荒者,太姥娘娘及其子孙后代在闽浙山区沿海各地拓土定居,繁衍后代,为这些地区的开发做出了巨大贡献。由于母系氏族社会具有尊崇始祖母权威的传统,因此这些土著族群的文化中都保存或遗留着始祖母信仰。在后代的传说中,一些流传久远的历史记忆逐渐被神秘化和神圣化;同时,由于族群迁徙到不同的地域,始祖母的称谓在不同地方出现了分化,各地叫法不一,如闽东、浙南称为太姥,浙中称天姥,闽北称大姥,闽南乃至金门称为太武,更有一些地方尊称为皇太姥、圣姥。太姥信仰后来之所以演化为大众化的民间女神,很可能是原始部落民借用了道家理论来神化自己的祖先神,改以"始祖母原居太姥山,修炼得道后羽化升天"这类道教色彩浓厚的传说来表述其部族的历史记忆。当太姥娘娘被归类为道教神灵后,人们就不断地在其身上附加更多功能,人神之间祈求与回应的"互动"最终使得原来的祖先信仰逐渐被泛化为功能性的民间信仰。

---

① (明)黄仲昭修纂:《八闽通志》卷八。

作为太姥信仰的发源地,太姥山至今留存着不少与太姥娘娘相关的历史遗迹,以及供奉太姥娘娘的寺庙。位于一片瓦景区内的太姥娘娘舍利塔是现存历史最为久远和最具文化价值的遗迹。根据《福鼎县志》的记载,该舍利塔始建于唐代,传昔时唐玄宗闻太姥山神示梦救下闽都督辛子言,因此特别下诏在太姥娘娘修真处赐建了这座"尧封太姥舍利塔"。1946年,寺庙僧人为舍利塔加盖了一间石屋,以遮风避雨,保护舍利塔不受损坏。石室内陈设有供桌、香炉、跪垫等供香客朝拜之用。舍利塔身由花岗岩石块砌成,底部被供桌覆盖,仅剩部分塔身及顶刹露在外面。塔身呈圆柱形,顶刹高0.7米,正面刻有"尧封太姥娘娘舍利塔"的题字。每年前来朝拜的香客络绎不绝,香火不断。太姥娘塔前方不远处便是鸿雪洞以及那株被称为福鼎大白茶始祖的"绿雪芽"古茶树。古茶树至今依然生机勃勃,数千年前太姥娘娘采茶制茶的场景犹在眼前。

太姥娘娘舍利塔

除了太姥娘塔之外,太姥山景区内还有多间庙宇供奉太姥娘娘像。其中国兴寺游览区、一片瓦游览区和白云摩霄游览区的寺庙最为集中。具体有太姥圣殿(位于太姥娘塔石室后方)、国兴寺、一片瓦寺(悬空铜殿)、一片瓦石室、岩洞庵太姥娘圣殿、摩尼宫、摩霄庵(白云寺)、香山寺等。2001年,玉湖游览区内新修建了太姥娘娘塑像广场,广场内安置了一尊高20.88米的石刻太姥娘娘雕像,游客登临太姥山时,从不同方向眺望均能看到这尊塑像的身姿。太姥娘塔、太姥圣殿以及太姥雕像的存在,确立了太姥山作为太姥文化圣地和太姥信仰中心的地位。

与福建地区的妈祖、陈靖姑等女神一样，太姥娘娘像面容温婉、慈眉善目，富有亲和力，拥有善良、贤淑、奉献和自我牺牲等女性的美好特质。除了神明共有的普度众生的博爱情怀之外，她更是慈爱、亲切、无私、利人，奉献而不求回报等母爱精神的化身，展现出女性内在的道德美。在福鼎民间，太姥娘娘护佑众生，救难禳灾的形象早已深入人心，当地流传着许多太姥显灵、救苦救难、祛病禳灾的奇事。太姥山周边村落一些信众认为，太姥娘娘既是送子观音，也是海上护航的妈祖。太姥山上的摩尼宫是一间面积不大的石制宫庙，里面供奉着太姥娘娘像，别称梦台。据说寡子乏嗣的信徒们只要在梦台前点上一炷香，当晚太姥娘娘就会在梦中晓示其弄璋或弄瓦之喜，可谓有求必应。而在沙埕港、三沙湾一带，有许多行船讨海的老渔民、老船工都十分相信，太姥娘娘是神仙又是救苦救难的菩萨，每逢他们海上作业遭遇狂风巨浪之时，只要朝太姥山顶礼膜拜，便能消灾避难，转危为安。

太姥娘娘殿

据不完全统计，目前福鼎全市供奉太姥娘娘神像的宫观达200多个，信众达十余万人。民间传说太姥娘娘晚年时得道，于农历七月初七乘九色龙马羽化升天。因此，每年农历七月初七这一天，当地信众会组织隆重的太姥娘娘神像巡境活动。出巡队伍一般由洒净先行，鸣锣开道，檀香引道，紧随其后的是太姥娘娘的法宝如意、玉印、旗帜和香亭，最后才是太姥娘娘的软身銮驾和日月掌扇。神像巡游时候，沿途信众多捧香膜拜，祈求境内人畜平安。銮驾内的太姥娘娘塑像高约1.8米，仪态祥和，姿容温婉庄重。銮驾高约2.2米,造型古朴大方、图案精美华丽。銮驾上方写有"风调雨顺、国泰民安"八字。銮驾的檐角、梁柱附有卷草龙雕饰,四面雕刻松鹤、八宝、福寿等纹饰,线条优美流畅。香亭平面呈正方形,底座上砌塔身两层,四周起檐,通高2.3米。除了农历七月初七,当地信众也会在其他重要的传统节日到太姥娘娘庙祭拜。太姥娘娘信俗是以崇奉和颂扬太姥娘娘的立德、行善、大爱精神为核心,以庙会、习俗和传说等为表现形式的民俗文化。①

近年来,福鼎市地方政府也积极参与到太姥信俗传统文化的宣传活动中,期望通过发掘太姥文化的内涵,通过发展旅游业带动当地经济的发展。在官方和民间的合力下,举办了一些复兴太姥文化的活动。2010年,经福鼎市文化名人策划,福鼎市文联、道教协会、茶业局、太姥山管委会等相关部门联合举办了太姥娘娘信俗巡境活动。巡境活动从农历七月初一持续至初七,以流美清净道观为起点,在城区各大小街道举行巡游活动。活动期间,福鼎全市200多个宫观中的200多尊太姥娘娘神像向广大信众集体亮相,整个巡境队伍由20多个仪式方阵组成,场面非常宏大。②

---

①② 廖诗雄:《挖掘太姥娘娘信俗文化 福鼎将举行太姥娘娘巡境活动》,2012年7月12日,http://www.ndwww.cn/news/xsnews/fdnews/fdsh/201207/266576.html,2015年9月15日。

第二章　五教共存与太姥文化区的多元神灵体系

儒教、佛教、道教、基督教、摩尼教五大宗教汇聚于福鼎,建构了福鼎地区的多元神灵体系。五教历经千百年的传承与流播,在中国宗教史上书写了浓墨重彩的一页。本土宗教与外来宗教共存共生于这片神奇的土地,创造了多元灿烂的宗教文化,滋养着区域民众的精神生活。

第一节　儒释道三教的分立与共融

儒教、佛教和道教是中国的三大传统宗教。三教中,儒教和道教同根同源,属于中国的本土宗教;佛教虽传自印度,但在中国传播的过程中不断吸收中国的哲学思想,适应了中国的社会文化传统,同样浸染了浓厚的中国特色。儒释道三教对中国民众的日常生活影响深远,而中国社会文化特有的包容性与涵摄性,使得三教在传播与发展过程中,虽然彼此分立却能和谐共存。福鼎地区积淀了深厚的宗教文化底蕴,儒释道三教在这里走过了悠久的发展历程,至今仍在继续传播和发展。

一、儒　教

儒教又称孔教,是以孔孟学说为核心的儒学思想适应历史的发展、时代条件的变迁和社会状况的改变,吸取其他思想观念一步一步走向政治上层,最后依托国家政权工具而产生出的一种宗教形态。[1] 儒教被认为是除佛道二教之外中国存在的另外一种宗教现象,其历史比佛道二教更为悠久,其主体是被历代王朝列为国家祭典的郊庙制度。郊,是祭祀天神地祇的宗教仪式,因分别在国都的南北郊举行,所以称为

---

[1]　詹石窗、于国庆:《关于儒教的几个问题》,《宗教学研究》2006 年第 1 期,第 96 页。

"郊"。庙即宗庙,是祭祀祖宗的场所,因此也代指祭祀祖宗的宗教仪式。① "儒教以天神崇拜和祖先崇拜为核心,以社稷、日月、山川等自然崇拜为羽翼,以其他多种鬼神崇拜为补充,形成相对稳定的郊社制度、宗庙制度以及其他祭祀制度,成为中国宗法等级礼俗的重要组成部分,是维系社会秩序和家族体系的精神力量,是慰藉中国人心灵的精神源泉。"②

儒教是伴随着儒学与政治政权相结合的过程而逐步形成的。在封建时代,儒教处于国教的地位,依附、从属于封建政权并为维护其统治服务。儒生是儒教的主要实践者和传播者,具有儒家和儒教的双重身份。儒教的神学观念以理性的社会功用为其目标,儒学的相关内容,如神灵信仰谱系、礼仪制度思想等是儒教的灵魂,扮演着儒教神学和教义的角色;政教合一下的儒教为维护封建皇权的统治,对社会中的等级制度、政治结构、伦理纲常、礼仪规范等都赋予了"合法性"阐释,提供了相应的神学理论保障;透过皇帝祭天、民间下层祭孔等宗教祭祀活动以及推行儒学教育、实行科举考试等手段,儒教与政治制度紧密结合,维护着政权的统治地位和社会的稳定运行。

福鼎儒教的代表性传承群体是西昆的孔子后裔。根据西昆孔姓家谱记载,明洪武十三年(1380年)十一月二十一日,孔子第五十六世孙希顺袭补其叔克伴福建建宁右卫之职。洪武二十一年十月诏勑屯田,永乐二年(1404年)改屯长溪(今霞浦县)柘洋里(今柘荣县)而家于东峰(俗名东山头),是镇江迁居柘洋东峰的始祖。延至清康熙年间,孔子第六十四世孙尚荣、尚志兄弟从柘洋迁居福鼎县十七都西昆村。③ 目前西昆村的2000余人口中,孔姓后裔达860余人,是一个名副其实的孔子后裔聚居村落,素有"江南孔裔第一村"之称。④

西昆孔姓于清康熙年间从柘洋迁来时,只有孔尚策、孔尚志兄弟两家,繁衍到乾隆年间出现了财丁两旺局面。从那时开始至清代末叶,孔姓家族在经济、文化方面的发展均十分突出,在西昆留下了众多的文物和古建筑。"孔氏家庙"是代表孔姓宗族在此地繁衍的象征性建筑和宗族活动中心。中式建筑受儒家思想的影响,素来讲究中轴对称,寓意方正威严。西昆孔氏家庙以中轴展开,外墙岩石叠磊,屋檐飞展,气度俨然。孔庙的门前是一个大广场,面对狮子山。大门为石构,正中门楼上书"孔氏家

---

① 任继愈主编:《儒教问题争论集》,宗教文化出版社2000年版,第367页。

② 牟钟鉴:《中国宗法性传统宗教试探》,《儒教问题争论集》,第241—242页。

③ 陶开惠供稿,陈海亮整理:《西坑孔的来历及其发展状况》,《福鼎文史资料》第6辑,第108页。

④ 冯文喜,刘敏:《西昆祭孔典礼 悠悠儒风润心田》,2014年9月10日,http://www.fdxww.com/xiangtu-wenhua/shihua/23006.html,2015年9月20日。

庙"。大门旁安置一对石狮,再两旁立有宣统己酉科拨贡孔昭淦和光绪癸巳岁贡孔广敷的旗杆石夹。跨进家庙大门,昂头可见清乾隆皇帝钦赐的"至圣裔"金字牌匾。家庙内设有戏台,戏台顶的藻井呈八角形,雕刻精美。正厅是举行重大宗族活动的主要场所,面阔五间,进深四柱。正中为2006年刚立的孔子像,像前有香案。孔子雕像映着灯光,面容光洁,神圣而庄严。

乾隆年间,孔氏家族分别在旗杆里、上新厝、下新厝和新厝基建造了四座住屋,以其庞大的规模而远近闻名。其中旗杆里和上新厝的两座现今仍在。旗杆里的一座占地4480平方米,包括大、中厅八个,小厅十六个,天井十六个,仓库两所,大厨房六个,柴草房两间,正座(主屋)三十二间,横座两座六十四间。此外,孔姓家族的经济实力在其历代祖先的墓葬上也有所体现。嘉庆年间营造于西坑湖陶岚山麓的斋公之墓,规模宏大,结构精致,用青石雕刻的飞禽走兽,形象逼真。以如此形制营造的石墓,在西坑境内还有三座,只是规模稍逊。

儒教有重视教育的传统,支持族内子弟读书考取功名是宗族的一件大事,西昆孔姓亦不例外。西昆孔姓宗族曾专设"书灯田",田产收入归私塾先生及族内子弟所用,为有志读书考取功名的子弟提供了经济上的保障。因此,西昆村读书重教的风气甚为浓厚,贤达辈出。据相关统计,乾隆至宣统年间的科考,孔姓族人中考取功名的共有38人:其中庠生15人,国学生7人,太学生1人,廪生4人,贡生5人(岁贡3,拨贡恩贡各1)。其中才德较出名者,有孔广敷与孔昭淦等人。[1]

今天,尊师重教的传统在西昆依然传承不息。在孔姓族人的眼里,下一代的教育仍是头等大事。现今村里每年都有数名高中生考取重点大学。为了继承和弘扬儒家的传统文化,孔姓宗族的有识之士在村委的支持下,创办了德成书院,让幼童从小接受传统经学的启蒙教育,学习《弟子规》《三字经》等儒家经典,传承先祖圣贤的文化血脉。

祭孔仪式是儒家祭祀制度中最重要的典礼之一。西昆由于是孔子后裔聚居的村落,因此还保留着完整而严谨的祭孔习俗。典礼的各项程序如下:

典礼开始,高喊:启户。家庙金铆红漆大门缓缓打开,锣一声长鸣,钟鼓震荡,祭师们先鱼贯而入,其余人紧随其后,礼乐和鸣。参加祭孔的西昆后生们穿戴红、黄、蓝、绿、橙等各色明朝服饰,每九人一排,共九排(意九九归一)组成"孔子巡游"方阵,整齐地站在孔庙殿前。众人按照辈分排序入庙,卑者在前、尊者在后,年老在前、年幼

---

[1]　陶开惠供稿、陈海亮整理:《西坑孔的来历及其发展状况》,《福鼎文史资料》第6辑,第106—108页。

在后,各有路灯前引,大家步行至孔像前,众人归位,钟声静止,而后钟鼓笙箫齐奏。乐声庄严典雅,令人心生敬畏与肃穆之感。

祭孔仪式时,主祭师洒水,其他祭师敬献贡品,而后族人代表依序敬香,再由主祭师念诵祭文"圣人圣人、至圣至诚、大玉成殿、金榜题名,宣王宣王、尚德高堂、文章郁郁、道德洋洋,统论三纲、品节五常、天地同久、日月同光。"祭师的高腔肃颜与骈文独有的韵律,传达出族人对其至圣先祖的尊崇和敬仰,以及身为其后人的自豪和自信。

祭孔的最重要议程是三献礼,主祭人须先整衣冠、洗手后才能到孔子香案前上香鞠躬,鞠躬作揖时男的要左手在前右手在后,女的要右手在前左手在后。所谓三献,分初献、亚献和终献。亚献和终献都是献香献酒,程序和初献相当。初献帛爵,由正献官将帛爵供奉到香案。其后,祭师们正衣冠、洁手后,上前献帛爵和香酒,众人各行五鞠礼。最后敬献祭舞,舞毕再行跪拜礼,礼成,众人依序退散,秩序俨然。

慎终追远是儒教一贯的传统,因此丧葬仪礼也十分重要。西昆孔姓宗族成员举办丧事,遵循其家族古老的传统习俗,称为"圣人殡"。"圣人殡"可能是孔子生前制定的丧礼模式,文明、肃穆且节省花费,是丧事中简而易举的一种模式。

从西昆孔裔传承的儒教文化中不难看出儒教对民间社会生活的深刻影响。正如杨庆堃指出的,儒学"为中国社会提供了结构性原则和实践价值,上至国家,下达家庭,涵盖了社会的各个层面"。[①] 儒教之所以能够成为整合国家与社会的"黏合剂",主要是因为在传统时代,封建政权独尊儒术,确立了以孔子崇拜为核心的祭典制度,尊奉儒学为正统官学,并在中央及地方设立了兼具国家行政教育和祭孔仪式双重功能的文庙学宫,将教授儒家经典的学校与祭祀孔子的礼制性"庙"宇相结合,最终使儒教成为"一套社会伦理、一种意识形态,以及主导民间社会的生活方式"。[②] 国家统治阶级和知识精英通过主导社会文化,建构了凌驾于社会之上的"大传统",并将"大传统"渗透到诸如祖先崇拜、丧葬仪礼等民间社会的小传统中,有效地实现了对社会的控制。

二、佛　教[③]

佛教起源于印度,传入中国后,历代名僧通过结合中国社会的实际情况,将中国

---

①　杨庆堃著,范丽珠等译:《中国社会中的宗教:宗教的现代社会功能及其历史因素之研究》,上海人民出版社 2006 年版,第 225 页。

②　杜维明著,陈静译:《儒教》,上海古籍出版社,2008 年,第 13 页。

③　福鼎佛教的历史源流及各宗派的发展情况资料来源于侯传烛编:《福鼎佛教志》,1999 年版。

　　传统的哲学思想与佛理教义融会贯通,重新加以阐释和发展,形成了多个不同宗派。梁启超在《中国佛法兴衰沿革说略》中提到的宗派有:大乘摄论宗、小乘俱舍宗、十地宗、三论宗、法华宗、涅槃宗、天台宗、法相宗(唯识宗、慈恩宗)、华严宗、净土宗、律宗、密宗、禅宗。季羡林则认为,律宗、净土宗、成实宗、俱舍宗等都不算严格意义上的宗派,能够称为宗派的只有天台宗、华严宗、法相宗和禅宗四个。①

　　佛传禅宗②的第 28 祖菩提达摩(梵语 Bodhidharma)是南天竺(即南印度)人,于南朝梁武帝年间(527 年)经海路来到中国。他从广州登陆后,云游各地,宣传禅宗教义,后在少林寺面壁十年,经慧可、弘忍、慧能等高僧的传承和弘扬,最终发展成为中国佛教最大宗门。因此现在佛传禅宗都尊达摩为中国禅宗的祖师,尊少林寺为中国禅宗祖庭。

　　禅宗名义上是由菩提达摩从印度传来,但实际是在中国发展起来的一个佛教教派,具有浓厚的中华文化特色。禅宗学说是印度佛学与中国老庄哲学的绝妙结合,因主张以"禅定"概括佛教的全部修习而得名。禅宗自称"传佛心印",以觉悟众生本有之佛性为目的,所以又称为"佛心宗"。禅,来自梵文 dhyāna(禅那),又译"弃恶""思维修"或"静虑",是静虑、全神贯注、永不散乱的一种精神状态和境界。静即定,虑即慧,定慧均等之妙体,曰"禅那"。从慧可大师开始,禅宗承袭华夏文化的脉络走了 1400 多年,在漫长的历史长河中一直泛着中华文化的粼粼波光。

　　禅宗认为:"迷即佛众生,悟即众生佛。心险佛众生,平等众生佛。我心自有佛,拜佛是真佛,己若无佛心,向何处求佛。"这便是禅宗六世传人慧能和尚所说的《见真佛解脱颂》。因为众生皆有佛性,都可以成佛,成不成的关键在悟或迷。禅宗认为佛在心内,不在心外,心外的佛全是假佛。禅宗认定人无论从前作了多少恶业,只要放下屠刀,皆可立地成佛。这些思想传承了孔孟儒学"有教无类"的思想,比起密宗和显宗更为博大精深。修习禅宗不必苦持,简单易行,注重日常实践,不搞形式主义,这样的灵活性赋予了禅宗极强的生命力。不管是在通衢僻巷,还是在山野农村,信徒只要广种善缘,顿悟即可,并不耽误平时养家糊口的生计,因而能得到贩夫走卒、推浆蒸馍等兆亿草根庶民的接纳。禅宗突出了佛教"普度众生"的要义,对佛学精华的弘扬并没有打丝毫的折扣。它以极大的包容性团结草根民众,即便是孽债累累之辈,只要

---

① 季羡林:《禅与文化》,中国言实出版社 2006 年版,第 24 页。

② 佛传禅宗的历史源流参见陈若雷:《中国佛教大禅宗探本溯源》(上),2008 年 8 月 5 日,http://blog. sina. com. cn/s/blog_536a24510100a8nt. html,2015 年 09 月 21 日。

"放下屠刀",亦可"立地成佛",显示出佛学博大深远的智慧。这样的思想十分符合中国士大夫阶层乃至草根百姓的口味,因而传播发展十分迅速。其起源于北魏年间,最早流行于庾岭、广东、湖南、江西,之后遍及全国,至唐朝和五代时发展最盛,其佛学思想的形成、发展以及之后的广泛传播,对我国佛教历史乃至文化艺术的影响都极为深远。

禅宗又分为南、北禅宗两支。南北禅宗的代表人物分别为慧能和神秀两位高僧。北禅宗在流传数代之后即走向衰亡,南禅宗遂独尊天下,成为正统。慧能大师的著名弟子有青原行思、南岳怀让、荷泽神会、南阳慧忠、永嘉玄觉等五人。其中以青原、南岳二家弘传最为旺盛;南岳下数传为临济、沩仰二派;青原下数传为曹洞、云门、法眼三派,形成了禅宗五派法流。在闽东地区,禅宗亦是最主要的佛教宗派,福鼎各寺庙所传扬的均为南禅宗续演下的临济、曹洞两个派别,其中又以临济宗的传播范围最广。

临济宗乃黄檗希运禅师及其弟子临济义玄所创,因义玄在镇州(今河北正定)临济院弘法而得名。临济宗以"三玄"(三种原则)、"三法"(三种要点)、"四料简"(四种简别)、"四照用"(四种方法)的施设接引新人。临济宗的根本思想在于用俊俏的机锋为其学人解黏去缚。义玄曾说:"一念心上清净光即是法神佛,一念心上无光即是报身佛,一念心上无差别光即是化身佛。"而轮回三界所受的种种苦难,只是由于"情生智隔,想变体殊"。因此,若能体悟到这一点,停歇一切向外驰求的念头,当下就与祖、佛无异。真正学道之人,只需随缘任运,不希求佛、菩萨、罗汉等果乃至三界殊胜,自可迥然解脱,不为外物所拘。义玄的弟子有灌溪志闲、宝寿沼、三圣慧然、兴化存奖等20余人,门叶极为繁荣,成为一大宗派。

传播至福鼎的临济宗有两个源头,一支源于浙江苍南玉苍寺的妙了旭然和尚,后传入福鼎重兴皈心寺,第五代后传太姥山国兴寺道晓和尚,第六代传太姥山圆谭寺舍利和尚,第七代传圆谭寺圆岳和尚,后又传白云寺明识若知和尚,之后再传太姥山上叠石寺守脱和尚,守脱又传给后世延续的入室弟子瑞戒、奕檀、京图、仕满、钦池、进放。进放门下步寿的弟子又有品提、品修分两脉相承其师法品。品提的弟子题安后又主事太姥山白云寺,传承先祖法门至今。该系外字沿袭"根从西峙,丛芳法若,守瑞奕京,仕钦进步,品提长庚,忠正运达,位体鸿英,顺承张大,念起应知,遇缘显化,志因练修,世锦迈遐"传承。临济宗太姥系,今已传至"更"字行,著名的高僧有题安、题顺、长顺等。

福鼎临济宗第二支源自宁德支提寺十八房中之三房。初分至宁德支提山碧支岩洞,后由重空和尚入室弟子天成老和尚传入福鼎。天成老和尚主事象山寺,后又法传瑞云寺,继后由碧岳下传弟子如水,如水传秦丹,秦丹传华山,华山传青函;智水传蕴丹,蕴丹传笃山,笃山传青芝、青朗、青仓等。清末至民国时期,本系的高僧有智水、笃山等人;新中国成立后,以青芝、青函、青意为代表。目前的主要代表人物有青芝、青函、青萱、世行、世孝、界诠等。本系外字沿"地别九重天,碧水丹山青世界;门当三益友,苍松翠竹白梅花"传袭,现已传至"当"字行。

曹洞宗是南禅宗的五个主要流派之一,由良价禅师创立。良价(807—869年),少时在家乡诸暨随师出家,青年时期到嵩山受戒,之后遍游禅林。唐大中十三年(859年),良价来到宜丰洞山,当他涉趟洞水时睹影顿悟,由是终止云游,从此驻锡洞山,宣讲他所悟出的禅宗新法,吸引了四方徒众前来学法。良价的弟子本寂(840—901年)在洞山学法数年,后到曹山(今江西宜黄境内)统扬师法,遂使宗风大举。由于良价住洞山,本寂居曹山,所以禅林中把师徒两人创立、弘扬的新禅宗称为"曹洞宗"(为了语顺,不称"洞曹"而称"曹洞")。良价圆寂后,洞山众僧推举道全为洞山住持。道全进一步发展了曹洞宗,为洞山禅学作了承上启下的贡献。曹山法系四传之后便断绝。良价另一法嗣道膺(835—902年)一脉绵延趋盛,传到天童正觉(1091—1157年)时,曹洞宗再度广扬天下,国内许多著名禅林都是由曹洞宗法嗣所创,并且还传播至日本、新罗(今朝鲜)。①

曹洞宗禅风以回互细密见称,其宗旨认为万物皆虚幻,万法本源为佛性。良价的禅学思想认为,无需四处去求佛,佛在心中,心即是佛,觉悟不假外求,得道靠顿悟,用不着以打坐息想、起坐拘束其心地终年修行来渐悟。良价陆续作了《玄中铭》《五位君臣领》《五位显诀》等偈颂,用"正""偏""兼"三个概念配以君臣之位来对其教法加以阐述。其参悟的"五位君臣"说把万法根源归于佛性,认为佛性为世界最后的精神本体,即君位,而大千世界的万事万物,只不过是这个本体所显现出来的现象而已。

据福鼎、福州、温州等地的佛教文献记载,福鼎曹洞宗源自洞山法系二十六世,由雪庭下十二世无名慧经(1548—1618年)传其弟子博山元来(1575—1639年),后演进为博山元来派。其内字为:"元道宏传一,心光普昭通,祖师降法眼,永博寿昌宗";外字为:"圆明净地得,真空常澄清,学海源远福,长智澈融深。"清朝时,应福鼎知县傅维祖的礼请,博山元来派远应禅师的传人、柘荣龙井庵的福钦老和尚来到太姥山灵狮洞坐洞求雨。法事成功后,县令感念其功高,遂将店下清溪寺、资福寺、桐山资国寺、栖林寺划归曹洞系。福钦老和尚法传太姥灵狮洞,后再传博忠和尚,住持资国寺,遂形成福鼎曹洞宗太姥灵狮洞系。该系内字与外字均与博山元来派相同。

---

① 参见《曹洞宗渊源》,http://www.foyuan.net/article—135299—1.html,2015年9月25日。

太姥灵狮洞福钦老和尚为灵狮洞系始祖,共永泉禅师等徒十一人。后永泉传博种等徒三人,博种下传权福、彻福二大师,权福再传融明、融原、融达三徒。融原大师后住持温州泰顺明山寺,再开一脉,复又经西昆兴福寺宗灵禅师传回福鼎,宗灵下传立西大师等三徒,现今福鼎的乐善寺、栖林寺均承传此法系。

福鼎曹洞宗的另一支系源自福州崇福寺,由崇福寺复平和尚入室弟子增光一脉流入,后传净观,净观传妙果,妙果传德云,德云传善飞、善进、善谛三徒。目前主要的传人有妙果、德云等僧人。

历史上,佛教南禅宗的沩仰、临济、曹洞、云门、法眼五大宗派都曾传入福鼎,但沩仰、云门、法眼三家均在宋代以后就失传。在福鼎传播发展延续至今的只有临济和曹洞两宗。禅宗佛寺平素遵循"晨钟暮鼓"的报时传统,各宗派的寺庙禅堂钟下均有悬挂不同形状和样式的钟板。钟板为寺庙禅堂的重要法器之一,主要起表法的作用,它不仅体现了各家之宗风,同时也贯穿于寺院的日常作息和修行生活之全部。

禅堂钟板于僧人的每日生活和四季修学最为重要。[1] 钟的敲法不同,凸显五宗不同之家风,参学者一听便了然于心,因而可以遵循钟声指令各安其职,各尽其责。历史上,五宗(沩仰、临济、曹洞、云门、法眼)的道场均有各自的钟板,其中最主要的有两种:临济三板一钟、曹洞三板三钟,都是朝暮各三通。如临济钟,下堂、食茶、坐参一下,放参三下。曹洞钟,下堂一下,食茶二下,坐参三下,放参三下;板,下堂时一下,吃茶时两下,坐参时三下,放参时三通,都是由禅堂当值师敲打。说戒、上堂,七下,相应禅堂外之大钟,则由维那师敲打。晚课烧香时,三下,由殿堂香灯师敲打。

禅宗五家钟板之形状、字句,各有差别,代表了各家宗风及门庭施设之不同。

沩仰宗:开祖沩山灵祐禅师(771—853 年),他曾经在开示的时候讲:"我百年后去山下作水牯牛。"为了宣扬沩山的"水牯牛"精神,表达大乘佛教"三类化身"的思想,凸显"水牯牛"三字,故沩仰宗的钟板形状为三角形,字句为"三类化身"。

临济宗:当年六祖慧能大师(638—713 年)开示南岳怀让禅师时说:"西天般若多罗谶汝脚下出一马驹(马祖道一),踏杀天下人。"后来临济宗采用此谶语,表示本派为马祖禅法之真传,故其钟板形状为横式,字句为"横行天下",后人改为"横遍十方"。

曹洞宗:开祖洞山良价禅师(807—869 年),当年行脚的时候,路过溪边,因见水底之影而开悟。为了凸显这一悟道因缘,曹洞宗的钟板形状为直式,字句为"立地登

---

① 戒毓:《禅堂法器之钟板》,《禅》(网络版),2010 年第 2 期,http://chan. bailinsi. net/2010/2/2010218. htm,2015 年 9 月 26 日。

天",后来改为"顶天立地"。

云门宗:开祖云门文偃禅师(864—949 年),在传法时,经常在墙壁上画一个圆圈,代表"饼"。后人讲,"云门饼,赵州茶",即与此有联系。意思是画饼不能充饥,佛法贵在实践,而不只是讲理论。其思想出自《楞严经》等经典。为了凸显"云门饼"这一机锋,故其钟板形状是圆形或八角,字句为"圆满报身"。

法眼宗:开祖法眼文益禅师(885—958 年),因闻云门文偃禅师"一棒打死与狗子吃,贵图天下太平"一语而开悟,为凸显其开悟之因缘,其钟板形式为"八卦",字句为"天下太平"。

佛教在福鼎的传播与发展历史长达 1400 多年。南北朝时,梁武帝笃信佛法,佛教得到官方的大力推崇而发展迅速。南朝大通元年(527 年),昭明太子萧统在福鼎修建了第一座佛寺,取名"昭明寺",同年又修建了昭明塔。明《福宁州志》记载,"昭明寺,在十七都,梁大通元年昭明太子建,赐额,并造浮屠以镇温麻"①。隋朝时,佛教同样受到统治者的重视。由比丘尼抚养长大的隋文帝对佛教有着深厚感情,其即位后大力扶持佛教发展。在隋朝统治的 30 多年间,全国大量修建佛教寺院,供养的僧侣人数多达 20 多万人。福鼎管阳的广化寺是隋朝年间福鼎地区第一座建在农村的佛寺,是当时佛教开始传入农村地区的标志。唐朝是福鼎佛教发展的鼎盛阶段,佛教寺庙遍及城乡。灵峰寺、资国寺、白云寺、国兴寺等寺庙都是这一时期修建的名刹。至五代十国时,北方陷入战乱,官方限制佛教发展,严禁私度僧尼。而南方相对安定的社会环境则为佛教的继续发展营造了良好的条件。时闽王王审知主政福建地区,为巩固其统治,大力支持佛教,促进了佛教的持续传播。这一时期福鼎兴建的佛寺有硖门瑞云寺、桐山楼林寺、白琳天王寺、店下灵应寺等,规模和影响都很大。宋代时,佛教继续保持繁盛的发展势头。北宋年间,除了宋徽宗排斥佛教外,其余几代皇帝均支持佛教的发展。宋太祖赵匡胤不但自己经常拜佛抄经,还派遣大批僧人前往外国取经求学。在其主政期间,大量兴建佛寺,实行试经度僧,豁免徭役赋税的政策,极大促进了佛教的发展。到了南宋,佛教的发展虽然受到官方的限制,然而江南地区由于佛教信仰积淀深厚,并未急速衰落。宋代时福鼎不仅重修了一批寺庙,还新建了管阳天竺寺、点头国华寺、前岐泰国寺、店下庆云寺等许多寺庙,虽寺宇规模均不及前代,但分布范围更广。元朝时期,福鼎佛教传播缓慢,建寺极少,仅建有贯岭功德寺和青云寺两间寺庙。明万历以后,袾宏、真可、德清、智旭四大家高僧融通儒道的佛学思想

---

① 万历《福宁州志》卷十五。

受到士大夫阶层和平民阶层的欢迎,促进了佛教的复兴。福鼎佛教的发展在这一时期进一步兴盛,先后兴建了太姥山一片瓦、桐山圆觉寺、白琳三福寺、桐山光华寺、磻溪金盘寺、管阳观世庵等寺庵。修建于永乐年间的白云寺慧明塔、白琳三福寺双塔也是宋代著名的佛教建筑。

国兴寺旧址及新寺

　　清代帝王崇奉藏传佛教,但并未禁止佛教的发展,甚至推行有利佛教发展的政策,如乾隆时曾实行减免寺庙田产租税政策,支持僧人以募捐化缘的方式赎回被豪强奸佃霸占的田产。在清朝统治的267年间,福鼎共建佛寺58座,如隐溪寺和白云寺(磻溪)建于顺治年间;康安寺、慈云寺、后塔寺和济堂寺等建于康熙年间;乾隆年间修建了保寿寺、棋盘庵、九峰庵、灵隐寺、观音寺(沙埕)等13座寺庵;同治年间又修建了长福寺、临海寺等5座。在扶持佛教发展的同时,官府也不忘利用佛教来反哺地方社会。福鼎建县之初,政府教育经费匮乏,除依赖民众捐资外,也拨寺田充作膏火。乾隆十六年,福鼎建石湖书院,县政府即拨石湖观、荷峰庵、江井庵寺田的田租收入,补充士民捐田所得供应书灯。从嘉庆年间至光绪,清朝统治饱受内忧外患威胁,政府已无暇顾及佛教事务。福鼎佛教在这一时期仍在民间继续传播,光绪年间修建了慈福寺、明德寺、金莲寺、极乐庵、三元堂等一批寺庵。1911年的辛亥革命终结了清王朝的统治,中华民国成立后,一批年轻僧侣在民主革命思想的影响下,积极推动佛教改革,呼吁开展佛教复兴运动。1912年"中华佛教总会"在上海成立,随后许多省份也相继成立"佛学会分会"。这些佛学宗教组织注重佛教研究、普及和教育工作,促进了佛教在新时代的复兴与发展。1922年,"佛教研究社"在霞浦创设,共有霞浦和福鼎两地名僧二十余人参与学习佛教典籍,研修佛法。1942年,福鼎佛教协会在桐南观音阁举办佛教研究班,研究佛教教义和佛学理论。抗战爆发后,福鼎佛教组织积极参与到抗日救国运动中,通过举办多种形式的慈善活动服务抗战,弘扬佛法。民国时期,福鼎先后共建寺庵40座。据1946年的统计资料,当时全县登记在册的寺庵共90座,僧尼444人,寺庙田产2779亩。

瑞云寺山门

瑞云寺宋代石槽

楞伽石塔

　　新中国成立后,佛教走过了发展、停滞、复兴的三个阶段。建国初期,国家立法保护宗教信仰自由,佛教受到社会尊重,福鼎一批古寺名刹得到修葺,宗教活动正常开展。1958年"大跃进"开始后,宗教受到"左"倾思想的干扰。"文革"期间,各类正常的宗教活动被全面禁止,宗教界人士乃至信教群众均被视为"牛鬼蛇神"实行"专政"。福鼎佛教遭受了空前的浩劫,宗教组织陷于瘫痪,大批寺院被损毁或改做其他用途,僧尼则被遣散。直到1976年"文革"结束后,福鼎佛教才步入恢复与振兴的阶段。1978年后,党的宗教政策得到全面落实,恢复了县佛教协会,"文革"中佛教界的"冤假错案"获得平反,被侵占的寺庵也得到归还。福鼎县政府批准瑞云寺、资国寺、昭明寺、摩霄庵(白云寺)等首批19座寺庵恢复正常宗教活动。1982年以来,中央先后下发《关于我国社会主义时期宗教问题的基本观点和基本政策的通知》《关于进一步做好宗教工作若干问题的通知》等有关宗教事务的政策性文件,明确了对宗教的态度,福鼎佛教迎来了复苏发展的机遇。大批寺庵陆续开放,庙宇得以修葺或扩建,宗教活动全面恢复。改革开放后,广大寺庵响应政府号召,禅农并举,自耕自种,以农养禅。有些寺庵还开办僧鞋厂、香厂、小型茶厂以及素食馆、服务社等,在服务香客游人的同时,也提高了自给自养的能力。此一时期,佛教复兴最突出的标志是佛事活动的频繁举行以及海内外佛教界交流活动的增加。福鼎的佛教组织通过举办僧尼培训班、受戒法会、水陆法会等佛事活动,弘扬佛法,普度众生,使佛教庄严国土、利乐有情的精神得到发扬光大。同时,海外佛教界人士纷纷来到福鼎交流,捐资修葺佛寺、举

资国寺山门

资国寺古碑

办教育和公共事业等,推动了福鼎佛教慈善事业的发展。

当前,在国家经济繁荣、社会安定的大背景下,福鼎佛教处于平稳发展的状态。近些年来,地方政府十分重视宗教文化遗产的保护,大批寺庵得以重建或修葺,福鼎两千多年来积淀的深厚的佛教文化底蕴正焕发出新的光彩,成为打造太姥山宗教文化圣地的重要文化资源。

三、道　教

道教是中国土生土长的宗教,形成于东汉后期,距今已有近 2000 年的历史。其思想源流滥觞于上古三皇五帝时期人们基于对自然的原始观察而形成的"天人合一"的宗教哲学思想,与儒教同出一源。道家思想是道教最重要的渊源。道家的思想除了老庄的经典学说之外,还先后经历了稷下道家、黄老道家、魏晋玄学三个发展阶段。道教是"道"与"术"的结合体,在先秦老庄思想的基础上,不仅融会吸收了儒、墨、阴阳、方技等各家的思想,也吸收原始宗教、战国方仙道和秦汉黄老道,通过深化老子及道的学说建立起以"得道成仙"为基本信仰的理论体系和修道方法。

　　道教具有几个不同于其他宗教的独特性,具体表现在:首先,道教不是一神教,而是多神教,沿袭了中国古代对于日月星辰、河海山岳以及祖先亡灵都崇拜的信仰习惯,形成了一个包括天神、地祇和人鬼的复杂的神灵系统。道教里面的神不是至上神,而是功能神,道士可以通过道术控制役使神灵来为人服务。从神灵崇拜的角度看,其他宗教的神都是人所顶礼膜拜的对象,而道教则认为,神是可以驾驭、控制和役使的,人只要能够掌握驾驭、控制和役使的方法,就不用敬畏和害怕神,修道者可以利用神来达到改造自然、改造社会的目的。在道教的世界观里,人对神不必逆来顺受和消极适应,而是可以积极有为,发挥自己的主观能动性去与其抗争。其次,道教的核心思想是追求"长生不死,得道成仙",主张活在当下,在现世过快乐逍遥的生活,这与佛教、基督教、伊斯兰教通过自我修行和节制,以消除业障或认罪悔改的方式预备来世或天堂生活的观念和行为不同。再次,道教文化创造和容纳了许多科学技术的内容,这与其他宗教只关注社会、政治问题的偏好也截然不同。道教的外丹修炼为原始化学的发展作出了贡献;存神、行气、吐纳、导引、辟谷、内丹为中医中药、卫生保健、心理生理学的发展奠定了深厚的基础;堪舆和风水学中蕴含着环境科学的内容;房中术则为性科学的发展积累了丰富的材料。此外,在宇宙论、天文学、气象科学、地质学等方面,道士们也都做出了一定贡献。最后,道教之修炼术形神并重、身心兼顾、性命双修,其在精神境界方面的思想和实践相对其他宗教而言,特色鲜明。道教倡导理性,注重实效及其检验。因此,道教作为宗教,其主要特征不是信仰,而是修炼。①

　　道教以"道"名教,或言老庄学说,或言内外修炼,或言符箓方术,其教义就是以"道"或"道德"为核心,认为天地万物都由"道"而派生,即所谓"一生二,二生三,三生万物",社会人生都应法"道"而行,最后回归自然。道教认为"道"是宇宙的本原和主宰者,是宇宙一切事物的开始和演化的源头;"道"是神明之本,由三元之气转为三清,并形象化为太上老君;"道"有最伟大的德行,它以虚无为体、清净为宗、柔弱为

---

① 孔令宏:《道教概论》,浙江大学出版社2013年版,序言第3—6页,第1页。

用,无为不争;"道"真常永恒,无生无灭,无时不在,无处不有,长存于天地之间。正因为"道"的伟大和神圣,所以道教尊"道"为圣,并教导人们学道、修道、弘道。道教认为,道之所以尊贵和伟大,是因为其体现了最高标准的"德",道造化万物由德蓄养,神明可敬也是因为其有高尚的德行。所以道教既"遵道",也"贵德"。道教将道与德视为整体,信道修道必须以"德"为根基。"道"是非物质的宇宙本原,取得这种非物质的本原的体性,便是"德"。而这种非物质的宇宙本原,凝聚起来便是最高天神。对于广大信道者和修道人士而言,立德是修道的首要条件,也就是要在日常生活中不断积累功德。"立德的关键在于提高自我修养,培养良好的品德,在内在的修持上和外在的行为中努力遵循"道"的法则去做。具体而言,即要做到清静寡欲、柔弱不争、胸怀宽容;不尚名、不尚利、不自贵、不自誉、不嫉妒、不妄语,不溺于音色美食;乐人之吉,悯人之苦,周人之急,救人之穷;施恩不图报,不杀生以自娱;济世利人,慈心于物,正信诚实,与大道同心。如此修行,则德累而基立,基立则可得道而成真,得道而成仙。"①

道教徒有两种:一种是神职教徒,即"道士"。据《太霄琅书经》载,"人行大道,号曰道士","身心顺理,为道是从,故称道士。"他们按地域可分为茅山道士、罗浮道士等。从师承可分为"正一"道士、"全真"道士等。按宫观中教务可分为"当家""殿主""知客"等。另一种是一般教徒,人称"居士"或"信徒"。"宫观"是道家最主要的组织形式。宫观是道士修道、祀神和举行仪式的场所。和佛教一样,道教也有一些经济组织(如素食部、茶厂等)、教育组织(道学班、道教经学班等)、慈善组织(安老院、施诊给药部等)。

道术是道教徒实践天道的重要宗教行为,一般认为它有外丹、内丹、服食和房中等内容。外丹,指用丹炉或鼎烧炼铅汞等矿石,制作人服后能"长生不死"的丹药。唐以后逐渐被内丹术所代替。内丹,为行气、导引、呼吸吐纳之类的总称,指用人体作炉鼎,使精气神在体内凝结成丹而达到长生不死的目的。内丹之术自金元以后逐渐盛行,其渊源上溯至战国时代,对中医学和养生学有过很大的影响。

道教的产生是巫术、炼丹、符咒祈禳、招神劾鬼、养气、导引等方术与黄老道家思想融合的结果,这种融合的过程,既受政治经济因素的决定,同时也体现出道教自身发展的内在理路。两汉之交时,炼丹、符水、咒语等方术一度流行于民间,但都仅局限于个人实践,并没有组织化的道教团体出现。西汉后期,政治腐败,社会动荡不安,持

① 紫图编著:《图解道教》,陕西师范大学出版社2007年版,第48页。

续的战乱以及自然灾害等多重因素,导致民不聊生,死亡人数众多。民间利用符水治病的方术又开始盛行起来。统治者阶层也开始寻求清静无为、天下太平的治理之术。这样的社会氛围,催生了道教团体和组织以及道教经典理论的出现。随着一些总结巫仪方术的著作被理论化,老庄道家的著作也被方术化,方术与道家理论的融合,使得后期那些被奉为道教经典的著作,既有政治伦理学说的内容,也有巫术、方术、符箓的内容。巫师、方士们的活动由个体化的行为转向有组织的行动导致了教团的产生,推动了术与道结合的进程。[①]

对于道教的形成,有学者指出,其源头其实是驳杂而多端的,其中道教与本土文化之间存在的密切联系是常常被忽视的一面。就福建地区而言,道教与区域土著文化之间的密切关联对于探讨道教发展的多重路径具有重要的参考价值。林拓的研究就指出,东南滨海的越人区域是道教最早萌发的地区,而吴越的原始崇拜则是道教的一个重要来源。如果将地域文化同视为道教产生的渊源,那么闽越地区亦可视为早期道教的发源地之一。林拓认为,福建北部环形山地和晋江流域是早期道教文化的两个重心。[②]

南方闽粤地域自古以来巫风盛行,民众对鬼神的崇拜以及对灵魂不死的追求,在该地区的民俗事象上多有反映。武夷山九曲溪悬崖的"悬棺仙葬"现象便是其一。而当地流行的民间传说和民间信仰,同样与道教相互融合,难分难解。

道教造神的基本规律之一,通常是将特定地域范围内的神仙传说加以宗教化。在福建中北部地区,武夷山和太姥山是人们耳熟能详的两座名山,而武夷君和太姥娘娘则是这一区域内最具代表性的两位神灵。武夷山区流传着许多武夷君是神仙的传说。南朝梁萧子开《建安地记》载:武夷山"顾野王谓之地仙之宅。半岩有悬棺数千。传云,昔有武夷君居此,故得名。"唐代陆羽所作的《武夷山记》说:"武夷君,地官也。""相传每于八月十五日,在武夷山置幔亭,大会乡人。"宋人祝穆在《幔亭招宴》中记:"武夷君于秦始皇二年(前245),置幔亭,会乡人。""与魏王等十三仙,俱为秦时人。"《异仙录》载:"始皇二年,有神仙降山中,自称武夷君。"上述文献多次提及武夷君生活的朝代是在秦代,很容易让人联想到《史记》中有关秦代南方蛮夷部落情况的记载。秦始皇扫灭六国后,也收服了南方百越之地的蛮夷部族。蛮夷部落的首领,凡自称王者,均被降为"君长"。因此,被神化的武夷君极有可能是当时闽族人或闽越人

---

① 孔令宏:《道教概论》,第51—52页。

② 林拓:《福建早期宗教信仰的地域形态》,《宗教学研究》2004年第2期,第117页。

的君长(首领),其死后被神化成为受崇拜的仙人。

武夷山的神话传说,除了武夷君之外,最引人注目的就是皇太姥了。清代董天工的《武夷山志》载:"皇太姥,秦时人,传为神星之精。母子二人,来居武夷,采黄精以饵。能呼风唤雨,乘云而行。秦人呼为圣母,众仙称为皇太姥。"另外,有关武夷太姥与女仙们的"仙迹",也有颇多记载。《八闽通志》卷六"地理山川"记述:"仙迹石",有脚膝痕,李左使诗云:"当时太姥立溪边,石上遗踪见宛然。""车钱锋",古记云:"圣姥常鞭牛,以车载钱于此。"

在福建早期的民间信仰中,太姥信仰显然比武夷君信仰更为古老,然而两者都具有浓厚的道教色彩。在各种版本的太姥传说中,无论太姥的身份是尧母、畲族女子还是女性隐者,其由人到神的转变过程,都是以道教修炼成仙的方式完成,说明太姥娘娘是被民间默认为道教神灵的。道教的重要典籍《历世真仙体道通鉴》,则直接把太姥娘娘和武夷君一同归入了福建道教的神明谱系。该书的"武夷君"条目载:"武夷山,有神人自称武夷君。曰吾居此山,因而为名焉。又曰混沌初开,有神曰圣姥,母子二人居占此山。……众仙立为太姥圣母,今人祝庙呼大元夫人是也……其慢亭北壁当中设一虚床,谓之太极玉皇座,北壁西厦设一虚床,谓之太姥魏真座,北壁东厦设一虚床,谓之武夷座。"条目中表述的"玉皇居中,太姥与武夷君各座西东",虽分为三,但其本是一。"一分为三""三合为一"是道教常见思维模式,《老子》有"道生一,一

海上仙都,道教名山

生二,二生三",道教有"一气化三清"之说。"幔亭设座"的宗教象征意义,恰好说明了福建北部山地信仰统一于道教中的特点。①

太姥山上的道教遗迹

丹井

太姥山得天独厚的自然环境,使得它自古以来就是一个吸引道流修真的名山,是早期道教的重要发源地之一。《中华道教大辞典》中说:"(太姥山)东汉至晋为道教名山,唐以后释、道并立。"传说上古时曾是老子之师和黄帝之师的容成就是一位在太姥山修炼得道的仙人。清版《福鼎县志》有"容成先生"词条:"容成,黄帝时人。尝栖太姥山炼药,后居崆峒,轩辕皇帝师之。今中峰下石井、石鼎、石臼犹存。"清乾隆版《福宁府志·地理志》也有相关记述:"相传尧时太姥业蓝处,又云殷力牧、容成子栖此炼丹。"明代文人屠隆所作的《太姥山》诗也说:"兹山合是神灵都,力牧容成此炼药。"太姥山上有一口丹井,传说容成子就是取

① 林拓:《福建早期宗教信仰的地域形态》,《宗教学研究》2004 年第 2 期,第 118 页。

这口井的水炼丹。民国卓剑舟编撰的《太姥山图志》记载：

> 丹井,在滴水洞下。相传容成子居此修炼,常乏苦泉,忽一夕裂成是井。有虎守洞,猿候火。及丹成,猿、虎各食其余,虎变为黑,猿变为白。至今山中人多见之。

不过,尽管被列为道教名山,但太姥山现存的道教遗迹并不多,这可能与唐以后佛教的兴盛有较大关系。随着佛教寺庙的大批兴建,原本是道教神祇的太姥娘娘也被供奉到佛寺里面,成为佛道两教共同祀奉的女神。虽然太姥山的道教受佛教的冲击而走向衰落,但道教在民间社会生活中仍有广泛的影响。在福鼎民间,至今仍活跃着大批道士群体。道教的科仪斋醮法事,在处理福鼎人的丧事、疾病、祈福禳灾等民俗事务中仍扮演着重要的角色。

第二节　华化基督教与摩尼教的不同历史走向

基督教和摩尼教是福鼎地区除佛教之外的两大外来宗教。和佛教一样,基督教和摩尼教在福鼎的传播也都经历了本土化的过程,然而两教最终却走出了全然不同历史道路。基督教在其传播过程中,注重制度和组织建设,借助本土信徒的社会网络进行传播,获得了极大的成效,从最初跟随资本主义列强来到中国麻痹民众的"精神鸦片",成功转化为扎根于福鼎城乡各地的主流宗教。虽然福鼎基督教在本土化过程中,其内部曾出现过派别之争导致分裂,但由于拥有组织化和制度化的优势,并坚持核心教义和理论,因而一直保持着旺盛的生命力;相比之下,摩尼教的本土化过程虽然同样借助信徒的社会网络进行传播,但一方面由于政治因素的影响,频繁的打压和迫害导致其最后元气大伤;另一方面,摩尼教在本土化过程中,吸收了过多的中国元素,导致其自身教义思想逐渐弱化,最终面目模糊,走向没落。

基督教[①]于公元5—6世纪时传入中国,在唐代被称为景教或波斯教、弥斯诃教。

---

① 福鼎基督教的历史源流及发展情况参见庄孝赵:《福鼎基督教:历史沿革和宗派源流》,《福鼎文史资料》第22辑,2003年,第51—66页。

唐贞观九年(635 年),罗马传教士阿罗本来到长安,受到唐太宗的礼遇。阿罗本获准在皇帝的藏书楼翻译《圣经》,讲解教义。贞观十二年,唐太宗下令准许景教传播,并资助兴建了义宁坊波斯寺(后改名大秦寺,即景教礼拜堂),由此开启了基督教在中国的传播历史。在 16 世纪西欧的宗教改革运动中,基督教新教从天主教中分裂产生。随后,伴随着 17—19 世纪西方资本主义的扩张,基督教兴起了全球性的传教活动。19 世纪初,西方传教士们的到来,将新教带入了中国。最早来到中国传教的是英国人,而后美国人也接踵而至。然而由于当时清政府实行禁教政策,基督教的传播受阻,传教工作进展缓慢。

清道光二十年(1840)鸦片战争以后,随着清政府的战败以及一系列不平等条约的签订,外国人的传教活动被披上了"合法化"的外衣,来华传教士人数剧增。除了英、美两国以外,加拿大、挪威、丹麦、芬兰、瑞典、瑞士等国也都差派传教士来华开展传教活动。进入福建传教的主要教派有公理会系统的伦敦会和美国公理会、英国的圣公会和美国的卫斯理宗等。

清光绪二十年(1894 年),英国圣公会派遣的牧师伊武唯从霞浦来到福鼎传教,开启了基督教在福鼎的传播史。当时的英国教会已经在福州成立了福建辖境的圣公会议会机构,并在各府、县设立支区议会。距离福鼎最近的支区议会为设立在霞浦的福宁支区议会。光绪二十三年至二十八年间,福建辖境议会先后派遣了星斯大、石多马、恒约翰等传教士到福宁支区议会,并经由福宁府治进入福鼎布道。福鼎早期的基督教徒,如黄承恩、李德光、鲍明道、张瑞扬等人都是在福宁府治入教。光绪二十九年恒约翰来到澳腰一带传教,并在后港设立了福鼎第一个布道所。同年,在福鼎城关街头顶也租赁了三间民房作为布道所。由于信徒逐渐增多,两年后在溪西桥购买了一座民房,修为教堂。至光绪三十二年,点头、琳阳(今白琳)、秦屿、下岚亭、沙阳(沙埕)等地都建立了教会,福鼎基督教圣公会开始传入农村。

民国时期,福鼎基督教继续传播,除了英国圣公会外,其他教派也相继进入,基督教的发展日益本土化和多元化。此一时期圣公会继续完善其传教网络,1914 年,福建辖境议会在福鼎设立了牧区议会,负责全县的传教工作。同年,玉溪(店下)、溪美、清坑等地的教会先后成立。1915 年,圣公会传教士范国英与一些本地教徒脱教,自行成立了"中国耶稣教自立会",在城关小西关购买民房修为教堂,取名"永福堂"。1918 年,圣公会从溪西教堂迁至十字街后巷,购买民房后改建教堂,取名"琉贤堂",并延续至今。1920—1923 年,圣公会又在元谭、金阳(今管阳)、柘洋(今柘荣)建立了 3 个教会。

1927 年,圣公会的传道人林维中和信徒吴守良等 10 余人受福州基督徒聚会处(也称小群会)的影响,脱离圣公会后在城关三角埕成立"福鼎基督徒聚会处"。至此,福鼎基督教圣公会、自立会安息日会和聚会处四个教派并存,各自传播。至 1944 年,福鼎基督教四个教派共建教会(教堂)16 处,有信徒 1819 人。福鼎解放前夕,全县教堂增至 19 所,信徒 3619 人。

和其他外来宗教一样,基督教在华的传播与发展受到不同时期政府宗教政策的左右。新中国成立后,政府在不同阶段对基督教的态度,极大影响了基督教的传播与发展,同时也在很大程度上促进了基督教的中国化。

1946 年福鼎解放后,新成立了县人民政府。根据 1949 年 9 月中国人民政治协商会议第一次会议通过的《中华人民共和国政治协商会议共同纲领》的施政方针,县政府即在该政策的指导下,采取"团结、教育、改造"的方针,在全县基督教界中开展反帝爱国、遵纪守法的教育活动,促进基督教改变自身的"洋教"面貌。1953 年,福鼎县成立基督教爱国革新运动委员会(后改称"福鼎县基督教三自爱国运动委员会",简称县三自会)。协会的主要任务是协助县政府,对信众宣导爱国、爱教、爱和平的新观念,以及做好教会"自治"、"自养"、"自传"的"三自工作"。在这些新政策的指导下,基督教会被要求割断与西方国家"差会"的关系,揭露帝国主义利用基督教进行侵略的罪行。1951—1952 年土地改革运动期间,由于政府对基督教的立场和政策的改变,福鼎基督教信徒的宗教活动暂停。直到 1952 年 4 月"土改"运动结束后,正常的宗教活动才又陆续恢复。1958 年前后,受"左"倾思想的影响,福鼎基督教正常的宗教活动再度受到冲击。"大跃进"运动的开展使得农村地区的大部分教堂都被挤占,用于开办工厂、食堂或作为仓库,信徒的正常聚会活动无法在教堂开展,转为以家庭聚会的形式过宗教生活。一直到 1962 年"共产风"被纠正后,被挤占的宗教活动场所才陆续退回。而 1966 年开始的"文化大革命",使得包括基督教在内的其他宗教都遭遇了空前浩劫。这个时期,由于推行"左"的路线,全面否定过往实行的宗教政策,取消了党对宗教活动的领导,解散了宗教组织机构,福鼎"三自"教会的活动被迫停止,大批基督教徒被视为"牛鬼蛇神"遭受迫害,只有少数信徒仍以秘密聚会的形式过宗教生活。

"文化大革命"结束后,随着"左"的思想路线受到批判,宗教信徒正常的聚会活动重新得到允许。和全国各地的基督教一样,福鼎的基督教再度恢复生机。政府开始贯彻宗教信仰自由政策,"三自会"组织恢复成立,部分宗教场所开放供教徒聚会,对"文革"期间迫害神职人员的冤假错案进行了平反,一些有影响力的教会领袖得以加入县人民代表大会及政协参政议政。随着大批教堂的开放，家庭聚会点大量减少。为了加强对宗教场所和宗教活动的管理，1993 年国务院颁布《宗教活动场所管理条例》，福建省颁布《福建省宗教活动场所登记管理暂行规定》，所有教会及信徒聚会场所进行分批登记，原来被侵占的一些教堂逐步归还给相关教会。对宗教场所实行登记和管理的政策，一方面维护了教会组织和信众开展正常宗教活动的权力和利益，另一方面也是管理基督教活动的重要举措。

在新的宗教政策支持下，福鼎城关小西关教堂、点头、溪美、郭洋坪、佳山、大厝基等一批老教堂获得翻修和重建，基督教组织和神职人员继续开展传教、布道会、礼拜、洗礼等宗教活动，全县基督教信徒人数稳步增加。同时，由于毗邻温州、霞浦、福州等地，福鼎基督教各教派与上述地区仍保持着频繁的交流。

福鼎基督教共有四大教派，即圣公会、自立会、安息日会和基督徒聚会处。圣公会是基督教新教的主要派别之一，产生于 16 世纪欧洲宗教改革运动时期。圣公会原称安立甘宗，为英格兰国教，取名圣公会，寓意圣而公，对应《圣经》对教会属性的定义。英国作为圣公会的发源地和活动中心，在新教发展早期，曾派遣大量传教士到世界各地传教，对新教在全球范围内的传播发挥了重要的作用。1888 年，在第三届兰柏会议上，圣公会确立了该教派的四条纲领性决定，称为《兰柏四纲》。具体内容是：①以《圣经·旧约全书》和《新约全书》作为信仰依据；②以使徒信经和尼西亚信经为信仰内容；③确立洗礼和领圣餐为信徒的信仰标志；④实行主教和牧师制。这四条纲领得到全球圣公会教会的认可和执行。中华圣公会曾派员参加第四届兰柏会议，宣布完全接受《兰柏四纲》，并将其体现于该会的宪章。

圣公会于 19 世纪时传入中国，清咸丰元年（1850 年）时开始有传教士入闽宣教，但适逢当时中国人民抵抗英国侵略的民族情绪高涨，因此传教活动受到抵制，收效甚微。同治元年（1862 年），英国差会又派遣胡约翰牧师来到福州传道，此后的几年，该教派开始以福州为中心，陆续向周边的连江、罗源、古田、宁德等地传播。同治五年时，传入福宁府治，光绪二十年（1894 年），由福宁府治传入福鼎。圣公会是最早传入福鼎的基督教教派，其建立的教会及教堂在福鼎城关、白琳、磻溪何敦、秦屿、溪美、管阳、元谭、梅仔湾均有分布，信徒众多。

自立会是一个具有中国本土意识的基督教教派，因反感西方帝国主义利用传教从事侵略中国的活动，主张教会应摆脱国外势力控制，实现自立，因此取名自立会。自立会的宗旨是爱国爱教，自立自主，有着浓厚的民族意识。早期的自立会组织有清同治十一年（1873）由广东儒生陈梦南创立的粤东广肇华人宣道会，以及光绪二十六年上海俞国珍牧师创办的自立长老会堂和中国耶稣教自立会等。

福鼎自立会有两个源头,一是1915年中国耶稣教浙闽教区的林湄川等牧者在福鼎城关小西关创立的中国耶稣教福鼎自立会。二是1923年,由温州平阳县北港自立会传入前岐后成立的中国耶稣教自立会前岐分会。自立会的传播同样遍及福鼎城乡,其信徒分布的地方有城关小西关、半山、沙龙、郭洋坪、茗洋、溪底、草埕、崳山、罗唇、白坑、沙埕、流江、南镇、五都桥、前岐、双岳、三丘田、佳阳、照澜、双华、彩澳、西宅、瓜园、西澳、龙安、澳腰等地。

基督教的第三个教派为基督徒聚会处,简称聚会处或小群会,为中国基督教新教教派之一,于1920年在福州成立。该教派主张在每个城市或乡镇建立一个地方性教会,各自独立。提倡每个基督徒均可侍奉神,不设牧师制度,专职传道者称同工,教会事物管理者称长老,或称负责弟兄,下设执事助理教务;女教徒在参加宗教活动时头盖黑纱巾(蒙头),表示顺服上帝的权柄;聚会场所不摆设圣像、悬挂圣画等,凡《圣经》未规定的圣诞节、复活节等传统礼俗,概不随从。

聚会处教派传入福鼎始于1927年,由原圣公会信徒林维忠、吴守良等10多人在福州聚会处的支持下成立。1935年,温州平阳埔坪(今属苍南县)聚会处也传入前岐龟岭。1944年,平阳县一批信徒到秦屿沿海晒盐,在当地聚会传播,先后在秦屿水笕头、文渡、水尾建立教会,后传入硖门。1946年,平阳县霞关信徒到点头传播,翌年传于白琳,并先后建立点头、白琳教会。

至2002年,福鼎基督徒聚会处已登记的教会堂点共36所,其分布为:城关麻坑里、郑库口、沙龙、大厝基,点头镇的点头、果洋、江美,白琳镇的白琳、沿州,店下镇的店下、下岚亭、罗口、巽城,秦屿镇的秦屿、太姥洋,前岐镇的龟岭,叠石乡的官衙、高墙、茭阳、王海、南溪、外洋,管阳镇的章峰、西阳、溪头、八斗、阔萝、厝基洋、徐陈、兴洋、兴阳、长蛇、秀贝,以及贯岭、硖门、文渡等。

基督复临安息日会也是基督教新教宗派之一,创立于美国,因相信基督耶稣将第二次来临而得名,其总会设于美国华盛顿,直辖全球各分会。该教派20世纪初传入中国。安息日一词源于希伯来语,意思是七。《圣经·旧约》中说上帝用了六天完成创世之功,于第七日进入安息。因此"七"带有"停止工作,休息"的含义。

1926年,金可斌牧师和传道人张昌美来到福鼎城关建立安息日教会。先是在北门信徒张希贤家布道,后租赁民房为聚会点。1938年由岍山传入前岐,翌年传入龟岭,后又传于秦屿南塆,在当地先后建立教会。民国时期,该教派隶属闽北区会管辖。至2002年,福鼎基督复临安息日会已登记的教堂和聚会场所共6处,即城关凤架山,山前,前岐,桐城的百胜、东洋,以及秦屿南塆,计有信徒929人。

摩尼教是3世纪中叶创立于古代伊朗的一个世界性宗教,因其创始人叫摩尼而得名。摩尼于公元216年(一说是217年)出生于南美索不达米亚库萨(Kutha)运河边一个叫马迪努(Mardinu)的村庄。摩尼12岁时得到神的启示,晓瑜其特殊的宗教使命。之后,摩尼饱览各类宗教典籍,静思冥想,形成了一套包容犹太教、基督教、琐罗亚斯德教等不同宗教元素的独特宗教神学思想。24岁那年,摩尼再次得到神的启示,开始了他创立摩尼教的历程。摩尼教的教义以"二宗三际"为核心。所谓二宗,即光明和黑暗;三际,即光明王国和黑暗王国相互分离的初际,两者相互混战的中际,以及两者重归于分离的后际,也就是过去、现在和未来。① 摩尼教将一切现象归纳为善与恶,善为光明,恶为黑暗,认为光明必定会战胜黑暗,终将会走向光明、极乐之世界,故人当努力向善,以造成光明世界。因此,摩尼教传入中土后也被称为明教。

摩尼教大约于唐代传入福建。② 据宋代史料记载,大历三年,经唐朝廷允许,回鹘先在长安修建了一座摩尼教的大云光明寺;大历六年(771年),又在其他地方修建了几座大云光明寺。会昌年间(841—846年),因唐武宗灭佛殃及摩尼教,一些中原的摩尼教僧侣为逃避迫害南下入闽,促进了摩尼教在福建的传播。何乔远在《闽书》中记录了当时的情况:"会昌中汰僧,明教在汰中。有呼禄法师者,来入福唐(今福清),授侣三山(今福州),游方泉郡(今泉州),卒葬郡北山下。"摩尼教入闽后,一度以福州和泉州为活动中心,之后又传入闽东沿海。据明万历《福宁州志》的记载,金光明寺、灵瑞寺、中成寺几座位于闽东地区的摩尼教寺庙均建于咸通三年(862年)。

摩尼教在中原遭到迫害和打击,却能在福建立足和广泛传播,有其独特的原因。首先,福建地处边远地区,远离政治统治中心,在朝廷打击摩尼教时很自然地成为教徒的避难之地。其次,摩尼教传入中土后,通过吸收佛教和道教的成分,采取灵活变通的本土化传教策略,迎合了素有宗教信仰传统的闽人的精神需求。闽越地区自古就有尚鬼信巫的习俗,民间对不同宗教的包容性较强。同时,福建的统治者善于利用宗教作为教化百姓的手段,这样的社会环境使得佛教、道教在福建有比较合适的发展环境。唐、五代时期,福建佛道二教风行,佛寺、道观林立。因此,当摩尼教披着佛、道

---

① 姚崇新,王媛媛,陈怀宇:《敦煌三夷教》,甘肃教育出版社2011年版,第171—172、177页。

② 以下摩尼教在福建的传播演变史参见廖大珂:《摩尼教在福建的传播与演变》,《中国文化研究》2005年秋之卷,第10—18页。

的外衣传入福建,假借佛、道的术语和概念进行传教时,并没有遭到其他宗教的排斥,反而由于其教义的新奇而受到一部分信众的欢迎。另外,摩尼教提倡行善修道,相互团结,其教义和宗旨符合下层人民的实用功利主义心理,容易获得民众信赖,也在一定程度上促进了其传播。

摩尼教在宋元时期达到前所未有的兴盛。北宋统治者推行限制佛教的政策,大力扶持道教,摩尼教因此而沾光,被当作道教的一支,一度从民间走入宫廷。史料记载,宋真宗曾"御制三藏圣教序,赐明教大师法贤等"。同时,摩尼教的经典也得到官方的承认,两度被编入官修的《道藏》。由于摩尼教获得官方认可,福建摩尼教迅速崛起,盛极一时。《佛祖统纪》引南宋洪迈《夷坚志》云:"吃菜事魔,三山尤炽。为首者紫帽宽,妇人黑冠白服,称为明教会。"又云:"今摩尼尚扇于三山。"不仅信徒急剧增多,且由福建不断向浙南等地传播,"近时事者益众,云自福建流至温州,遂及两浙"。北宋末,仅温州一地就有明教斋40余处,而福建则成为摩尼教传播的中心。当时摩尼教不仅受到下层民众的普遍欢迎,秀才、吏人和军兵等社会群体间也相互传习,最后甚至连官员和士绅阶层的人士也都积极参与进来。随着摩尼教社会影响的扩大,信徒人数急剧增长,开始渗透到广大农村地区,出现了"乡里后生"纷纷入教的社会景象,摩尼教徒遍布沿海城乡。

宋代福建的摩尼教随着自身的不断发展,佛化、道化的倾向进一步加深,继续吸收和融合佛教和道教的成分,除了大量糅合佛教元素之外,其道教化的色彩也愈加浓厚。此一时期摩尼教在福建的传播,更多是以道教的面目出现。闽北著名道人白玉蟾在其《海琼白真人语录》中记录了当时许多摩尼教徒利用《老子化胡经》的附会之说,以道教徒自居的情形。[①] 宋代摩尼教发展的另一趋势是不断吸收民间信仰的内容,逐渐与民间宗教融合。由于摩尼教否定现存制度,追求未来光明的教义深受下层人民的欢迎,因此难免在传播过程中受到民间社会信仰传统的影响。闽地民间信鬼尚祀的风气,在摩尼教传播的过程中逐渐渗入,使得摩尼教的许多教规、教仪发生改变,加入了民间宗教的成分。偶像崇拜、祭祖、超度亡魂、符咒巫术等原本属于摩尼教教义禁忌的宗教行为都融入了摩尼教。甚至连本土的民间神祇也被摩尼教所吸收,成为摩尼教的主要神灵之一。这些都充分说明了福建摩尼教后期发展与民间信仰相互影响,相互融合的特点。

摩尼教在宋代的发展虽然达到了鼎盛,然而在其繁荣的表象下也暗藏危机,随着

---

① 白玉蟾:《海琼白真人语录》卷一,上海涵芬楼影印道藏本,1926年,第11页。

社会形势的演变,北宋后期摩尼教开始由盛转衰。首先,摩尼教在底层社会的流行,以及其秘密结社为特征的传教方式,引起了统治者的警觉。北宋末年的宣和二年(1120年),朝廷开始颁发禁令,打击摩尼教的传播。此后,摩尼教便遭受到长期的大规模迫害。尤其是方腊起义后,统治者出于对民间宗教的恐惧,"法禁愈严"。①

除了受到政府的打压以外,南宋后期儒学的兴起也成为排斥和打击摩尼教的重要因素。儒学思想主张参与现实,经世致用,其务实精神使其与宗教和迷信活动产生对立。福建理学在南宋兴盛以后,占据了社会思想的主流,佛道思想受到抑制。儒家学者向来反对迷信,带有浓厚巫觋色彩的摩尼教因此成为猛烈抨击的对象。一些儒家学者痛斥摩尼教,将摩尼教僧侣妖魔化为"妖幻邪人",摩尼经则被斥"诞谩无可取"。这些儒生一方面奏请朝廷颁发禁令,严厉打击摩尼教,另一方面要求民众"各为善人,各修本业","莫习魔教,莫信邪师"。至此,南宋士人阶层对摩尼教憎恶的态度与北宋时的热情向往形成了鲜明对比。面对封建统治者的迫害和儒家的排斥,福建摩尼教活动的中心开始由城市转移到乡村。一些摩尼教领袖被迫脱教或归隐山林,普通教徒则只能以秘密结社的方式继续活动,势力日益衰退。

元代,由于统治者重视宗教发展,福建摩尼教再度得以短暂复兴。泉州、莆田等地都建有摩尼教寺庙,现存完好的晋江罗山乡明教草庵即修建于这一时期。不过,元代摩尼教的活动范围局限于乡村,虽然表面上有复兴迹象,但与宋代的鼎盛已不可同日而语。随着摩尼教自身一步步走向衰落,到明清时期,摩尼教已日薄西山。

明朝建立后,统治者继续实行打压以秘密结社形式在民间活动的摩尼教。面对残酷的迫害,摩尼教继续变换自身的内容与形式,以适应时局的演变。其活动中心逐渐转移至浙南,并慢慢走向衰亡。从明初至明中叶,文献资料中已经很难见到有关福建摩尼教活动的记载,说明摩尼教已经极度衰微,或是以改头换面的形式融入了其他宗教。

明万历年间,受浙南地区摩尼教的影响,福建摩尼教的活动又有所回潮。这一时期摩尼教活动的范围主要限于闽北和闽浙交界地区,依附罗教(又称无为教)进行活动。时人朱国桢在其所撰的笔记体小说中写道:

> 瓯宁吴建之乱,初亦以幻术诱众,妄言世界将乱,令人照水,现出富贵皇冠服动其心,人皆信之,久之徒众益多……今福宁之秦屿、兴化之某所、连江之徐台、

---

① 李心传:《建炎以来系年要录》卷七十六,中华书局1998年版,第1248页。

长乐之种墩,往往奉温州教主,其诅咒君父,有非臣子所忍闻者。种墩马全十实衍其教,浸于闽之嘉登里,倡而奉之者,正七也。其幻术与建类,令人尽卖其产业以供众,曰:乱且至。彼蚩蚩者业,皆汝业。禁人祀祖先神祇,以预绝其心,惟祀教主,号曰无为。昏夜则聚男女于密室,息烛而坐,不知其所为。①

鉴于无为教与摩尼教教义有诸多相似之处,有学者推测,其名称"无为"应是取自摩尼教"心恒清净,不造有为"之经义。

明末时期社会矛盾尖锐,农民起义运动此起彼伏,民间秘密宗教以结社的方式组织和发动群众,摩尼教的残余势力借机死灰复燃。然而,此时摩尼教的面目已十分模糊,其传播主要依靠画符行咒、驱邪镇妖等方术来吸引信徒,和乡间的邪教巫觋十分类似,丧失了其最初追求"光明清净"的教义思想。步入清代以后,摩尼教的活动似乎已难觅踪迹,归于沉寂,一些学者据此认为摩尼教已经消亡。不过,近年来在闽北霞浦县发现的一系列与摩尼教有关的民间谱牒资料却推翻了这一观点。最新的调查研究表明,流传于福建霞浦西北部的摩尼教不但没有消亡,至今仍在传承。

历史上,闽北与浙南交界的温州、福鼎、霞浦一带,是摩尼教活动的重要地区。位于福建霞浦县柏洋乡上万村的龙首寺修建于宋太祖乾德四年丙寅(966年),是目前已知最早的摩尼教寺院,建造时间比闽南晋江的草庵要早数百年。据学者刘富学考证,该寺的开创者孙绵为西爽大师之徒陈诚庵的再传弟子,而西爽大师师承的呼禄大师则是唐代入闽传教的摩尼教高僧。

孙绵的传人林瞪在中国摩尼教发展史上是一位具有重要地位的人物。据林氏族谱记载,林瞪为柏洋乡上万村桃源境人②,生于北宋真宗咸平癸卯(1003年)二月十三日,于天圣五年(1027年,时年25岁)"弃俗入明教门",拜孙绵为师,后成为"传教宗师"(霞浦科仪书《送佛文》)。林瞪卒于嘉祐己亥三月初三日,终年57岁,死后葬于上万村芹前坑,至今墓址尚存。在孙绵大师去世后,林瞪传承其衣钵,继续弘扬明教,使明教在这一时期得以发扬光大。民间文献记述,林瞪法术高强,善于祈雨及降妖除魔,由于其丰功伟绩和巨大的影响力在当地被公认为摩尼教教主。据传嘉祐年间(1056—1063年)福州失火,林瞪因施法救火有功而被封为"洞天都雷使"和"兴福

---

① 朱国桢:《涌幢小品》卷三十二,上海古籍出版社2012年版,第13页。
② 《济南郡林氏宗谱·盖竹上万林氏宗谱世次目图》,清同治十一年(1872年)抄本。

真人"。①

对于霞浦摩尼教的发展,林瞪之功居其首,尤其他在充任龙首寺第二代寺主期间,霞浦摩尼教得到了空前的发展,流风所及,闽浙摩尼教渐次得到发展,并最终于闽浙一带形成了一个颇具地方特色的民间秘密法脉——"明教门"。有学者指出,林瞪对摩尼教的脱夷化与民间信仰化起到了重要作用。在其住持龙首寺期间,借鉴了佛教禅宗师承传统的做法,使得霞浦摩尼教的组织性得到空前加强,形成了较为完善的祖师传承制度。这一制度后来也随着摩尼教北渐浙南而影响当地摩尼教的组织与传承形式。在林瞪的领导下,霞浦摩尼教的影响力逐步扩大,先是北传至浙江温州,后向西延及福安,向南则返流至福州。

在霞浦县柏洋乡,林瞪信徒的活动至今仍在继续。每年从农历二月十二日开始一直到二月二十一日,在柏洋乡之柏洋村、上万村和塔后村都有祭祀林瞪的活动,活动主要内容有文艺演出、迎神活动、祈福祭祀、拜谱仪式、文物移交等,热闹程度甚于过年。② 霞浦上万村保存有五件据称是林瞪生前使用过的法器,其中有两枚篆刻"圣明净宝"和"五雷号令"的字样的印章,还有民间俗称"蛤蟆炉"的青铜角端,以及林瞪之妻陈夫人生前所用的耳环等金银饰品。通过有关专家鉴定,上万村的青铜角端与故宫太和殿的一对角端极其相似,当系明代或明以前的遗物,而"圣明净宝"印章,显然是明教教主专用的权威凭信,"五雷号令"印章当为林瞪专用于祈雨之物。上述这些实物足以证明林瞪在"明教门"中至高无上的地位。③

福鼎太姥山是闽北地区摩尼教活动的另一中心。尽管由于史料记载的匮乏,目前对福鼎地区摩尼教活动的详细情况仍无法准确地还原,但我们仍可从现存的摩尼教遗迹中入手,尝试追溯历史上摩尼教活动的蛛丝马迹。

位于太姥山顶的摩尼宫是一座始建于唐代的小宫宇,庙的面积约为 2.5 平方米,高 2.5 米,完全由石块建成,建筑样式朴质无华。其入口设有门,门两侧的墙上开有两个小窗,屋顶中脊的中间安放着一个形如光芒四射的太阳的石制器物。庙里供有一尊太姥娘娘像,被安放在玻璃的神龛里面。神像前设有祭坛,摆放着香炉、签筒以及两个烛台。神龛旁边的石条柱子的铭文上书:"大清光绪三十年(1904),住持奕果立'梦台'。""梦台"是这座小庙的别称,据说进香者夜里在此引香到枕边,可得到太

---

① 杨富学:《林瞪及其在中国摩尼教史上的地位》,《中国史研究》2014 年第 1 期,第 119 页。

②③ 林子周、陈剑秋:《福建霞浦明教之林瞪的祭祀活动调查》,《世界宗教文化》2010 年第 5 期,第 82—85 页。

摩尼宫

姥娘娘梦示,无论求前途还是求子嗣,皆十分灵验。

从已有史籍的记载来看,唐末诗人林嵩于 879 年所撰写的一篇短记当是最早提及这座宫庙的文献。林嵩在其文字中使用了"摩尼宫"这一名称,表明了这座宫庙在唐代业已存在的事实。[①] 学者连立昌和林悟殊也据此推断,该宫在唐武宗 843—846 年的宗教迫害之前,必已存在,同时也是唐代福建已有摩尼教活动的有力证据。[②] 明人何乔远在《闽书》中对这座宫庙的身份做了说明:"宫之属,曰摩尼。堂之属,曰乞梦。"[③]编撰于清同治年间的《福建通志·古迹》则提供了更详尽的介绍:"摩尼宫,在摩霄庵右。方广丈余,俱石块砌,中有石像,祈梦多验。"

太姥山的这座摩尼宫,是国内已知的唯一一座以"摩尼"命名的寺庙,而这正是令一些学者感到困惑的地方。因为唐代以来绝大多数有记载的摩尼教寺庙,从未有一间是以摩尼为名。在会昌灭法前兴建的 7 座摩尼教寺庙,均取名为"大云光明寺"。这些寺庙分布于长安、洛阳、太原及荆(今湖北江陵县)、扬(今江苏扬州市)、越(今浙江绍兴市)、洪(今江西南昌市)四州,均属于唐朝的政治中心或是粟特胡商活跃的地区。杨富学据此认为,当时摩尼教的传播路径与粟特的政治经济利益存在密切联系。而太姥山地处东南偏远之地,显然不可能受到摩尼教的青睐。[④] 也就是说,

---

① 连立昌:《明教性质刍议》,《福建论坛》1988 年第 3 期,第 41 页。

② 转引自[德]拉尔夫·考兹撰,徐达译:《摩尼宫是否为福建第二所摩尼寺》,《中山大学研究生学刊》2001 年第 1 期,第 47 页。

③ 何乔远:《闽书》卷三十,明崇祯刻本。

④ 杨富学:《林瞪及其在中国摩尼教史上的地位》,《中国史研究》2014 年第 1 期,第 110 页。

太姥山摩尼宫不属于摩尼教寺庙。这种说法虽有一定道理,然而终究只是一种推测而已。真实的历史事实,对于历史研究者而言,永远存在着多种可能的假设。

综观寥寥可数的史籍文献,最有分析价值,且能够用以间接证明太姥山存在摩尼教活动的,当属林嵩所撰的《太姥山记》。该文开篇的两句话就包含着十分重要的信息,"山旧无寺,乾符间,僧师待始筑居于此",说明在乾符之前,太姥山上并无寺庙存在。但是否有人居住?林嵩没有提及。摩尼宫所在的太姥山巅,显然不是一个适合普通民众生活和长期居住的地方,从古至今周边都没有民居存在。倘若历史上确实有摩尼教徒在此活动,他们必然需要有一个合适的寺庙作为活动场所。摩尼宫的面积不足 3 平方米,除了神像及祭台外,内部空间十分有限,显然无法满足摩尼教徒举行大型聚会活动的需求。因此,按常理推断,摩尼宫很有可能只是一座附属宫庙。如果这样的假设成立,那么摩尼宫附近必定还有别的大型宗教场所(寺庙)可供信徒聚会和休息之用。这不免让我们联想到与摩尼宫相距不远的白云寺。白云寺古称"白云庵",是距离摩尼宫最近的一座大型寺庙。《福鼎佛教志》提供的资料显示,白云庵建于唐乾符二年(875 年),唐朝后期遭兵焚,楼台无存。康熙二十三年(1684 年)重建,乾隆二十二年(1757 年)重修。[1] 此资料记载的白云庵于"唐朝后期遭兵焚",与唐武宗会昌灭法的时间恰好吻合,说明白云庵可能在会昌灭法期间也曾受到波及,并且可能正是由于摩尼教徒的活动而遭到官方的打击。

更重要的是,白云庵的外观和名称本身,也都十分符合作为一所摩尼教寺院的特征。白云庵在唐代虽遭毁坏,但重建后仍沿袭其独特的建筑风格。其寺门与摩尼宫一样,均为石砌,且为门楼样式,而非一般中式佛教寺庙的山门样式。弧形的石拱门、石窗以及各种雕刻花纹和装饰等,都显露出一股浓浓的中古波斯建筑风格,殊异于太姥山的其他任何一座佛教建筑。另外,摩尼教宣称宇宙间有光明之神(即善神),认为火、光明、清净、创造、生为善端,"白云庵"的"白云"正暗合了"清净光明"之意,与唐代宗时荆、洪、扬、越等州奉诏所建的摩尼教"大云光明寺"在命名上十分接近。再者,有学者指出,宋以前所谓的"庵",并不是专指尼姑庵,而是指隐世修行者所居的圆状茅屋。[2] 草庵是民间摩尼教对其日常宗教活动场所的一种称谓,如被确认为摩尼教寺院的晋江草庵就是例证。《闽书·方域志》说:"泉州府晋江县华表山,山背之

---

① 侯传烛编:《福鼎佛教志》,第 63 页。

② 释道诚撰,富世平校注:《释氏要览》卷上"居处",中华书局 2014 年版。

白云寺又名"摩霄庵",建筑外观别具一格

麓有草庵,元时物也,祀摩尼佛。"①可见,无论从建筑外观还是名称的内涵上,白云庵都符合作为一座摩尼教寺院的身份。这座后期被佛教化的寺院,或许才是当年福鼎的摩尼教徒举行宗教聚会及隐居的场所。

尽管由于缺乏其他史料的支持,上述推论仍然显得不够严密,但一个能够基本确认的事实是,大概在唐代末期,福建北部的摩尼教,已经率先从唐武宗统治的严酷迫害中恢复过来。太姥山摩尼宫的存在,表明早在唐代中叶,摩尼教已经在福建出现了。会昌灭法时,摩尼教传教师"呼禄法师"南下福建避祸,其嗣后弟子林瞪等人大力推动摩尼教的本土化,极大促进了该教在闽北浙南地区的传播。正如德国学者拉尔夫·考兹指出的,如果摩尼宫是摩尼教留下的遗址,那么它必定不会是一座孤立于

---

① 谢学钦:《林嵩〈太姥山记〉校勘》,http://hk. plm. org. cn/gnews/2008117/200811785689. html,2015 年 9 月 27 日。

佛教寺庙附近的摩尼教建筑,因为这不符合事实逻辑。比较大的可能是,白云庵这座佛教庙宇原来同样也属摩尼教,并且是摩尼教徒重要的活动中心。[①] 太姥山是浙南闽北地区的名山,山顶的摩霄峰海拔近千米,"云横断壁千层险"。清晨时分登临摩霄峰纵目观海,可见黎明告别黑夜时的界限分明,以及日出时的万丈光芒。在摩尼宫周围,又有石船、顶天石、七宝池、仙女散花等景观——这样一个远离俗世喧嚣的圣地,无疑正是最接近摩尼教徒追求的清净光明之宗教理想的地方。从地理上看,太姥山位于拥有众多摩尼教寺庙的地区的中心,因此它极有可能是福建北部摩尼教徒的朝圣中心。

---

① ［德］拉尔夫·考兹撰,徐达译:《摩尼宫是否为福建第二所摩尼寺》,《中山大学研究生学刊》2001 年第 1 期,第 49 页。

第三章　行仁普济与太姥文化区的圣地塑造

宗教以普世精神和人文关怀为其要义。慈善公益活动是宗教与地方关联和互动的主要方式。在"仁爱救赎"价值观的引领下，各宗教在行仁普济的道路上殊途同归。宗教以其强大的渗透性融入地方社会，与地方文化水乳交融，浸染了浓郁的地方色彩。政府与民间应妥善保护传承、合理开发利用福鼎地区丰厚的宗教文化遗产，塑造太姥文化区中国东南宗教朝圣旅游胜地的形象。

第一节　太姥文化区多元宗教的行仁普济与殊途同归

宗教是人类社会发展过程中存在已久的一种历史文化现象。斯皮罗(Melford Spiro)将宗教定义为"包含与文化所假定的超自然存在相互作用的文化模式一体化的一套体制"。[1] 人类社会自从出现以来，无论是在遥远的部落时代还是在科技和文明高度发达的当代，人类对超自然力量崇拜的宗教现象从未间断过。

宗教是人类对超出自身掌控范围的未知神秘力量发挥想象力的结果。英国考古学家泰勒认为，宗教起源于人类对万物有灵的认知。而西方社会学宗师涂尔干则认为，宗教是社会价值的一种投射，是存在于社会个体之中又超越社会个体的"集体表象"。宗教不应该被看成是对世界的一种解释，而是作为阐述社会象征的一种手段。根据涂尔干的观点，真正的宗教信仰总是某个特定集体的共同信仰，这个集体不仅宣称效忠于这些信仰，而且还要奉行与这些信仰有关的各种仪式。[2] 因此，宗教的本质是一种集体意识。在涂尔干看来，宗教本质上是一种被神化了的社会的产物，宗教

---

① Spiro Melford E. 1973, "Religion: problems of definition and explanation" in Michael Banton, ed., *Anthropological Approaches to the Study of Religion*, London: Tavistock, p.96.

② 尹广文:《宗教的社会功能及其社会角色扮演:涂尔干的宗教社会学思想研究》,《江南社会学院学报》2009年第3期,第59页。

通过一系列的有组织的仪轨把信仰者纳入到了一种道德共同体中,使人们参与到一种集体的生活当中。因此,宗教就是一种集体事物,而一切宗教活动都是集体意识的表征。①

宗教信仰的对象都是拥有超自然、超人间力量的神圣事物。人们崇拜这些神圣事物,希望以此来帮助解决自身无法解决的问题。因此,有学者把宗教定义为是借助非现实力量,或者用非现实的方式,解决现实问题的一种社会现象。而所谓"非现实的力量"就是"超自然或超人间的力量",即神祇。② 在信徒的观念中,他们所信仰的神祇能够主宰或影响人的命运,因此对其充满了依赖感、崇敬感和畏惧感。教徒的这些内在的宗教感情外化为具体的宗教行为,就在日常的宗教生活中表现为献祭、祈祷、礼拜、皈依、修行、苦行、禁欲等宗教实践活动。而宗教的社会性和集体性,使得宗教组织为了实现内部认同和对外立异,逐渐把一些宗教信仰的行为实践规范化、体制化、模式化。经过不断地发展,最终实现了"宗教观念的信条化、教义化、经典化;宗教体验的虔诚化、神秘化、目的化;宗教行为的仪式化、礼仪化;宗教信徒的组织化、宗教生活的制度化"③。

宗教通过神圣化的人或事物来宣扬其教义、价值观和道德观。几乎每一个宗教都拥有一个可以称为灵魂人物的代言人或象征物。例如,儒教虽没有崇拜具体的神明,但其把天作为崇拜对象,推孔子、孟子为"圣人""先师",把他们的思想和著作述奉为经典,通过儒学教育、祭天、祭孔等不同形式传承给每一代的信徒。佛教以释迦牟尼为崇拜的偶像,尊称其为"释尊"、"佛陀"。佛陀的教导、思想被编印成经文,用以指导佛教徒日常的修学。佛门的教义、教规明确了信徒皈依、禅修、饮食、礼仪等日常宗教生活的形式和规范,成为每一个佛教徒自觉遵行的行为守则。佛陀以其完美的形象成为众佛教徒膜拜、效仿的对象。教徒们在日常的宗教生活中实践和体悟佛法的智慧,以善心善行效法佛陀大慈大悲、普度众生的情怀,通过积德行善、"广结善缘、广种福田"来减少自身的业障,以达到成佛或增加福报的愿望。

基督徒信奉的对象是三位一体的上帝,即"圣父、圣子、圣灵"。基督徒认为,上帝耶和华是创造天地万物的唯一真神,是掌管宇宙万物的主宰。上帝创造人类,并赐给人以灵性,将人安置在伊甸园内管理地上的万物。然而,人由于魔鬼的引诱而犯

① 尹广文:《宗教的社会功能及其社会角色扮演:涂尔干的宗教社会学思想研究》,《江南社会学院学报》2009 年第 3 期,第 59 页。

② 李申:《中国儒教论》,陕西人民出版社 2004 年版,第 5 页。

③ 吕大吉:《宗教是什么? 宗教的本质、基本要素及其逻辑结构》,《世界宗教研究》1998 年第 2 期,第 16 页。

罪,从此隔绝了与上帝的亲密关系。为了赎罪,人类必须付出死亡的代价。上帝出于对人的怜悯,自己"道成肉身",降世为人(耶稣基督),并作为无辜受死的替罪羔羊被钉死在十字架上,为人类赎罪。基督徒相信耶稣是救世主,并且耶稣的死已经为他们免除了所有的罪和过犯。耶稣以公义、慈爱、圣洁、完美的形象,成为教会崇拜的核心以及所有基督徒效法的对象。基督徒以《圣经·旧约》中的"十诫"以及《新约》中耶稣的各种教导作为日常生活的行为守则,通过祷告、礼拜、圣餐、服侍等多种形式参与宗教生活,以个人的修行追求一种圣洁的生活,相信死后会进入上帝预备的天堂,等待基督再来时复活并进入永生的国度。

道教以"道"为最高信仰,认为"道"是化生万物的本原。道士奉太上老君为教主,并以老子的《道德经》作为修仙、修真的主要经典。道教主张"道法自然",顺应天道、人道,依道而行,最后回归自然。道教的目标是人通过修善德,超脱死后下地狱的刑罚,脱离苦海而成为"鬼仙"。

宗教神祇的共同点是全知全能,超越人的局限,能够帮助人解决无法解决的问题,并且一般都具有慈悲、善良、博爱、圣洁、公义等属性,往往是人性最高道德标准的典范或是这些标准的化身。正是基于此,宗教才能维持其超越人性、高于人间社会的超然性和神秘性。总体而言,宗教都是倡导公益、良善,和平、正义等普世价值观的。因此,以公益慈善活动为形式的行仁普济是宗教文化的重要特色,也是宗教维持其自身发展的重要手段。

儒教把仁作为最高的道德标准。孔子在《论语·颜渊》中说,"克己复礼为仁",意思是约束、克制自己,使言行都符合礼制,便可称为仁。这里的礼制,指的是一种成文的或不成文的规定,体现的是建立在血缘关系基础上的人际关系准则。它既是社会的道德规范,又是国家的政治制度,同时也是宗教的礼仪。其基本内容是按照血缘关系的亲疏,将人分为不同等级,通常为五个。根据等级的不同,人们表达爱的感情有所区别。这种有等级差的爱,按儒教的说法是"爱有差等"。儒教以仁为根据的爱,表现在社会生活中,首先是爱父母、兄弟、妻子,之后推及较远亲属、朋友,最后是社会中的其他人。在国家的政治生活中,国民以君主为父,因此其仁表现为爱君主和官长;君主则以天为父,自称"天子",即上帝之子,上帝之爱,透过皇帝、官长、家长(父亲)传达到每一个人。

家庭是中国传统社会组织生活的最基本单位,儒教的祖先崇拜将宗教的主要特征渗透进了一种依靠家族和家庭传统维系的制度性结构中。人们相信去世祖先的灵魂依然生活在另一个世界,并且仍对现世子孙后代的生活产生持续的影响。

祖先崇拜信仰的是已故祖先的灵魂,对于后辈而言,祖先在另一个世界的继续存在,无论在道德层面还是物质层面都会对他们产生影响。因此,子孙后代必须要慎终追远,持续地供奉香火,这些延续的传统就成为家庭宗教信仰的一部分,嵌入在以血缘关系为主体的家庭以及家庭成员的观念中。葬礼、祭祀仪式以及和死去祖先有关的社会经济活动,组成了家庭制度不可或缺的一部分。以福鼎西昆的祭孔仪式为例,宗族的首领管理着祭孔的事务,并在祭祀中履行类似神职人员的职责。供奉孔子像的家庙则扮演了宗教场所的角色,在隆重的祭祀典礼氛围中,家庙形成了一个充满神圣感的宗教空间。在这一重要的宗教仪式下,宗族成员们按照自己在宗族中的年龄和性别地位,有秩序地参与祭祀,展现出儒教以伦理、教化为特色的文化传统形成的宗教秩序。因此,祭孔这样的祖先崇拜,作为家族宗教生活的首要方面,在宗教信仰、仪式象征和仪式活动及其组织各方面,都深深融入了宗族内部每个家庭的生活之中。

正是由于儒教及其传统的遗续,使得作为宗教场所的宗祠在中国社会中得到了较好的维护。祖先祠堂是宗族活动的中心。修葺、重建宗祠是宗族重振宗族精神、增强族人凝聚力和宗亲情感的重要途径。宗祠一般都是村落当中较为显眼的建筑,为了延续久远的历史,这些建筑都保留了传统的格局与样式,即便是新修的也是如此。祠堂的核心部分是位于正厅的祖先祭台,祭台后安置以精雕细刻的木头制成的基座,上面摆放着祖先的牌位。一排排的神主牌,根据不同年代和辈分进行排列,标志着宗族香火的绵延不断。这些神主牌明确地提醒族人,死去的祖先和活着的子孙后辈共同构成了宗族的血脉。

祠堂内的楹联歌颂着祖先的丰功伟绩,以再现他们辉煌的过去。墙上和门楣上悬挂的各种牌匾,展示着祖先曾经创下的功名,如朝廷封赏的官阶,科举的品级,公认的荣誉,以及朝廷、地方官员、公共组织授予有成就的宗族成员的荣誉等。还有一些牌匾刻有祖先留下的家规家训,以勉励后代子孙,让他们追求上进,培养良好的道德修养。总而言之,祠堂的布置,主要在于纪念祖先的丰功伟绩,敦促子孙后辈珍惜先人创下的家业,教导子孙努力去获得更大的成就,以便光宗耀祖。由于祖先灵魂的神圣性,祠堂成为家族传统和道德氛围的象征空间。

对于祖先的崇敬之情,集中体现于每年举行的春秋二祭以及清明节组织宗族成员祭扫祖坟的活动。这些纪念性的活动,已故的祖先未必能够真正感知,然而活着的人却能够通过实践这些活动,得到某种人生的体悟。儒家认为,这样的仪式有助于培养下一代的德行,尤其是其对于祖辈和长辈的孝心,同时也有助于促使支持这些价值观的人们感情更加细致。① 孔子的门徒曾子说,"慎终,追远,民德归,厚矣"②,对于这些做法的伦理意涵,儒家经典里有明确的阐释:

> 丧祭之礼,所以教仁爱也,致爱故能致丧祭,春秋祭祀之不绝,致思慕之心也。夫祭祀,致馈养,况于生而存乎? 故曰:丧祭之礼明,则民孝矣。
>
> ——《大戴礼记》
>
> 礼者,谨于治生死者也。生,人之始也。死,人之终也。终始俱善,人道毕矣。故君子敬始而慎终,始终如一,是君子之道,礼义之文也。……丧礼者,以生者饰死者也,大象其生以送其死也。故事死如生,事亡如存,终始一也。……故丧礼者,无他焉,明死生之义,送以哀敬,而终周藏也。故葬埋,敬藏其形也;祭祀,敬事其神也;其铭诔系世,敬传其名也。事生,饰始也;送死,饰终也;终始具,而孝子之事毕,圣人之道备矣。
>
> ——《荀子》

可见,儒家所倡导是通过举行合乎标准的丧祭仪式,引导人们抒发感念之情,通过这些礼仪的实践来实现伦理的教化,宣扬儒家仁爱的道德理念,最终达到慎终追远、陶冶民众德行和情操的目的。

佛教的教义以"慈悲为怀、普度众生"为核心。佛教在东汉时期传入中国时,其吸引信众、传播信仰的传教措施就是利用众多的佛教寺院大行扶弱济贫的善举。佛家倡导的"行善积德"功德论中"福报""修福"的慈善观念吸引了大批社会富绅纷纷解囊。近代以来,佛教改以"庄严国土、利乐有情"的净土号召复兴"不为自己求安乐,但愿众生得离苦"的大菩萨行,积极实践"人间佛教"的理念,促进了佛教慈善事业影响力的进一步扩大。佛教慈善布施的传统,主要在于缘起法、慈悲心、业报论、布施观和福田说等理论共同建构了一套完整的慈善思想理论体系,成为佛教四众弟子创建济贫救世、积德行善、利乐有情的慈善组织的理论支柱,同时也是佛教徒及信众完善人格、成佛得道、涅槃寂静的精神依归。③

佛教寺庙、尼姑庵虽然属于神圣的宗教空间,但是佛教普度众生的宗教愿景使得

---

① 祖先崇拜与中国社会的家庭整合的关系,参见杨庆堃著,范丽珠等译:《中国社会中的宗教:宗教的现代社会功能及其历史因素之研究》,第52—56页。

② 孔子:《论语》第一卷第九章,线装书局2013年版。

③ 林志刚:《中国佛教慈善理论体系刍论》,《世界宗教文化》2012年第5期,第51页。

其承担着重要的世俗化社会职能。大量的佛寺和庵堂不仅面向世俗的在家居士,也为普通民众前来烧香祈祷、消灾解厄而开放。一般情况下,它们被认为是为民众的普遍福祉而存在的。另一方面,佛教的寺庙、尼姑庵为出家人提供了与世俗生活相隔绝的环境,让他们能够潜心修行。远离俗世的寺院高墙,构筑了一个"区别于世俗社会组织小的神圣秩序,这个神圣秩序被认定是美好的,能够修正物质世界中的不完美,并旨在拯救人们脱离无际的苦海。寺院和庵堂提供了一块日常生活中的净土,在这里人们可以向宗教奉献其虔诚,展现生活中的神圣秩序的具体图景,从而成为拯救人们脱离现世生活苦海的模式"。①

佛教与世俗生活的隔离,使得它被认为是一个"出世"的宗教。然而这并不意味着它与民间的社会生活全然隔绝。以福鼎佛教为例,其在民间的传播,便是通过与宗族组织的紧密结合渗入乡村,而这种在地化的传播过程使得佛教染上了浓厚的世俗色彩。借助世俗化,佛教"慈悲为怀、普度众生"的理念通过各种宗教活动更为直接而深入地传达给乡村的信众。福鼎民间的许多宗谱资料显示,当地不少宗族组织均与佛教有着密切联系。佛教的行仁普济,正是以这种方式在乡村获得广泛实践。

如管阳镇西昆的西明寺,最早是一座既供奉佛像、又供奉祖先的"祠堂庵"。据文史资料记载,该寺最早由西昆村陶姓始祖宽九公第三世孙一聪、一千、一伦和一玺公创建于清乾隆中叶(18 世纪 60 年代)。因祠堂与石塘谐音,后人称之为"石塘庵",后又更名为"西源庵"。该寺曾于 1958 年被毁,1984 年重建后改名为"西明禅寺"。据陶姓宗谱记载及族人口述,祠堂庵最初落成时,左侧供佛,右侧祭祖。后陶姓族人另建一祠堂供奉祖先,祠堂庵专事供佛之用。几位陶姓佛教俗家弟子(俗称"菜友")随后请来一位有名望的僧人教导修习佛教功课。从此,"晨钟暮鼓、青磬红鱼,吻合诵经之声,闻于四野",该寺遂成为一座小规模的亦农亦禅的宗教圣地。每逢佛节圣诞,不仅陶姓宗族的男女老少前来焚香拜佛,临近村庄的善男信女也被吸引前来参加佛事活动。据传,清同治年间,一位名为陶茂铨的陶姓俗家弟子受族人推荐,掌管了庵务。此公力图中兴,将庵务治理得井井有条。且其以武术、气功、医伤和接骨闻名乡里,以其慈心仁术医治了方圆百里的众多危重患者。此陶公晚年时收一徒名为黄阿淡,传续其接骨、医伤之衣钵,同样颇受百姓称道。据称此师徒二人平日均不持长斋,每逢佛节圣诞,均操办鱼肉酒席款待香客来宾和檀越。②

---

① 杨庆堃著,范丽珠等译:《中国社会中的宗教:宗教的现代社会功能及其历史因素之研究》,第 30 页。
② 《福鼎文史资料》第 11 辑,第 175—176 页。

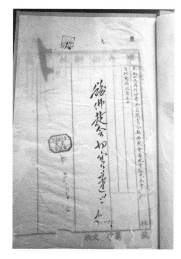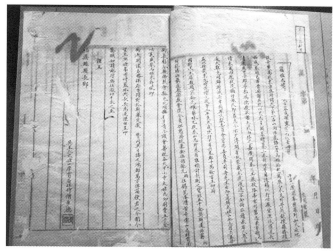

民国时期福鼎佛寺参与地方文化事业的珍贵档案

1958年,正值"大跃进"时期,西源寺被当地群众拆迁,留下了一片废墟。直至1984年初,一位名叫悟福的僧人来到西源寺故址,欲在原址重建佛寺。悟福僧本姓李,因而当地人称其为"老李师"。其师承兴福寺立西大师,受其师所嘱咐,欲来西昆西源寺旧址重建寺庙,弘扬佛法。于是主动寻找陶姓檀越头人,共商建寺事宜。新的寺庙在1985年建成后,取名为"西明禅寺"。据文献记载,悟福师主持西明寺期间,善于通过念经为民众治病,在福鼎沿海一带声名远播。①

对于常规的佛教寺庙和佛教组织而言,其弘法的方式主要关注社会层面的问题,而具体的弘法方式则有诵经祈福、水陆法事、赈灾济贫、教育资助等。据《福鼎佛教志》记载,1937年,正值抗日战争全面爆发,全国人民投入抗日爱国运动的历史时刻,福鼎佛教协会积极响应中国佛教总会的号召,于当年9月组织了一支由80多名僧侣组成的救护队投入抗日救亡运动。次年9月,佛教协会又举办了一场大型的水陆法会,超度抗日阵亡将士及死难同胞。参加这场法会的福鼎本地僧侣有80余人,城关善男信女数百人,还特别邀请了福州西禅寺的高僧宝光法师前来,共持续了49天。②

1994年7月1日,福鼎县居士林协同昭明寺,礼请宁波天童寺班首戒兴法师等60位法师前来举行水陆法会。法事设内坛、大坛、楞严坛等。先后敬诵《华严经》《楞严经》《圆觉经》《金刚经》《地藏经》等13部佛经。法会持续了七个昼夜,参会信徒达百人。第六日夜放瑜伽焰口,达千人之多,盛况空前。

---

① 《福鼎文史资料》第11辑,第178页。

② 侯传烛编:《福鼎佛教志》,第86—87页。

　　除了佛事仪式外,福鼎佛教界在教育方面也颇有成就。民国年间,福鼎佛教协会曾开办孤儿院,收容、养育社会孤儿。1942 年,桐南观音阁创办慈济纺织学校,招收了 30 名社会贫苦失学青少年,实行半工半读,教养兼施,学工结合的培养模式。学校不仅不收学费,每月还发给生活费。日常的运营经费,由福鼎地区各间寺庙捐献谷物获得。《福鼎佛教志》中提供的一份统计表显示,这所学校创办当年,福鼎地区共计有 83 座寺庙捐献了谷物,捐献数量达 21843 斤。

　　福鼎佛教组织还曾设立中医诊所,在溪西建观音亭义诊施药,为百姓治疗病痛。晚清秀才林梦翰为观音亭题写的楹联说:"佛堂垂慈各令安稳休息,行人举步齐来热闹乘凉。"此外,福鼎佛教界也在一些重要的节日举办布施做法事的活动。如每年农历七月十五日的盂兰盆会(俗称"鬼节"),当地大型的佛寺都会举办供佛仪式暨超度亡灵的法会。农历十二月二十八日是佛教纪念佛祖觉悟成道的日子,各大佛寺皆有当天熬煮腊八粥,施粥给普通信众的传统。

　　相比佛教与世俗生活相隔离的"出世"态度,以及基督教圣俗分明、高度组织化和具有一定身份区隔的宗教生活,道教由于其自身的民俗化倾向,其影响不仅融入了民众的思想意识中,也渗透到了民俗生活各个层面,与民众的日常生活关系十分密切。许多民间信众的生老病死、生活起居无不与道教发生关联。道教神祇体系中的阎王爷、土地公、财神爷、雷公电母、灶王爷、钟馗等神仙鬼怪的形象深深烙印在百姓的生活世界中,成为构建民间社会生活秩序、道德体系和生命价值观的重要元素。道教的神明信仰还对春节、中元节、中秋节、重阳节等民间传统节日产生了直接的影响。

　　道教在民间的行仁普济主要是通过科仪、斋醮等方式开展祈福禳灾,超度亡魂等法事。道教科仪是源于原始宗教的一种与神明沟通的祭祀仪式。道教的早期形式——五斗米教和太平道都十分崇尚科仪,注重"以善道化民"。道教科仪历经长期发展,最后形成了一套围绕神仙信仰、高扬生命价值,以返璞归真的信念追求至真纯善的宗教道德体系。道教科仪十分强调将利益传统与世俗现实加以结合,以宗教的途径达成厚人伦、敦风俗的目的。斋醮是科仪的主要形式之一,既是道教礼仪的主要内容,也是道教普济民间运用最普遍的宗教仪式。道士通过斋醮科仪内容及形式的结合来体现道、神、济贫拔苦等宗教内涵和精神。在民间流行的道教斋醮法事可分为两类,分别为祈福禳灾和超度亡灵。祈福避灾针对的是活人,仪式的目的在于为活人消灾解祸,使其趋吉避凶,生活幸福;超度亡灵则是通过仪式来改变亡灵在阴间的生活状态,使其能够从阴间困苦的境地中解脱,同时也是后人尽其孝道,安顿亡灵的一种方式。

诵经、拜忏、水陆道场、燃灯、放水灯和施食等是道教打醮仪式中最常见的内容，不仅形式上有差别，其作用和内涵也各有不同。道士主要通过这些法事扮演沟通、协调人神关系的角色，为其"事主"解决各种问题。诵经时，通常唱诵的经典有《度人经》《玉皇经》《三官经》等；拜忏是在神面前表示忏悔罪过、恳求宽恕的仪式，超度亡灵的拜忏，是求赦免亡者生前过失，让其早投善道或升入天堂；水陆道场是祭祀水界和陆界的所有生灵，规模和排场都比较大，通常要持续七天；燃灯是指在死者遗体的脚后放一盏清油灯，为其照亮冥途；放水灯则是以做成船型或莲花型的纸灯放入水中，象征为水中的亡灵照亮冥河，指引水路；施食又称斛食、判斛，等同于佛教的放焰口，是指给恶鬼道或地狱道的众生发放食物及日用品等，以减轻它们所受的痛苦。①

道教的斋醮法事在福鼎民间甚为流行。许多民众在日常生活中碰到时运不济，生意经营不顺，家庭成员疾病或突遇灾祸等情况，都会请道士到家里做醮，以求扭转时运，逢凶化吉，消灾避祸。一些家庭富裕又持守孝道的子女，也会单独请道士为年老的父母做醮祈寿。在福鼎，民众请道士为亡故的亲人"做功德"超度亡灵的做法也十分普遍。一般民众举办丧事，都会请道士上门做法事。其中较为普遍的是"做七"，即在亡日后每七天做一场法事，隆重的要从"头七"一直做到"七七"。

在某些地方性民俗节日到来的时候，如当地某一神明的诞辰日等，社区或村落通

福鼎道士打醮仪式

---

① 紫图编著：《图解道教》，第307—308页。

常会集体出资请道士来做"太平清醮"。这种形式的斋醮一般规模都比较盛大,其目的主要是为整个村落祈求太平,驱除境内的各种邪灵晦气,保护社区民众日常生活的清静安宁,让他们可以安居乐业。大型斋醮法事一般由村落或社区的老人会牵头募资,同时组织和动员辖区内各家各户协助筹备斋醮活动所需的物资、祭品等,以及对活动的内容、形式、场地、后勤进行安排、布置。一些社区还会请来戏班演戏,使得盛大的斋醮活动与民俗活动和文艺演出融为一体,构成一种综合性的地方文化展演。

基督教是以上帝普世性的爱为信仰的宗教。基督教神学认为,上帝就是爱的本体。基督徒首先要爱上帝,其次是要爱身边的人,以自己的爱心和善行帮助别人。耶稣在《圣经》中教导门徒说:"你们要尽心、尽力、尽意爱主你的神……其次是要爱人如己。"由于基督教教义的核心是"爱",因此其一切的宗教活动均围绕"爱和怜悯"的实践而展开,由此形成了悠久的慈善传统。"慈善"的英文单词"charity"在基督教神学中便是"上帝(对人)之爱"、"人与人之间的爱"以及"博爱"的意思。《圣经·新约》多处经文记载了耶稣教训门徒如何实践"爱"的真理的教导。如《约翰福音13:34》,耶稣说:"我赐给你们一条新命令,乃是叫你们彼此相爱;我怎样爱你们,你们也要怎样相爱。"基督教所倡导的爱,是一种发自内心、舍己和无私的爱,这种爱可以跨越性别、种族、地域和国籍的差别。根据《圣经》的启示,基督徒要把上帝的救恩、耶稣基督带来的福音传给万国和万民,让普天下的人都知道"信耶稣罪得赦免,死后可以免下地狱受审判,且得永生"的好消息,让每一个人的灵魂都可以"得救"。正是在这种"神爱世人"的博爱精神和宏大灵魂救赎计划的驱动下,近代以来,基督教伴随着资本主义在全球范围内的扩张迅速传播到世界各地。

基督教入华早期,受资本主义列强的利用,一度遭到中国民众的排斥和抵制,全国各地频发抵制基督教传教活动的教案。在直接传教的方式不断受挫的情况下,传教士们调整了传教策略,从一开始的以街头公开宣讲、散发传单或宣教刊物直接布道的方式转变为适应本地风俗习惯,以举办教育、医疗、福利救济活动等间接的手段和方式传教,这些"接地气"的传教方式很快吸引和感化了大批民众受洗成为信徒,之后也在客观上推动了近代中国医疗卫生、慈善福利、现代教育等领域的进步和发展。

近代时期的中国,政府统治腐败,军阀割据混战,加之帝国主义的入侵,社会底层民众生活在水深火热之中,不但受到政府、土豪劣绅的压榨,还经常遭到地方恶棍、匪徒的欺凌,有时连起码的人身安全都得不到保障。基督教通过免费医疗、学校教育、福利救助等多种公益慈善形式间接传教,带给了许多劳苦民众实实在在的帮助和生活的盼望。随着大批本土信众受洗成为信徒,基督教也奠定了其本土化的基础。

医疗事业是基督教会在中国创办最早,也是成效最大的一项事业。19 世纪中叶的中国社会,正处于国贫民弱的境地,百姓不但衣食有虞,罹患疾病的还要忍受缺医少药之苦。而同期的西方,在医疗方面则取得了长足的进步,临床医学各学科均臻于成熟,为基督教向海外传播提供了有利的资源。基督教在近代中国建立了数以千计的教会医院和诊所,向中国底层民众施医散药,拯救了大批罹患疾病的中国民众,不仅为民众的生活带来福祉,也极大地推动了近代中国医疗卫生事业的发展。基督教会还在华大力发展教育事业,将西方的现代教育制度引入了中国。由基督教会举办的一批教会大学,为近代中国培养了大批学贯中西的优秀人才,成为推动当时中国社会变革和中西文化交流的重要力量。而教会福利和慈善事业的开展,在救拔无数身处苦难境地的人们的同时,更是为中国慈善福利事业的发展奠定了基础。

福鼎历史上长期隶属福宁府管辖,因此福鼎早期的基督教也主要由设在福宁府的圣公会福宁支区议会传来。从光绪二十三年至二十八年(1897—1902 年),圣公会福建辖境议会先后派遣了星斯大、石多马、恒约翰、邱约翰等多名传教士到福宁支区议会,负责闽东各县的传教工作。支区议会通过举办教会医疗机构和学校,同步开展福音布道的工作。

英国传教士进入福宁府辖区内活动始于 1866 年,次年即在当地设立了传教站。然而当时闽东地区的民众正深陷于鸦片的苦害之中,在这样的社会环境中直接向他们传教显然十分困难,因此传教工作持续了十余年仍收效甚微。直到 1882 年,医学专业出身的传教士范·索梅仑·泰勒(B. Van Someren Taylor)博士来到福宁府传教站,传教事业举步维艰的局面才有所突破。泰勒博士加入传教站后不久便开设了一家诊所,并以其精湛的医术解除了当地许多民众的病痛,极大消除了民众对基督教的偏见,传教工作由此步入良性发展的轨道。泰勒博士的诊所自开诊后,半年间接待的病人多达 2350 例。随着教会医疗事业的发展,1886 年,由福宁支区教会创办的福宁医院(Fuh-Ning Hospital)正式成立。据统计,医院成立当年收治的 771 名住院病人中,有三分之二均为吸食鸦片的受害者。此后,福宁支区教会又陆续成立了妇女医院、妇女学校、女子小学等医疗和教育机构,培养和训练本土的医疗人才,为妇女儿童普及现代科学知识。①

---

① McClelland, T., Stock, Eugene. 1904. *For Christ in Fuh—Kien*, London: Church Missionary Society, pp. 75-76.

福宁教会医院工作人员与病人的合影

圣公会在福鼎的传教工作同样沿袭了在福宁府其他地区的做法。1895年,传教士伊顿·约翰(Eyton John)首先来到福鼎开设了一家书店,并雇佣两个当地人在街上叫卖《圣经》,但效果不佳。之后,另一位有医学背景的传教士麦肯齐博士(Dr. Mackenzie)也来到福鼎,开设了一家诊所,并将其交由一位本地医生管理。一些前来看病的民众由此接触福音而归向上帝。传教士所写的书记录了当时发生过的一些令人印象深刻的事例。其中一则提到,一位衙门兵丁因在诊所接受了戒鸦片的治疗后痊愈,其上级官员因此对基督教教义表示了赞许。另一则故事,说的是沙埕的一户人家,女主人曾于1894年时在福宁医院接受过戒鸦片治疗,并在那里接受了福音。她回家后,把福音传给了自己的丈夫,而后其夫也成为一个虔诚的信徒,除了按时去一个离他们家3里远的布道所参加聚会外,平时还在家里组织家庭祷告。①

利用"先救肉体,后救灵魂"的医疗传教策略,基督教最终以救赎灵魂和生命的慈善活动赢得了一部分福鼎民众的心。随着本土基督徒的成长和影响力的扩大,福鼎基督教会同样将慈善事业延伸至教育领域。民国年间,基督教会兴办了贞光女子

① McClelland, T., Stock, Eugene. *For Christ in Fuh—Kien*, London:Church Missionary Society,1904. p. 79.

小学,附设幼稚园一班,直至抗战期间才停办。① 此外,教会的福音布道活动还广泛宣传迷信的害处,普及科学、卫生知识,劝导信众戒除鸦片、纳妾、溺婴、缠足等恶习,对旧社会的移风易俗起到了积极作用。时至今日,福鼎基督教会仍在延续其博爱的宗教传统,在赈灾济困、参与边远地区的扶贫和教育事业、派遣义工服务社会弱势群体等方面继续造福着社会和民众。

第二节　多元宗教文化与太姥文化区的圣地塑造

一、文化功能视角下的宗教与地方社会

宗教是人在与自然环境的互动过程中创造的一种社会文化形式,它反映了人类作为一种高级生物在精神和心理方面的特殊需求,是人凭借自己的想象力和创造性回应这种需求而创设的文化实践。它通过把自然人格化,想象并创造出超越人类、能够掌控或影响人类命运的神灵,以便解决人所遇到的各种问题。宗教起源的这种特性,决定了它具有明显的社会功能性特征。

就本质而论,人类是生活于自然界中的一种群居动物。人的生存和发展离不开自然界,无论人类社会发展到多么高级和文明的程度,人都离脱离不了自然界而独立存在。人首先是生活于自然界中的人,具有自然的属性;与此同时,人也是社会的人,具有社会属性。社会是人类在群居的生活模式下,基于个体和个体之间相互依赖的交往关系形成的。社会既是人类在自然状态下的一种群体性的生存方式,也是超越了人的动物性本质,按照特定生存需要或一定的价值取向,个体与个体之间以特定的社会关系连结和构造而成的组织形式。社会的产生,超越了人类原本散乱的自然状态下的生活方式,进化出一种复杂但有序的组织化状态,人们的交往遵循一定的行为准则和行为规范,在一定的制度和运行机制下共同生活,并由此形成了特定的社会关系、社会结构、社会制度、社会规范等。社会关系、社会结构、社会体制、社会规范乃是改变或抑制人的自然本能而使人性升华之后的社会体现,是人性的文化创造。② 这些伟大的文化创造,既包含建筑、工具、饮食等物质文化,也包含语言、文字、艺术、习

---

① 《福鼎文史资料》第3辑,1984年,第55—57页。

② 吕大吉:《宗教是一种社会文化形式》,《社会科学战线》2007年第6期,第250页。

俗、法律、制度、宗教等精神文化。宗教的本质就是文化,具有文化的多重功能。

宗教在社会文化系统中处于基础性的地位。体制化、仪式化的宗教生活和宗教行为对社会群体的人际关系的规范、伦理道德、政治法律、社会习尚的形成与发展起着非常重要的作用。① 由共同的宗教思想和信念产生的社会认同感和文化心理,赋予了宗教强大的组织能力;而贯穿于神圣空间和世俗生活场域的各种宗教生活实践,则使得宗教渗透到了民众日常生活的方方面面。"无论是在原始社会的氏族宗教中,还是在民族国家的国家宗教和个人选择其信仰的创建宗教及其教派组织中,全氏族、全民族以及全教派的成员由于有着共同的信念,信奉共同的神灵,进行共同参加的宗教崇拜活动,就会产生把他们联结在一起的道德力量,形成共同遵从的规范化的宗教礼仪,把整个宗教共同体的全体成员纳入一个有共同信仰、普遍化的行为模式和统一的宗教体制之中。"②

作为一种群体性的社会文化,宗教文化在社会中发挥着重要的功能。著名社会学家涂尔干通过研究宗教的禁欲主义以及各种信仰、仪式,阐明了宗教所具有的多种社会功能,归纳起来有以下七种③:

1. 整合功能。宗教通过信仰来实现的社会的整合功能。涂尔干认为,宗教和社会之间一种相辅相成、相互依赖的关系。一方面,集体生活产生了宗教经验和神圣观念;另一方面,宗教生活,尤其是与宗教信仰相关联的各种宗教仪式在发挥强化集体生活所依赖的社会联系方面发挥着重大作用。因此,涂尔干认为,当规范和价值等社会事实内化于人之后,社会就可以从个人的内部发挥控制作用,在无形中增进社会的整合程度。

2. 社会化与交往功能。宗教生活提供了社会化的媒介,个人通过参加宗教仪式而参与了集体生活,实现了人际交往的功能。各种宗教都有其相应的教规、禁忌等制度,要求人们在日常生活中约束自我,摆脱欲望对个人的挟制,实现人与人之间和谐有序的社会交往,从而维持社会生活运行的协调有序。一些特定的宗教仪式,更是能够起到惩罚越轨行为、重塑社会规范和伦理道德的作用。

3. 传统的继承性。宗教仪式能够维系社会群体的内部传统,并使其代代相传。在举行宗教仪式的特殊日子或时段,能够唤醒和加强平日里被人们淡漠的宗教意识。

---

①② 杨庆堃著,范丽珠等译:《中国社会中的宗教:宗教的现代社会功能及其历史因素之研究》,第271页。

③ [法]爱弥尔·涂尔干著,渠东、汲喆译:《宗教生活的基本形式》,上海人民出版社2006年版,第395—535页。

仪式期间的一些集体参与的活动,能够让人们对群体的文化、信仰有更强烈的感受和更深刻的理解。不同代际群体共同组织和参与宗教活动,是文化传统代际传承的有效方式。

4. 个人信念的重建。宗教信仰能够带给人精神力量和心理安慰,宗教话语可以振奋人萎靡的心灵。当个人遇到不幸或者危机的时候,可以从宗教组织以及宗教仪式中寻求支持,从而减轻痛苦,重新找回面对现实生活的勇气。

5. 道德教化的功能。宗教以神圣化的教义、教规引导信徒的个人生活,为人们提供日常生活行为方式的指导性原则,通过改变人们的内在思想和行为准则,实现其道德教化功能。例如,佛教通过因果轮回的理论,教导人们"诸恶莫作,众善奉行",通过行善积德,增加福报。基督教则以"十诫"作为信徒的行为准则,通过忏悔、祷告等方式,信徒不断修正自己日常生活中的言语和行为,效法基督的形象,追求一种远离罪恶的圣洁生活。道德化的宗教行为实践,能够起到净化人心的效果,有助于营造和谐友善的社会氛围。

6. 发展的功能。宗教的发展功能体现在对个人发展和社会发展的双重促进作用上。个人方面,一个因遭遇挫折对生活绝望的人,可能由于宗教信仰的帮助而走出心灵的困境,走向新的生活道路;而一个处于正常生活中状态的人则可以通过信仰追求更高层次的生活,实现精神上的超越。二者在某种意义上都实现了个人的发展。社会方面,宗教的存在使传统被继承和延续,无形中促进了整个社会的发展。此外,宗教也在很大程度上促进了教育、文化、艺术、体育、医疗等领域的发展。

7. 维系的功能。共同的宗教信仰和长时间的宗教生活使人们对特定的宗教群体产生身份认同,模式化和定期举行的宗教仪式不断强化着人们的集体归属感,从而维系一个群体或者说一个社会的存在与发展。

宗教的社会功能涵盖了社会的各个层面,因此无论对于社会个体还是社会本身,宗教的影响力和渗透力是无处不在的。宗教让社会生活的边界得以延伸至更广阔的时间和空间,赋予了社会生活更丰富的内容和意义。对于地方社会而言,多元的宗教为在地民众选择合乎其个人旨趣和需求的精神皈依提供了不同选择。在宗教信仰自由的宗教政策下,不同信众自由选择信奉不同的宗教,能够促进多元宗教团体的形成和发展。社会群体自发组合到各种宗教团体,在固定的时间周期参加所属宗教的活动,在其个人的日常生活实践中融入宗教的理念,有助于地方社会形成相对稳定的社会秩序,能够促进社会的良性运行。

宗教场所不仅是举行各种宗教活动的中心,也是一个地方民众社会生活的公共空间。每个宗教都有自己的宗教场所,儒教有宗族的宗庙祠堂,佛教和道教有各种寺庵和宫观,基督教有教堂。宗教场所定期举办的大型群体性宗教活动,为信众提供了人际交往和心理宣泄的渠道。宗教节日到来时所举行的各种隆重的祭祀和庆典活动,让宗教信众能够暂时摆脱世俗琐事的缠累。人们来到宗教场所营造的神圣空间,参与各种服侍和敬拜活动,在这种集体性的活动中,人们能够找到自己生命存在的意义和价值,也能够感受到作为社会群体一员的归属感。同时,作为与世俗生活有区别的神圣空间,宗教场所是民众日常舒解精神和心理压力的重要场所。除了儒教的家庙、祠堂等宗教场所私密性较强以外,佛教、道教、基督教等宗教的活动场所一般都是对外开放的。只要是对他们的宗教信仰感兴趣的人,都能够轻易获得进入这些宗教活动场所的许可。宗教场所通常被认为是公益性质的,一定程度上充当着庇护所的功能。在过去,佛教寺庵常常成为地方上一些无家可归或走投无路的人最后的避难所。

宗教是一种介于官方和民间的社会组织形式,它既可以作为民间与官方沟通的桥梁,也可以成为政治斗争的工具。对于官方的统治而言,宗教是一种具有两面性的社会力量。一方面,宗教的慈善公益性质和社会教化作用对于维护社会稳定和政府的统治具有正面积极的作用。地方政府妥善地处理好与宗教的关系,能够让宗教的正向作用发挥到最大。另一方面,宗教强大的组织动员能力也使得其成为能够抗衡官方统治的潜在力量,宗教的组织形式、思想理念常常成为政治斗争的工具。中国历史上因反对集权统治而产生的白莲教、明教、天地会等民间秘密组织,都是借助宗教的形式演化而来。对于地方的政府而言,维护当地良好的宗教秩序,确保宗教在良性健康的轨道正常活动,是确保地方长治久安的重要策略。

宗教作为社会的子系统,交缠在国家与地方社会之间,体现出国家与地方社会之间富有韧性的张力。一个区域地理空间内的宗教体系与宗教文化景观是在国家权力、宗教和地方社会三者长期的互动过程中建构的。不同的宗教以各自的传播方式将宗教文化渗透到地方社会组织和社会网络中,深深嵌入到社会的有机体并发挥其功能。

宗教与地方的关系集中体现为宗教的地方性特征。地方性特征是宗教在其在地化过程中形成的。在地化是宗教协调与当地社会原有的传统、习俗、社会制度的矛盾与冲突所采取的适应性策略,是宗教在一个地方立足,寻求生存发展空间必经的过程。在地化的结果,使得本地的社会文化因素被吸收和融入宗教,从而在宗教文化中呈现出本土社会群体情感意愿和身份属性的表达,换言之,就是宗教地方性的形成。

宗教的地方性从空间上看,表现为融合了区域地理景观、地方性审美意识以及风俗习惯的空间生产特征和属性;从时间上看,则表现为在地方的历史发展进程中,宗教文化传统线性的传承、发展、重构、叠加与变异的过程。

为了在地方拓展生存与发展空间,各宗教都需要发挥其自身的能动性,一方面适应特定历史情境下国家或地方政权的宗教政策,以获取合法性地位和官方支持,另一方面则要努力争取当地民众的信任,发展本地信徒,从而获得进一步发展的各种资源。因此,以行仁普济为共同特征的多种类型的传教形式,乃至世俗化的妥协与让步,均成为各宗教在融入地方社会的过程中普遍采取的策略。从福鼎五大宗教传播与发展的历史源流中我们可以看到,由于本土宗教和外来宗教在性质上的差异,五教在福鼎的传播与发展走出了不同的历史路径,形成了独特的交融共生的格局。五教在性质上的差异,使得其内在的主体能动性和外在文化形式的表达均呈现出多样化的特色。正是这种多样化的特色,塑造了太姥文化区的多元宗教交融共生的格局和多元宗教文化的丰厚基底。

二、太姥文化区多元宗教文化圣地的塑造

1. 太姥文化区多元宗教文化遗产的价值

当代快速城市化和现代化的进程,急剧改变着区域和地方的景观以及人们对文化的认知。文化的遗产化是当今社会文化发展的一大现象。传统的、拥有历史连续过程的文化现象在这一过程中不断重新被评价并赋予新的社会价值和存在意义。在这样的大背景下,宗教文化同样面临着被遗产化的命运。与一般的文化遗产不同,宗教文化遗产有其自身的特殊性,具有神圣性、活态化和地方性三大特征。[①]

首先是神圣性。宗教文化营造了一个有别于世俗生活的纯粹的、圣洁的精神世界,成为人的心灵向往的一片美好的净土。宗教文化所指向的道德标准是超越了人性局限的道德标准。宗教信仰对象区别于世俗事物的圣洁性,赋予了宗教仪式、宗教艺术、宗教价值观以及宗教生活一种超越世俗生活的神圣属性。宗教文化透过不同的形式与人的精神连接和沟通,个人基于自身独特的宗教体验而被激发出特殊的宗教情感。这种宗教情感能够维系宗教团体成员之间的关系,在宗教成员内部形成认同感。宗教文化遗产的神圣性因而具有独特的社会价值。

---

① 方程:《城市宗教文化遗产活化与地方认同构建》,《新疆社会科学》2014 年第 6 期,第 61—62 页。

其次是活态化。宗教是"环绕着一群人的终极关怀所编织的一种生活方式"。[①]宗教脱离了人的实践，就是无源之水、无本之木。宗教神职人员和信众是传承宗教文化的主体。宗教音乐、宗教舞蹈、宗教仪式、宗教思想等宗教文化的内容，都需要通过日常的宗教活动传承和发展，才能展现其意义、价值和功能。活态既是宗教文化保持其独特性的方式，也是其得以保持生生不息传续和发展的内在生命力。

最后是地方性。地方是宗教文化传播的地域范围。宗教在一个区域传播与发展的在地化过程，融入了该地区的人文地理因素，表现出地方性的特色。一个宗教的文化总是与当地环境、社会结构及本土文化相融合，从而表现出地方性特征。宗教文化可以成为一个地方展现其文化身份的窗口。对于一个有着悠久的宗教发展历史的地方而言，宗教文化遗产是地方记忆的重要载体。宗教文化遗产能够从宗教发展史的角度丰富人们对地方历史的理解。

宗教文化遗产作为一种地方文化资源，从功利性的角度理解，其社会价值在于能够为社会公共领域提供精神消费产品。有学者就此提出了宗教在社会公共领域建构中能够发挥作用的几大维度：信仰维度、精神维度、价值维度、伦理维度、文化维度、社会功能维度和组织实体维度。[②]仅就文化维度而言，宗教文化的存在显然有利于维系和创造地方多样和谐的社会文化生态。地方政府应为宗教文化遗产的存续营造良好的社会环境，珍视不同宗教类型和宗教团体共同创造和传承的宗教文化，展现对不同宗教社会群体价值观的包容与关怀。

地方不仅是一个拥有地理区域界限的客体，更是由社会的人群充当主体的客体。社会群体的日常生活和经验赋予了地方成为一个有意义、意向和感觉价值的中心。[③]而这种意义会让人对地方产生强烈的情感关联，经由升华也会成为地方的象征，这便是地方感产生的逻辑和机制。通过对宗教文化遗产的发掘，可以充分发挥宗教文化资源在发展地方经济、净化社会环境，构建和谐社会生态以及公益慈善事业方面的重要作用。

福鼎地区的宗教文化资源独特而丰富。以"江南孔裔第一村"为典型的西昆儒教至今仍在传承着儒家千百年来的文化传统和精神理念，这在全国并不多见。孔子的家庙、古厝、孔墓等历史人文景观处处闪耀着圣人的智慧与光芒；圣人殡、书灯田等

---

① 休斯顿·史密斯著，刘安云译：《人的宗教》，海南出版社 2014 年版，第 2 页。

② 李灵、李向平：《基督教与社会公共领域》，上海人民出版社 2012 年版，第 36—51 页。

③ Pred, Allan. 1984, "Place as Historically Contingent Process: Structuration and the Time—Geography of Becoming Places". *Annals of the Association of American Geographers.* Jun84, Vol. 74, Issue 2, pp. 279–297.

儒教特有的习俗和传统在当地仍被虔诚地奉行和遵守……百年的古厝见证着孔氏家族荣耀的历史,从建筑外观到内里陈设,从门楣上的牌匾到墙壁上悬挂的圣人像,处处留下了儒学思想的印迹。

佛教自南北朝时传入福鼎,至今已有1400多年。历朝历代修建的名寺古刹星罗棋布于福鼎境内,大批虔诚的僧尼及俗家信众遍及城乡各地。法轮常转的佛门净地,播撒着仁爱慈悲的种子,度化着福鼎万千黎民百姓。同时,繁盛的佛教文化在建筑、雕刻、绘画等方面留下了宝贵的艺术遗产,极大丰富了福鼎的艺术遗产宝库。

太姥山素有"海上仙都"之称,被列为"道教名山",东汉至晋代都是道教人士修炼的重要场所。容成子、太姥娘娘居太姥山修道的传说故事在当地流传千年。容成子取水炼丹的丹井仍在流淌着清泉,升天石、金龟爬壁等景观,依然矗立在那里遥望着太姥羽化飞身而去的背影。亦真亦幻道教传说,为太姥山增添了神秘的气息,令人心驰神往。

近代传入中国的基督教,同西方列强的坚船利炮一起,带来了西方的文化,为推动中国社会的现代化和思想进步作出了贡献。基督教在福鼎的传播,受浙南温州和闽北福州两个传教中心的双重影响。四大教派的教会组织将上帝的福音传遍了福鼎城乡各地,也带去了西方文化的思想和价值理念。基督教文化在福鼎的传播,为提升当地具有现代价值取向的教育、医疗和慈善等事业做出了历史贡献,并留下了众多的宗教活动遗址。

摩尼教于唐代传入福建,在浙南和闽北霞浦地区的传播一度十分兴盛。太姥山摩霄峰周边环境的清净光明,吸引了摩尼教徒来此活动。建于唐初的太姥山摩尼宫,是目前国内所发现的最早的摩尼教活动遗址。摩尼宫附近的白云庵,以中古波斯风情的建筑风格在太姥山的寺庙中独树一帜,该寺与摩尼教的关系,有待更多的宗教人士和学者方家去深入探索和解读。

儒教、佛教、道教、基督教、摩尼教五教共存的多元宗教文化构成了福鼎地区独特的宗教景观,是一笔丰厚的宗教文化遗产。福鼎是一个被众神护佑着的地方,是一个多元宗教文化汇聚的圣地。名山古刹,多元宗教在这里和谐共处,护佑着芸芸众生。就社会价值维度而言,多元的宗教文化遗产是太姥文化区打造宗教文化圣地,发展朝圣旅游和相关文化产业的丰厚文化资源。

2. 多元宗教文化遗产的开发与圣地塑造

妥善保护,持续传承,合理开发,充分发挥文化遗产在经济、社会、文化发展方面的效用,是当代文化遗产保护和管理的主流趋势。对福鼎地区各宗教的文化遗产资源进行系统、完整地调查和归类,统筹当地经济和文化的发展规划,制定出一个科学合理的保护和开发方案,应该是政府和民间努力的方向。在保护和开发宗教文化遗产的实施策略上,当地政府应积极扮演好引导、管理和协调的角色。首先是要为当地多元宗教的发展营造良好的政策环境,引导区域内的多元宗教文化健康和谐地发展,保护具有重要历史文化价值的宗教遗产项目。其次,在开发宗教遗产资源的同时,要保障遗产持有者,即广大信教人士的合法权益,尊重其意愿。保护和开发的方案应致力于推动遗产核心要素的存续和发展,针对不同遗产的特色应量身定做最优的方案。最后,遗产的开发项目应充分结合当代旅游业、文化产业的发展趋势,积极回应宗教界人士和社会公众的需求和关切。开发福鼎地区宗教文化遗产的目标和愿景,是把福鼎地区打造为区域性朝圣旅游目的地,塑造太姥山东南区域朝圣中心的圣地形象。具体可以从以下几个方面着手:

一是大力发展宗教朝圣旅游。现代工商业社会快节奏的生活模式让社会人群普遍存在较大的精神压力。一方面,面对日益物质化的生活和周围人际关系的疏离,生活在城市中的人们容易感到精神空虚,以致陷入迷茫和焦虑的状态,一些人甚至因此罹患心理和精神疾病。另一方面,现代社会高效的生产力,使得人们所获得的可支配收入也大大增加。在崇尚自然、简朴和本真的浪漫主义思潮影响下,选择在节假日出游放松身心或带薪休假外出旅行已成为一种时尚的生活方式。在城市社会僵化的生活模式下,人们在长时间的工作之后,迫切需要暂时逃离原有的生活环境,去一个可以自由放松身心的陌生地方,以摆脱平时那种程式化的生活模式,舒缓精神和心理方面的压力。这种现代社会潮流所引发的结果便是当今大众旅游爆发式的发展。物质生活水品的全面提高,让人们普遍更加注重对精神生活的追求。在宗教信仰中寻求精神慰藉和群体归属感成为许多都市人群的选择。在旅游业中,加入宗教朝圣旅游队伍的人群也是越来越多。福鼎地区位于经济发达、城市化水平较高的闽浙交界地带,应充分利用自身的区位优势,积极开发利用丰富的宗教文化遗产资源发展朝圣旅游项目,通过媒介宣传、旅游推介会、举办宗教文化节庆和宗教文化学术会议等多种形式,扩大当地宗教文化的影响力,将福鼎地区打造成为区域性的宗教旅游目的地和中国东南宗教朝圣中心。

二是推广禅文化和佛学教育。太姥文化区拥有1400多年的佛教传播历史,积淀了深厚的佛教文化。历代名僧在发展佛教教义理论方面不断推陈出新,对南禅宗佛学思想在闽浙区域的传播乃至中国佛教事业的发展都有重要贡献。太姥山自古为天下名山,是佛教道教修行人士心所向往的圣地。这里峰峦险峻,环境清幽,大量佛寺古刹掩映在寂静的山林之中。寺院内青灯古佛,梵音袅袅,法轮常转,是远离尘世烦恼纠缠的清净之处,十分适合游人香客前来朝拜短居,感受佛法的精深和玄妙,调节和放松身心的疲惫。当地佛教寺院应充分利用朝圣旅游兴起的契机,开发自身的佛禅文化资源,在新的时代背景下以新的方式弘扬佛法,度化众生,造福民众。福鼎地区可结合朝圣旅游项目的开发,利用当地佛教寺庵众多、历史文化悠久的优势,推广禅文化修习和佛学教育。佛教协会等宗教组织可组织设立佛学院或佛学研究与修习中心,为普通民众开设禅文化和佛学研习课程,定期举办佛学学术研讨会,将太姥山打造成为浙南闽东地区乃至全国有影响力的佛学研究与禅文化修习中心。

三是发展健康和养生产业,打造养生休闲圣地。太姥山素有"海上仙都"之美称,是一座道教名山,其道教文化的历史甚至比佛教还悠久。道教重命贵生,尊道贵德,崇尚自然,淡泊名利,强调人与自然和谐共处,其精神内核恰与现代人追求健康、养生的生活方式高度契合。福鼎地区内森林覆盖率极高,辖区内各乡镇都有无污染的水资源和生态环境,盛产各种山珍野味和绿色农产品。遍植于山野的白茶更是有着显著的养生功效。区域内的一些特色乡镇,可充分发挥自身在资源和环境方面的优势,结合道教文化、白茶产业等,通过旅游开发带动生态农业的发展,以健康、绿色的养生食品形成健康养生休闲旅游的吸引力。在叠石等生态环境较好的乡镇,可试点推出环境养生和道教文化养生相结合的旅游产品,综合开发温泉疗养、茶道体验、农家茶园和果园采摘等体验式的旅游项目,让游客流连于清静、淳朴的山村环境之中,在品尝当地山珍野味和绿色农产品的同时,获得健康养生的休闲旅游体验。

四是发展公益慈善事业,打造公益慈善文化圣地。宗教的意义,在于其普世精神和人文关怀,更在于其与地方的关联和互动。行仁普济是各宗教共同的价值取向和传统,而在现代话语中则被赋予了公益慈善的意义。2012年2月,国家宗教事务局等六部委联合制定出台了《关于鼓励和规范宗教界从事公益慈善事业的意见》,从国家层面确认了宗教与慈善之间的传统联系,明确了宗教慈善公益组织的发展方向。宗教的慈善传统及其在民间社会生活中的广泛影响力,决定了宗教慈善组织在社会服务领域能够发挥更大的作用。福鼎地区各宗教的发展历史都十分悠久,在慈善公益事业方面已形成了优良的传统。政府应利用多元宗教形成的大量宗教组织和团体,积极引导、规范各宗教慈善公益组织的发展,大力扶持宗教公益慈善组织的成长,引导宗教慈善公益事业服务于社会建设事业。传统宗教慈善活动,多以弘法、传教为动机,在新的社会形势下,政府应积极引导宗教公益慈善活动向社会服务转变,例如可以将宗教公益活动与志愿者服务、义工等社会工作对接,将宗教文化中"仁""善""爱"的价值理念以各种形式传递给社会弱势群体,普及到普通群众中,从而在缓解社会矛盾,解决社会问题方面发挥作用。

第十编

遗产物语　太姥文化的情感象征

中国作为一个多民族的国家，各民族在长期的生产生活实践中创造出了绚丽多姿的民族民间文化。"一个人类共同体在自身的生产活动与社会活动中，创造了共同的文化并形成民族；一个民族及其文化在发展中必然也要形成独特的文化传统。这种文化传统时代影响着该民族群体及其每个成员，而一个民族群体又靠这种传统文化紧紧凝聚在一起。"①民族是文化传承的载体，文化的民族性是当代文化的一个显著特征，文化遗产是一个民族长期发展的文化积淀，是一个民族文化记忆的见证，是一个民族在其发生和发展过程中所形成的物质、制度、风俗习惯、审美意趣以及思想价值等精神创造活动及其结果，是一个民族的血脉和灵魂，也是一个民族的精神家园。

太姥文化区独特的地域分布、自然特征以及各民族多元一体格局提供了文化适应与发展的外在条件，同时人们在世世代代的生产生活、互动继承中参与到了文化实践和创造之中。不论是技艺流动、族群认同，还是审美体验，都可以在太姥文化体系中获得它的丰富性，而且也只有在这个文化体系中才能得到深刻的理解。如今，现代化与全球化正日益激起各民族的文化认同意识和遗产保护意识，这些文化遗产的保护与传承对于该地区人民的社会文化的永续发展具有尤为重要的意义。对于现代化语境下的文化遗产来说，由于社会环境与文化氛围的变迁，当传统的传承机制和地方性知识面临现代语境的介入时，某种程度的变革是不可避免的，唯有如此方能适应新的社会环境和新的时代要求。另一方面，文

---

① 林耀华主编：《民族学通论》，中央民族大学出版社1997年版，第400页。

化遗产有其独特的历史生成逻辑,并且是地方社会整体的一部分,对维系整个社会的生存发展起到了重要的功能性作用,因此对它的保护与传承只有遵循其内在的功能和演变逻辑,使人的主观能动性与事物发展的客观规律相一致,才会是真正富有成效的,这是政府部门的统筹决策者、文化主体的行动执行者和遗产开发的企业经营者等保护行为的各方都要特别注意的。只有用人类学的主位视角,以当地人的眼光审视保护行为,才能够既让文化不脱离具体的生活实践,保持强大的活力,又防止它在强大的意识形态标准化的改造中被清除出去。因此,如何把福鼎以及周边区域多样的文化资源进一步挖掘、整理,形成独具特色,并包涵所在区域中生存的各种文化现象的"太姥文化遗产",以利于突显文化主体,整合多元的地方特色文化,形成文化品牌,是一个需要我们深入探究、具有特别意蕴的课题。

第一章　精神家园与太姥文化区的遗产观照

太姥文化区作为一个区域概念,它和实际的具体地域有一定的重叠,但从本质上来讲它是一种文化的空间领域。它超越了行政边界,融合不同的文化影响,整合成独具特色的太姥文化。另一方面,太姥文化的核心区——福鼎市,其独特的自然环境对这种文化模式的塑造起了决定性的作用。山林和海洋给这片土地赋予了巨大的生态资源,人们基于这些基本的生存要素发展出特有的生计方式,以及适应这种生产实践的文化制度。自然和文化并不是分割的,而是相互适应的。同时,这一片地区多元的族群格局也给太姥文化注入新鲜的活力,这些文化不仅仅是多族群自我认同的符号,而且也和周边文化不断的互动和交流中,融入整个太姥文化的遗产体系之中,并逐步形成了与生态环境相和谐,与生产方式相适应,具有鲜明地方特色和民族色彩的传统戏剧、民间传说、节庆礼仪、生产技艺、传统歌舞和宗教信仰等文化遗产,并一代代地传承下来,多元共生,成为了福鼎人民独特生产生活方式、智慧与情感的表征,是民族认同意识与凝聚力的表现形式和重要载体。最后,以该地区的各种民间信仰作为案例,来看待人们是如何在文化事件中表现出主体意识的。

第一节　太姥文化区的边界整合和文化空间

"太姥文化区"是个广义的地方文化区域概念。研究这一区域的文化遗产,首先要求对太姥文化区这个概念进行一定的厘清。在我们的分析中应当强调,地域的区隔,尤其是行政区域的不同分属并不能和文化区的划分等同一致,它们之间存在着一定程度的错位。像苍南等地区,行政上归属于浙江省,但因和闽东接壤,有长期的文化交流,在边界文化方面呈现出它的特殊性、丰富性和交融性,其生态环境、生计方式和文化实践大致相同,故而他们共处于一个文化区之内。"一般来说,人类学意义上的疆界要比一个民族一个国家所绘制在地图上的疆界灵活得多。"①在一定的地域范围之内,不同的文化群体总是处于一种互动之中,无论这种互动是在冲突或者和平交往中形成,就如战争、通婚、自由贸易等,它最终都促进了在整个区域内文化的交通。先进的技艺、农作物、思想观念、政治制度都可能会被模仿,促进当地社会的发展。因此在不同的文化群体长期接触的情况下,一些群体会发生"涵化"。他们不断学习他者的文化,融合进地方观念和本土知识中,最后那些异质的群体整合成一个统一的而内部又有一定差异的文化群体。这里的太姥文化区就是涵化的结果。就拿提线木偶来说,它就非常明显地体现了这种特点。福鼎提线木偶戏是戏剧的一种表现形式,以木偶为主体表演工具,由艺人在幕后一边操纵一边唱腔念白,并辅以乐器锣鼓伴奏的来表演历史故事和传统演义,是闽浙地区传统戏的一种。2008 年 8 月,福鼎提线木偶戏列入福鼎市人民政府公布的第一批市级非物质文化遗产名录;2009 年 5 月,福鼎提线木偶戏列入第三批福建省非物质文化遗产名录。福鼎提线木偶戏主要分布在福鼎白琳、贯岭等乡镇,表演范围辐射各个乡镇的村落和闽东与浙南地区。

福鼎提线木偶戏源于宋末。南宋时期,因战乱的缘故,很多定居于杭州的浙江民间艺人纷纷迁徙浙南、闽东山区,木偶戏这种传统戏剧艺术也传入境内。历史上也曾有福建西南移民多次迁入闽东、浙南等地,带来不少的民间艺术和生活习俗,两地的艺术最后融合成独具特色的闽浙边界提线木偶艺术形式。贯岭木偶剧团在浙江边界也深受欢迎,他们不时会邀请剧团去他们那里表演助兴。不同移民所带来的艺术形式在福鼎形成的这种融合,使得福鼎提线木偶戏拥有独特的艺术表现力。福鼎提线木偶戏在境内流行于明清,福鼎与浙南文化交流频繁,在清末至民国年间,著名木偶戏表演艺术家林守钤在闽浙两省五县市表演提线木偶,在福鼎管阳一带演出,当地天竹村徐氏一家从其艺。发端之后,徐氏为了生计,来到白琳、店下等乡镇发展木偶戏。当代有影响的木偶戏表演艺术家黄泰生、姚仁贵等人师承林、徐一派,带领并培养了一大批表演提线木偶戏的传承人。同时,木偶戏艺人岩袍等人也在福鼎各个乡村表演木偶戏,传艺于福鼎贯岭王氏一家,并形成独立的戏团。贯岭排头村李轶卿承祖上技艺,也以家庭方式传承木偶戏。福鼎最多达到二十几个木偶戏班,如"新民"、"新华"、"新莲庆"等木偶戏团。有的则以传承人的名字作为戏团名称,如"李轶卿木偶戏团"。这样,福鼎提线木偶戏逐渐演变成以家族为单位进行传承,传承人大多是自

---

① [美]迈克尔·赫茨菲尔德著,刘珩、石毅、李昌银译:《人类学文化和社会领域中的理论实践》,华夏出版社 2009 年版,第 158 页。

己的家庭成员,直系和旁系亲属形成单独的木偶戏班,继承祖上技艺。当代最为著名的木偶戏表演艺术家黄泰生、姚仁贵,曾被邀请到国外参加提线木偶戏表演,在闽浙边界一带乃至国内外产生过广泛的影响。现在的木偶戏艺人张书建、李轶卿、王德界等人,发展了提线木偶戏的表演特技,丰富了木偶戏剧目的内容,为福鼎木偶戏的重要传承人。随着时代发展,木偶戏团表演空间萎缩后,戏班人员有的解散,有的重新组合,传承出现纷杂。现在福鼎木偶戏传承谱系较为清晰的是林(徐)氏、李氏、王氏三姓形成的家庭传承典型。这些传承方式对文化遗产的保护意义在第三章还会做进一步的分析。

同样的,饼花曾经在闽东,浙南一带流行很广,以福鼎为中心,北边的苍南、平阳,西边和南边的柘荣、福安和霞浦等地即为饼花流行区域,已有两百多年的历史。饼花的内容,皆以当时所演的戏剧为题材。旧时,在福鼎市区桐山溪彩虹桥西桥头处有神台,每年夏天都要在此神台连续演一个月的社戏。而请来的演戏艺人则来自浙江温州等地。过去演戏的都是私人戏班,挂牌、演员皆有名角,这些民间艺人十分紧俏。当时,邀请他们过来演戏的头人们往往担心来年这些民间艺人不再过来,因此就要求他们用表演道具作抵押,保证来年一定过来。饼花的内容大多就是对这些戏剧表演的描绘,因此,它和提线木偶一样,也是浙闽边界文化交汇的结晶。

虽然行政区域不能当作文化区的绝对范围标识,但福鼎无疑在太姥文化区域占有着核心的地位。福鼎市系福建省5个省际边界县(市)之一,位于福建省的东北部,与浙江省苍南、泰顺山水相连,两省交界的历史非常悠久,和当地的文化以及独特的民族文化联系也都十分密切。前岐镇双华少数民族村,在每年的"二月二"举办赛歌会,吸引着闽浙边界两省的近万名畲、汉等各民族群众从十里八乡前来参加,除当地的畲族歌手外,浙江省苍南的岱岭、马站等乡村畲族歌手、群众也赶来参赛助兴,有对歌、盘歌、会歌、灯会、民间体育表演等民俗活动。沙埕、叠石、前岐、管阳等乡镇多次与浙江苍南的霞关、矾山,泰顺的雅中、仕阳等乡镇在重大节日期间进行文艺联欢、体育竞赛和各项群众性的民俗活动,使两省三县(市)的边界文化更加紧密地融合在一起。过去福鼎城乡普遍盛行京剧、昆曲、越剧、木偶、嘭嘭鼓、布袋戏等戏曲、曲艺演出,在沿海、山区一些地方逢年过节赶墟、庙会,就像上面提到的那样,必定要请戏班来演大戏,而戏班绝大部分都是来自浙江边界一带,演员相互往来演出,持续至今,颇受欢迎。清末,从浙江流传过来的昆曲音乐影响更广更深,更为福鼎的群众所喜爱,以致把昆曲中的《想当初》《莫不畏》《赶渡》等十多个曲牌改编成独具一格的福鼎民间音乐"拾锦",不断演奏发展成为福鼎市的民间音乐,一直流传至今。故处在闽浙边界地理空间,边界文化的交融发展说明这种文化所孕育的民间民俗节目,因着不断加入外来新的元素,而形成了一种福鼎独有的艺术格调。

正是这些鲜明的文化特色,使得福鼎非物质文化遗产的文化产业开发价值凸显。事实上,太姥文化遗产的一个重要意义就在于利用这种边界文化的往来互通,推动整个福鼎及周边地区的经济建设和发展。在经济领域,文化产业将占有越来越突出的地位,随着人们生活水平的不断改善和提高,人们对于文化的消费也会有更大的需求。文化遗产将地方众多文化汇聚在一起,是传承各种民间技艺、民间美术、民间文学与民间音乐的重要载体,也蕴含着巨大的艺术审美价值。开展对非物质文化遗产的合理利用,开发具有创意的地域特色的少数民族文化、工艺美术、特色美食等旅游产品,对弘扬、振兴传统民族民间优秀文化,推动地方经济发展将具有重要作用。那些传统要素和文化资源,包含了历史积淀和时代变迁,是民族文化的基因,同时它蕴含了一套实践体系,促使人们以一种惯有的方式来处理人与自然、人与社会的关系。同时,文化模式的相近更便于沟通和经济合作,开发太姥山文化资源,推进文化产业的发展。作为一种地方稀缺资源,太姥文化遗产具有重要的经济开发价值,旅游开发是抢救和保护非物质文化遗产的重要渠道。比如在被列为国家级、省级或市级非物质文化遗产以后,它们可以得到当地政府和群众的重视和支持,积极作为城市名片、品牌效应和城市旅游发展的新经济增长点进行保护性开发。福鼎市已成功举办了多届中国太姥山文化旅游节,这一活动旨在"以文兴山",把自然景观和人文资源、社会资源相结合,把文化事业和旅游事业、经济活动相结合,展示地方特色文化,实现福鼎文化产业的可持续发展。另一方面,作为"现代文化的他者",太姥文化遗产集中体现了其作为一种"地方性知识"的文化价值,对当地发展和民俗风貌研究具有重要的社会文化价值。但它的意义远不止如此,传统遗迹和现代文化之间的断裂是可以被跨越的,文化遗产的价值正是要在共时性的横切面上才能显现出来,这将在第三章具体展开讨论。

虽然我们所获得的材料大多来自于福鼎地区,但应当明确的是,对于这些文化遗产的分析是就其文化辐射区域而言的,它并没有实体的边界,而是以太姥山为核心的凝聚性符号所整合的想象区域。这样的整合性因素,让那些生活在这一想象区域中的人们挣脱可见的行政边界,共同分享地方性知识和日常实践经验。不仅如此,太姥文化的整合性也在神话传说、历史轶事以及人们的当代想象中被不断强调。传说中太姥娘娘染布蓝溪、制茶救人、羽化升天,容成子在此地炼丹,汉武帝命东方朔题写的"天下第一山",唐宋以后儒士贤达游历的遗址、题咏的诗文和摩崖石刻,以及众多民族民间民俗文化等都为此发挥了不可替代的作用。

在太姥文化区,太姥娘娘传说无疑是最具有整合力的符号象征。传说不仅仅作为"口头传说和表述"的民间文学类非物质文化遗产,更是在政治话语与文化表达、国家意志与地方言说等多重意义上获得高度认可的民间文学项目,而且它还具有在非物质文化遗产保护的人文关怀之外的意义。事实上,这个传说依然活跃在当下,并且加入新的内容,不断回归到早先的各种版本,又进一步创造出新的神话。

《太姥娘娘传说》在民间的流传一直是以口耳相传的方式,早先就有几种版本,太姥娘娘作为"闽中人类的始祖",乐善好施,世代护佑着当地百姓,其意义体现在《太姥娘娘传说》中大大丰富了太姥山文化内涵,是太姥文化的核心灵魂。民间文学的表述,是以说与听为主的信息交流模式镶嵌在民众日常生活之中的一种生活方式,与日常生活需要的运行轨迹互相印合,它唤起民众情感认同的传承场域,展演过程在生活化中,与日常生活融为一体。在生于斯、长于斯的乡土社会,民间传说故事的讲述以一种无意识的闲谈自发方式进行,其流传与承袭是集体性和世代性的,是抒发情感、记忆留存、观念传承的手段和方式,这种口耳相传的方式不是来自某些地域特定的人,而是由乡土生活本身提供的根植于传统社会之中的文化决定的,它映射出乡土社会的生活习惯、伦理道德、宗教信仰、价值判断和审美追求,使民间传说故事作为生活形态的文化内涵和史料价值的文本阐述更加完整,更加接近于本原的真实。

但这不足以论证太姥娘娘这个象征符号在当代仍然具备的高度整合性,要做到这点必须要有神话的现代版本,就在当下的人们的现实经验中能够感知到的现代的神话。曾经参与了太姥娘娘塑像过程的马树霞先生生动地和我们讲述了当时所发生的事。在这里我们把它当成一个现代版本的神话文本进行分析。需要澄清的是,这些故事的确是马先生亲身经历的。笔者所谓神话文本,并非普通意义上的神话,带有一种远离现实的幻想性,而是指列维-斯特劳斯"神话学"意义上的神话,它反映的是人类深层的思维结构,它的表象意义并不重要,重要的是那些被区分出来的神话元素在怎样的神话系统里面被表现出来。就像弗洛伊德的精神分析也是俄狄浦斯王的另一个神话版本一样。在这里,真实并不表露在叙述和事件的可证关系中,而是在神话结构中,相同的元素如何被重组、倒置和修改。当然,这里并非要像列维-斯特劳斯那样对太姥娘娘传说进行结构主义的解释,而是为了表明对于太姥娘娘的任何现代话语都可以作为一个神话版本进行分析,时间和历史的因素某种程度上可以被暂时忽视。①

---

① [法]列维-斯特劳斯著,张祖建译:《结构人类学》,中国人民大学出版社 2006 年版,第 189—212 页。

2001年10月3日,太姥娘娘雕塑正式奠基。经过很长时间的选址,组织方才终于选定现在这个位置。最初的选址定在山上,如果建于山顶之上,从旅游经济的角度考虑,可以将大量游客吸引到山上去,但经过商议还是认为不太令人满意,只好决定另外选址。像这样来来往往多处,直到看到一处地方,位置在两座山中间,左边是乌龙岗,右边是虎头岗,前面是宽广的腹地东海福瑶列岛,背后靠着摩霄峰,这恰好应合了风水学里的左青龙、右白虎、前朱雀、后玄武的相地之术,是一块风水宝地。说来神奇,在太姥娘娘雕塑奠基那日,其仪式过程中每个节点,天空中都恰好挂出一道彩虹,整个过程下来天空一共挂了五道彩虹,而且每个节点都和奠基过程的节点相匹配,一时间,大家相互传颂此神迹。

从这个文本中我们可以看到,一些超越人类理性认识的"巧合"如何被编排在神话叙述之中。几次不同的选址,反映出不同的文化冲突和他们之间是如何调试的,在塑像过程中,那些祥瑞征兆的叙述又是如何表现出明显的神话内涵。现今,这个典雅辉煌的雕像矗立在那里,披上神性的光辉,成为了这个文化区域里面人们心中真正的女神。而那些在当代所发生的轶事依然通过口耳相传的方式,来确证人们对太姥娘娘的信仰。同时通过这个例子可以看出,太姥文化作为一种独特的地方文化现象,其文化种类是多元呈现、丰富活跃且充满了迷人魅力,是福鼎及其周边地区所拥有的一个文化活动空间,其形成原因有历史的因素,也有客观的自然生态因素,还有人的实践创造。联合国教科文组织驻北京办事处的文化官员爱德蒙·木卡拉说:"文化空间是一个人类学的概念,指传统或民间的文化表达方式有规律性地进行的地方或一系列地方。"它与特定历史发展以及特定文化空间的生活、生产方式与信仰形式息息相关,是对这些生产生活内涵的表征与延伸。《人类口头及非物质文化遗产代表作宣言》将文化空间定义为"具有特殊价值的非物质文化遗产的集中表现。它是一个集中举行流行和传统文化活动的场所(a place in which popular and traditional cultural activities are concentrated),也可定义为一段通常定期举行特定活动的时间。这一时间和自然空间是因空间中传统文化表现形式的存在而存在"。

文化空间从一定意义上说也是一个动词,它生产出了诸如象征、符号、价值观、叙事行为、集体记忆与历史记忆的要素,并为这些要素之间发生各种关系而提供场所、条件和背景,也为不同的文化要素的展现提供可能性。[1] 这些要素成为文化空间得

---

[1] 李玉臻:《非物质文化遗产视角下的文化空间研究》,《学术研究》2008年第9期,第178—181页。

以生存与传承的重要保证。太姥文化在其表演与传承的时空里,离不开地域性土壤的培养,必须扎根于一个福鼎的传统文化历史中来体现它的文化特质和价值。福鼎的文化遗产是地方群众生活以及他们精神家园的一部分,并表现为这些群众世代相传的风俗习惯,规制着他们的生活,慰藉着他们的心灵,它是福鼎群众赖以繁衍存续的生存依据。

中国传统节日泛称四时八节,即是指春夏秋冬四时,春节、元宵节、清明节、端午节、中元节、中秋节、冬至、除夕八节。各个节日都蕴涵了丰富的农耕文化、民俗文化、民族文化和宗教文化,这些文化嵌入在农业生产生活具有季节性和周期性的时空中。人们在植稻、插秧、收割、采茶等农忙的时候唱起劳动歌和山歌,以缓解疲劳和鼓足干劲;在农闲和纳凉的时候围坐在一起讲故事、听传说、唱戏曲,以放松心情,联络感情;在节日和庙会中巡境祈福,载歌载舞,以庆祝当年的五谷丰收,祈求来年风调雨顺;在仪式和典礼中表演祭礼和戏剧,娱乐祖先和地方神灵,以庇护家族兴旺、家畜平安。村落的门前屋后、茶园、山坡、田间地头、市集,是进行各种生产生活场景展演的文化空间。

在太姥文化空间里,各种文化遗产艺术实践很少孤立存在,而大都是与群众生产生活的事项风俗紧密结合的。比如与农业生产结合的民间歌会,与渔业生产结合的福鼎鱼片,与茶业生产结合的制茶技艺,与日常生活结合的木雕工艺,与传统节日风俗结合的饼花、剪纸、鱼灯、铁枝、木偶戏、祭礼,等等。因此,在这样的实践中,每个劳动者都或多或少成为了文化生产的主体,参与文化遗产的创作。以太姥娘娘信俗为核心的文化空间,使原本在生活中可能素无交集的信众在组织和参与信俗活动过程中加深了对彼此的了解,并逐步形成了相对稳定的空间网络文化圈。各种关于太姥娘娘的神话传说、历史故事,口耳相传,构成了村民的共同历史记忆,衍生出这是"我们的祖先"、"我们的神"这些核心象征,在祠堂寺庙空间上的流布,赋予了神明的地域性特征,强化了同一信仰圈内民众之间的认同,人与人之间借助祭拜仪式这种象征符号实现了同一时空下的交通和文化传承,以文化认同为核心的族群认同也就得到了强化。而仪式可以看作是个人与社会之间的象征符号互动,祭品、祭祀仪式和仪式中人与人之间的关系,作为象征符号载体共存和互动于同一时空下,形成了空间协同共振场域,促使文化网络圈保有内部集体认同和外部边界清晰。正如神的形象和神人之间的关系实际上是人类构建并加以诠释的产物,太姥信俗的空间属性也是由信众的情感体验累积形成并最终加以定义的。在福鼎地区,当地信众对神的空间体验不仅仅是对其神圣属性的敬畏,不仅仅是在拜求时的渴望功利心,心愿达成时的灵验感恩心,更有在日常生活空间形成的轻松愉悦,参加重大信俗活动时的价值感和归属感等多重情感体验,正是这些丰富而复杂的感受体验确定了这个信仰空间也是一个文化空间,因而它具有一种强大的凝聚力量,而这种力量隐喻了民众对其文化空间的想象与建构,是民众对自己村落很多濒临消失的、历史群体记忆的结果。

第二节　太姥文化区的地域塑造和遗产传承

文化的产生在文化发生的初始阶段,与自然环境的关系最为密切,自然环境对特定文化的产生起着重要的限制作用。该地域独特的生产方式、文化传统、宗教信仰、生活水平以及民风习俗都深深刻上了环境塑造的印记。每一种文化遗产都既是该地域独具特色的典型代表,又是该地域记忆符号的环境产物。露丝·本尼迪克特指出:"特定的习俗、风俗和思想方式就是一种'文化模式',它对人的生活惯性与精神意识的'塑造力'极其巨大和令人无可逃脱。"①事实上,正是由于非物质文化遗产具有的生态性,才形成了具有不同地域色彩和民族特色的、有着不同个性特征的非物质文化遗产,这就是非物质文化遗产的地域性和民族性。福鼎非物质文化遗产就是各族先民在其世代生活的太姥山地区稻作农业和海洋渔业生产生活中创造出的一种地域性和民族性非物质文化遗产。非物质文化遗产作为各族先民在自己栖生的特定自然环境和社会环境中所创造的一种文化,其保护和传承就必须根植于其地方与民族背景,既不能离开太姥山这一大的文化空间,更不能离开各族人民群众这一"血肉载体"及其生活实践所构成的动力源与发源地,否则就会造成族群记忆的根本性中断,并逐渐淡漠乃至遗失。

联合国教科文组织在2003年10月17日通过的《保护非物质文化遗产公约》中对非物质文化遗产做出了明确定义:"指被各群体、团体,有时为个人视为其文化遗产组成部分的各种社会实践、观念表述、表现形式、传统知识和技能,以及相关的器具、实物、手工艺品和文化空间。这种非物质文化遗产世代相传,在各个群体、团体适应周围环境以及与历史条件的互动变化中,不断使这种代代相传的非物质文化遗产得到创新,同时使他们自己具有一种认同感和历史感,从而促进对文化多样性和人类创造力的尊重。"通俗地说,它就是各种以非物质形态保存的与群众生活关系密切、世代

① ［美］露丝·本尼迪克特著,王炜等译:《文化模式》,生活·读书·新知三联书店1988年版,第5页。

相传的传统文化的表现形式(如传统表演艺术、民间文学、民俗活动、传统知识和技能以及与之相关的器具、实物、手工制品等)和文化空间(即定期举行传统文化活动或集中展现传统文化表现形式的场所,如庙会、民俗活动、礼仪节庆活动等)。福鼎地区从 2005 年至 2013 年,共四个批次公布的非物质文化遗产代表作项目 25 项,列入国家级非遗 3 项,福建省级 4 项,宁德市级 9 项,福鼎市级 9 项。其中民俗类项目 9 项,传统技艺类项目 5 项,传统戏剧类项目 2 项,传统美术类项目 3 项,民间文学类项目 2 项,曲艺、传统音乐、传统舞蹈、传统体育类项目各 1 项,省级以上非物质文化遗产项目代表性传承人 8 人,涵盖了《福建省非物质文化遗产名录》中除传统医药以外的其余 9 项非物质文化遗产名录。如表 10 - 1 所示:

表 10 - 1 福鼎市非物质文化遗产名录统计表:

序 号	项目名称	项目类别	批 次	保护级别	公布时间
1	福鼎沙埕铁枝	民 俗	第二批	国家级	2008
2	歌会(瑞云四月八)	民 俗	第三批	国家级	2011
3	福鼎双华畲族二月二歌会	民 俗	第一批	福建省级	2005
4	竹马(前岐马灯)	民 俗	第四批	福建省级	2011
5	福鼎管阳西昆祭孔典礼	民 俗	第三批	宁德市级	2010
6	妈祖信仰	民 俗	第三批	宁德市级	2010
7	畲族正月十八冥斋节	民 俗	第四批	宁德市级	2013
8	畲族歌会	民 俗	第四批	宁德市级	2013
9	福鼎店下寺前鱼灯	民 俗	第一批	福鼎市级	2008
10	福鼎饼花工艺	传统技艺	第一批	福建省级	2005
11	福鼎白茶制作技艺	传统技艺	第三批	国家级	2011
12	桐山江记鱼片制作技艺	传统技艺	第四批	宁德市级	2013
13	张元记红茶制作技艺	传统技艺	第四批	宁德市级	2013
14	贯岭祭祀俗品(生礼)制作工艺	传统技艺	第二批	福鼎市级	2008
15	秦屿孔坪香樟根雕工艺	传统美术	第四批	宁德市级	2013
16	贯岭战坪洋黄杨木雕工艺	传统美术	第二批	福鼎市级	2008
17	福鼎桐山民间剪纸	传统美术	第一批	福鼎市级	2008
18	太姥娘娘传说	民间文学	第二批	福鼎市级	2008
19	秦屿宋代进士杨察院的传说	民间文学	第二批	福鼎市级	2008
20	姚氏提线木偶戏	传统戏剧	第二批	福鼎市级	2008
21	福鼎提线木偶戏	传统戏剧	第三批	福建省级	2009
22	硖门石兰邓家祖传拳棍术	传统体育	第二批	福鼎市级	2008
23	福鼎桐山打拾锦	曲 艺	第三批	宁德市级	2010
24	桐城畲族祈福舞六结花	传统舞蹈	第二批	福鼎市级	2008
25	福鼎民间山歌	传统音乐	第四批	宁德市级	2013

　　非物质文化遗产的整体是由地方的具体的文化事象和文化因素构成的,这些已获批准的福鼎国家级、福建省级和市级非物质文化遗产名录,是整个太姥文化遗产体系中的典型代表,"对具体文化事象的保护,要尊重其内在的丰富性和生命特点,不但要保护非物质文化遗产的自身及其有形外观,更要注意它们所依赖、所因应的构造环境"①。福鼎非物质文化遗产的丰裕性,离不开培育它们生根发芽的那一方水土。在很多人类学家看来,人们的文化制度很大程度上就是建立在对于生态的适应之上。在特定的自然环境中,才能培养出特定的生计方式和文化模式。如果排除掉了生态的根本性作用,那么对于文化的分析就可能流于片面的危险。但这不是在宣称一种环境决定论,这种论调认为人类的一切文化创造都是由环境决定的,它忽视了文化传播以及人类主观创造的能力。可以这样说,环境给人类设定了一个底线,超过这个限制之外的活动会带来一定的危机,使存在于自然世界之中的群体遭遇生存的巨大考验。这种情况下,生态对于人的影响是决定性的。除此之外,在界限之内,人类具有自由创造的空间,可以依据具体的环境因素、社会因素以及美学的或宗教因素,形成共同的文化秩序,在这个秩序之下和睦共生。而且这种文化也可能反过来影响环境,使它变得更好或者更坏。文化是人类精神的外化。由于人是以"类"的方式存在于大宇长宙之中且具有超越取向的社会动物,一个文化系统的文化生态必然涉及人与终极实在、人与自然宇宙、个人与他人以及人之身心之间的关系。正是这些方面构成了特定文化系统的基本存在形态。②

　　在福鼎地区,这种环境和文化的相互作用的特征在很多文化遗产中都有所表现。比如在福鼎沿海乡村,打鱼灯正是基于地方的生产生活而创造出的文化形态。福鼎有特色的打鱼灯团队主要分布在秦屿、店下、白琳等地,其中店下寺前鱼灯在2008年列入市第一批非物质文化遗产名录。

　　鱼灯的起源与福鼎地处滨海山区有一定的关系。福鼎打鱼灯习俗始于清初,盛行于清乾隆至民国年间,"鱼"与"余"音同,"灯"与"丁"音相近,在传统习俗中它被视为渔民吉祥物,寓意富余、吉庆和幸运,表达人们追求富裕生活,憧憬家境殷实、期盼人丁兴旺的美好愿望。人们根据鱼的习性,以自己最熟悉的各种鱼类的形象,创造出了鱼灯舞,以祈求出海平安和渔业丰收。人们将这一愿望通过"打鱼灯"这种极具海边渔家特色的民俗文化,直观地表达出来。

---

① 刘魁立:《论非物质文化遗产保护的整体性原则》,文化艺术出版社2004年版,第120—121页。
② 李翔海:《论中国文化现代发展的三个阶段》,《南开学报》2005年第6期,第90页。

　　店下寺前打鱼灯有一段来历。据传,康熙年间,有郑姓一族迁徙到店下寺前,这里原是一座岛屿,地形酷似一尾鲤鱼,首东尾西,头朝东海。郑姓迁居后发奋图强,围海造田,发展生产。据说有一年水患严重,山洪暴发,洪水淹没良田,冲毁庄稼,房屋倒塌,村民损失惨重。翌年春,有村民提出要办灯事,即"鱼灯",以舞鱼灯来压邪扶正,以期风调雨顺,五谷丰登。于是,每年的正月初三到元宵的舞鱼灯,便从寺前村兴起,并逐渐影响到周边村庄一直到沙埕的下半片村落。①

　　传统鱼灯表演是以鱼灯为道具而创作的广场舞蹈,鱼灯的造型别致,形态多姿,大都基于真实鱼类的原形创作而成,鱼灯除了自身的功能外,也是一种视觉艺术品。鱼灯通常使用大面积的纯色为基本色,以红色、金色来勾勒鱼鳞和尾鳍的线条,再配以渐变色使鱼灯立体化,这不仅使鱼灯能趋于写实原型但又不缺乏舞蹈道具的效果,又能提高舞蹈在视觉上的可观赏性,充分展现鱼灯的形体之美。"鱼灯的戏文舞法多达30余种,有'鱼结群''鱼板白''鱼编笆''鱼找珠''鱼抢珠'、'云里月''祝太平'、'上天太极'、'下地太极''双鳌寻珠种''鲤鱼跃龙门'等。鱼灯戏文舞法内容传统上多贴近生活原型,但也有特定内容的再创作,现代鱼灯舞蹈法不断创新,原来舞法中鱼灯队根本没有虾、墨鱼等种类,后来,通过艺人再创作,巧妙地利用虾须弹触墨鱼,让墨鱼在进退中吐烟隐蔽,增加了鱼灯表演的动感与特技的趣味性。"②鱼灯舞是一种寄情于物、托物言志的民间艺术活动,从表演道具、音乐配器、舞台布景、表演套路都具有浓郁的海洋文化气息,反映了当地渔民的思想感情和愿望,是鱼灯艺人集体智慧的结晶,是我国传统民间艺术的精华,也是历史的活化石,对研究福鼎海洋民俗文化具有较高的历史文化价值。

　　与之对应的还有一种马灯表演。2008年8月,前岐马灯列入第一批福鼎市非物质文化遗产名录;2012年2月,列入第四批福建省非物质文化遗产名录。"其表演时间从正月初一开始直到元宵节,这种表演就叫'打马灯'。他们要到各村各境去巡回演出。到了哪个村,就由村里的头人来接待,安排在空旷的场地上表演。村里来了马灯是件吉祥的事情,老百姓十分欢乐,全村的男女老少都会围观一睹打马灯的风采。在场景表演时,马灯与管弦乐器吹打、民歌传唱,以及曲艺表演结合起来,构成了舞美、声乐、戏曲相融汇的绝妙视听效果。配合表演时的曲调主要有《天上人间》,描绘

①②　冯文喜、江山红:《寺前鱼灯:极富渔家特色的民俗文化》,《福鼎周刊》2014年11月19日。

店下寺前鱼灯表演

'树上小鸟鸣,江畔帆影移'、'青蛙鸣草地,溪水清见底'等图画般的风景。为'马儿'驰骋渲染了一个广阔的美景。《刮地风》赞颂的是天下太平、物阜民丰、繁荣兴盛的前景。《新编四季歌》歌唱一年四季举国开怀、雄心壮志,创建美好家园的理想蓝图。《跃马捉枪上战场》号召人们斗志昂扬,英勇善战,表达渴望建功立业的豪情。民间认为,马灯是吉祥物,在春节期间打马灯,给一年都会带来平安、吉祥,过上一个丰收年。所以前岐马灯有广泛的群众基础和民间文化底蕴,这是它长久以来长兴不衰,并发展到今天鼎盛时期的根本原因。现在前岐马灯整场表演突出三大特色,第一,制马技艺高超,马的形象栩栩如生。第二,马灯表演按阵图进行,共有十三场,同时又与传统曲艺,故事演义相结合,有一定情节和内容。第三,表演与说唱相结合,马灯表演又与歌伴舞相结,形式、造型达到多样化,取得舞台表演效果。"①通过打"马灯",以庇佑全村祛邪消灾,祈求四季平安,风调雨顺。村里有宫庙,逢上祭日,刚好来了马灯,更是热闹非凡,马灯展示表演和祭典仪式相结合,前岐的马灯与妈祖信俗有着密切的渊源,在对妈祖天后娘娘举行宫祭的整个庆典仪式中,伴随有各种戏剧、曲艺、杂耍、游

① 冯文喜:《前岐马灯:春风得意马蹄疾》,《福鼎周刊》2014年7月30日。

佛、对歌、烟花等活动,在如此众多的民俗文化浸染下,前岐马灯孕育而生,为天后宫祭典仪式锦上添花,在自然生态环境背景下共同演绎民俗活动,乡土气息浓厚,充满浓郁的民间原生态文化氛围。海洋的鱼灯和陆地的马灯在福鼎非遗文化中交相辉映,共同演绎了人们对美好未来的憧憬与向往,这都是当地人民心理结构、审美价值以及精神趋向的独特反映。

太姥山地区独特的物候环境决定了"名山之坡产名茶",最著名的当属白茶了。白茶制作技艺 2008 年 8 月列入第一批福鼎市非物质文化遗产名录项目,2009 年列入第三批福建省非物质文化遗产名录,2011 年列入第三批国家级非物质文化遗产名录。福鼎白茶主要分布在太姥山周围的点头、磻溪、白琳、叠石、贯岭、前岐、佳阳、管阳、店下、秦屿和硖门等 17 个乡镇,各个乡镇的企业、民间的手工作坊,都留存有白茶制作的独特技术。茶与文化息息相关,茶渗透到文化的每一片枝叶里,而文化也融入了茶所有的特质。茶文化是一种介体文化,是以物质为载体,或在物质生活中蕴育着深厚的精神内容,因而茶文化的内涵是极为丰富的。传统的福鼎白茶制作技艺,在太姥山这方得天独厚的土地上发端、孕育、成熟。直到今天,在太姥山区和闽浙边界地区仍流传着太姥娘娘种茶制茶造福一方百姓的神话传说,让我们再一次看到了太姥的象征和地区的文化相互映照的案例。相传尧时,太姥山下有一女子以炼蓝为业,人称蓝姑。时年麻疹流行,蓝姑于太姥山鸿雪洞找到"绿雪芽"茶树,采摘烘焙,制作白茶以治麻疹,麻疫遂平。尧帝有感其德,敕封其为"太姥",民间称"太姥娘娘"。太姥山中那株"绿雪芽"千年古茶树,据说就是太姥娘娘亲手栽种的福鼎大白茶、福鼎大毫茶的"母株"。福鼎白茶优良品质的铸就,源于茶树品种生长于太姥山清壁幽谷,浸润于云烟氤氲,汲天地精华,遂成一枝独秀。

上古先民最早采用的制茶法与一般制草药的方法相同,运用晒干或自然晾干,把鲜嫩的茶叶保存下来。在传承古老制茶法的基础上,福鼎白茶初制工艺流程为:鲜叶→萎凋→堆积→干燥→拣剔。高级白茶精制(特级、一级)工艺流程为:毛茶→拣剔(手拣)→正茶→均堆→烘焙→装箱。福鼎白茶制作以福鼎大白茶、福鼎大毫茶这两种优质茶树品种为原料,对于茶叶的采摘要求极其严格,一般都采摘白毫多的肥壮芽叶,还有"十不采"的规定,即"雨天不采,露水不干不采,空心芽不采,细瘦芽不采,紫色芽不采,人为损伤不采,虫伤芽不采,开心芽不采"①。制作工艺是创制白茶的核心工序,也是从原料到制作成品的关键环节。萎凋是白茶制作的关键环节,白茶制作

---

① 叶云翔:《政和白毫银针采制新技术》,《福建茶叶》2007 年第 4 期,第 70 页。

技艺沿袭上古自然晾青茶叶"萎凋"工序,采摘后的芽叶,马上进行萎凋,还要根据不同气候、不同芽叶、不同地点,选择自然萎凋、复式萎凋、加温萎凋等不同方法。不管用何种方式萎凋,都采用不炒不揉的晾晒干燥工艺,摊放在竹制萎凋筛、萎凋架、水筛或萎凋槽上,让芽叶缓慢萎凋,这种独特而自然的加工工艺既不破坏酶的活性,又不促进氧化作用,且保持毫香显现,汤味鲜爽,最大程度保留了茶叶中的营养成分,形成白茶特有的品质。对芽叶选择的不同、成茶形体美追求的不同和工艺上的适当调节与创新,又形成了白毫银针、白牡丹、寿眉(贡眉)、新工艺白茶等不同的类别,从而使福鼎白茶的种类更加丰富,工艺更加成熟。

南宋陆羽的《茶经》记载"茶之为饮,发乎神农氏,闻于鲁周公",茶作为一种文化,在中国已历经千年。福鼎,作为白茶的故乡,种茶制茶的历史源远流长。近百年来,勤劳而朴实的福鼎人,在这片祖辈耕耘的土地,造就了许多生产制造茶叶的茶商,在种植加工传统手工茶叶中也孕育着一批批的茶叶品牌老字号,"张元记"这一百年品牌就是这许多茶叶老字号中的佼佼者。陆羽《茶经》言"茶有九难",其中的第一难便是"造",即茶叶采摘、制作的难。而"张元记"红茶制作技艺,能让我们更细致地了解这难中之难的"造"。作为宁德市第四批非物质文化遗产,能完整保留下来的红茶制作技艺,无疑又为福鼎茶业的发展书写了浓重的一笔。

具有独特传统的"张元记"红茶手工制作技艺,是福鼎白琳工夫红茶手工茶叶制

保留在现贯岭邦福村"张元记"古茶园

作技艺目前极少数传承的代表,占有重要地位。它的制作技艺自清代创制始至解放前,属纯手工作业,有采摘、萎凋、揉捻、发酵、手工炭火烘干、炭火复火提香等十几道工序。

"'张元记'红茶主要产品有传统白琳工夫红茶系列的红雪香、醉芙蓉、金闽红;风格独特的花香乌龙红茶系列的黄观音、金牡丹等。代表产品是红雪香,主要采用国优品种华茶一号、华茶二号的福鼎大白茶和福鼎大毫茶的清明前单芽为原料,外形条索芽壮显金毫、色泽金黄闪亮、香气醇郁清高、滋味鲜醇高爽、汤色桔红鲜艳清亮有金圈、叶底肥嫩匀亮。当时的红茶依靠肩挑手提的方式,销往浙江杭州、上海,或经沙埕港,由船运南下福州马尾销往大英伦敦和世界各地,'张元记'红茶也因此蜚声中外,销量居福建省红茶之首。"①茶叶在世界范围内流动的历史,是和中国以及世界的近现代历史紧密联系在一起的。在这种世界体系之内,通过追逐茶叶的流动网络,可以窥探出殖民主义和帝制中国在特殊时空场景中的碰撞,以及它对未来世界的潜在影响。对于研究太姥文化遗产而言,这些历史提供的是遥远的回音,据此我们更能透彻地看待茶在当代生活中的意义。

陆羽《茶经》言,茶,"夫珍鲜馥烈者"。刘贞亮《饮茶十德》中言:"以茶可行道,以茶可雅志。"茶现在越来越成为一种珍贵、高尚的饮品,日益被现代人所推崇,以茶修身养性,通过品茶来品味人生。所谓"禅茶一味",茶已经上升为一种文化,一种艺术,一种新的境界。虽然在茶叶的大众消费这一块仍然需要改善,但这些新加入的现代想象给茶的制作技艺的保护起了非常重要的作用。

除了茶以外,食物也是一个非凡的表述和展示实体,还反映着不同区域的文化差异。福鼎地处闽浙交界处,是闽越和瓯越文化交汇地,三面环山,一面临海,处在山海一体的自然环境中,深受海洋气候条件的影响,孕育着丰富的山珍海产,海鲜佳品常年不断,各类山珍、野生菌类、笋类适应不同的烹调需要,以丰富地方美食的内容。常用的烹调食源丰富多彩,这些都为福鼎美食提供不可多得的新鲜食材。

鱼片,也称为"鱼羹",煮法看似简单,食之柔韧味美。鱼肉营养价值高,含有丰富蛋白质、矿物质,且脂肪含量较少。鱼片因地域和饮食习惯的差异,制作方法自然也多元化,鱼片的烹饪特征与福鼎丰富的海产资源有密切的关系,从烹饪与营养的观点出发,它把烹调和质鲜、味纯、滋补紧密联系在一起。在繁多的烹调方法中,汤最能体现

---

① 蓝雨:《流韵著香　岁月品味——"张元记"红茶制作技艺》,《福鼎周刊》2014年8月27日。

菜的本味,汤与海味互为补充、相得益彰。福鼎的"江记"鱼片,它的独特性在于,不论从外形还是制作方法上,都与传统所说的薄片颇有不同,它而更倾向于"丸"的概念,但较之丸又形状迥异,不带馅,长条形不盈小指粗细,口感偏脆,咬起来有嚼劲,在店内可以近距离观赏到师傅一手执铁皮毡板,一手执勺,板上是一团鱼泥,临一锅的沸水,师傅的手迅速的一勺勺划过,鱼片瞬间断为寸条,下入锅中,几经翻滚漂浮上来,就可以捞出了,整个过程虽然只有几分钟,但师傅的鱼片制作手工技艺的确需要熟稔的技巧。

这门技艺在 2013 年 1 月,入选了第四批宁德市非物质文化遗产名录。鱼片只是福鼎食物的一个代表而已,还有很多特色食物难以枚举,该地区的食物文化是非常丰富而多元的。食物作为一种文化遗产往往容易为人所忽视。因为它是人们生活中最常见的现象,而它的重要性往往超越单纯的能量补充的功能,它的在场具有重大的社会功能。比如在祭祀仪式中,食物就是沟通人和鬼神世界的介质。在社会场景中,食物的在场,食物以怎样一种方式被消费,按照哪种顺序被处理、被呈上,都是一套严密的意义符码,指涉特定的内涵。但福鼎独特的自然生态资源,从一定程度上影响了食物文化的形成。当然这种文化并非一成不变,它随着新的食物想象的出现,随着烹饪技术的传播,以及人口在全国或者世界范围内的流动,它都可能会出现新的食物文化。但一个地区的食物文化之所以具有鲜明的特色,正是因为在悠久的传统实践和习俗传继中,保留了人们长期与自然互动作用的实践成果,而这些对于后人来说,都是弥足珍贵的文化遗产。

当弹牙爽口的江记鱼片、鲜醇袅袅的福鼎白茶和精彩绝伦的提线木偶作为一个象征符号,表征着我们曾经拥有的海边嬉戏、可爱玩伴和母亲爱抚的美好童年这些历史片段,原来这些记忆留存的地方就是游子心灵的归宿,承载着这些珍贵记忆的是我们的精神家园。在全球化背景和现代化语境下,由于多元、强势文化的冲击,频繁的文化交流不断地涤荡着福鼎非物质文化遗产的地方色彩与民族特色,其文化认同的历史根基支撑其自主性的"文化叙事",而更清楚地表现出全球化背景下福鼎地区的经济发展与文化传统的展示、地方文化身份的塑造、族群和社区认同的维系、本土与外来观念的冲撞等多种因素之间复杂微妙的共生互动关系。

第三节　太姥文化区的民间信仰和主体意识

民间信仰不同于那些大的制度性宗教,它是"弥散"在整个社会之中的。① 这种弥散的状态,让地方百姓在宗教实践中具有更大的自主选择。他们根据自己对世界认知以及对于生活的期许来崇拜各种神鬼祖先。而这些神秘的力量在现实社会中承担了很多功能。各种各样的祭礼一方面强调了信仰对于人们的重要性,同时也在这种祭礼中获得了主体意识,即通过信仰建立一种可能的世界秩序。

民间祭祀是中华民族重要的文化现象之一,举行宗教祭祀活动时供奉祭品的现象在自然宗教中普遍存在。祭祀起源于古人对自然的敬畏和先贤的追思,从上古时代以来,在长期文明发展过程中,祭祀活动逐步形成了一套敬天祀祖的庄重仪式,祭品作为一种奉献给神灵的礼物,是宗教信仰者向神灵传递各种信息、表达思想感情和心理意愿的媒介或载体,是人与神进行交换并且相互认同的途径和手段。通过祭品这一象征符号作为桥梁,把世俗与神圣世界有机沟通起来,建立一种相互依赖、和睦共处的人神关系,在长期生产生活实践中,祭祀已内化为人们一种心理需要和感情依托,成为一种风俗习惯传承下来。传统民间祭祀的对象有天地山川等自然神、民族始祖神,还有先贤名人,包括忠臣良将、清官廉吏和人们心目中的英雄,乃至家族先辈,表达对祖宗先辈孝敬之意和怀念之情。其中祭祀供品(生礼)是祭祀活动的重要部分。祭品在祭祀活动中扮演着传达人意和神意的重要角色,没有祭品作为中介,宗教祭祀活动就失去了意义,而主体内在的敬畏意识也难以充分地表达出来。

"福鼎贯岭民间祭祀供品(生礼)传统制作技艺,是贯岭松洋村易氏历代传承百年的为敬神、祭祖时所需供品(生礼)的制作工艺,其制作工艺程序:选料—造型(插铁枝)—定型(烹煮)—布型(装盘)—成型(挂网纱油、红或白线、树枝叶)。供品(生礼)选料考究,主要技艺在插铁枝和定型,体现出较高技艺性和艺术性。供品(生礼)的名称起源包含很多历史传说典故,如《封神榜》中的'姜太公钓鱼'、'雷震子唐关救父'、'西伯侯吐子'、'陈靖姑脱胎'、'笔架山'、'凤凰朝阳'等。"②贯岭民间祭祀供

---

① 杨庆堃著,范丽珠等译:《中国社会中的宗教:宗教的现代社会功能及其历史因素之研究》,第35页。
② 贯之:《贯岭祭祀供品(生礼)制作工艺》,《福鼎周刊》2014年12月17日。

品(生礼)制作是为敬神如庙会(做普照、祈福)、祭祖(祖墓、祠堂)而世代相传的独特手工艺,发源于山西太原郡易氏,其先祖于清末从浙江水头迁入福鼎贯岭松洋村,并把制作技艺传给家族,具有深刻的民间文化内涵,体现民族宗教信仰为主体的中国祭祀文化,表达着人们"敬天、礼地、爱人"的情感指向。贯岭民间祭祀供品(生礼)传统制作技艺保存大量民间敬神祭祖及民间信仰、习俗的内容,留存着祭祀供品(生礼)名称起源的历史典故,珍存着独特的制作工具(铁枝)等资料,具有重要的历史文化艺术价值。祭祀供品(生礼)传统制作传承艺人不仅具备高超的供品(生礼)制作工艺,还具备传统美食的制作烹饪工艺,民间的祭祀习俗为传统民间祭祀供品(生礼)制作技艺提供了重要的生存、发展空间和展示平台。

另外,在管阳西昆,我们看到与"敬神"、"敬鬼"的祭祀生礼不同的,是更能反映儒家礼制思想的民间祭礼。福鼎管阳西昆村,位于福鼎与柘荣交界之地,曾是福州、福安、霞浦、柘荣等地与浙南往来的交通要道之一。2010 年 3 月,福鼎管阳西昆祭孔典礼入选第三批宁德市级非物质文化遗产名录。据《孔姓家谱》所述:孔子第五十五世孙名克伴,明洪武元年(1368)征克福建,世袭右卫总旗。其后裔希顺袭补福建建宁右卫。永乐二年(1404)改屯长溪(治在今霞浦)柘洋里(今柘荣)。康熙年间,孔子第六十四世孙孔尚荣、孔尚志兄弟迁居福鼎县十七都西昆村,发展成至今的孔子后裔聚居村。

先贤孔子是礼乐教化的倡导者和后代的文圣,祭孔是华夏民族为了尊崇与怀念至圣先师孔子而举行的隆重祀典,可追溯到公元前 478 年,最初祭孔每年只有秋季一次,后增为春秋二次。后来,人们又在阴历八月二十七日(相传为孔子诞辰)举行大祭。祭孔大典包括乐、歌、舞、礼四种形式,乐、歌、舞是礼仪的外在表述形式,礼仪蕴含"必丰、必洁、必诚、必敬"的意义。祭孔典礼用音乐、舞蹈的形式集中表现了儒家思想文化,体现了艺术形式与政治内容的高度统一,形象地阐释了孔子学说中"礼"的涵义,表达了"仁者爱人"、"以礼立人"的思想,孔子对礼乐秩序的严格要求,目的是通过重建礼乐,达到感化人心之目的,进而实现礼义完备的仁爱理想国。而孔氏族人以他们对仪式尽善尽美的完成方式,来传承先祖孔子的理想,表达对先祖孔子以及传统文化的虔敬。

太姥文化区除了太姥娘娘以外,因其海洋生态,自然不能缺少妈祖信仰。福鼎妈祖信俗 2010 年 3 月列入宁德市第三批非物质文化遗产名录。福鼎海岸线长,沿海各乡镇均建有妈祖宫庙,其中目前现存完好的福鼎点头、前屿天后宫是最为古老且保存完好的建筑。

点头天后宫地处于点头镇海乾路,原先宫前是海岸,设有点头埠头,潮水可抵天后宫岸下。于清康熙年间重建,乾隆二十年(1755 年)重修。又于光绪二年(1876年)在宫前大埕再竖两根青石旌表,石斗四面雕"卍"字形,中斗四面刻有"天上圣母"四字。底座石夹左右分别镌刻"光绪二年丙子季秋吉旦"和"十五都宸山点头公社建"。后来随着时间的流逝,宫宇逐渐毁坏。经众信士募捐集资,重修宫宇,塑造神像,天后宫重新焕发往日光彩。与点头天后宫一样享有盛名的是前岐天后宫,位于岐阳古街街尾,同为传播妈祖信俗的明清时期古建筑,虽旧貌换新颜,但仍保留泥塑旧门楼,两旁方青石柱阴刻门联"霞帔云冠海上仙踪隐记,瑶函玉简熙朝宝命辉煌",并有题款"韩城郭兆禄左手敬书"。宫中立有一方青石《奉宪勒碑》,所署时间同治七年。碑刻记载了妈祖香灯资用的情况。

福鼎妈祖庙会祭典仪式包括"迎神"、"盥洗"、"上香"、"读祝文"、"行三献礼"、表演"三献之舞"等,场面庄严肃穆、古朴典雅,吸收佛、道及宫廷祭典仪式的精华,奉行春秋二祭,即每年在三月廿三日妈祖诞辰和九月初九始祖羽化升天日。仪式开始时,将妈祖神像移到供宫前,配备二名宫侍女,手执掌扇和宫灯分立两旁。祭坛设供品,左边置"风调雨顺、国泰民安"和"弘扬妈祖文化"装饰品,右边置形象逼真的根雕艺术品,宫门正中挂"妈祖春(秋)祭典礼"。祭典承古例,设礼生二人,坛前左右分立。在三献礼中,穿插舞蹈表演。待到巡境时,仪仗队在大锣连续敲击中,各执清道旗、警跸牌、掌扇、黄伞等仪卫,簇拥着妈祖銮驾,伴着乐声,拥着彩帜,徐徐前行,銮驾所到之处,人们焚香顶礼,祈保平安。①

信仰是一种能量,作为传统文化中最为著名的海上保护神,妈祖信俗是人们长期出海劳作,且在当时的航海技术落后、生命财产安全得不到基本保障的条件下形成的,因人们只能祈求神灵保佑平安归来而获得心理安慰,而正好有妈祖这样一位海洋保护女神顺应人们心理上和精神上的需求,可以"乘席渡海""化草救商",在妈祖信俗的发展过程中,渔民还根据生产、生活需求的变化发展不断扩充其神格,围绕妈祖生成的各种身世、形象和神迹文本,逐步累积、不断加注到这个女神信仰体系中,某些神话传说还记录了当时的重大政治事件。同时,历代朝廷根据各自的需求,对民间的妈祖信仰叙述进行重新编码和塑造,通过加封祭祀和勒封神号的方式将妈祖纳入到国家"正祀"之中,使妈祖信仰逐渐国家化和经典化,赋予妈祖以"驱除瘟疫""护佑商船""惩罚海寇""守护家族""送子护幼"等多种神性功能,赐额和封号也成为地方势

---

① 冯文喜:《妈祖信俗:渔村的一道风景》,《福鼎周刊》2014 年 8 月 6 日。

力借地方信仰的力量争取地位以及扩大自己力量的手段,而国家采用赐额和封号的方式将地方神灵与信仰的民众一同进行社会控制,维持了地方统治秩序的稳定。妈祖信仰从一种地方性民间信仰成长为国家级非物质文化遗产的历程,我们可以发现这是一个民间信仰不断地被地方力量、国家政治、现代学术和当代社会文化潮流加以干预、形塑与建构的过程。换言之,民间信仰自古以来就是社会建构的结果,今天的民众依照自己的理念与需求去形构民间信仰,使其适应当代日常社会情感的各种需要;但另一方面,任何一种文化创造都必须要经过民众的认可才能被普遍接受和持续生存,这就决定了我们对于民间信仰的改造与利用不能是随意任性的,而是必须符合历史发展的趋势以及民间文化的生存与传播规律,必须保持其民间信仰的基本特质,同时不断注入民族性的文化内涵,才能真正成为全球化语境下的一个非常具有文化凝聚力的象征符号。

福鼎沿海的沙埕、敏灶、巽城民众信仰妈祖,由来已久,且规模盛大,在民间具有重要的影响力,其凝聚力最为明显的标志,就是渔民往往自发朝拜妈祖,形成庙会。寄托着数百年来人们对妈祖的崇拜和信仰,也是当地居民对风调雨顺、五谷丰登的美好愿景的祈求。兴建天后宫,奉祀妈祖,记录了福鼎沿海民众生息历史。与此同时,妈祖也逐渐获得了现代化的媒介形式,在海峡两岸与世界华人的交流互动中,成为了全球华人文化认同的一个标志性符号,它与整个福建乃至全球众多信仰妈祖的信徒一样,拥有一份相同的信仰记忆。这意味着妈祖信仰已经超越了地域,成为人类的"和平女神",在加强中华民族的文化自觉和自信,融洽两岸三地的民族情感方面发挥着重要的作用。

非物质文化遗产是为了满足当时当地群众的生产生活需要而被创造和被确立的,同时又通过人的行为与活动表现出来。非物质文化遗产的主体就是指作为非物质文化遗产的创造者、传承者、实践者和承载者的本民族广大群众。作为文化主体的本民族人民群众是在日常生活中不自觉地就成为了非物质文化遗产的接受者和传播者,而其自身的繁衍自然地就维系了本民族文化与民族自身的演替。没有作为非物质文化遗产承载体和实践者的本民族广大民众的历史与现实的生活实践,就没有非物质文化遗产的过去、现在和将来。因而,对于非物质文化遗产,文化主体所拥有的"草根智慧"和"地方性知识",使他们能够"直接参与",有机会和渠道"为自己说话",是非物质文化遗产保护行动的主力军和最终依靠力量。只有文化主体自觉自愿自主地参与到非物质文化遗产保护中来,保护行动才有了最扎实最牢靠最深层的根基,也才能落到实处。而对于一些纯粹只是为了短期经济功利目的进行的商业性开发保护来说,由于缺乏民间根基与民众生活基础的支持,与文化主体的现实生活已渐行渐远,最后很有可能只是将真正的非物质文化遗产变成商业化、舞台化的"空心符号",而非物质文化遗产本身的内涵与所指意义却已丧失殆尽。可见,非物质文化遗产"它既非单个人的行为,也非政府指令的行为,而是一种民间自主的行为。只有'民间'的主人——广大民众才是其创造(传承)主体和生命的内驱力。如果限制或改变这种民间性,没有民众的自主参与,它便失去了生命之源"。①

---

① 贺学君:《关于非物质文化遗产保护的理论思考》,《江西社会科学》2005 年第 2 期,第 104 页。

第二章　物语解读与太姥文化区的审美意境

　　文化遗产都是人民群众创造的集体智慧结晶,瑰丽多姿,类型多样,它承载着不同时期民族文化的深厚情感和审美特质,构成了一幅幅无比动人心弦的艺术画卷。太姥文化区从独具特色的剪纸、饼花、根雕,到少数民族民间歌会、提线木偶戏、妈祖信俗、西昆祭孔典礼、民间曲艺等,无不普遍包含着美的形式和内容,皆是按照美的规律来创造的,并生产出不同的审美理想、审美标准,由此产生了各种不同类型的文化遗产。文化遗产在不同的时间和空间里,由当时、当地的人们依循审美理想与客观条件去习得、适应和传承,遵循其惯例,由旧风成新俗,逐渐成为一种生活习惯、文化模式,保存了它的本真和自然、质朴的艺术创造性,震撼人们的心灵,触动人们的情感、凝聚人们的力量。从艺术审美的视角进行文化遗产的研究和开掘,不仅可以提高人们对我国优秀传统文化的审美认知,而且能够为我们当代的艺术实践和文化发展提供宝贵的美学价值。任何一种非物质文化遗产都蕴含着民族基因,体现出该民族独特的思维方式、宗教信仰、价值观、审美意识以及情感表达等因素,民族的特征通过外在形式来表现深刻内涵,并经历长时间的积累形成,具有很强的稳定性,流传久远。所以,每个民族创造或延续一种文化遗产时都会不自觉地将民族特性保留在文化上,使这些特点在非物质文化遗产上有很明显的表现。

第一节　太姥文化区的美学意境和艺术表达

　　社会政治、经济、文化的发展不断形塑着大众的审美心理,是地域性的"时代精神"、"风俗习惯"与"自然淘汰"进行选择的结果,而地域性的社会政治、经济、生活环境又给人们带来了新的视野和新的审美习惯。"一方水土养一方人",地域是文化遗产产生和赖以生存的土壤,审美意识是通过地域性自然环境的熏陶与培养得以产生的,我国近代思想家梁启超强调,"海也者,能发人进取之雄心也,陆居者以怀土之故,而种种之系累生焉"。太姥文化区的审美意识,是将审美对象的自然环境中的"山"与"水"纳入审美范畴,通过对其物化及其隐喻的表达方式,体现福鼎人民雄劲和灵秀的审美精神,作为审美对象的"山"与"水",则赋予审美主体产生顺应了自然大地乡土韵律的审美性指向,对自然对象的独特感受、理解与认知,这种原生形态的地域性审美文化空间中有一种神圣性、神秘性和想象性,它存在于"天、地、神、人"的交往对话之中,自然性进入人的审美空间,形成了同大自然的共生依存关系。

太姥文化区审美文化的创造从实用到审美,并不限于实用的物品转化为审美对象,同时还包括主体的日常生活形态转化为审美的心态。他们不仅从对器物实用的角度去领会生活的充实和丰盈,而且从精神建设的角度去体悟心灵的愉悦和感受,并把这种体悟扩展到社会生活的各个领域,从习见的生活感受中升华出审美的趣味,以生活中的这种地域美为素材,如畲族服饰、铁枝技艺、民间剪纸、饼花工艺、畲族歌会、雕刻工艺等,先民们依靠丰富的想象力,以具象的手法表述他们认识到的这一方地域美的文化,而这块地域的人们在社会实践、观念表述的过程中也会带上此地独特的风格,使文化遗产表现出浓厚的审美意识色彩。

我国的传统戏剧一直保留着鲜明的民间特质,福鼎的提线木偶艺术以特有的情感和有意味的表现形式,承载了传承本土文化的历史职责,其所蕴含的文化内涵与美学价值,体现了闽东地域文化的历史积淀、民众的情感寄托和民俗文化的传承性。福鼎木偶戏保存着大量古代闽浙交界地区民间婚丧喜庆及民间信仰、习俗的内容,是弥足珍贵的历史文献遗产。艺人为传播当地方言文化、延续民族文化传承发挥了重要作用。福鼎籍民间木偶戏的创作者和表演者是人民群众和民间匠师,其中绝大多数是在劳动生产的业余时间制作的,或作为副业生产,因此表现了劳动人民的心理、愿望、信仰和道德观念。民间木偶戏最大的文化底蕴就是融于传统民俗文化之中,是伴随民俗活动而发展的。在当地民间的节日庆典、婚丧嫁娶、生子祝寿、迎神赛会等活动中,民间木偶戏也最为活跃。而其中与传统节令习俗的联系最为密切。民间木偶戏与节日的由来、传说、典故相联系,包涵了节日的民俗内容。在节日中,民间木偶戏发挥着赏心悦目、渲染气氛的作用,是节日的重要组成部分。民间木偶戏使节日的欢乐、喜庆气氛更加浓重,因此人们喜欢在节日中观赏木偶戏。同时木偶艺术的影响范围也在不断扩大,开始大量输入台湾,这种以娱乐和教化功能相结合的民间艺术形式,已成为闽台民众、旅居海外的闽东人对乡土故国的一种认同。

在这一章中对于提线木偶戏的分析更注重于它的造型风格和艺术形式。福鼎提线木偶道具制作精美,肖形毕具,以表演技法娴熟、艺术风格独特、融合多种传统戏曲手段而享有盛誉。一方面，木偶戏中所用的语言、唱腔、锣鼓经、剧目等很多汲取自地方戏曲剧种，另一方面，地方戏曲剧种也借助木偶戏剧目、曲牌、角色表演上的优点来完善自己，甚至有些正是根据当地的木偶戏改造而成的。木偶造型取材丰富，主要道具木偶的制作结合了戏曲的表演形式和戏曲中的人物特征，各行当脸谱和行头的程式化造型，源于舞台戏剧而又超越于舞台戏剧。

福鼎提线木偶戏民间称为"七条线"，实则单体多达二三十条线，艺人操纵线长160 至 300 厘米长的木偶，在戏台上进行表演剧情。木偶头戴金冠、身着五色龙、凤袍，脚穿各种皇家靴、云头靴、布底鞋、花鞋。木偶头造型制作精美，讲究雕刻艺术。特制的木偶头内设机关，通过丝线控制，使眼、鼻、口、舌活动。木偶头脖子部分上尖下细，由两根线与腹笼相连。腹笼用竹篾编织而成，胸部、臀部稍大，腰部稍细。手用木料雕刻，右手为活动手，其掌指关节与腕关节通过线控活动，可做执剑、挥刀、持杯、把盏等动作。脚有"靴脚"和"旦脚"之分，均用木制，后又让木脚套上鞋靴，更显逼真。线牌头用竹制，中间有竹枝挂钩。制作木偶先用丝绳将四肢与腹笼相连，再用青黑色丝线上端连接线牌头，下端连接身首四肢。丝线根数多少不一，视角色动作需要而定，基本线通常为 7 根，头部 2 根，背部 1 根，左手 2 根，右手 2 根，因此称为七条线。现在木偶一般有十几根线，主要用于进行特技表演的木偶。提线木偶头部 2 根线和背部 1 根线非常重要，3 根线将木偶头与腹笼连成一个整体，既能使木偶稳定，保持平衡，又可操纵木偶作前后俯仰、左右摆动等动作。

传统的木偶提线长在 160 厘米左右，可分为前台和后台，前台为提线演员的操纵表演，后台为音乐伴奏的演员表演。现在则是在台桥上演出，出现了台中台的效果，提线长达 300 厘米，表演更加艺术生动。木偶戏表演的乐器有：司鼓、大小锣、钹、京胡、二胡、月琴、三弦、笛子、唢呐等。木偶戏艺人身怀技艺，吹、拉、弹、唱具全，唱腔有京调、闽调、畲歌，木偶戏的配音可由提线演员及后台演员根据角色配音，分别乔装男女老幼角色，腔调、说唱，一身多能。口白一律由提线演员口述，木偶戏主要在乡村进行表演，提线演员一般能讲五六至十几种方言，有汉语、畲语、闽南话、浙南腔。剧中人物中最特别的是一个约九十厘米高、戴大红色"武丑帽"、披大红色对襟戏服、着红裤、踏红鞋的木偶。这个人物是这个行业的"祖师爷"——"田都元帅"，福鼎话叫"麻鼓长"，相传是唐玄宗时宫廷里的一名乐师，后来中国戏曲界都供奉他为保护神，所以还有个尊称叫"喜乐神"。这位"麻鼓长"在每出剧目里都起到提纲挈领的重要作用，他的出场亮相，在戏里是支持正义善良的一方，他出演的一方代表的是正面形象，而另一方则是奸佞小人。他身着的戏服、头戴的红帽都是喜庆的红色，寓意吉祥红火。

贯岭文化站易站长告诉我们关于"麻鼓长"的传说,在戏班演出结束收拾木偶装箱时,其他木偶不能放在他的上面将他压在箱底,如果不知行规的人把他放置在箱底,他也要爬到箱子的最上面。

能上天、能入地、能变化是木偶戏活态传承的拿手特技,较人戏更为自由。木偶艺人在长期的舞台生涯中创造了许多特技,如木偶人表演飞刀、弄花、划船、抬轿、拾币、喷火、斩头、剖腹、脱衣、变脸等动作宛如真人,有的艺人双手提 5 个木偶人翻筋斗混战而不缠线。表演特技如《南游记》变脸、《天宫赐福》踢葫芦、《西游记》转铜棍、《合同纸》地面拾银、《江湖四侠女》脱外衣、《关公斩蔡阳》提头喷血、《南游记》喷火、《苏三起解》抽烟等。

木偶戏的戏袍的服饰也具有很高的美学价值,木偶戏班对木偶人物服饰的花纹装饰是取材于戏曲服装的装饰,绣着各种中国传统的吉祥图案,戏袍大体分为蟒袍、甲靠、衫类、褶类、杂类等,一般是文堂 8 身(五色袍 6 身,分黄、红、蓝、绿、白黑,红官、蓝官 2 身),武堂 7 身(五色靠 5 身,白、红战袍 2 身),七生、八旦重 5 身,师爷(俗称王乞老)1 身,陈靖姑娘娘 1 身,其他 8 身(院门、家院、短打等),共 40 身。其他特定人物(如孙悟空、猪八戒等)不计在内,一般 40 身谓一堂木偶。木偶的服装需刺绣的大部分由专门的戏剧服装刺绣艺人缝制,袍上图案花纹虽然仿照戏曲服装,但生长在民间的土地上,服饰也就逐渐吸收了民间的纯朴平实的审美观,采用当地独特的布料工艺做戏袍,形成了独具特色的民间戏剧服饰风格。

从木偶戏的常演剧目可以看出一个地方观众的喜好和民俗。福鼎木偶戏有神话戏、武打戏、文戏、审案戏、寿戏等。艺人根据不同剧本扮演生、旦、净、末、丑,表演唐、宋、元、明等历代帝王将相,才子佳人到平民的演义故事。在春节期间或民间传统节日、神明祭祀时请木偶戏在宫庙中表演,一般情况下多在村中开阔地和村中以古戏台表演。剧目多为历史演义故事,并与民间祭祀的神明相结合,带进了民间习俗信仰,保存着许多宋元戏的剧目、音乐、演剧方法,演出形态,如开场就要"打八仙",主要内容是祈求赐福、庆寿、加官、送子、魁星点斗、财神进宝等,是一种吉祥小戏,这是一个典型的表演方式。戏曲中有很多程式取自木偶戏,戏曲人物自右向左上下场(出将、入相),与提线木偶演员右手拿板操纵木偶进行表演有关,戏曲中的台步,举足抬起、放下(自下而上,又自上而下),犹如木偶提线时一拉一放,戏曲中"水袖"动作,也始于木偶表演。有戏曲中人物上场,在舞台上走"S"形,亦为木偶戏的开场。

神话戏剧演出节目有:《封神榜》《妈祖宫》《八仙得道传》《临水平妖传》《观音得道传》等,历史传统戏剧目有:《隋唐三十六瓦岗寨》《七侠五义》《金台传》《洪武剑侠》等。民间民俗活动庆诞演出节目有:二月初二的白衣土地圣诞日、二月十九日的观音菩萨圣诞日,一直到十月二十的看牛大王圣诞日。寿戏分为男寿、女寿、双寿,主要演《麻姑献寿》《五女拜寿》等,这些剧目可以起到祈福禳灾的功能,找到中国传统文化特有的古典的精神血脉。由于民间社会群众的心理慰藉需要或一些演出剧目的特定性,通过戏剧艺术作为表现形式,保存了一定的宗教性和祭祀仪式在里面,给我们的不只是感官上的享受和娱乐,更重要的是找到一种心灵的归依。其内容与形式、本体与喻体无疑都体现出它深厚的文化积淀与文化智慧,它的审美交流及传播的方式也体现出一种具有广泛社会性的审美意蕴。

除此以外,还有很多传统曲艺非物质文化遗产。如福鼎桐山的"打拾锦",这种民间说唱"曲艺",是一种以"叙述体"为基本特征的表演形式,它入选了第三批宁德市级非物质文化遗产名录。打拾锦,又被称为"八音",是中国传统乐器吹打乐的一种,按乐器制作材料分为金、石、土、木、匏、丝、竹、革,最早起源于西汉时的昆曲艺术,流行于苏浙,迄今已有一千多年,福鼎人称该曲为"昆腔"。任何一种艺术形式都是继承与发展而来的,清康雍乾盛世,天下安定,人民安居乐业,娱乐升平,京剧、昆曲、越剧、提线木偶、嘭嘭鼓、布袋戏等在福鼎城乡展演。桐山施氏也随之兴盛发达,岁时节令常邀请江浙一带的梨园戏班演出,并蓄养家班,延师教习,以示风雅。道光年间,"施氏宗祠"建成后,"昆腔"便作为祭祖之乐,以祭祀音乐而专属庙堂,奏八音而御八风,施氏族人们用它与各方神灵沟通,与逝去另一世界的故人的灵魂对话,相互慰藉,为子孙后代祝福保平安。自此,"昆腔"便在宗祠正厅经常演奏,之后便普及至本姓子孙,成为当地民间一绝。因演奏曲目与昆曲有着很深的历史渊源,又是桐山施氏家传古曲艺,也被称为"施厝昆腔"。在这样浓厚的艺术氛围熏陶下孕育出了一位民间音乐家,他就是桐山打拾锦的创始人施大惠。施大惠在众曲友的帮助下,借鉴、吸收了当时流行的各种戏剧音乐以及江南民歌小调的特点,对昆曲曲目中的伴奏音乐进行了深入研究、整理加工。他将鼓板、笛、管、箫、笙、锣、弦子等乐器集于一堂,以集锦的方式把多种戏剧音乐有选择地吸收融合起来,不断地丰富、发展、完善而逐步形成具有一定意韵的曲式和旋律,即一定的音乐形成进行演奏,并取其名曰"拾锦"。

桐山打拾锦的独特魅力在于乐队全体成员的默契配合。演奏所用乐器种类繁多,以曲笛、竹胡为主,辅以板胡、二胡、中胡、高胡、三弦、月琴、琵琶、撞铃、木鱼、夹板、鼓、大锣、汤锣、大钹、小钹等,可增可减,几乎可以说是一支民乐"交响乐"。[1] 它

---

① 李晨:《桐山打拾锦:穿越时空的妙音》,《福鼎周刊》2014 年 9 月 17 日。

以击打器乐和丝竹器乐有机配合,较强节奏与韵律要求的艺术化的"说"和将传声表意置于首位的字正腔圆的"唱"有机结合在一起,不论是在轩厅深院、舞榭歌台,还是儒林雅会、庙堂盛典,都可以见到它的身影。经过两百多年几代民间艺人的发扬光大,桐山打拾锦已真正走入民间。

福鼎地区少数民族的舞蹈艺术遗产也极为丰富,我国少数民族的原生态民间舞蹈一般可分为来源于少数民族民俗仪式中的祭祀舞蹈(或称为娱神型舞蹈)和来源于民俗活动中的民俗舞蹈(或称为娱人型舞蹈)两大类。无论哪种舞蹈艺术都能反映出有感染力的审美特征。如畲族民间舞蹈"六结花",其以日常生活场景为原型,以肢体动作为主要表现手段,经过提炼、组织和艺术加工,形成古朴舞蹈形态,表达他们改变艰苦环境的迫切感,早期艰辛垦殖劳作中的精神慰藉以及对自然的敬畏感,对生活的美好憧憬与祝愿,赞颂祖先或是先人的德行和功劳,祈求降福子孙,佑护后裔平安、健康、顺利,形之于一定的诉求表演场景,合着舞步,在舞蹈肢体语言中得以抒发情感,尤为体现古代民众驱鬼逐疫、祈求丰年的心理愿望,浓缩了畲族质朴无华的审美追求。

畲族祈福舞蹈"六结花",带有一定程度歌颂、祭祀的功能,畲族祈福仪式现存最为完整场面的是运用于畲族道场,每个环节都有舞蹈。"'六结花'是畲族祈福仪式的重要组成部分,舞蹈得以传承的是保留于畲族民间法师身上,源于三清山道教巫舞,明朝中后期传入闽东、浙南一带畲乡,成为由畲族巫师表演祈福的祭祀舞蹈。祈福舞蹈仪式共有九个环节,分别是发奏、迎圣、请神、进表、栽竹、分钱、焚符、移星转斗、设供和谢神等。每个环节都有舞蹈,其中迎神、栽竹和设供要跳最为繁复的'六结花'。'六结花'也叫穿心结,一般要5至6人来跳,有进有退,边进边退,用挪步走(即脚法),形成一个'结',手法则用'香花手',用花样来表示迎神或敬神。手势和脚步在'结'中穿梭,不断变幻,伴随不同节奏,表达不同内容,但意义都在于敬神。"①畲族"六结花"具有较鲜明的畲族特色,它将文化内涵的特殊性与民间舞蹈的艺术性紧密结合,使畲族民众的信仰感情、精神气质和审美情趣在舞蹈文化中展现出来,构筑了一个族群共同的审美理想与追求的感性世界。

2012年,硖门石兰邓家祖传拳棍术列入第二批福鼎市级非物质文化遗产名录。石兰位于硖门畲族乡双狮山后脊,处在福鼎与霞浦交界,至硖门五里许。清《福宁府志·建置志》作"石澜",《福鼎县疆域图》中标有"石兰村"三字。明代建堡,族人依

---

① 贯之:《桐城畲族祈福舞蹈"六结花":颂扬先德 祈福而舞》,《福鼎周刊》2014年12月3日。

地形建成环形城堡长 500 多米,设城门 1 个,坐东南朝西北,通城内巷 1 条,通城外巷 3 条。现城门内高 2.7 米。石兰邓姓族人崇尚习武之风,缘于不寻常的迁徙历史背景。据《石兰邓氏宗谱》载,邓姓肇基祖千一郎,宋初从江西庐陵来到长溪石兰,至元末因遭寇乱,全村数百余人逃避他方,房屋杂物,被贼焚毁殆尽,仅存石门楼。此后三十年,邓姓后人赵五,再次来石兰居住,恢复祖业。为了防御倭匪,于明万历年间在村口修筑城堡,以御倭寇。随后邓氏重振家业,人丁兴旺,家富殷实,修水池、筑山塘。至今在石兰村之西的月屿,尚存有养马场遗迹和山塘地基座,人称"马路头"和"龙船坑",与练武有一定的关系。

传统武术作为中华民族传统文化的组成部分,在相对封闭的农耕文明境遇中,与人们的日常生活息息相关、紧密结合,它以群落为单元,持有鲜明的地域文化特色和自成一派的技术风格。石兰邓姓族人为防御倭寇侵扰掳掠,全村奋起习武,操拳弄棍,给匪寇以痛击,倭寇闻风丧胆。邓氏内家棍内家拳具有很强的搏击实战技能。内家棍内家拳讲究以肘护肋,做到进攻时步伐稳健、动作紧凑、进退灵活,下如铁钉,上如车轮,手如碾盘。其中棍术实战时,讲究硬打巧取,以力取胜,有"棍扫一大片"之说。[①]

在人与社会的关系中,传统武术自觉担当起精忠报国、"天下兴亡,匹夫有责"的社会责任,倡导侠义、爱国的民族精神。传统武术在体现武术技术多样性的同时,也承载着传统武术的历史、文化、精神,并在其传承的过程中,因历史记忆而形成自己的家族故事,因集体记忆而形成自己的文化脉络,因共同践行而形成自己的行为范式,成为传统武术文化延续、传承与发展的核心要素。石兰拳棍术以邓氏家族为谱系世代传承,记录了一个地方那一段外患内忧的历史,是古村落的历史文化的重要体现,也是族内生存文化的一部分,对于研究宗族繁衍和姓氏源流提供了可供借鉴的范例,是不可多得的历史文化遗产。

在福鼎地区还有更加精巧的表演艺术。沙埕镇"铁枝"俗称"杠""阁",它是沙埕渔家元宵节传统民俗活动之一。它吸收了民间文艺、传统戏剧、舞蹈杂技等艺术精华,是福鼎众多民俗文化活动中最具地方特色的民间民俗艺术活动形式。铁枝大约在明代后期、清代初期从福建泉州一带传入闽东沿海地区,曾流行于福鼎、蕉城、福安、霞浦、寿宁等县(市、区)。而闽东又以沙埕铁枝技术高超、阵容强大、场面壮观而独领风骚,堪称中华一绝。沙埕港作为海陆交通枢纽,是渔、茶、盐、矾商集散地,舟船

---

① 冯文喜:《硖门石兰邓家祖传拳棍术:祖传拳棍　传承光大》,《福鼎周刊》2014 年 11 月 12 日。

往来,北上温州,南下福州,跨越海峡,东渡日本,商贾云集。

贸易发展促进经济和民俗文化发展繁荣,铁枝这门古老的民俗就在这种文化交流频繁、人口流动汇集的滨海渔村中获得良好的文化土壤,发展至今并被传承下来。铁枝表演过枝的艺术巧妙性、表演的惊险动感性和造型的逼真华美性,烘托出扣人心弦、精彩绝伦的展演场景。设计者一方面注重发扬民间文化的精粹,一方面又积极吸纳着现代优秀文明;既十分珍视历史的文化积淀,又创造着现代文化对传统文化的传承,把表演内容延伸到当前精神文明、经济建设和社会主义和谐新农村的层面上来,赋予了时代内涵。这样把铁枝表演内容从传统戏剧融入多元文化,表演场景的真实再现,寄托着民众的一种愿望与期盼,是一种情感的表达与宣泄,又是一种信仰的阐释。它反映出一个地域人民的生活方式、风俗习惯、心理倾向等与民族发展密切相关的诸多方面,凸显出沙埕铁枝表演艺术所具有的特殊文化价值。

第二节 太姥文化区的审美价值和民族认同

福鼎市是畲族主要聚居地之一,早在明洪武年间就有雷姓畲族迁入,有雷、蓝、钟、李、吴共5姓,现今全市畲族人口32800多人。设有佳阳、硖门2个畲族乡,人口相对集中,其他呈散居状态,分布在桐山、桐城、前岐、店下、秦屿、白琳、磻溪、管阳等乡镇(街道)。畲族现仍保留有畲族歌言、服饰、刺绣、医药、饮食、体育等许多民间传统特色文化,是畲族弥足珍贵的历史文化遗产。像双华"二月二"会亲节赛歌会、罗唇村正月十八"冥斋节"、瑞云四月八"歌王节"(又称"牛歇节")、桐城畲族祈福舞"六结花"等,都是按照畲族节俗开展的民族文化活动。在这些非物质文化遗产活动中,带有畲族特征的文化符号被强力地提取和表达,不断地被赋予民族性特征,具备了与其他传统节日不同的意义指向,来彰显福鼎畲族的民俗文化特色。

畲族是一个具有自身鲜明特色的少数民族,他们有自己的民族语言,却没有独立的文字。没有文字的畲族,其文化表征只能以口传身授和以图案记录的形式保留下来,服饰图案便是畲民族文化传承的重要体现之一。因此,畲族服饰图案与畲族文化密切相关,具有鲜明的民族文化特质,它承载着丰富的畲族历史文化、精神信念、民族品格和审美情趣等文化信息,可以说是一部畲族文化史书。

畲族崇拜盘瓠图腾,该图腾崇拜源于盘瓠的妻子三公主传说。传说三公主与盘瓠成亲时,头戴凤冠,身穿凤袍,并且她聪慧善良,勤劳能干,随夫来到凤凰山开荒种地、繁衍子孙。这些图腾以及畲族族群符号在他们生活用品中都有体现,很多作为精美的装饰品保留至今,具有极高的审美价值。三公主美丽的形象、纯洁的心灵连同她的装束成为畲族妇女追求和效仿的对象。当盘瓠王之女长大出嫁时,美丽的凤凰从广东凤凰山衔来五彩斑斓的凤凰装以作贺礼,新娘的美丽可以与凤凰相媲美,畲族女儿仿穿凤凰装,相沿成习延续至今,并赋予它一种特殊的意义。

福鼎畲族妇女的服饰色彩丽艳,大襟衫(包括前襟、斜襟衫)形式的凤凰装,花边的刺绣和布盘纽扣是点睛之作,畲族妇女会从盘扣的针线细密度和形状的设计美观度,来判断姑娘的心灵手巧和持家本领。上衣大襟上以桃红色为主要色调,加配其他色线,刺绣的花朵鲜艳夺目,衣领、袖口绣色彩条纹花边作装饰,多以水红、水绿做底色,在靠近领口的地方缀两粒红绒球两朵"杨梅花",中间镶各色料珠,闪闪发光,美观大方。畲族妇女头饰的造型装饰为"凤冠"样式,头饰用红色的线和布为材料,用红头绳扎的发髻,以其象征凤凰的头或锦鸡头;妇女着装的袖口、围裙上绣上金丝银线的彩色花边,形似凤凰腰部美丽羽毛;而那腰间随风飘逸的金黄色的彩带,恰似凤尾。另外,她们头戴斗笠上系着各色的穗珠,颇有凤凰翎羽造型意味。① 畲族的凤凰装主要源自他们古老的神话、历史文化传统,把生存环境与现实生活有机地融合,使单调的农耕狩猎生活变得丰富多彩,将自己对美的诠释,高度浓缩在凤凰装上,使凤凰装具有各种美的特色,是畲族人民地域性审美取向的集中体现。畲族装饰艺术所呈现的造型特点、装饰纹样以及装饰色彩的运用,无不受到来自地理环境、生产方式、民风民俗、图腾崇拜等因素的影响。研究畲族装饰艺术,应从地理环境和社会人文环境综合考量,领悟畲族装饰艺术的民族特色和地域风格,进而体悟其中的民族审美趣味和文化内涵。

列宁说过"语言是人类最重要的交际工具",民族语言是一个民族成员之间情感交流、沟通乃至进行文化创造的桥梁与工具,是民族身份的重要标志,也是民族文化的重要载体。畲族没有文字,只有语言。在畲族的传统文化中,"歌"一直以来就是畲族人生活中不可或缺的内容之一。所有重大的事情都靠畲歌记载、流传。他们称歌谣为"歌言",为了表情达意,以歌为媒、以歌咏物、以歌表情、以歌达意、以歌自娱,蕴含着丰富多彩的审美价值。唱叙事歌、小说歌、传统山歌和现代山歌,内容丰富,题材之泛,形式多样,寓意深刻,形成凡事必歌的独特风俗,是以口头语言方式传承的整个精神审美文化的理论概括和全部物质文化的经验总结的总和。福鼎申报入选的第

---

① 汪洋:《畲族传统装饰艺术的文化意蕴探析》,《南京艺术学院学报》2012 年第 3 期,第 113 页。

福鼎畲族妇女服饰

三批国家非物质文化遗产名录有"歌会(瑞云四月八)",福鼎公布的第一批省级非物质文化遗产名录中有"福鼎双华畲族二月二歌会",宁德市公布的第四批市级非物质文化遗产名录中的"畲族歌会(秦屿方家山畲族三月三歌会)",这三大畲族歌会体现了中华民族民间音乐的多样性,是畲族审美文化的集中展演和生动表述。

　　福鼎市硖门畲族乡瑞云村位于鼎、霞交界处,是硖门畲族乡唯一的民族村,生活着蓝、雷、钟、李等畲族同胞近千人,至今有600多年的历史。他们在节庆生活、婚丧嫁娶、服饰穿着、医药体育、民间文艺等诸多方面仍保持着本民族独特的习俗风情。每年农历四月初八,从闽浙边界地区各县市区赶来的畲族同胞和众多慕名而来的游客,欢聚在这个小小畲村,迎接一年一度的瑞云畲族"四月八"节庆活动,这与瑞云凤山千年古刹瑞云寺农历四月初八的释迦牟尼浴佛节同期,畲族文明与佛教文化在此互相影响而发展。据有关文献记载,福鼎畲族始祖于明代转徙数地后迁瑞云发衍,并沿袭先祖遗俗和语言,逐渐形成独特的每年农历"四月八"歌墟。唱畲歌是"四月八"的主要内容,畲族人民在长期的劳作实践中,把对生产生活得到的经验和认识提升为朴素的歌言,用传唱的形式把它传承下来。畲歌表述淳朴真挚的情感美,勇于唱情,善于唱情,对爱情的情真意切,缠绵悱恻;对友情的感人肺腑,荡气回肠;对亲情的依依惜别,手足情深,展现出很强的艺术表现力和感染力。畲歌有深邃隽永的意境美,寄寓人类的丰富情感。人们行路之时,闲谈之间,劳作之中,指山唱山,指水唱水,信手拈来吟唱出意境开阔、欢快热烈的畲歌来。畲歌根植于劳动人民生活的土壤之中，博采畲乡风物,展现了丰富多彩的畲族风情,具有独特的风情美。

农历四月八这一天的瑞云村,来自各地的畲族歌手身穿艳丽的民装服装,他们不用借助器乐伴奏,一律是开嗓清唱,歌词和歌调一起出口,浑然一体。瑞云畲歌调属于"福鼎调",因其地处于鼎霞交界,受地域方言影响,音色与当地其他畲族同胞又会有差别,人们听调就能确认这位歌手来自哪个畲乡。畲族有好唱的传统,只要遇上的是畲民同胞,他们无论相识与否都进行对唱。有的善于盘唱,能够即景生歌,将所看景物唱出一首歌来,这要求歌手必须有较高的水平,畲民同胞叫"散条"。这种方式进行比歌就叫作"比肚才",用通俗的话说就是比比谁的肚子里有墨水、有文化。他们上山劳作,相互传唱,消除疲劳,寻求趣味。遇上男女对唱,也经常把歌唱的内容延伸到谈情说爱上。瑞云畲歌内容丰富,形式多样,包括劳动歌、时政歌、歌俗歌、情歌、生活歌、小说歌、仪式歌、杂歌等大类型,每个大类型中还分为若干小类型。从生活的沃土里培育出来的"四月八"节俗这朵民族传统文化之花,以其内涵丰厚的审美文化传承和特色鲜明形态绚丽的文化表现,欢乐着畲村乡亲,吸引着八方来客赶来寻亲会友、参观欣赏。而发展的时代也在丰富着畲村的审美文化。就像这两位畲族男女歌手的对歌:

男:

基本国策话讲真,劝你齐人着放心。

现在政策比早好,奖励处罚两分清。

劝你子女莫养多,子那养多生活差。

子那养多难培养,老人受苦无功劳。

女:

办会组织一班人,帮助计生有信心。

走村入户去访视,访视重点育妇人。

婚育新风进万家,内容丰富实用多。

劝你青年要学习,增强知识好处多。①

这是为配合政策宣传创作的新畲歌。不仅是畲歌内容在不断更新,对歌的形式

---

① 金记、冯文喜:《瑞云"四月八":畲族文明的一块翡翠》,《福鼎周刊》2014 年 6 月 25 日。

也因为时代的发展在不断衍化,突破以往面对面的形式。比如畲族青年利用手机也可以进行对唱,发达的通讯媒介可以在不同时空传递歌声,他们在歌会中认识歌手,留下手机号码,便于联系,这样无论在天南海北,他们想唱,只要拨通一个电话,就在手机里对唱起来。

瑞云"四月八"歌会

在长期的生产生活过程中,瑞云畲族"四月八"从单纯的歌会逐渐注入了新的内容。因耕牛是畲族农户最重要的耕田帮手,出于爱惜和保护耕牛的愿望,在"四月八"这一天,畲家人把自己的耕牛身体洗干净,在头角上佩红布,牛可以歇息不下地耕田,不准鞭打呵斥,备好"牛酒"专供牛食,并传唱牛歌"牛角生来扁扁势,身上负着千斤犁。水牛做饭给人食,四月初八歇一歇",把这一天称为"爱牛节",有"牛歇四月八,人歇五月节"的习俗。畲族家家户户还要模仿牛角形状制作一种叫"牛角粽"的特色节令食品,以表达对耕牛辛勤劳作带来富足生活的感恩之情。"火头旺"是瑞云畲族"四月八"的重要活动内容之一,畲村群众以此表达美好生活的祝愿。畲族人对火充满着敬畏和崇拜,火在畲族人心中是神圣的,他们认为烧火可以驱恶避邪,带来光明希望和吉祥。也正是这种生产生活方式,逐渐衍化成以"烧火"作为娱乐、取乐的游戏活动。经过一天的辛劳,畲族客人在夜色中,烧起火堆,尽情地欢唱歌舞,驱赶夜色中的寂寞和一日的疲劳,这就是"火头旺"的起源。畲族的"火头旺"就像是他们的"狂欢节",互相祝福,互相祈愿,祝愿年年兴旺。畲族群众通过"赛歌会"、跳"火头旺"、过"牛歇节"、吃"牛角粽"等独具民族地域特色活动,奉献出一台风情浓郁的审美听觉、视觉和味觉大戏。瑞云"四月八"畲族歌言体现了中华民族民间音乐的审美多样性,是畲族传统文化的重要组成部分,有耐人寻味的生产生活哲理,营造审美空间,培育审美心灵,展示了他们美丽的心灵境界和富有个性的审美追求。

畲族对歌

佳阳畲族乡罗唇村位于福鼎东南部,北接前岐镇,南与沙埕港为邻。全村少数民族人口1000多人,其中主要是畲族。每年农历正月十八日当天,罗唇畲民都会齐聚于马氏真仙宫,举行一次盛大的冥斋祭神活动,称"冥斋节"。冥斋节活动的起因,相传是纪念历史上为抗击倭寇和海盗而献身的马氏三姐妹和马姓元帅。明朝嘉靖年间,倭寇经常扰攘当地,以致民不聊生。马氏姐妹组织民众奋起抗争,在沿海一带平定倭寇。在一次战斗中,因寡不敌众,马氏三姐妹先后化作大山挡住倭寇,使当地居民得以安全转移,但马氏三姐妹再也不能返俗为人,化作三座大山,永远屹立在群山峻岭之中。为彰扬她们的精神,畲族同胞立马氏真仙宫,为马氏真仙塑金身,奉为神明,每年农历正月十八马氏三姐妹殉难日做三个像山一样的大冥斋来祭祀"马氏真仙娘娘",并由全村民众进行公开祭奠,至今四百余年,形成习俗,以示怀念。还有一位马姓武官的传说,明嘉靖年间,马姓武官奉命率军到沙埕港一带抗御倭寇,奈何粮草短缺,最后饿死在战场,临死时叹道:"饥荒年或特殊时期,黄金不如五谷好。"后人不忘他的功劳,特为他塑造神像,用粳米粿做三个大冥斋供在神像前,也尊奉在马氏真仙宫中,与马氏真仙一起得到恭祀。

　　马仙最初只是浙江景宁的一个村落小神,后逐渐传播到浙南、闽东、闽北、闽中等地,成为影响两省的地方性大神。在民间一千多年对马仙的塑造过程中,她的职能主要是干旱季节的祈雨、军事上的保家卫国、驱除瘟疫毒虫,以及明朝后不断增加的祈子功能。信众永远的需求就是神永远的存在。临近祭日,罗唇的宫口、柴岚内两个自然村畲汉群众,各举荐 2 至 3 人作为本年活动的头人,组织牵头负责打理各项事务,叫作"仙首",当地人将当月祭祀活动称为"迎仙社月"。其实,"仙首"们在元宵日就开始张罗,境内外的善男信女,将马氏真仙神像恭迎出宫郊游,叫作"巡境"。所经之处,往往设香案祭拜,焚香燃烛,供养求福。

　　"冥斋节"最具特色的是制作大冥斋,共制作三个,每个由 200 斤左右的干大米制成,所制斋米高 1.5 米至 2 米左右,形如柱状,其底部需两个人手拉手才能抱满,用这样大的供品来奉祀神明,以示隆重。大冥斋制成后,用写有吉语"国泰民安""五谷丰登""风调雨顺"的红纸张贴在"斋身",供于神像前,同时摆五个小冥斋,另加十个用白粿制成的"寿桃"。这些供品要连续摆放两天两夜,直至节俗活动结束。

　　"冥斋节"的习俗,以它顽强的生命力跨越不同社会形态,经久不衰长期沿袭下来,是人们精神生活的重要组成部分,并成为当地群众一大习俗。它体现了当地民众的社会生活观念,构建了他们的集体社会观,在以前没有其他机构为他们提供应对危机的前提下,他们通过仪式的祭拜功能不断强化集体记忆,集体的概念就是为了应对共同的生存危机而组织起来的民间信仰组织,而这种组织由于宗族、国家机构等在当地的存在,使这一自治组织的功能始终作用于一定的范围——祈求太平,保护人们免受伤害。"冥斋节"的形成具有纪念性质,是村民更为熟悉的文化表达形式。因此,信仰的方式,尤其是民间信仰的集体仪式更能体现出村民的世界观,对当地民间社会有很强的整合与调节心理的作用。

　　福鼎畲族提线木偶表演及制作技艺于 1813 年由福建省漳州府漳浦县石椅蓝谢年传入,至今 200 余年。1979 年,钟显绩、钟显左、李显修等 7 人组建"福鼎县少数民族木偶剧团",畲族提线木偶演员是闽东清一色畲族演技人员,演出的传统曲牌有历史剧:《锦香亭》《钟景棋》《雷万兴蓝奉高》《钟良弼》《戏状元雷海清》等。2013 年 6 月由剧团的唯一继承人钟昌敢成立"福鼎市畲族提线木偶剧团",近几年剧团以挖掘传播畲族文化为主,在传统的演出基础上,不断探索新的演出形式,使歌、舞、剧三者高度结合。在木偶戏表演的过程中,一方面,畲族歌曲的伴唱和道具的使用丰富了戏剧内容和演出形式,通过歌舞的表演来讲述畲族故事;另一方面,戏剧内容的展现通过歌舞和道具的辅助,使戏剧中的情节和人物得以完美呈现。这种展演的紧密结合将生活化的场景舞台化戏剧化,在传统提线木偶的基础上通过加入民族艺术特色的符号,蕴含丰富的畲族历史文化、精神信念、民族品格和审美情趣等文化信息。保护民族文化多样性,保护民众审美趣味的多元性也正是现在世界发展的一大趋势,多元共生,和而不同。

福鼎市畲族提线木偶剧团成立以来,以畲族传统文化为题材,创作出福鼎有代表性的畲族木偶茶艺表演节目《畲妹子茶艺》《畲家纺织乐》和《畲家磨坊》等高难度的木偶表演艺术,木偶可在舞台临时变换服装、变脸、变身、舞狮、顶葫芦、倒酒、倒茶,推磨、纺纱、抛绣球等技艺表演,极具畲族生活气息。剧团的特色是在福鼎不同地点演出时能够结合当地语言文化,融入剧情。特别是在畲乡演出时,唱腔可用畲歌、畲谣进行演出。

畲族每逢在重要节日,用搓糍粑、做米酒、做豆腐来庆祝节日的到来。福鼎市畲族木偶剧团将畲家人这一风俗也融入到木偶作品中,创作出了《畲家磨坊》,作品以畲家男女边对唱边劳作,将生活中磨豆的真实场景重现舞台上的生动表演,讴歌了畲家人热爱生活热爱劳动的淳朴民风。

《畲家纺织乐》的创作源于历史上畲民们过着自种、自织的生活,畲族妇女有世代相传织彩带的习俗,女孩到了七岁,母亲就开始教她织彩带。彩带可以作为束腰的腰带或背负孩子的背兜带,还通常用作男女相亲、定情的信物,姑娘在出嫁之前,都要自己亲手绣出结婚时要用的服饰品,来展现她们的心灵手巧。传承人通过纺纱和织布两个提线木偶高超的表演技艺操作,可以纺出纱线、织出漂亮的彩带,伴着两位畲族歌手的伴唱,展现出畲族妇女欢快的织布场景:

纺:鲁班三郎作纺车,做成纺车人纺纱。

织:雷祖织布第一人,天下当他祖师敬。

纺:棉花给纱参粗嫩,传到天下千万家。

织:没梭穿纱苦思忖,七姐指点正成型。

纺:丰衣足食家好当,勤俭持家讲家常。

织:全神贯注布来耕,那听穿纱机杼声。

纺:富人不晓穷人苦,有穿不晓没穿娘。

织:宽窄自己掌握好,粗那做梗嫩做搓。

纺:纺纱传到畲族庄,畲家大姐笑茫茫。

织:粗那作梗嫩做搋,古时传到现代来。

纺:新花纺织齐家爱,日夜积累纱成堆。

织:十五十六正学耕,萱布棉布尽织成。

纺:人讲棉纱好真料,几多体面我来做。

织:福鼎坐车杭州府,要去北京开布店。

合唱:

畲族文化要发扬,全靠领导齐帮忙。

今演山哈纺织乐,祝愿大家得安康。

　　《畲妹子茶艺歌》把畲族的畲歌、茶文化和美丽的太姥山这三个特色鲜明的福鼎元素融合到作品中。福鼎人热情好客,一旦家中来人,不管熟悉还是陌生,均以客相待。客人到家就要泡茶接待,这是福鼎人祖祖辈辈传下的礼俗。把提线木偶装扮成畲家妹子,穿上畲族特有的民族服饰凤凰装,完成冲水,洗茶,泡茶,敬茶等一系列动作,并配有现场演唱的原生态畲歌,用歌词赞美福鼎太姥山的山川秀美,福鼎白茶的甘甜醇香,同时展示畲族独特的服饰文化。如畲族女性唱的这首《畲妹子茶艺歌》:

世界名胜太姥山,中外游客都来行。

山上几多好景致,娘在山脚开茶店。

远方宾客到娘家,小娘快乐笑呵呵。

双手接客进店内,擦桌摆碗就泡茶。

一撮茶米放下煨,几多好味泡出来。

红茶白茶各样味,山哈茶米是宝贝。

茶树老,茶叶软,茶叶奴水真有缘。

人客落寮茶招待,茶水敬客畲家传。

茶树老,茶叶长,泡落盅底软吟唧。

郎饮娘茶仰盅底,人情结分盅中央。

食盅了,加盅凑,借问清茶什么烧。

茶米泡水真好食,食了一盅解心愁。

食盅了,加盅添,茶叶泡水真也甜。

茶米泡水真好食,食了一盅解心烦。

客来一帮过一帮,我娘茶店改茶庄。

生意日日得兴隆,也靠山上太姥娘。

感谢领导齐捧场,我娘泡茶也应当。

下次有缘再相会,再来泡茶大家尝。

　　传统的畲族提线木偶不再仅是族内沟通交流传情达意的工具,更担负起向外界表述民族传统习俗文化的重任。展演本身不再只是一种生活惯例行为,它的意义在于创新价值的实现,是更加可以继续传承下去发扬光大和谋生的手段。审美观念的改变促使剧团积极主动地依据不同表演舞台的特点,调整着提线木偶表演形式,这种新的加入现代元素的传统文化重新整合后以全新的表演形态活跃在社会舞台上,提线木偶的传承也是在这种不断的自我调适、更新、突现中完成的。无论是社区、庙会、祭礼等传统场域内的表演,还是太姥风景区、艺术舞台中对外演出的展示,都承担着表述、传承本民族文化,沟通、协调族群内外的社会关系,强化民族精神、族群认同的责任。长期以来传统民间文化伴随着人们认同史的起落,在与其他民族文化互动交融中重新定位新的意义和价值,新的内涵和实践经验被不断创造出来,将文化认同转向表演本身,成为畲族审美文化的代表,也成为观察畲族文化的主要途径之一。它没有剥离生活抽象为一种纯艺术形式而存在,而是作为畲族文化的一面镜子,用自己的方式反映着畲族社会的价值、行动图式、社会风貌、精神审美,并以最大的热情和勇气积极适应着新时代,以新的方式扎根于现实生活土壤,焕发着勃勃生机。

第三章　主体意识和太姥文化区的遗产体系维护

福鼎恰处闽浙边界,得地理位置之便,闽东和浙地的文化在此交流汇集,又以太姥山为核心,在这样一片融峻山与海洋为一体的文化区内,遂得以形成福鼎地区极为丰富的文化遗产。这些文化遗产很值得我们的关注和研究,它不仅仅是作为一种历史的遗留物,作为对过去人们生活样态的一种缅怀而发挥价值,更重要的是这些文化遗产如何对接到现代人的生活中。事实上,正是这代代相传的过程,将一定区域里共同生活的群体对于世界的认知观念和改造世界的实践知识整合成文化遗产,才把人们远久的记忆都灌注在物质和技艺的流动之中,并被每个时代中那些生活在一起的人所接受、所改造。文化遗产就像一套符码,在打开历史的陈旧之门后面,它解开的是当代人为何成为当代人的秘密。文化传承本身就包含着文化创造,它不是单纯对于前人的模仿,而是出于对新的境况的回应。一个物质文化遗留在不同的解释体系中会被授予不同的意义,一种技艺在新的审美意境中也会被重新编排,更加贴近需求者的期许。技术的进步、经济的发展、审美观念的变革、旅游业的兴起、新的文化内涵的涌现等等因素对传统文化遗产造成了巨大的影响。它是否还能存在下去,存在的意义何在,以及面对种种全新的境况如何保有活力,都是迫切需要回答的问题。因此,在这一章想要通过具体的田野案例来讨论的问题是,在太姥文化区中,地方上的人如何看待以及处理他们所拥有的文化遗产;它的传承状况和在地方社会中承担着何种功能;传统的文化因素如何适应新的社会环境;最后作为推动文化遗产保护的官方力量是如何实践的,以及这过程中的权力关系和必然要面对的困难。

第一节　太姥文化区的日常实践和地方视角

太姥文化区是一个辐射范围非常广泛的文化区域,在这个区域之中,种类繁多的技艺流传和物质文化都深刻地融入到地方的日常实践当中。这些文化遗传,无论其发展前景如何,只有把它们放到人们社会生活的整体背景下,放到整个太姥文化的区域内才能够获得细致的理解。无论如何,脱离了本地人视角,脱离了那些真正参与到这些文化实践中的当地人的在场,都会使文化的洞察难以达到。与此同时,本地人在参与到具体的文化实践中时,那些地方性知识的呈现方式,以及这种呈现能反映出的人类思维特征都是值得探讨的问题。因此这一节所要处理的像是一种破译工作,用人类学的本土性视角介入那些民间艺术的表面特征,以此来解读文化遗产的区域特征,地方知识的保存以及对当地人的意义。

福鼎独特的地理位置,对此地的文化必然产生重要的影响。在我们去了解福鼎下辖各乡镇地区的文化遗产时,两种不同的传统会被经常提起。一个来自北边浙江各地文化逐渐渗入的影响,另一个则是闽南地区的文化北上传播。这两个传统相会,交流贯通并结合进本土的元素,整合成独具特色的风格。正如在第一章中所表明的那样,以太姥符号为核心整合性象征,将周边一大片区域的各色文化纳入这个统一的景观之中是很有意义的。而这种太姥文化区域一体感的内部,其实还具有不同的区分性差异因素。但正是这些根植在地方的差异才使得整个太姥文化系统成为可能。如贯岭提线木偶剧团,除了体现不同文化的交融以外,还有来自不同区域的戏剧的本土化效果。他们最大的特色,也是本土化改造的结果,表演者在不同的地区能够用当地的方言来道白。在福鼎表演就用福鼎话道白,在贯岭表演则用贯岭方言(闽南话)道白,而在浙江表演又用浙江各地方言道白。因此,一个剧团最起码要精通五六种方言。当然,这并不是要剧团里每个成员都精通很多种方言,而是有的精通这一地,有的精通另一地,还有的则精通好几个地方的方言,到特定地方表演时就叫精通该地方言的那个剧组成员负责道白部分。虽然在一场戏中,唱腔还是用京剧的唱腔,但加入本地方言的道白更吸引地方的观众,有助于本地观众明白木偶剧的表演内容。由此可以看出影响广泛的代表性戏剧(如京剧)在渗透到地方的过程,尤其是最普通百姓的生活中时,它是怎样改头换面的。而各种地方戏的发展,一方面借鉴了那些代表性戏剧的特征,另一方面他们也积极地加入了新的元素,对经典进行改造。在戏剧中加入地方方言,无疑是戏剧的本土化尝试中最成功的改造。语言作为一个地方最重要的文化,它不仅仅满足人与人之间交流的功能,同时也影响人们的思维,语言的界限某种程度上就是人们思想的界限。因此地方戏剧的这种改革,不仅仅是将其唱本上的唱词翻译成方言唱出来,它更重要的意义还在于将地方的知识纳入到文化表演中,并在戏剧演出中与本土的观众进行文化互动和交换。

在本土化的过程中,为了满足普通百姓的趣味,内容也可能被修改。地方戏剧很多时候都会一改原先的高雅内涵，因为那些诗词歌赋对于普通百姓的吸引力并不足够，他们难以理解这些内容，只有加上一些底层的插科打诨，才能为大家喜爱。在地方戏的本土化中，百姓拥有文化审美上的选择权，迫使一些剧团做出改变，更贴近于他们的日常生活。这也是被动的阶层通过文化选择对那些正式话语和高雅话语的间接反击，试图稍稍改变高雅文化的表现形式，以此冲破那些自上而下的话语权力。正是通过对地方趣味喜好的表达，他们也将这些正式而高雅的艺术形式改头换面，为我所用，完成了意识形态的更替，重申了民间话语的存在权力。地方方言和反映地方日常生活的元素进入戏剧，彻底反转了原先戏剧中表达高雅身份的象征符号。那些高雅的文辞似乎很难真正被普通观众所懂得，它对这些观众的意义可能也正是在他们的不理解之中而形成的一种高贵趣味。语言的隔离这一事实成为了表征身份差距的象征。对于这些观众而言，他们能够感受到语言的隔离意味着什么，因此如果这些高雅的文辞唱得久了，他们就会通过各种吵闹以及各种极其缺乏耐心的表现来表达不满意。虽然整体上这些戏文依然向观众讲述了一个个主题鲜明的故事，里面也涉及对于权威秩序和传统伦理的强调，但表演中仍不时会斜溢出反抗性的话语。这些斜溢出来的，有的可以视作对一个从一而终主题的调皮捣蛋，有的则可以被视作对正统秩序的反戈相击。就像音乐中复调旋律一样，多种的旋律结合在一起，形成不同于主调音乐的声部。戏剧表演中也存在各种有别于主调音乐的其他旋律。应该强调的是，两种旋律共同包含在戏剧之内，也就同时提供了两种解释的可能性。一个显现在明确的主线之中，另一个则隐白于旁溢的插科打诨之内。因此它是面向观众的开放系统，不同的解读者面对同样的表演内容，可以强调他们愿意强调的东西。地方的艺术表演，不仅是各种地方戏，还有一些山歌、弹唱类的表演，也带有这样一种灵活的特点。

以上这种带着本地人的眼光对戏剧的重新审视，也让文化遗产保护在新的维度上面临新的疑问。其保护的对象涵盖了很大的范围，它可能是那些流传下来的固定唱本，精美的木偶和服饰，是手工制作的表演乐器以及制作这些器物的工艺，也可能是那些独特的唱腔，融入地方方言的戏剧内容。但上面所列的一切，都仅仅指向戏剧表演本身，如果没有本地观众眼中这些微妙的东西，如果缺少了地方文化反过来渗透进戏剧的那一部分，那么被保护起来的文化遗产看上去似乎还不够丰满。文化资源必须要注入参与者的活力才能获得新的力量。参与的过程也是对原来的文化符号进行重新解码的过程，而民间文化充满着能够被利用的原材料。

很多民间文化之所以依然能够保存至今，就因为不断的参与和实践。而在这参与和实践之中,必然也因此保存了大量的地方性知识和民间创造,如福鼎饼花的传承。福鼎饼花是装饰月饼上的装饰画,始于乾隆年间,最早是剪纸的百子花。饼花是福鼎当地民间艺人独创的一种手工技艺形式。福鼎的饼店为了出售月饼的包装更好看,能够吸引顾客,就在厚纸外贴上饼花。后来人们习惯于小孩子吃完月饼后,将饼花贴在厅壁或房间壁里用作欣赏,久而久之,这就变成了当地的一个风俗。[①] 饼花的内容来自每年社戏的戏剧表演。社戏要演一个来月,开场是在华光宫的神台上演的,最后一场按惯例是在城隍庙演。在这密集表演的一个月内,整个地区的饼花艺人都会过去,从这些表演之中获得他们的题材和灵感。这些艺人会带上三五个学徒一起去看戏,观察各种表演神态、戏剧场面,当天晚上回去就得趁热打铁,赶在对这些戏剧内容还印象深刻之时,就都画下来。当时有一名叫叶小舫的画师,晚上看戏回来,即刻起稿,打算将看到的戏剧内容描绘下来。但画来画去,总觉得画稿上的武生动作不够满意。于是,立马就将已经睡下的徒弟叫醒,让徒弟现场表演武生的动作给他看,以期能够准确捕捉到武生表演时的形态。当时所表演的很多戏文通过画师被固定下来,因为饼花的主题即是戏文,都是百姓喜闻乐见的内容,而且绘画又精致生动,所以其销路很广。我们可以看到,饼花对于当时戏剧内容的记录做了很大的贡献,它将戏和图相结合,把转瞬即逝的视觉体验凝固在图像之中,使之能在更广大的空间和更长远的时间里流传扩散。我们还可以通过这些保留下来的饼花工艺品了解当时人们的生活样态。比如我们可以从一些饼花样式中了解到清朝时人们的服饰等等。虽然这可能是无意之举,但很多历史记忆的细屑被保留住了,成为后人追忆过去可资参照的一个样本。不仅仅是戏剧内容,有的饼花还生动记录了当时的生活场面。一次在演"溪岗戏"的时候,戏台边临时搭建的一个建筑物不知何故烧起来了,火势瞬间蔓延到神台之上。当时在台上正演戏的角色立马开始救火,场面一度非常混乱。当时在下面的画师,仔细地观察这个场面,回去有感而发,连夜创造出了一幅《神台救火图》的饼花。画面里武生跳梁救火,台下观众神色紧张,小孩哭闹不止的景象栩栩如生。后来这张饼花在饼店中贴出,一时轰动,全城皆知。类似于这种生动的场面被记忆下来,后人可以看到那时生活场景和独特的风貌。[②]

对于当时的饼店老板来说,一张能够引起轰动的饼花就像现代人对于一则极有创意的广告的熟知一样。因此过去每个饼店都极其重视这种营销宣传,一般都会预约饼花艺人,和他们事前商定,画出来的饼花供给他们饼店。饼花艺人在接受了饼店

---

① ②　白荣敏:《福鼎史话》,第 283—285 页。

所付的定金后,有义务在每年中秋节时,送给承包饼店一张"招牌花"。事实上,虽然饼花艺人事先就已经和特定饼店签约了,但在艺人圈子之中,他们依然有很浓厚的竞争环境。因为各饼店为了招揽客人,每年八月初一开始就会将艺人送来的招牌花张贴在店门前,来来往往的人都会看见,也能就此对不同饼店的饼花评品一番。因此,这首先就要求饼花艺人每一次所画的饼花内容不能重复,而且需要不断创新。否则,人们看到的都是一样的或者类似的题材,就很容易厌倦。同时,因为每家饼店都把自己最出色的招牌花贴在外面,以资观赏,不仅是顾客,那些饼花艺人同行们也会看见这些作品。在无形之中,这种公开展示间接地促进了技艺的交流。一旦某个画师创造出了一种新的技法,或者题材上有新的灵感,那么其他艺人也会过来观看,并竞相模仿。在那个没有什么知识产权概念的年代,艺人并不能垄断他们的创新,只要一公之于众,其独有的技艺和知识就在整个同行圈里被分享和占有了。因此这就要求所有的饼花艺人都须想方设法力求创新,一旦囿于陈旧,就立即会被其他同行超越。正是这样的竞争和创新氛围,整体上促进了这门技艺的不断发展。就像福鼎饼花传承人马树霞老师所讲的,饼花技艺是民间集体创作的成果,一张张饼花其实是地方文化的集中反映。

在创作中,艺人们融入了很多地方性的文化,而这些东西都是那些生活在地方的人所共同分享的。比如在样式上,饼花的形式非常多样,有八果式、八景式、团式、斗方、孩儿式、美人式等等。这里所谓的各种"式",指的是饼花的背景。八果式的饼花,就是说这张饼花是以一种果蔬为背景的,而饼花的内容则画到这背景之上。而美人式,背景则为美人。两个不同的画面镶嵌在一起,但不会落下一种生硬叠加的感觉,这就要求两者匹配得很好,充分共有这样一小块平面。这些饼花的真正主题和其背景的式样很多时候并没有直接的关系,像团式和斗式更加明显,一个是圆的,另一个是方的背景,没有其他独特的内涵。也就是说,这两种并无关联的主题——背景的主题(它可能是一个水果或者庭院一角)和饼花的主题(它可以是"南北斗对弈"或者"许梦蛟拜塔")——被整合进了一个秩序里,在同一空间中出现。因此,关于当地人的食物、居住空间、爱情观念、宗教信仰、道德伦理等等地方记忆都被浓缩在民间艺术之中,并且以一种不易察觉的逻辑被放置在一起,被人们记住。民间艺术的这种表达方式,如同神话一样,给那些参与其中的人赋予了一种逻辑。那些按照现代科学思维不应当被放在一起的东西,在艺术和神话中都可以是非常合理的共存。这种思维方式在任何时代都没有消退,就算是在这个被认为科学技术横扫一切的时代,我们依然没有放弃用神话来思维世界。这也不构成我们应当去批判的东西,而是指出在民间艺术和神话之中,这些特征都更加地显露。当然在饼花中,其背景和主题也有较为相关的,这种饼花就更能突出其主题。

那些被凝固在饼花上的生动形象,大多出自于每年社戏的表演内容,所以饼花和前面提到的木偶戏剧一样,也大多是体现民间信仰、神话传说、历史故事的主题。这些以平面图像来表现的主题就像那些神话故事本身被老百姓所乐于接受一样,只不过体现了另一种表达意义的维度。神话故事——那些在戏台上表演的历史故事、民间传说都可以视作是一种神话叙事——是加在人的感觉材料上的第一层秩序,将一些意识和情感固定在特定的符号之上。人只有通过符号才能认识世界,而神话作为一种理解世界的符号,它是一个开放的系统。① 它并没有禁锢住自己,而是在新的境况中可以重新阐释,给人提供新的解释和论证力量。同样的,民间艺术也具备这样的功能,它就像一个巨大的社会话语存储容器,里面包含着各种地方性的知识和实践。不同的时期,大容器里弥散着不同的社会溶液,而这些知识和实践作为溶质与作为溶剂的时代背景相互作用,有的漂浮在水面,有的沉淀在杯底,有的溶解在社会意识之中,自身不再显现。因此,虽然像饼花这种民间艺术形式,随着地方社会的组织结构,生计方式以及意识观念所发生的不可逆转的变化,在现代社会,它很大程度上丧失了原先所具有的流行基础,但这并不妨碍它仍然保有开放的姿态。在某个时期的社会溶液中,它可能不得不面对作为陈旧沉淀物的处境,但依然作为社会话语的一部分被保存下来。在新的脉络中,只需要有合适的时机,置入新的背景并重编它的文化符码,它本身所包含的地方性知识和实践就会迸发出强大的活力,重焕青春。这些民间艺术所能够唤起的可能性远远超过我们的想象。那么问题在于,如何让这些可能会被放进民俗馆的东西重新走向民众的生活,捕获新的活力呢?

第二节　太姥文化区的传统技艺和现代意义

现代社会是一个技术不断更新的时代,人类对于自然世界的支配能力超过以往任何一个时期。在这样一个生产力极度发展,人口、货币、信息以及风险都在高速流动的世界里,回看那个传统技艺繁荣的时代就像在看一张陈旧的老照片,但其实它并没有离开我们太久远。在短短的时间内,现代技术获得了压倒性的胜利,它对于传统

---

① ［德］恩斯特·卡西尔著,于晓等译:《语言与神话》,生活·读书·新知三联书店 1988 年版,第 35—40 页。

技艺的打击是巨大的。在生活的大多数领域内,传统技艺都消退了身影,但传统技艺却拥有了新的符号价值,成为新的现代想象的对象。这些想象既来源于历史文化,从传统中获得生命力,同时也与传统割裂,突变出更现代的特征。我们可以追述传统工艺如何一步一步走向衰弱,又如何在新的消费文化系统里改头换面,获得新的诠释。无论如何,只有在考察它的当代意义中,我们才能找到传统技艺嵌入社会结构的钥匙。

就以福鼎饼花的工艺历史演变来说,我们可以看到技术的变革以及社会境况的改变,是如何重塑人们对于一种民间艺术的态度的。饼花的制作可以分为"剪纸饼花""手绘饼花"和"木刻饼花"以及"机器印刷的饼花"等四个变迁过程。各种工艺流程不复详述,从其名字之中就可反映出来。总体而言,从早先的样式较为单一、人物比较简单,到后面样式繁多、人物数量构造复杂。饼花制作中,艺人要让画中的人物和饼成比例,同时饼花中人物的数量也和艺人所得的酬劳成比例。一张饼花中,人物越多,所得的酬劳也就越多,这也驱使后来的艺人创作出越来越复杂而精细的场景。最初的饼花制作大多是由单个人独立完成,但销量的增加,新的技术(如雕版的应用)以及技艺流程的复杂化,促使了分工的出现。开始的时候有的是老师画稿,学生描彩。渐渐也出现了流水线式的合作作业,第一个人画头,第二个人画手……最后一个上色这样的流程。等到运用雕版的时候,画,刻,印……分工更加明确,同时也大大提高了生产效率,也将福鼎饼花推入发展的高峰期。随着机器印刷的戏文图出现以后,其低廉的价格彻底击垮了传统的手工技艺。这以后,传统的饼花技艺就渐渐地退出了人们的视线。机械化生产对于传统民间技艺的打击是毁灭性的。

如今,这些遗留下来的民间艺术品更多的是以一种展览品的形式呈现,它和原来贴在饼店门前的展览形式完全不同。对于后者来说,它是人们日常生活中一部分,人们使用它就像使用别的东西一样,在他们眼里,装饰性的饼花并不具有艺术品的永恒性,也并不会像现代人那样怀抱着神秘的不可亵渎感。而对于现代人来说,博物馆或展览馆与其说是展示,不如说是将艺术与日常生活隔离开来。一个装裱精美的镜框,一面厚重冰冷的玻璃墙,它们将艺术品保护起来,既保护它免于自然的侵蚀,也免于它为人类所使用,只留下一段有距离感的欣赏。这种欣赏表露了这样一种观念,只有那些具有远离当代生活特质的物品,才配拥有某种为当代人所认可的重大意义。这就给重整这项民间文化遗产的希望提出了挑战。它不再是民间风俗中不可替代的一部分,只是在行将消逝中成为了人们怀旧的对象。

新的尝试也在不断探索,比如有的茶庄在销售白茶茶饼的时候,使用了饼花做包装,这种营销策略一定程度上让人看到作为装饰品的饼花重新兴盛的可能性。但目前来说茶花制作作为一种民间工艺技术很难借此达到原来的盛况。工艺品如果作为永恒的艺术品存在,它因此将变得昂贵,如果只是消费文化里泛滥的复制品,它因此将变得低廉,传统的制作工艺也因此将消亡在机器印刷之中。手工技艺的耗费人力不可能满足太大量的需求。当然可以实现的是,通过民间艺人制作出原样,然后通过机械印刷大量推广。就像我们在市面上能买到的画册一样,它复制了真品的样子。

但对于那些不是制作艺术品的技艺来说,情况又有不同了,一旦它们丧失了赖以生存的社会环境,人们并不那么愿意介入其中,那么这种文化遗产的传继就会面临考验。就像祭祀生礼制作工艺,这种一般在庙会(做普照)、祭祀(宗祠或祖墓)等场合制作民间祭祀供品的技艺,在现代渐渐地丧失其重要性。这些供品主要是鸡、鸭、猪肝等,经过祭祀生礼的制作师傅一系列处理后,活灵活现地展现出各种关于历史传说、神话故事和民间信仰的主题,使父慈子孝、贤良忠善、英雄事迹和民间信仰等观念得到确证。它在传统社会结构中具有重要的功能,通过一套复杂的仪式操演,将传统地方道德伦理编排其中,并不断强调这些观念。那些供品也起到了沟通神灵世界和世俗世界的作用。那些鸡、鸭、猪肝不同于普通的物质食材,通过对其形象的改造,授予其一种仪式价值。因其所传达的神话和信仰内涵,人们在祭仪中的参与实践就是在重新整合群体意识,而这个整合的过程就需要一些象征符号的介入指引。人们依靠于仪式表演所给予的模拟性象征符号,来重构现实秩序和心灵世界。那些夸张的表演、繁琐的程序、神秘的符号都在于唤起人们的感受力,冲破原先的结构,使其与仪式所提供的象征秩序达到共振的状态。所以一般民间祭仪结束时,都会有一个重新回归正常世界的小仪式。而在经历了这一系列的仪式体验后,从仪式前的一种秩序转换到仪式后的另一种秩序中,那种改变的力量正是在仪式中的象征符号和对这些象征符号的处理中获得。仪式正是通过利用这些象征符号来整合那些参加仪式的人。①

同时,像祠堂和庙会的祭祀活动也一并承担了很多的社会功能,可以说正是这些社会功能才使得宗祠和庙会组织得以在民间一直兴盛。祠堂里,宗族成员集聚在一个公共空间追怀彼此共同的祖先,同时也确立宗族成员的长幼辈次、申明族规等,这些行为或仪式将那些随着代际分支而亲属关系日益疏远的族员重新整合成一个凝聚

---

① [英]维克多·特纳著,赵玉燕、欧阳敏、徐洪峰译:《象征之林:恩登布人仪式散论》,商务印书馆2006年版,第19—46页。

制作祭祀供品

的团体。宗族的凝聚力使宗族成员免于受到其他强势势力的欺凌,同时也便于传统稻作农业的生计方式。① 而在庙会那里,情况还要更为复杂一些。有自愿参加和非自愿参加的庙会,也有以村落为组织单位和超村落组织的庙会。② 它有时还承担着非常重要的经济和娱乐功能,一场庙会也是一次大的集市,人们往往祭拜神灵之余,在集市交换买卖各种必需品,而这些物品在平时的墟市中很难买到。这些娱乐功能则体现在庙会时经常能看到各种各样的民间表演活动。但现在这些活动已经日趋式微了,祠堂和庙会所承担的那些功能已经大大弱化。现在的宗祠或祖墓祭祀中,已经很少有人做生礼了。在祭祖之中,因为祭祀生礼操作复杂,花费高昂,这一套礼仪基本上被更为简单高效的形式给取代了。如今,掌握这门制作技艺的师傅只有在少数的庙会活动中才会被请过去操办供品。可以看到这门技艺面临着很大的传承危机,现在的传承人虽在,而且也培养了后一代的传承人,但因为宗祠和庙会的社会功能较之以前衰弱了很多,围绕着它们而形成的那一套礼仪也渐渐地被遗忘或者被简化。所以也很少有人去请祭祀生礼师傅去做这一套祭仪。对他们来说专靠做生礼的收入非常微薄,虽然如今已经申报上了非物质文化遗产保护项目,但因为人们祭祀礼仪的

① Maurice Freedman, *Lineage Organization in Southeastern China*, London：The Athlone Press, 1958, pp.96－113.

② [美]杜赞奇著,王福明译:《文化、权力与国家:1900—1942 年的华北农村》,江苏人民出版社 1996 年版,第 111—122 页。

普遍改变,祭祀生礼这门技艺的传承发展面临很大的障碍。

如同我们在本节开头所言的,很多民间技艺在现代化生产的挤压下面临很大的困境,但另一方面这些技艺在社会意识中却获得了一些新的现代观念和新的想象,这和新的消费文化的兴起有很大的联系。而官方对于这些文化遗产的认定和保护,成为了一种的凭证,据此可以证明其独一无二的技艺价值。这种权威式认定所产生的影响将在下一节中讨论。我们在此拿黄杨木雕工艺举例,它申报上福鼎市级非物质文化遗产保护项目,给这门工艺带来了很大的发展机遇。传承人温作平就是战坪洋黄杨木雕的第十一代传人,早年在浙江学艺。通过这个机遇,他能够借此扩大宣传,将木雕更好的推向市场,将生意经营的圈子扩展到外地去。而且他不仅将这门技艺用在木雕上,还开创新的方向,往泥塑方面发展。现在,不仅艺术品的销路更广,销量更大,而且传承人也能从中获得更大的利益回报。像黄杨木雕工艺,毫无疑问就不会面临技艺消亡的危险了。当然,我们应当看到,木雕艺术品在社会中具备一定的市场需求,所以有商业眼光的传承人能够找到商机。

对于很多民间工艺来说,就像饼花案例中提到的那样,花费的人力很多而生产效率不高。因此,很多传承人普遍采用的方法是两条线并举。一方面,其所有的工艺品里,有一小部分的生产仍保留自己的民间技艺,保持人工制作这种传统不变。另一方面则运用现代技术,机器生产,增大生产效率。这种方式既有利于民间工艺的代代相传,也有利于其获利生存。像张元记的制茶技艺,虽然现在也办了制茶厂,用机器生产,但每年都会坚持用传统的红茶技艺来制作一批茶叶,而且不仅仅是制作工艺,他们同时也保持使用传统的制作器具。那些传统的制茶工具不像现在的器具一样经久耐用,而要不时的请竹篾师傅修葺,成本也不小。但这种对传统制茶技艺仪式般的使用,恰恰是整个张元记品牌的立足之本,正是这种独特的文化遗产,给他的茶叶生产带来一定的声誉。如果传统技艺做得不好的话,其整个品牌的声誉就受到影响。因此不同于祭祀生礼,对黄杨木雕和张元记制茶工艺来说,这些文化遗产的保护和传承是非常主动而积极的。

另一方面,现在的消费者似乎厌倦了机器生产出来的东西,认为传统制作工艺制作出来的东西更有味道。这种感受多大程度上是一种身体感知,尚不好说,但毫无疑问在人们做出选择的时候,它更多地反映出了一种文化建构。人们普遍对于传统工艺制品的追逐,对于那些独特制作形式的追逐,或多或少反映了他们对于机械制品的反感和厌恶。但事实上,机械制品很多时候也能生产出来不亚于传统工艺的精美物品,而且在造型与风格的设计与编排中,也需要设计师大量的灵感和创造。并且它们也越来越重视消费者那种追求独一无二感觉的消费心理。那么它们的区别在哪里？民间工艺最不同的地方，是物品和一个独特之人的联系，人们能够感受到或者说能够设想到人的创作，人对于物质的精致处理，以及物质如何渲染上手艺人的文化光辉。[①] 这些被制作出来而不是被生产出来的物质，它的物质形式背后能够唤起一个意义丰富的符号象征体系，它向我们表明物质是如何被想象的。比如在马树霞老师收藏的一张畲族床铺上，可以看到雕饰精美的高辛帝、三公主、盘瓠、龙头凤等等图样，这些都是畲族的族群起源传说中的元素。正是通过这些精美华丽的象征符号，畲族的族裔认同在日常生活的普通物件上被表现和确定下来。

我们要尝试理解传统技艺的制作品如何嵌入到人们的消费追求中，首先仍然要从这些制作品如何被想象这点开始。人们对于一个物品或者一种技艺的态度并不是一成不变的，在不同的历史时期会发生变化，在同一历史时期不同身份的人也会抱有不同的看法。但这些差异的存在就像山脉的断裂口一样，它向我们显示了一些错位。在第一节讲到我们民间艺术品是如何作为一个社会话语和地方知识的大存储器而存在的，它保有了历史上众多文化参与者的实践内容，同时也为当代人的生活实践提供了可资利用的解释性素材。这个连续的过程和接下来要讲的断裂并不矛盾。因为这里指的断裂在于历史遗产如何在新的语境下被重新阐释，授予新的符号价值。我们当然可以追踪一种民间艺术的发展谱系，找到历史的连接点，印证它如何一步一步走向现今的表现形式。同样的，这些连接点，也可以视作是阐释的断裂点，在此之中新的想象得以显现，更新了原来的象征意义。而民间技艺及其制品在形式上或者外观上可能依然保持原貌，这也成为新的象征意义的合法性论证。文化遗产在历史上的样貌到底真实如何，只有通过倒转时间才可能还原。我们所看到或者说接收到的，不过是柏拉图洞穴里的影子，是那些可能存在的事物在当代观念中的投射。真实无从知道，并不是说我们所有人都没有勇气扭头去看洞穴外面的世界，而是投影就是我们认识世界的方式。外部世界的感觉材料永远处在一种弥漫的无序的流动状态，人只是通过符号或者某些范畴才能将这些东西固定下来，才能构成理解和交流。历史记忆便是如此，它的所有时间长度最后都投影在共时性的当代，不管是以何种文化形式显露，在很大程度上，都不过是仪式性的。就像在畲族中，我们不断看到他们用这样或那样的方式从"社会历史的话语碎屑"中捡拾出他们心满意足的文化符号，来印证他们的民族身份，强调族群内部的凝聚力，或者将族群关系合理化。这些文化遗产不

---

① ［美］汉娜·阿伦特著，王寅丽译：《人的境况》，上海人民出版社2009年版，第106—108页。

断被重新发掘,重新利用,嵌入到人和过去的纽带中,并且最后,这种历史感获得了永恒固定的意义,成为文化实践的标准,反过来指导人们的日常生活。畲族就会按照畲族观念里的标准来进行当下的文化实践,坚固他们的"畲族性"。这个过程永不止歇,不断地遗忘,不断地回想,不断的重新整合。① 因为我们所要面对的人之境况是无时不在改变的,这就需要人类就此做出适当的回应。而整个观念系统是相对稳定的,因此我们看到人对境况适应的滞后性,同时也看到这种对历史文化遗产的技术化处理,通过这种确证并合法化新的观念系统。

当我们意识到这种想象之后可以发问,传统文化技艺制品在消费文化中意味着什么? 传统技艺制品的消费,不单单是出于物品使用价值方面的考虑,更多的是体现符号价值。符号价值在人们的消费心理中占有一定的衡量比重。尤其在现代社会,人的消费行为很多时候都是仪式性的,商品的商标、制作工艺、价格以及消费者的品味,都是一种面向他者的表演。大众传媒将这些消费符号灌输给社会中大大小小的人群,不管是那些有购买能力的富裕者,还是为生计所困的贫穷阶层,都共同分享了这一套消费符号。人们对于符号的使用,意在表达特定的意义。它或者是对于特定群体的认同,而这些群体拥有独特的符号标志;或者是出于对某些群体的排斥,而其所展示的符号是那些群体所不具有的。这两种功能结合在一起,我们很容易从中看出一些阶层特征。"一个人与什么样的社会阶层区分开来? 什么样的社会身份可以被认同? 人们向往什么样的阶层或者阶层的典范? 不能拘泥于描述性的关系,这种关系只是展现一个社会层面,一种物,或者一种行为,我们必须获得对一种流行性的文化逻辑的理解。"② 处在优越阶层的消费者们总是创造潮流,而这种风尚的封闭性,很快就会被不怎么优越阶层的模仿所打破。因为符号在社会中的快速流通,使得不同阶层的人能够分享共同的符号文化,因此,如果说那些创造潮流的人从传统技艺制品中发掘出了新的时尚,那么不久以后,我们也将在很多普通人的消费清单上看到传统技艺制品,而这时候,那些创造潮流的人已经发掘出新的时尚了。这种仪式性的模仿,伴随着生活的感受而存在,传统制品因其所具有的文化象征而满足人们对于精致生活和社会身份的想象。但那种认为消费本质在于人之需求的观念是虚假的,我们看到人们对物品的操持中,恰恰背弃了使用的现实功能。对于潮流的追逐表现在与这种现实功能相反的"过剩"和"无用"之中,消费在这里完全是炫耀性的,而操持的

---

① 王明珂:《华夏边缘——历史记忆与族群认同》,台北允晨文化出版公司1997年版,第41—61页。

② [法]让·鲍德里亚著,夏莹译:《符号政治经济学批判》,南京大学出版社2009年版,第20页。

手段就是对差异性逻辑的运用,在区分性的符号中表达隔离和社会区分。①

第三节　太姥文化区的遗产保护和政府角色

文化遗产对地方的参与者来说,不仅保存了他们本土的知识和丰富的象征资源,而且也因其独特的表现形式,满足了人们各种各样的需求。而文化遗产,尤其是非物质文化遗产方面的保护,和遗产传承方式以及民间自发形成的艺人组织也有很大联系。它嵌入复杂的社会关系之中,成为人们在一定场合下表达认同、展示竞争的中介。民间文化并不只关涉自身,而是地方复杂的社会关系的表达筹码。同样,官方的介入相当于在原来的社会网络中加了一个强劲的牵扯力,必然带来一些影响。除此而外,政府行为在文化遗产保护中的作用毫无疑问也是最重要的。但在政治对于文化的介入中,我们看到其在保护文化遗产、塑造地域文化认同这一面的努力时,还要留心这个过程中同样存在着推动标准化的特征。从追求文化多样性的人类学视角来看,虽然文化表达不可能脱离政治性,但对文化遗产的标准化处理是令人惋惜的,因为文化多元的重要性关涉到人类所要面对的很多重大问题。

文化遗产,尤其是技艺方面,不管是表演还是制作技艺的传承,一般都是通过家族形式或者师徒形式。如贯岭地区的两个提线木偶剧团。一个是以李轶卿为传承人的新莲庆木偶剧团,另一个是以王德界为传承人的新华木偶剧团。他们两人都深得祖辈的真传,同时也将自己毕生传习的精湛戏艺传给下一辈。新华木偶剧团的传承人王德界甚至将他的两个孩子用剧团名字来命名,一个叫新华,一个叫华新,以此来强调对于祖上创建这个木偶剧团的记忆。我们看到还有很多这种民间表演艺术一般都是以家族成员构成一个艺人团体,家庭中的大多数成员都熟习演艺并一起出去演出。也有的家族里没有传人,比如其后代志不在此或毫无兴趣。这种情况下,为了技艺的传承也会招收徒弟,传其技艺,而师徒传承也可以看作是类血缘关系的父子传承。家族或者师徒传承关系而外,经常也可以看到用婚姻来加强技艺传承的纽带,在这种联合中,新的亲属关系的建立能够更加稳固地确保职业团体内部的合作关系。很多时候,艺人为了更好地生存,保证团体内部的紧密合作以及与其他互补行业的良性共存,总会趋向于行业或者互补行业团体内部通婚。在印度的种姓制度中可以看

---

① ［法］让・鲍德里亚著,夏莹译:《符号政治经济学批判》,第14—42 页。

到最严格的职业团体内部通婚，但在我们这里并没有发展出这样的形式。传统民间表演艺人，不同于那些被绑在土地上的农民，他们是长期流动的，就像现在的歌星一样，总是在不同的地方举办演唱会。这种流动性某种程度上决定其家庭的组织方式会有别于传统农耕家庭的形式，虽然其家庭成员的组成上相对稳定，但作为整体家庭却都在流动。他们必须更好地适应这种流动性和艺人的生计方式。艺人在外表演，有时一个成员出现了什么状况，为了使演出继续进行，必需要另一个成员顶替上去，这就很需要家庭成员都会登台表演，能够应付特殊状况的发生。所以，纵向的传承纽带——祖辈相传和类似血缘关系的师徒传承，和横向的婚姻纽带同时确保了技艺的维持。

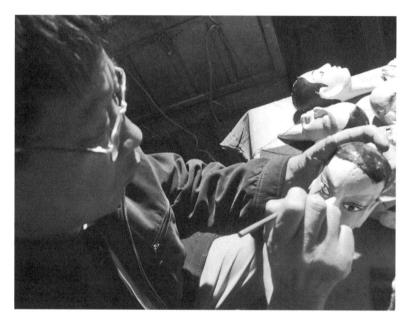

木偶传承人制作偶头

当然这只是一个案例，在其他形式的文化遗产传承中，无疑将看到截然不同的组织特征。比如一些艺人基于宗教活动而成立的类似于艺术团的组织，这种自发性的组织在乡镇中依然有生存空间，它由不同形式的地方表演艺术构成，有台阁、木偶戏、布袋戏、舞狮舞龙、嘚嘚鼓、山歌等等。其主要的收入来源于民间庙会请他们去表演，庙会活动对这些民间文化遗产的保存起了很大的作用。在这种涉及民间信仰的活动中，传统的文化因素被重新演示，重新关注。在这些重要的庙会活动中，人们不仅只是迎拜神灵，获得宗教上的安慰，而且世俗的社会关系同样重要，从筹备、展演到结束，整个组织过程都可能体现出复杂的张力。比如在庙会筹集款项时，福首都会去问有钱的老板捐多少,那些老板一般都慷慨解囊,这也是福首以及民众对他们的期许。同样对于慷慨的老板来说,通过这种行为显示他们独特的身份地位。游神的过程中,在庙会所在村落表演时,人们对于表演并不上心,演出者有时也并不怎么卖力。但一旦要将神灵抬到其他村落的时候,表演者就会被要求加倍卖力演出,把场面哄抬的越热闹响亮越好,让其他村子的人看到他们的热闹,并因此获得好的名声。热闹在传统观念里,意味着兴盛繁荣,而这种对外表达的热闹,反映出的是强烈的村落认同,以及村落间隐含着的竞争关系。我们在山歌对唱中也能看到这种竞争关系。山歌原先是山里的居民在各山头之间相互对唱,你来我往,其内容有历史典故,也有就地取材、现看现编的。一般是我唱一句,对方便就我所唱的回一句,如是反复,直到一方应答不出来为止,而应答不出者算输。因此对唱不仅要求表演者歌唱得好,而且要有随机应变,现场对歌的能力。以前,村落与村落间每到年底就会举行唱歌比赛,两边都会邀请村里的唱歌能手作为村子的代表比歌,比赢一方的村子在荣誉上就压倒比输一方。

除了重大庙会节日,一些村子中也在日常推广传统的文化遗产。在贯岭的文化站,一楼被设计成播放厅的样子,大厅墙上挂着一个液晶屏的电视机,下面是一排排的座椅。每到晚饭过后的时间,村里的中老年人就会接二连三来到这里看电视。而经常播放的节目就是木偶戏剧、山歌等。这些带有本地方言的民间戏剧或歌唱类的节目很受那些老人家的喜爱,他们之中有一部分人并不识字,有方言道白而且通俗易懂的木偶剧对他们来说就格外有吸引力,有的人甚至看到晚上 11 多点钟而不愿散去。有时也放一些历史题材的电视剧,但并没有民间戏剧、嘭嘭鼓那般受欢迎。因此这个播放厅更多的像是一个中老年人的社交活动中心,他们在这样一个类似于广场舞台的空间之中,形成老年人娱乐团体。人们一边看剧,一边聊天,交流各种信息。这个群体除了中老年人以外,还有由他们带过来的小孩子,与大人们一样形成玩伴群体。年轻人也会出于好奇过来看看,但总体而言年轻群体是缺席的,这或多或少让我们觉察出不同代际之间的人在文化审美上的断裂。

对于中老年群体来说,他们非常感谢文化站播放民间戏剧、山歌、嘭嘭鼓等,放了一些他们听得懂而且喜欢听的节目。毫无疑问,没有政府提供一定的经费支持,这样的文化推广是难以持续的。如今,官方已经越来越重视文化遗产的开发,他们看到独特的地域文化能够给整个地区带来的巨大效益。尤其是,福鼎拥有这些出色的自然和人文景观,文化产业的进步对于整个地区经济的发展有着积极的作用。旅游业的兴起,也需要厚重的历史文化积淀和传统的本土文化特色作为支撑。文化遗产在经济领域也是不可缺少的资本,就像上一节讲到的,在现代社会,消费不仅是满足一种使用的需求,而且还是一种表露个人文化认同的仪式行为。因此对遗产资源的合理利用,不仅带来消费的可能性,也给本土的文化遗产注入活力。政府较之于民间团体具有更强的组织力,它能够给予那些比较衰弱的文化遗产一定的扶植,同时也具有更强的开发能力,能够帮助地方文化获得更大的生存空间。比如定期组织一些艺术节活动,让各个乡镇的地方艺术文化都具有展示的舞台,而且,通过这种活动也给予那些文化传承者一定的经济补助。虽然这些补助并不能给民间艺人的生活带来多少实质性的帮助,但它起码提供了一个民间文化被关注的机会。

政府加强文化遗产的保护工作,意味着它对于文化领域的重视。但政治权力对地方文化的介入,意味着在原有的文化网络中突入一个新的牵引力,其目的是加强文化遗产的保护,但如果政治权力对整张社会文化网络的脉纹不甚了解的话,那这个强劲外力的加入可能会扯破整张网络。因此它必须有足够的地方性知识和人类学的耐心,才能找到合理的作用点,避免破坏乡村的文化生态。按照人类学家泰勒对于文化的经典定义,文化"是一个复杂的总体,包括知识、信仰、艺术、道德、法律、风俗,以及人类在社会里所得的一切能力和习惯"①。这个定义当然并不是所有人类学家都认可的,但有一点是普遍认同的,它绝不是一般观念里的精英文化或者优秀文化。人类学意义上的文化,包含了一切人与人的社会关系、人与自然的互动关系及其产物。因此在文化遗产保护工作中,我们要面对最大的人类学问题是,文化在政治权力的认知结构中到底是什么? 它是如何被界定的? 界定的合法性基础是什么?

就拿非物质文化遗产的保护来说,虽然只涉及文化"无形的"那一部分,但在这个话题上仍然具有代表性。举《中华人民共和国非物质文化遗产法》中的两条分析,第三条"国家对非物质文化遗产采取认定、记录、建档等措施予以保存,对体现中华民族优秀传统文化,具有历史、文学、艺术、科学价值的非物质文化遗产采取传承、传播等措施予以保护"。还有第四条"保护非物质文化遗产,应当注重其真实性、整体性和传承性,有利于增强中华民族的文化认同,有利于维护国家统一和民族团结,有利于促进社会和谐和可持续发展"。在这两则法律条文中,我们清楚地看到,国家法律对于非物质文化的界定内涵。什么样的文化形式应当被认定、记录、建档并予以保存,它首先要适用于民族国家意识的建构。民族国家是一个相对晚近的产物,而且每个拥有民族身份的人事实上对其民族的其他成员所知甚少,但他们坚定地相信彼此之间有一种紧密的联系。这种坚信,其实是发明出来的,因此民族更多的是一种

---

① 〔英〕爱德华·泰勒著,连树声译:《原始文化》,广西师范大学出版社 2005 年版,第 1 页。

"想象的共同体"。① 可以清楚地看到,在国家保存和传播那些能够体现中华民族大一统思想的非物质文化遗产时,也是在创造想象,在人们接受文化的同时也接受政治共同体的合法性。民族缔造和国家建构是相辅相成的过程,通过这样一种"官僚式的融合",确立单一标准的法律规定,伴随着公共教育和大众宣传,生产出同质性的民族。② 事实上,这两条关于国家和民族的条文正是强调了"想象"的合法性。文化和想象的关系在上面详细谈过,通过对于象征符号的操作,使人们在仪式的符号联系中获得并确证想象的逻辑,而法律对那些具备整合性价值的文化的权威性强调,表明了民族国家意识如何潜入到文化遗产保护之中。以国家的视角来看,它偏向于对文化整合能力的强调,而不是裂分能力。虽然,这两种功能都根植在文化象征的本质之中。因此在正式的官方话语表述中,一种优秀的文化就在于它能够唤起人们对于国家统一和民族团结的热情,能够将分裂性和反抗性的因素压制在意识的阈限之下。

政治权力在界定保护对象时,就像一个把关人,他定义了一种标准,而这种标准在官僚体系的复杂程序中获得了合法性。而文化是非常灵活的表达形式,它在不同的境况中会迸发出不同的面向。比如民间艺人在唱山歌时,内容有的涉及历史典故,如秦桧陷害忠良的故事。如果此时台下有很多秦姓的观众,就会有人出来说唱,认为表演者只挑秦姓坏人而不挑秦姓英雄是有失公允的行为。这时表演者就要对此回应,称秦氏也有英雄,下面就唱一些秦叔宝的故事。在观众与表演者的互动中,其内容是不断被调试的,而且作为观众的一方,他们和表演者并不是隔绝的,他们可以介入并修改表演者的叙事。当然台下的观众也是通过唱山歌的形式来表达他们的意思,因此整体看上去这个表演还仍然是连贯的,并没有被截断的感觉。因此在政府的保护中,应当注重保有这种灵活的特征。文化遗产的保护必然会涉及标准的问题,它需要一个规范来进行筛选,而筛选可能带来厚此薄彼的现象。那些在文化事业上起步比较早的,挖掘比较多的,也更可能受到政府的认可,因此其被扶植的力度也更大。而这种政策性的偏向,可能使那些式微的文化遗产未得到发掘,反而变得更加衰弱。

对于那些被扶植的文化遗产,随着国家力量的进入,政治话语也必然会渗透到民间艺术的表达之中。就像在一个艺术节表演山歌对唱,其歌词就要重新编排,必须要切合"好"的主题。比如歌颂祖国繁荣团结,讴歌地方百姓生活美满,这都是在大的

---

① ［美］本尼迪克特·安德森著,吴叡人译:《想象的共同体》,上海人民出版社2005年版,第4—7页。

② ［英］安东尼·D.史密斯著,龚维斌,良警宇译:《全球化时代的民族与民族主义》,中央编译出版社2002年版,第103—115页。

公共集会上,对于政治话语的宣扬。而在民间的形式中,这种宏大主题很少出现,或者只是作为一小部分而出现的。在对搜集到的民间山歌唱本进行分析时,可以看到大多数主题都是男女之间的打情骂俏和历史故事。在一则关于宣传计划生育政策的山歌中,可以最直白地看到政治话语是如何在民间艺术中表露。可以说,除了主题以外,这首山歌使用的表达符号全都是地方元素。地方元素和时代的政治话语结合,在样板戏那里体现最明显,如提线木偶的现代剧《智取威虎山》《沙家浜》《红灯记》等。又如1958年"文化大跃进"时期,福鼎文成堂也画过一批反映"送公粮""养猪"等内容的饼花。从他们这种改变可以看出,民间艺人会通过他们对自己所处时代特征的认识,做一定程度的创新。事实上,单从艺术表演的角度而言,木偶样板戏或者饼花的新内容也是艺人出于对一个特定时期的集体观念所做出的变革,这种变革镶嵌进全新的时代观念,将另一种更贴合那个时代的英雄故事编成戏剧表演出来。但另一方面也应该看到,民间艺术的躯体上被注入了自上而下的观念意识。

由官方力量所承担的遗产保护,政治话语的进入是不可避免的。随着这种国家权力的介入,以一种标准化的审定视角来处理文化遗产,那么有理由担心,文化遗产中民间性的那一面要面临改造。事实上,国家的视角需要的是一种细致而清晰的掌控,权力在实施上必须畅通无阻,自上而下,能够直接到达作用的对象。因此,它需要严格标准化的结构,在权力统治内的一切东西都必须按部就班地固定在这种结构之中。在国家权力参与到文化遗产的保护时,某种程度上也意味着将一种标准化的结构加在文化领域上面,对文化遗产的内容与属性加以批判性吸收。同时,在大型的民间文化公共表演中,又进一步强调了正式话语,清晰地表达了合格的政治意义。

事实上,在这样的标准化结构中,我们丢弃了的文化遗产是否让我们更依赖于社会系统,也更让人成为社会系统的附庸?从人类学的视角看来,这些文化生态的复杂性反而能提供给我们巨大的弹性,这也是民间文化得以生存繁荣的原因,也是我们应当保护民间文化遗产的重要原因。因为文化的多元和复杂提供了可能性,当人类不得不面对新的生存境况时,所有这些可能性都在一定几率上带给我们解决危机的文化材料。一种多元化的文化格局,它比单一的向度更能够适应多变的社会和生态环境。这也正是文化遗产保护所应当立足之处。

通过以上的分析,我们知道地方文化遗产所具有的本土性特征,以及它在新的时代所可能具有的现代性内涵。它不是作为一个冰冷的文化遗留物而存在,而是嵌入到当代社会的结构之中。因此,对于太姥文化遗产的保护应当以此为出发点,充分考虑到文化只有在社会整体中,它的某些特质才能够被理解。而文化的活力正是在于它不是一成不变的,而是在生活实践中被不断调试、重组、整合的。所以,官方保护行为的介入首先要理解这种人类学的文化意义,洞察文化活力的根本来源,谨慎看待那些多元地方话语。而官方保护的策略能否真正带来实质性的效应也取决于这种人类学的洞察。让这些文化遗产重新回到人间,重新纳入到太姥文化区人们的日常生活之中,才是遗产保护最卓有成效的方式。

第十一编

佳茗流芳　太姥文化的自然造化

闽东因太姥而闻名,太姥却又因茶而扬名。可以说"茶"作为一个重要的文化特质及象征与太姥文化密不可分。在中国茶文化史上,民间传说历来有着与中国名茶相关联的传统,它承载着特定区域内民众的历史记忆,渗透着一个地方的社会文化历程,折射着该地方人群的原初形态。最早被发现产自于太姥山的白茶频繁地出现在当地的民间传说中,呈现出它自身生态历程中的三个关键阶段:"蓝姑制茶"、"白牡丹"、"绿雪芽"。这也是经白茶从地方的、民间的口头叙事转变为正统的、经典的文字书写的一个过程,并与福鼎白茶"创于远古、闻于隋唐、兴于明清"的悠久历史相契合。尤其是明清时期的"绿雪芽"传说,运用想象的手段,将历史、传说人物与地方古迹、风物、特产等联系在一起,形成一套完整的叙事体系。这一叙事凝聚了"尧封太姥"的历史故事与地方文人的精神气质,不仅丰富了闽东茶文化多姿多彩的原生态意涵,更成就了当代茶叶呈现的多样化形态。

茶的外销之路是茶叶研究中绕不开的话题。毫无疑问,茶与欧洲近代的殖民扩张以及西方饮茶文化的发展相关。尤其近代五口通商口岸开辟之后,茶作为一种大宗商品被囊括进全球贸易网络,融入西方的消费文化中。随着福州、三都澳、沙埕港的相继开放,闽北地区的著名茶品经由便捷的海运而输送至西方国家,从而成为了一条涵盖太姥文化区的海上茶叶之路。茶叶贸易量的不断增长极大地刺激了闽北地区的茶业发展,因此位于福州东北部的北岭于19世纪50年代成为一个重要的产茶区,并不断形成闽东、闽北太姥文化区独特的茶产业标杆,开启了北岭茶事的传奇之路。1915年巴拿马万国博览会中,福鼎白毫银针花茶荣获金奖,是北岭茶达到鼎盛时期的真实写照,也是福鼎茶获得西方世界认同的关键节点。获奖带来的认同成为了北岭名茶的象征资本,也说明北岭茶进一步融入了全球化的进程之中。20 世纪 20 年代末期,北岭茶达到福鼎茶区的鼎盛时期,之后便逐渐式微。在当下的新时期中,随着国学热的兴起与传统文化的复兴,国内要求保护"文化多样性"和发展"文化产业"的呼声越来越高。闽东茶人充分意识到传统文化的兴起乃是这个时代的需要,于是将白茶包含的文化意义作为一种知识资本巧妙地运用到茶产业的发展过程中,塑造福鼎"白茶之都"的形象。最终,福鼎白茶形成了以"儒茶""禅茶""畲茶"为主的茶文化群,又因福鼎地区各主体群均有其发生、发展、变化的独特规律,不同的人演绎出了不同的制茶工艺、品牌核心理念、行为构成、审美情趣等互有差别的茶文化情结。这当中还体现出他们绚丽多姿的茶饮习俗、礼节和规范。在这部分,我们将通过探讨闽东、闽北的茶叶的发展过程来分析茶与太姥文化的关系,并由此来认识福鼎地区多元的茶文化形态。

第一章　民间传说与太姥文化区的古茶起源

不同民族在特定生活区域内创造了千姿百态的文化,民间传说是其文化的一种体现方式。它表面看起来充满着时间、空间错位,实际上却是一地民众合乎文化逻辑和宇宙观的历史记忆,体现着地方的社会文化历程,反映出当地百姓的情感牵绊,折射出该地人群的原初形态,是了解地域文化的重要途径。中国各地名茶往往与当地民间传说紧密联系在一起,随着当地区域的历史发展、文化变迁、人群迁徙等文化特质的改变,茶文化形成了它自身的发展轨迹。本章试图从福鼎地区三则关于白茶起源的民间传说入手,分析福鼎白茶的悠久历史及其原生态建构过程,并从不同角度呈现这种"原生态意涵"在当代不同的运用形态,深入分析这种"原生态历程"的现代意义。

第一节　蓝姑传说与白茶的上古故事

福鼎白茶的起源与一则关于蓝姑制茶的民间传说紧密联系在一起。故事有多个版本,但其主体内容大体一致:

> 相传,尧帝时有一村姑居才山种蓝,乐施好善,人们亲切地称她为蓝姑。某年,山下麻疹肆虐,流行于孩童之间,几经治疗无效,孩子们承受着病痛的折磨,一片惨痛之象。蓝姑受仙翁梦示,不辞辛劳在峰峦间寻得大白茶,将其采摘晒干、熬成汤药,患儿服用,果然药到病除。人们对蓝姑感恩戴德,尊之为"太姥娘娘",此山由此被称为"太姥山"。

关于蓝姑制茶的传说故事涉及以下几个主题:尧帝时期、蓝姑、麻疹病、仙翁、大白茶、煮茶熬药、太姥娘娘。传说中的这些文化因子都与太姥文化区的早期文化形态有关,为什么该传说会把这些文化要素添加进去? 这些文化要素又反映了哪些历史真实,流传了哪些历史记忆?为了探讨这一问题,梳理"蓝姑"的身份、追溯"蓝"氏起源、探讨"种蓝为业"的生计方式便成为关键。

不同版本中蓝姑身份可大致归纳为三种:一、居才山种蓝为业的村姑;二、尧帝之母;三、山哈的女儿。不论哪种身份抑或此人是否真实存在,最终村姑/尧母/山哈的女儿都因在仙翁的指导下,于太姥山间寻得大白茶熬汤煎药治好了当地人的疾病,被尊为"太姥娘娘"。故事虽有着不同的叙述方式,但都以"以茶入药,救济百姓"为原型,包含着一种具有类型性的共通性和共同性,体现了当地文化传承、积淀、表述的方式。王宏甲先生认为蓝姑受仙翁指点,也即是蓝姑之前便有人知道山茶具有清热解毒的功效,因而可以把"仙翁"看作是茶祖——神农那样的先人,蓝姑采制鲜叶,煮茶祛病,使得采山茶煎汤治疗的方式得以传播,茶叶经过太姥娘娘之手从药用过渡到日常饮用。因此,他期盼有一天福鼎人能在巨大的太姥娘娘雕像下庄严地刻上——人类的茶之母。[1] 可见这样的身份建构具有重要意义:其一,用民间传说追溯白茶的原初形态,建构一个遥不可及的开端,塑造太姥娘娘"茶之母"的形象,将其上升至与茶祖神农氏一样的高贵地位,凸显出白茶的远古性、原始性;其二,"太姥娘娘"作为一种特殊意义的象征性符号,是闽越人的人文先祖,是集体智慧的化身。其神圣身份与白茶结合,成为"白茶始祖",蕴含着一种原生态、古老茶的象征,展现着闽越人的精神风貌与气质。

从"蓝氏起源"可推断"蓝姑"可能代表畲族的先民。畲族,自称"山哈",即山客的意思,表明是从外地迁往山地的客人;"蓝"姓乃畲族"盘、蓝、雷、钟"四大固有姓氏之一。大多数学者认为畲族先民"山客"在12世纪初已活动于粤东山区,南宋建炎、绍兴后,渐迁徙入闽地。

畲族是一个迁移民族,因此十分强调姓氏与本民族的关系,借此来增强民族认同感与凝聚力。《高皇歌》中多次出现有关姓氏的诗句。比如"广东路上是祖坟,进出蓝雷盘祖钟","二想三姓盘蓝雷,在京不住找出来"、"福建古田住九长,蓝雷三姓住西乡"等,后几句诗只写三姓,是指始祖三子"盘蓝雷"三姓,是直系关系,而钟是女婿姓氏,所以没有提及。可见,盘、蓝、雷、钟早已成为畲族固有的姓氏。盘瓠传说在汉代文献和有关书籍中被一再提到,比如杜佑《通典》中"昔帝喾时患犬戎之寇,乃访募天下,又能得犬戎将军头者,妻以少女……盘瓠遂衔其将军首而至,乃以女配之。盘瓠得女,负走入南山……其后滋蔓,号曰蛮夷"。由此看来畲族的来源最早可追溯到东汉时期被认为"南蛮"族的一支古老民族。"但南蛮并不等于畲族,还包括居住在

---

① 王宏甲:《中国有个三都澳》,《福建文学》2010年第1期,第74—84页。

琼州(海南岛)、粤(广东)、武陵(湖南)一带崇山峻岭之中的数种少数民族(包括苗、壮、瑶、黎、畲等)。'凡溪洞种类不一,曰蛮、曰傜、曰黎、曰蛋,在漳者(福建漳州)曰畲。'(《后村先生大全集》卷九十三)①盘瓠之说,或曰生于东汉之际,起于荆湖之区,贵州、四川、云南、福建、浙江、广东、广西亦皆有之,是其分布,已达八省之多"(《国史旧闻》第一册),由此看来,"南蛮"各少数民族居住区域甚广,那么福建畲族是何时迁居至闽北山区的呢? 这要从畲族的迁移路线说起,广东、福建、浙江一些地方志中提及畲族乃是从广东潮州凤凰山向外迁徙的,《景宁县志》载:"畲族盘瓠之后,自粤至闽,以暨处之,松(松阳县)、遂(遂昌县)、云(云和县)、龙(龙泉县)诸邑。"可见畲族最早在广东繁衍生息,后迁入福建。根据畲族许多族谱的考察,畲族也是从广东逐渐向闽南(漳州地区)、闽北(福安地区)、浙南(温州地区、丽水地区)、浙西(金华地区)一带人烟稀少的山区迁徙。迁入福建时间当在南宋之前,约在 10 世纪到 12 世纪,大约在明清时开始大量地出现于闽东、浙南等地的山区、半山区。

从文献记载来看,畲族起源于东汉时期"南蛮"族的一支古老民族,其祖先经历了漫长的迁移过程,畲族雷、蓝、钟、李、吴五姓先人自明洪武二十八年(1395 年),陆续从罗源、上杭、连江、平阳等地迁居福鼎。尔后畲族从"移民"变成了"当地人",在这个过程中,经历了其他文明的冲击,并且构成了当下中华文明的一部分。人们想通过建构一位蓝氏姑娘煮茶祛病的美丽故事来将白茶的历史追溯至年代久远的东汉时期,"蓝氏"作为畲族四大固有姓氏之一,是建立在当地古老族群的身份认同之上的,是植根于当地人们心中的象征符号,具有一种原生性意义。原生性主要是指原始发生与后来、后续发展之间的逻辑性与关联性,刻意强调事情、事件与原初之间的关系。② 因此追源溯流是表述自己文化的一种常见方式,人们会通过一些实物材料、叙事性材料(比如神话、传说中与祖源、祖先有关的文字和口述材料)或者已经成为生活一部分的风俗习惯来找到认可与认同,这也是区分"我群"与"他群"的差异和依据。即使畲族于南宋时期迁至闽北,但其可追溯于东汉的悠久历史却能给人留下深刻的"原生"、"原住"的印象。在迁徙过程中,畲族不断与其他文明互动交融,虽然现在无法寻找绝对意义上的"原生态",但仍可洞察到相对意义上"原生态"的流动性,感受想象之中的原生态对人们情感和心理的影响。

从"种蓝为业"的生计方式来看,畲族先民在太姥文化区内于远古时期便已有活

---

① 王克旺、雷耀铨、吕锡生:《关于畲族来源》,《中央民族学院》1980 年第 1 期,第 89 页。

② 彭兆荣:《如何认识原生态》,《当代贵州》2010 年第 3 期,第 30 页。

蓝姑煮茶图

动迹象。"太姥山,旧名才山,在县南八十里。容成先生尝栖之,尧时有老母种蓝于此,后仙去,因名太母山。汉武帝命东方朔授天下名山文,改母为姥,封为西岳之神。"①相传太姥娘娘在山中以种蓝为业,常在溪边染布,使清澈的溪水变得碧蓝、澄绿,溪水也因此被称为"蓝溪"。秋天时,人们采集茎叶在缸里沤泡,发酵后清除纤维渣,用盆盛发酵的蓝靛水,放入适量的生石灰,石灰充分溶化后,再倒入缸内,使蓝靛沉淀,即得干靛。②将蓝靛溶兑其他物质放入染缸便可用来染布。15至16世纪,畲族过着"种树还山,种菁为活"的农耕生活,普遍种植蓝靛,他们的服饰也呈现出不同的风格。畲族崇尚黑色和蓝色,在服饰上以黑、蓝为主调,给人一种庄严朴实之感。在以黑、蓝为主调的基础上,服饰中会加入一些色彩鲜艳的纹样,视觉上较为活跃。

畲族妇女的彩虹式花襟由五节很宽的蓝、红、白、绿、黑布圈或彩缎镶接而成,有的彩袖颜色却以红、黄、绿、蓝、紫为主。这些色彩包含着一定的象征意义,如蓝代表天空,绿代表草地,红代表太阳等。

综上所述,无论是蓝姑身份的传说、蓝氏的起源还是种蓝为业的生计方式,都有太姥白茶的记忆存在。蓝姑煮茶祛病、医治百姓,得道升天后被后人尊称为"太姥娘娘",其身份经历了一个从"世俗"(村姑)到"神圣"(太姥娘娘)的转变,人们将蓝姑推至神圣无以复加的地位来表达尊敬与认同感。而"蓝姑制茶"作为一种口头传说在民间广为流传,并没有被载入史书。这种口头文化通常被当作小传统,渗透着地方风俗和地方民众的历史观,镌刻着特定区域下族群的历史记忆。将这种记忆置于太

---

① 林守无主编:《福鼎县志》,第22页。

② 王小梅:《蓝花叙事——王阿勇的口述历史》,《原生态民族文化学刊》2014年第1期,第156页。

姥文化区人们社会生活具体的时空秩序中,可以得见其产生的历史背景和流传的历史情境。传说中呈现的时空秩序与我们当下的时空观念并不一致,但这种表述呈现出来的历史情景与创造者的心态却是真实的。通过深入分析这则传说,我们发现蓝姑作为畲民这一族群的代表,以及尧时老母"种蓝为业"的远古生计,与南宋期间畲民迁移至闽东地区这一历史事实存在着明显的错位。然而不可否认的是,种蓝为业是畲族的主要生计方式之一,影响着畲族的服饰、生计来源,也融合了畲族的信仰、自然观等元素。与畲族古老的迁徙历史以及蓝姑远至上古的传说相连,白茶自然会带有一种少数民族韵味,成为原始、古老的代名词。因此这个传说符合畲族人生产生活体现的文化逻辑,具有一种原真性。蓝姑制茶传说故事中关于"种蓝为业"生计方式的部分记忆正是远古太姥文化区先民历史活动的反映。

第二节　"白牡丹"与儒家文化

除上古传说蓝姑制茶之外,福鼎还流传着白牡丹仙茶的民间故事,大意如下:

传说在西汉时期,有位叫毛义的太守,因看不惯贪官当道,不愿同流合污,便随老母一起归隐山林。母子俩来到一座青山前,只觉得芳香扑鼻,经探问一位老者得知这香味来自白莲花池畔的十八棵白牡丹,母子俩见此处美若仙境,便决定留在此处居住。后来,母亲由于年老加之劳累病倒了,毛义四处求药。一天梦到了一位白发仙翁,仙翁告诉他:"治疗你母亲的病,须用鲤鱼配新茶,二者缺一不可。"这时正值寒冬季节,毛义到池塘里捕捉到了鲤鱼,但是冬天要到哪里去采新茶呢? 正在为难之时,那十八棵白牡丹竟变成了十八棵仙茶,树上长满了嫩绿的新芽叶。毛义立即采下晒干,白毛茸茸的茶叶竟像朵朵白牡丹。毛义立即用新茶煮鲤鱼给母亲吃,母亲的病果然好了。为了感恩白牡丹仙茶的救命之恩,老母亲嘱咐毛义要好生看管这十八棵茶树,说罢便跨出门飘然飞走,变成了掌管这一带青山的茶仙,帮助百姓种茶。后来人们为了纪念毛义弃官种茶、造福百姓的功绩,传承毛义孝顺老母的精神,建起了一座白牡丹庙,并将这一带产的名茶称为白牡丹茶。[1]

---

① 　浙江林业编:《茶之传说》,《趣味百科》2010 年第 8 期,第 46 页。

西汉时期汉武帝为统一思想巩固统治,实施"罢黜百家、独尊儒术"的文化政策,不仅开启了西汉儒学意识形态化的进程,使儒学作为帝国的政治指导思想与政权紧密结合,更重要的是儒学意识不断深入百姓日常生活中,形成了以"三纲""五常"为核心,以天人感应和阴阳五行说为理论基础的系统化、理论化的伦理思想体系。儒学倡"仁"、重"礼"、讲"德",大力提倡孝道,设定"君为臣纲,父为子纲,夫为妻纲"和"仁、义、礼、智、信"五种为人处世的道德标准,其影响力莫过于以忠孝和仁爱重礼为内容的道德观。汉代出现的《孝经》更是将孝道理论发挥到了极致,元代辑录的《二十四孝》的故事也大都取材于西汉经学家刘向编辑的《孝子传》。而东晋时期著名的孝道故事"卧冰求鲤"与西汉"白牡丹"民间传说中毛义"破冰捉鲤"有异曲同工之处。故事中,毛义为了给老母治病破冰捉鲤,白牡丹为之动容,甘心幻化作十八棵仙茶树入汤作药。可见,白牡丹作为白茶原生态历程中的一个传说,融合了儒家文化中的"孝道观",展现了儒家文化对太姥茶的影响,而白茶的文化积淀也由此体现。白牡丹仙茶中对孝道的推崇正是太姥文化区人们思想文化的生动见证。

白茶储存

原生态文化在不同的历史时代,总会与当时的文化体系结合,经过加工,呈现出不同的样貌。西汉时期"白牡丹"的传说将浓浓的孝道、洁身自好的情怀及其感恩之心融入白茶之中,传递着温暖的母子之情,表达了不同流合污的傲气以及常怀一颗感恩之心的情怀。这与当时的历史背景有着密切关系。"白牡丹"传说之后,至唐代正式出现了"白茶山"的记载。陆羽《茶经》引《永嘉图经》载:永嘉县东三百里有白茶山。据陈椽教授在《茶叶通史》中解释:"永嘉东三百里是海,是南三百里之误。南三百里是福建的福鼎,系白茶原产地。"可见,史料上记载白茶山出现的时间最晚为唐。宋朝大理学家朱熹晚年自号"茶仙",他在太姥山讲学时,也曾写下"客来莫嫌茶当酒,山居偏与竹为邻"的茶联。这说明,白茶至少在北宋时期已经成为贡品,地位尊贵,而且受到文人雅士的青睐。近年,西安蓝田县五里头村北宋吕氏家族墓地中出土了一件铜质渣斗,里面装有30多根近千年的产于福鼎的珍贵白茶茶叶,同时该墓葬还出土了专门用于煮茶的、沏茶的茶具。可以看出,吕氏家族对喝茶十分讲究,这从侧面反映了北宋时期士大夫阶层的精致生活,同时也印证了中国白茶的悠久历史。

第三节　"绿雪芽"与地方精英

绿雪芽有着悠久的历史,相传绿雪芽是尧母在太姥山一片瓦修行时发现并种植的。尧母施舍绿雪芽给穷人,普济生灵,医治百姓病痛危急,救人无数,她也因此在得道升天后被人尊称为"太姥娘娘",绿雪芽之名由此流传千年。今天,太姥山神圣性的核心区域——一片瓦还有绿雪芽古茶树、鸿雪洞、丹井、太姥娘娘舍利塔等名胜古迹,还在福鼎流传着众多有关绿雪芽的诗文。[①]

民间传说凝聚着在特定区域生活的人们的历史记忆。不同时代、不同地区的人会根据各自的生活环境和个人情感有意无意地对祖辈留下的故事进行传承、发明和再创造。绿雪芽正是尧封太姥的历史记忆,与"尧封太姥"之说遥相呼应,在唐帝御题"尧封太姥舍利塔"遗址的映衬下显得更加真实。这体现着地方人民如何借助大传统来提升自我,争取文化资源来获得发展。绿雪芽传说有一个特点,即绿雪芽传说与地方风物是真切地联系在一起的。除了上述讲到的绿雪芽古茶树、鸿雪洞、丹井、一片瓦等古迹遗存外,人们为了纪念尧母,尊称其为"太姥娘娘",还在鸿雪洞旁为她

---

① 福建省福鼎市天湖茶业有限公司:《绿雪芽品牌之路》,《福建茶叶》2003年第1期,第1页。

建造了太姥墓塔。太姥山中众多寺观也有太姥娘娘的塑像,如白云寺、一片瓦禅寺、国兴寺以及摩尼宫石室中都有太姥娘娘栩栩如生的塑像。直到现在每年清明节,当地人把新采制的"绿雪芽茶"用红漆供盘盛着,奉于太姥娘娘塑像前,以纪念她采摘茶叶救治众生的功绩。日本民俗学家柳田国男对口头传说与当地风物的密切关系予以特别关注,他认为传说总是和特定的事物相关。传说的核心,必有纪念物。无论楼台庙宇、寺社庵观,也无论是陵丘墓冢、宅门户院,总有灵异的圣址,也可谓之传说的花坛,发源的故地,成为一个中心。① 风物借助传说而带有文化韵味,传说则以风物为载体而流传千古。同样的,诸多地方遗存之来源的解释与绿雪芽有关,这不仅让"绿雪芽"这一古老的茶树成为人们不可磨灭的记忆,也使得地方风物增加了灵气与文化内涵,提升了地方文化资源的知名度。

　　"绿雪芽"与之前的两个民间传说相比,更像是一种艺术创造。用想象的手段,

绿雪芽古茶树

---

① 徐赣丽:《民间传说与地方认同——以广西博白绿珠传说为例》,《广西师范学院学报》2011 年第 2 期,第 4 页。

整体而完美地凝聚了"尧封太姥"的历史故事与地方文人的再度创造,在远古传说的滋养下生出神奇之态,在地方精英的文笔下开出清新之貌。将该区域内的诸多资源整合在一起,丰富了福鼎地区的茶文化多元形态。同样的,地方精英也参与到绿雪芽文化的塑造之中。据考证,"绿雪芽"这个充满诗意的名字,实际上可能是明代兵部尚书熊明遇所起。2012 年 5 月 12 日,台湾清华大学历史研究所徐光台教授第三次上太姥山,确认山上"鸿雪洞"和"云标"两幅摩崖石刻为熊明遇题书。他特撰文指出(载《福鼎周刊》2012 年 5 月 16 日第 6 版),万历年间,熊明遇因被视为东林党人,迁福建兵备佥事,治兵福宁道,曾于万历四十八年(1620 年)三月与五月两度登太姥山,分别题刻"鸿雪洞"与"云标"两块摩崖石刻。这一重大发现,不仅为研究熊明遇游历太姥山的背景提供了一个重要文物佐证,同时也为福鼎太姥山文史古迹与方志增添了新资料。而且徐光台教授还断定:太姥山"绿雪芽"茶之名起源与熊明遇有关。

熊明遇工诗善文,颇享盛名,一生爱茶,著有《南枢集》《青玉集》《格致草》《绿雪楼集》等。曾主导开发罗嶂岩茶,并将之命名罗嶂茶,留有《罗嶂茶疏》原始文献,收入他在福宁时期刊刻的《绿雪楼集》。熊明遇与"绿雪芽"茶之名起源,也是地方精英的权威性对白茶认同感的增强,白茶的尊贵与独特性在这一过程中得以塑造。除了熊明遇之外,还有不少明清时期的文人也参与到这种名茶文化的塑造过程中。现存的明清时期文人诗集中,保存着大量有关"绿雪芽"的诗文,这些诗文在白茶原生态构建过程中成为一道亮丽的风景线。如明代陆应阳《广舆记》:"福宁州太姥山出茶,名绿雪芽。"在明代,绿雪芽便作为太姥山名茶,得到文人儒士的珍爱。明人林祖恕《游太姥山记》说:"因箕坐溪畔,取竹炉汲水,烹太姥茗啜之。"清王孙恭《游太姥山记》中说:"入七星洞,则容成丹井在焉。泉从岩罅泞泞滴井,如掬之,游人每挹此烹'绿雪芽'。"可见明清时代,绿雪芽俨然已经成为世人珍爱的茗茶,在丹井挹一泓清泉烹绿雪芽,万般怡然自得。清周亮工《闽小记》说:"太姥山有绿雪芽茶。"民国卓剑舟先生在《太姥山全志·方物》中引用了周亮工的这句话后进行进一步阐释:"绿雪芽,今呼为白毫,香色俱绝,而尤以鸿雪洞产者为最。性寒凉,功同犀角,为麻疹圣药。运售外国,价同金埒。"从北宋北苑茶芽贡茶到清代太姥绿雪芽女皇茶,绿雪芽的药用价值、视觉美感、仙灵生长地都得到了文人们的不断挖掘。

周亮工诗曰:"太姥声高绿雪芽,洞山新泛海天槎。茗禅过岭全平等,义酒应教伴义茶。"注文称绿雪芽即太姥山茗茶,太姥山是珍贵茗茶绿雪芽的生长地,采青、做茶与当地气候有密切关系。现在游览太姥山,可以在丹井旁的茶室遇见一位姓阙的居士,谈及茶时他提道:"绿雪芽乃太姥山名茶,种茶要抓紧时间,符合节气;还要选好环太姥聲高綠雪芽，洞山新泛海天槎。茗禪過嶺全平等，義酒應教伴義茶。今閩酒數郡甚粉，學坡公義也。

橋門石錄未消磨，碧豎誰教盡荷戈。卻羨箋家兄弟貴，新街近日帶松蘿。蔡忠惠茶錄石刻在甌寧郡庠，予五年前捐數……

錫礜松蘿小歔恰相空，延津廖地勝支提，山下萌芽山上奇，學得新安方……貿陳各急標，越久貯則色淺累紅，味價全亦變無足，闕茶下貴。倍價家家賣弄隔年陳，云上火游山中……

周亮工关于绿雪芽的诗文

境，适宜茶树生长，这样种出来的茶才会品质上乘。茶与禅是一体的，都讲究平等、平淡、静心。我们待人接物要如同品茶一般，平等对待一切，因为能够坐下来一起喝茶便是一种缘分，茶是一种交流工具，我们可以以茶会友，以茶结缘，以茶交心。"而古人对太姥山的茶也很推崇，从他们关于太姥山的描述中也可见当时人因爱茶而多种茶的情形。清乾隆年间邱椿著《太姥指掌》云："磨石坑三里许至平冈，居民十余家，结茅为居，种园为业，园多茶，最上者'太姥白'，即《三山志》绿雪芽茶是也。"因此绿雪芽也称"太姥白"，是茶叶中最上等品。可见太姥山名茶——绿雪芽在明代就已形成一个茶叶"品牌"，有着一定的影响。

深度挖掘并重新展现有关"绿雪芽"的诗词文本，可以让"绿雪芽"走出诗集，并以富含文化内涵的形态重新进入人们的生活中。在古香、质朴的书本中品味"绿雪芽"的原始、原真，将"绿雪芽"的尊贵、远古突显出来，可以说品饮绿雪芽即是对原汁、原味的怀旧。由上可见，在传统时代，一批地方精英都曾积极参与到绿雪芽名茶文化的建构过程中。人们围绕着太姥山茶所撰写的一系列丰富多彩的诗文，为福鼎白茶提供了一段重要的知识资本，以至于当代人能够充分利用这种知识资本，发掘绿雪芽的原生态意涵,建构起国内知名的福鼎"绿雪芽"茶叶品牌,并得以申请为国家地理标志保护产品,在当代呈现出多样化形态。

第四节 绿雪芽传说中的"原生态"意涵

从绿雪芽名茶的当代建构中,我们也可以体察到福鼎白茶的"原生态"文化塑造。"原生态"一词最早见于对张艺谋《印象·刘三姐》(2003 年)的评价上,随后杨丽萍在《云南印象》舞蹈中融入原始性元素,遵循原生态的风格,带给人们耳目一新的感觉。在媒体推动的少数民族"原生态"风潮后,"原生态"一词广泛运用于诸如娱乐、旅游等文化产业中,后来又迅速渗透到饮食等商业领域以及社会人文学科研究领域,成为一种学术用语。关于原生态的内涵、意义,学术界尚未达成一致见解。有学者认为:"所谓原生态文化,是指文化的一种生存发展状态,是文化的一种的初始的、质朴的、更贴近艺术源头的状态。"①即原生态之"原"体现在时间之"原"上。也有学者将原生态看作是某一族群自我对特定环境的选择与适应,即将"原生态"之"原"看作空间之"原"。比如"原生态文化的定义应当是指在民族文化中,针对所出的自然与生态背景作出成功适应的文化要素及其结构和功能的总和,这是民族文化中最稳定,又最具有持续能力的构成部分"。② 但学术界一般认为,真正的"原生态"文化是不存在的。正如萨林斯所说:"至少从博厄斯和他的学生们的著作开始,人类学者们就已经知道各种文化通常在渊源上是外来的,而在模式上则是地方的。"尤其在全球化背景下,人们已经越来越把外来的东西吸纳进本土文化体系之中,使之成为自己的文化要素。

然而,在现实生活中人们对"原生态文化"定义的异议并不在意。而是充分利用"原生态"所传达的一种"回归自然、回归本性"的意涵,抓住在现代浮躁、焦虑、高竞争压力的社会环境下,人们想渴望亲近大自然、体验原始质朴生活方式的心理,整合各种资源、资本建构"原生态"文化,并将其拓展至歌舞、旅游、物品甚至饮食等领域。"绿雪芽"传说的运用及其再创造正是在现代消费主义、文化产业背景下发生的。20世纪 90 年代后期,随着茶叶种植规模的扩大和产量的增多,市场上茶叶供过于求,竞

---

① 朱炳祥:《何为原生态? 为何原生态?》,《原生态民族文化学刊》(学术争鸣)2010 年第 3 期,第 1 页。
② 杨庭硕:《"原生态文化"疏证》,《原生态民族文化学刊》(理论视野)2009 年第 1 期,第 10 页。

争加剧,福鼎许多茶企业倒闭。在这样的行业环境下,福鼎的茶企开始意识到要想求得生存就必须树立茶叶品牌。如天湖茶业有限公司,经过多方面的考虑最终选择"绿雪芽"作为企业的代表品牌。近几年,国内外名优茶、有机茶迅速发展,为绿雪芽树立品牌战略提供了新的机遇。天湖茶叶公司在品牌塑造上为绿雪芽赋予了全新的含义:绿,象征健康和生命;雪,象征天然纯净无污染;芽,象征不断进取的精神,表示茶叶品质不断提高,"绿雪芽"象征茶叶的"健康天然、优质纯净"。① 随着时代的变迁,像天湖公司这样的茶企通过选择明清诗词中受到大量赞美的"绿雪芽"作为品牌代表,既沾带了'福鼎大白茶'始祖的风光,又保证了原始、古朴、自然的品质。这俨然成为了福鼎茶企为考虑茶叶文化内涵而采用的新方式。

福鼎市人民政府于 2000 年 11 月在太姥山还专门立了绿雪芽石碑(现存太姥山绿雪芽有机茶基地内)。碑记内容这样写道:

> 绿雪芽,仙茶也,相传太姥娘娘手植,为"福鼎大白茶"始祖。傲霜雪于百丈,历枯荣于千年,形神具丰;受云雾之呵护,得泉露之滋养,色香皆绝。以"福鼎大白茶"精制的白毫银针、工夫茶,乃茶中极品,全国名茶翘楚之冠,广种九省,面积为诸名茶之首,鼎邑故而荣膺全国名茶基地;英伦女皇独好,海外商贾遍求,运销欧亚,创汇列农产品之冠,茶业因而雄居全市农业龙头……

"绿雪芽"作为茶企品牌以及"绿雪芽碑记"的发明,向世人叙述了绿雪芽乃白茶始祖的悠久历史。原生态民族文化既涉及过去,又涉及传统,同时又与现在发生不可分割的关系。② 正是因为绿雪芽被品牌化,它才得以传承,也正是通过碑记等方式对绿雪芽进行重构,它才得以与现代生活更紧密地联系在一起。

绿雪芽母株的诞生故事,也形象地呈现出这种原生态茶文化的建构过程。福鼎被誉为中国白茶之乡,福鼎白茶乃国家地理标志保护产品。1994 年由 WTO 制定的《与贸易有关的知识产权协议》(简称 TRIPS 协议)中将地理标志定义为:"是表明某一货物来源于一成员的领土或该领土内的一个地区或地方的标记,而该货物所具有的质量、声誉或其他特性实质上归因于其地理来源。"③茶叶地理标志产品是茶文化

① 福建省福鼎市天湖茶业有限公司:《绿雪芽品牌之路》,《福建茶叶》2003 年第 1 期,第 1 页。
② 徐杰舜、梁枢、郑杭生等:《原生态文化与中国传统》,《广西民族大学学报》2011 年第 1 期,第 3 页。
③ 李令群、谢向英:《福建茶叶地理标志文化遗产的保护与开发研究——以武夷山大红袍为例》,《福建农林大学学报》2014 年第 3 期,第 86 页。

遗产保护的一个有效工具。绿雪芽母树生长于福鼎市境内的太姥山区,所谓好山好水出好茶,绿雪芽古树的延续与太姥山区得天独厚的生态环境有密切关系,这也是福鼎白茶成为国家地理标志保护产品的重要原因。吴祝平先生在《闽东茶叶溯源商榷》一文中,以野生茶树的发现来证明闽东是古老茶区。文中说闽东野生大茶树主要分布在北纬26.5—27.5度之间,即分布在太姥山系海拔800—1000米之间的乔木林或次生林中,而这与贵州省野生茶分布纬度相近,可见闽东亦是茶树原产地之一。"原生态"可理解为生态关系,生态首先与地理、环境、自然等客观元素、因素构造发生关系,也与文化、人群、遗产的自然因素相辅相成。① 两地相似的生态环境都具有一种原初性,所谓原初性是指事物、事件开始的客观事实和自然属性,强调事物发展的客观性。太姥山为世界地质公园和国家级风景名胜区,拥有典型峰林和石蛋地貌,素有"海上仙都"之美称。海拔500—1000米,终年云雾缭绕,气候温和;空气质量达到国家一级标准,形成茶树天然有机的生长环境,赋予茶树最好的滋养。可见,太姥山区自古便拥有成为茶树原产地之一的生态环境,茶界泰斗张天福在《福建茶史考》说:白茶由福鼎创制,当时银针采自菜茶(闽东北的原生茶树种)树上鲜叶。福鼎大白茶品种原产于太姥山,古老茶名绿雪芽约在1857年加以繁殖后,于1865年开始以大白茶芽制成银针,便称大白。对采自菜茶者则称土针或小白。

民国文人卓剑舟在其编纂的《太姥山全志》中也多次提及太姥山中与茶有关的景物,如鸿雪洞,"闻道郑渔仲,品泉蓝水涯。可曾到此洞,一试绿雪芽"。又如白箬庵,"称午所庵前……后百亩皆茶园"。书中《方物》篇也有描述:"太姥山岩茶,邑中随处皆有。茶产山中者为上,曰太姥岩茶。运往欧美,年可三万余箱,每箱约八十市斤。"还有一些人物与茶有关:"陈焕,湖林头村人,光绪间孝子,家贫。一日,旨诣太姥祈梦,姥示种绿雪芽可自得。焕因将山中茶树移植,初,年仅采四五斤,以茶品奇,价与金埒,焕家卒小康。自是,种者日多。至民国元年,福鼎全县产量达十万斤矣。"在不同的时代,绿雪芽珍贵的品质、优良的山场环境得到人们的重新发掘、建构,成为一种财富的象征,得以广泛种植。福鼎太姥山大茶树分布于福鼎市白琳茶区太姥山顶之鸿雪洞中,海拔1000米(实际不及1000米),茶树为乔木型,高6.16米,幅宽5米,主干直径18厘米,最低分枝离地3米。现在福鼎大白茶就是由原来的古茶树绿雪芽移植繁育而来的,被国家认定为茶树良种。

2014年7月14日,《宁德晚报》报道了一则在太姥山青龙洞前发现的疑似太姥

---

① 彭兆荣:《如何认识原生态》,《当代贵州》2010年第3期,第30页。

娘娘种植的千年白茶古树的消息。专家一般认为,茶树树龄超过 100 年的可称为古茶树。7 月 13 日来自福鼎市乃至福建省的茶界、茶文化界、禅茶界知名人士十余人共同为今日在太姥山青龙洞前发现的疑似太姥娘娘种植的千年白茶古树定名"中国太姥山秘密传承白茶古树",并在太姥山青龙洞举行保护管理揭彩仪式。据传该白茶古树系太姥蓝姑(即太姥娘娘)种植,茶树底部直径估计几十厘米,茶树分五个分枝,每个分枝直径十几厘米,有一花开五叶之味。为保护这一稀有的白茶古树,太姥山青龙洞当家人委托福鼎市柏洋净宗农业专业合作社进行保护管理,福鼎市白茶老字号——张元记茶叶有限公司提供技术支持。当日中国佛学理事、福建省佛协副会长、资国寺主持贤志法师和福鼎市柏洋村书记王周齐共同为白茶古树揭幕,正式启动了对这一稀有白茶古树的保护管理。

从上述情况来看,在白茶"原生态"建构过程中,当地政府、茶界精英正在挖掘整理白茶相关文化遗产,并积极申请茶叶地理标志。这也是在不断构建绿雪芽作为福鼎大白茶原始母树的神圣形象,认定古茶树绿雪芽乃太姥娘娘亲手所植。这种建构一方面将太姥山茶绿雪芽历史延伸至上古时代,为太姥山区的茶文化增添一分神圣;另一方面也保证了这个区域的茶高贵、自然的特性。申请国家地理标志以及保护原始母树的做法乃是借鉴武夷山大红袍的发展经验,可见这种超越地域的文化互动已涉及白茶原生态的建构过程中,将绿雪芽作为原始母树加以保护。这一新发明的茶叶"原生态"的表征形式为绿雪芽古树赋予一种神圣意义,制造古老、原始的视觉感受氛围,试图向人们传达白茶的古老与原始性。由上述探讨可知,福鼎白茶经历"蓝姑制茶"的远古传说、毛义"求鲤配新茶"的尽孝故事,至唐代被载入《茶经》之中,于北宋吕氏家族墓葬中被发掘,我们可以发现古茶起源的故事经历了从地方的、民间的、口头叙事至正统的、经典的、文字书写的一个过程。文本记载、考古资料具有更强大的话语权,能够对口头传说进行渗透、改造和提升。口头传说则流传着远古的历史记忆,能够给予文字书写以灵感、积淀。两者的融合可以虚构更多的故事情节,讲述更多有关地方风物的传说,如同雕塑一件艺术品,运用想象的手段将历史、传说人物与地方古迹、风物、特产等联系在一起。兴于明清时期的"绿雪芽"传说便是在经历了几千年的时空变化后,凝聚了"尧封太姥"的历史故事与地方文人的文化形塑,将太姥山中众多关于白茶的景观与太姥信仰融为一体,构建出意义深厚的原生态观念,更成就了当下太姥文化的多样性。

结合考古资料、诗文及相关文献记载,从民间流传的白茶起源传说中,可以读出一部太姥文化区茶历史的发展轨迹;从"蓝姑制茶"、"白牡丹"、"绿雪芽"的传奇故事中,可以透视出太姥文化区内福鼎白茶"创于远古、闻于隋唐、兴于明清"的历史历程。三则民间传说是太姥区域族群文化逻辑、宇宙观的展现途径,它通过独特的方式向人们展示了太姥文化意义。蓝姑传说镌刻着太姥娘娘的庄严与伟大,白牡丹记录着儒家孝道的融入进程,绿雪芽则承载着文人雅士的雕琢印记,三者共同构建了太姥茶丰富的文化内涵。这些都体现着太姥文化区茶文化的原生性与古老性。

第二章　北岭茶事与太姥文化区的鼎盛茶路

　　茶是世界范围内最为流行的饮料之一。中国的茶叶,可以说是最早进入全球贸易网络的大宗商品。实际上它们的发现与流行是随着 17 世纪以来欧洲帝国殖民扩展以及全球贸易网络的建立而实现的。而茶融入西方的消费文化中,不过是两三百年前的事。近代通商口岸开辟以来,中国茶叶逐渐从海路大量输往欧美等地西方国家。茶的西传路线分为两条:一条由福建、广州通向南洋诸国,然后经马来半岛、印度半岛、地中海走向欧洲各国;一条由广州直线越过太平洋通往美洲各地。在茶叶的出口贸易历史中,清乾隆年间实行海禁政策,限定中国茶只能在广州港交易,成就了广州口岸一百年的繁荣。近代五口通商口岸开辟之后,茶贸量急剧增长,1852 年以后广州的出口量迅速下降,被上海所代替。1853 年"太平天国"起义爆发,"粤贼扰两楚,金陵道梗,崇安茶商停贩",导致无法运茶至上海和广州。借此契机福州取代上海成为新的茶贸港口,英美等西方国家对茶的大量需求刺激了闽北茶业的发展。位于福州东北部的北岭(福鼎旧称)于 19 世纪 50 年代成为重要的产茶区。之后随着三都澳与沙埕港的相继开放,北岭茶不断扩大海上茶叶贸易量,形成以青茶(乌龙茶)、红茶、白茶、绿茶四大茶类为主的茶叶输送区域。得益于其适宜茶树生长的良好自然生态环境,北岭茶区经过长期的发展,形成了以"白琳工夫"、"白毫银针"、"白毛猴","莲心"绿茶等名茶品种为主的多品种茶叶产区,北岭茶贸达到鼎盛时期。1915 年巴拿马万国博览会中,福鼎白毫银针花茶荣获金奖,成为北岭茶达到鼎盛时期的标志,也是西方世界认同福鼎茶的关键性节点,标志着北岭茶进一步融入全球化进程之中。

第一节　海上茶叶之路与太姥文化区历史渊源

　　"海上茶叶之路"乃是依附于"海上丝绸之路"提出的一个新概念,因为历史上从没有为茶叶贸易专门开辟一条海上通道。各个学科各取所需,提出诸如"海上香料之路"、"海上珠宝之路"、"海上布匹之路"等叫法,虽名称不同,却同属于"海上丝绸之路"上的不同商品而已。1842 年,清政府被迫开放广州、厦门、福州、宁波、上海为通商口岸,这些口岸城市既是中国沿海商业和对外贸易的中心,又是所在流域的出海口和商业中心。这种新的港口—腹地经济模式,打开了近代中国与世界的贸易之路。五口通商之后,上海取代广州而成为茶输出之最大港。太平天国阻断了福建茶通往上海之路线,洋行不得已另辟新路径。由于洋行在福建从事"内地收购"的风气极盛,所以最终选择福州作为输出武夷茶区与北岭茶区茶叶的口岸。

在福鼎地区茶叶卷入世界市场过程中,闽东的海港扮演了重要的作用。其中,福州口岸是一个关键的枢纽。茶叶是福州口岸的特产,是近代福州向外国出口的唯一值得一提的商品。除少量运往本国口岸外,绝大多数直接用轮船出口外国。商品通过香港运往澳大利亚、美国及印度的数量亦十分可观。[1] 但是港口贸易也有限制条件和缺陷,在 1853 年之前,由于受到"口门狭窄、沙浅复多"的地形限制,大船极易搁浅,严重阻碍了商业运输。其次,虽然中国茶商在 1845 年已经愿意用西方输入品作为换取茶价的替代物,但是由于当地人极其厌恶改变习俗,所以影响了茶贸易。再者,沿海海盗也阻碍了福州贸易。更重要的是外国资本的洋行犹豫着是否在广东和上海以外的港口建立分行,因此当时不但停泊的船只少,并且茶叶仅为外国货船驶回本国时的货物之一,没有专门装载茶的船。[2] 1853 年太平军起,"粤贼扰两楚,金陵道梗,崇安茶商停贩",茶叶无法运到广东和上海。福州因其能在最短时间内到达武夷茶区与北岭茶区,其费用比福建茶运至上海更低,因而被选作新的茶贸交易口岸。英美船只在运输茶上激烈竞争,使得福州成为活跃的茶贸易港。此后的十余年中,茶贸易量急剧增长。在 1853 年至 1854 年中,输往英国的茶有 5955000 磅,往美国的为 1355000 磅;1854 年至 1855 年则剧增为英国 20490000 磅,美国 5500000 磅。1857 年时,福州的输出茶高达 31882800 磅,占全国总输出量的 34.5%(其中 6000000 磅输向美国,英国的进口量为美国的 3.5 倍)。1860 年上半期,由美籍船只所运输的茶有 12160600 磅,价值 2749470 元,英籍船只所装载之总量约倍之。1863 年时,在全国总输出量的 170757300 磅中,福州输出了 52316784 磅(占 30.6%)。[3] 1871 年的出口量达 640000 担,比前年多 3000 担,比 1870 年多 15000 担;[4]1875 年出口外国茶叶总值

---

① 福州海关编:《近代福州及闽东地区社会经济概况》,华艺出版社 1992 年版,第 9 页。

② 陈慈玉:《全球化进程中的闽台茶》,《海交史研究》2011 年第 2 期,第 121 页。

③ 同上,第 122 页。

④ 福州海关编:《近代福州及闽东地区社会经济概况》,第 78 页。

19068038 元,1874 年则为 19289065 元。但自 1867 年起至 1874 年,从来没有达到过 19000000 元。[1] 1875 年,出口土货总值 20500000 元,占贸易总值的 73%,比 1872 年和 1873 年增加 3000000 元,与 1874 年基本相等。其中茶叶占 19702342 元;其他出口货,如纸、笋、生果和木材等,价值只有 742214 元。可见,从福州口岸出口的茶叶俨然已成为海上丝绸之路的重要商贸物品。

表 11 - 1　1866—1867 两年来的茶叶出口情况表(单位:磅)[2]

品　种	1866 年	1867 年
工夫茶	36049365	34284743
色　种	2064533	2663505
乌　龙	1105069	1663312
银针白毫	139255	98157
橘香白毫	1992209	2389268
香蕉芽仔	139824	210263
混　合	15543	16021
熙春茶芽	75324	56903
熙春茶	29176	9631
松溪茶	21821	
龙袍(最上品茶)	5229	6376
珠　茶	40536	25610
两种茶合计	41677954	41393789

(出口时间从每年茶季开始至年终 12 月 31 日止)

由表 11 - 1 可知,1866—1867 年度红茶出口量有所下降,色种茶与乌龙茶、橘香白毫、香蕉芽仔出口量却有大幅增长,总体看来,红茶出口量仍能保持稳定。工夫茶出口量在 1866 年占当年总共红茶出口量的 86.85%,1867 年占当年总共红茶出口量的 83.02%,可见工夫茶品质尊贵,倍享海外市场宠爱。1866—1867 年度绿茶出口量除龙袍(最上品茶)外,所有茶品种出口量均有下降。绿茶出口量不及红茶,这是因为绿茶更受国内欢迎,尤其是华北地区。绿茶更大程度上是作为一款内销茶较少受到国际市场的影响。这些都间接说明了西方市场对茶叶品种的喜爱偏好和极高的品质要求。1867 年总出口外国的货物价值为 20759941 元,红茶与绿茶出口总额高达

---

① 福州海关编:《近代福州及闽东地区社会经济概况》,第 92 页。

② 同上,第 49—50 页。

19080665 元,占出口贸易总额的 91.91% 。显然,茶叶已经成为海上贸易中最大宗的商品,随着后来邻近北岭茶区的港口(三都澳、沙埕港)的开辟,北岭茶叶贸易更加繁荣。

　　闽东、闽北海上茶叶之路另一个重要输出港口是三都澳。三都澳是"中国第一,世界少有"的天然深水良港。三都澳在 1899 年 5 月 8 日正式开放对外贸易,设立福海关,是继漳州海关、闽海关、厦海关之后设立的福建省第四个海关。从这港口出口的茶叶曾占福建的 47%—60% ,占全国的 6.42%—30.19% 。三都澳港口具有得天独厚的地理位置,它位于三都岛的西南端,又名三沙湾,为中国 1.84 万公里黄金海岸线的中点,距宁德市区 30 公里,为闽东沿海的"出入门户,五邑咽喉"。澳内口小腹大,四周青山罗列,湾内有三都岛、青山岛等岛屿,水深几十米,万吨轮船可以直接靠岸,是世界级天然深水良港。《福海关的成立与撤销》中记载:"它位于宽广浩荡的内港中部,地点适宜,便于南来北往的船只抛锚停泊,岛上没有陡峭的山脉伸入海洋,港内不需要引水员,即使吃水最深的船只也能在六公里长、一公里宽的海面任何地方找到满意的抛锚地点。"①《宁德县志》中也有提及:"出东冲口则为外洋,洪涛弥天,渺无涯畔,南连广粤,北抵江浙,达诸外域,无所不通,故兹地为海疆门户也。"可见,三都澳乃闽东诸县的交通要道,水路通达四方,既可供内地转口贸易,又可对外直接通商。

　　三都澳开埠于唐代,位于今福建省宁德市东南部。五代闽王王审知期间掀起了开发闽地的高潮,由于要向中原的"中央王朝"进行朝贡,极为重视港口的建设。在这一时期,三都澳港口得到了开发。明代三都澳开辟了运粮航线,戚继光曾到这里抗击倭寇。清乾隆年间在此处设税务总口,后又设东湖关,光绪年间正式对外开放并建"福海关"。辛亥革命后,孙中山在《建国方略》中把三都澳列入建港计划。三都澳作为历史上"海上丝绸之路"重要港口之一,尤其在明清和近代堪称是中国繁华的对外贸易港口,得到进一步的发展。鸦片战争以后,清政府被迫与英国侵略者签订了《南京条约》,开放上海、宁波、福州、厦门、广州为通商口岸,闽东海运地位日益引起重视,三都澳一举成为举世闻名的东方大港。在 19 世纪末,英、美、德、日等列强先后侵入此地,立租界、设海关、建码头、办洋行、造油库、开设轮船公司。当时轮船主要运来煤油、水泥、肥料、烟草和日用百货,运走闽东特产的茶叶和海鱼及其他山货。基于发达的海运,闽东茶叶生产迅速发展,茶叶交易市场十分兴旺,"坦洋工夫"、"白琳工夫"、"天山绿茶"、"七境茶"等名茶远销世界各地。1937 年日本帝国主义发动了大规模侵华战争,先后三次大规模轰炸三都岛,对其造成了不可挽回的毁坏,也结束了三都澳

---

①　周玉璠:《三都澳——中国东海"海上茶叶之路"》,《福建茶叶》1993 年第 2 期,第 35 页。

一度繁华的贸易历史。

三都澳作为闽东茶叶输送海外的重要港口,与其广阔的天然茶区有着密不可分的关系。三都澳自古被茶区环绕,毗邻宁德、福宁、福鼎、福安及罗源五县,山地居多,耕地面积狭小,茶为主要农产,而以坂洋、政和及白琳所产者为最著。其东面毗邻霞浦红茶区,东北部被福鼎"白毫银针"、"白琳工夫"白、红茶名区环绕;北部与西北部接邻福安、寿宁、周宁、柘荣等"坦洋工夫"名红茶区;西面则是本埠所在的宁德"天山绿茶"名茶区,延伸古田、屏南绿茶区;南靠宁德、罗源绿茶区。于唐中业就已经开始产茶,公元940年前宁德西乡天山茶区亦造"蜡面"贡茶,明后有源于唐的宁德天山茶(含支提茶、贡品"芽茶")、福鼎"太姥绿雪芽"等名茶;清后期又有"坦洋"、"白琳"工夫红茶和福鼎"白毫银针"等茶叶扬名。可见,闽东各地,海、陆畅通三都澳口岸,同时还有陆上大道直通闽北一带,成为天然中心,闽东各县茶叶遂荟萃于此。天山茶区采制大量绿茶输出国内外,"天山山麓的洋中镇(三都澳沿海通往闽北建瓯一带必经之道),乃'天山绿茶'的中心集散地"。[①]

三都澳因天然良港的优势,以及毗邻周边广阔的茶区而具备"海上茶叶之路"的优异条件,在海上茶叶之路的贸易中承担了关键作用。作为茶叶中转集散地,茶叶是此港口最重要,甚至是唯一的贸易货物。建埠初期,人们希望可以从三都澳直接运茶出口,节省茶叶转运到福州的运费和其他杂费,以此来改善因竞争而导致的茶叶价格低迷形势。事实却并非如此,虽然每年有数千担茶叶通过三都口岸,但这只是茶区偶尔通过这里将茶叶运到福州而已,连一磅茶叶的交易都没有。这意味着茶叶并非直接从三都澳出口,而是从福州转运出口。三都澳对外开放之前,本地的茶叶均由飞鸾山路挑到福州。三都口岸开放后,由于轮船运输在人员、时间成本上有着很大优势,大批茶叶已改由轮船运往福州,陆路人力挑运急剧减少。这种由陆路运输改为轮船运输的优势可以在表11-2充分显示出来:

表11-2　三都口岸开放后历年茶叶出口情况表(单位:担)[②]

年　份	茶	筛　茶	茶　末
1899	725	651	1259
1900	25935	4690	85
1901	54734	1701	399

---

① 周玉璠:《三都澳——中国东海"海上茶叶之路"》,《福建茶叶》1993年第2期,第36页。

② 福州海关编:《近代福州及闽东地区社会经济概况》,第545—546页。

从表 11-2 我们可以看出,自三都澳口岸开辟后,茶叶运输大都汇集于此。1899—1901 年间,茶叶出口量增长 98.66%,筛茶有了少量增加,茶末出口量下降。1902 年是本口开埠的第四年,与往年一样,只有茶叶一项有增长,仅此一项即有1488000 海关两,货占总额的 98%,其他出口仅有 6000 海关两。20 世纪初,三都澳商贾云集,船帆如梭,素有"小上海"和中国南方的"小青岛"之称,茶叶出口从 1899 年的 8.97 万担上升至 1910 年的 12.39 万担。此后受辛亥革命与欧战影响,三都澳出口茶下降至 10.72 万—11.27 万担。1915 年国际红茶畅销,该埠出口茶回升至142586 万担,达到建港后的最高水平。其后,英禁华茶和各国对俄实施贸易封锁,致1918 年茶叶输出降到 9.2 万担,周玉璠《三都澳》一文中记载了相关内容:"出口红茶,民十之际(1921 年),俄国销路断绝,英国又予印茶以优惠待遇,遂至一落千丈。"1922 年减至仅 10.46 万担。1923 年,三都澳出口茶出现大转机,达历史最高水平,茶叶出口量达 142829 担,比 1922 年增长 36.52%,尤其春间绿茶在北方销路极广。此后出口茶又呈现出下降趋势,20 世纪 20 年代末至 30 年代初,出口茶量保持在 11 万担左右;至"九一八"事变东北三省沦陷,日寇骚扰华北,绿茶销路停滞输出减退,1935 年只剩 4 万余担。1937 年"七七"事变后,日本发动全面侵华战争,局势紧张,输出量减至 84566 担,1938 年续降为 83472 担,至 1939 年剧降至 42954 担,福建省多数茶叶亦有取道三都澳出口海外。此后由于敌人加强海面封锁,三都澳茶叶出口几乎中断。

可以看到,三都澳于 1899 年开埠后,被卷入资本主义世界体系之中,与世界市场息息相关。"神奇的东方树叶"通过海上贸易走向世界,洋货则通过这个口岸,相继流向闽东、闽北、浙南等地。据陈永成《历史性的突破》记载:"(茶叶)在 1900 年至1917 年内,中国年平均出口量为 9 万吨,占世界贸易量的 27%。"这时三都澳年均出口茶为 11.56 万担,占中国的 6.42%,为世界的 1.73%。"1918 年至 1932 年内,中国茶出口量下降到 4.2 万吨,仅占 11%",同时期,三都澳年均输出 11.6 万担,为中国的13.80%,占世界的 1.52%。"到 1948 年(中国)出口只有 1.3 万吨,仅占世界茶叶贸易量的 3.5%,此时,三都澳年均出口 7.85 万担,为中国的 30.19%,亦占世界出口量的 1.05%。"可见三都澳建埠后茶叶出口量不仅在国内市场占有重要地位,在国际市场中也有一席之地,深受世界政治、经济、战争、竞争等因素的影响。1922 年该港口茶叶出口量减少至 10.46 万担,这与中国茶粗制滥造、不卫生等有关。但最主要的原因是一向作为中国茶收买者的英国洋行变为茶叶总经销者,引进逐渐扩展的印度、锡兰茶到其操纵的世界市场中,使中国茶于国际性的竞争中逐渐丧失了世界市场上原有的重要地位。也就是说在全球化的进程中,以福建茶为主的中国茶逐渐丧失茶叶贸易中的主导地位。

三都澳作为一个历史悠久的古港,对沟通闽东地区与海外起到很大的作用。沿着这条中国近代东南海上茶叶之路,我们可以追溯海港茶贸之历史,重新看待北岭茶叶的发展历程。当然,海上茶叶之路的价值也不仅仅是茶叶贸易,以海洋作为传播载体的茶文化也扩散至世界各地。宁德市政府以此为基点,充分挖掘当地茶文化历史资源,于 2012 年 7 月提出以茶博馆和三都澳海关为平台,捆绑已有的一批国家级非遗项目,组织申报"海上茶叶之路"世界文化遗产。对茶文化的追溯和重新整合成为了世界非物质文化遗产保护热潮影响下的地方策略选择,也是地方重新思考本土文化的一种积极方式。

如果说福州港、三都澳只是福鼎地区茶叶对外输出的外部中转口岸,那么沙埕港则是本地区最为直接的茶叶输出港口。沙埕是地处福建省东北角的一个小避风港,或者说是个小峡湾,乃我国东南天然良港之一。它离市区 45 公里,北接佳阳乡,东北与浙江省苍南县接壤,西南毗连店下镇,东南临东海,是沿海船民熟知的躲避台风的地方。福鼎原是经营明矾、糖和烟草为主的地区,在鸦片战争前,就经常有船只航行于沙埕、福州以及温州之间。到了光绪三十二年(1906 年)沙埕开埠之后(海邹轮首次航行于沙埕与福州之间),帆船逐渐被轮船所代替,成为海上运输的辅助工具。此后,沙埕与上海、温州、敖江、三沙、三都、赛岐、福州、基隆等地都有轮船往来。沙埕作为一个海上港口,茶叶是最重要的出口商品,也是北岭茶最方便的起运点。[①] 1906 年沙埕开放轮船贸易后,便把福建最北部的白琳茶叶从三都澳运走,有 15000 担原计划由三都澳运出的茶直接从沙埕运往福州。由于当年茶叶收成很好,绿茶装运量大有增长,几乎可以弥补三都澳港口未能出口北岭茶所造成的损失,因而所有茶叶都运往福州再出口国外,绿茶则出口到华北地区。由于北岭茶转由沙埕运出,三都澳出口的红茶减少 9800 担,但红茶出口情况尚称稳定。

在三都澳、沙埕开放之前,北岭茶主要是经过陆路、人力肩挑越过飞鸾而到达福州然后转运国外。随着口岸的开辟,茶叶成为轮船运输的大宗货源,海轮运输的巨大优势(人、财、物力成本上的节省,对天气气候的抵抗性)使得茶叶损坏率相比于陆运茶叶平均在 15% 以上大为下降,茶叶运输方式发生转变。通过呈现这些历史事件与海贸交易,我们了解到北岭茶是如何进入到全球化的贸易体系中,并与整个世界的形

---

① 福州海关编:《近代福州及闽东地区社会经济概况》,第 472 页。

势息息相关的,或促进贸易发展,或是受到战争影响导致茶叶贸易低潮的出现。同时我们也能看到处在全球化中的人和不同的地域空间之联系如何变得清晰可见,形塑着一个地方新的时空秩序。新的时空秩序中,北岭茶发展的趋势也与人们当下的生活密切相关,它的发展史也是人与地方之物关联的过程,由此可见人与地方的关联和记忆是不可分割的。

第二节　北岭茶事:一段传奇

福建自古出名茶,是中国著名的产茶大省。其主要茶区有安溪、武夷山、福州、华安、漳平、福鼎、平和、诏安、永春、政和、崇安、南安、宁德等地。而闽北茶区(广义上来讲,主要包括南平、福州、宁德、福鼎等福建北部地区)是福建省特种茶区,有乌龙茶、白茶、红绿、绿茶、花茶之类。中国六大茶类中闽北地区占据红茶、青茶(乌龙茶)、白茶、绿茶四大类,而且是红茶、乌龙茶、白茶的发祥地。经过长期的发展与协调,形成了以武夷山、建阳、建瓯的乌龙茶区,松溪、政和、邵武、浦城绿茶区,政和茉莉花茶区,建阳、政和的白茶区及武夷山、政和的红茶区为主的四大茶区。其中更有著名的武夷岩茶、闽北水仙、福鼎白毫银针、政和工夫、正山小种等名茶罗列其间,因此它亦是一个多茶类地区。而北岭茶区作为福州东北部的一个天然产茶区,其重要性于19世纪50年代才逐渐显现。

近代福鼎地区茶叶的兴盛,与北岭茶区的兴起有着密切的关系。福鼎县,别称北岭,取名于原闽浙交界之福鼎山。《福建通志》说:"乾隆四年奏析劝儒乡之望海、育仁、遥香、廉江四里置县,取名于二十都之福鼎山。"又提及:"福鼎山,在县东,《闽书》云:'一名北顶,自平阳赤洋迤逦而来,远数十里犹在望中。'道光《志》:'高大为群山冠,县命名以此。'"①《福鼎县乡土志》亦记载:"福鼎旧名北岭,在省府城东北。"可见北岭是福鼎的旧称,福鼎位于福州的东北部,而福州境内的东北部也确实有北岭一说。但此北岭非福鼎北岭,而是福州境内一座地势险要的山脉,旧称大、小北岭,亦称北峰。主要有莲花峰和桃枝岭,莲花峰俗称大北岭,又称永福山。桃枝岭俗称小北岭,《榕城考古略》说:"路通古田、罗源,为侯官、大湖诸乡入省孔道。"由于其险要的地势,北岭是历史上著名的用兵要道。元末王善红巾军由闽东进围福州,明代倭寇由

---

① 福鼎县地名办公室编:《福鼎县地名录》,1984年,第4页。

连江侵犯福州,都越北岭直抵福州城下。近代,土地革命战争中,中央红军北上抗日先遣队转战福州地区,越北岭向连(江)、罗(源)苏区转移时,曾于降虎寨至梧桐山一带,利用有利地形,迎击国民党的追击部队。抗日战争时期,日本侵略者两次侵占福州,其从连江登陆的部队,就是通过北岭而进犯福州。1949 年 8 月,中国人民解放军也是从这里击溃国民党军在北岭的防线,解放福州。

福州的大北岭与福鼎有着一段历史渊源。在岁月长河的洗礼下,福州境内的北岭最终成为贯通福州—温州古道驿站的关键地点,并共同形成了古代福州经连江、罗源、宁德、霞浦、福鼎(旧称北岭)通往浙江、温州的北驿道,起于福州新店镇象峰村(即秀峰路的终点),终点在宦溪镇。这是古代福州与内地连接的大通道,特别是古代闽都子弟进京赶考的必经之路,又称"状元古道"、"用兵之道"。而福鼎正是这条大北岭古道中的必经之地,其天然广阔的茶区为这条历史悠久的古驿道增添了万里茶香。

福州开埠之后,其东北部的北岭于 19 世纪 50 年代成为一个重要的产茶区。开埠之前,北岭区只种少量的茶,所有产品几乎全部销售给广东茶行,运往广州出口。随着市场的开放,茶农逐年增加产量,获利丰厚,得益不少。① 为了获取更多利润,"内地收购方式"在当地极为盛行,尤其是对头道春茶、名优茶的抢购。在此期间茶贸易之数量与年俱增,直至 1870 年代晚期,均居中国输出茶的第一位。1876—1877 年度最主要项目之一是茶叶贸易,不少于 1500 万元。② 1876—1877 年茶季开始,色种新茶首航出口,由香港邮轮启运,然而这仅能代表少量的北岭茶而已。③

1880 年度的茶叶出口,即从 6 月份茶市开始后到 12 月 31 日,是出口量最多的一年,总共达 74160 担,而 1878 年为 679750 担。1881 年,第一批茶叶是从北岭运来的,5 月 17 日投入市场。在这一地区订购的茶叶随后陆续运到,被搬运工立即装船运往伦敦。除了界首外,附近地区运来的茶叶从 5 月 19 日开始陆续运到,而这些茶叶都被认为是多年来质量最差的茶叶,唯独北岭茶的头春茶能够保证其品质。包括板洋茶在内的部分茶叶,质量低劣且掺有大量茶末,这已成为老规矩。④ 因此北岭茶如同往年,是首先选购的对象,接着有一些极品板洋茶和一些普通茶叶启运伦敦,价目不明。茶商们

---

① 福州海关编:《近代福州及闽东地区社会经济概况》,第 138 页。
② 同上,第 109 页。
③ 同上,第 113 页。
④ 同上,第 115 页。

尤其喜欢抢购头春茶,因为其品质上乘,在市场较早时段出售中高档茶叶使茶商们获得了相当的利润。同年 7 月份英国传来消息,福州运去的第一批茶叶畅销。1880 年,此项茶叶贸易通过轮船装载出口到伦敦、澳大利亚和纽约,总共 78 艘,而上一年仅有 59 艘。其中英国船不少于 69 艘,这批茶叶由 58 艘轮船和 6 艘帆艇从福州运到伦敦;14 艘轮船和 14 艘帆艇运到澳大利亚和新西兰;6 艘轮船经厦门运到纽约。总共 78 艘轮船和 20 艘帆艇。总共出口的 741680 担,约 98750000 磅,出口比例如下①:

英国及欧洲大陆	69078533 磅
澳大利亚	19151200 磅
新西兰	1146000 磅
南 非	397467 磅
美 国	2765200 磅
香 港	3697200 磅
沿海口岸	2230800 磅

可见,英国及欧洲大陆、澳大利亚是北岭茶的主要销售市场;美国、香港、新西兰也大量进口北岭茶;南非也从福州进口少量茶品;此外北岭茶还在国内沿海口岸占有较大市场份额。19 世纪 70 年代,北岭茶叶的销售受到印度茶叶的影响,1875 年印度出口27000000 磅茶叶,估计来年会达到 33000000 磅,中国茶叶出口量已成为定局。除非改善制茶方法,除了少数品种外,中国茶叶只能被列为普通茶,按普通茶的价格出售。②可见,北岭茶在福州开辟为通商口岸后,便更紧密地与世界市场联系在一起。从一开始的人力肩挑,跨越大山到三都澳、沙埕港的开辟,使得轮船运输成为一种交通方式,从内地运往福州的茶叶中间都要聚集于此地,节省了大量人力,同时也利于保存茶叶的品质。由此形成一条海上茶贸之路,经水路将生长于高山云雾之中的北岭茶不断输往海外,又将国外的物品源源不断地运送国内,形成一片繁华景象。

北岭茶中的佼佼者是白琳茶。福鼎位于闽东北地区与浙江省交界处,白琳在福鼎市南面,东濒点头港,出口于八尺门达沙埕港而入东海;南临太姥山,紧接霞浦县界;西上石山与柘荣县毗邻;北越点头而接县城。水陆两便是福鼎南路交通的枢纽。白琳是一个因茶而兴的集镇,该区域内盛产的白茶环绕在太姥山周围,故称"太姥白毫银针",白琳也因此得名。据最早迁居白琳统坪生产队的陈姓族谱记载,白琳设镇

---

① 福州海关编:《近代福州及闽东地区社会经济概况》,第 124—125 页。
② 同上,第 116 页。

约在清乾嘉年间。白琳古称"白陵",也有人认为叫"白林",这与该地区的地理环境有密切关系,此地属丘陵地带,又多林木。后来改名为"玉琳",是因为该地区广泛种植茶树,产茶颇多,大大小小的茶庄茶馆都会采购大量茶青做成各类精致茶,琳琅满目,美不胜收,使得白陵成为一块美玉之地,因此更名为"玉琳",而后又改为白琳。地域的特点和白琳茶本身的特点被联系了起来,如大白毫、白牡丹、银针等,都以洁白见著。地方群众受"白"字感染,口头相传久而久之,便把玉琳唤成白琳。白琳茶名字的变更体现的是地方社会与物(即茶)的紧密关系。物与地方的生活空间形成一个整体,成为一种地方记忆,茶的家乡感和地方感油然而生。

清乾隆《福宁府志·物产》载:"茶,郡治俱有,佳者福鼎白琳。"至少清乾隆时期,白琳一带就以产茶而著称,主要分布在白琳、点头、磻溪、巽城、店下和桐山等地。其中白琳、磻溪、点头是福鼎境内三大茶叶主产区,品种有"白毫银针"白茶、"白琳工夫"红茶、"白毛猴"、"莲心"绿茶等。《福鼎县乡土志·商务表》有载:"白、红、绿三宗,白茶岁两千箱有奇,红茶岁两万箱有奇,俱由船运福州销售。绿茶岁三千零担,水陆并运,销福州三分之一,上海三分之二。红茶粗者亦有远销上海。"由此可见,福鼎该区域盛产红、白、绿三大茶类,以红茶出口量最盛;白茶次之;绿茶则深受华北地区人民青睐。提及白琳茗茶,就不得不说声誉远扬的白琳工夫。白琳工夫兴起于19世纪50年代前后,当时闽、广茶商以白琳为集散地,设号收购,远销东洋,白琳工夫也因此而闻名于世。与福安"坦洋工夫"、政和"政和工夫"并列为"闽红三大工夫",时人称英国女王尤喜"白琳工夫"。《福鼎县乡土志·物产》又载:"茗,邑产以此为大宗,太姥有绿芽茶,白琳有白毫茶,制法极精,为各埠最。"可见白琳红茶芽茶优质、制法精细,深受欧美国家喜爱。由于该地盛产名茶,近百年来慕名而来采茶的商人有增无减,如南来的有香港、广州、福州商家如"广泰茶庄"、"同昌茶庄"等,北来的上海、天津茶商如"恒隆茶庄"、"仁泰茶庄"等。茶商以采头春茶为最,每年农历四月初头春茶即可采摘。届时各地茶商携巨资而至,开馆设庄,招聘工人,争相采制名茶。当时较大的茶庄仅白琳一地计有36六家,制茶工人有两千多人,从各乡镇云集到白琳捡茶女工也有两千多人。贩卖茶叶的大小商贩成群结队,蜂拥而至,一时市容之盛,福鼎其他集镇莫与伦比。据统计,解放前只白琳一镇每年出口精茶数字:大白毫511600箱(每箱25斤),白琳工夫2113000箱(每箱40斤),银针、白牡丹二千箱以上。① 可见白琳作为茶叶生产地、加工地、集散地,将茶商、茶农、茶工汇集成一个产业链条和人际关系的覆盖网络。每逢茶季,茶农雇佣茶工采

---

① 《福鼎文史资料》第1辑,第66—67页。

广泰茶庄

青,并根据客户口味来加工茶青;至于茶叶,外商派买办和茶叶经纪人到内地乡间收购,但要等到运来福州交货后才归外商所有。① 并将其转运至福州、上海,进而销往海外,白琳也由此成为一个繁荣重镇。

得益于福鼎太姥山区优良的适宜种植茶树的条件,白茶原料大白、大毫相继在柏柳、翠郊、磻溪、湖林、白琳、郭阳、黄岗、果阳等乡广泛流传种植。茶农以种茶为业,采茶季节,各地茶商纷至沓来,因茶而兴的福鼎西部点头、白琳、磻溪各乡,更是得茶商青睐。"各乡之拥巨赀开高第者,半由茶叶起家。白琳为闽、广客商荟萃地,尤属茶树中心。本邑凡百销场之喧寂,悉视琳山茶利之盈亏,其关系重有如此者。"以茶代耕成为该区域人民的生计方式,更是部分茶商白手起家积累财富的方式,如今分布在白琳、店下等乡村的大厝都是当时茶商巨大家业的见证。茶叶贸易不仅牵连着当地人民的生活,更是世界经济的晴雨表。据《宁德茶叶志》记载,白琳茶叶最早出口销售可追溯到清康熙二十二年(1683 年),沙埕港设立民用进口贸易口岸,开始出口茶叶、明矾等农副土特产品。康熙二十三年海禁开放后,茶叶运输逐渐增多,茶叶生产得到了发展。嘉庆二十二年(1817 年),茶叶出口靠人力肩挑,经官道至温州转运至上海,或至福州的洋行出口。道光二十二年(1842 年),五口通商后,福州、厦门成为茶叶重要出口口岸,白琳茶叶多由南广帮在白琳开茶馆收购,转运至福州。也有上海、福州茶行(洋行)直接向本地茶商发放贷款,预定茶类和数量,按指定地点交货验收,由沙

①　福州海关编:《近代福州及闽东地区社会经济概况》,第14页。

埕港或三都澳转运福州、上海后出口。1906年春季开始沙埕向内地通航，每年15000担之多的福鼎茶叶就全部由沙埕港运往福州等地外销了。

20世纪20年代初，资本主义世界发生经济危机，茶叶销路中断。福鼎的白茶甚至出现了存货积压在洋行长达三年之久的状况，最后不得不以每担六两的低价出售，导致茶商破产。1925年世界经济进入复苏时期，白茶出口又有所增加。20年代末期，年产量达两千箱，银针含量也增加到百分之三四十，价格每百斤高达四百两。若为纯白毫针，则每百斤售价近千两，这是福鼎茶区最景气的时期。此后，茶叶出口逐年下降，至1934年已无人问津，茶树被人们砍作燃料，茶园也被翻种地瓜。在1940年和1941年福鼎茶叶虽有几百箱出口，也只是昙花一现，以后便完全绝断。

白琳茶叶交易收据

白茶的出口历史中,20世纪20年代末期白毫银针成为北岭茶的佼佼者,达到福鼎茶区发展的鼎盛时期,成为太姥文化区茶产业史上的一段传奇。鼎盛的出现在于以下几方面的原因:首先,红茶作为六大茶类之一,近代广销海外,形成了一定的市场圈。但19世纪70年代末期,印度阿萨姆红茶、锡兰红茶以其机械化大生产、优良的茶品质很快受到国际市场的追捧,对中国红茶市场造成很大冲击,白茶作为市场中晚近挖掘新口味逐渐受到重视。其次,福鼎太姥山区自古以来便是白茶的优良产区,其特殊的地理环境成就自然健康的高山白茶,以其未受污染的品质迎合了当时消费者的欲望,海外侨胞往往将银针视为不可多得的珍品。再者,该区域具有悠久的白茶文化历史,同白琳红茶一道进入西方市场。据香港来白琳采茶商人说,英国女皇伊丽莎白最爱饮这味醇而清香、嫩如雀舌、纤如缝针、白如纯银的大白毫,通常会在品饮红茶时加入几根白毫银针,以示尊贵身份。清朝更是有"嫁女不慕官宦家,只询牡丹与银针"的说法。这些叙述都体现了白茶在贸易中的受欢迎程度,更是其品质和口碑提升的例证。最后一点是白茶在传统茶类的销售份额中所占的比例不大,因而具有很大的提升空间。就闽北现在的茶类格局来看,乌龙茶约占49%,绿茶约占30%,茉莉花茶约占16%,白茶约占4%,红茶约占1%。[1]可见即使是在21世纪初期,白茶在闽北茶区所占比例仍然极低,因而具有广阔的发展空间与市场拓展优势。直至当代,这一不足同时也是巨大的上升空间成为了当地政府着力推动白茶发展的一大动机。

第三节　万国博览会与"名茶"象征资本

1903年11月18日,美国取得了巴拿马运河区60公里永久控制权,于1904年动工修建巴拿马运河,1914年8月竣工。1906年旧金山大地震严重破坏了美国经济,为恢复旧金山的产业,旧金山政府以庆祝巴拿马运河通航为主题,以促进"东西方贸易合作"为主旨,拟在旧金山举办万国博览会。1911年美国议会决定于1915年举办万国博览会,1912年获总统塔夫脱批准。此后,旧金山商会副会长罗伯特大赉,劝导员爱旦穆分别于1912年、1914年来华游说,邀请中国政府参加巴拿马万国博览会。中国朝野普遍认为这是中国实业界观摩学习的好机会,通过这次博览会可以促进中

---

① 朱步泉:《加快闽北茶产业发展的研讨》,《茶叶科学技术》2002年第2期,第20页。

美之间的了解和加强同世界各国经贸关系的发展,并由此加快中国物产的改良。①中国政府遂于1913年5月作出参展决定,任命陈琪为赴美赛会监督兼筹备巴拿马赛会事务局局长,成立筹备"巴拿马赛会事务局",由工商部、农林部、教育部、财政部协同负责筹备有关参展事宜。编订办事章程和中国赴赛展品分类方法,动员各省筹办参展物产。筹赛活动在全国范围内展开,成为报纸、杂志争相报道的热点。舆论普遍认为中国此次参加巴拿马博览会,不能再像以往参赛一样,依赖于洋名,有名无实,而应自主选派能人,自主选呈展品。②

万国博览会于1915年春开幕,但由于路途遥远,运输物品之多,类别繁杂,到了美国之后又要应对报关、点验、布置现场等诸多因素,因此1914年冬以陈琪为首的中国代表团即出发。此次中国参会共19个省,展品一律送上海统一装箱发运,总计1800余箱,重达1500吨。1915年2月20日万国博览会正式开展,中国馆于3月9日正式开幕。由于当年中国生产力落后,所以近代机械、电器类产品极为缺乏,绝大多数展品为手工制造和工艺品,但仍然吸引了大批观众。尤其是作为我国传统出口名产的丝、茶、瓷,在国际上享有盛誉,但由于据守旧法,不事改良,受到了洋货冲击,所以这次博览会事务局力图改变状况,多次召开会议,对展品的制作和包装都提出了新要求。比如茶,外商以为手工制作不够卫生,便改用机器制作,并要求各地改进包装,用洋铁罐代替木箱和纸包。

如此精心地准备,加之力图上进的决心使得中国展品在此次博览会中获得各种大奖共计74项。金牌、银牌、铜牌、名誉奖章、奖状等共1200多枚,在31个参展国中,中国独占鳌头,当时奖项有六种等级,即大奖章(*Grand Prize*)、荣誉奖章(*Medal of Honor*,95—100分)、金奖章(*Gold Medal*,85—94分)、银奖章(*Silver Medal*,75—84分)、铜奖章(*Bronze Medal*,60—74分)、奖词或鼓励奖(*Honorable Medal*,没有奖牌)。由于特别改良,我国传统名产丝、茶、瓷都取得了优胜的成绩。丝绸类共得大奖章5枚,超过了日本和西欧各国。茶叶被誉为"品质优美,甲于全球",中国江苏、浙江、安徽、山东、江西、湖南、湖北、福建八省的茶叶分别得到一枚大奖章,共得大奖章8枚,而中国的竞争对手,印度和锡兰两国只得到金牌奖。其中福州马玉记商号参展获得金奖。由于茶商"精详装潢",又"华丽实足代表华茶之特色",因此获得国内外一致赞誉。

---

①② 杨荣良:《1915美利坚巴拿马——太平洋万国博览会与景宁惠明茶》,《中国茶叶》2012年第8期,第24页。

福建马玉记白茶外包装

　　产自太姥文化区的福建"马玉记白茶"在巴拿马万国博览会中荣获金奖。得奖茶福建白毫银针花茶外包装为脱胎彩绘漆盒,内配锡制茶叶罐,漆盒两侧配铜提把,另配有铜钥匙一把。正面绘制着一幅栩栩如生的蝴蝶花草图。漆盒正面钥匙孔下有英文说明,右侧的标签显示:此茶为福建马玉记出品,计五箱,第二百三十一号。英文说明证明:EXTRA CHOICEST(特别上等的,精选品),SUPERL ATIVELY EINE(最高的,健康的),FLOWERY PEKOE(白毫花茶),MA YUCK KEE(马玉记)。背面贴中文标签介绍已破损,查对后应为"审查毕、入选"。

　　后人对此款白茶还做了一份关于其产地、制法和中医药效的说明:"马玉记白茶,茶品选自福建茶区。采摘肥实芽头,制成茶条紧圆挺直,两端略尖,周身白毫满布,按照白茶的加工工艺制作而成,再加窨茉莉鲜花。制后成品本身不含原花,只吸其香,历经百年,即使保存得再好,茶的花香也已消失殆尽,变成真正的百年老白茶了。冲泡时,茶条的顶芽——'银针'吸到水分造成茶条上轻下沉,茶条便竖立起来,恰似颗颗银针。中医药理证明,白茶性清凉,清热降火,消暑解毒,具有治病之功效。"说明中尤其突出茶的香味来源和制作方式,对茶叶泡制过程中的形状也有描述,带有极大的审美旨趣。最后的中医药效说明可谓是用心良苦,在外国人眼中即便不明白中医理论中的"寒"、"热"之分,也会对东方利用植物治疗身体的神奇秘术兴趣盎然。

　　1915 年巴拿马万国博览会于 2 月 20 日开幕,12 月 4 日闭幕,长达 280 天,为历届之最,观众多达 1900 万人,是一次人与物、商品与文化、物质文明与精神文明相结合的大规模的国际交流活动。人们盛赞这次博览会"萃宇宙之精英,冶古今之文化,合黄白棕黑之人类,集哲人名儒之心血"①,在世界贸易历史上有重要的地位,是海外认可度最高的一届世博会。将福鼎马玉记白毫银针花茶追溯到认可度最高的巴拿马世博会,为其树立了茶类中优质、高贵的形象,也是北岭茶达到鼎盛时期的一个真实写照。比起之前的国际博览会,巴拿马博览会的范围特别广大,几乎无美不收。中国这次出品数量和展陈面积均居各国之首,并且对展品进行精心设计,陈列、装饰有很大进步,一改清末赴洋赛会愚昧、落后的面貌,展现出一种新姿态,被美国舆论称为"东亚最富之国,东方大梦初醒"。一方面,通过产品的参展,扩大中国物产的销路;另一方面,通过观摩、比较,增进实业知识,了解更多的国际贸易信息,为未来中国对外贸易的发展铺平道路。由此可见,巴拿马博览会成为中国产品融入世界贸易体系的一个更开阔的平台,更是北岭茶为西方所认同的一个关键性节点。白毫银针花茶作为1915年巴拿马万国博览会的参展品,可见其在中国茶类中的尊贵地位,在海外市场中颇受欢迎;一举荣获金奖,得到了欧美国家的认同,在国际上树立了新形象。

时隔百年,中国内地掀起"白茶热",期待重塑1915年巴拿马万国博览会茶事盛景。2011年,在西泠印社春季拍卖场上,数品参展"巴拿马万国博览会"的"精茶"原装登场,1915年的英文印鉴尤在。这寥寥数品精茶,向世人诉说着中华乃千年茶国的悠久历史,展示着百年前万国博览会中的风采。能飨茶工世纪之思,能圆今人百年之梦,不啻"西泠"本社难得幸事,更为中国茶界莫大光荣。而此次西泠印社茶叶原装的拍卖估价竟达到了50万—70万元,可以得见当下整个社会对茶文化复兴的极大关注。2015年米兰世博会以"中国故事中国茶"为主题的中国茶文化周活动中,中国茶品牌以"互联网+茶"的方式惊艳世界;福鼎白茶龙头企业"品品香"荣获"百年世博中国名茶金奖"、"百年世博中国名茶金骆驼奖",再次提高了福鼎白茶公共品牌知名度。可见博览会成为宣扬茶文化、提升知名度的一个有利手段,也是消费者可用于建构和表达自我的一种象征。无论是茶文化、茶创意、茶展示、茶经贸,还是斗茶、禅茶、说茶等各类茶事活动,都极大地彰显了茶的知名度和影响力。在"中国白茶第一村"——柏柳村中,白茶传承人梅相靖先生对白茶有着深厚的感情。在他的讲述中可见感受到白茶技艺因世代相传而具有的人文气息。柏柳村是福鼎白茶的源产地,有着一百多年的茶叶生产史。现村中有几千亩茶园,80%的村民主要从事茶叶种植,

---

① 梁碧莹:《民初中国实业界赴美的一次经济活动——中国与巴拿马太平洋万国博览会》,《近代史研究》1998年第1期,第81页。

平均每户家庭拥有茶园十几亩,是一个产业特色鲜明,因茶而美、因茶而富的闽东山区村。孝子陈焕于太姥山上取得白茶母株,开始进行家庭种植。著名茶商梅筱溪便是从这里走出,把福鼎茶叶贩运至华北、东北、香港、南洋等地。《筱溪陈情书》中还记载了梅筱溪曾为马玉记老板供茶的事迹:"蒙马玉记老板视余诚实朴俭,生意另眼相看,民国甲寅乙卯两年获利颇厚……兹值民戊年至庚申三载中国于俄绝交,茶叶失败,连年折本,及马玉记行倒欠计亏大洋九千余元。余所应派之欠款即将手置田业变卖清偿。"

由此可知,茶作为海外贸易的外交使者,于近代融入了全球化贸易网络与西方的消费文化中。伴随着欧洲对外殖民扩张的进程,海上茶叶之路兴起,进一步刺激了茶贸活动。闽北自古便是一个多茶类茶区,随着福州、三都澳、沙埕港的相继开放,位于福州东北部的北岭于19世纪50年代成为一个重要的产茶区,并不断形成太姥文化区独特的茶叶品牌,开启了北岭茶事的传奇之路。1915年巴拿马万国博览会中,福鼎白毫银针花茶荣获金奖,是北岭茶业的顶峰。可见,北岭茶业伴随着太姥文化区的历史发展,以动态角度向世人展示了北岭茶从东南港口到欧美国家,从北峰山区到万国世博,从珍贵茶品到西方认同的漫漫茶路。此后北岭茶不断融入人们的生活,成为人们的一种生活方式,不断走向精准化、标准化、规范化道路。

第三章 传统文化与太姥文化区的茶产业新生

  中华茶文化可谓是一种关乎茶的认知以及人生体悟的集合,不仅包含天人合一的思想,还凝聚了儒、道、佛和民族文化的哲思精髓。儒茶的"和衷共济,宁静致远",道茶的"法天顺地,自然超脱",禅茶的"任性随缘,清虚淡远",民族茶的"异域风情,生态使然",展现了茶文化的多元特性,同时也包含着华夏文化哲学"崇主体、尚道德、重体验、求感通"的审美旨趣。茶作为中国传统文化的载体之一,若以文化为媒发展茶产业,一方面可以继承和发扬中国的传统文化,另一方面也可促进我国茶产业新生。在当下经济高速发展的社会背景下,人们从对一种物质的极大需求转向了对精神和文化的需求。当人们购买商品时也更多地关注着其背后的文化意义和情感因素。传统文化的复兴在此潮流下被推至人们的视野中,尤其是进入21世纪以来,新一轮的传统文化浪潮呈现出不断扩展的趋势。在国内呼吁保护"文化多样性"和发展"文化产业"的浪潮以及全世界范围内"文化遗产"、"非物质文化遗产"的运动潮之下,福鼎地区的茶人充分意识到传统文化的兴起乃是这个时代的需要,并在有意与无意之间自觉地加入到了太姥茶文化的形塑过程中。在整个茶行业市场环境低迷的情况下,福鼎白茶实现了完美的突破,不断走向了产业化、品牌化的道路。本章将试图以西昆孔家作坊与资国寺禅茶、大沁白茶三个新生茶企为例,探讨作为传统文化符号载体的国学、宗教、民族民俗等元素如何经过人的实践而成为一种符号资本,并加入塑造福鼎为"白茶之都"的过程中。

第一节 国学的兴起与儒茶的创制

  国学,是一个内涵十分丰富的文化体系,它蕴含着中华民族几千年的灿烂文化,是中华民族立足的根本。但由于学科间的知识体系与知识背景有所差异,"国学"一词仍然没有确切明晰的定义。从广义上看,国学是涵盖哲学、历史、文学、美学、音乐等各领域的传统文化体系①,是"中华民族五千年文明的见证者和文化载体,其间有哲学的智慧、深邃的洞见、豁然的启示、成金的点化,培育着中华民族的民族精神,塑造着中华民族的价值观念、伦理道德、思维方式、心理结构、宗教信仰乃至风俗习惯。国学是中华民族生命智慧的源头活水,价值理想的理论依据,是重建新国学的累土基础"。② 从狭义上看,国学则指占据中国文化主导地位的儒家及其价值取向。也有学者指出国学本身是动态的,不断丰富发展的,它是中国学说和文化的总称,是中华文化的集中反映,也是中华民族精神的生动体现。它应该包括中华各个民族的文化,与"中华文化""中国传统文化"的内涵相近。从现有的主要内容来看,应该包括儒、佛、道三家。③ 西昆村孔家作坊即以"儒茶"为核心品牌,结合当地浓厚的儒学文化氛围,深入挖掘儒学精髓,本着"中庸和谐、厚德载物"的宗旨,充分尊重人与人、人与社会以及人与自然的关系,将"和"契合进儒茶之中,制造出了一款以国学为文化积淀的孔家白茶。

一、整合儒茶网络

汉武帝之后,融合道、墨、法、阴阳等各家而成的儒家成一家独尊之势,成为了中国古代庙堂的主流意识形态,极大地影响了中国历史的进程。④ 中国的国学也因此以儒学为主体,源远流长而博大,成为福鼎地区新生茶企——西昆孔家作坊竭力萃取的精华。

西昆基本以山地为主,主要种植茶树。全村孔姓后裔达 860 余人,其余为张、陈等 26 姓。西昆有个村中村——建平村,总占地面积 15 亩,建筑面积约 5000 平方米。因地势而建,四周石墙环绕,主题建筑范式古朴典雅,俨然像座城堡,城门横额题书"乡环福地",因房前立有代表功名的石柱旗杆,又名"旗杆里"。据孔建平先生介绍,建平村始建于清乾隆年间,创建人为孔子第 66 代孙孔毓辉公,住的村民原本全姓孔,出于对孔圣人的尊重,清代有条不成文的规矩——抓丁不进建平村。为躲抓丁,许多他姓农户陆续迁进此处。兴建于清代的孔府家庙内高高悬挂着一块书写有"至圣裔"的蓝底金字牌匾,乃乾隆帝钦赐。据《孔姓家谱》所述:"孔子第五十五世孙名克伴,明洪武元年(1368 年)征克福建,世袭右卫总旗。其后裔希顺袭补福建建宁右卫

---

① 阎虹玉:《"国学热"现象剖析》,《学术界》1991 年第 1 期,第 15 页。

② 张立文:《国学的新视野和新诠释》,《中国人民大学学报》2006 年第 1 期,第 5 页。

③ 洪修平、许颖:《对当前"国学热"的再思考》,《西北大学学报》2008 年第 6 期,第 23 页。

④ 陈林群:《"国学"的核心》,《海南师范大学学报》2011 年第 2 期,第 95 页。

永乐二年(1404年)改屯长溪(治在今霞浦)柘洋里(今柘荣)。康熙年间,孔子第六十四世孙孔尚荣、孔尚志兄弟迁居福鼎县十七都西昆村,发展成至今的孔子后裔聚居村。"西昆因此被称为"江南孔裔第一村"。孔子后裔宗亲会与世界孔子后裔联谊会在整合儒茶网络过程中起到重要作用。孔家白茶的历史始于明清时期,其先祖孔昭淦是光绪时期的拔贡,废除科举后出任福鼎官立高等小堂堂长,积极改良私塾,发展教育,人们对其推崇备至。适时福鼎盛产白茶,大量销往国外,因此在茶叶贸易中与洋商产生纠纷是无可避免的,商界一致推举孔昭淦为总理与洋商进行交涉,他为后人争取运载利益,获得很高的社会声望与地位。在此阶段,孔氏家族就向曲阜孔府专供各种白茶,后成为曲阜主要产品之一。孔氏大约在清朝早期就开始对当地白茶的种植品种进行研究,精心研制出上好白茶,在中国的茶史上得到有关专家的认可。

2010年3月,福鼎管阳西昆祭孔典礼入选第三批宁德市级非物质文化遗产名录。每年9月28日都会举行西昆祭孔大典,届时会邀请北京、山东曲阜等地的嘉宾以及来自济南,浙江义乌、温岭、平阳和本省福、厦、泉州等地的孔氏后裔和在外创业、闻讯赶回的西昆籍孔氏乡亲,此外还有闽浙两省文艺界、新闻界人士等。孔家白茶在不同场合、不同历史时段被赋予不同的身份与文化内涵。在祭孔仪式中,孔家白茶作为一类祭品,被奉享至圣先师,以示尊崇。同时它也是从世俗的人间饮品升华为神圣的先祖贡礼,这个转变影射着孔家白茶的悠久历史与高贵身份。在祭孔文艺会上,孔家白茶便是一件艺术品,体现出附着在白茶之上对茶叶之韵的审美。在待客品茗时,孔家白茶则是待客之道,融含着孝、谦、和的儒家文化。茶不仅散发着淡淡清香、丝丝甘甜的千年茶味,更传递着"有朋自远方来,不亦说乎"的万世温情。作为商品,孔家高山白茶体现的是孔家人对诚信品质的追求,也承载着孔氏宗亲对儒家订立的美好品质的追求。历史上,孔家白茶与孔子宗亲会有着密切关系,成为山东曲阜孔府的专供茶品。当下孔家作坊则将"儒学知识"、"孔子后裔"身份作为一种象征资本融入孔家白茶之中,重新嵌入孔子宗亲会网络之中,充分发挥了家族资源的优势,从而建立了良好的销售网络。目前孔家作坊还开辟了包括直营店、多家加盟店以及互联网网络平台等的多渠道销售网络;同时也在着力打造儒茶文化体验中心,以体验店、展示厅形式布置充满国学味道的儒茶店,整合家族历史、儒学文化、商业惯性、茶品特色等元素,不断扩大孔家白茶影响力,塑造儒茶品牌。

世界孔子后裔联谊会成立于2005年,2014年8月29日,福鼎市孔家茶业有限公司受邀参加世界孔子后裔联谊会,联谊大会在山东曲阜如期举行。大会开幕前西昆孔家茶业有限公司代表赠送纪念饼九饼,以表达对世界孔子后裔联谊会成功举办

孔家作坊白茶饼

九年的庆贺之情,此后孔家茶业每年会向大会提供纪念茶直到100饼,象征一个世纪的圆满,如今这九饼茶,陈列在山东曲阜博物馆。孔子在总结前人思想的基础上提出"仁"与"礼",第一次明确肯定了"人"的本质,将完善、协调的人际关系作为人生的价值实现。儒学从探讨人的价值、追求人的实现出发,大力倡导"仁"和"礼",这也成为儒家思想的特点与精神,以及儒学对中国思想文化的贡献。宗亲联谊中,白茶的作用和象征意味得到突出,从世俗之茶变成了极具仪式感和道德感的礼物,将不同地域的孔家通过"物"深刻地联系在一起,巩固了自身孔子后人和儒学传人的身份认同。这也体现着孔家作坊以茶为"礼"多方位确立人际关系的心态。

而中国自古就有以和为贵、和而不同、和实生物的思想,它历经时代变化而深入于炎黄子民的生命骨髓且渐趋演变为重要的国民性特质。"和"的内涵是人心和善、家庭和睦、社会和谐、世界和平,"和"的基础是和而不同、互相包容、求同存异、共同生长,"和"的佳境是各美其美、美人之美、美美与共、天下和美。[①]"西昆奉孔祭茶"、"世界孔子后裔联谊会"中的儒茶体认着对人际关系"和"、"礼"的追求;通过宗亲会网络来奉茶、品茶、赠茶、销茶,在完善人际关系的同时,促进白茶产业与社会经济的发展,达到了"和而生美"的境界;世界孔子后裔联谊会中每年赠送纪念饼直至100饼

———————————

① 洪修平、许颖:《对当前"国学热"的再思考》,《西北大学学报》2008年第6期,第25页。

的许诺,承载着一个世纪的圆满,传达了共同成长的祈愿,蕴含着"美美与共"的佳境。

二、重寻儒茶根脉

孔家作坊茶人在整合儒茶网络的基础上,定位了市场,通过宗亲会、孔子后裔联谊会等网络挖掘了一批潜在的客户资源。其背后是对儒茶进行包装、设计以制造社会需求,符合消费者品味。在西昆村国学复兴的风气下,该茶企以"孝文化"、"仁义礼智信"为根脉重新定位儒茶,以迎合当下社会追求"廉、美、和、敬"的理念。从2006年开始,西昆便悄然兴起一阵"国学复兴"风。以开设国学院、成立孝行之家、设立国学阅读室等方式,重新将传统文化之美呈诸世人。2008年西昆村在孔氏家庙开办私塾,2010年在西昆小学附近建起德成传统文化学院。德成学院作为西昆村复兴国学教育无可替代的载体,目前开设了大、中、小、幼儿四个班,有60多名学生。以"大道之行也,天下为公。选贤与能,讲信修睦,故人不独亲其亲,不独子其子,使老有所终,壮有所用,幼有所长,鳏、寡、孤、独、废疾者,皆有所养"作为西昆国学复兴的宗旨;其基础教育就是纯粹的国学启蒙教育,重在培养孩子良好的行为习惯和道德意识;启蒙教学书籍均以国学经典为主,包括《弟子规》《三字经》《千字文》《大学》《礼记》《养正遗规》等,让孩子们在上小学前接受启蒙教育,接受国学文化的熏陶。《弟子规》是依据至圣先师孔子的教诲而编成的生活规范,也是西昆"德成学院"与"孝行之家"的孩子们必学的启蒙书籍。弟子规总叙中讲道:"弟子规,圣人训,首孝弟,次谨信,泛爱众,而亲仁,有余力,则学文。"它教育人们在日常生活中,首先要做到孝顺父母,友爱兄弟姐妹。其次在一切日常生活言语行为中要小心谨慎,讲究信用。再者和大众相处时要平等博爱,并且亲近有仁德的人,向他学习,这些都是人生之中必须要做的事,如果做了之后,还有多余的时间精力,就应该好好学习六艺等其他有益的学问。

孔家白茶把握流传千年的文化积淀中的精髓,加以符合现代社会发展和现代人生活方式的合理阐释和创造性转换。以《弟子规》中的戒训作为茶包装,在消费者购买指定茶品时,附送与《弟子规》相关的宣传资料和专门茶针一支,以便人们在饮茶的同时感受儒学文化的熏陶,体悟"清、敬、仁、义、美"的茶道精神,将现代文明生活品质体验与传统优秀文化融汇贯通,让亲情添温暖,孝德行天下,使"孝道"观念潜移默化地深入人心。在复兴国学教育的基础上,西昆村村民在日常生活中践行孝道。2012年6月在西昆孔子文化研究会的倡导下,西昆成立了旨在"关爱老人、力行孝道"的"孝行之家"。从"传孝、讲孝、评孝、行孝"四个方面践行孝文化:树孝风——营造村庄孝文化氛围;开孝堂——在西昆旗杆里设立百姓孝堂;选孝子——在西昆定期举办评选孝子活动;做孝事——定期下村照顾村中老人。重点照顾孤寡、空巢老人,每周定期给老人们送生活用品,不仅养老人之身,更要注重养老人之心,通过举行各种小游戏,让老人们玩得开心的同时还可以增长见识。西昆村也会每年举行一次评孝子活动,鼓励大家关爱老人,力行孝道。

　　"孝"是儒学伦理道德的核心内容之一。在儒家经典十三经中,《孝经》"是一部字数最少,内容最浅,而影响最大,引起的争议最多的著作"。① 历代儒学之士都大力宣扬"孝道";封建帝王也利用"孝道"来为自己的统治服务;这二者的合力在民间的影响就是《二十四孝》的产生和流传。在西昆建平村的石墙上悬挂着《二十四孝图》,祭孔典礼上西昆孔氏族人也在继续演绎着"啮指痛心"的孝子故事:曾子少年时家贫,为了生计常常上山砍柴。一天家里来了客人,母亲不知所措,心想母子连心,便用牙咬自己的手指,曾子突然感觉心痛,担心母亲出了事情,便急忙赶回,跪问缘故,母亲说:"有客人突然到来,我咬手指盼你归来。"曾子随之接待客人,以礼相待。孝行之家的小学生在西昆祭祖典礼中颂唱《弟子规》,在品茶之时,也可以体味《弟子规》中"圣人训,首孝弟,次谨信"中以孝为先的儒家文化,更能感悟"兄道友,弟道恭,兄弟睦,孝在中"的箴言,在平日生活中年龄较大的孩子要爱护自己的弟弟、妹妹,年龄小的孩子要懂得恭敬兄、姐,如此才能和睦相处,一家人和乐融融,共享天伦之乐。孝是中国文化向人际与社会历史横向延伸的根据和出发点,孝道是使天、地、人、身、家、国、宇宙、社会结为一体的纵向链条。② 孝行使孝道得以付诸实践,在此基础上形成了"孝文化"。我国茶学专家庄晚芳在《茶文化浅议》中曾明确主张"发扬茶德,妥用茶艺,为茶人修养之道",并进而提出了中国的茶德应体认着"廉、美、和、敬"。继之又阐释为廉俭育德、美真康乐、和诚处世、敬爱为人,诠释了华夏先祖的茶德精髓并富含现代生活追求的道德范式。③ 孔家茶叶作坊为了进一步传承孝文化,弘扬茶德,推出儒家系列茶品:仁、义、礼、智、信。"仁义礼智信"更是成为处理茶企与茶商、茶农、茶工、顾客、社会等诸多人际关系、人与社会关系延伸相待的依据。孔家本着"仁义礼智信"的精神种茶、做茶、销茶,荣获"福建省孔子文化研究会副会长单位"、"市级龙头企业"、"特约经销商"、"最佳诚信合作单位"等荣誉称号。可见,儒家先师对人们

---

① 胡平生:《孝经译注》,中华书局1999年版,第1页。
② 王勇:《孝道、孝行与孝文化》,《湖北社会科学·孝文化研究》2006年第4期,第129页。
③ 张鹏飞:《中华传统"茶文化"情结的生命意趣》,《安徽商贸职业技术学院学报》2010年第4期,第74页。

美好品格的追求在西昆孔家得到了延续。这种观念内化于心，才使得西昆孔氏后人无论做什么样的职业都能秉持诚信、仁义，并将这些品质的观念延伸至他们亲手产出的商品中，为其赋予深厚的文化内涵。

三、挖掘儒茶内涵

不论是整合儒茶网络，还是重寻儒茶根脉，茶企都是依据儒学文化来处理人与人、人与社会之间的关系。但是儒家的人生哲学不仅注意到这两者的关系，也对人与天的关系给予足够的重视。《中庸》指出，人"可以赞天地之化育"、"可以与天地参"，强调天人关系的和谐与协调。由"尽心知性"、"知性知天"而至"万物皆备于我"、"仁者浑然与物同体"都体现了儒家从人及人性出发，经天地人一体之"仁"而又回归主体的思维轨迹。孔家作坊本着"天人合一"的精神，在种茶、采茶、制茶的一系列过程中都强调保持"自然、本性"的重要性，以贴切"生态自然"的饮茶风尚，契合现代社会追求"健康养生"的生活方式。

孔家作坊5000余亩的白茶园，是福鼎市公认的保持最好的原始野生茶园之一。生长于海拔850—1000米的崇山峻岭之间，韵养于高山云雾之间，得益于山川灵气滋润。其高海拔的多林、多云、多雾的自然生态环境具有微量矿物质丰富、有机质高的独特优势，为茶树生长提供了绝佳的生长环境，促使茶叶叶张肥厚柔软，内含物质丰富；山中较大的昼夜温差促进茶叶内含物的累积；山顶雾多，阳光多处于漫反射的状态为茶叶中的多氨基酸含量的积聚提供了保障。其中有180多亩属于放养型野生茶园，对其实行有机管理，采用手工拔草、手工修路的原始做法，保护茶树生长环境的原生态；施用由各种水果红糖酵素制成的绿色有机肥料，即将各种时下鲜果（比如苹果、梨、桃子等）切片，一般以500斤水果配200斤红糖的比例混合，再加水勾兑，放置在塑料大罐里，密封发酵约三个月便可开罐施用，这样可以保证茶叶原料天然、无污染。而这些茶青以"自然阳光晾晒、木炭文火烘焙"为传统制茶方法，配以高温蒸压法，避免天气突变、阳光不充足等缺陷，以达到传统的炭焙之"潜沉幽香于内，饮之回甘久远"的功效。

有道是"中国白茶在福鼎，高山白茶属孔家"，孔家作坊不断挖掘儒茶的内涵，塑造高山白茶的品牌形象，以追求自然、生态的白茶品质，迎合健康、养生的审美品位，达到"天人合一"品茗境界。同时，他们契合并将"养生"这一时代话题，不断营造国学中的"健康长寿大文化"，追寻先祖孔子的养生之路。白茶的养生价值会随着存放时间的延绵而愈加增强，一般三年即可初具药效，时间愈长，茶叶本身的内含物愈加

孔家作坊茶山

丰富,品饮口感从起初的兰花香、杏仁香到后期的枣香,药香,不断升华,黄酮含量也直线上升,最终造就陈年白茶解毒而不凉、甘柔而顺滑的特质。孔氏的制茶观念从一套符合中国人身体观、宇宙观的养生观入手,对于受众来说,提高了他们的接受度。

孔子长寿得益于重视和实行养生之道,《论语·雍也篇》:"智者乐水,仁者乐山。智者动,仁者静。智者乐,仁者寿。"孔子认为人与自然是一体的,智者、仁者的性格犹如水、山的特点;水柔软、包容、灵活;山则刚毅、稳重、平静。充满智慧的人能够"明事物之万化,亦与之万化",他们总是活跃的,乐观向上的;而仁爱之人不为外在的事物所动摇,他们以爱待人、待物,像群山一样站得高,看得远,宽容仁厚,所以能够长寿。长寿者还应该保持"静"、"仁",在品茶时,达到禅茶一味的境界。禅就是静、定、专注的意思,而静生于心宁,喝茶不只是喝茶,实际是参禅,将参禅用功的工夫深入到喝茶这件细小的事情上,这便叫做禅茶不二;乐生于健康,只有一杯健康、自然的茶,才可以喝的放心,保持身心愉快。可见,在健康长寿文化的滋养下,孔家作坊展现一种"坐享孔家一品香,笑饮白茶三盅醉"的情怀,本着"以德做茶可以清心,以礼品茗可以求禅"的原则,打造耐人寻味的孔家白茶。将孔子之道、儒家之道运用于做人、做茶、经营茶企之中,最终创制出一款承载着"和谐中庸、厚德载物"思想的儒茶。

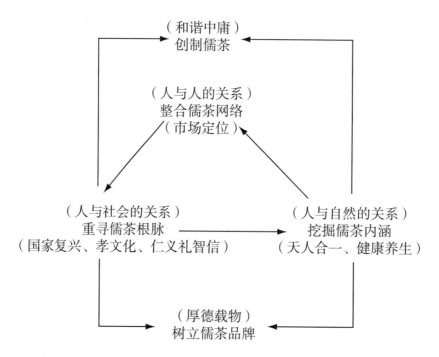

儒家文化的人生哲学对华夏茶人的影响是显而易见的,体现在对"亲和"意念的渴盼,即追求人与人、人与社会、人与自然关系的温和恬适。孔家作坊通过儒茶塑造了一个社会价值,即寻找到一种认同。杜维明认为无论是国学、"新儒学",在今天都是在于满足一种认同的需要,用的是 identity 一词。identity 恰恰是研究某一个族群、某一个地缘群体、某一个方言群通过特殊的人群共同体内部的社会记忆,历史整合以达到一种对自己传统文化的认同和忠诚,它成为一条历史的纽带。很显然,在这个背景之下,中华民族其实是要通过国学寻找到一种认同的纽带,让中华民族找到一种共同的、可依据的东西。① 儒茶即是通过"宗亲会网络"、"世界孔子后裔联谊会"找到一种历史联系,通过复兴国学教育、弘扬孝文化重寻儒茶根脉,最后将"孝"、"仁义理智信"、"天人合一"、"健康长寿"等儒学思想融入进白茶之中,不断丰富与挖掘儒茶内涵,塑造独特的白茶品牌。

---

① 徐杰舜、叶舒宪、王铭铭、彭兆荣、徐新建:《人类学与国学》,《百色学院学报》2007 年第 2 期,第 8 页。

第二节　禅与茶:资国禅茶文化

中国传统文化内核一般是指以儒家思想为主流,辅之以道家、佛教思想所形成的三位一体的精神特质。佛教作为中国传统文化的一部分,也由于佛教在太姥山中有着悠久的存在历史,因而成为福鼎地区茶企探寻茶文化的新路径。近年来,追求"回归传统、回归自然"的生活方式蔚然成风,茶道重新成为人们所热爱的休闲方式。在饮茶的过程中,人们更看重以天然、传统的制茶工艺生产出来的茶叶。"资国禅茶"正是在这样的一个风气下,于 2007 年 4 月重新恢复生产。首批禅茶于农历四月初八释迦牟尼佛诞日在资国寺法堂举行了加持仪式。随着资国寺旅游名气的上升以及五大佛教弘法理念的传承与弘扬,"资国禅茶"也为越来越多的人所熟知,成为佛教观念与茶叶文化相融合的典范。

一、追溯禅茶文化

资国寺原名资国禅寺,兴于唐而盛于宋,兴盛之时常住僧人达 800 多,是有着一千多年历史的闽东历史名刹。唐宋之时出家修道者多是以禅宗为主,寺中多是禅僧。禅宗是印度佛教传入中国后而结合华夏本土文化所形成的一种宗教流派。余悦在《禅说之风》评说:"和尚家风的实行,把佛家清规、饮茶谈经与佛学哲理、人生观念都融为一体。正是在这种背景下,'禅茶一味'之说应运而生。意指禅味与茶味同是一种兴味,品茶成为参禅的前奏,参禅又成了品茶的目的,二位一体,水乳交融。"[①]可见"禅茶一味"是中国茶文化与禅宗文化共同孕育出来的思想精华。又如东晋高僧怀信在《释门自镜录》评述:"跣足清谈,袒胸谐谑,居不愁寒暑,食不择甘旨,使唤童仆,要水要茶。"[②]可见,禅宗文化特别注重"坐禅"与"禅定"。坐禅乃是佛教僧人的修行方法,要求独自一人而坐,头正背直,不动不摇,不委不倚,更不能卧床睡眠,还规定过午不食,不饮酒、不食荤。加之坐禅时追求精心入定、集中思虑、专注一境、物我两忘。故长久下来必然会产生疲劳困倦的精神游离。而茶具有提神醒脑、生津止渴、消除疲劳、振作精气的自然属性,能很好地缓解由坐禅带来的劳累之感。

---

①② 张鹏飞:《中华传统"茶文化"情结的生命意趣》,《安徽商贸职业技术学院学报》2010 年第 4 期,第 76 页。

为了深入地了解禅茶文化,必须首先追溯禅与茶的关系。资国寺住持贤志法师认为茶是佛子向佛陀和菩萨表达尊敬的方式。其次,佛教倡导"醒觉",茶饮能有效地去睡魔,去昏沉,让人神清气爽。这便是佛教与茶的渊源。茶是一种日常饮品,经由与修行的结合升华为对保持一颗安详、坦然、宽容、温雅的平常心的追求,成为饮茶、赏茶的一种境界。镌刻在鸿雪洞旁的"茗禅过岭全平等,义酒应教伴义茶"正体现着茶中所蕴含的一种清静淡泊的平常心。以平等的原则待人接物,有助于僧人参禅、面壁省悟,洞见佛理。唐代《封氏闻见录》载:"学禅务于不寐,又不夕食,皆许其饮茶。人自怀伽,到处煮饮,从此转相仿效,遂成风俗。"原佛教协会主席赵朴初又诗云:"七碗爱至味,一壶得真趣。空持千百偈,不如吃茶去。"可见佛教自古便强调吃茶的重要性,因为吃茶的过程即是禅修的过程,能清心静虑、强体祛疾、开慧增智、延年益寿,达到一种修身养性、虚清淡泊、宁静致远的生命妙境。可见茶是僧人的日常饮用品,从生活中取得,喝茶即是禅。

禅文化的内容十分丰富,涉及哲学义理、禅修方法、伦理道德以及文学艺术等等。禅是从梵语"dhyana"音译过来的,原来标记为禅那。"禅"本来是古印度的一种宗教修行方法,往往与"定"合称,指通过心注一境而使心处于宁静思虑的状态,以观悟特定对象或义理的思维修习活动。[1] "禅"常常传达着一种定力,使人能够安静地思考,不管是非、不论有无、不虑善恶,放空自己,使心情逍遥自在。总的来说,禅修讲究身心合一、专注一境、止观并重、定慧双修。在禅修的过程中,人们的妄想与不安逐渐歇息,从而生起一种对生命本身的如实观照,人的身心得以安顿。

茶在于饮,是参禅的载体,助禅的良方;品茶可参禅,禅在于参,参禅如品茶,茶禅一味,所寄托的正是一种恬淡、清静的茶禅境界,也体现出一种古朴、典雅、淡泊的审美情趣。禅的生活化跟生活中的茶所追求的方向有共同之处:就是通过喝茶来修心、养性、排除烦恼,最终目的则是取得平常心。禅宗南宗慧能与北宗神秀在禅宗五祖弘忍处修道时,曾奉师命各作过如下偈语,神秀作的偈语是:"身是菩提树,心如明镜台,时时勤拂拭,莫使有尘埃。"慧能作的偈语是:"菩提本无树,明镜亦非台,本来无一物,何使惹尘埃。"[2]茶道的精神内涵最根本的就是"寂",达到寂静之"悟"的境地;它能使人安静修心、涤除烦恼、清虚淡远,获得一种自然、祥和的幸福感,力求取得平常心的"中道"仙境。由此看来"茶禅一味"实与禅宗"本无一物"的生命悟境默然相通。

---

① 洪修平、徐颖:《对当前"国学热"的再思考》,《西北大学学报》2008 年第 6 期,第 23 页。

② 李红:《和敬清寂,禅茶一味——论日本茶道》,《河南大学学报》2013 年第 2 期,第 134 页。

故而禅茶在急躁、功利的社会常态下,追求的是一种清虚致远、纯净淡泊的禅茶一味的精神状态,以达到心灵的平稳、安静。"禅茶一味"是中国茶文化的精髓和天地人和的最高境界,是由宋代圆悟克勤禅师提出的,契合禅宗的一个口诀:清和寂敬。"清"是清新,所喝之茶茶味清新,环境清雅,内心清静,所以在喝茶的过程中,以清新和清静入禅定;"和"是调和,茶对内可以调和身心,对外调和大同,因为茶事是友好的,茶人也是清静之人,只听说喝酒打架,没有饮茶滋事的;"寂"是寂静,此时无声胜有声,看人家泡茶或我们在喝茶,这之间无需语言表达而是以心印心,喝茶聊天用心来沟通,用茶作为沟通的媒介和桥梁;"敬"是敬茶、敬天、敬人。在福鼎当地有个说法"茶米同源,同等珍贵",喝完茶后茶渣和茶叶不能乱倒,最好把它放回自然。茶味的制作采摘也不易,了解茶的过程,才能起恭敬心,这是敬茶;按照千古流传的茶礼来说,泡茶先奉客,这是敬人;新茶制出,先供佛斋天,感谢赐予,这是敬天。① 由此可见"禅茶一味"蕴含着四方面的意义:一是关照自己的内心,通过坐禅调心入定,调和身心,以达到"和而生美"的境界;二是协调人与人之间的关系,泡茶与品茶者以茶会意、以茶识人、以茶结缘,形成一个良好的互动关系;三是反思人与社会的关系,人们在茶道演绎的过程中不断反思社会现实,使自我洗涤在一种宁静、敏思、专注的过程中;四是注重天人合一,敬畏自然,尊重自然。最终在品茶的过程中达到天、地、人合一的最高境界。

禅茶文化不单是禅与茶,僧人的参与更是为禅茶文化增添了一份生活气息,有助于禅茶文化的流动。资国寺种茶历史悠久,历代僧人们秉持禅宗"一日不做,一日不食"的古训;践行农禅并重的传统修行方式。僧人们自己栽种茶树、管理茶园,并自行采茶,制茶。一来可用于供佛、待客、自饮等,二来可以拿到集市出售,以补贴寺院之用。明清诗文中关于太姥山周围茶山的描绘中,多次提到了僧人采茶、煮茶、制茶、品茶的情景。如明代谢肇淛在《玉湖庵感怀》一诗中写道"采茶人去猿初下,乞食僧归鹤未醒";《天源庵》中"借问僧何处,采茶犹未还"。可见,采茶时节,僧人们都忙于摘茶、制茶,寺院空无一人。再有明代林爱民《梦游太姥》中的诗句"一僧辟谷可旬日,煮茗只向石底开",僧人辟谷修炼可十几天不进食,只吃茶品茗水,在参禅悟道之时品味一杯香茶有助于修养与境界的提升,可见茶在僧人禅修过程中的重要作用。明万历年林祖恕游太姥山至天源庵,与庵内"诗僧"碧山相坐品茗,遂有"因箕坐于溪畔,

---

① 贤志法师:《莲花曙月,资国茶香——资国禅茶创始人贤志法师答问》,《楚雄师范学院学报》2014年第4期,第8页。

取竹炉打水,烹太姥茗啜之"的佳句流传于世。可见明代文人高僧品茗讲究幽静、典雅的环境,通常会选择清幽的山林溪涧畔、松涛泉水边等清风相伴之地,体现文人雅致的情趣。再者山清水秀、树木丛生的幽静之处也有利于切断与俗世的一切联系,是一个以茶为中心的人茶共乐的空间,是一个人佛交会的神圣空间。"品茗论禅,吟诗作文"的品饮风尚至今让我们倍感神往,僧、茶之间的互动关系为我们呈现了一幅饶有生活气息的画面,但又不失清、静、和、美的雅致禅趣。明代诗人陈仲溱在《太姥山游记》中写道:"竹间见危峰枕摩霄之下者,为石龙,亦名叠石庵。缁徒颇繁,然皆养蜂卖茶,虽戒律非宜,而僧贫亦藉以聚众。"缁徒即僧人,僧人养蜂种茶卖茶虽有违佛家戒律,却能为僧人提供基本生活来源。又如谢肇淛在《长溪琐语》云:"环长溪百里,诸山皆产茗,山丁僧俗半衣食焉。支提、太姥无论,即圣水、瑞岩、洪山、白鹤,处处有之。但生时气候稍晚,而采者必于清明前后,不能稍俟其长,故多作草气而揉炒之法,又复不如卤莽收贮,一经梅伏后霉变而味尽失矣。倘令晋安作手取之,亦当与清源竞价。"可见僧人参与茶种植、管理、采摘、制作的全过程,白茶已经充分融入人们尤其是僧人的日常生活之中,饮茶成为一种风尚。

僧人通过饮茶而受益。在饮茶中,僧人专注于茶里,能使自我变得清心寡欲,内心清静。当然,饮茶的好处不只限于僧与茶之间,它的实质都是在提倡一种有精神追求的"慢生活",通过喝茶来举行自我定位、自我反省,达到清心寡欲。只有当人内心清净下来,才会得到睿智,明心见性。资国寺僧人在种茶、采茶、制茶的过程中,对茶怀着无比虔诚恭敬的心,每年在开春采茶时都要组织僧众在茶山上绕山洒净,茶采回来后还要举行供天敬茶仪式,祈愿风调雨顺,国泰民安。对于每一期成品的茶进行包装,供奉于佛堂,举行盛大的消灾延寿法会。[①] 在禅茶中融入佛教悲悯众生的人文情怀,邀请法师们对禅茶虔诚念诵《药师经》《大悲咒》等佛教经文,并将这诵经念咒的功德回馈给饮茶人,祈愿饮茶者身心清净,去忧除烦。茶原本作为"物",象征在宗教教义和宗教仪式中被赋予越来越多的文化意涵、道德意涵和象征意涵,从而不再是一个静态之物,动态而又整体地体现了人与人、人与神、人与天地关系境界。

二、传承禅茶工艺

唐宋起,寺中禅僧喝茶是每天的必修功课,故而僧人们在种茶制茶的过程中积累

---

① 贤志法师:《莲花曙月,资国茶香——资国禅茶创始人贤志法师答问》,《楚雄师范学院学报》2014 年第 4 期,第 7 页。

了不少经验。资国禅茶则是根据不同季节、不同成熟期来采摘优质的福鼎白茶芽叶，采用传统工艺手法制出许多独特口味的禅茶。并且设立禅茶室，恢复寺院普茶这一传统品茶风尚，让修行者和有缘人，在品饮的过程中，认识人生五味，体味佛法在生活中的妙用。资国禅茶是践行禅茶精神的实例，倡导"饮茶安全，从心做起"的理念。严格按照传统的制茶工艺，并且拥有一系列庄严慈悲的禅宗仪式。在每年清明前春季茶园开采时，众僧人要去茶山念经。以普告天地神明，我们将要采茶，感谢天地赐给我们这样珍贵的饮品。同时还要赞美茶树的奉献、隐忍精神，正是基于此，人们才能享受到如此美妙的茶韵。此外还祈祷其他病虫害不要伤害茶的嫩芽，希望雨雪不要侵伤茶树。当然要祈愿被采摘的茶树伤口早日愈合，健康生长，这无不体现着佛教悲悯众生的救世情怀。第二，在制作过程中，会对禅茶进行全程大悲咒诵持，用大悲咒的悲心和愿力专心做茶，希望将这加持的力量汇入茶中，此乃"敬茶"。第三，制作完成后，要先供佛敬天，在寺内进行斋天大供，在这个过程中亦有大悲咒加持，即"敬天"。第四，是供养大众，普茶，此谓之"敬人"。之后才在市面上流通，希望有缘得到资国禅茶者，身心康泰，平安消灾，智慧增长。第五，入秋以后，茶园封山，要再到山上谢茶礼，僧人诵经回向，感谢茶山、茶树供养大众，感谢成就此茶的一切因缘，祝祷茶山安睡，明年再有新芽奉众。第六，每年初冬要举行茶园封园谢天洒净祈福仪式，让茶树静休冬养，祈愿来年茶园丰产。提醒人们要感恩大自然的赐予，尊重和爱护茶树。可见这套制茶仪式过程充分体认着"清、和、寂、敬"的精神内涵。

三、衍生五行义理

资国寺位于福鼎城郊莲峰山上，峰顶是一片平原，周围山峦环绕，林壑幽美，有若莲蓬，素有"莲峰曙月"之美称。资国寺禅茶以太姥山禅茶基地为中心，分布在福鼎市境内。海拔都在 600 米以上，极其适合茶树生长，在 11 月下旬以后的三个月左右常出现霜冻，这样能保证茶树生长有 9 个月的时间。太姥山禅茶基地区域年雨量平均达 1600—2300 毫米，年分布以茶季期间为主，年平均湿度在 78%—82% 之间。优良的气候、土壤、水、肥等综合条件赋予茶树最好的滋养，因此资国寺茶叶品质上佳，茶香自然，滋味甘醇鲜爽，汤色清澈明亮。特别是培育出来的莲峰白茶，被视为茶中珍品，至今还有许多本地人将清明日所采白茶经晒干珍藏，作为退热降火、清心明目的良药。

近年，随着国学的升温，传统文化的回归，许多茶人、茶企业、茶书从"养生"角度来建构茶文化，塑造茶品牌。资国禅茶也顺势推出"五行养生茶"。五行是中国古代哲学的重要内容，但目前学术界关于五行的起源以及五行学说的本质，仍存在很大分歧。有的学者认为五行学说最早始于夏商年间,在战国时期得到完善。也有学者认为五行的概念在战国时期才初步形成,被认为是阴阳相互作用的产物。春秋战国时期,古代思想家又先后提出五行相克、相生理论。梁启超曾对五行思想作出评论:"五行思想形成以后,建以万斛狂澜之势,横领思想界之全部。"①由此可见,五行思想对中国文化的影响之深。五行中的"行"指运动,五行学说里认为物质世界是由金、木、水、火、土这五种物质互生互制的运动变化构成。但五行学说又不单单是在描述这五种物质本身,更重要的是概括五种属性的抽象特征,以及五行的相杂相和规律。在五行学说下,中医界提出"五脏相关"说,乃是对五行学说的一大突破创新。五行与五脏的配属经过了一个从哲学到医学的转变过程,就哲学而言,则经过了从古文经学到今文经学的演变。就医学而言,又经过了《内经》前医学到《内经》医学的演变。如表 11-3 所示:

表 11-3 今、古文经学五行—五脏配属

五 行	木	火	土	金	水
古文经学	脾	肺	心	肝	肾
今文经学	肝	心	脾	肺	肾

《黄帝内经》系统地记载了医学五行—五脏学说,其配属为:木—肝,火—心,土—脾,金—肺,水—肾。其配法与今文经学配法相同。但由于五行学说、五脏相关学说皆有不重五行相杂相和之性,对此有学者提出对同时具有两性或两性以上的物质,应运用相杂相和理论,依其主要的一行归入其中一行,其他特性作为相杂相和之性。资国禅茶之五行养生茶系列采用今文经学配法,很好地融合了五行—五脏相杂相和的理论,注重顺反结合。五行中相生之行可反向相生,相克之行可反向相克,生我者既可生我,也可克我。倒生克的实质依然遵守五行之间量的对比,量过者为克。反五行在正常情况下不如正五行明显,但在脏腑病理情况下却表现得更为突出有效。② 肾为一身阴阳之根本,既有水性,又有火性,但以水性为主,则应定为水火之脏,水中杂火;肝为将军之脏,其性刚烈,阳常有余,易化火生风,应定为木火之脏,木性为主,木中杂火;肺为清肃之脏,喜润恶燥,应定为金水之脏,金性为主,金中杂水;脾承载水谷,为化生之源,孕育生机,应定为土木之脏,土性为主,土中杂木。资国禅茶之五行养生茶产品中充分体现了五行—五脏之间形成的一套生克制化、相杂相和的机制。

---

① 王伟伟、金心、王毅、陈满儒:《五行文化元素在茶禅系列用品设计中的应用》,《高校设计专题研究》2013 年第 22 期,第 104—105 页。

② 李盈、张家毓、周小军:《五行学说与五脏相关说考议》,《中医药学刊》2004 年第 10 期。

　　"养生"一词源于道家书籍，最早出现在《庄子·内篇》中。所谓生，就是生命、生存、生长的意思；所谓养，就是保养、培养、养护的意思。养生是根据人体生命过程规律所进行的物质与精神的身心养护活动。[①] 生理层面的养生包括养颜、养体、养老；心理层面的养生包括养心、养性、养神。白茶不炒不揉，自然晾晒的制茶工艺成就了"旗枪舒畅，清翠鲜明"的特质，凝聚着"沉甸、时节、自然、美妙"的内涵，经久存放的白茶愈加沉厚，素有"三年为茶，五年为药，八年为宝，十年为丹"之说，是茶中珍品。正如禅之精神，愈经时间磨砺，愈见妙有真心。卢玉川《茶歌》颂曰："一碗喉吻润，两碗破孤闷，三碗搜枯肠，四碗发轻汗，五碗肌骨轻，六碗通仙灵。"可见茶在生理与心理层面均具有极大的养生价值。随着近年来，欧美国家对白茶进行的深入研究发现，相比其他茶类，白茶的自由基含量最低，黄酮含量最高，氨基酸含量平均值高于其他茶类，具有降血压、降血脂、降血糖、抗氧化、抗辐射、抗肿瘤等作用。白茶的养生价值更是为茶人所推崇。资国禅茶"五行养生茶"将五行文化与养生文化相结合，针对人体五脏六腑推出金（润肺茶）、木（养肝茶）、水（固肾茶）、火（益心茶）、土（健脾茶）的五行养生茶，常饮用此茶，可以预防青春痘、雀斑、口臭，改善睡眠、降火、护肝、解酒、润肺止咳、改善慢性咽喉炎、清热解毒、益气养阴、养颜等增强身体抵抗力与提高免疫系统的功能，达到预防保健的养生作用，属于当今饮品中的创新珍品。资国禅茶从栽种—培育—制作—煮泡等一系列程序皆涉及五行义理的生命衍化，将其融入禅茶之中，一方面可以丰富茶的视觉体验，形成独有的茶文化风格，进而提升其产品的内在涵养，最终促进资国禅茶产业的发展；另一方面可以更好地传播和发扬中国传统文化。

四、举办禅茶活动

　　此外，资国寺还在其他方面践行禅茶，一是根据《百丈清规》等佛教典籍记载来恢复禅茶的传统和寺院饮茶的制度与仪轨，保存古代普茶、施茶等传统的仪式。近代有的学者认为《百丈清规》是佛教茶仪与儒家茶道相结合的标志。二是继续延续"以茶结缘"的传统。新茶上市时，资国寺都要用新茶来祭天供佛，然后用来待客自饮，为感恩八方信众护法的供养，又将禅茶作为回馈八方信众的结缘之礼，在亭台、街巷，摆个茶摊给过往的人解渴歇息；此外还会施茶给周围村民作药引，祛病消炎。三是举办各种推动禅茶文化发展的活动和论坛，通过媒体把禅茶精神传播出去，比如法脉传承、禅茶树认领、禅茶之旅、禅修、禅茶世界高峰论坛等禅茶活动。

---

① 胥兴安、李柏文、杨懿、班璇：《养生旅游理论探析》，《旅游研究季刊》2011年第1期，第40—41页。

2009 年资国寺举办了"世界禅茶大会",来自韩国、日本、中国台湾以及国内的专家学者、茶企业、文化界 300 余人,各界媒体都广泛地参与。最后大众共同认证,世界禅茶文化论坛永久会址为资国寺。一是因为资国寺是白茶之乡,寺庙自古便有饮茶的传统,以茶养禅,禅茶一体;二是资国寺有着丰富的禅茶活动经验,比如举办了"禅茶祈福大典"、"世界禅茶文化论坛"、"世界茶禅·茶道·茶艺表演赛"和"世界茶人共一家"太姥山茶会等系列活动。这些活动具有每年举办一些小论坛,三年做一次大论坛的传统,以此来提倡禅茶精神,以茶论道,以茶弘扬佛法。三是因为资国寺乃千年古刹,已逐步形成了集宗教、艺术、文化、旅游为一体的园林式寺院,茶文化与旅游资源的结合更能让人们亲身体验茶文化,感悟禅道,资国寺成为有缘人体验禅茶之道必到的一个圣洁之地。当地许多茶企在举办茶旅活动交流时,也会将"资国寺品味禅茶"作为最后一站,实际地区体验佛道与茶道的融合。例如,福鼎天湖茶业有限公司在邀请河北省茶文化代表团一行 30 人前往福鼎市进行为期 4 天的"福鼎'绿雪芽'太姥山茶文化之旅"活动中,便精心安排了一系列关于茶的不同体验:

2009 年世界禅茶文化论坛现场

一是体验太姥山有机茶基地。参与人员挎上茶篓体验采茶之乐趣,茶叶采摘后带回茶厂,制茶师傅帮助大家归拢采摘的茶叶,并教授大家如何进行茶青分级,熟悉"阳光萎凋"技术动作要领。当大家完成第一道工序把茶叶都晾晒在竹篦上后,便可耐心等待两天后"阳光萎凋"的成果,接着就可以炭火烘焙。从采青、归类茶青、阳光萎凋、炭焙体验制茶的全过程。让人对白茶的自然、健康品质有了一个直观的了解;

制茶中的每一道工序都严格遵循"白茶不落地"的原则,保证茶叶的干净、卫生。

二是话白茶。代表团与当地茶界共同举办了"福鼎白茶品鉴交流研讨会",相关人员介绍了福鼎白茶的历史以及当前发展态势,福鼎市茶业协会在扶持福鼎白茶等工作方面所取得的推广成绩与近期主要的工作进展。

三是在资国寺品味禅茶。资国寺是福建省首批对外开放的重点寺院之一,2009年11月15日,这里举行了第四届世界禅茶文化交流大会,如今的资国禅茶已名声在外。正如此次河北省茶文化代表团团长舒曼在会上所言道,一杯资国禅茶是安心的法门,可静心、可容心、可修心、可养心、可品心,亦可爱心,禅宗有言,家舍即途中,途中即家舍。我们从河北来参访资国寺,其重要的一点就是把一颗在旅途中驿动之心安放和停泊在资国寺的禅茶中,就像找到家的感觉,这是资国禅茶的魅力。打造"资国寺禅茶文化之旅",使游客在煮茶、品茶的同时达到精神境界的提纯和升华。

佛教在两汉之际从印度传入中土后,在与以儒、道为主要代表的中国传统思想文化互碰撞、融合的过程中不断地本土化、中国化,最终成为了中国传统思想文化的重要组成部分。资国禅茶在国学热的时代背景下,以"禅茶"为核心品牌,通过追溯禅茶文化,复原禅宗仪礼,衍生五行义理,使白茶融于佛教理念之中。而理念的实施有赖于人的实践,从种茶、采茶、制茶到泡茶、品茶,茶的每一个环节都是实实在在、真真切切地与人发生着关系。佛教与茶的融合同样如此,僧人种茶、制茶、泡茶实际上是将这一过程作为一种修行方式,并将佛理、禅意融入其中。作为宗教意义下的茶,禅茶更具有仪式性和神圣性,丰富了人们对茶之意涵的认知。

第三节　民族元素与符号资本:大沁畲茶的建构过程

不仅汉族在传承国学,少数民族也有自己的文化形塑过程。作为传统文化载体之一的民族民俗符号是在五千年的华夏文明沿袭过程中流传下来的,其本身包含庞杂而丰富的内容。少数民族在媒体中被构建出的"异域风情"和"原生态",使得民族民俗符号被逐渐当作一种符号资本,用于福鼎地区茶产业建构过程中,树立其独特的茶品牌形象。"畲家白茶"就是这样的一个例子。发展"畲家白茶"的赤溪村是宁德福鼎市磻溪镇下辖的一个畲族行政村。在20世纪80年代的赤溪村曾名噪一时,因为它是"中国扶贫第一村",是有待扶助的贫困村。如今的赤溪村经过30年的"输血、造血",已发展成为闽浙边界独具特色的旅游热点,先后开发了户外拓展、竹筏漂流、蝴蝶园、七彩农场、主题文化公园、天然游泳池、湖里耕乐园、农家乐园、杜家堡古民居、原生态土屋土灶、艺博园等景点。当地的畲族风情等系列民俗表演更是夺人眼球，受到了游客的青睐。赤溪村结合乡村生态旅游观光，挖掘当地生态环境资源，由少数民族、回乡青年、退伍军人、党员、妇女以及一般农户成立的福鼎市赤溪鼎煜农业合作社，现有社员 100 多户，226 人。其一改原来单一的农业种植与荒山改造，建设集高优农林畜牧及收购加工销售一条龙的产业链，尤其是茶与毛竹产业成为当地农业的两大支柱，很多畲族同胞专门做福鼎白茶茶青的购销生意，获利颇多。该农业合作社每年为每户社员增收 1 万元以上，这刺激不少在外创业、学习的年轻人纷纷回乡创业。赤溪村在茶叶发展过程中将畲族风俗进行开发，打造了自己的"大沁古早白茶——畲家白茶"品牌，可以说是白茶文化建构过程中对符号资本的运用。

2010 年底赤溪村被确定为福建省级整村推进扶贫开发重点村后，由福建省民族与宗教事务厅挂钩帮扶三年，按新村建设规划及畲族特色村寨规划，完成多项生产生活配套设施建设，逐步实现了人口居住集中化，居住条件大幅提升，现已跻身省级生态村之列。当地人充分地意识到赤溪旅游业的发展，游客量的大增以及近年赤溪被列为先进的大学生创业示范点等一系列改变，都为他们的生活、工作提供了各式各样的机会。如果能充分整合利用这些资源，便能获取不菲的经济收入，提高生活水平。所以将旅游与茶结合起来，便成为当地人的一种创业模式。畲家白茶正是在这样的背景下创立的，由于店面所在地位于赤溪畲族村，便以"畲家白茶·大沁古早白茶"为品牌进行经营，以电商为平台进行销售。而实体店的主要功能是作为在旅游区内的一个形象代言；一个与朋友、顾客品茶的场所；一个供游客、政府领导参观，推介畲家白茶文化的展示厅。由于"畲家白茶"尚处于创业初期，所以目前白茶的网上价格与实体店价格一样，待经营步入成熟化道路，便会重新调整价格。

从当地人的选择来看，将"畲茶"这一民族民俗符号运用于大沁古早白茶之中具有以下几点缘由：一是地理优势。赤溪位于闽浙边界，是个独具畲族特色的生态旅游村，2014 年到赤溪及周边景区的游客达到 14 万人次。所以，依托"赤溪畲村"这一有利地理条件，商家的客源将会得到保证。二是民族民俗符号本身的特点——符号清晰明确，内容丰富，便于商业开发。民俗符号具有的鲜明异域性，会引发游客对少数民族风情的无限畅想，从而加强对畲家白茶体验的需求。畲家白茶蕴含古老的畲族制茶工艺，且有着独特的畲族饮茶习俗，文化延伸性和发挥空间非常大。三是商家对时尚方向的敏锐观察力，迎合了近年来兴起的"民族风"浪潮，具有民族特色的品饮风俗受到欢迎。四是政策支持，赤溪村作为一个重点帮扶贫困村，得到各级领导的重视，时常会有领导视察,以不断推进扶贫工作的进展,所以在赤溪经营畲家白茶会优先得到政策支持。五是增强认同,中央政府早在 2003 年便对全国的传统文化进行拉网式的筛选、保护。同时,顺应这一政策的还有对文化产业的倡导,尤其是在民族地区,以民族旅游为主导的文化产业在一些地方已成为当地的支柱产业。"畲家白茶"属于赤溪大力发展旅游产业下的一个创意品牌,更能体现民族凝聚力和地域文化特色;更容易树立"畲汉一家亲"的品牌形象,为畲族特色村寨规划蓝图中增添一抹绚丽色彩。

从本质上讲,"畲家白茶"只是一个符号,不过是将畲族元素注入品牌设计。因此畲家白茶并不能实现人们对民族风俗的各种浪漫想象。但作为一个建构符号,却能够促使消费者对这一区域文化保持很大的好奇心和渴望体验的需求。所谓一方水土养育一方人,"畲家白茶"这个符号具有明显的地域文化特征,能最大限度地发挥地域优势、加强民族认同、传承民族制茶工艺,得到游客、畲族同胞、政府领导等群体的认同。这是对经济一体化和全球化趋势的一个强有力的适应和改变,"畲家白茶"的品牌设计属于全球化背景下的"本土化服务营销",指从不同地区、不同种族、不同文化顾客的个性化、多样化需求出发,通过服务的差异化、当地性来满足不同顾客的需要,即全球化的服务营销理论在本地的具体运用,注重当地特征,拥有自己的特色。现在已经有越来越多的国家和地区逐步意识到了本民族、本地区传统文化的宝贵价值,动用大量的人力和物力对这些地方传统文化进行保护与传承。随着旅游业的发展,当地人也会打算融入更多畲族饮茶风俗、文化内涵于自家茶品中来吸引更多游客,并且通过网络平台将畲家白茶推向一个更广阔的消费市场。

为了使大沁白茶既可以保持原有的文化特色,又不被限制于原有的发展模式,当地人以"畲家白茶"来应对赤溪畲族乡的特殊性,同时以大众茶是白茶市场未来发展趋势的普遍性为原则,通过电商为平台搭建销售渠道。这样就实现了 Foster 希望可以达到的双重目的:一是使得处在全球化中的人和空间的联系变得可见,二是可以使人们认识到自身在全球化产业链中所处的位置,并且认识到自身与那些处在同一个跨地域商品关系网络中的人群的联系。消费社会中对商品的消费不能仅理解为对使用价值、实物价值的消费,应主要看作是对"记号"的消费。人们凭借着对"畲家白茶"的消费结成一个"想象的共同体",形成存在于同一个链条之上的阶层群体。这个符号凝聚着人们的认同感,以及对所消费产品的价值乃至自身地位、身份的定位。所以"畲家白茶"是建构出来的一个符合当地特色的符号,这个符号里面蕴含着畲家茶文化、茶历史,是一种无形的资产。这也印证了语言学家索绪尔提出来的"能指"与"所指"概念,根据索绪尔的观点,每一个符号都是由能指和所指组成,或者说每一个符号都可以人文地分为能指部分和所指部分。"能指部分是具有物质性质和物质形式的用以承载符号内容的'中介物',是承载符号内容的表达层面,是符号中我们能看到或听到的那部分,也即符号的形象或声音,是所指的中介物,意指着那些只能通过它们来言说的东西。所指是符号在其使用者心里的表象,完全是符号使用者的心理活动。"①赤溪畲茶在转化为资本符号的过程也是被贴上历史标签、文化标签的过程,这是一种人为的、社会的、被赋予的结果。

上图试图说明的是畲茶由一个民族民俗符号到资本符号的转变过程。对"赤溪畲茶"这一指符的不同解读,可以产生不同的所指,而每一所指都对应着相应的市场,比如"生态民族旅游村"这一形象吸引了大量游客,"大学生创业示范点"的名号引进了许多青年人才等等。最后通过这些市场的再建构,最终得到作为资本符号的"赤溪畲茶"。将文化优势转化为市场优势,不仅具有很好的文化延展性和发挥空间,也提升了利润空间。由此可见,"民族民俗符号作为传统文化的可见的物化标志之一,我们通过民族民俗符号看到的并不只是一个单纯的能指指符,其背后的所指含义是经过由过去到现在俗民们在生活中融入了大量的地方性知识而逐渐形成的约定俗成的解释,是作为一种历时性的过去在'现在'的存在,成为了历时性与同时性的一个连接点。其次,在历时性内部,通过民族民俗符号,我们可以追溯现在以前的时间,甚至在我们的脑海里构想出整个符号所指的历史发展过程。"②比如,当我们看到"畲家"这一符号时,我们便会立即想到畲族姑娘采茶时"畲歌漫茶山"的动人场景;重大场合下礼敬宾客的"二碗茶";畲族婚俗中的"新娘茶"、"喝宝塔茶"、"回门茶"以及祭祖活动中的"祭祀茶"等一系列畲族茶俗的发展过程,符号在这里有一种暂时的、虚拟的把人带回过去的作用。在赤溪村,当地还有着"畲族提线木偶献茶"的创意表

① 隋岩:《从能指与所指关系的演变解析符号的社会化》,《传播文化》2009 年第 6 期,第 21 页。

② 肖坤冰:《传统的、现代的、未来的——作为符号资本的民族民俗符号》,《康定民族师范高等专科学校学报》2007 年第 2 期,第 21 页。

演。伴着悠扬的畲族敬茶歌,美丽的畲族木偶女子在人的操纵下进行着倒水、泡茶、倒茶、端茶、献茶等一系列高难度动作,缓缓为来客奉上一杯甘甜的白茶,不仅让人体验一场视觉盛宴,更具有一种"可逆的时间"的叙事作用。表演向我们展示了传统与现代、民俗与时尚的完美契合,符合现代复古和怀旧的潮流。更为重要的是,表演是"畲家白茶"茶文化历时性与同时性地呈现。

　　国学的绚丽多彩迎来了多股文化时尚,文化的力量时刻影响着白茶意义的建构。在此过程中,文化生产是并不是单程的,多元的文化都会共同参与到茶文化的意义塑造中。因此白茶的意义是多元性。"空间文化生产与再生产方式具有多样性,在某一时期某种文化生产方式占主导,其他方式共同发挥作用,导致地方意义形式的多样性。同一时期地方意义所呈现的复合性和多种形式可能满足了不同时代精英多元的文化认同。"①大沁茶业在国学热的时代背景下,充分利用地域优势,以少数民族文化来建构白茶,将畲茶作为一种符号资本运用到品牌内涵的建构中,与西昆孔家儒茶、资国禅茶形成"三足鼎立"之势。这一情景也恰恰反映了太姥文化区丰富的文化内涵。

　　在福鼎白茶的文化意涵中,可以说茶是儒,是仁、义、礼、智、信;茶也是佛,是人们对超脱情怀的精神寄托;茶还是道,是天人合一思想引导下对万物之道的体悟。福鼎白茶以"儒茶"、"禅茶"、"畲茶"为主的茶文化主题,背后体现的是太姥文化区所包含的文化组成部分,它们之间是相互契合的。因不同的人处于不同的文化背景之下,对茶的认知自然是不同的。仅在福鼎地区,通过白茶的发展历程我们就可以得见不同人群的茶叶生产实践是如此的不同,却都含有丰富的意义和深刻的哲思。通过茶,我们不仅看到茶叶在一地区的发展史。更为重要的是,透过茶可以得见闽东人在不同历史时期是如何在这片土地上生活的。他们的生活与茶相关,与商业贸易相关,与战争相关,与宗教相关,然而这些都有机且完整地融为闽东人生活的全部。科普托夫认为:"商品的生产同时是一个文化和认知的过程:商品不仅是物质上被生产的物品,而且是带有文化印记的东西;商品化是一个生成的过程,而不是一个或是或非的存在状态。"所以茶所蕴含的文化内涵透过社会网络、思想观念、信仰体系、生活方式和风俗习惯呈现在人们眼前,并在社会的变迁中不断更新着自身所包含的具体内容。茶叶可以很小,需要聚集无数的嫩芽才能泡出一杯热气腾腾的茶;然而茶叶也可以很大,因为闽东人的历史和生活世界都在这片小小的嫩叶中得到了体现。

---

　　① 梁增贤、保继刚:《文化转型对地方意义流变的影响——以深圳华侨空间文化生产为例》,《地理科学》2015 年第 5 期。

第十二编

营造风雅　太姥文化的凝固符号

福鼎地区不仅自然风光旖旎多姿,而且历史底蕴深厚,现存的众多历史古建筑群具有较高的考古和审美价值,构筑了福鼎多个"历史文化名村"的风雅气质。建筑是文化的象征符号。法国的埃利亚斯认为,意识形态之表达和经验的最有力的形式之一——同时也是最易于获取的——是它具体的物质的表现。本编主要分析福鼎地区的传统建筑与聚落空间特征,讨论太姥文化区的典型传统建筑的文化内涵,以及其所体现的人群、建筑与社会的关系。

福鼎地区众多的单体建筑,组合出极富变化的建筑群。由于性质不同,这些建筑群与其整体空间环境分别给人以不同的艺术感受。民居建筑较简陋,但由于它最接近生活,加之与当地的气候、区域位置、地形环境等有机结合,因此充满生活气息,具有诗情画意般的意境,并对生活于其中的聚落人群意义深远。这些意境和意义不能单从建筑本身上来看,而要与包括居住人群和自然山川在内的整体空间环境加以结合。①

"三面陆地一面临海"的特殊地理位置造就了福鼎独树一帜而又异彩纷呈的民居建筑风貌,并与自然景观和谐共荣,形成了福鼎—太姥山的区域文化景观。该地区传统民居一般为土木结构或夯土式建筑,兼具山地民居与海岛民居的特点,还兼具闽东民居和浙南民居的特征。民居类型有山村、海岛与海防堡寨型建筑。北方移民进入福鼎,带来了中原建筑风格和儒家礼制文化,并适应当地的自然与人文环境,筑造了带有自身历史的聚落空间

---

① 彭一刚:《传统村镇聚落景观分析》,中国建筑工业出版社1992年版,第2页。

和人文景观。

　　不同类型的古建筑个案,从建筑空间、结构、装饰等角度,体现出建筑背后的形成原因和文化内涵。如白琳吴氏一族在四个不同地点分别建造了制式统一的大厝,从而在地域上笼络其家族实力;多姓堡寨潋城堡和单姓堡寨玉塘堡的巧妙设计,体现了明清时期海患与堡寨型建筑发展的关系;以西昆孔氏家庙与点头天后宫为案例的礼制建筑,从建筑个体的象征主义呈现出背后隐藏的人伦礼教和精神导向。

　　宗祠、堡寨等传统建筑,是联系民居建筑、聚落空间、人群社会的中心和纽带。它们所构建的建筑空间与聚落空间,是太姥文化区村落文化的意象。宗祠是儒家礼制文化在民间传播的标志,宗族制度在封建社会对福鼎地区的家庭和谐、社会稳固起到了重要作用。佛教等宗教的传播对福鼎地区的建筑与聚落空间的建构与演变产生了深远的影响,出现了如高家圆觉寺中祠、寺、学三位一体式建筑。玉塘等海防古堡建筑,体现出福鼎地区海防意识和村落人群的内凝文化。此外,宗祠的书院功能与朱子理学的传播教化密不可分,造就了古村落浓厚的"耕读文化"空间,创立和谐人居环境。

第一章　传统民居与太姥文化区的人文风貌

　　民居是最基本的建筑类型。人类依据自然条件、社会状况、文化传统来营造自己的栖居之地，也通过对住宅的建造和使用塑造并表达着对周遭情境的认知与体验。同时，民居又是各类公共建筑的原型，高堂、庙宇，皆始于此。特别是传统乡土民居，经过一代又一代人的传承与发展，它们对时空环境与历史境遇的感应要灵敏得多，也丰富得多。因此，传统民居最能够让我们体悟到文化所有具有的风土性和人情味。

第一节　太姥文化区的地理资源与文化景观

　　福鼎市位于福建省东北滨海边陲，东南临东海，西界柘荣，南连霞浦，北出分水关、叠石关入浙江二县，偏东与苍南接壤，偏西与泰顺毗邻，嵛山、台山、七星诸岛屏列沿海，大小嵛山岛之间为东南航海必经之门户，构成三面环山、一面临海的格局，可谓擅山海资源之利，处水陆交通之要冲。特殊的地理位置造就了福鼎独树一帜而又异彩纷呈的民居建筑风貌，并与自然景观和谐共荣，形成了福鼎—太姥山的区域文化景观。概言之，文化景观由自然景观通过文化集团的作用生成；文化是动因，自然区域是媒介，文化景观是结果。

一、"一方水土"养民居

　　传统民居讲求以自然生态系统为本，来构建住宅的人工生态系统。风格多样的福建传统民居因地理环境的差异而被分为内陆山地民居和沿海平原民居两大类。一般而言，内陆山地木材丰富，耕地稀缺，为节省耕地以为劳作，民居常建在山脚缓坡之上，竖向发展成多层住宅，以使用大量木材和生土夯筑技术保证住宅的坚固；沿海平原平地多，木材少，受台风所限，民居多采用将平面横向展开，形成多种院落组合的方式，以砖、木为主要建筑材料，进行空间的围合与分割。而福鼎山海相间的特点，使得这两大类型在当地民居建筑中均有所体现。

在此基础上,福鼎传统民居又依当地具体的自然地理条件产生出更多变化,并形成当地传统民居建筑的基本分布图式。福鼎陆上多山少田,丘陵起伏,溪河纵横,山地和丘陵占土地总面积90%以上。太姥山山脉斜贯西部,南雁荡山余脉从东北延伸入境,形成西北部和西南部群峰连绵,层峦叠嶂的山地景观;中部地势凹陷成盆状,形成块状盆谷;东北部丘陵凸起,东南近海有冲积小平原,整个地势从东北、西北、西南向中部和东南沿海呈波状倾斜。这种地势使该区域产生了中山、低山、高丘陵、低丘陵、盆谷、平原等多种类型的地貌形态,与不同形态的民居建筑相对应。民居聚为村落,村落构成乡镇,各据一方,各有千秋。

福鼎市区所在地位于福鼎北部,大部分地形为溪流冲击小平原。前岐镇位于福鼎东北部,因前岐山而得名,旧时是海滨港口,浙江明矾大都经此水路转运国内外,20世纪70年代围垦后已成为小平原。2001年从前岐镇划出12个村,设佳阳乡,2009年改为佳阳畲族乡。沙埕镇位于福鼎县东南部闽浙海岸之交,是东海流入沙埕港的入口处。店下镇原名玉屿,别称象山,位于福鼎东南部,境内多为海滩冲积平原,是福鼎的主要产粮区。太姥山镇(原秦屿镇)背靠太姥山,面临东海,位于晴川湾入口处,是福鼎南部第一大镇,原是海防要地,产业以渔业为主,70年代围海造田后,亦成为福鼎主要粮区。嵛山镇位于福鼎东南海域中,由11个岛屿组成,地图上标为福瑶列岛。硖门畲族乡位于福鼎南部,与福瑶列岛隔海相望。白琳镇位于福鼎中部,东南与太姥山相邻,是福建省著名的茶产区之一。点头镇在福鼎中部,有岽山屹立其间,别称岽山,"八尺门"内小海较盛,素有"小海之乡"之称,内海滩涂广阔。磻溪镇位于福鼎县西南部,境内山峦起伏,素有"福鼎屋脊"之称,山地多为黄壤覆盖,宜茶宜林地多。管阳镇位于福鼎西北部,地处高山地带,大部分村庄都在海拔600米以上。贯岭镇位于福鼎北部,为闽浙交通要冲。叠石乡是纯山区,位于福鼎西北边缘,地势险峻。在这些乡镇村落中,兴造住宅是最基本的建筑活动,住宅的数量也远非任何一种其他建筑可比。由于祠堂、庙宇的模式化程度一般比较高,各地相差不多,因此住宅往往成为决定村落面貌的最重要因素之一。

地貌类型的多样性对气候、植被、土壤、水系及其他自然要素的形成也造成了深刻影响。人们根据一方水土建造居所,尤其是传统建筑,居所形态与建筑方法表现出对当地自然环境的高度适应性。福鼎位于亚热带季风气候区,整体上气候温和,雨量充沛。而三面环山、一面临海的地势又形成了当地的小气候特征:海洋性气候显著,夏长冬短,秋温高于春温;冬夏季风交替,雨季旱季分明,入夏行偏南风,较为湿热,且有台风现象出现,5—6 月的梅雨季和 8—9 月的台风雷雨季是降水高峰期,冬季行偏北风,气候干冷。由于地形较复杂,气候也富有区域性特征,例如夏季和冬季维持的时间,高低海拔地区相差 70 天左右;降水沿海少,内陆山区多,太姥山是降雨中心区,年平均雨量高达 2000 毫米以上。这种气候特点使得民居建筑尤其要考虑到防潮问题,例如体现在山区民居中的楼层和木结构设计。而沿海区域的建筑要能够应对台风,为纵向多层结构,且需要更多抗风加固措施,如石块的运用。

福鼎山区木材丰富,可供成为山地民居建筑的主要材料。林区属中亚热带常绿阔叶林带,尤其从白琳镇柴头山至磻溪五蒲岭一带,旧时相当茂盛,清嘉庆十一年编《福鼎县志》记为"万里林隘",后曾遭遇不当利用和破坏。林区经人工植被栽培,有所恢复,但植被组成已改变,针叶林和灌木占相当大比例。

福鼎境内土壤垂直分布和区域分布明显。随着海拔、水热条件和植被的变化,海拔约 600 米以下分布红壤,600—700 米为黄红壤,700 米以上为黄壤,是夯土墙的主要成分。土壤区域分布呈滨海平原区、河谷平原区和山地丘陵区,各区域土属成分不尽相同,尤其是水稻土,分布于红壤地区的山垅、沿溪流两岸、河谷平原和滨海平原,使得这些区域能够以农耕为生,并发育出一系列具有鲜明农耕文化特点的民居。

福鼎水资源丰富,形如手掌,具有向心水系特点;大小溪流纵横密布,从北至南、由西到东构成水网。村落多选址在河谷溪流之处,民居依河而建,互为景观关系,并对传统乡间风水空间格局的形成起着至关重要的作用。

二、传统民居的文化土壤

独特的自然地理条件不仅孕育了具有当地特色的民居形态与营造方式,也在这样的环境中发展出一套与之相得益彰的文化系统。同时,文化系统又作为人类对环境的调适方式,影响着作为物态人居空间的民宅建筑风貌。

福鼎地区文化底蕴深厚,是闽越和瓯越文化的交汇地之一,中原文化进驻也较早,唐宋以来就是闽浙之间的重要城镇。深厚的道教、佛教、儒家文化,独具民族特色的畲族文化,以及闽东老区的革命精神共同构筑了现代太姥的多元文化体系。

太姥山岳为福鼎地区风景名胜之精华所在,主峰海拔 917 米,以峰险、石奇、洞幽、雾幻四绝著称,曾被汉武帝封为西岳之神,与闽西北武夷山、浙江雁荡山并列为东南三大名山。两地民众对这一自然观景有不同的描述,在福建,太姥山与武夷山两大地貌,常被称为"双绝";在浙东一带,太姥山与雁荡山,常被称为"昆仲"。根据县志记载,早在 1966 年,中央新闻电影制片厂摄制组就曾到太姥山拍摄《海上仙都》纪录片①,介绍太姥山风光,太姥山"海上仙都"的称号也由此声名远扬。1988 年 8 月 1 日,太姥山经国务院审定,正式列为国家重点风景名胜区。

福鼎境内东北—西南向的地壳断裂运动,加速了东南部的抬升作用,使侵入的花岗岩出露地表,构成了太姥山地区的奇峰异石。同时,这一地区还受近南北向和近东西向节理控制,发育了一系列大型走廊式裂隙岩洞,成就了太姥山别具一格的自然景观。太姥山的岩石特质是以粗粒花岗岩为主,经长年累月的风化,岩石形成千变万化的石头景观。文化的想象力赋予物(即岩石)不同的特性,一些岩石景观被赋予人性、诗意、传说、传奇或特定的文化意义,例如,夫妻峰、金龟爬壁、太姥升天石、擎天一柱、仙人锯饭、九鲤朝天、二佛谈经、观日台等等。大姥山西北麓还特产一种黑色花岗岩,色调凝重,纹理雅典高贵,具有耐磨、抗腐蚀、吸水性好等特性。由于产于福鼎,又被原国务院建材部命名为"福鼎黑"。福鼎黑属于低辐射岩石,是环保型产品,且质量上乘、价位适中,是理想的建筑材料。白琳镇也成为全国建筑石材基地之一。

太姥山融山、海、川及人文景观于一体,集中体现了福鼎一带的自然风貌与人文色彩。太姥山被誉为"仙都",为道流修真的重要场所。在秦汉"神话"时代,太姥山就已经确立了其在"仙界"的地位。《中华道教大辞典》收有"太姥山"词条,描述为"峰峦奇特,洞壑玲珑。东汉至晋为道教名山,唐以后释、道并立"。丹井是太姥山中具有代表性的道教地点。丹井在滴水洞下。相传容成子居此修炼,常苦乏泉,忽一夕裂成是井,有虎守洞,猿候火。及丹成,猿、虎各食其余,虎变为黑,猿变为白。在福鼎流传的民间故事中,福鼎白茶的诞生亦与太姥山有关。据说,太姥娘娘使用白茶治愈小儿麻疹因而得道成仙;对太姥娘娘的崇拜得以在民间流传也有赖白茶传说中的神奇功效。作为本土宗教,道教文化对建筑的影响可谓深远,既表现在民居形态及营造过程中对风水的讲究、居所及村落布局中对各路鬼神的安置中,也表现在道教化的人观、宇宙观通过人居建筑空间的物化呈现中。风水说中关于"水""风""土""气"的论述,与当代生态学中对水循环、大气循环、土壤岩石圈以及动植物等生态关系的处理和运用,有诸多暗合之处。

太姥山处于闽东与浙东地区,也是佛教事业盛行的地区,曾经遍布大小约三十多座寺院。幽静的山岭契合佛教思想的境界,"自然"景观与"文化"景观融为一体。众

---

① 卢宜忠主编:《福鼎县志》,第 20 页。

多寺院中,以国兴寺最为有名。国兴寺始建于 877 年左右(唐朝乾符年间),但在宋朝因大火而烧毁,在近代得以重建,于 1989 年由官方公布为县首批文物保护单位,也是福鼎地区宗庙建筑的代表。太姥山麓太姥山镇(秦屿镇)潋城村的灵峰寺也可谓传统文化的圣地。灵峰寺大约始建于唐朝咸通九年(868 年),但宋朝时被大火烧毁后重建,大约在明朝天启七年(1627 年)重修。现时寺院内存有唐宋年代的石刻 60 多块,内容多为佛家题材,另有诸如佛像的须弥座、头顶仰莲佛座等佛教造像。

国兴寺遗址

虽然拥有天然良港和广阔水域,历史上的闽东地区仍以务农为第一等生业,入仕主要靠科举,属于"耕读文化"。教育事业发轫于唐,至宋已盛,有书院、私塾、官学。尤其自宋明理学兴起以来,闽东成为理学的重镇。南宋庆元年间,宋大儒朱熹曾受其弟子潋城村人杨楫之邀请到此讲学,并设石湖书院,吸引了大批福鼎士子前来听讲。原为石湖观的潋城石湖书院遂成为儒生之圣地,至今仍存建筑痕迹。朱熹虽然在福鼎只有短短数月,但有力地推动了该地区的文风,影响深远,百年间福鼎有 20 多名进士及第。历代科举中出过许多文武人才。清嘉庆知县谭抡曾写道:"名儒辈出,民厚俗淳,忠孝节义,史不绝书,理学文苑,后先辉映。"此外,佳阳乡周山村、管阳镇西昆村等也都是崇尚读书明理之地,前者以周氏宗祠为核心,形成了 2000 多米长的环村"书堂古巷",后者则尊先贤孔圣遗风,至今致力于研修传统文化。

在老庄之风、佛法普度和儒家传统的影响下,福鼎一带的民风民俗以淡泊相标榜。这种价值取向必然在建筑上有所表现,尤其是与生活密切相关的居住建筑。福鼎传统民居喜好素淡,不尚浮靡,住宅与村落环境交融,朴素自然而又相映成趣,颇有田园诗情与山水风采。

在明清期间,畲族聚居从闽粤赣三地的交界迁移到闽东、浙江,并融入当地,在文化历史、社会结构、风俗、建筑等方面都留下了不可磨灭的痕迹,例如闽东大宅的"分家同居"。除硖门、佳阳两个畲族乡外,福鼎还有许多畲族人口杂居境内各地,形成了具有浓郁畲族文化气息的村落,保存着许多传统民居建筑。

闽东地区作我国东南地区的苏区,有着悠久的革命传统,曾是粟裕、刘英、叶飞、龙跃等革命先辈以及中国工农红军挺进师战斗过的革命老区。在 1927 年,党的组织就在此建立了闽东的红色根据地。之后,当地闽东籍爱国人士还建立了中共闽东特委、闽东苏维埃政府以及中国工农红军独立师。作为"红色堡垒",福鼎深受光荣的红色文化侵染。

闽东与浙南两地有着文化交叉的特点,在诸如方言、建筑文化等方面都有所体现。太姥山名称的由来就隐含着这一区域文化传播的途径。在我国东南地区(福建和毗连地区),有很多山是以"太姥"为名,例如,浦城太姥山、政和太姥山、漳浦太武山、浙江新昌的天姥山。① 这有可能证明东南沿海自古以来是同属一个文化区系,有着相同或类似的文化内容和族群特点。而两地山明水秀的自然景观,深厚的文化底蕴,淳朴的风土民俗,独特的畲族民族文化等,素来互有渊源;如今作为不可多得的人文地理资源,更是互通有无,连为一带,共同构成福鼎—太姥山的文化网络。

三、作为传统建筑、地域建筑与乡土建筑的民居

索尔(Karl Sauer)的文化地理学关注在特定区域里长期形成的人与自然的关系。② 在他看来,在不同的地方存在"土地"和"生命"之间不同的物质关系。作为人类的文化创造,农业系统、居住系统、交通系统等在田野系统、房屋类型或道路网络等景观中都留下了可视的物质痕迹,这些痕迹构成了文化景观。换句话说,当文化伴随

---

① 卢美松:《闽中稽古》,第 585—586 页。

② Carl Sauer. 1925. "The Morphology of Landscape." in Leighly, J. 1963. *Land and Life: A Selection from the Writings of Carl Sauer.* Berkley: Uniersity of California, pp. 315–350.

着时间长期而持续地作用于自然环境时,也就形成了不同的景观;即便是在过去的景观中,我们也可以看到现实作用的痕迹。

对传统民居建筑形成及发展的了解,离不开对其自然地理、文化系统以及社会历史环境的考察。在就传统建筑而言的诸多分类和描述中,有三种不同倾向的概念:传统建筑、地域建筑、乡土建筑。传统建筑是由文化传承下来的特定建筑,具有历史性、遗传性和地区性。传统建筑既强调时间概念,也强调空间概念,反映的是历史文脉与地方文化的传承。地域建筑是与其所在地域的自然生态、文化传统、经济形态以及社会结构之间密切相关的特定建筑,体现出地域性、普遍性、关联性的特点。其中,地域性指该建筑产生于特定的地理空间或地域单元;普遍性指该建筑在该地域普遍存在并具有相当的规模和密集程度;关联性指该建筑与所在地域的自然与人文环境密切关联并和谐共生。乡土建筑的提法比较侧重于民间建筑,特别是乡村聚落建筑,强调建筑孕育于一个相对整合的文化或方言区内,出自当地民间工匠之手,土生土长,是平民文化或乡土文化的一种表达。保罗·奥利佛在《世界乡土建筑百科全书》中指出了乡土建筑的几个要素:本土的、匿名的、自发的、民间的、传统的和乡村的,概括了乡土建筑的基本内涵。这三种概念各有侧重,也互有交叠。中国的传统民居可谓同时具备传统、地域、乡土建筑的特点,满足了这三种提法的概念范畴和重点。

一方水土养一方人,对于作为人居建筑的住宅也是如此。一个地区传统民居的形成和发展经过了漫长历史时期,必然要能够与当地的自然和人文环境和谐共生才会得以延续。传统民居的营造方式、空间形态、艺术风格、装饰手法等,都沿袭着某种相同的模式或范本,这种模式或范本即是充分适应的结果。这不仅意味着,它通常集合了当地建筑的技术成果和观念成果,是当地建筑的典型代表,也意味着其普遍化、规模化存在的可能。而对于一个以农村为传统根基的社会而言,中国大量的传统民居又都是土生土长的。作为广大平民的栖身之所,它无疑凝聚了民间乡土的文化意义。福鼎地区的传统民居,既作为一份历史遗产,让我们得以追寻文化的踪迹,又以景观的形态,将乡村民间世界的感知凝固为一方风物。同时,作为富有特色的地域建筑和聚落形态,展示着当地的文化品质、价值取向和自然适应性,最显著表现了所在地域的人文风貌。当然,虽然地域建筑产生于特定的地理空间中,但并非所有的地域建筑都出现在原生环境里。不同地域出现的建筑也会随着移民活动出现在其他的地理空间,这点在福鼎地区传统民居风貌中也有所体现。

在对福鼎地区的建筑景观进行研究时,文化地理学的主张、文化景观的意识、文化区域的视角是一种合适的分析路径。文化地理学主张通过地区内的人造物及文化痕迹的扩散,对地区的景观进行研究。思考景观意味着发现一个地区及其所呈现的外观,如何被赋予意义。文化区域被理解为有着不同景观或不同建筑、不同耕作技巧以及不同人口类型的区域。相对于将地理或地域描述为一种客体的物理存在,文化区域的视角更能够反映人与自然的互动关系,以及人类活动的真实面貌。"太姥文化区"的概念正是这一视角的充分表达,尤其将其落实在作为人文景观之一的民居建筑方面,这一概念无疑具有重要的学术意义和应用价值。

第二节　传统民居的建筑类型及特点

在传统的"人—地—建筑"的和谐关系中,人们依赖所在地域的自然与文化环境创造特定的建筑。福鼎人民世世代代耕山驭海,安居乐业,创造了饱含当地风情的文化景观;传统民居正是其中最精妙之处。

一、古建名村

由传统民居赋予其主要形态的古村落,在中国广袤的山川田野中极富韵味。福鼎市有多个村落先后被列为中国传统村落,例如磻溪镇仙蒲村、太姥山镇潋城村、店下镇巽城村、管阳镇西昆村、硖门乡石兰村、佳阳乡周山村等,皆因其传统建筑风貌闻名。古民居、古书院、古驿站、城堡、廊桥、碑亭、寺院、庙宇等,构成了闽东古村落的建筑空间格局和建筑类型。

仙蒲村位于福鼎、霞浦、柘荣三县交界处,古为长溪、福宁十三都地。村落四面环山,中央平坦,有溪流经过,两岸村民临水而居,由碇步和石桥连接两岸。古民居多为木构,延续了清代闽东的建筑风格,并融合了独特的畲寨风情。

潋城村位于太姥山东麓纱帽峰下,相传古时有大宅20余座,城仓10余间,庙堂、戏台若干,小巷甬道纵横交错,置身其中如入八卦阵中不知所向。潋城村最为人称道的是明朝抗倭古堡,现古堡形制及城墙依然保存完好。

巽城村有丰富的考古价值。该村范围内,古人类发展出"马栏山文化",各种器具和陶片被发掘出来。同时,巽城曾是福宁古道中十分重要的一段,至今仍可见诸多颇具历史价值的遗迹,例如古官道、古民居、古炮台、古街等等。明代为抗击倭寇建巽城堡,村落西面的彭家山坡依然存留古炮台的残余遗迹。村落内保留的施氏大厝、陈氏三大厝、何氏三大厝、林氏大厝等古民居,是闽东北地区"府第"大型古民居群的建筑代表,呈现了福鼎地区传统民居的建筑特点。

巽城古民居

管阳镇金钗溪村,因村内有一条金钗溪而得名,溪水清澈。村内有着丰富的历史文化遗产,村内的古桥、古道均具有高度的文物价值。其中,以金朱桥最为著名。金朱桥约建于明朝,在清乾隆、咸丰年间先后重修。古桥的结构特点是半圆形单孔石构廊屋桥,全长 28.24 米,宽 4.27 米,高 4.2米,廊道上镶有精美的木雕手工艺。古桥已在 1997 年 12 月被列为文物保护单位。

西昆村被称为"江南孔裔第一村"。根据《西昆孔氏家谱》所记载,清康熙年间,孔子后人第 64 代孙孔尚荣和孔尚志兄弟,从山东辗转迁徙到福鼎西昆,逐渐繁衍,使该村发展成孔

管阳镇金钗溪村金朱桥

子后裔在江南最大的集中地。西昆村有多个明清时期建筑的民居老宅,依山而建。孔氏家庙规模庞大,是为太姥山一带宗庙建筑的代表,圣人殡、书灯田等独有习俗至今散发着圣贤的气息。如今的孔氏家庙自2008年起开办私塾,教授国学知识和传统文化。

石兰村相传已有近千年历史,邓氏先祖从江西吉安庐陵县迁徙而来。元末明初,倭寇作乱,村民集体逃离。第二始祖邓五公带领村民重振家园,并吸取倭寇劫村的教训,于明万历八年绕村建成城墙城堡,城内呈长方形,以石堡城门为村入口,连接一条青石巷道。古堡古道犹存,古风盎然。此外现存古井三口,井水甘洌,冬暖夏凉。

碶门石兰城堡

周山村与浙江苍南毗邻,周氏宗祠始建于明万历元年(1573年),祠堂由120根木柱和精雕的大梁撑起,规模宏大,堪称"周山古建文物博物馆"。周山古戏台坐北朝南,占地1500多平方米,由主戏台、观戏楼台、土地宫所组成,中间围成一个天井,至今已有430多年历史。

除此之外,在福鼎的许多乡村中都能够寻见传统民居的身影。作为凝固的文化符号,它们以其古朴深厚的文化历史气韵,展现着太姥文化区的风雅之姿。

二、民居类型与特点

福建建筑文化的形成和发展与闽文化密切相关。闽文化具有多元性、地域性和融合性特征。① 福建传统民居受闽文化的影响,逐渐形成具有鲜明地方风格和丰富

---

① 戴志坚:《闽文化及其对福建传统民居的影响》,《南方建筑》2011年6月,第24页。

文化内涵的独特形态。

黄汉民先生曾将福建传统民居分为六类:闽西土楼民居、闽南土楼民居、土堡民居、福清莆田红砖民居、闽南红砖民居、灰砖民居。① 福鼎地区一带的民居属于灰砖民居。虽然从方言语系、文化风俗方面来看,此种分类方法有待商榷,例如将福清、莆田归为一类是否合适,灰砖民居范围涵盖闽东、闽北、闽中、闽西的大部分地区是否过于宽泛,但这种分类方法为我们展现了民居风格的一种直观(材质、色彩)差异。

另一种分类方法是从文化的角度来区分民居类型。由于福建的族群和文化构成主要来源于北方汉人的移入,不同时期的汉人南下,带来了中原不同时期的建筑形式和风格,对福建民居形式、风格的形成影响深远。因此,民系可以作为文化的单位,成为区分民居类型的依据。目前汉人民系的划分主要是以语言来确定的,故而语言片区又成为民居系谱的直接标识。南迁的汉人带来了中原不同时期的汉语,在不同的定居地与当地土语融合,形成了众多的福建方言。闽北方言大约形成于东晋南朝时期,闽南方言大约形成于唐初,闽东方言大约形成于五代十国的闽国时期,闽中方言大约在元明之后从闽北方言中分化出来,莆仙方言大约在两宋时期从闽南方言中分化出来。福建省的行政区域与闽海系的区域分布基本一致,近闽西、闽西南为客家系,浦城县的中、北部属越海系。根据北方汉人迁移时间、地点、地域分布的不同,闽海人可分为闽南支系、莆仙支系、闽东支系、闽北支系和闽中支系,对应于闽语的五大方言区。

戴志坚根据"民系—语言—民居类型"的演变模式,将福建诸地方民居的建筑文化现象概括为:闽南民居—海洋文化、莆仙民居—科举文化、闽东民居—江城文化、闽北民居—书院文化、闽中民居—山林文化、客家民居—移垦文化。其中,闽东又可细分为南片和北片。南片以闽江下游的"十邑"[闽国时期福州所辖县份 12 个:闽县、侯官、长乐、福唐(今福清)、连江、永泰、古田、尤溪、宁德、罗源、闽清、长溪(今霞浦)。除长溪、宁德在闽东沿海外,其余都在闽江下游。这个范围便是现在通行福州话的十邑]为主体,北片指以宁德市委中心的八个县市。② 闽东文化在很大程度上是中原文化的延续,反映在民居的形制和民俗上,既与中原地区存在相同之处,又有自己的特色,体现了朴实的审美观和深厚的文化性。福鼎地区的传统民居属于闽东北片民居的基本形制,但依据其自然景观与文化脉络的特点,江城文化显然不足以概括境内民

---

① 戴志坚:《地域文化与福建传统民居分类法》,《新建筑》2002 年 2 月,第 21 页。

② 同上,第 22—24 页。

居建筑的全部形态和内涵,因此,在"闽东民居"的基本模式里存有许多变化。

福鼎地区传统民居一般为土木结构建筑或夯土式建筑,在当地自然条件、历史条件、社会条件的作用下,融合了环境、文化及审美等诸多地方性要素,兼具山地民居与海岛民居的特点;而周边地区建筑风格的相互影响,以及人口流动和商业活动所带来的民居风格交融,使得传统民居还兼具闽东民居和浙南民居的特点。传统民居总体上呈现为山村型和海岛型两大类型,另外由于抗倭的历史遭遇,当地还有一类特别的民居建筑类型——海防堡寨型建筑。

山村型:

闽东的传统山村民居根据当地特点和生产、生活的需要,普遍采用合院、敞厅、天井、通廊等形式,使内外空间既有联系又有分隔,构成开敞通透的布局,给人朴素自然之感。福鼎一带风景优美,太姥文化底蕴深厚,山村尤其适于耕读。特别是两宋时期,南迁的士族多为读书之人,随着在此科举入仕人数的逐渐增多,树牌坊、建书院、修祠堂之风兴起,在民风民俗上崇尚淳美、朴实,深受儒家道统思想的影响。

闽东传统民居通常在正房东西两端的南部建有两座相对的厢房。两座厢房南端之间设照壁。照壁、东西厢房及正房构成口字结构,中间空地为天井。进一步扩展,在正房以北适当的距离再建正房,两座正房之间的东西两侧再建厢房,称二进。以此类推可发展成三、四、五进。福鼎山村灰砖合院民居中最常见的布局形式是纵向组合的多进式布局;规模较大的府第,平面布局大致由几组多进的合院并排构成。此类住宅的厢房多不供家人居住,建造者多为豪族世家。如太姥山西麓白琳镇的翠郊古民居(或称翠郊大厝、吴氏老房子),距今已有二百多年的历史,建筑规模宏大,是江南地区发现的规模最大的单体古民居建筑群,2005 年被列入福建省文物保护单位。民居的基本结构以三个三合院为主体,建筑风格既有皇家宫殿建筑的恢宏之气,又结合江南民宅精雕细凿的特色,所有梁、柱、窗、门皆饰以木雕图案。房主据传为吴王夫差第 104 代孙,是乾隆年间的富有商人。翠郊古民居建筑群作为太姥山地区大型山村型传统民居的建筑代表,几乎吸收并体现了当地传统民居的所有精华特点。

闽东传统民居多筑土墙围护,是为封火墙(亦作风火墙),山墙中央向上弯成弧形,檐边略翘,当地人又称马鞍墙。这种弯曲的风火墙成为闽东民居最强烈的视觉特征,随着屋顶的高地而起伏,更加优美生动。而闽北民居的封火墙是阶梯状的,线条硬朗。福鼎山村灰砖民居则使用夯土墙、土墙、白灰粉面的土墙或砖墙、灰砖清水墙为围护墙,内部多以木结构为主。建筑平面布局为合院式,正房开间多,中轴线左右对称,规整而严谨。天井大小适当,院落富有层次变化,空间舒畅。民居一般采用带披屋的形式,主体房屋的两山升起,屋脊高翘。民居的维护墙用蛮石砌成,屋顶大多为悬山顶,明间为堂屋,房屋较大,次稍间为卧室,因进深大,故多辟为前后间。前后檐柱用梭柱、月梁和斗拱,木架构外露,外隔墙多用竹篾夹泥白粉墙。建筑前后以石墙围成后院,前院家务,后院杂物。明末清初民居门楼一般木结构,三柱三檩双坡悬山顶,清末门楼用水磨石板和青砖结构,门堂上做成砖砌瓦盖跌落式罩头,门楼一般为三间三楼。檐柱木斜撑构件造型简洁。明间大厅前檐设围护格扇门。因境内温暖湿润,雨量丰富,檐口勾头滴水体积大而拙。石柱础形式多样,有瓜形、鼓形、四边形等。这一区域的普通民居,建筑形制古拙,结构简朴,不注重装饰,保留了许多早期做法。

海岛型:

福鼎境内拥有广阔的海面、滩涂,便于捕捞、养殖,渔业生产得天独厚,位于台山列岛的闽东渔场尤其以水产丰富著称。沿海与河口区,以往因潮水侵袭,容易毁坏住宅,房屋建得十分简单。许多住宅以竹木为架,屋顶至基部尽用稻草筑成。内陆位于河流两侧的村镇,许多临河人家在河中树桩,桩上铺板,板上筑屋,并与岸上建筑连为一体,构成水上住宅。海岛住宅以风暴为首害,住宅多选位于背风向南之处,且墙甚低,以石筑成。屋顶多以茅草覆盖,以石块压背,并结绳网覆之。海岛型民居与海域、农田共同形成村庄山水格局,街巷格局、田屋层次、民居建筑与山海的互望关系是组成海岛村庄的主要板块。

在距福鼎不远的福州平潭县敖东镇,有一处村落建筑——青观顶村石厝群。青观顶村与内陆村庄很不一样,为了适应海洋的自然条件,村民以岩石为建材建造居所。从地基到墙面,从门框到梁柱,包括屋顶的压瓦石,基本上均采用周边山体的花岗岩石料。独特的石头厝建筑外形朴素大方。村里有一个巨石屋,名为"一片瓦",始建于明朝洪武年间1380年,距今已600多年,被誉为平潭十景之一。清代举人林琪树游览后,在石屋旁边的石碑上留下了"浑然片瓦盖名山,别有洞天在此间,踪迹去来人不见,只看峰上白云还"的诗句。

海防堡寨型:

据《明史·地理志》载,北岭(福鼎)"福建北至岭,故名"。地方志书又称:"州志有桐山司,大岗镇其东,沈青卫其西,叠石拱其北,沙埕襟其南。陆地北达浙江分水关。据上游之势,水路东通瀛海,烽火门扼天堑之雄,右面有三十六弯,昭仓岭、百步溪、水北溪环绕左右前后,气象雄伟,隐然一全闽锁钥。"作为出入闽地甚至陆地的关口,福鼎的险要地势使其亦成为海防重点。根据嘉庆《福鼎县志》"海防"所记载:"福鼎地处闽北,与浙洋交界,最要口岸有三:曰南镇,曰潋城,曰泰屿,逼近外洋……前代屡遭倭警。"为抵御倭寇侵袭,福鼎沿海一带发展出海防堡寨型建筑。明洪武二十年,江夏侯周德兴入闽防倭,于烽火门(今小嵛山西侧烽火岛)设置水寨,与南日、浯屿、小埕、铜山合称闽海五寨。永乐二年,由店下喻氏宗族倡建店下海堤,将原横塘、赤屿塘、蚶姆塘三处老塘堤连绕而成,为福鼎县最早万亩海堤。嘉靖十七年,土官陈登倡建秦屿堡,以御倭寇。嘉靖三十八年,桐山乡人(一说为高家所筑)筑石堡以备抗倭。嘉靖三十九年,玉塘村民为御倭寇筑玉塘城堡。嘉靖年间,潋城乡里叶、王、杨、刘、邓家族筑潋城土堡,以防倭寇。①

　　玉塘城堡位于桐城街道玉塘村,石构,北顺山势,南沿海边环绕,设有东、西、南三门。太姥山镇潋城村的潋城古堡位于太姥山东麓,由潋城古堡和灵峰古刹组成,太姥山也因此成为福建明代抗倭的主要据点。现今的潋城古堡大致上保留原貌,城堡呈圆形,四周筑城墙,绕村一周,由岩石和卵石叠砌而成。古堡亦设有东门、西门、南门三道城门,向北依崖壁。可能为了防御的功能,城门仅仅容纳马车通行,大件的货物需要在城门外处理后才可运入城内。城内无城楼,有东西向街道一条,以卵石铺筑而成。街道两侧有民居和小巷排列,古色古香。城内尚存部分宋代古迹,例如泗洲文佛石屋、三官堂、猴仙宫等,以及潋城农民暴动等革命遗址。潋城村曾是古代文人荟萃之地,南宋时,著名史学家郑樵、理学家朱熹先后在此讲学。朱熹高足杨楫出生于此,所设石湖书院遗址尚存。

　　明末清初,由于东南海氛不靖,为拱卫家园,福鼎地区人民兴建了不少海防型堡寨,除了上述潋城、玉塘、秦屿等古堡外,比较重要的还有石兰、杜家堡等。

三、福鼎民居与浙南民居

　　福鼎地区的民居建筑还与浙江,尤其是浙南建筑关系密切。浙江和福建两省毗邻,具有地缘关系。中原南徙的移民,或从沿海路线进入闽东,或从内陆路线进入闽北,浙南闽东地区成为这两条移民路线的中转站,同时也是闽人北上的必经之路。两省在经济贸易和文化交流上关系密切,传统民居具有相似性和可比性。根据黄汉民先生的红砖与灰砖理论,闽东和闽北的传统民居属于"灰砖"民居。描述浙江民居现

---

① 卢宜忠主编:《福鼎县志》,第8—11页。

象特征最凝练的词是"粉墙黛瓦",福建的灰砖灰瓦实际上就是浙江的青砖青瓦。[①]
而闽东民居可谓浙江民居向福建的延伸。

相对于浙北而言,浙南民居类型因和福建接壤,建筑基本布局更接近于福建民
居;而在福建民居中,又与闽东北线民居最为接近。以山村型传统民居为例,建筑布
局长方形,多为带门厅的二进三开式、厢房面阔一间。民居门楼有中门或挡板,正屋
开间少,主体建筑一般为三正两厢,天井院较浙北、江南民居更为狭小,井窄楼高。明
间为厅,厅堂多为单层,两层通高,抬梁结构,大进深又使得穿斗式木结构具有多排擦
柱,前廊做轩顶,丁头拱挑檐,神龛及祖先牌位放在正座的左右甬门上方,而神位则放
在香案上或神橱里。民居设有牌楼式的大门,分别有石砌大门、砖石混合砌大门、砖
磨制后砌成等类型,有一字形和八字形两种,前者下枕墩石,上挑披檐,后者为四柱三
间牌楼门。夯土砌筑封火山墙,石砌墙基,少数也有用实心砖砌墙体。山墙类型多
种,有一字叠落式、帽形或鞍形式。

浙江南部的永嘉、泰顺等县,春秋战国时代属古越文化一支"瓯越"。西晋末年
中原大乱和宋室南渡,大批中原士族迁徙至永嘉。永嘉人引以为豪的是"王羲之治尚
慈惠,谢灵运招士讲学,由是人知向学、民风一变"。实际上,改变永嘉文风的,还是宋
代理学的勃兴,将儒家伦理道德教化付诸实际,于乡间创办很多书院。科举是取仕的
主要途径,此举极大地激发了当地人的读书热情,产生了所谓的"永嘉文化"。

不过,这一代不仅对于理学进行研习,还进一步批判继承,产生了与理学、心学鼎
足而立的"永嘉学派"。"其学主礼乐制度,以求见之事功",于田赋、兵制、地理、水利
亦甚下工夫,提倡功利之学,进而发展成讲究古今之治,"弥纶以通世变"的价值追
求。这种勇于开拓、善于进取的开放态度也反映到建筑的精神风貌中来。

相对于广泛流行于江南一带,追求整体秩序、受制于马头墙格式化空间秩序的徽
州建筑而言,浙南建筑重视单体形态,屋顶作为一种主要表现手段,轻盈飘逸,极富变
化。木构大多取原木,鲜有雕凿,就地取得的山石成为主要建筑材料。它朴素亲切,
与环境有着很强的亲和力。与徽州民居的守矩不同,浙南建筑大多不拘泥于固定的
类型,善于随环境、建筑功能乃至材料而变通,从而更鲜活富有生气,与徽州建筑的古
拙刻板形成对比。[②] 在建筑格局中,透空的亭最能表现永嘉民居的风貌,这是永嘉民
居开放性的必然结果。与徽州民居或江南园林相比,永嘉民居缺少那种必工于细的

---

① 祝云:《浙闽传统灰砖合院式民居空间形态比较研究》,华侨大学硕士学位论文,2006 年,第 1 页。
② 黄道梓、朱永春:《徽州与浙南民居风格比较》,《小城镇建设》2005 年第 5 期,第 73 页。

风格,而更多表现出灵秀明丽之感。

这种建筑风格影响了福鼎一带的民居建筑风格。在福鼎的传统民居中,也出现了亭这样的设置,例如吴氏大宅,不仅营造出轻快的景致,还起到了在保持通透感的情况下划分空间的作用。而亭内藻井的超规格——藻井的使用一般严格限定在礼制建筑与皇家建筑而非民宅中——设置更体现了浙南开放之风的感染力。浙江由于较早使用金属农具,多实行个体家庭的劳动组合方式。考古材料上显示,浙江居民从西周就开始使用夹沙红陶鼎,一般可任意随葬。再加上经济发展与商业繁荣,重人文的市民意识强烈,经常出现"逾制"之举。故而,浙南民居的亭中常有藻井;随着亭的传入,此种超标构件亦成为福鼎民居的特色。福鼎民居在很多方面都表现出制式中富于变化的情趣。

另外,在闽东北线的民居中,天井两侧的厢房也和浙江的形态较为接近,为二层楼房,在厢房靠天井处布置单层檐廊。民居厅堂较深,一般有活动屏门设置,分为前后厅。在单落合院式民居中,厅堂多为单层,两层通高。部分居民会在两层通高的大厅上方设置夹层,作储物之用。因此,大厅前后厅高度不一样,以后厅二层部分和走廊来连接整个二层平面。由于前厅两层通高,二层平面的后厅部分只能朝后院开窗。

当然,浙南建筑业也在一定程度上受福建建筑的启发。浙南建筑在东南建筑中属浙海建筑文化区东瓯文化亚区,历史上主要受晋室南渡和南宋偏安影响,建筑风格形成于宋。浙南古村落居民大都迁自外地,有三种来源:附近居民,中原地区为躲避战乱而来的居民,福建浙江沿海为躲避倭寇骚扰迁居而来的居民。其中,北方移民多于宋前迁入,来此居住的共同原因不外乎此地风水甚佳,背山面水,经济来源多,可经商可耕读等。但在此之前,五代末期,闽国大乱,统治者父子兄弟交相攻杀,已有大批闽北人来到瓯江流域。因此,浙南的建筑实际上接纳了福建迁入之民带来的技术,如夯土围墙、风水布局等,故形成了同浙北相异的建筑特色,反映了中国文化的宗法情感和礼乐气氛。①

第三节　传统民居建筑的文化调适与情怀

由于自然环境及人文景观的不同,中国传统民居呈现出千姿百态的景观意象和

---

① 黄培量:《温州民居历史发展及特征研究》,《东方博物》第 44 辑,2012 年 3 月,第 99 页。

文化表征。在福鼎地区的民居中，人们看到的是质朴无华的建筑外观、就地取材的建筑材料、简单实用的居住功能以及村落与周围环境的有机融合，宜人亲切。它强调的不是每个民居的精致，而是整个村落与周围山、水、人之间的和谐共生关系。

一、"适宜"

传统乡土建筑的选址、建筑群落布局把环境放在首要地位。首先要求村落、居所依山傍水、坐实向虚以适应地形、地貌；其次考虑村落总体分布，由枕山环水、负阴抱阳的理想空间模式孕育出村落形态。

在福鼎境内，内陆山地木材充裕，耕地不足，村落往往选址在河谷溪流之处。为避免占用耕地，民居尽可能修建在相对不利于耕作之处，而把平坦肥沃的土地用作农田。村民常选取山脚缓坡之上作为宅地，沿坡地竖向发展形成多层住宅，以丰富的木材资源和生土夯筑技术确保住宅的坚固耐用。由于山地地形多变，传统民居利用原本地貌环境中坡、沟、坎、台等形态，随高就低修建住房，就呈现出错落有致、俯仰相映的建筑群景观。

而沿海平原则平地较多，木材较少，加之台风对建筑的影响，民居适合采用平面横向展开的方式来进行建造，从而形成多种院落的组合，并以青砖或石块辅以木材作为主要建筑材料构筑空间。沿海地区为抵御台风侵袭，在建筑布局上迎合海风吹来的方向，以疏导风向；迎风面多建成单层，屋面不出檐而做硬山压顶；瓦上用石头压牢或用筒瓦压顶，或用竹做的瓦钉将瓦片固定；屋顶周边用牡蛎壳粘住；屋脊做成镂空状，使风能顺利通过。海岛居民多将住宅建于背风向南之处，墙面很低，且用石头砌筑而成。屋顶经常遮盖茅草，用石块压背，再以结绳网加以包覆捆绑。[①]

由于地形复杂，太姥山一带的普通民居住宅院落并不大，四周房屋连成一体，房屋组合比较灵活，适于起伏不平的地形。该地区水资源较为丰富，小河从门前屋后流过，取水方便。水是南方民居特有的景致，水围绕着民居，民居因水有了灵气。此外，当地环境色彩丰富，民居建筑外墙多用白色，不仅利于反射阳光，也适宜与环境色彩相协调，粉墙黛瓦，颜色素雅，给人清爽宜人的感觉。整个民居建筑古朴、明洁、幽静。

为适宜于亚热带气候，开敞空间在闽东山村民居中被广泛采用。福鼎周边地区太阳高度角较高，民居大多通过高大的山墙和厅堂使室内空间高且阴凉。居室墙壁高，开间大，前后门贯通，便于通风换气；厅堂南北进深较大，提供了阴凉的室内舒适

---

① 王雪：《浅析福建传统民居的环境适应性》，《福建建筑》2014 年第 1 期，第 109 页。

感;以木结构为核心的住宅,整体上也能够降温隔热;同时,由于降雨量大,为便于防潮,尤其是应对梅雨季节空气的潮湿,民居房间多以抬高地面的方法来处理,故建二层楼房多,底层是砖结构,上层是木结构;木柱下设石柱础,以石材来砌筑墙体勒脚,多层木结构建筑底层用砖石砌筑墙体;砖泥外围墙壁土质吸水性强,有利于墙体防潮。为保障房屋顺利排水,屋顶深檐长翘增加落水速度和抛水距离,楼房分层处设腰檐,围墙、风火山墙上部做瓦顶,山墙门窗洞口上设雨披。

此外,人们还通过巧妙地设置庭院来组织自然通风采光。为避免夏季阳光直射室内,闽东民居通常布局紧凑,建筑密度大,街巷狭窄,建筑朝阳面处于阴影之中;房屋出檐深,广设外廊,减少室内辐射热;庭院尺度小,增加围合墙对庭院的荫蔽。福鼎民居庭院中常见的围廊挑檐,不但在夏季能够避免阳光直射房间,还节约用地,挑起的檐部还能保证冬季室内有充足光线。

传统民居窗的设计也很有特点。亚热带气候及丘陵盆地的地形使得福鼎境内不仅夏季炎热,而且冬季寒冷,房间中的窗起到了明显的调节作用。一般而言,南窗较大,位置适中,北侧窗口则甚小,位置靠近天花板。此类窗口设计利于夏季夜晚通风,降低室温。夏季夜晚,室内气温高于室外,较凉的空间由南窗涌入室内,室内原有热空气被抬升并向北侧运动,自北窗排出,空气交换流畅。北窗较小利于冬季防寒。冬季室外南侧有充足的日光照射,室外北侧则全无日照,南侧气温高于北侧。开启南窗可获得高于室温的空气,关闭北窗可防止暖空气散失。

动态思维是福鼎地区传统民居的另一体现。民居在材料的运用上尤以木材作为主要的结构用材。这些建筑一般都采用梁架式的结构方式,由柱和梁承受荷载,外墙主要用于围合空间,遮风避雨。砖泥筑成的东西山墙不与房屋其他部分持有建筑上的关联,不承受屋顶重量。楼梯多沿两山墙内侧设置,山墙具有将楼梯与外界隔开的作用,同时砖泥结构也能够隔绝火灾。楼梯内侧为木结构的墙壁,屋顶也由木柱支撑,木结构部分自成系统。[①] 内部空间通常以在柱间插木板壁的方式进行分割,隔成一个个房间,有时还使用屏风进行空间的划分。一旦家庭组织结构或使用功能发生变化,需要对内部空间进行重新调整时,就不会受到结构的影响和限制,完全能在保留原有建筑的情况的适应功能上的动态变化需求。另外,民居的砖墙外面大都以石灰粉刷,少量使用的石材一般也不施雕,在木材上只敷清漆或不上漆,有利于材料的多次循环使用。

---

① 吴光玲:《闽东传统民居的地理经济选择及文化内涵》,《经济与社会发展》2007年11月,第139页。

二、"伦理"

闽东民居深受儒家礼制的影响。南宋时期,闽北是全国朱子学的大本营,闽北书院独步东南。而闽东与闽北经闽江相连,具有相似的文化传统,儒家礼法和《朱子家礼》早已深入人心。宋明理学以儒家伦理思想为核心,同时汲取了佛学和道教的理论思维,建立了以理气论、心性论为中心,以道德提高为本体的人生哲学,强调道德自律、人的社会责任感和历史使命感,注重培养气节操守。"孝"的义务是伦理观念的基石,所以当地人重视祭祀,强化了社会伦理关系。民居就是物化了的伦理关系。

闽东灰砖合院民居大多强调中轴线的严谨对称,以突显厅堂在院落中的中心地位。由于政治势力和宗族势力的影响,明清时期福建资本主义萌芽的成长比较缓慢。相对封闭的经济模式使封建礼教和宗法制度一直留存。中国封建社会的家庭结构是以自力劳动的"同居共财"为主要形式,以父系血缘关系把所有成员联合起来,数代同堂。这种方式也是一种同舟共济的组织形式。而在与之毗邻的江浙地区,自两宋时期起,经济、文化都得到了大规模建设;明朝之后更是出现了对外贸易的开拓、商品货币经济的发展、以桑蚕棉麻的革命所引起的农业经营方式改革,并且由此带来了农村阶级分化和市镇经济繁荣,这些因素都使得资本主义萌芽迅速发展,对该地区本来就相对薄弱的封建家族宗法制度造成了很大程度的削弱。许多民居中以堂楼来取代大厅,天井尺度更大,弱化了大厅在空间上的压抑感。在崇山峻岭的隔绝和小农经济的影响下,福建民居中古老的做法稳固地保留了下来。明清后期,江南一带以模写自然为目标的园林化民居布局,对福建影响不大。

福建民间对祖先和神灵的祭拜并不总是在寺庙宗祠中,而是与日常居所紧密相关,大厅是供奉祖宗灵位与祭祀仪式的场所,祭拜仪式成为厅井空间的重要功能,高耸的大厅时刻提醒着人们忠孝伦理之道。但由于大厅也是整体居所的一部分,它在给人神圣空间感的同时,也给人以接近日常生活的内部空间感,它不是特定时间才能洗礼之处,而是人们的栖居之所。众多以单体组合而成、以大厅为中心的多重院落,在给人空间意识的同时,还附以时间进程,使人在多重院落中行进时,体会到人与人之间"尊尊亲亲"之意。传统民居中四周墙体的围合也维护了"家气",内向院落强烈的向心性与家庭强大的内聚力相一致。同时,以厅井空间为全宅重心,住宅中每个房间的重要性都以相对大厅的位置来确定。这种"可见的中心"也成为福建传统审美习惯与艺术观念。

经过儒家文化尤其是朱子学的长期熏染,闽东民居也极重主次、内外之别。故大

福鼎民居突出厅堂在院落中的中心地位

部分住宅建筑多纵向发展形成前后多进院落。但是，由于在福鼎一带具有像白茶这样的经济作物可供营生，又作为水陆交通的枢纽，资本主义经济的发展虽然并未达到江南的水平，但商业形态相对于福建内陆地区还是要更加繁荣一些。商业经营提高了这一区域中小家庭的社会地位，核心家庭成为这一区域主要的经济单元。这种社会结构与浙南更相似，商业经营以个人和小家庭为单位，与家族并不直接相关。住宅中居住人口有限，故而每进院落面积不大。普通住宅不过三间两进，大宅也只是所谓"三进九栋"。到闽东南片的福州，官员品级更高，建筑进深也就更大，形成多进天井式住宅，但再大的住宅也是有一个个小纵向发展的独立单元拼合而成，与同是山区的闽西民居差异较大。

此外，畲族在明代曾大量移居闽东，闽东山区的民居建筑还明显地保留了畲族的传统。畲族村落虽然也采用了儒家的父系宗族结构，其社会组织、礼仪仪式均保持了自身特色，表现为较强的祖灵信仰。同时，其男女平等的生产方式又进一步强化了核心家庭的地位。对应到民居建筑上，除多进天井式住宅，还有一种是闽东山区中的"大宅"。

"大宅"以宁德、福安民居为代表，形制十分独特。大宅以一个高耸至三四层的主体建筑为中心，主体建筑常用"一脊翻两堂"式布局，太师壁常设于建筑中柱一线，上方的神龛正在主体建筑的正中心位置。大厅中前后左右"四厅相背"，共同依托着中心神龛。闽东大宅是"天井式"住宅的变体，建筑主体部分前后都有天井，前天井两侧布置卧室,后天井两侧布置厨房和饭厅。几个核心家庭共同居住在一座大宅之中,背靠祖先神龛,分享着对祖辈的共同情感,其背后有对先祖灵魂的超自然理解。这种有宗教色彩的情感将一个个小家庭凝聚成房派,直至宗族。这是闽东大宅中"分家但要同居"的秘密,也是闽东宗族聚合的原因。

三、"自然美"

传统民居根植于特定的自然历史与社会文化情境中,往往体现出一种美感,充分传达着在地化的审美情趣。林徽因在《清式营造则例》中写道:"建筑上的美,是不能脱离合理的,有技能的,有作用的结构而独立。能呈现平稳、舒适、自然的外象;能诚实的袒露内部有机的结构,各部的功能及全部的组织;不事掩饰;不矫揉造作;能自然的发挥其所用材料的本质的特性;只设施雕饰于必须的结构部分,以求更和悦的轮廓,更谐调的色彩;不勉强结构出多余的装饰物来增加华丽;不滥用曲线或色彩来求媚于庸俗;这些便是'建筑美'所包含的各条件。"[①]福鼎地区的传统民居建筑正是这种建筑美的实例。

福鼎山村民居建筑多以石材为基部,以木结构为屋身,屋顶为小青瓦,具有木石的天然本色。村落与山水环境紧密交融,民宅空间封闭幽静,鸡犬相闻,极富诗情画意。木雕内容多为祛邪扶正、吉祥如意等主题。建筑以粉墙黛瓦的黑白色和木材的原色为基本色调,勾画出简单质朴的气韵。民宅院落布局均匀,因地制宜,无程式化和脂粉气,表现出乡土文化的淡泊宁静、淳厚自然,集中体现了农耕文化的特征。

太姥山村传统民居以单落三合院为基本单元,在纵轴组合过程中基本遵行单落堂厢式的空间形态。多落民居在各个独立的院落单元之间会设置高墙,从而形成小天井的空间形态来过渡各院落单元。除了在院与院之间有过渡空间,在一些单元院落内部中还有过渡空间出现。民居常在院落中建一高亭,俗称"富贵亭",亭两侧设置美人靠,既然联系了前后厅,又将扁矩形的天井一分为二,形成两个方正矩形的小天井,使空间层次更加丰富。

庭院不同于普通的室外空间,而是建筑内部空间中的外部空间,传统民居在设计处理上赋予了它很多内部空间的特征。民居建造中通过运用檐廊等处理手法,增添了庭院与室内空间的渐变特征,强化了内外空间的相融共生。其中再引入自然情趣,配以绿植,点缀盆景山石。或通过各种花窗、漏窗向外借景,在室内也布置各式盆景,

---

① 梁思成编:《清式营造则例·绪论》,中国营造学社出 1934 年版,第 20 页。

使之与庭院中的花木交相辉映,人与自然融为一体。

除院落之外,山村民居大屋顶的山面层次最多,体积感最强,构图最丰富,充满了虚实、形体、光影、色彩和材质的对比。上面有屋脊端点尖锐锋利高高挑起的尾角,往下是悬出的前后坡屋面(大栋)的侧缘,薄而有少许弯曲。两坡的交点上垂下悬鱼。挑出的屋面像翅膀一样遮护着悬鱼后面的山墙,山墙上白灰衬托出栗色原木的穿斗架。这种山面和流行于浙西、赣北、皖南及福建大部地区的马头墙不大相同,而与永嘉县楠溪江流域的民居很接近。深挑的悬山和封闭的马头墙对建筑的风格差异起了重大作用。马头墙轮廓活跃,天际线变化多端,但墙面呆板且封闭,这种山面开朗、轻快、立体化且有通透感,更加亲和。

闽东房屋一般通行封火山墙,形式变化很多,奔放流动,有如潮涌浪翻,考虑墙之用途,想必此种形态也的确与水有关。闽东的北线山村民居常见宅基地四周围以大约3米高的夯土墙,在厨房后山变化成屏风墙。这是一种形同火焰的山墙,四个锋利的尖子向上升腾,中央两个高,左右两个矮,尖子之间是弧形的下凹,这种山墙叫"观音兜",意为状如女性肚兜,非常人性化,极具民间乡土的俏皮之感。如果扩建厢房,则前厢的前山与院墙重合,屋顶做轻快的悬山式。不过,与福州一带的民居相比,北线山村这种山墙仅前后厢采用,只取火形,房屋主体以悬山顶深挑,不用封火山墙。

福鼎地区村落建筑景观的丰富多彩在很大程度上取决于民居建筑形式恰如其分的创造性,以及民居与民居之间、民居与环境之间关系的多样化。而村落整体风貌的清新生动之感,则正得益于传统民居的"自然美"。

四、聚落空间的文化生成

传统的乡土民居历史悠久,经过了与当地自然环境和社会文化的长期磨合,其在环境适应性,资源可持续性,建筑材料及能力多样性,空间功能性,以及审美独特性等方面的突出表现,使得它比城市建筑或现代建筑稳定,且具有延续性。而更具有延续性的,则是由民居建筑实践而形成的聚落空间的文化观念。

费孝通在其《乡土中国》中,用"乡土本色"来解释中国社会的基层,因为"乡下人离不了泥土"。在这种乡土文化里,世代定居是常态。虽然移民状况亦有发生,但大体是为一种过程或中间阶段,终究要以落地生根为归宿。定居的结果导致了人所需要的空间和土地结合,从而诞生了根植于土地的"乡土"社会和"乡土"建筑。

建筑的核心是人,对于民居建筑而言尤其如此。一座家宅是家庭或家族的秩序所在,一个村落的格局体现着宗族或族群的结构关系,一个地区的建筑风格则关系到民系分布与流变的路径。聚族而居造就了建筑空间的形态。同时,建筑作为一种人的空间实践,也始终能动地参与着聚落空间及其文化观念的生成。

《黄帝宅经》曰:"宅者,人之本。人以宅为家,居若安,即家代昌吉,若不安,即门族衰微。"在中国广阔的农耕文化区域中,家家户户都重视住宅的营造,福鼎—太姥山的传统民居也是如此。作为人类基本的生存行为之一,"宅"意味着对居住环境的经营。"宅是外物,方圆由人,有可为之理"。宅居环境的经营,最根本的就是要顺应"天道"。所谓天道,乃自然之理,它不光指通常等同于生态学意义上的"非人"自然,实际上涉及一切自有其法的宇宙万物,因此也包括作为宇宙万物一份子的人。例如民居往往呈现出结构性的空间格局,并透过人体结构和象征表达出来。根据福鼎民居的基本结构,传统民居由公厅、正房、厢房组成主体,即"大厝身",若干时间之后,当主体房屋不够用的时候,"大厝身"向两边扩建,如同两手伸出来的人体结构。

传统民居注重人与环境的有机联系及其交互感,讲求对这一关系的整体把握,即整体思维。环境既包括自然环境,也包括人群环境和社会文化环境。作为聚落空间的核心与基础,民居的这种结构性空间格局也成为聚落空间的构建原则或雏形。以宗祠为中心、聚族而居的特点是太姥文化区村落宗族结构关系的典型反应。村落中的建筑景观既起到了和谐山水的作用,更是一种基于文化观念的空间布局方法,训练着人们对于聚落的体验。

聚落观念与建筑空间的关系,很大程度上是通过风水的概念来实践的。或者说,建筑与风水的相互关联,形成了聚落的空间感。中国传统建筑普遍讲求风水,无论是从形制上,还是在营造过程中,都融入了我们对人与自然、社会及人伦关系的理解,并且经由建筑空间体验这种关系。风水理论特别关注"天人"关系,而建筑,尤其是民居,是人与天的中介。例如同属吴氏大宅体系中的点头镇连山大厝,是当地最具特色的古民居建筑。点头镇依靠着海岸线,民居的空间布局坐北向南,形成了"天人合一"格局,是典型的汉人空间实践方式。

在村落景观中,桥梁就具有传统风水学意义上的沉淀,尤其是福鼎地区的廊桥。由于闽东北、和闽中地区多山岭和溪流,为便通行,该地的古代居民普遍需要修桥,形成了今天我们看到的建筑特色景观——廊桥。正如清代周亮工说:"闽中桥梁,最为巨丽,桥上建屋,翼翼楚楚,无处不堪图画。"不过,虽然桥的物理用途是以交通为主,却有其他重要的社会功能和文化意义,例如驿站祭祀等等。前文中提到的,管阳镇金钗溪村的金朱桥即是太姥山地区之廊桥代表。桥屋格局 11 开间,由 24 根木柱穿斗式构架构成,中间位置东向供奉神明,东北向有清代石构土地庙。因此,廊桥绝不仅仅是一种物质意义上的建筑形态①,而是一个地方文化的复合代表,表达了当地的一种空间观念。

在传统聚落中,庙与戏台的空间布局亦呈现了一种风水布局。在叠石乡,古戏台的戏台口均与村里的本主庙相对应,台口面对神庙。在当地人的风水观念中,台口面对庙,可以避免风雨侵扰神台;这样的设置也与民间戏曲的娱神功能相协调。叠石乡古戏台皆坐落在杨府宫中,早年,村里会在杨府爷农历五月十八生日这天请他看戏,以求神明保佑风调雨顺,现在多改在农历七、八月农闲时请戏。同时,由于叠石乡的戏台是由多个家族共同出资而建,请戏也通常合请,故均建在作为公共建筑的宫庙之中,是为"空间归属"观念之体现。在浙江省的泰顺县,经济实力强的家族单建戏台,往往单独拥有戏台。

福鼎乃至闽东整个地区,主要由汉族、畲族与其他人群构成了族群互动关系。换言之,每一个族群的聚落形式均受到周边的族群影响。因此,要了解所谓中心的汉族,需要有"从周边看汉人的社会与文化"②的眼光。福鼎虽然由汉族与畲族构成主要的民族分布图式,但由于在东南地区,当代福鼎仍然是以汉族人为主的聚居区域。正如同全世界的各个族群一样,汉人聚落的形式与其文化体系有直接的关系。聚落形式所表达的文化特征,不仅是空间,还有其对人的理解,即人观。根据台湾的人类学研究③,台湾南部汉人聚落的空间格局由地域神祇所构成,分别由五个营兵驻扎在聚落的五方,保护村落的领域,防御鬼魂进入,聚落居民的生病常常跟外面入侵的鬼魂有关。为了不让这些鬼魂入侵,当地村民在五营兵范围之外建立一些小庙,即"三片壁",祭祀孤魂野鬼。在这个例子中,汉人的空间实践或空间位置呈现,对于有关疾病的社会文化的形成,具有重要的作用。在福鼎地区的聚落形态中,这种效应同样适用。汉人聚落形成的核心,即民居,其建筑空间反映了汉人文化中人观与空间之间的关系。东南的汉人聚落的形成同样具有结构性的空间格局,聚落由城堡围墙、营兵驻扎,以及固定的土地公庙界定聚落空间范围。

---

① 缪小龙:《廊桥遗梦闽浙寻——闽东南、浙西北贯木拱廊桥考》,《福建工程学院学报》2004 年第 3 期,第327 页。

② 黄应贵、叶春荣编:《从周边看汉人的社会与文化》,台北"中研院"研究所,1997 年。

③ 林玮嫔:《人观、空间实践与治病仪式》,《考古人类学刊》2000 年 12 月,第 44—76 页。

　　除了地区性的民间信仰文化之外,历史上的民系分布实际上从地势①架构方面奠定了更大范围内聚落空间及观念的形成,民居建筑依然在其中扮演着重要的角色,承载着民系流变的文化信息。在古代,中原汉人曾四次大规模进入福建。第一次是西晋末年八姓入闽。这八姓多为中州世族,文化素养较高,为避永嘉之乱而携眷难逃,多定居在闽江流域和晋江流域。这两个地区的典型传统民居"皇宫式"大厝即与古代移民的官宦人家身份之间相关。大厝轴线对称,多层次进深,前后左右有机衔接,均齐配置,木、砖、石构件装饰花样繁多,规格极高。连建筑着色也配以五行而为五色,晋代文人名士之遗风甚为明显。

　　第二次是唐初陈政、陈元光父子开发漳州。河南光州固始人陈政于唐总章二年(669年)率府兵3600余人进漳平定畬乱。随陈氏父子一起南征的五十八姓丁壮也落籍漳州,成为今日漳州大多数人口的祖先。至今许多漳州民居依然可见标识其中原宗族源流的"济阳"堂号。漳州(闽南)传统建筑承袭中原古建筑的三段式构造法,房屋由台基、梁架、盖顶三部分组成。不过,人们在建筑实践中又结合当地环境特征做了改进,如传统梁架承载整座房屋的重量,墙体不起支撑作用,只起隔断、遮蔽作用;但闽南气候湿热,梁柱接触地面易蛀易朽,不如墙体耐用,因此闽南住宅的山墙都是承重墙。

　　第三次是唐末五代王审知治闽。河南光州固始人王审知与其兄一起率五千人马入闽,定都福州,后被封为"闽王"。这次移民为闽地带来了兴盛于唐代的佛教文化及闽王定都的王者风范,前者表现在佛教寺庙建筑的兴建及与佛教装饰艺术方面,后者则体现在福州大宅的皇家规模与官宦之气上。这也是同处闽东大区,闽东北线与闽东南线(福州)民居有别的原因之一。虽都是灰砖青瓦,但福州民居的构造和装饰风格明显更为大气华丽。民居院落相连,风火墙绵延不绝,勾画出舒展而壮丽的天际线。

　　第四次是宋室南渡前后,福建地方人口激增,宋朝的文人气质随即感染闽地。另有不少闽人北上访学,也将中原文化带回闽地。他们返闽后大力传播理学,后被朱熹改造发扬为"闽学"。② 朱子理学与耕读文化最为深刻地影响并构成了闽地的文化传

---

　　① "地势"指人类与环境之间相互关联而形成的、对人及事的变迁有影响的地理形势。地势接近于地志(to-gography),一般指对一个地方的景观作"客观"的描述,将景观当做人活动或行动的场景。近年来人类学谈论的地志已与传统地址有很大差别,新的"地志"是一种将地理、居住、政治、历史等包容在内的特定空间的综合知识,故地势一词有"地理形势"和"社会地位"的双重含义。

　　② 戴志坚:《闽文化及其对福建传统民居的影响》,《南方建筑》2011年6月,第25页。

统,尤其是闽东北一带。在这一传统下生长出的,是田园牧歌式的民居形态以及以伦理纲常为秩序的空间布局方式。福鼎民居还因与浙南来往频繁,颇受其灵秀之风影响,民居在清雅之中透着俏丽。除此之外,从永嘉之乱至明清,还有大批中原人陆续入闽定居。这些移民都不同程度地带来了中原的文化信息,对当地建筑风格和方式的形成影响深远。

而从方位上看,中原移民入闽路线大约有三条:一是从海上来,多数由江浙海路到达福建沿海。由于沿海只有几个重要港口,港口之间又有山川阻隔,故形成了福建沿海几个港口区域的建筑文化区。二是从浙江、江西分别进入闽北闽江上游,然后沿江南下进入闽江中下游一代。三是从江西沿抚河溯江而上,过武夷山进入闽西山区,这部分人逐渐形成后来的客家民系。因此,闽北、闽东民居是江西、浙江民居向福建的延伸,深受儒家礼制影响,其中福安大宅还受到畲族生产生活和建筑形式的影响。闽南因海上贸易而繁荣,闽南大厝融合了儒家文明与海商文明两种气质。闽西作为客家人的大本营,横堂式民居是客家人宗族聚居与拓殖的象征。在闽南闽西的交界之处,有限的自然资源塑造了一座座宏伟的土楼。而在开发较晚的闽中山区,还保存和具有中古气质的土堡与住宅。这些移民在各个地区筑造了带有自身历史的聚落空间,同时也因地制宜,融入山村、海岛的自然景观,以及异族群、异文化的人文风貌,形成了在本地情境下的空间实践与文化逻辑。

福鼎具有"北承南联、西进东出"的区位优势,作为闽东通往浙江的大门,两地海陆相连。境内不同集镇作为空间的枢纽,连接闽东及其邻近区域,与浙南的大地理空间。太姥山作为文化表征,向闽东北部内地和浙南辐射,形成太姥文化区。在合福铁路开通后,不仅闽东与浙北,甚至福建与浙江两地区的时空也被压缩,即将产生零距离一体化的全新空间体验。而"海上丝绸之路"的文化复兴,亦将重新构建我们对沿海区域的空间感知,拓展我们对山与海的理想。

第二章　堂构相承与太姥文化区的建筑代表

中国古代建筑具有明确的等级之分,最晚在周代便有"宅分等级"的概念。《周礼》中对城邦建设以及建筑制式做了明确的规则限定。① 在中国古代建筑艺术中,门类不同的院落型木构建筑群之间,并没有渭泾分明的形式差异。这种采取"通用式"设计模式建筑体系与西方针对不同人群和功用,分门别类设计的"特殊式"建筑不同。在实际应用上,其标准化的设计原则基本能够满足各类建筑的使用要求。② 中国古建筑强调形式服从功能,在历代的发展过程中不断完善建筑结构的实用功能和合理性。

根据留存下来的古建筑相关文字资料,我们得知庙观、住宅、祠堂、书院等针对不同用途的古代木构建筑,在大体结构上都遵循着统一的建造模式,并不追求结构设计上的创新。甚至在相隔年代久远的木构建筑之间,结构的差异性也不是很大。但天下没有一刀切的道理,也没有亘古不变的事物。如果我们认为中国建筑在广袤的土地上数千年以机械化的模式传承着,那无疑是错的。梁思成先生认为,中国古代建筑是由特定的"文法"与丰富的"词汇"所构成。在约束建筑规格、制式的"文法"之下,主导建筑细节的"词汇"可以灵活变化,从而创造出了建筑的不同形态。③

在遵循严格的建筑等级前提下,针对不同的使用目的和人群,不同年代、地区的建筑都向人们展现着自身的性格。在结构制式之下,自然环境与区域文化不可避免地影响着建筑的最终呈现面貌。可以说,房屋是一个包含了文化与价值观的空间,以特定的建筑语言作为展演。

福鼎地处闽浙交接。西北、西南山峦叠嶂,东北低山、高丘起伏连绵,中部盆地四面环山,东南区域海岸线曲折。气候类型属东亚热带海洋性季风气候,水资源丰沛。

---

① （清）阮元校刻:《十三经注疏》卷三十九,中华书局 1982 版,第 906 页。
② 李允鉌:《华夏意匠——中国古典建筑设计原理分析》,天津大学出版社 2014 年版,第 79 页。
③ 梁思成:《大拙至美》,三联书店（香港）有限公司 2012 年版,第 89 页。

在这样的自然环境与人文环境中,所形成的建筑语言带有自身的地域色彩。在不同的具体建造语境下,建筑有着各自的活力和性格。如今我们有幸得见的福鼎古代建筑群,仍在静默中述说着它们背后承载的文化内涵和精神底蕴。

第一节　四宅一脉承——福、柘两地的吴家建筑网络

　　居住建筑是人类建筑中最庞大的门类,它出于人们最基本的生存需求。但在中国建筑的研究领域,对私人住宅一直关注较少,并不像宫廷建筑、宗教建筑或是礼制建筑那样被反复地记载与讨论。然而这些看似理所当然的居住空间,却在砖瓦雕栏间记录着我们的文化轨迹。

　　翠郊村位于福鼎市西面的白琳镇。这里丘陵延绵起伏,沟谷多为耕地,水热条件

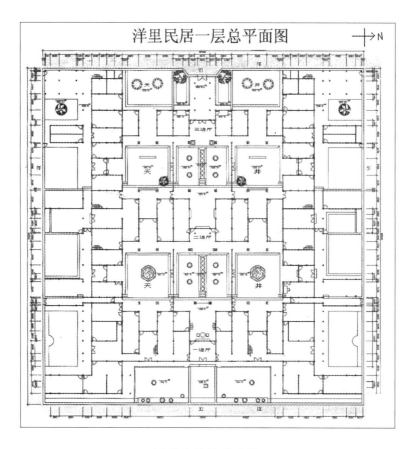

洋里古民居平面图

优越。① 在这片厚实的土地上,坐落着闽东地区占地面积最大的古民居,如今人们通常称它为"翠郊古民居",或是"洋里古民居"。古厝坐落于山林环绕的凹陷之地,周围的群山形成了天然的屏障。三百多年前,大厝的主人就生活在这"山环水抱,平畴悦莽,长隄夭蛴,茂林丰草相掩映"②的景致中。

洋里古民居鸟瞰图

规模如此宏大的古民居如今已不多见,一脉相承的同制式古民居更为难得。乾隆年间,吴家在闽东地区建造了四座同类型的大厝,洋里民居就是其中的一座。大约一百年前,福鼎磻溪镇蛤蟆袋村的吴氏大宅毁于大火,如今已无法知其形貌。庆幸的是,另外三处大厝在数百年的风雨中留存至今。除去翠郊古民居,另外两处分别坐落于如今柘荣县乍洋乡的凤岐村,以及福鼎市点头镇的连山村。三处古厝风格统一、气势磅礴。其中,洋里古民居占地面积最大,目前保存最完善。

这座大厝建于清乾隆十年(1745 年),是当地吴氏一族的私家住宅。建筑群坐西向东,总占地面积 10100 平方米,主体建筑占地 5000 平方米。大厝平面为中轴对称的三排三进式合院。整个建筑群被分割为多个独立区域,由天井和走廊串联单体建筑,两侧分置对称的附属建筑。古厝规模宏大,布局精巧,主体和两边的附属建筑均

---

① 林守无主编:《福鼎县志》,第 81 页。

② 民国《延陵吴氏族谱》。

为上下两层楼。观之细节,斗拱、梁栋、花窗、匾额、楹联均精雕细刻。但因年代久远,部分附属建筑物已毁。1989年1月公布为县级首批重点文物保护单位。

一、家族的兴起

长岐吴氏源自延陵(今江苏武进县),入闽之后定居"富水"(今柘荣县福溪镇),万历年间移居长岐。"文泓,讳禄官,字仲演,行祐一,官名法正,明万历年间创居长岐。"长岐位于今天的柘荣县,是福鼎西面的邻县。当年吴家为避海患,迁徙到了这片人烟稀少的山林。"盖以明季倭寇猖狂,骚乱浙闽几遍。而吾宁尤近海,被其蹂躏屠戮最酷。天荆地棘,风鹤惊心。我始祖仲演公苍黄蒙难,挈眷逃行……而时长岐地方罕著人烟,斩艾蓬藜,躬亲稼穑。"①明代福、浙沿海地区海患严重,吴氏一族在仲演公的带领下远离海边,避至长岐,开垦田地。"明万历三十五年冬,始祖仲演公买得桑园翁峦四等山场一号,坐落柘荣长岐。"②从此落地生根,繁衍子孙。

据后人言,七世祖应卯公经营竹木生意,买地收租,逐渐累积了财富,为吴家的兴旺开了个好头。应卯公膝下有二子,长子名子穆,字则远,号方山,乃是太学生。不幸的是,子穆公"方壮而遂谢世"。子穆公的弟弟名叫子望,号渭泉。生于乾隆辛未年(1751年)。子穆公去世之后,作为次子的子望公"遂起而任家政",担起了家族的经营重担。

子望公有四个儿子。依次名为大镜、大鹏、大焕、大挺,分为"元、亨、利、贞"四房。乾隆年间,子望公择四地各建大宅一座,分别留给四房子孙。其中元房在福鼎磻溪镇蛤蟆袋村,亨房在柘荣乍洋乡凤岐村,利房在福鼎点头镇连山村,贞房在福鼎白琳镇翠郊村。长子大鹏公于嘉庆癸亥(1803年)移居凤岐。三子大焕公于清咸丰年间移居连山,派下分乾坤二房。其余两房虽没有在族谱中明确提及搬迁时间及地点,但吴家后人对其归属仍有明确的认识。

长岐"诸峰罗列,雄秀出天,表冈峦起伏,发源逾数百里,磅礴而郁积,为山川灵淑之气必有所钟"。一直以来,长岐都被视为闽东吴氏的根源地。这里植被繁茂,村边一片竹林,被称为"乌鸦栏"。据说每到傍晚时分,都有成千上万的乌鸦从东面飞来,在后岗的"乌鸦尖"稍作停留,随后飞往"乌鸦栏"过夜。传说长岐最早的白茶籽当年就是乌鸦带来的,茶树生长在"乌鸦尖"的东北处。之后吴家开辟了园地移植茶树,才得以发展茶叶生意。因此,吴氏族人认为此乃风水兴旺的表现。

---

① ② 民国《延陵吴氏族谱》。

长岐有着良好的自然风貌和气候条件,还是风水宝地,那么子望公为何还要耗费如此大的人力、物力在不同地区建造大厝呢？四栋宅邸距离长岐或近或远,最近的在凤岐,最远的在点头。凤岐西面为凤里,南面为长岐。其名也源于这两地,有"凤至故里,长期栖息"之意。如今虽然凤岐古民居门前已通公路,但公路边的一条石板老路仍然依稀可见。据说这条路曾经连接着吴家这四座古厝。时至今日,仍有吴氏后人在这片土地上生活着。在他们中间还流传着这条老路和四栋宅邸共同建立起吴氏商业网络的往事。长岐地势较高,适合种植茶树。山之东麓的翠郊村与西麓的凤岐村,彼此相隔不远。所谓"长岐之与壁水地分霞鼎两邑,其间隔一峻岭耳"。[1] 吴家后人认为,通过这条老路,当年他们的先祖在长岐种植茶叶,运送至翠郊或是磻溪加工,之后再送至点头海边,出口外销。还有一种说法是这条老路经过柏柳、连山、翠郊,到达磻溪,再由太姥山西麓进入霞浦,经福安直通福州。

凤岐古民居

明代中期社会商品经济的发展,吸引了不同阶层的人加入了经商行列,"其中不乏官而兼商、弃官经商、弃儒经商者"。[2] 子望公的长子大镜公就经过了先文后商的历程。"(大镜)游庠后犹手不释卷,当予教读家塾时,君年方壮,负笈从余游,与予讲

————————

①　民国《延陵吴氏族谱》。

②　陈支平、詹石窗主编:《透视中国东南:文化经济的整合研究》,第425页。

学论文,习举子业者三载,嗣昆季析产以向平累,遂辍学躬家政……深得理财之旨,而产以日盛。"①凤岐古民居的主人大鹏公也是庠贡生,如今的凤岐民居门口还竖立着当年的旗杆石。家族中所取得的功名数量,也在一定程度上影响了吴氏家族的发展进程。乾隆年间同时兴建的四处大厝,证实了吴家在当时的闽东地区已是财力与名望兼备的家族。

土地资源的占有是古代宗族壮大自身实力的方式之一。乡族壮大的原因往往与地域势力密不可分,割据四处的家族势力分配了不同地域商业资源。家族的分流看似在一定程度上打散了聚居的人口,实际上却是使他们掌握了更多的市场信息与资本。因此,乡族势力的壮大成为了许多海商集团发展的核心要素。② 长岐虽然景致怡人,但地处山林之间,地理环境相对沿海地区封闭,当时外界交通和信息获取仍有许多的不便利。吴氏在不同区域建造房屋当做大家族所分出的据点,很可能是出于对家族利益的考虑。时过境迁,子望公当年是否是为了茶业生意的便利而建了四座大厝,如今已很难确认。但他凭借着建造宅邸扩大家族活动范围的同时,无疑也增加了家族发展的可能性与便利,为吴氏一族带来了更大的竞争优势。

二、身份与制式

住宅的建造不仅受到具体地理和社会环境的影响,其中还沉淀着主人的性格和身份特征。建造者不同的身份背景,在一定程度上也决定了房屋的呈现。建筑物的每个细节,无一不在向我们述说着居住者的身份,以及它们所处的时代和地方文化。

台基,在木构建筑的组成部分中具有防洪、防涝的功能。《礼记正义》中记载"天子之堂九尺,诸侯七尺,大夫五尺,士三尺"③。可见除了功能性的考量外,台基的大小通常是体现主人身份地位的方式之一。④ 在台基的撑托下,建筑物也随之提升了高度。所谓"九层之台,起于累土"⑤,说的就是台基的建造。台基的建造在建筑中意义重大,对于建筑的稳固性起到了重要作用。抬高的基座不仅使建筑看起来更加宏伟,也增加了建筑的防御功能。《营造法式》中描述了台基的建造细节,"筑基之制每方一尺,用土二担,隔层用碎砖瓦及石札等亦二担,每次布土厚五寸,先打六杵,次打

---

① 民国《延陵吴氏族谱》。

② 陈支平、詹石窗主编:《透视中国东南:文化经济的整合研究》,第424—434页。

③ (汉)郑玄注(唐)孔颖达疏:《礼记正义》卷二十三,北京大学出版社2015年版,第730页。

④ 李允鉌:《华夏意匠——中国古典建筑设计原理分析》,第173页。

⑤ (宋)范应元:《老子道德经古本集注》第六十四章,涵芬楼影印宋本。

四处,次打两杵。以上并各打平土头,然后碎用杵辗蹴。每布土厚五寸,筑石厚三寸,每布碎砖瓦及石札等厚三寸,筑实一寸五分"①。可见台基是在严格的基础上建造而成,台基越高大,所耗费的人力、物力也越大。

　　吴家四宅内部结构一致,但凤岐古民居门前台基尤为突出,侧面设石梯,必须拾级而上才可到达门楼。进入围墙后,台基逐级递阶,共设五层。闽东地区气候潮湿闷热,时常受到台风、洪涝等自然灾害的侵袭。高耸的台基正好适应了闽东的气候环境,同时也显示出家族的财力。建于台基之上的合院以"廊"联系起各部分单体建筑,营造出"四面交颈"的空间布局。天井在这样的布局中不仅是居室与自然环境的连接,在实际使用上还承担着建筑群的通风、采光、排水等功能。例如,翠郊古民居在大门前设置了一个池塘。每当雨天,水流通过天井台基两侧的排水道,从后向前层层流淌,最终汇入大门前的池塘。这样的台基结构,确保了雨水不会在洪涝和台风时囤积在木构建筑内。

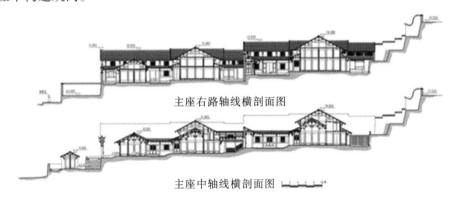

主座右路轴线横剖面图

主座中轴线横剖面图

凤岐古民居右路轴线、中轴线剖面图

　　中国古建筑的设计深受"礼制"与"玄学"思想的影响,两者相结合后,融入建筑的功能性设计,交织表现在布局与结构中。长岐吴氏所建造的几座大厝都有一个不太寻常的构件,就是把江南园林建筑中"亭"的概念带入了居住空间,并且把亭内顶部设置为藻井的形式。"藻井"是建筑内部空间的一种木作顶隔。通过交错累叠的建造方式,制造出内顶高大的体量,通常用于宫殿及宗教建筑。具有严格的使用限定,是庄严的神圣象征。在五行中有"克水"的含义。在古代建筑制度中,藻井往往出现在礼制建筑和皇室建筑中。《明史》"百官地宅"中明确记载"官员营造房屋,不

---

① (宋)李诫:《营造法式》卷三,清华大学影印本宋钞本。

翠郊古民居正门

准歇山转角、重檐重拱及绘藻井,惟楼居重檐不禁"①。可以看出,虽然建筑制式中明确规定不能对藻井进行绘画装饰,但也没有限制藻井的建造。如今现存的浙南古建筑中,也有亭内设置藻井的案例。如永嘉县花坛的水口亭内设神坛,顶为藻井,是亭、庙结合的建筑形式。苍坡村的望兄亭则是与其西侧的仁济庙、宗祠共同组成村中的公共空间的中心。两处建筑都与宗教或是礼制建筑相关联。在闽、浙一带较少有设置藻井的民居,但仍有少数案例。温州蒲壮所城中的金东故居在正门照壁后方的也修建了藻井,这与翠郊古民居藻井设置的位置一致。翠郊民居的门楼前置有一个大水池,进门后抬头便是八角藻井。凤岐与连山大厝的藻井布局与其有所不同。这两处大厝在台基交界处横向建空斗防火墙,将建筑的内部结构分隔成前院、后院两大区域,仅在院与院之间以廊亭相连。亭内设置穹顶式的八角藻井,前后连接两个扁形六角藻井,构成了三联藻井的布局,亭外两边对称各分布着一个长方形水池。

这样的布局设计,既打破了中正样板化的模式,制造出错落有致的视觉景观的同时也成为建筑结构的一部分构成。"亭"的加入给住宅提供了更为丰富的视觉体验,打破了传统模式的空间布局,使人们置身其中便有了寻幽探奇的愉悦心情。吴氏大厝不仅使用了居住类建筑较少使用的"藻井",同时还把"亭"这一属于园林建筑的构件带入了居住建筑。向我们展示了古代建筑标准化制式与地方化文化的灵活组合。

---

① (清)张廷玉:《明史》卷六十八"志"第四十四,中华书局 1974 年版。

凤岐古民居的廊亭

凤岐古民居藻井

这就是梁思成先生所说的固定"文法"中"词汇"丰富多变的魅力。古代居住空间的设计与庭院设计有着截然不同的标准和文化支撑。庭院建筑有别于其他建筑体系，是可以"与一般建筑相平行的另一个体系"①。其出发点一个是为居住，另一个则是为怡情。晚明《园治》一书中提出了园林设计应当"虽由人作，宛自天开"的原则，最

---

① 李允鉌:《华夏意匠——中国古典建筑设计原理分析》，天津大学出版社 2014 年版，第 305 页。

重"意境"的营造。《园治》开篇便提到"最喜关同、荆浩笔意,每宗之"。[1] 可见园林设计中所追求的精神意境与传统文人画体系有着深厚的渊源。吴家四宅把园林艺术中的"亭"与"藻井"融于一体,并置于住宅中,在不影响建筑功能的情况下,打破了标准化模式,构建了新的空间关系。同时,"风水"概念的融入,也让这两种营造体系在有限空间内的结合,产生了更多层次的意义。

吴家四宅皆以水为纽带贯穿,形成蓄水、排水、风水三方兼顾的和谐空间。在空间和细节设置上不仅巧妙地保证了建筑的功能,同时也遵循了玄学的象征主义。拥有儒、商、官三位一体的家族身份,有效地推动了吴家在地区间的发展。这一庞大的家族开拓工程,花费了子望公大半辈子精力,壮大家业的气魄与雄心至今还能从他留下的大厝中窥其一二。无论从四栋规模宏大的宅邸同时修建的行为来看,或是高耸的台基与藻井的细节设置,无一不显示着吴家当年在地方上的威望和财力。

第二节　海之屏障——堡寨建筑中的凝聚力

在漫长的人类历史中,事件的展开始终围绕着"生存"这一命题。人类文明史同时也是关于生存的历史。我们繁衍子孙、开荒辟海,对生命长度的延长更是有着本能的执着。不仅是关乎个体生命的生存,更是关乎人类的延续。自石器时代,人类就开始集结部落、建造居所。生命的守护是种族延续最基本的保障之一。建筑的发展与防御的需求始终紧密地结合在一起。堡寨型建筑是进一步强调建筑防卫功能的产物,既是空间的界限,同时也是生命的安全线。

对防御工事的不断研究与晋升,是人类文明发展中的共识性选择。中世纪拜占庭帝国的君士坦丁堡三面环海,在公元 7 世纪至 15 世纪间,先后抵挡住阿拉伯人、西方十字军以及奥斯曼人的多次进攻。其间,他们环城而建的坚实城墙,在无数次转危为安的战役中功不可没。中国早在战乱不断的魏晋时期就出现了河洛坞堡。"城之小者曰坞。天下兵争,聚众筑坞以自守。"[2]在危机来临之际,坚实的堡垒往往成为生命的最后防线。《晋书》中提到:"长安之将败也,坚中垒将军徐嵩、屯骑校尉胡空

① (明)计成著,陈植注释:《园治》第一卷,中国建筑工业出版社 1988 年版,第 47 页。
② (宋)司马光著,胡三省注释:《资治通鉴》卷八十七,中华书局 1956 年版,第 995 页。

各聚众五千,据险筑堡以自固。"①西汉王莽末年,樊宏"与宗家亲属作营堑自守,老弱归之者千余家"。② 在根本上,此类建筑的建造目的就是尽可能地把建筑与外部空间阻隔开。因此,堡类建筑通常依地势而建,在利用原生地理环境的前提下合理安排布局,以便制造出自我保护屏障。给居住者制造出"住防合一"的相对安全、封闭的空间环境。此类建筑的最大特点是在一定区域的外围建立坚实、高耸的围墙。墙体上通常会设置可以射击的小孔,内部建造沟渠、瞭望角楼等。为了预防被围困的可能性,多数堡寨还会建造囤粮用的仓库。

一、海洋的诱惑与威胁

福建地处东南沿海。纵观明、清两代,因海洋贸易与海禁政策引发的问题接连不断。洪武初年海患形势严峻,朝廷"命浙、福造海舟防倭"③。至此开始了一系列对沿海地区加强兵力的措施。其时正值海商势力强壮之际,浙江、福建、广东沿海一带权豪与普通百姓联合起来,不顾朝廷的海禁政策,绕过市舶司的控制,进行私人海上贸易活动。之后有关"交通外番,私易货物"或是"通番为寇"的记录不断。④

洪武二十年三月,"周德兴至闽,按籍金练,得民兵十万余人。相视要害,筑城一十六,置巡司四十有五。防海之策始备"。洪武二十一年,明太祖派遣汤和治理海患,汤和举荐了"习海事,尝访以御倭策"的方鸣谦。方鸣谦认为"倭,海上来,则海上御之耳"。他提议在沿海地区设置卫所,并征集当地兵丁常年守卫。到了第二年,量地筑城的工事已完备。曹学佺在《海寇志》中言到:"闽有海防,以御寇也。国初设卫所。沿海地方,自福宁至清漳南北浙粤之界,为卫凡五,卫所凡十有四。仍于要害之处立墩台斥堠,守以军,余督以弁,职传报警息。凡以防倭于陆地,又于外洋设立寨游……"⑤朝廷对海洋的具体控制落实到了实地卫所的大量建立。

到了明嘉靖年间,福建海商违禁走私贸易的势头越发无法控制。福鼎的桐山在当时也是海商贸易的常驻地点之一。官府的海禁政策并没有杜绝私人贸易。相反,海商势力在防御系统的漏洞中不断壮大。同时,日本对贸易的需求与朝廷的海禁政策也起了冲突。种种矛盾的碰撞,最终导致了沿海地区形势愈演愈烈,一些失去生计

---

① (唐)房玄龄等:《晋书》卷第十五,中华书局1956年版,第449页。
② (南朝)范晔编:《后汉书·樊宏阴识列传》卷三十二,中华书局1965年版,第1120页。
③⑤ 《福鼎旧志集》,第111页。
④ 陈支平、詹石窗主编:《透视中国东南:文化经济的整合研究》,第395页。

的商人转而投靠海盗团伙。同时还酿成了"倭寇之患"。① 清嘉庆《福鼎县志》中记载:"嘉靖三十五年丙辰正月,倭自海口遁至西乡。官兵追之,斩红衣贼首一人……贼经长乐石龙岭,逾闽县钦仁里,至福宁竹屿、孤山,官兵追之。或火攻,或伏弩,贼败走……"面对有增无减的困扰,朝廷的解决之道仍是继续在防备工事上下工夫。福鼎县城的设立,也与当时的海防工事相关。"(县城)属营中地。旧未有城,明嘉靖三十八年,乡人筑石堡以备倭。"嘉靖年间,海防工事趋于极致。"海防之严,始于明之嘉靖,嗣后沿海一带筹备益密。"②然而,极端化的海禁,不仅依然杜绝不了走私贸易,反而在这过程中酝酿出几个"实力雄厚的海商武装集团"。③ 到了明代后期,东南沿海的发展形势如同火上浇油,不断打击着虚弱的明王朝,直至朝代更迭仍无法解决这一积患。

清朝初年,朝廷开始处理前朝留下的海洋问题。"国朝定鼎以来,烽火门设立水师专营,重兵防守,多备哨船巡捕,各口亦有防兵,且绝勾引而严接济,法极周密,有备无患,海波其长晏欤。"福鼎作为海防重镇之一,朝廷对其海域的控制未见松懈。"国初,设汛官备防,由旧堡补葺。"清廷还在各个重要口岸都设置兵防,一步步夯实着基础海防。"康熙八年,总兵吴万福奉文拨帑缮筑,设游守,调八府兵以实之,置桐山营。"④

乾隆四年(1739年)"于桐山营地置福鼎县,即旧堡为城"。朝廷进一步加强了对福鼎地区沿海防线的控制。清代福鼎地区二十都中,有六处入海口被认为是防御重地。原因是这六处澳口"直通大海,商船出入停泊,易为奸民通盗之所"。其中,首当其冲重点设防的是"五都南镇澳、下澳、回头澳,三澳毗连,与沙埕澳口斜对,距水洋五里"。同年,朝廷在此口岸设置了把总一员,兵丁一百二十名,大炮手十四名。此外,还在潋城设置巡检司,加强防备。"潋城巡检就近巡防堵缉。南镇绕出秦屿之外数十里,烟户稠繁,潋城司设立口岸,按月亲临驻扎,与桐山营、南镇汛稽查本澳及外洋并秦屿港出入停泊船只。"⑤

由于长期处于海患的威胁,福鼎沿海地区在明、清两代出现了不少堡寨建筑。清代《福鼎县志》中就提到了数十处堡寨型建筑,其中大多处于临海要塞。玉塘《夏氏宗谱》记载:"嘉靖乙卯倭至浙东入,蹂躏遍州境,遇城垒得挫衄。免秦屿去吾地不远

---

① 陈支平、詹石窗主编:《透视中国东南:文化经济的整合研究》,第395页。

②⑤ 《福鼎旧志集》,第109页。

③ 陈支平、詹石窗主编:《透视中国东南:文化经济的整合研究》,第401页。

④ 《福鼎旧志集》,第22页。

日者,倭昼夜攻以,有堡,攻失利退。而沿海越区刻期而筑,无虑数十处。"①可见民间自建堡寨对防御海寇起到了有利的作用。

二、堡寨中的家族

激城堡位于今太姥山镇激城村,在清乾隆四年所设立的激城巡检司,就在激城堡内。原为民间自发建立的堡寨,之后又作为朝廷的海防据点。是集居住空间与防御系统于一体的聚落型堡寨。明嘉靖年间,由四姓"叶、杨、王、刘分段兴筑"。四族中的杨氏祖先"崇显公"于"唐咸通间由浦城迁居激溪开基立业"。自此,杨氏一族便长居激溪之畔。"直长溪之北,环地十余里,岩洞邃深,峰峦罗列,如天施地设,奇变万状,是为太姥山。山有三十六峰,一峰发于其麓,自南而北,得地平宽,杨氏五百余年聚族于其旁,是为激溪。"②明朝中期严重的海患,促使了杨氏联合其他三族共同修建了激城堡。堡内建筑主要采用花岗岩做材料,其中夹杂鹅卵石、青石等,使墙体更加坚实。城堡周长1127米,城墙高达5—6米,宽4—5米,墙垣高1.5米,厚1.2米,城堡平面近似方形。堡内曾建有四座用于防御倭寇的炮台,如今仅存嘉靖七年所建的一座,宽9米,深7米,高6.3米。另还有3口古井,分置不同区域。堡内还设有一座明永乐四年时建立的粮仓,计19间,储谷283石有奇。

秦屿激城城堡

明清两代,留下了不少福鼎地区普通百姓集结力量抵御海寇的文字记录。"天启二年八月,海寇攻秦屿。里人张鸢三率众捍御,贼复由樟岐入袭。城破,鸢三等死之。"③但是,仅靠民间的军事防御实力,终究难以抵抗外来威胁的猛烈攻势。"国朝(清)顺治十三年八月,海寇陈文达焚劫塘底,邑十九都地。汀州王拉天、寿宁马兴等

①②　《夏氏宗谱》,2008年。

③　周瑞光汇编:《福鼎旧志汇编》,第353页。

剽劫桐山,居民绝迹。"玉塘《夏氏族谱》中也记载了这次洗劫:"清初顺治丙申(1656年)陈寇中夜沿海劫掠,满目焦土,骨肉飘零,又二十五载后,寝食稍安……"可见这次灾难使福鼎地区损失惨重。

这一年桐山城所遭受的灾难,到了第二年仍余波未平,溦城堡也在这期间受元气大伤。"(顺治)十四年四月,海寇入溦城,邑九都地。逼民助粮,诸生王式金弗从,死之。"此后几年内福鼎地区屡遭海寇袭击,一波接着一波的洗劫,居民死伤无数。"(顺治)十七年,海寇登陆,逼民助饷。水郊、阜坪各乡大姓人家半为杀伤。桐山曹角六、高素卿赴督辕请兵御寇,十一月发师来援。自数年以来,桐山无官兵驻扎,至是复以巡司汛官守焉,民始渐挈眷而归。"①

溦城巡检司设立后,朝廷的兵力进驻堡内,完善了堡寨的防御系统。同时,也给朝廷提供了一个作为海洋防卫的根据地。"(溦城堡)旧为乡堡,乾隆四年设县,徙杨家溪巡检驻此。周围三百三十八丈,高一丈七尺,厚一丈四尺。门三:曰东门、南门、西门。"②海寇的威胁迫使溦城普通百姓自发建立起防御体系,改变了他们原有的居住空间。依靠地缘而建的多姓堡寨格局,随着朝廷兵力的介入,演变成兵民互助的生存模式。

除去硬性的防御工事部署,堡寨往往还会利用空间布局传递安全信息,给予堡内居民精神上的依靠。溦城由四姓所构成,如今大体结构仍在。堡中共开三门,每一门或内或外都建有宗教建筑或是宗教性质的构件。东门内有一座宋朝泗州文佛石龛,建造于明中期的溦城堡在当时有意将其划入堡内。东门外城墙上留有一块花岗岩质地的康熙四十七年(1708年)重修的蓝溪东门桥碑,门内保存一座青石修建的宋代泗州文佛石庙。南门外5米处有明正统二年(1437年)重造的花岗岩六面经幢一座。西门内10米处有花岗岩七宝塔一座。堡内北面有齐天大圣宫。这样的安排形成了每一门户皆有神明守卫的神圣空间布局。溦城堡是一个多姓聚居、官民协作的堡寨,而另一个建于同时代的玉塘堡则是由夏氏一族建成。堡内的宗教空间布局也与多姓聚居的溦城堡有所不同。玉塘夏家把堡寨规划成三个部分。重要的家族祠堂与地主宫置于南门围墙外。围墙内也分为两个部分,前半部分为居住空间,后山分布着大小庙宇。两个堡寨,虽然所依附的地势有所不同,人员组成结构也不同,但都建构出了一个被神圣领域围绕四面的布局。

---

① 周瑞光汇编:《福鼎旧志汇编》,第354页。
② 《福鼎旧志集》,第22页。

潋城城堡南门外

东门内泗洲佛石龛

　　玉塘堡旧称"塘底堡",今位于今福鼎市桐城街道玉塘村,东、西、南三面环海。当年戚继光曾驻兵于此。城堡北面顺山势突出,峰峦挺秀,林木苍翠。高耸的城墙以花岗岩砌成,总长874米,高3.6米,厚3米。南门和西门设计为拱形,东门为方形。如今的《夏氏族谱》中仍保留着清代先人所作的诗,诗中描绘了玉塘观海的壮丽景象。

玉塘古堡

海门巨浪

（清）夏義文

万派朝宗势欲吞，云涛雪浪泛晨昏。

须臾一溯群流汇，山色重重进海门。

　　开国将领"明授武德将军"夏姓章保公乃是陵凤阳定远人。"明太祖兵舆滁州，十四年甲午，公出金陵赴和阳从征。"明永乐年间，章保公带领族人迁居福建。"永乐二年入闽，落建宁右卫，卜于十八都。"至此，夏家一脉就在福建南溪落地生根。甲申（1404年）上谕偃武，各卫所屯田，若官员军戎愿归农者，不限顷亩，令开垦……夏家到了天顺元年（1457年）才举家从福建南溪落户玉塘。章保公的孙子"荣公，字仁昭，号肇一"，曾在收佃租的路途中取道玉塘。荣公发现此地仅有一户翁姓人家居住于此，周围丛林森森，人迹罕至。"时未设城堡，海潮瀑涨后山，丛林茂密蔽天，仅得羊肠蹊径，有北西侧居人翁氏者，单门弱户，厨烟稀寥……公尝主其家一日，主告公云，余居此疾病靡宁……（荣公）姑卜之……（玉塘）形声宛然似可贻，燕翼长子孙……天顺初年移宅于此。左控马鞍，右擒东岗，背以金山落脉，前以西岳为屏……"夏家族谱中记载，当年荣公夜宿翁家，听主人说此地风水不佳。但他经过"三卜"之后，却认为这里乃是风水宝地，便携眷属定居玉塘。直到嘉靖年间"第六世族孟房碧湖公首倡建玉塘城堡,斗山公……与碧湖公同建玉塘堡……季房帮灿公同筑玉塘城堡以御倭夷,绘墓舆和玉塘图景"。此时玉塘才建立起堡寨的形式。夏家族谱中的《玉塘堡记》里记载了建堡缘由:"玉塘滨海地也,海扬波直薄焉,无藩篱以蔽门庭之寇。""倭寇猖獗蹂躏沿海遍洲,为壁固险以歼敌。"因为长期受到海寇的威胁,嘉靖三十九年(1560年),夏氏族人决定利用北面的山脉作为天然屏障,在与地势相结合的基础上建造防御堡寨。"安山、维山诸公聚众族子而谋曰:环山为壁,固险以歼敌,策无善于此者,众诺之。"夏家正式开始了修建堡寨的计划。"乃拣四房才干者九人,度其基址丈数、高厚、周围。费甚钜哀。诸族僚各愿馨禾么橐,计金近千。遂召匠伐木舆石,下自平原之麓以连高巅。设四厂监工事。在巩固无苟速成日,赁徒舆助役者不下数百人,竭而趋之。"族中子孙各尽其责,耗费了大量的人力物力,才得以构建玉塘城堡的防御系统。

　　一开始,夏家打算建造东、西、南、北四门。但由于北面山峰险峻,在建造过程中,一名石匠不幸身亡,因此终止了北门的建造,最终仅建三道门。"衰二百十丈,高二丈,址厚丈有奇。环绕六百四十八丈,壁门三,敌楼亦三,女墙数垛。其一门以北山峻险,失一石匠而罢,既逾载始告竣事矣。"夏氏在堡中设计了一系列的防御措施,例如在城墙上加盖了女墙,在堡内设立了敌楼,目的都是用来防卫海寇。在兴建堡寨的过程中,他们充分利用了先天地形条件,背靠险山,三面环海皆以高墙围拢。"登城眺望或赞且贺,外以束海门之襟喉,内以萃境中之淑气,负山崖而阻海潮,当其汹涌澎湃做我壕堑,盖屹然一保障。"这样的空间布局既不至把自己困死,同时也占据了较高的地势,在御敌时占有利条件。

　　夏家建造玉塘堡一事,还引起了当地官员的注意。"丁卯州守讳汝砺,闻而奖谕之,拨沙关牙税一百为犒金。"①可以看出,地方官府是鼓励百姓积极配合兵防的,以配合朝廷建造海防屏障。坚实的堡寨有利地防御了海寇的袭击,给夏家子孙制造了一个安身立命的防御空间。通过齐心协力建造堡寨,巩固了家族内部的向心力,让族中子孙聚合力量共同维护自己建造的防御工事,保证宗族实力不被打散。"是役也,情急而功有序,□大而用有经,于以驱氛孽,奠室家,诚筹海胜算也。虽然吾为族之人告窃有进焉,张虎豹之严关,扼鲸鲵于海若。"玉塘堡的建立,耗费了大量的人力、物力,为其族人制造了一道海洋防线,但创之难也,守之亦不易。堡寨的空间布局虽然能够起到基本防御,但防御体系的运作还要靠堡内居民的共同维护。因此他们采用

---

① 《夏氏宗谱》,2008年。

曲折多变的巷道布局,而不采取规整的十字分割,制造出没有规律的分布空间。在玉塘堡的历史中,夏家族人承担了防御工事中的首要角色。"第八世季房大旦公郎烈正大,不畏强敌,率众抗寇……第十三世炳文公……念我族抗寇英烈,惨遭杀害在东门外。"①可以看出,虽然夏氏通过玉塘堡的建造给自己划出了安全地带,但同时仍必须时时保持警备状态。

上述海防堡寨与坞堡、围屋、土楼等建筑在建造规则上一脉相承。明清时期福建沿海地区的海防堡寨作为历史文化呈现的一部分,其形成原因与地区历史文化的发展有着直接关联。朝廷防御体系的不完善是堡寨兴建的直接原因,但根本上是由于朝廷的海禁政策和自由贸易需求的冲突所导致。嘉靖年间,堡寨数量骤增。这类海防堡寨与普通村落的空间规划和建构模式不同。不论从外部的历史背景、地理环境或内部人员结构、空间设置等多重方面,都还有许多可深入的问题有待我们研究。

第三节 精神与象征——礼制建筑的空间构建

中国传统建筑即是一个文化空间的展示,所有建筑都体现了儒家思想的价值导向。房屋在无形中形塑了人们的生活理念,其中礼制空间是精神生活与道德标准的集中展示场所。这些为"礼"而生的"礼制建筑"在距今5000—6000年前的红山文化中便展现了雏形。在喀左县东山嘴祭祀遗址和凌源、建平二县交界的牛河梁一带已经出现了坛、庙、冢群等建筑遗址。② 礼制建筑主要用于通天地、祀神明,以及教化子民等。主要分类如宗庙、郊丘、社稷、明堂、辟雍等。③ 在这些礼制建筑中,祭祀的对象包括自然神祇和先人崇拜。例如天、地神,日、月、星辰,风、雨、雷、电,先农,城隍,土地等;先人则有祖先、先贤、英雄等。礼制建筑等级森严,"天子七庙,诸侯五庙,大夫三庙,士一庙"④。《史记》中写道:"天地者,生之本也;先祖者,类之本也;君师者,治之本也。无天地恶生,无先祖恶出,无君师恶治。三者偏亡,则无安人。故礼,上事天,下事地,尊先祖而隆君师,是礼之三本也。"⑤到了汉代,礼制建筑的形制已发展出

① 《夏氏宗谱》,2008年。
② 李希凡编:《中华艺术通史简编》第一卷,北京师范大学出版社2013年版,第68页。
③ 李允鉌:《华夏意匠——中国古典建筑设计原理分析》,第100页。
④ (汉)郑玄注,(唐)孔颖达疏:《礼记正义》卷二十三,第730页。
⑤ 司马迁:《史记·礼书》,中华书局1959年版,第1157页。

成熟的系统模式,并为之后历朝所沿用。① 尊神敬祖的思想根深蒂固地沉淀于建筑语言中,突出强调对天地、祖先、君师的崇敬。现存礼制建筑中,祠堂占最大比例,是民间礼制建筑的主要构成部分。然而,在明中叶以前,民间百姓是不可私自建祠的。明嘉靖十五年(1536年)"联宗立庙"诏令的颁布后,民间才得以自建祠堂。

　　清嘉庆《福鼎县志》中记载的福鼎地区礼制建筑,包括文庙、武庙、儒学、大成殿、崇圣殿、奎光阁、名宦祠、乡贤祠、朱文公祠、先农坛、社稷坛,以及祭祀风、云、雷、雨、山、川的祭社、祭坛。严格规定了针对不同对象的祭祀程序、人员、陈设等细节,以及每年祭祀的时间。除去这些公共祭祀场所,宗祠建筑在福鼎地区礼制建筑中占最大比例。礼制建筑根本上是为仪式举行而存在的专门场所,通常对位置的规划都很讲究。大多选在区域中心或是在"风水"概念中的最佳地点。在礼制建筑空间布局与细节构件的设计上,全都意在指向其神圣、庄严的特性,在实际格局设置上营造出肃穆的秩序感。特定的内部空间可以起到对人们的行为加以限制,从而承担起"教化"的职能。

一、西昆孔氏家庙

西昆孔氏家庙内厅

　　管阳镇距离福鼎市区西北30公里,内有大小山峰144座,其中千米以上的有4座,最高峰王府山海拔1113.6米,大部分村庄都建立在海拔600米以上的区域。年

---

① 李允鉌:《华夏意匠——中国古典建筑设计原理分析》,第102页。

孔氏家庙中的孔子像

孔氏家庙里的古戏台

平均气温15.3摄氏度。① 镇上的西昆村位于太姥山西麓,海拔500多米,处于群山环抱的山间坑谷中。村庄的东面有三座狮形山冈,故此地旧称"狮坑"或"西坑"。村庄周围被一条名为"晏溪"的溪流由南至北转而向东环绕着。放眼四周,群山连绵、层峦叠嶂。在地理格局上形成后有主山为靠,双侧有山势较低的护龙,前有溪水环绕,远处有"朝案",山环水抱、负阴背阳的风水格局。② 当地人称之为"八宝葫芦地"。

---

① 林守无主编:《福鼎县志》,第74页。

② 厦门大学闽台建筑文化研究所:《西昆古村落保护与发展研究规划》,2009年。

西昆孔氏一族为孔子后裔，明代由镇江衢州迁来福建。孔子第五十五世孙名"克伴"号"本五"，十六岁入伍，官至右卫总旗。"太祖本五公即镇江丹徒人也，元季金屯建宁右卫，至明永乐二年，能公带领九姓：韩、刘、尹、淡、赵、埸、颜、江、贺徙屯长溪柘洋里，而家于东峰之下。"乐二年改屯长溪柘洋里（今柘荣县），落户东峰。至"六十二世祖闻毅公由霞浦东峰转迁福鼎刘江，凡三徙始奠宅于西昆"。①

西昆现存古建筑类型丰富。民居、宫庙、宗祠、墓葬、桥梁等保留 30 多处，保存完好的有 20 处左右，被列为文物保护单位的有 2 处。② 其中，孔氏家庙为此地核心古建筑，坐落于村里的中心位置。这一家族礼制建筑始建于清顺治甲午年（1654 年），坐西北朝东南，面朝"三狮"，当地族人称之为"三狮朝圣"。1983 年被评为福建省十大名祠之一，并于 1989 年列入福鼎市第一批文物保护单位。

清顺治十年（1653 年），六十六世祖朗山公提议建立家庙，"以便族人岁时祭祀"，希望族中子孙不忘其根基。"朗山公曲体族意，即在西昆相度，始迁旧址，但始建祠，立为小宗。告成之日，理宜分叙谱系。值岁时祭祀谨按谱例祠规，向族内子若孙详明闻训。免致重山隔水，目不睹庙貌之尊严，耳不闻祖训之恺切。"③孔氏一族通过建造家庙这一活动，意在对子孙强调家族与先人的重要性，希望达到加强宗族凝聚力的作用。

家庙占地面积 877 平方米，建筑面积 706 平方米。既是孔氏一族敬祖思源的场所，也是宗族议事、聚集乡族的活动中心。正门外现存三个旗杆石、一对石狮，以及对称的龟碑一对。正面门额赫然刻着"孔氏家庙"四字。民国时期重建的石构门楼被设计为"火焰门"造型，这样的门楼造型在闽东地区并不多见。除了孔氏家庙之外，同时代重修的太姥山白云寺也有着类似的正面装饰。如今，在山西大同的云冈石窟中仍能找到火焰纹造型的门。④ 此外，南北朝至唐代的一些墓塔中也发现了火焰门式样。这一构件的原型是印度佛教建筑中常见的"火焰纹"图案。孔家后人称，民国时期重建门楼的先祖曾远赴南洋，兴许这一门楼的样式是受到了异国建筑的影响。

家庙前厅的正门上悬挂一面清乾隆皇帝御书"至圣裔"金字牌匾。面阔三间，中轴建筑由门楼、雨坪、天井、大厅构成。祠堂的门厅原为戏台，今已拆除。顶部中间有一个八角藻井，由六跳斗拱承托。大厅明间七架抬梁，前后出廊，次间穿斗构架。家庙内部宽敞，正中神桌上供奉着一尊孔子圣象。抬梁构架的筒柱底部木雕成云墩，穿斗架童柱

①③　民国《谨礼堂族谱》。

②　厦门大学闽台建筑文化研究所：《西昆古村落保护与发展研究规划》，2009 年。

④　李剑平编著：《中国古建筑名词图解辞典》，山西科技出版社 2011 年版，第 226 页。

底部木雕成卷草,穿枋雕刻成卷曲的草龙状。大厅前廊做卷棚轩顶,卷棚下有雕工繁复精密的双步梁、坐斗、穿枋木雕。[1] 木雕的主要题材为草龙、狮子戏球、历史典故等,综合了浮雕、透雕、镂雕等手法。大厅挂有若干面匾额,分别为"荣被天旌""明经""瀛洲风韵""贡元""拔贡""文魁""兹益恭"。这些匾额意在显示家族前人的荣耀,同时也是本族实力的浓缩展示,对进入这一建筑空间的子孙后代起到表率与教育作用。家庙原本主体屋檐与火墙相连,屋顶结构为穿斗式与硬山式。2002 年重修时,为了通风与防潮,把家庙主体建筑拆除重建,缩小了原本建筑面积,使屋檐与火墙之间隔出一段距离。

孔氏家庙中的牌匾

除了孔氏家庙之外,西昆村另有一系列古民居得以留存至今。如旗杆里(建平村)、张下厝、古老厝、陶厝、上新厝、下新厝、新厝基等。这些老建筑中,孔家的房屋占大多数,其中又以清乾隆年间孔兴圭所建为数最多。其中"建平村"规模较大,空间布局特征突出。占地 4480 平方米,大、中厅堂 8 个,小厅堂 16 个,天井 16 个,仓库两所,大厨房 6 个,正座(主屋)房 32 间,偏屋 64 间。建筑主体被青砖所砌的火墙环绕,环形的空地用来晒谷、种水稻。石墙南向辟有一个城门,城门上方的门楣朝外有一竖匾,上书"建平村"三字。这片空地曾经作为族中的"书灯田"。门厅外有两个旗杆石,因此"建平村"也被称为"旗杆里"。这一建筑群原本由主体部分与左右两边的工房,以及工房前的两个仓库组成,如今仓库已不存在。当年建造时出于防火需要,两侧工房与主体建筑中间相隔一条小路,墙上开月洞门,以通来往。可以说建平村是西

① 厦门大学闽台建筑文化研究所:《西昆古村落保护与发展研究规划》,2009 年。

昆孔氏古民居的代表之作,其整体建筑大体承袭了中原地带的方正格局。不论是家庙或是住房,孔氏一族都刻意保留了中原建筑的制式特征,通过空间布局和风格的承袭,不断强调自身的血脉根源及家族身份。通过建筑,西昆孔家与其家族源头的地区文化得以遥想呼应。这一系列古建筑又以孔氏家庙为中心指向,成为了与曲阜孔氏血脉相连的部分证据和精神寓所。

西昆孔氏建平村

二、点头天后宫的礼仪教化

点头镇位于福鼎市中部,距市区 15 公里,有宸山屹立其间,故别称"宸山"。《福鼎旧志集》中记载了九处天后宫,一概分布在临海要冲。"一在秦屿,一在南镇上澳,一在沙埕,一在南镇中澳,一在秦屿小东门,一在白鹭,一在流江,一在店(点)头,一在水澳。"明清两代,福鼎居民屡遭海寇滋扰,靠海而生的居民,不仅要抵抗海寇的袭击,还要防备自然灾害带来的生命威胁。"(光绪十六年)六月初一,飓风突起,海船回避不及,多被掀翻,死者达千人";"(宣统元年)七月初二夜,海潮大作,浪高丈许,毁堤防,淹田园。"①来自海洋的多方面威胁,使明清时期作为海洋保护神的妈祖在福鼎沿海地区拥有庞大的信众群体。

点头天后祖宫位于点头镇海乾路,始建时间已不可考。宫前石碑告诉我们清康熙年间(1662—1722 年)这里经历了一次重建,之后乾隆二十年(1755 年)又重修。建筑坐

---

① 林守无主编:《福鼎县志》,第 71 页。

南朝北,为一进合院式砖木结构,占地面积526.5平方米。规模不大,但布局严谨,保留了传统闽东古建筑的特征。2009年公布为福建省第七批文物保护单位。整体建筑由正辕门(八字门)、亭阁、天井、厢廊、正殿等几部分组成。其中正辕门为重檐悬山顶木质构造。内部正殿的斗拱、雀替、梁枋皆饰有精美的雕刻。宫前大埕开阔,曾经埕外几米之处就是大海,两条埠头平行延伸至海面,为来往的船只提供了方便。

点头妈祖宫

在天后宫前殿的三个藻井中装饰着彩绘图画,这也是闽东地区其他民间宫庙及祠堂建筑里常见的装饰。天后宫的藻井绘画主要由三部分内容组成,第一类是描述妈祖显灵的神迹场景,第二类是宣扬忠义和孝道的内容,如《二十四孝图》等主题图绘。这两类都是地区常规性的礼制建筑主题,第三个主题却显示了点头天后宫彩绘的独特之处。在依稀可辨的图画中,我们发现了两幅西洋题材的画作。其中一幅绘有两位"番客",其中一位是头戴中筒礼帽,身着白色上衣,左手执着拐杖的男士。第二位西洋男性则是脸上蓄着浓密的络腮胡,身着黑褐色长袍。张先清教授认为第一位头

点头妈祖宫辕门

戴礼帽"番客"的身份可能是一名商人,而另一位则与17、18世纪活跃于东南亚的西班牙天主教传教士的装束十分相似。

第二幅彩绘中的主体是一艘航行中的黑色西洋轮船。19世纪初西方造出了第一艘投入使用的蒸汽船,随着海洋运输的发展,蒸汽轮船逐渐取代了传统的帆船。19世纪中叶起,这种被国人称为"火轮船"的蒸汽船大量投入了远洋贸易,承担了茶叶、瓷器等货品的运输,在中国各大沿海港口频繁出现。早在19世纪之前,福鼎就为丝绸之路的贸易提供货品。不论在贸易或是宗教文化的往来中,都扮演了不可或缺的角色。五口通商之后,此处更是作为商务往来的频繁之地。或许因为对这两类人物印象深刻,点头人就把他们绘制在故乡代表海洋精神的神圣空间里,作为对于外面世界认识的一种知识资本,这也从一个侧面体现出了闽东人对于海上丝绸之路文化的认知感与历史记忆。[1] 点头人民对海丝的记忆与情感融汇在了这两幅小小的藻井彩绘中,从而成为了天后宫的一大亮点。

2001年,点头天后宫恢复了古时候每年农历三月廿三妈祖诞辰,以及九月初九妈祖羽化升天的春秋两祭仪式,在仪式中保留原有的三大礼,行三跪九叩礼。春秋两祭的时间及流程等细节都被详细记载于清代《福鼎县志》中的《祭天后仪注》里。据当地老人回忆,在抗日战争期间,每年三月廿三妈祖诞辰日,浙江沿浦、霞关和沙埕港,都有数千船只蜂拥而至点头,朝拜妈祖。宫前戏台献戏十日,崳山南北社村民云集天后宫看社戏,热闹非凡。时过境迁,如今乡人依旧会在每年妈祖祭祀之时请当地戏班来演出数日。此外,禳星、过关等法会仍如过去一般在天后宫里举行。

礼制建筑的设计中通常充满了象征主义的表现。建筑内涵通过其形式一再被强调,营造出突出精神教化的空间氛围。其内部的空间陈设,与用于生活的居住建筑区别颇大。最突出的特征就是空间内部的象征化构件。这些构件一方面是为了突出神明的神圣与庄严,营造出肃穆的氛围,给信众提供了一个区别于日常生活的精神诉求场所。另一方面则是利用其神圣的权威性,在其中融入儒家礼教内涵,通过如壁画、雕刻、藻井、牌匾等构件对空间进行塑造,达到教化乡民的目的。

在天后宫的正门前立有一对光绪年间树立的十米高青石双斗旗杆,称为"旌表"。由三层双斗和石柱组成。上斗四面透雕"卍",中斗四面刻有"清嘉庆七年敕封之尊号天上圣母"。左边底座刻着"光绪二年丙子秋季吉诞",右边底座刻着"十五都崳山点头社公建"。"旌表"乃是古代褒奖民间有德之人的礼仪象征。"乡党士女,有

---

[1] 张先清:《点头天后宫的西洋彩绘》,《寻根》2015年第6期,第82页。

点头妈祖祭祀

点头妈祖宫彩绘

孝于父母,友于兄弟,守节励烈者,缙绅列其事,状于教官,邻里为之保,教官告之有司,有司详之督抚,乃具奏。礼部详覆,下旨旌表,赐帑币二十两,入祀……旌表之礼,以劝善也。"①古代民间信仰发展过程中,时常会出现由帝王赐匾额、封号、旌表等象征性物件,帮助确立神明的正统性。从清代康熙年间起,妈祖多次受到朝廷的敕封。这种正统性的肯定暗含了民间信仰对礼教和朝廷统治的呼应。

天后宫内殿前面设有青石浮雕的虬龙陛阶,雕工精湛。阶宽1.2米,长1.5米,坡形阶面。上面刻有海浪衬底、云彩托顶的纹饰,虬龙的腹部嵌有云和日,朝拜者不得从此处攀登而上,只可取道虬龙

---

① 连横:《台湾通史》上册,商务印书馆2011年版,第180页。

点头妈祖宫木雕

阶两边的阶梯。这样的布置在空间内约束了人们的活动，使人自然而然产生了秩序感与敬畏感。宫内主殿正中央的神庭上供奉着妈祖，左右两个侍女持扇立于她身后。左手边的神庭供奉着陈、林、李三夫人，神庭前的台阶上设有一尊左右手分持"龙角"和"利剑"的"奶娘妈"——临水陈太后塑像。神庭下方有三个大型青石座，上面刻有主题浮雕，如"双龙抢珠""双凤朝牡丹""鲤鱼跳龙门""姜太公钓鱼"等内容。正殿神庭前的中央立有一张豹桌，长 3 米，高 1.5 米，桌面两端高翘，四只豹爪支撑地面。正面刻有人物、花草、山水、飞禽走兽等装饰图案。下厅亭阁的正中梁上，挂着长约 1.5 米，宽约 0.6 米

的黑色匾额，上书"威震海疆"金色四字。左上首竖着一行落款："光绪二十八岁在元摄瓜月。"下方也有一行落款："感灵警事第二十一队后哨官司蓝翎五品顶戴千总章松胜队长温扬声率正兵黄步升、宋明升、黄灿城、阮懋实、黄铨荣、杨维堂、黄□贵、□□□。"这类来自官员的牌匾，作为朝廷敕封的辅助物件，进一步强化了妈祖信仰的权威性。

除了上述布局陈设之外，天后宫内保存有一块石圣旨。这块石牌曾经是点头老街尾牌坊上的构件，约 50 厘米长，60 厘米高。正反两面的中间刻有"圣旨"二字，长 30 厘米，高 20 厘米。左右两边刻有双龙戏水，上方刻太阳，下方为波浪。据当地居民称，点头街尾曾有一户陈姓人家因

点头妈祖宫牌匾

虬龙陛阶

为儿子病重,遂迎娶了玉塘夏氏女"冲喜"。然而这一举措仍然没能挽回陈家儿子的生命。在丈夫撒手人寰之后,夏姑过上了寡居生活,并誓不改嫁。当地官员被她的高洁德行感动,写表文上奏朝廷,而后获准在点头街尾建立牌坊,以褒奖她的贞洁。这块刻有"圣旨"二字的石碑当时被安置在牌坊的顶端。1939年点头老街大火,灾后人们从废墟中找出这块石碑并沉入潭中,意在镇邪。不知为何这块石碑最后流落至兴元里大宅院,于2001年被发现之后安放于点头天后宫内。把石圣旨放入天后宫这一公共的神圣空间内,如今是出于对文物的保护意识。但我们不要忘记,明清时期越发兴盛的天后信仰背后隐藏着自上而下的儒家文化价值导向。天后宫是这一价值观的具体呈现。夏家女儿是儒家伦理的良好实践者,我们追溯到妈祖未成仙时,同样也是一位符合儒家标准的品德出众之人。随着信仰的发展、传播,她的生平事迹伴随着神圣的地位广为流传。高尚的人格成为神圣性构建的基础条件。天后宫内所有充满象征意味的布局,都是作为完善妈祖信仰内涵的组成部分。同时,儒家人伦礼教也作为空间构建的补充材料填充在其中。

礼制建筑通过建筑构件和内部陈设,不断强调空间的神圣性和庄严性。运用有针对性的视觉隐喻,营造出一个不同与日常生活的空间布局。如今礼制建筑的内涵还在继续发挥着作用。历史的线性演进,不仅没有使妈祖信仰失去其存在的意义,反而根据新时代的具体需求,不断调整其存在的意义,在新时代也被寄予了新的价值观与愿景。例如随着时代演进而产生的和平统一象征、和谐社会观等内容都在天后宫中——体现,使其成为了文化交流的纽带。根据时代价值导向的不同,神明的形象也处于不断调整的过程。建筑语言作为信众与神明的交流平台,也在不断改变以迎合被赋予的新意义。

回顾本章所分析的几类建筑,无一不具有作为文化模板的特性,既作为儒学价值观的具体化呈现,同时也融合了传统的宇宙观和对生活美学的认识。在日常生活中,特定文化的制式和价值取向通过建筑空间被反复确认。社会结构转化成了空间术语,在不知不觉间成为意识形态塑造的有效助力。

第三章　匠心独运与太姥文化区的和谐空间

　　在历史的扉页中,博大精深的农耕文明与海洋文明共同孕育出了璀璨若星辰的福鼎文化。建筑是历史的记忆,是文化的象征。福鼎地区的传统建筑性格迥异,古村落空间风貌古朴,福鼎文化志趣益然。建筑所呈现的意境,反映出它与自然山川、居住人群的整体空间环境的关系。《汉书·沟洫志》说"或久无害,稍筑室宅,遂成聚落",自然生态空间、人工物质空间、精神文化空间共同组成了聚落空间。文化地理学认为,典型的大众化意象(即心理图像),显现为外在景观,便构成历史文化丰富的村落文化景观。[①] 由传统建筑为中心构建的福鼎地区古村落空间特色突出,无论是选址、布局、意境追求,还是景观建构,均呈现出显著的空间意象,富有深刻的文化内涵。

　　民居和乡村聚落,一方面要适应人们的物质功能要求,同时也要满足人们的心灵和精神需求。而精神和心灵必然从属于整个社会的思想意识,并深深地打上社会烙印。[②] 福鼎地区的历史文化村落空间,建立在中原文化南迁并与闽文化互相融合的过程中,呈现典型的以儒家文化为脉络的特征,同时,又适应了福鼎地区的特殊地理与人文环境,建立了如沿海军事防御型村落,融合了民间宗教信仰的精神空间,具有地域文化特色。可以说它是一种在中国传统"天人合一"哲学思想指导下的,反映人与自然和谐统一的聚落文化空间。

第一节　祖德流馨:宗祠空间与礼制秩序

　　礼制以秩序化的集体为本,要求每一个人都严格遵守封建等级的社会规范和道德约束。汉晋以来,北方士民不断移居福建并获取生存空间。在交通条件困难、自然

---

① 刘沛林:《古村落:和谐的人聚空间》,上海三联书店1998年版,第5页。
② 彭一刚:《传统村镇聚落景观分析》,第2页。

条件恶劣的情况下,举族迁徙的方式使人们互相协助,共同抵御自然和人为的侵害。为了适应新的环境,到达新垦地后,采用聚族而居的方式,人们之间形成一种自然而然的凝聚力,进一步加强了宗族内部的纽带关系。陈支平的研究认为,这就为宗法制度的提倡提供了有利条件。① 在经历了唐代门阀宗族制度的衰落后,宋代统治阶级一方面实施乡里行政组织,另一方面,强化宗法制度的统治作用,使社会秩序稳固。尤以朱子理学创立《家礼》制度,在制度和理念上都使家族礼制庶民化,强化了原先的宗族意识。

在如此的背景下,宋代便产生了以敬宗睦族为突出特点的宗族制度,宋代地主阶级纷纷编修谱牒,兴置族产,制定宗族法规,创办族塾义学,完善宗族祭祀,倡导尊尊、亲亲、敬宗、收族,形成治家治族的社会风气。② 人们通过宗祠来建立建筑秩序的规范、祭祀仪式的规范、祖先崇拜信仰的规范这三大秩序,理顺宗族的内部秩序,以达到和睦宗族的目的。因此,宗祠便成了宗族发展的代表性建筑。福鼎地区的祠堂多建于宋代以后,现存较完整的福鼎西昆村的孔氏家庙和周山村的周氏宗祠就是其典型代表。

一、孔氏家庙——礼制望族的符号

西昆村,是孔子后裔在江南的主要聚居地。明朝迁入福建,清朝迁入西昆,孔子后裔迅速发展成为西昆之望族。孔裔在西昆村的辈序是广、昭、宪、庆、繁、祥、令,已至七十四代,与山东曲阜孔氏家族的排序完全一致。西昆孔氏家族南迁以来,把山东孔氏宗族的建筑风格、礼仪制度和文化符号带至福鼎,对远近都产生巨大影响。

(一)孔氏家庙的礼制空间

家庙是汉民族祭祀祖先和先贤的场所。上古时期叫宗庙,唐朝始创私庙,宋朝改为家庙。《礼记·王制》:"天子七庙,诸侯五庙,大夫三庙,士一庙,庶人祭于寝。"即古时礼制规定,士大夫以上官爵者才能建家庙,庶人百姓只能在居室祭祖。由于唐末的"五季之乱"礼仪制度遭到破坏,北宋初期,官员并无家庙。南宋时期,理学兴盛使"孝思"得到极大发展,朱熹主张官民都可以祭祖。③ 明朝廷仿效朱子祠堂制度,先后颁布《大明集礼》《大明会典》以详细规定各级官民的祭祖礼节,从此全国各地的祠堂

①　陈支平:《福建六大民系》,福建人民出版社 2000 年版,第 290 页。

②　王善军:《宋代宗族和宗族制度研究》,河北教育出版社 2000 年版,第 20—21 页。

③　贡坚、郭衍:《祭祀制度与祠堂建筑》,《山西建筑》2008 年第 12 期,第 76 页。

建筑大规模兴起,福鼎地区的祠堂也如雨后春笋般破土而出。

在西昆村孔氏家族的宗祠不称"祠堂",而称"家庙",建筑风格很大程度上有别于浙南各姓宗祠,这与其建立的时代与文化背景有关。

孔氏家庙是清朝礼制在福鼎乡土社会中的生成。西昆孔氏家庙建于孔氏族人迁入西昆后不久的清朝顺治甲午年(1654年)。据研究表明,清朝的臣民祭礼反映在礼制"家祭"中:品官于居室之东建家庙,一品至三品官,庙五间,中三间为堂,阶五级;四品至七品官庙三间,中为堂,阶三级;八品、九品官庙三间,无堂,阶一级。奉高、曾、祖、祢四祖。庶士、庶人于正寝之北为龛,也祭高、曾、祖、祢四祖先。由此可见清代礼制对家庙建立有着严格的等级之分,无官无爵之庶民百姓不得建家庙。但家庙祭礼有特殊规定:在籍进士、举人以七品官,贡生以八品官资格建立家庙。如此一来,由于在籍的进士、贡生数量较多,祭祖权力的下移使清代家庙数量持续增加。

西昆孔氏只是小支系,因此建筑空间的规模并不大,但是整个家庙建筑无不遵循礼制规章,营造了一个礼制望族的符号空间。孔氏家庙正厅是族内重大活动的主要场所,供有历代先祖木主牌的神龛,神龛的设计和牌位也是遵循儒家倡导的长幼尊卑之序。左右两侧的神龛供有孔家10个房头的木主,分别为:松房、竹房、梅房、柳房、和房、平房、伯房、仲房、叔房、季房。正厅三面开有类似窗门的小房间,小房上以白纸黑字"平房""伯房""仲房"等标示。每间小房前都有一两张方木桌,桌面摆满祭品,香火缭绕。每间小房里供的都是孔氏不同支系的祖宗,逢祭祖时,村内孔姓人家属哪支系,就到自己支系的小房间祭拜。这体现了人们在祠堂设计和仪式空间设计中融入了礼制观念,观念与仪式在互动的表演过程中,更加牢固实现了以家族为单位对人们的意识形态之控制。

作为山东曲阜迁徙而来的孔氏支族,为了与地位显赫发达的孔氏总族维持亲缘关系,西昆孔氏家庙建筑与孔氏总庙保持原则上的一致,建筑风格上沿袭衢州孔氏家庙风格。西昆孔氏虽远离祖先故土,但为了继承其脉络,仍把祭祖场所称为家庙。孔子后裔为南北两宗,北宗为山东曲阜,南宗即为浙江衢州。衢州孔庙实建于明正德十五年(1520年)。而西昆的孔氏小支便是最初从浙江衢州迁徙而来。该庙虽是为"不忘本"而建,但从侧面也反映出宗族的攀附心理。

不仅是家庙内部空间有着严格的礼制规定,在村落空间上,呈现出以家庙为中心,向四周扩散而建立住宅的情况,以这些基本的住宅又派生出其他民居,进而村落得以扩展。祠堂周围的住宅建筑虽不如祠堂般在礼制上要求严格,但也体现出儒家传统文化的意象。

　　清乾隆年间建有孔家住宅4座，分布在旗杆里、上新厝和新厝基，目前两座仍存。旗杆里（建平村）是西昆孔府，匾刻谓之"乡环福地"。老厝山门前的旗杆石依然竖立。旗杆石又名功名旗杆，古代指科举中功名后，在宗祠前竖立旗杆，一是为光耀门楣，二是作为后人学习榜样，激励后人积极进取。它是封建社会科举功名的象征。从这些元素中不难想见当时孔氏族人的地位及名望。据介绍，建平村当年住的全是孔姓后裔。出于对圣人孔子的尊重，朝廷有条不成文的规矩，"抓丁不进建平村"，于是后来有不少外姓人进驻，以避祸害。

　　另一座孔家老厝为上新厝，建于清嘉庆年间，砖木结构，占地3000多平方米。内有大小天井4个，上下左右72间。建筑风格与曲阜相似。古厝门楣横幅内容，折射着孔子思想的灿烂光辉。上新厝已经斑驳的院门上，写着"走必循墙"。"走必循墙"是孔子祖先周代正考父在青铜器鼎铭中留下的祖训。正考父接连辅佐宋戴公、武公、宣公，久为上卿，熟悉商代文献，曾校"商之名颂"。正考父以谦恭著称于世，他受君委命，一命而偻，二命而伛，三命而俯，循墙而走，不争于人。孔子继承祖先遗风，才高八斗，志存高远，却不显山露水。院门的另一面写着"迪惟前人"，厝门上写着"世笃二南"。据《中国文化遗产年鉴（2006）》说法，《诗经》将周公、召公的教化德行称作"周南""召南"，《周南》《召南》系其中的名篇，描述的是一派和谐的社会景象。这"二南"是治理社会的正道，孔子曰："郁郁乎文哉，吾从周！"孔子后裔以"世笃二南"颜其门楣，自是寓其深意。我们不难体会到孔子所追求的小康、大同、天下为公的政治理想。此外，老厝上还留有"宽俗温柔""瑞气绕庐""山城拱翠""保世滋大"等祖训，不胜枚举。

　　西昆村孔子后裔，世代沿袭着孔氏家族独有的生活习俗。逢年过节，都要在孔氏家庙内祭祖，派人北上曲阜谒祖。据孔家人介绍，孔家有一些严厉族规至今恪守。如女儿户允许招赘，但上门女婿不得上家谱；父母同意后孔姓子孙方可出绍给外姓人；杜绝外姓者过继到孔氏家族。不仅在西昆，甚至全世界的孔姓子孙都严禁通婚，否则，将会被逐出家门。纲纪伦常，在孔子的心目中，是崇高至上的。历经数百年，孔氏后裔亦然恪守此道。

　　在儒家思想体系中，"仁"是道德、政治的最高理想，而"礼"是"仁"的外在体现。礼起源于祭祀，家庙或祠堂是中国传统村落中最重要的礼制建筑，因为它凝聚了同一氏族人们的崇敬与信仰。祠堂既是祭祀祖先的场所，也是宗族议事的会堂；是宗族内同宗婚丧嫁娶、考取功名的仪式举行地，也是他们进行娱乐活动的中心。是宗族陈列祖宗牌位之所，也是炫耀杰出族人的纪念堂。无论从西昆孔氏家庙建筑的内部空间还是外部空间,都反映着儒家礼制文化的深远影响力。

(二) 孔氏家族的耕读文化

中国是一个历史悠久的农业国度,在祖宗家法制度背景之下,稻作文化和教育制度结合产生了另一种影响深远的文化——耕读文化。张履祥在《训子语》里说"读而废耕,饥寒交至;耕而废读,礼仪遂亡"。何江涛的研究指出,古代中国自给自足的小农经济形态是社会发展的基础,儒家思想就是在小农经济形态上产生的上层建筑。小农经济与儒家学说互为作用,形成了耕读文化。"耕读传家"思想是儒家思想的重要组成部分,它既是一种典型的古代中国乡村生存方式,也是一种理想的家庭美德。"它反映了儒家在士农工商诸业选择中的基本价值追求和人文关怀,寄托着儒家学者关于家庭建设和社会风气建设的理想。"[①]

古代中国的中原一带征战频繁,人口大量南迁。山水秀丽且地理位置相对边缘的闽浙地带,成为人们躲避战乱、休养生息的理想之地。移民多源于中原的士族,多为书香门第,南迁后仍讲究以读书为本,使中国耕读文化的精神实质得到发展,在福建广泛传播。尤其到了宋代,科举制度盛行,读书考取功名蔚然成风。人们一方面以农耕生活为本,一方面通过发奋读书入仕,追求更高的人生理想。

耕读文化的主体起源于孔子。孔子集华夏上古文化之大成,以思想家和教育家的身份被誉为"圣人"。孔子时代,教育与学术由官府垄断,而孔子以私人身份招徒讲学,创办了我国历史上第一所私人学校,并选编了《诗》《书》《礼》《乐》《易》《春秋》六种教材。从孔子流传下来的"治学重教",成为孔姓人世代的家训。作为孔子的后裔,西昆孔氏家族更是以读书仕进作为人生最重要的理想。家庙不仅是宗族祭祀、议事的中心,也是家族的精神文化中心,是文化传承的重要据点。家庙或祠堂是家族的共有财产,许多家族利用家庙建立书厅或书院。西昆孔氏也不例外,第六十六世孙孔兴圭等人在孔氏家庙中办学,延师授课。此时的家庙,成为传递家训、传承文化的载体。孔氏家庙流传至今祭祖用的《圣人经》中就有孔裔后人的十愿:

弟子有十愿:

    第一愿:诚心广志   第二愿:聪明睿智

    第三愿:三场得意   第四愿:四书勤读

---

① 何江涛主编:《耕读传家》,北京图书馆出版社2007年版,第25—26页。

第五愿:五经博览　第六愿:六艺皆通

第七愿:七篇雅作　第八愿:金榜题名

第九愿:双亲福寿　第十愿:天下太平

此十愿中,除了为人基本的心智要求之外,最重要的部分就是勤读四书、博览五经、精通六艺等。其中的四书、五经、六艺正是来源儒家学者对读书的知识体系要求。金榜题名暗示人们要积极应考科举。他们以培养文人大家的目标来要求后辈们。每年孔氏家庙的祭祖仪式,成为了传达祖先遗训的重要渠道。

此外,为了鼓励后辈们刻苦读书,孔家还设立"书灯田"。书灯田又称书香田、灯油田或族田,是在儒家耕读思想的影响下,为了使更多的人能读书,通过以家族为单位的方式,在族中置办田产,田地收入专门用于后辈们晚上读书所耗油灯的油费。书灯田属于家族共有族产的一部分,它的产生利于鼓励族人的勤奋学习,是一种奖励性机制。族田收入还可用于建祠修墓、编撰族谱、办学考试、兴办公益事业(兴建水利、修桥铺路、设渡口、茶亭等)、迎神赛会以及解决与外族的械斗纠纷等。族田还用于赈济贫困,成为"义田"。随着时代变迁,政治制度与土地制度的变革,人们不再有"书灯田"之需,因而它已成为历史。但"书灯田"的影响仍在西昆孔氏后人记忆中留存。如今西昆的"书灯田"牌文化红米企业远近闻名,它传递了圣人耕读精神,反映了古时西昆书灯田文化传承的影响力。西昆村德成书院餐桌上,这些红米都是免费提供的。村里老人讲"书灯田"红米过去曾是朝廷贡米,不落寻常百姓家。如今,随着社会的高度发展、人们的生活水准的提高,百姓生活不再仅仅追求饱腹,而更多的是追求健康、绿色、原生态的生活理念,"书灯田"红米成为孕、产妇和少儿的药膳食补。

在浓厚的学习氛围下,孔子的后裔们读书重教,学风严谨,人才辈出,并一直传承至今。自乾隆到宣统,有庠生 21 名,国学生 7 名,太学生 1 名,廪生 4 名,贡员 2 名,文魁 1 名,进士 1 名。宣统己酉科恩贡 1 名、拔贡 1 名。西昆孔氏家庙正堂梁间,悬挂有多块匾额。一进家庙大堂抬头便可见"至圣裔"三字,这是清朝皇帝对西昆孔氏人兴财旺的嘉奖。还有清咸丰、光绪年间钦赐的"拔贡""文魁"匾。其中才德较著者,为孔广敷与孔昭淦。孔氏家庙门前仍存有二人所立之旗杆石。

耕读文化的内涵,除了耕读传家思想外,还包括提倡勤俭、勇毅刚强、劝诫立志、文化传承。孔氏家谱有十来卷,是所有家谱中最完善的族谱,也是对家族礼仪制度规范最详尽的族谱。其中明确记录了家庙的设置规范,祭期、歌章、祠规、仪式,书灯田

孔氏家庙前的旗杆石

产等内容。西昆孔氏家族通过家谱的传承,以祠堂和祭祀仪式为载体,把孔子的思想作为家族的精神引领,重视礼制和教育,使家族内部秩序稳固,从而达到聚落内部社会秩序的和谐。

二、周氏宗祠——文风兴、德业盛的象征

建筑与周围环境是一个互动的过程。建筑整体要完成一个符合居住者要求的目的或功能,与周边环境成为有机的整体。传统的乡土建筑是人与自然息息相关、协调发展的人聚空间,由乡土建筑与自然山水构成的传统古村落,反映了人与自然和谐的有机思想,充分体现出中国传统哲学"天人合一"的整体观念。刘沛林认为,"古村落是一种典型的文化生态型聚落,成为中国乡土文化的活的载体"①。

福鼎佳阳乡的周山古村落有多处明清风格的历史建筑群,吉祥鸟兽或历史人物雕刻其间,镌刻着村落的典雅与风华。周山周氏宗祠乃福建省"八闽名祠"之一,始建于明万历癸酉年(1573 年),迄今 440 多年。由于宗族组织是建立在血缘关系的基

① 刘沛林:《古村落:和谐的人聚空间》,第 11 页。

础上,尊祖敬宗成了核心思想,在一般的想法里,必须先尊敬祖宗,使族人因为水源木本,同出一脉的关系,进而触动内心的亲亲之情,以达到睦族、收族的目的。历来"尊卑有序 孝悌成风"的周氏家族借由家族祠堂的设立与族谱的编撰,端正五伦,重视礼让,以正家风,从而建构了宗族内部的认同意识,而在外敌入侵等外部环境的威胁下,宗族意识也得到了强化。佳山周氏家族"文风兴,德业盛",整个家族立于长盛不衰之境地。

(一) 人杰地灵之周山古村

古村的由来,因周姓聚族而居得名。追本溯源,据《佳山周氏宗谱》[①]载,"我汝南周氏系东周平王之后迨后晋天福三年","创久公者由南京赤岸移居福鼎之佳山是为开基鼻祖",开村鼻祖创久公系东周平王之后,于五代后晋天福三年(938年)从河南固始县一路迁徙而来,择居天湖山下,迄今已逾千年。周氏族人"以其山(天湖山)之佳故名为'佳山'",且属周姓聚居之地,又名"周佳山",简称"周山"。原属福宁州(府)劝儒乡,清乾隆四年(1739年)福鼎置县,隶属二十都,民国时期隶属前岐区。1935年6月,闽东特委在周山成立"鼎平县委",同期成立上东区苏维埃政府,周山成为闽东、浙南重要的革命根据地。新中国成立后直至2001年前,隶属前岐。2001年起,隶属新成立的佳阳畲族乡。

周山村位于福鼎东北部,距城关28公里,坐落于闽浙交界的天湖山下,西北与"世界矾都"浙江苍南矾山接壤,东北与苍南马站镇为邻。全村有耕地、水田、林地,森林覆盖率达70%以上。从聚落空间建设的角度上看,周山村的自然地理条件与生态系统相互协调、彼此补益,整个环境内的"气"顺畅活泼,充满生机活力。

按照中国古代"风水学"原理,传统的背山面水村落颇具生态学意义。背后的靠山,有利于抵挡冬季北来的寒风;面朝流水,即能接纳夏日南来的凉风,又能享有灌溉、舟楫、养殖之利;朝阳之势,便于得到良好的日照;缓坡阶地,则可避免淹涝之灾;周围植被郁郁,既可涵养水源,保持水土,又能调节小气候,获得一些薪柴。[②] 这个富有生态意象、充满生机活力的村落,即是古代建筑中追求的"风水宝地"。佳山因风景秀丽适宜人居住而著名。周山古村山环水绕,锦峰簇拥,整体形似开放的莲花,其村落的建设按照"阴阳五行"学说设定风水乾坤。这样的选址,体现出周氏祖先非同

---

① 《佳山周氏宗谱》,1962年修。

② 李远国:《中国古代建筑风水学在现代建筑中的影响与运用》,《资源与人居环境》2005年第4期,第35—37页。

一般的营造思想。周山村怀藏于闽浙交界的天湖山麓,坐拥一方风土,而不事张扬,却滋养出秀才之村、牡丹之乡、红色土地、文化名村的"芳容"。

《佳山周氏宗谱》记载,"佳山在福鼎之东偏。高山突兀,山腰忽开盆地,别成村落。林泉之趣尤佳,入其中者每觉神怡心旷,几不知此地之在山间也"①。由此可见,周氏族人在选择居住地时是颇有考究的,周围是高山,山腰开盆地,村落繁茂,山林有间,泉水成趣,人入其间感受不到是在山里。也正因如此隐蔽的有利地形,周氏宗祠乃至家族历经千百年世事变迁而得以保存无恙。其家谱载,"所以清代钜公名士爱其地之幽,俗之朴,恒流连信宿于此,而佳山之名亦因其大著",有名人游历于此,赞叹不已,佳山的名气也为之大振。清乾隆四十五年(1780年),多次造访过周山的一甲探花、翰林院编修孙希旦曰:"周佳山在福鼎之东偏,环山临海,深邃窈窕,山川灵秀之气磅礴郁积,周氏聚族居之,为县中巨姓。"可见,周山历史昌达,声名远播。明代和清代,先后有周泌、周垂谋、周信过等公迁往浙江丽水、温州等地区,与福建永春周氏也有历史渊源。

周山自古地灵人杰,文风鼎盛。周姓族人向来崇尚读书,"以读为进,学以教化,优则为仕",诸多的先贤光耀周族史册。重视教育,设有私塾,至今还有"内书堂""外书堂"的地号。根据族谱记载,清代出周国铠、周国镔等4名进士,贡生、太学生、庠生等达一定规模,人才辈出,得到乾隆皇帝勒封的,有五品同知1名、六品儒林郎2名、安人4名,可谓显赫一时。正因如此,赐进士出身的福宁府儒学教授周青云对周山赞叹:"人文鹊起,为鼎邑冠族也。"

(二)八闽名祠之周氏宗祠

周氏宗祠始建于明朝万历元年(1573年),清乾隆年间扩建,1994—2000年重修。属典型的汉人宗祠建筑。精雕细刻,雅堂锦廊,华丽壮观。宗祠门口典型汉族辟邪的石狮镇守古宅,昭示"尊贵"和"威严"。该祠属中轴线对称分布的五进府宅结构,面阔7间,五级递进,墙连瓦望。由120支木柱和精雕的大梁组成,内建"太子亭",文物荟萃,于2002年7月入编福建省文化厅《八闽祠堂大全》。

从地理位置和四周环境看,周氏宗祠符合风水学选址的要求,即基本的靠山面水模式。宗祠面南而居,背靠玄武之山,祠前有一大片宽敞、方正的中间平地,即明堂。祠堂正前方有一个大池塘。《葬书》说:"以左为青龙,右为白虎,前为朱雀,后为玄武。"《阳宅十书》曰:"凡宅左有流水,谓之青龙;右有长道,谓之白虎;前有汗池,谓之

---

① 《佳山周氏宗谱》,1962年修。

朱雀;后有丘陵,谓之玄武,为最贵地。"站在宗祠往远处眺望,有山有水,前方如丘陵般的小山峦起伏,空旷辽阔,令人心情舒畅,无论从物质环境和景观角度都符合人们的理想追求。

周氏宗祠之外部环境

周氏祠堂建筑的内部空间也体现出儒家礼制文化的影响。门前广场宽敞,屋顶为典型的汉族传统建筑的硬山顶。从平面布局看,祠堂采取建立中轴线,两边对称的建筑格局,这充分显示出儒家提倡的父子、君臣伦理教化的特征。宗祠的大门左右两侧连接围墙,将大门与宗祠主体围成封闭的四合院式的建筑形制。上下厅之间,有两侧和正对大门的廊庑,将天井一分为二。合院式建筑是中国传统建筑的典型特征之一,这种组合住宅的内外空间,体现出"四水归堂"的文化概念。它受到中国传统封闭意识的影响,把自我或家族禁闭在封闭的空间中,一方面能保证住宅内部的私密性和安全性,另一方面也用以保证家庭、社会结构的稳定与安全,体现了儒家宗族礼制的内聚性质。

宗祠内部的建筑构件设计也体现出儒家文化的影响。诸如木雕、石雕、砖雕等作品,精刻细凿,以双面层雕和松鼠群食葡萄等雕刻最负盛名。各自的表现手法因建筑部位的不同而相异,砖雕可见于宗祠门额,石雕多见于柱础、抱鼓石,木雕多见于梁枋、雀替、窗棂,技艺纯熟,让人叹服。在宗祠第二进大厅的隔板上,就有整齐排列的单面木雕作品,木雕图案多取材于《三国演义》,如"三顾茅庐""桃园三结义""诸葛亮巧设空城计"等寓意深刻的片段故事。这些故事和图案,体现的是家族对个人、对家庭发展的美好愿景,围绕着伦理道德、耕读传家、亲仁孝悌、科举功名、人丁兴旺之理念而设计。

宗祠与村落的联系,体现出以血缘关系为纽带的宗族制度的社会控制。由宗族血缘派生的"空间"关系,数千年来一直影响着中国传统村落的形态。古代村落的布局首先强调的是宗祠位置的布局。清代林牧在《阳宅会心集》中对建设居室有规定:"君子营建宫室,宗庙为先。诚以祖宗发源之地,支派皆源于兹。"因而,自从民间允许修建宗祠以来,村落的布局,便以宗祠(或族长房)为中心展开,在平面形态上形成一种由内向外自然生长的村落格局。

周山村属典型的血缘关系发展而成的村落。因而血缘宗法关系在村落建筑的空间布局中有着明显反映。族中长老居最上层,统管全村,下面分出若干个支系,支系之长统领着各房后人。常有村东为长房,村西为次房等尊卑大小之分。现在的周山村下辖西坑、房夅、水碓、大家坪、田中央、山门盾等7个周姓汉族自然村和上樟、隔山头2个畲族自然村,可以说周氏后人占据周山村的主流。根据周氏族谱记载,周山周氏根据长幼关系分为乾房派、礼房派、射日埔房派、射日篯房派,共四个房派。乾房派居住于桐山南教场,礼房派居住于桐山西门,射日埔房派居住于大家坪、和高境、砚山内山、水碓。射日篯房派先后居住于宋埕大岗(射日篯房下春房派),此外还衍生至大岗祖厝、宋埕北山街、宋埕埔坪、矾山岗仔尾、宋埕大山、福鼎前岐、宋埕上港、宋埕长溪源、昌蝉小溪、宋埕瓦厝内、矾山旺田坪、矾山新岭、蒲门关头,是发展最旺盛的一个支派。这些支派都以周氏宗祠为核心分布于四周,经过几百年的衍生发展,形成了今天的周山古村落等几个主要自然村落。

在现代城市规划学中,这种村落布局方式称为"自下而上"的方法,即按照"自然之力"或"客观之力"的作用,遵循生物有机体的生长规律,经年累月叠合扩展而成。美国城市规划理论家、城市社会学家刘易斯·芒福德在"有机生长论"中提出,第一批有机村庄的出现,属于生态聚落,遵循的是生物学原则。周山古村的这种聚落生长方法也是自然经济模式中的村镇扩展途径。

(三)德业兴盛之周氏宗族

在古代宗法社会,宗族统治是社会稳定和谐的重要基础。因此宗族通过修谱建祠,不断稳固家族统治和权力,提高家族地位和声望。在耕读思想影响下,周山村族人修谱建祠,重视教育,兴办学堂。周山村不但山川形胜,钟灵毓秀,能人辈出,并且周家族人德高望重。历代以来他们不断端正家风,整顿家纪。周氏家谱记载了修谱整风的缘由:"古谓尊祖先修族,修族须整纪。盖风纪肃而五伦端,五伦端而礼让生,礼让生则家之所以兴,族之所以盛也。"他们认为,敬祖就得修整家族,修族需要整顿风纪,从而可肃清"五伦"。古代汉族的"五伦"即所谓君臣、父子、兄弟、夫妇、朋友五种人伦关系和"忠、孝、悌、忍、善"的五种言行准则。五伦思想自古以来就有,孔子增加了君臣关系,最后由孟子全面地加以概括,并提出相应的道德规范,因此"五伦"就成了中国传统儒家礼制的基础性思想。从周氏的家谱可以看出,他们深受儒家思想的启发,当族内出现了违背伦理道德的行为,便要通过修缮祠堂、家谱等方式,来传播五伦规范。《修谱启事》载:

> 吾族郡归汝南派衍,佳山源远流长,耕读传家数百年来,尊卑有序孝悌成风。尤于男女关系更井然不苟,爰邑中仰为望族矣。第自近岁以还,世风日下人心不古,青年男女昧于世道,盖乎邪气。假社交之名行窃玉之实,因为纲常废弛,廉耻尽丧,致败德丧行。夺人妻为己妻者时有所闻,夫同姓不婚周礼则然,况族亲者乎!吾族此次重辑家乘,旨在端风整纪尊祖修族,几婚嫁有乖伦常,特申儆告不予入谱,为后来者戒而符吾祖之明训也。吾等虽不勉,于此何敢诿焉。①

由上文可见周山周氏宗族一直以来是耕读传家的世系。族人自我评价为尊卑有序,是远近闻名的望族。但在社会的变迁中,近世以来由于世风日下,人心不古,尤其族内男女关系或婚姻有违伦常,导致家族的纲常废弛,道德败坏。周氏对男女关系方面的伦常道德的规范,体现他们对宗族血缘的正统性要求。通过修整族谱端风整纪,重拾宗法制度的力量。

周氏家族通过宗祠的延续和家谱的修撰,力做"孝悌之家"。《论语·学而》中说,"君子务本,本立而道生。孝弟也者,其为仁之本欤",孔子认为"孝""悌"即人的本性中的血缘之爱,是善良和正义的源泉与依据。"其为人也孝弟,而好犯上者鲜矣,不好犯上而好作乱者,未之有也",孔子认定这就是建立一个理性社会的心理基础。他要求每一个人"入则孝,出则弟,谨而信,泛爱众,而亲仁,行有余力,则以学文"。周氏家族深刻理解儒家的礼的本源,注重礼制文化背后的道德色彩,形成通过情感和人性来实现家族秩序稳定的模式。

周山族人的"仁、义、礼、信"受到士林的褒扬,现存的宗祠内悬挂的牌匾"祖德流芳"颂扬了周氏一族的良好德行的声名远播。清代刑部尚书孙希旦题词"瓜瓞绵绵",太子太师、文华殿大学士蔡新题词"绳泽式茂",《四库全书》编撰者陈科捷题词"世德堂",大理寺卿蓝应元题词"楷模多士",福宁府知府李拔题赠"淳朴可风",这些

---

① 《佳山周氏宗谱》,1962年修。

文字匾额长挂于周氏宗祠之内,有些牌匾实物或已不存,但在家谱上都有详细的记载,以此激励着一代又一代的周姓族人。这些匾额又一次证明周氏家族不但人才济济,并且德业兴盛。"以读为进,学以教化,优则为仕",诸多的先贤光耀周族史册,周国镔就是其中杰出的一位。乾隆皇帝御赐"圣旨"匾是周氏宗祠的镇祠之宝。家谱有载,进士出身的先贤周国镔,曾官居洛阳候选州同,"从政清廉,遵例急公,家教有方"。乾隆五十一年(1786年),"朝廷旷典","封赠名公钜卿",当年十二月初十日,乾隆皇帝颁发圣旨,封赠周国镔一家三代。同时,随同圣旨一起送达的还有乾隆皇帝御赐的牡丹。牡丹花是中国花中之王,如今,每逢花事烂漫的春月,周山牡丹香飘南国,吸引四面八方的游客前来观赏,成为福鼎乡村旅游的一大品牌。

总之,以孔氏家庙、周氏宗祠为代表的祠堂建筑与周围人群、环境构建的是一个礼制空间。祠堂四合院制的封闭空间,以祖宗的牌位为仪式中心,构造出一个庇护家族的系统,将生者和死者都纳入父系血缘关系的历史、地缘网络中。以"君君、臣臣、父父、子子"的理念,以创办书院、耕读传家为载体,以井然有序的差序结构,将所有人组合进一个有着共同的正统信念、价值观和实践规则的文化之中,力争建立一个有机的家庭秩序。这种秩序不仅反映在有形象的建筑空间上,也反映在当地社会的心理行为中。在政治力量的牵引和制约下,人们利用儒家礼制文化,通过宗法秩序的建立,构建了基本的乡族凝聚观念,以宗族内部和谐,促进社会的和谐。

福鼎地区的传统村落以宗祠或家庙为中心,给聚落以秩序,村落空间多表现为以宗祠为结点的向心聚合形式。宗祠的聚合作用,不仅表现在地域空间上,还表现在"心理场"上。"心理场"的鼻祖勒温(Kurt Lewin)认为人有一种"心理生活空间",包括准物理事实(心目中的自然环境)、准社会事实(心目中的社会环境)、准概念事实(思想概念与现实的差异)。勒温指出,"点"起一个核心的作用,受欢迎的物体便能在其周围形成引力场。费孝通指出,"血缘是稳定的力量。在稳定的社会中,地缘不过是血缘的投影,不分离的。生于斯,死于斯,把人和地的因缘固定了"。中国传统社会大都以血缘为坐标展布出千丝万缕的联系。而这种宗族关系的结点,就是宗族的象征——宗祠。一族聚居是多数福鼎村落形成的社会基础,宗族中有名望的贤达成为乡土社会的精神偶像。宗祠不仅是村民在空间上的活动中心,而且是宗族心目中的政治、文化和精神的中心,是整个家族的"精神空间"和"引力场"。由此可见,宗族意识对聚落景观的建构、和谐聚落空间的营造产生了极其深远的影响。

第二节　圆觉晓钟:宫庙意象与三位一体

宗教是人类社会发展到一定历史阶段的文化现象,是历史时期人类精神生活的重要组成部分,对人群的聚落空间有着重大的影响。宗教建筑为信仰者提供了祈祷、冥想的场所,是人们敬畏及崇拜大自然、祖先、超自然力量的精神寄居之地。在信仰伊斯兰教的某些地域,宗教建筑甚至成为人类社会精神与生活的中心。

桐山镇位于福鼎北部,辖区大部分为溪流冲积小平原。清乾隆四年(1739年)以前,桐山为霞浦县劝儒乡廉江里十七都,明代因防倭寇而建有桐山堡,为海防重镇。《福宁府志》记载:"桐山,即今县治,平城宽广,旧多桐,故名。左右两溪夹流,亦名桐川。"地形南北长,东西窄,形如船。东西两侧有桐山溪和龙山溪双溪夹流。桐山作为县治所在地已有270多年的历史,一向是全县的政治、经济、文化中心。

高家圆觉寺位于桐山镇街道福全社区,1989年公布为福鼎第一批文物保护单位。圆觉寺始建于明永乐二年(1404年),明嘉靖年间毁于倭患,道光二十年(1840年)重修,坐西向东,二进合院式砖木结构,通面阔24.5米,通进深35.6米,面积872.2平方米。远看圆觉寺,整体建筑面阔5间,进深3间,依山而建。2003年"桑美"台风使前一座建筑屋檐严重受损,成为危房。中轴建筑由太子亭、门厅、天井、一进厅、二进天井和正厅组成。太子亭面阔三间,进深三柱,正厅面阔五间,进深三间,穿斗式歇三顶。

经过历史的积淀,高家圆觉寺如今已是集寺院、祠堂、书院为一体,这是它最典型的特征,从侧面反映出不同历史时期西园高氏家族对释家、祖先崇拜、儒家的信仰,这些历史文化底蕴为桐山人群聚落空间的和谐稳定做出了积极贡献。

一、敬僧供佛扩佛寺

佛教自南亚传入中国以来,经历了汉唐的发展,宋明的兴盛,跨越各朝代与道教、儒教的矛盾冲突,得以在民间广泛传播,深深融入了中国传统文化之中。据《桐山高氏宗谱》记载:"圆觉寺者,吾祖尉公所建,盖因其故址而重拓之者也。其初不知始于何代,故老相传旧名罗汉寺。"[①]又有高龙光《重建圆觉寺记》记载:"斯二者紫澜公曾

---

① 《桐山高氏宗谱》卷十二"艺文·圆觉寺记",宣统辛亥年(1911年)修。

记之矣，公曰寺之初不知始于何代，是寺非吾祖创也，吾祖持增其式廓耳。"①从两篇文章可知，圆觉寺相传原名罗汉寺，历史悠久却不知始建于何代，为西园高氏祖宗尉公所扩建。寺院后花园中曾有一块小石碑，"题曰开山虎岩和尚"，却无法考证是何年所建。另有西山下王成公故居也发现有小石碑"虎岩开山"，故文中推测圆觉寺为虎岩和尚开山而建，后人为纪念他的功德而立碑。

圆觉寺在明朝有记录的重修共有正德、万历、崇祯年间的三次。《桐山高氏宗谱》中《圆觉寺记》载："正德十五年吾祖捐资，令僧善识市易工材，拓旧址而新之。"即明朝1520年住在西园的高氏族人，因信仰佛教，动员族人捐资扩建圆觉寺，至此"门闼深靓，殿宇轩昂，法堂方丈，齐厨库庾具备"，规模扩大，气势恢宏。然而明嘉靖年间由于倭寇匪患猖獗，朝廷财政吃紧，同时与道教的矛盾加深，士大夫主张对佛教寺院进行一定程度的遏制。"嘉靖六年（1527年），令尼僧、道姑发还原籍出嫁，其庵寺房屋土地尽数入官。十六年（1537年）题准，僧徒愿还俗者，听其自便。各处寺院宫殿任其颓坏，不许修葺。"②赵轶峰的论述印证了《圆觉寺记》中"越嘉靖部文变卖天下寺院"，"买得久废圆觉寺一所者可班班考也"的记录。此后圆觉寺椽瓦缺折，无人敢修葺。至明万历年间（1573—1620年），因太后喜佛教，寺院修建又进入繁荣时期，故高维文记"万历间僧怀莲易而新之"。其后又栋桷朽蠹四壁敞漏，明崇祯年间（1627—1644年）"僧圆祯又易而新之，其费皆出于族人之公捐与其私助"③。

可以说，除僧人外，西园高氏家族对圆觉寺的兴盛长存起着举足轻重的作用。正如高维文所记"初建寺时，吾祖舍田四石园三石以供衣钵，米则洒之废陵，元亨利贞四房代为输官，分毫不以累僧"。又有高龙光记"又曰吾祖承家世中衰，掘起明兴之代以唐构余力，建寺舍田以给僧徒"④，高氏家族不但多次出资重修圆觉寺，还向寺庙捐赠粮田园林以供僧徒的衣钵，更有甚者高家人替寺庙向官府缴纳税粮。因后期田产星散，屡遭剥夺，高家"朝见公"还下令撰以成文的规定，让未来的高氏子孙后代要持续供养圆觉寺。由此可知，当时高氏家族对佛教的信仰程度非同一般，他们通过对佛寺的给养，积德行善，以求保佑家族祖德流芳、长盛不衰。

古老的圆觉寺"圆觉晓钟"声名远扬，属"桐山八景"之一。"八景"是我国古代约定俗成的一种风物景观，在地方志中常见，是人文文化内涵的一种历史体现。宋代沈

---

①④ 《桐山高氏宗谱》卷十二"艺文·重建圆觉寺记"。

② 赵轶峰：《明朝宗教政策合论》，《古代文明》2007年第2期，第69—70页。

③ 《桐山高氏宗谱》卷十二"艺文·圆觉寺记"。

圆觉寺里的石柱联

括著的《梦溪笔谈》卷十七有一则详细记载：

> 度支员外郎宋迪，工画，尤善为平远山水。其得意者，有"平沙雁落"、"远浦帆归"、"山市晴岚"、"江天暮雪"、"洞庭秋月"、"潇相夜雨"、"烟寺晚钟"、"渔村落照"，谓之"八景"。好事者多传之。①

可见自古以来，文人墨客以"八景"的提法，为景致冠以意境优美的名称，为赏景的人们创造出一种美的意象，呈现出一幅幅美丽的中国山水画。后来"八景"成为古代村落常见的构景手法。福鼎"桐山八景"，县志记载与民间传说有两种版本，第一种为：御屏积翠、莲峰曙月、罾坪渔火、石湖春涨、玉塘秋色、龙山雾雪、双髻凌云、栖林烟雨。第二种为《福鼎县志》载："御屏积翠、双髻凌云、龙山雾雪、圆觉晓钟、莲峰曙月、石湖春涨、栖林烟雨、罾坪渔火，皆本境名胜也。"②可见圆觉寺的景致在当时的桐山中具有颇高的地位。在现代人看来"八景"具有自然风景的欣赏价值，但实际上对

---

① 沈括：《梦溪笔谈》卷十七"书画"，四部丛刊续编本。
② 《福鼎旧志集》，第267页。

古人来说它的文化意义高于其地理价值。在古代乡村聚落的人心中,"八景"具有特殊意义。古代的生活环境十分艰苦,许多人甚至内心郁闷,需要利用自然景观来弥补和抚慰心灵,"因而人们概括并传扬某一特殊景物的基本初衷,乃在于把自己所处环境描绘得具有和谐可亲性"①。因此,"八景"的提法既体现了与天人合一相联系的风水观念,又体现了天人合一的整体和谐价值观念。

如今的圆觉寺古迹保存甚少,但留下诸多赞美之辞。高维文在《圆觉寺记》中描述道:"至于寺之形胜,昭明屏其后,溪水带其前,山花树鸟之点缀于四时,过客游人相与徘徊而不忍去"。《重建圆觉寺记》有载"且夫寺之自明迄今虽曰未甚壮丽,顾邑中一名胜区也"。圆觉寺依山而建,门前有溪水潺潺,寺内鸟语花香,树木葱郁,是为修心养性的好去处。从重修圆觉寺的建筑规格和景观园林的营造来看,该寺不仅充当着宗教信仰的角色,还是人们颐养性情的好去处。

圆觉寺经历了几番的动荡时代,但依旧能保存下来,这与当时人们对佛教的信仰、对释家的崇敬是分不开的。据《福鼎县乡土志》记载,明嘉靖年间始倭寇屡次入侵桐山一带。倭寇虽有烧杀抢掠,但却也敬佛,"祠之始在嘉靖间,因倭奴告警所至焚毁而独敬佛,不毁寺观"②,遍地丘墟烟莽而"圆觉寺尚幸无恙"。

倭寇信佛之说证明了佛教在战乱时期维护地方社会人心的和谐稳定起到了一定的作用。佛教自6世纪初传入日本,随着唐朝及其后中日两国间的经济文化交流渐渐频繁,日本曾派大量僧人留学中国,也有不少中国僧侣到日本传播佛教及中国文化。13世纪以后,佛教与日本民间信仰、习俗相结合,形成了日本本土化的宗派如净土真宗、日莲宗等,佛教的传播普及并深入到日本文化中。14世纪初的日本正是南北朝时代,此时由于中国宋末社会混乱,许多僧人尤其是临济禅宗高僧逃至日本,日本的北条氏对此宗深为皈依,因而此宗广泛传播于上流社会。不仅是上流社会,许多普通士兵也对佛教信仰深刻,"在这以前,因源氏与平氏之战久未停止,士兵远离故乡,生命朝不保夕,看到空幻如露的人世,并且对自身无怨而杀敌,无故而夺取他人生命,犯下如此罪孽感到悲伤,因而使宣传往生西方净土的教义深入人心"③。当日本失利的武士、浪人等组成的海盗集团进犯中国东南沿海时,虽然尽施掠夺与横行,但他们深知日本佛教源自中国,他们对佛教的崇敬和信仰并未缺失,对佛教的神圣和虔

---

① 张廷银:《地方志中"八景"的文化意义及史料价值》,《文献季刊》2003年第4期,第38页。

② 《桐山高氏宗谱》卷十二"艺文·重建圆觉寺记"。

③ [日]村上专精著,杨曾文译:《日本佛教史纲》,商务印书馆1992年版,第7页。

诚更甚。与此同时,也许内心深处对自己无故杀人之行为仍感罪孽深重,希望获得佛祖庇佑,故而未敢破坏佛教寺庙,使得东南沿海的寺庙在倭寇侵扰之中仍得以完好保存。

宗教建筑不仅是人们的精神家园,在历史上还被认为是具有一定的政治功用和实用性。为了保护本家族的势力范围和利益,人们通过供养寺庙、扩建寺田等来提升家族的社会影响力。同时,重视家族神灵的塑造与崇拜,利用佛教信仰来统一宗族思想,加强家族内部的凝聚力。可以说,佛教信仰促进了地方族群的和谐稳定。

二、防倭思孝移祖祠

最初圆觉寺并非高氏宗祠,是单纯的寺庙。而高氏宗祠在西园另有驻地。在封建时代的宗法社会,祠堂是一个家族组织的中心。祠堂设施的完善、家族的庆典活动,是家族共利和团结的必需品。从某种意义上说,祠堂的兴衰史记录了一个家族的兴衰史。《桐山高氏宗谱》载"我桐山高氏启自齐之太公,姓兼姜吕,以功绩羽翼周室",福鼎桐山西园高氏系姜太公派下,尊齐文公为一世祖,唐天宝年间,高璠授长乐刺史,为广陵高氏入闽始祖。传至六十世高郏,于宋乾德二年(964年),迁长溪桐山,至今已历1000多年,自齐文公迄今繁衍96世,现有人口20000多人,分布于福建福鼎、柘荣、浙江玉环、乐清,以及台湾等地。

关于高氏宗祠的记录,家谱中有很多。高氏家谱《祖祠记》载:"吾家祠堂宋元以来不可考矣。逮宏、宗、冠、汉四公以正德六年始择地于瀛中门首,创祠一所,前临方池,后措层楼,以祀先代。其后世远人稠,嫌其稍隘,因拓故址更而新之,堂寝、房庑、外门具备,前后砌石,缭以高垣,广大轩豁,焕然改观。糜金千两有奇,以丙子腊月经始,越戊寅三月落成。又明年十月始设祭入主。"①高维文在《重建圆觉寺记》中载:"先时族长老有云,吾家祖祠向在瀯中门首。"高龙光在《西园祖祠记》中记载:"吾家祖祠自正德六年筑于营中门首。"②

而对于三篇文章中"瀯"字不统一,则《广陵古迹考》有解释:"此祠在瀯中或谓营中。瀯中即营中也,营与瀯字异而音同也。"③由此可知,桐山高氏最初于明正德六年(1511年)建立祠堂于瀯中。当时的祠堂如家谱记载:"巍峨壮丽,备极雅观,门外方

① 《桐山高氏宗谱》卷十二"艺文·祖祠记"。
② 《桐山高氏宗谱》卷十二"艺文·西园祖祠记"。
③ 《桐山高氏宗谱》卷十二"艺文·广陵古迹考"。

池亩许,遍植莲花,盛夏碧水浮光,香闻数里。"威严壮观,楼阁雅致,碧池相拥,景色秀丽。

然而,时局动荡,战乱多发,祠堂亦转至衰落:"丁亥以后桐地多事。迨己丑竟为镇官营房,方是时,神主遭毁盖过半矣。丙申八月海寇犯桐,族人星散。次年四月,海寇登岸,祠堂与关庙同时被毁,桐山自此益萧索,仅一荒丘而已。"[1]在战乱祸患中高氏一族家道中落,祠堂所祭神主亦被烧毁,祠堂沦为官兵营房,"极目区区仅存之宗祠竟作官府邮传之舍"。为了躲避倭患,传闻倭寇不犯寺规,故高氏族人移祖宗木主于圆觉寺中,从而在流离迁徙之余,"中元之届得以荐其苹藻,合族少长亦得岁一聚会,以慰其离落无穷之感。则先泽所遗不亦甚远,且长与故"[2],祭祀祖先的传统得以延续。在如此战乱衰落流离的年代,高氏宗族能竭力保护祖祠,移祀祖先之举,令后人感慨其孝思之德。

赞咏圆觉寺高氏宗祠的诗文也证明了圆觉寺的寺祠合一。如施廷嘉《题圆觉寺后高氏宗祠》:

> 松杉荫满古禅堂,翠竹黄花遍地方。
> 一阁钟声通觉路,十分月色是圆光。
> 楼居宗祖渊源远,寺傍孙曾俎豆长。
> 从此人天归极乐,兰盆会处奉烝尝。[3]

此诗既赞美了圆觉寺风景宜人,松杉树林郁郁葱葱,翠竹黄花遍地,呈现了"圆觉晓钟"的美丽意象。更重要的是记叙了寺祠合一,高氏在寺后的宗祠祭拜祖先时的热闹场景令人遐想。

族人高龙光于道光甲申年所写之《圆觉寺》诗也可见寺祠合一的景象:

> 吾祖性嗜佛,建寺名圆觉。
> 内楼祀先人,前殿讲释学。
> 中元荐兰盆,四围张彩幄。

---

① 《桐山高氏宗谱》卷十二"艺文·祖祠记"。
② 《桐山高氏宗谱》卷十二"艺文·圆觉寺记"。
③ 《桐山高氏宗谱》卷十二"艺文·城南贡士施廷嘉(亮泰)"。

子子孙孙来,烧钱复燃爆。

寺中池水清,游鱼忽腾踔。

寺外溪水流,荷花晨露濯。

寺后万松青,青青绕榱桷。

当年游太初,读书此超卓(明参政游朴读书于此壁间曾有题咏)。

我来缅余芳,题迹久剥落。

踌躇日欲暮,高风振殿角。①

由此可知中元节是高家祭祀之时日,子孙齐聚一堂,仅从作者回忆的祭祖装饰氛围上看可知仪式十分隆重,体现了家族对祭祖重视程度。

高家移祀祖祠于圆觉寺之后,圆觉寺前殿就供佛像,后楼祀祖宗。但经年累月,寺庙堂寝腐坏朽落,漏风进雨,高氏主持家族事务的高大亮于道光二十六年(1846年)六月组织族人动工改建圆觉寺,经此一番扩建的圆觉寺达到了空前的雄伟壮观。据高龙光《重建圆觉寺记》记载,"寺凡三进,正殿祀佛,后楼祀祖宗"。古时建祠都有规章可循,依旧制建的祠堂楼下为正厅,左右两大房为库房,甬道两旁凿有鱼池,前有华表,门前为寺头。门前张挂牌匾"溪西古刹"。改建时扩大地基,加高楼宇,换中正两厅的木柱为石柱。同时,以往只有一龛祖宗牌位,如今改为"始祖显祖功祖为三龛"。左右昭穆为两龛,仿上祠制,以往楼上左右皆为用房,而今新设两龛以祀合族上代之忠孝节义者。寺右墙外建屋舍三间为方丈之用,左墙外建一间为厨房,上下两廊为书房。如此浩大的工程经历了两年方竣工,花费白金三千两有余,可谓功劳甚大。后人评价发起人高大亮为"向非亮之才具大而主意善,其孰敢举之"。清朝时期高氏花费巨资扩建圆觉寺,为的是让子孙后代在一年一度的中元节之际团聚于祖祠,感悟祖德,学习礼仪,传播忠孝,从而庇护子孙繁衍,家世长存。

此外,陶自超撰《赞高氏圆觉寺旧祠》一文,也描摹了寺祠一体的景象:

伟哉广陵,海滨邹鲁。卜筑于桐,乃建尔宇。垂裕后昆,爰得乐土。乐土乐土,圆觉貌古。雁塔鳌峰,突然如舞。碧水浮光,奇观无数。筑之捄之,载进厥主。俎豆春秋,枣栗腶脯。子子孙孙,琴瑟击鼓。济美流芳,忠孝书庑。永言孝

---

① 《桐山高氏宗谱》卷十二"艺文·圆觉寺"。

思,克绳祖武。仿佛披图,武夷太姥。崇江陶自超拜题。①

该诗文以优美的辞藻描述了圆觉寺的壮丽景致,尤其赞扬高氏子孙在祭祖时的琴瑟击鼓场面,体现了祖祠在教育后人忠孝之义方面影响颇为深远。

从北方迁徙而来的高氏家族,为了在当地获取稳定的生存空间,形成了根深蒂固的儒家传统家族观念。他们不仅要依靠本家族的人力物力和财力,而且还要利用政治的、思想的以及宗教信仰的力量,来巩固家族的社会地位,从而在动荡社会中取得生存和发展。正因如此,他们极度重视宗祠建筑的精神导向作用,不断维护宗祠在族人心中的地位,通过祖先崇拜来加强家族内部的团结和控制,用祭祀仪式来睦宗收族,以维护家族内部的伦理秩序。

三、尊儒重教建书院

在古代的教育史上,书院的建立与科举制度的推行是密不可分的。中国的"书院"名称最早出现在唐朝,唐玄宗时兴办官学——丽正书院和集贤书院。② 北宋科举取士规模日益扩大后,官学数量有限,无法满足世人之需,因而民间书院应运而生。

刘海峰指出,书院作为儒家文明的产物,是宋明理学的策源地和大本营。宋儒理学强调"修身、齐家、治国、平天下",在科举时代,人们积极入仕,强调学问、举业并重。正如朱熹所讲:"居今之世,使孔子复生,亦不免应举。"③朱熹、陆九渊、王守仁等宋明时期的许多大儒都是考上进士之后,才有较好的学术和政治资本建立或修复书院,进行讲学布道。

由于较大的书院有朝廷的赞助,如白鹿洞书院、岳麓书院、应天书院等,朝廷赐书、匾额、学田等奖励其办学。然而,以家族为单位建立书院则需要大量资金,因而在宋明时代,民间条件有限的情况下,多把书院建立在祠堂等家族公共场所。其优势有三:一是便于家族子弟入学;二是书院制度附属在祠堂、祠田等制度上,可为教学者提供资金支持;三是以祠堂祭祀等礼仪规范来实行忠孝伦理的"示范"教学。

圆觉寺祠堂除春秋两祭用于祭祖活动外,高氏族人利用祠堂两厢的书房办私塾书院,聘请教师为族内子弟授课,集佛寺、祠堂、书院为一体,后为社会贤达借用兴办

---

① 《桐山高氏宗谱》卷十二"艺文·赞高氏圆觉寺祠"。
② 袁枚:《随园随笔》卷十四,嘉庆十三年(1808年)刊本。
③ 朱熹:《朱子语类·力行》。

学校。据了解,桐山高家在圆觉寺所办的家塾,口口相传,颇有名气。

现存高氏族谱中保留有该族二十六世孙高殿策所撰《圆觉寺旧祠感赋》云:

> 暮鼓晨钟逸韵长,到门旧德勿能忘。
> 诗留墨迹思参政,风送荷香遍佛堂。
> 时届中元焚纸帛①,孙延百代奉烝尝。
> 登楼纵目龟峰上,犹想先人讲学场。②

由以上诗文可知,圆觉寺的晨钟逸韵让人流连忘返,说明当时的圆觉寺香火旺盛,钟声缭绕。佛堂旁边原有一片荷塘,景色秀丽。高氏族人非常重视盂兰盆节即中元节,每到此时家族便齐聚圆觉寺后的祠堂祭奠祖先。然而作者登高时便回忆起当年先祖在祠堂讲学时的场景,这证明了圆觉寺曾办过私学。

高龙光《重建圆觉寺记》载:"前明游太初参政曾读书于此,佛壁上向有题墨,余犹见之,今无存。其所为诗,犹载在邑乘。"而在《桐山高氏宗谱》中谱便有明朝游朴的《题圆觉寺》一诗:

> 圆宫性所爱,临眺不妨迟。流水无春夏,岩花自岁时。
> 山人谈梦幻,渔夫识推移。预订他年约,归来共钓丝。③

游朴是明朝一位爱民清官,累任湖广布政司参政,其故乡有为纪念他廉洁爱民而竖立的"德政坊"④,颂扬游朴一生为人"智、仁、勇"和为官"清、勤、慎"的高尚品德。在圆觉寺读书之后,因父亲、祖母相继去世,游朴的家庭经济转而拮据,便在私塾边教书边自学,于隆庆元年(1567 年)中举人,万历二年(1574 年)考中进士。圆觉寺也因游朴的题词而名声大振,其办学传统在后世流传久远。

高氏家族乃桐山之望族,曾出多位学识渊博之士。先后有十人进士及第,其中高昱授太学博士,高融授宝谟阁学士,高松为名儒,乃朱熹门生。清嘉庆《福鼎县志》之"名儒"篇有关于高松的记载:

---

① 原文旁记"例年兰盆荐祖俱在此寺"。
② 《桐山高氏宗谱》卷十二"艺文·圆觉寺旧祠感赋"。
③ 《桐山高氏宗谱》卷十二"艺文·题圆觉寺"。
④ 潘峻松:《德政坊:明代廉吏游朴的纪念》,宁德网,2011 年 10 月 13 日。

> 高松,字国楹,桐山人。少游陈止斋门,又从朱文公学,笃志励行。登绍熙庚戌进士,授台州教授。诸生更进迭问,疑难交发,满意而后退,士人悦服。既卒,叶水心铭其墓。祀乡贤。①

高松字国楹,后人多称为国楹公,是宋绍熙庚戌年进士,官授台州教授。年轻时曾求学于南宋浙江理学大师陈傅良②,后又师从儒学大家朱熹。《福鼎县志》记录有其师陈傅良《送高国楹从朱子》(高氏宗谱上题为《送桐山高国楹从学朱晦翁》)一诗:"洛学今无恙,东南属此翁。从游虽已晚,趋向竟谁同。一第收良易,遗经语未终。归期定何日?我欲叩新功。"③朱熹自号"晦翁","洛学"是宋明理学的基础,而陈傅良的止斋学派继承并发展了薛季宣的事功之学,成为与朱学、陆学相鼎立的一大学派。陈傅良对自己弟子高国楹将要求学于跟自己学说有对立的朱熹,此时心情复杂。"东南属此翁"的评价可见当时他对弟子高松影响力的期许是很高的。

此外,《福鼎县志》可查朱子《答高国楹》书一篇:

> 所喻不能处事,乃学者之通病。然欲别求方法,力与之竞,转成纷扰,而卒无可胜之理。不若虚心读书观礼,收拾念虑,使之专一长,久则自然精明,而此病可除矣。但读书亦有次第,且取其切于身心者读之。若经理世务,商略古今,窃恐今日力量未易邃及,且少缓之,亦未为失也。④

此文书乃朱熹回答高国楹求学疑问留下的珍贵文书。文中朱熹明确地指引高松,不应受止斋学派的经世致用之功利学说的影响,要收拾浮世杂念,潜心观礼读书,修心明理。这体现了高松在学术信仰上的一种转变。

高松师从朱子以后便弘扬理学,成为桐山的历史文化名人。后人景仰其学问,祀其位于乡贤祠。在其后世子孙高于顶所撰清祀文中,详细介绍了国楹公的生平及成就:

---

① 《福鼎旧志集》,第 252 页。
② 陈傅良,南宋温州瑞安(今属浙江)人,号"止斋",学者称"止斋先生"。创立"止斋学派"。以义理为本,文章制度为用,本《周礼》以考王道之经制,缘《诗》《书》以求文武之行事,遂确立其功利之学思想。又在瑞安林家应聘授徒,"一州文士毕集",因形成"止斋学派"。
③ 《福鼎旧志集》,第 220 页。
④ 同上,第 210 页。

请九世祖国楹公崇祀福鼎乡贤祠

二十四世祖讳于顶(拓修撰)

窃惟学校乃教忠教孝之地……在昔乡评之推,重民到于今,生等九世祖讳松者,名掇绍熙进士,官居台郡,广文赋,性刚方,持躬正直。少从陈君举,彝伦即切于君亲;长事朱紫阳,经术尤精于道德。宁静淡泊久矣,忠武胸襟,事业文章卓然。苏湖心法。阳春有脚,随时观草爱莲;大块无私,触处吟风弄月。是以宴琼林而名题淡墨,旋而拥皋比而铎振天台。继儒术之渊源,作士林之模楷,斥讲章而忽开声聩,阐性理而若决江河。教垂天姥峰头,言言粟帛;泽普玉京洞口,处处菁莪。本教家以教国,实作师而作人。挹绛帐之春风,无棠不荫沐青毡之化雨,有口皆碑……①

文章描述高国楹性格刚洁,为人正直,道德高尚,淡泊明志,胸襟忠武,事业卓著,文章贤达。并评价他为士林之楷模,是当时的名儒大家,有口皆碑。在现今圆觉寺一楼大厅门柱上至今仍遗留有关于高国楹的功德歌颂:"溯先世文章,理学武略,勤劳当奉容垒、国楹、昭可、修谷诸公为效法"的门联。虽然上文在文辞上略有浮夸之风格,但高松祀乡贤祠之说与县志相吻合,也可见后人把他视为本族的荣耀而令后世敬仰。

正因为尊儒重教,高氏家族人才辈出,名声显达,圆觉寺祠堂内曾经悬挂过的匾额就是历史的见证。《高氏家谱》卷十二《艺文·匾额》篇中记载了圆觉寺中曾有许多匾额。如其中之一"忠孝传家"匾,就是"崇祯末年辽府藩王驻宿圆觉寺旧祠,阅吾家谱乘,洞悉源流,篆书匾额,锡以'忠孝传家'四字,当时荣之"。此外,雍正间大学士张廷玉曾题赠"龙豹家声";湖南翰林院庶吉士陈其嵩题赠"钟乳流馨";福宁州学正苏征题赠"忠孝文章";福鼎县知县姚金题赠"绳其祖武";乾隆间福鼎县知县王应鲸题赠"高风自振"。……历代以来高家祠堂上悬挂的匾额记录了家族的荣耀历史。有研究者认为古人的匾额多有夸大之嫌,但它作为一种象征性的功德符号,以简短凝练的文字,记录了赞誉对象的德行或历史功绩,对后人具有深刻的启发和教化作用。

总之,高家圆觉寺的兴衰历史记录了高氏宗族的发展脉络,也反映出社会动荡带给人群聚落的沉浮变迁。在某种程度上,圆觉寺建筑与村落的人群社会构建了一个有机互动的人聚空间。格尔兹认为,宗教是一个象征符号体系,其目的是确立人类强有力的、普遍的、恒久的情绪与动机;形成有关存在的普遍秩序的概念;并给这些概念

---

① 《桐山高氏宗谱》卷十二"艺文·请九世祖国楹公崇祀福鼎乡贤祠"。

披上实在性的外衣；使得这些情绪和动机仿佛具有独特的真实性。①对福鼎地区传统文化影响最大的是儒道佛三家的哲学思想。高家圆觉寺在历史的时间和空间维度上，集佛寺、宗祠、书院为一体，曾经是人们精神文化的家园，体现出宗祠建筑与人群社会的紧密互动关系。佛教的信仰与广泛传播决定了高家圆觉寺的生存与发展。儒家思想主要影响高家圆觉寺作为宗祠建筑的形制，而道家思想主要影响则在于景观建筑、规划布局等方面风水学说的原则所体现出来的人与自然之间的关系。

随着宗祠、庙宇成为宗族社会的祭祀中心，再加上朱熹理学发展之后，后人将书院建立在祠堂，有时呈现出三者合一的状况，使祠本身具有文化涵盖性，成为村落景观中更为醒目的标志。这种现象在中国较为普遍，但以福建、广东地区为典型。"有时祠堂与庙宇并肩而立，相互依傍，形成一个相对集中的祭祀丛，满足信众的不同需要和功利目的。"②这种三者合一的建筑在精神层面上常常表现为聚落人群心目中的文化中心。

第三节　潋城烟雨：堡寨聚落与和谐文化

为了躲避自然灾害、猛兽或外部部落的侵袭，人类社会逐步形成了营造具有防御功能的聚落环境的能力。村落选址的风水因素、大型壕沟、护城河、堡寨、城墙等设计，均是人类防御理念对聚落空间影响的体现。"堡"指军事上防守用的建筑物，有城墙的村镇，"寨"指防守用的栅栏。堡寨，即四周建有栅墙的寨子，或围以土墙木栅的战守据点。马端临《文献通考·田赋七》记载："又置堡寨，使其分居，无寇则耕，寇来则战。"说明堡寨建筑与古代农耕制度是相辅相成的。

堡寨式聚落的居住功能是基础，但更重要的意义是防卫。黄为隽等人的研究指出，聚落防御可分为"外围线性设防"与"内部点式设防"两大类。③"外围线性设防"指在聚落防御层次的最外层级，即整体防卫层级进行建构防御。据此观点，传统堡寨

---

① ［美］格尔兹著，韩莉译：《文化的解释》，译林出版社 2014 年版，第 111 页。

② 郑群辉：《明清民俗佛教现象探析——以粤东、潮汕地区为中心》，《宗教学研究》2012 年第 3 期，第 131 页。

③ 黄为隽、王旬、侯鑫：《古寨亦卓荦——山西传统聚落"砥洎城"防御性规划探析》，《城市规划 CITY PLAN-NING REVIEW》2002 年第 10 期，第 93—96 页。

式聚落可定义为具有外围线性结构的堡墙或周边险要的地势为设防特征的、以防御为主要目的的聚落。谭立峰的研究则把传统堡寨型聚落分为庄园式"坞堡"、村(民)堡、军事防御体系堡寨和山水寨。①

福鼎潋城古堡属于军事防御型堡寨。整个太姥山镇处于晴川湾入口处,面临东海,四季气候分明,山海资源丰富,同时也是海防边疆的重要关口。潋城古堡内民风淳朴,文化底蕴深厚,是朱子理学传播地之一。2009 年被列为福建省第七批文物保护单位。潋城的堡寨型建筑构筑的空间,加强了人群聚落的凝聚力,堡内的民间宗教建筑为人们提供精神依托,与朱子理学的传播教化共同构建了潋城的和谐共处文化。

一、防御屏障:堡寨建筑促民众团结一致

军事防御体系堡寨是古代屯兵驻边政策的产物,也是后世以"村""堡""寨"命名的原型。自秦汉始,为抵御外敌入侵,历代封建王朝便开始了大规模的屯兵戍边政策。在军事和交通要冲地区,设立屯兵屯田,还划定军用官地,以备军马粮饷之用。但仅朝廷有此戍边权力,据研究,民间随意建寨会被视为造反之举,只有有人出任官吏的村落才能建寨。全面放开建寨限制是在明代末年农民起义军风起云涌之时。②由于明代倭寇匪患猖獗,朝廷采取"陆聚步兵,水具战舰"的海防政策,在东南境内沿海岸线设立卫、所、营、堡、寨,屯重兵,打造战船,委以重将,帅舟师巡海防倭,逐步完善海防边境防卫体系。

潋城村三面环山,东面临海,四周森林茂密,山清水秀,色彩斑斓。外有护城河自西向东走向,中间分渠向南沿街而过。潋城古堡建于明嘉靖十一年(1532 年),原设有四座炮台。潋城呈圆形,城墙委蛇沿着山体逐渐向上延伸。

由于地理位置得天独厚,明永乐年间,福鼎县在潋城设立了仓储。据嘉庆《福鼎县志》载:"潋城仓,明永乐四年建,计一十九间。储谷二百八十三石有奇。"③但由于面临海岸,逼近外洋,福鼎一带在明朝时期就已经屡遭倭寇侵扰。清乾隆年间,杨家溪巡检司移至潋城,设潋城巡检署,负责就近巡防缉捕等事宜,足见潋城在军事上的重要地理位置。

---

① 谭立峰:《山东传统堡寨式聚落研究》,天津大学硕士学位论文,2004 年,第 5—6 页。
② 刘沛林:《古村落:和谐的人聚空间》,第 50 页。
③ 《福鼎旧志集》,第 78 页。

激城古堡

明朝嘉靖年间,由于嘉靖皇帝朱厚熜滥用民力大肆营建宫宇,迷信道教方士,炼丹以求长生,不问朝政,导致首辅严嵩长期专国。严嵩吞没军饷,吏治败坏,边事废弛,倭寇频繁侵扰东南沿海地区,造成极大破坏。由于朝廷本身政治腐败,在财力和统治力均不足的情况下,鼓励民间自建城堡抵御倭寇。嘉庆《福鼎县志》记载:"激城:明嘉靖间叶、杨、王、刘四姓筑,周三百三十八丈,高一丈七尺,厚一丈四尺,门三:曰东门、南门、西门,旧有巡司驻此,今废。"①朝廷委派官员监建,由叶、杨、王、刘等大姓分段兴筑激城城堡。附近秦屿曾出土大量古火炮,据史学家称,这可能就是现在所谓存放军火的兵器库的旧址。由此推论,城门边的平台很可能就是放置火炮的炮位,将火炮置于其上,便可打击远处的敌人。而城北没有城门,也没有平台,是因为附近的高地正好充当了炮位。当年从海面汹涌而来的倭寇,必然出现在激城东向的平坦地带,正好处于炮火的打击范围。

到了清朝,激城受海寇侵袭的事件于《福鼎县志·兵事》篇有记录:"国朝顺治十三年八月,海寇陈文达焚劫塘坻(邑十九都地)。汀州王拉天、寿宁马兴等剽掠桐山,居民绝迹。十四年四月,海寇入激城(邑九都地)。逼民助粮,诸生王式金弗从,死之。"②顺治年间,海寇大肆劫掠塘坻堡、桐山等地,顺治十四年海寇攻破激城,逼迫村民捐粮助兵,有不从者遭到屠杀。

---

① 《福鼎旧志集》,第266页。

② 同上,第244页。

　　长时间的倭寇入侵,使得潋城的人们不得不合力建造城堡,并共同抵御外敌。因而,石头构筑的牢固城墙已不再是表面意义上的凸起的高地,它成为团结、保护堡内民众,促使他们凝心聚力抵御外来侵略的重要历史符号。它不但能起到防御的作用,还能促进聚落建筑空间格局的变化,为了安全,人们从墙外搬进墙内,凝聚在一起。尽管避免不了宗族间的械斗等纠纷事件,但在外敌面前,族群间互相帮助的意识增强,宗族之间或宗族内部的矛盾被外敌所取代,宗族间的对立与斗争意识减弱,生存的需要促使他们团结一致,对抗外来匪寇的资源掠夺和侵扰。如今城堡的历史遗存纵向记忆着城堡的史脉与传衍,横向展示着它宽广而深厚的阅历,而纵横交错编织出来的,就是潋城团结一致抵御外敌的历史文化特征。

二、精神依托:宗教建筑促民众凝心聚力

　　宗教信仰是影响古村落空间的重要因素之一。尤其以西北地区信仰伊斯兰教村落和西南地区傣族的佛寺(小乘佛教)村落的宗教意象相对较浓,而民间宗教对建筑空间的影响要相对较小。[①] 但在福鼎潋城村,民间宗教对古村落建筑空间却有着不小的影响。

　　潋城古堡内居民拥有多种民间信仰,城堡空间的规划突出民众信仰的特色。中国古代方位神的概念源自上古时期,正如《礼记·曲礼上》所说:"行,前朱雀而后玄武,左青龙而右白虎。"青龙、白虎、朱雀、玄武作为四方之神,后为道教所尊奉,以致在中国文化中影响广泛。潋城古堡的设计借用了方位神的理念,道家文化影响较深。古堡内街心曾建有鹅卵石铺就的八卦图,现存的古厝中也有留存。潋城古堡按地形划分为东西南北四境,每境均供神明。城东门属东麓境,建有七圣庙和泗洲文佛;城南门称庆云境,有建于清道光九年(1829 年)的顺懿庙,供奉"顺天圣母"。城西门为金鳌境,有庙称"杨八宫",具体史料无从可考。城北门不设城门,奉"齐天大圣宫"。

泗洲文佛石屋

　　城东门属东麓境,建有七圣庙和泗洲文佛。据嘉庆《福鼎县志》记载:"七圣庙,在南关外宁泰社。《州志》:'神名赵昱。宋开庆元年,县令李姓者自蜀奉香火至,人为立祠。称七圣者,盖同七人入水斩蛟除害。'(又一在潋城东麓社,一在峡门毯墩)。"[②]人们自古流传着对七圣人的信仰,无疑希望其能斩妖除魔护佑百姓平安。今

---

①　刘沛林:《古村落:和谐的人聚空间》,第 155 页。

②　《福鼎旧志集》,第 108 页。

天,七圣庙已经不复存在,而建于宋代的泗洲文佛石屋,虽占地仅几平方米,但其依然完好如初,须弥座上雕刻有双狮戏珠、人物、花卉,造型古朴、生动。

泗洲佛原本是唐代一位高僧,法号僧伽(628—710年),西域碎叶城人(今吉尔吉斯斯坦托克马克市)。唐高宗显庆四年(659年)进入大唐凉州(今甘肃省酒泉市)传授佛法。泗洲城位于今江苏省盱眙县境内,清康熙十九年(1680年)淮河洪水沉入洪泽湖。唐高宗龙朔元年(公元661年)僧伽大师到泗洲城传授佛法,为民治病、祈雨治水、点化痴男怨女,造福于民众。坐化后被视为"观音菩萨"化身而奉为"泗州大圣",又谥号为"泗洲菩萨""泗洲文佛"。称为"泗洲文佛"还与唐代大诗人李白有渊源。景云二年(708年),唐中宗迎请僧伽大师到京城长安荐福寺(今西安市小雁塔)当主持,并封僧伽大师为国师。唐代诗人李白的父亲李客是西域碎叶城商人,来长安经商,听说僧伽大师也是西域碎叶城人,便带八岁的李白拜僧伽大师为启蒙老师,后来李白成为唐朝大诗人。文佛之意就来源于此。每当激城村有村民外出经商、务工、学习,都要在此上香,以祈求文佛护佑平安出行、有所成就。

齐天大圣宫

北门因旧时风水之故,不设城门,俗称"衙门里",供奉"齐天大圣"。根据现存石碑,齐天大圣宫的历史至少可追溯到清朝道光年间。宫庙没有豪华的大门和殿宇,仅一间大殿供奉神像,宫内正殿对面为大戏台。外墙白色,门联字迹均为黄色,黑瓦、串角草花,屋顶脊吻有两条半身龙头相对而视。大殿内则色彩绚丽,以蓝色、朱红色为主,殿正中端坐"齐天大圣"神像,左右为天蓬元帅猪八戒和卷帘大将沙僧,背景为浅蓝色云海龙腾欢跃,颇为生动。神像两侧有文联:"圣地清风水帘洞,大殿锦如花果山"。齐天大圣主像两侧还分别有两尊神像,神像后分别是寓意长寿吉祥的松鹤图,以及象征位尊禄显的梅花鹿图。

大殿背后的戏台如今仍在,屏风如画,中有天井四四方方,戏廊接连二十余米,古风民俗犹存。每逢中元节,宫中戏台要连演三昼夜,四乡八里村民聚而欢庆,形成庙会,繁荣的庙会经济促进了激城经济社会的进步与发展。

"齐天大圣"即孙悟空的封号,中国最著名的神话角色之一。早在元代杨景贤创作杂剧《西游记》里就出现了孙悟空的角色,明代小说家吴承恩所创作《西游记》成为名著,使孙悟空的形象家喻户晓。孙悟空生性聪明、活泼、忠诚、嫉恶如仇。在中国民间文化中成为了机智与勇敢的化身,是能赶走邪恶、战胜一切强敌的战斗英雄,中国人将它奉为神明。

据考察,浙南闽北一带一直延续着一种叫"齐天大圣信仰"的民间崇奉习俗。浙南闽北一带自古山麓交错,猿猱蛇蟒缠绕其间,更时常出没人家,对当地居民生活造成较大影响。在人们与凶兽的一次次交锋中,猴这一机灵狡黠的特殊群体逐渐在人们的认识观念中播撒下恐惧的种子。人们痛恨猴群的破坏作祟,亦惧怕猴精的肆意报复。久之,供奉猴精逐渐成为人们对猴群作怪的一种精神抗争与变相妥协。住在潋城的人们希望通过虔诚地膜拜、供奉"齐天大圣"换取生活的风调雨顺、太平安定。

通天圣母宫

潋城南门称庆云境,有建于清道光九年的顺懿庙,供奉"顺天圣母",为村中孕妇所膜拜。据宫庙前碑记载,通天圣母宫,又称临水宫,始建于明正统元年(1436 年),至清乾隆二十三年(1758 年)修葺,后又于道光九年八月十六日重建。《福鼎县志》也有关于通天圣母宫的记录:"顺懿庙,在城南临薰社。祀古田陈昌女刘杞妻。乾隆二十三年,里民丁振鹊等修葺。"①该文之后,用小字注明福鼎境内有多处顺懿庙,其中有"一在潋城"。由于年代久远,累经风雨,墙垣颓残、圣像失色。幸得神明显赫,遇难者祈之则呈祥,谋事者祷之则随其愿。庇佑平安,造福一方。是故香火兴旺,信众云集。

宫门恢宏大气,大厅由一个四方天井的小院组成,正面祀"通天圣母",两侧还分别有十多位民间神像,他们均身着中国古代民间汉服、梳发髻。

通天圣母宫正厅

---

① 《福鼎旧志集》,第 108 页。

"通天圣母"的真身为陈靖姑,又称陈夫人、临水夫人、顺懿夫人、顺天圣母、陈太后等,是福建地区最有影响的信仰女神之一。陈靖姑(767—792年),生于福州下渡,其夫刘杞系古田人氏。相传陈靖姑曾赴闾山学法,能降妖伏魔,扶危济难,年方二十四就毅然施法祈雨抗旱,为民除害而殒身于古田大桥临水。死后英灵得道,成为"救产护胎佑民"的女神。邑人感其恩德,建殿崇祀。历代帝王加封敕赐,五代闽王赐予三十六婆官。宋淳祐年间(1241—1252年),朝廷赐匾"顺懿",敕封"崇福昭惠慈济夫人"。元明清多有敕封,封号颇多,有"天仙圣母""护国太后元君""顺天圣母"等。[①] 自临水夫人受封之后,其名气影响迅速扩大,据统计,清代霞浦县城乡有临水夫人庙9座,连江县5座,福安县9座,古田仅城关就有6座,福州城内有13座,福鼎境内有17座。

近现代以来,临水夫人的信仰以古田至福州为中心区,散播到闽北、闽东、浙南,以及闽南、台湾甚至东南亚地区。在福建众多的女神信仰中其影响力仅次于妈祖。

在福鼎人们信奉多神并存的民间宗教。陈支平指出,福建民间信仰的特点之一,便是信仰芜杂,民间土神众多。[②] 潋城古堡也不例外,以古代精灵崇拜为基础,混合了儒道佛的教义,庙宇观里包含了人间现实环境、超现实的天庭和冥府、层层互为的超现实力量的行政管区三个世界。潋城古堡在四个方位设立的庙宇,反映了人们将民间宗教赋予了一定的超自然的防御意义。这种向心辐射的庙宇排列,在空间结构和文化景观上的内在表现是,以点控面,由多个相互连接的祭祀圈涵盖全村,使村落的"存在空间"或"生活世界"的文化意象,在数座庙宇的投射圈里获得充分的显现。比起神灵的来历,更重要的是这些神灵能够为保佑家族平安、地方和谐稳定起到灵验的作用。面积不大的潋城古堡内别具匠心的宫庙建筑布局,多神的信仰,从某种意义上说,这是该地区人们在激烈的社会竞争中练就的一种生存本领,利用宗教信仰的强大精神力量,作为人心安宁、社会稳定的巨大支撑。

三、社会教化:理学传播促聚落和谐稳定

在潋城村,自古以来就居住着叶、杨、王、刘四个宗族。据《福鼎乡土志》记录,早在唐代宗大历年间(766—779年),就有杨姓由浦城迁居潋溪开基立业。《潋城杨氏族谱》记载:"慨念予之先世也,于唐之会昌间,因丑夷猾夏,由淮西光州固始之南阳

---

① 陈支平、詹石窗主编:《透视中国东南:文化经济的整合研究》,第849页。
② 陈支平:《福建族谱》,福建人民出版社2009年版,第206页。

举家避地入闽。家于建立浦城,始祖司马三公于咸通间,由浦城徙居长溪之潋村。古之长溪县今之福宁州也。"①至宋以降,先后又有多姓迁徙此地居住。多个宗族能共同居住而繁荣发展,除了堡寨建筑营造的统一空间,多宗信仰布局的内凝性以外,朱熹理学的传播与教化作用,对宗族团结凝聚,提高潋城人的文化素养也助益不少。

自南宋始,由于朱熹在潋村的讲学,使潋村为理学传播地之一,讲学之风盛行,群贤大家毕至。《福鼎县志》中有载,自南宋年间开始,潋城村百年间先后出了多名进士,在他们的影响下,潋城的经济文化得到空前的发展。

石湖书院的建立,拉开了福鼎理学的序幕。据《潋城村志》记录:石湖书院,始建于南宋庆元年间,原址距潋城村五百米处,面积有一千平方米,门楼外有旗杆两根,是宋代有名的书院。足见当时的石湖观为朝阳的风水宝地,且面积、规模都很大。由于高速公路的建设,破坏了石湖书院的建筑,现存的书院仅一间房。原本的书院是三进形制,内重供奉朱熹及杨楫灵位,外重摆放杨氏祖先牌位,左右是田地,前后方各有一条源自太姥山的清澈小溪流,风景极好。《福鼎县志·学田》有载:"石湖书院,朱子讲学处,今为杨楫祠。"②现存的石湖书院门口,立有"宋代朱熹讲学遗址"小石碑。书院大门的楹联,是朱熹的题词:"溪流石作柱,湖影月为潭"。杨氏家谱中杨堞的《重建石湖东观志》载:"至宋嘉定十二世祖右侍郎杨楫公者,少登科第,居朝不阿,言行政绩,灿著辉煌。尝从朱文公门,称为高弟。当文公寄迹长溪,公履赤岸,迎请至家,乃度其居之东,得地平宽,厥位面阳,爱立书院。"③朱熹理学的发展经历了一些坎坷,因得罪了当权派,曾被毁谤为"伪学"。为避伪学之谤,朱熹于南宋庆元三年(1197年),转道福鼎潋城村,寄居弟子杨楫家。在杨楫的协助下,朱熹于原为道观的石湖观设立石湖书院,聚徒继续传播理学,慕名而来之学生甚众。

当时的石湖书院又被杨楫设为杨氏祠堂,每年季春三日率后人祭祀行礼。除祭祀外,杨氏族人还命族戚子弟在祠内学习礼仪文章。据当地人回忆,书院内曾挂一副对联,内容为:"孔夫子,朱夫子,二位夫子;写春秋,看春秋,一部春秋。"由此可见,朱熹在书院时不仅广收学生传道,而且时刻与书为伍,他带给潋村的文化深深影响着潋村居民。《福鼎县志·理学》中提到:"自高、杨诸君子游紫阳之门,深得其邃,大阐宗风,名儒辈出,后先辉映。"前来求学的贤人儒士有的来自周边乡镇,也有的来自异地

---

① 《潋城杨氏族谱·重修族谱序》,1984 年重修本。

② 《福鼎旧志集》,第 82 页。

③ 《潋溪杨氏宗谱·重建石湖东观志》,1984 年重修本。

他乡。在潋村有一条因四面八方前来求学而踏出的有名小道,古人求学之精神至今激励着一代又一代的潋村人。

自朱熹在潋村建书院讲学后,潋村文化氛围也日渐浓厚。潋村各宗族文风大阐,名儒辈出。前有杨惇礼,崇宁五年(1106 年)进士,授兴国军司法,再转太学博士,与乡人黄荐可、林桥卿时谓"北乡三博"。关于潋村独特的"双端午"节日之由来,也是因著名儒学者杨惇礼的英雄事迹。

在潋村至今保留着每年农历五月初四晚过一次端午节,翌日中午再过一次节的独特习俗。据了解,这与"杨国显攻打草堂山"有关,当地的木偶戏就有《杨察院打草王埕》一出。故事有许多翻版,英雄人物或叫"杨国显",或叫"杨惇礼",事发地点或在太姥山上的国兴寺,或在太姥山正对面的草堂山(俗称"草王埕")。其故事概云:宋朝潋村出了一位进士,回乡时得知一群野和尚占山为王、无恶不作,便在潋村召集兵马,提前一天过端午,晚上开始剿山,并向乡勇承诺"打赢回家,重过端午"。据调查,传说始于真实的人物故事。万历《福宁府志》记载,杨惇礼,字穆仲,潋村人,北宋崇宁五年(1106 年)进士。建炎元年(1127 年)为监察御史。朱熹弟子杨楫在《潋溪杨氏谱序》中说:"问得察院公手泽一编,视之家谱也。"[1]据谱头前文叙述,这个"察院公"指的是杨惇礼。

进士杨察院的传说广泛流传在秦屿潋村、屯头、礼澳、日澳、官村、佳垟、斗门,店下三佛塔、岚亭、清溪、安福等乡村。以上乡村均以草堂山为中心,传说流传向邻村辐射。草堂山海拔 600 多米,是历史文化名山,唐代金州刺史林嵩早年读书之地,今存书院遗址。《福鼎县乡土志》记载:"草堂山,东由大磨湖章安福山,右至大笕笃海,左由三十六坡、牛头山、叠石、校椅坪至黄岐海止,绵袤四十余里。"[2]附近有黄山、安福、白云、麒麟诸山脉,白云山相传留有 8 亩地,平坦开阔,曾为兵家跑马场所。无论从时间维度还是空间角度看,杨惇礼的英勇事迹均流传甚广泛,影响甚深远,几百年来,周围人们自动形成以过"双端午"的形式来纪念这位英武先辈。

杨惇礼之孙杨楫、杨兴宗也是著名儒学家。杨楫是朱熹理学重要传播者,《福鼎县志》把他归为宋朝的理学大家,记载:"杨楫,字通老,潋村人。惇礼孙。淳熙戊戌进士,与杨方、杨简为朱门高弟,时号'三杨'。楫刚介有守,不苟合。……出知安庆,

---

① 《潋溪杨氏宗谱·潋溪杨氏谱序》,1984 年重修本。
② 《福鼎旧志集》,第 291 页。

移湖南提刑,江西运判,终朝散郎。著奏议《悦堂集》。祀乡贤。"①杨楫一生刚正守己,历任安庆知府、湖南提刑、江西运判等职,为官深得百姓爱戴。他认为"勿亦为人之所不为,惟忠可以事君,惟孝可以事亲,惟勤可以保家,惟廉谨可以为吏"②。杨楫深为朱熹理论所折服,并如愿成为朱门高足,后来与朱熹门下的杨方、杨简不分伯仲,被誉为"三杨"。此外,宋史学家郑樵也讲学于此。后来石湖书院成为福鼎理学的发源地。而石湖书院遗址后来成为杨氏宗祠,杨氏后人有意继承学风文气而立祠于此。这也体现了宗族为了发展壮大,扩展自己的影响力,利用宗祠建设而具有的攀附心理。

朱熹理学对后世的影响之大,使儒学在沉寂之后得以复兴,是与其通俗教化作用分不开的。他一方面创办书院,传播儒学,另一方面,编著《四书集注》,构建了一套周密的社会秩序。更重要的是,他对教育学的贡献是主张教育要从小抓起,编写《小学集注》《童蒙须知》等读本,对儿童的日常言行、生活习惯提出规范。也正因此,朱熹理学的传播地之一潋村受其教化恩泽,为潋村培养了不少文人墨客,增加了潋村人文内涵,促进其经济文化发展。

朱熹理学的传播,不仅为潋村带来了教养与文化,最重要的是通过宗族意识的强化,使社会秩序得到稳固。朱家峤的研究指出,朱熹对汉人宗族意识的影响,包括两项:第一,宗族意识理论的建构。他整合了北宋二程的理学思想,强调宗族内部道德伦理的重要性,主张利用家礼来潜移默化人心,编纂了《古今家祭礼》与《朱子家礼》二书,确定了宗族亲人之间的行为准则。第二,确定祠堂和祭祖等相关仪式。朱熹从居家、婚丧、祭祀等各个方面,设计了一整套完整的礼仪制度。朱熹将祭祖场所定名为"祠堂",使宗法制度庶民化,设计祠堂的规制,并设置祭田以保证祭祀资金的来源。③ 而宗族意识一方面是通过政治组织和社会架构在聚落人群之上,另一方面是通过他及其门徒们在潋村的传播与教化。白馥兰认为,在中华帝国晚期,正统价值的一种传播途径是教育结构。它不仅用于调控入仕之道,而且用以将人民统合起来,进行社会秩序的控制。皇帝通过官僚体系来进行统治,而官僚体系通过检验经典伦理道德学习的科举考试来吸收其成员。考试体系通过经典教育体系有效地将主流价值

---

① 《福鼎旧志集》,第 152 页。

② 《潋溪杨氏宗谱》,1984 年重修本

③ 朱家峤:《汉人宗族意识与宗族表现》,台湾大学人类学研究所博士论文,1998 年,第 60 页。

传播给社会的大部分人。① 通过当地官员的公开演讲、书院的教授、关于礼节和道德的书籍,这些价值观念散布于更广泛的一般民众,朱子理学的道德规范日益成为法定的礼教风俗。

总之,在外力入侵和海难多发,社会动乱的境况下,濑村村的人们为了获得稳定的生存空间,多宗族共同自发修筑堡寨,建筑牢固的防御空间,因而产生了团结一致的文化。民间宗教的庙宇在堡寨中的建筑和布局,一方面体现了人们通过神灵信仰寻求精神依托,另一方面体现对风水中古代方位神灵的信仰,增强了人们的内凝性。朱子理学在濑村等地区的传播和教化,为提高人文素养、规范人群间的秩序起到不可否认的作用。

综上所述,融合闽浙传统建筑风格的福鼎古建筑是营造太姥文化区之风雅趣味的凝固符号。独具匠心的建筑形制和规划以及人群聚落的活动构建了地域社会的和谐内涵。宗祠、堡寨等传统建筑,是联系民居建筑、聚落空间、人群社会的中心和纽带。它们所构建的建筑空间与聚落空间,是太姥文化区村落文化的意象。

早在20世纪60年代初,美国学者凯文·林奇在《城市的意象》(*The Image of the City*)一书中,首创从感觉形式出发研究城市景观特征的方法,认为"城市景观的作用之一就是可以看见、可以记得和使人愉快",提出城市的"可识别性"和"可印象性"的概念。观察者与环境之间互动,对他所经历的环境进行感觉过滤,并建立心理图像即意象。不同的观察者对同一环境的印象会有差别,但在观察者人数较多的情况下,他们对同一环境产生共同的心理图像概率就较高,这种多数人共同拥有的图像,又可称为"公众印象"。刘沛林把"意象"的概念用于乡村聚落的研究上,提出历史文化名村的概念。②

福鼎地区有多处历史文化名村。由于受儒家文治教化思想的影响,各宗族都把科举入仕、文运昌盛作为本宗族兴旺发达的标志。因此,各乡里宗族精心创设富有文化意象的村落环境。置身在村落空间的每一个人,都能感受到这种意味深长的文化创意。传统的古建筑通过与自然环境、宗族意识、宗教信仰、民族个性遵循聚落的协同机制,进行有机生长,构成了独具特色的村落意象。聚落的生成过程,就是聚落的

---

① 白馥兰著,江湄、邓京力译:《技术与性别——晚期帝制中国的权力经纬》,江苏人民出版社2006年版,第33页。

② 刘沛林:《古村落:和谐的人聚空间》,第82页。

秩序化、区域化、符号化的过程。庄孔韶认为，家族宗族社会进入地方社会的具体文化机制在于：家族宗族制度最初是哲学家朱熹等人的发明，政治家认为这个可以帮助帝国管理乡村，遂得以强化，而后被教育家和乡土文人传播，并最终由农人所实践。①科大卫（David Faure）认为，明清时期民间宗族利用建家庙、修族谱来附丽官僚身份，乡村社会得以士绅化。宗族是明清社会变迁过程中的一种文化创造。② 福鼎地区因位置、水土、气候、经济发展程度，就形成了地方文化的个性，即以人文为核心的精神空间体系：借自然山水之美塑造聚落环境意象；建立以宗祠为核心的公共空间；建构以伦理、礼制为核心的精神空间。公、私秩序和谐是一个社会和谐稳定的关键。建筑、空间、人群构成了一个有机系统，寻找与追求天人之间的和谐，人与人的和谐，人与自然的和谐，个人与社会的和谐。

①　庄孔韶：《银翅——中国的地方社会与文化变迁》，生活·读书·新知三联书店 2000 年版，第 277 页。

②　［美］科大卫：《国家与礼仪：宋至清中叶珠江三角洲社会地方认同》，《中山大学学报》1999 年第 5 期，第 65—67 页。

第十三编

石刻文书　太姥文化的历史记忆

无论是游山玩水的文人雅士,抑或是焚香礼佛的香客信众,乃至于埋头学问的专家学者,当他们进入太姥山时,都很难不注意到太姥山及其周边地区为数众多的石刻文书。这些石刻或摩崖,或碑刻,或勒诸古刹,或铭于崇山。民国年间乡贤卓剑舟在提及太姥山石刻文书时,曾这样写道:"由来高贤游躅所至,选石撰刻,一字一句,标奇争胜。顾历年既久,磨灭不可读,心甚恨之。"① 由这几句话,我们也能看出,太姥山石刻的历史之悠久,数量之繁多,足以令人称道。

对于研究者而言,在中国现存的历史文献中,碑刻和铭文可能是最为常见的文献形式。这是因为古人制作碑铭的目的,就是为了使之公之于众,垂之久远。② 那么,太姥山这些留存至今的历代石刻文书,记录了怎样的事件和人物? 承载了何种历史记忆? 反映了哪些历史过程? 又塑造了怎样的文化形态? 我们阅读这些石刻文书,不仅仅是为了抒怀旧之蓄念,发思古之幽情,更重要的是要向它们提出更多的问题。

目前,对于石刻文书的研究,我们往往有如下几种研究路径:首先,要从整体上考察石刻文书的状况,揭示石刻文书的类型特征,文本传统与历史文化内涵;其次,在地域社会中,每一时代的重要人物、事件、制度乃至公共设施,通常都会以碑铭的形式留下记录。因此我们可以通过对碑铭资料的综合分析,考察地域社会的宏观历史变迁;再次,中国各地的祠

---

① 卓剑舟:《太姥山全志》,福建人民出版社 2008 年版,第 79 页。
② 郑振满主编:《碑铭研究》,社会科学文献出版社 2014 年版,第 1 页。

堂、庙宇等宗教设施,保存了相对完整的历代碑铭,为研究宗教信仰、仪式活动和社会组织提供了资料宝库;①最后,石刻文书对于地方文化的建构和表述也殊为重要。

以此观之,石刻文书之于太姥山和太姥文化而言,既是重要的文献资料,更是独特的文化载体和历史遗产。然而在我们的田野调查中,却发现有部分的石刻文书在历经数百年之后,由于自然或人为的原因,存在漫漶不清、日渐损坏的趋势。因此我们也希望,对于石刻文书与太姥文化之关系的研究,能够引起各界对这些珍贵历史文化遗产的重视,并且吸引更多关注太姥文化区的有识之士更好地了解这批文献资料的数量、内容、价值,并进一步利用其进行全面而清晰的深入研究。

---

① 郑振满主编:《碑铭研究》,第2—8页。

第一章　太姥文化区的石刻文书概况综述

　　欲对太姥文化区之石刻文书进行研究，首要工作自然是对所有石刻文书进行仔细的收集整理，梳理其演变脉络，了解其类型特征，进而挖掘其文化内涵。正如卓剑舟所言："爰录文献，剔苔藓，镌石留题靡弗录，古碣残碑靡弗辨。务使古今名贤之遗闻剩字长留天地间，永垂不朽也。"①对这一工作，历代福鼎文史工作者均付出了大量的心血，获得了极为丰富的成果。前有卓剑舟《太姥山全志·金石》，后有郭芳娜主编的《福鼎文物》，都对太姥山石刻文书有甚为详细的收录和注解，可谓珠玉在前。不过，《太姥山全志》主要是对摩崖石刻的收集，而碑刻等其他形式的石刻文书则付之阙如；而《福鼎文物》受制于体例，侧重于对有文物价值的摩崖、碑刻等石刻文书的收集，对于尚不够资格被称为文物的石刻自然无法顾及。

　　为了补全两著之不足，更全面地展现太姥文化区石刻文书的全貌。在本章中，我们通过田野调查实地走访的形式，收集到各种石刻文书四十余方，并制作简表见后。表13－1基于田野调查的结果制作，按石刻文书形式进行分类，每类中又按照时间先后排列顺序，时间不详者均列于最后。

　　需要说明的是，本表尽可能收集各种形式的石刻文书，在种类和范围上较前两种为宽泛。本着"详人所略，略人所详"的史学原则，对于已经出现在前两种著作上的石刻文书较少辑录，而更多收录前人所未及者。不过，由于时间和能力的限制，本表中所收录之石刻文书远非太姥文化区石刻文书之全貌。事实上，在漫长的岁月变迁中，由于自然和人为的原因，许多石刻文书已经湮没无存，或者流落四方。试举一例，浙江省苍南县现存一方碑刻，原系太姥山之物，据说是当年作为压舱石迁至苍南的。可以相信，这样的石刻文书，一定不是孤例。更多的石刻文书，还有待于进一步发现和研究。

---

① 卓剑舟：《太姥山全志》，第79页。

表 13 - 1 部分太姥山石刻文书概况综述

序号	名称	形式	立碑（撰文）者	立碑（撰文）时间	备注
1	天下第一山	摩崖			传为东方朔所撰
2	慧明塔记	摩崖		明永乐十五年四月十六日	
3	闽藩少方伯黄公赐碑	摩崖	福建布政使司分守建宁道右参议黄希宪	明嘉靖四十四年十二月十二日	
4	《皇明万历庚子仲夏既望,同兵宪马公参戎张公登太姥》诗	摩崖	吴兴沈儆炌	明万历二十八年五月十六	
5	《倾侧峻嶒到此间》诗	摩崖	剡溪俞士章	明万历三十年	
6	《登摩霄绝顶》诗	摩崖	福唐陈五昌	明万历三十七年冬日	
7	《盘旋鸟道耸虚空》诗	摩崖	福唐陈五昌		
8	《天开石洞障芙蓉》诗	摩崖	福唐陈五昌		
9	《己未午月同友杨时伟游太姥山登摩霄》诗	摩崖	镇东秦邦锜	明万历四十七年午月	
10	《登摩霄顶》诗	摩崖	镇东秦邦锜		明末将领
11	云标	摩崖	豫章坛石熊明遇	明万历四十八年五月	
12	鸿雪洞	摩崖	福宁治兵使者熊明遇		
13	太姥山四至	摩崖	甘邑人游学海	清乾隆七年八月	
14	福地洞天	摩崖	永春林汝成	清宣统元年	
15	别有洞天	摩崖	闽清吴宗刚	1930 年夏	
16	《民国廿七年端午巡视区政便道游山感题》诗	摩崖	长汀陈廷桢	1938 年端午	
17	《一九三八年端午巡视区政便道游山感题》诗	摩崖	长汀陈廷桢	1938 年端午	
18	梵刹庄严	摩崖	传印	2012 年春	
19	天然仙景	摩崖	尤溪林正得　闽侯黄书麟	己巳瓜月	时间不详
20	卅载重游	摩崖	闽侯黄书麟	己巳瓜月	时间不详
21	玄琢奇崖	摩崖	碧山	明代	据《太姥山全志·仙梵》
22	南无阿弥陀佛	摩崖			

（续表）

序 号	名 称	形 式	立碑（撰文）者	立碑（撰文）时间	备 注
23	法轮常转	摩崖			
24	蓝溪涧	摩崖			
25	山海大观	摩崖			
26	蓝溪□	碑刻	蓝溪都劝首黄文清	明弘治乙丑岁拾贰月甲子日建造,丁卯年陆月吉日立	
27	福宁州杨家溪司主老爷罗□捐俸重修蓝溪东门桥道立碑记	碑刻		清康熙四十年七月	
28	改造石桥姓氏	碑刻		清乾隆八年正月谷旦	
29	大清处士协山王君墓表	碑刻	赐进士出身江南扬州知府署河库道兼盐运使原任刑部主事广东惠州府知府宁化伊秉绶	清嘉庆十七年十月初一日	
30	大士宫功德碑	碑刻	玉塘夏氏	清道光五年季夏荷月	
31	"观音亭"功德碑	碑刻		清道光八年八月	
32	昭明寺田产碑	碑刻	本寺主持僧天寿、本寺监院师祖僧□均	清光绪六年七月	
33	重建神宫碑记	碑刻	廪生林大绩撰男洪礽	清光绪九年谷旦	
34	桐山营桐山汛奉宪会勘设立界碑	碑刻		清代	
35	"观音亭"功德碑	碑刻			
36	功德碑	碑刻			漫漶严重
37	太姥殿石刻	楹联 & 匾题 & 梁文		1944 年	
38	楞伽宝塔	铭文			
39	比丘尼塔 香位	铭文			
40	优婆塞塔 香位	铭文			
41	优婆夷塔 香位	铭文			

根据表 13 - 1,再辅以《太姥山全志》《福鼎文物》,我们应当能对太姥文化区之石刻文书的全貌有一较为全面的了解。我们不妨这样说:太姥山之石刻文书自有其久

远的历史,并且承载着太姥山丰富的历史积淀和深厚的文化内涵。

太姥山现有摩崖石刻"天下第一山",相传为汉武帝时东方朔探访天下名山时所留。此说于史无征,不必深究。按秦汉时福建尚属百越之地,犹为化外,不在"天下"之属。至唐时,福建逐渐成为帝国的一部分,而闽地之山川风光也逐渐为中原所知。诗仙李白所作《梦游天姥吟留别》一诗,通说为浙江新昌县天姥山,然近年亦有学者提出新说,认为天姥山实为太姥山。此说虽未必确,但太姥山确实至迟在唐末已为宗教圣地。按《太姥山全志》,如今有确切纪年之石刻文书当为唐人林嵩所著之《太姥山记》,为唐乾符六年(879 年)所撰。文中提及"山旧无寺,乾符年间僧师待始筑居于此,乃图其秀拔二十二峰"①。又有石龙庵、国兴寺、玉湖庵、圆潭庵、摩尼宫等记载,香火之盛可见一斑,特别是关于摩尼宫的记载,说明太姥山还曾有摩尼教的流传。靖康之后,宋室南渡,政治、经济、文化重心全面南移,原本偏居一隅的福建反为天下之中心。而太姥山也获得长足的发展,道教、儒教文化相继在此地生根发芽,茁壮成长。《太姥山全志·金石》有"瑞草堂碑刻,在瑞草堂石壁,宋嘉熙杨涅撰"的记载。据当地文史研究者陈仕玲辨认,内容为杨姓道士修建道观等事。此方摩崖迄今尚存,其中情事,又见于潋城杨氏族谱。此外,太姥山地区,亦流传着朱熹曾隐居于此的传说。虽然只是民间的口耳相传,并不见于史料记载,但传说能够流传于世,便说明了当地对于理学的认同。不过尽管太姥文化兼收并蓄,包含多元的因素,但必须承认太姥山仍以佛教为主。在现存的石刻文书中,与佛教有关者数量极多。时间上从明初到现代,跨度极大;内容上则呈现多元化的趋势,涉及经济事务、名人题刻、僧侣生平、公共空间等多项内容,这也说明了宗教这一因素在太姥山地区社会和文化中的重要地位。

正因为有了唐宋以来的文化积淀。太姥山至明代而勃兴,成为全国知名的风景胜地。我们看到,在现存的石刻文书中,摩崖这一项内,以明代题刻者占绝大多数,而作者身份均为有官职的高级精英,内容也均为赏玩风景之诗作。可以想象彼时各地的文武官员纷纷来此游山玩水,吟诗作赋,风雅一时无二的盛景。值得一提的是,由于明代特别是中期以后倭寇对东南沿海造成了严重的影响,太姥山地处东南海滨,闽浙边界,自是首当其冲。这一点在太姥山石刻文书中也体现了出来,许多参加过抗倭斗争的明朝官员和将领都在太姥山留下了摩崖题刻,如黄希宪、秦邦锜等人都是如此。

---

① 周瑞光编:《太姥诗文集》,第 153 页。

"天下第一山"摩崖

"山海大观"摩崖

明亡清兴,时局为之一变。清初东南一带尚未完全为清统治,为此清政府推行海禁政策,太姥山一带顿成无人的所在。及至康熙年间展界复迁,其后福鼎设县。太姥山地区经历了剧烈的地方社会变动和秩序重建。在这一历史过程中,官员的身影逐渐消失,取而代之的是兴起的地方宗族。我们注意到,在清代的石刻文书中,出现了大量的碑刻,这些碑刻往往是向寺庙捐助钱财或田产的功德碑,细加考证,这些碑刻都涉及福鼎当地的宗族,例如夏氏、林氏、王氏等家族都曾出现在碑刻之上,并且其族谱中也有相关记载可以互证,从这些石刻文书中,我们能够看到宗族这一重要的社会制度和组织,是如何在清代以后深刻地影响到地方社会的。

以上我们按时间顺序,对太姥山石刻文书做了简单的梳理。通过阅读石刻文书,不难发现太姥文化有一个形成、发展和变化的历史过程:唐宋以来宗教力量的进入和经营为太姥文化奠定了基础。而明代来自全国各地的士大夫阶层则从外部型塑了太姥文化的特征,太姥山能够成为在全国范围内有影响的名胜,其传播的重要途径之一就是精英阶层的诗文词赋,它们不仅以摩崖的方式留念于太姥山,同时也被收入各种文集,以印刷品的方式传播于全国各地特别是文化阶层当中。经过明清之际的历史巨变,太姥文化发生了由外而内的转型。清代以后,摩崖石刻逐渐稀少,其撰文者的身份也发生了改变,从全国层面的高级士大夫转向以福建本省为主的地方文人,这一趋势甚至一直持续到民国年间。另一方面,宗族的力量逐渐取代了官府,在地方事务中发挥更大的作用。这两点都说明,清代以后太姥文化进入了一个内化的阶段,由地方文人和宗族共同从内部梳理太姥文化的逻辑。显然,这样的历史过程是具有独特性的。借由这一方式,太姥文化完成了自身的特化,才能表现出与其他地区或者说风景名胜并不趋同的文化脉络与面貌。

从宏观的角度来看,太姥文化的建构过程并未停止,时至今日,仍然不断有新的石刻文书被创造出来,这其中有文化名流、高僧大德的摩崖,也有国家行政机构将太姥山视为"旅游区"而建立的说明碑。从广义上说,这些当然都属于石刻文书的范畴。毫无疑问,它们仍然从各种方面对于太姥文化的发展不断地发挥着积极的作用。

第二章　太姥文化区的石刻文书与地方社会

通过第一章对太姥文化区之石刻文书的简单梳理,我们能够发现与之相关的三个关键词:宗教,士大夫,地方宗族。此三者是石刻文书最主要的作者,同时也自觉或不自觉地担任了发展太姥文化、塑造太姥文化区的主要推手。对于这些石刻文书而言,仅对碑文做纯粹的文本分析,我们得到的只是文本中的各种可能性;必须在历史过程中,才看得出历史上各个不同的行动者如何理解碑文,使用它来达成行动者的目的。① 在接下来的篇幅中,我们将选择有代表性的石刻文书,分别深入探究其背后所涉及的人、事、物,还原石刻文书中蕴含着的历史事件和社会网络,并分析其与太姥文化区的关系。

第一节　宗教信仰与石刻文书

一、尧封太姥:石刻文书中的太姥信仰

众所周知,太姥山得名于太姥。据说这位太姥仙人乃是上古时期的一位得道女神。《太姥山全志》载:"尧时,有老母业蓝于山,后仙去,因名太母山。"②这一说法始见于汉末王烈所撰《蟠桃记》。"太姥,尧时人。种蓝为业,家于路旁,往来者不吝给之。有道士尝就求浆,母饮以醪。道士奇之,乃授以九转丹砂之法。服之,七月七日,乘九色龙马而仙。后人改'母'为'姥'。"这条材料中首先吸引我们的,就是关于太姥种蓝的记载。

---

① 祝平一:《金石盟:〈御制天主堂碑记〉与清初的天主教》,《"中央"研究院史语所集刊》2004 年 6 月,第289—421 页。

② 卓剑舟:《太姥山全志》,第 1 页。

蓝是一种天然染料。早在《夏小正》中就有"五月启灌蓝蓼"的记载,可见我国很早就掌握了蓝的种植技术。我们所熟知的"青取之于蓝,而青于蓝",也说明了先秦时人们已经知道蓝可以用来染色。按《太姥山全志》,蓝又称蓝淀,"俗呼青淀。民国初年,太姥洋村农尚有种者。自洋靛输入后,种者遂寥寥"。在历史上,蓝是一种非常重要的经济作物。由于其适合在山区种植的特性,使得在明清以降的山区经济开发中,蓝的种植和贸易占有重要的地位。闽东、浙南一带的东南山区,正是著名的蓝种植区域。明清地方志中不乏"蓝客"的记载,这里所谓的"蓝客",正是被种蓝的利润所吸引,从而背井离乡,迁来此处从事此种营生的异乡客。其中,借着海运之利乘船而来的闽南人为数尤多。他们操着与当地迥异的方言,在山区居住下来,开荒辟土,繁衍生息。直到现在,在闽东浙南的山区中,还有操闽南语的村落,他们几乎都是蓝客的后裔。不过,时过境迁,正如《太姥山全志》的记载,在化工染料进入中国市场之后,迅速占领了蓝的地盘。以至在今日,蓝的种植和印染技术,居然在不少地方变成了奇货可居的"民族工艺"。

尧时太姥种蓝为业的说法,以今天的眼光来看,自然不足以作为严格意义上的史实。不过这个传说当中却自然有其值得注意的地方。福建自古为百越之地,太姥极可能是古时百越民族所崇拜之女神,而种蓝则是百越民族所从事之行业。正如仓颉造字、嫘祖纺丝一样,先民将种蓝染色这一行业,与太姥这一人格神联系起来。太姥的神话传说,包含着先民对于自身历史的记忆。

不过,对于当时的中原文化来说,太姥传说,恐怕还只是化外之地"蛮夷"的不经之谈。太姥传说,还需要经过被中原文化接受、改造和吸收的历史过程。王烈《蟠桃记》的记载告诉我们,至迟在汉末,太姥传说已经是中原文化的一部分了。太姥成仙得道的方式与早期道教的记载别无二致,来自"蛮夷"的太姥却以正宗的"道法"飞升为神仙,这无疑象征着百越文化被中原文化所融合。可是,这种融合是如何做到的呢?

按照《太姥山全志》的说法,"汉武帝命东方朔授天下名山文,改'母'为'姥'。"不仅如此,据说东方朔还在太姥山留下了一方摩崖,《太姥山全志》记载:"'天下第一名山'六大字摩崖,东方朔题,镌于摩霄庵右石壁上,字模糊不可辨。"有趣的是,现在摩霄庵旁确有一方摩崖,但文字却是"天下第一山",五个字,并且清晰可辨。这与民国年间的记载并不相同,应是后人修复而成。

不过,东方朔为太姥山改名这个传说也很难得到史料的支撑。《史记·孝武本纪》仅记载武帝遣使者赴武夷郊祀,但使者未必是东方朔,也很难说他顺路经过太姥山。而且,《蟠桃记》中也仅言后人改'母'为'姥'。如果这位后人真是东方朔,很难想象王烈会不言其名姓。由此观之,至少在汉末,有关东方朔的传说还未成型。这一故事应当是后人之伪托。东方朔在民间传说中,是类似神仙一流的人物;汉武帝固然是一代雄主,然而他热衷于求仙问道也是人所皆知的事实。那么将太姥山之命名,假托为汉武帝命东方朔所做之事,这样既合情合理,又能够凭借汉武帝的威名与东方朔的"神力",为太姥山和太姥文化寻求正统性和合法性。毫无疑问,这一说法成功地得到了世人的认同。《太姥山全志·金石》记载:"太姥墓碑镌曰'尧封太姥舍利宝塔'。明林祖恕记云'唐元宗赐祭题额',疑即此。"唐元宗即是唐玄宗。按顾祖禹在《读史方舆纪要》中记载:"大姥山在福宁州东北百里,高十余里,周四十里。旧名才山。……唐开元中,特图其形,敕有司春秋致祭。"两相对照,可知其事。但有趣的是,太姥已经从尧时的人,变成了尧"封"的人,这一点微妙的差别,却显著地进一步抬高了太姥的地位。现在我们在太姥山还能看到"尧封太姥"之石刻,不知是否是唐时旧物。

无论如何,太姥这一神格被中原文化接纳和吸收。到明清之际,人们已经有意识地以太姥为核心建构太姥文化。譬如《太姥山全志》记载:在五代时,太姥曾经被"闽王封为西岳之神。乃邑中诸山发祖处。"这一说法当来自明代的《八闽通志》,内载:"闽王尝封此山为西岳。"其实顾祖禹早就对这一说法进行了更正。他引《三山志》:"闽封高盖山为西岳,霍童山为东岳,未尝封此山也。"[1]可见太姥山为福建西岳的说法并不准确,应当是明代人有意或无意的创造。

不仅如此,太姥信仰更被佛教所吸收,成为佛教中国化或者在地化的重要工具。在前文我们已经提到有"尧封太姥舍利宝塔",试问作为神仙羽化登仙的太姥怎么会有舍利存世呢? 显然这是佛教进入此地后与太姥信仰融合的结果。但由于太姥山佛教的兴盛,这一矛盾被忽略过去了。1944 年,摩霄庵还对舍利宝塔进行了修缮,匾题为"法身常住",楹联为:"姥峰耸秀留仙迹,宝塔重新耀法身。"这样看来,太姥与佛教相结合的特殊形式已经固定下来,并且作为太姥文化的一个特点而为人所知。在现存的太姥山石刻文书中,有一方名为"太姥娘圣迹"的当代碑刻,其作者为一片瓦禅寺住持释题静,这一碑刻完整地展现了太姥在当代太姥文化中的形象。原文如下:

> 太姥娘圣迹:太姥者,古越人之始母也。早年苦行于才山一片瓦石室,种蓝

---

① 顾祖禹:《读史方舆纪要》卷九十五,清稿本。

为业，沤蓝染布，人称蓝姑。同时，授民种茶，致富一方，制茶治病，造福众庶。现代专家认为其为华人之祖，人类茶叶之母。晚年修成正果，于农历七月七日功德圆满，位尊闽地第一女神。尧帝感其乐善慈悲，钦封天母，汉武帝改母做姥。民间奉为圣母，广传下海求妈祖，上山求太姥，佛家列为护法，视若救善救难之菩萨。唐玄宗敕建圣塔，安置其舍利，上世纪末，建圣殿以供其法身。才山因之易名太姥山，成为十方信众朝圣，祈福之地。

一片瓦禅寺住持释题静

甲午年秋

从这篇碑文看来，太姥不仅兼具我们在上文所讨论的神格，最重要的一个变化是增加了与茶叶有关的内容，成为"人类茶叶之母"。太姥山之白毫是非常著名的茶叶品种。据《太姥山全志·方物》："周亮工《闽小记》：'太姥山有绿雪芽茶。'绿雪芽，今呼为白毫，香色俱绝，而尤以鸿雪洞产者为最。性寒凉，功同犀角，为麻疹圣药。运售外国，价与金埒。"不过，这里还看不到绿雪芽和太姥联系起来的说法。这一说法大概起源于清末。按卓剑舟《说剑斋丛话》：

启功"绿雪芽"题刻

> 陈焕，湖林头村人，光绪间孝子，家贫。一日，诣太姥祈梦，姥示种绿雪芽可自给。焕因将山中茶树移植，初年仅采四五斤，以茶品奇，价与金埒，焕家卒小康。自是，种者日多。至民国元年，全县产量达十万斤矣。

可见，绿雪芽虽然名贵，但最初仅是野生状态，因此产量应当极低。直到清末民初才在陈焕的带动下完成了人工种植。在这一过程中，太姥与绿雪芽发生了联系。经过几代人的流传,最终演变为绿雪芽为太姥始创的说法。今天在太姥山上,我们能够看到一块大书法家启功所写之"绿雪芽"的题刻,而在其下有一方当代所立的说明碑记,其中是这样表述的:"绿雪芽,茶中极品,今呼白毫,名早于大红袍,相传太姥娘娘手植,系大白茶始祖。唐陆羽《茶经》、清周亮工《闽小记》均有记载,性寒凉,具有生津解渴,祛火败毒,清脾提神,养精健体之功能,为英伦女皇所独好,海外商贾所偏求。"这应该就是当代人对于绿雪芽与太姥之关系的认知了。

二、梵刹庄严:石刻文书中的佛教信仰

太姥信仰与佛教相融合,一方面是由于太姥信仰肇基于此,又经由后人的演绎,使其具有正当性与合法性;另一方面,也是由于佛教进入太姥山地区时间较早,影响又十分深远所致。佛教文化在太姥山文化中占有十分重要的地位,这一点,在石刻文书中表现的相当明显。

中国最早接触佛教是在汉代,魏晋南北朝以来佛教有了显著的发展。甚至一度成为某些政权的国教。在发展的过程中,佛教也逐渐与中国的哲学思想相结合,完成了佛教的中国化。惠能大师的出现与禅宗的兴盛,正说明了这一点。经由惠能的弘法,禅宗逐渐传播开来,而浙南一带应是较早接受到的地区之一。著名禅师永嘉玄觉,曾经亲赴曹溪向惠能法师请教,成为惠能的高足,嗣后将禅宗思想带回了浙南。据《坛经》记载:

> 永嘉玄觉禅师,少习经论,精天台止观法门。……觉遂同策来参,绕师三匝,振锡而立。师曰:夫沙门者,具三千威仪,八万细行。大德自何方而来,生大我慢?觉曰:生死事大,无常迅速。师曰:何不体取无生,了无速乎?曰:体即无生,了本无速。师曰:如是,如是。玄觉方具威仪礼拜,须臾告辞。师曰:返太速乎?曰:本自非动,岂有速耶?师曰:谁知非动?曰:仁者自生分别。师曰:汝甚得无生之意。曰:无生岂有意耶?师曰:无意,谁当分别?曰:分别亦非意。师曰:善哉。少留一宿,时谓一宿觉。后着证道歌,盛行于世。

这就是佛教史上著名的"一宿觉"。玄觉返回浙南后,在温州龙兴寺弘法,培养弟子甚多,成为重要的禅宗据点。

按理说,闽东毗邻浙南,受到禅宗的影响可谓题中应有之义。但有趣的是,在太姥山一带最早发展起来的反而是摩尼教。白云寺有一方说明碑是这样写的:

白云寺：始建于唐开元十三年，寺后合掌岩为白云禅师炼丹处，故名白云寺，因其位于摩霄峰下，又称摩霄庵，后遭兵燹，殿宇无存。清康熙二十三年重建，乾隆二十一年重修，其时最为鼎盛，僧众达三百余人，居太姥山二十二寺之首。现大雄宝殿为公元一九九二年所扩建。

由此观之，似乎白云寺是太姥山最早的寺庙。但林嵩在《太姥山记》中说得明白："山旧无寺，乾符间僧师侍始筑居于此。"这里的寺指的是国兴寺。那么白云寺到底是何来头呢？谢学钦认为白云寺应为白云庵，它与摩尼宫一起，是摩尼教徒活动的宗教场所。[①] 闽浙沿海的摩尼教，应该是通过海上贸易由波斯传入的。不过摩尼教毕竟没有很好地完成中国化，反而因其迥异于中国文化的宗教行为而落了个"吃菜事魔教"的名声，若非是金庸先生在武侠小说中为明教留了个位置，恐怕现今知道它的人还要更少。其实在唐代，摩尼教在中国一度发展极为迅速。由于摩尼教被回纥定为国教，在安史之乱中，回纥平叛有功，因此摩尼教借助回纥的力量在中国传播开来。可是三十年河东三十年河西，会昌法难时，摩尼教也被禁毁，从此以后摩尼教与中国秘密社会相结合，逐渐演变为明教。而在太姥山地区，恰好是摩尼教衰落之后，佛教随之兴起。会昌法难发生于会昌三年（843 年），此时距国兴寺的建成年代乾符六年（879 年）仅三十余年！

尽管佛教并非首先进入太姥山地区的宗教，但自从它在这里落地生根，就以飞快的速度茁壮成长，这固然有佛教本身充分中国化的因素，但另一个因素是佛教得到了地方社会的支持。宋代杨楫所撰《重建灵峰宝殿之记》中有这样的记载：

> 直长溪之北，环地十余里，岩洞邃深，峰峦罗列，如天施地设，奇变万状，是为太姥山。山有三十六峰，一峰发于其麓，自南而北，得地平宽，杨氏五百余年聚族于其旁，是为激溪。由激溪之西，盘折迂回，别为一窟穴，有招提焉，是为灵峰寺。寺之建，不知何所始。考杨氏族谱，盖唐代宗大历间，杨氏之祖始卜居激溪。其寺记则咸通元年杨氏舍田以为子孙植福之地也。

咸通元年为公元 860 年，可见灵峰寺之建造年代犹在国兴寺之前。而灵峰寺之所以能够建成，正是拜杨氏家族的力量所赐。宗族和宗教的关系我们这里暂且不提，

---

① 谢学钦：《林嵩〈太姥山记〉校勘》，《闽东日报》1999 年 11 月 23 日。

在后文关于宗族和石刻文书的讨论中再行详谈。总之,佛教从此在太姥山开枝散叶,发扬光大,到宋明时已经形成了有组织的僧团。在现存于白云寺的摩崖《慧明塔记》中可以看到这一点。兹录原文如下:

> 慧明塔记:
>
> 师生于大元己巳年二月初六日戌时,本邑桐江李氏之子,八岁出家便礼昭明寺僧志宏为师。九岁为僧,二十七岁遍扣诸方求上乘法。初见白云和尚,次谒千岩和尚,证明祖意。洪武十六年钦取高僧灵谷住座。壬午年回归禅山,重兴古刹。时岁八十一。龙骧将军福建都指挥使童携移文端请大阐佛事,归来广化寺时,年八十七。乙未正月十五日跏趺而逝。辞世偈云:八十七年如梦相似,梦破还醒无一垩处。
>
> 永乐十五年丁酉岁四月十六日
>
> 众募缘建造

关于这位慧明大师,没有更多的记录。但从其能够被地方官员邀请主持佛事,可见具有一定的声望,而这自然也给太姥山带来了更多的资源倾斜。"众募缘建造"也说明慧明圆寂之后应该是留下了大量的弟子门人,正是他们继承了太姥山佛教的衣钵,在明清以降将太姥山佛教进一步推向兴盛。

佛教在太姥山的兴盛,主要表现在两个方面:首先,太姥山之耕地主要属寺庙所有,特别是摩霄庵。到明代时,田产数量极为可观。据《太姥山全志》:"庵自唐宋及明,田赋称盛,赡僧待客,日可供三百余人。"由此观之,即使说摩霄庵是太姥山最大的地主也丝毫不为过。与此同时,其他寺庙如国兴寺等也同样掌握了大量的田产。

《慧明塔记》摩崖

摩霄庵之田产是如何获得的呢？除了施主善信的布施,僧侣们还积极地从官府获得各种优免。作于嘉靖四十四年(1565 年)十二月二十日的《闽藩少方伯黄公赐碑》记载的就是时任福建布政使司分守建宁道右参议黄希宪给予摩霄庵的优待政策。黄希宪,字伯容,号毅所,江西抚州府金溪乡人,嘉靖三十二年(1553 年)进士。曾任南京山东道监察御史、南直隶高邮州判等职。嘉靖四十三年,被升为福建右参议分守建宁道,次年到任。彼时正是"嘉靖大倭寇"猖獗之时,据说黄希宪曾有带兵与倭寇作战并取胜的记录。黄希宪在福宁州任职四年有余,官声甚好。按万历《福宁州志》记载:

> 黄希宪……壹意以德教化民,勤行乡约,政尚宽平大体,自奉淡薄。却二县供给银,曰:"州供犹有余也。"及去,尚余一百七十两,及赎金一百九十两,皆糈库,士民有去后之思。①

黄希宪给我们留下的这方摩崖的面积和字数都是太姥山石刻文书中最大的。但可惜的是由于年深日久,文字多有残泐。经过仔细辨认,还可以识别部分。兹录于下:

闽藩少方伯黄公赐碑

嘉靖四十四年十二月十二日

福建布政使司分守建宁道右参议黄希宪,□□驻札福宁州,悯民罹倭,岁暮犹巡秦屿,闽海堡卫民宣乡□教民。过太姥山下,摩霄庵僧成玄告就本处垦田,太姥□小溪开浤引泉灌田,仅可资食烧香,迎灵献茶。庶免胜境凋废,此山凿石为田,用力艰苦,方求无报册当差之役。虑后坊里告累,吏胥追呼,预词叩志准抚本州岛同知王守中(浙江遂昌人)查明详报,随审太姥摩霄山之绝巅,有天冠、新月、星飞、神□、仙童、玉碧等峰,令为三十六奇。麓有石门瀑崖,释成古有无位有扞岩。洪武初,有南洲;十六年,钦取至京赐归,碑塔犹存。仙迹名坛,祈祷灵应,诚一方名山,宜焚香恭祝圣寿,更祈福于民。租入既寡,粮差应除,询诸通州坊里,□曰允哉。明年二月十一日,备□知州蔡显节(广柜顺德人)覆□,与州判梁泰(广东新会人),吏目俞澯(广东新会人)商雄转□伏议讫刻记山石,与山并久。

(以下略)

---

① 万历《福宁州志》卷八。

闽藩少方伯黄公赐碑

引文中提到的"十六年,钦取至京赐归,碑塔犹存",指的应当就是《慧明塔记》中提到的"洪武十六年钦取高僧灵谷住座"。可见慧明的影响力确实给后人带来了相当的好处,以至于能够获得"无报册当差之役"的待遇。在此摩崖之后,还有黄希宪等人捐助布施的名单。其实,按照摩霄庵田产"日可供三百余人"的规模,何以"仅可资食烧香,迎灵献茶"呢? 是否僧侣为寺庙的发展而打了皮里阳秋的诳语,在此也只能存疑了。

进入清代,由于大历史背景的影响,太姥山寺庙曾一度衰微,但随即又在地方官员和士绅的支持下迅速恢复。有关太姥山寺产的详细数量,在《太姥山全志》中有极为全面的记载。仔细阅读,我们会发现这些寺产所在之处已经超出了太姥山的范围,有些地块远至霞浦一带。太姥山寺庙对当地社会经济影响之大,由此亦可见一斑。

值得注意的是,寺庙拥有众多田产在太姥山一带并非个例,可能在整个闽东地区都是如此。在福鼎城郊的昭明寺我们同样看到一方光绪六年(1880 年)的三联碑刻,内容同样是寺产的登记和备案。根据内容可知,清末昭明寺共有"田四十六号,共计三十四箩六斗二升五合正,总结合租谷二百五十三担零六十斤正"。这也是一个可观的数字了。

其次,太姥山不断涌现出高僧大德,这些僧侣能够与精英阶层相往来,进而从不同的方面影响到地方社会。在《太姥山全志·仙梵》中所收录的太姥山地区的方外之人中,除了于史无征存而不论的容成先生、太姥以外,唐代以后仅有司马承桢一人不是佛教背景。明清以降更是一水儿的寺僧。这些寺僧并非仅仅是与青灯古佛相伴的隐士,他们大多数积极入世,与地方社会互动。他们的行踪与活动,在石刻文书上多有记录。

现存的一方摩崖"玄琢奇崖",落款署名碧山题。这位碧山就是一个能与文人雅士相互唱和酬酢的诗僧。据《太姥山全志·仙梵》:"碧山:天源庵僧。能诗,与张叔弢友善,叔弢尝目为诗僧。莆田林祖恕游太姥,读其诗,有'雨白双溪路,灯青七祖莲',又'白云一片能相恋,消尽风尘是此心'句,大赏异之。"①

除了与文化精英打交道,太姥山僧侣还经常游走于官府之间,为太姥山寺庙谋取实际利益。例如清初摩霄庵的主持泰净,对于太姥山寺庙的存续则意义更为重大。如果不是泰净奔走于官府,多方努力,太姥山之寺产就很有可能被非法侵占。据《太姥山全志·仙梵》:

> 泰净,摩霄庵僧。庵自唐宋及明,田赋称盛,赡僧待客,日可供三百余人。铭勒摩霄庵之流米岩。无如,海氛不靖,寺废僧逃,豪强吞没,仅有存者。泰净先后趋谒邑侯傅公惟祖、徐公德峻,陈请清查差追,设置印册,永充焚修。扶倾起废,再振精蓝,泰净之功,诚不可没也。②

现在我们在摩霄庵看到的署名邑人游学海,有关太姥山之四至的摩崖石刻。就是这次事件留下的成果。这一历史公案的来龙去脉,我们将在后文提及,兹不赘述。

尽管石刻文书的数量有限,但这样的寺僧,并非只有寥寥一二,而是不胜枚举。例如乾隆年间摩霄庵僧侣奕茂,同样也是一名爱好收藏名人墨宝,通晓诗歌的和尚;而万历年间岩洞庵僧侣如庆,就和万历年间的官员、著名的《五杂俎》的作者谢肇淛交好,更曾经亲赴福宁州知府处,"面陈栖泊之艰,求派田若干亩存庵饭僧,以供游客"。另一名道光年间灵狮洞的僧侣福钦,更是凭借深厚法力,在同治五年旱灾袭击福鼎之时,应有司之请,开坛做法,一举成功,从而从官府处得到了"十数寺"的资产。③

时至今日,佛教早已成为太姥文化不可或缺的一部分。当代佛教界人士来到太姥山随喜游玩,也往往都要留下摩崖题刻,为名山增辉的同时,也在继承和发扬着太姥文化。前中国佛教协会会长赵朴初曾为太姥山题下"太姥胜景"四字,并且因缘际会,还留下一段"景中有景"的逸话。中国佛教协会名誉会长、虚云老和尚的弟子传印长老,也留下了"梵刹庄严"的摩崖。这些高僧大德为太姥山题刻,也足以证明太姥山在佛教界地位之崇隆。

---

①②③ 卓剑舟:《太姥山全志》,第83页。

"太姥胜景"摩崖

第二节　士大夫与石刻文书

与宗教相比,士大夫阶层与太姥山发生联系的时间要晚一些。当然,这与士大夫这一阶层的形成有密切的关系。在唐代以前,主要以门第取士,彼时有贵族而无士大夫;直到唐代确立科举制度之后,通过科举考试进入官僚体系的读书人才日见其多,士大夫这一阶层逐渐形成。也就在这个时候,太姥山进入了这个新兴阶层的视野。士大夫们吟诗、作赋、撰文,以这种文人阶层特有的方式记录着自身与太姥山的互动。

现今有据可查,最早在太姥山留下诗文的是号称"开闽第一进士"的薛令之。乾隆《福宁府志》载:"全闽登第自令之始。"光绪《福安县志》对其人有更为详细的记载:

> 薛令之,字君珍,号明月先生。廉村人。神龙二年进士。开元中累迁左补阙兼太子侍讲。会李林甫不惬于太子,故东宫官冷落不迁。令之感慨时事,题诗于壁,因谢病归。元宗闻其贫,命有司资以岁粟,令之量受,不多取。肃宗即位,思东宫旧德,召之已卒。嘉叹其贤,因敕其乡曰"廉村",水曰"廉溪"。①

---

① 光绪《福安县志》卷二十二"人物",光绪十年(1884年)刊本。

薛令之曾经在太姥山游玩,留下一首五言律诗。然而在此之后太姥山却很奇怪地沉寂了下来,即使在开元年间受到唐玄宗的封祭,似乎也没有更多的文人雅士前来观光。直到唐末,太姥山再次诞生了一位进士,这才使得太姥山重新得以为世人所关注。

这位进士名唤林嵩,乾符二年进士。民国《霞浦县志》记载:

> 林嵩,字降神,赤岸人。咸通中读书草堂,有大志。乾符乙未试《王者之道如龙首赋》登进士。明年归省亲,观察使奏改其乡里。旌之,召除秘书省正字。黄巢乱,东归。观察使陈岩辟为团练巡检官,秉公赞理,举贤翊化,转度支使。后迁《毛诗》博士,官至金州刺史。尝着华清宫蓬来山九成宫避暑,政声感人。①

林嵩与太姥山之关系,不可谓不深厚。早在其未中举时就隐居在山中苦读。据《读史方舆纪要》引旧志云:"唐咸通中,林嵩建草堂读书其中,因名草堂山。"黄巢起义爆发后,林嵩从长安返回,再次隐居于太姥山麓。并写下了太姥山历史上十分重要的一篇文献《太姥山记》。虽然此文已经缺失泰半,但对于太姥山历史的考证和太姥文化的建构都有重要的意义。首先,在前文我们已经提及,它记载了佛教传入太姥山的准确时间,以及摩尼教在此活动的记录;其次,它还确定了太姥山二十二峰的名称,原文有"秀拔二十二峰"的提法。而据谢学钦的考证,在全本的《太姥山记》中很可能还有全部的峰名。这也奠定了太姥山作为风景名胜的基础。此后直到明代,著名文人谢肇淛又增加九峰,使得太姥胜景更为完整。

有唐一代的两名进士对太姥山的关注可以说开士大夫与太姥山互动之滥觞。尽管人数很少,但两人的进士身份,以及在中央担任官职这样的经历都足以获得超越地域的声望。不妨说,薛林二人的诗文为后来那些灿若繁星的诗词歌赋树立了一道标杆。

宋代是中国历史上的一个转捩点。中国的经济重心完成了向南方的转移,与之相对应的是文化在东南沿海地区的迅速发展。特别是南宋时期,统治者偏安一隅,闽浙一变而为"天下"之中心,程朱理学能够在福建发展起来,并不是偶然的结果。这一时期的太姥山,迎来了越来越多的士大夫。在太姥诗文集中辑录的多首宋人诗中,两首的作者来自是距太姥山不远的浙江乐清,其他都是福建本地人氏。这些作者大

---

① 罗汝泽等修,徐友梧纂:《霞浦县志》卷二十八"宦哲·列传二"。

多具有功名,这也从侧面说明福建进一步地"文明化"。尽管我们看不到更多来自远方的文人及其作品,但是数量的提升也在暗示着太姥山作为风景名胜,其受关注度是在微弱、但却毫无疑问地提升着。

太姥山之石刻文书的数量在明代迎来了一次大爆发。正如前文所述,在现存的石刻文书中,明代所留的摩崖占据了相当高的比例。这是由几个共同的原因造成的:首先,经过明初一百多年的发展,经济有了相当程度的增长,商品经济和货币经济初具雏形。而商业发展的后果之一就是人口流动的增多,更多的士人有意愿也有能力实现"读万卷书,行万里路"的夙愿。在这样的背景下,千里迢迢寻奇探幽游山玩水并不困难。其次,士大夫这一阶层经过数百年的发展,已经趋于成熟稳定。明初科举选官制度的进一步完善扩充了社会阶层之间流动的趋势,这也使得士大夫阶层迅速扩大。经过宋元以来的发展,士大夫阶级在文化上已经趋于成熟,培养出一套符合自身趣味的审美观和价值观。文人字画,诗词歌赋等我们一概称之为"风雅"的东西就是这些观念在物质层面的实践。对于士大夫来说,在太姥山观赏风景,吟诗作赋,勒诸石壁,这一系列行为是十分符合其趣味,彰显其身份的。再次,明代的东南沿海地区并不太平。倭寇的威胁从 15 世纪初就已经存在,而在嘉靖以后猛烈地爆发,对东南沿海的人民造成了非常严重的影响。中央政府往往派军政要员前来驻守巡视闽浙一带。太姥山地处闽浙交界,地理位置尤为重要,山脚下的秦屿,就有多次抗击倭寇的记录。因此这一区域自然要受到官员的格外重视。可以想象,在公干之余,到太姥山游玩一番,也是题中应有之义。

正是由于上述几个原因的合力,让我们在太姥山看到了大量的摩崖石刻。除了前文提到的《闽藩少方伯黄公赐碑》之外,诗文类摩崖题刻最早者为万历庚子(1600年)仲夏既望所作的《皇明万历庚子仲夏既望,同兵宪马公参戎张公登太姥》诗,作者为沈儆炌。原诗如下:

> 皇明万历庚子仲夏既望,同兵宪马公(讳邦良,富春人)参戎张公(讳守贵,福州人)登太姥
> 太姥遥临海国宽,梯航日出望中看。
> 夜深击筑摩霄顶,万里风吹月影寒。
> 吴兴沈儆炌视学过以题

沈儆炌《明史》有传:

沈儆炌,字叔永,归安人。父子木,官南京右都御史。儆炌登万历十七年进士,历河南左布政使,入为光禄卿。四十七年,以右副都御史巡抚云南。……会儆炌迁南京兵部右侍郎,而代者闵洪学至,乃以兵事委之去。后拜南京工部尚书,为魏忠贤党石三畏所劾,落职闲住。崇祯初,复官,卒于家。

沈儆炌诗题刻

沈儆炌自称吴兴人氏,其家族竹溪沈氏是明清江南的望族,有"三世四进士""三朝七翰林"的辉煌历史。沈儆炌自己的官做得也不小,能够侧身明史列传已足够说明问题。不过,《明史》的记载并不详细。沈氏是在何时到过太姥山的呢?原诗中沈氏自称"视学过",可见他曾在闽担任学职。彼时又身任何职呢?乾隆《福州府志》有详细的记载:"沈儆炌……有文武才,闽督学副使三年,考校咸颂得人,不徇权贵。"①正是在这期间,他抽空上了趟太姥山。

和沈儆炌一同赴太姥山游玩的两位中张守贵没有留下什么文字,这可能与其军官出身,未必有多少文才有关。但另一位马邦良同样是进士出身,文采甚好。光绪《富阳县志》有传:

马邦良,字汝萃,临湖里人。万历十四年登进士第,授丹徒知县。擢户科给事中,转礼科左给事中,迁福建参议,转副使,擢行太仆寺卿。初任丹徒,厘革利弊,有政声,居台垣,多所建明。官闽时,资助钱士鳌之丧,为理后事,有长者风。崇祀乡贤。②

---

① 乾隆《福州府志》卷四十六"名宦一"。
② 光绪《富阳县志》卷十八"人物志",光绪三十二年(1906年)刊本。

《太姥诗文集》中收录马邦良《太姥山图序》一文。从文中来看,马邦良似乎不止一次登上太姥山游玩。因为这篇文章记录的是他和张守贵与另一位高观察的故事,并没有提到沈儆炌。值得注意的是文中的最后一段话,有力地说明了士大夫阶层在建构太姥文化中的重要作用。

> 噫嘻! 五岳真形,尚拟诸图,此山一胜,宁令湮秘。旧刻画蛇,殊乏天趣。余得并游会境,绘图召锲,俾大雅之士知有太姥,觅路寻踪而壤隔势阻者一寓目焉,亦不失宗生之卧游尔。

对于士大夫来说,满足自身的感官和心灵愉悦并不是唯一的目的,更重要的还是要将名胜传播出去,"俾大雅之士知有太姥",让更多的人前来赏玩,这才符合士大夫阶层的趣味和格调。可以想象,其他在太姥山留下墨迹的士大夫,也是怀着差不多的心情挥毫落笔,吟啸山林的。

太姥山并不缺少这样的壮游。就在沈儆炌之行之后的九年,翰林院检讨陈五昌与福建本地诗人陈仲溱亦进行了一次为期八天的深度太姥之旅。和其他在太姥山游玩的高级士大夫们相比,此二人的履历未免有些不足挂齿。陈五昌,乾隆《福清县志》有传:"陈五昌,字伯全,江阴人。万历甲辰进士,选入庶常,历翰林院检讨,蔚有文名。读中秘书未几而殁。"[1]而另一位陈仲溱似乎连功名都没有,嘉庆《福鼎县志》载:"陈仲溱,字维秦,侯官诗人。明万历戊申同陈太史伯全游太姥,著有《太姥记》。"[2]不过,这次壮游对于太姥山却有着相当的意义。今天的著名景点"御风桥"正是由此二人命名的。按陈仲溱《游太姥山记》:

> 从山门左分迤一麓,南出为仙桥。桥上望九鲤朝天诸峰矗矗在目。独西北诸胜稍背,然退观旷览俱与绝顶无异。桥悬半空,倚岩箕踞,或举觞大酌、翩翩欲飞,遂名桥为御风桥。伯全诗先成,命僧志其处勒之石。因并示绝顶岩洞诸镌处。[3]

---

① 乾隆《福清县志》卷十四"循良",光绪二十四年(1898 年)刻本。
② 嘉庆《福鼎县志》卷六"流寓"。
③ 周瑞光编:《太姥诗文集》,第164 页。

可见在此之前,御风桥原本称为"仙桥"。而陈五昌与陈仲溱二人为之命名。并且还留下了一方摩崖。现在我们在御风桥还看得到它。原诗如下:

盘旋鸟道耸虚空,隔断摩尼顶上官。

桥自容成驱石架,路从太姥辟山通。

云横翠壁来天际,日照红涛出海东。

罗列危峰千万态,一声长啸御微风。

于御风桥 福唐陈五昌

陈五昌御风桥诗题刻

陈五昌似乎格外偏爱太姥风光。如今在太姥山上,署名陈五昌的摩崖除这一处外,另有两处。分别是:

天开石洞障芙蓉,绀殿深沉响暮钟。

烟暗竹园眠锦雉,寒生松坞起苍龙。

行当峭壁应无路,望入层崖更几重。

最是此中空世谛,小桥流水坐高春。

福唐陈五昌游此题

登摩霄绝顶

峥嵘乱削玉芙蓉,簇簇遥开六六峰。

地控南天唐姥辟,山名西岳越王封。

云横翠壁千层险,烟起澄潭一片浓。

极目直穷沧海外,凭虚身已蹑仙踪。

万历戊申冬日福唐陈五昌

有趣的是,最后一首写于这一年的冬日,似乎并非此次壮游中所作。可见陈五昌可能不止一次前往太姥山游玩。

陈五昌和陈仲溱的例子从另一个方面解释了士大夫阶层和太姥文化之间的关系。此二人为御风桥命名,增强了太姥山的影响力,诗词文章的传播也会吸引更多的文人雅士前来游玩,从今天的眼光来看,二人在不自觉间为太姥文化的建构做出了自己的实践;但从主观层面考虑,二人的行为无疑也达到了让自身名望流传后世的作用。正如《福鼎县志》中对陈仲溱的记载,其全部行状就仅仅有关此次壮游。可以想象,假如陈仲溱没有为御风桥命名,或者不曾写下游记,那么他的名字将会湮没在历史之中,为世人遗忘,而这是士大夫们不能接受的。因此,士大夫的摩崖题刻诗词歌赋也有为自己留得身后名的作用,而这一点在客观上则使得太姥文化在明代以后有爆炸性的发展,太姥文化景观正是在这一时期定型的。

另一个与此类似的例子是明末官员,曾担任过兵部尚书的熊明遇留下的两方摩崖"鸿雪洞"和"云标"。《太姥山全志·金石》中收录了这两方摩崖,但前者未记作者,后者将作者标为"明宁德崔徵仲同谢在杭游山,镌此二大字于其上"。2012 年,台湾清华大学徐光台教授发表《"云标"摩崖石刻考》与《太姥墓旁"鸿雪洞"摩崖石刻始于明末清初》两篇文章,确认了两方摩崖的真正作者。[1] 值得注意的是,徐教授确认了"鸿雪洞"这一名称在明末尚未出现,而在清代以后则出现在诗文游记中。可见这一名称正是明末清初的发明,而作者正是熊明遇。徐教授认为,"鸿雪洞"之得名,来源于熊氏为太姥山新建馆舍所题的"鸿雪馆"。不难发现,这一事例与前述陈五昌和陈仲溱为御风桥命名之事简直如出一辙。通过为风景名胜命名,题刻,士大夫不仅将风景名胜变得更符合其趣味,还借此流芳千古;而太姥文化正是在这丁丁作响的摩崖题刻的凿石声中,逐渐成形。

"鸿雪洞"题刻

① 徐光台:《"云标"摩崖石刻考》、《太姥墓旁"鸿雪洞"摩崖石刻始于明末清初》,《福鼎周刊》2012 年 5 月 16 日。

不仅以科举出身的士大夫会在太姥山上留下诗词歌赋,就连军官也不甘寂寞,有些文化的将领也会如此。在太姥山上留有两处署名为"镇东秦邦锜"的摩崖,原文如下:

峭岩苍松郁崔嵬,涉望摩霄海一杯。
长啸清风生万壑,青山半是白云堆。
　登摩霄顶　镇东秦邦锜

太姥凌霄汉,青葱鸟道遥。
烟迷常带雨,寺住独闻潮。
说法神龙绕,谈禅世味销。
摩霄回首处,身与白云飘。
　己未午月同友杨时伟游太姥山登摩霄镇东秦邦锜书

秦邦锜诗题刻

　　秦邦锜的资料很少,仅知道他是直隶五河人,军户出身,世代军官家庭。正统年间,先祖秦敏因战功升为福建都指挥使,从此秦氏家族就与福建发生了联系。天顺初年,秦氏家族的另一个成员秦英承袭了福建都指挥使的职务,被授予镇东卫指挥同知。嘉靖年间,秦经国承袭这一职务,并且参与了抗倭斗争,还升到了参将。秦邦锜是在万历年间承袭镇东卫指挥同知的,因此自称为"镇东秦邦锜"。

　　与秦邦锜同行的杨时伟,同样资料非常零散。在秦邦锜生活的时代,有两个杨时伟。其一为泉州人氏,据万历《泉州府志》,此人也是军户出身,并且考中了万历癸卯(1609年)科年的武举。另一人则是江苏吴县人,考取贡生。此人最大的成就是编撰了《诸葛武侯集》。此书是对王士骏所撰《武侯全书》的修订增补版。与秦邦锜为友的是哪一个杨时伟,我们无法确定。

传统观点认为,明代的军户遭受着政府的残酷剥削和压榨,社会地位很低,赋役沉重,所以士兵纷纷逃亡,最终导致卫所制度的解体。但近年来的研究显示这一说法过于简单。明代军户的地位并没有过去认为的那么低,相反,政府有一系列的制度保证军户的利益,并且也没有对军户身份的转变做严格的限制。像杨时伟那样以军户身份考中功名,并不鲜见。一些高等军官与士大夫往来应酬,也是习见之事。黄仁宇在《万历十五年》中就描述了出身军户的抗倭名将戚继光与文人们的唱和。由此观之,秦邦锜在太姥山上吟诗赏景,勒石留名,似乎也算不得什么意外之事。

清代以降,在太姥山留名勒石的习惯逐渐减少,有更多的所谓"下级士绅"也开始在这里留下自己的名字。宣统己酉年(1909年),刚刚考取拔贡的永春人林汝成在太姥山游览,并留下了"福地洞天"的摩崖。但是像林汝成这样有据可查者只是孤例,更多的下级士绅往往于史无考。但因为摩崖石刻之存在,他们得以留名后世。正所谓诗云"石不能言最可人",多少文武官员,文人墨客在太姥山来了又去了,而他们的丰功伟绩和诗词歌赋,却都一起留在太姥山的巍巍石壁上,成为太姥文化的一部分。

"福地洞天"石刻

第三节 宗族与石刻文书

在第一节中,我们已经提到了宗族与宗教之间的关系。在太姥山,正是由于宗族的支持,才使得佛教得以扎根成长。而另一方面,宗族与士大夫之间亦有着紧密的关系。与一般大众所认知的"宗族"概念有所不同,宗族并非是基于共同血缘组织起来的亲属制度,而是明清以来以士大夫为主体的地方精英建构的一种制度化的社会组织。正如科大卫与刘志伟所指出的,"明清以后在华南地区发展起来的所谓'宗族'……不是一般人类学家所谓的'血缘群体',宗族的意识形体,也不是一般意义上的祖先及血脉的观念。明清华南宗族的发展,是明代以后国家政治变化和经济发展的一种表现,是国家礼仪改变并向地方社会渗透过程在时间和空间上的扩展"。① 换句话说,没有士大夫的倡导和推广,就没有宗族的成长和壮大。既然如此,我们又为何要将宗族特地单列一节加以论述呢? 这是因为在文化的层面上,宗族起到的作用与其他二者并不相同,而这一点在石刻文书中表现的尤为明显。前文已经说过,如果说宗教是太姥文化的底色,而士大夫从外部形塑了太姥文化的特征,那么宗族就从内部梳理了太姥文化的逻辑。无论何种文化,都基于其所在的社会,并随着社会的变迁而发生变化。而作为一种社会制度,宗族在明清以降的传统中国社会中,特别是在地方社会的层面上,可谓意义重大,作用深刻,影响深远。由此观之,宗族对文化的影响,正是通过对地方社会的干预和管理,得以体现出来。

我们将会以三个个案来论证以上的观点。首先便是前文提及的杨氏家族。杨氏家族在太姥山奠基极早,据杨楫《重建灵峰宝殿之记》记载:"唐代宗大历间,杨氏之祖始卜居潋溪。其寺记则咸通元年杨氏舍田以为子孙植福之地也。"可见,早在唐代宗大历年间,杨氏始祖就迁居到了潋溪,到咸通年间捐助修建了灵峰寺。那么杨氏家族为何要修建灵峰寺呢? 难道仅仅是因为纯粹的信仰所致吗? 答案并没有那么简单。根据厦门大学郑振满教授的研究,唐宋时期的世家大族,大多依附于某些寺院。这是因为,唐宋时期不允许民间奉祀四代以上的祖先,世家大族为了祭祖护墓,往往在寺院中设立檀越祠,或是在祖坟附近创建寺院庵堂。各大家族为了维护这些祠堂

---

① 科大卫,刘志伟:《宗族与地方社会的国家认同——明清华南地区宗族发展的意识形态基础》,《历史研究》2000 年第 3 期,第 3—14 页。

和举行祭祖活动,通常都不断向寺院捐献田产,成为寺院财产的主要来源。① 这应该就是杨氏家族修建灵峰寺的主要动机。由此也可以看出杨氏家族至迟在唐末,已经发展为当地的大族。

虽然如此,但至少在北宋,杨氏家族似乎还没有出现高级精英,反倒是出现了和佛教关系紧密之人。据《太姥山全志》:"杨彦国,潋村人,以三舍法入太学。崇宁间退隐,方著《易解》,夜忽光明满室,由顶而出,遂崇内典。栖才山,号太姥居士。著《楞严经解》,妻王氏,名正慈,亦得佛法。"

杨楫《重建灵峰宝殿之记》碑

在杨彦国之后没多久,杨氏家族进入了一个急速发展的时期。特别从北宋末年到南宋初年的一段时间,出了数名进士,可谓风光一时无二。先是北宋末年的杨惇礼。何乔远《闽书》、万历《福宁州志》、乾隆《福建通志》皆有传,以《福宁州志》记录最详,节录如下:

> 杨惇礼,字穆仲,州潋村人。与兄定国俱中三舍,选徽宗崇宁丙戌进士,调兴国军司法,改陕、彭、泉、宿四州教授,转太学,录太学博士。时与乡人黄荐可、林介卿并命有"北乡三博"之语。蔡党有为中丞者,欲援其力,谢却之。匄外出,判秀州,乞休。建炎元年,以司勋员外郎召,以疾辞;踰年,再以监察御史召,与赵鼎(侍御)黎确(司谏)沈与求(殿院)同命。惇礼曰:"艰难无从卫之劳,时平享丰盈之荣,吾不敢也。"力辞,得旨以朝请郎守本官致仕,许在家言事,时未六十。众称惇礼有三奇:有田不买,有官不做,有子不荫(仲子不沾世泽)。其后三谏臣皆

---

① 郑振满:《莆田平原的宗族与宗教——福建兴化府历代碑铭解析》,《碑铭研究》,第323页。

大用,独惇礼不起,士论惜之。①

在杨惇礼这一代,并非只有他一人考取功名,其兄杨定国亦中试。而这还仅仅是杨氏宗族科举高峰的开始。以杨惇礼的为官经历,无疑使杨氏家族获得了相当高的名望。按宋代的荫补制度,杨惇礼可以让其后辈子侄绕开科举,直接获得官位。《福宁州志》虽然记载惇礼"有子不荫",但又记载其子杨缜"以父世赏迪功郎",似乎还是通过荫补获得了官职。和其父相比,杨缜的履历乏善可陈。《福宁州志》有载:

> 缜,字伟明,以父世赏补迪功郎,松溪莆田二县尉,改临安府司法,次新城丞,以通迪郎赐绯致仕。隆兴甲申,封朝散大夫,赐紫,继室林宜人。两娶平阳林吏部杞之女。舅姑死,缜窭,无以买棺敛,宜人泣鬻金钗,罄嫁橐而棺具。年八十一,陈止斋铭其墓。②

相比起来,杨缜的行状甚至还没有其宜人林氏"鬻金买棺"的举动伟大。顺带一提,在嘉庆《福鼎县志》中,林宜人也因此举被列入《列女传》中。不过杨氏家族的好运气并没有结束。在其后的一代,也就是杨惇礼的孙辈,接连出了两位有广泛影响力的官员。分别是杨兴宗与杨楫。杨兴宗《福宁州志》有传:

> 杨兴宗,字似之,号小筑,少师郑夹漈,后从宦莆田,执经林光朝之门。(光朝号艾轩,谥文节),举绍兴庚辰进士,调迪功郎,铅山簿。孝宗登极,上封事,专将相之责。久台谏之任,且以任人太骤,弃亦骤,图事太速,变亦速为戒。末陈以守为攻之策。有旨召,赴都台审察。时汤思退主和议,使御史尹穑要曰:"登对若无立异,当处以美职。"谢却之。连书抵东府,争和议非便,思退大怒。孝宗嘉其志,除武学博士,代朱文公之任。既而陈相俊卿举充馆职,召试条对,兵冗官冗之间,切中时病。除秘书正字,迁校书郎,与师林光朝同行校文省殿,擢郑侨、蔡幼学、陈傅良,时称得人。修《四朝会要》,转宣教郎,权尚书司勋郎。论张说不当,与赵汝愚同除拜,不报,又驳杨和王存中封爵太优,坚不书勋,忤虞相允文,力匄祠,出守处州,谳潘子之疑狱,争婺女之米价,甚有声。除知温州,以亲嫌(娶温州何内翰溥女,再娶府城张左司穆女,并封安人),改严州,除湖广提举,久不迁,陈止

---

① ② 万历《福宁州志》卷十一"人文志一"。

斋有诗赠之,有《自观文集》。①

杨楫的时代要比杨兴宗稍晚些。在他的时代,发生了史称"庆元党禁"的政治事件。外戚韩侂胄当政,将道学斥为"伪学",并迫害以朱熹为首的道学家。已是人到晚年的朱熹为了避祸,回到福建隐居,居无定所,四处流寓。其间曾经过长溪,在杨楫家中小住。《福宁州志》记载此事云:

> 朱熹……庆元间,以禁伪学,避地于闽。至长溪,主黄干杨楫家,皆有遗墨。从学者甚众,而黄干、杨复、林湜、杨楫、高松、陈骏、郑师孟、龚郯、张泳,其最著者也。复寓武曲朱家,题"文章华国诗礼传家"八大字于其门,又题农家一联"水云长日神仙府,禾黍丰时富贵家"。州城南有文公祠,遗像在焉。

因为这一层缘故,杨楫得以列朱熹之门墙,并且成为朱熹最有名望的弟子之一。而杨楫也确实继承了道学家正直清廉、耿直不阿的作风。《福宁州志》载:

> 楫刚介有守,不苟合。调莆田尉,闽帅程叔达移县括逃田,楫历疏其不便以报。叔达虽从,而心不乐之。秩满上府,叔达怒曰:"尉格帅命乎?"楫徐徐条事,不便以对,无所屈,罢去。漕使林祈谓叔达曰:"以一尉敢与帅辩,大是奇事。"遂荐之。

不仅如此,杨楫还积极推动朱熹所设计的"敬宗收族"的家族模式。这从他对于灵峰寺之重建的关注便可窥一斑。杨楫为何要重建灵峰寺?考虑到前文述及唐宋时宗族和宗教之关系,答案自不难解。并非杨楫虔信佛教,恐怕是因为灵峰寺内还有供奉杨氏祖先的檀越祠。而祖先崇拜在道学家们倡导的家族模式中具有核心的地位。按照杨楫的记载,到南宋年间,灵峰寺已不堪古旧,摇摇欲坠。可见彼时杨氏家族虽然世代为官,但并没有"宗族"的概念,也未曾想到要修葺之。而杨楫作为朱熹高足,要想推行程朱理学,自然要身体力行,先从自家做起。因此才有了重建灵峰寺之举。虽然按照杨楫的记载,此次重修庙宇,主事者为"大全上人者,实昔住持真教大师法海之弟子",只是由于"大全复还灵峰,力行真教道,不忍视其殿之坏,慨然欲起而作新

---

① 万历《福宁州志》卷十一"人文志一"。

之",其后"大全愈坚持不退转,餐风饕雪,择日与里之信士同心比力,庀才鸠工,不三四年成此胜事",但我们不妨做一个大胆的推论,恐怕与大全"同心比力"的"里之信士"当中,正有杨楫的身影。重修庙宇,只是表象;推行道学,才是实质。无怪乎在《重建灵峰宝殿之记》的末尾一段,杨楫感慨的并不是庙宇本身,而是日益倾颓的道学:

> 自仁宗朝诏天下州县皆立学,至于今有司大率视以为故事。每岁春秋,长吏率生徒行释奠礼。至月之朔,则罗拜于庭下,苟且灭裂若不获已而为之。异时则闽之学宫虽象块缺剥,屋宇颓坏,未有过而动心者焉。举国皆儒服,只以为利禄计,其存心反不如释氏之所以勤奉其教者,其故何哉? 只并书之,以著大全之善于植立,而亦愧夫吾道之不行也欤。①

可惜的是,杨楫之后,杨氏家族后继乏人,逐渐退出了世家大族的行列。《太姥山全志·金石》收录了一方"瑞草堂碑刻",作者为南宋嘉熙年间的杨涅,据碑刻得知,这位名叫杨涅的杨氏家族后人已经改行做了道士,并主持修建了当地的石湖道观。直到明代成化年间,彼时宗族建设之风已蔚然而起,杨氏后人亦重拾祖先之遗德。将当年杨涅修建的道观又改建为杨氏宗祠,并将已经再次残破不堪的灵峰寺再行修葺。这些事迹被写成了一篇《重建石湖东观志》,虽然石碑今已不存,但杨氏族谱仍然保留了全文。尽管如此,杨氏宗族此后再也没有恢复昔日的荣光。不断有新的家族崛起,取代了杨氏的地位。到清末时,在《福鼎县乡土志》的大姓表中,已经没有了杨氏家族的地位。按照编者的说法:"瀲城杨(宋科名极盛)为前代望族,今式微,寥寥数家,未便列入。"

第二个个案是玉塘夏氏。在太姥山石刻文书中,我们看到了一方道光五年的碑刻,全文如下:

> 夫官之有福,振古如斯,盖所以奠民生,安四境,而祈年报赛之谓也。维兹大士宫者,缘我先世建桥,以免人厉揭,复盖亭以资人憩息,爰及宫以畀三时之景祚。面临平湖,背负嵝岱,水光山色,悦人心目,诚胜慨也。距玉塘八里,而香灯之奉,赖本处善信承供,而加献福焉,于今垂六十余年矣。嘉庆丁卯春大修,反致雀角。经谭庄讯雷□□我夏氏,而本宫福户苏连斌林文铁等共三十三户,依旧向

---

① 周瑞光编:《太姥诗文集》,第155页。

吾族承祀,其信奉之心可谓始终不渝矣。因思为□还计,即将本亭赁租及亭外之店租统拨与福户收,少助香灯之需,庶几结大缘以奉大士,行□莲花永茂而玉烛长明,又奚患琉璃光灭,菩萨尘飞哉? 爰贞石以志之。

　　时道光五年岁次乙酉季夏荷月下浣日玉塘夏氏立

　　此碑虽无碑额,但细究文意,不难得知是一方功德碑。距玉塘不远处的大士宫,在嘉庆丁卯年(1807年)大修后,陷入了入不敷出的窘境。玉塘夏氏便将观音亭及其周围的佃租,拨给承租大士宫庙产的33家佃户,以保证大士宫能够收到足够的田租。在这块碑上,我们看到了"玉塘夏氏"的字样。显然,这是当地的世家大族。

　　玉塘夏氏原本是军户的后代。据《玉塘夏氏族谱》,玉塘夏氏始祖章保公,在元末明初担任千户之职。永乐二年(1402年),卫所屯田,章保公入闽,编在建宁右卫。到三世祖仁昭公时,迁居玉塘。到天顺八年(1464年),通过购买田产、另立户头的方式,完成了由军户到民户的身份改变。夏氏宗族从此得以摆脱军役的负担,在玉塘发展起来。

　　清代以降,玉塘夏氏在当地承担起了相当多的公益事业,修桥铺路,赈济灾民,几乎每件事都可以看到玉塘夏氏族人的身影。福鼎桐山有石湖桥一座。按嘉庆《福鼎县志》记载:"石湖桥,在治南一里上庵山,旧为木梁,后人易以石。旁翼扶栏。长八丈,阔一丈,高二丈。昔有王氏号仙源者,尝造三十六桥皆石,时有'三十六桥风雨夜,几多诗句在人间'之句,今皆莫详,所在惟此桥。成化元年,玉塘夏荣重修;十六年,里人高宏重建屋九间;乾隆十六年,夏勋倡募重修。"[1]在这里我们看到了两个夏氏族人的名字:夏荣与夏勋。有趣的是,在太姥山石刻文书中也有一方乾隆八年"改造石桥姓氏"之碑刻,从中我们同样看到了夏勋的名字。"为首庠生夏勋,捐银贰佰陆拾贰两,诸施主乐助银伍佰贰拾玖两五钱,庠生蔡宾选又交公项银肆两捌钱,共柒佰玖拾陆两叁钱。自乾隆四年七月起工,至八年正月落成。"

　　按此计算,石桥修造共费银794.3两,而夏勋一人就独立承担了262两,约占整个工程的三分之一,可见此人财力之强。夏勋《福鼎县志》有传:

　　　　夏勋,字捷生,玉塘人,族人有以遗孤属者,勋卵而翼之。友人无子,勋与之婢。生平建义塜,修桥亭,赈荒减粜,构义塾以教里闬之贫者,乡人德之。

---

　　① 嘉庆《福鼎县志》卷二"水利"。

"改造石桥姓氏"碑

我们不能确定县志所载的石湖桥是否就是夏勋集资修建的这一座。但可以肯定的是,类似这样的公益事业,夏勋所参与者绝不在少数。在县志中,还有这样的记载:"义塚共十六所……一在资国寺后,里人夏思恭筑,一在资国寺,生员夏勋筑。俱十九都。"

事实上,玉塘夏氏参与地方公共事务者并非只有夏勋一个人。在前述引文中我们已经看到了夏荣和夏思恭的名字。道光五年的"改造石桥姓氏"中还有另外两人:夏嘉枚、夏嘉柔。此二人《福鼎县乡土志》有传:

> 夏嘉枚,字式轩,玉塘人。乾隆二十八年,邑大水,漂溺居民无算。枚率众救,全活甚众。得尸辄棺埋之。明年饥,复贷谷赈恤。其弟嘉柔,字式迩,砌路千丈,年荒亦减价以赈。又施棺,构造义渡,人皆德之。[①]

我们还不清楚夏氏宗族的生计模式,所以无法解答他们是如何获取到大量资产从事公益事业的。由于夏氏宗族并没有族人获得高级功名,无论是夏勋,还是夏嘉枚、夏嘉柔,都是生员,因此也不太可能通过当官获利。一种可能的解释是和商业活

---

① 《福鼎县乡土志》,周瑞光汇编:《福鼎旧志汇编》,第561页。

动有关,这也能够解释为何夏氏家族在地方事务中占有如此重要的地位,但在《福鼎县乡土志》的大姓表中却看不到他们的身影。因为按照编纂者"世代簪缨"的条件,玉塘夏氏是无论如何也不够格的。然而,我们却不能否认玉塘夏氏对于太姥山地域社会的重要性。如果没有像玉塘夏氏这样的地方宗族积极地致力于地方公共事务的管理,太姥山地域社会必然无法建立自我认同,从而将我者与他者区隔开来。这一点,正是太姥文化区之独特性的基础。

第三个个案是秦屿王氏家族。与潋城杨氏和玉塘夏氏相比,王氏家族的故事颇有折中的意味。虽然王氏家族并没有像杨氏家族那样诞生具有全国声望的士大夫,但由于其族人从事文化事业,并且借此打通了与文化精英交往的渠道,进入了文化精英的人际网络之中,从而获得了世家大族地位。《福鼎乡土志》大姓表将秦屿王氏排在第三位,并且给出了自己的理由:"重乡贤也。"

其实秦屿王氏的出身并不高贵。《福鼎县乡土志》中的记载说王氏是在清代初年才由福清迁至秦屿城中。有关这位始迁祖的生平,在其墓表有详细记载。兹录原文如下:

　　大清处士协山王君墓表
　　赐进士出身江南扬州府知府署河库道兼盐运使原任刑部主事广东惠州府知府宁化伊秉绶撰并书
　　处士协山王君,幼学书,长学剑,壮从军,以老军曲终于家,乡中人称之,曰"秦滨海"。其懦佃渔,其力卒伍,卒伍而孝笃于家,义彰于众,敦善行不息,惟协山王君。君讳有华,字时光,协山号也。其先福清县塘山人,父元祐,生君而卒,从父元真抚之,徙侯官,屋洪塘,学制竹为生。弱冠勇力闻,充闽安右营军伍。康熙廿三年,营移秦屿,随奉母张氏居焉。初定宅,人后归祀曾祖明吾,祖仰名,考元祐。忌时荐馔,哀哀作孺子慕。先元祐亡卒也,家贫无棺,尸而瘗诸野。及君将娶,还改葬,坟无所,滴血辨骸。遇术者,术者曰:"噫!挚哉!法生血滴死骸,无不入者。"君乃止,因呜咽,呼天抢地,不能生。族人感君,喻以归,奉木主葬陕外山。母卒同坟,且叹曰:"吾不天,少未事父,长不克葬。若死,诸子能当偕而母祔焉。"诸子如君言。君卒于康熙乙未年四月廿日。妃蔡氏,子六人:长仕俊,乡饮耆宾;次仕仁;次仕佐;次国贤,功加都司金书;次攀桂,邑学生;次仕修。孙曾难数,食君德也。君今墓久且坏,合族议修。嫡系曾孙遐春,独任其事。遐春崇孝道,世其冢,嘉庆丁卯戊辰,自增祭田十余亩。长子学贞,以治经食饩郡庠,聚书

大清处士协山王君墓表

万卷,刊行名籍,受知于张兰渚中丞;次子崇魁,又以诗赋为郡学生。信乡人中所云,敦善行而不怠者,安得无铭? 铭曰:孝行挚,德业尊,身食其报,宜子孙。

嘉庆十七年十月初一日造

从墓表看来,秦屿王氏的始祖王有华原本是福清的小手工业者,后来参军,由于驻防调动而迁至秦屿。虽然他的地位并不高,但其子一辈却很快在地方社会崭露头角,能够担任乡饮耆宾和邑学生,这说明王氏开始积极向上流动。在《福鼎县乡土志》中,我们能够看到列传中有籍贯秦屿的王姓生员,可见王氏的努力是有成效的。当然,真正让王家出人头地的,还是墓志铭中记载的王遐春与王学贞父子俩。

王遐春,《福鼎县乡土志》有传:

王遐春,字文周,贡生。秦屿地滨海,人烟稠密。嘉庆间,海上寇扰,遐春设计堵御,民赖以安。十六年,大饥,招来米艇赈粜,活人无算。又尝校刊唐以来闽中乡贤遗书十种传世。又修路开岭,独立捐资,始终不懈。①

其子王学贞,曾经参与嘉庆《福鼎县志》的编写。《福鼎县乡土志》同样有传:

---

① 《福鼎县乡土志》,周瑞光汇编:《福鼎旧志汇编》,第561页。

王学贞,字吉泉,秦屿人,宁洋县学训导。博通群籍,胸有韬略。道光庚子,英艇倡乱,立栅门,设海桩,修器械,募水勇,费数千余金。司训宁洋日,修整文庙、学官,平枭活人,引经劝葬,奖穷嫠劲节,设敬老宾筵。解组归,士民感其德,竖碑颂之。所著有《家教编》《筹备编》《训导编》《尔雅补注》十九篇,待梓。①

乍看起来,王氏父子与玉塘夏氏之间的行状无甚区别,都积极参加地方公共事务。但假如真是这样,我们就无法解释为何秦屿王氏能够被认为是世家大族。事实上,二者最大的区别可能在于王遐春曾经"校刊唐以来闽中乡贤遗书十种传世"。

嘉庆十四年(1809 年),嘉庆皇帝五十岁寿辰。福建巡抚张师诚决定编校丛书上贡,编书人员中有时任宁洋训导的王学贞。此年也恰逢王遐春的五十寿诞。原本王学贞打算恭请巡抚大人撰文制锦为其父祝寿。但王遐春闻讯后,即修书一封派人送往福州,嘱咐王学贞何不刻书祝寿。王学贞于是敬承父命,在学友梁芷邻、赵谷士、吴清夫、李秋潭、赵文叔等人的帮助下,收集唐先贤遗书 5 种:《欧阳詹集》《黄滔集》《王荣集》《徐寅集》《韩偓集》,其师陈恭甫(寿祺)又增补了《林蕴集》、元代韩信同《三礼图说》和明初《十子集》中的《林鸿集》《周元集》《王傅集》。王学贞对以上诸书均一一校刊,次第告竣。巡抚张师诚听说后对此事给予褒奖,特地为之作序。而后陈文叔、陈恭甫各序《三礼图说》和林欧黄王四集。当时的学者名儒们对此事交口称誉,评价道:"君游文好古,表彰先哲,非其名而俱不配其名。诚古所云:狂夫之乐,智者哀焉。愚者所笑,贤者察焉。"②

通过这一被称为"刻书祝寿"的事件,秦屿王氏打开了通往文化精英圈子的大门。三年之后,秦屿王氏打算重修始祖王有华之坟茔,王遐春一力承担此事,并且请到了当时著名的文人、官员、书法家伊秉绶撰写墓表。以彼时秦屿王氏的声望和地位,又兼之王学贞正在伊秉绶的老家宁化担任教职。有这层关系,伊秉绶自然欣然应允。我们不妨设想一下,假如将秦屿王氏换成玉塘夏氏,伊秉绶还会否动笔呢?答案是耐人寻味的——当然,玉塘夏氏也许根本就不会有这个机会。

在以上的三个宗族中,漈城杨氏以其超地域的高级文化精英,率先在太姥山地区推广宗族制度;玉塘夏氏致力于地方社会的管理,虽然无法跻身于所谓的"大姓",却是真正意义上社会秩序的建造者和维护者;秦屿王氏通过刻印书籍,建立了文化精英

---

① 《福鼎县乡土志》,周瑞光汇编:《福鼎旧志汇编》,第 570 页。
② (清)陈若霖:《皇清贡生王君东岚墓志铭并序》,《摩宵浪语》,第 203 页。

之间的网络,以乡贤之名闻名乡里。事实上,这些宗族,仅是太姥山地域社会众多宗族的一个缩影。正是这些宗族在不同层面、不同角度的合力,才能共同塑造太姥山地域社会,进而创造太姥山文化。

第三章 以石为魂:太姥文化区的记忆镌刻

在诸种记录历史的手段中,石刻似乎最原始,但奇妙的是,它同时又是保存时间最为久远的手段。正如一位小说家所言:将信息保存时间最久的方法就是把字刻在石头上。古人将过去发生过的事情记录下来,"勒诸贞石";而我们则阅读石刻,从中了解历史。但这种记录并不是对历史事实的简单还原。无论是对过去的回忆,还是对历史的阐释,其中都存在着有意或无意的选择、解释和歪曲;并且在更深层次上受到社会群体的制约,或者说是影响。

如果以这种观点去重新阅读现存于太姥山的那些林林总总的石刻碑铭,我们将会发现,在看似客观、冷静、真实的叙述背后,浮现出的是石刻碑铭的制作者或传播者所属的形形色色的人群,以及他们苦心孤诣希望我们记住或者遗忘的种种历史事实。除此之外,还有一点值得一提,并不只是石刻碑铭上的文字内容可以作为记忆的载体和工具,石刻碑铭这一形式本身就具有承载历史的功能。对于不识字的人群来说,在公共空间刻写文字、建造碑铭这一行为足以证明历史记忆的合法性和权威性。在上一章中,我们分析了石刻文书背后最主要的三个社会群体:宗教团体,士大夫阶层,地方宗族。在本章中,我们将探究太姥山石刻文书背后的历史记忆和社会记忆。借助石刻文书,这些社会群体希望后人记住什么?遗忘什么?这些选择性的记忆和遗忘对太姥文化区的形成和发展有何影响?

第一节 图堡四至:石刻文书中的空间记忆

太姥山在哪里?它的范围又有多大?对于不同的人群来说,这个问题的答案可以有很多。从行政角度来讲,太姥山位于福鼎市境内;从地理角度讲,太姥山脉北延雁荡,西接武夷,东望大海,其范围远远超出了福鼎市的范围。如果考虑时间变迁的因素,则太姥山的所在会随着历朝历代的行政区划有不同的名称,太姥山的范围也会随着沧海桑田的自然因素而发生变化。凡此种种,往往通过各种手段记录下来。而石刻文书往往是常用的一种。

在太姥山下,我们看到这样一块记载"四至"的石碑,它已经被砌在墙中,不仔细看,几乎要被略过。然而上面记载的内容,却与福鼎的历史息息相关。原文如下:

> 桐山营桐山堡汛奉　宪会勘设立界碑
>
> 东至水门溪头止□□□汛;西至溪西桥头止□□□汛;南至石湖桥头;南至水头尾止;北至曲溪亭止。……
>
> (以下字迹漫漶不清)

这样简短的一块碑上,记载的是福鼎县治的前身——桐山堡的一次土地丈量,里面的专有名词需要略加解释:"汛"全称"汛地",意为军队驻防的区域。前文提到的"四至"是土地丈量之术语,指的是一宗地在四个方向与相邻土地的交界线。可惜的是由于天长日久,这块碑的日期已经漫漶不清。不过,从碑刻上的内容透露给我们的消息,我们还是能够大致判断出这块碑的落成时间。这与桐山堡和桐山营的历史都息息相关。

福鼎一带地势山峦起伏,又地处闽浙交界地带,具有很重要的交通和战略价值。元末明初,来自温州的地方豪强就曾经以此为据点南下福建。迄明代以后,又有倭寇频频作乱。万历《福宁州志·山川》对此有载:

桐山营勘界碑

> 按桐山当闽浙交界,商民杂处,利之薮、盗之丛也;且毗连白□山谷一带,野旷人稀,而五莆山岭,屈曲危峻,为□聚之绿林。元末有安宁社,民受荼毒,

今剽掠为梗,行者视为畏途,加以数岁不登,群盗横发,夫陆兵画地汛守,水兵分哨远出,凡以固吾圉耳。

如此兵家必争之地,朝廷自然要派兵把守。明初便设立桐山巡检司,但没过多久,洪武二十年便将巡检司迁至芦门,改称为水澳巡检司(又因驻防芦门,亦称芦门巡检司)。① 然而到明代中期,"嘉靖大倭寇"为祸东南沿海各地,而福鼎被害尤甚。在卫所制度已然崩溃,国家军力无法提供有效支持的时候,地方宗族只能设法自保。当地大姓桐山高氏出面兴建堡寨。据 2003 年《福鼎县志》,"高姓于北宋乾德元年(963年)由长乐怀安迁入桐山西园(今西门),始祖高郊,至今传有 35 代,发展人口约 1500人。该氏族于宋代中进士 8 人,其中高国楹进士乃朱熹学生,曾任台州教授。西门高姓出名士较多,在桐山饶有名望,人称'西门高'"。《福鼎县乡土志》对建堡寨的过程有所记载:

> 前明嘉靖己未,倭寇福宁廉江诸里,蹂躏最惨。乡民议筑堡守御,呈请沈菁芦门巡检史纪善亲临督工。事竣,以芦门本由桐山徙驻者(正德间由桐山徙芦门),复移桐山,是为桐山堡。

桐山堡修建完毕后,原本的芦门巡检司又迁了回来。这也为日后福鼎县的设立定下了基调。百余年后,福鼎县城正是以桐山堡为基础扩建而成的。

相比起桐山堡,桐山营的历史要年轻得多。它是清代初年才设立的。按《福鼎县乡土志》:"国初,设汛备防,总兵吴万福添设游守,调八府兵以实之,又为桐山营。"而嘉庆《福鼎县志》的记载显然更为清晰:

> 国初设汛官备防,由旧堡补葺;康熙八年,总兵吴万福奉文拨帑缮筑,设游守,调八府兵以实之,置桐山营。

由此可见,桐山营的驻防是以桐山堡为基地。但其守备范围却不止桐山堡一带,而是涵盖了整个福鼎地区,具体驻防情况见表 13-2②:

---

① 详参顾祖禹:《读史方舆纪要》卷九十六,清稿本。

② 据嘉庆《福鼎县志》卷五"海防"编制。

表 13 - 2　桐山营驻防情况表

汛　地	兼　辖	军　官	士兵数
驻札福鼎县城		游击守备及巡防千把外委各一员	兵 259 名
分防分水关	战坪洋、贯岭、马山头、岩前、王孙、店头、倪家地、白琳、金刚墩、五蒲岭、三十六塆、蒋洋、杜家、龙亭、钱大王、八尺门等烟台 18 座	千总一员，外委一员	兵 122 名
分防牙城汛	杨家溪、岭、湖坪、古楼墩、沙头墩、天台岭、赤岿桥、乌崎等烟台 9 座	把总一员，外委一员	兵 53 名
分防南镇汛	漈城、白鹭、店下、黄崎、三佛塔、林西桥、昭苍岭、后崎、六都亭、碨门、下尾等烟台 11 座	把总一员，外委一员	兵 116 名
分防天竺汛	南溪、叠石、沈青、管洋、金钗溪、乌石门等烟台 7 座	把总一员，外委一员	兵 61 名
			额设更成台湾兵丁 181 名

　　由上可知，既然在桐山营内部亦划分了各自的值守范围，那么必然需要通过某种方式记录备案。而我们在本节一开始提到的石碑显然就是当初在划分汛地范围时留下的。不仅如此，既然同时留下了桐山堡和桐山营之表记，则这块石碑应立于康熙八年桐山营建立至乾隆四年改桐山堡为福鼎县之间。如果我们进一步去研究那些地名，不难对桐山营的驻地有更清晰、准确的了解，而清初福鼎的范围也将逐渐浮现于我们的面前。

　　这块碑刻反映的是福鼎的外部边界，在太姥山巅还有一方类似内容的摩崖，与大多数题诗、题字不同，这方摩崖石刻的内容是界定了太姥山的内部边界。原文如下：

　　太姥山四至：东至矮松大路对面，有鸡爬篱、石桃岩，大路下有坑，透出鲤鱼坪尾、国兴大路后洋桥为界；南至迭石庵外大茶园峰梁为界；西至旧官路三十六湾塘汛，过亭至矴碑面，过五峰山下大坑，直上至五蒲塘汛面前莲花山下大坑为界；北至五蒲大路，直上高丫、矮丫、龙簸亭至矮松大路交接为界。

　　　　　　　　　　　　乾隆七年壬戌桂月　日邑人游学海识

　　按《太姥山全志》卷之四《金石》"登山界至石刻"条载："在摩霄庵后石壁上，清初游学海立，惜被寺僧刮去殆尽。"两相比照，寺志所载应当就是这一方。乍看起来，这不过就是关于太姥山边界的简单说明，不足为奇。但仔细一想，却不免有些在意。正如上文所提，标明四至的举动，往往与土地丈量清算有关。按常例，土地丈量清算，往往是王朝更替之初之事,这方摩崖石刻镌于乾隆七年(1742年),正是所谓"康乾盛世"方兴未艾之际,在太姥山为何会出现土地丈量呢? 此外,即使是土地丈量,标明四至,又何至于用摩崖石刻这种诉诸公共的手段呢? 带着这样的疑问考诸史志,果然发现,在简单125个字的背后,有一大段复杂的前因后果。它不仅涉及福鼎建县之初对边界的划分,而且牵涉到地方宗族、官府、佛寺等多边势力。

福鼎原属霞浦。按《福鼎县乡土志·沿革》,"雍正十二年,升福宁州为府,置霞浦县。乾隆四年,析霞浦地置福鼎县"。置县之后,首任县令为傅维祖。傅维祖,浙江鄞县(今宁波)人,《福鼎县乡土志·政绩》有传:

> 傅维祖,浙江鄞县举人,识治体,兼精堪舆术。乾隆四年,鼎初建县,大吏廉其能,奏补斯邑,时庶事草创,公署、学宫,以及坛壝,庙宇之位置,皆所手定。经划规模,后人无以易之。平日留心民瘼,决狱尤明慎平允。莅任三载,以老告归。①

傅维祖上任时,福鼎县城并没有今天的局面,还只是座粗陋的城堡。按《福鼎县乡土志·地理》:"邑旧无城。有之,自明嘉靖间始,乡民备倭筑也。初为石堡。国朝,总兵吴万福拨币修筑。康熙间,圮于水。"可想而知,傅维祖面对着的是一个百废待兴的局面。他需要将一座残破不堪的堡垒,改造成为一座合乎王朝礼仪规范的城池。乡土志中特别提到傅维祖"精堪舆术",这应该也是上峰派遣他主政福鼎的重要原因。

不过,对于傅维祖来说,最麻烦的可能还不是城池的修造。由于福鼎地处东南海滨,因此还有另一桩亟待解决的历史遗留问题,这就是清初的"迁界"与"展界"政策带来的土地问题。清朝初年,清政府在统一全国的过程中,在东南沿海一带遇到了郑成功父子领导的抗清集团的顽强抵抗。双方的战事一度呈胶着状态。为了切断郑氏集团与沿海居民的联系,封锁其与大陆的政治、经济往来。清政府本着坚壁清野的原则,发布了所谓的"迁海令"又称"迁界令",自顺治十二年(1655年)起,"严禁沿海省份,无许片帆入海,违者置重典"。此后又陆续将自山东到广东一带的沿海居民迁入内地,禁止在海边居住。顺治十八年(1661年),清廷派遣官员赴各地"立界移民"。福建作为与郑氏集团交战的前线这一政策,自不能免。时任职于福宁道的洪若皋在

---

① 《福鼎乡土志》,周瑞光汇编:《福鼎旧志汇编》,第545页。

《遵谕陈言疏》中提及"顺治十八年奉旨沿海三十里"。一直到康熙二十二年(1683年),三藩之乱平定,郑克塽降清以后,清政府才决定全面复界,结束迁海。①

在迁海令实施的二十余年中,沿海地区遭受了甚为严重的破坏。人民流离失所,大量土地抛荒。而展界复迁之后,已经成为荒地的土地究竟应该如何重新规划分配,又是横亘在各级地方官面前的一个大麻烦。在福鼎,太姥山就是一个显著的个案。傅维祖记载了当时的复杂情况:"太姥名区迁界之后,寺废僧逃,旧业荡弃。古木凋残,篝寮炭厂,贻笑山灵,住僧频年争讼。"有道是"天下名山僧占多",太姥山原本有大量田产属于摩霄庵、国兴寺等寺庙所有,但随着迁界令的实施,太姥山沦为无人区,寺庙废弃,田地抛荒。而展界以后,这些荒地是应当物归原主?抑或是先来后到?福鼎各方势力纠缠不休。傅维祖刚刚从漳平调任福鼎,就吃了一个"下马威":"……甫下车,阖邑士庶金以兴建清查具请。当是时,建县伊始,百政待举,置此缓图。"尽管用缓兵之计对付了过去,但土地清丈关系到地方社会的稳定和经济的恢复,傅维祖自不可等闲视之。两年之后,即乾隆六年(1741年),他终于腾出空来着手此事:

> 辛酉冬,公务抵秦屿……询其寺产,僧泰净备告:从前,宰官、善信捐置田产,赡僧待客者,日可供三百余人,铭勒摩霄之流米岩。无如,海氛迁徙,寺废僧逃。及展复,而豪强兼并,铲去铭石,且将本山契照悉为匿去,稽考无由。回署之后,邑人复请清查差追,乃获披阅旧簿。②

既然有旧的账簿,那么事情自然就清楚许多。摩霄庵寺产的来龙去脉也水落石出。大致说来,摩霄庵寺产不仅包括田地,也包括茶园、宅基地等产业,但在展界复迁后这几十年中,茶园、宅基地固然无凭无据,屡起争议,就连田地也几乎全被卖做民田,或是以"代管"的名义落入他人之手。最有趣的则是以下的一则田土变动。据说,本地人林次履之祖林平溪在太姥山之涧溪庵出家时,将自家的田地作为供养,捐献给寺里。然而没过多久,迁界令一下,太姥山不能修行,林平溪只得搬到霞浦的建善寺继续修行。俗话说人走茶凉,林平溪一走,田地的所有权自然也转移到了建善寺名下。后来天长日久,大约是在林平溪去世之后,这些田地没人过问,建善寺的两个僧人又将其卖给了其他人。迁界之后,太姥山的寺庙重新开张,这些田产的去向就被

---

① 顾诚:"清初的迁海",《北京师范大学学报》1983年第3期,第60—72页。
② 卓剑舟:《太姥山全志》,第84页。

重新提了起来。

从账面上看,这些田产来源正当,去向清白,中间转手过程似乎也没有什么不法情由。当然买卖过程很可能存在"豪强兼并"的强买强卖,但契约毕竟白纸黑字放在那里,即使贵为一县之主,傅维祖也没什么办法要回这些田产——除了赎买。于是傅维祖号召福鼎相关士绅共同捐款,并且带头捐出自己的俸禄六十七两。领导带了头,群众有劲头。既然老公祖身先士卒,其他士绅也不好意思不解囊相助,于是七凑八凑,又凑了九十二两银子,赎回了田产。尘归尘,土归土,太姥山的田产又物归原主了。

事情看起来解决了。但傅维祖作为地方官,考虑的要更远一些。赎回田产,只是亡羊补牢。如果日后再有和尚擅自将寺产变卖的事情,总不能一而再再而三地赎买吧? 毕竟县官的俸禄也实在并不多。于是为了以绝后患,傅维祖重新进行了土地清丈,并颁布了新的地方性法规:

> 准将现在田亩造册四本,其本山界至并基园等业仍照簿开列册首。一贮诸县,一给诸僧,二存诸民间。自兹以后,僧人固不得将田出典,其有豪强私相典买者,亦重惩无贷焉。

傅维祖通过行政命令,禁止了寺产的买卖,可谓一劳永逸。而这次土地清丈的文本成果,一便是上引文所提到的称为《太姥山寺产印册》的田亩清册,另一便是在本节开头提到的那一方摩崖石刻。将太姥山之四至标识出来,在此界限内的寺产田地均不得买卖。为了避免再有毁灭证据之类的事情,他还规定,"日后修斯山之志,当以本册附载,简便刊刷流传,庶无铲去之虞"。值得一提的是,后人忠实地遵守了他的这一规定。而傅维祖的担心变成了现实。正如上引文所示,这方摩崖石刻后来还是被寺僧"刮去殆尽",不过,到民国年间卓剑舟编修《太姥山全志》时,仍然将这一书册附在其中。从中我们也能够一窥太姥山四至在乾隆年间的原貌,并了解到其背后的来龙去脉。

故事到这里暂时告一段落。但我们可以对故事中的一些细节做一简要的分析。傅维祖虽然是太姥山土地清丈的主事者,但背后的推动力量却主要是当地的士大夫。这其中主要有这么几个人:游学海,陈振升,史继华。游学海,字兼山,拔贡出身。其实这个名字我们并不陌生,正是他主笔了太姥山四至那方摩崖石刻。事实上,《太姥山寺产印册》的后序也是游学海所撰。考虑到傅维祖公务繁多,几乎不可能亲力亲为进行土地清丈,那么可以猜想游学海应该是这项工作的主要负责人。而游学海所做的事情不止如此,据县志记载,修建堤坝、建造义冢之类的事,游学海都有份参与,甚至于涉及福鼎的建制。按《福鼎乡土志》载:"邑旧属霞浦,遇公事往还,动经旬日。海倡议呈请制府,题设县治,后人便之。"①由此观之,福鼎设县,游学海居功至伟。简而言之,此人当与地方官过从甚密,是非常重要的地方精英。至于陈振升、史继华,这二位则是太姥山土地清丈、捐资赎买的发起者和具体负责人。通过对这几位主事者背景的考察,我们似乎可以得出一个推论,太姥山的土地清丈,与其说是官府行为,不如说是地方社会自身的秩序变动与重建在经济层面的体现。

此外,林平溪以出家的名义向寺庙捐献田产的个案,其背后反映的是寺庙与宗族的关系。我们在第二章中已经提到了在唐宋时期寺院是如何借助于世家大族的力量而发展起来的,但明清以降,这一情形发生了转变。从南宋时期开始,世家大族往往直接介入田产的经营管理,导致寺院反而要依赖于世家大族。到明清时期,有些宗族的祠堂还设在寺院中,但祠堂往往由宗族自行管理,对于宗族来讲,寺院变成了宗族的附庸。二者的关系完全颠倒过来。②在第二章中,潋城杨氏家族在明代修葺宗祠及灵峰寺的个案,正是这种状况的体现。

不过有趣的是,在郑振满教授所研究的莆田,由于地方宗族势力的壮大,寺庙在与宗族争夺田产的过程中往往败下阵来,表现出田产从寺庙转移到宗族的情况。但林平溪的例子却恰巧是一个反例。这一点在后续的故事中会更加明显的表现出来。

乾隆十一年(1746年),原本已经平静下去的太姥山土地清丈一事,忽然再起波澜。建善寺的主事和尚文朗,向福宁府提起控告,指称当年赎买田产的陈振升"借名冒赎占管",也就是说,陈振升并不具备赎买田产的资格,他的购买流程也并不合法。因此要求更改当年的判决,将田产重新划归建善寺所有。

那么,文朗提起诉讼的理由为何呢?陈振升又是否的确有不法之举呢?从现存材料看,当年陈振升的赎买是分两种方式进行的。第一种比较简单,直接从建善寺和尚圆兴处买回;第二种就略显复杂:首先,"令建善寺僧文朗议还太姥取赎",文朗同意之后,立下退约,然后"陈振升执约向邱文明赎回朗月原卖田……"。为什么后者会多了一道手续?这可能是邱文明持有的仅是"田面权",而"田底权"还在建善寺的缘故。因此要赎买田产,必须征得两方的同意。而问题可能恰恰就出在了这里。文朗声称陈振升"借名冒赎",显然表明他找到了相关权利的合法持有者,那么他的王

---

① 《福鼎县乡土志》,周瑞光编:《福鼎旧志汇编》,第544页。

② 郑振满:《莆田平原的宗族与宗教——福建兴化府历代碑铭解析》,《碑铭研究》,第242—263页。

牌是谁呢？是一个叫林元受的人，从姓氏上看，此人与林平溪应有关联。由此观之，文朗虽然是控方，但他似乎并非真正的主事者，而只是站在前台的代表。真正要和太姥山和尚们掰腕子的是林氏宗族。

一开始，文朗和林元受似乎取得了一些进展，因为田产至少在提起诉讼的同时已经被林元受不知道用什么方法在事实上重新控制。好处在手，文朗打起了持久战，福宁州将案件发还给福鼎县审理，而建善寺并不属福鼎县管辖。时任福鼎县令一再召文朗到案打官司，可文朗称病不出，正所谓鞭长莫及，这案子就搁置了下来。谁知好景不长，到乾隆十二年（1748 年），福鼎县又换了新的县令叫徐德峻，此人也是雷厉风行之辈。正所谓新官上任三把火，他的第一把火就烧到了文朗头上。也不知道他用了什么办法，居然将文朗提拿到案，开堂审理。

审理结果，徐德峻判决陈振升的赎买合法有效，文朗以及林元受并不具备相关田产的各种权利。最终，徐德峻似乎也知道文朗只是被人当枪使，没有受到责罚。而邱文明和林元受就没那么好运气了，双双被打了三十板子；林元受还要向太姥山赔补乾隆十一年的所有租谷，并且永远失去了对相关田产的权利。为了避免纠纷再次发生，徐德峻照葫芦画瓢，也撰写了一份《太姥清归寺印册》，将本案涉及的田产一一标明，附在傅维祖《印册》之后。徐德峻为什么要站在寺庙而不是林氏宗族一边？这一点很难说清楚，还需要更多材料的论证。但不管怎么说，林氏家族在和寺庙的争夺田产中失败了却是不争的事实。

在上述的个案中我们看到，同样是官府确立的两方有关图堡四至的石刻文书，但承载记忆的方式却并不相同。关于桐山营汛地驻防的石刻，因缺少实际的利益冲突而乏人问津，以至于漫漶不清；而事关太姥山各方势力切身利益的石刻，虽然同样有所残泐，但却是因为不同人群在主张自己权益的同时，选择性记忆或遗忘，对起到记录作用的摩崖反复刻写刮削的结果。然而，被记录下来的所谓"历史事实"同样不是超越社会或历史的客观，而是在博弈和权衡中的动态过程。正是在一遍遍的刻写和刮削中，石刻文书之于历史记忆的意义浮现出来。

第二节　金石为盟：石刻文书中的时间记忆

在前文的讨论中，我们以时间为脉络，对太姥山石刻文书背后所涉及的人、物、事进行了考察。通过石刻文书这种形式，古人先贤将记忆保留下来。然而问题来了，所有这些太姥山石刻文书中蕴涵的记忆,可以被直接称为历史吗? 或者,它们需要在某种逻辑的安排下,被剪裁和编纂之后,才可以以历史之名为我们所知呢?

有关历史与记忆的关系,传统的看法相当简单。古罗马历史学家西塞罗曾经说过,历史是"记忆的生命"。作为历史学家,其职能是充当公众事件记忆的守护者,用文字记录下来,既让时间的参与者受益,让他们出名,同时也使后代受益,为其提供借鉴。然而,这种对历史和记忆之间关系的描述,从今天的眼光看来不免失之于简单了。① 我们已经提到,无论是历史还是记忆都不是基于客观的浅显活动,这其中仅要受到主观意志的影响,在更深层次上还要受到社会群体的制约。特别要说明的是,并非只有普通人才会将"主观的"情感与观点掺入历史书写之中,受过良好教育或专业训练的知识分子或历史学家同样如此。

既然这样,记忆和历史之间就不能被简单地打上等号。记忆固然是对过去的回忆,但过去却并不仅仅是历史。西哲尼采在《历史对于人生的利弊》中,将过去划分为三种:历史的、无历史的、超历史的。所谓"历史的"过去,就是将过去作为一种实在,持有此种观念的人往往观望过去从而获得鼓励以走向将来。而对于不同生活态度的人,历史又可以分为三种:纪念性的,好古的,批判的。② 其中,纪念性的历史属于眼睁睁地注视着未来,并在生活中行动和战斗的人,这样的人不断地纪念过去的成就,以提供当下行动的典范,鼓舞着行动者不断前行。③

从 20 世纪六七十年代开始,西方史学界开始对历史和记忆进行研究。他们的切入点之一正是"纪念物"(monument)。所谓"纪念物",就是为了保持和传承记忆的物质形象。诸如墓碑、雕像和奖章,还有各色各样的"纪念品"。特别是研究 19 世纪和 20 世纪的历史学家,近几年来,他们对公共纪念碑的兴趣大增,原因恰恰在于这些纪念碑既表达又塑造了民族的记忆。④ 艺术史家巫鸿对此曾有精当的论述:

> 纪念碑正是纪念性历史的物质表征,其功能在于凝结时间,将刹那的成就化为永恒,使后人永远记得在黑暗的时间巨流中,绽放着的一点光彩,鼓舞着人们在未来继续点上相仿的另一盏灯。纪念碑因而不仅是缅怀过去,而是透过纪念

---

① [英]彼得·伯克著,丰华琴、刘艳译:《文化史的风景》,北京大学出版社 2013 年版,第 45—46 页。

② [德]尼采:《历史对于人生的利弊》,商务印书馆 1998 年版,第 11 页。

③ 祝平一:《金石盟:〈御制天主堂碑记〉与清初的天主教》,《"中央"研究院史语所集刊》2004 年 6 月,第 289—421 页。

④ 彼得·伯克著,丰华琴、刘艳译:《文化史的风景》,第 48 页。

碑的物质性存在,使得当下的人们和过去相系,并展望未来。①

为什么是碑而不是其他的形式? 这是由于碑和一般的纪念形式不同,除非是人为的破坏,否则石碑远较其他的纪念物经得起时间的摧折,相比之下,纸张和印刷术作为纪念形式反而更加容易在岁月中湮没于无形。举个例子,历史研究者往往会遇到这样的问题:明清虽然晚近,但却往往苦于资料之缺失;而秦汉虽然久远,资料绝对数量稀少,但一旦存世,反而保存完好。究其原因,其中之一便是明清之史料往往以纸张为载体的缘故。

当我们以这样的视野观照太姥山石刻文书的时候,不难发现那些宗族处理地方事务,寺庙记录田产纠纷的碑刻,正属于此类纪念碑。对于宗族的长者,或者寺庙的主持来说,碑刻的作用不仅仅是将发生的事情记录下来,更重要的是,它是一种具有极高效力的凭证——并非是法律意义上的证据,而是形而上学的。通过记录过去发生的事情,碑刻成为历史/记忆的载体;后人通过阅读碑刻,了解过去,使得异质性的过去得以转化为同质性的历史,以此赋予当下正当性和合理性。在这一过程中,历史记忆被建构起来。

我们不妨举一个例子来说明这一稍显晦涩的过程。在前文我们已经提到了明代漷城杨氏家族修建杨氏宗祠时所立的《重建石湖东观志》,今引原文如下:

　　福宁之治三舍许,有名曰蓝溪,枫树千丛,佳气盘结,风土富饶。唐大历间,吾祖杨氏始卜居焉。至宋嘉定,十二世祖右侍郎杨楫公者,少登科第,居朝不阿,言行政绩,灿著辉煌,尝从朱文公游,称为高第。当文公寄迹长溪,公履赤岸迎请至家,乃度其居之东,得地平宽,厥位面阳,爰立书院,文公预赠一联云:"溪流石作柱,湖影月为潭。"勒于门石。公复置田百亩,祀祖于其间,每岁季春三日,率少长设位行礼,祭有常仪,不丰不啬,孟秋之望亦然。除祭祀外,命董事延文行兼优士,教族戚子弟学习其中,明仁育义,以务孝弟忠信,猗欤盛哉! 迄乎年代浸久,栋宇倾颓,未有谋及更葺者。成化庚子岁,二十二世孙任暨诸子侄辈,不忍宗祖创立基业见其毁坏,乃与阖族捐资鸠工,重建祠宇。前后两重,内重立紫阳朱夫子神位,以十二世祖配之;外重乃杨氏宗祠也。遂将昔肇建灵峰招提西庑杨氏世

---

① 转引自祝平一:《金石盟:〈御制天主堂碑记〉与清初的天主教》,《"中央"研究院史语所集刊》2004 年 6 月,第 289—421 页。

代神主胥请入祠。考灵峰寺碑记,则咸通九年,杨氏舍田以为子孙植福之地。至嘉定四年,亦是楫公与僧大全而重建之。况楫公创建基业,其可任其倾颓乎? 宜乎兴命一新。余宦游归里,际此胜事,触目悦心。守祠道士乃严州人士,云号公平,善楷书,精墨竹,能诗。余甚敬之,出而请曰:"衣食有资,愿抒笔墨之精,建一小楼以为静室。"余商众诺,不三月而功成焉,是为石湖东观。任与子侄辈请立碑以记其事。余冀子孙百世,履斯地,登斯楼,知尊师重道者在是,爱亲敬长者在是,有关乎治道大,有关于风俗大也。遂书以为记。

明成化十六年庚子腊月 谷旦

赐进士出身福建右布政使派分浙江瑞安州村二十二世孙杨堸谨撰,杨任勒石

我们很容易看到,在这篇碑文中,杨氏族人反复强调杨楫所撰的《重建灵峰宝殿之记》。通过对该文的引用,杨楫修葺灵峰寺的事实与杨氏宗祠的复建发生了联系,前者为后者提供了行为的正当性和合理性。正是因为"不忍宗祖创立基业见其毁坏",所以才有了重建之举。由此,一条自宋绵延至明的历史线索被建立起来了。对于杨氏族人来说,这样的历史将被整个宗族铭记,成为集体记忆的一部分。

尼采划分的另一种好古的历史,则属于对过去保存和尊敬的人。他们对爱与生的来源怀有感激,对过去保存与尊敬的心绪时时荡漾,他对于历史习惯使用"我们",忽略了自己特有的个人生活,仿佛自己与家族的、世代的、城市的历史是完全重合的。过去一切重要不重要的东西都是神圣的。他是一个古董收藏家。也许这是对人生一种精神的安慰。然而好古的历史也隐藏着危机,它排除了新的演变着的事物,并对过往的事物不加分析,倘若历史的延续受到破坏,那么对于身份系统性的追认也就被分解掉了。它只保守人生却不知道创造人生,它阻扼着新事物创造的冲动力,它断绝了历史却仅指向过去,如一条射线根绝了延续。①

这样的心态对于现代人来讲或许有些陌生,但对于古人来说却完全可以理解。我们不妨回想一下太姥山上那些明代士大夫留下的摩崖题刻,绝大多数都是诗歌。古人云"诗言志"也,但在这里我们很难看到什么诗歌之外的东西。这些士大夫们并不具有我们今天意义上的线性"历史感",诗歌中的时间是凝固的。诗歌并不关注过程而是描述状态。即使涉及具体的人、事,例如"桥自容成驱石架,路从太姥辟山通"

---

① [德]尼采:《历史对于人生的利弊》,第18—21页。

这样的句子,我们也无法读到变化和发展。在诗人脚下的,是容成子和太姥娘娘曾经走过的路和桥。过去和现在乃至于未来,在这里重合了。

　　正因为如此,对于为何进入清代以后摩崖石刻逐渐稀少这个问题,恐怕不仅仅是迁海限界这样的理由所能解释的,我们或许也能够给出一个文化层面上的理由:明清易代,对于晚明士大夫们的三观是颠覆性的。作为一群好古的历史的实践者,他们的世界观中没有这样剧烈的变动,作为孤臣遗老,在新的时代他们找不到自己的认同,栖栖遑遑,无处容身,又何况在太姥山上吟风弄月呢?

第十四编

塑造圣域　太姥文化的地景意境

"太姥"在早期的神仙传说中是一位女性神祇,又称"皇太姥""太武""太母",尤其在闽东、闽北以及浙江一带有着广泛的影响力。太姥山位于福鼎市秦屿镇海滨,高不逾千米,却以山海交叠的独特景观承载着太姥娘娘的神奇传说,可谓是"山不在高,有仙则名"的完美呈现。太姥山自然构造独特,因位于山海交接之处被世人称为"海上仙都",是视野大开的"山海大观"。此外山中寺庙林立,太姥圣殿、尧封太姥舍利塔、悬铜殿、鸿雪洞诸景观遍布其间,构成了太姥山的人文景观和神圣景观。对福鼎人而言,"太姥"既指太姥娘娘,也指太姥娘娘升仙之地太姥山。所以,"太姥"一词既是具有道德感的神祇与地方标志性地景的统合,也是福鼎地方文化的代名词。作为地方文化得以呈现的实体之一,太姥山有着自上古以来的神话传说和历史上延续至今的志书记载;同时它也与地方生活世界有着密切的联系,因此逐渐成为了福鼎最具文化象征意义的地景,承载着地方的文化与历史。更确切地说,太姥山不仅具有承载的功能,它本身就是地方历史、文化的构成部分。

将地景作为文化接触的切入口进而深入地了解地方文化,是人类学文化研究的一种路径。整体而言,人类学的地景研究不是将地景涉及的自然与人文因素相分离,也不是只将地景作为空洞的符号或象征并简化为一种失去灵力的"景观",而是力图从共时和历时的角度把握地景的成形过程,从人们实际的实践活动中将景观实体与其象征符号结合,进行整体性的把握。把太姥山的考察放入地景的研究中,是试图从景观层面探索山的历史、人的历史,看到人与山在怎样的互动关系中塑造出了令人向往的"太姥圣地"。只有在历史长河中将人之命运与山之命运紧密相连,山岳才会成为具有非凡意义的地景。在把握人类学整体观的基础上,地景研究有着几种不同的研究面向:一是从象征符号入手强调以文化作为出发点,分析地景具有的象征意义,呈现出包含在地景中的文化塑造过程。二是从社会记忆或集体记忆入手,探讨地景作为物如何参与到人们社会记忆的形塑中,以及如何被社会记忆塑造。第三,由社会记忆、集体记忆延伸出的"认同"视角,在地景的研究中则会关注地景的表征如何构建了不同群体的身份认同。① 既然地景是一种文化接触,人关于地景的实践活动应该得到重视。脱离了人类实践活动的自然实体不能够与人的具体情感、动机、记忆、体验勾连起来,产生出丰富的文化内涵。地景作为文化形塑过程的体现以及参与到文化形塑过程中的因素,都是通过具体的实践活动,如旅游、朝圣、申遗,才融入到历史进程中,产生出深刻的社会记忆和认同观念。除了以上从历时性角度分析太姥山由古至今的空间圣化和宗教信仰实践外,打破线性时间观以共时性角度分析太姥山多种象征符号之交叠,对于深入了解太姥地景的意义也十分重要。因此,这一编将从三个方面展开对太姥山与福鼎地方文化的研究:

第一部分将通过展现太姥山古今有别的自然图景、"山水画式"的人文意境以及多元信仰体系构成的神圣意境,勾勒出太姥山大体的文化概貌。此部分重点在于从太姥山的图景探讨古人以怎样的宇宙观和认知模式了解山川,形成对山川独特的审美旨趣。第二部分,将打破线性的时间观,基于文人生命史的追溯、太姥山的封禅历史、地方政权对国家礼制的塑造以及宗教信仰的景观叠写,在共时性的分析中展现太姥山丰富的文化意涵。不同的象征符号体系是不同群体推动创造的结果,所以这一部分的讨论中会结合不同的群体,如文人、政治统治者、地方百姓,来思考作为象征意义体系的文化怎样被塑造并得到认同。第三部分将分析历史进程中与太姥山相关的人的实践活动,包括太姥山和太姥娘娘的圣化、太姥山的朝圣以及延续至今的民间信仰活动,从而体现太姥地景的历时性塑造过程。社会记忆产生于这些实践活动,推动着太姥山在未来的时空中成为具有地方感的家园遗产。

---

① 汤芸:《以山川为盟——黔中文化接触中的地景、传闻与历史感》,民族出版社 2008 年版,第 30—33 页;周丹丹:《海外人类学的风景研究综述》,《中国农业大学学报》2014 年第 2 期。

第一章　太姥山图景与太姥文化区的神圣意境

　　山川在古人的叙述和审美中是不外于己身、合于宇宙秩序的存在。当下，人们通过现代化的旅游方式了解山川，对山川的认知在一定程度上受到了自然科学与现代地理知识的影响，因而古人描述中的山川风貌在今人眼中显得颇为不同。古今的山川认知之别也体现在了太姥山上，尤其是对太姥山自然图景与人文图景的叙述中存在着一种"抽象"与"具象"的认知差异。现代科学是精准而又抽象的，人们通过这套体系可以清晰地知道太姥山的地理位置、地质构造、动植物分类，并由此判断什么样的资源可以为人所用。相比之下，古人对太姥山的介绍是具象的，无论是地理位置还是物产都被放置在了一套宇宙秩序中，并没有抽象为数字符号和十分精准的分类体系。而这种思维在古人对太姥山的自然图景和人文图景的叙述中是贯穿始终的，并没有将"自然"与"人文"进行绝对二分，致使对自然的分析路径与人文的审美旨趣不能衔接。中国传统的山川审美情趣是古人呈现太姥山人文图景时不可或缺的元素，也是区别现代叙述方式最为明显的标识。分析古人如何用"造景"意识描述太姥山的自然风貌和福鼎形胜，可以更深入地理解传统中国的诗意栖居是在天人合一的宇宙观下与自然山川和谐共处。

　　从自然图景到人文图景的分析是对山川认知最为直接的路径。但只有同时关注到山川的神圣意境才能构成对地景的整体认知。毫无疑问，太姥山的神圣意境来源于福建境内多元宗教信仰传播的广泛影响。道教、佛教、摩尼教均在太姥山上留下了历史印记，并在历史进程中被太姥娘娘这一民间信仰中的神祇以超强的统合力整合在一起，成为太姥山神圣意境中的核心元素。实际上，在传统的宇宙观中，太姥山的自然图景、人文图景、神圣意境分别对应着天地、人、神。通过人们具体的实践活动，天地、人、神之间的关系得到了合理的解决，一种理想的生活方式得以实现。

第一节　太姥山自然图景的古今表述

　　太姥山"山海大观"的奇景来源于它独特的地理位置和地质构造,游客们纷至沓来的动力也在于此。对于已经熟悉这座山的人来说,太姥山不仅风景奇特,众多太姥娘娘的传说和民间故事才是最吸引人的地方。从"尧封太姥"到太姥娘娘得道升仙,再到东方朔奉汉武帝之命封太姥山为"天下第一山",种种传奇为这座滨海之山渲染了神秘的色彩。尽管如此,太姥山现在的旅游简介却是标准的旅游景点介绍模式,突出太姥山作为世界地质公园、国家自然遗产的殊荣。转变的原因在于近十年来,对由特殊地质地貌形成的美景之推崇改变了人们关于旅游景观的选择观念。"选美中国"成为人们对中国景观评点的常用方式,直到十年后的今天旅游地点仍按照这样的方式从媒体制造的排名中走向大众。国人对景观的审美借由轰轰烈烈的媒体运动发生了很大的转变,以往对名山大川的关注被转移到雪山、冰川、雅丹地貌、喀斯特地貌等景观上,国人对自然景观的认识和审美在现代地理知识的推动下迈进了大大的一步。之后,自然遗产的概念通过媒体报道被大众所熟知,出自于选美榜单的景点纷纷加入到自然遗产的申报行列中。在现代科学知识体系逐渐被确立为认知事物基本思维的当代,对自然事物的认知与审美必定会经历如此转变,太姥山的旅游介绍就是这样一种体现。从《福鼎县志》《太姥山志》《太姥指掌》等传统著作来看,古人对太姥山自然图景的描述确与当下有着很大的差别。将古今关于太姥山自然图景的描述进行对比,就会看到人们是如何认知太姥山的。

　　首先,在地理位置的描述上,古今之别在于描述的精确度以及不同的空间观念。现代编写的地方志书中,太姥山被归于自然环境篇章中的地貌特征部分,其内容包含了太姥山精确的经纬坐标、海拔高度和辐射范围。"太姥山脉位于福鼎境内西部,介于北纬26°42′—27°25′、东经119°40′—120°25′之间。北接浙江省雁荡山脉,南抵三沙湾,西与鹫峰山脉隔溪相望,东止海滨,经闽东四县市(福鼎、柘荣、霞浦、福安),全长约50公里。最高峰东山海拔1478米,主峰覆鼎峰海拔917.3米,平均海拔在400—700米,800米以上山峰有32座,太姥山为其中著名山峰。"[1]但在传统志书中阅读关于太姥山的自然状况需要从福鼎的分野、疆域开始。太姥山作为整个福鼎景

---

[1]　林守无主编:《福鼎县志》,第82页。

山海大观

观的构成部分,也是存在于宇宙万物中的事物,其位置为何、意义为何皆要从传统的空间观和宇宙观中进行解答。由分野定位疆域之所在,正是传统宇宙观带来的空间划分观念。福鼎县分星属斗牛女度,即是在牵牛、织女星之间投射到地面的位置。古代各州郡邦国和天上一定的区域相对应,在该天区发生的天象预兆着各对应地方的吉凶。斗牛女度为星纪,古为吴、越、粤之地。如《唐书·天文志》有载:"景福元年十一月,有星孛于斗牛,占曰:越有自立者。其时王潮起于闽中。"分野是与天下时局之变紧密相关的。太姥山旧名"才山",位于县南八十里处,明时为福宁州十都,至清时为七都。明人谢肇淛版《太姥山志》中对太姥山地理位置的记载比较简略:"太姥山在福宁州十都,距州东百里而遥,高十余里,周遭四十里,旧名'才山'。"①《福鼎县志》中对太姥山的介绍也十分简洁:"旧名才山,在县南八十里。容成先生尝栖之,尧时有老母种蓝于此,后仙去,因名太母山。汉武帝命东方朔授天下名山文,改'母'为'姥'。《通志》:'其地千岩万壑,悬崖飞瀑,不可胜数。'"而其山脉之来源还与闽地境内的福地洞天有关:"常考天下名山,五千三百七十。而六六洞天,独首霍童。东分支干,千崖万壑直奔长溪,海滋结秀姥山。"②同时,其高度则是模糊而具有仙幻色彩的:"吾秦太姥,闽东北名胜也。上古神仙所宅,事无足征。独其山摩空际海,飞凌云

---

① （明）谢肇淛:《太姥山志》卷上,福建人民出版社2013年版,第334页。

② （清）吴学:《重镌〈太姥山志〉小引》,（明）谢肇淛:《太姥山志》,第312页。

烟缥缈之上千百万仞。"①可见这样的描述中关于自然形胜之貌并不是介绍的重点，自尧时便有太姥的远古历史才是编纂者传递的主要信息。山之形貌具体如何，还需要在"名胜"篇章中仔细阅读。志书对太姥山的介绍在意的是山在上古历史和传说中的来源以及山脉发源是否具有仙灵之气，并不要求具体的高度丈量和精确的定位。经纬度的坐标定位对古人来说是不可想象的。

其次，地理形貌的描述有着客观呈现和主观体感的区别。太姥山景观之独特，能够屹立于东海之滨呈现出山海大观，原因在于独特的地质构造。这样的解释恰恰是游客们最想追问的答案。就地质结构和地理形貌上的分析来说，福建省是中国花岗岩地质地貌分布最广泛的地区之一，尤其是东部沿海地区地貌发育更好，太姥山就是这一地貌的典型表现。造成山体呈现出如此形貌的原因在于东南沿海一带处于东亚大陆边缘濒临太平洋构造带之中，属于中国东南部区域构造单元的一部分，是中生代太平洋板块与亚欧板块相互作用的重要地区，也是全球构造岩浆活动最活跃的地区之一。板块间的活动促使区域内山体受扭曲张力，形成棋盘格式构造。② 太姥山的花岗岩地貌类型共分为峰丛、石蛋、嶂谷式崩积洞和流水侵蚀垂直沟槽四种。③ 峰丛与峡谷的形成主要是受构造运动控制。在强烈的抬升作用下，太姥山的断层和节理极为发育，山体成断块状格局，也就是棋盘式格局。而花岗岩本身岩体致密，抗风化能力强，便形成了高大险峻的峰丛，"九鲤朝天"便是典型。同为节理发育而成的天柱峰，其顶部有两块状如石蛋的圆形石块，名为"金猫扑鼠"，则是石蛋花岗岩地貌。成因正如风景区内景观介绍所示："太姥山晶洞花岗岩沿纵向、横向和水平三组相互垂直的节理风化崩裂形成的岩块，经球状风化后成为浑圆的石蛋。太姥山石蛋极为发育，散落于沟壑，堆叠于山巅，兀立于石笋之顶，千姿百态，形成惟妙惟肖的象形石。"太姥山中"天沟地缝"的景象，像一线天、葫芦洞、鸿雪洞皆是花岗岩重力崩塌景观。这种嶂谷式崩积洞成因在于嶂谷上侧的岩石因重力崩塌作用滚落堆叠于嶂谷之上，石块将人上方视野部分地遮挡住，成为"天沟地缝"的现象。在现代科学地理知识并未萌发的古代，人们对地理形貌的认知是从自然景物的外观入手进行形象的描述。描述一是出现在志书中的"名胜"部分，二是在"艺文·游记"当中。前者是对景

① （清）王世昌：《序》，（清）邱椿：《太姥指掌》，福建人民出版社 2013 年版，第 376 页。

② 李良林、周汉文、陈植华、王锦荣、肖依：《福建太姥山地区花岗岩岩石地球化学特征及其地质意义》，《岩石矿物学杂志》2001 年第 4 期。

③ 王荣、曾克峰、陈植华、张宏超、张晶：《福建太姥山花岗岩地貌特征及成因分析》，《国土自然资源研究》2011 年第 1 期。

点具体位置和大概形象的说明,后者是对山石形象的具体描绘,当中包含着文人墨客审美取向和情感寄托。《太姥山全志》在前人山志的基础上对名胜做了更细致的分类,以"峰、岩、石、洞、井、溪、湖、园、古迹、丘墓"十个类别囊括太姥山的景致。如"九鲤朝天"石,"在御风桥前,望之宛然尾鬣皆具";摩霄峰,"在山绝顶,东、南、北三面皆海。东望浙之温、台。稍南而西,为南粤五岭,皆隐隐可辨";滴水洞,"《名胜志》:'在石天门上,悬岩倒覆,泉涌不竭,有井承之,寒冽无比。'"相比《名胜志》,游记对景致的描述丰富多彩,表现出传统文学作品对景物的呈现方式以及描述力的掌握。如谢肇淛笔下的坠星洞是"削壁夹立如巷,长十余丈,坠石半空塞之,因名坠星洞云。从坠石下匐伏出,历数石顶,颇甚艰危,石断则编竹接之,竹朽几殒,凡度三竹桥,始达竹园,复由园南升岭道,穿二石洞,直出林杪,海上岛屿历历可数矣……复从坠星洞踱二百步,得大盘石,广数十丈,下俯竹林,远望大海,而叠石、玉匣,蟹钳、石屏诸峰左右罗列于襟带之下,亦巨观也。又进许里,岐径折南下,凿石为级,登降险巇,既出山背,则石门、石象、九鲤、锯板诸形像一览而尽",可见,古人对具体景观的描述是在动态的游览过程中生成的,突出了人对景的体验。对于景观的地理形貌则是用象形物体来传达的,是以人对山石的感受来表达地貌、地形的特征。现在,太姥山风景区的景观介绍将两种表述方式进行结合,使两者互为补注。

同时,对地方物产的描述由传统的"博物"旨趣走向了现代社会强调的资源利用与开发。州府县志书中均包含有"物产"篇章,物产是自然之产物,也是一地自然力的展现。太姥山早期的山志中对于山之物产的介绍从零星散见于游记、介绍之中发展到了用专门的篇章加以叙述。到了后期才有完整的物产整理。《太姥山全志·方物》将山物分为十三个类别:货之属、蔬之属、果之属、草之属、竹之属、木之属、藤之属、花之属、药之属、毛之属、羽之属、虫之属、石之属。这些类别涵盖了今日以动物、植物、矿物为界的分类,却根

金猫扑鼠

据物体的特性有着更为细致的分类系统。太姥山著名的绿雪芽被归为"货之属",山中松、柏、枫、槐为"木之属",虎、野猪、兔是"毛之属",摩霄庵(白云寺)池中的蝾螈则是"虫之属"。方物的归纳不同于从资源保护和开发的角度而去了解动植物的生存状况,"博物"才是撰书人的目的。博物也是古人对认识自然不可或缺的方式之一,"博物洽闻"是知识分子所追求和力图达到的学习境界。如果不能尽可能地记录下地方物产,在志书撰写人眼中则难以称得上"博物"。正如《福鼎县志》称:

> 《尚书·禹贡》《周礼·职方》胪列物产,此后世郡县志所自昉也。福鼎僻处海滨,地偏土瘠,虽无奇珍足耀,然其间山林溪港以及田土之所产,足备采取而资民用者,正复不少。本天亲上,本地亲下,动植飞潜,种类既多,良楛不一,兼收并蓄,无使或遗,岂矜博物?①

20世纪80年代以后编纂的县志中,野生动植物和矿藏的情况多是和资源保护、开发相结合的。如林业资源:"福鼎县属中亚热带常绿阔叶林地带,闽中东戴云山—鹫峰山脉常绿槠类照叶林小区……50年代,境内西北、西南和中部半山区的植被还比较茂密,多为壳斗科为主的天然阔叶林。由于长期不合理开发利用和人为破坏,至90年代,这些自然植被,除在村舍寺庙有零星分布以外,已十分罕见。取而代之的是人工针叶林和迹地更新次生灌木,有的已沦为旱型禾草。"②以及矿业资源:"全县已探明储量的金属矿主要为叠石银硐的银多金属矿,位于福鼎城区西北约18公里的叠石乡银硐自然村……1974—1980年调查,探明金属矿储量铅、锌33万吨、银216.73吨、铜5035吨。铅、锌、银矿为中型规模,镉矿属大型规模,均未开发利用。"③地形是否平坦、植被破坏程度、矿产开发状况完全成为了衡量地方发展前景的标准。当环保成为当代社会人类不得不面对的严峻问题时,以上标准则成为了具有针对性、亟待解决的问题。利用、保护与博物相比而言,其工具性被放大和突出,由识物得到的博物乐趣不再是编者与读者关注的问题。从"有用"的角度识物,在列维-斯特劳斯看来应该被重新思考,因为"动植物不是由于有用才被认识,它们之所以被看作是有用或有益的,正是因为它们首先已经被认识了"。而且这种被大多数人认为没有实际效用

---

① 嘉庆《福鼎县志》卷三"物产",第59页。
② 林守无主编:《福鼎县志》,第94页。
③ 同上,第90页。

的知识其主要目的也不是实用,是"首先为了满足理智的需要,却不是为了满足生活的需要"①。

古今表述之对比放大了两者之间的差异性。但看似矛盾、不可调和的两种表述方式并没有因为差异的展现而成为不可相容的对立观念。在实际的旅游、进香、朝拜等实践活动中,关于太姥山的介绍被融合为一套和谐的表述。人们不仅强调晶洞花岗岩峰丛石蛋的地貌特征,也强调了太姥山"海上仙都"的"仙"之意象:

> 太姥山以峰为骨,尽显雄奇之美。亿万年前,太姥山从海底横空出世,后经三次地壳大震荡断裂崩塌,最终形成现今峰峦叠嶂的山体格局。四十五座山峰簇拥在一起,高低错落,跌宕起伏,似彼此独立,却一脉相承,极富韵律,用"云横断壁千层险"来概括再也贴切不过……
>
> 太姥山以石为肌,平添情趣之美。太姥山密集分布肖形石景,已命名的就有三百六十处,每一处都如抽象派石雕艺术品,或大刀阔斧,或精雕细刻,神形兼备,匠心独运,惟妙惟肖,妙趣横生,且移步换景,让人目不暇给。太姥山的每一块石头都诉说着自三皇五帝以来发生在这里的种种传奇,或是东海神仙在此聚会的神话,或是太姥娘娘修真济世的传说……②

表述中,地理知识作为理性、客观的存在奠定了现代人对知识的极佳安全感。此知识体系用一系列专业术语为山川断定生成年代和成因,产生出一种精准的、科学式的历史感。相应的,过度强调科学的理性魅力,则传统意义上对山川的感性认知之美势必在一定程度上遭到祛魅,逐渐远离中国上古以来对山川万物的浪漫想象。但人们并非对缺少山川韵味的审美无感,远离上古的想象太久便会促使他们重新回到神话传说中寻找山的神圣意象,并在实际的宗教实践中维系太姥山的神圣性。尽管现代人会无条件地服从科学体系的话语权威,对自然风物的情绪表达却继承了存在于人们潜意识中的上古浪漫基因。结合科学知识的阐释和具有整体宇宙观的地景描述成为今日所见的中国式山川认知。以这样的观念再看太姥山可清晰地看到其自然图景是具有双重特性的。一方面,现代的地理知识带来了对太姥山的精确把握,从地质构造、形成原因、准确数据上呈现出形貌特别的太姥山地理空间。另一方面,传统的

---

① ［法］列维-斯特劳斯著,李幼蒸译:《野性的思维》,中国人民大学出版社 2006 年版,第 12 页。

② 中国海滨最美的山:太姥山旅游网 http://www.517time.com/html/jqgk/297.html。

山川认知带来的是具有整体混融感的地理状况描述,重在为太姥山寻求上古之根源,并呈现出一个天、地、山、物整体相关的宇宙空间。后一种方式直接关乎古人对山川地理的认知,作为基底的认知模式它比现代的地理知识更值得关注。

可以说古人对自然山川有着一套这样的认知:具体地认识、描述所见之物并赋予其意义,将自己与所见之物皆放入整体的宇宙秩序中,在天人合一的宇宙观下与自然山川和谐共处。这一认知方式是人类学所关注的"野性的思维",是"具体的科学"。不同于现代地理知识将自然实体抽象为精确的数据并制成地图的注解,古代中国对自然的认识从来不以图像和精确的数据为绝对重点,结合历史观、宇宙观、地方感的文字产物才是知识分子的追求。在这种野性的思维里,古人对天地自然的认知是具象的。于天,四方位有青龙、白虎、玄武、朱雀的具体指代;于地,有对应于各星象分野的划分,福鼎所属的斗牛、女度与吴越、闽地形成了同一指代。一地天野星象为何、山川风貌如何、物产几何才是古人认识地方的一整套观念,一体多面,不可切割。不仅是认知,在实际的操作层面,这种具象思维仍然指导了人们在细致具体的生活中处理自身与自然的关系。人们迁徙安居时,"风水"观念指导他们如何选择绝佳的风水宝地以追求诗意的栖居。而当人们处于山水中时,"造景"的意识让他们为山石赋予贴合实物的名称,或是用文字、图画描绘出山川景致如何。从认识山川的自然形态到欣赏其人文意象,中国传统的认知体系里这一路径是相融贯通的,"文"、"野"之间没有相互脱离。地方乡贤与百姓都将这种认知内化于心,于日常生活中将所见之物不断组合成景,构建出富有文化与历史内涵的一方地景。

第二节　太姥山"山水画式"的人文意境

以今日人之心态、视角看待太姥山,在表层展现出的是科学知识普及后重新定义下的自然审美,自然是外在于人的存在,通过地质勘测人们了解到它的成因。内在层面,人们内心保留着中国的古典审美取向。尽管科技知识的发达使人们对自然的掌控达到了细致且更为全面的程度,但一系列环境问题的产生又使大众对于自然问题的思考重新回到传统中国"天人合一"的思想中,意图寻找诗意栖居的可能。"风水"概念的传承和应用证明了传统宇宙观、空间观的强大生命力。此生命力的体现不仅在于人们重新追求美好生活空间中对"风水"观念的延续,也在于如何将自然放回到传统认知的宇宙秩序中进行欣赏。

　　古人对太姥山的欣赏是"造景"意识的落实。太姥山屹立于海滨,形貌独特,山景与海景共存引发了历代文人对仙境圣地、逸世桃园的追惜和向往。太姥山的"造景",第一步是这些文人墨客在游山玩水之际赋予山景以不同的肖像指称和意涵,拉近人与山的距离。民国卓剑舟编撰的《太姥山全志》共记载了 54 峰、46 石、24 洞、12泉井、19 岩、3 溪、3 湖、2 园共 154 处景。这些景观有的以动物形象命名,如"石兔""石龟"等。如今人们为这些景观名称做了润色,"石兔"成为了"玉兔听潮",部分花岗岩象形地貌被命名为"蹲猴观海""海狮望天"等更生动有趣的名字。有的景观以人物指称,如"将军岩",岩石因酷似头戴金盔身穿银甲的将军而得名;太姥山的标志景观"夫妻峰"是因两座山峰形如一对亲密相拥的夫妻,而仙掌峰又以形似手掌"五指隐然"得名。清文人王孙恭还题有《仙掌峰》诗:

　　　　嶙峋仙掌插遥天,指点山灵镇打钱。

　　　　万里扶桑擎日起,九霄阊阖摘星悬。

　　　　汉宫露冷金人老,华岳云开玉女妍。

　　　　此地真形应独绝,至今天柱赖扶颠。

　　其中也有部分景致带有观景怡情的性质。谢肇淛《太姥山志》、卓剑舟《太姥山

夫妻峰

《全志》名胜中第一景皆是"新月峰"。新月峰在摩霄峰旁,"五鼓可望扶桑初日"。又因"前人以此观月初上"而得名新月峰。登峰望月,卓剑舟心境澄明,以一首《新月峰看月》展现了太姥月夜的景象:

> 古寺隔尘块,晚钟悠然响。
> 振衣新月峰,峰端月初上。
> 乍见生孤明,立久更轩朗。
> 白毫现空林,冷光暎万象。
> 但觉银海波,居然翻层浪。
> 浮光浸芙蓉,秀色不可狀。
> 隔峰听猿声,泠泠动云莽。
> 归来发浩歌,骨清神亦王。

太姥墓旁的望仙桥则是众人对缥缈仙灵的无限追念,尤其是"望仙"二字引发出人们对蓬莱诸仙境的向往。如谢肇淛《望仙桥》诗:

> 翩翩鹤驭下摩霄,月户云阶隐寂寥。
> 单嶂排空三十六,春风吹度望仙桥。

又如清人黄金爵《过望仙桥》诗:

> 长空行处仄还欹,似是秦时鞭石为。
> 此去蓬莱应未远,望仙桥上立多时。

摩霄峰更是登高远望之佳地。摩霄峰位于太姥山绝顶,东、南、北三面皆为海,向东可以看到浙江的温、台两地。相传太姥娘娘乘九色龙在此地摩霄而去,摩霄峰因此得名。登上摩霄峰的人们因身处太姥山高处感到视野广阔,在高处观海又是另一番滋味。摩霄海景是"海接东溟叠浪遥",远望过去"乱山看去小,沧海望来空",同时更觉得"到此更无上,飘然意欲仙"。此仙境竟生出了让人离开尘世"好御仙风听紫箫"的念头。

也有一些山中景致几乎是传说故事的视觉呈现。太姥山另一标志性景观——

"九鲤朝天"以极具画面感的造型展现了传说中的场景,《山志》有载"九鲤朝天"石"望之宛然尾鬣皆具"。九鲤仙的传说原是和仙游县有关。在《三教源流搜神大全》中记录了这个传说:

> 九鲤仙,乃是福建兴化府仙游县何通判妻林氏之九子,皆瞽目,止有大公子一目不瞽。其父一日见之大怒,欲害之。其母知觉,速命人引九子逃至仙游县东北山中修炼,名曰九仙山。又居湖侧炼丹,丹成,各乘赤鲤而去,故湖名九鲤。庙在湖上,最灵验。每大比岁,各郡中士子祈梦于此,信若著蔡。

九鲤朝天

又如摩霄庵后的涌米岩,至今仍可看到岩壁上的空洞。尽管谢肇淛自己不怎么相信这个传说,却仍旧记录在了《山志》当中:

> 在摩霄庵后,石壁峭立。下有一孔,相传孔常涌米,每夕升许,僧贪凿而广之,米遂不出。然雪峰、石竺、仙岩各处皆有,亦为此说者,妄也。姑志之,以备考。

当然,太姥山中还有相当一部分景观之命名体现了道、释二者的影响,如二佛谈经石、弥勒峰、和尚看经石、璇玑洞、丹邱磴和丹井。面对太姥山出世的宗教信仰氛围,文人墨客有感而发,清人张为霖则有诗《二石佛》一首:

迦叶维摩相对坐,终朝入定悟真诠。

楞严参透浑无语,一任清风自往还。

　　丹井更与容成子修炼成仙有着直接关系。相传容成子在太姥山修炼时苦于没有泉眼,然而突然有一天洞内开裂出现了一口井水。之后还传有虎、猿吃了容成子剩余的仙丹,虎则变黑,猿则变白。由于是上古之事,丹井激发的是人们对于不可追之往昔的感慨。如清人卢士璜的《丹井》诗:

九还丹井涌灵泉,猿虎相随守洞前。

锦索金瓶沉此日,苍崖翠壁凿何年?

道书读罢传真诀,药鼎烧残冷暮烟。

为问容成何处去?茫茫应在水云边。

一线天

　　而太姥山中奇洞不在少数,其曲折、惊险令人不时感到意外和惊喜。一线天是山中最具名气的岩洞,卓剑舟说一线天"长如委巷,只容侧身过。仰视天光,仅窥一线"。来往于此的游人无不赞叹其奇,清人林滋秀则说其如鬼斧一般:

洪荒天忽惊,鬼匠劈奇斧。

划此一线迹,空青横太古。

娲氏夫何年?炼石不得补。

坐叹无全功,冥冥逗秋雨。

　　"造景"的第二步,是通过文人手中之笔将分散无序的景点联系起来组成画面;同时形成观赏景致的流动视角,在不同的角度观赏太姥山的山景。邱椿的《太姥指掌》是一本"旅游指南",对如何进山、游山做了详细说明。游览太姥,首先是要明白

"在何处看"。邱椿认为白云寺、乌龙岗、摩霄峰都是观景佳地,立于这些地方可看到不同的景致。从白云寺左面望过去,则可以看到乌龙岗、棋盘石、乌龙珠等景。而从白云寺到乌龙岗,邱椿以描述其游览体验的方式呈现两地点之间的数处景致:

> 岗边从岩面循石罅跳下,穿洞而出,由樵径右折下,先得一龙舌洞者,次经缒绳洞口,左折,低暗,转出岩穴,钻身跳下,绝妙。双星洞两边,峭直石壁,深长十余丈,首尾横阔俱二丈有零。石地,一统坦平。左岩旁有方尺一所,长八尺,阔二尺有余,收尾方正平直,水深二尺,内有四足神鱼。右转折上,记步入地洞,恍如七星洞。石壁两边峭直,深长十余丈,阔仅二丈余,一线容光隙照,高有五六丈余。脚底生成磴级,半洞有小河一泓,假以丁步石,四步透出。洞口聚水成渠,深不见底,幸尚窄狭,砌落大石数十块,填平水面,接武而过。棋盘洞方广深长亦与双星洞相称,妙在居中有方丈平坦一石,绝肖棋盘,高只余二尺余。右岩旁亦有半月池一口,深阔又与方池一样。但此数洞俱须秉烛而游,时因烛尽,恨未深入穷搜矣。①

短短一段包括了高低不同的景观,需要游人下入洞中,出洞后再往右转折入另一洞。在棋盘洞中又有形如棋盘的大石,洞口则是水渠,整个是一幅曲折通幽、洞中有景、高低相错的画面。游览中邱椿还加入了自己对景致的点评和感受,如"绝妙"以及对秉烛游洞的昂然兴致。关于"怎么看",邱椿给出了三种方式,分别是:回看、直看、横看。"三看"几乎覆盖了观景的所有角度。《太姥山志》中也附有太姥山形图,太姥山东、南、西、北四个方向各有一图,注明了不同方向上的进山路线。与"三看"相似,从四个角度画太姥山形也是全方位的赏景。尽管只是山志的配图,四幅太姥山形图同样具有山水画中的山、石、林、溪、楼阁等元素,是略微粗糙但不失用意的山水画,始终不同于平常地图。

文人游客笔下的游记更是各种文字山水图的集成。如谢肇淛过玉湖庵时寥寥数语就呈现出了一幅山林幽境图:

> 五里许,到达玉湖庵,庵逼侧就坭。惟是桧柏参天,日月蔽亏,竹木幽翳,石洞潺潺,而四面群峰,千遭百匝,固兹山一幽绝所也。②

---

① (清)邱椿:《太姥指掌》,第380页。
② 卓剑舟:《太姥山全志》卷十六"艺文·游记",福建人民出版社2013年版,第561页。

太姥山之南(谢肇淛:《太姥山志》)

清人张如翰登摩霄峰时则是一幅以"一览众山小"式的"旷观"展现的山海大观图:

> 扶路而升,披襟而坐,遥望东海,波光浩瀚,水色连天,山之沙镇尽在目前,七星墩历历可数。至若巨艘冲波,渺若蚁附,非定盼不能视焉。其南则霞、鼎辖下,冈陵起伏,烟村隐见然。①

在不同的角度和环境氛围下看太姥山,人产生出的情感也不尽相同。太姥山不仅有峰、岩、泉、井,还有一线天、七星洞、鸿雪洞等洞天,景观视野十分丰富。仅是丰富的地貌就让太姥山具有了相当的可观性,再加上四季、气候、昼夜、光影的变化,游人很难不从自然景观的欣赏中生发出切合自身的情感波澜。而以流动视角观看风景在视觉感官上也带来了诸多变化,一步一景,移步则景变,这与观看山水画长卷轴时的方式——"移动观看",即左手展卷,右手拢卷——有异曲同工之妙。宋代画家郭熙的《山水训》中详细论述了如何观山才能画好山水之景:

---

① 卓剑舟:《太姥山全志》卷十六"艺文·游记",第 575 页。

　　山,近看如此,远数里看又如此,远十数里看又如此,每远每异,所谓山形步步移也。山,正面如此,侧面又如此,背面又如此,每看每异,所谓山形面面看也。如此是一山而兼数十百山之形状,可得不悉乎! 山,春夏看如此,秋冬看又如此,所谓四时之景不同也。山,朝看如此,暮看又如此,阴晴看又如此,所谓朝暮之变态不同也。如此是一山而兼数十百山之意态,可得不究乎!①

　　清人林树梅则在自己的游记中附有太姥山的题图。图虽是刻印版,不及完备的山水画精致,但以"三远"为画图准则是清晰可见的。

林树梅太姥山题咏图

　　"三远"指山水画中对山的三种不同取景角度形成的视觉效果,也是山水画重要的审美旨趣和美学命题。② 郭熙在《林泉高致》中提出了山的"高远"、"深远"和"平远"。题咏图左侧突出的高山与山下二人是"高远"的体现,画中人"自山下而仰山巅,谓之高远";同样在左则逐渐升起的缭绕云雾环绕山石,形成了"自山前而窥山后"的"深远";题咏图右侧,画者采用"平远峦头法"绘制山形,与远处的海域相接形成了"自近山而望远山"的"平远"。即使在这幅简单的小画中,山川"高远"的突兀、

① （宋）郭思编,杨伯编著:《林泉高致》,中华书局 2012 年版,第 39 页。
② 同上,第 69 页。

"深远"的重叠、"平远"的冲融而缥缈也得到了兼顾。可见若心中有太姥山的山水图景,寥寥数笔也能体现出富含人文意韵的"造景"意识。实际上这幅画与太姥山实景的相似度是有一定差距的。差距表明了实体与创作结果之间的转化过程,而山水画中的山水也从来不是西方绘画中的写实。通过画传递出来的是文人心中的太姥山水,现实中突兀的峰丛、宽广的海域、隐蔽的山寺、众所周知的"望仙桥"、农夫的耕田都被作者重新组合成了一种太姥山水的"理想型"。

太姥山"造景"的第三步,是以人自身的游览行动构成景的一部分。于山景上,文人墨客还以自身的风雅行为用文字描述的山水画卷增添了人物的动态之美。如文人们汲泉水烹茶:

> 少东滴水洞,水自石上涔涔滴不竭,雨后初霁,滴愈密,蒙首而过洞,纵广视七星洞南,稍宽可坐六七人,旁穴丹井,命奴汲井泉煮茗,味甘洌。①

或是在偶遇大雨时与友人参谈佛法:

> 越翌日晨兴,曦光敛耀,云屡屡入户牖,几席皆湿,顷则大雨如注,听檐溜淙淙与涧响泉声互答,乃偕振鸣、钦电诣奕茂谈佛法因果。奕茂以《楞严》《法华》相与参大小乘,予谢不敏。②

更有生动的攀爬场面:

> 攀援数石,践藤根,握树枝,手挽足移,虩虩褫瞻,未至百武而路穷,人以绳自缒而下,余不能也,踞而俯视,徵仲等三人累累相接若猕猴。③

如同山水画中或抚琴品茗,或坐而论道,或执杖登山,或褰衣垂钓的人物一般,这些场景增添了山水的文人气息与意境。从太姥升仙之说到实际的山景、人物,对太姥山的游赏切合了国人从古至今对自然之物赏析的特点——将人、物、神混融于一体,

---

① 卓剑舟:《太姥山全志》卷十六"艺文·游记",第570页。

② 同上,第567页。

③ 同上,第562页。

达到"天人合一"。三者的混融使得文人墨客对山水画的审美旨趣与西方画派写实的画作宗旨大相径庭,由此也可以看到古人对山水的理解与今人对山川的认知差异何在。古代名士笔下的山水画并不是简单地再现山川景色,而是力求表现山川本身的自然神趣。中国古代文人山水画,在其发展过程中逐渐确立起了这样一种重神轻形的艺术追求,而最终以写意画的形式呈现在世人面前。① "传神"即是要"写意"。对于实际存在的山水风景,人们已经接受了用山水画式的审美旨趣来进行赏析。游人在游览太姥山过程中激发出的情感,以及在撰写山志时产生的感慨都是对太姥山文人意境的追求和延续。

　　中国式的山川审美无法将"造景"意识排除在外。在没有拍摄设备的古代,要将山川景色呈现出来,无论是文字还是图画都是一个创作的过程。山水画毫无疑问是人"造景"的一种结果。但"造景"并不仅限于山水自然之景,城市风貌也可以由人进行"造景",将此地的独特气质展现出来。视太姥山为闽东标志性地景的福鼎人也将这种"造景"意识运用到了自己的生活家园中。福鼎以桐山为依,城内有桐山溪与龙山溪穿流而过,后相汇入海。旧时福鼎城池范围不大,位于龙山溪与桐山溪之间,形成了"群峰拱秀,二水环之"的格局。

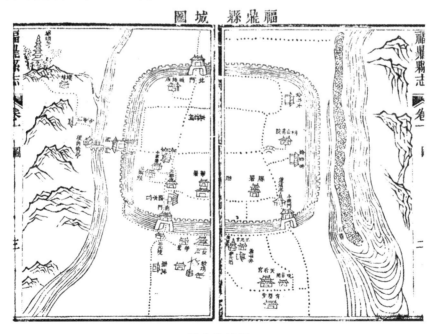

福鼎县城图

---

　　① 兰善兴:《山川作为他者——山水画论与山川崇拜》,《民族学刊》2013 年第 3 期。

福鼎的"桐山八景"得缘于清福宁知府李拔与其同僚下属每人所做的"桐山八景"诗,八景分别为:石湖春涨、莲峰曙月、玉塘秋色、龙山霁雪、酃坪渔火、御屏积翠、双髻凌云、栖林烟雨。龙山下的石桥名为石湖桥,每当春潮带雨,水位猛涨,桥下必然舟楫如梭,生意盎然,"石湖春涨"因此得名。李拔诗云:

> 雨过添春涨,晴波没石湖。
> 惊湍穿柳浪,溅沫碎花须。
> 鹭浴看无影,鱼游意自娱。
> 裙腰堤上路,未合让鬐苏。

莲峰曙月,指福鼎南郊的莲花峰。山中林壑幽静,峰如莲瓣;峰顶有一平台,状若莲蓬,资国寺建于其上。月朗风清之夜,仿佛瞻宫,遂有"莲花曙月"的雅称。李拔诗云:

> 亭亭高百尺,曙月挂中峰。
> 但见清辉合,还添积翠重。
> 横开金掌影,朗映玉山容。
> 太华芙蓉削,依稀此地逢。

玉塘秋色,是指福鼎城南4公里处玉塘堡的秋景。玉塘靠山面海,背金山,左东岗,右马鞍,前西岳为屏,构成海光山色。城外坝头溪边与附近山坡多植枫林、乌桕、桂花,秋日城堡内外树叶一片丹黄,是为"玉塘秋色"。李拔诗云:

> 暑气移金律,秋容满玉塘。
> 断霞回雁浦,残照落渔庄。
> 露后黄橙熟,霜前晚稻香。
> 宦游多感兴,鲈脍忆江乡。

龙山霁雪,指城西龙山的冬日雪景。龙山蟠结数里,矫若游龙,值隆冬时节,大雪覆盖山头,遂成"龙山霁雪"之景。李拔诗云:

叠嶂如龙偃,凉天积雪深。

山家银作瓦,岭树玉为林。

霁色明初散,寒光晓更侵。

思赓梁苑赋,簪笔愧璆琳。

　　罾坪渔火,是罾排上马头灯在暗夜中摇曳闪烁之景。罾排是旧式较为简陋的捕鱼船,它用几根并排的大毛竹相连而成,前部有以竹为支架的方形渔网,后部是船舱,舱内安放着床、锅及渔具等渔民生活用具。李拔诗云:

远火穿林出,萤灯照岸青。

遥知悬网路,定是打鱼汀。

照影移明月,沉波印落星。

渔童把短笛,吹彻此宵听。

　　御屏积翠,是指县城北部御屏山树木苍翠的景象。御屏山横展如屏,使西北风来势减弱,因而山上树木葱郁,堆叠出层层翠色。御屏山也是福鼎望族高氏最初的居住地,因而颇有人文气质。李拔诗云:

古嶂如屏合,晴光积翠分。

明妆浮黛色,入画印松文。

湿重还经雨,晴浓更薄云。

错疑苔碣字,帝座勒殊勋。

　　双髻凌云,指福鼎东北处的双髻山,其双峰并峙形如螺髻,形似古代女子发髻。双髻山因周遭没有更高的山,便可得见白云环绕山顶之景,固有"双髻凌云"之称。李拔诗云:

插汉双峰峭,凌虚两髻丫。

盘龙梳月靓,坠马掠云斜。

黛绿侵钗燕,螺青抹鬓鸦。

天仙谁羽化? 簪尽洛阳花。

栖林烟雨,是福鼎名寺栖林寺的春雨之景。栖林寺位于福鼎西部鳌峰山下,为千年古刹。每当春雨时,寺院周围的苍松翠竹伴随着淅沥的春雨,呈现出朦胧的幽谷春雨之景。李拔诗云:

淑气调春雨,疏林抹晓烟。
霏微布谷候,约略采茶前。
着屐寒犹染,沾衣湿欲穿。
杜鹃声断处,仿佛散花天。

自李拔等人作"桐山八景"诗后,八景逐渐成为福鼎人心中最佳山水格局的浓缩。对"八景"的谈论、品鉴、游览即是对家园记忆的一次次强化。"八景"带来的不仅是对地方记忆的塑造,更重要的是,在以后的岁月中福鼎人将按照"桐山八景"来塑造现实的生活空间,影响他们对福鼎山水的认知。人们之所以会将"桐山八景"作为塑造现实的参照,在于这些景观不仅是实际的存在,更是福鼎人不愿抛弃的一种生活方式。与山水画中画家塑造的"理想型"山水一样,"桐山八景"亦是人们心中生活方式的"理想型"。于日常生活中时时得见赏心悦目之景何尝不是令人向往的生活方式。更深层次的意义上,这是对诗意栖居的实践,是对风水佳地的憧憬,是对整体宇宙秩序的追求。乡贤与精英树立了"桐山八景",为其赋予丰厚的人文气息,而百姓大众从景观中获得对于家乡整体生活世界的多层认知,与乡贤、精英共同延续了福鼎的历史文脉。在2014年12月,福鼎市一批文艺工作者重走"桐山八景",以具体的实践达成他们"传承历史文脉,留住城市乡愁"愿景。① 可见"造景"意识不仅植根于福鼎人的思维中,还得到了人们世世代代地延续。

然而,现代人的"造景"不是游览过后的二次创造,而是在旅游过程中以拍照的方式截留住当时当地的景,本质是"记录"。尽管技艺高超的摄影师可以用多变的拍摄技能带来不同的光影呈现,但此种方式仍无法与传统中国山水画式的"造景"所比肩,缺失的是独特的山川审美旨趣。摄影的再创作不同于山水画的再创作;山水画则是将这种截图存于心中,通过画家的笔端再次呈现出一个"理想型"的山水模本。但古今之别并不意味着处于这个时代的人们无法体会到"中国式山川"的优雅韵味。如上所说,"造景"意识植根于人们思维中且不断地被延续。国人的思维在很大程度

---

① 《传承历史文脉 留住城市乡愁——福鼎文艺工作者重走"桐山八景"》,《福鼎周刊》2014年12月3日。

上仍然受到一种中国式整体宇宙观的影响,无论表层的审美形式为何,其内在对山川的审美依然是君子对于山的欣赏态度:"君子之所以爱夫山水者,其旨安在? 丘园养素,所常处也;泉石啸傲,所常乐也;渔樵隐逸,所常适也;猿鹤飞鸣,所常亲也。尘嚣缰锁,此人情所常厌也;烟霞仙圣,此人情所常愿而不得见也。"①对于太姥山来说,其历史与文化也正是在人们的"造景"意识中累积而成。人文意境仅仅是它作为地景的一个面向,它的其他面向,如神圣意境、政治宇宙观,则是通过不同的象征体系为整座山的地景建立起丰富的文化意涵体系。

第三节　太姥山的神圣意境

山之所以有吸引力,不仅因为山景怡人,而在于山有远离尘俗的性情。因而山是避世的林泉之所,也是烟霞仙圣的栖息所在,如此可说"山不在高,有仙则灵"。从"仙"字由古及今的变化来看,"仙"既可以写成"左人右山",也可以写成"上人下山"的"仚",还可以是有着走向远方之意味的"僊"。汉朝之后"仙"作为一种关于长生不老的信仰定义了中国人关于"永生"观念,而这种观念势必是人与山之结合带来的后果。② 山作为载体具有通天之能,能吸引人前去更近距离地接触天地,昭示了其不同于其他地理事物之处。在古代中国的观念中,山很重要的一点是能够"生万物"。《说文·山部》则说:

> 山,宣也。谓能宣散气,生万物也,有石而高。③

当山以勃勃生机滋育出草木葱茏之景时,往往会被视作强大生命力的象征。山之生命力不仅使草木繁盛,更使得山体本身呈现出不同形貌:或有险谷溪流,或有悬崖流瀑,或有奇石洞天。《礼记·祭法》也有言:

> 山林川谷丘陵,能出云,为风雨,见怪物,皆曰神。

---

① (宋)郭思编,杨伯编著:《林泉高致》,第 11 页。
② 王铭铭、[韩]文玉杓、[日]大贯惠美子:《东亚文明中的山》,《西北民族研究》2013 年 02 期。
③ (汉)许慎:《说文解字》,中华书局 1963 年版,第 198 页。

　　山能够"生万物",在于山是通达天地存在,是外在于社会的生活秩序提供者,是"山川圣地"。圣地当中的每个要素都是神圣的,如树木、岩石、山岳、河流,森林是同一个秩序中的神圣力量,它们在自然中的地位如同帝王在人类社会中一样,是宇宙秩序的控制者。① 因此后世君主举行的封禅、郊祀仪式须在远离俗世生活空间的山川或郊野进行,并通过这样的仪式维持宇宙秩序和社会秩序。而山川为上古民俗提供了发生场所,在这里将会按照季节规律举行节日庆典,节庆作为一种集体性活动使人们在共同欢腾中达到混融状态,激发天地自然的生命力,促使人与物的双重丰产,达到人们对"儿孙满堂"和"风调雨顺"的期望。"山川圣地"产生出的是一种具有超越力量的神圣性。

　　太姥山一方面具有"山川圣地"的性质,另一方面其神圣性还来源于多元信仰体系的塑造。多元信仰的体系不仅是在太姥山得以体现,对于整个闽地而言这几乎是最为鲜明的地域特色。古代中国的思想史发展中,中唐、晚唐的变革对后世思想转变产生了巨大的影响,儒家复兴,造成了佛、道的相对式微。② 五代时期,中国的政治经济中心开始南移,闽国王氏地方政权建立,闽地在王氏政权的统治下得到发展。在王氏将地方割据合法化成为一地之国时,诸多宗教也在此通过地方政权的扶持得到复兴、壮大,从而影响了宋代的民间造神高潮。在太姥山上,可以看到佛、道、摩尼教的遗迹,而遗存时间最久的应是道教。今天能在太姥山上见到的道教遗迹少之又少,更不见道观所在。但道教对太姥山的影响却是最为深远的,尽管太姥娘娘是闽东民间信仰中的神祇,但直接传承的是道教信仰体系的观念。"太姥"之称来源于秦汉时期进入福建的神仙传说,相关的神仙如上太古时代的容成、彭祖,周代的韩众、霍童真人,秦代的武夷君、十三仙,汉代的何九仙等,③都是在福建广为人们所知的神仙,尤其是"太姥"和"武夷君"。这些神仙传说为道教在福建民间的发展奠定了一定的基础。至三国时期,道教在福建境内的活动逐渐增多,闽地的许多山,如霍童山,逐渐成为了道家修炼的场所。隋、唐是道教发展的分水岭,两朝统治者大力扶植道教,全国范围内兴建的道观数量逐渐攀升。福建道教的发展高潮是唐以后五代闽国王氏政权对佛、道二教的推崇,影响波及宋元时期道教和民间信仰的繁荣。太姥山受道教的影响在于道教传播的早期阶段。这一阶段以追求长生不死、向往海上仙境为特点,与太

---

　　① [法]葛兰言著,赵丙祥、张宏明译:《古代中国的节庆与歌谣》,广西师范大学出版社 2005 年版,第166 页。

　　② 陈弱水:《唐代文士与中国思想的转型》,广西师范大学出版社 2009 年版,第1—4 页。

　　③ 陈支平:《福建宗教史》,福建教育出版社 1996 年版,第5 页。

姥山整体塑造的"海上仙都"氛围十分契合。太姥山中也有多处与之相关的景点,如一片瓦区域的"丹井""璇玑洞"。而关于太姥娘娘来历的多种说法中,大部分带有浓厚的道教色彩。其中一则称尧帝奉母泛舟海上,却遇风雾迷失方向。待到日出雾散时忽见东海之滨有座山,便靠岸停船登山游览。但尧的母亲因留恋此山风景不愿离去,因而留下来闭关修炼,山就起名为"太姥山"。唐代,太姥山中的太姥舍利塔得到唐玄宗御题,可见在这一时期道教兴盛的大背景下太姥山的道教仍具有较强的影响力。唐玄宗的御笔亲题是对太姥信仰中"尧封太姥"传说的确认,也是太姥山神圣性的强调,是太姥信仰形成的重要性事件。

　　佛教作为外来宗教,进入福建的时间比道教要晚,一般认为闽中开始建造佛教寺院为西晋时期。至南北朝,佛教在南朝与北朝出现了不同的发展轨道。北魏太武帝与北周武帝的排斥佛教运动对佛教造成了相当大的打击;在南朝,统治者对佛教的大力支持与北朝形成了鲜明对比。梁武帝曾明令佛教徒禁断肉食,只许食素,成为汉传佛教素食制度的源头。[①]　其子昭明太子萧统、三子简文帝、七子元帝也以好佛理而著称。至今,福鼎市郊的昭明寺仍是令人称道的福鼎美景之一。进入隋唐时期,闽中佛教的发展迎来了新一波的高潮。唐代,福建沿海地区的佛寺发展最快,兴建数量最多,并逐步向内陆山区渗透。但至唐武宗时期,"会昌法难"又沉重地打击了全国范围内的佛教发展,福建境内佛教势必受到波及。唐末,福建本地的禅宗开始兴盛,出现了雪峰义存(南安人,822—908 年)、玄沙师备(福州人,835—908 年)这样的禅宗领袖人物。在五代时期,闽国王氏政权对佛教极为推崇,一方面是出于境内政治统治的需求,另一方面是统治者本身痴迷于佛教信仰。闽中新增佛寺数量之多,几乎成为"佛国",佛教中的众多教派的继续发展和完善也得益于统治者扶持的态度,可以说福建佛教已自成中心。至宋朝,统一的趋势使得各地经济发展复苏,再加上统治者的支持佛教又逐步出现兴盛的态势。宋朝不仅是佛教得以重新兴盛的朝代,也是闽中民间信仰造神、朝廷敕封民间信仰神祇的高潮,多元信仰的融合逐渐清晰地呈现在城镇、乡间的庙宇之中。太姥山中的佛寺几乎都有专门供奉太姥娘娘的殿宇,甚至称成太姥娘娘为"太姥娘菩萨",视其为佛教中的护法。

　　太姥山多元信仰体系中最令人惊讶的还是摩尼教的存在,而摩尼教进入和兴盛也是在唐代。这一发迹于波斯的宗教创立于公元 3 世纪中叶,创始人为波斯人摩尼。摩尼教广泛吸收了中亚地区的不同宗教的教义,形成一套自己的宗教观念和教义。

---

① 　陈支平:《福建宗教史》,福建教育出版社 1996 年版,第 123 页。

摩尼教在波斯传播时经历了从受统治者支持到被统治者抛弃、放逐的过程。摩尼死后他的教徒从中亚地区开始逃散,将他的教义与思想逐渐扩散至中国、印度和南欧地区。唐延载元年始有摩尼教进入中国的文字记载,而至唐玄宗时期摩尼教又被视为冒充佛教的"邪教",朝廷明令禁止信奉此教。至于摩尼教进入福建的路线,学者间多有争议。但一般认为摩尼教入闽路线是经由陆路从闽北向闽南推进,来源于唐朝中原流行的摩尼教。[1] 福鼎太姥山与泉州草庵均是摩尼教在福建的重要遗迹,也是由北向南推进的证据。太姥山摩霄峰上的摩尼宫是南移信徒在唐大历六、七年间修建而成的。此处较少有高大树木遮挡阳光,且又是传说中太姥娘娘的神仙之所,比较符合摩尼教对光明的崇拜。明人陈仲溱在万历戊申年与友人共游太姥山时,于摩尼宫石室中发现了石龛,其游记有载:"廿九日,晨起礼佛,出山门右转,里许即为绝顶。顶旁有石船,石船上为摩尼宫,石龛仅数尺。"今天的摩尼宫石室中,佛龛不再,供奉对象变成了太姥娘娘的石像。

最终,这些信仰体系被太姥娘娘统合在一起,成为太姥圣地中不可分离的景观元素。在国兴寺、白云寺、摩尼宫石室、一片瓦禅寺中均可看到人们供奉太姥娘娘的塑像;而每年农历七月初七的太姥娘娘得道升仙之日,一片瓦禅寺会举行祈福法会,在福鼎市和太姥娘娘石像广场则会举办太姥娘娘的大规模祭典。毫无疑问,太姥娘娘是太姥山多元信仰体系的统合符号,其神圣性由山川圣地、传说系统以及古人的山岳观念维系着。以神圣性而论,太姥山最核心且具有神圣性的景观当属"一片瓦"区域。此区域内有太姥圣殿、太姥塔、丹井、铜殿寺、一片瓦和绿雪芽几大景观,集中了太姥山与神圣有关的符号与意象,一片瓦相传是太姥娘娘得道升天处。在一片瓦广场中间是建于唐朝的太姥娘塔,并在 1948 年进行过重修,塔墓上有唐玄宗所赐的"尧封太姥舍利塔"碑题。重修后的太姥娘塔外部由一座石屋所罩,前方放置了香炉,供来往游人敬献香火。石屋后方则是太姥圣殿,大殿正中位置是题为"太姥娘菩萨"的牌匾,下方是太姥娘娘石像。在大殿旁有一条小路通向丹井,穿过丹井继续深入则可以穿越鸿雪洞到达通天洞。面对着太姥塔,在其左面是福鼎白茶的始祖绿雪芽茶树,茶树背后的石壁刻有启功先生题写的"绿雪芽"三个大字。与绿雪芽同一边,顺势上阶梯则是悬空铜殿寺。绕过铜殿寺正前方,其背后就是一片瓦名称来源所在处——一片瓦寺。实际上因为一片瓦是一块薄板巨石犹如瓦片一般覆盖在两块崩塌的岩石之间而得名。三块巨石之间留出的空间安放有太姥娘娘像。在 2014 年一片瓦禅寺

---

① 陈支平:《福建宗教史》,第 303 页。

在铜殿寺主持的支持下进行重修,并重新安放了一尊手拈茶叶的太姥娘娘像。神龛两旁的石壁镌刻了太姥娘娘救人治病的图景,并说明了一片瓦太姥娘娘圣迹与铜殿寺之关系:

> 太姥者,古越人之始母也。早年苦行于才山一片瓦石室,种蓝为业,沤蓝染布,人称"蓝姑"。同时授民种茶致富一方。制茶治病,造福众庶。现代专家认其为华夏染人之祖,人类茶叶之母。晚年修成正果,于农历七月七日功德圆满,位尊闽地第一女神。尧帝感其乐善慈悲,钦封太母,汉武帝改"母"作"姥"。民间奉为圣母,广传下海求妈祖,上山求太姥,佛家列为护法,视若救苦救难之菩萨。唐玄宗敕建圣塔,安置其舍利;上世纪末,建圣殿以供其法身。才山因之易名太姥山,成为十方信众朝圣、祈福之胜地。——一片瓦禅寺主持释题静 甲午年秋。

在这段说明中虽然太姥娘娘最终得道升仙,佛家却将她列为护法,视作救苦救难的菩萨。由此可见,太姥娘娘身上统合了三种不同的信仰,再加之尧帝封敕、汉武帝改"母"为"姥"、东方朔探访"天下第一山",太姥娘娘的神圣性被层层叠加,超越了其他的信仰体系。这种多元神圣性的来源与一片瓦区域所展示的景观构造达成了一致,丹井的"道",铜殿寺的"佛",太姥圣殿以及太姥塔的"地方性",共同构成了关于太姥山最核心、神圣的区域。隐在半山之中的一片瓦范围不大,却密集地呈现出太姥山神圣性的核心所在。相比于山脚下高大的太姥娘娘石像,一片瓦更像是整座山的神圣性原点,由此一点发散到至四周,也成为了太姥山最具神圣意境的景观。以古代中国对山之神圣性的崇拜,加上佛教、道教对山的尊崇,太姥山最终完成了关于自身独特神圣意象的塑造。

第二章　空间符号和太姥文化区的景观认同

景观因人之命运与山水之命运相连,方才具有令人感怀的历史感,也才能成为"地景"。① 跨越不同历史阶段从人们对太姥山之认识来看,一条由自然科学到古代中国山之观念的认识路径十分清晰。在这条路径当中每一层的认知都会有特殊的空间符号,背后则包含了景观的塑造和认同。不同主体因其个人命运不同,在面对自然抒咏情怀时将自我与山川融为一体,或赋予山川别样的感情色彩,或为山川添加政治立意。在众多主体形成的不同群体中,由于群体内部对自我定义的坚持和追求,山林景观的塑造得到了具有延续性的认同。不同群体间的景观认同相互叠加,形成了关于一座山、一个地景整体而多层次的认同。对太姥山而言,我们可以追问是谁制造了什么样的景观,得到了什么样的空间符号,以及太姥山是怎样被不同群体所认同的。

这一章中要讨论的三个面向是从不同的历史阶段中提取出来的象征元素,并没有囿于线性时间观念的分析方式。以此种方式进行分析,是希望在横向上看到太姥山一体多面的文化特性,以及景观、文化塑造的共时性过程。与文人知识分子相关的林泉观念、与古代统治阶层相应的政治宇宙观,以及与平民百姓联系最为紧密的民间信仰和山海神话将是这一章探讨的重点。林泉是古代文人最为向往的理想栖居之所,是知识分子高洁品性和脱俗审美旨趣的体现。从多位闽中文人的人生史入手,可以真切地看到他们与太姥山的交往互动,从而明晰古人是怎样将自己的人生体悟与山川性情连接在一起的。闽地文人为太姥山赋予文人的气息,直至今日闽东的文人、名贤依然将太姥山作为不断书写、绘画的对象,延续着闽东的历史文脉。作为政治空间符号,太姥山政治意象的确立需要通过对五代闽国以来的封禅和郊祀进行分析。闽国王氏政治集团对地方政权国家礼制的塑造所做出的努力是重要的线索。而无论这种努力成功与否,应该看到做出这种努力本身就是对中国古代政治宇宙观的笃信。在多元信仰认同方面,文章将通过追溯太姥山神话传说的来源——"山"、"海"两大

---

① 汤芸:《以山川为盟——黔中文化接触中的地景、传闻与历史感》,第33页。

神话体系,以及太姥娘娘对不同宗教的信仰符号统合,呈现出太姥文化来源的丰富多样性。

第一节　林泉高致——太姥山作为文人化的空间符号

今日游览太姥山可先至玉湖游览区瞻仰太姥娘娘石像,再拾级而上抵达太姥山主体景区。到达石像之前须经过玉湖庵,也就是朱熹草堂遗址。朱熹晚年遭遇"庆元党禁",还居建阳后便加紧著书。据传他曾到太姥山隐居,并在这里建草堂一间。草堂遗址如今已经成为玉湖庵,立有一栋两层石屋,20 世纪 60 年代时曾为林场所用。令人意外的是,玉湖庵至今还有出家归隐之人。在玉湖庵修行的比丘尼住在石屋旁边的平房中,石屋则供放佛像。石屋周围环绕着一片树林,颇为幽静;在石屋正对着的坡坎下则是玉湖庵的茶园和菜地,有竹林环绕。庵中备有手工碾茶机,待茶叶采收后便可自行制茶。茶园后方的林地中还立有一方石刻,内容涉及了玉湖庵最早的来源是东岳庙,其后被改建为石湖道院。尽管大多数游客都不会在意路边这面积不大的玉湖庵,但它隐于山林、溪流、茶园之间,却自得一片天地。这番禅茶于心、荷锄而归的生活方式也正是自古文人的归隐理想。太姥山无疑是能够承载文人隐士之梦的。太姥山一片瓦处便有一株古茶树"绿雪芽",被认定为是白茶之祖。实际上,无论绿雪芽是否是闽中白茶之祖,对于文人雅士来说都不如用心领悟"禅茶一味"来得重要。茶种于仙山福地之处便自然成为了"琴棋书画诗酒茶"中不可缺少的一环,也与"柴米油盐酱醋茶"区别开来,成为品行高洁之人心中的一抹林泉之绿。翻开各版山志,与茶有关的题咏不在少数。如瓯应昌送予其友周乔卿诗:

> 胜迹寻山去,红尘隔市分。
> 星辰封顶拾,雷雨洞中闻。
> 蜃气青窥海,茶香绿采云。
> 神仙霄汉共,能忆鹿麋群?

又如崔世召《玉湖庵》诗:

> 石磴曲通寺,山云巧到门。

> 慧猿缘树狎,静鸟抱沙喧。
>
> 古木青攒汉,新茶翠点园。
>
> 俗僧煞风景,藓合玉池痕。

有趣的是,今日的丹井被有心之人当作了天然的茶室。丹井周围的鸿雪洞口被布置上了茶桌和茶凳,茶具一应俱全。若游客愿意花上些钱,便可取丹井之水就地煮水沏茶,颇有古意。而茶室主人则会为来往游客朗读一首镌刻在丹井石壁上的诗。诗的作者是明末清初的诗人周亮工,曾任福建按察使、布政司之职。石刻诗是其所著《闽小记》中十首闽茶曲中的第八首:

> 太姥声高绿雪芽,洞山新泛海天搓。
>
> 茗禅过岭全平等,义酒应教伴义茶。

卓剑舟也以一首《鸿雪洞》诗表达自己对在方寸洞天内品茶的钟爱:

> 问道郑渔仲,品泉蓝水涯。
>
> 可曾到此洞,一试绿雪芽。

对于茶与人生,一片瓦禅寺的住持则说,人生应如茶,需要向白水中投入茶叶水才有味道,人生也才有意义。品茶悟禅虽然是文人隐士梦的美好期待,但并非所有的文人都会走向归隐。作为寒窗十年进入仕途之人,归隐之愿与林泉高致更像是一种审美的情趣所在。历代修撰的山志中艺文、咏题占据了绝大部分的篇幅,不难看出知识分子对于山水咏怀的重视。与谢肇淛等人同为闽中五贤的徐𤊹在送友人游玩太姥山时,曾赋诗多首,如这首《送周乔卿同谢在杭游太姥山》:

> 秦川洞府閟仙踪,君去寻真踏乱峰。
>
> 长日对棋陪谢傅,清宵挥麈学周禺。
>
> 溪桥采药云粘屐,石殿翻经雨曀钟。
>
> 我负山灵将白首,梦魂常绕翠芙蓉。①

---

① 卓剑舟:《太姥山全志》卷十三"艺文·题咏四",第521页。

其友陈维秦从太姥山游玩归来后他也作《陈维秦自太姥归谈山水之胜有作》诗一首：

> 怜君丘壑兴偏长，两月登临不裹粮。
> 山色近摩霄汉碧，松花深染石林黄。
> 乱峰踏尽芒鞋湿，灵药携归蕙带香。
> 助我卧游胜图画，一时云气满山房。①

陶冶于山水之间而后记录成志，不仅是文人自身情感的抒发，更是提升人之审美、品位的途径。清代邱椿所著的《太姥指掌》中，其友王世昌作序，文中称：

> 予日尊小体不出户庭，有如儿女子谓林泉无裨嗜好，利欲龌龊若性命，有如市井细人。此当以不变化者变化之也。先生假此，多悦其耳目，易惬其心志，俾流连者久，渐习渐化，导之游而或有见焉，则挟是编，虽以游一切山水以变化其人，以其物之变化而变化，以得其知于吾文，无难矣。

而邱椿本人生于太姥山下，自小便对太姥山十分熟悉，用他的话来说，是"幼而游焉，长而知好，壮而弥笃，近老而弗衰"。由于多次游玩太过于熟悉，邱椿称太姥山对于自己"如器物之杂陈屋中，习居者暗中摸索无所不得"。于是他撰写了一本类似于今天游山攻略的小册子，方便来往游客参考。邱椿的《太姥指掌》分为两部分，一是入山指南，一是指掌揽胜。指南中，他总结了三条进山游览路线：从东北向来走国兴寺，从一片瓦穿七星洞上摩霄峰，或者不过一片瓦，直接穿七星洞到达摩霄峰；从东南方向的太姥洋村上来，则要经过仙桥才能上摩霄峰；从北面的白箬庵（今天门寺）而来，必须攀登云梯才能上摩霄峰。三条入山路径中只有第一条较为平坦，可通过肩舆；其余两条路较险，马不得行，轿不得抬。揽胜指掌中，邱椿精心布置了太姥山观看风景的位置和角度。如在白云寺，他向读者介绍应向左看，这样便可以望见乌龙岗、望日台、弥勒晒腹石、乌龙珠等景致。走上乌龙岗后他又建议朝右边看，这样看以望见半面猴、金蝉和形似橄榄的支机石。从丹井穿鸿雪洞后他还建议往回看景，云标石（雷轰石）、新月峰、玉屏峰则出现在眼前。这样的游览方式确实照顾了不同方位的

---

① 卓剑舟：《太姥山全志》卷十三"艺文·题咏四"，第519页。

景致,令游人思路清晰。在自序中邱椿说正是因为自己太过熟悉太姥山的一木一景,外地游人来到秦屿游山时也常常托邱椿作为向导。但是他无法做到带领每个人游览太姥,于是便根据历代书籍的记载和自己的游览经历编写出了《太姥指掌》。可以看出,邱椿对于太姥山的山水之爱贯穿了他的一生,年届45岁的他觉得功名之事不再成为他的牵绊,因而想在儿女婚嫁后"了尘世事,结茅依此山以尽吾齿"。可他又发现自己已经年老体衰,以后恐怕不能尽情畅游太姥山,因而编写《太姥指掌》让游人携之游玩,想起他的所言所书,也算是了却了他的一份心愿。

　　世间也总有一些人会遭遇更多坎坷,他们也在人生的一波三折中无意间走入林泉之下。这些闽地的知识分子将其自身的遭遇放置在太姥山,通过一次次游历展现出他们对山之命运与己身命运的共鸣,明人谢肇淛便是一个例证。《太姥山志》的编撰者谢肇淛在闽地享有很高的名誉,是晚明比较活跃的学者、诗人,也是闽诗派的代表人物之一。谢肇淛同曹学佺、徐𤊹、徐𤊹、林弘衍关系密切,晚明时期对闽中诗坛、文坛都有很深的影响。谢肇淛在晚明诗坛中与前后七子、公安派、竟陵派的诗人皆有微妙关系,但诗论受其师王世懋影响,重视"情性",又是反对前后七子的。他认为这是一种地域上的差别,中原人口齿犀利,喜"相标以名,相诋以华",与闽地崇尚朱子学风大不一样。闽地是朱熹理学的发源地,闽中学者、文人也都沿袭了朱熹对"读书穷理"的观念。像曹学佺和徐𤊹、徐𤊹两兄弟本身不但好读书,更是闽地有名的藏书家。① 也正因为旨趣一致,谢肇淛与徐氏兄弟以及叶向高、翁正春等人共结"芝社",人称"芝山诗派"。徐𤊹、曹学佺则并称诗坛盟主。五贤之中,除谢肇淛、曹学佺、林弘衍都曾入仕为官,唯有徐氏兄弟不担任何功名。兄长徐𤊹家境虽不富裕却爱周济,享有"穷孟尝"之称;其弟徐𤊹童试之后更是摒弃科举,跟随兄长结交闽中文人,作诗、藏书,自得其乐。林弘衍的事迹主要是与徐𤊹同修雪峰寺寺志,编《雪峰真觉禅师语录》,后隐居在福州鼓山。五人之中曹学佺在闽中也具盛名。曹学佺曾在四川、广西任职,任职期间执法严明有度,解决了地方上的诸多民生、军政问题。然却因为正直引发蜀王不满,曹学佺被罢职回乡。从回乡到再度被启用的数年间,曹学佺在闽地赋诗会友,并创建剧社"儒林班"写闽剧,被后人视为闽剧始祖之一。曹学佺晚年遭遇明清朝代的更替,于乱世之中仍存有晚明文人的气节,在1646年9月清军攻破福州后自缢身亡。因国破而殉国,曹学佺受到后人的追戴。五贤事迹可谓是晚明闽中文人命运的缩影,无论是殉国者、为官者还是身无功名之白丁,都对家乡之山水、文脉

---

① 孙文秀:《谢肇淛诗论与地域关系浅析》,《闽江学院学报》第31卷第1期,2010年1月。

感情匪浅。清咸丰五年(1855年),福州著名诗人、盐商魏杰,自号桃岩居士,感叹"沧桑变幻,岩壑归依,贤人遁迹于桃岩,烈士捐躯于天镜,大功已立,大义已完,诸公与名山足以并传不朽矣",为"以表诸公之功德",乃"建桃岩精舍,内祀五贤",故桃岩精舍又称五贤祠,位于今天福州市鼓山上。

魏杰认为五贤足以与名山并传而不朽,是以山之永恒、坚固希冀五贤之名永世不衰。在后人心中无论五贤生前生后如何,他们的命运早已与林泉山岳紧密相连。谢肇淛之友崔世召在为《太姥山志》所作跋中已将山川与人的关系阐明:

> 复人重山川,山川亦重人。太姥自秦代历汉,醮祠斋宫,迄今阅人已多百千春秋。游踪胜事俱陆沉于暮烟春草间,不可复记。即山下主人岂无操如椽者?而竟留以待先生,景物遇合信有时哉!

人、山互阅时,人并非将自然之物当作是外在于己身的绝对他者。因此人在命运沉浮时才会将情感的变化与山川林泉相连。回顾谢肇淛的生平,他在任湖州推官期间因作诗讽刺湖州知府忌白衣并逮捕穿白衣者的行径而得罪知府,以谗解任,并在一年后(1599年)调为东昌司理。[①] 这一年他避地真州,在路途中游览了虎丘、雨花台、黄山、白岳等地。七年后谢父去世,谢肇淛回闽守孝三年。当时谢肇淛正值40岁的不惑之年,仕途上不顺畅且父亲去世,加之几年前自己子女的夭折,对于他来说可谓是人生低谷。1609年,43岁的谢肇淛受福宁知州胡尔慥多次邀约,同几名好友一同前往太姥山游览。一游太姥,谢肇淛便被太姥山的奇景所吸引,同行好友崔世召则写下了谢肇淛总结的太姥四奇:

> 谢在杭先生既志太姥成,移书语召曰:"余游之太姥,盖有四奇焉。不腆之行李,筇杖孤琴,款段萧萧,则以胡孟修刺史为东道主。刺史,余旧知雅,千里道故,杯酒壮行,足添吾游兴十倍。奇一。而是时梅雨且剧,潦潢没膝,计高山长薄,中饶岚雾,对面无有睹者。自驱车出郭门,天日为我开朗。沿溪踏莎,直抵摩霄巅,首为九回,沧海一杯,瓯闽一粟,白云冉冉,微香袭人,庶几太姥驾鸾鹤,仙衣下垂。甫下山,而雨师迓余道中矣。奇二。自太姥名播震旦,游客冠盖相望,善生视为畏途,相诫埋匿佳境不语客,令山灵短气。而吾侪觅一快僧与俱,历历指点,

---

① 陈庆元:《谢肇淛年表》,《闽江学院学报》第30卷第1期,2009年2月。

凡幽洞花园,云床玉窦,及镕诒黝儵神龙出没之处,靡不寄足。先是,伯全陈太史游归,傲余不知,余今挟二三拾遗骄语之矣。奇三。烟霞缘悭,胜伴难偶。是役也,不谷主盟,乔卿掌山史事,宪周按图,而徵仲以扣武夷君追蹑至,次第韵语,左择右拍,差尽此山之胜,是四奇也。"①

而当初胡尔慥邀请谢肇淛游太姥时,谢肇淛并不相信他的两位朋友对太姥山的描述,认为不过是夸大其辞。亲身游历过太姥山之后谢肇淛方知朋友所言不假:

胡孟修使君治秦川之明年,移书语余曰:"太姥盘峙海陬,岩壑之胜甲天下。尔慥不敏,即不足当地主,幸俨然为山灵辱之。"予谢不敏,盖又越二载,而始践其诺也。盖实借一二同志,共仗屦焉。先是,吾友林叔度、陈维秦两游之,而两为余言,至今舌本芙蓉,犹历历可忆也。比游,而信所闻之非夸矣。盖尝论吾闽山川之奇,指不胜偻。武夷、九鲤以孔道著,越王、九仙、石鼓以会城著,独太姥苞奇孕怪,冠于数者。②

之后他却有另一番忧思,因为过往关于太姥山的文献记载并不常见:

考之古今纪载,何寥寥也! 盖山川于此,亦有幸不幸焉。③

于是,在三天两夜的游览过程中谢肇淛熟记了太姥山上的景点和特征,之后编撰出三卷《太姥山志》交由胡尔慥镌刻出版。因此后世才可以看到如此全面的一本山志。之后,谢肇淛陆续游历了霍童山、武夷山,如此看来确实符合胡尔慥笔下"司马才高八斗、癖嗜五岳"的形象。

不仅是谢肇淛,唐人林嵩也与太姥山有不解之缘。林嵩的仕职生涯因国家蒙难而不顺,之后虽然回归官场却提前致仕。林嵩出生于唐宣宗大中二年,自幼便聪颖好读,12岁时,于太姥山西脉的灵山筑草堂刻苦攻读。草堂内有自题楹联一副:"士君子不袭唾余,时把海涛清肺腑;大丈夫岂寄篱下,还将台阁占山巅。"足见其襟怀雄阔,志存高远。乾符二年(875年)林嵩登第,翌年循例荣归故里。除叩拜高堂,拜会亲朋

① (明)崔世召:《太姥山志跋》,(明)谢肇淛:《太姥山志》,第371页。
②③ 卓剑舟:《太姥山全志》卷三"志目",第453页。

外,他还带头以赴考的节余旅费设立基金,率众在"河流湍急,一雨成灾"的家乡兴建蓝溪桥。嗣经河南尹兼福建道观察使李晦深入考核,以林嵩品学兼优,"气擅琳琅,学勤经纬,禀山川之秀气,闽中之全材"上报朝廷,并奏请敕改乡、里旧名,以旌表贤良。乾符五年(878 年),唐僖宗李儇即降旨,改赤岸为"劝儒",林嵩故里为"擢秀",并敕令所属长溪县蠲免林嵩一门征徭,历代子孙永承遗荫,在其宅侧竖立华表,建亭立碑,刊载敕书及本人业绩。同时授林嵩以秘书省正字的官职。长溪县令随即遵旨派员组织工匠在林嵩宅东建两门,竖华表,构碑亭;在其宅西二百步建造"桂枝亭",即取蟾宫折桂之意。其碑首刻林嵩业绩,配以元和进士郑纬所写《桂枝亭碑铭》,并立有数方空白碑石,留待后中者题名。意想不到的是,在中和元年(881 年)黄巢起义爆发,黄巢军攻入长安,皇室被迫外迁。林嵩不愿与起义军为伍便弃官返乡,回到了幼时曾结庐读书的灵山。灵山位于太姥山西脉,重返灵山即是在出世途中突然回归林泉。于是,林嵩的人生第一次出现了从"山"到"山"的变化轨迹。经历世事后林嵩于山中隐居,以吟诗、垂钓、畅游太姥作为排解,其生活也成为了典型的文人隐居模式。《太姥山记》则是林嵩在乾符六年所作,此记虽不如谢肇淛、邱椿那般有诸多感慨和情绪,但文章最后的"秋霁望远,可尽四五百里"仍可使人们隐隐察觉出他心中渴望突破当下困境,意图开阔之意。

林嵩草堂书院遗址

三年以后，中和四年(884年)，曾任黄连镇(今属福建省建宁县)镇将的陈岩，升任福建道观察使。为稳定社会秩序，陈岩张榜广募人才。林嵩改文就武，被聘为团练巡检官，不久被转为度支使，掌管军队财权。再次走上仕途的林嵩尽忠职守，之后升任金州(今陕西安康市)刺史，得到世人"政声感人"的评价。面对整个晚唐时期国家的衰退，林嵩尽管再次出仕也无力扭转江河日下的政治局面。因而林嵩第三次走入"林泉"，以提前致仕的方式结束自己的官场生涯。晚年的林嵩回乡后，先在离家不远的岱村，以整理旧籍为主。后迁梨溪畔，种梨树、筑草堂，取名"梨花草堂"。梨溪在今霞浦县牙城镇龙亭村麓的杨家溪风景区范围内，至民国时，梨树虽已稀少，但民国《霞浦县志·名胜志》仍称其"上有飞瀑，下有梨溪，风景甚佳"。①

另一位颇具影响力的山志编纂者则是生于清末的卓剑舟。民国年间时局动荡，各派系军阀间征伐不断，之后整个国家更是陷入抵御外国侵略者的长期战争中。卓剑舟曾在这段时期当过医生，更在1935年出任荷属西婆罗洲华侨驻京代表，在抗日战争初期返乡，任县文献委员会委员长、县中医考询委员会委员、县国药商业同业公会主席等职。无论身任何职，受到过世人怎样的赞誉，卓剑舟在心底依旧认同自己为文人。自序中他坦言编修山志乃是担心文献遭受沧桑之变导致失传：

> 倘非续采有人，岁月逾久，难免同归澌灭，何以彰胜迹而征文献？不佞爱不自量，窃思嗣徽前哲，遗饷后贤，纂辑《太姥山全志》。②

卓剑舟编录明人傅汝舟五言古诗时也曾言：

> 王慎中谓其才智文采足以得意于仕进，独舍去而不好。其舍之尽至于乡井屋庐，不可复居，而妻子不足畜也。举一世之荣利无足好，而区区吟咏之工不能忘。③

对于傅汝舟可以得意于官场却对吟咏之工念念不忘，卓剑舟在字里行间透露出赞许之意。其后半生虽然于政府任职，但编理文献、参加诗社的举动仍表明了他作为

---

① 参见黄仲昭修纂：《八闽通志》；罗汝泽等修，徐友梧纂：《霞浦县志》。
② 卓剑舟：《太姥山全志》，第402页。
③ 卓剑舟：《太姥山全志》卷十"艺文·题咏一"，第483页。

文人的一面。编写《太姥山全志》，他更是希望后人能够延续文脉继续编修山志：

> 惟后之有心人复起而续辑之，补其所未备，匡其所不逮，是诚予之厚望也夫。①

　　若说林、谢二人多次隐居可称得上是"林泉高致"，那么两人多年的仕途生涯就是"大丈夫岂可空老于林泉之下"的心境反映。卓剑舟的一生与林、谢之经历颇为相似，也是年轻时出仕任职，年老时回归乡里林泉。这两种状态也恰是大多数文人、知识分子人生摆动轨迹的两端。出入于"林泉"，或是吟诗徘徊或是致仕回乡，一方山水始终是文人心灵上的慰藉。在谢肇淛编撰的山志中，他提到太姥山钟灵毓秀可称为仙境，却少有文献记载其形貌景色。从这一刻起他将自己的命运、情感与太姥山之遭遇联系起来，笔端写下的山志不仅成为昭示太姥山神奇不凡的表白，也成为了自我情绪宣发的作品。谢肇淛命运不济之时，游览太姥山却得到了极大的意外，而林嵩回归灵山则是感情归于"平淡"，但游记中所写可以极目远望实为其抒发胸中之郁垒。相比于林、谢，卓剑舟同样是遭遇天下大变的大动荡，但其自序中透露出以一种平静的归隐之意以及将余生投掷于文墨之中的意愿。于此，我们才能明白无论是如林、谢、卓这般遭遇动荡之人，还是如邱椿的平淡于世，文人墨客留下的大量诗文、游记都赋予太姥山一种文人气质，使太姥山成为闽地文人心中又一处"林泉"，一处象征着淡远和宁静所在的空间符号。

第二节　惟祭山川——太姥山的政治宇宙观面向

　　林泉对于文人与知识分子是永远充满吸引力的空间符号。而对于古代中国的统治者而言，其统治的合法性才是他们永恒关注的重点。一座山，若既有文人隐士青睐相顾，又有君王行封禅之礼，可以说它才真正具有了实质性影响力。《读史方舆纪要》有载："太姥山，在福宁州东北百里，高十余里，周四十里，旧名才山。唐开元中特图其形，勅有司春秋致祭……旧志：'唐咸通中林嵩建草堂，读书其中，因名草堂山。'通志：'嵩盖宋真宗时人。'又云：'王闽尝封此山为西岳。'《三山志》：'闽封高盖山为

---

① 卓剑舟:《太姥山全志》，第402页。

西岳,霍童山为东岳,未尝封此山也。'"①《八闽通志》也说"一本谓闽王封此山为西岳。考之《三山志》,有云:'伪闽将郊天,乃封高盖山为西岳,霍童山为东岳。'《三山志》修于宋时,去伪闽未久,必有所据。"②史料记载的模棱两可并没有阻止太姥山志修撰者暗示此山与国家政权之间的特殊关系。谢肇淛对此认为是"伪闽王封为西岳",卓剑舟则说闽王封太姥山为西岳,"意为邑内万山之祖"③。太姥封岳,而封禅之人为五代时期的闽国王氏政权,所以探究太姥山的政治宇宙观面向还需要从王氏政权的发迹史开始了解。

907 年,朱温篡唐建立后梁,历史正式进入五代时期。这一时期政局混乱,政权林立,各地朝代更替不迭。且北方少数民族也加入到乱局之中,如后唐、后汉政权则为沙坨族所建,契丹也在 916 年定国号为"辽"。875 年,黄巢举兵起事。在这股乱流中各种势力纷涌而起,其中就包括了寿州人王绪。王潮、王审知兄弟加入其军中为其效力,却不料王绪生性多疑。

> 王审知,字信通,光州固始人。父恁世为农民。唐广明中,黄巢犯阙,江、淮盗贼蜂起。有贼帅王绪者,自称将军,陷固始县,审知兄潮时为县佐,绪署为军正。蔡贼秦宗权以绪为光州刺史,寻遣兵攻之,绪率众渡江,所在剽掠,自南康转至闽中,入临汀,自称刺史。绪多疑忌,部将有出己之右者皆诛之。潮与豪首数辈共杀绪,其众求帅,乃刑牲歃血为盟,植剑于前,祝曰:"拜此剑动者为将军。"至潮拜,剑跃于地,众以为神异,即奉潮为帅。④

乾宁四年(897 年),王潮病重,于是他委任王审知掌管军政事务。两年之后王潮去世,王审知将职权让给二哥王审邦。王审邦认为王审知有功,推辞而不接受。王审知嗣位自称福建留后,上表告知朝廷,并获封威武军节度、福建观察使、检校太保以及琅琊郡王。而朱温在 907 年建立后梁后,又再次加封王审知。

> 梁朝开国,累加中书令,封闽王。《王审知德政碑》云:潮付公以戎旅,仍具表奏,寻加刑部尚书、威武军留后,俄授金紫光禄大夫、右仆射、本军节度使,又改

---

① 顾祖禹:《读史方舆纪要》卷九十五"福建一",清稿本。
② (明)黄仲昭修纂:《八闽通志》卷十二"地理",第 316 页。
③ 卓剑舟:《太姥山全志》卷一"名胜",第 405 页。
④ 《旧五代史》卷一百三十四"僭伪列传一",中华书局 1976 年版,第 1791 页。

光禄大夫、检校司空,转特进、检校司徒,又转检校太保、琅琊郡王,食邑四千户,食实封一百户。①

虽然唐朝灭亡后梁代之而起,但王审知仍将后梁视作中原的中央朝廷,坚持每年向其纳贡称臣。后梁灭亡后,闽国又视后唐为主,向其朝廷纳贡。

是时,杨氏据江、淮,故闽中与中国隔越,审知每岁朝贡,泛海至登莱抵岸,往复颇有风水之患,漂没者十四五。后唐庄宗即位,遣使奉贡,制加功臣,进爵邑。②

相对于地处东南沿海的闽国,中原王朝无论如何更替,在王氏政权的心中仍是一个天下政权的中心所在。因此闽国的朝贡路线任凭朝代如何更迭都是朝向"中原"这个带有强烈政治宇宙观的地域名词。

《新五代史》卷六十八"闽世家第八"还提及了王审知之子王鏻因后唐不允授其为尚书令而拒绝朝贡的行为:

长兴三年,鏻上书言:"楚王马殷、吴越王钱镠皆为尚书令,今皆已薨,请授臣尚书令。"唐不报,鏻遂绝朝贡。③

不论王朝如何更替,闽国由于地处东南远离中原也一直将自己视为某种意义上的"臣",接受后梁、后唐的节度使和闽王封号。王氏政权彻底掌握住闽中局势后便开始了对闽地的开发,这也成为王氏政权统治闽地期间最为人所称赞的功绩。

审知虽起盗贼,而为人俭约,好礼下士。王淡,唐相溥之子;杨沂,唐相涉从弟;徐寅,唐时知名进士,皆依审知仕宦。又建学四门,以教闽士之秀者。招来海中蛮夷商贾。海上黄崎,波涛为阻,一夕风雨雷电震击,开以为港,闽人以为审知德政所致,号为甘棠港。④

---

① ② 《旧五代史》卷一百二十四"僭伪列传一",第 1792 页。
③ 《新五代史》卷六十八"闽世家第八",中华书局 1974 年版,第 848 页。
④ 同上,第 848 页,第 846 页。

王审知也到了薛居正的如此评价：

> 史臣曰：昔唐祚横流，异方割据，行密以高材捷足启之于前，李榮以履霜坚冰得之于后，以伪易伪，逾六十年。洎有周兴薄伐之师，皇上示怀柔之德，而乃走梯杭而入贡，奉正朔以来庭，如是则长江之险，又何足以恃哉！审知僻据一隅，仅将数世，始则可方于吴芮，终则窃效于尉佗，与夫穴蜂井蛙，亦何相远哉！五纪之亡，盖其幸也。①

王氏治闽方略得以见效，同时王氏政权通过向外朝贡的制度保障了自己与中原王朝的等级秩序和联系。那么如何从闽地境内证明自身统治权力的正当性和合法性就是摆在闽王面前的急迫问题。古代中国帝王通过两种祭祀天地的方式来确保自身政权的合法性以及国家秩序、宇宙秩序的正确，一是封禅，二是郊祀。两种祭祀均与山川有着密切关系，封禅在山上举行，帝王借由封禅沟通天地；郊祀在郊外举行，通过祭拜天地、日月、山川确保宇宙秩序的正常。《史记·封禅书》指出，管仲提到封禅是指"封泰山而禅梁父"，即"封"在泰山举行，"禅"在梁父山举行。封禅之目的也在于借助方士的通天技能帮助帝王得到上天对其政治合法性的认同。但只有达到一定条件后才有资格进行封禅，如出现"嘉谷""凤凰""麒麟"等十五种不求而自至、表示王侯即将受命于天的吉物。秦汉以后，封禅制度发生了变化，从"获得上天之认可"变成了"证明自己就是天子"。"认可"与"证明"之间的性质是截然不同的，前者是一种在方向上"由上至下"的认可，表明自己是承天意而治国；后者则是在天子已经成为天子后再度证明自己的权威来源是"天"，实际上是强调为"下"界的关系秩序寻求一个源于"上"天的权威本源。② 闽王封禅太姥山，其意义就是通过祭祀山来再次证明王审知才是闽中最有资格进行封禅之人，因为他是"闽王"。

王氏政权试图从强行自治的地方割据转变为名正言顺的国家之努力，正是对这套祭祀体系的实现。从《读史方舆纪要》和《八闽通志》中对王审知封禅福建境内山川的记载来看，王氏政权对上古的政治宇宙观笃信不疑。于是闽王效仿秦皇汉武封禅山岳的观念就顺理成章地出现了。封禅则意味着盘踞于闽地的王氏政治集团开始了从唐末节度使向一国之王的转变，尽管王审知在封禅的同时仍坚持向后梁进行朝

---

① 《旧五代史》卷一百三十四"僭伪列传一"，第 1795 页。
② 王铭铭：《人类学讲义稿》，世界图书出版公司 2011 年版，第 394 页。

贡。此举带来的结果是,《太姥山志》的书写过程中出现了"闽王封为西岳,意为邑内万山之祖"①的说法。如此叙述几乎是对昆仑山"万山之祖"叙述方式的翻版,是对神圣山川与政权关系的表达,是古代中国政治宇宙观的体现。论及古代中国的政治宇宙观,"昆仑山"是不可绕开的问题,这关乎帝王权威和政治合法性的问题。昆仑山作为通达天地的通道,能够让人和上天沟通,确定世界、宇宙的中心,获得"天"的认同。顾颉刚用"层累观"剖析了昆仑山对于古史中范围不断变化的"神州"之意义。邹衍创造的历史系统和地理系统成为了后世阴阳五行学说的基础。而他的五行学说是最终要与帝王轮替相结合,完善其具有系统性、周而复始的"五德说"。在地理系统描述上,由于受《山海经》的影响邹衍创造了一个极广的地理系统。而《山海经》是以昆仑山为中心的。顾先生在对《淮南·地形》中描述的"八殥""八纮""八极"进行辨别后指出,这些后世之书对世界的推广并不如邹衍那般远,其中提到关于九州的名词也与《尚书·禹贡》《周礼·职方》等书全然不合。② 但重要的是,"神州"一名的说法仍和邹衍一样。并且在邹衍的地理系统中,"昆仑"作为一个有着特殊地位的"山"也逐渐与"神州"这一概念匹配在一起。从《山海经·海内篇》到《淮南子·时则训》《禹本纪》再到《括地象》,昆仑这个原本不是华夏宇宙观中心的象征逐渐成为了大九州的中心。"神州",即是中国,它的位置在"昆仑东南方五千里,名曰'神州',中有五山,帝王居之"。因而神州位置必先通过昆仑位置的确立才得以明确。关于"九州"和"四岳",顾颉刚先生也指出:"一经仔细研究,(九州、四岳)实在都从羌戎区域里发源,及至传进了中原。羌戎的宗教性向来强烈,昆仑是他们的宗教中心,四岳也是他们的宗教中心。这些宗教的故事传进了中原,于是有整整齐齐的一大套中国古史。"③可见,西来的昆仑山在华夏文明中既是他者,也是神圣来源之地,也就不再是一座具体的"山"。这样的分析清晰地指出,邹衍之后世界观的变化反映出政治中心的确立,实际上是依赖于世界中心、宇宙之极的最先确立。无论邹衍以后"九州"的范围如何变化,"神州"这一地名却是一直被沿用。神州"中有五山,帝王居之",无疑是帝国的政治中心。不过政治中心的确立却还是从世界的中心——昆仑获得力量的。《括地象》中对神州的描述也是从昆仑开始的:

---

① 卓剑舟:《太姥山全志》卷一"名胜",第405页。

② 顾颉刚:《古史辨自序》(下册),河北教育出版社2000年版,第853页。

③ 同上,第650页。

> 地部之位,起高大者,有昆仑山,广万里,高万一千里,神物之所生,圣人、仙人之所集也。出五色云气,五色流水。其白水东南流入中国,名曰'河'也。其山中应于天,最居中,八十城布绕之。中国东南隅居其一份,是好城也。①

所以,"小九州"的中心——"神州",即中国的确立也要依靠世界中心、宇宙之极的存在才能获得支撑的力量。"神州"被确立为政治中心,并在后世不断地改写中仍然保留着统一的名称,从某种程度上说也是历代帝王对政权稳定性、长久性、合法性的期望与追求,然而其力量之源却在于昆仑这个世界中心。②

因此,受闽王封禅的太姥山出现了与昆仑山极为相似的描述,这一情况不难理解。实际上这是对具有神圣性和政治合法性原点进行的一次模仿,并以"昆仑—神州"的模式套用于闽地,意图成为"太姥—闽地"的模式。遗憾的是,这一模式由于王审知后代的荒淫暴政而荡然无存。所以,在宋代史官薛居正的眼中看来,虽然王审知开闽有功,却依旧难以和宋朝这样的正统性王朝相比。编写《五代史》(即《旧五代史》)时,王审知的生平记述被冠以"僭伪列传"之名。这即是说,闽王通过模仿昆仑模式进行封禅的行为并不成功,直接的后果是在后人的记述中闽国的五岳系统并不健全。仅有的东岳与西岳中,西岳又因高盖山和太姥山均被提及而模棱两可。然而在国家祭礼的另一方面,即郊祀,闽王也并不成功。这体现在王氏治闽期间扶持佛教和道教、对民间信仰采取开放的态度,却没有通过完整的郊祀确保闽国国家秩序和宇宙秩序的正常。

郊祀是对天地以及帝都之外所有自然力量的献祭。在"绝地天通"之后,民神分离不杂,而帝王则获得了沟通神圣世界的独占权和神圣权威。

> 古者民神不杂。民之精爽不携贰者,而又能齐肃衷正,其智能上下比义,其圣能光远宣朗,其明能光照之,其聪能月彻之,如是则明神降之……及少昊之衰也,九黎乱德,民神杂糅,不可方物。夫人作享,家为巫史,无有要质。民匮于祀,而不知其福。蒸享无度,民神同位。民渎齐盟,无有严威。神狎民则,不蠲其为。嘉生不降,无物以享。祸灾荐臻,莫尽其气。颛顼受之,乃命南正重司天以属神,命或。正黎司地以属民,使复旧常,无相侵渎,是谓绝地天通。③

---

① 顾颉刚:《古史辨·自序》(下册),第859页。
② 张亚辉主编:《西部民族走廊研究——经典与文献》,学苑出版社2012年版,第23—26页。
③ 邬国义、胡果文、李晓路撰:《国语译注》卷十八"楚语下",上海古籍出版社1994年版,第529页。

在郊祀中,唯有帝王能够祭祀上帝、天神、地祇和人鬼,尤其是上帝和天神,只有天子能独祭①:

> 天子祭天地,祭四方,祭山川,祭五祀,岁遍。诸侯方祀,祭山川,祭五祀,岁遍。大夫祭五祀,岁遍。士祭其先。②

由此可见帝王参与郊祀的重要性。而郊祀与封禅、祭社稷是紧密相关的。社祭包括对"社""稷"的祭拜,"社"本身除了祭拜土地神之外还指祭祀天地、神灵、祖先的场地所在。社稷后来用以指称国家、江山则是因为"社"作为祭祀之地也是圣地,含有"地方一体性"的含义。最初"社"包括"郊","凡上帝、天神、地祇、人鬼,无所不祭"③,既有内部性的祖先神灵,也有超越性的、在"社"之外的山川。后来"社""郊"逐渐分离,分别指祭祀土地神、谷神之地以及献祭于天地。这样一来便和封禅的内容联系起来。"封"则筑坛以祭天,"郊"成为了"封"的派生形式,是在开放的空间中祭祀天神;"禅"是祭地之礼,"社"是"禅"的派生形式,即封土为坛祭祀土地神。④ 这些祭礼都是在远离城镇、京邑的地方进行,例如山川与郊外。然而像人们所熟知的天、地、日、月坛又是由郊祀分立而成的"四郊",用以祀上帝、天神和地祇。但四坛位于帝都郊区,其目的仍和封禅一样,只不过是方便帝王就近进行郊祀和封禅。而帝王于"四郊"进行祭祀,在祭礼中维持和巩固了一套继承关于宇宙和帝国的秩序。只有祭祀才能确保社会关系的秩序以及帝王具有的统治权威,天下才会昌平。一套政治宇宙观通过祭社稷、郊祀、封禅得到体现。

对于州、县来说,这套政治宇宙观同样贯穿于地方的祭典中。以福鼎为例,清嘉庆十一年版的《福鼎县志》中则记录了州府官员每年必做的祭祀活动,包括了"祭社稷坛""祭风云雷雨山川城隍坛""厉坛"。祭祀之重要性不可忽视,《八闽通志》云:

> 民资谷以养,而谷资土以生,此社稷之所由以祀也。风云雷雨能滋土以生

---

① 凌纯声:《北平的封禅文化》,《民族学研究所集刊》1963 年第 16 期。
② (清)孙希旦撰,沈啸寰、王星贤点校:《礼记集解》卷六"曲礼下",中华书局 1989 年版,150 页。
③ 凌纯声:《中国古代社之源流》,《民族学研究所集刊》1964 年第 17 期。
④ (汉)应劭撰,王利器校注:《风俗通义校注》卷八"孝经说":"社者,土地之主,土地广博,不可遍敬,故封土以为社而祀之,报功也。"

谷,而名山大川又能出云以兴雨,此风云雷雨山川之所以祀也。若夫厉之有祀,则以鬼无所依或能为害,亦焉往而非为民哉?《传》:"国之大事,在祀与戎。"有民社之寄者,其尚知所重也夫!①

《福鼎县志》更是说明了遵循礼仪的必要性:

> 礼文繁缛,节目莫详。马贵与曰:"总其凡有五,曰:吉、凶、军、宾、嘉。举其大有六,曰:冠、昏、丧、祭、乡、相见。"我国朝治定制礼,损益百王,超越千古,典文该洽,万世可遵。所有已议定通行,载入省郡志各条,为县邑所当引据者,敬谨纂辑,用昭法守而示率循也。②

福鼎的社稷坛位于县城北部,与风云雷雨坛在同一位置,每年春秋二季进行祭礼,主祭官为知县。祭祀之前还有一系列的准备事宜:

> 凡府、州、县皆有社稷坛,今福鼎坛正在县城北风云雷雨坛中。春秋二祭,俱用仲月上戊日。主祭官知福鼎县。祭前三日,斋戒。将祭之前一日,省牲,治祭物,洁笾豆,扫除坛上下级设幕次中门外。③

祭礼当天要设祭坛,并奉上祭品。

> 本日,献官以下俱夙兴,执事者陈设其坛,坐南向北。设社位于稷之东,设稷位于社之西。每位羊一,豕一。笾四,盛枣、栗、形盐、藁鱼。豆四,盛韭菹、菁菹、醓醢、鹿醢。簠二,盛黍、稷。簋二,盛稻、粱。铏一,盛和羹。帛一。别设一小案(祝版、香炉、居坛正中)。④

之后由引导者即献官引导仪式的进行,分别在社神、稷神的神位前跪拜,行三次献礼。初献礼要往神位前供上帛布,并跪拜,然后由读祝者朗读祝词。亚献礼、终献

---

① (明)黄仲昭修纂:《八闽通志》,第357页。
② 嘉庆《福鼎县志》卷四"典礼",第83页。
③④ 同上,第87页。

礼不读祝词,只进行跪拜。

> 又:"奠帛,行初献礼。"引赞:"诣盥洗所。"执事酌水进巾。赞:"诣酒尊所。"司尊者举幂酌酒。赞:"诣神社位前。"赞:"奠帛。"赞:"俯伏,兴,平身。"赞:"诣稷神位前。"赞:"诣读祝位。"……通赞:"行亚献礼。"通赞:"行终献礼。"通赞:"饮福,受胙。"①

之后便要饮福酒,再次跪拜神位,撤去馈食进行送神。以跪拜送神后将帛布焚烧于坎中,待焚烧完成后用土夯实坎,以献官赞唱"礼毕"结束祭礼。

> 通赞:"读祝者捧祝,进帛者捧帛,各诣瘗所。"献官陪祭官离位,分东西班立。引赞:"诣望瘗位。"执事者以帛焚于坎中。焚毕,以土实坎。通赞唱:"礼毕。"②

祭礼祝词则如下:

> 维嘉庆某某年岁次某某月某某日朔越祭日,福鼎县知县某致祭于社稷之神之曰:"惟神奠九土,粒食万邦。分五色以表封圻,育三农而蕃稼穑。恭承守土,肃展明禋。时届仲春、秋。敬修祀典。庶丸丸松柏,巩磐石于无疆;翼翼黍苗,佐神仓于不匮。尚飨!"③

而祭风云雷雨山川城隍坛的仪式步骤与祭社稷坛大致相同,地点同样都在县城北部。只是在时间上有所差别。祭风云雷雨山川城隍需要在仲月上旬择日进行,多为上巳日。作为福鼎县境内赫赫有名的山川,毋庸置疑,太姥山是在其祭祀范围之内的。虽然五代闽国之后其西岳的地位不再,但包含在它身上的政治色彩却没有被彻底抹掉,在岁岁年年的山川祭祀中仍享受着世人的祭拜。风云雷雨山川城隍的祭礼祝词如下:

> 维嘉庆某某年岁次某某月某某日朔越祭日,福鼎县知县某致祭于风、云、雷、

---

①②③ 嘉庆《福鼎县志》卷四"典礼",第88页。

雨、山、川、城隍之神曰:"惟神赞襄天泽,福佑苍黎。佐灵化以流影,生成永赖;乘气机而鼓荡,和肃攸宜。磅礴高深,长保安贞之吉;凭依巩固,实资捍御之功。幸民俗之殷盈,仰神明之庇护。恭修岁事,正值良辰。敬洁豆笾,祇陈牲币。尚飨!"①

除此之外,还有厉坛祭礼。厉坛祭礼牒文中更是体现了帝国官僚系统在地方的震慑力。借由设坛向城隍报告人间之事,地方官员希望在城隍的权威下震慑不良之徒,维护地方正常的社会秩序。这种报告并不报向真正的地方官员而是通向城隍,通过城隍的"阴谴"或者"阴加护佑"达到效果,是一套"帝国隐喻"式的存在。牒文如下:

维嘉庆某某年岁次某某月某某日朔越祭日,福鼎县某官某致告于城隍之神曰:"普天之下,后土之上,无不有人,无不有鬼神。人鬼之道,幽明虽殊,其理则一。故制有事鬼之道。念厥冥冥之中,无祀鬼神,昔为生民,未至何故而殁。其间,有遭兵刃而损伤者,有死于水火盗贼者,有被人取财而逼死者,有被人强夺妻妾而死者,有遭刑祸而负屈死者,有天灾流行而疫死者,有为猛虎毒虫所害者,有为饥饿冻死者,有因战斗而殒身者,有因危急而自缢者,有因墙屋倾颓而压死者,有死后无子孙者。此等孤魂,死无所依,最堪怜悯。或倚草附木,或作为妖怪。徘徊于星月之下,悲号于风雨之中。今迎尊神,以主此祭。谨设坛于城北,兹当某月上、中、下。元佳节,谨备牲醴羹饭,专祭本县阖境无祀鬼神等众,灵其不昧,来享此祭。凡或一县人民,倘有不孝不睦,侮法欺善,种种奸邪不良之徒,神必报于城隍,发露其事,使遭官府,轻则笞决杖断,重则徒流绞斩。若事未发,必遭阴谴,使举家并遭灾害。如有克孝克睦、守法正直之人,神必达于城隍,阴加护佑,使其家道安和,农事顺遂,父母妻子,保守乡里。我等官如有上欺朝廷、下枉良善,贪财作弊,蠹政害民,灵必无私,一体昭报。如此,则鬼神有鉴察之明,官府非单于之祭。尚飨!"②

通过《福鼎县志》中记载的社稷祭礼、风云雷雨山川城隍和厉坛祭礼我们可以体

---

① 嘉庆《福鼎县志》卷四"典礼",第89页。
② 同上,第96页。

悟到山川祭礼对于政治统治者以及民众百姓的重要性和影响力,因为这是关乎着整体宇宙秩序的礼仪。所以当一座山拥有了封禅的经历后,人们可以更加清楚地了解到这座山与它所在的地方有着怎样的紧密关系。在帝国中央,天子出游并向神圣山岳和祭坛行祭礼以维持帝国的宇宙秩序,建立王宫与天之间的等级关系;在府、州、县,同样的逻辑被表达成州县治所与其外界的关系,是保存地方生机与活力的手段,更是在地方中体现帝国的在场。①

然而闽国王氏政权对待郊祀的态度则不如佛教积极。在王审知兴起的闽中佛教热潮影响之下,闽国都城长乐(今福州)中的社稷坛让位于佛寺建立,从原有的乌石山迁移到了邻霄台西。

> 社稷坛,三十六奇之一。在南涧寺东,旧在城西南七里,唐大中十年,观察使杨发迁于此,命摄巡官濮阳宁为记,以防改易。伪闽时以其地为佛祠,迁邻霄台之西。宋元祐六年,左朝散大夫柯述字仲常,南安人,元祐、元符中两知福州,入府志《名宦传》。广而新之,勒铭坛后。元初,迁法海寺北,地遂废。②

直到明朝洪武年间,福州城的社稷坛才恢复重建:

> 社稷坛在郡城北天王山下。旧在城南七里,唐观察使杨发,迁于南涧寺东,伪闽时迁于乌石山之阴,元初迁法海寺北,国朝洪武六年知府杨士英移建今所,七年定礼制,刻石于坛。其坛北向,四方各二丈五尺,高二丈,东西南北陛各三级,立石主一于坛之南,又置木主二,曰府社之神、府稷之神。七县云其县。其傍有神库、库厨、宰牲房、洗牲池、斋房。岁以春秋二仲上戊日,郡太守莅祭,礼毕藏玉于库。③

洪武三年,福州的风云雷雨山川坛建成,地方官员得令于祭祀之命于此祀境内山川、风云雷雨及城隍:

---

①　王铭铭:《人类学讲义稿》,第395页。

②　(清)郭柏苍、刘永松纂辑:《乌石山志》卷二"古迹",海风出版社2000年版,第48页。

③　万历《福州府志》卷十五"祀典二",海风出版社2001年版,第196页。

风云雷雨山川坛在郡城南钓龙基故址。洪武三年建惠泽山,六年移今所。国初,令府州县得祀境内山川,其后又令风云雷雨并城隍合祭,坛一而设位四。中祀风云雷雨之神,左祀府境内山川之神,右祀府城隍之神,悉向南,日本琉球、浮泥山川之神,祀西隅,东向。岁春秋二仲上巳日,布政使率诸司莅祭如社稷礼。①

可见,郊祀典仪在王闽政权中的分量与佛教有一定差距。佛教作为王闽政权维护境内稳定局面的统治工具之一,其重视程度可想而知。王审知父子对佛教的种种优待,如广建寺院、大规模塑造佛像、广度僧人、滥发度牒,②都将闽地对佛教的迷狂推向了一个新高潮。而原本属于国家礼制的诸项祭祀在不同程度上遭到了遗忘,到宋代才得以恢复;到了明代,对社稷、山川的祭典又才从元朝的废弃走向复兴。

可以说,闽国王氏政权通过封禅进行的国家礼制塑造最终是失败的:闽国的五岳封禅体系并不完整,封禅中仅有东岳与西岳,且西岳到底是太姥山还是高盖山仍有争论;同时,关于国家的礼仪制度并没有在闽国王氏政权的手中得以完整体现,甚至是在兴佛热潮中式微。闽国存在的近四十年中,王审知在位二十八年,为闽地的开发和民力的复苏奠定了良好的基础。然而其后代却在后期短短十数年的政治权利争斗中使闽国走向了灭亡,统治者再也无力建立完整的国家祭祀体系。闽国之封禅、郊祀可谓是地方政权试图对国家礼制进行塑造,从而转变其政权性质与解决政权合法性的缩影。首先借助于圣山与政权来源、合法性之关系,地方统治集团通过"昆仑山—神州"模式进行摹仿,构成了君王封禅的基础;其次,继承上古以来逐步完善的郊祀制度,于特定的时间地点祭祀社稷、山川,维持宇宙秩序的正常。闽国在短短四十年不到的时间内灭亡,其国家礼制的塑造最终也遭遇了失败。然而这种失败符合中国政治宇宙观的内涵,不祀天地、社稷、山川便无法维系国家的政治秩序和宇宙秩序。对于闽东太姥山来说,其本身的政治意象并不会因为五代闽国混乱的封禅和郊祀而被消解。后世知识分子在编纂志书的过程中太姥山的西岳名号被不断重复,这一行为本身就是对神圣山川和政权特殊关系的不断强调。在之后的岁月中太姥山西岳名号逐渐淡化,但附加在太姥山之上的政治宇宙观却是不能轻易去掉的。后世知识分子对"太姥西岳"的不断书写使人们可以得见太姥山作为空间载体是如何承载了政治宇宙观的。

---

① 万历《福州府志》卷十五"祀典二",第196页。
② 陈支平:《福建宗教史》,第143—149页。

第三节　有仙则灵——太姥山的多元信仰认同

太姥山远离州县治所,却曾经作为闽国西岳带来了政治力量;同时它也是闽地知识分子、士大夫心中一片可避世陶情的山岳林泉。作为心灵归宿的"林泉"自然与帝王心中要进行祭祀的山川意义不同。山川与府州,即山川与政治中心,这样的一种结构或许是今日再度思考山岳观念的不同路径。太姥山体现了政治空间符号与文人归隐空间符号的叠加,但两者之间并没有遁世与统治之间的矛盾冲突。正是山在空间上的疏远,使得它对于知识分子来说是尘世政治生活的超越,对于帝王来说是政治权威上对世俗权力的超越,为的是经由通天证明作为天子的正统性。山川具有的超越性在这里呈现出了不同的面向。正因为山川可以为政治统治的权威带来力量,思考山川才能获得对府州治所代表的政治权力中心进行反思。知识分子的心中,山川之所以重要也在于他能够成为皇权之外反思皇权的力量。① 另一方面,我们不能忽略山林之中寺宇遍布的现象。迄今为止人们仍可以在太姥山中见到许多寺、庵和庙宇遗址。从文人之山、闽国西岳到佛道居所、太姥圣地,不同景观的叠写实际上仍然和山川圣地的神圣超越性不可分割。无论是文人士大夫、政治统治者还是遁世修行者,这种对超越性的追求都与上古中国"神守国""社稷守国"的区分有关。②

对于"神守国"守国之神的解释可从《国语·鲁语下》中获知。吴人在听到"禹致群神于会稽山"时不知道"神"为何,便向孔子询问求解。

> 吴伐越,堕会稽,获骨焉,节专车。吴子(夫差)使来好聘,且问之仲尼,曰:"无以吾命。"宾发币于大夫,及仲尼,仲尼爵之。既彻俎而宴,客执骨而问曰:"敢问骨何为大?"仲尼曰:"丘闻之,昔禹致群神于会稽之山,防风氏后至,禹杀而戮之,其骨节专车,此为大矣。"客曰:"敢问谁守为神?"仲尼曰:"山川之灵,足以纪纲天下者,其守为神。社稷之守,为公侯,皆属于王。"客曰:"防风何守也?"仲尼曰:"汪芒氏之君也,守封、嵎之山者也,为漆姓。在虞、夏、商为汪芒氏,于周为长狄,今为大人。"客曰:"人长之极几何?"仲尼曰:"僬侥氏长三尺,短之至也;

---

① ② 舒瑜:《山志言"山"——以高奣映〈鸡足山志〉为个案》,《民族学刊》2013 年第 3 期总第 17 期。

长者不过十之,数之极也。"①

章太炎先生则根据《鲁语》所记提出古代诸侯有神守之国与守社稷之国。像任、宿、须勾、颛臾等国的主要职责是祭祀山川,不守社稷,也不设兵卫。这样的国家不务农事、兵事,也很少与诸侯来往,缺少记载,灭亡也快。顾颉刚的研究也尤其关注鬼主兼掌政教的现象,并从《墨子·法仪》《蛮书》的记载中对比了西藏以及边疆诸民族"政治领袖皆是宗教领袖"的实际情况,指出可以参考宗喀巴三弟子分掌蒙、藏政教大权的例子。② 而后杨向奎对"神守""社稷守"以及"绝地天通"间的关系做了解释。在远古,神守与社稷守不分,所有国王都是神而能通于天;神守与社稷守之分,当在夏初之际。重、黎"绝地天通"之后通天之权不再为平民所有,王不再兼有神职。《国语·周语》中记载夏为社稷守,申、吕二国为神守。根据《尔雅·释诂》,"重"即是"申","吕"与"黎"通假,可见有神守国与社稷守国之分。③ 然而夏代农业发展,民事事务日趋复杂,其发展能力毕竟有限,不能适应新的时代要求,因管理民事和战争等方面的需求而使得王权逐步增强,抑制了神权的影响力,终于由社稷守取代了神守。④神守国在后续历史中走向灭亡,再无记载。但是神守国与社稷守国的关系结构衍化成了山川与府州的关系,前者关乎自然与宗教的知识,后者关乎于政治与伦理的知识。⑤ 帝王要获得上天的认可以及证明自身之权威就要到山川圣地中进行封禅与郊祀,成为神、王分离之后的祭祀模式。尽管神守国灭亡后不再有王居于山,但佛教、道教等宗教以山为隐修之地在某种程度上是对神守性质的继承。抛开各宗教中对山的认知观念不谈,仅仅是对"神守"性质的继承已经构成了山岳神圣意义的一部分。当我们对比藏地神山时这种特质会非常明显,但回到我们惯常视野中的山川时,这一点却往往被我们忽略掉。当然这也说明山川具有的超越性在对文人士大夫、统治者开放的同时也是面向信仰世界的,上古从巫的通天者在通天寻求宇宙秩序时同样使人获得了精神上的慰藉。

太姥山的诸多神话传说中,道家、佛家以及民间信仰的内容是非常多的。在可以看到的景观中,庙宇也不在少数。关于山中最早的寺庙,《太姥山志》记录的是唐咸通年间僧人惟亮结茅处,称为金峰庵。

---

① 邬国义、胡果文、李晓路撰:《国语译注》卷五"鲁语下",第 174 页。

②④ 吴锐:《神守、社稷守与"儒"及儒家的产生》,http://blog.tianya.cn/post−279938−23455258−1.shtml。

③ 吴锐:《论神守国》,《齐鲁学刊》1996 年第 1 期。

⑤ 舒瑜:《山志言"山"——以高奣映〈鸡足山志〉为个案》,《民族学刊》2013 年第 3 期。

金峰庵,在望仙桥下五里许。唐咸通年间,僧惟亮结茅于此,终日宴坐,每月下山乞米一次,日用二三合,煮野菜杂食之。或转施贫乏,则经旬不食。其后,为樵火毁其居,遂改居柘阳里。久之,见饿虎,因弃身以饲之。今之庵乃惟亮故址。①

林嵩在《游太姥山记》中则说"山无旧寺,乾符间僧师待始筑居于此"。而在乾符四年,唐僖宗敕建国兴寺,国兴寺也成为了太姥山庙宇之最。但到宋朝时国兴寺陷入了荒废之中,留下三百六十根石柱置于荒野,"大半狼藉卧荆棘中"。② 来往太姥的文人游客对国兴寺之遭遇有着深深的感慨。如明人陈良谦《国兴寺》诗:

国兴翘首近摩霄,蹑足丹梯万丈遥。
石势参差罗佛像,潭光隐见挚龙标。
泉开卓锡通双井,塔镇楞伽锁断桥。
华表鹤归遗迹远,几回抚景叹萧条。

又如清人林士恭的《国兴寺怀古》诗:

古刹卓超群,时迁不得闻。
只留青石柱,三百六凌云。

进入五代十国时期,以王审知为首的开闽王氏政权在闽地的治理和开发中引领了大规模的"崇佛"潮流。这对整个闽地的宗教氛围有着很大的促进作用。清人黄任撰写的《鼓山志》记载了一块名为《鼓山涌泉禅新修忠懿王祠堂碑》的碑文内容,其中就提到了闽中王室的崇佛行为:

五代之间,诸侯割据,天下瓜剖,训练士卒,更相吞噬,而佛法独盛于其时。以国王大臣犹能倾心奉道,人重法故也。当是时,孟氏起西蜀,钱氏据浙右,李氏守江南,以至闽之王氏,皆严塔庙,崇圣教,延访高僧,咨求法要。③

---

① 卓剑舟:《太姥山全志》卷二"寺宇",第447页。
② 同上,第444页。
③ 福州市地方志编纂委员会整理:《鼓山艺文志》,海风出版社2001年版,第71页。

　　王室政权内部对待佛教的态度也分成了两种，一种如王审知、王延彬等人确实是信奉佛教，时有探究；而其他的王室成员的关注点则是在广种福田等具体事功上，并不如王审知等人有真正的信仰。当然，王室政权的崇佛也有着维护政权的目的，事实的结果则是为闽中的崇佛风潮推波助澜了。① 王审知入闽前，福建寺院的总数为 387座。王审知治闽的三四十年间，由于他大力提倡和扶植佛教，新增建寺院 310 座。这样，佛教寺院的总数达到 697 座，使佛教的流传在福建臻于鼎盛。② 此外，王氏政权对境内的祠庙修建有着相当宽容的态度，封赐了许多祠庙。《三山志》卷八"祠庙"则说"相传王氏入闽，州邑闾井，许民咸得立祠"。另一方面王室政权也借用李唐攀附道祖李耳的方式，将自己与福州怡山一位道士王霸联系在一起。而这种环境与氛围为宋代福建一带的造神高潮奠定了基础。

　　不难想象，在这股风潮下，太姥山中的佛寺庙宇会走向一个新的繁荣时期。直至今日，在太姥山中仍可见到如国兴寺、白云寺、一片瓦禅寺、香山寺、普明寺等诸多寺庙。但在历史变迁中不断重修寺庙、修建新的寺庙从未断绝，如平兴寺、五百罗汉堂皆是在过去 60 年间不断修建而成。平兴寺最初在 1966 年有十余名僧人于此结茅而住，垦荒种植，早晚课诵，从未间断。到了 1977 年世行法师移锡于此，住持改建此道场。因平地而起，兴作道场，因此寺院名为"平兴寺"。五百罗汉堂则由香山寺住持释品善老和尚与缅甸国母结缘后在其资助下修建而成。香山寺在 2002 年动工，2005年 10 月修成后举行了开光仪式。也正是由于佛教之势的壮大，太姥山的人文景观中道教建筑并不多见，反而是佛教于历史变迁中不断地叠加声望，形成了今日太姥山人文景观浓重的佛教气息。尽管如此，太姥山最具声望的信仰符号并不是佛教。佛教与道家一样，在当下的地景构造中都统合于太姥娘娘的民间信仰。现在，国兴寺正在闭门重修。修复现场可以看见有六根石柱矗立在原来的佛寺遗址当中，两侧分别是两口宋井，仍有清水可出。遗址后方是国兴寺的主体建筑群，分别由一间大殿、两间偏殿组成。大殿是"大雄宝殿"，大门面对着寺门，可由寺门穿过六根石柱拾级而上。大殿左边的偏殿是地藏王殿，右边则是太姥圣殿，供奉有太姥娘娘的塑像。位于太姥山摩霄峰的摩霄庵（即白云寺）也专门建有供奉太姥娘娘塑像的殿。摩霄庵目前也处于修葺状态，但仍向来客开放了唯一一个殿，殿中安放了太姥娘娘的雕像。

　　同样在一片瓦这个太姥山最具神圣意义的区域，太姥娘娘圣地与佛教仍是关系

---

① 林正锋：《五代闽国佛教研究》，福建师范大学硕士论文，2009 年。

② 林立群、林精华：《王审知入闽、治闽与"崇佛"》，《福建论坛（文史哲版）》1996 年 3 期。

平兴寺

密切。太姥娘娘在此地得道升天,因而建有"尧封太姥舍利塔"。舍利塔后方则是1999年新建的"太姥圣殿",殿中供奉有太姥娘娘的汉白玉石像,上方有题匾"太姥娘菩萨"。在禅寺的文字说明中太姥娘于七月初七往生为护法菩萨,太姥娘娘则以佛教化的方式出现,被冠以菩萨之称。一片瓦禅寺住持则说当初修建新殿时决定以"太姥圣殿"为名是因为太姥娘娘已受尧封,其舍利塔也得唐玄宗赐题"尧封太姥舍利塔"字,自然能承受圣名。在2014年一片瓦禅寺重新修缮了太姥娘娘圣迹,即一片瓦石室。连同2012年新落成开光的悬铜殿,整个一片瓦区域的面貌焕然一新。然而住持在谈及1999年修建时颇有感触,原因在于当初有人质疑他身为佛教中人反而发愿修缮太姥娘娘圣殿。说到原因,住持说当时他听到上山的百姓说太姥娘娘名声很大,然而山中却并无太姥娘娘庙。于是他便发愿以化缘募资的方式修建太姥娘娘道场,自己还前往北京向书法名家求得墨宝,为太姥圣殿匾额题字。太姥圣殿建成后每年七月初七太姥娘娘升天得道日的纪念法会便在此处举行。2015年的农历七月初五至七月初七,一片瓦禅寺举行"太姥娘菩萨圣像开光消灾延生功德法会",邀请来自宁德市佛教协会、罗源圣水寺以及福鼎栖林寺、福鼎安灵寺的四位法师共同为太姥娘菩萨圣像洒净开光主法。相对于一片瓦禅寺小规模的法会,由福鼎市道教协会主办的太姥娘娘祭典则从2012年开始在太姥山玉湖庵景区的太姥娘娘石像广场处举行,声势浩大,场面隆重。除佛、道二教外,太姥山至今还留有摩尼教的痕迹,为摩霄峰上的一间石屋。摩尼教,这个出现在武侠小说中的明教之原形在唐代自波斯传入中国,唐后期失势后便向全国各地扩散。在福建境内,除太姥山摩霄峰的石室外,摩尼教还在晋江华表山筑有一处"草庵"。摩尼教因崇尚光明,视黑暗为邪恶,认为只有明尊派遣的光明使者才能拯救处于黑暗王国中的人类,因而在中国也称为"明教"。太姥山上的摩尼宫建在摩霄峰,虽不是山中最高峰,但身处高地同样可眺目远望。摩霄峰也符合摩尼教崇尚光明、接近光明的教义,建石室于此可能正是教众为了更近距离地接近太阳。但现在仅有方寸大小的石室中供奉的是一尊太姥娘娘像,并不曾见半点摩尼教遗迹。石室门口放有香炉,上山祈愿之人则会向太姥娘娘上香。愿望实现后人们会在石室门前的树枝上插一面锦旗以作还愿。

尧封太姥舍利塔和太姥娘娘殿

在太姥山中,无论是佛教、道教、摩尼教,它们对应的景观中都有太姥娘娘的塑像或是传说存在,她成了四个信仰体系中最具统合力的符号。太姥山至今仍然活跃的道教与佛教都围绕着太姥娘娘创造了一套属于自己信仰体系内的年度庆典。每年的七月初七,一片瓦禅寺的法会与道教协会主办的祭典都以太姥娘娘为核心展开了一场关于声望的竞争。这不仅是太姥山历史过程中两大宗教关系状况的展现,更是关于福鼎地方社会的一次展演、一场"社会戏剧"。在展演中太姥娘娘并不会因为双方的竞争而被两大宗教的声望所淹没。相反,她所具有的中心性使自己的声望得到了两方的抬高,因而达到了一种声望的聚合。获得声望的同时太姥娘娘也将相当程度的声望反馈给举办年度庆典的两方,为今后更多的声望积累奠定了基础。竞争与展演不仅带来了声望的增加,也带来了更加稳固的认同。无论是那一派信仰体系,通过举行围绕太姥娘娘的年度庆典各方信众都会成为太姥娘娘的信众,这样的认同度是任何单独一方的努力所不能达到的。太姥娘娘具有的这种统合力与其上古封圣有关。尧封太姥的传说虽不可捉摸,世人却立有太姥娘娘舍利塔作为实证。上古时期道教尚未成形,佛教则还未从印度传入中国,况且佛教作为外来宗教在传入中国时进行了很深层次的中国化、在地化,否则难以稳固立足。这即是说,太姥娘娘作为上古封圣的神灵在最初的源头同样拥有强大的认同,其来源则可能是中国两大神话(文明)系统的传播与结合。

太姥山之奇也在于它与大海相接,形成了"山海大观"的奇象。在山顶远眺大海是攀登内陆山川所不能想象的,太姥山却轻易地实现了。山、海相接是奇象,更是中国上古以来两大神话体系相融合的隐喻与象征。这需要再回到"昆仑山"的问题上进行思考。"昆仑"与"蓬莱"是中国古史中清晰呈现出的两大神话系统。以顾颉刚之说昆仑神话发端于西部高原,由于秦国和楚国向西拓地从而与羌、戎的接触日益频繁密切,便流传至中原。《山海经》系统地记录了昆仑的诸多神话,在书中昆仑就是一个有特殊地位的神话中心。① 我们所熟知的夸父逐日、精卫填海、嫦娥窃不死药皆出自这本书。最重要的是,昆仑神话传递出一种长生不死的观念。《山海经》的传播造成了很大的影响,致使《庄子》《楚辞》中都出现了昆仑的痕迹。神话通过楚向东传播,遭遇到大海这样的自然条件后昆仑与海的概念开始融合,之后在燕、赵、齐、越这样的沿海地区形成了蓬莱神话。如齐国,昆仑神话渐渐与当地《齐谐》等志怪书中的故事相结合,再加上齐人本身对海洋有了相当的熟悉,便产生了蓬莱神话的最初形式。这一过程中,昆仑神话中的许多事物被加以改变、引用,成为蓬莱神话中新事物的来源。其中包含的不死观念更是激发了人到更远的大海求仙长生的欲望。"可以说西方的昆仑说传到了东方,东方人就撷取了这中心意义,加上了自己的地理环境,创造出这一套说法……所以这东方的仙岛本由西方的神国脱化而出,及其各自发展以后,两种传说又被人结合了起来,更活泼了战国人的脑筋,想在现实世界之外更找一个神仙世界。"②司马迁《史记·封禅书》则提及自从齐威王、齐宣王、燕昭王以来就

---

① 顾颉刚:《古史辨自序》(下册),第777页。
② 同上,第781页。

有人出海寻找蓬莱、方丈、瀛洲三神山求长生不死之术。

> 自威、宣、燕昭使人入海求蓬莱、方丈、瀛洲。此三神山者,其傅在勃海中,去人不远;患且至,则船风引而去。盖尝有至者,诸仙人及不死之药皆在焉。其物禽兽尽白,而黄金银为宫阙。未至,望之如云;及到,三神山反居水下。临之,风辄引去,终莫能至云。世主莫不甘心焉。①

对于昆仑神话与蓬莱神话的融合,应该看到这恰是一个华夏世界观、宇宙观被不断书写的过程。呈现于后世的华夏观一方面受昆仑神话(西面的山)影响,另一方面受蓬莱神话(东面的海)影响,将两大文明体系结合了起来。西来的昆仑山在华夏文明中是他者,却成为了华夏神话体系构成的重要部分,甚至居于中心位置。华夏宇宙观的形塑也正是在东(海)、西(山)两大文明集团宇宙观的叠加中成形的,其来源是多元化的。② 带着这样的视角再来看太姥山,便能明白山海结合的意义。太姥娘娘在太姥山得道升仙获得不死指出了这一传说中的"昆仑"意味;同时由于地理位置的独特性,太姥娘娘的传说中又包含了托梦给汉武帝让其到东南方向的海上仙山寻找蟠桃的"蓬莱"元素。正如"昆仑"神话对于"蓬莱"神话的启发一样,中国人对海洋的观念始终是与山紧密相连的。即便是以海为生,沿海地带的人们仍会对海上仙山的传说兴趣盎然。现在,我们能够理解文人墨客留下的诗文中为何会出现对蓬莱海上仙境的无限感怀。如清人王孙恭的《石船》诗:

> 方丈蓬莱隔十洲,仰天湖外海云秋。
> 游人莫怪无长楫,此是南华不系舟。

又如清人刘荀勉励《望海台》诗:

> 层台倚云霄,碧空净如扫。
> 凭高骋远望,沧海归怀抱。
> 珠树间珊瑚,神州产异宝。

---

① 司马迁:《史记·封禅书》,中华书局 1963 年版,第 1355 页。
② 张亚辉主编:《西部民族走廊研究——经典与文献》,第 26 页。

风烟卷天末,穷发不可考。

出没露鲸鲵,巨浪排素缟。

返照漾金波,澜翻石壁倒。

乾坤一气浮,混茫流灏灏。

隐约峙三山,方壶接蓬岛。

谁为招安期? 一讯如瓜枣。

神仙不可学,但愿学无老。

　　民间有谚语"下海求妈祖,上山求太姥",然而太姥信仰不仅包含了山文明,更有海文明的存在,是不同于西方世界的海洋文明。太姥娘娘作为这一信仰的象征承载,从她自上古而来的传说、与越人不可分的关系来看,她的形象应是比妈祖还要远早,类似于昆仑神话中西王母的闽越始祖神。单从海洋或是山的视角去理解太姥信仰,并不能获得整体的认知,反而是削减了信仰涵盖的丰富意义。体现在太姥娘娘身上的山海相连在人们真实的生活世界中也是同构的。所以,毫无疑问太姥娘娘必须与太姥山融合为一体,以"太姥"之名作为共同指代:即是说一个山海相接的地理空间,更是指一位融合了山、海文明的民间信仰神祇。实际上,从上古传说开始流传于闽越之地以来,这二者从未被分开过。太姥山,其作为自然之山的物质性与作为信仰符号的表征性结合在一起,塑造出了闽东独一无二的信仰地景。

第三章　太姥朝圣与太姥文化区的家园遗产

　　将太姥山塑造为闽东具有标志性地景之过程一直没有停歇。在山中寺庙修缮、新建的过程中,在不断重复的年度祭祀庆典中,太姥山逐渐被推向了一个朝圣之地的位置。然而追溯其历史进程,可以得见太姥山的神圣性经历了一条由上古的空间圣化、中古的帝王封圣到当下巩固圣化原点和记忆的过程。而这一过程也是太姥山地景的历时性形塑过程,且成为了太姥山走向"遗产化"的历史基础和记忆基础。

　　本章将从历时性的角度追寻太姥山空间圣化的过程,关注由古至今的朝圣活动、人们在太姥信仰实践中不断形塑的社会记忆,以及太姥山作为家园遗产的未来道路。太姥山的空间圣化将基于葛兰言的"圣地"概念、太姥山"山空间"与"海空间"的神圣性、后世人们对神圣原点的强调来展开讨论。而这一历程自上古开始发生并延续至今,为福鼎地方社会记忆的形塑奠定了深厚的历史基础。人类学对社会记忆或集体记忆的研究强调人类实践对记忆形塑的重要作用。不断发生的实践活动为社会记忆的发生提供了社会情境,而已有的社会记忆又会重返群体共创的公共情境中,指导着人们实践活动。因而本章将会通过对福鼎近年来再造的太姥娘娘祭典等信仰活动的描述,分析地方社会如何维系太姥山和太姥娘娘神圣性,产生出了怎样的社会记忆。在如今的社会大背景下,太姥山也走向了"遗产化"的道路,所以怎样维系太姥文化使太姥山在未来的时空中成为具有家乡感和地方感的"家园遗产"同样值得思考。宗教信仰实践的再造与家园的重塑、地方感的追求密切相关,家园遗产的塑造也要基于此才有可行性。本章的最后将会明晰家园遗产的含义,并在闽地传统文化复兴的背景下讨论太姥山由地景成为家园遗产的意义。

第一节　作为山川圣地的太姥山

　　从太姥娘娘得道升天,并得"尧封"开始,太姥娘娘这一民间信仰神祇就带上了神圣光环。在太姥信仰发展过程中,太姥娘娘本身已经通过尧的封圣确定了神圣性,太姥山则因是太姥娘娘的升仙之所而成为太姥圣地。当太姥山和太姥娘娘复合成一体时,太姥娘娘才真正成为了具有整体神圣性的信仰符号。那么太姥山是否因为太姥娘娘的原因才成为圣地呢? 实际上,她所具有的神圣性来自于两方面,一是太姥山本身作为山川圣地所具有的神圣性;二是她的升仙和唯一的一次封圣。无论是太姥山众多关于太姥娘娘景观的建立,还是围绕着太姥娘娘开展的仪式庆典,都是在太姥山展开的。可以说太姥信仰的强化在很大程度上是在太姥山中通过不断塑造太姥娘娘景观来实现的,是对圣地的打造。结果就是"太姥"二字既是指太姥娘娘,也是指太姥山,根本无法将二者切割开来。考察太姥朝圣,首先应该对朝圣的空间——太姥圣地进行思考。但在此之前,我们还要对更本原的"圣地"观念做一番考察。

葛兰言关于中国上古风俗与山川的研究无疑是有巨大的启发性的。他认为山川圣地具有两个面向的重要意义,一对于官方宗教而言,二是对民间信仰而言。在习以为常的表述中,山川是中国人崇拜的对象,但这带来的误解就是人对山川有着特别的崇拜,并用山岳之雄伟与河流之威力来解释对山川的崇拜。葛兰言在对《诗经》的分析中指出上古风俗中的节庆是在"草木繁盛的山川场景"中举行的,用山川的力量来解释并不合理,应该说这种场景就是"圣地",圣地当中的每个要素都是神圣的,如树木、岩石、山岳、河流、森林是同一个秩序中的神圣力量,它们在自然中的地位如同帝王在人类社会中一样,是宇宙秩序的控制者。所以当天逢大旱时成汤须以己为牺牲祝祷于桑林,面临灾难时王侯与山川同样都会陷入困境。倘若君王有德,山川便依赖君主之德保持宇宙秩序的稳固。所以,山川是国家统治力量得以实行的代理者。这并不是因为山川本身拥有这样的力量,而是山川与君王都被授权拥有对宇宙秩序的调控力量与权威。[①] 后世君王的"官方宗教"——封禅、郊祀都与这点密不可分。闽王的太姥山封禅也正是想借此来保障自己统辖下的闽国有着稳固的宇宙秩序和社会秩序。所以我们也能够在《福鼎县志》中看到专门记载社稷坛和风雨雷云山川城隍坛祭祀的篇章。对于统治者来说不仅要在帝国的中心的郊外,即帝都郊野进行封禅和郊祀,帝国其他层次的政治中心也要在治所郊外进行郊祀,如此整个帝国的秩序才能被维护,帝王之德才能彰显。

民间信仰方面,山川与民众的季节节庆构成了同步的节律。王侯负责维持社会与宇宙的良好秩序,地方共同体中人们正常生活的进程就由季节节庆来呈现。在季

---

① ［法］葛兰言著,赵丙祥、张宏明译:《古代中国的节庆与歌谣》,第166页。

节节庆中,人们在山川附近集会使节庆激发出神圣力量,其后代也就会在同一地点不断实现他们的重新团结。所以山川的神圣性正来源于此。季节节庆作为一种集体性活动使人们在共同欢腾中达到混融状态,暂时性的摒弃了平日所维系的社会秩序。换言之,则是说社会秩序以间断的方式显现出来,因而王侯之德能够和季节节庆一样带来益处。民间社会共同体与圣地之联系在于人们相信集会于圣地庆祝节庆能够获得圣地的恩惠,保障他们现在和未来的生活。① 在节庆中,不同的家族集团打破平日的生活边界,与其他家族集团相聚于圣地,通过婚姻,一种人的交换,缔结联盟形成"社会"。如郑国的春季节庆中,青年男女在溱、洧两河的交汇处游玩、对歌、恋爱,以互赠花朵作为"约为婚姻"的象征。秋季则是收获的季节,收获后男女们依旧是要在山川场景中载歌载舞,但仪式的中心从山川转变成收割后的田间,成为一条"由外部回到内部"的路径。这样世代相聚于同一处山川圣地进行年度的集会,圣地自然被人们认定为自古便与他们自身存在着联系,继而成为这一地方共同体的祖先中心。人们也相信,这个中心蕴含着支配自然的力量,是人们的生存之源和延续之源。更重要的是,因为圣地是季节节庆的连接点才会受到人的敬畏。葛兰言的观点无非是说,山川圣地不是仅凭自身的力量就能够成为圣地,人在季节性的节庆中的欢腾、混融、交换才是激发山川勃勃生机成为圣地的关键。

尽管今天人们在太姥山只能看到相关的宗教仪式,但从其周边的民族风俗来看,这种对山川圣地崇拜的远古风俗仍可寻到一些痕迹。位于太姥山下潋溪西畔的灵峰寺所依之山名为虎山,在福鼎官方编写的《福鼎畲族志》中有一条关于潋城村40余户李氏畲族的记载:

> 西门外村"二月二"歌墟:秦屿镇潋城村西门外自然村有李氏畲族40余户,200多人口。每年农历二月二,不少来自霞浦及本县店下、硖门、磻溪、白琳等乡镇的畲族歌手和来客,聚集于该村附近的灵峰寺(福鼎六大寺之一)周围会唱畲歌。这个歌墟从解放至今数十年,从无间断过,其规模仅次于双华歌会②。③

---

① [法]葛兰言著,赵丙祥、张宏明译:《古代中国的节庆与歌谣》,第167页。
② 指前岐镇双华畲村的"二月二"歌会,是福鼎县畲族历史最久、场面最大的歌节。
③ 《福鼎畲族志》编纂委员会编:《福鼎畲族志》,第191页。

来自潋城村西门外自然村的畲族人为何会聚在灵峰寺周围举办歌墟呢？可以推测，这与灵峰寺所处的位置有关。灵峰寺所依靠的虎山虽不高，但发脉于太姥山的三十六峰之一。在春季，男女汇聚于山麓溪流旁进行对歌即是在山川圣地进行聚会，使山川万物获得生机。灵峰寺择虎山而建也说明了此地对于佛家僧众来说亦是具有灵气之地。不仅虎山对于附近百姓来说是山川圣地，其源头的峰脉，即太姥山，又何尝不是一个山川圣地呢？如果说灵峰寺离太姥山距离比较远，那么位于太姥山景区西南山麓的方家山畲族村在"三月三"举办的歌会更能说明问题。方家山畲族村全村共有800多人，一半以上是畲民，是个典型的山区畲族村。他们的"三月三"歌会在2013年已经入选第四批宁德市级非物质文化遗产名录。[①] 尽管官方主办的意味越来越浓厚，但这依然不能改变歌会的实质，即于春季节庆在山川圣地（太姥山）中集会，男女以竞争对歌的方式相互热络，激发山川灵力，获得四季的风调雨顺。且关于太姥娘娘来历的不同版本传说中就有认为太姥娘娘乃是南方古越人的始祖母之说。

太姥山神圣性来源不仅是作为山具有的"圣地"属性，也包含空间中的海洋部分。太姥山是山、海两大神话体系交合的结果，海洋的神圣意境无法忽略。海洋神话中东海中有三座仙山，分别为蓬莱、方丈、瀛洲，传说海外仙山为神仙居所，产不死神药，因而引发秦始皇遣人出海寻药。《列子·汤问》完整地记述了渤海之东的五座海上仙山：

> 渤海之东不知几亿万里，有大壑焉，实惟无底之谷，其下无底，名曰归墟。八纮九野之水，天汉之流，莫不注之，而无增无减焉。其中有五山焉：一曰岱舆，二曰员峤，三曰方壶，四曰瀛洲，五曰蓬莱。其山高下周旋三万里，其顶平处九千里，山之中间相去七万里，以为邻居焉。其上台观皆金玉，其上禽兽皆纯缟。珠玕之树皆丛生，华实皆有滋味，食之皆不老不死。所居之人，皆仙圣之种，一日一夕飞相往来者，不可数焉。而五山之根，无所连著，常随潮波上下往还，不得暂峙焉。仙圣毒之，诉之于帝。帝恐流于西极，失群仙圣之居，乃命禺彊使巨鳌十五举首而戴之，迭为三番，六万岁一交焉，五山始峙而不动。而龙伯之国有大人，举足不盈数步而暨五山之所，一钓而连六鳌，合负而趣，归其国，灼其骨以数焉。于是岱舆、员峤二山，流于北极，沉于大海，仙圣之播迁者巨亿计。帝凭怒，侵减龙

---

① 《难忘畲族"三月三"》，福鼎新闻 http://www.fdxww.com/xiangtuwenhua/minjianyishu/26859.html。

伯之国使阨,侵小龙伯之民使短。至伏羲、神农时,其国人犹数十丈。①

  《列子·汤问》的叙述结合了"大壑归墟""巨鳌戴山"等故事,使原本朴质的东方蓬莱三神山的神话内涵更为丰富。而"大海""归墟""神山""仙人""不死药""巨鳌""大人"等意象共同构筑,日益增衍成为东方海域上的神圣空间——一个不死的仙境乐园。②海域神圣空间的形成,让人们产生出对来自远方世界陌生而神秘的力量充满向往和期待。这种力量对世俗生活世界具有超越性,人们不仅会追求"山珍海味",更期待来源于海域的神、仙赐予自身不凡的灵力。尽管民间有谚语"下海求妈祖,上山求太姥",但太姥娘娘并非限制于"山"的范围,关于她的传说中"海"的因素同样重要。其中一个版本说,尧帝奉母泛舟海上,突遇风雾,迷失方向。待日出雾散之时,忽见东海之滨出现一座仙山——太姥山,便移舟靠岸,徒步上山游览。帝母却留恋此山风景,乐不思归,从此便栖居半云洞中闭关修持。③此传说直接将太姥神的来源归于从海而来的尧帝母,极具象征意味。另外一则关于太姥山的传说中更是体现了太姥山作为神圣空间与蓬莱仙境之间的密切关系:

  唐玄宗开元十三年,都督辛子言自越泛舟来牧闽,止本州海上,梦朱衣玄冠者执圭而前曰:"某神吏也,昧爽仙姑将之蓬莱,司风雨者先驱,以荡鱼鳖之腥。中丞泊舟当路,幸移楫焉。"既觉,亟移舟,果风雨暴至,洪涛驾天。少顷澄清,云霞绚彩,有鸾鹤笙管之音。子言绘图奏闻,上置图华萼楼。④

  可见,来自海外仙山、仙境的神仙同样可以为太姥山带来超凡的神圣力量。在实际可见的景观中,太姥山"海上仙都""山海大观"的美称已经包含了山与海的元素。结合神话传说的叙述,应该看到太姥山空间的神圣性不仅来自于陆地之山,也来自于陆地之外的海域。太姥山的空间范畴既然包含了山与海,相应地其神圣性的来源也应该是包含这两个面向的。

  太姥山具有来自"山空间"和"海空间"的神圣性,如此作为太姥娘娘的得道升仙处自然可以得到人们的认可。但若缺少了太姥娘娘的升仙、封圣,太姥山也不可能成

① (晋)张湛撰,《列子·汤问》卷五,上海书店1986年版,第52—53页。
② 高莉芬:《蓬莱神话的海洋思想及其宇宙观》,《政大中文学报》2006年第6期。
③ 白荣敏:《福鼎史话》,第15页。
④ (明)谢肇淛:《太姥山志》卷上,第334页。

为"太姥圣地"。也就是说,太姥山只有经历了空间的圣化,才能成为"太姥圣地",否则它只能是"才山"。一个空间的神圣,是因为最初祝圣它的那个神显的永恒本性。[①] 的确,对太姥山"圣地"起到最初圣化作用的是太姥娘娘于七月初七在一片瓦得道升仙的传说。因而一片瓦区域成为了太姥山最具神圣意境的景观,尧封太姥舍利塔、太姥娘圣殿、一片瓦石室皆集中在这一区域。此处面积不大,却是整个太姥娘娘朝圣的核心地带。"尧封太姥"则是进一步稳固了太姥娘娘神圣性的持续存在,因为"封圣"意味着神圣性的永恒存在。一片瓦成为整座太姥山太姥信仰的中心点,从这一点开始,这种神圣性外扩至太姥山的每个地方,乃至山麓的太姥娘娘石像。为了增加太姥信仰的灵力,也为了证明太姥信仰的影响力,逐渐地,山中寺庙开始为太姥娘娘设立专门的殿宇,将其与佛门众佛同受供奉。实际上对太姥圣地塑造的过程从未中断,人们仍旧不断地重塑太姥娘娘神像,并在新的条件背景下进行更大规模的圣地打造工程。2001年太姥娘娘新石像的奠基便是如此。这一年的10月3日,太姥娘娘石像奠基。据新闻报道,动土时天空忽然挂起绚丽的彩虹,反复五次,在场的人无不惊讶称奇,疑是太姥娘娘乘九色龙马驾还。在这样带有传奇色彩的叙事中,我们可以看到一次新的空间圣化。在这里,彩虹的出现意味着新石像的树立得到了认可,太姥娘娘的神圣性得到了强化和延续。新石像的树立与山中一片瓦区域形成了两个神圣的中心点,一个是以佛教法会活动为主祭祀太姥娘娘,一个则是以道教活动为主导开展大规模太姥祭典,形成了围绕着太姥娘娘而展开的社会戏剧和声望竞争,其目的皆是为了增加太姥娘娘的声望与灵力。

太姥圣地处于不断的构建中,其神圣性也在年复一年的朝圣活动得到重申与铭记。人们通过到太姥山朝圣,将对太姥山山川圣地的朝拜和对太姥娘娘的朝拜渐渐等同起来,山与神共同形成了一个在时空中都不可忽视的象征体系和地景。需要注意的是,如太姥娘娘这样的民间信仰在论及朝圣时所包含的意义与西方宗教定义下的朝圣是有所差别的。中国民间信仰中的游神、朝山、进香、香会等仪式不能简单地等同于基督教意义上的朝圣,这与一系列文化翻译相关的重要问题分不开的。[②] 应该说,进香、朝山、游神等仪式活动与在山川圣地中开展的上古民俗有关联,也同中央朝廷一直进行的封禅、郊祀关系密切。它们都整体性地展现了一种中国人的世界观

---

① [美]米尔恰·伊利亚德著,晏可佳、姚蓓琴译:《神圣的存在:比较宗教的范型》,广西师范大学出版社2008年版,第347页。

② 王铭铭:《人类学讲义稿》,第394页。

和宇宙观。如今可以看到的民间信仰中,朝拜神祇、向神祇进香、绕境巡游等仪式实践包含着人们对上下、天地、人神、内外关系的解释和实践。在由封禅、郊祀、朝贡、进香构成的关于中国山川的朝圣中,朝圣者通过仪式一方面获得来自天地宇宙的力量,实现人与自然的丰产;另一方面获得一种上下内外的关系,使社会和自然都保有正常秩序,也使超越自身的山川神圣性得以彰显;再则,人神之间形成一种互惠关系,人进香奉山川神灵,神灵回馈予人福报。人们对山川的祈祷既含有丰产的意味,也有对宇宙秩序稳固的愿望。官方的社稷祭祀和山川风雨祭祀负责宇宙秩序的正常,而普民大众在太姥山中进香求得风调雨顺就是对植物之丰产("丰收")和人之丰产("多子")的诉求。

太姥娘娘乐善好施、救助世人的传说也使太姥娘娘的形象具有道德感,当人们朝圣太姥山时自然地获得了浓厚的道德感和道德力量。将这套拜祭方式直接等同于西方宗教所说的"朝圣"则会忽视上述所说的几类关系。西方宗教的圣山不仅是远离尘世的,也将世俗生活与神圣世界隔离开。在中国,自上古民俗开始经历宫廷化到被民间重新再吸收,礼俗生活就成了一种生活常态,一种将神圣性和世俗生活紧密相连的生活方式。朝圣圣地虽与世俗生活空间有一定距离,不断重复的年度庆典仪式则将二者关联起来。因此,太姥山与太姥娘成为了闽东地方社会记忆不可或缺的承载者,更是地方文化、历史的构成部分。

第二节 太姥朝圣与社会记忆

圣地作为一个特殊的空间,也具有物质性。地景的物质性与记忆的物质性同构。记忆依托物质载体而生,地景本身就具有物的性质。地景的象征性在于不同景观包含的丰富意义之叠加,形成了一个复合的意象。其中自然会涉及记忆的形塑。太姥山作为地景也是一处空间所在,它如何被编码进人们的记忆中? 或是说,空间如何编码人们的记忆?

山川圣地的性质与尧封太姥的封圣奠定了太姥山作为朝圣圣地的基础,因而山内具有了超自然的力量。从太姥娘娘得道升仙的传说开始,太姥山便在人们记忆中形成了一条自上古延续至今的记忆流。太姥娘娘升天确定了太姥山作为神圣之所,奠定了太姥娘娘的神圣性。太姥娘娘升天之日,即七月初七则成为了其神圣性确立的原点,为后人举行的仪式赋予了非凡的意义。可以说,这是关于太姥山以及太姥娘娘的记忆基点,同时也包含着后人多次复述中形成的太姥娘娘来历传说。尧封太姥则是对太姥娘娘神圣性的确定。尧的不凡地位和出众品格让太姥娘娘的神圣性找到了合理的来源,而唐玄宗为太姥塔题字"尧封太姥舍利塔"对这一事件的认同将人们的记忆从上古传说中引向了实际的历史过程。作为太姥信仰的源头,太姥娘娘得道成仙和尧封太姥既是超自然的事实,却是明确且可以具体感知的,符合人们对太姥信仰集体记忆的塑造需要。集体记忆具有双重性质,既是一种物质客体、物质现实,如空间中的一个点;又是一种象征符号,或是强加于物质现实之上为群体所共享的东西。① 关于太姥信仰的集体记忆借由太姥山作为物质客体的稳定性得以维持。而当人们不能真切地接触到太姥山时,太姥山便脱离了原本所处的物质环境,太姥信仰的集体记忆成为一种象征符号把太姥山与人们的太姥信仰连接了起来。因而于历史中形成的太姥意象具有稳定性,并不受制于客体的物质改变,这种意象也逐渐被不同主体转化成各具内涵的意象表达。

在太姥信仰源头的基础上,太姥山空间记忆通过两种方式得到强化,一是空间中记忆点的叠加与分散,二是宗教仪式和庆典对空间记忆的强化。将太姥山作为一个整体的空间地点则会看到不同事件的交叠,如太姥封圣、封禅西岳以及文人墨客对太姥山的不断书写。我们已经清晰了"尧封太姥"和唐玄宗题封太姥舍利塔对太姥山和太姥娘娘的意义。至五代时期的闽王封岳,太姥山的记忆从一种对上古神祇神圣性的认同和强化走向了对王氏政权的关注。对于民众来说太姥山的封岳并不能带来什么与之切实相关的利益,但闽王王审知对内勤修政事,政治清明且体恤民艰的形象却深入人心,成为闽地百姓共有的记忆。如今坐落于福州城内的闽王祠就是这一记忆的延续。当然,这背后是政治统治者与封禅等礼仪展现的政治宇宙观。而文人对于太姥山的林泉之情成就的是闽东文脉的延续。在众多闽地文人的人生史当中,太姥山都留下了浓墨重彩的一笔。文人士大夫寄情于山岳林泉,所留诗文皆饱含了对人世的感悟。这一传统没有因历史的变迁遭到中断,如今的闽东依然有能人雅士醉心于太姥山和闽东历史资料的收集和考证,依然有人愿意挥毫泼墨留下关于太姥印记的山水画作。对于古今的文人群体,不断书写的文字山水画就是他们关于太姥山和太姥信仰的记忆宝库。这份记忆的延续也在于当代的文人秉持"腹有诗书气自华"的自信,继续记录和保存关于家乡的文史志谈。而将太姥山看作一个具有一定范围的统合区域,那么此范围内关于太姥信仰和山的记忆点则分布在数个空间地点上。

---

① ［法］哈布瓦赫著,毕然、郭金华译:《论集体记忆》,上海人民出版社 2002 年版,第 335 页。

从国兴寺到一片瓦的太姥圣殿再到摩霄庵的太姥娘娘塑像以及摩尼宫石室内的太姥娘娘石像,就是一种视觉和物质性的重复。此外,在太姥山的多处景点中有相当一部分和太姥娘娘的传说有关。如金龟爬壁,相传是跟随太姥娘娘修炼多时的金龟没有通过考验,变回原形后力图爬上峰顶拾得太姥娘娘留给它用作升天的绣鞋。又如蓝溪,相传是太姥娘娘羽化之前在山中种植蓝靛并在常在溪边染洗蓝布,以至于溪水变得碧蓝、澄绿而得名。通过这些记忆点的叠加和重复太姥山记忆的痕迹便丰富起来,也将地点、时间、事件和人物的记忆组成了一个核心意象。说到底,人们是按照自己的需要塑造了对太姥圣地的记忆。

当然,要使太姥山的神圣性得到认可,同样需要一系列围绕太姥信仰的实践将人与圣地的关系固定下来。将实践固定为人们关于圣地的记忆,太姥山的神圣性才能被认同,太姥娘娘的信仰才能扩大范围。这是借由各种圣地的建构活动达成的,例如重建寺院、新塑雕像、信仰仪式、政治礼仪和文人的咏物寄情。群体的记忆与纪念仪式、朝拜、庆典、宗教游行紧密相关。伴随着这种扩大,关于太姥信仰的集体记忆渐渐地集中在太姥山上,无论是作为圣地还是一个闽东的标志性地景,太姥山的意象得以突显。宗教活动、庆典等身体实践对太姥山记忆的强化正在福鼎的地方社会生活中发生着作用。太姥朝圣分为两个部分:个人化的进香与具有组织性的大规模仪式或祭典。地方民众自发进山上香祈愿已经成为日常生活方式,为的是持续获得来自太姥娘娘的恩惠,求得超出日常世俗生活的超越性和灵力。具有组织性的仪式和祭典则是每年围绕着太姥圣地中的两个神圣地点———一片瓦和太姥娘娘雕像广场展开的。个人的进香与特殊时间节点的集体祭典共同构成了此区域社会生活的记忆。现在仍然进行的太姥信仰塑造中,不断有新的实践出现。2012年福鼎市举办的太姥娘娘祭典作为太姥信仰中的新仪式开启了对太姥娘娘集体大规模祭祀的阶段。祭典一部分是福鼎市内的巡游活动,由流美社区的清静道观开始,途经江滨南大路、海口路、太姥大道、富民路、天湖大道、玉龙北路,再从天湖大道返回;一部分是由道教协会引导在太姥山的祭拜,当地道教协会与来自台湾道教友人一同前往太姥山举办"朝圣谒祖寻仙踏迹活动"。在祭典的实际过程各个群体抱有的诉求并不相同。尽管"集体"能够突显记忆的整体共享性,却面临着将记忆同质化的危险,很可能会抹去社会记忆概念所关注的社会差异性,而走向泛泛的"集体性"。① 在这场盛大的祭典中,官方的目的是力图拓展福鼎的对外知名度,当中包括太姥山与福鼎白茶,显然这是一次新的

---

① [英]麦夏兰著,兰婕、田蕾译,汤芸校:《记忆、物质性与旅游》,《西南民族大学学报》2014年第9期。

尝试。而祭典对于百姓来说是一次集体欢腾,对于宗教界来说是信仰权威的一次彰显。由于太姥娘娘的统合力,最终在此次祭典活动中无论官方、民众、宗教界的诉求为何都参与了仪式,共同塑造出福鼎本地的集体记忆。太姥山和太姥娘娘成全了各方互有差异的诉求。此后,福鼎市开始每年举办太姥娘娘的祭典仪式,逐渐成为一种"新传统"。虽然 2012 年首届太姥娘娘祭典并无直接的先例可循,但仪式的形式、程序皆是借用了道教仪轨、宗族祭祀和其他民间信仰中的仪式内容,如在福鼎市区进行的太姥娘娘塑像绕境巡游。仪式规程均借用自人们最熟悉的生活细节,因而当这套借用而成的仪式第一次出现时并没有人会对此感到陌生和错置。此后,关于太姥娘娘的祭典就有了一套可循的仪式流程,社会记忆便通过仪式的不断操演来传达和维持。这即是"社会记忆如何传递"的问题,其前提是承认记忆并不是一个个体性行为,它不仅产生自人的大脑,也产生于各种社会场景和集体实践。仪式能够传达和维持社会记忆在于"仪式的不断重复不仅仅是回溯一件往事的象征,而是作为与那个事件同质的遗存"①。太姥山七月初七当天的祭典和纪念法会的意义,归根结底是对就是太姥山及太姥娘娘神圣性的再次回忆与强调。只有神圣性得到确立,来自各方群体的诉求才有指向性和目的性,各方的愿望才可以成真。而仪式的重复必然意味着对过去的延续。当然,是仪式本身的特征使得社会记忆得到了强化。仪式是表达性的,也是形式化的,有着显著的规则性,倾向于程式化、陈规化和重复。② 除了仪式场合外,仪式的效用也会渗透在非仪式性的行为和心理中。

对于仪式,康纳顿还认为,无论是世界宗教的范围里还是在现代政治仪式里,都存在各种具有某些共同特点的仪式。特点有二,仪式不仅仅用自己的高度程式化和固定性暗示对过去的延续,还公开声称要纪念这样的延续。③ 这样的纪念仪式对于塑造群体记忆的作用是重大的。康纳顿在论述操演仪式的同时也强调了身体实践的重要性。他认为记忆在"身体里沉淀、积累"是通过体化实践来完成的。将刻写实践拓展到更广泛的物质性上则延伸出了这样一种观点:物不只是被作用的事物,即不只是被记忆的事物或装点记忆之物,强调物自身即构成了记忆的一部分。④ 所以,当太姥娘娘的祭典和一片瓦禅寺的法会每年都如期进行时,地方群体的记忆就会不断被加强,使声势浩大的祭典和法会成为地方社会生活不可分割的一部分。而太姥山作

---

① ［美］康纳顿著,纳日碧力戈译:《社会如何记忆》,上海人民出版社 2000 年版,第 49 页。
② 同上,第 51 页。
③ 同上,第 54 页。
④ ［英］麦夏兰著,兰婕、田蕾译,汤芸校:《记忆、物质性与旅游》,《西南民族大学学报》2014 年第 9 期。

为一个物质性的外显已经构成了群体记忆的一个面向。当我们注意到太姥山圣地的神圣性除了来源于山川圣地的性质和尧封太姥的"封圣"时,同样不可忽视通过记忆、观念的汇集强化而成的圣地概念。

　　封禅、郊祀在古代中国处理的是宇宙秩序与社会秩序的平衡。上古风俗经历宫廷化被吸收到官方的政治礼仪中,再回到民间时结合民间信仰延续了人们对人神关系的处理。通过封禅、郊祀这样的政治礼仪来维系宇宙与社会秩序已经不再是当今社会所要处理的问题。确实,"天下"观念在传统仪式中的丧失,最直接的体现是传统官祭仪式和官方祀典的整体性消亡,而这在某种程度上影响了国家祀典的秩序性与地域性。[1] 实际上这个问题被转化成为了各主体如何获得声望。尽管人们对权力、欲望、利益的追求从来没有停歇,但实际的情形是人们同样沉迷于对声望、财富的追求。民间信仰仪式中参与的各方都不约而同地在制造关于太姥娘娘的声望,从而使自身群体和地方社会分享这一信仰体系的宏大声望。声望的扩大带来的是社会资源的涌现,地方政府凭借太姥山和太姥娘娘的声望可以整合资源打造具有文化意涵的旅游产业;宗教群体通过太姥声望的制造带动了宗教资源的流动,不仅促进了两岸宗教的交流,在使太姥声望获得更大认可的同时,自身声望的增加也得到了社会的认可;民众在实际参与仪式和祭典的同时巩固了地方的社会性,使地方社会的秩序在多方主体共同参与建构的背景下得以维系。声望的产生证明了太姥山作为圣地所具有的神圣性和超越性,这些特性的延续使今日社会以不同的方式处理了以往要通过封禅、郊祀才能解决的问题。太姥信仰和太姥山日益隆重的声望恰是地方社会记忆不断重塑的结果。尽管带有官方色彩的大规模太姥娘娘祭典始于2012年,但这项"新传统"操演的仪式内容却是长期以来对其他宗教仪轨或其他民间信仰祭祀内容的借用。这显然是对旧记忆的回炉与重铸,产生了新社会记忆的基础。但无论仪式怎样被再创造和借用,其内在包含的象征意义和对地方精神气质的塑造作用是连贯的、一致的。太姥山盛大的祭典、法会、绕境巡游无一不是在社会剧场中体现出福鼎地方的精神气质为何。将宗教作为文化体系时,在宗教信仰与实践中,一个群体的精神气质之所以表现出合乎理性,是由于它被证明代表了一种生活方式。而这种生活方式理想地适应了该世界观所描述的真实事态;这个世界观之所以在情感上有说服力,是由于它被描绘成一种反映真实事态的镜像,这种镜像情理精当,符合这样一种生活方

---

①　麻国庆、朱伟:《社会主义新传统与非物质文化遗产研究》,《开放时代》2014年6期。

式。① 当福鼎人用日益隆重的年度庆典唤起原有对太姥山的社会记忆时,便构成了符合他们世界观的生活方式——朝圣太姥。通过积极地参与到民间信仰活动中,福鼎人勃发的精神气质得以展现,并融入到社会记忆中。那些在古代祭典中才能够被维系的宇宙秩序与社会秩序,也同样在近世再造的信仰实践中被维系着。古今之仪典、宗教实践有着同样的作用,即"调整人的行动,使之适合头脑中的假想宇宙秩序,并把宇宙秩序的镜像投射到人类经验的层面上"。② 的确,人们头脑中的想象比现实还要真实。为太姥娘娘举办祭典、法会,使仪式成为年度庆典并获得巨大的声望以彰显地方人杰地灵和精神气质,这就是福鼎人力图创造的美好生活方式。最终,这一理想中的生活方式得以实现,人们在丰富的民间信仰实践中建立自己与天地、山川、神灵的关系,构成地方的社会记忆,延续着地方的文化。

第三节　太姥文化与家园遗产

　　闽东人关于太姥信仰的记忆因落实在了具体的地理空间,并与地方生活相嵌而具有地方性。作为地景和具体的空间所在,太姥山也产生出一种"家乡感"。出于对家乡感、地方感的认同,再加上如今全世界范围内掀起的遗产保护热潮,太姥山的发展走向了遗产化的方向。由于地质形貌的独特性,太姥山已经在 2009 年被列入国家自然遗产名录,2010 年获批成为世界级地质公园。但太姥山丰富的文化意涵却是"自然遗产"所无法涵盖的。文化意涵大可以用时髦的"文化遗产"来概括,这无疑是再次将"文化"与"自然"割裂开来,拆分了中国传统"天人合一"的观念,同时也将太姥山地景的物质性与象征意义做了分解。太姥山产生出的家乡感与地方感不应该在遗产保护热潮中被消解,其背后不仅是一种难以名状的感觉,更是诸多文化意涵、社会记忆和发生情境的汇聚。用"家园遗产"来界定太姥山,比之于自然遗产或文化遗产更切合其实际情景。这里需要先对太姥山遗产的家园性进行考察。

　　上文提到,关于太姥山和太姥信仰的社会记忆深嵌于地方生活中,通过不断重演的仪式得到强化,产生出家乡感和地方感。希望通过大型仪式庆典来建立家乡感的热潮,应该追溯到自 20 世纪 70 年代末以来以闽南为代表的传统复兴。对于同样有着浓厚民间信仰传统的整个闽地,这次复兴的影响是整体而热烈的。直至现在,身处

---

　　①② ［美］克利福德·格尔兹著,纳日碧力戈等译:《文化的解释》,上海人民出版社 1999 年版,第 104 页。

福鼎市的各乡、镇中，人们并不难发现遍及各地的宗族祠堂或是民间信仰的寺庙。而珍藏于老辈人手中的厚厚家谱立马能让人感受到血脉的延续性，实际上他们宗族内部跨越海内外的关系维持也从未彻底断裂。自改革开放之后的三十余年间，民间的文化正在经历新一轮变迁，借着社会经济体制改革的契机，曾经隐匿在社会传统中的民间文化纷纷重新崭露头角，学界将这一过程定位为传统文化的"复兴"。① 在这股复兴热流下，包括闽东地区在内，闽地经历了一次社会整体的传统复兴过程。宗族关系、民间信仰在一定程度上得到了复苏。借助民间信仰的复兴，宗族内部的紧密性、人际关系和公共生活通过祭拜活动戏剧化地展现出来，将原有的认同巩固并公开化。比如民间的生育仪式结合国家计划生育政策形成新的生育风俗，在这一过程中宗族观念、家庭观念、生育观念在现代化与传统之间充满了不断的对话与调试。② 在新时期传统文化的复兴与重构过程中，特别是对于传统民俗活动的恢复，地方政府充当了最为显要的角色。各地政府部门进行了各式各样的尝试与实践，其心态既有"抵制迷信"的一面，也有意图"顺势推舟"的一面。他们以官方的姿态主导了地方传统文化的复兴，营造出浓厚的传统文化复兴氛围吸引大批华侨和游客，进行"文化搭台、经济唱戏"。但民间信仰仍不能完全摆脱"迷信"的色彩，其存在和复兴的意义被地方政府认为在于可以用这种具有感召力的记忆重演，进行华侨的招商引资。政府本身扶持的文化项目，如民间音乐、舞蹈、手工技艺与民间信仰被分割成了"大传统"和"小传统"，后者更是被官方认定是自身"大传统"的对立面，是非正式的。当官方文化部门在大小传统之间建立起清晰界限时，即是否认了大小传统之间的互动交流，否认大传统对小传统的借用，否认了民间宗教本身具有的社会性与历史性。③ 不可否认，无论当时地方政府秉持怎样的态度，都在有意无意间推动了传统文化、民间信仰的复兴与再造，在新时期的社会背景下重新营造了地方感和家乡感。

在近四十年的社会变迁中，对于福建人生活世界有着重要意义的民间信仰、宗族关系重新回到了他们的社会生活中，继续发挥着不可替代的作用。变迁关乎着家园，关乎着一方人的家乡感。在这样的浪潮中，太姥山风景区的建立过程以及太姥娘娘

① 麻国庆、朱伟：《社会主义新传统与非物质文化遗产研究》，《开放时代》2014年6期。

② Tan Chee-Beng, "Chinese Religious Expressions in Post-Mao Yongchun, Fujian", Tan Chee-Beng ed., *Southern Fujian: Reproduction of Traditions in Post-Mao China*, The Chinese University Press. 2006, pp. 97–120.

③ Wang Mingming, "Great Tradition and Its Enemy: The Issue of Chinese Culture on the Southeastern Coast", Tan Chee-Beng ed., *Southern Fujian: Reproduction of Traditions in Post-Mao China*, The Chinese University Press. 2006, pp. 1–34.

相关景观的塑造已经证明了信仰生活对闽东人的不可或缺性。作为闽东地区具有代表性的民间信仰神祇,太姥娘娘在太姥山的规划、重建过程中得到了恢复。闽东同样是民间信仰极盛之地,从太姥山景区的修建到新世纪初太姥娘娘石像的树立可以看到这一地区同样受到了闽地传统复兴的影响。太姥山风景区也于20世纪70年代开始筹建,80年代改为太姥山风景区管理区,直属福鼎县政府。1985年,由南京大学地理系完成《太姥山风景名胜区旅游资源调查报告》,福建省地质学校完成《太姥山地质地貌勘察论证》。9月委托上海同济大学编制总体规划。规划面积100平方公里,性质为:以太姥山花岗岩峰林岩洞为特色,融山、海(岛)、川和人文景观为一体的具有综合性、多功能的风景名胜区。1988年4月总体规划正式通过鉴定,经省政府转报国务院审批。① 进入90年代后,除了政府引导展开的景区规划、修建和完善外,太姥山中的众多寺院也进入了修缮期。1991年平兴寺扩建道场,修建大殿和僧寮;1999年在一片瓦修建太姥娘娘圣殿;2001年在太姥山玉湖庵游览区新建广场,树立高达20.88米的太姥娘娘石像;2002年开始兴建五百罗汉堂;2005年国兴寺开始重建;2012年,一片瓦禅寺悬空铜殿落成,同年白云寺开始重建。还是在同一年,福鼎市举办了第一届太姥娘娘祭典。闽东人已经意识到了文化和情感流逝的危机,一系列的行动背后是对往昔家乡感的重建和延续。太姥山、太姥信仰带来的家乡感使得每一个生活于此的人都可以从它们那里获得一份只属于个人和天地、神灵的关系,是各主体的不同诉求。对于福鼎茶人,他们分享的是关于白茶的传说,从太姥山和太姥娘娘那里获得的是茶的神奇力量;对于百姓,山是朝拜太姥娘娘的场所,他们分享的是山的勃勃生机以及太姥娘娘的神圣性,获得的是来自于神灵的赐福;对于举办大型祭典的官方人员来说,推动太姥声望的扩展亦是对地方知名度的提升,获得的是社会对太姥信仰、太姥山、福鼎乃至是闽东的关注,这将成为一种可吸引各类社会资源的基础声望资源;对于醉心于闽东文史、民俗之文人,太姥山是自古地方精英的一处灵魂所在,太姥信仰是地方繁盛的真实见证,他们获得的是对记述地方风物,延续闽东文脉的动力。无一例外,这些都是围绕着家乡而发生的。这些情境均是家园遗产形成的沃土。

　　遗产具有延续性。各式各样的遗产,如艺术、手工艺、历史文本等,无不有着与现在对接的内在关联和逻辑。遗产的"延续说"便侧重于对遗产在各个方面的延续性进行研究,比如"遗产与历史""遗产与记忆"都旨在说明和强调遗产在社会传统中的

---

　　① 《福建省志:城乡建设志》,方志出版社1999年版,第208页。

延续性。归纳起来,"延续说"主要强调两层意图:遗产本身的延续性和对遗产保护的延续性。① 太姥山地景统合了太姥山这一有形遗产和太姥信仰无形遗产,其延续性要依靠实践来完成,这是由遗产的实践性决定的。正如记忆需要通过体化实践来延续,遗产同样需要通过一系列事件来延续关于遗产的记忆,或是通过必要的遗产保护措施维持遗产的物质性。讨论太姥山家园遗产的形成实践则要回到太姥朝圣,这一信仰实践在实际的空间中和象征层面都对遗产形成有着促进作用。太姥山有形空间的延续性,一是其本身的物质性存在,二是人们到太姥山进行各种实践,如旅游、朝山、进香、登山等,其中自然包含了朝圣活动。在无形遗产方面,除了关于太姥信仰的朝圣外,各种祭典、礼仪以及地方文人对家乡风物形胜的记叙都是对它的延续。尤其是今日地方仍在为太姥信仰创造"新传统",用盛大的太姥娘娘祭典、绕境巡游提升太姥山的声望的知名度。遗产还具有认同性。遗产的产生、创造与遗产的归属、认同是相互依存的。没有任何一个民族、族群会创造他们不认同、不认可却能长久传承下来的遗产。更为重要的是,"认同的因素也能成为遗产",或者说,遗产中包含着认同,认同本身也是特殊的遗产。②

从遗产的角度而论,太姥山作为物质实体自然可作为从古至今的遗产。而太姥信仰体系也是遗产,一种结合了物质性的文化遗产。从词源上来说,遗产本身就具有亲属关系内的继嗣、继承关系和财产的含义。遗产形成的实践无疑是朝向地方感、家乡感而建立的。对于太姥山来说,这种亲缘性即是社会记忆。依靠这一脉络,以往仪式中所要处理的天地、内外、人神几对关系在今日的太姥朝圣中被延续,通过太姥山和太姥信仰的盛大声望展开新的延续方式。财产的继承也是在声望的制造过程中转化为社会资源的获得和传承。家园遗产使遗产具有了感情色彩,而不仅仅是标准的界定。以人类学亲属制度的研究来看,遗产是代际之间基于亲缘血脉的财产继承。家园遗产的提出强调的是"家园"中"家"的关系,它是由共同文化作为纽带联系在一起的整体。从此角度看,人类学的整体性才得以观照。20世纪70年代末开始的传统复兴中,官方自持大传统的身份对小传统的推动并不予以重视,对民间信仰活动半推半就的态度目的则在于以"文化搭台、经济唱戏"的方式推动海外移民华人对故土家乡的投资发展。如今,这一情势发生了改变,无论是自然遗产、地质公园还是家园遗产,官方逐步走向了"经济搭台、文化唱戏"的发展方式。这与太姥山、太姥娘娘朝圣活动的兴盛不谋而合。在遗产运动兴盛的今天,

---

①② 彭兆荣:《遗产学与遗产运动:表述与制造》,《文艺研究》2008年第2期。

应该警惕遗产的资源化。因为无论是自然遗产还是家园遗产,我们始终都是在"遗产"的世界性话语流中进行探讨。对主流形态进行反思也是不能够忽略的。如太姥山一样具有神圣灵性的山川在新时期背景下重新开始对朝圣、祭典、仪式的搬演,在新旧历史之间形塑出充满历史文化断裂感的景观体系。但它们在很大程度上重新演示了以国家为中心的文明化过程中其关系结构和民间大众力图在保持地方特色的前提下参与、分享和再创造中心的愿望。① "文化遗产"的叙事下,地景、遗产两者的物质性逐渐与象征性分离,地景成为景观,遗产成为旅游资源,两者均走向了符号资本化。回到地景层面,地景应是自在的、可统合不同人群的"文物"。② 依托言说和资源争夺行动,众人争抢符号资本,附着在地景上的丰富意涵将会脱离空间实体。太姥山、太姥信仰的实践展现出的"真实感"将变得越来越不安全。当遗产成为旅游资源,它的真实性就会成为一种表演性真实,充满各种符号和象征意义③,与实际的物质环境脱离,消解掉了家乡感。

　　太姥山作为闽东的标志性地景不应该脱离其物质存在而被彻底符号化。家园遗产的美好就在于故土与记忆的彼此深嵌,由此才可能成就一方土地的家乡感和地方感。从纵向的历史进程来看,太姥山具有一条明确的神圣性确定路线,是地方社会记忆生发的基础,更是地方感与家乡感产生的精神土壤;从横向的象征意义叠写过程来看,太姥山的文人知识分子面向、政治宇宙观面向、多元信仰面向为社会记忆提供了源源不断的内容来源,体现出了地方厚重而又多层次的文化体系。太姥可以为山、为神、为记忆、为纽带、为乡土、为诗意栖居之所、为精神灵魂归宿之地……无论为何,太姥都不能被抽离为物体和象征意义的决然分离,成为当下话语流中的被语言符号化的对象。否则家园遗产的塑造又会回归于民俗化的旅游资源开发范畴中,而以上对太姥文化的阐述也将会失去立论的基础。只有对太姥山、太姥文化做整体的把握,才能将太姥山的家园遗产之路从追求经济延续而忽略文化延续的从众大潮中分流出来,认真思考未来之路的意义。重视文化在物质基础和象征意义上的整体性,太姥山作为闽东标志性地景才能承载更为深远的历史、更为深厚的记忆和更加浓重的感情,守住闽东的历史文脉。

---

① 　王铭铭:《人类学讲义稿》,第 406 页。
② 　汤芸:《以山川为盟——黔中文化接触中的地景、传闻与历史感》,第 295 页。
③ 　朱煜杰著,邵媛媛译:《表演遗产:旅游中真实性的再思考》,《西南民族大学学报》2015 年 06 期。

参 考 文 献

中文论著

白玉蟾:《海琼白真人语录》,上海涵芬楼影印道藏本,1926年版。

卞宝第:《闽峤𫐐轩录》,清稿本。

戴成芬辑,黄煴、肖严参订:《榕城岁时记》,咸丰至同治年间抄本。

顾祖禹:《读史方舆纪要》,龙万育敷文阁本,嘉庆十六年(1811年)刊本。

郭柏苍:《海错百一录》,光绪十二年(1886年)刊本。

韩元吉:《南涧甲乙稿》,四库全书本。

郝懿行:《山海经笺疏》,光绪十二年(1886年)刊本。

何乔远:《闽书》,福建人民出版社1995年版。

林牧:《阳宅会心集》,嘉庆十六年(1811年)刊本。

刘克庄:《后村先生大全集》,四库全书本。

彭光斗:《闽琐记》,乾隆五十三年(1788年)抄本。

邱濬辑:《朱子家礼》,紫阳书院定本。

阮元校勘:《十三经注疏》,嘉庆刊本影印本。

谢肇淛:《长溪琐语》,四库全书本。

谢肇淛:《长溪琐语》,万历本。

谢肇制:《五杂俎》,四库全书本。

熊人霖:《南荣集文选》,明稿本。

郁永河:《海上纪略》,道光二十三年(1843年)刊本。

乐史:《太平寰宇记》,四库全书本。

真德秀:《西山文集》,四库全书本。

朱正元:《福建沿海图说》,光绪二十五年(1899 年)刊本。

陈汝咸修,林登虎纂:《漳浦县志》,康熙三十九年(1700 年)刊本,1928 年翻印本。

董天工辑:《武夷山志》,清乾隆十六年(1751 年)刊本。

胡太初修,赵与沐纂:《临汀志》,永乐大典本。

黄澄渊修,余钟英纂:《古田县志》,1940 年版。

黄鼎翰:《福鼎县乡土志》,光绪三十二年(1906 年)刊本。

黄岩孙撰,黄真仲重订:《仙溪志》,宝祐五年(1256 年)刊本。

江远清、江远涵修纂:《建阳县志》,道光十二年(1832 年)刊本。

康大和修纂:《兴化府志》,万历本。

梁克家修纂:《三山志》,万历四十一年(1613 年)刊本。

刘国光总修,谢昌霖协修:《长汀县志》,光绪五年(1879 年)刊本。

卢建其修,张君宾纂:《宁德县志》,乾隆四十六年(1781 年)刊本。

罗汝泽等修,徐友梧纂:《霞浦县志》,1929 年版。

吕渭英修,郑祖庚纂:《侯官县乡土志》,光绪二十九年(1903 年)刊本。

潘绍诒修,周荣椿纂:《处州府志》,光绪三年(1877 年)刊本影印本。

饶安鼎主修:《福清县志》,同治六年(1867 年)刊本。

阮元监修:《广东通志》,道光二年(1822 年)刊本。

孙尔准等修:《重纂福建通志》,同治七年(1868 年)刊本。

谭抡纂修:《福鼎县志》,嘉庆十一年(1806 年)刊本。

汪文炳等修纂:《富阳县志》,光绪三十二年(1906 年)刊本。

谢肇淛:《太姥山志》,嘉庆五年(1800 年)刊本。

谢肇淛:《太姥山志》,万历三十七年(1609 年)刊本。

徐景熹修,鲁曾煜、施廷枢纂:《福州府志》,乾隆十九年(1754 年)刊本。

杨澜编纂:《临汀汇考》,光绪四年(1878 年)刊本。

杨长杰等修,黄聊玉等纂:《贵溪县志》,同治十年(1871 年)刊本。

殷之辂修,朱梅等纂:《福宁州志》,日本尊经阁藏,万历四十四年(1616 年)刊本。

喻政主修:《福州府志》,万历四十一年(1613 年)刊本。

周杰修,严用光、叶笃贞纂:《景宁县志》,同治十二年(1873 年)刊本。

周梦虞、周梦庄修:《福鼎县志》,1933 年版。

朱珪修,李拔纂:《福宁府志》,乾隆二十七年(1762 年)刊本。

卓剑舟修:《太姥山全志》,1942 年版。

《冯翊郡雷氏宗谱》,2006 年重修版。

《贯岭王氏宗谱》,光绪庚辰年(1880 年)增修本。

《济阳丁氏宗谱》,1984 年重修版。

《佳山周氏宗谱》,1962 年重修版。

《佳山周氏宗谱》,1940 年重修版。

《佳山周氏宗谱》,1942 年重修版。

《潋城杨氏族谱》,1984 年重修版。

《陇西郡李氏宗谱》,1996 年重修版。

《陇西郡李氏宗谱》,2006 年重修版。

《前岐夏氏宗谱》,1992 年重修版。

《前岐夏氏宗谱》,2009 年重修版。

《前岐夏氏宗谱》,1922 年重修版。

《秦屿丁氏族谱》,1984 年重修版。

《秦屿回族丁氏宗谱》,2006 年重修版。

《秦屿太邱郡陈氏宗谱》,1980 重修版。

《汝南郡蓝氏宗谱》,宣统己酉年(1909 年)重修本。

《汝南郡周氏宗谱》,2000 年重修版。

《双华陇西郡李氏宗谱》,民国重修本。

《双华汝南郡蓝氏宗谱》,宣统己酉年(1909 年)刊本。

《桐山高氏宗谱》,道光庚寅年(1830 年)重修本。

《桐山高氏宗谱》,宣统辛亥年(1911 年)刊本。

《桐山施氏宗谱》,2011 年重修版。

《桐山施氏宗谱》,1937 年重修版。

《桐山王氏族谱》,光绪庚辰年(1880 年)增修本。

《颖川郡钟氏宗谱》,1993 年重修版。

《玉湖陈氏家庙族谱》,1992 年重修版。

《玉塘夏氏族谱》,2008 年重修版。

《周氏宗谱》,1979 年重修版。

《双华钟氏宗谱》,2006 年重修版。

《玉湖陈氏家庙族谱》,1992 年重修版。

E. 霍布斯鲍姆、T. 兰格著,顾杭等译:《传统的发明》,译林出版社,2004 年。

阿兰·巴纳德著,王建民等译:《人类学历史与理论》,华夏出版社,2006 年。

爱德华·泰勒著,连树声译:《原始文化》,广西师范大学出版社,2005 年。

爱弥尔·涂尔干著,渠东、汲喆译:《宗教生活的基本形式》,上海人民出版社,2006 年。

安东尼·D. 史密斯著,龚维斌、良警宇译:《全球化时代的民族与民族主义》,中央编译出版社,2002 年。

白馥兰著,江湄、邓京力译:《技术与性别——晚期帝制中国的权力经纬》,江苏人民出版社,2006 年。

白荣敏:《福鼎史话》,商务印书馆国际有限公司,2014 年。

百越民族史研究会编:《百越民族史论集》,中国社会科学出版社,1982 年。

班固:《汉书》,中华书局,1962 年。

本尼迪克特·安德森著,吴叡人译:《想象的共同体——民族主义的起源与散布》,上海人民出版社,2005 年。

彼得·伯克著,丰华琴、刘艳译:《文化史的风景》,北京大学出版社,2013 年。

布罗尼斯拉夫·马林诺夫斯基著,张云江译:《西太平洋上的航海者》,中国社会科学出版社,2009 年。

陈国强等:《百越民族史》,中国社会科学出版社,1988 年。

陈国强主编:《陈埭回族史研究》,中国社会科学出版社,1991 年。

陈启西:《故旧是佳湾》,中国文联出版社,2014 年。

陈寿:《三国志》,中华书局,1965 年。

陈序经:《疍民的研究》,商务印书馆,1946 年。

陈支平、詹石窗主编:《透视中国东南:文化经济的整合研究》,厦门大学出版社,2003 年。

陈支平:《福建六大民系》,福建人民出版社,2000 年。

陈支平:《福建宗教史》,福建教育出版社,1996 年。

陈支平:《福建族谱》,福建人民出版社,1996 年。

陈支平主编:《福建历史文化简明读本》,厦门大学出版社,2013 年。

村上专精著,杨曾文译:《日本佛教史纲》,商务印书馆,1992 年。

戴志坚:《福建民居》,中国建筑工业出版社,2009年。

邓晓华、王士元:《中国的语言及方言的分类》,中华书局,2009年。

杜磊著、马海云等译:《中国的回族认同——一个穆斯林少数民族的制造》,中央民族大学出版社,1999年。

杜赞奇著,王福明译,《文化、权力与国家:1900—1942年的华北农村》,江苏人民出版社,1996年。

范应元:《老子道德经古本集注》,华东师范大学出版社,2010年。

费孝通:《费孝通文集》第8卷,群言出版社,1999年。

费孝通:《乡土中国》,人民出版社,2008年。

冯友兰:《中国哲学史》,华东师范大学出版社,2011年。

福鼎市地方志编撰委员会编:《福鼎旧志集》,福建人民出版社,2013年。

林守无主编:《福鼎县志》,海风出版社,2003年。

卢宜忠主编:《福鼎县志》,中国统计出版社,1995年。

福建省地方志编纂委员会:《中华人民共和国地方志福建省志地理志》,方志出版社,2001年。

福建省志城乡建设志编纂委员会编:《福建省志:城乡建设志》,方志出版社,1999年。

福建省文化厅、福建省炎黄文化研究会编:《闽越文化研究》,海峡文艺出版社,2002年。

福建水产学校主编:《渔业资源与渔场》,农业出版社,1981年。

福州海关编:《近代福州及闽东地区经济社会概况》,华艺出版社,1992年。

福州市地方志编纂委员会整理:《鼓山艺文志》,海风出版社,2001年。

高丙中:《民俗文化与民俗生活》,中国社会科学出版社,1994年。

克利福德·格尔茨著,韩莉译:《文化的解释》,译林出版社,2014年。

葛洪辑,成林等译注:《西京杂记全译》,贵州人民出版社,1993年。

葛剑雄:《中国移民史》第二卷,福建人民出版社,1997年。

葛兰言著,赵丙祥、张宏明译:《古代中国的节庆与歌谣》,广西师范大学出版社,2005年。

顾颉刚:《古史辨自序》,河北教育出版社,2000年。

郭柏苍、刘永松纂辑,黄宗彝、郭柏芗参订,福州市地方志编纂委员会整理:《乌石山志》,海风出版社,2000年。

郭思编,杨伯编著:《林泉高致》,中华书局,2010 年。

郭志超、林瑶棋主编:《闽南宗族社会》,福建人民出版社,2008 年。

郭志超:《畲族文化述论》,中国社会科学出版社,2009 年。

郭志超:《畲族文化述评》,黄山出版社,2009 年。

哈布瓦赫著,毕然、郭金华译:《论集体记忆》,上海人民出版社,2002 年。

汉娜·阿伦特著,王寅丽译:《人的境况》,上海人民出版社,2009 年版。

何江涛主编:《耕读传家》,北京图书馆出版社,2007 年。

洪迈撰,何卓点校:《夷坚志》,中华书局,1981 年。

胡平生:《孝经译注》,中华书局出版社,1999 年。

黄淑聘、龚佩华:《文化人类学理论方法研究》,广东高等教育出版社,1998 年版。

黄应贵、叶春荣主编:《从周边看汉人的社会与文化——王崧兴先生纪念论文集》,中研院民族学研究所,1997 年。

计成著,陈植注释:《园冶注释》,中国建筑工业出版社,1988 年。

季羡林:《禅与文化》,中国言实出版社,2006 年。

江应梁主编:《中国民族史》(下),民族出版社,1990 年。

蒋炳钊、石奕龙、黄向春主编:《龙虎山崖葬与百越民族文化》,吉林人民出版社,2001 年。

蒋炳钊:《东南民族研究》,厦门大学出版社,2002 年。

蒋炳钊:《畲族史稿》,厦门大学出版社,1988 年。

景军:《神堂记忆:一个中国乡村的历史、权力与道德》,福建教育出版社,2013 年。

卡西尔著,于晓等译:《语言与神话》,生活·读书·新知三联书店,1988 年。

康纳顿著,纳日碧力戈译:《社会如何记忆》,上海人民出版,2000 年。

克利福德·格尔兹著,纳日碧力戈等译,王铭铭校:《文化的解释》,上海人民出版社,1999 年。

孔令宏:《道教概论》,浙江大学出版社,2013 年。

孔子:《论语》,线装书局,2013 年。

濑川昌久著,钱杭译:《族谱:华南汉族的宗族、风水、移居》,上海书店出版社,1999 年。

蓝运全、缪品枚主编:《闽东畲族志》,民族出版社,2000 年。

李济:《中国民族的形成》,江苏教育出版社,2005 年。

李冀平主编:《泉州文化与海上丝绸之路》,社科文献出版社,2007 年。

李剑平编著:《中国古建筑名词图解辞典》,山西科技出版社,2011 年。

李灵、李向平主编:《基督教与社会公共领域》,上海人民出版社,2012 年。

李秋香、罗德胤等:《浙江民居》,清华大学出版社,2010 年。

李秋香、张力智等:《闽台传统居住建筑及习俗文化遗产》,厦门大学出版社,
2014 年。

李申:《中国儒教论》,陕西人民出版社,2004 年。

李心传:《建炎以来系年要录》,中华书局,1998 年。

李延寿:《北史》,中华书局,1974 年。

李允鉌:《华夏意匠——中国古典建筑设计原理分析》,天津大学出版社,
2014 年。

连横:《台湾通史》,商务印书馆,2011 年。

梁思成:《大拙至美》,三联书店(香港)有限公司,2012 年。

梁思成:《梁思成全集》,中国建筑工业出版社,2001 年。

梁思成:《清式营造则例》,清华大学出版社,2006 年。

梁思成:《中国建筑史》,生活·读书·新知三联书店,2011 年。

梁奕章:《闽东风物志》,福建人民出版社,1992 年。

列维-斯特劳斯著,张祖建译:《结构人类学》,中国人民大学出版社,2006 年。

列维-斯特劳斯著,李幼蒸译:《野性的思维》,中国人民大学出版社,2006 年。

林国平、邱季端:《福建移民史》,方志出版社,2005 年。

林华东编:《瓯文化论集》,浙江人民出版社,2009 年。

林惠祥:《台湾番族之原始文化》,上海文艺出版社,1991 年。

林惠祥:《中国民族史》,商务印书馆,1993 年。

林耀华主编:《民族学通论》,中央民族大学出版社,1997 年。

林滋秀著,周瑞光整理:《迟园挹翠》,海峡文艺出版社,2011 年。

凌纯声:《中国边疆民族与环太平洋文化》,联经出版社,1979 年。

刘沛林:《古村落:和谐的人聚空间》,上海三联书店,1997 年。

刘禹锡:《刘宾客文集》,人民出版社,1974 年。

卢美松:《八闽文化综览》,福建人民出版社,2013 年。

卢美松:《闽中稽古》,厦门大学出版社,2002 年。

露丝·本尼迪克特著,王炜译:《文化模式》,生活·读书·新知三联书店,

1988 年。

罗伯特·芮德菲尔德著,王莹译:《农民社会与文化》,中国社会科学出版社,2013 年。

罗香林:《客家研究导论》,希山书藏,1933 年。

马塞尔·莫斯著,蒙养山人译:《论技术技艺与文明》,世界图书出版公司,2010 年。

迈克·克朗著,王志弘、余佳玲、方淑惠译,《文化地理学》,巨流图书有限公司,2004 年。

迈克尔·赫茨菲尔德著,刘珩、石毅、李昌银译:《人类学文化和社会领域中的理论实践》,华夏出版社,2009 年。

毛泽东:《毛泽东选集》第 1 卷,人民出版社,1991 年。

米尔恰·伊利亚德,晏可佳、姚蓓琴译:《神圣的存在:比较宗教的范型》,广西师范大学出版社,2008 年。

闽东畲族志编纂委员会:《闽东畲族志》,民族出版社,2000 年。

莫里斯·弗里德曼著,刘晓春译:《中国东南的宗族组织》,上海人民出版社,2000 年。

尼采著,杨东柱、王哲译:《历史对于人生的利弊》,北京出版社,2010 年。

欧阳修撰,徐无党注:《新五代史》,中华书局,1974 年。

彭适凡:《中国南方古代印纹陶》,文物出版社,1987 年。

彭一刚:《传统村镇聚落景观分析》,中国建筑工业出版社,1992 年。

彭雨新编:《清代土地开垦史资料汇编》,武汉大学出版社,1992 年。

钱杭、谢维扬:《传统与转型:江西泰和农村宗族形态》,上海社会科学出版社,1995 年。

秦晖:《传统十论》,复旦大学出版社,2004 年。

让·鲍德里亚著,夏莹译:《符号政治经济学批判》,南京大学出版社,2009 年。

任继愈:《儒教问题争论集》,宗教文化出版社,2000 年。

任美锷:《中国自然地理纲要》,商务印书馆,2009 年。

施联朱:《畲族风俗志》,中央民族学院出版社,1989 年。

施忠连:《四书五经鉴赏辞典》,上海辞书出版社,2005 年。

石硕:《藏彝走廊:文明起源与民族源流》,四川出版集团,2009 年。

释道诚撰,富世平校注:《释氏要览》,中华书局,2014 年。

司马光:《资治通鉴》,中华书局,1956 年。

司马迁:《史记》,中华书局,1959 年。

四川大学博物馆、中国古代铜鼓研究学会主编:《南方民族考古》第一辑,四川大学出版社,1987 年。

范晔:《后汉书》,中华书局,1965 年。

宋烜:《明代浙江海防研究》,社会科学文献出版社,2013 年。

孙希旦撰,沈啸寰、王星贤点校:《礼记集解》,中华书局,1989 年。

孙诒让:《周礼正义》,中华书局,1987 年。

周瑞光汇编,福建省文史研究馆整理:《福鼎旧志汇编》,厦门大学出版社,2012 年。

谭世宝:《金石铭刻的澳门史》,广东人民出版社,2006 年。

汤一介:《佛教与中国文化》,宗教文化出版社,1999 年。

汤芸:《以山川为盟——黔中文化接触中的地景、传闻与历史感》,民族出版社,2008 年。

童万亨主编:《福建农业资源与区划》,福建科学技术出版社,1990 年。

王沪宁:《当代中国村落家族文化》,上海人民出版社,1991 年。

王明珂:《华夏边缘:历史记忆与族群认同》,浙江人民出版社,2013 年。

王明珂:《游牧者的抉择:面对汉帝国的北亚游牧部族》,广西师范大学出版社,2008 年。

王谟辑:《汉唐地理书钞》,中华书局,1961 年。

王荣国:《海洋神灵:中国海神信仰与社会经济》,江西高校出版社,2003 年。

王善军:《宋代宗族和宗族制度研究》,河北教育出版社,2000 年。

维克多·特纳著,赵玉燕、欧阳敏、徐洪峰译:《象征之林:恩登布人仪式散论》,商务印书馆,2006 年。

文欢主编,中国散文学会编选:《历史为何不忍细看》,河南文艺出版社,2007 年。

乌丙安:《中国民俗学》,辽宁大学出版社,1985 年。

邬国义、胡果文、李晓路撰:《国语译注》,上海古籍出版社,1995 年。

吴春明:《从百越土著到南岛海洋文化》,文物出版社,2012 年。

吴春明:《中国东南土著民族历史与文化的考古学观察》,厦门大学出版社,1999 年。

吴汝康、吴新智、张森水主编:《中国远古人类》,科技出版社,1989 年。

习近平:《摆脱贫困》,福建人民出版社,1992 年。

霞浦县民族事务委员会编:《霞浦畲族志》,福建人民出版社,1993 年。

辛土成:《台湾海峡两岸的古闽越族》,厦门大学出版社,1988 年。

休斯顿·史密斯著,刘安云译:《人的宗教》,海南出版社,2014 年。

徐𤊹:《榕荫新检》,上海古籍出版社,2005 年。

徐松石:《粤江流域人民史》,中华书局,1939 年。

徐晓望:《福建通史》,福建人民出版社,2006 年。

许慎撰,徐铉校定:《说文解字》,中华书局,1963 年。

杨琮:《闽越国文化》,福建人民出版社,1998 年。

杨方笙:《潮诗纪事》,汕头大学出版社,1997 年。

杨庆堃著,范丽珠译:《中国社会中的宗教:宗教的现代社会功能及其历史因素之研究》,上海人民出版社,2006 年。

姚崇新、王媛媛、陈怀宇:《敦煌三夷教》,甘肃教育出版社,2011 年。

詹姆斯·C.斯科特著,王晓毅译:《国家的视角:那些试图改善人类状况的项目是如何失败的》,社会科学文献出版社,2004 年。

张光直,《南方民族考古》,四川大学出版社,1987 年。

张立新:《瓯人与东瓯国》,浙江人民出版社,2013 年。

张瑞尧、卢增荣主编:《福建地区经济》,福建人民出版社,1986 年。

张廷玉:《明史》,中华书局,1974 年。

张先清主编:《人类学学刊》第一辑,商务印书馆,2015 年。

张亚辉主编:《西部民族走廊研究——经典与文献》,学苑出版社,2012 年。

张一平、吴春明、丘刚主编:《百越研究》第三辑,暨南大学出版社,2012 年。

郑玄注,孔颖达疏:《礼记正义》上海古籍出版社,2008 年。

郑振满:《明清福建家族组织与社会变迁》,湖南教育出版社,1992 年。

郑振满主编:《碑铭研究》,社会科学文献出版社,2014 年。

中根千枝著,聂长林译:《亚洲诸社会的人类学比较研究》,黑龙江教育出版社,1989 年。

中国百越民族史研究会、广西壮族自治区文物局、广西文物考古研究所主编:《百越研究》第一辑,广西科学技术出版社,2007 年。

中国第一历史档案馆译编:《康熙朝满文朱批奏折全译》,中国社会科学出版社,1996 年。

中国科学院国家计划委员会自然资源综合考察委员会、南岭山区科学考察组：《南岭山区自然资源开发利用》，科学出版社，1992年。

中国少数民族社会历史调查资料丛刊福建省编辑组编：《畲族社会历史调查》，福建人民出版社，1984年。

钟雷兴编，缪品枚纂：《闽东畲族文化全书——民间信仰卷》，民族出版社，2009年。

钟礼强：《昙石山文化研究》，岳麓书社，2005年。

周鸿编著：《人类生态学》，高等教育出版社，2001年。

周瑞光：《摩霄浪语》，海潮摄影艺术出版社，1999年。

朱国桢：《涌幢小品》，齐鲁书社，1997年。

朱维干：《福建史稿》，福建教育出版社，2008年。

卓剑舟编，周瑞光点校：《太姥山全志》，福建人民出版社，2008年。

紫图：《图解道教》，陕西师范大学出版社，2007年。

陈敦贞、陈鼎言、林念纯：《闽疆录》，内部刊印，2001年。

《福鼎畲族志》，内部刊行，2000年。

《福鼎畲族志》，内部刊行，2006年。

福建省福鼎市教育委员会：《福鼎教育志》，内部刊行，1999年。

福建省农林处统计室编：《福建省各县区农业概况》，福建省政府统计处印行，1942年。

《福鼎文史·前岐专辑》，内部刊行，2014年。

《福鼎文史·磻溪专辑》，内部刊行，2013年。

《福鼎文史·店下专辑》，内部刊行，2009年。

《福鼎文史·管阳专辑》，内部刊行，2008年。

《福鼎文史·秦屿专辑》，内部刊行，2007年。

《福鼎文史资料》第1辑，内部刊行，1982年。

《福鼎文史资料》第3辑，内部刊行，1984年。

《福鼎文史资料》第6辑，内部刊行，1987年。

《福鼎文史资料》第8辑，内部刊行，1989年。

《福鼎文史资料》第9辑，内部刊行，1990年。

《福鼎文史资料》第10辑，内部刊行，1991年。

《福鼎文史资料》第 11 辑,内部刊行,1993 年。

《福鼎文史资料》第 12 辑,内部刊行,1994 年。

《福鼎文史资料》第 13 辑,内部刊行,1995 年。

《福鼎文史资料》第 22 辑,内部刊行,2003 年。

《福鼎文史资料》第 23 辑,内部刊行,2004 年。

福鼎县地名办公室编:《福鼎县地名录》,内部刊行,1984 年。

福鼎县民间文学集成编委会:《中国民间故事集成·福建卷·福鼎分卷》,内部刊印,1989 年。

福鼎县委员会文史组编:《太姥胜景·第一辑》,内部刊行,1987 年。

福鼎市宗教事务局、福鼎市佛教协会编:《福鼎佛教志》,内部刊行,1999 年。

郭芳娜主编:《福鼎文物》,福建省福鼎市博物馆,内部刊行,2013 年。

林启雄:《林启雄论文集》,福建省群众文化学会,内部刊行,1999 年。

泉州历史研究会等编:《泉州回族族谱资料选编·陈埭丁氏回族部分》,内部印发,1979 年。

唐永基,魏德端:《福建之茶》,福建省政府统计处刊行,1942 年。

曹大明:《畲族盘瓠传说与其生计模式关系的研究》,《宗教学研究》2010 年第 1 期。

陈春声:《明代前期潮州海防以及其影响》(上),《中山大学学报》2007 年第 2 期。

陈慈玉:《全球化进程中的闽台茶》,《海交史研究》2011 年第 2 期。

陈国强:《福建的古民族——"木客"试探》,《厦门大学学报》1963 年第 2 期。

陈靖:《非遗"传承人"制度在民族文艺保护中的悖论》,《贵州民族研究》2014 年第 1 期。

陈林群:《"国学"的核心》,《海南师范大学学报》2011 年第 2 期。

陈庆元:《谢肇淛年表》,《闽江学院学报》2009 年第 1 期。

戴清忠、陈荣魁:《福鼎山后尖玄武岩筒地质特征及其形成机制探讨》,《福建地质》2008 年第 4 期。

戴志坚:《地域文化与福建传统民居分类法》,《新建筑》2000 年第 2 期。

戴志坚:《闽文化及其对福建传统民居的影响》,《南方建筑》2011 年 6 月。

邓晓华:《论客家话的来源——兼论客畲关系》,《云南民族大学学报》2006 年第 4 期。

邓晓华:《南方汉语中的古南岛语族成分》,《民族语文》1994 年第 3 期。

范国强、刘春花:《当代国学热的"勃兴"及其相关问题研究》,《理论月刊》2012 年第 8 期。

方程:《城市宗教文化遗产活化与地方认同构建》,《新疆社会科学》2014 年第 6 期。

费孝通:《民族社会学调查的尝试》,《中央民族学院学报》1982 年第 2 期。

费孝通:《谈深入开展民族调查问题》,《中南民族学院学报》1982 年第 3 期。

福建省福鼎市天湖茶业有限公司:《绿雪芽品牌之路》,《福建茶叶》2003 年第 1 期。

贡坚、郭衍:《祭祀制度与祠堂建筑》,《山西建筑》2008 年第 12 期。

顾诚:《清初的迁海》,《北京师范大学学报》1983 年第 3 期。

郭志超、吴春明:《台湾原住民"南来论"辨析——兼论南岛语族的起源》,《厦门大学学报》2002 年第 2 期。

郭志超:《畲姓变化考析》,《民族研究》1998 年第 2 期。

郭志超:《郑和圣墓行香与泉州伊斯兰教的复兴》,《南方文物》2005 年第 3 期。

韩康信:《我国拔牙风俗的源流及其意义》,《考古》1981 年第 1 期。

何英德:《濮越人的舟楫文化对我国海洋文化的贡献》,《南方文物》2000 年第 2 期。

贺学君:《关于非物质文化遗产保护的理论思考》,《江西社会科学》2005 年第 2 期。

洪修平、徐颖:《对当前"国学热"的再思考》,《西北大学学报》2008 年 6 期。

黄道梓、朱永春:《徽州与浙南民居风格比较》,《小城镇建设》2005 年第 5 期。

黄培量:《温州民居历史发展及特征研究》,《东方博物》第 44 辑,2012 年 3 月。

黄为隽、王旬、侯鑫:《古寨亦卓荦——山西传统聚落"砥洎城"防御性规划探析》,《城市规划》2002 年第 10 期。

黄向春:《"诸娘"与"唐部":闽江下游民俗生活中的族群关系与历史记忆》,《民俗研究》2006 年第 3 期。

黄向春:《畲汉边界的流动与历史记忆的重构——以东南地方文献中的"蛮獠—畲"叙事为例》,《学术月刊》2009 年第 6 期。

黄向春:《畲族的凤凰崇拜及其渊源》,《广西民族研究》1996 年第 4 期。

黄向春:《从疍民研究看中国民族史与族群研究的百年探索》,《广西民族研究》

2008 年第 4 期。

姜春洁、宋宁而:《海洋文化软实力:社会学的视角》,《中国海洋大学学报》2012 年第 2 期。

蒋炳钊:《蜑民的历史来源及其文化遗存》,《广西民族研究》1998 年第 4 期。

蒋俊:《明清时期桂西壮族土司的宗族制度》,《史学月刊》2011 年第 8 期。

焦天龙:《东南沿海的史前文化与南岛语族的扩散》,《中原文物》2002 年第 2 期。

科大卫、刘志伟:《宗族与地方社会的国家认同——明清华南地区宗族发展的意识形态基础》,《历史研究》2000 年第 3 期。

拉尔夫·考兹撰,徐达译:《摩尼宫是否为福建第二所摩尼寺》,《中山大学研究生学刊》2001 年第 1 期。

兰善兴:《山川作为他者——山水画论和山川崇拜》,《民族学刊》2013 年 03 期。

蓝炯熹:《近代闽东一个畲族村落的茶叶商帮》,《宁德师专学报》2008 年第 1 期。

蓝图:《近代闽东茶叶贸易与早期资本主义全球化——以福建坦洋茶叶贸易研究为中心》,《历史地理》第 24 辑,2010 年。

蓝焰:《畲族巫术文化中的陈靖姑信仰——以福州、宁德畲族乡村为例》,《世界宗教研究》2007 年第 4 期。

雷伟红:《浙江畲族宗法制度初探》,《浙江工商大学学报》2010 年第 1 期。

李红:《和敬清寂,禅茶一味——论日本茶道》,《河南大学学报》2013 年第 2 期。

李辉:《分子人类学所见历史上闽越人群的消失》,《广西民族大学学报》2007 年第 2 期。

李健民:《闽东疍民的习俗与文化》,《宁德师专学报》2009 年第 4 期。

李良林、周汉文、陈植华、王锦荣、肖依:《福建太姥山地区花岗岩岩石地球化学特征及其地质意义》,《岩石矿物学杂志》第 30 卷第 4 期,2011 年。

李令群、谢向英:《福建茶叶地理标志文化遗产的保护与开发研究——以武夷山大红袍为例》,《福建农林大学学报》2014 年第 3 期。

李翔海:《论中国文化现代发展的三个阶段》,《南开学报》2005 年第 6 期。

李星星:《藏彝走廊的历史文化特征》,《中华文化论坛》2003 年第 1 期。

李盈、张家毓、周小军:《五行学说与五脏相关说考议》,《中医药学刊》2004 年第 10 期。

李远国:《中国古代建筑风水学在现代建筑中的影响与运用》,《资源与人居环境》2005 年第 4 期。

连立昌：《明教性质刍议》，《福建论坛》1988 年第 3 期。

梁碧莹：《民初中国实业界赴美的一次经济活动——中国与巴拿马太平洋万国博览会》，《近代史研究》1998 年第 1 期。

梁诗经、文斐成：《福建太姥山晶洞碱长花岗岩地貌特征》，《福建地质》2010 年第 4 期。

梁增贤、保继刚：《文化转型对地方意义流变的影响——以深圳华侨空间文化生产为例》，《地理科学》2015 年第 5 期。

廖大珂：《摩尼教在福建的传播与演变》，《中国文化研究》2005 年秋之卷。

林惠祥：《台湾石器时代遗物的研究》，《厦门大学学报》1955 年 4 期。

林惠祥：《中国东南区新石器文化特征之一：有段石锛》，《考古学报》1958 年第 3 期。

林九昌：《福鼎渔业调查报告：沙埕的网艚网渔》，《集美周刊》第 16 卷第 1 期，1934 年。

林汀水：《明清福建的疫疠》，《中国社会经济史研究》2005 年第 1 期。

林汀水：《也谈福建人口变迁的问题》，《中国社会经济史研究》1993 年第 2 期。

林拓：《福建早期宗教信仰的地域形态》，《宗教学研究》2004 年第 2 期。

林玮嫔：《人观、空间实践与治病仪式》，《考古人类学刊》2000 年 12 月总第 56 期。

林蔚文：《中国南方部分民族崇蛇意念的差异与嬗变》，《中南民族学院学报》1992 年第 1 期。

林校生：《"滨海畲族"：中国东南族群分布格局的一大变动》，《福州大学学报》2010 年第 5 期。

林志刚：《中国佛教慈善理论体系刍论》，《世界宗教文化》2012 年第 5 期。

林子周、陈剑秋：《福建霞浦明教之林瞪的祭祀活动调查》，《世界宗教文化》2010 年第 5 期。

凌纯声：《北平的封禅文化》，《民族学研究所集刊》1963 年第 16 期。

凌纯声：《中国古代社之源流》，《民族学研究所集刊》1964 年第 17 期。

刘志伟：《"遗产"的现代性》，《开放时代》2013 年第 5 期。

刘志伟：《明清族谱中的远代世系》，《学术研究》2012 年第 1 期。

卢建一：《论清前期闽台海防对海外贸易的影响》，《海交史研究》2001 年第 1 期。

鲁西奇、董勤：《南方山区经济开发的历史进程与空间展布》，《中国历史地理论丛》第 25 卷第 4 辑,2010 年。

骆郁廷:《综合国力竞争中的软实力建设》,《武汉大学学报》2010 年第 6 期。

吕大吉:《宗教是什么？宗教的本质、基本要素及其逻辑结构》,《世界宗教研究》1998 年第 2 期。

吕大吉:《宗教是一种社会文化形式》,《社会科学战线》2007 年第 6 期。

麻国庆:《南岭民族走廊的人类学定位及意义》,《广西民族大学学报》2013 年第 3 期。

麻国庆:《文化、族群与社会:环南中国海区域研究发凡》,《民族研究》2013 年第 2 期。

麻国庆:《宗族的复兴与人群结合》,《社会学研究》2000 年第 6 期。

麻建敏:《略述南宋对泉州蕃客的政策——兼论阿拉伯商人对繁荣泉州所起的历史作用》,《中央民族学院学报》1990 年第 6 期。

麻健敏:《试论畲族人口发展的三个重要历史时期》,《福州大学学报》2013 年第 2 期。

马小红:《清代王遐春、王学贞父子"刻书祝寿"始末及其贡献》,《福建图书馆理论与实践》2009 年第 3 期。

麦夏兰著,兰婕、田蕾译,汤芸校:《记忆、物质性与旅游》,《西南民族大学学报》2014 年第 9 期。

缪小龙:《廊桥遗梦闽浙寻——闽东南、浙西北贯木拱廊桥考》,《福建工程学院学报》2004 年第 3 期。

彭适凡:《试述先越民族的两种生产工具》,《江西历史文物》1985 年第 1 期。

彭兆荣:《"遗产旅游"与"家园遗产":一种后现代的讨论》,《中南民族大学学报》2001 年第 5 期。

彭兆荣:《如何认识原生态》,《当代贵州》2010 年第 3 期。

彭兆荣:《遗产学与遗产运动:表述与制造》,《文艺研究》2008 年第 2 期。

钱杭:《论汉人宗族的内源性依据》,《史林》1995 年第 3 期。

曲金良:《环中国还文化共同体重建大战略——"21 世纪海上丝绸之路"的文化精义》,《人民论坛·学术前沿》2014 年第 24 期。

任纪舜等:《华南大地构造的几个问题》,《科学通讯》1986 年第 1 期。

荣良:《1915 美利坚巴拿马—太平洋万国博览会与景宁惠明茶》,《中国茶叶》2012 年第 8 期。

施联朱:《关于畲族来源与迁徙》,《中央民族学院学报》1983 年第 2 期。

施央申、刘寿和:《福鼎南溪石炭系复理石建造的发现对认识浙闽沿海中生代火山岩基底大地构造性质的意义》,《南京大学学报》1980 年第 4 期。

石群勇:《斯图尔德文化生态学理论述略》,《社科纵横》2008 年第 10 期。

石弈龙:《临水夫人信仰及其对民俗活动的影响与解释》,《民俗研究》1996 年第 3 期。

舒瑜:《山志言"山"——以高奣映〈鸡足山志〉为个案》,《民族学刊》2013 年第 3 期总第 17 期。

孙秋云、钟年等:《长阳土家族的宗族组织及其变迁》,《民族研究》1998 年第 5 期。

孙秋云:《南方民族地区山村的村民自治与宗族意识》,《贵州民族研究》2001 年第 4 期。

孙文秀:《谢肇淛诗论与地域关系浅析》,《闽江学院学报》2010 年第 1 期。

汤章平、林瑞峰:《论陈元光的历史地位和影响》,《福建论坛》1983 年第 4 期。

唐军:《当代中国农村家族复兴的背景》,《社会学研究》1996 年第 2 期。

万建中:《传说记忆与族群认同——以盘瓠传说为考察对象》,《广西民族学院学报》2004 年第 1 期。

汪洋:《畲族传统装饰艺术的文化意蕴探析》,《南京艺术学院学报》2012 年第 3 期。

汪毅夫:《流动的庙宇与闽台海上的水神信仰》,《世界宗教研究》2005 年第 2 期。

王大良:《唐末江淮流域的人口迁徙及其历史意义——以王绪、王潮"悉举光、寿兵五千"入闽为例》,《扬州大学学报》2014 年第 2 期。

王克旺、雷耀铨、吕锡生:《关于畲族来源》,《中央民族学院》1980 年第 1 期。

王利兵:《海洋人类学的文化生态视角》,中国海洋大学学报 2014 年第 3 期。

王平:《文化遗产:泉州回族历史与文化特性的记忆与表达》,《回族研究》2013 年第 1 期。

王朔柏、陈意新:《从血缘群到公民化:共和国时代安徽农村宗族变迁研究》,《中国社会科学》2004 年第 1 期。

王伟伟、金心、王毅、陈满儒:《五行文化元素在茶禅系列用品设计中的应用》,《高校设计专题研究》2013 年第 22 期。

王小梅:《蓝花叙事——王阿勇的口述历史》,《原生态民族文化学刊》2014 第

1 期。

王雪:《浅析福建传统民居的环境适应性》,《福建建筑》2014 年第 1 期。

王勇:《孝道、孝行与孝文化》,《湖北社会科学·孝文化研究》2006 年第 4 期。

王元林:《费孝通与南岭民族走廊研究》,《广西民族研究》2006 年第 4 期。

王振镛:《福建建瓯县出土西周铜钟》,《文物》1980 年第 11 期。

王子今:《秦汉时期的船舶制造业》,《上海社会科学院学术季刊》1993 年第 1 期。

魏爱棠:《畲族文化变迁过程中两种不同力量的作用》,《中央民族大学学报》2000 年第 5 期。

温春香:《明清以来闽粤赣交界区畲民的族谱书写与族群意识》,《贵州民族研究》2015 年第 1 期。

翁乃群:《被"原生态"文化的人类学思考》,《原生态民族文化学刊》2010 年第 3 期。

吴春明、陈文:《"南岛语族"起源研究中的"闽台说"商榷》,《民族研究》2003 年第 4 期。

吴春明:《"南岛语族"起源研究述评》,《广西民族研究》2004 年第 2 期。

吴春明:《从考古看华南沿海先秦社会的发展》,《厦门大学学报》1997 年 1 期。

吴春明:《中国东南考古与太平洋的史前工具》,《南方文物》2008 年第 2 期。

吴光玲:《闽东传统民居的地理经济选择及文化内涵》,《经济与社会发展》2007 年第 11 期。

吴丽平:《国家祭典的历史变迁和当代复兴——以北京先农坛祭祀为例》,《民间文化论坛》2014 年第 3 期。

吴岐、李希敏、吴小林、郑云钦:《福建福鼎石炭系及其构造环境》,《中国区域地质》1990 年第 4 期。

吴荣曾:《战国汉代的操蛇神怪及有关神话迷信的变异》,《文物》1989 年第 10 期。

吴锐:《论神守国》,《齐鲁学刊》1996 年第 1 期。

吴锡标、刘小成:《孔氏南宗江西诸支派交游考略》,《探索与争鸣》2014 年第 12 期。

吴锡标、刘小成:《论孔氏南宗的传统宗族形态》,《探索与争鸣》2010 年第 6 期。

武沐、马妍:《永靖孔氏家族的历史与现状》,《齐鲁学刊》2014 年第 5 期。

贤志法师:《莲花曙月,资国茶香——资国禅茶创始人贤志法师答问》,《楚雄师范学院学报》2014 年第 4 期。

肖坤冰：《传统的、现代的、未来的——作为符号资本的民族民俗符号》，《康定民族师范高等专科学校学报》2007 年第 2 期。

肖唐镖：《农村宗族重建的普遍性分析》，《中国农村观察》1997 年第 5 期。

萧凤霞、刘志伟：《宗族、市场、盗寇与疍民——明以后珠江三角洲的族群与社会》，《中国社会经济史研究》2004 年第 3 期。

谢必震：《福建古代沿海居民的海神信仰》，《福建师范大学学报》1998 年第 2 期。

胥兴安、李柏文、杨懿、班璇：《养生旅游理论探析》，《旅游研究季刊》2011 年第 1 期。

徐赣丽：《民间传说与地方认同——以广西博白绿珠传说为例》，《广西师范学院学报》2011 年第 2 期。

徐杰舜、梁枢、郑杭生等：《原生态文化与中国传统》，《广西民族大学学报》2011 年第 1 期。

徐杰舜、叶舒宪、王铭铭、彭兆荣、徐新建：《人类学与国学》，《百色学院学报》2007 年第 2 期。

徐晓望：《论隋唐五代福建的开发及其文化特征的形成》，《东南学术》2003 年第 5 期。

阎虹玉：《"国学热"现象剖析》，《学术界》1991 年第 1 期。

杨琮：《从崇安汉城看西汉闽越文化》，《东南文化》1990 年第 3 期。

杨德亮：《孔氏穆斯林：记忆与历史》，《回族研究》2015 年第 1 期。

杨德亮：《儒回现象：大河家的孔氏穆斯林》，《西北民族研究》2012 年第 4 期。

杨富学：《林瞪及其在中国摩尼教史上的地位》，《中国史研究》2014 年第 1 期。

杨国桢：《海洋丝绸之路与海洋文化研究》，《学术研究》2015 年第 2 期。

杨庭硕：《"原生态文化"疏证》，《原生态民族学刊》2009 年第 1 期。

叶明生：《闽浙马仙信仰与地方仪俗之探讨——柘荣马仙信仰文化调查》，《温州大学学报》第 23 卷第 4 期，2010 年。

叶文宪：《论古越族》，《民族研究》1990 年第 4 期。

伊利贵、刘东旭：《乡村社会变迁中的宗族、文化与国家权力——基于云南省一个彝族村落的研究》，《民族论坛》2012 年第 6 期。

尹广文：《宗教的社会功能及其社会角色扮演：涂尔干的宗教社会学思想研究》，《江南社会学院学报》2009 年第 3 期。

尹焕章:《关于东南地区几何印纹陶的初步探测》,《考古学报》1958 年第 1 期。

尹玲玲:《明代的渔政制度及其变迁——以机构设置沿革为例》,《上海师范大学学报》2003 年第 1 期。

岳来群、林德威、林子明、薛培安:《论福建福鼎南溪古生代地层地质特征及成生环境》,《福建地质》1999 年第 2 期。

曾凡:《福建南朝窑址发现的意义》,《考古》1994 年第 4 期。

曾凡:《福州浮村遗址的发掘》,《考古学报》1958 年第 2 期。

曾凡:《福州洪塘金鸡山古墓葬》,《考古》1992 年第 10 期。

曾凡:《关于福建六朝墓的一些问题》,《考古》1995 年第 5 期。

曾凡:《关于福建史前文化遗存的探讨》,《考古学报》1980 年第 3 期。

曾凡:《闽侯县石山遗址第六次发掘报告》,《考古学报》1976 年第 1 期。

詹坚固:《论雍正帝开豁广东疍户贱籍》,《学术研究》2009 年第 11 期。

詹石窗、于国庆:《关于儒教的几个问题》,《宗教学研究》2006 年第 1 期。

张家:《福建建瓯县发件一件西周铜甬钟》,《文物》1996 年第 2 期。

张立文:《国学的新视野和新诠释》,《中国人民大学学报》2006 年第 1 期。

张鹏飞:《中华传统"茶文化"情结的生命意趣》,《安徽商贸职业技术学院学报》2010 年第 4 期。

张先清、杜树海:《移民、传说与族群记忆——民族史视野中的南方族群叙事》,《厦门大学学报》2012 年第 4 期。

张先清、王利兵:《海洋人类学:概念、范畴与意义》,《厦门大学学报》2014 年第 1 期。

张先清:《点头天后宫的西洋彩绘》,《寻根》2015 年第 6 期。

赵轶峰:《明朝宗教政策合论》,《古代文明》2007 年第 02 期。

赵赟:《徐州狮子山西汉楚王墓出土兵器》,《文物鉴定与鉴赏》2011 年第 4 期。

浙江林业:《茶之传说》,《趣味百科》2010 年第 8 期。

郑昌新、陈忠信:《福建大围罾捕捞技术经验初步总结与分析》,《水产科技》1982 年第 1 期。

郑振满:《明代陈江丁氏回族的宗族组织与汉化过程》,《厦门大学学报》1990 年第 4 期。

钟礼强:《略论昙石山文化与良渚文化的关系》,《东南文化》2005 年第 6 期。

钟礼强:《昙石山文化原始居民的经济生活》,《厦门大学学报》1986 年第 1 期。

钟年、孙秋云等:《宗族文化与社区历史》,《湖北大学学报》2000 年第 1 期。

周丹丹:《海外人类学的风景研究综述》,《中国农业大学学报》2014 年第 2 期。

周典恩:《清代畲汉文化冲突述议》,《贵州民族研究》2006 年第 1 期。

周仁等:《我国黄河流域新石器时代和殷周时代制陶工艺的科学总结》,《考古学报》1964 年第 1 期。

周玉璠:《三都澳——中国东南"海上茶叶之路"》,《福建茶叶》1993 年第 2 期。

朱炳祥:《何为原生态? 为何原生态?》,《原生态民族文化学刊》2010 年第 3 期。

朱炳祥:《宗族的民族性特征及其在村民自治中的表达》,《民族研究》2005 年第 6 期。

朱步泉:《加快闽北茶产业发展的研讨》,《茶叶科学技术》2002 年第 2 期。

朱煜杰著,邵媛媛译:《表演遗产:旅游中真实性的再思考》,《西南民族大学学报》2015 年 06 期。

《习大大要求打造闽东"半壁江山"》,中国文明网。

中国国家发展改革委员会、外交部和商务部发布:《推动共建丝绸之路经济带和 21 世纪海上丝绸之路的愿景与行动》,人民网。

《呈度支部农工商部整顿出洋华茶条议》,《申报》1910 年 11 月 1 日。

《华轮今日复航福州交部通令恢复航路三北两轮客货拥挤》,《申报》1934 年 1 月 16 日。

谢学钦:《林嵩〈太姥山记〉校勘》,《闽东日报》1999 年 11 月 23 日。

徐光台:《"云标"摩崖石刻考》、《太姥墓旁"鸿雪洞"摩崖石刻始于明末清初》,《福鼎周刊》2012 年 5 月 16 日。

英文论著

Barth, Fredrik. ed., *Ethnic Groups and Boundaries: The Social Organization of Culture Difference*, London: George Allen & Unwin, 1969.

Freedman, Maurice, *Lineage Organization in Southeastern China*, 1958. London: The Athlone Press.

Hansen, Valerie. *The Silk Road: A New History*, New York: Oxford University Press, 2012.

Lepre, Christopher J., Roche, Hélène, Kent, Dennis V., Harmand, Sonia, Quinn, Rhonda L., Brugal, Jean-Philippe, Texier, Pierre-Jean, Lenoble, Arnaud & Feibel, Craig S., "An earlier origin for the Acheulian", *Nature*, vol. 477(7362), 2011. pp. 82 – 85.

Pred, Allan, "Place as Historically Contingent Process: Structuration and the Time—Geography of Becoming Places". *Annals of the Association of American Geographers*. Jun. 1984, Vol. 74 Issue 2, 1984. pp. 279 – 297.

Scott, James. C., *The Art of not being Governed: An Anarchist History of Upland Southeast Asia,* New Haven & London: Yale University Press, 2009.

Stock, Eugene. *For Christ in Fuh-Kien*, London: Church Missionary Society, 1904.

Tan Chee-Beng ed., *Southern Fujian: Reproduction of Traditions in Post-Mao China*, The Chinese University Press, 2006.

Wu Liu & Maria Martinon-Torres(etc.), "The earliest unequivocally modern humans in southern China", *Nature*(2015), pp. 696 – 699.

Yang, C. K., *The Chinese Family in the Communist Revolution, in Chinese Communist Society: the Family and Village*, Massachusetts: the Massachusetts Institute of Technology Press, 1959.